永和县志

永和县志编纂委员会 编

山西人民出版社

图书在版编目（CIP）数据

永和县志 / 永和县志编纂委员会编 . —太原：山西人民出版社，2019.6
ISBN 978-7-203-10633-3

Ⅰ. ① 永… Ⅱ. ①永… Ⅲ. ①永和县—地方志 Ⅳ. ① K292.54

中国版本图书馆 CIP 数据核字（2018）第 270171 号

永和县志

编　　者：	永和县志编纂委员会
责任编辑：	孙　琳　　薛正存
复　　审：	傅晓红
终　　审：	阎卫斌
出 版 者：	山西出版传媒集团·山西人民出版社
地　　址：	太原市建设南路 21 号
邮　　编：	030012
发行营销：	0351—4922220　4955996　4956039　4922127（传真）
天猫官网：	https://sxrmcbs.tmall.com　电话：0351—4922159
E-mail：	sxskcb@163.com　发行部
	sxskcb@126.com　总编室
网　　址：	www.sxskcb.com
经 销 者：	山西出版传媒集团·山西人民出版社
承 印 厂：	山西嘉合祥文化传媒股份有限公司
开　　本：	889mm×1194mm　　1/16
印　　张：	87.75
字　　数：	1700 千字
印　　数：	1—5000 册
版　　次：	2019 年 6 月　第 1 版
印　　次：	2019 年 6 月　第 1 次印刷
书　　号：	ISBN 978-7-203-10633-3
定　　价：	768.00 元

如有印装质量问题请与本社联系调换

《永和县志》编纂委员会

顾　　　问　加天山
主　　　任　范洋平
副 主 任　郝　巍　靳亚伟　王丽霞
委　　　员　靳燕平　任佼晟　赵惠明　冯华平　靳永生
　　　　　　李保成　樊永兴
办公室主任　李保成

《永和县志》编修期间历届编委会

2012年4月

顾　　　问　郭行杰
主　　　任　梁秀娟
副 主 任　江明涛
委　　　员　李占军　王　琪　王　彤　任军锋　药虎奎
　　　　　　刘双龙　毛伶秀　薛永明　吴冬香　樊蒲霖
　　　　　　葛　毅　任　旭　厚永建　樊永兴
办公室主任　樊永兴

2012年6月

顾　　　问　郭行杰
主　　　任　梁秀娟
副 主 任　江明涛
委　　　员　李占军　王　琪　王　彤　任军锋　厚永琴
　　　　　　樊志刚　薛永明　吴冬香　韩永祥　薛建功
　　　　　　靳永生　厚永建　冯清泉　樊永兴
办公室主任　樊永兴

2013 年 6 月

顾　　　问	加天山
主　　　任	范洋平
副　主　任	马连青
委　　　员	葛　毅　杨虎明　李占军　薛永明　靳永生　樊永兴
办公室主任	樊永兴

《永和县志》编辑部

主　　　编	樊永兴　李保成
编　　　辑	马建林　靳根虎　贾文贵　白胜栋　药振记　樊书旺 王秀萍　王俊萍　杜丽萍
工作人员	马宏伟　刘晓梅　温俊玲　马转萍
摄　　　影	厚永建　冯三平　杨俊唐　冯书闻　杜继锁　李鹏程 梁麦红　李小牛
校　　　对	冯成贵　刘银调　穆玉平　冯瑞红　赵媛媛
翻　　　译	樊晋杰

《永和县志》专家评审人员

刘益龄　马正英　郝世文　杨　颖　靳水旺　柏翠青　邵玉义　米立恒

审查验收	临汾市地方志办公室
审　　核	山西省地方志办公室
批准出版	永和县人民政府

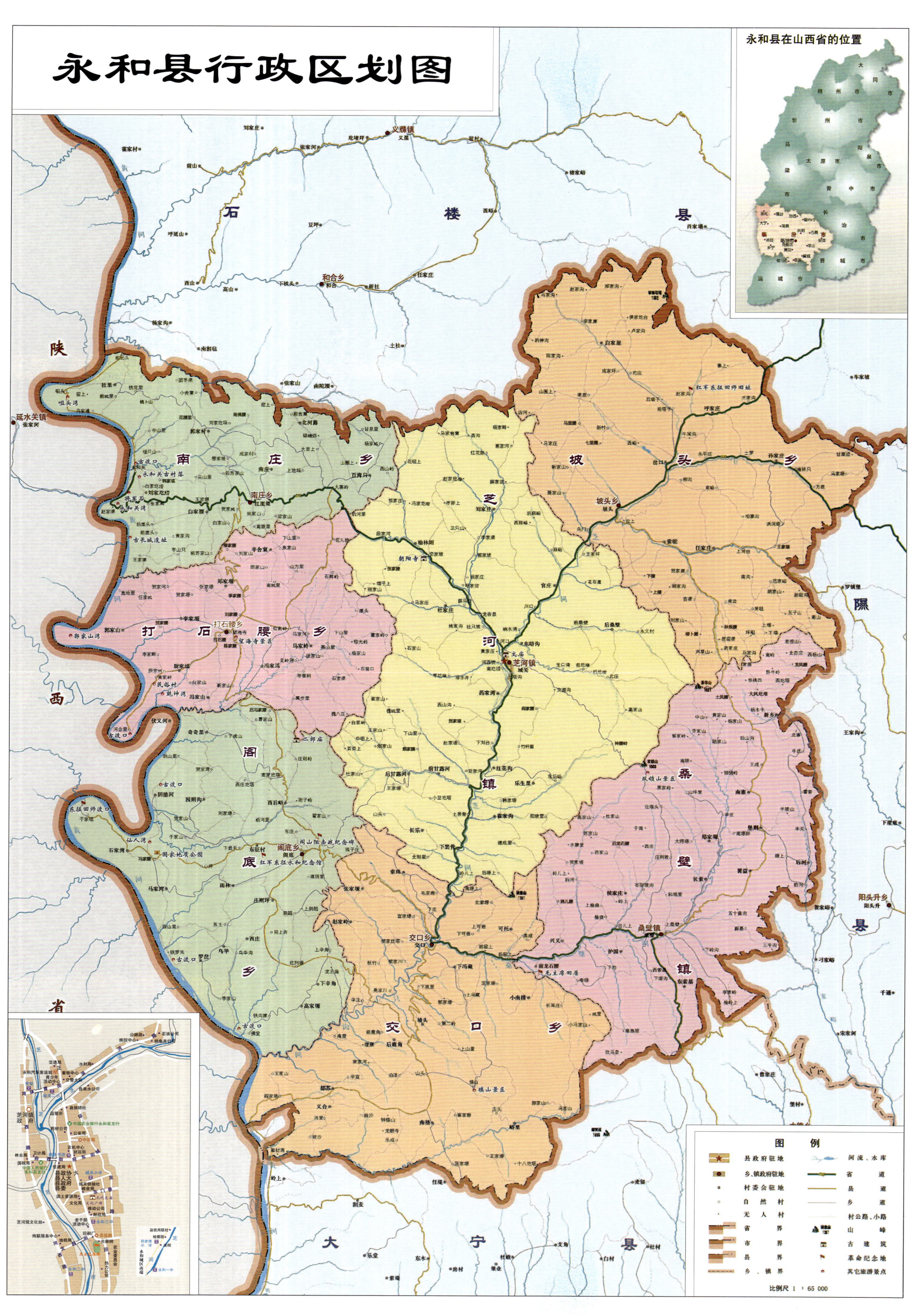

永和县交通图

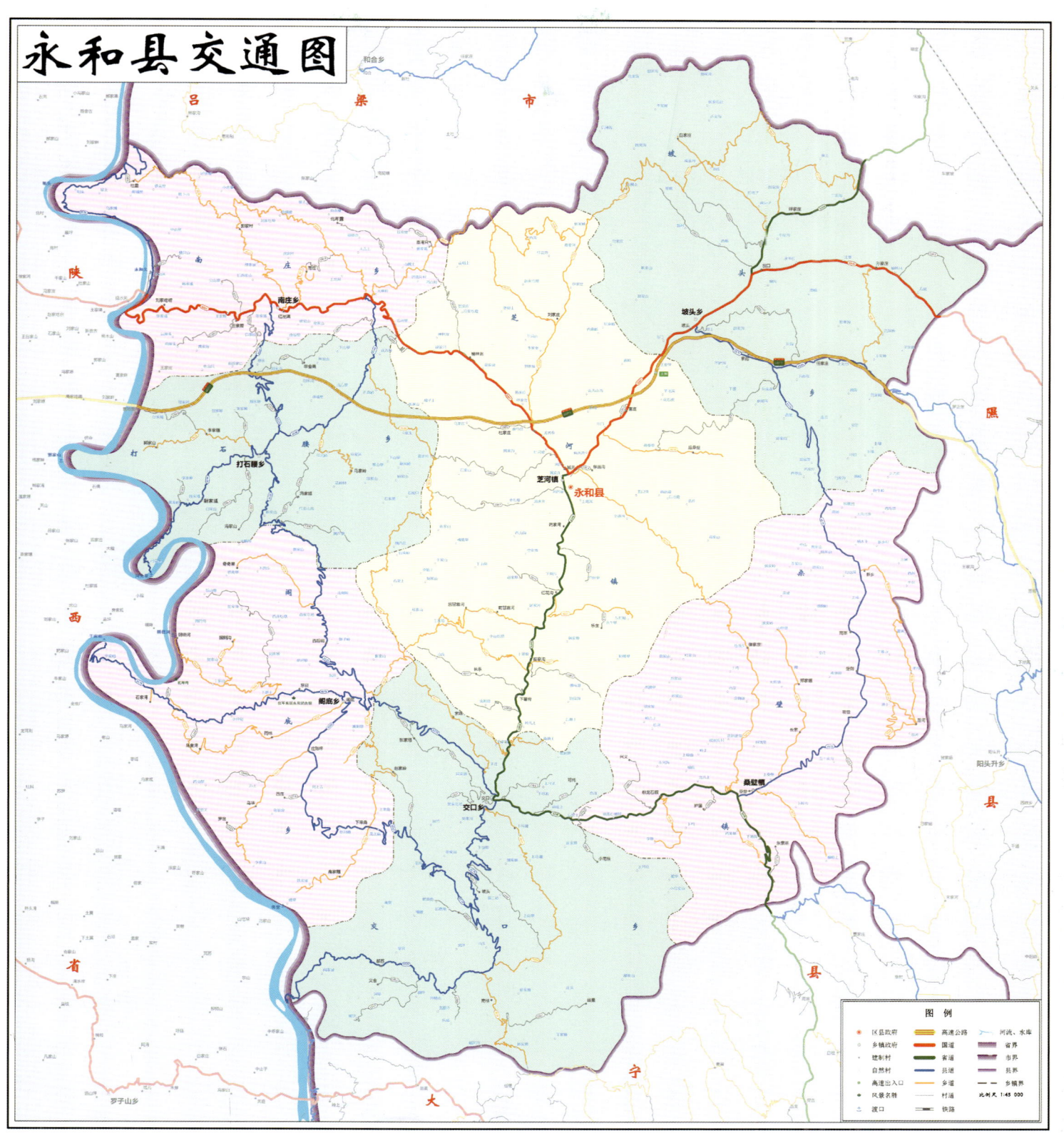

永和县遥感影像图

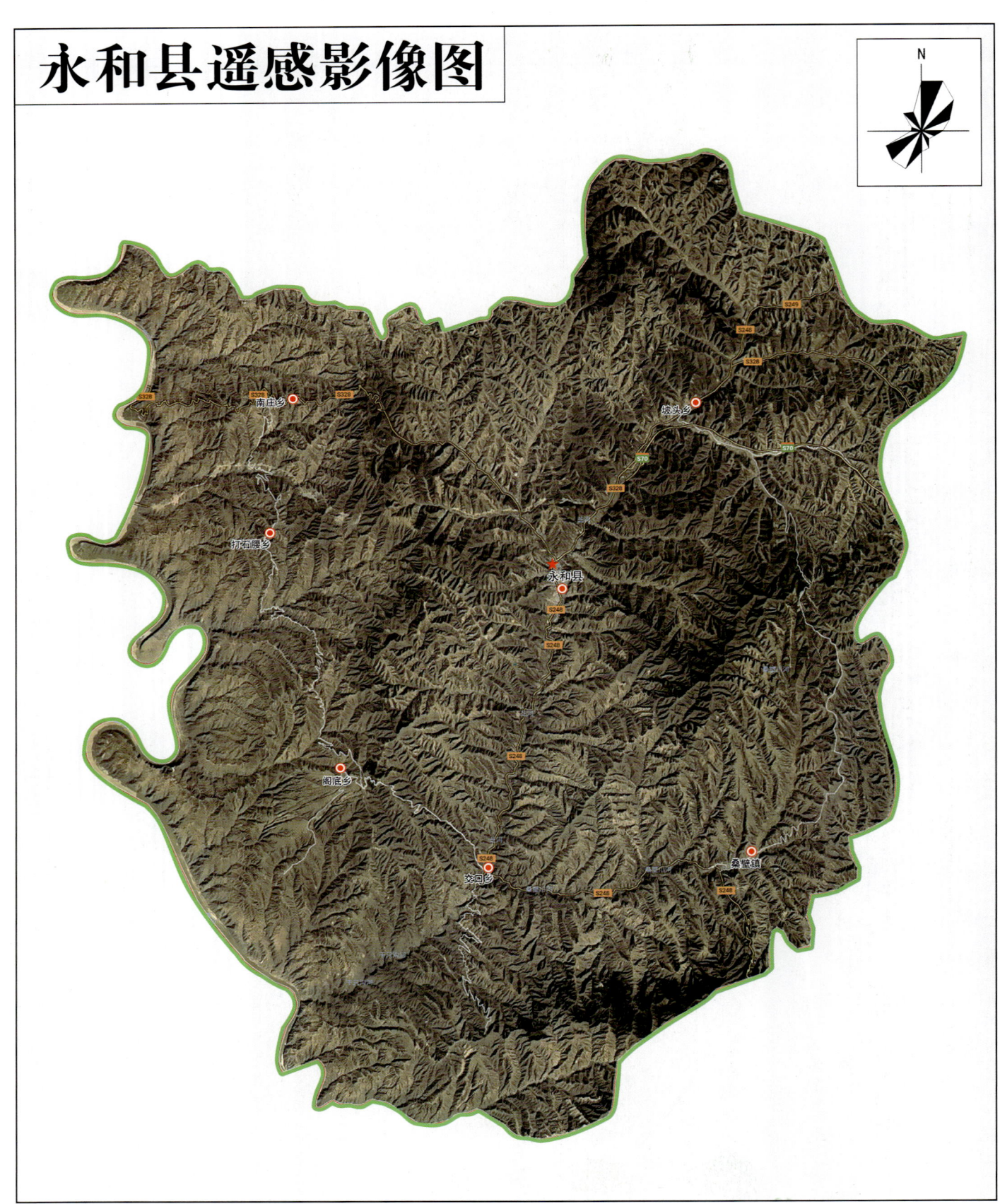

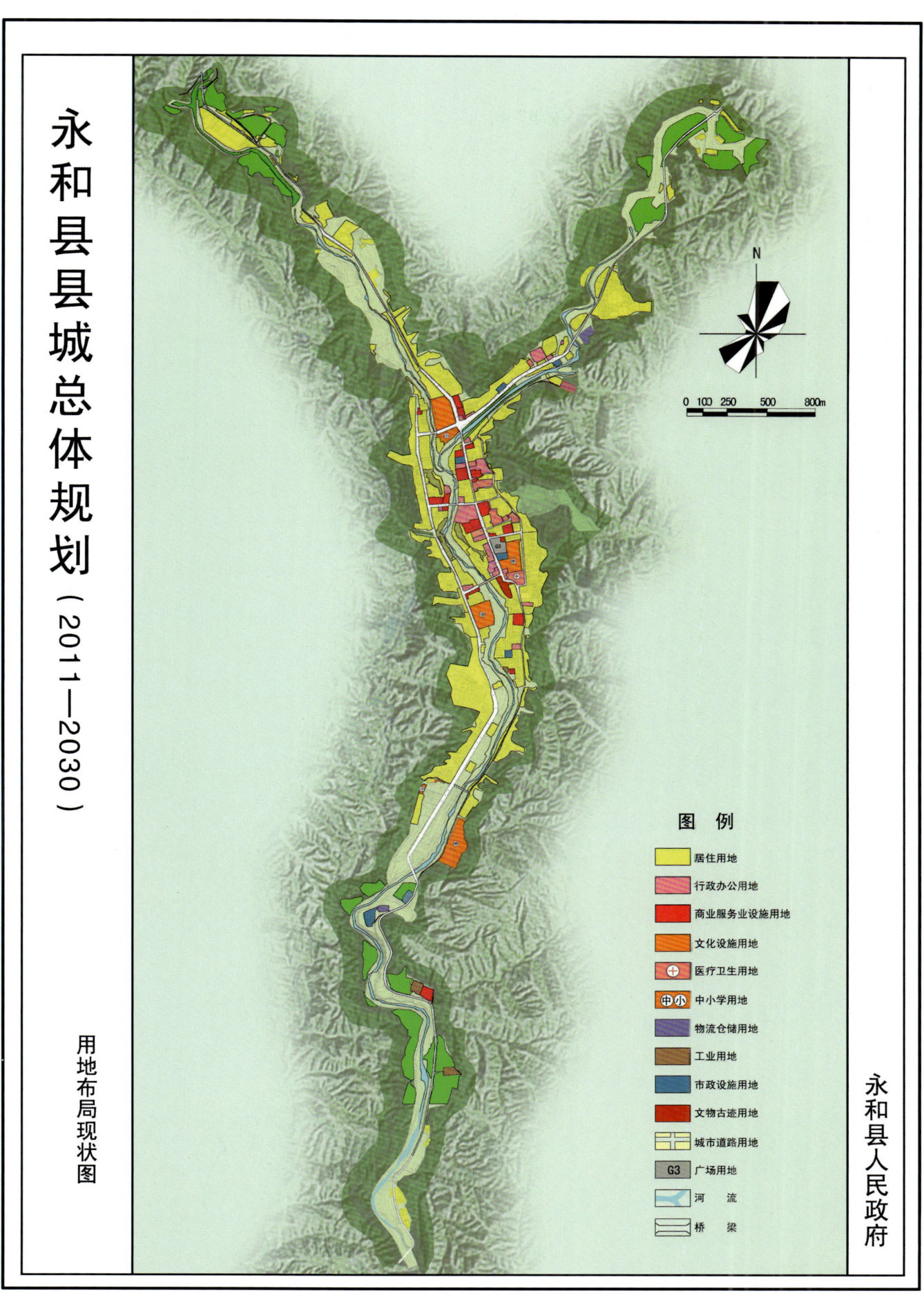

古今名胜　GUJINMINGSHENG

永和关门

· 古今名胜 · GUJINMINGSHENG ·

红军东征永和纪念馆

永和乾坤湾

● 古今名胜 ● GUJINMINGSHENG ●

双锁山

茶布山

狗头山

• 古今名胜 •  • GUJINMINGSHENG •

楼　山

四十里山

棋盘石

● 古今名胜 ● GUJINMINGSHENG ●

山岩翠衣

• 古今名胜 •  • GUJINMINGSHENG •

黄河蛇曲地质博物馆

红军泉夜景

雾中山村

● 古今名胜 ●　　● GUJINMINGSHENG ●

乾坤湾远景（中国龙的创作原形）

芝河瀑布

黄河岩画

阁山古柏

毛泽东诗词书法碑廊

红军崖

● 古今名胜 ●　　GUJINMINGSHENG ●

县城文庙

楼山圣母庙

古今名胜 GUJINMINGSHENG

望海寺

朝阳寺

• 古今名胜 • GUJINMINGSHENG •

伏羲石

桑壁鳄模型

· 产业发展 · CHANYEFAZHAN ·

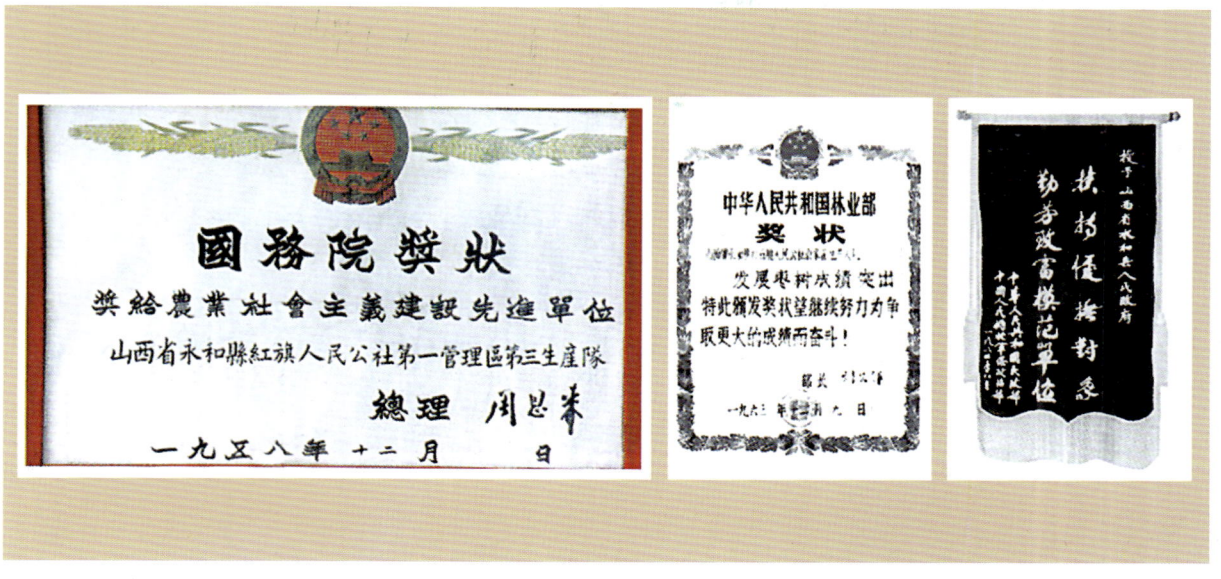

国务院、林业部、民政部、中国人民解放军总政治部对永和县农业、拥军优抚工作的嘉奖

中共临汾市委书记罗清宇（右一）在永和县住村联户参加西瓜种植

产业发展

中共临汾市委副书记、市长岳普煜（左一）考察永和县企业

中共永和县委书记加天山（右三），县委副书记、县长范洋平（右四）考察交口乡大葱种植

产业发展

外国专家考察永和县农业

红枣丰收

核桃丰收

● 产业发展 ● CHANYEFAZHAN ●

白家崖玉米种植

民生水保工程

石山造林工程

产业发展 CHANYEFAZHAN

永和槐花

永和苹果

永和核桃

永和条枣

• 产业发展 • CHANYEFAZHAN •

商 场

超 市

• 产业发展 •

光伏发电工程

天然气工程

永和县青少年活动中心

永和县第一高级中学

县城文化广场

社会事业  SHEHUISHIYE

永和县城

县城除夕夜

● 社会事业 ●  SHEHUISHIYE ●

高速公路

绿化油路

永和关黄河公路大桥

汉灰陶彩绘侈口束颈鼓腹圈足方盖壶

战国青铜剑

商代青铜弦纹三维足爵

商代青铜族微直内戈

文化建设

战国陶索双附耳鼓腹三蹄足三环纽盖青铜鼎

唐灰细砂石彩绘天王头像

战国青铜涡纹双耳三兽钮敦

宋白釉腰形开光荷叶瓷枕

• 文化建设 •  • WENHUAJIANSHE •

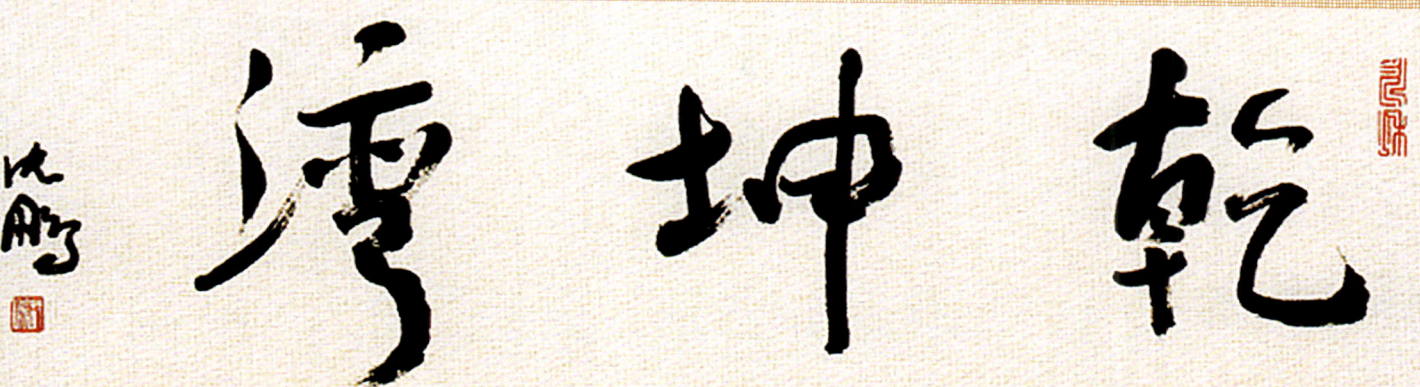

书法作品 沈 鹏

书法作品 刘 勇

文化建设

书法作品　张会甫

书法作品　冯建勇

书法作品　马取贵

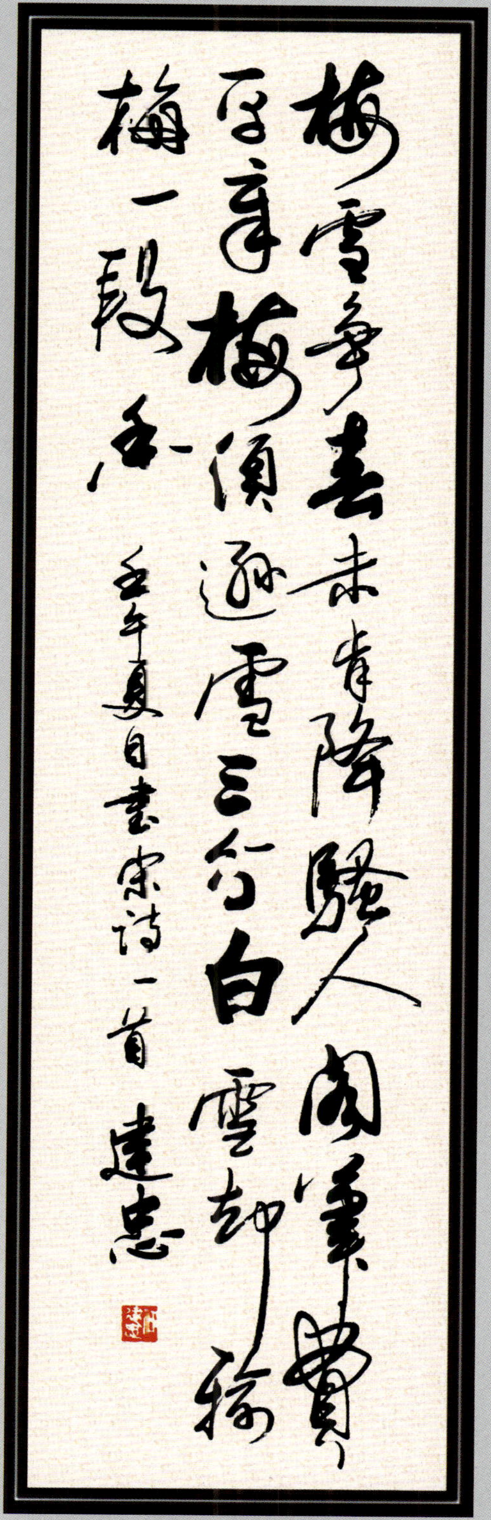

书法作品　任建忠

● 文化建设　●　WENHUAJIANSHE ●

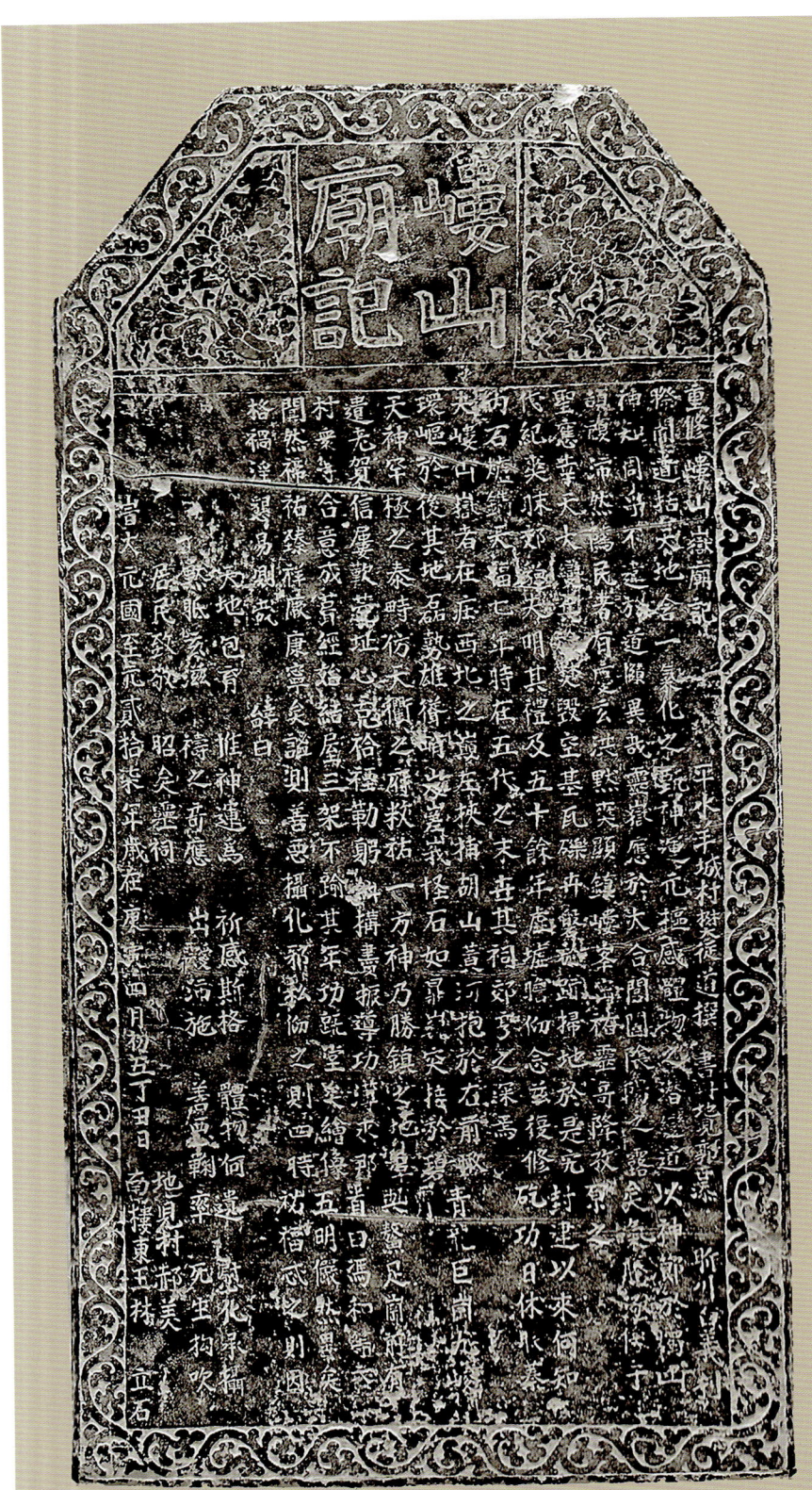

楼山庙碑记

• 文化建设 • WENHUAJIANSHE •

望海寺壁画

国画《官庄送客》 杨年玉

文化建设　WENHUAJIANSHE

剪纸　杨东应

剪纸　刘灵翠

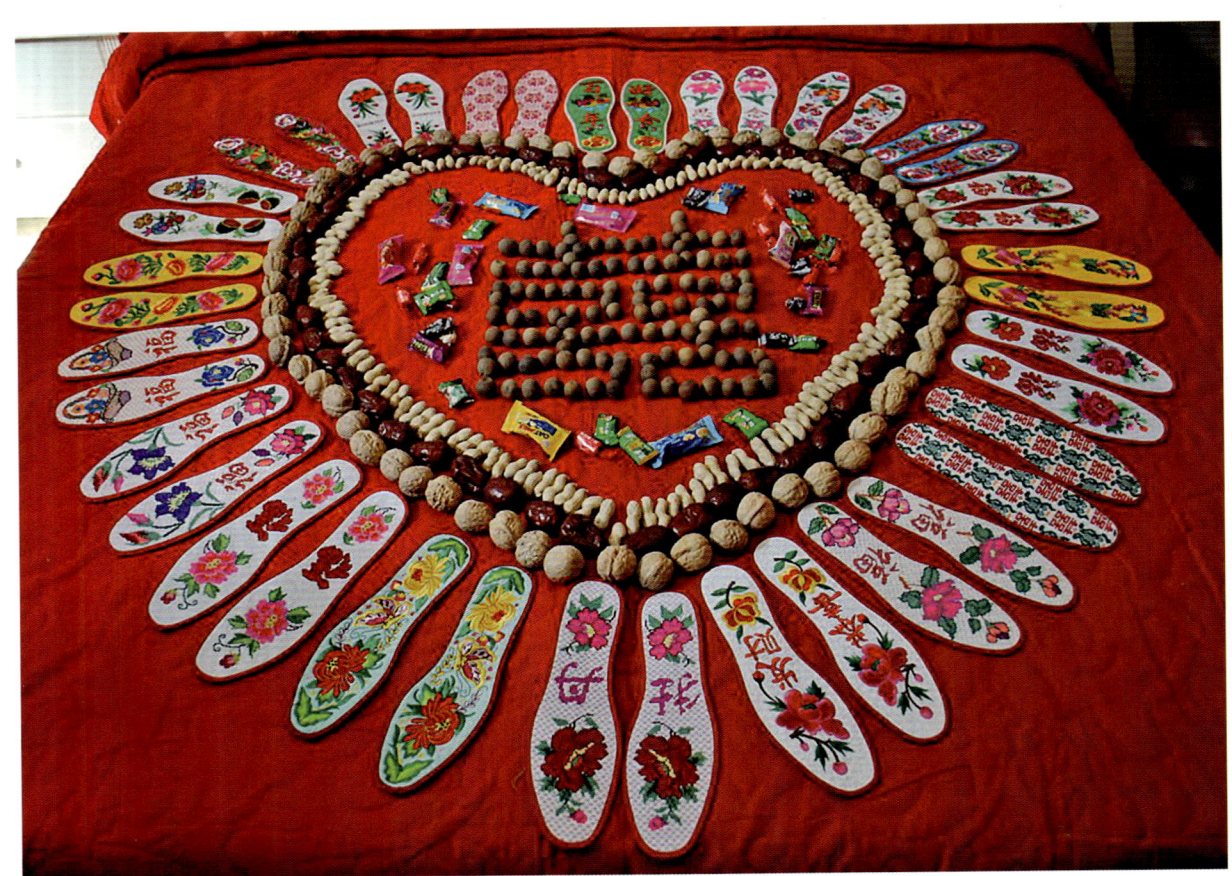

刺　绣

文化建设　WENHUAJIANSHE

舞　狮

鼓　乐

天使艺术团舞蹈表演

青年篮球赛

永和旅游宣传形象大使云飞乾坤湾献歌

• 文化建设 • WENHUAJIANSHE •

社 火

娶 亲

文化建设 WENHUAJIANSHE

传统犁地

黄河纤夫

● 文化建设 ●  WENHUAJIANSHE ●

2016年6月1日,《永和县志》评审会议全体人员合影

2016年6月1日,《永和县志》评审会专家合影左起:
樊永兴 柏翠青 靳水旺 郝世文 刘益龄 马正英 杨颖 邵玉义 米立恒

序

  盛世修志，资政育人。中华人民共和国成立后的第二部《永和县志》即将付梓出版，这是全县人民的一件大事，可喜可贺。

  永和自明永乐十九年（1421）开始至民国19年（1930）先后四次编修县志。中华人民共和国成立后，首部《永和县志》于1999年出版。2012年4月，县委、县政府成立《永和县志》编纂领导组，组建编写班子，启动第二轮县志编修工作。经全体编辑和工作人员夜以继日、废寝忘食的工作，二轮《永和县志》编纂历时五载，终于告捷。在此，谨向关心支持永和修志的各界人士和做出突出贡献的编纂人员致以崇高的敬意和衷心的感谢！

  斗转星移，沧桑变迁。《永和县志》再现了历史长河中永和的人间壮举，记述了当代社会永和的发展变革。芝河流域的旧石器遗址向世人昭告，数万年前我们的祖先就在永和这块土地上繁衍生息；黄河乾坤湾的阴阳鱼形，印证着人祖伏羲创立阴阳八卦的文明举止；永和境内六十八公里的九曲黄河，宛若神龙云间游弋，那是中华龙的创作原形。古老的黄河孕育了灿烂辉煌的华夏文明，古老的永和是中华民族的发祥地之一。2000多年前的西汉，永和即建县制。隋开皇十八年（598）定县名为"永和"，一直沿用至现今。在新民主主义革命时期，永和县是革命根据地。民国15年（1926）开始有中国共产党地下组织活动。民国25年（1936），东征红军在县境活动2月有余，期间，毛泽东在此地战斗了十三个日日夜夜，不但掀起了永和人民捐款、捐粮、参军的热潮，而且创建了十多个苏维埃政权组织，扩大了中国共产党和红军的政治影响。民国35年（1946）11月全县解放，永和县人民政府成立，在随后的3年中，永和县在人、财、物上大力支援了全国解放战争。中华人民共和国成立后，永和县经济稳步向前发展，人民生活逐渐从贫困、温饱向富裕迈进，社会各业从小到大逐渐繁荣昌盛；中共十一届三中全会后，永和社会发展日新月异，农业、工业、商业、交通运输业均呈现出强劲的发展势头；特别是近年来，永和县持续实施林果富民、生态立县、转型发展、工业强县、文化引领、旅游兴县，以德为先、依法治县"四大战略"，强力推进项目建设、优势农业、能源开发、特色旅游、城镇建设、基础设施、民生改善、安全稳定"八项重点"，有力地推动了经济健康快速发展和社会事业全面进步。当前，全县优势农业逐步壮大，能源工业提速增量，旅游产业提档升级，城乡面貌焕然一新。可以说，永和的发展潜力无限，永和的未来充满希望。

《永和县志》坚持辩证唯物主义和历史唯物主义的立场、观点和方法，纵贯古今，横纳百业，囊括永和的自然、经济、政治、文化、社会发展诸多方面，具有鲜明的时代特征和地方特色。志书体例完备、条理清晰、行文简约，是一部集万卷、陈千秋、融人事、载风物的县域资料性文献。

《永和县志》的成书，不仅仅是一本书的成果，它包含着上级领导、专家、学者的智慧和汗水，展现了全县上下通力协作、艰苦奋斗的精神风貌，更反映着当今永和社会和谐发展的全新态势。"以史为鉴可知兴替"，《永和县志》的续修出版，为世人提供了认识永和的新窗口；为政府提供了施政借鉴的新字典；更将推动永和文化以及经济社会的大繁荣、大发展。面对新的形势和发展机遇，我们一定要以志为鉴，以更加开放的胸怀、更加旺盛的斗志、更加有力的措施，为建设美丽永和、富裕永和、人文永和、平安永和而努力奋斗！

是为序。

中共永和县委书记 加天山

永和县人民政府县长 范洋平

2017 年 5 月

凡 例

一、本志以马克思列宁主义、毛泽东思想、邓小平理论、"三个代表"重要思想和科学发展观为指导，坚持辩证唯物主义和历史唯物主义的立场、观点和方法，客观记述县域自然、经济、政治、文化、社会发展的历史与现状。

二、本志时限上溯至事物发端，下限2011年12月31日（仅大事记、艺文编延至2016年）。纵贯古今，详今略古。

三、本志横分门类，纵述史实。结构层次按编、章、节、目设置。前设概述、大事记。

四、本志述、志、记、传、图、表、录并用，以志为主。行文用语体文记述体。

五、纪年用法。中华人民共和国成立前采用历史纪年，括注公元纪年；中华人民共和国成立后采用公元纪年。

六、历史上的地名、机构名、职官名均按当时称谓，历史地名后括注今地名。各种事物名称首次出现用全称，括注后用简称。

七、标点符号用法。按2011年12月中华人民共和国国家质量监督检验检疫总局、中国国家标准化管理委员会发布的国家标准《标点符号用法》执行。

八、数字用法。按2011年12月中华人民共和国国家质量监督检验检疫总局、中国国家标准化管理委员会发布的国家标准《出版物上数字用法的规定》执行。

九、计量单位。按1984年2月国务院发布的《关于在我国统一实行法定计量单位的命令》和1993年国家技术监督局国家标准《量和单位》执行。引典保留旧制。

十、人物收录。以永和籍人士为主，兼收为永和县做出突出贡献的客籍人士。人物传以卒年先后排序，坚持生不立传的原则；人物简介为正县（处）级以上领导干部、受省部级以上表彰的模范人物和副高级以上专业技术人员，个别有特殊贡献的人物亦在列；人物名录为革命烈士和县团级正职以上人员名录。

十一、编章之间所记内容有交叉的，择主而从，此详彼略。

十二、本志数据资料以统计部门数字为主。

目 录

概　述 …………………………………………………………………………（1）
大事记 …………………………………………………………………………（11）

第一编　建　置

第一章　位置　境域 …………（69）
　第一节　位　置 ………………（69）
　第二节　境　域 ………………（69）
第二章　建置　沿革 …………（70）
　第一节　古代建置沿革 ………（70）
　第二节　现当代建置沿革 ……（72）
第三章　行政区划 ……………（73）
　第一节　里　甲 ………………（73）
第二节　区　村 ………………（73）
第三节　区　乡 ………………（76）
第四节　社　队 ………………（76）
第五节　乡（镇）村 ……………（78）
第四章　城镇　乡村 …………（82）
　第一节　县　城 ………………（82）
　第二节　乡　镇 ………………（83）
　第三节　村　庄 ………………（89）

第二编　自然环境

第一章　地质　地貌 …………（95）
　第一节　地　质 ………………（95）
　第二节　地　貌 ………………（96）
第二章　气　候 ………………（98）
　第一节　气候特征 ……………（98）
　第二节　气候要素 ……………（99）
第三节　物　候 ………………（107）
第三章　水　文 ………………（108）
　第一节　地表水 ………………（108）
　第二节　地下水 ………………（110）
第四章　土壤　植被 …………（111）
　第一节　土　壤 ………………（111）

第二节　植　被……………（115）
第五章　自然资源……………（116）
　　第一节　土地资源……………（116）
　　第二节　矿产资源……………（117）
　　第三节　生物资源……………（118）

第六章　自然灾害……………（123）
　　第一节　气象灾害……………（123）
　　第二节　生物灾害……………（127）
　　第三节　震　灾………………（128）

第三编　人　口

第一章　人口规模………………（131）
　　第一节　人口总量……………（131）
　　第二节　人口变动……………（136）
　　第三节　人口分布……………（140）
第二章　人口构成………………（144）
　　第一节　自然构成……………（144）
　　第二节　社会构成……………（148）
　　第三节　婚姻家庭……………（154）
第三章　人口控制………………（157）
　　第一节　自然生育……………（157）
　　第二节　计划生育……………（157）
　　第三节　优生优育……………（163）

第四编　经济综述

第一章　经济体制………………（167）
　　第一节　农业体制……………（167）
　　第二节　工业体制……………（174）
　　第三节　商业体制……………（176）
第二章　经济结构………………（182）
　　第一节　产业产值结构………（182）
　　第二节　流通结构……………（193）
　　第三节　基本建设投资………（197）
第三章　扶贫开发………………（200）

　　第一节　四级扶贫……………（200）
　　第二节　扶贫项目……………（202）
　　第三节　定点扶贫……………（203）
　　第四节　扶贫成效……………（205）
第四章　人民生活………………（208）
　　第一节　收　入………………（208）
　　第二节　消　费………………（211）
　　第三节　存　余………………（215）

第五编　种植业

第一章　耕地　区划 ……… （221）
　第一节　耕地　劳力 ………… （221）
　第二节　种植区划 …………… （224）
第二章　粮食作物 …………… （226）
　第一节　小麦　玉米 ………… （226）
　第二节　杂　粮 ……………… （227）
　第三节　薯　类 ……………… （228）
第三章　经济作物 …………… （235）
　第一节　棉花　油料　药材 … （235）
　第二节　蔬菜　瓜类　食用菌
　　………………………………（236）
第四章　作物栽培 …………… （240）
　第一节　栽培技术 …………… （240）
　第二节　种子改良 …………… （245）
第五章　种粮补贴 …………… （249）
　第一节　粮食直补 …………… （249）
　第二节　退耕补助 …………… （249）

第六编　养殖业

第一章　畜禽饲养 …………… （253）
　第一节　饲草　饲料 ………… （253）
　第二节　家畜　家禽 ………… （254）
　第三节　畜禽产品 …………… （261）
第二章　改良　防疫 ……… （264）
　第一节　品种改良 …………… （264）
　第二节　疫病防治 …………… （266）
第三章　兽　医 ……………… （268）
　第一节　兽医机构 …………… （268）
　第二节　兽医技术 …………… （269）

第七编　农业机具

第一章　田间机具 ………… （273）
　第一节　耕作机具 …………… （273）
　第二节　播种机具 …………… （274）
　第三节　灌溉机具 …………… （275）

第四节　收获机具……………（275）
　　第五节　基建机械……………（276）
第二章　运输机具…………………（278）
　　第一节　人畜力运输机具……（278）
　　第二节　动力运输机械………（278）
第三章　加工机具…………………（279）
　　第一节　粮棉油加工机具……（279）
　　第二节　饲草饲料加工机具…（280）
第四章　农机管理…………………（281）
　　第一节　机　构………………（281）
　　第二节　管　理………………（281）

第八编　林　业

第一章　树　种……………………（287）
　　第一节　乡土树种……………（287）
　　第二节　引进树种……………（287）
　　第三节　古稀树木……………（291）
第二章　经济林木…………………（292）
　　第一节　水　果………………（292）
　　第二节　干　果………………（294）
第三章　植树造林…………………（296）
　　第一节　采　种………………（296）
　　第二节　育　苗………………（296）
　　第三节　四旁植树……………（299）
　　第四节　荒山造林……………（300）
第四章　林业管理…………………（305）
　　第一节　树木管护……………（305）
　　第二节　防火防虫……………（306）

第九编　红　枣

第一章　栽　植……………………（311）
　　第一节　栽植历史……………（311）
　　第二节　栽植管理……………（312）
第二章　品　种……………………（313）
　　第一节　传统品种……………（313）
　　第二节　引进品种……………（315）
第三章　加　工……………………（316）
　　第一节　制　干………………（316）
　　第二节　制　品………………（317）
　　第三节　贮　藏………………（318）
　　第四节　加工企业……………（319）
第四章　销　售……………………（320）
　　第一节　产　量………………（320）
　　第二节　销　售………………（322）

第五章 管理……………（322） 第二节 表彰……………（323）
　第一节 政策……………（322） 第三节 红枣节…………（324）

第十编 水 利

第一章 水利工程…………（329） 第二章 水利管理…………（345）
　第一节 农田灌溉………（329） 　第一节 水政……………（345）
　第二节 人畜用水………（334） 　第二节 工程管理………（346）
　第三节 水土保持………（340）

第十一编 工 业

第一章 电 力……………（351） 　第四节 酿酒……………（371）
　第一节 发 电…………（351） 第五章 其他工业…………（373）
　第二节 供 电…………（351） 　第一节 造纸 印刷……（373）
　第三节 电业管理………（355） 　第二节 木器 皮毛……（374）
第二章 化工 机械………（357） 　第三节 棉花加工………（375）
　第一节 化 工…………（357） 　第四节 纺织 缝纫 编织
　第二节 机 械…………（359） 　　………………………（376）
第三章 煤炭 建材………（361） 　第五节 麻绳 锅刷……（377）
　第一节 煤炭 煤气……（361） 　第六节 鞋 手套 纸箱……（377）
　第二节 建 材…………（363） 第六章 工业管理…………（378）
第四章 食品 酿造………（365） 　第一节 企业管理………（378）
　第一节 粮 油…………（365） 　第二节 工业普查………（379）
　第二节 副食品…………（367） 　第三节 乡镇企业管理…（381）
　第三节 豆制品…………（371）

第十二编　商　贸

第一章　交易场所 …………（385）
　第一节　集　市………………（385）
　第二节　庙　会………………（386）
　第三节　物资交流会…………（387）
　第四节　商店　超市…………（389）
第二章　商品购销 ……………（391）
　第一节　农业生产资料………（391）
　第二节　日用工业品…………（393）
　第三节　石油产品……………（394）
　第四节　土特产品……………（397）
　第五节　食品　副食品………（398）
　第六节　药　品………………（402）
　第七节　粮　油………………（404）
　第八节　计划物资供应………（413）
第三章　饮食服务 ……………（415）
　第一节　饮食业………………（415）
　第二节　服务业………………（415）
第四章　对外贸易 ……………（419）
　第一节　机　构………………（419）
　第二节　经营方式……………（420）
　第三节　出口商品……………（420）

第十三编　财　税

第一章　财　政 ………………（425）
　第一节　财政体制……………（425）
　第二节　财政收入……………（427）
　第三节　财政支出……………（430）
　第四节　财政债券……………（435）
　第五节　财政管理……………（437）
第二章　税　务 ………………（443）
　第一节　税制　税种…………（443）
　第二节　税收征管……………（449）

第十四编　金　融

第一章　银　行 ………………（455）
　第一节　机　构………………（455）

第二节 货　币……………（457）
第三节 借　贷……………（461）
第四节 储蓄　存款………（464）
第五节 金融监管…………（468）

第二章 保　险………………（474）
第一节 机　构……………（474）
第二节 业　务……………（474）

第十五编　交通运输

第一章 道　路………………（479）
　第一节 公　路……………（479）
　第二节 桥涵　渡口………（486）
第二章 运　输………………（496）
　第一节 运输工具…………（496）
　第二节 货运　客运………（496）
第三章 管　理………………（504）
　第一节 交通监理…………（504）
　第二节 运输管理…………（506）
　第三节 公路养护…………（507）

第十六编　邮　电

第一章 邮　政………………（513）
　第一节 机　构……………（513）
　第二节 邮政业务…………（513）
第二章 电　信………………（520）
　第一节 机　构……………（520）
　第二节 电信业务…………（521）

第十七编　城乡建设

第一章 城乡规划……………（527）
　第一节 城镇规划…………（527）
　第二节 农村规划…………（528）
第二章 县城建设……………（529）
　第一节 城　廓……………（529）
　第二节 街　道……………（530）
　第三节 建　筑……………（532）
　第四节 公共活动场所……（539）
　第五节 市政设施…………（541）
　第六节 环卫　绿化………（544）

第三章　村镇建设…………（545）	第三节　廉租房建设管理……（555）
第一节　集　镇…………（545）	第五章　环境保护…………（555）
第二节　农　村…………（548）	第一节　环境状况…………（555）
第四章　房地产管理………（553）	第二节　环境治理…………（558）
第一节　管理机构…………（553）	第三节　环境管理…………（560）
第二节　公房管理…………（553）	

第十八编　经济管理

第一章　计划管理…………（565）	第一节　管理机构…………（585）
第一节　管理机构…………（565）	第二节　计　量…………（586）
第二节　计划编制执行……（566）	第三节　标准化管理………（587）
第三节　流通计划管理……（569）	第四节　产品质量监督……（588）
第四节　投资计划管理……（570）	第五章　统计管理…………（590）
第二章　物价管理…………（571）	第一节　管理机构…………（590）
第一节　管理机构…………（571）	第二节　统计报表…………（590）
第二节　物价制度…………（572）	第三节　普查　调查………（591）
第三节　物价调节…………（573）	第四节　统计资料…………（592）
第四节　物价监督…………（577）	第六章　土地管理…………（593）
第三章　工商行政管理……（578）	第一节　管理机构…………（593）
第一节　管理机构…………（578）	第二节　地籍管理…………（594）
第二节　市场管理…………（579）	第三节　建设用地管理……（596）
第三节　工商企业登记……（580）	第四节　基本农田划定……（599）
第四节　商标　合同………（582）	第七章　审计监督…………（599）
第五节　个体私营经济管理 ………………………（584）	第一节　机构设施…………（599）
	第二节　国家审计…………（600）
第六节　经济检查…………（585）	第三节　社会审计…………（602）
第四章　质量技术监督……（585）	第四节　内部审计…………（603）

第八章　农村经营管理 …… （603）
　　第一节　农村劳动管理……… （603）
　　第二节　村级财务管理……… （605）

第十九编　中国共产党地方组织

第一章　中共永和县委员会 ………………………… （611）
　　第一节　党　员……………… （611）
　　第二节　党员代表大会……… （614）
　　第三节　县　委……………… （618）
　　第四节　工作机构…………… （622）
　　第五节　基层组织…………… （626）
第二章　党务工作 ………… （629）
　　第一节　整党整风…………… （629）
　　第二节　党员教育…………… （631）
　　第三节　党员评议…………… （634）
　　第四节　干部管理…………… （635）
　　第五节　纪检监察…………… （637）
　　第六节　统一战线…………… （641）
　　第七节　宣传工作…………… （642）
　　第八节　政法工作…………… （645）
　　第九节　综合治理…………… （647）
　　第十节　信访工作 ………… （648）
　　第十一节　党校工作………… （649）
　　第十二节　党史研究………… （651）
　　第十三节　老干部工作……… （651）
　　第十四节　重大活动………… （652）

第二十编　政权　政协

第一章　地方人大 ………… （657）
　　第一节　人民代表…………… （657）
　　第二节　各界人民代表会议… （658）
　　第三节　人民代表大会……… （659）
　　第四节　县人大常委会……… （667）
　　第五节　权力行使…………… （669）
第二章　地方政府 ………… （674）
　　第一节　县级政权…………… （674）
　　第二节　基层政权…………… （697）
第三章　地方政协 ………… （699）
　　第一节　机构设置…………… （699）
　　第二节　历届会议…………… （702）
　　第三节　主要工作…………… （706）

第二十一编　党派　社团

第一章　中国国民党地方组织 ……………（715）
　　第一节　组织机构……………（715）
　　第二节　主要活动……………（716）
第二章　社　团……………（716）
　　第一节　牺牲救国同盟会……（716）
　　第二节　工　会………………（717）
　　第三节　贫下中农协会………（719）
　　第四节　妇女联合会…………（720）
　　第五节　共产主义青年团……（723）
　　第六节　少年先锋队…………（726）
　　第七节　工商业联合会………（727）
　　第八节　个体劳动者协会……（728）
　　第九节　残疾人联合会………（729）
　　第十节　消费者协会…………（731）
　　第十一节　文学艺术联合会……………（731）
　　第十二节　科学技术协会……（732）

第二十二编　政　务

第一章　民　政 ……………（737）
　　第一节　优抚　安置…………（737）
　　第二节　救济　福利…………（739）
　　第三节　婚姻管理……………（743）
　　第四节　城市管理……………（744）
　　第五节　村民自治……………（745）
第二章　人　事 ……………（746）
　　第一节　干部队伍……………（746）
　　第二节　干部管理……………（750）
　　第三节　工资　福利…………（754）
　　第四节　专业技术人员管理…（756）
　　第五节　公务员管理…………（757）
　　第六节　离退休干部管理……（758）
第三章　劳　动 ……………（760）
　　第一节　管理机构……………（760）
　　第二节　用工制度……………（761）
　　第三节　就业　安置…………（762）
　　第四节　劳动工资……………（765）
　　第五节　保护　保险…………（770）
　　第六节　仲裁　监察…………（778）

第二十三编　公安　司法行政

第一章　公安……………（783）
　第一节　机　构……………（783）
　第二节　刑事侦查……………（784）
　第三节　专项斗争……………（786）
　第四节　户籍管理……………（791）
　第五节　消　防……………（792）
　第六节　交通管理……………（794）
　第七节　治安管理……………（797）
　第八节　监所管理……………（798）
第二章　司法行政……………（799）
　第一节　机　构……………（799）
　第二节　公　证……………（800）
　第三节　律师事务……………（801）
　第四节　民事调解……………（802）
　第五节　法制宣传……………（804）

第二十四编　检察　审判

第一章　检察……………（809）
　第一节　机　构……………（809）
　第二节　审捕公诉……………（810）
　第三节　刑事检察……………（811）
　第四节　经济检察……………（812）
　第五节　法纪检察……………（812）
　第六节　监所检察……………（813）
　第七节　控告申诉检察………（814）
　第八节　基本设施……………（815）
第二章　审　判……………（816）
　第一节　机　构……………（816）
　第二节　刑事审判……………（817）
　第三节　民事审判……………（819）
　第四节　经济审判……………（820）
　第五节　行政审判……………（821）
　第六节　案件复查……………（821）
　第七节　案件执行……………（822）
　第八节　告诉申诉……………（822）
　第九节　人民陪审……………（823）
　第十节　人民法庭……………（824）

第二十五编 军　事

第一章　要地　设施 ……… （829）
　第一节　要　地………… （829）
　第二节　设　施………… （830）
第二章　兵役制度 ………… （832）
　第一节　清代前兵役……… （832）
　第二节　民国兵役………… （833）
　第三节　中华人民共和国兵役（833）

第三章　武　装 ………… （835）
　第一节　驻　军…………… （835）
　第二节　地方武装………… （836）
　第三节　民　兵…………… （838）
第四章　战　事 ………… （842）
　第一节　古代战事………… （842）
　第二节　近现代战事……… （843）

第二十六编 教　育

第一章　旧式教育 ………… （851）
　第一节　儒　学…………… （851）
　第二节　书院　义学……… （851）
　第三节　私　塾…………… （852）
　第四节　科　举…………… （852）
第二章　普通教育 ………… （853）
　第一节　学前教育………… （853）
　第二节　小学教育………… （856）
　第三节　中学教育………… （865）
第三章　职业教育 ………… （875）
　第一节　师范教育………… （875）
　第二节　专业技术教育…… （876）
第四章　成人教育 ………… （878）
　第一节　农民教育………… （878）

　第二节　职工教育………… （881）
　第三节　电教函授　自学考试
　　　　　………………………（882）
第五章　品德教育 ………… （884）
　第一节　课堂教育………… （884）
　第二节　课外教育………… （885）
第六章　教　师 …………… （888）
　第一节　队　伍…………… （888）
　第二节　素　质…………… （891）
　第三节　培　训…………… （893）
　第四节　待　遇…………… （894）
第七章　教育管理 ………… （897）
　第一节　行政管理………… （897）
　第二节　教师管理………… （898）

第三节　教学管理……（900）
第四节　学籍管理……（903）

第八章　经费　设施……（904）

第一节　经　费……（904）
第二节　设　施……（909）

第二十七编　科　技

第一章　机构　队伍……（917）
第一节　科研机构……（917）
第二节　科技队伍……（919）

第二章　科技普及……（920）
第一节　科技活动……（920）
第二节　科技咨询……（927）

第三章　科技测报……（929）
第一节　气象测报……（929）
第二节　地震测报……（930）

第四章　科研成果……（931）
第一节　获奖项目……（931）
第二节　发表论文……（932）

第二十八编　文　化

第一章　文化管理……（939）
第一节　管理机构……（939）
第二节　文化网络……（939）

第二章　群众文化……（941）
第一节　社火　灯火　民乐……（941）
第二节　民间艺术……（944）

第三章　戏　剧……（945）
第一节　戏班　剧团……（945）
第二节　戏台　剧院……（948）
第三节　主要演出活动……（949）

第四章　文学艺术……（951）
第一节　文学创作……（951）
第二节　歌曲　剧本……（953）
第三节　书画　摄影……（955）

第五章　传　媒……（961）
第一节　报　刊……（961）
第二节　通讯报道……（962）
第三节　广播　电影　电视……（964）
第四节　互联网……（970）

第六章　图　书……（970）
第一节　图书馆……（970）
第二节　书　店……（972）

第七章　地方志　档案……（973）
　　第一节　地方志…………（973）
　　第二节　档　案…………（975）

第八章　文化市场……………（976）
　　第一节　市场规模…………（976）
　　第二节　市场管理…………（977）

第二十九编　文物　景观

第一章　文　物………………（981）
　　第一节　遗址　遗迹………（981）
　　第二节　古墓葬……………（985）
　　第三节　古建筑……………（987）
　　第四节　石窟　石刻………（991）
　　第五节　藏　品……………（992）
第二章　景　观………………（994）
　　第一节　自然景观…………（994）
　　第二节　人文景观…………（996）

第三十编　红军东征永和纪念馆

第一章　位置　建筑…………（1003）
　　第一节　位　置……………（1003）
　　第二节　建　筑……………（1003）
　　第三节　设　施……………（1006）
第二章　陈列　布展…………（1008）
　　第一节　陈　列……………（1008）
　　第二节　布　展……………（1012）
第三章　东征纪事……………（1013）
　　第一节　东征起因…………（1013）
　　第二节　转战永和…………（1014）
　　第三节　胜利回师…………（1017）
第四章　管　理………………（1019）
　　第一节　机　构……………（1019）
　　第二节　管　理……………（1020）

第三十一编　乾坤湾

第一章　位置　环境…………（1027）
　　第一节　位置　境域………（1027）
　　第二节　气候　环境………（1028）
第二章　景区规划……………（1031）

第一节 景区划分………（1031） 第二节 永和关湾景区………（1055）
第二节 景观保护区划分……（1041） 第三节 郭家山湾景区………（1060）
第三节 生态修复……………（1042） 第四节 河会里湾景区………（1062）
第三章 乾坤胜景…………（1054） 第五节 仙人湾景区…………（1063）
第一节 英雄湾景区…………（1054）

第三十二编 卫 生

第一章 防疫……………（1071） **第三章 保健**……………（1095）
　第一节 机构 设施设备……（1071） 　第一节 机构 设施…………（1095）
　第二节 公共卫生……………（1072） 　第二节 妇女保健……………（1096）
　第三节 传染病防治…………（1075） 　第三节 儿童保健……………（1099）
　第四节 地方病防治…………（1078） 　第四节 学生保健……………（1100）
第二章 医疗……………（1081） **第四章 中医药**…………（1101）
　第一节 机 构………………（1081） 　第一节 药材资源……………（1101）
　第二节 队 伍………………（1083） 　第二节 药材采集加工………（1102）
　第三节 设 备………………（1085） **第五章 药政管理**………（1103）
　第四节 医疗技术……………（1090） 　第一节 机 构………………（1103）
　第五节 医疗制度……………（1092） 　第二节 管 理………………（1104）

第三十三编 体 育

第一章 群众体育………（1109） 　第一节 体育教学……………（1113）
　第一节 传统体育……………（1109） 　第二节 业余体校……………（1114）
　第二节 职工体育……………（1111） **第三章 体育竞赛**………（1115）
　第三节 老年体育……………（1112） 　第一节 赛 事………………（1115）
第二章 学校体育………（1113） 　第二节 成 绩………………（1116）

第四章　机构　设施 ……… （1124）　　第二节　设　施 ……………（1125）
　第一节　机　构 …………… （1124）

第三十四编　民俗　宗教

第一章　生活习俗 …………… （1129）　　第三节　承　嗣 ……………（1161）
　第一节　衣　饰 …………… （1129）　第五章　节日习俗 ……………（1161）
　第二节　饮　食 …………… （1132）　　第一节　传统节日 …………（1161）
　第三节　住　宅 …………… （1135）　　第二节　新兴节日 …………（1164）
　第四节　器　用 …………… （1136）　　第三节　外来节日 …………（1165）
　第五节　行　旅 …………… （1139）　第六章　陋习　禁忌 ………（1166）
　第六节　生　产 …………… （1140）　　第一节　陋　习 ……………（1166）
　第七节　游　艺 …………… （1142）　　第二节　禁　忌 ……………（1167）
第二章　婚嫁　丧葬 ………（1146）　第七章　良风美德 ……………（1168）
　第一节　婚　嫁 …………… （1146）　　第一节　敬老爱亲 …………（1168）
　第二节　丧　葬 …………… （1152）　　第二节　见义勇为 …………（1169）
第三章　寿诞　喜庆 ………（1158）　　第三节　助人为乐 …………（1169）
　第一节　寿　诞 …………… （1158）　　第四节　敬业奉献 …………（1170）
　第二节　喜　庆 …………… （1159）　　第五节　诚实守信 …………（1170）
第四章　交往礼俗 ……………（1159）　第八章　宗教　信仰 ………（1171）
　第一节　称　谓 …………… （1159）　　第一节　宗　教 ……………（1171）
　第二节　交　往 …………… （1160）　　第二节　民间信仰 …………（1173）

第三十五编　方言　俗语　歌谣

第一章　方　言 ………………（1177）　第二章　俗　语 ………………（1184）
　第一节　音　系 …………… （1177）　　第一节　谚　语 ……………（1184）
　第二节　词　汇 …………… （1179）　　第二节　歇后语 ……………（1189）

第三章　歌　谣 …………（1190）	**第四章　民间传说** …………（1197）
第一节　革命歌谣…………（1190）	第一节　地名传说…………（1197）
第二节　情　歌……………（1192）	第二节　风物传说…………（1198）
第三节　生活歌谣…………（1195）	第三节　人物传说…………（1204）
第四节　童　谣……………（1196）	

第三十六编　人　物

第一章　人物传 ……………（1211）	第二节　先进英模…………（1251）
第一节　古代人物…………（1211）	第三节　专家学者…………（1260）
第二节　现代人物…………（1214）	**第三章　人物名录** …………（1282）
第二章　人物简介 …………（1243）	第一节　革命烈士…………（1282）
第一节　正县（团）级以上干部 ……………（1243）	第二节　县团级正职以上人员 ……………（1286）

第三十七编　艺　文

第一章　诗　赋 ……………（1291）	第三节　戏　曲……………（1318）
第一节　诗　歌……………（1291）	**第三章　碑刻　文献　县志序** ……………（1334）
第二节　赋…………………（1300）	
第二章　散文　小说　戏曲 ……………（1301）	第一节　碑　刻……………（1334）
第一节　散　文……………（1301）	第二节　文　献……………（1340）
第二节　小　说……………（1314）	第三节　县志序……………（1345）

表索引 ………………………………………………………………………（1349）

后　记

Contents

General Survey ·· (1)

Chronicle of Events ·· (11)

Volume I. Organizational System

Chapter 1. Boundaries of County
·· (69)

Section 1. Location ··················· (69)

Section 2. Territory ··················· (69)

Chapter 2. History of County
·· (70)

Section 1. Ancient County ········· (70)

Section 2. Contemporary County ··· (73)

Chapter 3. Administrative Division
·· (73)

Section 1. Lijia ····················· (73)

Section 2. District Village ········· (73)

Section 3. District Township ······ (76)

Section 4. Community ············· (76)

Section 5. Rural ···················· (78)

Chapter 4. Town and Village
·· (82)

Section 1. County ···················· (82)

Section 2. Town ····················· (83)

Section 3. Village ···················· (89)

Volume II. Natural Environment

Chapter 1. Geology and Landform
·· (95)

Section 1. Geology ··················· (95)

Section 2. Landform ················· (96)

Chapter 2. Climate ············ (98)

Section 1. Climatic Characteristics
·· (98)

Section 2. Climatic Factor ········ (99)

Section 3. Phenology .... (107)

Chapter 3. Hydrology .... (108)
Section 1. Surface Water .... (108)
Section 2. Ground water .... (110)

Chapter 4. Soil and Vegetation
.... (111)
Section 1. Soil .... (111)
Section 2. Vegetation .... (115)

Chapter 5. Natural Resources
.... (116)
Section 1. Land Resources ...... (116)
Section 3. Mineral Resources ... (117)
Section 4. Biological Resources
.... (118)

Chapter 6. Natural Hazards
.... (123)
Section 1. Meteorological Hazards
.... (123)
Section 2. Biological Hazards ... (127)
Section 3. Earthquake Hazards ... (128)

Volume III. Population

Chapter 1. Population Scale
.... (131)
Section 1. Total Population ...... (131)
Section 2. Population Change ... (136)
Section 3. Population Distribution
.... (140)

Chapter 2. Demographic Composition .... (144)
Section 1. Natural Composition ... (144)
Section 2. Social Composition ... (148)
Section 3. Marriage and Family (154)

Chapter 3. Population Control
.... (157)
Section 1. Natural Birth .... (157)
Section 2. Birth Control .... (157)
Section 3. Prenatal Birth and Postnatal Care .... (163)

Volume IV. Economic Review

Chapter 1. Economic System
.... (167)
Section 1. Agriculture System ... (167)
Section 2. Industrial System ...... (174)

Section 3. Commercial System ⋯ (176)

Chapter 2. Economic Structure
⋯⋯⋯⋯⋯⋯⋯⋯⋯⋯⋯⋯⋯⋯ (182)

Section 1. Industry Structure
⋯⋯⋯⋯⋯⋯⋯⋯⋯⋯⋯⋯⋯⋯ (182)

Section 2. Circulate Structure
⋯⋯⋯⋯⋯⋯⋯⋯⋯⋯⋯⋯⋯⋯ (193)

Section 3. Capital Investment ⋯ (197)

Chapter 3. Poverty Reduction
⋯⋯⋯⋯⋯⋯⋯⋯⋯⋯⋯⋯⋯⋯ (200)

Section 1. Four Level Poverty Reduction
⋯⋯⋯⋯⋯⋯⋯⋯⋯⋯⋯⋯⋯⋯ (200)

Section 2. Poverty Reduction Project
⋯⋯⋯⋯⋯⋯⋯⋯⋯⋯⋯⋯⋯⋯ (202)

Section 3. Fixed-point Poverty Alleviation
⋯⋯⋯⋯⋯⋯⋯⋯⋯⋯⋯⋯⋯⋯ (203)

Section 4. Poverty Alleviation
⋯⋯⋯⋯⋯⋯⋯⋯⋯⋯⋯⋯⋯⋯ (205)

Chapter 4. People's Lives
⋯⋯⋯⋯⋯⋯⋯⋯⋯⋯⋯⋯⋯⋯ (208)

Section 1. Income⋯⋯⋯⋯⋯⋯ (208)

Section 2. Consumption ⋯⋯⋯ (211)

Section 3. Surplus ⋯⋯⋯⋯⋯ (215)

Volume V. Planting Industry

Chapter 1. Arable Land and Zoning ⋯⋯⋯⋯⋯⋯⋯⋯⋯ (221)

Section 1. Arable Lane⋯⋯⋯⋯⋯ (221)

Section 2. Agricultural Zoning
⋯⋯⋯⋯⋯⋯⋯⋯⋯⋯⋯⋯⋯⋯ (224)

Chapter 2. Food Crops ⋯ (226)

Section 1. Wheat and Corn ⋯⋯ (226)

Section 2. Cereal ⋯⋯⋯⋯⋯⋯ (227)

Section 3. Potato ⋯⋯⋯⋯⋯⋯ (228)

Chapter 3. Economic Crops
⋯⋯⋯⋯⋯⋯⋯⋯⋯⋯⋯⋯⋯⋯ (235)

Section 1. Cotton, Oilseed and Herb
⋯⋯⋯⋯⋯⋯⋯⋯⋯⋯⋯⋯⋯⋯ (235)

Section 2. Vegetables, Melons and Mushroom ⋯⋯⋯⋯⋯⋯⋯⋯ (236)

Chapter 4. Crop Cultivation
⋯⋯⋯⋯⋯⋯⋯⋯⋯⋯⋯⋯⋯⋯ (240)

Section 1. Cultivation Techniques
⋯⋯⋯⋯⋯⋯⋯⋯⋯⋯⋯⋯⋯⋯ (240)

Section 2. Seed Improvement ⋯ (245)

Chapter 5. Crop Subsidy ⋯ (249)

Section 1. Crop Direct Subsidy
⋯⋯⋯⋯⋯⋯⋯⋯⋯⋯⋯⋯⋯⋯ (249)

Section 2. Returning Farmland Subsidy
⋯⋯⋯⋯⋯⋯⋯⋯⋯⋯⋯⋯⋯⋯ (249)

Volume VI. Breeding Industry

Chapter 1. Livestock and Poultry Raising ……………… (253)
Section 1. Forage ………… (253)
Section 2. Livestock and Poultry ……………………………… (254)
Section 3. Livestock and Poultry Products ……………………………… (261)

Chapter 2. Improvement and Disease Prevention …… (264)
Section 1. Breed Improvement ……………………………… (264)
Section 2. Disease Prevention ……………………………… (266)

Chapter 3. Veterinarian … (268)
Section 1. Veterinary Organization ……………………………… (268)
Section 2. Veterinary Technology ……………………………… (269)

Volume VII. Agricultural Equipment

Chapter 1. Field Equipment ……………………………… (273)
Section 1. Tillage Equipment … (273)
Section 2. Planter Equipment … (274)
Section 3. Irrigation Equipment … (275)
Section 4. Harvest Equipment … (275)
Section 5. Infrastructure Equipment ……………………………… (276)

Chapter 2. Transportation Equipment ………… (278)
Section 1. Human and Animal Power Transportation Equipment …… (278)
Section 2. Gas Power Transportation Equipment ………… (278)

Chapter 3. Processing Equipment ……………………………… (279)
Section 1. Food, Cotton and Oil Processing Equipment ………… (279)
Section 2. Forage Processing Equipment ……………………………… (280)

Chapter 4. Technological Innovation and Management ……………………………… (281)

Section 1. Technological Innovation ………………………… (281)

Section 2. Equipment Management ………………………… (281)

Volume VIII. Forestry

Chapter 1. Tree Species ………………………… (287)
Section 1. Native Tree Species … (287)
Section 2. Introduced Tree Species ………………………… (287)
Section 3. Rare Tree Species … (291)

Chapter 2. Economic Trees ………………………… (292)
Section 1. Fruit ……………… (292)
Section 2. Dried Fruit ………… (294)

Chapter 3. Afforestation … (296)
Section 1. Seed Collection …… (296)
Section 2. Seedling Cultivation ………………………… (296)
Section 3. Planting Around County ………………………… (299)
Section 4. Planting in the Barren Mountain ………………………… (300)

Chapter 4. Forest Management and Protection ……………… (305)
Section 1. Forest Management and Protection ……………………… (305)
Section 2. Forest Fire Prevention and Pest Control ……………………… (306)

Volume IX. Jujube

Chapter 1. Planting ……… (311)
Section 1. Planting History …… (311)
Section 1. Planting Management ………………………… (312)

Chapter 2. Species Features ………………………… (313)
Section 1. Traditional Species … (313)
Section 2. Introduced Species ………………………… (315)

Chapter 3. Processing and Storage ……………………… (316)
Section 1. Dried Jujube Processing ………………………… (316)
Section 2. Product ……………… (317)

Section 3. Storage······（318）
Section 4. Processing Enterprise
······（319）

Chapter 4. Production and Sales
······（320）
Section 1. Production ······（320）

Section 2. Sales ······（322）
Chapter 5. Management ···（322）
Section 1. Policy ······（322）
Section 2. Commend ······（323）
Section 3. Jujube Festival Culture
······（324）

Volume X. Hydraulic Engineering

Chapter 1. Hydraulic Engineering
······（329）
Section 1. Irrigation Project ······（329）
Section 2. Drinking Water Project ···（334）
Section 3. Soil Conservation Project
······（340）

Chapter 2. Hydraulic Engineering Management ······（345）
Section 1. Water Policy ······（345）
Section 2. Engineering Management
······（346）

Volume XI. Industry

Chapter 1. Electricity ······（351）
Section 1. Power Generation ···（351）
Section 2. Power Supply ······（351）
Section 3. Electrical Industry Management
······（355）

Chapter 2. Chemical and Mechanical Industry ······（357）
Section 1. Chemical Industry
······（357）

Section 2. Mechanical Industry ···（359）
Chapter 3. Coal and Construction Material ······（361）
Section 1. Coal and Gas ······（361）
Section 2. Construction Material
······（363）
Chapter 4. Food Brewing ···（365）
Section 1. Oil ······（365）
Section 2. Non-staple Food ······（367）

Section 3. Soy Product and Jujube Product ………………………… （371）

Section 4. Vintage ………… （371）

Chapter 5. Others ………… （373）

Section 1. Paper and Printing … （373）

Section 2. Wood and Fur ……… （374）

Section 3. Cotton Processing … （375）

Section 4. Textile, Sewing and Weaving ………………………………… （376）

Section 5. Hemp and Pot Brush … （377）

Section 6. Shoe, Glove and Cardboard ………………………………… （377）

Chapter 6. Business Management ………………………………… （378）

Section 1. Business Management ………………………………… （378）

Section 2. Industrial Census ………………………………… （379）

Section 3. Township Business Management ………………………………… （381）

Volume XII. Commercial Trade

Chapter 1. Market Trade … （385）

Section 1. Market …………… （385）

Section 2. Temple Fair ………… （386）

Section 3. Exchange of Goods ………………………………… （387）

Section 4. Store Supermarket ………………………………… （389）

Chapter 2. Commodity Buying and Selling ………………… （391）

Section 1. Agricultural Production ………………………………… （391）

Section 2. Daily Industrial Product ………………………………… （393）

Section 3. Petroleum Product ………………………………… （394）

Section 4. Local Product ……… （397）

Section 5. Food and Non-staple Food ………………………………… （398）

Section 6. Medicine …………… （402）

Section 7. Food and Oilseed …… （404）

Section 8. Material and Supply Plan ………………………………… （413）

Chapter 3. Food Service … （415）

Section 1. Catering Industry …… （415）

Section 2. Service Industry ……（415）

Chapter 4. Foreign Trade ………………………………… （419）

Section 1. Institution ………… （419）

Section 2. Operation Mode …… （420）

Section 3. Export Good………… （420）

Volume XIII. Finance and Tax

Chapter 1. Finance (425)
 Section 1. Finance System (425)
 Section 2. Finance Income (427)
 Section 3. Finance Expense (430)
 Section 4. Finance Debit (435)
 Section 5. Finance Management (437)

Chapter 2. Tax (443)
 Section 1. Type of Taxes (443)
 Section 2. Tax Management (449)

Volume XIV. Finance and Insurance

Chapter 1. Bank (455)
 Section 1. Institution (455)
 Section 2. Currency (457)
 Section 3. Loan (461)
 Section 4. Savings and Deposits (464)
 Section 5. Financial Supervision (468)

Chapter 2. Insurance (474)
 Section 1. Institution (474)
 Section 2. Business (474)

Volume XV. Transportation

Chapter 1. Road (479)
 Section 1. Highway (479)
 Section 2. Bridge and Ferry (486)

Chapter 2. Transportation (496)
 Section 1. Conveyance (496)
 Section 2. Freight and Passenger Transportation (496)

Chapter 3. Transportation Management (504)
 Section 1. Highway Maintenance (504)

Section 2. Transport Supervision ……………………………… （506）

Section 3. Transportation Management ……………………………… （507）

Volume XVI. post and telecommunications

Chapter 1. Posts ………… （513）
Section 1. Organization ……… （513）
Section 2. Post Service ………… （513）
Chapter 2. Telecommunication

Service ……………… （520）
Section 1. Organization ……… （520）
Section 2. Telecommunication Service ……………………………… （521）

Volume XVII. County and Rural Construction

Chapter 1. County and Rural Planning ……………… （527）
Section 1. County …………… （527）
Section 2. Rural ……………… （528）
Chapter 2. County Construction
……………………………… （529）
Section 1. Around the County
……………………………… （529）
Section 2. Street …………… （530）
Section 3. Building ………… （532）
Section 4. Public Facility ……… （539）
Section 5. Municipal Construction
……………………………… （541）
Section 6. Sanitation and Greening
……………………………… （544）

Chapter 3. Rural Construction
……………………………… （545）
Section 1. Town …………… （545）
Section 2. Rural …………… （548）
Chapter 4. Real Estate Management
……………………………… （553）
Section 1. Management Institution … （553）
Section 2. Public Housing Management
……………………………… （553）
Section 3. Low-rent Housing Management
……………………………… （555）
Chapter 5. Environmental Protection
……………………………… （555）
Section 1. Environmental Condition
……………………………… （555）

Section 2. Environmental Governance ……………………………………… （558）

Section 3. Environmental Management ……………………………………… （560）

Volume XVIII. Economic Management

Chapter 1. Planning and Management ……………… （565）

Section 1. Management Institution ……………………………………… （565）

Section 2. Planning Executive … （566）

Section 3. Circulation Planning Management ……………………………… （569）

Section 4. Investment Planning Management ……………………………… （570）

Chapter 2. Price Management ……………………………………… （571）

Section 1. Management Institution ……………………………………… （571）

Section 2. Price System ……… （572）

Section 3. Price Adjustment …… （573）

Section 4. Price Supervision …… （577）

Chapter 3. Business Administration ……………………………………… （578）

Section 1. Management Institution ……………………………………… （578）

Section 2. Market Management ……………………………………… （579）

Section 3. Industrial and Commercial Enterprises Registration ……… （580）

Section 4. Trademark and Contract ……………………………………… （582）

Section 5. Private Economy Management ……………………………………… （584）

Section 6. Economic Inspection … （585）

Chapter 4. Quality and Technical Supervision ……………… （585）

Section 1. Management Institution ……………………………………… （585）

Section 2. Measurement ……… （586）

Section 3. Standardization Management ……………………………………… （587）

Section 4. Product Quality Supervision ……………………………………… （588）

Chapter 5. Statistics Management ……………………………………… （590）

Section 1. Management Institution ……………………………………… （590）

Section 2. Statistical Report …… （590）

Section 3. Census and Survey ……………………………………… （591）

Section 4. Statistic Data ……… （592）

Chapter 6. Land Management ……………………………………… （593）

Section 1. Management Institution .... (593)

Section 2. Cadastral Management .... (594)

Section 3. Construction Land Management .... (596)

Section 4. Delineation of Basic Farmland .... (599)

Chapter 7. Audit Oversight ... (599)

Section 1. Audit Institution ...... (599)
Section 2. National Audit .... (600)
Section 3. Social Audit .... (602)
Section 4. Internal Audit .... (603)

Chapter 8. Rural Management .... (603)

Section 1. Labor Management ... (603)
Section 2. Financial Management .... (605)

Volume XIX. Local Party of the Communist Party of China

Chapter 1. Chinese Communist Party Yonghe County Committee .... (611)

Section 1. County Party Committee .... (611)

Section 2. Party Members .... (614)

Section 3. Grassroots Organizations .... (618)

Section 4. Working Organization .... (622)

Section 5. Party Congress .... (626)

Chapter 2. Party Work ...... (629)

Section 1. Rectification of the Whole Party .... (629)

Section 2. Party Member Education .... (631)

Section 3. Party Members Comment .... (634)

Section 4. Cadre Management ... (635)

Section 5. Discipline Inspection and Supervision .... (637)

Section 6. United Front .... (641)

Section 7. Advertising .... (642)

Section 8. Political and Legal Work .... (645)

Section 9. Comprehensive Management .... (647)

Section 10. Petition Work ...... (648)

Section 11. Party School Work ... (649)

Section 12. History of the Party ... (651)

Section 13. Veteran Work ...... (651)

Section 14. Important Event ...... (652)

Volume XX. Political Power and Political Consultative

Chapter 1. Local People's Congress ············ (657)

Section 1. People's Representative
·· (657)

Section 2. Each Session of The People's Behalf Confab ·················· (658)

Section 3. The People's Congress
·· (659)

Section 4. County People's Congress Standing Committee ············ (667)

Section 5. Exercise Power ······ (669)

Chapter 2. Local Government
·· (674)

Section 1. County level Regime ··· (674)

Section 2. Grassroots' Regime ··· (697)

Chapter 3. The Local Chinese People's Political Consultative
·· (699)

Section 1. Institutional Setting ··· (699)

Section 2. All Previous Meeting
·· (702)

Section 3. Working Brief ········ (706)

Volume XXI. Partisan College

Chapter 1. KuoMintang of China
·· (715)

Section 1. Organization ········ (715)

Section 2. Main Event ·········· (716)

Chapter 2. College ············ (716)

Section 1. Sacrifice Salvation League
·· (716)

Section 2. Trade Union ·········· (717)

Section 3. Poor Peasant Association
·· (719)

Section 4. Women's Federation ··· (720)

Section 5. Communist Youth League
·· (723)

Section 6. Young Pioneer ········ (726)

Section 7. Business Association
·· (727)

Section 8. Individual Worker Association
·· (728)

Section 9. Disabled Persons' Federation
·· (729)

Section 10. The Consumer Association .... (731)

Section 11. Federation of Literary and Art .... (731)

Section 12. Science and Technology Association .... (732)

Volume XXII. Government Affair

Chapter 1. Civil Affair .... (737)
Section 1. Special Care and Placement .... (737)

Section 2. Relief and Welfare ... (739)

Section 3. Marriage Management .... (743)

Section 4. Petition .... (744)

Section 5. Urban Management ... (745)

Chapter 2. Human Affair ... (746)
Section 1. Cadre .... (746)

Section 2. Cadre Management ... (750)

Section 3. Wage and Benefit ... (754)

Section 4. Professional and Technical Personnel Management .... (756)

Section 5. Civil Service Management .... (757)

Section 6. Retired Cadre Management .... (758)

Chapter 3. Labor .... (760)
Section 1. Management Institution .... (760)

Section 2. Employment System ... (761)

Section 3. Employment Install ... (762)

Section 4. Labor Wage .... (765)

Section 5. Protection and Insurance .... (770)

Section 6. Arbitration and Supervision .... (778)

Volume XXIII. Judicature

Chapter 1. The Public Security .... (783)
Section 1. Institution .... (783)

Section 2. Criminal Investigation .... (784)

Section 3. Special Struggle .... (786)

Section 4. Household Management ……………………………… （791）
Section 5. Fire Department …… （792）
Section 6. Traffic Management … （794）
Section 7. Security Management ……………………………… （797）
Section 8. Prison Management … （798）

Chapter 2. Administration of Justice ……………………… （799）
Section 1. Institution ………… （799）
Section 2. Notary ……………… （800）
Section 3. Lawyer Affair ……… （801）
Section 4. Civil Mediation …… （802）
Section 5. Legal Publicity …… （804）

Volume XXIV. Prosecution and Trial

Chapter 1. Prosecution System ……………………………… （809）
Section 1. Institution ………… （809）
Section 2. Lawman Prosecution … （810）
Section 3. Criminal Prosecution … （811）
Section 4. Economic Prosecution ……………………………… （812）
Section 5. Law and Order Prosecution ……………………………… （812）
Section 6. Prison Prosecution … （813）
Section 7. Complaint and Appeal Prosecution ………………… （814）
Section 8. Basic Facility ……… （815）

Chapter 2. Trial …………………… （816）
Section 1. Institution ………… （816）
Section 2. Criminal Trial ……… （817）
Section 3. Civil Trial ………… （819）
Section 4. Economic Trial …… （820）
Section 5. The Administrative Trial ……………………………… （821）
Section 6. Case review ………… （821）
Section 7. Case Execution …… （822）
Section 8. Appeal and Complaint ……………………………… （822）
Section 9. People's Jury …… （823）
Section 10. People's Court … （824）

Volume XXV. Military

Chapter 1. Important Place and Facility ……………………… （829）
Section 1. Important Place ……………………………… （829）

Section 2. Facility ············· (830)

Chapter 2. Military System
················· (832)

Section 1. Military Service before the Qing Dynasty ············· (832)

Section 2. The Republic of China Military Service ············· (833)

Section 3. People's Republic of China Military Service ············· (833)

Chapter 3. Armed Force
················· (835)

Section 1. Garrison ············· (835)

Section 2. The Local Armed Force ················· (836)

Section 3. Militia ············· (838)

Chapter 4. Warfare ············· (842)

Section 1. Ancient War ············· (842)

Section 2. Modern War············· (843)

Volume XXVI. Education

Chapter 1. Old Style Education
················· (851)

Section 1. Confucianism ············· (851)

Section 2. College Compulsory Education ················· (851)

Section 3. Private School ············· (852)

Section 4. Imperial Examinations ················· (852)

Chapter 2. General Education
················· (853)

Section 1. Preschool Education ················· (853)

Section 2. Primary Education ··· (856)

Section 3. Secondary Education ················· (865)

Chapter 3. Career Education
················· (875)

Section 1. Teacher Education ··· (875)

Section 2. Professional and Technical Education ············· (876)

Chapter 4. Adult Education
················· (878)

Section 1. Farmer Education ··· (878)

Section 2. Staff Education ······ (881)

Section 3. Audio-visual Correspondence and Self-study examination ··· (882)

Chapter 5. Moral Education
················· (884)

Section 1. Classroom Education ················· (884)

Section 2. Extracurricular Education ················· (885)

Chapter 6. Teacher ············ (888)

Section 1.Team ············· (888)

Section 2. Quality ……………… (891)
Section 3. Training ……………… (893)
Section 4. Treatment …………… (894)

Chapter 7. Education Management
……………………………………… (897)
Section 1. Administration ……… (897)
Section 2. Teacher Management
……………………………………… (898)

Section 3. Teaching Management
……………………………………… (900)
Section 4. School Management
……………………………………… (903)

Chapter 8. Fund and Facility
……………………………………… (904)
Section 1. Fund ………………… (904)
Section 2. Facility ……………… (909)

Volume XXVII. Science and Technology

Chapter 1. Institution and Team
……………………………………… (917)
Section 1. Research Institution … (917)
Section 2. Technology Team …… (919)

Chapter 2. Science and Technology Popularization
……………………………………… (920)
Section 1. Science and Technology Activity
……………………………………… (920)
Section 2. Technology Consulting
……………………………………… (927)

Chapter 3. Technology Forecasting
……………………………………… (929)
Section 1. Meteorological Forecasting
……………………………………… (929)
Section 2. Earthquake Forecasting
……………………………………… (930)

Chapter 4. Achievements in Scientiflc Research ……… (931)
Section 1. The Award-winning Project
……………………………………… (931)
Section 2. Published Paper …… (932)

Volume XXVIII. Culture

Chapter 1. Cultural Management
……………………………………… (939)

Section 1. Management ………… (939)
Section 2. Cultural Network …… (939)

Chapter 2. Mass Culture ⋯ （941）
    Section 1. Community Fire, Light and Folk Music ⋯⋯⋯⋯⋯⋯⋯⋯（941）
    Section 2. Folk Art ⋯⋯⋯⋯（944）

Chapter 3. Drama ⋯⋯⋯⋯（945）
    Section 1. Troupe and Theater ⋯⋯⋯⋯⋯⋯⋯⋯⋯⋯（945）
    Section 2. Stage and Theater ⋯（948）
    Section 3. The Main Performances ⋯⋯⋯⋯⋯⋯⋯⋯⋯⋯⋯⋯（949）

Chapter 4. Literature and Art ⋯⋯⋯⋯⋯⋯⋯⋯⋯⋯⋯⋯（951）
    Section 1. Literature ⋯⋯⋯⋯（951）
    Section 2. Song and Play ⋯⋯⋯（953）
    Section 3. Painting and Photography ⋯⋯⋯⋯⋯⋯⋯⋯⋯⋯⋯⋯（955）

Chapter 5. Media ⋯⋯⋯⋯⋯（961）
    Section 1. Newspaper ⋯⋯⋯⋯（961）
    Section 2. Communication Report ⋯⋯⋯⋯⋯⋯⋯⋯⋯⋯⋯⋯（962）
    Section 3. Radio, Film and Television ⋯⋯⋯⋯⋯⋯⋯⋯⋯⋯⋯（964）
    Section 4. The Internet ⋯⋯⋯（970）

Chapter 6. Book ⋯⋯⋯⋯⋯（970）
    Section 1. Library ⋯⋯⋯⋯⋯（970）
    Section 2. Bookstore ⋯⋯⋯⋯（972）

Chapter 7. Local Records ⋯⋯⋯⋯⋯⋯⋯⋯⋯⋯⋯⋯⋯⋯（973）
    Section 1. Local Chronicles ⋯⋯（973）
    Section 2. Records ⋯⋯⋯⋯⋯（975）

Chapter 8. Cultural Market ⋯⋯⋯⋯⋯⋯⋯⋯⋯⋯⋯⋯⋯⋯（976）
    Section 1. Market Size ⋯⋯⋯（976）
    Section 2. Market Management ⋯⋯⋯⋯⋯⋯⋯⋯⋯⋯⋯⋯⋯⋯（977）

Volume XXIX. Heritage and Landscape

Chapter 1. Historical Relic ⋯（981）
    Section 1. Ancient Ruin and Ancient Tomb ⋯⋯⋯⋯⋯⋯⋯⋯⋯⋯（981）
    Section 2. Ancient Building and Ancient Temple ⋯⋯⋯⋯⋯⋯⋯（985）
    Section 3. Cave and Stone Carving ⋯⋯⋯⋯⋯⋯⋯⋯⋯⋯⋯⋯（987）
    Section 4. Monument and Artifact ⋯⋯⋯⋯⋯⋯⋯⋯⋯⋯⋯⋯（991）
    Section 5. Collection ⋯⋯⋯⋯（992）

Chapter 2. Landscape ⋯⋯⋯（994）
    Section 1. Natural Landscape ⋯（994）
    Section 2. Cultural Landscape ⋯⋯⋯⋯⋯⋯⋯⋯⋯⋯⋯⋯⋯⋯（996）

Volume XXX. Red Army East Expedition Memorial Hall of Yonghe

Chapter 1. Location and Building ………………………（1003）
Section 1. Location ………（1003）
Section 2. Building ………（1003）
Section 3. Facilities ………（1006）

Chapter 2. Display and Exhibition ………………………（1008）
Section 1. Display ………（1008）
Section 2. Exhibition ………（1012）

Chapter 3. Eastern Expedition Chronicle ………………（1013）
Section 1. Origin ………（1013）
Section 2. Fight in Yonghe ………（1014）
Section 3. Victory ………（1017）

Chapter 4. Management ………………………（1019）
Section 1. Institution ………（1019）
Section 2. Management ………（1020）

Volume XXXI. Qiankun Bay

Chapter 1. Location and Environment ……………（1027）
Section 1. Location and Domain ………………（1027）
Section 2. Climate and Environment ………………（1028）

Chapter 2. Scenic Planning ………………………（1031）
Section 1. Scenic Division ………（1031）
Section 2. Classification of Landscape Protected Areas ………（1041）
Section 3. Ecological Restoration ………………………（1042）

Chapter 3. Qiankun Scenery ………………………（1054）
Section 1. Hero Bay ………（1054）
Section 2. Yongheguan Bay ………………………（1055）
Section 3. Guojiashan Bay ………（1060）
Section 4. Hehuili Bay ………（1062）
Section 5. Fairy Bay ………（1063）

Volume XXXII. Hygiene

Chapter 1. Prevention ······ (1071)
Section 1. Institution ············ (1071)
Section 2. Public Health ········ (1072)
Section 3. Communicable Disease Control ································ (1075)
Section 4. Endemic Disease Control ································ (1078)

Chapter 2. Medical ··········· (1081)
Section 1. Institution ············ (1081)
Section 2. Team ················ (1083)
Section 3. Equipment ············ (1085)
Section 4. Medicine ············· (1090)
Section 5. Medical System ······ (1092)

Chapter 3. Health Care······ (1095)
Section 1. Health Care Facility ································ (1095)
Section 2. Women's Health ································ (1096)
Section 3. Child Care ············ (1099)
Section 4. Student Health Care ································ (1100)

Chapter 4. Medicine ································ (1101)
Section 1. Medicinal Resource ································ (1101)
Section 2. Medicinal Herb Collection and Processing ················ (1102)

Chapter 5. Pharmaceutical Affair ································ (1103)
Section 1. Institution ············ (1103)
Section 2. Management ········· (1104)

Volume XXXIII. Sport

Chapter 1. Mass Sport ······ (1109)
Section 1. Traditional Sport ······ (1109)
Section 2. Staff Sport ············ (1111)
Section 3. Elder Sport ············ (1112)

Chapter 2. Physical Education ································ (1113)
Section 1. Physical Education ································ (1113)

Section 2. Amateur Sport School ……………………………（1114）

Chapter 3. Sport Competition ……………………………（1115）

Section 1. County Sport Competition ……………………………（1115）

Section 2. Outside Sport Competition ……………………………（1116）

Chapter 4. Institution and Facility ……………………………（1124）

Section 1. Institution ………（1124）

Section 2. Facility ……………（1125）

Volume XXXIV. Folklore and Religion

Chapter 1. Living Custom ……………………………（1129）

Section 1. Clothing …………（1129）

Section 2. Food ………………（1132）

Section 3. Housing …………（1135）

Section 4. Appliance ………（1136）

Section 5. Travel and Visit ……（1139）

Section 6. Production ………（1140）

Section 7. Recreation ………（1142）

Chapter 2. Marriage and Funeral ……………………………（1146）

Section 1. Marriage …………（1146）

Section 2. Funeral ……………（1152）

Chapter 3. Birthday Celebration ……………………………（1158）

Section 1. Birthday …………（1158）

Section 2. Festive ……………（1159）

Chapter 4. Communication Customs ……………………（1159）

Section 1. Appellation ………（1159）

Section 2. Communication ……………………………（1160）

Section 3. Heir ………………（1161）

Chapter 5. Holiday Custom ……………………………（1161）

Section 1. Traditional Festival ……………………………（1161）

Section 2. New Festival ………（1164）

Section 3. Exotic Holiday ……（1165）

Chapter 6. Bad Habit and Taboo ……………………………（1166）

Section 1. Bad Habit …………（1166）

Section 2. Taboo ……………（1167）

Chapter 7. Good Virtue ……………………………（1168）

Section 1. Respect the Old and Care the Young ……………………（1168）

Section 2. Righteous and Courageous ……………………………（1169）

Section 3. Help Others ………（1169）

Section 4. Dedication ……… (1170)
Section 5. Honesty ……… (1170)
Chapter 8. Religion and Faith
……………………………… (1171)

Section 1. Religion ……… (1171)
Section 2. Folk Beliefs ……… (1173)

Volume XXXV. Dialect, Legend and Song

Chapter 1. Dialect ……… (1177)
Section 1. Sound System ……… (1177)
Section 2. Vocabulary ……… (1179)
Chapter 2. Folk Adage ……… (1184)
Section 1. Proverb ……… (1184)
Section 2. Twister ……… (1189)
Chapter 3. Song ……… (1190)
Section 1. Revolutionary Songs
……………………………… (1190)
Section 2. Love Songs ……… (1192)
Section 3. Live Songs ……… (1195)
Section 4. Nursery Rhymes ……… (1196)
Chapter 4. Folklore ……… (1197)
Section 1. Toponymy Legend
……………………………… (1197)
Section 2. Scenery Legend ……… (1198)
Section 3. Character Legend
……………………………… (1204)

Volume XXXVI. Notable

Chapter 1. Biography of Notable
……………………………… (1211)
Section 1. Ancient Notable ……… (1211)
Section 2. Modern Notable ……… (1214)
Chapter 2. Brief Introduction for Famous Persons ……… (1243)
Section 1. Cadre above the County Level
……………………………… (1243)
Section 2. The Advanced Model
……………………………… (1251)
Section 3. Expert and Scholar ……… (1260)
Chapter 3. List of People ……… (1282)
Section 1. Revolutionary Martyrs
……………………………… (1282)
Section 2. Cadre above the County Level
……………………………… (1286)

Volume XXXVII. Art and Literature

Chapter 1. Poems ············ (1291)
    Section 1. Poetry ················ (1291)
    Section 2. Ode ·················· (1300)

Chapter 2. Prose, Fiction and traditional opera ········ (1301)
    Section 1. Prose ················· (1301)
    Section 2. Fiction ················ (1314)

Section 3. Traditional Opera ··· (1318)

Chapter 3. Inscriptions, Literature and County Preface ······ (1334)
    Section 1. Inscriptions ············ (1334)
    Section 2. Literature ·············· (1340)
    Section 3. County Preface ······· (1345)

Contents of Tables ·· (1349)

Postscript

概　述

　　古老的黄河孕育了永和。位于黄河流域的永和县历史悠久。传说中华民族的人文始祖伏羲帝在黄河中段的永和地境观天象、察地理，根据黄河的回环弯曲顿悟出天地交融、天人合一的阴阳八卦图。黄河塑造了龙的形象，黄河开启了人的文明，依偎黄河的永和大地开创了华夏的璀璨历史。

一

　　永和县位于晋陕大峡谷——黄河中游东岸，吕梁山脉南端西翼，山西省西南部，临汾市西北边缘。地理坐标为北纬36°31′15″—36°59′45″，东经110°22′45″—110°49′42″。东与隰县毗连，南与大宁县为邻，西隔黄河与陕西省延川县、延长县相望，北与吕梁市石楼县接壤。县境东西最大横距41公里，南北最长纵距46公里，总面积1212.89平方公里。境内山峦起伏，梁峁层叠，三大山系九座大山成"川"字形排列，大小2500多条沟道交错其间，形成中部与东北部丘陵沟壑区、西南部残塬沟壑区、沿黄河梁峁沟壑区三种地貌单元。地势东北高西南低，最高点为茶布山（桑壁镇境内），海拔1521米，最低点为芝河入黄河口的取材湾，海拔511.9米。

　　永和土壤多属第四系风积黄土，厚者百米以上，薄者仅几厘米。黄河流经县域68公里，依次形成英雄湾、永和关湾、郭家山湾、河会里湾、白家山湾、仙人湾、于家咀湾7个形状奇特的大河湾，构成中国最密集、规模最大、发育最完好的干流峡谷型蛇曲，统称"乾坤湾"。

　　永和县属半干旱半湿润大陆季风气候，光照较充足，四季分明。春季多风少雨，属干旱性季节；夏季温度高，蒸发量大，雨水集中；秋季天气凉爽，昼夜温差较大；冬季寒冷、少雪、多风、干燥。平均无霜期183天，西部地区多于东部地区，二者相差30余天。

　　永和地广人稀，地块支离破碎。根据地形地貌特征，全县划为4个农业区域。西南黄土残塬沟壑农牧区，包括阁底、交口2乡，以农业为主，兼营畜牧。中部黄土丘陵沟壑牧农区，包括坡头、芝河、交口、桑壁等乡镇，以牧为主，牧农并举。东北部黄土丘陵沟壑林农牧区，包括坡头、芝河、桑壁等乡镇，以农为主，农林牧并举。沿黄河干旱黄土丘陵沟壑林农区，包括南庄、打石腰、阁底等乡，以经济林为主，重点是红枣树，林农并举。

永和县地处黄土高原，受风力、水力、重力等侵蚀，水土流失较严重。民国时期，县人以培地埂、打坝淤地等方式保护水土。1955年，山西省人民委员会确定永和县为水土保持重点县。永和人民在以后的50多年时间里，治理水土流失采取兴修基本农田、营造水保林、种草、封山育林、小流域治理、修建坝系工程等措施，县域内水土流失得到有效遏制。

永和宜林面积广泛。1949年，有天然次生林2.7万亩，以侧柏为主，楼山、狗头山、茶布山、四十里山生长灌木林。1978年，永和县被列入"三北防护林体系建设县"，在首期防护林建设工程中造林34.9万亩，二期工程造林30万亩。至2011年，全县累计造林107.47万亩，保存59.63万亩，保存率55.50%；林地面积74.6万亩，绿化率41%。

永和天然牧地广泛。山坡、沟渠灌木、野草广泛生长。县域内茶布山、双锁山、狗头山、四十里山、楼山、阁山、棋盘山、大寨岭及农田间牧坡，达53.44万亩，占全县总面积的29.4%。

二

数万年前，就有人类在永和聚居、生息、繁衍。位于交口乡美家川村西的旱条子遗址显示有旧石器时代晚期的石核、石片、细石核、细石叶、尖状器、石核式削器和端刮器等；位于阁底乡高家塬村南的寨腰子滩遗址遗物有石英岩、燧石质料的石核、石片和刮削器等，地质年代为晚更新世晚期。3000多年前，永和即有建置。西周、春秋属晋之莆，战国属魏之蒲阳，秦属河东北屈，西汉始置狐讘县。北齐于故狐讘县城置永和镇，北齐武平元年（570）置临河县，北周废永和镇，置临河县、归化县。隋开皇十八年（598）临河县、归化县分别改为永和县、楼山县，隋大业末废永和、楼山2县；隋义宁二年（618）置北楼县。唐贞观初改北楼县为楼山县，寻改为永和县，属河东道隰州。五代，永和县废，先后属梁、唐、晋、汉、周之隰州。北宋复置永和县，属河东路隰州。金代，属河东南路隰州。元代，属山西行署省晋宁路隰州。明代，属山西省平阳府隰州。清代，属山西省隰州。中华民国元年（1912）直属山西省，民国3年（1914）属河东道，民国16年（1927）复属省，民国26年（1937）9月属山西省第六行政区，民国29年（1940）改属第四行政区。民国34年（1945）9月永和县解放，民国35年（1946）1月属晋绥边区吕梁分区第十专区，寻改属第九专区。民国38年（1949）2月划归陕甘宁边区隰县专区，6月改属晋南中心专署。1950年1月属山西省临汾专区。1954年9月属晋南专区。1958年9月永和县并入吕梁县，1961年5月恢复永和县建置，属晋南专区。1970年5月属临汾地区。2000年11月属临汾市。

2011年，永和县辖2镇（芝河、桑壁），5乡（坡头、交口、阁底、南庄、打石腰），79个村民委员会，306个自然村。

在历史长河中，永和县涌现出无数杰出的人物，他们有学者、有将军、有政治家。他们在各自的时代里，为家乡、为国家做出了突出的贡献。

永和县桑壁里人氏刘和，唐代官至兵部尚书，因随从征伐，累著功勋，高风伟绩，推重当时，颇受皇帝器重，被拜为建节将军，赐爵成纪侯。

贺太平，胜冤雪袭虎贲亲军都指挥使，元统初累迁御史中丞，至正二年（1342）诏起中书参知政事，六年（1346）拜御史大夫，十七年（1357）拜中书左丞相。元时汉人任首辅者，独太平而已。

冯敬，明永乐年间举人，任临汾教谕，生性好学，博览群书，崇尚古文，厌弃浮词，县内名士大部分是他的生徒。

白承颐，南庄乡永和关村人，清光绪十五年（1889）举人。学识渊博，志气卓越，获三等大绶嘉禾章、二等大绶宝光嘉禾章。

杜葆元，芝河镇南圪崂村人，中国共产党党员，晋绥军区第八分区后勤部长。在部队作战间隙不失时机地组织部队开展大生产运动，同时帮助当地群众发展生产、共渡难关，被当地群众尊称为"活财神"。晋绥边区召开群众大会，授予他"特等英雄""特等模范经济工作者"称号。

李位，原籍灵丘县人，后定居永和，中国共产党党员。在南泥湾军民大生产运动中，被评为全军劳动模范和陕甘宁边区特等劳动英雄，受到毛泽东主席、周恩来副主席和朱德总司令的接见。

李钢，打石腰乡郑家塬村人，中国共产党党员。参加了抗日战争、解放战争和抗美援朝战争，先后荣获抗日战争三级独立自由勋章、解放战争二级解放勋章和朝鲜民主主义人民共和国二级自由独立勋章、朝鲜民主主义人民共和国国旗勋章。

肖纪，芝河镇人，中国共产党党员。在部队长期从事文化工作，创作了大量的革命歌曲，传唱于军内外。

三

民国19年（1930）《永和县志》记载："永之地多在高原，永之住宅多系窑穴。衣食婚丧无不仰给农产，真可谓土生土长，非他邑富庶耶。""永地硗薄，除产五谷外再无出产。民间日用之物多由他处供给，称为山西第一瘠苦之区。"这些记载充分说明历史上永和地瘠物缺，人民生活困苦，经济发展艰难。中华人民共和国成立后，永和经济进入全面振兴时期。特别是1978年以后，贯彻实施中共十一届三中全会路线、方针、政策，从1986年起，国家、省、市（地区）直接在永和开展定点扶贫，永和社会经济发展步入快车道。

农业生产稳步发展。民国36年（1947）有耕地331544亩，人均14亩。1949年有耕地355280亩，人均16.04亩。2000年，国家实施天然林保护工程，全面禁止毁林、毁草开荒，进行大规模还林还草工作，当年全县有耕地430005亩，人均6.9亩，其中水浇地400.6亩。2004年，有耕地353310亩，人均5.6亩，其中机耕地55500亩。1949年，全县夏粮（小麦）播种面积118536亩，产量178万公斤；秋粮播种面积189221亩，产量315万公斤。1984年，全县夏粮播种面积62389亩，产量951万公斤；秋粮播种面积86170亩，产量1445.5万公斤。2005年，全县秋粮播种面积123675亩，产量2085.3万公斤，是1949年秋粮产量的6.6倍。1949年，全县有天然次生林2.7万亩。1978年，永和县被列入"三北防护林体系建设县"，在首期防护林建设工程中造林34.9万亩，二期工程造林30万亩。至2011年，累计造林107.47万亩，保存59.63万亩，保存率55.50%；林地面积74.6万亩，绿化率41%，林地面积是1949年的27.6倍。经济林建设主要是梨树、桃树、苹果树、核桃树和红枣树，其中红枣、核桃、苹果的收成占比较大。1997年，全县苹果产量77.29万公斤，核桃产量11.8万公斤，鲜枣产量418万公斤。2011年，全县苹果产量155.7万公斤，是1997年的2倍；桃核产量300万公斤，是1997年的25倍；鲜枣产量1684万公斤，是1997年的4倍。1949年，全县牛存栏2079头，驴存栏1192头，猪存栏1271头，羊存栏5445只，鸡存栏11115只；1995年，全县牛存栏14455头，驴存栏3144头，猪存栏17266头，羊存栏128692只，鸡存栏100200只；2011年，全县牛存栏10183头，是1949年的4.9倍；驴存栏2727头，是1949年的2.3倍；猪存栏27478头，是1949年的21.6倍；羊存栏82000只，是1949年的15倍；鸡存栏178309只，是1949年的16倍。1955年，全县农村人均分配收入25元。1984年，农民人均收入281元。2006年，农民人均纯收入1308元。2011年，全县农民人均纯收入1908.6元，农村居民家庭恩格尔系数54.9%，农民人均收入是1955年的76倍。

  工业发展后劲充足。中华人民共和国成立前，县内工业以手工业为主，无机械工业。民国30年（1941），县城有从事铁业者4户，烘炉4盘，从事木业者2户；桑壁镇有从事铁业的2户，烘炉2盘，有石匠、木匠、皮革匠、银匠各1户。1995年，县内拥有机械制造、农副产品加工、食品酿造、建材、印刷等10多个生产门类，有各种工业产品200余种，总产值达1636万元。2011年，10余家县外企业进驻永和，成立制造、加工等有限公司，企业规模扩大，产值增加。位于芝河镇延家河村的新天联力玻璃纤维有限责任公司，年生产玻璃纤维4000吨，产值1000万元，产品主要用于飞机、船舶、火车、电瓶、隔板及豪华建筑物的保温、隔热、吸声，属国家推广的新型建筑材料。永和县四季鲜农副产品有限公司，年销售收入560万元，创利税130万元，产品主要为真空包装保鲜甜玉米穗、速冻玉米穗。2009年10月永和县四季鲜农副产品有限公司被中国质量诚信协会评审为"全国消费者首选放心品牌"企业；2011年被山西省扶贫办评审为省级龙头企业。久兴源农产品开发有限公司位于芝河农业开发园区上罢骨村，注册资金500万元，年产值480万元。公司有三大系列十多个品种的红枣系列产品，有至尊礼品青花瓷坛枣、精品青花瓷坛枣、精品中国红瓷坛枣、永和红酒枣、极品礼盒红枣、独立包装礼盒枣、精品礼盒红枣、精品礼盒枣片、黄河滩枣、精品礼盒核桃及免洗干枣、保鲜脆枣、蜜饯等。1959年，永和县始用电，用15马力柴油机带动10千瓦发电机发电，供县城照明用；1995年，有68个村委、153个自然村通电，分别占村委、自然村总数的85%、48%；2005年，全县城乡居民生活用电实行同网同价；2006年，永和实施户户通电工程，47个无电村、908户农户告别了无电可用的历史。永和地处鄂尔多斯盆地挠摺带区，储有大量的优质煤层气，煤层气区块在县域涉及面积624平方公里，地质储量超过600亿立方米。2006—2011年，探井口41口，压裂试气16口，单井平均产量每月20000立方米。煤层气企业成为永和的"龙头"企业。

  商业贸易日渐繁荣。集市与古会庙会是永和商贸交易特色之一。1950年起，城关、桑壁两地每月初五、十五、二十五逢集，期间商贾云集，交易商品繁多。1978年以后，阁底、坡头、红崖渠、南楼、交口、望海寺先后成立集市，其中阁底集市最为繁荣，是晋西北最大的牲畜交易市场，有来自陕西、内蒙古、河北、河南等地商人聚集，大牲畜成交量每月上千头。传统庙会有农历二月十九双锁山和朝阳寺庙会，三月初十、七月十八楼山二郎庙会，四月初八阁山高王庙会，四月二十、七月二十、十月二十县城老爷庙会，七月二十三阁山娘娘庙会和望海寺庙会，共7处、8个日期，会期3—10天不等。中华人民共和国成立后，县城老爷庙会逐渐演变成物资交流大会（古会），规模进一步扩大，每年3次，每次10天。双锁山庙会、朝阳寺庙会、阁山娘娘庙会、楼山庙会在20世纪90年代后逐渐复兴，期间多数庙会有戏剧助兴，游客众多，物资交易量大。中共十一届三中全会后，县城、乡镇的商贸集部比比皆是，每个行政村都设有供销网点。2004年，胜利超市、通达超市在县城相继建立。2005年社会消费品零售额超1亿元，2009年超过2亿元，2011年达2.8亿元。

四

永和历史悠久，文化深厚，旅游景观丰富奇特。自然景观有山地景观、植物景观、水体景观、象形山石景观、特殊地貌景观，如楼山景观，水蚀浮雕等。人文景观有宗教文化景观、历史文化景观、古民居、红色纪念地景观、综合人文景观、史前人类遗址景观等，如黄河蛇曲国家地质公园、文庙大成殿、红军东征永和纪念馆等。

永和古代民间就有"闹红火""闹秧歌""耍龙灯""舞狮子""跑旱船"等文娱活动。民间手工艺术有剪纸、面塑、木雕、石刻、编织、刺绣等。其中，剪纸线条粗犷，造型夸张；木雕主要用于门窗、家具的装饰，纹样为龙凤、喜鹊、花枝等；刺绣和编织曾远销国外。1983年，县皮毛厂生产的挑花刺绣出口销于东南亚各国；县多种经营办组织编织的坐垫、背包、檀香日历远销韩国。永和土布织造技艺2010年5月进入上海世博会，受到中外人士的广泛好评。在文学创作上，县文联主席马毅杰从1984年起，先后在中外百余家报纸杂志、电台、电视台发表、播出文学作品150万字，其中获省级以上奖的有60余次。

五

永和教育事业发展迅速。民国时期，全县有高级小学校、国民小学校、女子国民学校，少数大村庄小学校附设幼稚班、识字班。民国27年（1938），各编村村公所所在地均设民族革命小学校，其余村庄小学改为农村小学。民国29年（1940）8月，在县城建立民族革命两级小学校。民国34年（1945）9月，在桑壁镇建立两级小学校。至民国

36年（1947），全县有完全小学1所、农村初级小学26所。中华人民共和国成立后，恢复桑壁两级小学，改称完全小学。1952年全县有小学校61所，同年城关完小附设一个幼儿班。1955年秋，永和筹建第一所初级中学——永和中学，翌年8月招收初中一年级一个班，学生57人，专任教师3人。1957年，全县小学校猛增到135所；1961年调整为105所，有教职工187人，在校学生4462人。1965年，永和中学改为完全中学，招收高中一年级一个班35人，翌年增建桑壁初级中学一所。1977年，永和二中建立，全县设完全中学7所、初级中学5所、七年级学校8所，在校高中生885人、初中生2431人、教职工261人。1978年起，压缩高中、初中点，到1982年，全县设完全中学1所、初级中学7所，在校高中生204人、初中生1441人、教职工182人。同年城镇幼儿园单设，当年入园幼儿684人。1983年，全县11个公社全部建起五年级或四、五年级中心小学校，实行单式班教学。1985年，全县有小学校376所。1995年，永和县城关第二小学成立，全县有小学校279所，其中中心小学21所，有教职工589人、在校学生7183人。有完全中学1所、初级中学7所，在校高中生241人、初中生3819人、教职工219人。2006年撤并坡头中学、南庄中学；2007年撤并乡镇中心校2所、农村小学17所；2008年撤并农村单人小学校20所，多人小学校5所；2009年撤并桑壁中学、打石腰中学。2010年撤并农村小学校31所。至2011年，全县有高级中学1所、初级中学2所，在校高中生899人、初中生1923人、教职工336人；有小学校14所，在校学生3969人、教职工349人。1977年恢复高考制度后，当年永和有380人参加高考，21人被大中专院校录取，占考生总数的5.5%；1980年高考录取人数达29人；1983年高考录取人数19人，占参考人数27.94%；2011年高考达线37人，占参考人数的15.3%。

  卫生体育全面推进。民国之前，县人民医病多靠民间中医。民国32年（1943）开办县卫生院，只应门诊，于民国35年（1946）停办。1950年10月，县城创办卫生所，1951年改称县卫生院。1953年起创办乡镇卫生所。1961年县卫生院改称县人民医院，7个乡保健站改称公社医院。1968年，大队级医疗站陆续兴办，至1976年全县有67个生产大队合作医疗站，3个公社中心卫生院，7个公社卫生院，群众小病不出生产大队，中病不出公社，重病不出县，就医十分方便。1983年建县中医院。1995年，全县有县级医院2所，乡镇卫生院11所，农村卫生所90处。2011年，全县有县级医院2所，乡镇卫生院6所，农村卫生室72所，个体诊所4所。1950年，全县有民间中医11人，西医1人，护士1人。1975年，全县医务人员增至249人，其中西医师17人、中医师

2人。至2011年，全县医务人员有303人，其中主任医师1人、副主任医师10名、主治医师68人。1961年，县人民医院只有循环式麻醉机1台、7孔落地式无影灯1台、万能手术床1支、50MAX光机1台。2000年后，添置自动清胃机、尿液分析仪、彩色B超机、全自动生化分析仪等上百种医疗器械，多种疾病可就地检查。永和民间体育活动项目繁多，有象棋、麻将、扑克、拔河、荡秋千、摔跤、放风筝、转陀螺、踢毽子、跳绳等几十种。学校体育活动有田径类、球类、传统类等。全县中小学生田径运动会2009年已进行到第十四届。1961年，临汾地区举办青年篮球赛，永和男队获亚军；1972年，临汾地区青少年篮球赛永和女队获第二名。1982年全区中学生田径运动会，永和中学女子队获山区县团体总分第一名，男子队获山区县团体总分第二名；1993年全区第三届运动会，永和田径队获山区县团体第一名。2011年，在临汾市第三届运动会上，永和县获5枚金牌、6枚银牌、9枚铜牌，在全市名列第五，并获市政府体育道德奖。

科技成果应用增加。1970年，县计委设科技办公室。1978年设立县科学技术委员会。20世纪50年代，科技人员深入农村指导农民合理施用化肥、农药等，作物产量明显提高。20世纪60年代，逐步引进棉花、玉米等优种，产量大增。1983年，县科技人员攻克精液稀释难关，创新绒山羊人工授精实验，使绒山羊平均产绒提高5倍。1990年，县科委推广蓖麻坑种、地膜覆盖与整枝技术，万亩示范田平均亩产124公斤，亩产提高26.7%。1991年，科技人员为县豆粉厂研制的高蛋白"豆浆晶"，营养丰富、色泽纯正、味道醇厚，成为当时畅销的植物高蛋白健身饮品。2001年，科技人员为县通达农机公司研制的"膜侧播种机"远销西北地区，"小型家用饲草切搓机"可提高饲草利用率30%~50%。

社会保障措施日臻完善。中华人民共和国成立后，人民政府对困难群众实施救济。1956年农业合作化后，主要救济对象为农村长期有病社员、贫困社队困难户。1966年后，对生产条件差的困难户和残疾人员实行定期救济。1999年起人民政府实行城乡低保制度，对城镇非农业人口人均年收入不足840元的低收入户发放最低生活保障金，每人每月45元；对乡村农业人口人均年收入不足500元的低收入户发放最低生活保障金每人每月10元。2006年，城市低保提高到每人每月135元，农村低保每人每年保障标准为360元。2011年，城市低保提高到每人每月245元，农村低保标准每人每月89元。城市居民医疗救助始于2007年，救助比例为城市低保对象30%、优抚对象70%，其他对象50%；2011年，医疗救助240人次，发放救助金87.1万元。农村医疗救助2007

年救助42人次，发放救助金10万元；2011年救助776人次，发放救助金138.5万元。1956年起，永和县对农村孤寡老人实行保吃、保住、保穿、保医、保葬的"五保"供养制度，当年确定五保户200人。2004年对五保对象统一发放供养金，每人每年920元，是年供养人数254人。2011年全县五保供养对象304人，分散供养每人每年1800元，集中供养每人每年3600元。

县乡道路渐成网状。民国时期，永和通往外境只有2条官道，即永和至午城道、永和至石楼道。1956年隰永线开通，2007年328省道过境、248省道沿黄河建成。至2011年，县内公路以328省道为东西主干线，桑壁—交口—坡头—石楼界为南北线，构成全县公路主骨梁，以向东西、南北辐射的县乡公路为支线，形成连接各乡镇四通八达的公路网。2005年全县公路通车里程706公里。2011年，全县公路通车里程836.84公里，其中省道101.89公里、县道202.4公里、乡道261.9公里、村道270.6公里；二级路92.27公里，三级路22.67公里，四级路647.5公里。公路通车里程及密度为每百平方公里国土面积12.13公里，里程836.84公里，密度为68.99%。

人民生活日见富裕。土地改革前，80%以上的农民无地或少地，只有靠出卖劳动力租种地主土地。年复一年，终日劳作，却过着"糠菜半年粮"的贫苦日子。中华人民共和国成立后，农村经济不断发展。1955年，全县人均产粮258公斤，人均分配收入25元。1984年，人均产粮554公斤，人均收入281元。2006年，农民人均纯收入1308元。2011年，农民人均纯收入1908.6元，农村居民家庭恩格尔系数54.9%。1949年，全县干部职工年人均工资197元；1978年为581元；1995年为3423元；2006年为13226元；2011年增为28788元。农村居民消费1949年人均为37元，2000年人均为683.8元，2005年人均为1173.4元，2011年人均2277.4元。城镇居民消费1949年人均为37元，1969年人均为72元，2000年人均为1979.8元，2005年人均为3443.93元，2011年人均为7793.5元。农村居民消费大项为食品消费、衣着消费、居住消费、交通与通讯消费；城镇居民消费大项是食品消费、衣着消费、居住消费、交通与通讯消费、娱乐文化消费。城镇居民家庭恩格尔系数为36.5%。

六

自20世纪80年代后，永和社会经济进入快速发展时期，人民生活、社会面貌得到根本的改变，但发展中的不足还十分明显。首先，农业发展后劲不足，转型步履维艰。千年的封建农耕意识依然束缚着人们的思想，在农耕条件极端恶劣的情况下，转变生产结构，退耕还林还草，在一些农民的思想中还转不过弯。其次，工业发展基础薄弱。永和县经济底子薄，工业发展资源不足、资金不足，对县域外企业的吸引力不大，企业规模难以做大，产品销售市场窄小难以持久。第三，永和人民朴实淳厚，思想开放不够，对新生事物接受较慢，在改革的浪潮中明显落伍。如产业转型慢，适应市场的灵活度差，县域内大的企业及有成就的企业家极少，等等，这些都极大地影响着县域经济的发展。好在永和有着得天独厚的自然资源，黄河流经县域68公里，形成宏伟壮观的天下奇湾——乾坤湾，永和旅游业前景美好。永和区域内，煤层气储量预测600亿—800亿立方米。2011年，永和县煤层气勘探开发项目完成了二维地震测线622公里，打勘探井18口，开始压裂的16口井，完成压裂井5口，完成34层压裂试气工作，完成固定资产投资1.8亿元。单井平均产量在每天2万方，高于相邻地区20倍。永和煤层气将为永和工业发展注入活力。

  永和，这块古老的土地，印记着民族的过去；黄河，古老土地上奔驰的激流创造着民族的未来。风雨兼程一万余年，有兴盛、有衰落，但不论道路是多么曲折，永和始终在不停地前进。六万永和人民为建设美丽永和、富裕永和、人文永和、平安永和，为伟大的民族复兴大业时刻劳动着、创造着！

大 事 记

西 汉

设县，名狐谗县，属司隶校尉部河东郡。

东 汉

中叶后废狐谗县，属司隶校尉部河东郡蒲子县（今隰县）。

三 国

魏黄初元年（220），因县西有永和关，故设置永和与狐谗二县。

东晋十六国

前赵仍承旧制，置狐谗县，属司州平阳郡，后废狐谗县。

北 齐

后主高纬于故狐谗县城置永和镇。武平元年（570）置临河郡、临河县，属南汾州。

隋

开皇十八年（598），临河县改为永和县。

唐

贞观二年（628），在县治东南建儒学署。

贞观十二年（638），在仙芝谷（即今县城址）建城池。

金

明昌五年（1194），在治东南隅仙芝坊建兴化寺。

元

至元间（1264—1295），重筑城池。于城西北隅建县公署。

至正间（1341—1368），改建儒学署于新址。

明

洪武十九年（1386），始设铺递传送公文。县城北关设总铺，下设官庄、乌门、索驼、刘台4铺至隰州界。

嘉靖、隆庆间，全县编为11里，即仙芝坊、乌门里、索驼里、桑壁2里（后并为1里）、南楼里、罢骨里、同社里、永兴里、前乙度、后乙度。

崇祯三年（1630）五月二十七日，陕西农民义军扒山虎率部500人，攻入永和县城，杀死官兵李如柏等30余人。

崇祯四年（1631），儒学署毁于兵燹。

清

顺治三年（1646），知县刁昌世重建儒学署。

顺治十四年（1657），全县合并为仙芝、永兴2里。

康熙十一年（1672），知县王尔楫在城西南水口处立铁柱，建石洞，放水防洪。

康熙三十七年（1698），瘟疫流行，逃亡者甚多。知府王辅详请发翼城仓米煮粥赈济。

康熙四十九年（1710），知县王士仪主修，邑人刘愈深、段培猷主纂，修成《永和县志》23卷。

雍正元年（1723）七月，丁银摊入地粮征收。

乾隆二十四年（1759），大旱，停征本年额赋。

嘉庆十七年（1812），大云寺（桑壁境内碑儿河）沟口建片石小桥1座，行人称便。

道光二年（1822），瘟疫流行，死人不少。

道光三十年（1850），知县宋培芳移建圣庙于宽敞隙地，建立大成殿、两庑、戟门、棂星门、两坊泮池及名宦、乡贤、忠义、节孝等祠。

同治六年（1867），捻军在沿黄河一带活动，官府调平阳镇台何鸣皋防守永和关、阴德河各渡口。

同治七年（1868）五月，瘟疫甚烈，阁底村1月内死亡70余人。

光绪四年（1878），全县所剩人口不足1万（光绪二年为3万余人）。

光绪十八年（1892）冬，黄河结冰，行人可在河面往来。次年仲春坚冰始解。

光绪二十六年（1900）七月，义和团驱除洋货洋人，庄则坪村一教徒家被烧毁。《辛丑和约》后官府赔偿结案。

光绪二十九年（1903），知县王衔邀集士绅筹款，将旧城守营署改建为蒙养学堂。

光绪三十四年（1908），知县屠仁彬创设县立第一所高初两等小学堂，聘药永安为堂长。

宣统三年（1911），县内建邮务站，设邮工1人，由永和至隰县，2日往返1次。

清末，裁撤儒学，署舍荒废。

中华民国

民国元年（1912）

县衙改称县公署，公署长官称知事，年内先后有金其相、高星斗、张瑞麟、清治4人任永和县知事。

县知事金其相将高初两等小学堂改设为县高级小学校和国民小学校。

本年，下令男子剪辫。

民国3年（1914）

大旱，夏秋均歉收。

本年，县内下令禁烟，禁种鸦片。

民国5年（1916）

10月，在文庙内设军用电话局，线路通至隰县、太原。

民国6年（1917）

6月，陕军郭坚部从大宁入永和境后被晋军击溃。

民国7年（1918）

秋，永和师范讲习所成立。

本年，省禁烟稽查队1个小分队进驻佛堂、铁罗关、阴德河、永和关、郭家山等沿黄河村庄，至民国23年（1934）后撤走；全县划为3个区、28个编村；全县废除私塾，各编村建立国民小学校，县设视学员专管教育。

民国8年（1919）

3月，模范国民小学成立招生，校址在县城关岳庙西旧城守营（今城关小学西侧）。

8月，县立女子小学建立，校址在县城关岳庙（今县宾馆后院）。

秋，鼠瘟甚厉，死人不少。

本年，严禁女子缠足，县政府派女稽查员挨户查办；各编村建立保卫团负责治安。

民国9年（1920）

春，原县高级小学校改建于旧城隍庙，更名为永和县第一高级小学校。

本年，学校禁读"四书""五经"，通用共和制课本。

民国11年（1922）

县城经双锁山至桑壁镇道路路面拓宽至2.7米，行旅称便。

民国12年（1923）

3月，大风刮倒墙壁，拔起不少树木。

秋，第二高等小学校在永和关清泉庙成立招生。因连年干旱，生源不足，于民国15年（1926）停办。

民国13年（1924）

10月，梨树二次开花，稀奇罕见。

民国15年（1926）

10月，田间多鼠，伤禾甚厉。

署内捐款过重，人民不堪其苦。

民国 16 年（1927）

县公署改称县政府，县知事改称县长。

民国 18 年（1929）

5 月始雨，秋禾糜谷丰收。

冬，黄河结冰，严封河面，人畜往来如平地。

本年，红花沟村民众捐银，请河津县石匠牛氏修成村口石桥，方便通行。

民国 19 年（1930）

3 月，县长阎佩礼主持修成《永和县志》，共 16 卷。

5 月，县政府四科组织全县首次教学观摩会。此举持续到抗日战争开始。

民国 20 年（1931）

本年，晋钞大贬值，农民、商人深受其害。

民国 21 年（1932）

秋，瘟神庙唱戏期间，发生警察殴打学生与群众的事件。在学生罢课和各界群众强烈要求下，政府惩罚肇事警察，公安局长公开向学生道歉。

本年，县长阎佩礼因抗拒省派巨款被撤职，县人感念盛德赠其万人伞以表敬意；戒烟所始售戒烟药饼，至民国 27 年（1938）停止。

民国 22 年（1933）

县内基督教徒捐资在县城修建石窑 3 孔，建立教堂，发展信徒。

民国 23 年（1934）

县高等小学校学生罢课告发校长李秉钇贪污问题。李被撤职，由穆长安任校长。

民国 24 年（1935）

夏，永和县公道团成立。

冬，县政府征集大批民工补修城墙，并在沿黄河山头构筑碉堡、炮楼，实行交通管制和村民连环互保。

本年，建立永和县邮政局，架设县城至沿黄河电话线路；始筑永和至隰县、县城到桑壁 2 条公路。

民国 25 年（1936）

2 月 20 日，渡河东征的红十五军团先头部队从永和县咀头、永和关和石楼县转角等渡口登岸。东征红军主力当晚渡过黄河，进入山西境内。

3月，西北保卫局官兵在永和赵家沟、兰家沟、呼家庄一带宣传抗日，动员群众参加红军，建立永和第一个农民协会。在群众强烈要求下，土豪劣绅李如亮被处死。

4月30日—5月4日，红十五军团、一军团、二十八军各部共9000余人相继抵达黄河岸边，从永和关、于家咀、铁罗关等渡口西渡黄河，胜利回师。

5月1日傍晚，毛泽东率红军总部人员抵达上退干村前关帝庙。2日上午8时许，安全渡过黄河。

12月，山西省牺牲救国同盟会总会派一名村政协助员到县开展抗日宣传工作。

民国26年（1937）

3月，中共延川县党组织派郭水源到永和，同县长张光壁谈判，商谈统战抗日事宜。

4月，山西省国民军官教导团在永和县招收学员30余人。

9月，牺牲救国同盟会永和县分会成立，黄耿夫为首任特派员。

10月，国民革命军第八路军在永和县城建立第十八兵站，接送党政军干部，转运军需物资。

同月，永和县人民武装自卫队成立，总队长任维德。

11月，在日军攻击下太原沦陷，国民党军溃退入永和境内，城乡居民受到严重骚扰。

本年，永和县编村由原28个缩减为9个。

民国27年（1938）

3月20日，阎十九军部两辆运送弹药小卡车首次开进永和城。因日军尾追，押车者弃车逃跑，车被日军烧毁。

3月31日，日军飞机轰炸县城，大部分建筑物被毁。

4月2日，日本侵略军侵入永和，次日去往午城方向。沿途残杀群众多人，烧毁房屋近百间。

同月，县长张渝趁人民困难之时出售多年存粮，中饱私囊，贪污银圆万余。

6月，牺盟永和县分会发动群众赶走县长张渝，六专署派第安仁任县长。

同月，县农、青、妇抗日救国组织相继成立。

7月7日，纪念抗日战争1周年大会在县城召开。当月，各区、村建立牺盟组织。

8月，县第一高级小学和县城国民小学合并为县民族革命小学。全县国民小学相继改称民族革命小学。

同月，六专署民族革命中学招收永和县考生10余名。

9月，隰蒲特委派中共党员杨毅到永和秘密开展建党工作。

11月，中国共产党永和县工作委员会成立。呼延文任书记，杨毅任组织部长，卫绵山任宣传部长。

民国 28 年（1939）

1月，永和县牺盟会流动工作团（抗日剧团）成立，刘仁镜任团长。

4月，民族革命同志会永和县分会成立。

同月，中国共产党永和县工作委员会改称中国共产党永和县委员会。

5月，中国国民党永和县党部成立，书记长白学斌。

同月，牺盟永和分会召开全县青年抗日救国代表大会。

7月，国民党精神建设委员会（简称精建会）永和分会成立。

8月，阎锡山敌区工作团永和县团部成立。

9月，呼延文调离，苏明任中共永和县委书记。

12月3日，阎锡山发动"晋西事变"。永和县中共各级组织和其领导的统战、群团组织遭到严重破坏。

民国 29 年（1940）

4月，县国民兵团及下属区队、村队相继建立，县长兼任团长。征选的第一期常备兵，集训3个月后送往部队。

8月，县民族革命两级小学校建立。

民国 30 年（1941）

8月，成立县师资训练班，附设于县民族革命两级小学，第一期招收学员30余名。

本年，通货膨胀。阎锡山政府印发的新省钞大幅度贬值，人民深受其害。

民国 31 年（1942）

2月，县政府集中全县18~60岁男劳力赴吉县人祖做工事，两月后陆续返回。

秋，永和县开始推行"新经济政策"，私商及其货物全部强行入股合并经营，属县合联社统管。发放合作券在县内流通。

民国 32 年（1943）

春，粮价飞涨，小米每斗12个银圆，玉米、黑豆每斗6个银圆，群众食草度日。

4月，县组（同志会）、政（政府）、军（军队）、经（合作社）、教（教育）统一行动委员会成立，徐培龙任主任。

夏，全县开展"肃伪运动"，大肆搜捕参加过牺盟会、决死队和陕西方面有联系的人员，无故受害者遍及全县。

秋，永和县始行"兵农合一"制度，实行"编组份地"和"拨常备兵"，全县征兵1300余名。

民国33年（1944）

夏，县国民政府抽调大量民工修补城墙，构筑碉堡。

8月，中共沿黄工委建立，由杨宣武负责永和县党组织工作。

民国34年（1945）

夏，各编村村公所所在地拆庙修筑石碉、村墙、村门。

8月，中共沿黄工委派人组建永和游击队在永和、石楼交界活动。队长白文志，指导员贺凤元。

8月15日，日本宣布无条件投降，全县城乡庆祝抗战胜利。

9月18日，解放军攻克永和县城。晋西工委组建中共永和县委、永和县人民政府。

9月21日，解放军撤离县城，进行战略转移。

10月27日，解放军与县游击队第二次攻克永和县城。

冬，县内行政区划改为4个区、1个市（永和市）。

民国35年（1946）

1月12日，阎军后备队和国民党一九六旅某部抢占县城，县人民政府转移到城北刘家庄、杜家庄一带活动。

春，永和市并入一区，全县设4个区、23个行政村。

秋，县游击大队改称人民武装委员会。

11月22日，在人民解放军二纵队司令员王震指挥下，吕梁军分区四旅攻克永和县城，永和县境获得彻底解放。

11月24日，县城各界2000余人集会庆祝全县解放。

同日，全县重点开展反奸清霸斗争与生产自救运动。

12月26日，全县抽调人和牲畜组成支前运输队，往永和关渡口转运粮食弹药，支援西北前线，历时3个月。

民国36年（1947）

1月，县委派工作队赴阁底、西庄一带开展减租反霸斗争，建立农村政权。

3月15日，晋绥边区第九专署在永和县发放生产贷款，扶持群众恢复生产。

5月，县政府抽调民兵50人组成剿匪游击队。

8月7日，县政府组建第二批支前运输队，转运粮食、药品和伤病员。

10月，在城关开展土地改革试点工作。

12月，全县县、区、行政村3级干部开展"三查"（查阶级、查工作、查斗志）、"三整"（整顿组织、整顿思想、整顿作风）运动。

同月，县邮务站成立。

冬，全县行政村由23个改划为19个。

民国37年（1948）

2月27日，陕甘宁边区和晋绥边区在永和关建立邮务站传送文书。

3月，县内开展生产自给、战胜粮荒和贷粮（国家发放救济粮）、分果实（斗地主、富农所得实物）运动。

同月，各行政村选举治安委员，自然村建立治安小组。

4月，全县各机关开展清除"三无"（无政府、无纪律、无制度）活动。

5月7日，全县组成180余人的担架队，支援全国解放战争。

6月，县青年工作委员会、妇女工作委员会成立。

10月，整修永和关至隰县罗镇堡、东索基到赵家沟2条主要道路。

10月22日，全县15所普通小学全部开学。

10月25日，永和县解放以来第一次公粮工作会议在县城召开，历时6天。

10月26日，县、区、村各级支前委员会成立。

冬，永和县第一批土改工作队分赴2个区、11个行政村进行土地改革。

民国38年（1949）

2月15日，架通永和至隰县电话线路。

3月7日，架通县城至永和关电话线路。

3月28日，县委、县政府发布严禁种植大烟通告。

5月，县、区两级干部32人组成西进工作队，奉命开赴甘肃省武都地区。

5月31日，县政府召开群众大会，欢送支援解放大西北远征担架队296人出征。

7月1日，全县改用新秤（市斤秤）。

中华人民共和国

1949年

10月1日，县城各界举行盛大集会，热烈庆祝中华人民共和国成立。

10月27日，全县选送25名冬学民校教师赴省城学习。

同月，支援解放大西北的永和县远征担架队荣归，受到全县人民热烈欢迎。

11月21日，永和县第二批土地改革运动在2个区、8个行政村展开。

同月，县武装委员会改称人民武装纵队部。各区设大队，行政村设中队，自然村设分队或小队。

同月，全县组织变工队156个，参加者912人，至月底共开荒26235亩。

本年，全县粮食总产量493万公斤，农业总产值965万元，工业企业总产值2万元。

1950年

1月，县武装纵队部改称人民武装部。县民主妇女联合会、县供销合作社及各基层社相继成立。

2月10日，全县土地改革工作结束。

3月8日，县首届一次各界人民代表会议在县城召开。

3月，中国新民主主义青年团永和县工作委员会成立。全县各小学普遍建立少年儿童队组织。

4月1日，县委发布抗美援朝宣传提纲，全县有3240人在《和平宣言》签名书上签名。

4月2日，全县由原4个区、19个行政村改划为3个区、36个行政村。

4月，全县开展镇压反革命运动，捕获反革命分子51人。第一批判处死刑12人，有期徒刑7人。

同月，中国人民银行永和县支行成立。

6月1日，全县各小学首次热烈庆祝"六一"国际儿童节。

7月1日，永和县开征货物税、临时商业税、印花税、交易税、房地产税、屠宰税、车船使用牌照税等税种。

7月，县委首次举办农村党支部委员培训班，参加培训的有51人。

9月，全县为抗美援朝捐献飞机大炮款10339元（新人民币折算），捐助衣物折款1523元。

同月，全县第一个公立医疗卫生机构——县卫生所成立。

10月，县委举办党小组长培训班，首批参加培训者64人。

同月，县人民武装部改为军队建制，称中国人民解放军永和县人民武装部。

11月，全县始发土地证、窑房证。城乡普遍举办冬学、民校，组织农民学习文化科学知识。

本年，县、区两级100名干部分两批参加整风运动；李财昌在一区杜家庄村组建县内第一个变工组；县内购进首批手动式喷雾器，支援农业生产。

1951年

2月，全县开展打击赌博犯罪运动，查处赌博案9起39人。

3月，设立县文化馆。

4月，全县初步形成镇压反革命群众运动，先后两批抓获反革命分子77人。

4月30日，县委召开抗美援朝积极分子代表会议。

5月1日，在县城召开公审反革命分子大会，反革命分子18人被判处死刑，11人被判处有期徒刑。

6月，全县22个行政村群众捐款446元（新人民币折算），慰问中朝部队。

同月，全县有128个自然村订立爱国公约；21个行政村解决土地遗留问题，颁发土地证。

夏，永和县有史以来首场电影在县城老爷庙圪垯放映。

12月，全县开始宣传贯彻《中华人民共和国婚姻法》。

本年，全县农业互助组发展到330个，小学校发展为43所。

1952年

1月，县直各机关开展反贪污、反浪费、反官僚主义的"三反"运动。

2月4日，永和县第一个初级农业生产合作社——庄则坪新民农业生产合作社成立，社长冯振江。

2月，全县工商界开展反行贿、反偷税漏税、反偷工减料、反盗骗国家财产、反盗窃国家经济情报的"五反"运动。

8月，县初级师范学校成立招生，翌年7月并入隰县师范学校。

10月26日—30日，县首届一次供销合作代表会议在县城召开。

11月，县首次劳动模范大会在县城召开，出席大会的劳动模范共67人。

12月25日，永和县第二届第一次各界人民代表大会在县城召开。

本年，全县种植棉花4.1万亩，产皮棉28.25万公斤，均为历史最高水平。

1953年

2月25日，县委举办第一期农业合作训练班，247名互助合作运动骨干参加培训。

5月，县委创办《永和小报》，每周一期。

6月1日，县互助合作代表会议在县城召开。

7月1日，全县开展第一次人口普查。截至7月1日零时，全县实有人口25545人。

8月，全县36个行政村改划为1个镇、21个乡。

10月8日，全县普选试点工作在庄则坪乡铺开。

10月9日，县委第一副书记陈立代表全县人民赴朝鲜慰问中国人民志愿军和朝鲜人民军将士。

11月29日，全县开始实行粮食统购统销。

本年，县城建成容纳近千人的人民大礼堂。

1954年

6月1日，中国少年儿童队改称中国少年先锋队，各学校普遍开展学习《中国少年先锋队队章》活动。

6月28日，县首届一次人民代表大会在县城召开，出席代表52人，会议选举产生出席山西省人民代表大会代表1人。

9月，全县棉花、棉布、油料实行统购统销。

同月，撤销区级机构，县直辖1个镇、21个乡。

12月22日，县首次民主妇女代表大会在县城召开。

1955年

1月7日，中国共产党永和县第一次代表大会在县城召开。会议选举产生中共永和县第一届委员会。在一届一次会议上，选举李明为县委书记。

1月13日，县首届二次人民代表大会在县城召开。永和县人民政府改称永和县人民委员会，司法科改为县人民法院。会议选举张良知为人民委员会县长。

2月，全县普遍贯彻落实粮食"三定"（定产、定购、定销）和"两定到户，三年不变"政策。

3月1日，中国人民银行永和县支行按10000∶1比值，始在全县以旧人民币兑换新人民币，至4月1日旧币停止使用，共入库旧币470411万元。

同月，全县开展反对使用原子武器签名活动。

4月1日，中国新民主主义青年团永和县第一次代表大会在县城召开。

4月7日，全县国家职工全部实行薪金制。

5月，全县取消农村土地交易员，由乡人民政府管理土地交易工作。

7月，县直党政机关开展肃清反革命分子运动。

8月，全县乡（镇）人民政府改称乡（镇）人民委员会。

本年，省人民委员会确定永和县为水土保持重点县；县人民委员会购进第一台中文打字机；全县组建初级农业生产合作社220个，入社农户4355户。

1956年

1月30日，开展除四害（老鼠、苍蝇、蚊子、麻雀）讲卫生活动。

2月，全县开展整党、整社工作，涉及220个农业合作社。

同月，全县开始对私营工商业进行社会主义改造（即公私合营）。

5月，全县1镇21乡合并为1镇10乡。

6月11日，中国新民主主义青年团永和县第二次代表大会在县城召开。

9月1日，永和县初级中学成立，首批招生50名。

11月27日，永和县第二次民主妇女代表大会在县城召开。

12月8日，永和县第二届人民代表大会第一次会议在县城召开。

12月12日，永和至临汾公路通车运行。

本年，永和县电影放映队正式成立。

1957年

3月19日，县第三次妇女代表大会在县城召开。

5月，县直机关党员以大鸣大放形式，开展反官僚主义、宗派主义和主观主义的整风运动。

6月26日，中共永和县第二次代表大会在县城召开。大会选举产生中共永和县第二届委员会委员9名，候补委员4名。在二届一次会议上，选举陈立为县委书记，裴靖堂、张良知为副书记。

6月底，全县高级农业生产合作社发展巩固为65个，入社农户占全县农户98.3%。

7月16日，县教育工会第二次代表大会在县城召开。

同月，中国新民主主义青年团永和县委员会改称中国共产主义青年团永和县委员会。

8月13日，永和县破获一起中华人民共和国成立后的首次贩卖大烟案件，抓获罪犯3人。

8月15日，中国共产主义青年团永和县第三次代表大会在县城召开。

8月20日，永和至临汾隔日班车开始运营。

同月，全县开展"反对资产阶级右派"斗争。

9月，开展增产节约，备菜救灾活动。

11月16日，县民主妇女联合会改称县妇女联合会。

12月，县邮运线路班（马车班）由隰县—永和开始运行。

本年，购进第一台捷克-6型手扶拖拉机；全县粮食总产量575万公斤，农业总产值1510万元，工业企业总产值14万元，地方财政收入10.7万元。

1958年

3月23日，全县各农业生产合作社开展反浪费、反保守运动。

同月，永和县35名青年干部和省、地64名干部，到农业社参加劳动锻炼。

4月16日—22日，县委召开全县党员大会，传达贯彻中共中央八届二次会议精神和"鼓足干劲，力争上游，多快好省地建设社会主义"总路线，发动群众，全面开展"大跃进"。

5月27日，晋南专区青年扫盲远征队134人到永和县，帮助农村开展扫盲工作。

6月，县初级卫校成立招生。

7月10日，全县开展农田水利基本建设"四化"运动，至9月10日结束。

7月15日，全县农村相继兴办托儿所、幼儿园。

同月，农村实行食堂化，于1961年停办。

8月，县内第一所农业中学在城关镇官庄村花石崖成立。

9月9日，永和县抽调千余人的钢铁野战军与隰县、石楼、蒲县组织大协作，赴交口（隰宁县）、水头、康城、解家坪、黑龙关等地大炼钢铁。

同月，实现人民公社化，全县1镇10乡合并成立城关、西庄、南庄、桑壁4个人民公社。

9月，永和县并入吕梁县，县城改称永和镇。

12月，永和镇人民公社第一管理区第三生产队（刘家庄）党支部书记尚应举出席全国劳动模范大会，荣获周恩来总理亲笔签署的"农业社会主义先进单位"奖状。本月30日下午尚应举受到毛泽东主席接见。

同月，县内首次购进柴油动力机4台，投入农业生产和面粉加工。

本年，首次引进加拿大杨种条；开始推广畜力耧播种农作物和施用化肥技术；县农业机械修造厂建成投产。

1959年

4月，原西庄、桑壁2公社各划出一部分，组建泊洋人民公社。

5月，吕梁县勤工俭学，大办"三场"（猪场、兔场、鸡场）现场会在永和镇完全小学召开。

10月，永和县首次采用15马力柴油机带动10千瓦发电机发电，供县城照明。

本年，县内第一个社办林场——泊洋林场建立。

1960年

11月1日，县内开始发行《毛泽东选集》第四卷。

11月3日，县委部署清理"一平二调"，纠正"共产风"，开始退赔"大跃进"中平调农村社队的物资、劳力、畜力等。

同月，降低非农业人口粮食供应标准，实行"低标准、瓜菜代"，用野菜、油饼、玉米芯等制作代食品（如淀粉），共度暂时困难。

12月23日，县委召开机关整风动员大会，部署开展以反贪污、反官僚主义，纠正"一平二调""共产风"为重点的整风运动。

本年，压缩计划外用工，动员部分城镇人口返乡参加农业生产。

1961年

2月，以贯彻中央12项政策，纠正"五风"为中心的农村整风整社运动在三类队展开。

5月28日，恢复永和县建制，张良知复任永和县县长。

同月，《永和小报》复刊。

6月，交通局接回1辆苏制吉尔164卡车，为永和县有汽车之始。

8月，全县划为城关、坡头、署益、桑壁、罢骨、交口、泊洋、西庄、阁底、打石腰、南庄11个人民公社。

12月，农村整风整社工作全面铺开，历时5个月，于翌年4月结束。

12月28日，《山西日报》头版刊登《永和县养羊事业扶摇直上》的专题报道。

1962年

1月，中共永和县委书记李广义赴京参加扩大的中央工作会议（七千人大会）。会后，县委召开三级干部会议认真传达贯彻。

2月11日—14日，召开全县劳模大会，有222名劳模出席会议。

春，县粮食部门给缺粮群众借供粮食1.68万公斤，口粮偏低社队与口粮较高社队互调粮食2.21万公斤。

6月，全县精简干部职工422人，占任务85%；纯精简111人，占任务91%。

7月12日，县首次人民武装工作会议在县城召开。

7月，县人民政府发出关于开展机关生产节约度荒的通知，要求县直和公社机关职工每人自产1个月、2个月的口粮。

8月，《永和小报》停刊。

11月21日，县委召开扩大会议，传达中共八届十中全会精神，学习贯彻《农村人民公社工作条例（修正草案）》（即《六十条》和《进一步巩固人民公社集体经济，发展农业生产的决定》。历时半月，于12月5日结束。

本年，打石腰公社尉家坬大队被评为全国林业先进单位，贾世全代表大队出席国务院在太原召开的华北区劳动模范代表大会；全县以公社设教学联区11处，各中心学校均设教学研究组，全面开展教学研究工作；永和县第一座公路石拱桥——川口大桥建成通车；全县粮食总产量756万公斤，农业总产值1463万元，工业总产值72万元，地方财政收入25.9万元。

1963年

1月1日，全县农村开展当年"三清"（清工、清财、清物资），即社会主义教育运动。

2月6日—12日，县委召开各界人士座谈会。

3月，"向雷锋同志学习"委员会成立，全县人民广泛开展学雷锋活动。

5月13日—17日，共青团永和县第五次代表大会在县城召开。

7月1日—3日，县第五次妇女代表大会在县城召开。

8月，全县卫生保健机构开展全面整顿。

10月，县城—阁底公路动工兴建，于1965年2月竣工试行。

同月，县水土保持专业队在交道沟建立。

11月26日，农村"四清"（清工、清债、清账、清库）试点工作在坡头公社任家庄大队、孙家庄大队和城关公社官庄大队展开。

11月28日，全县公社机关（包括供销社、粮站等）"四清"全面铺开。

12月，中国农业银行永和县支行成立。

本年，县城—桑壁公路建成通车；拓宽县城街道，两侧砌铺石条，并修筑下水道。

1964年

2月16日，永和县第一批农村"四清"运动在6个公社、14个大队、81个生产队展开，历时5个月，于7月16日结束。

4月16日，成立县"四清""五反"（反对贪污盗窃、投机倒把、铺张浪费、分散主义、官僚主义）和生产领导小组。县直机关开展"五反"运动。

6月5日，成立农村"四清"政治部。农村开展的经济"四清"发展为清政治、清经济、清思想、清组织。

7月1日，全县开展第二次人口普查。截至7月1日零时全县实有人口32822人。

7月31日—8月2日，县总工会首次代表大会在县城召开。

8月22日—27日，共青团永和县第六次代表大会在县城召开。

同月，县林业中学在县城西北隅圪列沟建立，原城关公社农业中学并入其中。

10月，抽调县、社两级骨干和农村借调干部共140余人，由县委书记李广义、副书记卢敏学带队赴洪洞县参加地委组织的第一批农村"四清"运动，于翌年8月返县。

12月17日，县四级干部和贫下中农代表大会在县城召开。30日大会结束时，成立永和县贫农、下中农协会筹备委员会。

12月29日，永和县贫下中农讲习所举办第一期培训班，于翌年元月12日结束。

本年，县国营林场购进永和县第一台大型农机具：铁牛-55型链轨拖拉机。

1965年

1月5日，县防治地方病领导小组成立，始在全县开展地方病普查和防治工作。

6月13日—17日，中共永和县第三次代表大会在县城召开。

10月13日—16日，永和县第六届第一次人民代表大会在县城召开。会议选举孙仁义为永和县人民委员会县长。

10月，"四清"工作队赴曲沃县参加地委组织的第二批农村"四清"运动。于翌年7月结束返县。

11月，《永和小报》第二次复刊，改称《永和报》。

1966年

2月11日，晋南专区巡回医疗队到永和县给群众诊病治病，6月9日离县返回。

2月17日—19日，县委召开扩大会议，贯彻地委三级干部会议精神，大搞各级领导核心思想革命化。

2月27日，县政治工作领导组和抗旱指挥部成立。

3月25日，县委召开扩大工作会议。与会者发扬民主，提出改进工作方面的各种意见253条。

4月4日—7日，农业部领导田心（局长）和晋南地委西山委员会书记沈方在永和县检查指导工作。

5月5日—12日，召开县三级干部政治工作流动现场会。

6月，贯彻中央"五一六"通知，全县开始"文化大革命"运动。

同月，桑壁—署益公路通车。

7月，县委成立"文化大革命"办公室。

8月30日，县首次学习毛泽东主席著作积极分子代表大会在县城召开，于9月6日结束。会后全县普遍开展学习毛泽东主席著作群众运动。

同月，县内出现破"四旧"（旧思想、旧文化、旧风俗、旧习惯）活动。

10月1日，永和中学、卫校、林业中学师生派代表团，赴京接受毛泽东主席检阅。

同月初，永和县"四清"工作队赴万荣、夏县参加地委组织的第三批农村"四清"运动，于12月16日撤回。

11月11日，全县各中等学校师生再次组织代表团赴京接受毛泽东主席检阅。

11月，全县各中学红卫兵组织开始外出串联，停课闹革命。

同月中旬，在县招待所设立红卫兵接待站，接待各地串联的红卫兵。

12月，晋南地区组织的"全国大寨式农业典型展览"在永和县展出。

本年，永和县购回第一批农用水泵和脱粒机；临汾知识青年40余人到永和县水保工作队插队锻炼。

1967年

3月8日，县内开展科学试验，推广玉米双交种和绵羊改良技术。

4月1日，中共永和县核心小组成立，原副县长宋守文为负责人。

4月29日—5月5日，全县革命群众组织代表大会在县城召开，大会选举产生永和县革命委员会，主任宋守文。

1968年

3月—4月，县工代会、农代会、红代会组织相继成立。

8月，全县农村普遍实行合作医疗，原生产大队保健站医生统称"赤脚医生"（是指一般未经正式医疗训练、仍持农业户口、"半农半医"的农村医疗人员）。

10月，实行工人阶级和贫下中农管理学校。县城学校由工宣队进驻，农村学校成立由贫下中农代表参加的领导组。

1969 年

4月，县人武部与河北省保定军分区博野县人武部换防。

7月，中共中央发布《关于制止山西武斗的布告》（简称"七二三布告"）。中国人民解放军4655部队奉命进驻永和县，收缴群众组织和民兵的武器弹药，制止武斗。

同月，在永和中学举办由县"革委"成员及群众组织头头参加的落实"七二三"布告学习班，于9月结束。

9月22日，中共永和县核心小组改为中共永和县"革委"核心小组，与永和县革命委员会合署办公，实行"一元化"领导体制。

9月，全县小学实行五年一贯制。

11月9日，原县核心小组和"革委"机关干部到坡头公社索驼村参加学习班。

11月初，县革命委员会设办事组、政工组、生产组、保卫组等工作机构。

同月，开办"五七"干部学校。

本年，东风大桥建成。

1970 年

1月，县"革委"核心小组召开清队工作会议。全县开展"清理阶级队伍"运动。

4月，全县开展爱国卫生运动。

同月，永红大桥破土施工，当年10月底竣工试用。

5月，中国人民解放军1675部队到永和县"支左"（支持"左"派群众组织）。

6月1日，召开全县医疗工作会议，研究农村合作医疗制度实施问题。

同月，县"一打三反"（打击现行反革命破坏活动，反对贪污盗窃、投机倒把、铺张浪费）办公室成立。

9月，"农业学大寨"运动在全县展开。

9月25日—30日，活学活用毛泽东思想积极分子代表大会在县城召开。

10月11日—22日，县委举办第一批农村整党建党宣传队训练班。

10月，全县掀起深翻土地竞赛高潮。

11月，"一打三反""整党建党""农业学大寨"运动形成高潮。

本年，全县粮食总产量827万公斤，农业总产值1831万元，工业企业总产值127万元，地方财政收入25.7万元。

1971 年

4月26日—28日，召开中共永和县第四次代表大会，选举产生中共永和县第四届委员会。在四届一次会议上，选举吕务泉为县委书记，中共永和县"革委"核心小组从此撤销。

5月，全县各公社相继召开党代会，恢复公社党委会。

8月，全县各单位整党建党工作陆续结束。

9月7日，县"工业学大庆"大会在县城召开。

9月26日—28日，共青团永和县第七次代表大会在县城召开，恢复共青团永和县委员会。

9月，永和中学附设师范班开学。

同月，整党、建党复查补课工作在全县展开，于翌年2月结束。

10月21日，山西省军区司令员谢振华在永和县考察。

11月21日—27日，全县"农业学大寨"经验交流大会在县城召开。

1972年

3月，全县开展植树造林大会战。

4月18日，永和县组建民兵师，师长吴佩恒，政委吕务泉。

同月，450千瓦小型柴油发电厂动土兴建，于翌年11月竣工投产。

7月26日—27日，县直属机关首次党代会在县城召开，选举产生县直机关党委会。

12月25日，县委在坡头公社开展公社党委整风试点工作，于翌年1月6日结束。

1973年

1月，全县开展整顿农村党支部运动。

4月上旬，全县掀起抗旱春播高潮。

4月3日—6日，县第六次妇女代表大会在县城召开，恢复县妇联委员会。

6月6日—9日，县总工会第二次代表大会在县城召开，恢复县总工会委员会。

6月11日—15日，县二届一次贫农、下中农代表大会在县城召开，选举产生县贫农下中农协会委员会。

7月31日，全县首次民兵代表大会在县城召开。

9月，省"革委"副主任王庭栋在永和县考察。

秋，扩建县城街道，铺设沥青路面。

1974年

1月，中共永和县委开展整风运动。

同月，县委号召全县大唱《三大纪律八项注意》等革命歌曲。

2月8日—13日，召开全县四级干部大会，号召掀起"批林批孔"和"抓革命，促生产"高潮。

3月，县公安局对全县自行车进行打号登记，加强管理。

7月28日—8月2日，全县养猪现场会在坡头公社召开。

同月，县计划生育手术队成立。

1975年

3月23日—26日，共青团永和县第八次代表大会在县城召开。

7月20日—29日，县境连降暴雨，署益、桑壁、城关、坡头4个公社、20多个生产队农作物受灾面积为4900余亩。

8月，各公社农业机械管理服务站相继建立。

9月，县委、县"革委"撤销所属组、室、办，恢复原部、委、局等机构。

11月，基本路线教育运动在全县农村铺开。

本年，全县粮食总产量1745万公斤，农业总产值2047万元，工业企业总产值363万元，地方财政收入13.6万元。

1976年

1月8日，中共中央副主席、国务院总理周恩来病逝。全县人民自发举行各种悼念活动。

2月，县广播站购买9英寸国产飞跃牌黑白电视机1台，为永和县有电视机之始。

3月，县少年业余体校成立。

4月，临汾地区养兔现场会在永和县召开。

7月6日，朱德委员长逝世，全县人民沉痛哀悼。

9月9日，中共中央主席、中央军委主席毛泽东病逝，全县人民悲痛万分。18日，县城上万名群众冒雨为毛泽东主席举行追悼大会。

10月中旬，粉碎江青反革命集团的消息广播后，全县纷纷集会游行庆祝。城乡掀起揭批林彪、江青反革命集团群众运动。

本年，县皮毛厂生产的黄贝根锅刷出口东南亚国家。

1977年

1月8日，全县干部群众集会纪念周恩来总理逝世1周年。

1月9日—15日，县委召开县、社、大队、生产队四级干部会议，传达贯彻第二次全国农业学大寨会议精神。

1月30日—2月1日，县委常委实行开门整风。

1月，县委成立揭批清领导小组，开始在全县范围内揭发批判"四人帮"的反革命罪行，清查与"四人帮"有牵连的人和事。

2月，县城堡子塬电视差转台试播成功。

2月中旬，县城举行民间文艺调演，热烈欢庆粉碎江青反革命集团后的第一个春节。

3月，根据全省农业学大寨会议精神，全县压缩非生产人员915人充实农业生产第一线。

3月1日—11日，县委以肃清"四人帮"流毒为中心内容，举办"三大讲"学习班。参加学习的县直机关单位副科级以上领导干部共119人。

5月，永和—隰县公路改线工程竣工。

8月，县国营酒厂在城南5公里处下刘台村北建成投产。

9月，永和县第二中学在县城北隅建成招生。

9月4日—7日，县委召开庆祝《毛泽东选集》第五卷发行大会。会后全县掀起学习热潮。

12月，隰县—永和35千伏高压输电线路开通投入运行。

冬，开始落实政策，平反、纠正各种冤、假、错案。

1978年

2月17日—3月2日，县委召开扩大会议，开展以揭批"四人帮""农业学大寨"为中心议题的整风运动。

6月7日，中共山西省委第一书记王谦到永和县考察工作，并在全县三级干部会议上作《加快速度改变永和面貌》的重要讲话。根据永和县交通运输状况较差的现状，批供汾河牌运输大卡车10辆。

7月9日—10日，县科学技术大会在县城召开。

7月29日—8月10日，以"三查"（查思想、组织、工作）"三看"（看方向、干劲、贡献）"五交账"（交思想政治、组织观念、高速发展农业、作风转变、参加劳动账）为议题，进行机关整顿。

11月27日—12月17日，县文化局举办培训班，为全县培训文艺骨干。

本年，城关公社红旗林场被评为全省社办林场十杆旗之一。

1979年

1月，县影剧院在正大街西侧落成，原人民大礼堂改建为电影院。

2月，县委贯彻中共中央文件精神，将永和县地主、富农分子改为农村人民公社社员。同时，给2299名地富子女改定出身。

3月8日，县城各界集会庆祝第一个植树节，并掀起春季植树造林热潮。

4月，撤销县五七干校，恢复中共永和县委党校。

5月，县委决定撤销1976年发出的关于追查"反革命"的几份错误文件，即撤销永发（1976）27、28、30、36、53号文件。

7月，参加中越边境自卫还击战的英雄模范事迹报告团在永和县作报告。

本年，城乡普遍开展真理标准问题的讨论；农村开始推行多种形式的生产责任制；全县粮食总产1975.5万公斤，比历史最高年1975年增加13.2%；永和县被列入三北防护林体系建设县。

1980年

3月，恢复屠宰猪、羊加盖屠宰验讫章制度。

5月20日，团县委、县教育局做出《关于向李让应学习的决定》，授予李让应"模范少先队员"称号。

7月28日—29日，县科学技术协会第一次代表大会在县城召开。

8月8日，县地方志编纂委员会与地名普查领导小组成立。地名普查工作在县内展开。

10月5日—9日，永和县第七届人民代表大会第一次会议在县城召开，选举产生县人民代表大会常务委员会，决定将县革命委员会改称县人民政府。会议选举赵珍为县人大常委会主任，吕树琛为县人民政府县长。

本年底，永和县西峪水库工程竣工。

本年，全县粮食总产量1695.5万公斤，农业总产值2618万元，工业企业总产值572万元，地方财政收入33.2万元。

1981年

3月，开展第一个文明礼貌月活动。

同月，县东循环公路建成投用，使坡头、署益、桑壁、交口、罢骨5公社与县城贯通。

4月，全县开展学习《陈云文稿选》《马克思关于再生产的理论》的活动。

7月3日，县政府颁发《关于干部职工、城市居民修窑建房占用耕地的规定》。

7月7日，县政府建立稳权发证领导小组，开始给农民颁发林地证、林权证、树权证。

9月，恢复公社管理委员会，撤销原公社革命委员会。

11月，县政府设立永和关渡口，投资1500万元，配备管理人员1人，船工2人，汽船2艘。

12月19日—20日，中共永和县第五次代表大会在县城召开。在五届一次会议上选举杨廷基为县委书记。

12月，县委党史资料征集领导组办公室成立。

同月，县议购议销公司成立营业。

本年，县内首家农村人畜自来水供水系统在署益公社王成村竣工投用。

1982年

1月，农村普遍推行家庭联产承包生产责任制。

3月27日，中共山西省委常务书记李立功到永和县考察。

4月17日，中共山西省委第一书记霍士廉到永和县考察。

5月5日—6日，共青团永和县第九次代表大会在县城召开。

6月，全县开展打击经济领域犯罪活动。

7月1日，全县开始第三次人口普查。截至7月1日零时，全县总人口为48209人。

9月1日，县职业中学在罢骨公社成立。

9月13日，县政府公布《县城区内国家建设征用土地窑房及拆迁问题的有关规定》。

11月24日，《人民日报》以"他把山里人当亲人"为题，报道永和县离休老中医董茂林为山区人民医病的事迹。

12月4日，延泊线交口大桥通车。

本年，全县粮食总产2490万公斤，再创历史新纪录；粮食实行征购、销售、调拨"一定三年不变"包干办法。

1983年

3月29日—31日，永和县第七届人民代表大会第三次会议选举张文慧、李秀兰为出席山西省第六届人民代表大会代表。

4月15日—19日，山西省扶持农村复退军人劳动致富现场会在永和县召开。

4月，城关小学教师李世立获全国优秀班主任称号。

6月，县粮食局小型配合饲料加工厂建成投产。

10月，康熙四十九年版《永和县志》重排印刷。

11月2日—12月10日，全县开展严厉打击刑事犯罪活动。

本年，县老年体育协会成立；新建敬老院，扩建烈士陵园。

1984年

1月，省政府授予永和县"西山防护林建设先进县"称号。

2月，开展维护妇女儿童合法权益法制宣传月活动。

同月，县委召开四级干部会议，传达贯彻中共中央〔1984〕1号文件和省农村工作会议精神，落实扩大农村商品生产的具体措施。

同月，中共永和县委纪律检查委员会改为中共永和县纪律检查委员会。

3月，棉布开始免收布票。

6月—7月，县境内茶布山、四十里山飞播造林5万余亩。

8月，中共永和县县委书记杨廷基出席全国"双扶"代表会。民政部、解放军总政治部授予永和县"扶持优抚对象勤劳致富模范单位"称号。

9月，永和县考生有17名被大专院校录取，31名考入中专学校，考试成绩及格率为全区第一名。

10月1日，一艘80马力钢质20吨货船与一艘15马力钢质10吨挂桨船在永和关渡口投入运营。

12月4日—8日，政协永和县第一届委员会第一次会议在县城召开。会议选举吕树琛为县政协主席。

12月底，撤销人民公社建制，全县11个人民公社改为2镇9乡。同时，生产大队改为村民委员会，生产队改为村民小组。

本年，县委、县政府新建4层办公楼竣工，并投入使用；县、社两级主要领导干部赴南方参观考察。

1985年

1月，年产5000吨蓖麻油厂动工兴建，于年底竣工投产。

2月，召开农村工作暨表彰会议，贯彻中央关于活跃农村经济的十项政策和全国农村工作会议精神，表彰奖励农业生产先进单位和先进工作者，部署全年工作。

同月，龙吞泉饮水工程竣工，供给县城居民生活用水。

8月，省长王森浩率省政府8名厅局长，由中共临汾地委副书记陈焕章陪同在永和县考察工作。

9月10日，全县人民热烈庆祝第一个教师节。县委、县政府表彰优秀教师和先进教育工作者。

9月，省委、省政府授予永和县"建设山区先进集体"锦旗一面。

本年，县广播事业局新建50瓦电视播转台投入使用；永和县被省政府确定为重点扶持的贫困县；全县粮食总产量1750.5万公斤，农业总产值3922万元，工业企业总产值714万元，地方财政收入47.6万元。

1986年

3月18日，省委扶贫工作队进驻永和县。

4月，地委扶贫工作组在永和县开展扶贫工作。

5月，山西省地质矿产局213地质队在县境进行地质勘查，肯定了永和县膨润土的开采价值。

同月，中国人民解放军永和县人民武装部改为地方建制，改称山西省永和县人民武装部。

6月28日，首次在县境四十里山系飞播牧草。

同月，永和县城—隰县公路开铺沥青路面，投资161万元，达国家3级公路标准。

7月，举办绒山羊改良技术培训班，参加培训人员44人。

9月，县委党校招收党政干部中专班学员50名，于1988年7月毕业。

9月28日—30日，共青团永和县第十次代表大会在县城召开。

10月28日—29日，县总工会第三次代表大会在县城召开。

1987年

1月10日—12日，中共永和县第六次代表大会在县城召开。大会选举产生中共永和县第六届委员会和中共永和县纪律检查委员会。在六届一次会议上，选举马金龙为县委书记。

5月25日—28日，政协永和县第二届委员会第一次会议在县城召开。会议选举吕树琛为县政协主席。

5月27日—29日，永和县第九届人民代表大会第一次会议在县城召开，出席会议的代表111人。会议选举张银生为县人大常委会主任，段连明为县人民政府县长。

5月，乡村输电线路523永泊线与436南桑线沟通运行，南寨变电站停用。

同月，县城开通半自动直拨长话。

6月13日，临汾地区绒山羊改良工作现场会在永和县召开。

6月18日，《山西日报》头版以"充分发挥集体和个人两个积极性，永和县圈存羊四个月增加三成"为题，报道永和养羊事业发展情况。

同月，县公安局开展签发居民身份证工作。

7月，县内各事业单位普遍开展专业技术职称改革。

9月3日，县委做出《关于加快沿黄五乡红枣生产基地建设的决定》。

9月，卫星电视地面接收站建成使用。

本年，全县遭受严重旱、雹、风、虫等自然灾害侵袭，粮食总产量1220.5万公斤，比1984年减少49%。

1988年

5月，邮电局开办邮政快件业务。

8月23日，县九届人大常委会第八次会议确定红枣、油松为永和县县树。

8月24日—25日，全省绒山羊改良汇报暨表彰大会在永和县举行。

同年，县委做出《关于加快绒山羊基地建设的决定》；实行邮政编码，永和县邮政编码为041400；临汾地区秋季农田基本建设现场会在永和县召开。

1989年

1月，邮电局开办集邮业务。

同月，临汾地区成人教育工作现场会在永和县召开。

4月10日，全县税务干部开展税法宣传月活动。

6月22日，航运业务由交通局移交运输管理所管理。全县共设5个渡口，营运船只5艘，船员11人。

10月，县民间文学集成编委会征集、编印的《永和故事、民谚、歌谣选》获国家重点科研项目奖。

11月16日，全县2镇9乡均设立林业工作站，配备林业工作员。

11月，县内全面开展扫除"六害"（卖淫嫖娼、制作贩卖传播淫秽物品、拐卖妇女儿童、贩运私种吸食毒品、聚众赌博、利用封建迷信骗财害人）斗争。

12月4日，全县尊师重教现场会在县城召开。

本年，县城西环路开通，城内街道变为环网式；省农牧厅确定永和县为山西绒山羊发展基地县。

1990年

春，全县小麦不同程度遭受霜冻和病虫害侵袭。县委、县政府筹资3.5万余元，调动全县人民抗灾保苗。

5月31日—6月2日，中共永和县第七次代表大会在县城召开。会议选举产生中共永和县第七届委员会和纪律检查委员会。在七届一次会议上，选举马金龙为县委书记。

7月1日，全县第四次人口普查工作开始。截至7月1日零时，全县总人口为55219人。

7月15日—18日，政协永和县第三届委员会第一次会议在县城召开。会议选举吕树琛为县政协主席。

7月16日—19日，永和县第十届人民代表大会第一次会议在县城召开。张银生当选为县人大常委会主任，赵兰田当选为县人民政府县长。

8月29日，全国蓖麻生产现场会在永和县召开。

10月，山西省农村学校体育卫生工作现场会在永和县召开。

同月，联合国儿童基金会无偿援助永和县日本产尼桑双排座客货车1辆。

本年，全县各乡镇配备科技副乡（镇）长；全县粮食总产量2049.7万公斤，农业总产值3735万元，工业企业总产值1410万元，地方财政收入115万元。

1991年

3月10日—11日，全县农村党支部书记"千标百旗"活动总结表彰大会在县城举行，表彰首批功勋支部书记4名，红旗支部书记10名。

6月25日，中共山西省委书记王茂林在永和县考察指导工作。

本年，县粮食局食品厂加工的红枣饴获中国食品工业十年成就优秀新产品奖；永和县被确定为全国重点扶持的贫困县。

1992年

1月，县邮电局增设FAX-450型传真机1部。

4月13日，县籍台胞刘迎祥女士回乡探亲。

4月21日，开始颁发城镇、农村居民建房用地使用证。

7月3日，县委研究决定，允许党政机关、事业单位干部职工留薪停职，到农村搞开发性生产。

9月28日—31日，共青团永和县第十一次代表大会在县城召开。

10月，县人、中国音乐家协会会员、军旅作曲家肖纪创作歌曲集《祖国的春天》由江西省百花洲文艺出版社出版。

12月10日，县政府驻临汾地区办事处挂牌开展工作。

12月，城关变电站增设2#主变机组，容量为1000千伏安。

本年，规范洪洞塬万亩开发基地建设，成立洪洞塬开发经济区。

1993年

2月27日，永和县进行党、政机关机构改革。县委常设机构为6个；政府常设机构为26个。

4月27日—29日，中共永和县第八次代表大会在县城召开。会议选举产生中共永和县第八届委员会和纪律检查委员会。在八届一次会议上，选举马金龙为县委书记。

6月24日—26日，政协永和县第四届委员会第一次会议在县城召开。会议选举冯玉琪为县政协主席。

6月25日—27日，永和县第十一届人民代表大会第一次会议在县城召开。田根茂当选为县人大常委会主任，赵兰田当选为县人民政府县长。

10月，开发永和关旅游景点。

11月，《中国共产党永和县组织史资料》由山西人民出版社出版。

本年，县邮电局新建无线寻呼台1座，安装450兆无线对讲拨号电话和数码兼容的无线寻呼设备；国家农业综合开发办公室、林业部确定永和县为全国红枣高产、优质示范基地县；投资30多万元安装有线电视设备，县城电视实行有线闭路管理；投资150万元，建成下刘台—县城引水工程；引进世行贷款，建永和二中新校址，于翌年秋建成投入使用。

1994年

4月23日，《山西妇女报》报道全国信用社十佳储蓄员之一——永和县城关信用社张芳叶积极热情吸收存款的事迹。

8月30日，县政府发布《关于加快小流域开发治理的意见》和《关于拍卖"四荒"使用权的实施意见》。

9月，民国19年（1930）版《永和县志》由县史志档案馆整理、重印。

10月8日，全县小流域治理总结表彰暨秋冬生产动员大会在县城召开。

10月，原县税务局分设为县国家税务局和地方税务局。

同月，城关第二小学在原永和二中旧址建立。

11月3日，山西人民广播电台新闻半小时节目报道《永和集资办学》专题。

1995年

春，开展干部职工支农储蓄活动。全县2000多名干部职工从个人工资中筹集27

万余元帮助农民购买化肥、农药、种子等春播物资。

3月15日，反腐败斗争在全县范围内展开。

4月28日，全县办学"三基一上"（基础设施、基本管理、基本建设，促全县教育工作再上台阶）现场会在署益乡召开。

5月，由八一电影制片厂拍摄的《解放大西北》影片在永和县开拍。

7月5日—10月15日，县城开展市容市貌百日大整顿。

7月15日，中共永和县委制定发布《县级领导班子成员廉洁自律十条意见》。

7月31日，县政府聘请山西省农科院10位专家担任永和县科技顾问。

同月，县城邮电扶贫大桥动工兴建。

8月18日—29日，永和县各乡镇长、县直有关部门领导共27人组成的参观学习团，赴河南省林县、辉县、兰考和山东省梁山、平邑、蒙阴等6县市、12乡镇、28个企业参观学习。25日，永和县与蒙阴县签订缔结友好县协议书。

9月9日，为庆祝第十个"教师节"，县委、县政府表彰奖励全县43名优秀教师。

9月29日，全县小流域治理群英会在县城召开。

12月11日—20日，永和县在县城举办首届红枣节。山西电视台《黄土地》栏目对此次盛会作专题报道。

本年，县职业中学通过省级验收；全县高考、中考录取新生首次突破百人关；铺通永和—隰县光缆线路45公里，使县、乡电话与全国联网，等号直拨；县委、县政府在阁底乡东征村筹建红军东征纪念馆；全县粮食总产量2418万公斤，农业总产值5295万元，工业企业总产值1636万元，地方财政收入196万元。

1996年

1月4日，中共山西省委常委、副省长刘泽民接到永和县坡头乡坡头村失去双亲的少年高朋的求助信后立即复信，并派专人携带衣物、学习用品莅永看望高朋，汇现金1000元助高朋上学。16日，县委、县政府召开紧急会议，号召社会各界捐资建立特困生助学基金。至18日，收到省、地、县各界人士捐款40余万元，永和县救助特困生专项基金正式建立。

1月10日，永和县红枣开发公司挂牌成立。公司占地1.6万平方米，拥有固定资产480余万元。以永和红枣为原料，加工出的主要产品有制干大枣、蜜枣、醉鲜枣、枣饴糖、枣汁、枣酱等。

1月9日，县政府颁布《关于住房制度改革的实施意见》，全县公有住房共3.02

万平方米，全部按政策规定出售给住户。

2月9日，永和县人民武装部复归中国人民解放军建制。

2月，吕树茂、刘志宏合写的《山西省永和县经济发展概况》一文在中国民主与法制出版社出版的《中国地方经济发展概况》一书中刊登。

3月22日，永和县畜产品开发总公司成立。公司占地约820平方米，拥有固定资产60余万元。主要生产品有牛肉、猪肉、羊肉卷、侗体羊等，熟产品有五香牛肉、五香野兔、猪蹄、猪肚、猪肠、猪肝等。

3月，县委采取公开推荐、公平竞争、考试与考核相结合的办法，从全县党政机关、事业单位选拔优秀女干部9名，到乡镇任副乡级领导职务。

4月18日，"打团扫恶"（打击团伙犯罪，扫除流氓恶势力）活动在全县城乡展开，至7月底首战告捷。

4月29日，全县城乡同时开展春季灭鼠行动。

5月13日，县职业介绍服务中心成立。

7月1日，县农业普查办公室成立，永和县进行首次农业普查工作。

8月9日，县委、县政府决定在全县开展向小学特级教师李玉海学习的活动；9月，山西省人民政府授予李玉海"教育工作者标兵"称号。

10月9日，全县小流域治理群英会在县城召开。会上表彰小流域治理先进集体18个，状元户3个，高效户3个，尖子户35个，先进工作者15名。

10月18日，永和县再就业工程领导小组及其办公室成立。

10月22日，全县以召开座谈会、庆祝会、举行文艺晚会、举办图片展览、播放系列报道、缅怀先烈等形式，纪念永和解放50周年。

11月27日，《永和枣乡情》文艺晚会在山西电视台五彩缤纷栏目播放。

12月12日，永和县文学艺术联合会成立，马毅杰任主席。联合会下辖写作、美术、摄影、书法4个协会。

同月，永和县打石腰乡尉家圪、郭家山、李家塬、冯家山4村出产的红枣获得中国绿色食品发展中心颁发的红枣绿色食品证书。

1997年

1月1日，全县村级财务始行"村由乡管"体制。

1月20日，永和县党政机构实行改革。改革后县委设工作机构6个，县政府设工作机构19个。

3月30日，全县新农村建设工作现场会在坡头乡召开。

4月17日，迎香港回归青少年百题竞赛活动在全县城乡隆重举办。

5月22日，以三爱（爱中国共产党、爱祖国、爱集体）星、致富星、守法星、育人星、计划生育星、美德星、新风星、卫生星、科技星、奉献星为内容的"十星级文明户"创建活动在永和农村广泛开展。

8月4日，县勘界工作领导组成立，开始重新勘定永和县周界。

10月21日，在第三届中国农业博览会上，永和红枣被誉为最受欢迎的农产品。

10月26日，在山西省首届干果经济林产品展销会上，永和木枣被评为山西十大名枣之一。

12月16日起，县国有工商企业进行产权制度改革。全县21户工商企业分别以破产重组型、切块分离型、联合组建型、整体改组型4种形式，全部实现非国有化改制。

本年，全县范围大旱。因春旱，全县6.5万亩大秋作物未能播种，已播种的有3.5万亩未出苗。据6月8日测试，土壤含水量5厘米深处、10厘米深处、20厘米深处分别为2%、5%、9%。县内40多个村庄、1万余人、0.2万头牲畜饮水发生困难。7月下旬后抢墒播种晚秋作物8万亩。因遭伏旱，致已出苗的晚秋作物80%枯死。全年秋粮总产量893.9万公斤，完成年度计划61%。上级批准减免秋粮定购任务35万公斤。

本年，投资95万元，在芝河、桑壁河流域建蓄水人字闸14处。投工15万个，投资90余万元，建集节雨水、节灌旱井、旱窖4011眼，可集天然雨水80万方。年末，全县农田有效灌溉面积增至8.7万亩，比1996年增长45%。

1998年

1月7日，县委、县政府进行机构改革。县委设办公室、组织部、宣传部、统一战线工作部、政法委员会、农村工作领导小组办公室6个工作机构。县政府设办公室、计划委员会、经济委员会、财贸委员会、教育委员会、科学技术委员会、计划生育委员会、监察委员会、公安局、民政局、财政局、人事局、劳动局、审计局、工商行政管理局、物价局、卫生局、交通局、城乡建设局、地方税务局、统计局、农业局、林业局、水务局、乡镇企业局25个工作机构。

3月30日起，在全县范围内开展查处、打击假冒伪劣农用生产资料（种子、化肥、地膜、农药等）活动。

同月，全县21个国有企业放小改制工作通过省级验收。

6月4日—6日，中共永和县第九次代表大会在县城召开。会议选举产生中共永和县第九届委员会和纪律检查委员会。在九届一次会议上，王月喜当选为县委书记。

6月6日—8日，政协永和县第五届委员会第一次会议在县城召开。会议选举张越轶为县政协主席。

6月8日—10日，永和县第十二届人民代表大会第一次会议在县城召开，出席会议的代表130名。会议选举田根茂为县人大常委会主任，武保安为县人民政府县长。

8月3日，县政府发出紧急通知，严禁占用办公、生产、经营场所集资修建个人住房。

9月21日，县城干部群众踊跃参加无偿献血活动。

11月28日，永和红枣营销茶话会在北京举行。参加茶话会的有原中顾委常委、中华爱国工程联合会会长李德生，首任驻美大使、中国国际关系协会会长柴泽民，全国政协常委、商业部原部长胡平，中共中央委员、全国侨联副主席林丽韫，国务院原秘书长、外商投资协会会长顾明，中顾委原常委、全国人大常委会副委员长、中共北京市委书记段君毅，中顾委原委员、北京军区政委傅崇碧，中国人民解放军原副总参谋长韩怀智，兰州军区原司令员杜义德和首都有关方面人士共30余人。与会人士听取汇报和品尝红枣后，对永和县强化红枣基地建设的做法高度赞扬，纷纷表示愿为永和红枣产业的发展出力出谋，搭桥引资。

1999年

1月5日，永和县首家型煤厂——恒盛型煤厂正式建成投产。该厂位于永和县药家湾村，占地面积800多平方米，日产型煤12000多块。

3月30日，永和县工会第四次代表大会在县城召开。82名代表参加会议。在工会四届一次全委会上，选出工会主席1人、工会副主席2人。

4月9日，永和县第十届中小学生田径运动会在县城举行，共有23个代表队数百名运动员参加。

4月12日，临汾地区妇联扶贫攻坚现场会在永和召开。参会人员到连环脱贫带头人杨海燕的川口开源鸡场、冯蛇梅的任家庄猪场实地参观。地区妇联主席孟凤鸣肯定了永和县妇女连环脱贫的做法。

4月14日下午，民进中央、民进山西省委常委马恩正教授和民进山西社会服务部部长张文元，到永和县打石腰乡冯家山小学进行扶贫助教献爱心活动，把价值3000余元的油印机、音响、书包、文具盒、图书等教学用品捐赠给冯家山小学。

4月16日，永和县城乡居民最低生活保障领导组成立，开始对全县生活困难户进行统计调查，确定最低生活保障金发放办法。

6月，县城自动电话扩容1000门，达到3000门。

同月，北京著名画家张大元到永和创作《高原之神》巨作。《高原之神》浓缩几千年的中国黄土文化，其长18米、宽2米的巨幅呈现了黄土高原的苍茫和黄河岸畔的风情。

8月18日，中共永和县委公开选拔部分领导干部。经过推荐报名、笔试、面试和组织考察，最终选拔乡镇书记、乡镇长各3人，政府办主任、司法局局长、档案局局长、党史研究室主任、城关二小校长各1人。

11月3日，永和县第五届红枣节在县城开幕。临汾地委、行署领导樊纪亨、程满仓、张岗旺、王万年等数百名嘉宾和群众参加开幕式。期间，进行了文艺表演。在本届红枣节期间，共展出40多个红枣品种。

11月15日，临汾移动通信分公司永和营业部正式挂牌成立。永和县人民政府副县长韩忠秀为营业部成立揭牌。

2000年

3月8日，永和县召开全县教育、卫生、计生工作会议。县主要领导，县直各单位一把手，教育、卫生、计生部门的全体工作人员，各乡镇书记、乡镇长和分管教育、卫生、计生工作的副乡镇长，各乡镇中心校长、卫生院长参加会议。大会对4个教育工作先进乡镇，4个计生工作先进乡镇，4个卫生工作先进乡镇和1个计生双服务乡进行表彰奖励。

5月15日，永和县在县委、人大、政府、政协、纪委、组织部、宣传部、检察院、法院、公安局领导班子和领导干部中开展以"讲学习、讲政治、讲正气"（即"三讲"）为主要内容的党性党风教育。"三讲"教育从5月15日开始到7月13日结束，分四个阶段进行，即："思想发动，学习提高"阶段；"自我剖析，听取意见"阶段；"交流思想，开展批评"阶段；"认真整改，巩固成果"阶段。中共永和县委成立领导干部"三讲"教育领导组。县委书记王醒安任组长；县委副书记杨德和、荀贵生，县委常委、纪委书记吴岐山，县委常委、组织部部长张东红任副组长。领导组下设办公室，张东红兼任办公室主任。

6月1日，永和县第一个沼气工程在城关镇官庄村点火成功，正式投入使用。

11月12日，永和县在桑壁镇举行永和—大宁公路通车剪彩仪式。该公路北起永和县桑壁镇，南至大宁县城，与209国道相接，全长26公里。

12月19日，中共山西省委副书记、省长刘振华一行9人，在市、县领导樊纪亨、张茂才、卢健清、任俊发、王醒安、杨德和、荀贵生、郭永平的陪同下，对永和县城关粮站、通达农业机械有限责任公司、润发纸箱厂进行调研。

本年，全县粮食总产量1354.2万公斤，农业总产值4637万元，工业企业总产值878.6万元，地方财政收入336万元。

2001年

2月23日，中共永和县九届二次全委会议在县城召开。会议选举产生出席中国共产党临汾市第一次代表大会代表9人。

3月下旬，永和县乡镇撤并工作结束。乡镇撤并后永和县由原来的9乡2镇改为5乡2镇。城关镇和罢骨乡合并为芝河镇，镇政府驻地在原城关镇；桑壁镇和署益乡合并为桑壁镇，镇政府驻地在原桑壁镇；交口乡和泊洋乡合并为交口乡，乡政府驻地在原交口乡；阁底乡和西庄乡合并为阁底乡，乡政府驻地在原阁底乡；坡头乡、南庄乡、打石腰乡保留不变。

4月，永和县开展"三个代表"学习教育活动。县委成立"学教"活动领导组及其办公室，制定《关于在全县开展"三个代表"重要思想教育活动的实施方案》；确定了县四套班子党员领导干部的联系点；组建10个"学教"活动指导组和1个"学教"活动宣讲团。"学教"活动范围为县直部门、乡镇、村领导班子和领导干部。"学教"活动分学习培训、对照检查、整改提高三个阶段进行。

本年，永和芝泉饮品公司完成技术改造，建成年产500吨酸枣汁生产线，并投产达效；国家在山东乐陵召开名优特产博览会，"永和大枣"在博览会上获得金奖；永和县通达农机公司研制的"膜侧播种机"扩大生产规模，产品远销西北地区，研制开发的"小型家用饲草切搓机"，可提高饲草利用率30%~50%。

2002年

2月4日，中共永和县委办公室、永和县人民政府办公室印发永办发〔2002〕25号《永和县县级党政机关改革实施方案》。方案规定：设置党政机关28个，其中县委机构9个，县政府机构19个。县委设置纪律检查委员会、办公室、组织部、宣传部、统战部、政法委员会（含综治办）、机构编制委员会办公室、直属机关工作委员会、老干部局（由组织部管理）。县政府设办公室、发展计划与经济贸易局、教育科技局、公安局、民政局、司法局、财政局、人事局、劳动和社会保障局、国土资源局、城乡建设局、水利局、农业局、文化体育局、卫生局、计划生育局、审计局、统计局、粮食局。县级行政编制核定为268人，县委机关占20%、政府机关占70%、其他机关占 10%。

4月9日—11日，永和县第十二届人民代表大会第六次会议在县城召开。大会选举张云为县人民政府县长。

5月13日，中共山西省委常委、省军区司令员段端武在永和县检查指导工作。

5月14日，永和县客运发车站正式落成并投入营运。新落成的客运发车站位于府西街原农贸市场内，占地面积2500平方米。

6月4日，中共永和县委出台《关于党政机构改革中领导干部调整配备的意见》。具体是正科级领导干部调整配备，采取民主测评、年度考核、组织决定的办法进行；副科级领导干部调整配备，采取竞争上岗、双向选择、组织决定的办法进行。

6月23日，中共永和县委、永和县人民政府制定《关于乡镇事业单位机构改革的实施方案》。

12月1日，对全县党政群、事业、企业在职人员学历、学位进行检查清理工作。此项工作由县委组织部牵头，县人事局、教科局、县委党校共同承办。

2003年

2月18日，永和县经济工作会议在县城电影院召开。县长张云作题为"艰苦创业、奋力拼搏、为做好全年各项工作而努力奋斗"的工作报告。大会对2002年度经济工作中做出突出贡献的54个先进单位，84名先进个人进行表彰奖励。

4月6日，中共山西省委书记田成平在中共临汾市委书记张茂才、代市长王国正的陪同下到永和进行调研。他们先后到交口乡张家垣村、阁底乡庄则坪村、交口乡中心养殖基地和福只牧草开发公司就永和县农业、特色产业发展等情况进行了解。

4月22日，永和县防治"非典"工作会议在县政府四楼会议室召开。县四大班子领导，县直各单位、各乡镇"一把手"，各条管单位及西气东输项目部负责人参加会议。县卫生局局长赵琦通报全国、全省、全市及全县"非典"疫情控制和采取措施情况，政府副县长刘迎虎就预防"非典"工作做具体安排部署，政府县长、县"非典"防疫控制工作组组长张云讲话。

4月24日，永和县残疾人联合会第三次代表大会在县城召开。县委副书记杨德和代表县委讲话，县残联理事长宋永凤作工作报告。大会选举主席团主席、副主席，推举执行理事会理事长，聘请名誉主席，推荐出席市残联"四次"会议代表，通过关于增补调整主席团委员的决议。

7月，在防治"非典"工作中，9名定点医院发热门诊值班、留验卡消毒的医务工作者和 8 名留验卡站的值勤干警和工作人员，在工作一线举行入党宣誓仪式，光荣加入中国共产党。

8 月，中共永和县委决定，从抓农村群众致富"领头雁"的培训教育入手，推出"走出大山"学习培训计划，以"借地育才"的办法，用两年时间对全县 79 名农村党支部书记，采取到发达地区外出学习的方式，普遍培训一次。

10 月 26 日—28 日，中国共产党永和县第十次代表大会在县城召开，参加会议的代表 209 名。大会听取和审议中国共产党永和县第九届委员会的工作报告；听取和审议中国共产党永和县纪律检查委员会的工作报告；选举产生中国共产党永和县第十届委员会委员 25 名，候补委员 4 名；选举产生中国共产党永和县纪律检查委员会委员 11 名。

10 月 28 日，中共永和县第十届委员会和纪律检查委员会分别召开第一次全体会议。中共永和县十届一次全会以无记名投票的方式选举产生常委、书记、副书记。王醒安、张三森、李志敏、韩忠秀、许文彪、荀义贵、郑效锋、毛跟云、段忠联、郝忠祥、马连青 11 人当选为中共永和县第十届委员会常务委员。王醒安当选为中共永和县第十届委员会书记，张三森、李志敏、韩忠秀、许文彪当选副书记。中共永和县纪律检查委员会全体会议选举许文彪为中共永和县纪律检查委员会书记。

10 月 31 日，永和县人民政府与陕西省延川县人民政府在延川县举行永和关黄河大桥建设第三次联席会议。参加会议的有中共永和县委副书记、代县长张三森，政府副县长韩忠秀和延川县人民政府县长冯振东，县长助理高志斌等。会议决定修建延水关至永和关黄河公路大桥。

11 月 17 日—20 日，中国人民政治协商会议永和县第六届委员会第一次会议在县城召开。会议听取政协永和县第五届委员会常务委员会工作报告、政协永和县第五届委员会提案工作报告；选举产生政协永和县第六届委员会常务委员会主席、副主席、秘书长、常务委员。任启玉当选为县政协主席。

11 月 18 日—21 日，永和县第十三届人民代表大会第一次会议在县城召开。大会选举杨德和为县人大常委会主任，徐宝珠、张增、靳光元、吕发群、韩凤莲为副主任；选举张三森为县人民政府县长，段忠联、郭永平、刘迎虎、郭波、冯书霞为副县长。选出县人民法院院长和县人民检察院检察长。

2004 年

4 月 27 日，永和关——延水关黄河公路大桥（简称"永和关黄河公路大桥"）开工典礼在黄河岸边举行。出席开工典礼的临汾一方领导有刘传旺、郝忠礼、张北管、赵兰田、王醒安、张三森；延安一方领导有张学凯、刘兆年、王立新、马晔、吴世宏、冯振东。延川县政府县长冯振东主持开工仪式，中共临汾市委副书记刘传旺、永和县政府县长张三森、中共延川县委书记吴世宏分别讲话。

6月，中共永和县委组织部在国家定点扶贫单位信息产业部电信研究院的支持下，投资8万余元，建起软硬件配套齐全、设备先进的永和党建网站。

2005年

1月8日，永和县林权登记发证工作会在县政府会议室召开。参加会议的有各乡镇、县直有关单位负责人共60余人。

6月17日—18日，永和县人民政府召开全县部门工作汇报会。全县83个部门"一把手"进行工作汇报，电视现场直播。

8月15日，永和县阁底乡"八一"希望小学竣工。中共临汾市委副书记刘合心，市委常委、军分区政委李峰出席竣工剪彩仪式。该校建筑面积300平方米，投资20余万元，可容纳学生200余人。

9月3日，永和县在县城召开纪念抗日战争暨世界反法西斯战争胜利60周年报告会。中共永和县委常委、宣传部部长郑效锋主持会议，县关工委主任冯致富与县委原常委、宣传部部长李九引作报告。来自县城5所中小学校的学生代表2000余人参加报告会。

10月13日，永和县汽车客运站举行奠基开工仪式。中共永和县委书记王醒安、县人大常委会主任杨德和、县政协主席任启玉、县委副书记许文彪、县政府副县长段忠联、临汾市交通局副局长苏胜勇为客运站开工奠基。

10月21日，永和县第九届红枣文化节在县城开幕。中共临汾市委领导，山西省财政厅、教育厅及临汾市17个县市主要领导参加仪式。开幕式有文艺节目助兴，表演艺术家刘亚津、陕军、牛宝林等人表演了节目。在随后3天的节目中，有运城盐湖区蒲剧团和汾西威风锣鼓的演出。

10月21日，永和关黄河公路大桥顺利通车并举行剪彩仪式。中共临汾市委市委副书记张克强、秘书长卢健清、市政协副主席赵兰田、军分区主任杨风雨、省委驻永和农村工作队大队长郭庄文为永和关黄河公路大桥通车剪彩。中共永和县委书记王醒安主持剪彩仪式。

12月25日，永和县被中国国际枣业产业发展论坛组委会授予"名优红枣生产县"。

本年，全县粮食总产量2183.9万公斤，农业总产值7888万元，工业企业总产值1610万元，第三产业总产值9528万元，地方财政收入916万元。

2006年

1月，中共永和县委就50个副科级空缺职位，面向全县公开选拔35岁以下的青年干部，优化科级领导班子结构。

3月22日，中共永和县第十届委员会第四次会议在县城召开。会议讨论并通过《中共永和县委关于制定国民经济和社会发展第十一个五年规划的建议》。

5月12日，"红军东征永和纪念馆"在经过大面积的维修后举行揭牌仪式。临汾市领导王国正、张克强及永和县四大班子成员和有关部门负责人参加仪式。

6月27日—29日，中共永和县第十一次代表大会在县城召开。大会听取审议中共永和县第十届委员会和纪律检查委员会的决议，选举产生中共永和县第十一届委员会和纪律检查委员会，以及出席中共临汾市第二次代表大会代表。中共永和县第十一届委员会委员27人、候补委员5人。

6月29日，中共永和县第十一届委员会和纪律检查委员会分别召开第一次全会。中共永和县十一届一次会议选举毛克明为书记，赵雁峰、李志敏、韩忠秀、许文彪为副书记，郑效锋、毛跟云、段忠联、郝忠祥、马连青、苏建生为常务委员。在纪律检查委员会全体会议上，许文彪当选中共永和县纪律检查委员会书记。

9月5日，永和县煤层气第一井举行开钻仪式。

11月，永和县打石腰乡冯家山村农民、中共党员冯治水被山西省农业厅、人事厅评为省级乡土拔尖人才，并获1000元奖金和荣誉证书。

2007年

2月13日，中共永和县委书记毛克明主持召开永和旅游规划座谈会。座谈会邀请山西省社科院李永宠处长及专家对永和县的旅游产业进行初步规划。

5月14日—17日，政协永和县第七届委员会第一次会议在县城召开。大会选举产生政协永和县第七届委员会常务委员会主席、副主席、秘书长、常务委员。郭永平当选县政协主席。

5月15日—18日，永和县第十四届人民代表大会第一次会议在县城召开。大会选举韩忠秀为县人大常委会主任，靳光元、韩凤莲、吕发群、连永梅为副主任；赵雁峰为县人民政府县长，刘迎虎、郭波、冯书霞、任俊杰、冯双贵为副县长。选出县人民法院院长和县人民检察院检察长。

8月8日—9日，中共临汾市委统战部开展的"凝聚力工程老区行"活动在永和县进行。市委统战部、市人民医院、各民主党派组织非公有制企业代表人士、专家学者、医生、文艺工作者在永和县开展光彩事业扶贫、文艺宣传、农村科技讲座、教育教学扶贫、医疗巡诊等活动。

8月30日，"三北"防护林工程科技推广现场会在永和县召开。华北13个省市的林业部门和"三北"防护林局领导参加现场会。

9月20日，共青团永和县第十二次代表大会在县城召开。县委书记毛克明、政府县长赵雁峰、团市委副书记焦宏文等应邀出席会议。会议听取和审议团县委工作报告，选举产生共青团永和县第十二届委员会，选举产生出席共青团临汾市第一次代表大会代表。

9月21日，永和县在县城召开全县国库集中支付乡财县管乡用改革动员大会。大会主要是安排部署财政管理体制的两项改革，即在全县实行财政国库集中支付和"乡财县管乡用"的财政管理制度。

9月21日，被誉为"百姓的好医生"的永和县中医院院长王学诗，参加全国道德模范表彰大会后载誉归来。

9月23日，中共中央组织部原部长张全景在永和就基层党组织建设工作进行调研。

11月28日，永和县残疾人联合会第五次代表大会在县城召开。会议选举产生新一届主席团委员、主席、副主席和出席市残联第五次代表大会的代表，聘请主席团名誉主席和副主席，推举出执行理事会理事长、副理事长、专职理事等。郭波当选为永和县残疾人联合会第五次代表大会主席团主席；聘请赵雁峰为永和县残疾人联合会第五届主席团名誉主席。

11月29日，永和红枣被国家有机产品认证中心认定为2007度DFDC有机转换产品，从而使永和红枣升值15%~20%。

12月，永和黄河乾坤湾被确定为国家地质公园。公园位于山西省西南部、晋陕大峡谷南部地段的黄河线。园区处于永和县南庄乡、打石腰乡和阁底乡境内，其北起前北头，南至佛堂，西到黄河中线，东到四十里山，面积210平方公里，地质遗迹保护面积152.64平方公里，分五个地质遗迹景观区和一个历史人文景观区。

2008年

1月7日，在全国卫生工作会议上，国务院副总理吴仪，为永和县中医院院长王学诗颁发卫生系统最高奖项——"白求恩奖章"。

5月22日，北京六合兴济困助学中心和临汾市人民政府共同在永和县城举办兴大高中助学工程资助贫困生启动仪式。仪式上，六合兴济困助学中心和临汾市人民政府向永和中学100名品学兼优的学生每人发放资助金2000元。

7月1日，为整合医疗资源，城关镇医院与县中医院合并为永和县中医院。

8月30日，全国三北防护林工程科技推广现场会在永和县召开。国家三北局副局长潘迎珍、张炜，山西省林业厅副厅长霍转业，国家林业局科技司副处长宋红竹，山西省林业厅总工任建中，中共临汾市委常委、副市长黄翠莲，全国十三省造林处、科技处负责人，三北工程实施单位负责人，山西省造林局局长张云龙，临汾市林业局局长潘张虎，永和县领导郭行杰、赵雁峰、郝忠祥、韩忠秀、郭永平及各乡镇党政一把手、县直有关部门负责人参加会议。

10月20日，全省水利工程现场会在永和县召开。省水利厅副厅长张健、省水保局局长李文银、临汾市副市长赵建民和吕梁、晋中、临汾等7个地市35个县的代表共100多人参加会议。与会人员参观西峪沟坝系工程，召开水土保持坝滩联治工作会议。

10月26日，北京六合兴济困助学中心和临汾市人民政府在永和县城召开资助贫困生仪式。在资助仪式上，永和中学200名贫困生得到40万元助学金。

11月，永和县人民政府被国家劳动和社会保障部、绿化委员会、林业局联合授予"三北防护林建设突出贡献单位"。

同月，由永和县供销联合社牵头，浙江丽水市民营企业家刘建华出资经营，在永和县城建立"永和供合客多超市"。这是永和首家上规模、品种全的超市。

12月3日，山西省史志研究院和中共永和县委联合在省城太原召开"红军东征在永和"专题论证会。全省数十名知名党史专家参加论证会，省委常委、统战部部长李政文到会并讲话。

12月10日—12日，山西省"三北"区退耕还林培训会议在永和县召开。全省"三北"区各市、县、区林业局共100余人参加会议。会议期间，与会人员参观了永和县永和关出省口绿化工程和大寨岭"三北"防护林科技示范工程。

2009年

3月16日，永和县召开深入学习实践科学发展观活动动员大会。县四大班子领导，县直各单位"一把手"参加会议。市委指导检查组李建国、李成福、孙淼到会指导。活动从三月开始，八月底结束。

3月28日，永和县举行县城集中供热暨正大路拓宽改造工程开工仪式。县城集中供热一期工程总预算1480万元，由临汾三合锅炉制造公司承建。正大路改造工程总预算655万元，由中铁十三局市政公司承建。

3月30日，永和县聘请专家对"红军东征永和纪念馆"扩建和布展进行相关项目设计。投资25万元将原东征小学搬迁，使纪念馆面积增至5400平方米；投资30万元新建一个停车场；投资150万元新建340平方米的展厅2个以及工作人员办公室2间；投资195万元引入声电光影、声光沙盘等现代化手段对3个展厅进行改陈布展；投资60万元将纪念馆围墙加厚，并全部改造成汉白玉石材主席诗词书写墙，同时进行必要的院内铺设。

4月23日，永和县第十四届中小学田径运动会在县青少年活动中心举行。共有16支代表队230名运动员参加比赛。比赛中7人破3项县记录。

6月5日，红军东征永和纪念馆被山西省人民政府命名为"山西省国防教育基地"。

12月26日，纪念毛泽东诞辰116周年暨"红军东征永和纪念馆"扩建竣工仪式在永和县阁底乡东征村举行。中共山西省委党史办公室主任张铁锁，临汾市领导黄翠莲、梁天运、郑中夏、刘淑芬及市直相关部门负责人，永和县四大班子领导，干部职工代表，农民代表，学生代表共400余人参加活动仪式。

本年，永和县小流域综合治理得到省市的充分肯定，获山西省农田水利基本建设最高奖"禹王杯"。

2010年

5月，永和县民营企业供合客多超市中共党支部成立。该企业有员工20人，党员3人，入党积极分子3人。

5月20日，位于永和县药家湾村，占地面积13000平方米，日处理污水5000立方米，总投资4500万元的污水处理厂一期工程开工建设。

10月17日，全省水土保持精品工程建设现场会在永和县召开。省水利厅厅长、副厅长，省水保局局长及全省各市区水利局局长和52个水保重点县水利局局长、业务骨干参加会议。与会人员集中观摩永和县西峪沟坝滩联治项目区、白家崖小流域综合治理区的建设情况。会上，永和县政府县长梁秀娟介绍永和水土保持精品工程建设的具体情况和做法。大会授予永和、乡宁、娄烦、宁武、临县5个县"水土保持红旗县"称号。

11月17日，永和县召开霍永高速公路（永和段）征地拆迁动员会。政府县长梁秀娟、霍永高速公路西段指挥长李腾云、征地拆迁指挥部成员单位负责人等参加会议。霍州至永和关高速公路西段（隰县寨子乡——永和王家坪——永和关）一期工程全长47.8公里，永和境内14.1公里。

11月30日,共青团永和县第十三次代表大会在县城召开。中共永和县委书记郭行杰、副书记刘迎虎,团市委副书记李学良等出席会议。

12月6日,永和县黄河蛇曲国家地质公园博物馆展陈方案评审招标会在省城太原召开。原中国地质博物馆馆长季强、中国地质大学教授田明中等9位专家领导与中共永和县委副书记、政府县长梁秀娟,县委常委、宣传部部长苏文龙,副县长宋新亮参加会议。专家一致认为,北京世纪彩虹展览展示有限公司的设计内容科学合理,资料丰富,能够很好地指导项目实施,同意通过评审。

本年,全县粮食总产量3824.4万公斤,农业总产值19979万元,工业企业总产值3763万元,第三产业总产值22938万元,地方财政收入2313万元。

2011年

1月,霍州至永和关高速公路东段(一期)开工建设。

2月1日下午2时30分,《贵阳晚报》高级记者罗万雄在北京至贵阳的航班上,于陕西省延安市延川县和山西省临汾市永和县之间的万米高空,拍摄到了如神龙那样弯曲的黄河——"黄河中华龙"。

4月1日,中共临汾市委书记谢海在永和县阁底乡石家湾村开展下乡驻村联户活动。在石家湾村委于家咀村,谢海书记查看了黄河沙滩西瓜种植基地,深入农户家中了解群众当前生活状况,并召开座谈会倾听群众的愿望和要求,共谋发展良策。

5月19日—20日,中共山西省委书记、省人大常委会主任袁纯清在永和县调研。他先后到芝河源头生态水保精品农业园区、白家崖小流域综合治理项目区、煤层气开发现场、荒山绿化项目区进行实地指导。

6月9日—10日,中国共产党永和县第十二次代表大会在县城召开。市换届工作督导组组长、市政法委副书记冯亚平出席会议。

6月10日,中共永和县第十二届委员会与纪律检查委员会分别召开第一次全体委员会议。中共永和县十二届一次会议选举郭行杰为县委书记,梁秀娟、郭波为副书记,马连青、苏文龙、白建成、崔文学、付景军为常务委员。在纪律检查委员会全体会议上,选举崔文学为县纪律检查委员会书记。

6月12日,中央国家机关青年"百村调研"实践活动山西团永和分团一行23人,到永和县坡头乡、阁底乡、打石腰乡,开展为期一周的调研实践活动。

6月22日至23日,政协第八届永和县委员会第一次会议在县城召开。会议选举产生政协第八届永和县委员会主席、副主席、秘书长和常务委员。郭永平当选为县政协主席。

6月23日至24日，永和县第十五届人民代表大会第一次会议在县城召开。大会选举韩忠秀为县人大常委会主任，刘迎虎、段新民、吕发群、连永梅、韩凤莲为副主任；梁秀娟为县人民政府县长，廉海平、宋新亮、解建国、王润贵为副县长，江明涛为挂职副县长。大会选出县人民法院院长、县人民检察院检察长和出席市第三届人民代表大会代表。

7月15日，永和县农村新"五个全覆盖"动员大会在县城召开。新"五个全覆盖"包括农村街巷硬化工程、农村便民连锁商店工程、农村文化体育场所工程、中等职业教育免费工程、新型农村社会养老保险工程。

8月31日，山西省造林绿化现场会在阳泉市召开，永和县被省人民政府评为"全省造林绿化先进单位"。中共永和县委副书记、县长梁秀娟作为全省三个发言单位代表之一，在会上作经验介绍。

9月16日，永和县第一高级中学建成并投入使用。

12月26日，永和县在"红军东征永和纪念馆"举行纪念毛泽东诞辰118周年暨县党建研究会成立仪式。临汾市党建研究会会长王明理，大宁县县长樊宇，永和县县级领导，各乡镇书记、乡镇长，县直单位负责人，农民代表数百人参加仪式。

本年，永和县在芝河镇延家河村新建"新天联力玻璃纤维有限责任公司"。该公司占地面积11334平方米，总投资3000万元，有车间2个，员工80余人，年产玻璃纤维4000余吨。在芝河镇上罢骨村建立"久兴源农产品开发有限公司"。该公司注册资金500万元，总投资2500万元，占地面积18800平方米，有红枣、核桃分选、清洗、烘干、精选、包装一条龙作业面积1500平方米的车间，有保鲜冷库10间、员工120余名，年产值480万元。

2012年

1月10日，永和县举行新任村"两委"主干培训班结业典礼。中共永和县委书记郭行杰，县委副书记郭波，县委常委、宣传部部长苏文龙，政协副主席韩凤莲，县委组织部、县民政局等单位负责人及全体学员共同参加结业典礼。

2月6日，永和县举办以"永和群众闹元宵、秧歌舞红盛世年"为主题，以秧歌比赛、灯展、猜灯谜、舞狮、转九曲等为主要内容的闹元宵系列文化活动。

2月24日，永和县召开县委十二届二次全会暨全县经济工作会议。会议强调，2012年全县工作要以科学发展观为统领，围绕"富民强县、增进福祉"这一主线，坚定"穷县出精品、小县办大事、千方百计谋跨越"的理念，扭住项目建设这一引擎，实施生态立县、工业强县、旅游兴县三大战略，抓好城市建设、基础设施、民生改善、扶贫开发、社会管理五项重点，开展保持党的纯洁性学习教育和"基层组织建设年"两大活动，不断提升党的建设科学化水平，加快建设实力提升、民生殷实、生态优美、社会和谐的绿色新永和，为早日实现"百亿永和"宏伟目标而努力奋斗。

3月21日，永和县召开粮食直补和农资综合补贴自查整改部署会议，全面安排粮食直补和农资综合补贴自查整改工作。

3月27日，中共山西省委副书记、省长王君先后到永和县芝河镇李家渠村、刘家庄村问农事、访民情，看望慰问老区人民，与基层干部群众共同探讨研究新形势下革命老区、贫困地区农民增收、农业发展、农村繁荣的新路径。

3月31日，由山西省文化厅组织的"文化惠民、送戏到村"演出活动在芝河镇刘家庄村文化广场举行。来自省、市的演员们表演了民歌对唱、现代京剧、眉户剧、蒲剧等节目。

4月27日，美特好农产品加工配送中心建设项目落地推进会在永和县召开。美特好在永和建设的农产品加工配送中心建设项目，一期投资4000万元，二期投资3600万元。

4月27日—28日，中共临汾市委书记罗清宇到下乡住村联系点永和县阁底乡于家咀村，干农活、住农户、察农情、访民意，指导春耕生产，了解红色旅游开发、特色农业发展等情况，与村民共商脱贫致富大计。

5月3日，永和县召开县域医药卫生一体化综合改革工作会。全县医药卫生一体化综合改革重点将推进六个一体化，即卫生资源一体化配置、县乡村三级医疗卫生机构一体化管理、药品供应一体化保障、城乡医疗保障一体化统筹、基本公共卫生服务一体化推进、县乡村医疗卫生信息平台一体化建设。

5月8日，永和县青少年活动中心改造项目竣工仪式暨第十五届中小学生田径运动会开幕式在青少年活动中心举行。此次运动会共有15个代表队270名运动员参加19个项目的角逐。

5月14日，永和县召开"环境建设年"暨城乡垃圾清理大会战动员大会。县级领导，各乡镇党委书记、乡镇长，县直各单位负责人及"环境建设年"督查组成员等参加会议。

5月27日，政协第八届永和县委员会第二次会议在县城召开。大会选举樊蒲霖为县政协八届委员会副主席。

5月28日，永和县第十五届人民代表大会第二次会议在县服务楼会议室召开。会议补选永和县人大常委会副主任，永和县人民政府副县长。通过选举，刘双龙当选为永和县人大常委会副主任，苏文龙、毛伶秀当选为永和县人民政府副县长。

6月，永和县广播电视"户户通"工程全面启动。2012年完成村村通入户工程为2407户。

6月19日，山西省作协党组书记、副主席张明旺带领省作协采风团一行到永和黄河蛇曲国家地质公园、红军东征永和纪念馆等地进行采风。

6月28日，永和县2012年"温暖工程"启动暨高龄老人生活补贴发放仪式在县文化广场举行。县委、县政府从6月30日开始，向全县80周岁以上的老年人每人每年发放高龄生活补贴1000元。

7月26日，永和县三晋文化研究会成立。会议通过三晋文化研究会章程，选举产生会长、副会长、秘书长等。县人大常委会副主任刘迎虎当选为会长。

7月，山西临汾（广州）经济合作暨招商推介会在广州市举行。在招商推介会上，永和县共达成签约项目2个，投资总额达11亿元。

8月2日，永和县举行"基层组织建设年"工作推进暨"第一书记"选派授旗仪式。县委选派34名县直机关干部到基层担任"第一书记"。

8月2日，"幸福永和"消夏月文艺晚会在永和县青少年活动中心举行。永和县四大班子领导和中共吉县县委书记毛益民率领的吉县四大班子领导与近万民观众共同观看晚会。

8月22日，永和县举行2012年大学生助学金发放仪式。县人大副主任韩凤莲，政府副县长解建国，政协副主席冯书霞，县教科局、永和一中负责人参加助学金发放仪式，为44名大学生发放助学金23.8万元。

9月9日—10日，以国家三北局副局长王作谊为团长的观摩团冒雨到永和县就三北防护林建设工程进行观摩。自1978年以后，永和县围绕治理水土流失、改善生态环境、发展特色产业、促进农民增收的目标，依托"三北防护林建设"工程，把发展林业作为强县富民的根本出路，累计完成建设任务64.8万亩，其中：生态防护林41.8万亩（包括封山育林3.1万亩），经济林23万亩，完成上级下达的"三北"防护林工程建设任务。1978—1985年，是"三北"防护林建设一期工程阶段。永和县成功创办11个社办林场，79个村办林场，初步建起以县内三大山系为框架的三北防护林体系。1986—2000年，是全县生态经济林型防护林体系建设飞速发展的阶段。在沿黄岸畔大力发展红枣产业，实施"红枣富民工程"，建设以红枣、核桃为主的经济林基地30余万亩。2000年后，永和县围绕"山上治本、身边增绿"的奋斗目标，完成全县通道沿线荒山绿化工程12.4万亩、通道绿化工程88公里、环城绿化工程1.2万亩、石质山地造林绿化6800亩，建设红枣、核桃经济林10万亩。

9月21日，在永和县坡头乡原坡头粮站院内，由山西美特好连锁超市股份有限公司投资1亿元修建的永和县美特好农产品存储加工配送中心举行奠基仪式。省发改委、农业厅、粮食局、扶贫办的有关领导，美特好公司嘉宾以及临汾市有关部门领导，永和县的干部群众、农民红枣专业合作社、红枣加工企业负责人和红枣大户700余人参加奠基仪式。

10月9日，永和县召开2012年书记抓基层党建"面对面"述评工作会议。中共永和县委书记郭行杰，副书记马连青，县委常委、组织部部长弓记平，各乡镇书记、副书记，县直机关工委、非公工委、县直系统党总支书记（负责人），县直机关单位党支部书记，部分"两代表一委员"，县委组织部班子成员参加会议。会上，各基层党组织书记进行述职，并组织参会人员对18个基层党组织书记抓党建工作进行测评。郭行杰为获得2010—2012年全省创先争优先进基层党组织——阁底乡石家湾村党支部颁发了奖牌和奖金。

10月24日，全省水土保持工程建设现场会在永和县召开。永和、右玉、柳林、左权四县介绍开展水土保持工程建设的经验和做法。

10月25日，省林业厅领导集体督查调研暨临汾市秋季造林绿化现场推进会在永和县召开。省林业厅副厅长霍转业，纪检组长谢璞，副巡视员尹福建，临汾市副市长陈小洪，中共永和县委副书记、政府县长梁秀娟，县委常委、政府副县长苏文龙及吕梁林业局、临汾各县市区分管林业的副县市区长、林业局局长参加会议。

11月29日，永和县森林派出所及警察大队正式挂牌成立。中共永和县委副书记马连青，临汾市林业局副局长张吉昌，永和县政协主席郭永平，临汾市森林公安分局副局长白雪梅，为"永和县公安局森林派出所""永和县公安局森林公安警察大队"揭牌。

12月31日，卫生部农村基本公共卫生服务培训会在永和县举行。卫生部农卫司基保处处长鄂启顺、永和县政府副县长解建国等出席开班典礼。临汾市各县（市、区）卫生部门及永和县、乡、村三级卫生部门医务人员共170多人参加培训。

2013年

1月22日，永和县召开重点工作汇报会，7个乡镇党委书记、16个部门负责人汇报2012年的工作和2013年的打算。县委书记加天山要求，要以富民强县为目标，全力推动转型跨越发展；坚持科学发展，要打好"国家级贫困县"这张牌；要实施好"生态立县"这一战略；要做大做强以红枣、核桃、苹果为主的富民产业；要超前搞好煤层气开发；要激活以红军东征永和纪念馆、黄河乾坤湾为主的精品旅游线路；要突出搞好城市建设；坚持改善民生，大力加强教育、医疗卫生、社会保障等工作，不断提高人民群众幸福指数。

2月1日，永和县残疾人联合会第六次代表大会在县服务楼会议室召开。全县71名残疾人代表参加会议。会议选举产生永和县残疾人联合会第六届主席团委员，主席团主席、副主席和出席市残联第六次代表大会的代表；推举产生执行理事会理事长、副理事长、专职理事，并聘请名誉主席、副主席。

2月28日，中共永和县委十二届三次全会暨全县经济工作会议在县服务楼会议室召开。会议确定了2013年全县工作的总体要求，即：深入贯彻落实党的十八大、中央经济工作会议、省委十届四次全会暨全省经济工作会议、市委三届四次全会暨全市经济工作会议精神，坚持以科学发展观为统领，大力实施林果富民、生态立县，转型发展、工业强县，文化引领、旅游兴县，以德为先、依法治县"四大战略"，突出抓好项目建设、优势农业、能源开发、特色旅游、城镇建设、基础设施、民生改善、安全稳定八项重点，全面提升党的建设科学化水平，努力建设美丽永和、富裕永和、人文永和、平安永和。

3月19日，永和县召开全县政法工作暨"法治下乡"活动动员大会。县委书记加天山，县委副书记、政府县长梁秀娟，县委副书记马连青，县政协主席郭永平，县委常委、政法委书记廉海平等出席会议。各乡镇党委书记、乡镇长、分管副职，县直各单位主要负责人，政法系统全体干警参加会议。

4月7日，永和县召开"夯实基础管理、落实工作责任"集中教育整顿活动动员大会。县委书记加天山、县委副书记马连青、人大常委会主任韩忠秀、县政协主席郭永平等县级领导，各乡镇党委书记、乡镇长，县直各单位负责人参加会议。

4月9日—11日，全县大范围低温，造成核桃、苹果、杏、红枣经济损失3800万元。

4月12日，由TA36青年志愿团主办，永和县委、县政府，永和县教科局，永和一中，太原市福缘酒店管理有限公司和永和电视台协办的"共同托起明天的太阳"大型公益爱心活动在永和第一高级中学举行。来自全国各地的近百名企业家、TA36的100多名义工及永和县的600多名学生、家长参加活动。

5月7日，中国人民政治协商会议第八届永和县委员会第三次会议在县城召开。政协主席郭永平在会上作政协第八届永和县委员会常务委员会工作报告。

5月8日，永和县第十五届人民代表大会第三次会议在县城召开。县委副书记、代县长范洋平代表永和县人民政府向大会作工作报告。会议选举范洋平为永和县人民政府县长。

5月14日，由山西东源和信广告有限公司、山西光大储运有限公司、太原市新作广告工作室、太原俪赢科贸有限公司和聚成企业管理顾问股份有限公司负责人组成的太原爱心企业家在永和县开展捐资助学活动，把价值30万元的130台电脑捐赠给永和县。

5月16日，全市人口计生重点工作现场会在永和县召开。市人口计生委主任廉鹏，副主任张国平、倪富强、苏建生，县委副书记马连青，政府副县长解建国出席会议，各县、市、区人口和计生局局长和相关科室负责人参加会议。

5月23日，永和县在青少年活动中心举办"弘扬阳光体育精神，投身美丽永和建设"干部职工第九套广播操比赛。来自全县9个总支的500多名干部职工参加比赛。通过激烈的角逐，政法系统代表队获一等奖，宣传、教育系统代表队获二等奖，县委、经贸、卫计系统代表队获三等奖。

5月29日，永和县城市燃气集中供气项目举行开工奠基仪式。

5月，永和文庙大成殿被国务院公布为国家级文物保护单位。

6月14日，应永和县邀请，荷兰高级专家组织驻中国协调员马丁先生和以色列可持续农业咨询组织主任罗兰先生到永和县考察农业、旅游业产业，为县域农业产业的可持续发展和旅游产业的做大做强"把脉开方"。

7月8日—22日，永和县连续降雨且降雨量大，导致山体滑坡，部分房屋倒塌，公路、桥梁、水利设施严重毁坏，农田冲毁，直接经济损失3775万元。

8月21日，永和县在县城举办红枣产业发展培训会。会上，山西省农科院干果经济林研究中心主任王保明作《关于国内外红枣产业发展现状与前景预测》的报告；农科院干果经济林研究中心教授薛新平分别就红枣的营养，鲜枣的储存、加工、栽培，枣树防裂果套袋技术、病虫害的防治，枣树无公害防控策略与技术进行讲解。

8月22日，"天下永和、大美乾坤，'新天能源杯'百名中外摄影家看永和"活动启动仪式在县文化广场举行。中国摄影家协会顾问、中国艺术摄影学会执行主席朱宪民，永和县领导范洋平、马连青、韩忠秀、郭永平、苏文龙、李永升、弓记平、解建国及30多名中外摄影家、群众代表参加启动仪式。至10月份，共有来自中国、加拿大、美国、巴西等国家的百余名摄影师在永和采风。

8月23日，山西省军区司令员刘云海到永和县调研。

8月27日，由中共永和县委宣传部主办，县文广新局和团县委承办的首届乡镇"广场舞"比赛在县青少年活动中心举行。来自全县各乡镇选送的7支队伍参加比赛。

9月11日，永和县在政府四楼视频会议室举行煤层气勘探开发专题培训会。中国矿业大学煤层气与页岩气研究中心副主任、副教授、博士后刘升贵围绕中国煤层气勘探开发现状、开发技术、开发利用、政策扶持及永和县煤层气开发利用前景作辅导，并回答了与会人员所提的相关问题。

9月，永和县第二中学语文教师、临汾市第三届中小学教学能手马俊琴在第三届全国百佳语文教师评选活动中，获"全国优秀语文教师"称号。

11月5日，共青团永和县第十四次代表大会在县服务楼会议室召开。县领导加天山、范洋平、马连青、郭永平、苏文龙、崔文学、李永升、弓记平参加会议，团市委副书记王小华出席会议。

11月14日，永和县城乡环境清洁工程百日集中整治动员大会在政府四楼视频会议室召开。集中整治活动从2013年11月15日开始至2014年2月28日结束，共分宣传发动、集中整治、建章立制、总结验收4个阶段进行。

12月1日，永和县召开党建重点工作观摩总结暨书记抓党建"面对面"述评工作会议。会议听取了县委组织部、县委宣传部、县委政法委、县财政局、县人口和计生局、县法院、交口乡关于开展"四大主题活动"的情况汇报，听取了阁底乡、打石腰乡关于书记抓基层党建"面对面"述评工作汇报，并测评了2013年书记抓基层党建"面对面"述评工作。

12月18日，山西管理职业学院"大学生思想政治教育实践基地"挂牌仪式在红军东征永和纪念馆举行。山西管理职业学院党委副书记、纪委书记杨峰，副院长闫建辉，中共永和县委书记加天山，县委副书记马连青，县委常委、宣传部部长李永升及山西管理职业学院部分教师、学生参加挂牌仪式。

12月31日，永和县政府副县长宋新亮，政协副主席、住建局局长冯德英到煤层气用户家中，共同为其通气点火。城市供气管网工程于5月开工，建设输气、供气站各1座，城区主管网10公里，总投资约1亿元。

2014年

1月，山西省农科院果树站领导在永和县就核桃、玉米产业发展进行对接和交流，拉开了永和县与省农科院在现代农业领域紧密合作的序幕。

2月21日，中共永和县委十二届四次全会暨全县经济工作会议在县城召开。

3月8日，永和县召开党的群众路线教育实践活动动员大会。山西省委第十督导组、临汾市委第十六督导组成员到会指导。

4月8日，永和县召开农村（社区）"领头雁"培训暨党的群众路线教育实践活动基层党组织书记专题培训会。会议邀请临汾市委讲师团贾成奎教授作《坚持群众路线改变工作作风》专题辅导。

5月8日至9日，全省红枣管理现场培训会在永和县召开。永和、稷山、临县、临猗、石楼五县介绍各自红枣管护、发展经验，省农科院枣树管理专家王保民、马光跃、薛新平就红枣防裂果技术及老枣树更新复壮、枣树病虫无公害防治技术对全体与会人员进行培训。

5月14日，中国人民政治协商会议第八届永和县委员会第四次会议在县城开幕。县政协主席郭永平在大会上作政协第八届永和县委员会常务委员会工作报告。

5月15日，永和县第十五届人民代表大会第四次会议在县服务楼会议室召开。政府县长范洋平代表县人民政府向大会作工作报告。

6月14日—15日，山西省女作家协会第二届会员代表大会暨"女作家走山西"启动仪式在永和县举行。省委宣传部副部长、省作家协会主席杜学文，省作家协会党组副书记、副主席杨占平，太原市作家协会名誉主席徐大为，山西文学杂志社主编鲁顺民，省作家协会副主席、省女作家协会主席蒋韵，省女作家协会副主席葛水平，中共永和县委书记加天山，县委副书记、政府县长范洋平及来自全省各地市的女作家代表、著名评论家参加大会及采风活动。

6月16日，永和县召开农村土地承包经营权确权登记颁证试点工作启动会议。主要任务为妥善解决承包地块面积不准、四至不清、空间位置不明、登记簿不健全等问题。把承包地块、面积、合同、权属证书全面落实到户，依法赋予农民更加充分而有保障的土地承包经营权。

7月19日，央视七套《乡约》栏目组著名主持人肖东坡携体育评论员孙正平、气象主播宋英杰、相声演员奇志到永和县黄河蛇曲国家地质公园，现场录制大型户外访谈节目。中共永和县委、永和县人民政府授予著名主持人肖东坡、体育评论员孙正平、气象主播宋英杰、相声演员奇志"永和县经济顾问"。

8月19日，永和县举行山西永和黄河蛇曲国家地质公园开园暨招商引资大会。国土资源部地环司处长袁小红，山西省国土资源厅副总工程师杨义军，临汾市人大常委会副主任王金珍，临汾市政协副主席张北管等国家部委、省市领导及中国地质科学院、山西省地质调查院、山西地质博物馆相关专家，兄弟县市相关领导，参加招商引资大会的企业负责人《光明日报》《山西日报》《临汾日报》、山西电视台、中新社山西分社、新华社山西分社等新闻媒体记者，永和县各单位、各部门负责人，社会各界人士参加大会。

8月19日，山西省作家协会在乾坤湾广场隆重举行山西作家永和乾坤湾创作基地授牌仪式。中共山西省委宣传部文艺处处长何悦，省委宣传部重大文化活动指导中心主任崔力，省作协副主席、党组副书记杨占平，省作协副主席李骏虎，省女作家协会常务副主席金朝晖，中共临汾市委宣传部副部长郭景旭、市文联主席王富山，中共永和县委书记加天山，县委副书记、政府县长范洋平等出席授牌仪式。

8月19日，永和县招商引资推介会在地质公园博物馆二楼会议室召开。新疆阜康市永鑫煤化有限公司、新疆鄯善华兴铸造有限公司、山西汇丰兴业燃气投资集团有限公司、山西鼎亿成能源有限公司、山西晋能燃气集团有限公司、山西新天能源股份有限公司等30家企业参加招商引资推介会。

8月19日，永和县举办乾坤湾书画摄影作品展，当日接待国内外游客5000多人次。作品展共展出300多幅书画摄影作品。

8月19日，永和县举办《星光大道》走进永和公益会演。歌手云飞携手《星光大道》歌手王旭、周艳、高原天籁组合、蒙克、海霞、俊峰、郭津彤到永和乾坤湾进行公益演出。县领导加天山、范洋平为云飞等颁发永和旅游形象宣传大使证书。

8月19日，永和县举办"新天能源杯"——"天下永和·大美乾坤"全国摄影大赛。来自《中国摄影家》杂志社的王保国、张大鹏以及著名摄影家梁达明、梁安，山西汇丰兴业燃气投资集团有限公司总经理刘慧杰，永和县领导加天山、范洋平、苏文龙等参加启动仪式。

8月21日，永和县举行高考达线学生资助仪式。县财政出资45.3万元，资助78名考上二本以上大学的学生。

9月，永和县城关小学教师常爱红被教育部、人力资源和社会保障部授予"全国模范教师"称号。

12月16日，永和县深入开展学习讨论落实活动动员部署大会在县服务楼会议室召开。活动在全县各级党组织和广大党员干部中开展，重点是县乡两级领导机关、领导班子和领导干部。活动从2014年12月上旬启动，到2015年3月底结束。

12月，总投资118亿元的霍永高速公路东段（一期）建成通车。高速公路双向四车道，全长129.2公里，路基宽24.5米，设计行车速度每小时80公里，有11座隧道、5座特大桥。起点是霍州市陶唐峪乡辛庄村，途经汾西县、隰县，终点至永和县芝河镇王家坪村。

本年，永和一中教师李玲指导的原创舞蹈《我家住在乾坤湾》参加在北京举办的"我爱祖国全国青少年电视才艺"大赛，获金奖。

2015年

3月11日，中共永和县委十二届五次全体（扩大）会议在县服务楼会议室召开。县委书记加天山代表县委常委会作工作报告。

3月12日，县委组织部举办农村（社区）"领头雁"培训会，对农村党支部书记、村委会主任、第一书记以及社区党组书记、居委会主任进行集中培训。

4月1日，全县城乡环境大整治动员会在永和宾馆四楼会议室召开。城乡环境大整治活动为期3个月，从3月开始至6月30日结束。

6月3日，中国人民政治协商会议第八届永和县委员会第五次会议在县城召开。县委书记加天山，县委副书记、政府县长范洋平，县委副书记马连青及86名政协委员参加会议。

6月4日，永和县第十五届人民代表大会第五次会议在县服务楼会议室召开。来自全县各行各业的代表118人参加会议，驻县的省、市人大代表，县级离退休老干部，不是代表的县四大班子领导，乡镇主要领导，出席县政协八届五次会议的全体委员，县直各部、委、局、办、中心、企业、学校主要负责人列席会议。

7月31日，永和县人武部以《在太行山上》《游击队之歌》和《强军战歌》3首抗战歌曲参加临汾军分区开展的"唱响抗战歌、激发强军志"歌咏比赛并获得第一名。

8月4日，中共临汾市委副书记、市长岳普煜到永和县就防汛工作、重点工程建设、集中连片特困地区道路工程建设进行调研。

8月5日，由中共永和县委宣传部主办，县文明办、老干部局、文广新局承办的2015"晚霞情、文明风"纪念抗战胜利70周年文艺晚会在县青少年活动中心举办。

8月11日，永和县党务办事公开动员会在县服务楼会议室召开。此次党务办事公开试点工作从7月开始至12月底结束，分为筹备启动、组织实施、全面推开、巩固提高4个阶段。公开的内容包括全面和中心工作、领导班子建设、党组织决议决定、思想整治建设、基层党组织建设、党员管理、干部选任监督考核工作、党风廉政建设、作风建设等12个方面的内容。

8月18日，"大美乾坤、天下永和"主题音乐会在县青少年活动中心举行。山西省作协主席杜学文、副主席杨占平，中共临汾市委宣传部副部长董杰，中共永和县委书记加天山、政府县长范洋平等出席音乐会。本场音乐会由中共永和县委宣传部主办，县文广新局、广电中心、文联协办，共分《黄河情怀》《红色记忆》《绿色家园》3个乐章。

8月18日至20日，"红军东征"西渡路线采风活动暨长篇小说《中国战场之共赴国难》研讨会在永和县召开。山西省作协主席、党组书记杜学文，山西出版传媒集团董事长王宇鸿、总经理梁宝印，省作协党组副书记、副主席杨占平，省作协副主席、青联副主席李骏虎，山西报刊传媒集团董事长、总编辑赵学文及省内外文学评论家、媒体记者参加研讨会和采风活动。《中国战场之共赴国难》的作者是山西省作协副主席、青联副主席李骏虎。

8月21日，永和县在永和第一高级中学（永和中学）阶梯教室举行贫困大学生资助仪式。县财政向2015年高考达二本线以上的36名学生资助人民币21.3万元。

9月8日，全县庆祝第31个教师节暨表彰大会在县服务楼会议室召开。会议对2个教育教学工作贡献单位、5个先进单位、3个特色教育先进单位、4个教学管理先进单位及15名先进教育工作者、13名县级名师、50名模范教师、22名优秀班主任进行表彰。

9月30日，经中共永和县委常委会议研究决定：成立永和县发展改革和经济信息化局（包括县商务局、粮食局，县国家资源型经济转型综合配套改革试验区办公室）党组；成立永和县卫生和计划生育局党组；成立永和县工商和质量监督管理局党组；成立永和县文化局（包括县版权局、旅游局）党组。同时，县发展改革局（含商务局）和粮食局合并；县卫生局和计划生育局合并；县工商局和质量监督管理局合并；县文广新局改为文化局。

10月26日，中共山西省委常委、组织部部长盛茂林，组织部常务副部长张高宏，省残联理事长李亚明及省委组织部各处室领导到阁底乡就定点帮扶工作进行实地调研并召开座谈会。2015年，阁底乡在省委组织部的支持下，共启动实施了五大类54个重点扶贫项目，其中年初计划41个，8月后新增13个；项目总投资9293万元，其中省财政投资5109万元，县财政配套资金4184万元。

11月4日，全县创建国家卫生县城动员大会在县青少年活动中心召开。永和县从

2015年11月起至2018年11月，力争用3年左右的时间创建成为"国家卫生县城"。

11月10日，永和县"农民办事不出村"项目启动会在坡头乡召开。农民办事不出村信息化平台项目通过互联网进行传输，搭建起县、乡、村3级服务平台，横向连接县直部门、单位窗口，纵向连接县、乡、村3级行政审批服务网络，构建网上服务中心。将原有的政府职能部门对涉及群众个人事务的行政审批转化为电子审批形式，实现"打通最后一公里"，服务群众方面解决"最后一步路"。群众办事可直接到村便民服务室，办理与群众息息相关的各项业务。

12月上旬，临汾市第一批青年干部培训班学员赴永和县开展社会实践活动。活动中，培训班学员一行先后到红军东征永和纪念馆、黄河蛇曲国家地质博物馆、红军井等地进行社会实践活动，并与部分老党员、村民进行座谈，了解群众的收入、生产生活和集体经济收入以及产业发展等情况。

2016年

2月6日，永和县第十五届人民代表大会第六次会议第一次全体会议在县服务楼会议室召开。会议补选马连青为永和县第十五届人民代表大会常务委员会主任、药虎奎为副主任。

2月23日，中共永和县委十二届六次全体（扩大）会议在县服务楼会议室召开。会议通过《县委常委会工作报告》《中共永和县委关于制定国民经济和社会发展第十三个五年规划的建议的决议（草案）》《关于停止冯双贵等14名同志执行永和县第十二次党代表大会代表职务的决议（草案）》。

5月6日，中共山西省委书记王儒林在永和县就沿黄地区脱贫攻坚与生态建设相结合进行专题调研。王儒林详细考察永和县芝河源头生态精品农业园区建设情况，还瞻仰了"红军东征永和纪念馆"。

5月，中共党员，永和县中医院副院长、主治医师李全忠获山西省"五一劳动奖章"。

6月1日—2日，中国国际人才交流协会主任刘永志，山西省人力资源和社会保障厅副厅长张其光带领中国台湾农业专家对永和县农业、旅游等产业进行调研考察并召开座谈会。中国台湾农业专家组由黄明耀、朱玉昌、欧谕达、邱垂正、古秀烽等人组成。他们实地考察了芝河源头生态精品农业园区、永和县电子商务运营中心、东征村农家乐旅游、黄河蛇曲国家地质公园等。

7月7日—8日，中共临汾市委副书记、代市长刘予强率市扶贫、交通等单位负责人在永和县电商运营中心、永和县城内阁窑沟YH-203阁窑沟地灾隐患点、阁底乡石家湾村红枣光伏大棚项目区、永和县黄河蛇曲国家地质公园、红军东征永和纪念馆、阁底乡东征村进行调研。

8月4日,中国共产党永和县第十三次代表大会在县城召开。会议选举产生中共永和县第十三届委员会和纪律检查委员会。省委换届风气第十督查组牛忠瑞,市委组织部指导组组长陈捷、联络员曹卫亮到会指导。县委书记加天山代表中国共产党永和县第十二届委员会作题为"坚持四大战略、抢抓发展机遇,为打赢脱贫攻坚战而努力奋斗"的工作报告。

8月5日,中国共产党永和县第十三届委员会第一次全体会议在县城召开。加天山、范洋平、郝巍、王卫成、程万军、边广恩、白永明、马健、张淑明9人当选为中国共产党永和县第十三届委员会常务委员会委员。加天山当选为中国共产党永和县第十三届委员会书记;范洋平、郝巍当选为中国共产党永和县第十三届委员会副书记。会议通过中国共产党永和县纪律检查委员会第一次全体会议选举结果(王卫成当选为纪律检查委员会书记)。

8月16日—18日,中国人民政治协商会议第九届永和县委员会第一次会议在县城召开。会议选举宋新亮为县政协主席,冯书霞(女)、樊蒲霖、师卿、马进为县政协副主席。

8月17日—19日,永和县第十六届人民代表大会第一次会议在县城召开。省委换届风气第十督察组屈志国,市委换届指导组曹卫亮到会指导。会议选举产生永和县第十六届人大常委会领导班子和人民政府领导班子以及法院院长、检察院检察长。马连青当选为县人大常委会主任,韩凤莲(女)、连永梅(女)、刘双龙、药虎奎当选为副主任;范洋平当选为县人民政府县长,马健、王润贵、周宏、靳亚伟、李占军、王丽霞(女)、程万军(挂职)当选为副县长;李小云当选为县人民法院院长;周柳荫当选为县人民检察院检察长。

第一编 建 置

3000多年前，永和即有建置。西汉始置狐谗县。北齐于故狐谗县城置永和镇，北齐武平元年（570）置临河县，北周废永和镇，置临河县、归化县。隋开皇十八年（598）临河县、归化县分别改为永和县、楼山县；隋大业末废永和、楼山2县；隋义宁二年（618）置北楼县。唐贞观初改北楼县为楼山县，寻改为永和县，属河东道隰州。五代，永和县废。北宋复置永和县，属河东路隰州。金代，属河东南路隰州。元代，属山西行书省晋宁路隰州。明代，属山西省平阳府隰州。清代，属山西省隰州。中华民国元年（1912）直属山西省。民国3年（1914）属河东道。民国16年（1927）复属省。民国26年（1937）9月属山西省第六行政区；民国29年（1940）改属第四行政区。民国34年（1945）9月永和县第一次解放，35年（1946）1月属晋绥边区吕梁分区第十专区，寻改属第九专区。民国38年（1949）2月划归陕甘宁边区隰县专区，6月改属晋南中心专署。1950年1月属山西省临汾专区。1954年9月属晋南专区。1958年9月永和县并入吕梁县。1961年5月恢复永和县建制，属晋南专区。1970年4月属临汾地区。2000年11月属临汾市。

行政区划明、清朝实行里甲制，明时全县编为11里，清朝合编为2里。民国时改为区村制，全县划为3个区，区下设编村、自然村、闾。1953年为区乡制，区下设乡，乡辖自然村。1958年实行人民公社化，公社下设生产大队、生产队。1984年改设乡镇制，乡（镇）下辖村民委员会、村民小组。

2011年，永和县辖芝河、桑壁2镇，坡头、交口、阁底、南庄、打石腰5乡，79个村民委员会，306个自然村。

第一章 位置 境域

第一节 位 置

永和县位于晋陕大峡谷黄河中游东岸,吕梁山脉南端西翼,山西省西南部,临汾市西北边缘。地理坐标为北纬36°31′15″—36°56′45″,东经110°22′45″—110°49′42″之间。东与隰县毗连,南和大宁县为邻,西隔黄河与陕西省延川县、延长县相望,北与吕梁市石楼县接壤。县境东西最大横距41公里,南北最长纵距46公里,总面积1212.89平方公里。

县城位于县境中心偏北。以县城为始,向东20公里(公路里程,以下皆同)至隰县界,过后庄到隰县县城29公里;向南41.3公里至大宁县界,过狗头山到大宁县城17公里;向西北35公里至永和关,过黄河到陕西省延川县城30公里;向北22公里至石楼县界,过四十里山到石楼县城13公里。从县城经隰县、蒲县距市政府所在地临汾市区184公里,经隰县、孝义、文水距山西省会太原市区298公里,经太原向东北距首都北京860公里,经永和关过黄河距延安市区159公里。

第二节 境 域

永和县境周长238公里,县内2镇、5乡均与外省、县界邻。坡头乡和桑壁镇与隰县界邻,界长51公里;交口乡、桑壁镇与大宁县界邻,界长45公里;南庄、打石腰、阁底、交口4乡隔黄河与陕西省延川县、延长县界邻,界长68公里;南庄乡、芝河镇、坡头乡与石楼县界邻,界长74公里。

县境边界村庄自葛家河起,沿顺时针方向,计有店河、山圈上、后神沟、马家沟、郑家沟、兰家沟、马家塬、方底、王家塬、新乡、牛伏、霍索、后河、前河、薛基、榆岭上、东索基、冯家山、王家塬、陈家塬、乐成、坡沙、阎家坡、王家山、佛堂、李家山、罗岔、西山里、马家湾、石家湾、于家咀、阴德河、后山里、奇奇里、河会里、黄家岭、郭家山、直地里、王家崖、前崖头、后崖头、白家圪垯、永和关、马家滩、咀头、前北头、团枣渠、小舍窠、高佛腰、窑上、前舍窠、甘泉里、杨家圾等村庄。

永和建县以来，境域无甚变化，但计其面积却有多种数字。清康熙四十九年（1710）《永和县志》中记为"广120里，袤120里"；乾隆庚子（1780）夏四月本《山西志辑要》中记为"东西广120里，南北袤150里"；嘉庆十六年（1811）《山西通志》中记为"东西广120里，南北袤115里"；民国8年（1919）《大中华山西地理志》中记为"东西120里，南北150里"；民国19年（1930）《永和县志》中记为"东西广120里，南北袤120里"。20世纪50年代初，永和县计委粗略量算，全县总面积为1240平方公里，折合186万亩。1957年，省测绘局编制出版《山西省地图册》，记载永和县总面积为1170平方公里，折合175.5万亩。1976年，临汾行署组织林业普查，使用地图调绘，量算得永和县总面积为1211.75平方公里，折合181.76万亩。征得山西省测绘局和统计局同意，编制成册。1980年，省农业粗线条区划，量算得永和县总面积为1271平方公里，折合182.55万亩。1982年，进行农业区划土地资源调查，量算得永和县总面积为1219.71平方公里，折合182.96万亩。1989年6月，受中共永和县委、永和县人民政府之托，山西省地矿局二一四地质队对永和县土地利用现状进行详查，测算得永和县总面积为1212.89平方公里，折合181.93万亩。1989年进行的土地详查，操作程序严格，精密程度较高，被上级有关部门验收认定，故本志涉及永和县面积和各乡镇面积的记述，均采用1989年详查所得数据。

第二章 建置 沿革

第一节 古代建置沿革

西 周

属晋之同姓诸侯国蒲（今石楼）。

春　秋

属晋之莆，置楼邑。

战　国

属魏蒲阳（今隰县），仍置楼邑。

秦

属河东郡北屈（今吉县）。

西　汉

置狐讘县，属司隶校尉部河东郡。

东　汉

中叶后废狐讘县，属司隶校尉部河东郡蒲子县（今隰县）。

三　国

魏黄初元年（220），复置狐讘县，属司州平阳郡。

西　晋

县名、归属均不改。

东晋十六国

前赵仍承旧制，置狐讘县，属司州平阳郡。后废狐讘县，先后入后赵、前燕、前秦、后秦，属平阳郡蒲子县。

北　魏

复置狐讘县。太延二年（436）废县，属汾州吐京郡。

东　魏

武定四年（546）属晋州平阳郡。

北　齐

后主高纬于故狐讘县城置永和镇。武平元年（570）置临河郡、临河县，属南汾州。

北　周

大成元年（579）废永和镇，仍置临河县，同置归化县，皆属晋州临河郡。

隋

开皇三年（583）临河郡废，临河县、归化县皆属隰州。开皇十八年（598）临河县、归化县分别改为永和县、楼山县。大业三年（607）改州为郡，永和县、楼山县属龙泉郡。大业末废2县。义宁二年（618）置北楼县，属石州龙泉郡。

唐

武德二年（619）置东和州。贞观初废东和州，改北楼县为楼山县，寻改为永和县，属河东道隰州。

五 代

永和县废。先后属后梁、后唐、后晋、后汉、后周之隰州。

北 宋

复置永和县，属河东路隰州。

金

属河东南路隰州。

元

属山西行书省晋宁路隰州。

明

属山西省平阳府隰州。

清

属山西省隰州。

第二节　现当代建置沿革

中华民国

民国元年（1912）直属山西省。民国3年（1941）属河东道。民国16年（1927）复属省。民国26年（1937）9月属山西省第六行政区；民国29年（1940）改属第四行政区。民国34年（1945）9月永和县第一次解放。民国35年（1946）1月属晋绥边区吕梁分区第十专区，寻改属第九专区。民国36年（1947）11月永和县彻底解放。民国38年（1949）2月划归陕甘宁边区隰县专区，6月改属晋南中心专署。

中华人民共和国

1950年1月属山西省临汾专区。1954年9月属晋南专区。1958年9月25日撤销永和县建制并入吕梁县。1961年5月28日恢复永和县建制。1970年4月复属临汾地区。2000年11月临汾地区改称临汾市，属临汾市。

第三章 行政区划

第一节 里 甲

永和明朝时期行里甲制。嘉靖、隆庆间,全县编为11里,即仙芝坊、乌门里、索驼里、桑壁2里(后并为1里)、南楼里、罢骨里、同社里、永兴里、前乙度、后乙度。

清朝延续明朝制。顺治十四年(1657),因人丁寥落,地亩荒芜,全县合并为仙芝、永兴2里。

第二节 区 村

民国7年(1918),永和改行区村制。全县划分为3个区:一区治所在县城,二区治所在桑壁镇,三区治所在永和关。民国8年(1919),全县377个自然村,划为28个编村、334个闾。其中一区辖11个编村、162个自然村、126个闾;二区辖8个编村、98个自然村、94个闾;三区辖9个编村、117个自然村、114个闾。城关商行另设2个闾。

民国7—26年(1918—1937)永和县行政区划表

表1-1

区别	编村	自然村
一区	城内	城内、北关
	东峪沟	东峪沟、前桑壁峪、后桑壁峪、前圪磴、后圪磴、龙口湾、北庄、天神庙、高家山、乔家山、西岭上、郭家岭、吴家山
	署益里	东郑家塬、薛基里、前张塌河、后张塌河、路家山、太得塬、王舍里、佃侧岭、堡则里、辛庄上、山坪里、大凤圪堆、霍索里、中山里、杨家山、杨木千、署益里

续表 1-1

区别	编村	自然村
一区	索驼里	索驼里、岔儿上、上刘台、任家庄、范家峪、吴咀、南岔里、杏渠里、贺家崖、胡家沟、上腰里、下腰里、刘家山、杏塌、秋板腰、场居上、王家塬、炭窑渠、柳沟里、南峪里
	土罗里	土罗里、榆林只、孙家庄、方底、永平庄、岔口、侯家圪台、郑家沟、安乐沟、赵家沟、呼家庄、兰家沟
	乌门里	乌门里、王家坪、坡头、靳家山、阎家山、大阎家山、渠底、成家坪、均庄、白家崖、李家崖、戴家峁、塔子上、马家庄、张家畔、后塔子上、秦家沟、西赵家沟、马家沟
	西川口	西川口、河口、河西坡、响水湾、官庄、东麻峪、西麻峪、前麻峪、龙吞泉、花石崖、姚家沟、西峪沟、社只坡、何家庄、南圪塝
	药家湾	药家湾、阎家腰、凉水井、贾家圪塔、枣圪磴、石家山、路家山、山圈上、竹杆里、乐生里、东后峪、阳坡里、交道沟
	下刘台	下刘台、小豆圪塔、赵家塬、前甘露河、后甘露河、延家河、上罢骨、红花沟、韩家塬、霍家沟、贺家塬
	刘家庄	刘家庄、马家庄、郭家坡、杨家庄、呼家岔、梁家坡、榆林则、辛舍窠、冯家圪磴、贺家庄、李家渠、薛家岔、葛家河、华居上、杜家庄、韦子山、赵家圪磴、薛马岔、后山里、杏树塌、红花峁、西沟里、杨家畔、店河
	南庄	南庄、上圪垛、大寨岭、百湾只、段家河、后段家河、大吉上、甘泉里、北河露、成家村、穆家坡、郭家村、前舍窠、刘家圪垛、高佛腰、新窑上
二区	桑壁镇	桑壁镇、井园沟、三眼窑、上桑壁、长索里、庄则坡、圪堆头、东索基、榆岭上、斜塌里
	兴义村	兴义村、护国、侯家庄、西索基、杜家山、岭儿上、槐树条、朱家山、顺子山、下榆曲、水腰里、药家山、苏家山、高家山、东西庄、后龙石腰、后河里、贺家坡、上榆曲
	长耳庄	长耳庄、李塬里、小南楼、定家塬、可托、龙石腰、下均里、鸦腰里、高成
	下可若	下可若、岭儿上、上可若、北索塬、后塬上、南塬上、德成里、上冯藏、下冯藏
	下罢骨	下罢骨、北则里、张家塬、毛家塬、下庄、王家塬、交口、宜家塬、长乐、索珠、北山头、杜家山、华居上、王家山、烟家腰、槐瓜里、烟家山
	南坡头	南坡头、南楼、崔家塬、冯家山、峪里、南王家塬、庄头、陈家塬、第二岭、南山头
	阎家坡	阎家坡、下坡里、王家山、都苏、义合、辛宜、上鹿角、曲沙、下鹿角、坡沙、乐成、泊洋
	李家山	李家山、圪列塬、高家塬、秋竹、辛庄上、下辛角、上辛角、樊家川、美家川、佛堂、樊家圪塔、赵家岭

续表 1-1

区 别	编 村	自 然 村
三区	永和关	永和关、红崖渠、白家圪塔、西王家塬、尖山里、刘家圪塔、枣山只、前崖头、张家圪、后白家山、窑上、白家腰、贺家圪、南圪里、下山里、后苏家山、梁家山、姚家山、前苏家山、樊家沟、王家崖
	庄则坪	庄则坪、苏土、乌华、同上吉、西庄、罗岔、上鸦路、下鸦路、铁罗关
	阁 底	阁底、下退干、上退干、滩则里、东庄、小坪腰
	石家湾	石家湾、冯家腰、马家湾、雨林、于家咀
	西后峪	西后峪、阴德河、高家圪塔、于家山、庄则岭、前河里、刘家塬、园则沟、后山里、贺家湾、贺家山、西庄圪塔、翟家山
	黄家岭	黄家岭、奇奇里、下虎山、河会里、冯家山、打石腰、靳家山、尉家圪、段家圪、前白家山、李家畔、刘家腰、曹家山、后冯家腰
	陈家腰	陈家腰、下山里、马家河、段家山、霍家岭、杨家山、上崖头、慕山里、马家岭、花岭则、石家渠、属步里、枣腰则、冯家圪
	郑家塬	郑家塬、郭家山、季家腰、张家塬、李家塬、贺家河、直地旦、任家圪、贺家腰、山方里、石畔岭、花儿坡、下山里、班家山、南圪里、田家山、刘家山、穆家腰、辛舍窠、塌只上、贺家塬、焦家山
	社 里	社里、前圪里、楼只山、咀头、马家滩、韩家圪、铁花里、花腰旦、中山里、桃卜山、团枣渠、小舍窠、北头

注：表中村名"塬""腰"1999年版《永和县志》为"原""嫂"，此次修志作了改动

民国26年（1937）下半年，编村缩为9个，一区治王家坪，辖城关、圪头2个编村；二区治桑壁镇，辖桑壁、下罢骨、赵家岭、泊洋4个编村；三区治永和关，后移属步里，又移至冯家山，辖红崖渠、冯家圪、雨林3个编村。

民国34年（1945）9月永和县第一次解放后，原编村改为行政村，全县设4区、1市（永和市）。百日许，永和市并入一区。民国35年（1946）春，全县4个区辖23个行政村。一区治官庄，辖城关、王家坪、杨家庄、杜家庄、索驼、土罗、岔口、罢骨8个行政村；二区治宜家塬，后迁张家塬，又迁至圪列塬，辖圪列塬、庄则坪、雨林、石家湾、赵家岭、冯藏、泊洋、南楼8个行政村；三区治红崖渠，辖红崖渠、郭家山、冯家圪、西庄圪塔4个行政村；四区治桑壁镇，辖桑壁、前龙石腰、南寨3个行政村。民国36年（1947）冬，全县行政村减为19个。

1950年4月，全县4个区、19个行政村改划为3个区、36个行政村。一区治官庄，辖城关、官庄、药家湾、刘家庄、龙口湾、乌门、索驼、岔口、呼家岔、土罗、甘露河、下罢骨、索珠13个行政村；二区治桑壁镇，辖桑壁、前龙石腰、后龙石腰、长索、大凤圪堆、后河、可托、南楼、鹿角、义合10个行政村；三区治西后峪，辖永和关、社里、

南庄、辛舍窠、冯家坬、冯家山、李家塬、雨林、石家湾、西庄圪塔、赵家岭、乌华、高家塬13个行政村。

第三节 区 乡

1953年8月，永和县改行政村为乡，全县36个行政村划为1镇、21乡，实行区辖乡（镇）、乡（镇）辖自然村的体制。一区辖城关、王家坪、杨家庄、索驼、岔口、延家河、王家塬、下罢骨8个乡（其中城关为镇）；二区辖桑壁、前龙石腰、大凤圪堆、南寨、南楼、义合6个乡；三区辖南庄、郑家塬、冯家坬、西庄圪塔、雨林、石家湾、庄则坪、下辛角8个乡。1954年9月撤销区建制，改行县辖乡、乡辖村体制。

1956年5月，小乡并大乡。全县22个乡（镇）合并为11个，即城关、坡头、署益、桑壁、罢骨、交口、泊洋、西庄、阁底、打石腰、南庄，其中城关为镇。

第四节 社 队

1958年9月实现"人民公社化"，永和全县11个乡（镇）、65个高级农业生产合作社合并建立城关红旗人民公社、桑壁红星人民公社、西庄超英人民公社、南庄春光人民公社4个人民公社。社下辖管理区，管理区下辖生产队。大村一村几队，小村则多村一队。全县设47个管理区。城关红旗人民公社治城关，辖城关、官庄、龙口湾、刘家庄、龙吞泉、任家庄、岔口、土罗、红花沟、甘露河、罢骨11个管理区。桑壁红星人民公社治桑壁，辖桑壁、李塬、护国、侯家庄、署益、南寨、郑家塬、冯藏、可托、峪里、南楼11个管理区。西庄超英人民公社治西庄，不多时移至阁底，辖乌华、下辛角、庄则坪、阁底、西后峪、奇奇里、石家湾、阴德河、园则沟、索珠、张家塬、赵家岭、坡头、泊洋、都苏15个管理区。南庄春光人民公社治南庄，后移至红崖渠，辖红崖渠、南庄、郭家村、社里、永和关、刘家山、黄家岭、望海寺、贺家腰、枣腰则10个管理区。

是年10月永和县并入吕梁县，城关红旗人民公社改称永和镇人民公社。

1959年4月，从西庄超英人民公社划出坡头、泊洋、都苏3个管理区，从桑壁红星人民公社划出峪里、南楼2个管理区，成立泊洋人民公社。至此，永和境内设人民公社5个。永和镇人民公社辖管理区11个，桑壁人民公社辖9个，西庄人民公社辖12个，南庄人民公社辖10个，泊洋人民公社辖5个。

1961年6月恢复永和县建制。8月，永和镇公社分为城关、坡头、罢骨3个公社；南庄公社分为南庄、打石腰2个公社；西庄公社析出索珠、赵家岭、张家塬3个管理区，与桑壁公社析出的冯藏、可托2个管理区，成立交口公社；西庄公社其余部分分为西庄、阁底2个公社；桑壁公社其余部分分为桑壁、署益2个公社；泊洋公社不变。管理区改称生产大队，并将辖区划小。全县有11个公社、55个生产大队、277个生产队、352个自然村。城关公社辖城关、官庄、龙吞泉、龙口湾、刘家庄5个生产大队，共32个生产队，55个自然村；坡头公社辖坡头、土罗、任家庄、白家崖4个生产大队，共29个生产队，37个自然村；署益公社辖署益、郑家塬、后河、南寨4个生产大队，共18个生产队，17个自然村；桑壁公社辖桑壁、护国、兴义、后河、侯家庄、前龙石腰6个生产大队，共20个生产队，29个自然村；罢骨公社辖罢骨、红花沟、甘露河3个生产大队，共23个生产队，30个自然村；交口公社辖冯藏、可托、小南楼、张家塬、索珠、赵家岭6个生产大队，共22个生产队，23个自然村；泊洋公社辖义合、都苏、鹿角、坡头、南楼、峪里6个生产大队，共24个生产队，23个自然村；西庄公社辖庄则坪、乌华、下辛角3个生产大队，共18个生产队，15个自然村；阁底公社辖阁底、西后峪、奇奇里、园则沟、阴德河、石家湾6个生产大队，共28个生产队，28个自然村；打石腰公社辖郭家山、郑家塬、枣腰则、马家岭、辛舍窠、尉家坬6个生产大队，共32个生产队，43个自然村；南庄公社辖南庄、永和关、郭家村、北河露、红崖渠、社里6个生产大队，共31个生产队，52个自然村。

1962年，部分公社生产大队、生产队有所调整。城关公社龙吞泉、龙口湾2个生产大队分别改称东峪沟、杜家庄生产大队，并增设药家湾、后桑壁2个生产大队，所辖生产大队增为7个；坡头公社土罗生产大队改称孙家庄生产大队，增设岔口、索驼、呼家庄3个生产大队，所辖生产大队增为7个；署益公社增设新乡生产大队，所辖生产大队增为5个；桑壁公社缩减后河生产大队，所辖生产大队减为5个；罢骨公社增设长乐生产大队，所辖生产大队增为4个；西庄公社庄则坪生产大队改称西庄生产大队，增设罗岔生产大队，所辖生产大队增为4个；阁底公社增设雨林生产大队，所辖生产大队增为7个；打石腰公社枣腰则生产大队改称冯家圪生产大队；南庄公社永和关生产大队改称刘家圪崂生产大队。全县生产大队增为63个，生产队增为345个。

1978年再次划小生产大队。城关公社增设榆林则生产大队，所辖生产大队增为8个；署益公社增设长索、堡则2个生产大队，所辖生产大队增为7个；桑壁公社增设东索基、后河2个生产大队，所辖生产大队增为7个；罢骨公社增设霍家沟、乐生里2个生产大队，甘露河生产大队分为前甘露河、后甘露河2个生产大队，所辖生产大队增为7个；交口公社增设交口生产大队，所辖生产大队增为7个；西庄公社增设庄则坪、高家塬2个生产队，所辖生产大队增为6个；阁底公社增设东征、马家湾2个生产大队，所辖生产大队增为9个；打石腰公社增设冯家山、李家塬2个生产大队，所辖生产大队增为8个；南庄公社增设白家腰、百湾只2个生产大队，所辖生产大队增为8个。全县生产大队增为80个。1981年，全县生产队调整为385个，比1962年增加40个。

第五节 乡（镇）村

1984年12月，永和县改政社合一的人民公社制为乡镇制。城关、桑壁2社改为镇，其余各社改为乡，生产大队改称村民委员会，生产队改称村民小组。全县共设2镇、9乡、80个村民委员会、385个村民小组。城内设居民委员会和居民小组。

此后，城关、坡头、署益、西庄、打石腰5乡镇村民小组时有撤并与增设。1990年，全县村民小组减少为352个。1995年，全县设2镇、9乡、80个村民委员会、367个村民小组，共314个自然村。

2001年，撤并乡镇，城关镇和罢骨乡合并为芝河镇，交口乡和泊洋乡合并为交口乡，阁底乡和西庄乡合并为阁底乡，桑壁镇和署益乡合并为桑壁镇，坡头乡、南庄乡和打石腰乡单设，全县设2镇5乡。2002年，桑壁镇后河村委撤销。至2008年，枣圪墱、靳家山、庵里、乌华沟、下山里、红武岭、任家山、大吉上8村无人居住。2011年末，全县有2镇5乡，79个村民委员会，364个村民小组，306个自然村。

2011年永和县行政区划表

表1-2

乡镇	村委名称	自 然 村 名 称	村民小组数
芝河镇	城 关	城区、社只坡	9
	东峪沟	东峪沟、龙口湾、前圪墱、后圪墱、北庄	5
	药家湾	药家湾、阎家腰、竹杆里	4
	后桑壁	后桑壁、前桑壁、永义	3
	官 庄	官庄、川口、王家坪、麻峪	8
	杜家庄	杜家庄、薛马岔、马家庄、呼家岔、龙吞泉	4
	榆林则	榆林则、段家河、贺家庄、梁家坡	4
	刘家庄	刘家庄、杨家庄、李家渠、郭家坡、红花峁、葛家河	6
	乐生里	乐生里、东后峪、阳坡里、韩家塬	4
	红花沟	红花沟、下刘台、赵家塬	3
	下罢骨	下罢骨、岭儿上、后塬上	3
	后甘露河	后甘露河、烟家山、王家塬、小豆圪塔	4
	前甘露河	前甘露河、烟家腰、延家河、下山里	4
	长 乐	长乐、山头、北则里	3
	霍家沟	霍家沟、上罢骨、德成里	4
桑壁镇	桑 壁	桑壁、上桑壁	5
	东索基	东索基、西索基、榆岭上	3
	护 国	护国、岔儿上、榆曲	3
	侯家庄	侯家庄、苍则坡沟、庄则坡、后龙石腰、圪堆头	5
	前龙石腰	前龙石腰、李塬、下均	3
	兴 义	兴义、鸦儿腰、后河、贺家坡、药家山	5
	署 益	署益、薛基	4
	堡 则	堡则、塬上	2

续表1-2

乡镇	村委名称	自然村名称	村民小组数
桑壁镇	长索	长索、太得塬	3
	郑家塬	郑家塬、辛庄、山坪里、南塬峁	4
	南寨	南寨、王成	2
	后河	后河、前河、霍索	3
	新乡	新乡、牛伏	2
坡头乡	坡头	坡头、乌门、岔上、聂家山	4
	索驼	索驼、贺家崖、杏渠	3
	任家庄	任家庄、上刘台、范家峪、南岔、吴咀、王家塬	6
	岔口	岔口、永平庄、柳沟、南峪、新村、渠底、马里腰	6
	孙家庄	孙家庄、土罗、榆林只、方底、马家塬	5
	呼家庄	呼家庄、兰家沟、赵家沟	3
	白家崖	白家崖、李家崖、成家坪、前塔子、均庄	4
交口乡	交口	交口、下庄、樊家川、毛家塬	4
	赵家岭	赵家岭、秋竹、美家川、辛庄	5
	张家塬	张家塬、樊家圪塔、宜家塬	4
	索珠	索珠	4
	可托	可托、高成、上可若、下可若、南塬上、北索塬	7
	小南楼	小南楼、定家塬、长耳庄	3
	下冯藏	下冯藏、上冯藏、下坡里	4
	南楼	南楼、乐成、陈家塬、崔家塬	5
	峪里	峪里、庄头、王家塬、冯家山、郝家山	5
	坡头	坡头、第二岭	3
	后鹿角	后鹿角、前鹿角、泊洋、山头	5
	都苏	都苏、辛宜、王家山	4
	义合	义合、河里、坡沙、阎家坡、曲沙	6

续表1-2

乡镇	村委名称	自然村名称	村民小组数
阁底乡	西 庄	西庄、同上吉	4
	庄则坪	庄则坪、鸦路	4
	乌 华	乌华、苏土	4
	罗 岔	罗岔、西山里、李家山	3
	高家塬	高家塬、佛堂、铁沟崖	5
	下辛角	下辛角、上辛角、圪列塬	5
	阁 底	阁底、东庄、滩则里	4
	东 征	东征（上退干）、下退干、小坪	4
	西后峪	西后峪、庄则岭、高家圪塔、前河里、翟家山	7
	奇奇里	奇奇里、下虎山、后冯家腰、曹家山	4
	阴德河	阴德河、于家山、后山里	5
	石家湾	石家湾、于家咀	3
	马家湾	马家湾、冯家腰	4
	雨 林	雨林	3
	园则沟	园则沟、贺家山、西庄圪塔、贺家湾、刘家塬	5
打石腰乡	郑家塬	郑家塬、季家腰、张家塬、贺家塬、打石腰、刘家腰、陈家腰	7
	尉家圪	尉家圪、段家圪、李家畔、黄家岭、河会里	6
	冯家山	冯家山、靳家山、白家山	3
	郭家山	郭家山、贺家腰	4
	李家塬	李家塬、贺家河、任家圪、直地里	4
	冯家圪	冯家圪、属步里、枣腰则、花岭则	6
	马家岭	马家岭、慕山里、段家山、马家河、石家渠、崖头、霍家岭	5
	辛舍窠	辛舍窠、刘家山、穆家腰、田家山、焦家山、花儿坡、石畔岭、山方里、南圪里	7

续表 1-2

乡镇	村委名称	自然村名称	村民小组数
南庄乡	红崖渠	红崖渠、贺家圪、姚家山、南坡里、梁家山、后苏家山、白家山	8
	北河露	北河露、前舍窠、窑上、高家圪	4
	南 庄	南庄、穆家坡、成家村、上圪垛	7
	百湾只	百湾只、甘泉里、西山岭、杨家圪	4
	刘家圪捞	刘家圪捞、永和关、中山里、楼只山、尖山里、白家圪捞、韩家圪、张家圪	9
	郭家村	郭家村、小舍窠、高佛腰、刘家圪垛、花腰里、团枣渠	8
	社 里	社里、前北头、咀头、马家滩、前圪里、铁花里、桃卜山	8
	白家腰	白家腰、黄家沟、前崖头、后崖头、前苏家山、枣山只、王家崖、王家塬	8

第四章　城镇　乡村

第一节　县　城

古县城

西汉置狐讘县，县治在今县城西17.5公里处（详址无考）。北齐武平元年（570）改置临河县，县治照旧。北周大成元年（579）增置归化县，县治在今县城南7.5公里处（详址无考）。隋开皇十八年（598），临河县、归化县分别改为永和县、楼山县，县治仍为原临河县、归化县旧址。义宁二年（618）置北楼县，县治同原归化县，即在今县城南7.5公里处。唐贞观初改北楼县为楼山县，寻改为永和县，县治同原狐讘县。

唐贞观十二年（638），始于仙芝谷（今县城址）建县城。城址位于县境中部偏北，居东峪川与芝河会合处。地理坐标为北纬36°45′，东经110°38′；海拔高度，城内主街道889.1米，芝河谷地873.7米。东倚双锁山堡子塬，芝河水从北向南穿腹而过，呈倚山抱水之状。

今县城

县城历代为全县政治、经济、文化、信息、交通、医疗卫生、贸易、旅游中心，但在中华人民共和国成立前的1300多年间，街宽不足3米，在校读书者不足百名。民国34年（1945）永和第一次解放时，有居民1000人左右，小商贩40余家。1949年，县城人口为2324人。1995年，城内有农修厂、砖瓦厂、木器厂、榨油厂、面粉加工厂、副食品加工厂、印刷厂等小型工厂；有日用百货、五金交电、生产资料、饮食服务、食品、副食品、果品、日杂、烟草、自来水、汽车配件等公司；有完全中学、职业中学、初级中学各1所，完全小学2所，城镇幼儿园1所；有县级医院2所和防疫站、妇幼保健站、计生服务站等医疗卫生单位；有文化馆、图书馆、新华书店、广播站、电视转播台、影剧院等文化事业单位；有灯光球场、老干部活动中心等体育活动场所。居民1.37万人，是中华人民共和国成立时的6倍。

2011年，县城人口增至19928人；城区面积达4.5平方公里；街道增为3街10路，总长10570米；县城建筑多为楼房。城区东北扩至东峪沟、大型农机站；南扩至药家湾；西扩至西峪沟、圪列口；北扩至龙吞泉、川口。商贸服务等产业发展到1000余家。供水、供热、供气、排污、排洪、广场、公交、绿化等基础设施初具规模。

县城交通便利，等级公路通往太原、临汾、侯马、运城、襄汾、隰县、大宁、石楼、台头、军渡、柳林、延安、西安等县市，与全县7个乡镇、79个村委、306个自然村相沟通，达到城乡村通油（水泥）路。电视、电话、移动通信、互联网全覆盖。有线电视设有永和频道。道路和通讯的发展，大幅度地提高了县城居民的生活质量。

第二节 乡 镇

镇

芝河镇 位于县境中北部。东临坡头乡，南连桑壁镇、交口乡，西接阁底、打石腰、南庄3乡，北界吕梁市石楼县，总面积265平方公里。2001年3月全县撤乡并镇中由城关镇与罢骨乡合并为一个镇，名为芝河镇。镇政府地址为原城关镇政府所在地。

全镇辖15个村民委员会、68个村民小组、56个自然村，有2875户、11520人，劳动力3060人，其中农业劳动力1683人（2011年底数字，下述各乡镇同）。

原城关镇位于县境中北部。东临坡头乡、原署益乡，南连原罢骨乡、桑壁镇，西接南庄乡、打石腰乡，北界吕梁市石楼县。2000年底，全镇总面积180.81平方公里。辖8个村民委员会、43个村民小组、33个自然村。共有4487户、15749人，其中农户2250户8314人。有乡村劳动力2150人，其中农业劳动力1798人。明清为里。民国8年（1919）设编村，并为一区治所；民国34年（1945）9月永和县城第一次解放后设永和市（相当于镇，年底撤），后置城关行政村。1953年8月建城关镇，1958年9月建城关人民公社，1984年12月复为镇。镇政府驻县城西北隅，芝河西岸，环城西路东侧。2001年3月并入芝河镇。

原罢骨乡位于县城南部。东临桑壁镇，西毗阁底、打石腰2乡，北连原城关镇，南接交口乡。2000年底，全乡总面积83.82平方公里。辖7个村民委员会，25个村民小组，24个自然村。有804户、3668人，其中农户765户、3615人。有乡村劳动力1319人，其中农业劳动力1008人。乡政府驻上罢骨村，距县城10公里。明置罢骨里。民国期间设下罢骨编村。永和解放后设行政村。1953年8月设下罢骨乡，1956年5月为罢骨乡。1961年8月建罢骨人民公社，1984年12月改制复为乡，2001年3月并入芝河镇。

2011年，芝河全镇耕地面积68275.5亩，有基本农田30135亩。农作物主要有小麦、玉米、谷子、豆类、蔬菜、薯类、瓜类、药材、油料等。粮食总产量650.7万公斤，人均产粮565公斤，粮食总产量占全县总产量的14.73%。其中产夏粮42万公斤，秋粮608.7万公斤；产油料96.6万公斤，占全县总产量26.8%；产豆类90.6万公斤、薯类30.8万公斤、蔬菜350万公斤、瓜类90万公斤、药材36万公斤，分别占全县总产量的23.53%、14.25%、39.73%、31.33%、53.14%。存栏大牲畜3650头，猪5560头，羊13500只，家禽49000只。经济林1323亩，林产品（核桃）149万公斤。果园面积5449.5亩，产量50.5万公斤，其中苹果40万公斤，梨4万公斤，红枣3万公斤。农业机械总动力1688千瓦，机耕面积7950亩，机播面积5850亩。

芝河镇社会主义新农村建设有官庄、杜家庄、药家湾、红花沟、东峪沟、榆林则、霍家沟、刘家庄8个村达标。煤层气开发利用项目初具规模；"久兴源"小杂粮、红枣加工项目步入正轨；建设廉租住房60套3000平方米。

桑壁镇 位于县城东南。西接交口乡、芝河镇，北屏茶布山与坡头乡为邻，东临隰县阳头升乡，南毗大宁县昕水镇、太德乡。2001年在撤乡并镇中将署益乡并入。总面积183平方公里，辖13个村民委员会、44个村民小组、38个自然村。2002年，原桑壁镇后河村委撤销，后河、贺家坡、药家山3村并入兴义村委。全镇共1520户、5471人；有乡村劳动力2575人，其中农业劳动力2180人。

镇政府驻桑壁村，距县城32公里。明代设里，清初置镇，民国时期为区治所。1953年8月建桑壁乡，1958年9月建桑壁人民公社，1984年12月改制建镇。

原署益乡位于县城东南。西依双锁山，和原桑壁、原城2镇毗连；北屏茶布山，与坡头乡为邻；东、南和隰县原后歑乡、原刁家峪乡接壤。总面积97.91平方公里。2000年全乡辖7个村委、20个村民小组、17个自然村。全乡共648户、2784人。乡政府驻署益村，距县城40公里。民国初期设编村，1956年5月置署益乡，1961年8月建署益人民公社，1984年改制复为乡，2001年3月撤乡并入桑壁镇。

2011年，桑壁镇耕地面积49536亩，有基本农田17280亩。农作物主要有小麦、玉米、谷子、豆类、薯类、油料、蔬菜、瓜类等。粮食总产量1459万公斤，人均产粮2667公斤。其中夏粮2.4万公斤，秋粮1456.7万公斤。产玉米1288.2万公斤，谷子110.1万公斤，豆类7.8万公斤，薯类35万公斤，油料31.8万公斤，蔬菜4.1万公斤，瓜类4.8万公斤。营造经济林6570亩，防护林8310亩。林产品（核桃）62万公斤。果园825亩，产量48.8万公斤，其中苹果45.6万公斤、梨3.2万公斤。拥有农业机械总动力1395千瓦。有机耕地面积6375亩，机播面积4800亩。年末存栏大牲畜1456头，猪3658头，羊17860头，家禽18009只。人均纯收入1500余元。

全镇设有5站1中心6个机构，有中心校1所，卫生院1所，客运站1处，文化站（室）1处等；13个村委全部通了油路，街道巷道、户道、院内全部硬化；每家每户均安装卫星接收器，可收50多个频道，互联网初具规模；龙头企业"四季鲜"加工厂产品远销内外。

乡

坡头乡 位于县城东北。西临芝河镇，南接桑壁镇，东毗隰县朱家峪、阳头升2乡，北连吕梁市石楼县。总面积204平方公里。辖7个村民委员会、31个村民小组、33个自然村。全乡共1116户、4264人；有乡村劳动力2080人，其中农业劳动力1580人。

乡政府驻坡头村，距县城10公里。民国时期设编村、行政村，1956年5月置坡头乡，1961年8月建坡头人民公社，1984年12月改制复为乡。

2011年，全乡耕地面积56140.5亩，有基本农田21060亩，人均基本农田4.9亩。农作物主要有小麦、玉米、谷子、高粱、豆类、薯类、油料、药材、蔬菜、瓜类等。

粮食总产量1017.7万公斤，其中夏粮7.4万公斤、秋粮1010.3万公斤。玉米总产量877.7万公斤，谷子73.7万公斤，高粱5.5万公斤，豆类40.4万公斤，薯类13万公斤，油料79.5万公斤，药材6.1万公斤，蔬菜11.1万公斤，瓜类0.7万公斤。人均产粮2386.7公斤。有经济林5940亩，防护林20145亩，薪炭林2070亩；林产品（核桃）19万公斤；果园1024亩，水果产量122.7万公斤。年底存栏大牲畜2685头，猪6750头，羊752只，家禽31000只，兔6500只。拥有农业机械总动力1255千瓦。有机耕地面积6375亩，机播地面积4710亩。人均纯收入2000余元。

328省道东西主干线、石楼至大宁南北线横贯境内孙家庄、岔口、坡头、兰家沟4个村委、9个自然村，达到等级公路。其余村委均通公路且路面硬（油）化，均达四级公路标准。设综合便民服务中心，计划生育服务站；有"美特好加工厂""顺康醋业有限公司"等企业；有商店、服务部、加油站等服务业；有卫生院、中心校、文化站等。新农村建设有6个村达标。

交口乡 位于县城南部。东毗桑壁镇与大宁县安古乡；西连阁底乡，与陕西省延长县隔黄河相望；南界大宁县曲峨镇、割麦乡；北接芝河镇。2001年3月撤乡并镇中将泊洋乡并入，总面积为189平方公里。2011年，全乡辖13个村民委员会、59个村民小组、47个自然村。有1605户、6340人；有乡村劳动力1877人，其中农业劳动力1584人。

乡政府驻芝河与桑壁河会合处的交口村，距离县城17公里。1956年5月置交口乡，1961年8月建交口人民公社，1984年12月改制复为乡。

2011年，全乡耕地面积76728亩，有基本农田14235亩，人均基本农田2.25亩。农作物主要有小麦、玉米、谷子、豆类、高粱、其他谷类、薯类、油料、棉花、药材、蔬菜、瓜类等。粮食总产量为369.5万公斤，其中夏粮28万公斤，秋粮341.5万公斤。玉米159.2万公斤，谷子83.7万公斤，高粱2.7万公斤，其他谷类4.2万公斤，豆类61.2万公斤，薯类30.5万公斤，油料63万公斤，棉花4.5万公斤，药材8.6万公斤，蔬菜102万公斤，瓜类12.4万公斤。是全县主要产棉区之一。年末存栏大牲畜3247头，猪4400头，羊15150只，家禽29800只。经济林1208亩，防护林765亩，林产品（核桃）32万公斤。果园面积10039.5亩，其中枣园7090.5亩。水果总产277万公斤，其中苹果9.4万公斤、红枣203.1万公斤、梨1.2万公斤。拥有农业机械总动力1046千瓦。有机耕面积11820亩，机播面积8520亩。人均纯收入1500余元。

乡政府所在地交口村，处于县南十字路口，交通便利。电视，移动通信全覆盖，互联网初具规模。下设5站1中心服务机构，有中心校、卫生院、文化站等场所。有楼山旅游风景区。

原泊洋乡位于县城南部，地处县境南部边陲的楼山山系。北与原西庄乡、交口乡、桑壁镇毗连，西和陕西省延长县隔黄河相望，东与大宁县安古乡为邻，南和大宁县曲峨镇、割麦乡接壤。2000年底，总面积99.64平方公里。辖6个村委、29个村民小组、24个自然村。共有999户、4285人；有乡村劳动力1218人，其中农业劳动力1100人。乡政府驻南楼村，距县城37公里。明代设里，永和县解放后设行政村，1953年8月置南楼乡。1959年4月建泊洋人民公社（不久公社机关从泊洋村迁居南楼村），1984年12月改制复为泊洋乡，2001年3月并入交口乡。

阁底乡 位于县城西南。东屏阁山与芝河镇、交口乡接壤，西南濒黄河和陕西省延川县相望，北临打石腰乡。2001年3月在撤乡并镇中将西庄乡并入，总面积156平方公里。2011年，辖15个村民委员会、64个村民小组、43个自然村。全乡共2705户、10810人；有乡村劳动力3393人，其中农业劳动力2884人。

乡政府驻阁底村，距县城29公里。民国初期设编村，1956年5月置乡，1958年为西庄人民公社驻地，1961年5月建阁底人民公社，1984年12月复为乡。

2011年，全乡耕地面积81930亩，其中基本农田16920亩，人均1.57亩。农作物主要有小麦、玉米、谷子、高粱、其他谷物、豆类、薯类、油料、棉花、药材、蔬菜、瓜类等。粮食总产量482.8万公斤，人均产粮446.6公斤。其中小麦12.6万公斤，玉米84.2万公斤，谷子195.2万公斤，高粱11.6万公斤，其他谷物7万公斤，豆类97.4万公斤，薯类74.9万公斤，油料30万公斤，棉花4.8万公斤，药材15.4万公斤，蔬菜18.2万公斤，瓜类194.6万公斤。为全县主要产棉区之一。年末存栏大牲畜3200头，猪5120头，羊19750只，家禽25200只。有经济林5235亩，防护林9510亩，林产品（核桃）7万公斤。有果园33619.5亩，其中枣园33049.5亩。水果产量409万公斤，其中苹果2.8万公斤，红枣400万公斤，梨3.1万公斤。拥有农业机械总动力1326千瓦。有机耕地面积12750亩，机播面积9450亩。人均纯收入1300余元。

境内有红军东征永和纪念馆，黄河蛇曲地质公园仙人湾景区，于家咀民俗村等旅游景区。有沿黄河于家咀、阴德河2个渡口。有农历逢九的集会贸易市场，每月3次，每次赶集客商、群众达万人以上。交通便利，沿黄河柏油路横贯全乡，并且油（水泥）路辐射到各行政村。全乡下设计划生育服务、农技推广、农机服务、水利水保畜牧兽医4个中心站和综合便民服务中心。有文化站、客运站、中心校、卫生院、派出所、商店和其他服务业等。有神和枣业有限公司等企业。

原西庄乡位于县城西南的阁山脚下。东、南临交口乡，西南濒黄河，北连原阁底乡。总面积54.47平方公里。2000年辖6个村民委员会，26个村民小组，16个自然村。全乡共1133户，4606人；有乡村劳动力1435，其中农业劳动力1312个。乡政府驻西庄村，距县城37公里。1956年5月置乡，1958年9月建西庄人民公社，公社机关驻地不久迁至阁底村，1961年划小辖区范围后仍称西庄人民公社，公社机关迁回西庄村。1984年12月改制复为乡。2001年3月并入阁底乡。

打石腰乡 位于县城西。东临芝河镇，南毗阁底乡，北界南庄乡，西与陕西省延川县隔黄河相望。总面积111平方公里。2011年，辖8个村民委员会、42个村民小组、41个自然村。全乡共1299户、5418人；有乡村劳动力2344人，其中农业劳动力2025人。

乡政府驻望海寺，距县城24公里。1956年5月设打石腰乡，治打石腰村。1961年8月建打石腰人民公社，驻冯家山村，公社机关不久迁至望海寺。1984年12月改制复为乡。

2011年，全乡耕地面积46850亩，其中基本农田5220亩，人均0.96亩。农作物主要有小麦、玉米、谷子、高粱、其他谷类、豆类、薯类、油料、棉花、蔬菜、瓜类等。粮食总产量181.7万公斤。其中小麦15.5万公斤、玉米44.9万公斤、谷子60.4万公斤、高粱1.7万公斤、其他谷类4.4万公斤、豆类34.7万公斤，薯类20万公斤，油料33.7万公斤，棉花3.5万公斤，蔬菜31万公斤，瓜类21.2万公斤。打石腰乡宜栽植红枣树，河会里村的红枣在省内外久负盛名。2011年红枣总产量600万公斤，占全县35.6%，为全县红枣之首。年末存栏大牲畜737头，猪1050头，羊3000只，家禽9700只。拥有农业机械总动力2366千瓦，有机耕地面积3180亩，机播面积2370亩。人均纯收入1600余元。

境内横贯沿黄扶贫旅游公路，有乾坤湾旅游路花儿坡至河会里段。油（水泥）路辐射到全乡各村委。有望海寺、郭家山湾、白家山湾、河会里湾、三北防护林等旅游景点。有卫生院、中心校、文化站、兽医站、信用社、商店及其他服务业等场所。乡政府下设计划生育服务、农技推广、农机服务3站和综合便民服务中心。

南庄乡 位于县城西北。东连芝河镇，西濒黄河，南毗打石腰乡，北界吕梁市石楼县。总面积104平方公里。2011年，辖8个村民委员会、56个村民小组、48个自然村。全乡1180户、5530人；有乡村劳动力1880人，其中农业劳动力1500人。

乡政府驻红崖渠村，距县城 23 公里。民国期间，先后置南庄、红崖渠编村。永和县解放后设红崖渠行政村，并为三区治所。1953 年 8 月设南庄乡。1958 年 9 月建南庄人民公社，公社驻地初为南庄村，不久迁至红崖渠村。1984 年 12 月改制复为乡。

2011 年，全乡耕地面积 58100 亩，有基本农田 6375 亩，人均 1.15 亩。农作物主要有小麦、玉米、谷子、高粱、其他谷物、豆类、薯类、油料、棉花、药材、蔬菜、瓜类等。粮食总产量 256.9 万公斤，人均产粮 464.6 公斤。其中夏粮 14.1 万公斤，秋粮 242.8 万公斤。棉花总产 4.5 万公斤，是永和县产棉区之一。年末存栏大牲畜 860 头，猪 940 头，羊 4400 只，家禽 9600 只，兔 100 只。有经济林 1515 亩，防护林 1050 亩，林产品（核桃）15 万公斤。有果园 38749.5 亩，其中枣园 37999.5 亩，占全县枣树面积的 29%，居全县第二位。水果产量 468.6 万公斤，其中苹果 8 万公斤，红枣 450 万公斤，梨 5 万公斤。红枣占全县红枣总产量的 26.72%，位居全县第二。拥有农业机械总动力 1620 千瓦。有机耕地 4800 亩，机播面积 3600 亩。人均纯收入 1400 余元。

境内有旅游景点英雄湾、永和关湾、永和关明清长城、三北防护林等。永和关渡口历史悠久，原有大小机船、小木船等渡河设备。2005 年，永和关黄河公路大桥建成通车，渡口停用，变为景区。328 省道贯穿境内大寨岭至永和关，干线公路两边油（水泥）路辐射到各村委及，交通极为便利。

乡政府下设计生服务、水利水保、畜牧兽医 3 站和综合便民服务中心。有中心校、卫生院、农村信用社、派出所、商店、服务部等场所。新农村建设有 3 个村达标。有红枣加工合作社等企业。

第三节　村　庄

分　布

县人根据水源、出路、阳光、耕作等条件，在塬坪、山洼、河川等处择地建村，生息繁衍。村与村的距离，一般 2.5 公里左右，最近者不下 1 公里，最远者 5 公里以上。民国 8 年（1919）全县有自然村 341 个，民国 18 年（1929）增为 377 个；1949 年增至

410个，为永和县自然村最多时期；1961年减为352个，1984年复增为386个，1989年锐减为314个。2008年减至306个，枣圪磴、靳家山、庵里、乌华沟、下山里、红武岭、任家山、大吉上8村已无人居住。2011年底，全县有自然村306个，坐落在塬坪上的占51.3%，河川间的占20.5%，其余的皆坐落在山洼里。平均每乡镇辖自然村44个，芝河镇所辖最多为56个，坡头乡最少为33个。

规 模

村庄普遍较小，各村人口皆偏少。民国时期几村合编间、邻者甚多。20世纪50—80年代，数村合建1个农业生产合作社、合设1个生产队者也不少。20世纪90年代，仍有数村合编为1个村民小组者。1990年第四次全国人口普查时，全县居民在500人以上的自然村仅有官庄、坡头、署益、桑壁、索珠、西庄、阁底、雨林8个，400~500人的仅有药家湾、索驼、长索、南楼、庄则坪、高家塬、西后峪、马家湾、郭家山9个，300~400人的有14个，200~300人的有43个，100~200人的125个，100人以下的有91个，50人以下的37个。2002年移民搬迁工程实施后，到2008年累计迁入城区的村民共计4184人。随着改革开放的不断深入，农村男女壮年进城或外出打工、经商等谋求发展的人日益增多，农村居住人口锐减，县城居住人口增多。以2010年为例，2000人以上村民委员会只有1个，城关村，有2324人。千人以上的村委有官庄、刘家庄、桑壁、南庄、坡头5个，900人以上的3个，800人以上的6个，700人以上的10个，600人以上的12个，不足600人的村委有42个。其中最小的村委新乡只有125人。

命 名

姓氏命名 如刘家庄、杨家庄、贺家庄、马家庄、杜家庄等。

方位命名 如南庄、西庄、交口、西峪沟、后山里、南塬上等。

地形命名 如上塔沟、圪列塬、庄则坪、石畔岭、滩则里等。

地物命名 如小南楼、柳沟、榆林则、三眼窑、红花峁、甘泉里等。

复合式命名 如王家塬、河西坡、马家湾、高家圪塔、前冯家腰、马家岭、上刘台、贺家圳、刘家圪崂、于家咀、前圪磴等。

居民心愿命名 如长乐、大吉上、安乐沟等。

历史传说命名 如长索、乌门、打石腰、直地里等。

人名命名 如三牛沟等。

寺庙命名 如望海寺、天神庙等。

因事更名 原上退干村（属阁底乡），因民国25年（1936）5月毛泽东率领东征红军回师时，在此居住一晚，指挥部队渡过黄河回到陕北，故更名东征村，以纪念东征之举，并教育后人。原天神庙村（属原城关镇），更名永义村。

古镇今村 北关镇，清初置，民国废，现为县城的一部分；永和关镇，三国时置，民国时废镇设编村，并为区治，永和县解放后为自然村；岔口镇，清初置，康熙时废，今为村民委员会所在地；刘台镇，清初置，康熙时废，今称上刘台，为自然村。

废弃村庄

2008年统计，全县废弃村庄共109个。皆属交通不便的山庄窝铺，70%以上分布在芝河镇、坡头乡、桑壁镇。这些村庄的居民大部分迁往附近大村居住，少部分客籍居民迁回原籍。

2008年永和县废弃村庄分布情况表

表1-3

乡　镇	废　弃　村　庄　名　称
芝河镇	贾家圪塔、凉水井、路家山、吴家山、深腰里、西山沟、花石崖、东麻峪、西麻峪、花儿山、东川口、班家山、塔子上、张家腰、辛舍窠、杏树塔、花咀上、卫只山、枣峁上、薛家岔、杨家畔、贺家塬、杜家山、槐圿里、崔家山、枣圪磴、华咀上
坡头乡	大岭上、下腰、张家畔、大阎家山、小阎家山、芦草山、胡家沟、上腰、柳铺腰、柏寨沟、一家庄、炭窑渠、秋板腰、马家沟、坪咀、南沟、新窑沟、胡家山、南岭口、七里腰、杨家庄、甘草梁、后塔子、西赵家沟、芦家沟、马家山、代家山、刘家山、王家塬沟、瓦子山、车咀、上塔、下塔、西峪、牛尾沟、寨上、秦家沟、郑家沟、侯家圪台、靳家山
桑壁镇	下岭沟、靳家山、圿里、小冯家山、五十亩沟、三牛沟、乔家山、半坡山、杨木千、西圪塔、杨家山、佃侧岭、南坡、北杏庄、大凤圪堆
交口乡	郭家塬、滴水崖、前窑上、后窑上、十八圪塔、常家河、上山里、壕腰、庵里
阁底乡	狐子庄、则子岭、李家山、铁罗关、乌华沟
打石腰乡	杨家山、称光岭、白家岭、槐柏庄、后河里、下山里、红武岭、任家山
南庄乡	赵家渠、下山里、碌碡峁、山圈上、大吉上

第二编

自然环境

永和县位于黄河中游东岸，吕梁山脉南端西翼，山西省西南部，临汾市西北边缘。县境东西最大横距41公里，南北最长纵距46公里，总面积1212.89平方公里。境内山峦起伏，梁峁层叠，三大山系九座大山成"川"字形排列，大小2500多条沟道交错其间，形成中部与东北部丘陵沟壑区、西南部残塬沟壑区、沿黄河梁峁沟壑区三种地貌单元。地势东北高西南低。土壤多属第四系风积黄土，厚者百米以上，薄者仅几厘米。黄河流经县域68公里，依次形成英雄湾、永和关湾、郭家山湾、河会里湾、白家山湾、仙人湾、于家咀湾7个形状奇特的大河湾，构成中国最密集、规模最大、发育最完好的干流峡谷型蛇曲，总称"乾坤湾"。

永和属半干旱半湿润大陆季风气候，光照较充足，四季分明。春季多风少雨，属干旱性季节；夏季温度高，蒸发量大，雨水集中；秋季天气凉爽，昼夜温差很大；冬季寒冷、少雪、多风、干燥。平均无霜期183天，西部地区多于东部地区，二者相差30余天。

永和地广人稀，宜林面积、天然牧地广泛。全县逐年累计造林107.47万亩，保存59.63万亩，保存率55.50%；林地面积74.6万亩，绿化率41%。山坡、沟渠灌木、野草广泛生长。县域内茶布山、双锁山、狗头山、四十里山、楼山、阁山、棋盘山、大寨岭及农田间牧坡，达53.44万亩，占全县总面积的29.4%。

永和煤层气分布广、储量大、质量优，地质储量超过600亿立方米。

第一章 地质 地貌

第一节 地 质

地 层

县境出露地层为中生界三叠纪延长组，由黄绿、灰黄、肉红色中厚层细、中、粗粒长石砂岩夹灰绿色、灰黑色砂质泥岩、页岩组成，多含黄铁矿结核。仅永平庄、白家崖流域出口等处有上三叠纪铜川组岩层出露。上三叠纪砂岩和粉砂岩层多见于狗头山、茶布山、双锁山、楼山、阁山以及黄河、芝河、峪里河沿岸，部分地区岩层层次较为明显。黄河段河道下切陡岸的岩石为三叠系中统铜川组第一段（T_2L_2），由灰绿、灰黄、灰红色厚层中细粒长石砂岩与灰紫、灰绿、灰黑色砂质泥岩、页岩及1~3层流纹质凝灰岩组成。黄河段小切沟中的岩石为第二段（T_2h_2），为长石砂岩与泥页岩层或泥页岩夹砂1~3层流纹质凝灰岩，局部夹油页岩、煤线及炭质页岩，泥岩含灰质结核。茶布山、双锁山、楼山、阁山山顶的岩石为三叠系上统延长组第二段，下部岩石为第一段。境内出露土层有新生界第三系保德红土（N_2），之上为第四系下更新统午城黄土（Qm），它们仅在东部沟谷底部呈小面积垂直分布。全境丘陵、塬坪地被第四系上更新统风积马兰黄土（Q_2znh）所覆盖，结构疏松，垂直柱状节理生育。西部黄河岸丘陵台地则有大面积的中更新统离石黄土（Qhe）外露。主要为棕红色、黄色黏土，多夹钙质结核（料礓）及砾石为主要成分的第三纪红土。整个境内未发现古生代二叠纪岩层。据山西省地质局水文地质一队1981年在东峪沟S钻孔资料记载，钻探256.84米，均为中生代三叠纪灰绿色或黄绿色长石和肉红色或紫红色泥质砂岩，呈瓦层出现。其主要组成为灰黄色、灰褐色亚砂土或粉沙壤土，结构较为疏松。整个显露层，主要为二叠纪以后陆相沉积，因而浅处无煤炭和其他矿藏资源显露。就目前地质资料分析，永和虽属河东煤田范畴，但贮藏深。2006年，通过242~622公里二维地震勘探，永和地层储有大量优质天然气和煤。

构 造

永和县地质构造属吕梁山大背斜南端西侧，无大断裂，仅有白家崖—任家庄—秋板腰一条挠曲和芝河镇杨家庄背斜。任家庄挠曲轴线方向为北北东，挠曲东西侧岩层产状一般为±5°，挠曲部位岩层倾向为南东，倾角为13°—23°，挠曲长14公里，宽1.5~2.5公里。杨家庄背斜轴线方向为南北向弧形弯曲，岩层为上三叠纪铜川组（T_2）产状，西翼为南偏东、北偏东3°~8°，东翼为南偏西4°~5°，背斜长6公里，其上发育有次一级东西向挠曲。

永和县黄河沿岸属于鄂尔多斯断块的东缘，地层产状较平缓，表现为由东向西缓倾单斜构造，少量宽缓微波状起伏的微弯褶皱构造形迹。乾坤湾景区断裂构造以节理为主，断层很少，其岩中东北（45°~75°）、西北（310°~340°）节理非常发育，强烈切割了三叠系地层。

境内黄土覆盖为3~70米，县城附近地表黄土覆盖3~5米。地表之下为砂岩、泥岩、粉砂岩。全县基岩走向大体为北北东—南南西向，略有倾斜，斜角为5°~10°，较为稳定。由于地层主要为中生代三叠纪以后的陆相沉积，200公里以内层面无煤矿及其他矿藏出露，仅甘露河、峪里河、荼布山脚下等3处发现5~10厘米薄层煤线。

第二节 地 貌

地 貌

永和县属晋西黄土残塬丘陵沟壑区，东北高西南低。最高点为荼布山主峰（在桑壁镇境内），海拔1521米；最低点为芝河入黄河口的取材湾，海拔511.9米，高差1009.1米。境内山峦层叠，沟壑纵横，梁峁交错，植被稀疏，呈支离破碎之状。三大山系布满全境，成"川"字形排列，基本为东北、西南走向，自东南向西北分别为狗头山—楼山—钟楼山，荼布山—双锁山—棋盘山，四十里山—马得脑山—阁山。芝河从境东北斜流西南，注入黄河，把全境分为两个大三角形。境内有0.25万余条沟道，其中2.5公里以上的主沟209条，1.5~2.5公里的支沟317条，1.5公里以下毛沟0.2万条。植被覆盖率较低，水土流失较严重，侵蚀模数为0.5万吨／平方公里~1万吨／平方公里。

全县大体分为残塬沟壑区、丘陵沟壑区、梁峁沟壑区三类地形。残塬沟壑区，包括桑壁、交口、阁底 3 个乡镇部分地区。茶布山、双锁山、楼山、阁山屏立于西、北、南三面，东南、西南部塬面较大。其中署益塬最大，面积约 0.7 万亩，阁底塬约 0.5 万亩，西庄塬 0.3 万亩，塬面较平缓，一般在 5°左右。这些塬面与侵蚀沟形成的沟坡界限分明，沟坡陡峭，沟底多下切为"V"形，深达数十米至 100 米以上。水土流失造成土石崩塌、串穴、切沟，使塬面逐渐缩小。丘陵沟壑区，包括芝河沿岸的坡头、芝河、交口 3 个乡镇。其塬面呈长条状，部分地区中断为"腰"状，两侧伸出不少支梁，宛若蜈蚣。侵蚀沟多已切至基岩以下。梁峁沟壑区，包括南庄、打石腰 2 乡与阁底、交口 2 乡沿黄河部分地区。地形大多以馒头形的峁与顶部较平缓的山梁相连，坡面上缓中陡下急，侵蚀沟多深而窄，大河床均切至基岩以下。由于农田集中、植被少、坡度陡，故水土流失严重。

著名山峰

狗头山 又名捕狐山，位于县城东南 30 公里处，是大宁、永和 2 县分界，海拔 1485 米。

楼　山 位于城南 35 公里交口乡境内，海拔 1300 米，其形如楼，故名楼山。

茶布山 位于城东 10 公里芝河、坡头、桑壁 3 乡镇交界处，主峰在桑壁镇境内，海拔 1521 米，是永和县最高点，系天然灌木林区。

茶布山

双锁山 位于城东南 15 公里芝河、桑壁 2 镇交界处，主峰在桑壁镇境内，海拔 1503 米。古为西通秦境、东达尧都的要道。

棋盘山 位于城南 12 公里交口、芝河 2 乡镇交界处，顶峰在交口乡境内，海拔 1241.3 米。唐置楼山县于此。因与楼山相对，故名北楼山；又因山顶有一大石，石上有一棋盘，故名棋盘山。

四十里山 位于城东北 25 公里石楼、永和 2 县交界处，主峰在坡头乡郑家沟，海拔 1396.5 米，属天然灌木林区，是永和县人工营造第一条防护林带起点。

马脊山 位于城西 20 公里打石腰乡境内，海拔 1131 米。其形如马脑，故又名马得脑山。

阁　山 位于县城西南 22.5 公里阁底、交口 2 乡交界处，又名乌龙山。海拔 1235 米，柏树常青，地形险要，为历代军事要塞。

列凤山 位于城西 7.5 公里处，主峰距打石腰乡霍家岭 2 公里，海拔 1279 米。

高罗山 位于城西北 25 公里处，主峰在打石腰乡境内，海拔 916 米。

第二章　气　候

第一节　气候特征

特　征

永和县属半干旱半湿润大陆季风气候，全年比较温和，光照较充足，四季分明。

四　季

春　季 从 4 月 12 日开始，至 6 月 12 日止，共 62 天。平均气温 10℃~20℃，多风少雨，多出现浮尘扬沙天气，降水量占全年 12%。蒸发量高，温度变化大，冷空气活动频繁，回暖晚，易发生倒春寒。一般 6~7 天有 1 次刮风降温天气，多高云，霜冻本季结束，属干旱性季节。

夏　季 从 6 月 13 日始，至 8 月 12 日止，共 61 天。平均气温 22℃，温度高，蒸发量大，雨量集中，降水量占全年 60%，水土流失严重。云系变化较大，多为低中云系。历年极端最高气温出现在本季，个别年份水热失调形成阶段性干旱。

秋　季 从 8 月 13 日始，至 10 月 16 日止，共 64 天。平均气温 20℃~10℃。降温明显，昼夜温差大。多晴朗凉爽天气，雨期出现阴雨天气较多。降雨量占全年 23%，风沙少，多高中云系，初霜冻出现在本季。

冬　季 从 10 月 17 日始，至翌年 4 月 11 日止，共 178 天。寒冷，少雪，多风，干燥，降水量占全年5%。最低气温出现在本季。风力较大，风沙日数多，多为东北风、西北风，云系变化不大，多为高云，一般5~10天有一次降温天气。

第二节 气候要素

日 照

全县日照充足，全年可照时数为4433.5小时，因受大气物理现象（云雾等）影响，实际照射平均2436.7小时，占可照时数55%。年最高实际照射时数3148.2小时，占可照时数71%，出现在1978年；最少实照时数1733.4小时，占可照时数39.1%，出现在2007年。

1974—2011年永和县各月日照时数表

表2-1　　　　　　　　　　　　　　　　　　　　　　　　　　　　　　　　　　　单位：小时

月份 项目	1	2	3	4	5	6	7	8	9	10	11	12	全年
平均	189.5	170.4	196.4	223.4	248.4	239.7	221.7	211.4	182.5	190.4	183.4	179.5	2436.7
最多	246.7	222.7	245.6	275.1	300.2	300.7	269.1	291.0	240.0	281.4	243.4	232.3	3148.2
最少	103.4	123.3	127.3	180.3	197.5	174.1	180.2	152.7	125.3	124.6	109.9	134.8	1733.4

气 温

据气象资料统计，1974—1995年境内年平均气温9.5℃。1月份最冷，平均气温-6.0℃；7月份最热，平均气温22.5℃。极端最高37.3℃（1987年7月31日），极端最低-22.6℃（1984年12月24日）。日平均气温一般从11月中旬初降至0℃以下，进入寒冷期；翌年3月始回升到0℃以上，转入温暖期。

1996—2011年，平均气温10.1℃，最冷的1月份平均气温-6.7℃，最热的7月平均气温24.2℃。极端最低气温-24.9℃（2002年12月26日），低于1984年12月24日最低值2.1℃；极端最高气温39.6℃（2005年6月22日），高于1987年7月31日最高值2.3℃。

1974—1995年永和县各月平均气温和极端气温表

表2-2　　　　　　　　　　　　　　　　　　　　　　　　　　　　　　　　　　　　　单位：℃

月份 数值 项目	1	2	3	4	5	6	7	8	9	10	11	12	全年
平均气温	-6.0	-2.7	3.4	11.3	17.2	21.9	22.5	21.5	16.1	10.5	2.4	-4.5	9.5
极端最高气温	10.9	19.6	23.6	34.1	34.5	36.6	37.3	37.2	34.9	31.1	22.4	14.9	37.3
极端最低气温	-21.5	-19.7	-16.6	-5.5	-0.3	7.2	9.5	8.6	-1.1	-7.4	-18.9	-22.8	-22.8
极值较差	32.4	39.3	40.2	39.6	34.8	29.4	27.8	28.6	36.0	38.5	41.3	37.7	60.1

1996—2011年永和县各月平均气温和极端气温表

表2-3　　　　　　　　　　　　　　　　　　　　　　　　　　　　　　　　　　　　　单位：℃

月份 数值 项目	1	2	3	4	5	6	7	8	9	10	11	12	全年
平均气温	-6.7	-1.5	4.8	12.4	18.1	22.4	24.2	22.1	16.8	9.8	2.2	-4.5	10.1
极端最高气温	17.3	22.5	29.4	36.3	35.9	39.6	38.7	36.1	36.6	26.8	24.4	16.4	39.6
极端最低气温	-24.3	-19.4	-14.1	-7.9	0.5	1.1	10.4	8.4	0.7	-8.0	-14.8	-24.9	-24.9
极值较差	41.6	41.9	43.5	44.2	35.4	38.5	28.3	27.7	35.9	34.8	39.2	41.3	64.5

地温

地温变化幅度随深度增加而减小。地温的垂直分布为：冬季上层温度低，随深度增加而增高；夏季上层温度高，随深度增加而降低；春秋两季上下层变化幅度不大。地温夏季高于气温，冬季则低于气温。1974—1995年地面温度平均11.7℃，极端最高64.2℃，极端最低-31.9℃。地面以下10厘米冻结期一般出现在12月2日，最早11月14日，最迟12月18日；解冻期平均在2月23日，最早2月14日，最迟3月7日。地面以下30厘米冻结期一般在12月21日，最早12月12日，最迟12月29日；解冻期一般在3月6日，最早2月20日，最迟3月16日。最大冻土深度96厘米（1977年2月）。

1996—2011年地面0厘米，年平均地温12.7℃，极端最高69.4℃，极端最低-31.6℃，地面以下10厘米冻结期一般出现在11月15日，最早11月11日，最迟12月18日；

解冻期平均在翌年2月20日,最早2月14日,最迟3月19日。地面以下30厘米冻结期一般在12月23日,最早12月8日,最迟翌年1月22日;解冻期一般在3月10日,最早1月25日,最迟3月17日。最大冻土深度96厘米(2011年2月)。

1974—1995年永和县不同深度各月平均地温表

表2-4　　　　　　　　　　　　　　　　　　　　　　　　　　　　　　　　　　　单位:厘米、℃

月份 数值 深度	1	2	3	4	5	6	7	8	9	10	11	12	全年
0	-6.1	-2.3	5.1	14.7	22.1	26.8	27.1	25.3	18.6	11.6	2.6	-4.9	11.7
5	-4.5	-1.8	3.6	12.1	18.9	23.5	24.9	23.6	17.7	11.2	3.1	-0.5	11.0
10	-3.9	-1.2	3.3	11.8	18.4	22.9	24.5	23.5	18.0	11.7	3.8	-0.6	11.2
15	-3.4	-1.4	3.1	11.9	18.5	22.4	24.6	24.0	18.5	12.4	4.5	-1.2	11.2
20	-2.9	-1.3	2.8	11.5	17.9	22.5	24.2	23.5	18.5	12.6	5.1	-0.5	11.2

1974—1995年永和县各月极端地温表

表2-5　　　　　　　　　　　　　　　　　　　　　　　　　　　　　　　　　　　　　　单位:℃

月份 数值 项目	1	2	3	4	5	6	7	8	9	10	11	12	全年
极端最高	26.7	35.4	46.2	56.0	62.0	64.2	63.6	63.6	55.4	47.0	36.9	22.8	64.2
极端最低	-28.9	-26.8	-19.2	-11.2	-5.0	3.5	8.1	7.2	-4.5	-9.2	-27.6	-31.9	-31.9

1996—2011年永和县不同深度各月平均地温表

表2-6　　　　　　　　　　　　　　　　　　　　　　　　　　　　　　　　　　　单位:厘米、℃

月份 数值 深度	1	2	3	4	5	6	7	8	9	10	11	12	全年
0	-6.0	-0.3	6.9	16.0	22.8	27.6	28.6	25.8	19.6	11.5	3.3	-4.0	12.7
5	-4.7	-0.7	5.9	14.3	20.3	25.0	26.6	24.5	19.1	12.2	4.2	-2.7	12.1
10	-4.1	-0.8	5.5	14.0	19.8	24.5	26.2	24.4	19.3	12.6	4.8	-1.9	12.1
15	-3.7	-0.9	5.1	13.7	19.5	24.2	26.0	24.3	19.5	13.0	5.3	-1.3	12.1
20	-3.2	-1.0	4.7	13.3	19.1	23.8	25.8	24.4	19.7	13.4	5.9	-0.6	12.2

1996—2011年永和县各月极端地温表

表2-7　　　　　　　　　　　　　　　　　　　　　　　　　　　　　　　　　　单位：℃

月份 数值 项目	1	2	3	4	5	6	7	8	9	10	11	12	全年
极端最高	23.6	35.9	47.4	60.0	62.3	68.0	69.4	63.5	59.8	42.5	35.0	26.8	69.4
极端最低	-31.6	-24.7	-14.5	-10	-1.4	4.2	10.4	8.3	-1.0	-10.4	-15.6	-30.5	-31.6

降　水

由于受季风影响，永和自然降水年内分配不均。年平均降水量505.2毫米，年最大降水量797.0毫米（1958年），年最小降水量287.7毫米（1965年），相差509.3毫米。降水量一般东北部高于西南部，中部又高于东北部。四季分布为冬春少，夏秋多。月最大降水量260.6毫米（1981年8月），最长连续降水16天，达1670毫米（2007年9月26日—10月11日）；最长干旱天数81天（2008年11月19日—2009年2月7日）。降雪初日一般在11月15日，最早10月22日（2010年），最晚12月22日（1977年）；终雪日一般为3月20日，最早为2月14日（1996年），最晚为4月26日（2009年），连续降雪日数最多为6天（2003年11月7日—11月12日）。降雪深度最大为18厘米，出现在2009年11月12日。一般进入雨季，降水量猛增，由于坡陡雨急，地表植被较差，地面径流严重，很大一部分不能被农业利用，造成局部洪涝灾害。10月份开始降水量剧减，进入冬季后更少。

1953—2011年永和县各月降水量分布表

表2-8　　　　　　　　　　　　　　　　　　　　　　　　　　　　　　　　　　单位：毫米

月份 数值 年份	1	2	3	4	5	6	7	8	9	10	11	12	全年
1953	—	—	—	—	40.0	35.5	190.5	87.0	16.5	56.0	17.5	15.0	—
1954	5.5	6.5	3.5	25.5	48.5	94.5	82.5	187.0	53.0	25.0	7.5	17.0	556.0
1955	0.0	3.5	11.0	21.0	6.5	19.5	94.5	61.0	136.5	89.0	0.5	1.1	444.1
1956	6.5	0.0	28.0	36.0	26.0	108.0	159.5	221.0	26.0	20.5	7.5	0.0	639.0

续表2-8 单位：毫米

月份数值 年份	1	2	3	4	5	6	7	8	9	10	11	12	全年
1957	10.5	1.0	26.0	60.5	24.5	34.5	126.0	54.5	11.0	3.0	23.5	0.0	375.0
1958	4.0	0.0	33.0	24.5	98.5	56.0	248.5	206.7	47.0	55.8	20.0	3.0	797.0
1959	0.0	0.6	32.6	8.0	33.4	71.9	119.0	184.3	64.4	20.8	1.6	5.8	542.4
1960	4.2	0.0	11.2	20.0	41.2	38.7	157.2	106.4	42.5	31.7	15.4	1.3	469.8
1961	1.8	4.4	15.4	28.5	37.2	143.2	138.4	125.5	92.0	117.8	28.2	1.4	733.9
1962	2.6	0.9	0.2	4.1	8.4	35.0	152.8	83.7	129.4	37.6	53.6	0.0	508.3
1963	0.0	0.1	3.2	20.7	128.1	38.2	70.1	127.4	186.2	8.7	18.8	3.3	604.8
1964	3.6	14.0	26.7	46.9	62.7	34.9	169.8	93.4	157.6	66.4	0.9	0.2	677.1
1965	0.0	2.6	19.2	30.2	3.4	30.4	103.4	44.2	16.1	32.4	5.8	0.0	287.7
1966	1.7	2.9	13.0	33.2	19.0	144.2	151.4	70.6	72.6	56.0	14.1	0.0	578.7
1967	10.9	8.3	29.6	23.3	36.9	31.0	65.9	75.8	136.1	11.7	20.7	0.0	450.2
1968	2.2	0.3	2.1	25.8	16.3	32.6	44.9	53.4	63.4	103.8	18.0	4.1	366.9
1969	6.5	10.7	4.8	53.2	32.2	19.4	153.8	58.8	225.4	36.1	17.8	0.0	618.7
1970	0.0	5.6	9.1	37.4	78.7	48.3	49.4	59.1	47.6	18.8	0.0	0.3	354.3
1971	6.3	9.5	0.0	1.0	15.8	66.2	121.4	106.7	69.1	13.8	44.3	7.5	461.6
1972	11.8	9.8	15.7	6.0	10.6	37.0	106.8	79.0	18.2	10.9	17.9	2.9	326.6
1973	7.5	2.0	5.6	16.1	10.6	158.4	76.4	177.2	66.1	79.4	2.0	0.0	601.3
1974	5.7	7.4	15.1	5.2	21.2	44.1	133.2	28.7	98.8	35.9	35.0	11.7	442.0
1975	2.1	3.3	7.4	60.8	17.3	72.9	227.8	87.5	122.9	72.4	5.7	14.1	694.2
1976	0.0	32.7	4.9	58.6	3.5	40.1	87.9	198.5	65.0	33.6	1.9	12.0	538.7
1977	3.9	2.3	4.8	34.6	46.4	81.6	228.2	93.3	65.9	34.9	12.8	17.7	626.4
1978	0.0	12.0	9.9	2.4	48.7	34.1	107.3	161.7	82.3	43.5	13.2	1.1	516.2
1979	1.5	12.5	23.8	12.5	8.5	66.5	169.9	84.8	49.9	8.2	2.4	3.3	443.8
1980	1.2	3.9	20.0	28.5	64.7	76.9	79.2	100.6	42.7	43.2	19.0	1.0	480.9
1981	2.7	0.2	18.8	23.9	4.2	40.1	163.7	260.6	45.0	18.5	8.7	0.2	586.6
1982	1.2	10.9	24.1	19.9	5.7	16.2	61.3	59.7	104.5	19.0	20.3	0.0	342.8

续表2-8　　　　　　　　　　　　　　　　　　　　　　　　　　　　　　　　　　　　　单位：毫米

月份数值年份	1	2	3	4	5	6	7	8	9	10	11	12	全年
1983	0.8	0.7	20.8	42.6	111.8	71.7	62.5	54.8	74.4	47.1	11.5	0.7	499.4
1984	1.6	0.9	10.1	32.9	53.5	88.9	175.3	39.4	52.1	31.8	7.3	17.0	510.8
1985	4.6	3.8	2.5	4.4	61.8	48.1	60.1	174.5	212.9	48.5	0.0	0.6	621.8
1986	0.0	1.4	6.5	17.6	45.3	77.7	58.5	62.7	12.7	28.7	4.5	10.2	325.8
1987	0.5	4.2	21.5	29.6	40.3	92.2	31.1	182.2	43.8	48.5	17.1	0.0	511.0
1988	2.4	2.9	22.5	11.2	56.5	73.4	238.2	153.1	23.1	2.9	0.0	2.4	588.6
1989	8.5	5.8	12.3	22.9	8.2	79.2	69.1	62.9	77.0	30.2	20.9	2.0	399.0
1990	8.8	22.1	21.3	37.8	34.0	21.5	174.4	102.1	126.6	17.7	20.2	1.4	587.9
1991	2.9	3.1	28.3	45.5	77.0	67.1	124.2	34.1	31.5	56.7	4.6	8.6	483.6
1992	0.0	0.0	14.8	20.4	52.8	28.6	68.4	212.9	57.0	16.1	21.5	0.2	492.7
1993	5.8	1.5	0.0	6.1	40.6	56.1	173.6	185.5	21.4	50.5	29.7	0.0	570.8
1994	0.9	5.5	13.3	81.3	9.8	60.3	79.5	114.9	22.1	62.3	37.7	15.9	503.5
1995	0.0	0.0	1.8	16.0	27.0	35.5	88.9	173.9	26.9	35.1	3.1	0.0	408.2
1996	0.3	8.2	4.7	28.8	16.1	103.5	93.5	141.7	29.1	43.6	22.6	0.0	492.1
1997	2.0	8.3	22.0	19.1	16.2	11.5	110.8	17.1	69.6	2.6	15.1	0.0	294.3
1998	4.9	0.0	18.9	22.5	72.4	52.3	114.8	73.6	33.1	19.8	0.2	0.0	412.5
1999	0.0	0.0	12.3	36.5	23.2	38.6	123.4	47.3	86.3	15.3	12.8	1.7	397.4
2000	9.8	2.7	5.1	5.7	2.0	66.1	127.5	77.9	49.2	88.4	19.2	0.3	453.9
2001	7.8	8.4	7.3	17.7	4.9	28.6	121.3	61.0	123.2	57.0	8.2	2.6	448.0
2002	3.9	3.0	9.1	21.1	56.6	124.4	75.3	54.3	89.6	51.1	0.0	16.6	505.0
2003	4.2	2.4	13.7	49.1	39.4	79.3	49.7	258.7	137.8	61.0	39.3	0.0	734.6
2004	5.5	14.4	7.0	2.6	13.9	48.9	165.1	36.4	32.9	13.4	2.4	8.4	350.9
2005	0.0	7.9	2.9	19.0	59.2	29.0	164.4	102.4	121.5	17.9	4.5	2.7	531.4
2006	11.2	7.5	0.0	14.4	48.2	34.3	135.2	59.0	117.5	3.0	9.6	3.4	443.3
2007	0.6	8.2	32.0	14.4	19.7	69.4	164.7	70.6	182.2	89.3	3.1	10.2	664.4
2008	12.9	5.8	19.7	52.2	21.3	95.6	38.6	94.8	87.2	14.5	1.8	0.0	444.4
2009	0.0	13.6	12.3	8.8	77.0	23.4	96.6	170.0	65.4	17.3	46.6	2.5	533.5

续表 2-8 单位：毫米

月份 数值 年份	1	2	3	4	5	6	7	8	9	10	11	12	全年
2010	0.0	14.0	10.6	39.3	32.0	28.7	21.7	123.1	49.7	18.0	0.0	0.1	337.2
2011	1.6	14.7	1.6	19.4	97.4	9.7	185.7	133.4	92.4	62.9	73.1	0.4	692.3
历年平均	3.6	5.8	13.4	26.0	37.6	57.5	119.2	108.7	76.3	38.2	15.1	4.0	505.4
最多	12.9	32.7	33.0	81.3	128.1	158.4	248.5	260.6	225.4	117.8	73.1	17.7	797.0
出现年份	2008	1976	1958	1994	1963	1973	1958	1981	1969	1961	2011	1977	1958
最少	0.0	0.0	0.0	1.0	2.0	9.7	21.7	17.1	11.0	3.0	0.0	0.0	287.7
出现年份	14年次	7年次	3年次	1971	2000	2011	2010	1997	1957	2006	5年次	17年次	1965

蒸 发

5—7月份蒸发量最高，一般达220~260毫米；3、4、8、9月份蒸发量次之，一般为110~190毫米。年平均蒸发1592.1毫米，最大2237.6毫米，最小1088.8毫米。

1974—2011年永和县各月平均及最大、最小蒸发量表

表 2-9 单位：毫米

月份 数值 项目	1	2	3	4	5	6	7	8	9	10	11	12	全年
平均	35.8	51.8	109	190.2	248.7	258.0	217.4	163.7	126.6	100.5	57.3	33.1	1592.1
最大	51.9	72.6	157.4	253.3	371.1	329.6	281.8	245.2	178.7	161.9	88.1	46.0	2237.6
最小	20.8	24.6	61.4	134.5	168.6	177.7	179.8	130.8	77.1	58.9	32.8	21.8	1088.8

风速风向

受地形下垫面影响，境内各地风速风向有较大差异。冬季多东北风，夏季多西南风，年平均风速1.8米／秒，最大风速16米／秒。一日内风速变化明显，一般入夜20时后风速减弱，次日9时后随温度增高风速逐渐增大，13~16时风速最大。风力冬春较强，夏秋较弱，平均出现6级以上大风日数23天，8级以上大风每年出现1次。

1974—2011年永和县各月平均风速表

表2-10　　　　　　　　　　　　　　　　　　　　　　　　　　　　　　　　　单位：米/秒

月份	1	2	3	4	5	6	7	8	9	10	11	12	全年
风速	1.6	1.7	2.2	2.4	2.1	2.0	1.6	1.7	1.6	1.7	1.6	1.6	1.8

永和县年风向频率表

表2-11　　　　　　　　　　　　　　　　　　　　　　　　　　　　　　　　　单位：%

风向	N	NNE	NE	ENE	E	ESE	SE	SSE	S
频率	9	10.6	8.4	3.6	2.6	2	2	3.4	3.6
风向	SSW	SW	WSW	W	WNW	NW	NNW	静风	—
频率	4.7	6.2	4.2	1.6	2	3.6	4.8	28.4	—

云　量

云量随季节变化，春冬少云，多为高中云族；夏秋云量偏多，为低中云族。年晴天日数为101天，阴雨天日数为98天。

永和县各月平均云量表

表2-12　　　　　　　　　　　　　　　　　　　　　　　　　　　　　　　　　单位：成

月份	1	2	3	4	5	6	7	8	9	10	11	12	全年
总云量	3.5	4.6	5.6	5.4	5.6	5.9	6.1	5.8	5.8	4.8	3.8	3.5	5.0
低云量	0.3	0.7	1.0	1.1	1.4	1.9	2.7	2.9	2.2	1.4	0.9	0.4	1.4

无霜期

永和县平均无霜期183天，县城东部地区145天，西部地区192天。早霜出现在9月下旬—10月上旬，晚霜期在翌年3月下旬—4月下旬，无霜期最多212天（2002年），最少158天（1991—1992年；2010—2011年）。县西南部与东北部平均差10~20天。

第三节 物候

永和农民向有以物候预示农事活动的习惯,县境西部、南部与东部、北部、塬面、梁峁与河川、沟壑,物候各有差异。西部、南部与东部、北部,物候大致相差1个农事节令(15~20天)。塬面、梁峁与河川沟壑,物候大致相差3~5天。以芝河镇物候为例。

芝河镇作物候表

表2-13 单位:日／月

期别 平均日期 作物	播种	出苗	开花抽穗	成熟
小 麦	7/9	17/9	3/5	16/6
玉 米	25/4	6/5	11/6	20/9
高 粱	28/4	10/5	8/6	15/9
大 豆	25/4	7/5	17/7	26/9
花 生	11/5	27/5	12/7	25/9
谷 子	10/5	19/5	31/7	26/9
蓖 麻	7/4	3/5	9/7	31/8
马铃薯	15/5	4/6	19/7	6/9

芝河镇林木候表

表2-14 单位:日／月

期别 平均日期 树种	萌芽期	展叶期		花开期			秋叶变色		落叶期	
		始期	盛期	始期	盛期	末期	始变	全变	始期	末期
旱柳	2/4	6/4	9/4	18/4	20/4	24/4	19/10	29/10	23/10	13/11
杨树	15/4	20/4	23/4	—	—	—	3/10	15/10	2/10	17/10
刺槐	15/4	22/4	24/4	10/5	16/5	22/5	12/10	24/10	15/10	29/10
核桃	8/4	15/4	18/4	2/5	8/5	11/5	16/10	20/10	18/10	25/10

芝河镇草候表

表 2-15　　　　　　　　　　　　　　　　　　　　　　　　　　　　　　　单位：日／月

期别平均日期植物	萌芽期	展叶期		花开期			成熟期		枯黄期		
		始期	盛期	始期	盛期	末期	始变	全变	始期	普遍期	全枯期
车前草	25/3	1/4	5/4	13/5	15/5	20/5	30/6	5/7	5/9	15/10	29/10
蒲公英	31/3	5/4	10/4	5/5	10/5	15/5	10/5	15/5	30/9	16/10	29/10

芝河镇动物候表

表 2-16　　　　　　　　　　　　　　　　　　　　　　　　　　　　　　　单位：日／月

动物平均日期项别	家燕	布谷鸟	大雁	蚱蝉	青蛙
始见日期	1/4	20/5	20/3	1/8	15/3
绝见日期	20/8	25/7	29/10	28/8	26/9

第三章　水　文

第一节　地表水

概　述

永和地表水主要有降雨径流和泉水两部分，总量6643.5万立方米。其中洪水径流总量5366.7万立方米，占地表水总量的80.8%。清水径流总量1276.8万立方米，70%集中在芝河，其余注入黄河与昕水河。全县泉水出露380余处，多为裂隙水，且受季节影响较大。人均水资源1038立方米，清水资源仅119.5立方米。按总耕地面积计，亩均水资源191.4立方米，清水资源仅36.8立方米。

河　流

黄　河　位于县境西部，为永和县与陕西省延川、延长2县的天然界河。北由石楼县南割毡流入永和南庄乡前北头湾，经咀头、永和关、河会里、阴德河、于家咀、佛堂至交口乡取材湾入大宁境。流经永和县南庄、打石腰、阁底、交口4个乡、15个行政村、37个自然村，全长68公里。境内落差52.7米，河床最宽处1000余米，最窄处100余米。河槽窄，水面低，无灌溉之利。境内流入黄河的一级支流有35条，流域面积1185.7平方公里。较大渡口有永和关、阴德河、于家咀、铁罗关等处。

芝 河 发源于县东北四十里山下坡头乡李家崖村后。自东北向西南流经坡头、芝河、交口、阁底4个乡镇后注入黄河，全长62公里。流域面积976平方公里，占全县总面积的80.5%。河道平均纵坡15‰，河槽多为水蚀性沟槽，基本稳定无大变迁。平均清水流量0.25立方米／秒（县城外），年清水流量788.4万立方米，洪水流量374.1万立方米，总流量1162.5万立方米，输沙量99.5万吨。

桑壁河 发源于茶布山东南侧辛庄村（桑壁镇）后，流经桑壁、岔上、前窑上、后窑上等村庄，中途纳罗尼沟水、岔上沟水、寺河沟水、下均沟水、李塬沟水，于交口汇入芝河后流入黄河。全长28公里，清水流量0.05立方米／秒。

芝河支流

峪里河 发源于大宁县清仙圪岭后沟，自冯家山（交口乡）进入永和县。流经郝家山、峪里、庄头、王家塬、崔家塬、南楼等村，沿大宁、永和2县边界，在坡沙村西取材湾注入黄河。全长23公里，清水流量0.025立方米／秒。

泉 水

岔上沟泉 位于桑壁镇岔上村北1450米处。群泉，流量4.2公升／秒。

下刘台泉 位于城南4公里处，是县酒厂供水群泉，流量2.77公升／秒。1994年引入县城，供机关和居民用水。

杨家庄泉 位于城北5公里杨家庄桥北100米处，流量2.08公升／秒。

任家庄泉 位于坡头乡任家庄村沟口桥西40米处，流量1.8公升／秒。

李家崖泉 位于坡头乡李家崖村，流量1.8公升／秒。

东征泉 位于阁底乡东征村西沟底，流量1.8公升／秒。

龙口湾泉 位于县城东3公里处，流量1.8公升/秒。1974年引入县城，供机关和居民用水。

豆粉厂供水泉 位于坡头乡原豆粉厂东侧，流量1.7公升/秒。

西后峪泉 位于阁底乡西后峪村，流量1.61公升/秒。

河西坡泉 位于县城芝河西侧河西坡村前，流量1.04公升/秒。1989年建立供水站，用于解决河西坡居民和机关用水。

河里泉 位于交口乡河里村跃进水库处，流量0.93公升/秒。

龙吞泉 位于县城北2公里龙吞泉村，流量0.578公升/秒。1983年引入县城供机关和居民用水。

第二节 地 下 水

概 述

永和县地下水资源十分贫乏。1978年和1979年，县打井队在芝河镇上游方底村（坡头乡）和昕水河上游前河村（桑壁镇）打井100余米深，仅有一点承压水层出现，只能供人畜饮用。山西省水文地质队1981年在城北郊河口村打钻200余米，纯属基岩，基本无地下水。距县城1公里的东峪沟村，虽有几层泥质砂岩隔水层，但单位涌水量仅2.53公升/秒，均无开采价值。

构 成

境内区域性发育的含水层主要为砂岩裂隙水含水层，亦有极少量局部发育的第四纪冲击洪积沙砾层孔隙含水层。地下水的流向，由高向低，从补给区到排泄区，从分水岭到河沟，从坡沟河依次泄出，通过泉水自流排出，或通过地下倒向补给。

砂岩裂隙含水层广布境内，具有风化壳裂隙含水层特点。岩层支离破碎，加之地表水流的强烈切割，逐渐形成纵横交错崎岖狭窄的深谷，使大量泉水从泥质砂岩顶板层间隙中流出，成为下降泉。大体分为3种：一是岩石隙含水层，多分布于植被覆盖较好的石质山区，流量0.2公升/秒左右；二是黄土丘陵微孔隙水砂岩裂隙水层，多分布于沿黄河一带，泉水出露广泛，流量0.1公升/秒左右，仅可供人畜饮水；三是黄土残塬沟壑裂隙含水层，黄土覆盖较厚，一般达10~100米以上，分布在桑壁、交口、阁底等乡镇，富水性差，泉水出露少。

局部发育的冲击，洪积层孔隙水含水层水位较浅，只在河谷开阔弯曲处较多，因受裂隙含水层补给，流量小，0.15公升／秒左右，仅供人畜饮水。

地下水位雨季上升，旱季下降。含水层补给全靠大气降水。

第四章　土壤　植被

第一节　土　壤

土壤母质

1990年，普查境内土壤。永和土壤多属第四系风积黄土所覆盖。厚者百米以上，薄者仅几厘米。黄土有新黄土（马兰黄土）、老黄土（离石土）、古黄土（午城黄土）之分，以往把老黄土和古黄土称为红色黄土。

新黄土呈淡灰黄色，较疏松，无层理，柱状节理发育，石灰含量高，土质上下均匀一致，属轻壤质土。塬平地、丘陵坡地均为此土母质发育的土壤。

红色黄土呈棕黄色或红黄色，土质较紧实质密，一般质地较细，黏粒含量较多，属重壤土，位于新黄土之下。在全县丘陵坡地中、上部和切沟中均有外露。黄河沿岸丘陵坡地出露较广泛，其他地区呈零星分布。

次生黄土是风成的马兰黄土沉积后和红色黄土经过水力、重力再搬运沉积的黄土。全县沟平地、沟川地绝大多数为此种黄土形成的土壤。

坡头乡土罗沟、白家崖沟、任家庄沟和桑壁镇辛庄沟有新生界第三系红土（亦称第三系保德红土）出露，又多又厚，颜色暗红或深红，质地属黏土，大核状或核块状结构。

土壤侵蚀

永和属古生界末期、中生界后期形成的地层，造山运动岩层降起后，经过漫长年代的侵蚀，形成古生代水路网系统。之后是第三系红土的形成和第四系红色黄土、黄土的沉积。第三系红土多出露在坡头、芝河、桑壁3乡镇的沟壑中。第四系红色黄土直截沉积在岩石上，在第四系红色黄土沉积后，土壤侵蚀相当剧烈。

第四系新生黄土土质可塑性差，抗蚀力低。由于降雨过于集中，植被被破坏，陡坡垦耕放牧不当等自然和人为因素，目前土壤侵蚀仍很强烈，使黄土高原变成山、川、丘陵残塬沟壑。

土壤分类

山地淋溶灰褐土 本亚类包括1个土属、1个土种，分布在海拔1400米以上的茶布山、双锁山、楼山山巅背阴处，面积8171亩，占全县总面积0.5%。土表层有3~5厘米枯枝落叶层与5~10厘米腐殖质层，有机质含量高达4%左右。因所处海拔较高，土层薄，土层中砾石含量多，土壤冷凉，均系荒地。

山地灰褐土 包括5个土属、7个土种，分布在海拔1200~1400米的中低山区（包括三大山系和芝河镇、坡头乡、桑壁镇3个乡镇海拔较高地区），面积43.7万亩，占全县总面积23.8%。

灰褐土性土 包括6个土属、22个土种，分布在广大丘陵地区，面积120.3万亩，占全县总面积69.6%。

粗骨性灰褐土 包括1个土属、1个土种，分布在岩石裸露地区，面积4.4万亩，占全县总面积2.4%。

灰褐土 包括3个土属、4个土种，分布在塬坪地和沟川高平阶地，面积5.5万亩，占全县总面积3%。

灰褐化浅色草甸土 包括1个土属、1个土种，分布在坡头乡一带，面积4135.9亩，占全县总面积0.2%。

浅色草甸土 包括1个土属、1个土种，分布在坡头乡白家崖、李家崖的沟川地，面积8530亩，占全县总面积0.5%。

土壤养分

有机质 全县表层土壤有机质含量平均1.04%，最高4.64%，最低0.26%。其中耕作土壤有机质含量0.75%，最高1.96%，最低0.23%；自然土壤平均含1.16%。在耕作土壤中，中等含量（1%~2%）面积6.3万亩，占耕地面积12.8%；较缺（0.6%~1%）面积29.2万亩，占59.4%；极缺（<0.6%）面积13.6万亩，占27.8%。

全　氮 表层土壤平均含0.066%，最高0.267%，最低0.018%。其中耕作土壤平均含0.05%，最高0.102%。含量较丰富（>0.1%）0.42万亩，占耕地0.9%；中等含量（0.075%~0.1%）1.8万亩，占3.7%；含量较缺（0.05%~0.075%）19万亩，占38.7%；

极缺的（<0.05%）27.8万亩，占57.7%。

速效磷 表层土壤含量平均6.5ppm，最高44ppm，最低2ppm。其中耕作土壤含量平均6.9ppm，最高44ppm，最低2ppm。耕作土壤中含量较丰富的（>20ppm）0.4万亩，占耕地面积0.9%；中等含量（10~20ppm）4.9万亩，占10%；含量较缺（5~10ppm）29.2万亩，占59.4%；极缺的（<5ppm）14.6万亩，占29.7%。

速效钾 表层土壤含量平均117ppm，最高450ppm，最低43ppm。其中耕作土壤平均120ppm。耕作土壤中含量相当于省规定一级标准的（>200ppm）3.8万亩，占耕地面积7.7%；相当于二级标准的（150~200ppm）4.2万亩，占8.5%；相当于三级标准的（100~150ppm）面积16.3万亩，占33.3%；相当于四级标准的（50~100ppm）24.7万亩，占50.5%。

全县土壤养分状况为钾较丰富，氮缺，磷极缺。

永和县土壤分类与所含养分状况表

表2-17

土类	亚类	土属	土种	深度（厘米）	有机质（%）	全氮（%）	全磷（%）	pH值	CaCO3（%）
灰褐土	山地淋溶灰褐土	黄土质山地淋溶灰褐土	中厚层黄土质山地淋溶灰褐土	—	—	—	—	—	—
	山地灰褐土	砂页岩质山地灰褐土	薄层砂页岩山地灰褐土	—	—	—	—	—	—
			中厚层砂页岩质山地灰褐土	3~12	3.18	0.18	0.064	8.0	3.53
		黄土质山地灰褐土	中厚层耕地黄土质山地灰褐土	3~42	0.94	0.064	0.051	8.3	13.53
		耕种黄土质山地灰褐土	中厚层黄土质山地灰褐土	0~20	1.16	0.070	0.053	8.4	13.77
		红黄土质山地灰褐土	中厚层红黄土质山地灰褐土	2~31	1.34	0.55	0.042	8.3	15.61
		耕种红黄土质山地灰褐土	中厚层耕种红黄土质山地灰褐土	0~19	0.35	0.029	0.036	8.5	12.64
	粗骨性灰褐土	砂页岩质粗骨性灰褐土	薄层砂页岩质粗骨性灰褐土	0~30	1.34	0.084	0.053	8.4	11.36
			少砾中厚层砂页岩质粗骨性灰褐土	—	养分大抵同上				

续表 2-17

土类	亚类	土属	土种	深度（厘米）	有机质（%）	全氮（%）	全磷（%）	pH值	CaCO3（%）
灰褐土性土	灰褐土性土	黄土质灰褐土性土	轻壤中蚀黄土质灰褐土性土	0~25	0.67	0.046	0.051	8.2	11.48
			轻壤重蚀黄土质灰褐土性土	—	养分大抵同上				
			中壤中蚀黄土质灰褐土性土	—	养分大抵同上				
		耕种黄土质灰褐土性土	轻壤轻蚀耕种黄土质灰褐土性土	0~17	1.14	0.091	0.060	8.3	11.57
			轻壤中蚀耕种黄土质灰褐土性土	0~19	0.80	0.059	0.062	8.2	12.58
			轻壤重蚀耕种黄土质灰褐土性土	0~37	0.62	0.044	0.058	8.3	14.58
			砂壤轻蚀浅位中厚黑垆土耕种黄土质灰褐土性土	0~30	1.02	0.063	0.083	8.2	10.47
			轻壤中蚀深位厚红黄层耕种黄土质灰褐土性土	0~20	0.49	0.034	0.049	8.3	13.60
		红黄土质灰褐土性土	轻壤中蚀红黄土质灰褐土性土	0~18	0.60	0.044	0.042	8.2	11.59
			中壤轻蚀红黄土质灰褐土性土	—	养分大抵同上				
			中壤中蚀红黄土质灰褐土性土	—	养分大抵与上相似				
			中壤重蚀红黄质灰褐土性土	—	养分大抵与上相似				
		耕种红黄土质灰褐土性土	轻壤中蚀耕种红黄土质灰褐土性土	0~24	0.049	0.035	0.029	8.2	14.62
			中壤中蚀耕种红黄土质灰褐土性土	0~15	0.33	0.031	0.044	8.4	11.50
			中壤重蚀耕种红黄土质灰褐土性土	0~16	0.56	0.043	0.044	8.2	11.53
		耕种红黄土质灰褐土性土	中壤中蚀少料礓耕种红黄土质灰褐土性土	0~14	0.36	0.041	0.042	8.2	8.32
		耕种冲积灰褐土性土	砂土耕种冲积灰褐土性土	0~19	0.38	0.016	0.036	8.2	4.46
		耕种沟淤灰褐土性土	砂壤耕种沟淤灰褐土性土	0~17	1.15	0.076	0.056	8.1	10.49
			轻壤耕种沟淤灰褐土性土	—	大抵与上相似				
			轻壤深位薄料礓层耕种沟淤灰褐土性土	—	大抵与上相似				
			沙壤深位薄砾石层耕种沟淤灰褐土性土	—	大抵与上相似				

续表2-17

土类	亚类	土属	土种	深度（厘米）	有机质（%）	全氮（%）	全磷（%）	pH值	CaCO3（%）
灰褐土	灰褐土	耕种黄土质灰褐土	轻壤耕种黄土质灰褐土	0~23	0.98	0.071	0.053	8.3	7.49
			砂壤深位埋藏黑垆土层耕种黄土质灰褐土	0~18	0.80	0.038	0.060	8.2	6.26
		耕种黄土状灰褐土	轻壤耕种黄土状灰褐土	0~21	0.99	0.053	0.068	8.2	10.77
		耕种沟淤灰褐土	轻壤深位埋藏厚黑垆土层耕种沟淤灰褐土	0~25	0.51	0.036	0.066	8.3	13.00
草甸土	灰褐化浅色草甸土	耕种灰褐化浅色草甸土	腰沙轻壤耕种灰褐化浅色草甸土	0~20	1.06	0.068	0.075	8.2	9.98
	浅色草甸土	耕种浅色草甸土	轻壤耕种浅色草甸土	0~23	1.12	0.077	0.090	8.3	10.75

第二节 植 被

天然植被

县境内狗头山、茶布山、四十里山三大土石山系主脊两侧植被茂盛，以远次之。主要有野刺梅、沙棘、沙柳、沙枣、柠条、荆条、山榆、暴马丁香、卫茅、虎榛子、六道木、山桃、文冠果、毛樱桃、青青木、酸枣以及羊胡草、野菊花、山棉花、柔花菊、萱草、黄贝草、苍术、蒿类等灌草植物。还有侧柏次生疏林（阁山、楼山）、小片状山杨和杜梨、元宝、枫臭椿、山杏等散生木，覆盖率约60%。

黄土残塬区的山沟及荒坡，主要有沙棘、柠条、羊厌厌、酸枣、达乌里、胡枝子、甘草、小羽草、猫尾草、

直地里古树

白羊草、黄坯草、蒿类等灌草植物；部分阴坡有小片山杨，还有杨、柳、榆、中槐、刺槐、臭椿、杜梨、侧柏等散生木，覆盖率约70%。

人工植被

作物植被境内主要适宜小麦、玉米、豆类、黍类、薯类、瓜类、蔬菜、棉花、药材等作物生长。种植面积每年均在40万亩左右，形成良好的作物植被，并有明显的季节性，夏秋生长旺盛，覆盖面大；冬春生长缓慢，覆盖面小。

中华人民共和国成立初期，永和花草树木凋零，林木植被稀少，全县仅0.5万亩的天然侧柏次生林。1978年中共十一届三中全会后，永和县被列入三北防护林体系工程建设重点县，植树造林发展迅速，1986年林地面积达到21万亩，2011年林地面积约74.6万亩。路旁、屋旁、山地、沙滩、河渠旁、省道、沿黄干线公路旁、城区、旅游景区、石质山区等，能栽树之地均有栽植。主要树种有杨、柳、榆、槐、桐、白皮松等用材类和红枣、苹果、核桃、桃、仁用杏、山桃、山杏、沙棘、柠条、连翘、葡萄等经济类，还有元宝枫、火炬、香花槐、国槐、合欢木槿、红叶李、五角枫、红栌、碧桃、百日红、紫荆、雪松法桐、月季等风景类。沿黄4乡红枣树约30万亩，上千万株。

第五章　自然资源

第一节　土地资源

据1989—1990年土地利用状况普查，永和县土地总面积为1212.89平方公里，合1819335亩。其中：耕地490743.7亩，占土地总面积26.97%，人均8.86亩。比1988年国家人均数高5.7倍，是山西省人均数的4.38倍。其中一般水浇地、河滩地、菜地共1293.2亩，占总耕地0.26%；沟川地19783.8亩，占4.03%；梯田10123.9亩，占2.06%；坡地440534.7亩，占89.77%；塬地19008.1亩，占3.87%。园地4367.7亩，占总土地面积0.24%，人均0.08亩。其中果园4229.4亩，桑园137.5亩，其他园地0.8亩。林地247705.9亩，占总土地面积13.62%，人均4.47亩。牧草地59576亩，占土地总面积

3.27%，人均1.08亩。居民点及工矿用地39551.3亩，占土地总面积2.17%，人均0.71亩。其中农村居民点36379.2亩，农业户人均0.73亩，户均3.3亩，占居民点及工矿用地91.98%。交通用地7081.8亩，占土地总面积0.39%，人均0.13亩。水域面积30322.8亩，占土地总面积1.67%，人均0.56亩。未利用面积939985.8亩，占土地总面积51.67%，人均16.97亩。

2011年底，全县土地总面积1819335亩，其中国家所有67050.5亩，集体所有1752284.5亩。其中耕地面积358440亩，均属集体所有；园地面积103433.9亩，其中国家所有224.7亩，集体所有103209.2亩；林地面积746000亩，其中国家所有42898.7亩，集体所有438750亩；草地面积487262.9亩，其中国家所有4338.5亩，集体所有747275.7亩；城镇村及工矿用地面积29227.5亩，其中国家所有101.3亩，集体所有29126.2亩；交通运输用地面积17271.3亩，其中国家所有4892.4亩，集体所有12378.9亩；水域及水利设施用地面积24615.3亩，其中国家所有14592亩，集体所有10023.3亩；其他土地面积53084.1亩，其中国家所有2.9亩，集体所有53081.2亩。

第二节　矿产资源

建筑用砂

分布在南庄、打石腰、阁底3乡的永和关、河会里、直地里、佛堂、于家咀等黄河沿岸滩区。砂矿质地纯洁，凝结力强，为优质建筑材料，年生产量约80万立方米。

煤层气

永和县煤层气分布广、储量大、气质优。鄂尔多斯盆地晋西挠摺带区块包括永和、石楼和隰县1524平方公里，储有大量优质煤层气，其中永和境内涉及面积624平方公里，地质储量超过600亿立方米。

膨润土

分布于县域部分乡村，储量不大。矿层顶板为黄绿色粉砂质泥岩或泥质粉砂岩，底板为泥岩或粉砂岩。呈层状产出，产状与上下围岩一致。矿层厚度0.5~1米，层位稳定。矿石呈粉红、翠绿、灰紫、咖啡等色，鲜艳多彩，故俗称"彩色黏土"。质地细腻，有滑感，黏性大，可塑性强，遇水迅速崩解。

第三节 生物资源

木本植物

松　　科　华北落叶松、油松、塔松、雪松。

柏　　科　圆柏（桧柏）、侧柏、龙柏、刺柏、翠柏。

杜鹃花科　杜香。

五 加 科　刺五加。

胡颓子科　沙棘（醋柳）、沙枣、翅油树。

瑞 香 科　河朔荛花（羊厌厌）、黄瑞香。

夹竹桃科　夹竹桃。

柽 柳 科　西河柳（三春柳）、红柳、柽柳（枝柽柳）、红荆条。

椴 树 科　掌裂草葡萄、葡萄、爬山虎。

鼠 李 科　酸枣、枣。

无患子科　文冠果（木瓜）。

槭 树 科　元宝枫、五角枫、三角枫。

卫 矛 科　丝棉木、卫矛（山鸡条）。

防 己 科　蝙蝠葛（山豆树）。

小 檗 科　小檗、黄芦木。

桑寄生科　槐寄生、桑寄生。

榆　　科　白榆、黄榆。

胡 桃 科　核桃。

杨 柳 科　北京杨、箭杆杨、小叶杨、加拿大杨、青杨（大叶白杨）、新疆杨、杞柳、龙须柳、垂柳、旱柳。

大 戟 科　黑枸叶。

苦 木 科　臭椿（白椿）、樗树。

芸 香 科　花椒。

豆　　科　刺槐、紫槐、槐树、合欢（芙蓉花）、柠条、铁扫帚、云实科、葛根、国槐。

蔷薇科　山丁子、山楂、樱桃、野菊花、山杏、山桃、杜梨、海棠、绣线菊、蕤核木（茹茹）、覆盆子、黄刺梅、苹果、白梨、仁用杏、桃李子、扁桃、油桃。

虎耳草科　太平花、山梅花、山麻子。

菊　　科　苍术、蚂蚱腿子。

忍冬科　忍冬、荚、金银花、六道木。

紫葳科　楸树。

马鞭草科　荆条。

木犀科　白蜡树、暴马丁香、连翘（黄花条、黄壳、落翘）。

桦木科　鹅耳枥（石榆）。

榛　　科　虎榛子（糖子梢）。

草本植物

葫芦科　栝楼（天瓜）、赤包、南瓜、西瓜、香瓜、菜瓜、黄瓜。

川续断科　续断（山萝卜）。

茜草科　蓬子菜、车轴草、猪殃殃。

车前科　大车前、车前子（平车前、小车前）。

萝摩科　白薇、柏氏白前。

鹿蹄草科　鹿含草。

伞形科　茴香、野胡萝卜、前胡、白芷、北柴胡。

小二仙科　轮叶狐尾藻。

千屈菜科　水苋菜。

菊　　科　蓟、茵陈蒿、牛蒡草、牡蒿、苦苣、鬼针草、苍耳、野菊花、青蒿、蒲公英、凤毛菊、菊花、泽兰、山莴苣、紫菀、苣荬菜、腺梗菜、黄花蒿、山蒿、东风菜、飞廉、刺儿菜、泥胡菜、苦菜、山马兰、大丁草、毛莲菜、向日葵。

桔梗科　党参、紫斑风铃草、桔梗。

紫葳科　角蒿。

玄参科　马先蒿、地黄、山旱烟根、威灵花、阴行草、水苦荬、小米草、红纹马先蒿。

茄　　科　莨菪、曼陀罗、枸杞、辣椒、龙葵、马铃薯、茄子、烟草、番茄。

唇形科　黄芩、百里香、丹参、荆芥（裂叶荆芥）、地瓜儿苗。

马鞭草科　马鞭草。

旋花科　菟丝子（无根草）、圆叶牵、牵牛子。

苦苣苔科　牛耳草（猫耳朵）。

柳叶菜科　柳兰、柳叶菜。

锦　葵　科　橘麻、锦葵、冬葵、圆叶锦葵。

凤仙花科　凤仙花、水金凤。

大　戟　科　地锦草、铁苋菜、甘遂。

远　志　科　远志（细叶远志、山鸡草）。

豆　　　科　黄芪、野草木樨、歪头菜、甘草（甜甘草）、兰花棘豆、黄花苜蓿（野苜蓿）、紫苜蓿、野豌豆、米口袋、扁茎、草木樨、山槐草、胡枝子、白刺花。

蔷　薇　科　翻白草、地榆、龙芽草。

景　天　科　瓦松、费菜。

十字花科　白芥、芥菜、蒜芥、风花菜、独行菜、斋子草。

木　兰　科　五味子。

小　檗　科　小叶淫羊藿。

毛　茛　科　白头翁、飞燕草、茴茴蒜、草芍药、毛茛、银莲花、石龙芮、唐松草、北乌头。

石　竹　科　王不留行。

马齿苋科　马齿苋、豆瓣菜、瓜子菜、晒不干。

苋　　　科　青葙、野苋、牛膝（对节草）。

藜　　　科　地肤、猪毛菜、藜（灰灰菜、灰条）。

蓼　　　科　茳草、篇蓄、拳参。

荨麻科　透茎冷水花、艾麻、荨麻。

桑　　　科　葎草（拉拉秧）、无花果。

兰　　　科　山慈菇、二叶舌唇兰。

鸢　尾　科　蝴蝶花、马蔺。

薯　蓣　科　山丹、藜芦、小根蒜、知母、山韭、玉竹、麦门冬。

天南星科　马蹄莲。

百　合　科　百合、石刁柏、七筋茹、北重楼。

莎　草　科　莎草、束草、寸草、苔草、尖苔。

禾　木　科　羊草、白羊草、老芒麦、蟋蟀草、野青茅、芨芨草、狗尾草、野燕麦、马唐茅草、画眉草。

香 蒲 科　水烛。

麻 黄 科　木贼麻黄、麻黄。

伞 菌 科　蘑菇、白乳茹。

木 耳 科　地衣、毛木耳。

多孔菌科　多孔菌、胡孙眼、木母茸、平盖灵芝。

水龙骨科　石苇。

哺乳纲动物

猫　　科　山猫、豺豹。

犬　　科　狼、狐狸（赤狐、草狐）、狗。

鼬　　科　黄鼬、青鼬、狗獾、猪獾。

猪　　科　野猪（山猪）。

鹿　　科　麝、麖、狍子（山羊）、梅花鹿（草鹿）。

羊　　科　青羊（野山羊、斑羚）、黄羊、绵羊、山羊。

兔　　科　野兔、家兔。

鼠　　科　田鼠、小家鼠（小耗子）、褐家鼠（大耗子）。

松 鼠 科　花鼠。

蝙 蝠 科　大耳鼠蝠、蝙蝠。

仓 鼠 科　大仓鼠、长尾鼠、中华分骰鼠。

鸟纲动物

鹰　　科　金雕、鸢（老鹰）、鹞、猫头鹰。

雉　　科　石鸡、鹌鹑、白脖鸡、褐马鸡、环颈雉。

鸠 鸽 科　斑鸠、灰斑鸠、野鸽。

啄木鸟科　绿啄木鸟、大斑啄木鸟、星头啄木鸟。

翠 鸟 科　蓝翡翠、花鹆鸪。

百 灵 科　云雀、小云雀、凤头百灵。

燕　　科　家燕、金腰燕。

鸦　　科　喜鹊、乌鸦、白脖鸦、红咀山鸦。

山 雀 科　大山雀、褐头山雀。

文 鸟 科　麻雀、山麻雀。

雀　　科　麦雀、火燕、麻阳雀（金翅雀）。

爬行纲动物

鳖　　科　鳖、地鳖。

壁虎科　无蹼壁虎、多疣壁虎。

蜥蜴科　山地麻蜥、丽斑麻蜥。

游蛇科　虎斑游蛇、黄脊绵、青蛇、草水蛇。

两栖纲动物

蟾蜍科　大蟾蜍、花背蟾蜍。

蛙　　科　黑斑蛙、金钱蛙。

更骨鱼纲动物

鲤　　科　鲤鱼、鲫鱼。

鲇　　科　鲶鱼。

鳅　　科　泥鳅。

鳝　　科　黄鳝。

昆虫纲动物

鼠妇科　鼠妇。

蝗　　科　东亚飞蝗。

蝼蛄科　非洲蝼蛄。

蟋蟀科　蟋蟀。

莞青科　绿莞青。

金龟科　大蜣螂、天牛、蛴螬（金龟）。

蜚蠊科　蟑螂。

蜜蜂科　中华蜜蜂、土蜂、马蜂、赤眼蜂、黄蜂。

大蜓科　大蜻蜓。

蝶　　科　蝴蝶。

蝉　　科　蝉。

蝇　　科　蚊、蝇。

卷尾科　尺蠖蛾、松毛虫。

其他动物

蛛形纲有红蜘蛛、黑蜘蛛、蝎。腹足纲有蜗牛。毛足纲有蚯蚓。多足纲有蜈蚣、蚰蜒（俗称毛乍乍）。

第六章 自然灾害

第一节 气象灾害

旱 灾

元至治二年（1322），春季严重干旱，秋天灾民甚多。

明弘治二年（1489），因饥饿而死者甚众。

明嘉靖十三年（1534），大旱，民饥死者不知其数。

明嘉靖四十三年（1564），大旱。夏麦减收三分之二，秋粮减八成，收获物不够交纳公税。

明万历七、八、九年（1579、1580、1581），连遭大荒，室如悬磬，野无青草，他乡流离者不知其数。

明崇祯元年（1628），春夏大旱，八月始雨。

明崇祯六、七年（1633、1634），大旱，民间食草饭砂，人相食，惨不堪言。

清康熙三十五、三十六年（1696、1697），大旱。

清康熙五十九、六十年（1720、1721），全省大旱，永和更甚。米麦石至十金，流离、饿死者甚众。

清乾隆二十四年（1759），大旱。

清乾隆四十九年（1784），大饥。

清乾隆五十九年（1794），歉收。

清嘉庆五年（1800），秋禾受旱成灾，民死者甚众。

清嘉庆二十五年（1820），大饥。

清道光二十四年（1844），大旱，民死者无数。

清道光二十六年（1846），夏、秋大旱。

清光绪三年（1877），荒旱异常。家无儋石，野无寸草，灾民始则出售产业，继则鬻卖妻子，草根树皮掘剥亦尽，人民死亡者约十之七八。

清光绪二十六年（1900），春大旱，至六月十二日始降饱雨，晚禾歉收。

民国3年（1914），夏麦秋粮均歉收。

民国13年（1924），春夏大旱，八月十五始雨。夏麦减收七至八成，秋禾多未下种，草木均枯干。

民国15—16年（1926—1927），连续大旱，夏秋均歉收。

民国17年（1928），大旱，夏麦歉收，秋禾未下种。

民国18年（1929）春，全县干旱，夏麦无收成。

民国19年（1930），大旱。

民国31年（1942），大旱歉收。

民国36年（1947）春，县境干旱，夏粮歉收。

1957年，全县干旱，夏秋均歉收，减产三成以上，其中小麦减收51.6%。

1960年，春季干旱，大秋作物比1959年减产16.8%。

1962年春，大旱，沿黄河5个公社干土层达10厘米左右，地面以下13厘米土壤含水量不足8%。

1965年，大旱，全年降水287.7毫米。

1970年，大旱，粮食总产872万公斤，比1969年减少18.8%。

1977年春，低温、干旱，全县44369亩小麦死苗严重，占小麦播种面积73.9%。

1989年，全县旱情严重，大面积农作物发生病虫害。6万亩小麦受灾，其中1.36万亩绝收；秋作物受灾面积6.48万亩。

1997年3月中旬—7月中旬，120多天没有超过10毫米的降水，大秋作物无法下种，青苗牧草枯死，小麦提前半月旱干，河水断流，人畜饮水困难。

2004年，春秋冬三季干旱，农作物歉收，直接经济损失646万元。

2005年，春夏连旱，夏粮减产严重。

2008年，夏秋冬三季连旱，24万亩农作物无法下种，5.2万亩夏粮绝收。

2009年，冬春夏连旱，81天无有效降水，24万亩农作物无法下种。

雹 灾

唐贞观四年（630）秋，雨雹成灾。

宋元丰六年（1083）七月，冰雹大如鸡子。

明正德十四年（1519）秋，夜降冰雹，小者如拳，大者如杵，水深3尺，城中漂流男女30余口，禾稼尽灭。

明崇祯二年（1629），冰雹伤禾，连岁灾浸，民难以为生。

明崇祯十年（1637）夏，冰雹大如鸡子，击毁禾苗，民间大饥。

民国9年（1920）5月11日，雨雹成灾，南庄、阁底诸村麦田摧残无遗。

1964年，夏秋连遭雹灾。

1976年7月12日下午5时，全县7个公社、29个生产大队、132个生产队遭受冰雹袭击，有28797亩农作物受灾。

1979年7月1日，县南普降冰雹，泊洋、阁底、西庄、交口4个公社，17个生产大队，51个生产队受灾严重。

1983年8月24日下午3时起，泊洋、西庄一带特大冰雹持续20多分钟，7个生产大队、30个生产队受灾严重。冰雹打伤10人，打死羊117只；洪水冲走牛2头，毁坏林木3400余株；农田受灾面积2.5万亩。

1984年5月26日—27日，县内9个公社、170个生产队遭受冰雹袭击，农田受灾面积60634亩。

1991年6月5日晚10时许，县境南部降冰雹20多分钟，密度每平方米500粒以上。罢骨、交口、泊洋3乡16个自然村9600余亩农田受灾。

1991年7月，全县7个乡镇、67个自然村遭冰雹袭击，粮食减产33万公斤，经济损失30万元。红枣减产尤为严重。

1993年7月9日—10日，全县7乡、31村遭受冰雹袭击。1700亩小麦绝收，8万亩秋作物受灾，其中4万余亩绝收；打死羊160多只，损坏树木60余万株。

1999年7月11日，县内部分乡镇遭冰雹袭击，农作物受灾5000余亩。

2008年10月4日，县内部分乡村遭鸽蛋大的冰雹袭击，17个村委1620户农民的2505亩苹果树、梨树受灾，直接经济损失1100多万元。

2011年7月16日，大风冰雹使农作物光杆、折杆、倒伏，苹果、红枣落果，直接经济损失2177万元。

涝（水）灾

清乾隆十年（1745）六月大雨，房屋倾塌甚多。

清同治九年（1870）夏，大水。

民国6年（1917）8月，大雨，洪水涨至县城街道，损害房屋若干。

民国15年（1926）3月25日，河水暴涨，漂没猪羊无数。

民国20年（1931）秋，雨后河水暴涨，西入西门，北进玉皇洞，淹没芝河东岸流井子，沿河树木秋禾被淹没。

1966年6月17日—26日，全县连降暴雨（夹冰雹）3次，不少土石坝被冲毁，6个公社的19个生产大队、64个生产队的1.7万亩农作物受灾。

1975年7月20日—29日，连降暴雨。署益、桑壁、城关、坡头4个公社、20多个生产队的4900余亩农作物受灾。53孔窑洞倒塌；洪水冲走大牲畜3头，羊209只，小麦2万余公斤。

1976年7月12日下午，全县突降暴雨。洪水冲毁大坝32条，冲走大牲畜2头，羊37只。

1977年7月6日早8时40分，降水96.2毫米。洪水漫过川口桥、永红大桥，横溢县城北街，永隰公路和县乡公路交通中断10余天。

1979—1980年，连续两年6月下旬—7月底持续降雨，致大部分小麦出芽霉烂。

1981年8月15日零时—翌日16时，连降大雨16个小时，降雨量187.5毫米，全县淹没农田2.3万亩，倒塌房屋450间，砸死2人，伤亡大牲畜13头，羊364只；洪水冲毁桥梁1座，道路40余条；造成经济损失上千万元。

1991年6月7日晚8时10分起，坡头乡白家崖、呼家庄等村暴雨持续40多分钟。洪水冲毁大坝9条，有1000多亩农田受灾。

1991年7月27日20时53分—21时40分，不到50分钟时间降雨91毫米，芝河洪水流量猛增到1800立方米/秒。全县有1.1万亩农田受灾，832户农民秋粮绝收，26户、65间民房倒塌，775户房屋进水；冲毁大小石坝274条，公路80余处106公里，人畜饮水工程20处；破坏输电通信线路0.8万余米；造成直接经济损失1271万元。城关镇榨油厂价值80.5万元的财产被洪水洗劫一空。

1999年7月11日，大暴雨，致使7名牧民死亡，500余只（头）牲畜被洪水冲走。

2006年9月18日—30日，强连阴雨致红枣大面积歉收。

2007年9月26日—10月11日，强连阴雨致红枣几乎绝收，直接经济损失7000余万元，对大秋作物的收成也造成很大影响。

2008年9月22日—29日，连阴雨，南庄、打石腰、阁底、交口4乡红枣霉烂，直接经济损失2000多万元。

雷暴

1987年7月29日，泊洋乡前后鹿角村2人被雷电击死。

2008年4月8日，强雷暴击毁县财政局电脑5台、交换机1个；县广播局光机3台、放大器14台、分支器140个、解扰器120个；县政协电脑1台、交换机1个；个人电视机40台。直接经济损失20余万元。

冻 灾

明嘉靖十二年（1533）八月，陨霜数日不化，害及禾稼。

明崇祯十二年（1639）八月十五，陨霜伤禾，民饥死者甚众。

清康熙三十四年（1695）八月陨霜，农作物皆被冻死。

民国7年（1918）春，陨霜冻死麦苗。

民国31年（1942）清明节风雪大作，气温骤降，麦苗大多被冻死。

民国36年（1947）8月陨霜，大秋作物被冻死。

1962年11月，初降小雪，天气奇寒，全县21373亩麦苗被冻死。

1981年10月8日，比历年平均早霜期提前6天出现早霜。气温降到-4.5℃，秋作物多被冻死。

1994年3月12日—14日，气温急剧下降，全县有3.4万亩麦苗被冻死。4月8—12日，气候异常，雨雪交加，麦苗遭受严重摧残。

2010年4月12日—13日，降雪7厘米，降温15.3度。大棚作物损失62万元，小麦损失170万元，西瓜760亩损失100万元，苹果、核桃等损失121万元。

雪 灾

宋建隆三年（962）春，积雪厚1尺多，田间水道被冰雪覆盖。

明崇祯五年（1632）冬，连续降雪13日，城内庙宇民房高粱大栋胥作灰烬。

清光绪二十五年（1899）正月十六，天降大雪，沟渠积雪五六尺，十多天路径不通。

2009年11月10日—12日，降大暴雪，降水量43.2毫米，积雪深18厘米。

第二节 生物灾害

狼 患

明崇祯九年（1636）豺狼成群，食人甚多。

清同治二年（1863）狼出为患，食人无数，县西永和关一带更甚。

清同治八年（1869）豺狼结队伤人。

清光绪四年（1878）豺狼成群，相继噬人，村边无敢独行者。

民国34—35年（1945—1946），狼多为害，食人食畜。

虫　灾

清顺治五年（1648）秋，蝗飞蔽日，一过而谷黍无存，只留荞麦、黑豆2种。民饥而死徙者大半。

清咸丰七年（1857），蝗飞害稼。

清光绪十八年（1892）夏，蝗飞蔽日，食苗殆尽，至冬无收成。

1991年夏，发生虫害，致11个乡镇、56个村委2.4万亩小麦减产30万公斤。

第三节　震　灾

元大德七年（1303）八月初六午时，洪洞县八级地震波及县城，平阳一路伤死17.6万人，受灾5.5万户。

明嘉靖三十四年（1555）十二月十三子时，陕西八级地震波及永和，室庐摇动，穴居者多死。

清康熙四十八年（1709）九月十二巳时，地震自西南来。

清嘉庆二十年（1815）九月二十，地大震。

清光绪十七年（1891）春，地震。

民国9年（1920）11月7日戌时，地大震。一连二三次，持续约二三十分钟。室庐摇动倾塌，压死人畜甚多。

第三编

人 口

旧石器中晚期永和县就有人类居住，但数万年来，人口发展较为缓慢。史载明洪武二十四年（1391），全县1457户、15439人；民国元年（1912），全县15177人。500余年，由于瘟疫、战乱，永和人口无增。中华人民共和国成立时，全县23350人；1974年，全县人口增加到43631人。生活稳定，经济发展，人口以年均千人的速度增长。2011年，全县有64044人，比1974年增长20835人，年均以563人的速度增长。中华人民共和国成立前，绝大多数县人不识字。1964年人口普查统计，文盲和半文盲者13411人，占总人口的40.89%；1990年人口普查统计，文盲和半文盲7489人，占总人口13.52%；2010年人口普查统计，大专以上学历者3045人，占总人口4.78%，文盲1376人，占总人口2.16%。随着经济发展，县人的素质在稳步提高。

第一章 人口规模

第一节 人口总量

历史总量

从芝河上罢骨至黄河入口处段的流域遗址考证，永和县在旧石器时代，已有人群定居、生息、繁衍。

明洪武二十四年（1391），全县有1457户，15439人；永乐十年（1412）有1351户，15547人；天顺初年有1210户，15730人；成化八年（1472）有1333户，17347人。从洪武二十四年至成化八年，81年间只增加1908人，平均每年增加23.6人。

清顺治五年（1648），全县共541丁（21~60岁1男为1丁，清康熙县志只记丁数，不记人数）。康熙元年（1662）有695丁；康熙二十一年（1682）有703丁。34年中增加丁口162，年均增加4.8丁。光绪二年（1876），全县有3万余人，连年灾荒，死故逃亡，所剩不及1万，比灾前减少2万余人。

民国元年（1912），全县有15177人。民国7年（1918）增至17005人，年均增加305人。民国17年（1928）增至20889人，年均增加388人。此后，人口呈下降趋势，民国25年（1936）降至16670人，年均减少527人。

1949年后人口总量及构成

中华人民共和国成立时，全县有23350人。1953年第一次人口普查时增至24927人，年均增加394人。20世纪60年代，人口生育进入第一次高峰期。1960—1963年年均增加1366人。1964年第二次人口普查，全县人口32822人（年末为33113人）。1974年增至43631人，年均增加1052人。1982年第三次人口普查，全县人口48209人（年末为48635人）。1990年第四次人口普查，全县人口55217人（年末为55381人）。1995年，全县有58808人，比1985年增加10261人，年均增加1026人；比1949年增加1.52倍，年增长率为21‰。

1996年全县人口60008人，比1995年增加1200人。2000年第五次人口普查，全县人口61001人（年末为62272人），比1999年增加527人。2005年，全县人口61969人，比2004年减少606人。2010年第六次人口普查，全县人口63649人，比2009年减少1206人。2011年全县人口64044人，比2010年增加395人，比2001年增加1646人。

民国时期永和县人口总量变化表

表3-1　　　　　　　　　　　　　　　　　　　　　　　　　　　　　　　单位：人

年份	户数	人口	其中 男	其中 女
民国元年	—	15177	7921	7256
民国2年	—	15472	8057	7415
民国3年	—	16138	8175	7963
民国4年	—	15723	8206	7517
民国5年	—	16085	8390	7695
民国6年	—	15793	8156	7637
民国7年	—	17005	9233	7772
民国8年	3425	17349	9433	7916
民国9年	—	17925	9791	8134
民国10年	3538	18093	9840	8253
民国11年	—	18176	9852	8324
民国12年	—	19069	10507	8562
民国13年	—	19264	10463	8801
民国14年	3922	19557	10637	8920
民国15年	3870	19473	10585	8888
民国16年	—	20013	10838	9175
民国17年	—	20889	11648	9241
民国18年	—	20691	11555	9136
民国19年	—	20653	11520	9133
民国20年	4030	20559	11452	9107
民国21年	—	20135	11251	8884
民国22年	—	19374	10455	8919

续表 3-1

单位：人

年 份	户 数	人 口	其中	
			男	女
民国 23 年	4100	19476	10508	8968
民国 24 年	4081	19246	10418	8828
民国 25 年	—	16670	—	—
民国 35 年	—	23270	—	—
民国 37 年	5998	23724	—	—

1949—1995 年永和县人口总量变化表

表 3-2

单位：人

年份	户数	人口数		女	出生人数	出生率‰	死亡人数	死亡率‰	自然增长人数	自然增长率‰
		总计	其中：非农业人口							
1949	5998	23350	1196	10932	474	20.30	379	16.23	95	4.07
1950	6354	23724	1234	11700	489	20.61	391	16.48	98	4.13
1951	6354	24490	1262	11387	499	20.38	401	16.37	98	4.01
1952	6354	25113	1266	12202	502	19.99	397	15.81	105	4.18
1953	6651	24927	1377	11258	377	15.12	160	6.42	217	8.70
1954	6581	24964	1789	11236	919	36.81	516	20.67	403	16.14
1955	6601	25015	2001	11008	856	34.22	550	21.99	306	12.23
1956	6813	25304	2002	10883	1086	42.91	631	24.94	455	17.97
1957	7208	25518	1973	11192	919	36.01	452	17.71	467	18.30
1958	7258	25838	1530	11788	732	38.33	457	17.69	275	10.64
1959	7422	26716	1358	12626	685	25.64	425	15.91	260	9.73
1960	7572	27110	1426	12862	511	18.84	317	11.69	194	7.15
1961	7838	29095	1784	13667	654	22.48	343	11.79	311	10.72
1962	8365	31181	1585	14753	1219	39.09	292	9.36	927	29.73
1963	7339	32180	1958	15098	1041	32.35	339	10.53	702	12.82
1964	8409	33113	2020	15483	1157	34.92	538	16.25	619	18.67

续表 3-2　　　　　　　　　　　　　　　　　　　　　　　　　　　　　单位：人

年份	户数	人口数 总计	人口数 其中：非农业人口	女	出生人数	出生率‰	死亡人数	死亡率‰	自然增长人数	自然增长率‰
1965	8641	34635	2529	16198	1140	32.91	516	14.90	624	18.01
1966	8640	35290	2904	16692	944	26.75	374	10.60	570	16.15
1967	8668	36220	3234	16914	1106	30.54	251	6.93	855	23.52
1968	9007	36818	2931	17324	1136	30.85	271	7.36	865	23.49
1969	9345	37473	2603	17762	1242	33.14	305	8.14	937	25.00
1970	9620	38718	2609	18482	1310	33.81	287	7.41	1023	26.40
1971	9828	39491	2620	18490	1061	26.87	261	6.67	800	20.20
1972	9878	40747	2789	19317	1252	30.73	271	6.65	981	24.08
1973	10060	42197	2808	20058	1420	33.65	288	6.83	1132	26.82
1974	10361	43631	3004	20947	1279	29.31	276	6.33	1003	22.98
1975	10456	44438	2931	21182	1008	22.68	390	8.78	618	13.90
1976	10520	45137	3070	21421	674	14.93	344	7.62	330	7.31
1977	9948	46117	3135	22165	637	13.81	332	7.20	305	6.61
1978	10222	46654	3317	22123	686	14.70	307	6.58	379	8.12
1979	9918	47133	3639	22310	733	15.55	306	6.49	427	9.06
1980	10426	47783	4051	22892	665	13.92	353	7.39	312	6.53
1981	10786	48388	4285	23384	644	13.31	321	6.63	323	6.68
1982	10732	48635	4418	23489	678	13.94	332	6.83	346	7.11
1983	10567	48172	4464	23209	637	13.22	281	5.83	356	7.39
1984	10413	47829	4596	23142	629	13.15	301	6.29	328	6.86
1985	10931	48547	4842	23317	655	13.49	284	5.85	371	7.64
1986	10957	48529	5015	28290	626	12.90	296	6.10	330	6.80
1987	11183	48876	5193	23345	625	12.79	285	5.83	340	6.96
1988	12148	50236	5232	23655	629	12.52	268	5.33	361	7.19
1989	12233	50605	5285	23731	705	13.93	289	5.71	416	8.22
1990	13533	55381	5510	26301	1129	20.39	354	6.39	775	14.00

续表3-2　　　　　　　　　　　　　　　　　　　　　　　　　　　　　　　　　单位：人

年份	户数	人口数		出生人数	出生率‰	死亡人数	死亡率‰	自然增长人数	自然增长率‰
		总计	其中：非农业人口 / 女						
1991	14001	56279	5588 / 27269	942	16.74	330	5.86	612	10.88
1992	14321	57165	5628 / 27734	798	13.96	316	5.53	482	8.43
1993	14719	58057	6178 / 28215	726	12.50	346	5.96	380	6.54
1994	14436	58096	6225 / 28243	725	12.48	267	4.60	458	7.88
1995	14468	58808	6285 / 28620	992	16.87	362	6.16	630	10.71

1996—2011年永和县人口总量表

表3-3　　　　　　　　　　　　　　　　　　　　　　　　　　　　　　　　　单位：人

年份	户数	人口数 总计	其中：非农业人口	女	出生人数	出生率‰	死亡人数	死亡率‰	自然增长人数	自然增长率‰
1996	14568	60008	7470	29195	850	14.2	355	5.9	495	8.3
1997	14748	60728	7918	29536	912	15.2	275	4.58	637	10.61
1998	14954	61478	8171	29860	906	14.83	252	4.12	654	10.70
1999	15046	61745	8327	29995	974	15.73	278	4.49	696	11.24
2000	15247	62272	8480	30270	604	9.82	278	4.49	326	5.33
2001	15283	62398	8295	30327	757	12.54	295	4.89	462	7.65
2002	15337	62614	8304	30475	568	9.07	257	4.10	311	4.97
2003	15283	62596	8163	30564	563	9.24	220	3.61	343	5.63
2004	15328	62575	7898	30563	498	8.13	220	3.59	278	4.54
2005	17199	61969	7164	29416	606	9.88	224	3.65	328	6.23
2006	18285	62293	7239	29517	535	8.75	211	3.45	324	5.30
2007	18931	64335	9124	30495	579	9.48	319	5.22	260	4.26
2008	19012	64581	8960	30491	527	8.17	281	4.35	246	3.82
2009	20705	64855	11725	30623	717	11.05	298	4.59	419	6.46

续表3-3　　　　　　　　　　　　　　　　　　　　　　　　　　　　　　　　单位：人

年份	户数	人口数		女	出生人数	出生率‰	死亡人数	死亡率‰	自然增长人数	自然增长率‰
		总计	其中：非农业人口							
2010	16667	63649	14676	30681	719	11.32	334	5.26	385	6.06
2011	18200	64044	14691	30806	683	10.67	284	4.44	398	6.23

第二节　人口变动

自然变动

出　生　民国8年（1919），全县出生557人，出生率32.11‰；民国10年（1921）出生485人，出生率26.81‰；民国15年（1926）出生673人，出生率34.56‰；民国22年（1933）出生354人，出生率18.27‰。

中华人民共和国成立初，1953年出生377人，出生率15.21‰；1956年出生1086人，出生率42.91‰；1964年出生1157人，出生率34.92‰；1971年始提倡计划生育，是年出生率降为26.87‰；1981年降为13.31‰，1985年为13.49‰，1995年为16.87‰。

1996年，出生人数850人，出生率14.2‰，自然增长率8.3‰，年末总人口为60008人，比1995年增加1200人，其中农业人口为52538人。1999年，全县人口增长得到了有效控制，全县人口出生率为15.73‰，自然增长率为11.24‰，年末总人口为61745人，比1998年增加267人，其中：农业人口为53418人。2000年，全县人口出生率9.82‰，自然增长率为5.33‰，年末人口为62272人，比1999年增加527人，其中农业人口为53792人。2001年，全县人口出生率12.54‰，自然增长率为7.65‰，年末人口为62398人，比2000年增加126人，其中农业人口为53539人。2002年，全县人口出生率9.07‰，比2001年下降3.47个千分点，自然增长率4.97‰。全县常住人口62614人，比2001年末净增加216人，乡村人口54310人。2007年，全县总人口64335人，人口出生率12.83‰，人口自然增长率为6.42‰。2008年，全县总人口64581人，人口出生率8.17‰，自然增长率3.82‰。2009年，全县总人口64855人，人口出生率11.05‰，自然增长率6.46‰。2010年，全县总人口63649人，人口出生率11.32‰，自然增长率6.06‰.2011

年，全县总人口为64044人，人口出生率10.67‰，自然增长率为6.23‰。

死 亡 民国8年（1919），全县死亡462人，死亡率26.63‰；民国10年（1921）死亡405人，死亡率22.38‰；民国15年（1926）死亡392人，死亡率20.13‰；民国22年（1933）死亡252人，死亡率13.01‰。

中华人民共和国成立后，1950年死亡391人，死亡率16.48‰；1960年死亡率降为11.69‰，1975年降为8.78‰，1982年降为6.83‰，1990年降为6.39‰，1995年降为6.16‰。1996年死亡355人，死亡率5.9‰；2000年死亡率4.49‰；2002年死亡率4.10‰；2005年死亡率3.65‰；2007年死亡率6.42‰；2010年死亡率5.26‰；2011年死亡人数284人，死亡率4.44‰。

迁移变动

迁 入 据民国19年（1930）修《永和县志》载，宋时李氏自陇西米脂等处迁入永和县境。明代迁入县境者，初有临汾钟楼巷吴氏；成化年间有天津薛氏；正德年间有陕西宜川、米脂、清涧等处赵氏、李氏、冯氏、黄氏，临汾刘氏、冯氏、药氏等；崇祯年间有临汾贾氏；此间还有四川柳氏、临县薛氏、汾城白氏等。清代迁入县境者，顺治年间有彭城刘氏；乾隆年间有临县刘氏；嘉庆年间有陕西高氏、离石邓氏、吉县刘氏等；道光年间有霞州柳氏，离石张氏、李氏，临县阎氏、高氏、张氏等；咸丰年间有离石李氏、白氏，太谷杜氏等；同治年间有陕西刘氏，保德州郭氏，灵石尹氏，文水霍氏、田氏、王氏、康氏等；光绪年间有陕西吴堡县李氏、临县王氏、石楼任氏等；此间还有四川扶风马氏，陕西路氏、樊氏，荣河王氏等。

民国时期，河南、山东屡遭水旱灾害，难民迁入落户者有增无减。民国10年（1921）迁入11户、52人，其中山东4人，陕西8人，河南40人。民国15年（1926），河南、山东、陕西、安徽等省迁入境内104户、236人。

中华人民共和国成立后，迁入人口多是外籍到永和县定居的农民，国家分配来的大中专毕业生，军队转业干部和调到山区工作的干部、职工及其家属。1970年，太原下放干部迁入39户、160人，其中干部129人，家属31人。20世纪60年代始，陆续分配大中专毕业生1042人到永和县工作。1966年临汾籍知青60余人迁到永和县插队落户。20世纪60—70年代先后3批迁入军队转业干部及家属60余人。2004—2005年，迁入76人。

2010年，山西省其他县市区迁入永和县122人，其中男59人，女63人。外省迁入永和县49人，其中男34人，女15人。

2010年永和县外来人口户口登记地情况表

表3-4　　　　　　　　　　　　　　　　　　　　　　　　　　　　　　　　　　单位：人

地区	人口数			户口登记地								
				县内			省内其他县市区			外省		
	合计	男	女	小计	男	女	小计	男	女	小计	男	女
总计	7876	3920	3956	7705	3827	3878	122	59	63	49	34	15
芝河镇	7515	3708	3807	7384	3633	3751	95	53	42	36	22	14
桑壁镇	67	32	35	45	25	20	18	4	14	4	3	1
阁底乡	75	45	30	75	45	30	—	—	—	—	—	—
南庄乡	54	29	25	44	21	23	3	1	2	7	7	
打石腰乡	26	19	7	26	19	7	—	—	—	—	—	—
坡头乡	138	86	52	130	83	47	6	1	5	2	2	
交口乡	1	1	—	1	1	—	—	—	—	—	—	—

迁　出　民国10年（1921），山东、河南、陕西籍居民重返老家者8户，19人。民国15年（1926），迁往山东、河南、陕西等地44户，128人。民国23年（1934）又迁出104人。1978—2000年，原定居境内坡头、城关、署益等乡村的河南、山东、安徽、陕西籍居民，陆续重返故里者2000余人。2004—2005年，县内迁出205人。2006—2011年，县内迁出300余人。

自然流动　中华人民共和国成立前，流入县境的人口多为河南、山东、安徽、江苏、陕西、河北等省的逃荒者。1949年后，仍有上述省份人口自流县域坡头、署益、城关等乡村劳动生息。1978年后，除上述各省外，浙江、上海等地人员多到永和打工，经营理发、裁缝、酿造、榨油、运输等加工服务业。据不完全统计，1980年流入县境124人，1985年364人，1990年502人，1995年655人。1996年后流入县境者大多是工队人员。据不完全统计，1996年流入600人，2000年480人，2005年430人，2010年310人，2011年320人。

2011年统计，外出半年以上人口12048人，其中男6471人，女5577人。外出半年以上人口占总人口比重18.01%，其中男占18.45%，女占17.53%。

表3-5　2000年永和县第五次人口普查各乡镇人口数量表

单位：户、人

地区别	家庭户	总人口 合计	总人口 男	总人口 汉族	家庭户	户籍人口 合计	户籍人口 非农业	分年龄人口 0~14岁	分年龄人口 15~64岁	分年龄人口 65岁以上	文盲人口	人口分类 一	人口分类 二	人口分类 三	人口分类 四	人口分类 五	出生人口 1999.11.1—2000.10.31	死亡人口
总计	15713	15691	61001	31839	60975	60914	60178	8200	19946	38219	2836	3632	57818	2289	71	823	—	898	347
城关镇	5497	5482	19900	10362	19876	19845	19480	7580	6187	12932	781	1155	18069	1387	24	420	—	371	81
桑壁镇	764	764	3000	1584	3000	3000	2956	109	1001	1831	168	315	2773	182	1	44	—	40	22
阁底乡	1465	1465	5865	3062	5865	5865	5838	55	1925	3672	268	240	5693	144	1	27	—	85	46
南庄乡	1309	1309	5782	2987	5782	5782	5759	22	2067	3456	259	292	5736	18	5	23	—	79	29
打石腰乡	1243	1243	5365	2778	5365	5365	5282	74	1862	3273	230	196	5206	62	14	83	—	83	40
西庄乡	978	977	3969	2081	3969	3965	3932	11	1364	2387	218	268	3914	15	3	37	—	40	25
泊洋乡	918	918	3474	1832	3474	3474	3448	49	1128	2145	201	209	3399	45	4	26	—	29	25
薯益乡	579	579	2318	1199	2317	2318	2288	30	777	1410	131	146	2190	98	—	30	—	32	16
坡头乡	1273	1269	4673	2478	4672	4658	4588	199	1448	2954	271	377	4309	272	7	85	—	60	33
罡骨乡	789	789	3122	1652	3122	3122	3117	3.3	1025	1943	154	295	3100	16	1	5	—	38	18
交口乡	898	896	3533	1824	3533	3520	3490	38	1162	2216	155	139	3429	50	11	43	—	41	12

2010年永和县第六次人口普查各乡镇户籍人口情况表

表3-6　　　　　　　　　　　　　　　　　　　　　　　　　　　　　　　　　单位：人、%

地区	户籍人口			外出半年以上人口			外出半年以上人口占总人口比重		
	合计	男	女	小计	男	女	小计	男	女
总计	63282	35068	31814	12048	6471	5577	18.01	18.45	17.53
芝河镇	22861	11952	10909	4902	2633	2269	21.44	22.03	20.8
桑壁镇	2643	3285	2958	1055	554	501	16.9	16.86	16.94
阁底乡	11750	6220	5530	1156	643	513	9.84	10.34	9.28
南庄乡	6422	3361	3061	978	521	457	15.23	15.5	14.93
打石腰乡	5941	3073	2868	640	344	296	10.77	11.19	10.32
坡头乡	5255	2708	2547	1136	597	539	21.62	20.05	21.16
交口乡	8410	4469	3941	2181	1179	1002	25.93	26.38	25.43

第三节　人口分布

人口密度

明洪武二十四年（1391）至成化八年（1472），境内人口平均密度呈上升趋势，保持在每平方公里12.8~14.3人之间。清光绪三年（1877），境内人口平均密度上升到每平方公里25人；光绪五年（1879）降为每平方公里7.4人。

民国元年（1912），境内人口平均密度为每平方公里12.5人。民国8年（1919）增为14.3人，民国20年（1931）增为17人，民国25年（1936）减为14人，为全省人口密度最小的县份。

中华人民共和国成立后，1949年底全县人口平均密度为每平方公里19人。1953年增为每平方公里21人，1964年增为27人，1976年增为37人。1982年全县人口平均密度达每平方公里40人，比1964年增长48.15%。1995年全县人口平均密度为每平方公里48.5人，比1982年增长21.3%，比1949年增长1.6倍；县城人口密度为每平方公里4567人，是全县人口平均密度的94.16倍。

1996年全县人口平均密度为每平方公里49.9人，2000年为每平方公里50.9人，2005年为每平方公里51.1人，2010年全县人口平均密度为每平方公里52.52人。2011年，全县人口平均密度为每平方公里52.84人，比1982年增长30.2%，比1995年每平方公里多4.34人，比1949年增长1.78倍；县城人口密度为每平方公里4429人，是全县人口平均密度的83.82倍。

1996—2011年永和县人口密度情况表

表3-7　　　　　　　　　　　　　　　　　　　　　　　　　　　　　　　单位：人

年　份	人口密度（人／平方公里）	年　份	人口密度（人／平方公里）
1996	49.9	2004	51.6
1997	49.9	2005	51.1
1998	49.9	2006	51.4
1999	50.9	2007	53.08
2000	50.9	2008	53..28
2001	50.9	2009	53.51
2002	50.9	2010	52.52
2003	50.9	2011	52.84

城乡比重

全县城镇人口，民国8年（1919）为600人，占总人口3.5%；民国10年（1921）城镇708人，占总人口3.9%；民国15年（1926）819人，占总人口4.2%；民国25年（1936）1160人，占总人口7%。中华人民共和国成立后，城镇人口逐年上升。1964年达1754人，占总人口5%；乡村31359人，占总人口95%。1982年普查，城镇3397人，占6.98%；乡村45238人，占93.02%。1991年城镇增至1万人，占17.77%；乡村46279人，占82.23%。随着经济体制改革，城镇人口增长速度加快。1993年城镇人口达11682人，占总人口20.12%。1994年增至12897人，占22.2%。1995年全县城乡人口变化为城镇13700人，占总人口23.3%；乡村45108人，占总人口76.7%。2000年城镇人口为15443人，占总人口24.8%；乡村46829人，占总人口75.2%。2005年，随着国家移民搬迁工程的实施，全县城镇人口增至17723人，占总人口的28.6%；乡村44246人。占总人口71.4%；2010年全县城乡人口变化为城镇19814人，占总人口31.13%；乡村43835人，占总人口68.87%。2011年，全县城乡人口变化为城镇19928人，占总人口31.12%；乡村44116人，占总人口68.88%。

地域分布

县人历来聚居于芝河、桑壁河流域，黄河沿岸和塬面村庄。全县人口按地域分布的密度为西部、南部高于中部，中部又高于东部。1995年全县人口按地域分布为：西南部梁峁残塬沟壑区总人口22393人，占全县38.1%，平均每平方公里60人；中部河川区总人口21359人，占全县36.3%，平均每平方公里59人；东部残塬沟壑区总人口15056人，占全县25.6%，平均每平方公里31人。各乡镇每平方公里平均人口数依次为：西庄乡77.8人，城关镇76人，阁底乡65.3人，南庄乡56人，打石腰乡49.8人，交口乡45.4人，罢骨乡42.7人，泊洋乡41.8人，桑壁镇34.7人，署益乡30.2人，坡头乡24.3人。

2011年，全县人口按乡镇分布为：芝河镇26211人，占总人口40.9%，平均每平方公里98.91人；桑壁镇5471人，占总人口8.5%，平均每平方公里29.9人；阁底乡10810人，占总人口16.9%，平均每平方公里69.29人；南庄乡5530人，占总人口8.6%，平均每平方公里53.17人；打石腰乡5418人，占总人口8.5%，平均每平方公里48.81人；坡头乡4264人，占总人口6.7%，平均每平方公里20.90人；交口乡6340人，占总人口9.9%，平均每平方公里33.54人。

1995年永和县各乡镇人口分布表

表3-8　　　　　　　　　　　　　　　　　　　　　　　　　　　　　　单位：户、人

乡镇	总户数	总人口	占总人口（%）	人口密度（人/平方公里）	农业人口	其中		非农业人口	其中	
						男	女		男	女
合计	14468	58808	100.0	48.5	52523	26719	25804	6285	3469	2816
城关镇	4290	13736	23.4	76.0	8392	4356	4036	5344	2768	2576
桑壁镇	840	3302	5.6	34.7	3155	1607	1548	147	110	37
坡头乡	949	4941	8.4	24.3	4812	2510	2302	129	74	55

续表 3-8　　　　　　　　　　　　　　　　　　　　　　　　　　　　　　　　单位：人

乡镇	总户数	总人口	占总人口（%）	人口密度（人/平方公里）	农业人口	其中		非农业人口	其中	
						男	女		男	女
署益乡	615	2652	4.5	30.2	2594	1346	1248	58	50	8
罢骨乡	767	3578	6.1	42.7	3515	1799	1716	63	48	15
交口乡	941	4045	6.9	45.4	3949	1958	1991	96	77	19
泊洋乡	980	4161	7.1	41.8	4092	2036	2056	69	51	18
西庄乡	1079	4473	7.6	77.8	4401	2238	2163	72	55	17
阁底乡	1566	6593	11.2	65.3	6473	3263	3210	120	104	16
打石腰乡	1202	5530	9.4	49.8	5415	2706	2709	115	97	18
南庄乡	1239	5797	9.9	56.0	5725	2900	2835	72	35	37

2010年永和县各乡镇人口分布表

表 3-9　　　　　　　　　　　　　　　　　　　　　　　　　　　　　　　　单位：户、人

乡镇	总户数	总人口	占总人口（%）	人口密度（人/平方公里）	农业人口	其中		非农业人口	其中	
						男	女		男	女
合计	17751	63649	100.0	52.52	55241	28468	26773	7954	4271	3683
芝河镇	7784	26218	41.19	98.94	18323	9192	9131	7631	4060	3571
桑壁镇	1490	5376	8.45	29.38	5279	2755	2524	51	29	22
阁底乡	2766	10737	16.87	68.83	10650	5616	5034	6	5	1
南庄乡	1481	5500	8.64	52.88	5411	2819	2592	85	49	36
打石腰乡	1469	5315	8.35	47.88	5203	2670	2533	73	55	18
坡头乡	1164	4223	6.63	20.70	4106	2112	1994	98	65	33
交口乡	1597	6280	9.87	33.23	6269	3304	2965	10	8	2

第二章 人口构成

第一节 自然构成

性 别

民国元年（1912），全县总人口15177人，其中男性7921人，占总人口52.2%；女性7256人，占总人口47.8%；男女性别比为109.2（女性为100）。民国7年（1918），男性占54.3%，女性占45.7%，性别比为118.8。民国17年（1928），男性占55.8%，女性占44.2%，性别比为126。民国24年（1935），男性占54.1%，女性占45.9%，性别比为118。

1949年，全县总人口23350人，其中男性12418人，占总人口53.2%；女性10932人，占总人口46.8%；男女性别比为113.6。1955年，男性占56%，女性占44%，性别比为127.2。1965年，男性占53.2%，女性占46.8%，性别比为113.8。1975年，男性占52.3%，女性占47.7%，性别比为109.8。1985年，男性占52%，女性占48%，性别比为108.2，高于全国平均数（106.3），低于山西省平均数（108.5）。1995年全县总人口58808人，男性占51.3%，女性占48.7%，性别比为105.5，低于全国平均数（106.3）和山西省平均数（108.5）。

1996年，全县总人口60008人，男性30813人，占总人口51.35%；女性29195人，占总人口48.65%；男女性别比为105.5。2000年，全县总人口62272人，男性32002人，占总人口51.39%；女性30270人，占总人口48.61%；男女性别比为105.7。2005年，全县总人口61969人，男性32553人，占总人口52.53%；女性29416人，占总人口47.47%；男女性别比为110.7。2010年，全县总人口63649人，男性32968人，占总人口51.80%；女性30681人，占总人口48.20%；男女性别比为107.5。2011年，全县总人口64044人，男性33238人，占总人口51.90%；女性30806人，占总人口48.10%；男女性别比为107.9。

年 龄

根据1953年、1964年、1982年、1990年4次人口普查统计，永和县人口年龄结构逐步发生变化。

14岁以下人口，1953年为8728人，占总人口33.21%；1964年为12535人，占总人口38.19%，所占比重比1953年增加4.98%；1982年为17638人，占总人口36.59%，所占比重比1964年下降1.6%；1990年为18886人，占总人口34.21%，所占比重比1982年下降2.38%。

15~59岁人口所占比重，1953年为61.34%；1964年为54.10%，比1953年下降7.24%；1982年为54.65%，比1964年增加0.55%；1990年为59.15%，比1982年增加4.5%。

60~69岁人口所占比重，1953年为3.95%；1964年为6.13%，比1953年增加2.18%；1982年为6.94%，比1964年增加0.81%；1990年为4.44%，比1982年下降2.5%。

70~79岁人口所占比重，1953年为1.45%；1964年为1.42%，比1953年下降0.03%；1982年为1.69%，比1964年增加0.27%；1990年为1.96%，比1982年增加0.27%。

80岁以上人口，1953年12人，占总人口0.05%；1964年52人，占总人口0.16%，所占比重比1953年增加0.11%；1982年63人，占总人口0.13%，所占比重比1964年下降0.03%；1990年132人，占总人口0.24%，所占比重比1982年增加0.11%。

1990年，永和县14岁以下人口占总人口的比例，高于山西省（28.15%）6.06%，高于临汾地区（30.38%）3.83%。15~64岁人口占总人口61.62%，低于山西省（66.47%）4.85%，低于临汾地区（64.89%）3.27%。65岁以上人口占总人口4.17%，低于山西省（5.39%）1.22%，低于临汾地区（4.73%）0.56%。

1982年，全县劳动适龄人口（男14~59岁，女16~54岁）25934人，占总人口53.3%；抚养系数（每百名劳动年龄人口平均负担非劳动年龄人口数）为83.6%。1990年劳动适龄人口31878人，占总人口57.7%；抚养系数为63.5%，比山西省平均水平（61.6%）高1.9%，比临汾地区平均水平（54.2%）高9.3%。

1990年，全县人口年龄中位数为16.7岁，人口平均年龄25.86岁，比1982年增加1.6岁。全县人均寿命为53.8岁（1989）。

2000年第五次人口普查统计，0~14岁人口19946人，占总人口32.7%；15~64岁人口38219人，占总人口62.65%；65岁以上2836人，占总人口4.65%。

2010年第六次人口普查统计，0~14岁人口11657人，占总人口18.31%；

15~64岁人口47904人，占总人口75.26%；65岁以上人口4088人，占总人口6.43%。90~99岁24人，95岁以上5人。95岁以上者分别是桑壁镇长索村委1人，阁底乡园则沟村委1人，打石腰乡冯家山村委1人，交口乡小南楼村委1人、峪里村委1人。

1990年永和县第四次人口普查年龄性别状况表

表3-10　　　　　　　　　　　　　　　　　　　　　　　　　　　　　　　单位：人

年龄	人口数			占总人口%			占同龄人口%			性别比
	合计	男	女	合计	男	女	合计	男	女	女=100
总计	55217	28575	26642	100	51.74	48.26	100	51.75	48.25	107.26
0~4	7819	4042	3777	14.16	7.32	6.84	100	51.69	48.31	107.02
5~9	6468	3234	3234	11.72	5.86	5.86	100	50.00	50.00	100.00
10~14	4599	2363	2236	8.33	4.28	4.05	100	51.38	48.62	105.68
15~19	6052	3089	2963	10.96	5.59	5.37	100	51.04	48.96	104.25
20~24	6043	3086	2957	10.95	5.59	5.36	100	51.07	48.93	104.36
25~29	4980	2574	2406	9.02	4.66	4.36	100	51.69	48.31	106.98
30~34	3778	1939	1839	6.84	3.51	3.33	100	51.32	48.68	105.44
35~39	3301	1706	1595	5.98	3.09	2.89	100	51.68	48.32	106.96
40~44	2475	1292	1183	4.48	2.34	2.14	100	52.20	47.80	109.21
45~49	2315	1239	1076	4.19	2.24	1.95	100	53.52	46.48	115.15
50~54	1960	1088	872	3.55	1.97	1.58	100	55.51	44.49	124.77
55~59	1756	974	782	3.18	1.76	1.42	100	55.47	44.53	124.55
60~64	1366	737	629	2.47	1.33	1.14	100	53.95	46.05	117.17
65~69	1088	557	531	1.97	1.01	0.96	100	51.19	48.81	104.90
70~74	739	401	338	1.34	0.73	0.61	100	54.26	45.74	118.64
75~79	346	176	170	0.62	0.32	0.30	100	50.87	49.13	103.53
80~84	110	63	47	0.20	0.11	0.09	100	57.27	42.73	134.04
85~89	22	15	7	0.04	0.03	0.01	100	68.18	31.82	214.29

2010年永和县第六次人口普查年龄性别状况表

表 3-11 单位：人

年龄	人口数			占总人口 %			占同龄人口 %			性别比
	合计	男	女	合计	男	女	合计	男	女	女=100
总计	63649	32968	30681	100	51.80	48.20	100	51.80	48.20	107.45
0	636	334	302	0.99	0.52	0.47	100	52.52	47.48	110.60
1~4	2253	1204	1049	3.54	1.89	1.65	100	53.44	46.56	114.76
5~9	3643	1944	1699	5.72	3.05	2.67	100	53.36	46.64	114.42
10~14	5125	2682	2443	8.05	4.21	3.84	100	52.33	47.67	109.78
15~19	6029	3120	2909	9.47	4.90	4.57	100	51.75	48.25	107.25
20~24	6950	3542	3408	10.91	5.56	5.35	100	50.96	49.04	103.93
25~29	5316	2817	2499	8.36	4.43	3.93	100	52.99	47.01	112.73
30~34	4125	2097	2028	6.48	3.29	3.19	100	50.84	49.16	103.40
35~39	6032	3153	2879	9.47	4.95	4.52	100	52.27	47.73	109.52
40~44	5922	3071	2851	9.30	4.82	4.48	100	51.86	48.14	105.82
45~49	5088	2589	2499	8.00	4.07	3.93	100	50.88	49.12	103.60
50~54	3563	1831	1732	5.60	2.88	2.72	100	51.39	48.61	105.72
55~59	2780	1426	1354	4.37	2.24	2.13	100	51.29	48.71	105.32
60~64	2099	1066	1033	3.29	1.67	1.62	100	50.79	49.21	103.19
65~69	1621	837	784	2.55	1.32	1.23	100	51.63	48.37	106.76
70~74	1215	619	596	1.91	0.97	0.94	100	50.95	49.05	103.86
75~79	811	420	391	1.27	0.66	0.61	100	51.79	48.21	107.42
80~84	316	154	162	0.49	0.24	0.25	100	48.73	51.27	95.06
85~89	101	47	54	0.15	0.07	0.08	100	46.53	53.47	87.04
90~94	19	10	9	0.03	0.02	0.01	100	52.63	47.37	111.11
95~99	5	5	0	—	—	—	100	100	0	—
100岁以上	0	0	0	—	—	—	—	—	—	—

第二节　社会构成

民　族

永和县地处中华民族发祥地，长期以来形成以汉族为主体的民族结构。少数民族多为中华人民共和国成立后，因工作调动、知识青年上山下乡及婚姻关系等迁入。1964年第二次人口普查时，全县有汉族32803人，占总人口99.94%；有苗族4人，壮族1人，满族14人，少数民族共19人，占总人口0.06%。1982年第三次人口普查统计，全县有汉族48193人，占总人口99.97%；有苗族4人，满族12人，少数民族共16人，占总人口0.03%。1990年第四次人口普查统计，全县有汉族55201人，占总人口99.97%；有藏族2人，苗族4人，满族10人，少数民族共16人，占总人口0.03%。2000年第五次人口普查统计，全县有汉族60975人，占总人口99.96%；有少数民族26人，占总人口0.04%；2010年第六次人口普查统计，全县有汉族63646人，占总人口99.99%；少数民族只有满族3人，占总人口0.01%。

姓　氏

据民国19年（1930）版《永和县志》记载，至民国中期境内姓氏有段、郭、刘、李、康、霍、药、马、薛、武、吴、冯、白、贺、张、栗、杜、尹、辛、王、温、袁、柳、杨、靳、毛、樊、许、任、阎、陈、高、成、呼、程、秦、穆、黄、慕、赵、强、苏、邓、姚、路、宋、于、房、常、贾，计50个。

中华人民共和国成立后，迁入境内定居者不断增加，故姓氏亦渐增多。至2011年，全县共有216姓。

千人以上姓氏冯、李、刘、王、白、张、任、马、郭、药、段、赵、吴、杨，共14姓。

百人以上姓氏高、贺、穆、樊、毛、霍、于、贾、陈、薛、苏、宋、黄、柳、呼、杜、武、郑、秦、郝、周、韩、路、孙、阎、辛、许、慕、朱、董、常、梁、袁、田、康，共35姓。

99~50人姓氏吕、曹、雷、孟、米、徐、胡、房、程、石、丁、乔、牛、尚、温、肖，共16姓。

49人以下姓氏井、付、栗、权、关、师、尉、寇、木、连、申、姬、崔、景、暴、侯、弓、车、焦、裴、邢、单、邓、解、干、蔡、卢、庞、成、祁、傅、姚、华、廉、彭、范、鲁、史、唐、魏、陶、姜、谢、窦、葛、孔、何、尤、卫、钱、罗、蒋、厚、严、金、戚、邹、潘、苗、殷、安、齐、余、顾、平、尹、汪、戴、席、强、江、盛、林、丘、邱、夏、郁、左、吉、陆、荣、惠、宁、符、叶、司、郜、卓、蔺、池、翟、冉、冀、元、燕、柴、古、衡、越、曾、红、逯、晋、岳、缑、福、问、忱、兰、代、斛、官、浩、苟、粟、铁、芦、琚、佐、岂、邸、续、守、仝、随、南、曲、雪、及、达、升、佟、聂、匡、耿、边、桑、潭、邰、黎、谷、汲、荀、万、颜、童、舒、纪、腾、鲍、韦，共151姓。

1999年永和县千人以上姓氏分布表

表3-12　　　　　　　　　　　　　　　　　　　　　　　　　　　　　　　　单位：人

乡镇	冯	李	刘	王	白	张	任	马	赵	郭	段	药	吴	杨
合计	7627	6576	6119	3457	3117	2913	1612	1536	1395	1361	1280	1259	1131	1083
芝河	1459	1900	1600	1109	672	967	412	590	310	399	547	558	591	361
桑壁	558	719	428	388	147	559	51	135	49	219	82	201	160	137
坡头	78	718	377	402	121	398	176	196	36	106	101	241	21	90
交口	2254	797	731	785	13	352	25	134	54	29	30	111	329	375
阁底	2882	1098	1939	180	18	339	38	50	991	576	42	138	13	57
打石腰	297	952	339	497	148	148	808	385	14	23	452	8	7	24
南庄	99	392	705	96	1998	168	102	96	11	9	26	2	6	39

农业与非农业

民国期间，县内非农业人口占总人口比例在3%~4%之间。1949年全县23350人中，农业人口22154人，占总人口94.9%；非农业人口1196人，占总人口5.1%。1964年，全县农业人口31093人，占93.3%；非农业人口2020人，占总人口6.1%。1982年，全县非农业人口为4418人，占总人口9.08%，低于全省平均水平（18.64%）9.56%。1995年，全县非农业人口为6285人，占总人口10.7%；非农业人口比1949年增长4.3倍，占总人口的比重增长5.6%。

1996年，全县总人口60008人，非农业人口7470人，占总人口12.45%，农业人口52538人，占总人口87.55%。2000年，总人口62272人，非农业人口8480人，占总人口13.62%，农业人口53792人，占总人口86.38%。2005年，总人口61969人，非农业人口7164人，占总人口11.56%，农业人口54805人，占总人口88.44%。2010年，总人口63649人，非农业人口14676人，占总人口23.06%，农业人口48937人，占总人口76.94%。2011年，总人口64044人，非农业人口14691人，占总人口22.94%，农业人口49353人，占总人口77.06%，非农业人口比1995年增长8406人，占总人口比重增长的14.3%。

职　业

县人素以从事农业为主，从事工业、商业、建筑业、交通运输业及其他行业者较少。民国8年（1919）全县从业人员7164人中，从事农业6822人，占95.2%；工业、商业199人，占2.8%；医士、教员60人，占0.8%；其他83人，占1.2%。民国10年（1921）全县8519名从业人员中，从事农业8094人，占95%；工业、商业282人，占3.3%；医士、教员60人，占0.7%；其他83人，占1%。民国15年（1926）全县8267名从业人员中，从事农业7593人，占91.85%，工业、商业399人，占4.8%；医士、教员70人，占0.85%；其他205人，占2.5%。

中华人民共和国成立后，县人职业构成逐步发生变化。1953年全县劳动者11898人，从事农业11223人，占94.3%；从事工业56人，建筑业53人，商业服务业185人，机关团体238人，其他143人，共占5.7%。1964年全县劳动者13325人，从事农业12137人，占91.1%；从事工业287人，建筑业162人，商业服务业342人，机关团体335人，其他62人，共占8.9%。1982年全县劳动者13587人，从事农业11553人，占85%，比1964年下降6.1%；从事工业392人，占2.9%；建筑业373人，占2.7%；商业服务业402人，占3%；机关团体564人，占4.2%；其他303人，占2.2%。1990年第四次人口普查，全县在业人口29980人，从事农林牧业25484人，占85%；从事工业543人，占1.8%；建筑业118人，占0.4%；交通运输业、邮电业308人，占1%；商业、饮食业741人，占2.5%；房地产、公用及咨询服务业78人，占0.3%；卫生体育和社会福利事业300人，占1%；教育、文化艺术和广播电视业920人，占3.1%；科技和综合技术服务业15人，占0.05%；金融保险业218人，占0.7%；国家机关、社会团体1255人，占4.2%。1995年全县在业人口30302人，从事农林牧业26059人，占86%；从事工业353人，占1.2%；建筑业104人，占0.3%；

交通运输业、邮电业228人，占0.8%；商业、饮食业660人，占2.2%；房地产、公用及咨询服务业87人，占0.3%；卫生体育和社会福利事业386人，占1.3%；教育、文化艺术和广播电视业1003人，占3.3%；科技和综合技术服务业12人，占0.04%；金融保险业223人，占0.7%；国家机关、社会团体1163人，占3.8%；其他行业24人，占0.08%。

2000年第五次人口普查，全县社会从业人员20505人，其中乡村从业人员16249人，国有单位从业人员年平均人数为3806人。国有单位从业人员按隶属单位分，中央单位276人，占7.25%，省直单位131人，占3.44%，县及县以下单位3399人，占89.3%；按企事业机关分，企业432人，占11.35%，事业1574人，占41.36%，机关1800人，占47.29%；按国民经济行业分，农、林、牧、渔业138人，占3.63%，电力、煤气及水的供应业30人，占0.79%，地质勘查水利管理业12人，占0.32%，交通运输仓储及邮电通讯业198人，占5.2%，批发和零售贸易餐饮业152人，占3.99%，金融保险业94人，占2.47%，房地产11人，占0.29%，社会服务业59人，占1.55%，卫生体育和社会福利业223人，占5.86%，教育文化艺术及广播电影电视业1076人，占28.27%，科学研究和综合技术服务业13人，占0.34%，国家机关、党政机关和社会团体业1800人，占47.29%。城镇及集体经济单位从业人员年平均人数，全县总计215人，其中企业211人（制造业58人，建筑业18人，批发、零售贸易及餐饮业56人，金融保险业79人），其他行业4人。

2010年第六次人口普查，全县社会从业人员21294人，其中乡村从业人员15260人，国有单位从业人员年平均人数为3834人。国有单位从业人员按企事业机关分，企业249人，占6.49%，事业1680人，占43.82%，机关1576人，占41.12%；按国民经济行业分，农、林、牧、渔业35人，占0.91%，制造业14人，占0.37%，电力、煤气及水的供应业31人，占0.81%，交通、仓储邮电通讯业86人，占2.24%，信息传输、计算机、软件业46人，占1.20%，批发零售业88人，占2.30%，住宿、餐饮业40人，占1.04%，金融业43人，占1.12%，房地产18人，占0.47%，租赁和商务业服务业22人，占0.57%，科学、地质勘查业5人，占0.13%，水利、环境、公共设施管理业8人，占0.21%，教育938人，占24.47%，卫生、社会保障福利业197人，占5.14%，公共、体育、社会组织1934人，占50.44%。城镇集体单位从业人员122人，占3.18%。其他行业207人，占5.40%。

2011年，全县社会国有单位从业人员为3839人。企业248人，占6.46%；事业 1662 人，占 43.29%；机关 1605 人，占 41.81%。农、林、牧、渔业 26 人，占 0.68%；制造业 13 人，占 0.34%；电力、煤气及水的供应业 31 人，占 0.81%；交通、仓储邮电通信业 86 人，占 2.24%；信息传输、计算机、软件业 48 人，占 1.25%；批发零售业 93 人，占 2.42%；住宿、餐饮业 35 人，占 0.91%；金融业 43 人，占 1.12%；房地产 19 人，占 0.49%；租赁和商务服务业 20 人，占 0.52%；科学、地质、勘查业 7 人，占 0.18%；水利、环境、公共设施管理业 8 人，占 0.21%；教育 962 人，占 25.06%；卫生、社会保障福利业 193 人，占 5.03%；公共、体育、社会组织业 1931 人，占 50.30%。城镇集体单位 128 人，占 3.33%。其他单位 196 人，占 5.11%。

1999—2011 年永和县单位从业人员数量统计表

表 3-13　　　　　　　　　　　　　　　　　　　　　　　　　　　　　　单位：人

年 份	从业人员合计	在岗职工人数				其他从业人员
		合 计	国有单位	集体单位	其他单位	
1999	4243	4047	3405	389	253	196
2000	4266	4111	3651	215	245	155
2001	4129	3981	3553	196	232	148
2002	4555	4501	3546	737	218	54
2003	4463	4417	3527	726	164	46
2004	4462	4421	3565	726	130	41
2005	4066	4022	3466	136	420	44
2006	3893	3853	3476	134	243	40
2007	3929	3881	3496	159	226	42
2008	3927	3889	3468	161	260	38
2009	3809	3732	3382	122	228	77
2010	3834	3787	3458	122	207	47
2011	3839	3791	3467	128	196	48

文 化

中华人民共和国成立前，县内只有少数富户供养子女上学念书，绝大多数农民不识字或很少识字。1949年以后，全县人口的文化素质明显提高。1964年第二次人口普查统计，全县有小学以上文化程度者11653人，占总人口35.5%；文盲和半文盲（12周岁以上，下同）13411人，占总人口40.86%。1982年第三次人口普查，全县小学以上文化程度者29982人，占总人口61.64%，比1964年增加26.14%；文盲和半文盲12088人，占总人口24.85%，比1964年下降16.01%。1990年第四次人口普查，全县小学以上文化程度者达37219人，占总人口67.2%，比1982年增加5.56%；文盲和半文盲7489人，占总人口13.52%，比1982年下降11.33%。2010年第六次人口普查，全县小学以上文化程度者58485人，占总人口96.89%，比1990年增加24.69%；大学专科以上者3045人，占总人口4.78%；研究生22人；文盲人口1376人，占总人口2.16%，比1990年下降11.36%，文盲人口占15岁及以上人口比重为2.65。

永和县第二、三、四次人口普查全县人口文化结构表

表3-14　　　　　　　　　　　　　　　　　　　　　　　　　　　　　　单位：人

类　别	1964年		1982年		1990年	
	合计	占总人口%	合计	占总人口%	合计	占总人口%
按文化程度分的人口数	25064	76.36	42070	86.49	44708	80.72
大学或相当大学	48	0.15	97	0.20	244	0.44
高　中	218	0.66	2838	5.83	3144	5.68
初　中	1365	4.16	7845	16.13	11086	20.01
小　学	10022	30.53	19202	39.48	22745	41.07
文盲和半文盲（12周岁以上）	13411	40.86	12088	24.85	7489	13.52

永和县第六次人口普查全县人口文化结构表

表 3-15   单位：人

类　别	合　计	男	女
6 岁及以上人口	60141	31100	29041
未上过学	1656	580	1076
小　学	18591	8746	9845
初　中	29121	15889	13232
高　中	7728	4358	3370
大学专科	2384	1188	1196
大学本科	639	325	314
研究生	22	14	8
15 岁及以上人口	51992	26804	25188
文盲人口	1376	471	905
文盲人口占 15 岁及以上人口比重	2.65	1.76	3.59

第三节　婚姻家庭

婚　姻

民国 8 年（1919），全县 16 岁及以上人口共计 17138 人（男性 9268 人），已婚 11909 人，占 69.5%。其中已婚男性 5955 人，女性 5954 人，分别占 16 岁及以上人口的 64.3%、75.7%。

1982 年第三次人口普查时，全县男 22 岁、女 20 岁以上人口共计 23893 人（男性 12379 人）。其中未婚 951 人，占 4%；有配偶 20572 人，占 86%；丧偶 2070 人（男性 1062 人），占 8.7%；离婚 300 人，占 1.3%。有 862 名男女青年不到法定年龄结婚。

1990年第四次人口普查时，全县男22岁、女20岁以上人口共计29796人（男性15364人）。其中未婚2141人，占7.2%；有配偶25344人，占85.1%；丧偶2037人（男性1004人），占6.8%；离婚274人，占0.9%。有不到法定年龄结婚者926人。

2000年第五次人口普查时，全县男22岁、女20岁以上人口共计35682人（男性18538人）。其中未婚2508人，占7.03%；有配偶30826人，占86.4%；丧偶2080人（男性1100人），占5.8%；离婚268人，占0.8%。有不到法定年龄结婚者892人。

2010年第六次人口普查时，全县男22岁、女20岁以上人口共计36548人（男性19080人）。其中未婚2965人，占8.1%；有配偶31137人，占85.2%；丧偶2190人（男性1020人），占6.0%；离婚256人，占0.7%。有不到法定年龄结婚者628人。

家　庭

民国以前，县内"五世同堂""四世同堂"、祖孙三代同居等大家庭居多。民国8—20年（1919—1931），全县每个家庭户均5.1人。民国23年（1934），户均4.75人。民国37年（1948），户均4人。20世纪50年代，家庭结构主要有中年夫妇与老人、未成年子女三代同居，已婚子、媳另立门户2种形式。1955年，全县共6601户、25015人，每户平均3.79人。20世纪60年代，出现部分只有1对青年夫妇或1对老年夫妇组成的小家庭，两代同居家庭仍占较大比例。1965年全县8641户共34635人，户均4.01人。20世纪80年代后1对夫妇户明显增加，也出现一些老年丧偶的单身户。1982年，全县10732户，48635人，户均4.5人。1990年普查，全县12952个家庭户共55217人，户均4.26人。其中1对夫妇户占9.64%，二代户占68.02%，三代户占12.69%，四代户占0.43%，单身户占2.87%，其他形式的户占7.35%。1995年，全县14468户，58808人，户均4.1人。坡头乡户均5.21人，城关镇、桑壁镇户均分别为3.2人、3.93人，其他各乡户均在4.15~4.68人之间。

2010年普查，全县17727个家庭户共63649人，户均3.58人。其中一代户3839户，比重21.66；二代户11349户，比重64.02；三代户2457户，比重13.86；四代户82户，比重0.46。一人户1073户，比重6.05；二人户3265户，比重18.42；三人户4223户，比重23.82；四人户4952户，比重27.93；五人户2773户，比重15.64；六人户904户，比重5.1；七人户344户，比重1.94；八人户104户，比重0.59；九人户52户，比重0.29；十人及以上户37户，比重0.21。

表 3-16 2010年永和县第六次人口普查各乡镇户数、人口数和性别比统计表

单位：户、人

乡镇	户数			人口数							集体户			平均家庭户规模（人/户）
	合计	家庭户	集体户	合计	合计			家庭户			合计	男	女	性别比（女=100）
					男	女	性别比（女=100）	男	女	性别比（女=100）				
总计	17751	17727	24	63649	32968	30681	107.45	63491	32866	30625	107.32	158	102	56	182.14	3.58
芝河镇	7784	7777	7	26218	13380	12838	104.22	26163	13350	12813	104.19	55	30	25	120	3.36
桑壁镇	1490	1490	—	5376	2814	2562	109.84	5376	2814	2562	109.84	—	—	—	—	3.61
阁底乡	2766	2766	—	10737	5664	5073	111.65	10737	5664	5073	111.65	—	—	—	—	3.88
南庄乡	1481	1477	4	5500	2870	2630	109.13	5459	2847	2612	109	41	23	18	127.78	3.7
打石腰乡	1469	1461	8	5315	2744	2571	106.73	5293	2726	2567	106.19	22	18	4	450	3.62
坡头乡	1164	1159	5	4223	2183	2040	107.01	4183	2152	2031	105.96	40	31	9	344.44	3.61
交口乡	1597	1597	—	6280	3313	2967	111.66	6280	3313	2967	111.66	—	—	—	—	3.93

第三章　人口控制

第一节　自然生育

历代，县人有"多子多福""重男轻女""养儿防老"等传统观念，生育处于自然状态，多胎生育属普遍现象。民国8年（1919），全县出生557人，出生率32.1‰；死亡462人，死亡率26.6‰；人口自然增长率5.5‰。民国15年（1926），出生673人，出生率34.64‰；死亡392人，死亡率20.1‰；人口自然增长率为14.5‰。是年出生人口中，有第一胎322人，占49.3%；第二胎181人，占26.9%；第三胎100人，占14.9%；第四胎45人，占6.7%；第五胎15人，占2.2%。

中华人民共和国成立至20世纪70年代初，人口自然增长率呈上升趋势。1957年全县出生919人，死亡452人，自然增长率为18.3‰。1962年自然增长率为29.13‰，是中华人民共和国成立后人口自然增长率最高的一年。1973年自然增长率为26.82‰，全县总人口达42197人，比1949年增加80.72%，年均递增25‰。

第二节　计划生育

领导机构

1973年成立县计划生育领导组，计划生育办公室设在卫生局。1976年计划生育办公室机构单设，配专职工作人员。1979年建计划生育宣传指导站，负责宣传、技术指导、避孕药具管理等工作。1984年7月计划生育办公室改为计划生育委员会。乡、镇成立计划生育领导组，设专职计划生育助理员和药具管理员。1995年，全县有专职计划生育工作人员48人。

县、乡、村3级领导机构和工作者组成计划生育宣传、技术服务网，利用各种方式向群众宣传计划生育方针、政策，进行人口理论、优生优育、避孕节育和晚婚晚育等知识教育，实行思想教育、奖惩兑现、落实节育措施"三到户"，保障计划生育工作顺利进行。

2001年，永和县计划生育委员会改为永和县计划生育局。2004年，计划生育局

全县人口和计划生育工作大会

改为永和县人口和计划生育局，其内设8个科室：办公室、统计股、宣教股、科技股、流动办、城镇计划生育管理服务中心、计划生育服务中心、药具站。至2011年底，全县有专职计划生育工作人员37人。

晚婚晚育

1971年，永和县开始宣传晚（晚婚）、稀（两个孩子间隔5年以上）、少（每对夫妇生育不超过两个）的计划生育原则，并号召共产党员、干部职工起带头作用。1981年，提出男25周岁、女23周岁初婚为晚婚，女24周岁后生育为晚育，并对晚婚、晚育者实行一系列优惠和激励措施。起初由于旧习惯势力干扰不易被群众接受，1985年后逐步成为群众的自觉行动。1994年，全县新婚男女378对，其中晚婚63对，晚婚率16.7%。是年474名育龄妇女生育第一胎，其中82名属晚育，晚育率17.3%；城镇居民晚育率为56.8%。1995年，全县新婚男女426对，其中晚婚75对，晚婚率17.6%。是年544名育龄妇女生育第一胎，98名属晚育，晚育率18%；其中城镇居民晚育率为56.4%。

2000年后，农村青年外出打工、找工作，晚婚晚育成普遍现象。2005年，全县新婚男女635对，其中晚婚120对，晚婚率18.9%。是年742名育龄妇女生育第一胎，其中143名属于晚育，晚育率19.3%，城镇居民晚育率为58.6%。2010年，全县新婚男女852对，其中晚婚173对，晚婚率20.3%。是年935名育龄妇女生育第一胎，其中196名属于晚育，晚育率21%，城镇居民晚育率为59.1%。2011年，全县新婚男女925对，其中晚婚192对，晚婚率20.8%。是年1020名育龄妇女生育第一胎，其中217名属于晚育，晚育率21.3%，城镇居民晚育率为59.3%。

节育绝育

县内采取的节育、绝育措施有男性戴避孕套、输精管结扎，女性输卵管结扎、人工流产、上节育环、用避孕药等数种。

1973年始，免费供给避孕药具，送药具上门，介绍使用方法。1983年，全县计划生育率达62.79%，多胎控制为15.38%。1990年，全县计划生育率达89.04%，比1983年提高26.25%；多胎控制为1.33%，比1983年下降14.05%。1995年，全县计划生育率为84.68%；多胎控制为1.08%。是年，人口自然增长率为10.17‰，比1973年下降16.6‰。

2003年，全县采取长效节育措施466人，其中绝育140人，上环326人，绝育率达75.71%，综合避育率达87.07%。全年共出动流动服务车108车次，行程4367公里，随车服务技术人员707人次，查环查孕1214人次，查病189人，上环231例，治疗妇科病88人。

2004年，全县共有已婚育龄妇女11579人，采取长效节育措施的有9745人，占已婚育龄妇女的84.16%。采取长效节育措施的已婚育龄妇女389人，其中绝育141人，上环248人，综合避孕率达到了85.35%。

2009年，全县已婚育龄妇女为12535人，一孩妇女比为31.93%。应普查对象为4700人，全年累计普查10800人次，应上环442例，实上环410例，上环率为92.79%。综合节育率为90.28%，长效节育措施率为89.17%。

2010年，已婚育龄妇女生殖健康免费检查，接受免费"三查"服务的群众10853人，共上环639例。

2011年，长效措施落实率为91.59%，综合节育率为91.88%，共普查8289人次，上环701例。

计生管理

2003年，全县共出生563人，人口出生率9.24‰，计划生育率75.6%，计划外多孩率控制在5.68%，比指标要求低1.32个百分点。同时，征超生子女社会抚养费75.45万元，征兑率达到了92%。全县育龄妇女个案应录入58818人，已录入58818人，录入率达100%，并按省、市要求党员干部计划生育信息管理系统实行了省、市、县三级联网。在登记建制工作中，主要是对1990年1月1日以后的超生人员进行了审核，并对经济处罚不到位的462人进行了足额补征，共补征超生费73万余元。对党纪处分不到位的278人，政纪处分不到位的722人，分时段、分身份、分职务、分胎次移送县纪检、监察、人事部门都给予相应处理,做到党、政纪处分,经济处罚三到位。

2004年,全县共出生498人,人口出生率为8.13‰,计划生育率为78.5%,比责任书要求的75%提高了3.51个百分点。计划外多孩出生18人,计划外多

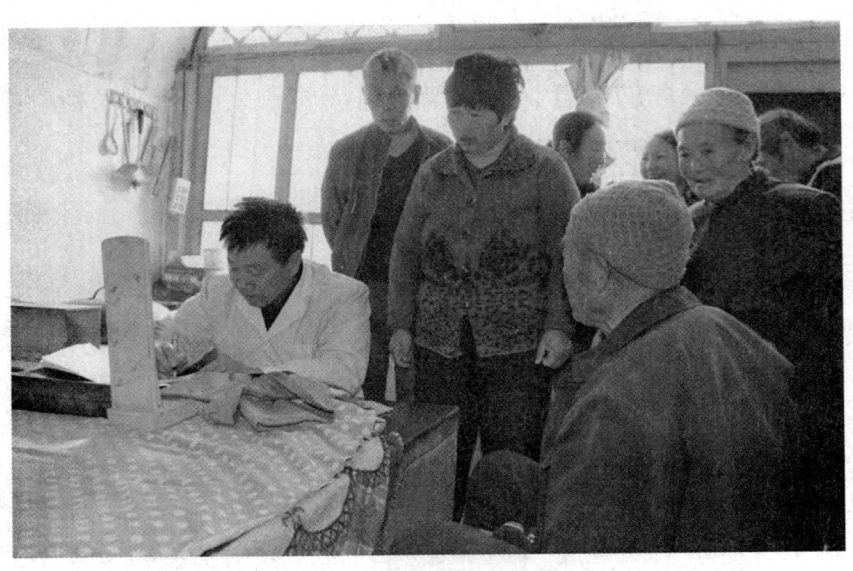

计划生育家庭健康活动

孩率控制在3.61%,比责任书要求的5%降低了1.39个百分点。全年共办理《入学证》610个,《一孩生育服务证》40个,《非农独生子女父母光荣证》48个,《农村独生子女父母光荣证》184个,《再生育服务证》4个,流动人口婚育证明10个。全县有38户退二孩指标的育龄夫妻,31户双女家庭落实了绝育措施,184户农村独生子女户领取了《独生子女父母光荣证》,48户城镇独生子女户领取了《非农独生子女父母光荣证》。对38户农村退二孩指标的育龄夫妻,由乡镇政府给每户缴纳了1000元的社会养老保险金,对31户农村双女结扎户由乡镇政府给每户缴纳500元的社会养老保险金,对184户农村独生子女户发给100元计生扶助金,共落实奖励扶助资金71900元。为全县7个乡镇免费配备价值1.2万元的电脑,初步建起基层计划生育信息管理系统。

2009年,永和县人口和计划生育局开展了"三下乡、五到家"活动和"新农村、新农家、新农民"创星级活动,低生育水平得以持续稳定。至年底,人口出生率为8.28‰,自然增长率4.03‰,符合政策生育率达到94.56%,二孩符合政策生育率为72.04%,政策外多孩率为0.39%。

2010年人口出生501人,出生率为8‰,自然增长率为4.06‰。出生性别比为105;全县符合政策生育率为95.21%,计划外二孩占二孩出生的24.47%;综合节育率为90.22%,社会抚养费征兑率为78.8%;全员人口数据库身份证号码录入率为97.75%,准确率为95.52%,全员人口数据审核差错率为2.41%。跨省流入人口协查信息处理率为100%,及时率为90.24%。

2011年总出生人口502人,出生率为8.05‰,自然增长率为4.71‰;出生性别比为104;全县符合政策生育率为97.01%,计划外二孩占二孩出生的16.85%,无政策外多孩出生。

1983—1995年永和县计划生育情况表

表3-17 单位:人

年份	出生人数	出生率(‰)	计划生育率(%)	绝育 总人数	其中二孩绝育	二孩绝育率(%)	人流补救(例)	多胎控制率(%)
1983	637	13.22	62.79	321	—	—	376	15.38
1984	629	13.15	72.02	24	—	—	392	9.06
1985	655	13.49	80.43	11	—	—	360	5.55
1986	626	12.90	79.23	10	—	—	565	5.27
1987	625	12.79	87.17	651	—	—	553	3.29
1988	629	12.52	87.52	2514	—	—	382	3.16
1989	705	13.93	89.36	937	—	—	243	3.83
1990	1129	20.39	89.04	1030	85	8.76	744	1.33
1991	942	16.74	85.14	1097	792	72.20	369	4.35
1992	798	13.96	89.80	725	593	81.78	305	3.66
1993	726	12.50	89.89	573	488	82.20	224	2.34
1994	725	12.48	81.87	545	448	85.70	287	1.28
1995	992	16.87	84.46	532	458	82.80	241	1.08

1996—2011年永和县计划生育基本情况表

表3-18　　　　　　　　　　　　　　　　　　　　　　　　　　　　　　　　　单位：人

年份	15—49岁育龄妇女	有生育能力的妇女	领取独生子女证总数	结扎手术	引产手术	人流手术	上环手术	育龄妇女占妇女总数	有一个孩子的夫妇	女性初婚人数（对）
1996	15172	11943	89	983	7	218	685	42.5	2153	203
1997	15172	12946	20	1158	4	275	954	51.4	2153	183
1998	14560	11958	24	259	7	120	570	48.8	2192	188
1999	14140	11594	23	348	32	92	1060	47.1	1915	241
2000	14730	11457	2	337	4	36	306	48.7	1931	166
2001	14788	11492	1	778	6	27	334	48.8	1962	157
2002	15870	11436	8	254	—	24	259	48.6	1369	158
2003	16417	11519	8	140	—	12	326	53.7	2282	114
2004	16592	11579	78	141	—	3	248	53.9	2444	196
2005	16627	11634	345	602	—	4	382	56.5	2445	169
2006	16387	11691	355	499	—	3	240	55.8	2682	205
2007	18111	11973	404	148	—	8	378	67.0	3298	327
2008	18716	12262	458	70	—	3	617	65.5	3643	310
2009	18989	12535	653	56	—	—	444	66.0	4002	370
2010	18193	12183	631	62	—	—	639	64.3	4175	382
2011	18205	12264	648	31	—	—	701	65.2	4334	375

第三节 优生优育

民国以前,县人缺乏生育卫生知识,初生婴儿死于赤痢、痘疮、疹热症者占30%以上。先天性羸弱和畸形死亡者也时有出现。民国8年(1919)全县死亡462人,其中5岁以下儿童死亡258人,占死亡人数55.8%;民国15年(1926)全县死亡392人,5岁以下儿童死亡159人,占40.6%。

1950年,县内结合宣传贯彻《婚姻法》,广泛宣传有关禁止近亲和有遗传疾病者结婚的法律规定,儿童保护被列入法律范畴。1953年推行新法接生,控制新生儿疾病感染;对孕妇实行定期检查,发现胎位异常者及时矫正、医治。1953—1958年,县妇幼保健股培训接生员300余人,

计生服务站送医送药下乡活动

深入农村向孕妇及其亲属宣传孕期注意事项。1959年为全县11个公社医院配备产包40个。20世纪60年代起,先后发放小儿麻痹、麻疹、牛痘、伤寒、破伤风等疫苗;在有地方病的村庄组织群众打深井,往饮水内投放药物,改善食物结构。

1976年始,每年六一节前为城镇幼儿园儿童进行健康检查和计划免疫。是年9月培训公社、生产大队妇幼保健员44人。1977年县计生办、妇幼保健站宣传实行妇女"五期"(经期、孕期、产褥期、哺乳期、更年期)劳动保护制,查出育龄妇女子宫脱垂207人,尿瘘4人。采用药物治疗子宫脱垂病200人,治愈率90%;手术治疗5人,治愈率100%;电疗2人,治愈率50%;手术治疗尿瘘病4人,治愈率100%。1979年县妇幼保健站对全县11个公社7岁以下儿童进行驱虫治疗,服药6670人,治愈率95%。同年对全县1521名0~5岁婴儿进行健康普查和计划免疫。1980年给县医院、各公社医院配备产包、窥阴器、手套、镊子等器械,给80个生产大队保健站配备大产包。

1990年实行《儿童计划免疫保险证》。1991年县妇幼保健站对城关、西庄、坡头3个乡镇453名3岁以下幼儿进行普查，查出小儿佝偻病患者62名，肝炎与蛔虫症48名，建议及时采取治疗措施。1995年始，县计划生育委员会对孕妇进行产前定期检查，当年检查187人，检查率90%，住院分娩率95%，安全分娩率达100%。是年，对县城镇幼儿园和两所小学学前班共468名儿童进行体格检查，建立幼儿健康档案；服用免疫药物者达0.3万人次，碘油丸、百白破、麻疹、卡介苗4苗接种率达85%以上。

2003年，妇幼保障工作加强宣传落实《母婴保健法》《山西省托幼机构管理条例》。在"非典"期间，县妇幼站对全县10所幼儿园进行全面体格检查3次，应检1271人，实检1004人，体检率79%。检查结果为寄生虫病201人，患病率20%；龋齿80人，患病率8%；扁桃体炎9人，淋巴结肿大16人。10月，对全县9所幼儿园的幼儿进行了乙肝表面抗原的检查工作。此次检测中，应检1128人，实检925人，检测率82%。检测出乙肝表面抗原阳性者10人，患病率0.9%。为了降低全县出生缺陷儿数，县妇幼站对中医院、县医院等爱婴医院进行督导，对孕妇进行孕期培训、发放传单、身体检查。全年孕妇建卡426人，集体培训2次，B超筛出畸形儿数9例，引产9例，出生缺陷儿2例，发放斯利安28人份。

2009年，县人口和计划生育局联合卫生部门对出生缺陷进行综合治理，制订方案，加强宣传，免费提供保健服务，及时对缺乏叶酸、碘、铁、钙等营养素及微量元素的孕期妇女予以补充，使出生一级预防覆盖率达到70%以上。加大B超管理和终止妊娠药品管理力度，有效遏制出生性别比偏高问题，全县的出生人口性别比为103。

2010—2011年，全县共有孕产妇642人，系统管理514人，孕产妇系统管理率80%，孕期B超筛查率85%，其中16WB—24WB超查筛182人，查出神经管畸形5例，依法终止妊娠5例；孕28W前引产缺陷儿8例，依法终止妊娠8例；出生缺陷儿4例，5岁以下儿童死亡5人，死亡率1%；斯利安增补21人份。对全县7岁以下儿童分别进行了体格检查和乙肝表面抗原检测。体格检查：应检1007人，实检889人，体检率88%。查出常见病365例，其中龋齿105人，寄生虫病236人，贫血4人，鸡胸10人，扁桃体肿大15人。乙肝表抗检测应检1044人，实检806人，体检率为77.2%，阳性1人。

第四编

经济综述

永和县是农业县。民国及之前，土地中的上等地多为少数地主、富农占据。1946年永和解放，翌年县内进行土地改革，土地统一丈量，按人口重新分配，实现了耕者有其田。永和工商业发展历代都滞后，中华人民共和国成立前，全县仅有数十家手工业作坊，资产5000元（银圆）左右。

中华人民共和国成立后，永和县经济结构不断优化，农业生产条件快速改善，工业稳步发展，第三产业数量和质量都得到提升。特别是1986年扶贫工作开展以后，各项经济指标飞跃提升，城乡面貌大为改观，生产生活条件极大改善。农民人均收入从1955年的25元，提升到2011年的1908元；职工人均收入从1949年的197元，提升到2011年的28788元。经济发展后劲十足，人民生活蒸蒸日上。

第一章 经济体制

第一节 农业体制

土地私有制

土地改革前 土地改革之前土地多被地主阶级占有。民国36年（1947），永和县16个自然村552户中，有地主9户、富农31户，共占总户数7.7%，占有土地5555.1亩，占总耕地面积15.1%，户均138.9亩；贫、雇农215户，占总户数41.2%，占有土地8124亩，占总耕地面积22.1%，户均37.8亩；中农267户，占总户数51.1%，占有土地23110.6亩，占总耕地面积62.8%，户均86.6亩。地主所占多为上等地，人均通产4.37石，贫、雇农所占皆为下等地，人均通产仅0.56石，地主通产为贫、雇农的7.8倍。

地主、富农户均耕地较多，一般将土地租给无地农民耕种。地租分实物（纳粮）、货币（交钱）、力役3种，实物地租较普遍。实物、货币地租，皆据土地等级，言明租额、品种，不论年景丰歉，当年秋后一次交清。租额一般为塬坪地每亩15~30公斤；山坡地每亩6~9公斤。正常年景，地主得收获物三分之二，承租者得三分之一。有的地主以靠伙家或带田赋形式剥削农民。

贫苦农民为生计所迫，常有出卖或典当土地者。买地者多为地主、富农，少数属新迁入之无耕地者。买卖土地须立写契约，经双方签名画押后交买者作为业据。典当土地，一般由双方言明典期、典值，到期出当者交钱物赎地。逾期不赎，或延长典期，或土地所有权归承典者。

历经日军进犯和"兵农合一"后，大量土地荒芜。民国37年（1948），城关、西川口（今城北川口村）、杨家庄、索驼、岔口、下刘台6个行政村2082户、7111口人，人均耕地由21.5亩降至13.7亩，下降36.3%。

抗日战争前永和县买卖土地价格表

表4-1　　　　　　　　　　　　　　　　　　　　　　　　　　　　　　　　　　　单位：元（银圆）/亩

地类	平地、沟坝地			山坡地		
等次	上等	中等	下等	上等	中等	下等
价格	30~40	20~30	10~20	4~6	3~5	2~3

土地改革　民国36年（1947）冬，永和县在城关村开展土地改革试点工作。嗣后，全县土地改革分两批进行。第一批2个区、11个行政村，于民国37年（1948）冬进行；第二批2个区、8个行政村，于1949年11月—1950年2月进行。土地改革中斗争地主、富农180户，占全县总户数3.36%。分配土地办法是：一区按人口分配；二、三、四区中农的土地一般不动，没收地、富多余的土地，分给贫、雇农。经过4次抽补土地，统一丈量，统一调整，核实登记，重新分配，消灭封建土地制度，实现耕者有其田。土地改革结束后进行复查纠偏，退还误斗中农的土地和财物，并补偿小米6748公斤。1951—1952年分批给农民填发土地证，土地归农民个体所有。

1950年河西坡等4个自然村土改抽补土地统计表

表4-2　　　　　　　　　　　　　　　　　　　　　　　　　　　　　　　　　　　　　单位：户、人、石

	项目	雇农	贫农	中农	富裕中农	富农	地主	公地	合计
抽补前	户数	12.00	39.00	79.00	23.00	12.00	3.00	—	168.00
	占%	7.15	23.20	47.00	13.70	7.15	1.80	—	
	人口	42.00	140.00	356.00	130.00	62.00	12.00	—	742.00
	占%	5.70	18.80	48.00	17.50	8.40	1.60	—	—
	总通产	0.00	42.93	394.68	210.78	96.40	65.93	10.24	820.96
	占%	0.00	5.20	48.10	25.70	11.70	8.00	1.30	—
	人均通产	0.00	0.31	1.11	1.62	1.55	5.49	—	1.11
抽出	户数	—	1.00	21.00	15.00	9.00	3.00		49.00
	人口	—	5.00	78.00	77.00	46.00	12.00		218.00
	通产	—	1.74	71.69	68.30	48.07	60.51	10.24	260.55

续表 4-2　　　　　　　　　　　　　　　　　　　　　　　　　　　　　单位：人

	项目	雇农	贫农	中农	富裕中农	富农	地主	公地	合计
补入	户数	12.00	38.00	34.00	5.00	3.00	2.00	—	94.00
补入	人口	42.00	135.00	188.00	38.00	18.00	9.00	—	430.00
补入	通产	49.46	118.65	64.86	19.94	3.56	4.08	—	260.55
抽补后	总通产	49.46	159.84	387.85	162.42	51.89	9.50	—	820.96
抽补后	占%	6.00	19.50	47.20	19.80	6.30	1.20	—	—
抽补后	人均通产	1.18	1.14	1.09	1.25	0.84	0.79	—	1.11

注：河西坡等4个自然村，指河西坡（城关镇）、雨林（阁底乡）、佛堂（阁底乡）、张家塬（交口乡）4个村

1950年永和一区5个行政村土改审定成分调查表

表 4-3　　　　　　　　　　　　　　　　　　　　　　　　　　　　　单位：户

行政村别	户数	审定后成分							与原定成分的变动					
									漏网地富		农民错定		农民内部变动	
		雇农	贫农	中农	富裕中农	富农	地主	其他	地主	富农	地主	富农	上升	下降
城关	313	26	50	102	13	5	11	106	—	—	2	13	—	—
西川口	318	49	111	110	22	16	9	1	1	3	—	—	15	12
杨家庄	331	83	168	48	8	15	9	—	—	1	4	3	3	5
索驼	326	82	128	61	21	15	12	7	3	1	3	2	18	16
岔口	421	60	200	95	28	30	8	—	—	8	—	7	37	1
合计	1709	300	657	416	92	81	49	114	4	13	9	25	73	34

互助组　1949年，部分缺乏劳力或无耕农户互相变工。1950年，最早出现杜家庄村李财昌变工组，全县相继组织起变工组170个，入组农户1016户。1951年，庄则坪村冯振江、张家塬村冯万金带头办起互助组，全县办起互助组330个。1952年，全县有常年互助组70个，季节性互助组900个，入组农户达5500户，占总农户91%。1954年，

除一部分互助组转为初级农业生产合作社外，尚有常年互助组185个，在组农户1426户；临时互助组160个，在组农户903户。

初级农业生产合作社 1952年2月4日，庄则坪村办起永和县第一个初级农业生产合作社（简称"初级社"），公选冯振江为社长。初级社土地、耕畜、农具等生产资料仍为农民私有，土地入股分红，收入按土地和劳力"三七"或"四六"分配。1953年，全县初级社发展为17个。1954年发展为67个，入社农户1336户，占总农户21.5%。1955年发展为220个，入社农户4355户，占总农户70%。1956年在大部分初级社过渡为高级社后，尚有初级社8个，在社农户237户。1957年上半年尚有初级社2个，在社农户68户。

集体所有制

学田、村田、庙社田 清代至民国时期，县内有学田两处，分别在仙芝里（今芝河镇）杨家庄、呼家岔，其面积无记载。根据民国37年（1948）对河西坡等4个自然村统计，村公田通产占全村总通产1.3%。土地改革前，楼山、阁山、双锁山等庙社田属地方所有。此间，全县属地方所有的田地约0.7万亩，占土地总面积0.4%。

高级农业生产合作社 1955年冬至1956年春，全县贯彻中共七届六中全会（扩大）《关于农业合作化问题的决议》精神，在刘家庄、杜家庄、阎家腰试办高级农业生产合作社（简称"高级社"），土地私有制开始向公有制过渡。高级社取消土地分红，牲畜、农具等主要生产资料作价入社，实行按劳分配。至1956年底，全县225个初级社合并过渡为64个高级社，入社农户6070户，占总农户94.7%；入社耕地30.09万亩，占总耕地92%。1957年上半年，全县高级社调整为65个，入社农户6231户，占总农户98.3%。

人民公社 1958年9月，取消乡镇建制，建立政社合一的人民公社。全县建立城关、桑壁、南庄、西庄4个公社。集体耕地面积为33万多亩，占全县耕地95%以上。经过1959年、1961年两次调整，人民公社增划为11个。公社化后，建立起以管理区（后改为生产大队）、生产队为基本核算单位的管理体制，实行统一计划、统一劳动、统一财务、统一物资"四大"管理。1964年，全县以生产大队为核算单位的有1个，以生产队为核算单位的有348个。

农业生产责任制 1978年，中共十一届三中全会后，全面推行多种形式的联产承包责任制。是年冬，全县调整为80个生产大队，385个生产队。1984年冬撤社建乡，人民公社组织解体。此后家庭联产承包成为永和县农业生产责任制的主要形式，当年集体耕地面积23.71万亩，全县人均产粮554公斤，创历史最高水平。1987年，始行"两田"（口粮田、责任田）分离，有偿承包。将家庭承包期限续定为3年、5年或10年。1984—1993年期间家庭土地承包统称为第一轮承包。1993年后根据中央关于第二轮土地承包精神，实行长期稳定承包制的办法，以家庭人口为基础，按人口平均土地，固定承包地块和面积，增人不增地，减人不减地，取消两田制，把承包期限延长为30年，机动地不超5%。至1998年底，全县的延长土地承包期工作全部完成。此称为第二轮承包工作。全县10180农户二轮土地承包面积302926亩，个户承包地293039亩，机动地2424亩，单位用地4984亩，果园2479亩。1994—2011年全县个户自筹资金修建基本农田有980户，大平大整土地3000亩，动土方140万方，投资金72.5万元。第二轮土地承包后，国家允许农户承包地转让、租赁或集体返包，鼓励土地适度规模经营，促进农业产业化发展。同第一轮土地承包相同，承包（租）者只能用于农业种植业经营，不得用于其他非农项目建设，更不准自由买卖。1999年颁发承包合同书和土地承包经营权证书。对历史上遗留下来的和农民自己开垦的25度以上坡耕地逐步退耕还林还草，不再作为耕地承包，按"四荒"（荒山、荒坡、荒沟、荒渠）拍卖的有关政策执行。实行谁购买，谁治理，谁管理，谁受益。拍卖"四荒"地使用权的期限，一般控制在50年以内，以小流域为单位。合同期限内其使用权可以有偿转让，允许继承。

2000年，国家开始实施退耕还林政策，到2008年，永和县共实施9年，其中2000—2005年间重点实施退耕还林和荒山造林工程，2006年后全部为荒山造林工程。退耕还林工程共涉及全县7个乡镇、35个村委、85个自然村、5112户、23000口人，占全县农业人口的39%以上。共退耕地面积8.7万亩，退耕农户国家粮款补助年人均为706元。通过退耕还林工程的实施，改变传统农业广种薄收的陋习，使农村广大农民群众从日出而作、日落而息的生活习惯中解脱，走出封闭的山庄窝铺，解放思想，更新观念，学习和掌握一至两门实用技术，集中精力实施集约、高效农业产业开发，开办养殖、加工等生产项目，增加经济收入。还有不少农民外出打工提高家庭经济收入。以2009年为例，当年春季在县政府的组织安排下，一次向外输出劳力300余人。

2003年，全县农村实行税费改革，其主要内容为"四个取消、一个调整和一项改革"。

取消乡统筹费和农村教育集资等专门面向农民征收的行政事业性收费和政府性基金、集资；取消现行按农民上年人均纯收入一定比例征收的统筹费（教育费附加、计划生育、优抚、民兵训练、公路建勤费）。取消乡统筹费。原由乡统筹费开支的支出，由各级政府通过财政预算安排；修建乡级道路所需资金不再向农民收取，由政府负责安排，村级道路建设资金由村民大会民主协商解决；农村卫生医疗事业逐步实行有偿服务，政府适当补助。取消农村教育集资。中小学危房改造资金由同级财政预算安排。所有专门面向农民征收的行政事业性收费、政府性基金和涉及农民的集资项目，一律取消。取消屠宰税。原地方随屠宰税附征的其他收费项目也一律停止执行（按国家规定收取的检疫费等合法收费除外）。取消农业特产税。对水果、干果类农业特产品及果瓜收入，不再征收农业特产税，改征农业税；对烟叶、牲畜产品、水产、林木、蚕茧、食用菌等产品收入，不再征收农业特产税，占用耕地的改征农业税。逐步取消过去统一规定的劳动积累工和义务工。从2003年起，分两年逐步取消统一规定的"两工"（积累工、义务工），2005年全部取消。条件成熟的乡镇，一次性取消"两工"。"两工"取消后，村内进行农田水利基本建设、修建村级道路、植树造林等集体公益事业所需劳务，严格实行"一事一议"制度，由村民大会或村民代表会议讨论决定，并实行上限控制，筹资额每人每年最高不超过15元，筹劳每个劳动力每年最高不得超过10个标准工日。

调整农业税政策。计税土地面积，以农民第二轮承包用于农业生产的土地面积据实核定。计税土地面积发生增减变化时，按现行规定及时调整。计税产量以1997—2001年农作物的实际平均产量核定，确定后保持长期稳定不变。农业税税率为6%，国有农场以及有农业收入的行政事业单位、学校等农业税率为4%。农业税附加比例，为农业税正税的20%，国有农场以及有农业收入的行政事业单位、学校等不征收农业税附加。农业税主粮和计税价格。主粮为玉米，按0.80元/公斤执行。农业税（包括附加）减免包括灾歉减免和社会照顾减免两部分。农业税征收以玉米为粮食主产，农业税及其附加以征收主粮代金。

改革村提留征收使用办法。乡村公用经费依靠财政转移支付解决。改革后农民税费负担人均减少额171.41元，农民负担减轻总额为125.22万元。永和县2004年始落实国家粮食直补政策，2005年取消农业税征收；2005年设农村低保补贴；2006年分为粮食直补和农资综合补贴；2009年增设良种补贴等。

2000—2011年永和县减轻农民负担补贴情况表

表4-4　　　　　　　　　　　　　　　　　　　　　　　　　　　　　　　　单位：万元

年份	粮食直补	农资综合补贴	良种补贴	农村低保	退耕还林补贴
2000	—	—	—	—	148.20
2001	—	—	—	—	332.07
2002	—	—	—	—	416.90
2003	—	—	—	—	456.97
2004	71.22	—	—	—	3669.44
2005	84.65	—	—	64.00	1239.00
2006	83.5	121.18	—	64.00	1226.98
2007	127.89	296.85	—	123.00	1341.30
2008	109.69	742.28	—	217.60	1242.02
2009	156.25	1037.89	156.00	467.70	1162.40
2010	136.38	922.53	140.00	380.00	948.30
2011	149.82	1096.32	140.00	435.10	809.18

全民所有制

中华人民共和国成立后，阁山、楼山、狗头山、双锁山、茶布山等山系的山林及荒地2.89万亩全部收归全民所有。1952年在药家湾村建国营农场，占用土地123亩。1956年在该村建国营苗圃，旋将土地、财产并入农场。1960年在岔口村建国营林场，以四十里山系为主，占用土地4.68万亩。1963年在官庄村重建国营苗圃，占用土地305.1亩。1964年在交道沟建水保专业队，占用土地0.38万亩。1995年，全县有全民所有制土地7.99万亩，占全县总面积4.4%，其中可耕地2万亩，占全县耕地面积4.1%。

1997年根据中央办公厅《关于进一步稳定和完善农村土地承包关系的通知》精神，对山系的山林及荒地进行"四荒"（荒山、荒坡、荒沟、荒渠）拍卖，治理小流域，全部归农民自主经营、治理，30年承包期不变。国营农场、林场、苗圃等都先后承包个体管理。

第二节 工业体制

个体私营工业

清末民初,全县有手工业作坊和匠铺30家,集中于县城、桑壁镇,主要有木作、磨面、榨油、造纸、缝纫、皮革、银器生产。散布于乡间的主要有石匠、木匠、皮毛匠等。从业者约200人,资产额5000元(银圆)左右。

1950年,全县私营手工业共有12个行业、56家。1952年,铁匠铺、木匠铺、砖瓦业有所发展。1956年对私营工业、手工业实行公私合营时,全县私营和个体手工业有40多户,其中铁业13户,木业12户,服装加工业2户,酿造业4户,砖瓦、水泥等建筑业及其他手工业10多户,从业者百余人。"文化大革命"中,私营手工业受到限制。1978年后,个体工业得到恢复和发展。1995年,全县个体工业、手工业、农副畜产品加工业等共有110户,从业者400余人,注册资金53万元。

1999年个体私营完成工业增加值175.6万元,比1998年增长15.5%。到21世纪,个体户的经营方式不断改变,由单一型转向多种经营,由手工业转向机械化,注册资金不断增大。2001年170余户,从业者600余人,注册资金460万元;到2005年有290余户,从业者近千人。至2011年,全县个体私营工业360余户,从业者1200余人,注册资金5600万元。

城镇集体工业

1956—1957年,全县有6个集体工业、手工业,从业者百余人,年产值10多万元。1975年发展到9个,从业200多人,年产值14.5万元,上缴利税1.2万元。1995年从业300人,资产总值125.7万元,年产值61万元,上缴利税8.2万元,比1990年增加43.9%。主要产品有砖瓦、服装、木制家具、石料、熟铁杂件等。1997年完成总产值918万元,比1996年增长20.2%。1999年全县工业集体经济完成工业增加值391.2万元,比1997年降低3.2%。20世纪90年代后期永和县工业企业改制,到2000年以后,集体企业转变为个体或股份制企业。

乡镇企业

乡镇企业始于1958年人民公社成立后,1985年前称社队企业,分社办和队办两种。

1976年，全县有社队企业189个，从业1039人，年总产值73.55万元。1985年有乡镇企业300个，从业1355人，年总产值346.5万元。1990年有乡镇企业562个，从业2030人，年总产值571.9万元。1995年，全县乡镇企业发展为1325个，从业2217人，年总产值4031万元，比1978年增长3.1倍，实现利润305万元。主要产品有原煤、洗煤、焦炭、砖、食油、罐头、肉、蛋、干鲜果、铁木农具、家具、熟铁杂件等。

　　1996年全县乡镇企业为1408个，从业2465人，年总产值14294.1万元，比1995年增长133.6%；完成营业收入10271万元，比1995年增长190.9%。1999年实现总产值3700万元，比1998年增长10.3%；增加值1450万元，增长9.7%；上缴利税53.3万元，比1998年增长3.4%。2000年，总产值2192万元，增加值1184万元，上缴利税74.4万元。2003年总产值达到4540万元，比2000年增长107.1%；增加值2150万元，比2000年增长81.6%；上缴利税95万元，比2000年增长27.7%。2004年全县新增中小型民营企业199家，上缴利税300万元，比2003年增长215.8%。产值达5万元以上企业49家，达10万元以上企业40家。2008年企业总产值达7153万元，增加值2316万元，完成营业收入5289万元；比2003年分别增长57.6%、7.7%、33.6%。2010年乡镇中小企业（不包括个体）56个，从业人员923人，总产值4025万元，增加值1004万元，实现营业收入3238万元。2011年有中小企业56个，从业人员925人，总产值10939万元。主要产品有洗煤、砖、食油、肉、蛋、农副产品加工、醋、红枣、核桃、杂粮加工、石材加工、酒类、饮品加工、煤层气开发、印刷、修理、玻璃纤维制造、煤运等。

国营（有）及规模以上工业

　　1958年，兴建机械厂和副食加工厂。20世纪60年代初建立小型发电厂。20世纪70年代初建立农业机械修造厂。1977—1978年相继办起豆粉厂和酒厂。1978年国营工业总产值192万元，比1970年增加4倍。1986年新建蓖麻油厂。1990年国营工业总产值1196万元，比1978年增加5倍。1995年有国有工业企业10个，职工1000余人，年总产值816.3万元，比1978年增长4.25倍。1997年，永和县从产权制度创新入手，对国有企业进行战略性改组，促进产权的合理流动和有效利用。全县10个国有工业企业除自来水公司外，其余全部改制为股份制工业企业。国有企业全年完成总产值54万元，比1996年同期增长9.7%。1998年，国有和销售收入在500万元规模以上的工业企业发展继续保持较高水平，总产值791.5万元，销售产值776.6万元，产销率达98.1%，工业增加值300.1万元，实现利税78.8万元。1999年，工业销售产值 757.4 万元，产销率 96.5%，增加值 331.2 万元。其中国有企业完成增加值 14.6 万元，销售产值达 28.5 万元。2000 年，全县工业生产以深化改革为动力，以结构调整为主线，以提高产品质量和效益为目标，以项目建设为重点，使全县工业保持快速增长。全县国有及销售收入 500 万元以上非国有企业总产值 878.6 万元，增加值 372 万元，销售产值 861.9 万元，产销率达 98.1%。其中国有企业总产值 27 万元，增加值 11.4 万元。2001 年，总产值 992.8 万元，销售产值 973.9 万元，产销率达 98.1%。其中国有工业总产值 34.1 万元，增加值 14.4 万元，销售值 34.1 万元。2002 年，总产值限额（500 万元）以上工业企业总产值 656 万元，销售产值 644.2 万元，产销率达 98.2%，销售收入 555.8 万元。其中国有工业企业总产值 34.2 万元，销售收入 34.7 万元。2003 年，总产值 782.8 万元，增加值 321.8 万元，销售值 763.7 万元，产销率达 97.6%。其中国有工业产值 36.2 万元，销售收入 34.1 万元。2004 年，总产值 1050 万元，销售值 1025 万元。其中国有工业总产值 34 万元，销售值 34 万元。2005 年，总产值 1193.4 万元，销售产值 1164.8 万元。其中国有企业总产值 36.2 万元，销售值 36.2 万元。2006 年，总产值 1428.6 万元，销售值 1387 万元。其中国有企业总产值 42.5 万元，创利税 3 万元。2007 年，总产值 2076.2 万元，销售值 2022.4 万元。其中国有企业总产值 51.6 万元，创利税 3.26 万元。2008 年，全县工业增加值完成 1704 万元，其中国有企业总产值 58.3 万元，创利税 3.68 万元。2009 年，工业增加值 1792 万元，其中国有企业总产值 67.6 万元，创利税 4.23 万元。2010 年，工业增加值为 1880 万元，其中国有企业年产值 77.6 万元，创利税 4.89 万元。2011 年，工业增加值 2650 万元，其中国有企业年产总值为 95.6 万元，创利税 6.03 万元。

第三节　商业体制

个体私营商业

清嘉庆十六年（1811）《山西通志》记载：雍正九年（1731）永和有商税、酒课、商畜牙当杂课等银 104.6 两。县内无商号，皆为客籍商贾流动经营。清道光二十二年（1842）后，来自河北、陕西、太原、孝义、文水等地的游商，始在县内投资经营。至民国 27 年（1938），县城商铺发展为 80 余家，从业 105 人，资金 1500~4000 元（银圆）不等。较大商号有寿山祥、万义永、恒义公、谦德恒、永全成、义兴源、温馨园、义合聚、复兴泉等10余家。主要货物从南（临汾、运城）、北（太原、汾阳、孝义）、西（陕西）3路高脚驮运。桑壁镇有摊贩7家，永和关仅1家。民国27年日军犯境，全县商业遭到严重破坏。

1946年永和县解放后，县内私营商业得到恢复和发展。1949年底，全县有私营商业50余户，其中20余户发展为店铺。较出名的蔚德贵、武兴文、高孝德3户合办的"三义永"商号，经营商品200余种，资金在5000元（银圆）以上。1955年，全县有私营商业、服务业43户，其中县城28户，桑壁、永和关等地15户。1956年实行社会主义改造，将私营方原有资产盘点作价，商品纳入新的网点，人员工资实行按劳取酬，私营商业全部过渡为公私合营商业。"文化大革命"中私营商业被作为"资本主义尾巴"割掉。

1979年，重新允许个体户经营商业。1985年，私营小商逐渐增多，从业220户、360多人，资金75万元。1992年，私营商业逾300户，资金126万元。1995年，全县经营商业、服务业的个体户有470多户，注册资金174万元。到2001年，全县个体户544户，注册资金774万元；2002年个体户554户，注册资金798万元；2003年801户，注册资金1108万元；2004年为772户，注册资金1092万元；2005年592户，注册资金832万元；2006年642户，注册资金899万元；2007年759户，注册资金1142万元；2008年911户，注册资金1461.5万元；2009年1078户，注册资金1934.1万元；2010年992户，注册资金2310.6万元；2011年1068户，注册资金3185.25万元。

1997年体制改革后县域集体商业均变为私营商业。2001年市场私营者为7户，注册资金为274万元；2002年8户，注册资金294万元；2003年7户，注册资金264万元；2004年10户，注册资金229万元；2005年21户，注册资金407万元；2006年24户，注册资金415万元；2007年32户，注册资金1341万元；2008年50户，注册资金2118万元；2009年72户，注册资金3220万元；2010年123户，注册资金9155.5万元；2011年160户，注册资金16317.5万元。

集体商业

供销合作商业 1950年1月建立县供销合作社联合社（简称"供销社"），其前身为永和推进社。供销社有职工7人，资金3532.22元，以经营百货为主。同年，在永和关、桑壁镇建立两个集镇联村供销社，全县发展入股社员1037名，占应入人口

4.2%。股金（小米）8960公斤，职工增至21人，流动资金扩展到6401元，固定资产806元。1954年7月，供销社与国营商业实行城乡分工，供销社在城市的销售社移交国营商业；国营商业在农村的收购机构除粮食和农产品接运机构外，全部移交供销社经营，供销社全力转向农村。是年12月至1956年1月，全县农村私商14户、11人被过渡为供销社职工。1957年底，县供销社设供应、推销两个经理部，基层供销社发展为11个。全县50%的农户在供销社入股，股金22403元。1958年，基层供销社下放到人民公社管理。是年7月，供销合作商业全部转为国营商业。1962年7月，恢复供销合作商业。1970年6月，供销合作商业二次并入国营商业，1975年重新恢复。1983年5月，召开全县供销合作社第三届社员代表大会，民主选举领导机构及领导成员。1989年，供销社理事会、监事会合并为社务管理委员会。1990年，供销社系统共有独立核算单位16个，其中专业公司3个，加工厂1个，汽车队1个，基层社11个。有干部职工260人，其中固定职工183人，合同制职工77人；基层社职工163人，占职工总数62.7%。拥有公积金122.8万元，固定资产及提出资产80.8万元，自有流动资金97万元，社员股金220.7万元。是年，完成国内纯购进606万元，比1978年提高3.7倍，其中农副产品购进379万元，比1978年增长2.3倍。商品纯销售完成630.1万元，比1978年提高1.4倍，其中农资零售完成479万元，比1978年提高2.57倍；费用水平14.75%，比1978年降低45%；为国家缴纳税金8.6万元，比1978年提高50.8%。1995年，全县供销合作社商业共有16个单位，从业330人，社会商品零售额1539万元，其中农资零售额902万元；总购进1379万元，其中收购农副产品额369万元。

  1997年，根据永和县政府统一安排部署，社属日杂废旧物资公司、土产果品公司按照《公司法》、现代企业制度和现代企业产权制度等政策法规，进行改制工作。日杂废旧物资公司改为晋宏日用品有限公司，土产果品公司改为盐业贸易有限公司，棉麻公司和农业生产资料公司未改。改制后职工身份转变为股东，成为法人代表，参与企业的经营管理决策，企业的经营、管理活动在股东会和"公司章程"的约束之下运行。企业积累逐年增加，解决了结货资金困难问题，资金来源多渠道，资金使用灵活化，有效地降低了费用率，提高了经营利润率。到1998年，县供销合作社联合社拥有社本部机关一个，社属企业4个和11个基层供销合作社。基层供销合作社按乡镇区域分布，担负着全县城乡农业生产资料、生活资料的供给和农副土特产品、废旧物资的收购工作，发挥着连接城乡物资交流和商品流通主渠道作用。2001年撤并乡镇，2002年全县11个基层供销社随之合并为6个，职能未变。2001年经永和县政府批准对棉麻公司、农业生产资料公司进行改制,棉麻公司改为永和县银翔棉麻有限公司,农业生产资料公司改为永和县丰裕农业生产资料有限公司。改制后职工成为股东,参与企业的经营管理和决策。2002年,山西省财政厅、供销社联合下发《关于将我省县(市)供销社机关经费列入同级财政预算的通知》,永和县政府批准于2003年2月1日起将县供销社机关经费列入县级预算,解决了县供销社机关经费来源悬空问题,稳定了县供销社机关干部职工队伍,使县供销社的职能得到充分发挥。2004—2011年期间,全县供销合作社经营组织体制未发生改变。中共中央、国务院从2004—2011年下发了8个一号文件,文件内容都是如何加快"三农"(农业、农村、农民)发展的精神。其中2006年中央一号文件《关于推进社会主义新农村建设的若干意见》,省政府办公厅下发文件《关于供销合作社参与社会主义新农村建设的意见》,明确供销合作社在建设社会主义新农村中的重要作用、工作目标,县供销社成为全县新农村建设的承运单位。供销合作社参与社会主义新农村建设的主要任务是构建农村现代流通服务的"四个体系",即:农村生产资料连锁配运网络体系,农产品市场购销网络体系,农村消费品现代经营网络体系,再生资源回收利用网络体系。临汾市人民政府下发文件《关于推进供销合作社体制创新,建立和制定服务'三农'运行机制的意见的通知》,进一步明确县供销社的职责是"受政府委托,承担发展农村合作经济组织的指导、协调、监督、服务职能"。县供销社受县政府委托,在参与新农村建设中,2007—2010年期间,投资20余万元建立起37个日用品消费便民店;通过资产经营和招商引资活动,投资560余万元,建立县级日用消费品配运中心一个;2008年建立供合客多超市,营业面积为1350平方米。乡村两级日用品便民店已经发展成为农村商品流通的销售客端,在逐级管理中逐年攀升;县日用消费品配送中心发挥了蓄水池作用,配送率达到70%以上;供合客多超市发挥了县域流通领域里的龙头作用,起到了引领消费市场、平抑市场物价、丰富城乡居民生活水平的作用。根据国务院2009年文件《关于加快供销合作社改革发展的若干意见》和山西省政府2010年《关于加快供销合作社改革发展的意见》文件精神,县供销社结合实际,按照全国总社、省市社的要求,对"新网工程"建设进行再部署再落实。一是加快"新网工程"体系建设,推动农村现代流通业的发展,重点做好乡村两级日用品消费便民店,县级配送中心和超市的建设,使其适应新形势发展的需求;二是加强县供销社机关建设,提升干部职工的综合素质,充分发挥其职能作用。

2000—2011年永和县供销合作社经营情况统计表

表4-5　　　　　　　　　　　　　　　　　　　　　　　　　　　　　　单位：人、万元

年　份	从业人数	纯　购	纯　销	总　销	社会贡献总额
2000	156	259	307.3	277.2	7.8
2001	122	126.9	127.7	117.1	13.1
2002	114	122.4	128.7	104.4	6.3
2003	114	869.8	589.1	329.7	12.4
2004	108	159.7	420	183	5.2
2005	123	558.4	497.7	352.7	24.1
2006	123	615.6	537.3	312	22.2
2007	119	595.3	610.6	734.5	31.3
2008	112	1424.8	1531.1	1382	47.4
2009	112	1420.9	1364.8	1288.9	62.5
2010	110	1965.3	2022.4	1743	81
2011	98	2088.1	2114	1814.5	94.6

其他集体商业　民国31年（1942），永和县商界"合并商行"，将全县小商、小贩划分为杂货、花布、文具、药材4个行业，成立永和县合作联合社，下设供销股、购销股、生产股及编村合作社。县合作联合社对各商行进行市场管理，开展批发、零售业务；编村各合作社组织生产，推行合作券（一种地方流通货币）。民国34年（1945），县合作联合社解散。

1956年，全县兴办合作商店1个，从业9人。1974年，开办集体知青商店、门市部3个，从业10余人，商品零售额8万余元。1980年商品零售额12万元。1995年，全县有合作商店1个，从业8人，社会商品零售额10万元。1997年体制改革后，县域内集体商业均转变为私营企业。

国营（有）商业

民国34年（1945），永和县创建属晋绥边区九分区领导的贸易公司。民国36年（1946）成立永兴商店，设酒坊、粉坊和1个门市部，经营百货、烟酒、食品、杂货等。1950年建立酒业专卖公司，1951年成立副食品公司。1952年，贸易公司改建为百货批发小组。

1954年，成立食品购销站，将百货批发小组改建为百货公司。1955年，组建花纱布公司。1956年将食品购销站改建为县食品公司。1957年，组建饮食服务公司。1958年，花纱布公司并入百货公司，食品公司与副食品公司合并，新建副食品加工厂。1958年7月，供销社并入国营商业。国营商业设百货、副食品、酒业专卖、饮食服务4个公司。1962年，商业、供销分设，国营商业有百货、糖业烟酒、饮食服务3个公司。1963年，食品公司由合作商业划归国营，新建五交化公司、煤建公司和石油商店。1964年，石油商店扩建为石油公司，药材公司由卫生系统划归商业局管理。至此，国营商业有百货、糖业烟酒、饮食服务、食品、煤建、石油、五交化、药材8个公司。1970年，商业、供销再次合并，1975年又分设，国营商业仍保持1970年前建制。1981年后，药材、石油、煤建3个公司先后划归上级条管。1983年，成立烟草公司，归口条管；原糖业烟酒公司改称糖酒副食公司，仍归商业局管理。1992年，食品公司划归畜牧局管理。1995年，国有商业有百货、糖酒副食、饮食服务、五交化4个专业公司，1个副食加工厂，设14个门市部，有职工132人。年购进额263.1万元，其中国有民营商业购进183.9万元；社会商品零售额284万元，其中国有民营销售169万元。

1997年，永和县财贸委连续下发永财发13号至17号5个文件，将原"饮食服务公司"改组为"宏盛饮食服务有限公司"、原"百货公司"改组为"通盛百货有限公司"、"五交化公司"组建为"亨利五交化有限公司"、"副食加工厂"改组为"香源食品有限公司"、"糖酒副食品公司"组建为"宏利糖酒副食有限公司"，均采用有限责任公司的组织形式，以定向入股的方式成立，全部由企业内部职工入股，股权证只在本公司内部转让。公司接纳原企业全部职工和资产，承担一切债务。继续执行社会基本养老保险金和待业保险统筹，职工原"档案身份"予以保留，必须按规定保证离退休人员政治和生活待遇。公司自1997年7月20日起按有限责任公司体制运行，财务管理和会计制度同步进行。公司运转后按月向主管部门报送资产负债表、利润表、财务情况变动及有关附表。2007年，永编发14号文件关于明确"永和县生猪屠宰业监督管理办公室"和"永和县酒类监督管理办公室"隶属关系的通知下发后，由县商务局管理。原县商业总公司承担生猪屠宰监督管理和酒类监督管理人员，按照"人随事走"的原则一并整体划归县商务局。划归后两个办公室的人员编制，领导职数不变。根据2011年永编发39号文件精神，撤销县商业总公司，其人员及所属企业划归发展和改革局（商务局）管理。改制后的国有商业，1997年社会消费品零售额为1322万元；2000年为752万元，比1997年下降75.8%；2004年为1625万元，比1997年增长22.9%，是2000年的2.2倍，从业人员有 96 人；2008 年营业收入为 25.9 万元，从业人员为 93 人；2011 年营业收入 45.6 万元，从业者 79 人。

第二章　经济结构

第一节　产业产值结构

地区生产总值及构成

1949 年，全县国内生产总值 169 万元（按可比价计算，下同），到 1959 年，国内生产总值上升为 244 万元，比 1949 年增长 44.4%；1969 年，国内生产总值达 558 万元，比 1959 年增长 128.7%；1979 年，国内生产总值是 1060 万元，比 1969 年增长 90%；1989 年，国内生产总值是 2580 万元，比 1979 年增长 143.4%；1999 年，国内生产总值达到 6541 万元，比 1989 年增长 153.5%；2000 年，国内生产总值为 7060 万元，比 1999 年增长 8%；2011 年，国内生产总值达 53560 万元，比 2000 年增长 658.6%，11 年间翻了近 8 番。

1949—2011 年永和县地区生产总值构成（可比价）表

表 4-6　　　　　　　　　　　　　　　　　　　　　　　　　单位：万元、元

年份	国民生产总值	国内生产总值	第一产业	第二产业	第三产业	人均国内生产总值
1949	134	169	91	13	65	72.38
1950	139	150	67	13	70	63.23
1951	156	175	96	14	65	71.46
1952	151	169	87	14	68	67.3
1953	172	195	103	15	77	78.23
1954	179	194	107	16	71	77.71

续表 4-6

年　份	国民生产总值	国内生产总值	第一产业	第二产业	第三产业	人均国内生产总值
1955	213	229	142	20	67	91.55
1956	261	280	205	25	50	110.65
1957	204	222	134	16	72	87
1958	234	243	164	21	58	94.05
1959	231	244	161	21	62	91.33
1960	211	242	160	20	62	89.27
1961	256	298	214	20	64	102.42
1962	267	279	151	24	104	89.48
1963	290	310	181	30	99	96.33
1964	369	351	204	38	109	106
1965	370	381	189	46	146	110
1966	421	442	227	59	156	125.25
1967	363	382	201	41	140	105.47
1968	321	335	156	29	150	90.99
1969	544	558	293	49	216	148.9
1970	452	469	227	43	199	121.13
1971	528	547	256	53	238	138.51
1972	639	621	313	95	213	152.4
1973	571	592	231	111	250	140.29
1974	657	678	332	113	233	155.39
1975	603	822	443	143	236	184.98
1976	845	874	322	164	388	193.63
1977	937	970	345	184	441	210.33
1978	956	979	347	150	482	209.88

续表 4-6

年 份	国民生产总值	国内生产总值	第一产业	第二产业	第三产业	人均国内生产总值
1979	1033	1060	486	160	414	223.47
1980	1159	1218	813	110	295	254.9
1981	1260	1360	931	102	273	269.9
1982	1267	1310	916	125	269	269.35
1983	1494	1553	1136	121	296	322.39
1984	2107	2158	1687	136	335	451.19
1985	2196	2229	1742	141	346	459.14
1986	2194	2285	1733	140	412	470.85
1987	1965	2012	1243	185	584	411.65
1988	2950	2999	1974	217	808	596.98
1989	2543	2580	1508	312	760	509.83
1990	3274	3302	2187	368	747	596.23
1991	2720	2751	1678	265	808	488.81
1992	3056	3093	1865	372	856	541.07
1993	3484	3522	2051	267	1204	606.65
1994	4049	4089	2492	371	1226	703.84
1995	4595	4637	2722	444	1471	788.5
1996	5456	5500	3213	635	1652	916.54
1997	5601	5624	2174	1187	2263	1699
1998	7043	7084	3375	1236	2473	2153
1999	6494	6541	2273	1410	2858	1946
2000	7009	7060	2462	1161	3437	1804
2001	11316	11371	2835	2238	6298	1857
2002	12505	12576	3952	1903	6721	2181

续表 4-6

年 份	国民生产总值	国内生产总值	第一产业	第二产业	第三产业	人均国内生产总值
2003	13513	13595	3530	2079	7986	2358
2004	18101	18188	6305	2348	9535	2907
2005	15407	19026	7888	1610	9528	3070
2006	21123	21216	8179	1778	11259	3405
2007	23929	24024	8761	2411	12852	3746
2008	25916	26013	7425	2664	15924	4031
2009	33785	33878	11641	2731	19506	5224
2010	46587	46680	19979	3763	22938	7319
2011	53410	53560	22423	5240	25843	8348

工农业产值结构

1949年全县工农业总产值967万元（1949—1998年按可比价格计算，1999年后按当年价计算）。农业产值965万元，占99.8%；工业产值2万元，占0.2%。1955年工农业总产值1565万元，比1949年增长61.8%；农业占98.5%，工业占1.5%。1960年，工农业总产值1420万元，比1955年降低9.3%；农业占95.6%，工业占4.4%。1965年工农业总产值2020万元，比1960年增长42.3%；农业占94%，工业占6%。1970年工农业总产值1958万元，比1965年降低3.1%；农业占93.5%，工业占6.5%。1975年工农业产值2410万元，比1970年增长23.1%；农业占84.9%，工业占15.1%。1980年工农业总产值3190万元，比1975年增长32.4%；农业占82.1%，工业占17.9%。1985年工农业总产值4636万元，比1980年增长45.3%；农业占84.6%，工业占15.4%。1990年工农业总产值5145万元，比1985年增长11%；农业占72.6%，工业占27.4%。1995年工农业总产值6931万元，比1990年增长34.7%；农业占76.4%，工业占23.6%。2000年工农业总产值9708万元，比1995年增长40.1%；农业占70.4%，工业占29.6%。2005年工农业总产值16848万元，比2000年增长73.5%；农业占81.6%，工业占18.4%。至2011年，工农业总产值达47539万元，比2005年增长182.2%；农业产值占91.4%，工业产值占8.6%。

1949—2011年永和县工农业产值结构情况表

表 4-7 单位：万元、%

年 份	工农业总产值	农业总产值	占比率	工业总产值	占比率
1949	967	965	99.8	2	0.2
1950	1178	1173	99.6	5	0.4
1951	1704	1699	99.7	5	0.3
1952	1564	1553	99.3	11	0.7
1953	1820	1809	99.4	11	0.6
1954	1862	1848	99.2	14	0.8
1955	1565	1542	98.5	23	1.5
1956	1858	1844	99.2	14	0.8
1957	1524	1510	99.1	14	0.9
1958	1876	1856	98.9	20	1.1
1959	1533	1476	96.3	57	3.7
1960	1420	1358	95.6	62	4.4
1961	1622	1565	96.5	57	3.5
1962	1535	1463	95.3	72	4.7
1963	1685	1597	95.9	68	4.1
1964	1866	1773	95.0	93	5
1965	2020	1898	94.0	122	6
1966	1767	1650	93.4	117	6.6
1967	1577	1473	93.4	104	6.6
1968	1359	1273	93.7	86	6.3
1969	1889	1814	96.0	75	4
1970	1958	1831	93.5	127	6.5
1971	1965	1766	89.9	199	10.1
1972	2279	2010	88.2	269	11.8
1973	1854	1574	84.9	280	15.1

续表 4-7　　　　　　　　　　　　　　　　　　　　　　　　　　　　　单位：万元、%

年　份	工农业总产值	农业总产值	占比率	工业总产值	占比率
1974	2158	1837	85.1	321	14.9
1975	2410	2047	84.9	363	15.1
1976	2277	1855	81.5	422	18.5
1977	2569	2063	80.3	506	19.7
1978	2782	2168	77.9	614	22.1
1979	3246	2707	83.4	539	16.6
1980	3190	2618	82.1	572	17.9
1981	3014	2577	85.5	437	14.5
1982	2745	2358	85.9	387	14.1
1983	3279	2846	86.8	433	13.2
1984	5069	4536	89.5	533	10.5
1985	4636	3922	84.6	714	15.4
1986	4185	3469	82.9	716	17.1
1987	4076	2795	68.6	1281	31.4
1988	4761	3668	77.0	1093	23
1989	3847	2532	65.8	1315	34.2
1990	5145	3735	72.6	1410	27.4
1991	4078	2975	73.0	1103	27
1992	4570	3127	68.4	1447	31.6
1993	4856	3813	78.5	1043	21.5
1994	5903	4849	82.1	1054	17.9
1995	6931	5295	76.4	1636	23.6
1996	8000	6139	76.7	1861	23.3
1997	7391	4601	62.3	2790	37.7
1998	9120	6413	70.3	2707	29.7
1999	9484	6477	68.3	3007	31.7
2000	9708	6833	70.4	2875	29.6

续表4-7　　　　　　　　　　　　　　　　　　　　　　　　　　　　　单位：万元、%

年　份	工农业总产值	农业总产值	占比率	工业总产值	占比率
2001	10259	8002	78	2257	22
2002	8169	5999	73.4	2170	26.6
2003	10420	8027	77	2393	23
2004	13759	10890	79.1	2869	20.9
2005	16848	13751	81.6	3097	18.4
2006	17985	14371	79.9	3614	20.1
2007	21013	16176	77	4837	23
2008	17308	13953	80.6	3355	19.4
2009	26686	24190	90.6	2496	9.4
2010	44010	41117	93.4	2893	6.6
2011	47539	43461	91.4	4078	8.6

农业产值结构

1949年，全县农业总产值965万元（按1990年不变价计算，下同），到1959年农业总产值为1476万元，比1949年增长52.95%；1969年农业总产值为1814万元，比1959年增长22.9%。1979年始贯彻中共十一届三中全会精神，根据永和县优劣势与市场需求，不断调整产业结构，扩大棉花、黄豆种植面积。粮食作物和经济作物种植比例由1978年的95：5调整为1982年的88：12，农业总产值增加8.8%。1984年，扩大蓖麻、葵花种植面积，粮食作物与经济作物种植比例调整为72：28，农业总产值比1978年增加109%。1987年后发展枣树、苹果树、绒山羊等林牧业。1995年，农业总产值中种植业所占比重下降为58.6%，林牧业上升为38.7%，比1984年增长15.2个百分点；林、牧、副业总比重上升到41.4%。自1997年到2001年，永和县连年遭受严重的旱灾，农产品产量大幅度下降，特别是夏粮、棉花几乎到绝收状态。2001年农业总产值为3745万元，比1995年下降29.3%；2005年农业总产值为7133万元，比2001年增长90.5%。2006年以后按当年现价计算。当年农业总产值为14371万元，与2005年相比翻了一番。至2011年，农业总产值上升为44104.7万元。自2007年起递增率分别为16.7%、-15.3%、110%、40.3%、7.3%。

1996—2011年永和县农业产值结构情况表

表 4-8　　　　　　　　　　　　　　　　　　　　　　　　　　　　　　　　　　　　　单位：万元

年份	农业总产值	种植业 产值	占%	林业 产值	占%	牧业 产值	占%	副业 产值	占%	渔业 产值	占%
1996	6139	3565	58.1	721	11.7	1704	27.8	148	2.4	1	—
1997	4601	2218	49.3	636	13.8	1445	31.4	300	6.5	2	—
1998	6413	3993	62.3	553	8.6	1584	24.7	281	4.4	2	—
1999	4345	2183	50.2	521	12	1506	34.7	133	3.06	2	0.04
2000	4637	2008	43.3	1121	24.18	1506	32.48	—	—	2	0.04
2001	3745	1314	35.09	879	23.47	1551	41.41	—	—	1	0.03
2002	4804	2158	44.92	1136	23.65	1509	31.41	—	—	1	0.02
2003	4726	2198	45.51	897	18.98	1298	27.47	332	7.02	1	0.02
2004	5907	3216	54.44	929	15.73	1406	23.8	355	6.01	1	0.02
2005	7133	4082	57.23	1060	14.86	1572	22.04	418	5.86	1	0.01
2006	14371	9028	62.82	1707	11.88	3156	21.96	478	3.33	2	0.01
2007	16478	9890	60.02	1224	7.43	4922	29.87	440	2.67	2	0.01
2008	13953	8061	57.77	1918	13.75	3436	24.63	536	3.84	2	0.01
2009	29304.5	13471.6	45.97	8958.9	30.57	6331.6	21.61	540	1.84	2.4	0.01
2010	41116.6	24455.7	59.48	9762.1	23.74	6315.4	15.36	581	1.41	2.4	0.01
2011	44104.7	30081	68.2	6190	14.03	7267.3	16.48	564	1.28	2.4	0.01

注：2006年以下按当年现价计算

工业产值结构

1949年工业总产值为2万元（1949—1998年按可比价计算，1999年后按当年现价计算）。到1954年私营轻工业占100%。1959年工业总产值57万元，是中华人民共和国成立初期的28.5倍；轻工业占80.7%，重工业占19.3%；全民、集体、个体产值分别占63.2%、17.5%、19.3%。1969年工业总产值是75万元，比1959年增长31.6%；轻工业占68%，重工业占32%；全民、集体产值分别占69.3%、30.7%。1979年工业总产值539万元，是1969年的7.2倍；轻工业占77.7%，重工业占 22.3%；全民、集体分别占 64.6%、35.4%。1989 年工业总产值上升为 1315 万元，比 1979 年增长 144%；轻工业占 96.4%，重工业占 3.6%；全民、集体和个体分别占 75.5%、17% 和 7.5%。到 2000 年，工业总产值达 2875 万元。全年全县国有及销售收入 500 万元以上非国有工业企业完成工业总产值 878.6 万元，工业增加值完成 372 万元，工业销售产值完成 861.9 万元，产销率达 98.1%。其中国有企业完成工业总产值 27 万元，完成增加值 11.4 万元，销售产值完成 27 万元。销售收入在 500 万元以上的企业完成工业总产值 851.6 万元，完成增加值 360.6 万元，销售产值完成 834.9 万元。2005 年，工业总产值达 3097 万元，比 2000 年增长 7.72%；工业生产总值实现 1193.4 万元，民营经济完成增加值 3020 万元，完成现价总产值 9085 万元，实现营业收入 7068 万元。2010 年，工业总产值为 2893 万元，比 2005 年降低 6.59%；全年全县工业增加值 1880 万元，在二产中所占比重为 50%。国有企业产值 2827.7 万元，增加值 15.1 万元；非国有企业产值 949.9 万元，增加值 101 万元；集体企业产值 1885.9 万元，增加值 15.7 万元。2011 年，工业总产值达 4078 万元，比 2005 年增长 31.7%，比 2010 年增长 41%；工业增加值 2650 万元，比 2010 年增长 28%，在二产中所占比重为 51%，比 2010 年增加 1 个百分点。其中国有企业产值 1939.5 万元，增加值 17.4 万元；非国有企业产值 191 万元，增加值 106.5 万元；集体企业产值 2003.4 万元，增加值为 23.5 万元。

1949—1999 年永和县工业总产值构成情况表

表 4-9　　　　　　　　　　　　　　　　　　　　　　　　　　　　　单位：万元、%

年份	工业总产值	按轻重分				按所有制性质分					
		轻工	占比	重工	占比	国有	占比	集体	占比	个体	占比
1949	2	2	100	—	—	—	—	—	—	2	100
1950	5	5	100	—	—	—	—	—	—	5	100
1951	5	5	100	—	—	—	—	—	—	5	100
1952	11	11	100	—	—	2	18.2	—	—	9	81.8
1953	11	11	100	—	—	2	18.2	—	—	9	81.8
1954	14	14	100	—	—	1	7.1	—	—	13	92.9
1955	23	22	95.7	1	4.3	4	17.4	1	4.3	18	78.3
1956	14	14	100	—	—	2	14.3	—	—	12	85.7

续表 4-9　　　　　　　　　　　　　　　　　　　　　　　　　　　　　　　　　　　单位：万元、%

年份	工业总产值	按轻重分				按所有制性质分					
		轻工	占比	重工	占比	国有	占比	集体	占比	个体	占比
1957	14	12	85.7	2	14.3	2	14.3	2	14.3	10	71.4
1958	20	17	85	3	15	15	75	2	10	3	15
1959	57	46	80.7	11	19.3	36	63.2	10	17.5	11	19.3
1960	62	53	85.5	9	14.5	36	58.1	11	17.7	15	24.2
1961	57	39	68.4	18	31.6	34	59.6	10	17.5	13	22.8
1962	72	43	59.7	29	40.3	46	63.9	11	15.3	15	20.8
1963	68	51	75	17	25	47	69.1	12	17.6	9	13.2
1964	93	75	80.6	18	19.4	72	77.4	11	11.8	10	10.8
1965	122	102	83.6	20	16.4	93	76.2	29	23.8	—	—
1966	117	90	76.9	27	23.1	70	59.8	47	40.2	—	—
1967	104	90	86.5	14	13.5	65	62.5	39	37.5	—	—
1968	86	65	75.6	21	24.4	55	64	31	36	—	—
1969	75	51	68	24	32	52	69.3	23	30.7	—	—
1970	127	82	64.6	45	35.4	78	61.4	49	38.6	—	—
1971	199	121	60.8	78	39.2	152	76.4	47	23.6	—	—
1972	269	169	62.8	100	37.2	209	77.7	60	22.3	—	—
1973	280	184	65.7	96	34.3	218	77.9	62	22.1	—	—
1974	321	203	63.2	118	36.8	246	76.6	75	23.4	—	—
1975	363	235	64.7	128	35.3	272	74.9	91	25.1	—	—
1976	422	288	68.2	134	31.8	300	71.1	122	28.9	—	—
1977	506	336	66.4	170	33.6	361	71.3	145	28.7	—	—
1978	614	426	69.4	188	30.6	420	68.4	194	31.6	—	—
1979	539	419	77.7	120	22.3	348	64.6	191	35.4	—	—
1980	572	515	90	57	10	448	78.3	124	21.7	—	—
1981	437	407	93.1	30	6.9	335	76.7	102	23.3	—	—
1982	387	329	85	58	15	280	72.4	107	27.6	—	—

续表4-9　　　　　　　　　　　　　　　　　　　　　　　　　　　　　　　　单位：万元、%

年份	工业总产值	按轻重分				按所有制性质分					
		轻工	占比	重工	占比	国有	占比	集体	占比	个体	占比
1983	433	346	79.9	87	20.1	304	70.2	129	29.8	—	—
1984	533	370	69.4	163	30.6	383	71.9	150	28.1	—	—
1985	714	465	65.1	249	34.9	598	83.8	116	16.2	—	—
1986	716	612	85.5	104	14.5	521	72.8	195	27.2	—	—
1987	1281	1210	94.5	71	5.5	1108	86.5	173	13.5	—	—
1988	1093	1036	94.8	57	5.2	850	77.8	243	22.2	—	—
1989	1315	1268	96.4	47	3.5	993	75.5	224	17	98	7.5
1990	1410	1294	91.8	116	8.2	1099	77.9	206	14.6	105	7.5
1991	1103	1002	90.8	101	9.2	808	73.3	190	17.2	105	9.5
1992	1447	1318	91.1	129	8.9	876	60.5	241	16.7	330	22.8
1993	1043	910	87.2	133	12.8	645	61.8	263	25.2	135	12.9
1994	1054	786	74.6	268	25.4	548	52	465	44.1	41	3.9
1995	1636	1101	67.3	535	32.7	816	49.9	601	36.7	219	13.4
1996	1861	824	44.3	1037	55.7	1528	82.1	109	5.9	224	12
1997	2790	1554	55.7	1236	44.3	812	29.1	1088	39	890	31.9
1998	2707	1255	46.4	1452	53.6	979	36.2	1044	38.6	684	25.2
1999	3007.2	1719.4	57.2	1287.8	42.8	785.1	26.1	1292.3	43	929.8	30.9

2000—2011年永和县工业总产值构成情况表

表4-10　　　　　　　　　　　　　　　　　　　　　　　　　　　　　　　　　　单位：万元

年　份	工业总产值	国有企业	限额（500万元）以上企业	限额（500万元）以下企业
2000	2875	27	851.6	1996.4
2001	2169.8	34.1	958.7	1177
2002	2257	34.2	621.8	1601
2003	2392.8	5.4	777.4	1610

续表 4-10　　　　　　　　　　　　　　　　　　　　　　　　　　　　　单位：万元

年　份	工业总产值	国有企业	限额（500万元）以上企业	限额（500万元）以下企业
2004	2868.6	33.9	1016	1818.7
2005	3095.5	36.2	1157.2	1902.1
2006	3614	42.5	1386.1	218.54
2007	4837	—	2076.2	2760.8
2008	3355	—	—	—
2009	2496	—	—	—
2010	2893	—	—	—
2011	4078	—	—	—

第二节　流通结构

社会商品流通结构

1949年，全县社会商品零售总额14万元，其中城乡居民生活消费7万元，社会集团购买3万元，农业生产资料零售额1万元，农民对非农业居民零售额3万元。1957年，全县社会商品零售总额增至119万元，比1949年增加7.5倍，其中城乡居民生活消费93万元，比1949年增加12.3倍。1965年，社会商品零售总额增至230万元，比1957年增加93.3%，其中社会集团购买7万元，比1957年减少22.2%；农业生产资料零售额58万元，比1957年增加6.25倍。1975年，社会商品零售总额增至447万元，比1965年增加94.3%，其中社会集团购买18万元，比1965年增加1.57倍；农业生产资料零售额119万元，比1965年增加1.05倍。1985年，社会商品零售总额1074万元，比1975年增加1.4倍，其中社会集团购买88万元，比1975年增加3.9倍；农业生产资料零售额365万元，比1975年增加2.1倍。1995年，社会商品零售总额2659万元，比1985年增加1.5倍，比1949年增加188.9倍，其中社会集团购买302万元，比1985年增加2.4倍，比1949年增加99.7倍；农业生产资料零售额1145万元，比1985年增加2.1倍，比1949年增加1144倍。在社会商品零售额中，消费品零售额占49.8%，农业生产资料零售额占43.1%，农民对非农业居民零售额占7.1%。2000年，社会消费品零售总额4726万元，比1995年增加0.8倍，农民对非农业居民零售额占9.92%。2005年，社会消费品零售总额10130万元，比2000年增加114.3%；农民对非农业居民零售额占1.08%。截至2011年，社会消费品零售总额28014.2万元，比2005年增加176.5%。

各种所有制商品流通结构

1993年，全县消费品零售总额1057万元，其中国营商业销售502.1万元，占47.5%；供销社、集体商业销售353万元，占33.4%；个体商业销售201.9万元，占19.1%。1995年，消费品零售总额为1324万元，其中国营商业销售638.2万元，占48.2%；供销社、集体商业销售272.7万元，占20.6%；零售个体商业销售413.1万元，占31.2%。2000年，社会消费品零售总额4726万元，其中国有经济752万元，占15.9；集体经济600万元，占12.7%；股份制经济1285万元，占27.2；个体经济1344万元，占28.4%；其他经济745万元，占15.8%。2004年社会消费品零售总额7091万元，其中国有经济1625万元，占22.9；集体经济193万元，占2.7%；股份制经济956万元，占13.5%；个体经济3465万元，占48.9%；其他经济852万元，占12%。至2011年，全年全县社会消费品零售总额28014.2万元，比2010年增长16.73%，扣除价格上涨因素，实际增长13.43%。零售占实现消费品零售额2.5亿元，比2010年增长17.1%；住宿业实现零售额115.7万元；餐饮业实现零售额3368.5万元，比2010年增长23.45%。

商品流通城乡结构

1949年，社会商品零售总额中，城镇零售额7.9万元，占56.4%；乡村零售额6.1万元，占43.6%。1957年，城镇零售额95万元，占79.8%；乡村零售额24万元，占20.2%。1965年，城镇零售额171万元，占74.3%；乡村零售额59万元，占25.7%。1975年，城镇零售额371万元，占83%；乡村零售额76万元，占17%。1995年，城镇零售额2008万元，占零售总额75.5%；乡村零售额651万元，占零售总额24.5%。2000年，在社会消费零售总额中，城镇零售额2639万元，占55.8%；乡村零售额2087万元，占44.2%。2005年，城镇零售额5615万元，占55.4%；乡村零售额4515万元，占44.6%。2011年，城镇零售额24107.4万元，占86.1%；乡村零售额3906.8万元，占13.9%。

1949—1995年永和县社会商品零售构成表

表4-11　　　　　　　　　　　　　　　　　　　　　　　　　　　　　　　　　单位：万元

年　份	社会商品零售总额	消费品零售额	其　中		农业生产资料零售额	农民对非农民零售额
			售给居民	售给社会集团		
1949	14	10	7	3	1	3
1950	20	16	13	3	1	3
1951	28	23	19	4	1	4
1952	37	33	28	5	1	3
1953	50	38	33	5	8	4
1954	87	76	70	6	4	7
1955	108	95	88	7	4	9
1956	122	103	95	8	9	10
1957	119	102	93	9	8	9
1958	129	120	109	11	5	4
1959	143	124	112	12	15	4
1960	188	150	140	10	34	4
1961	164	139	124	15	21	4
1962	177	155	141	14	18	4
1963	187	162	152	10	18	7
1964	196	162	153	9	26	8
1965	230	167	160	7	58	5
1966	230	186	170	16	38	6
1967	257	190	166	24	61	6
1968	223	184	141	43	33	6
1969	248	200	134	66	44	4
1970	279	206	170	36	68	5
1971	331	252	239	13	74	5
1972	376	264	250	14	106	6
1973	408	278	263	15	124	6
1974	411	313	277	36	92	6
1975	447	323	305	18	119	5

续表 4-11　　　　　　　　　　　　　　　　　　　　　　　　　　　　　　　　　单位：万元

年份	社会商品零售总额	消费品零售额	其中		农业生产资料零售额	农民对非农民零售额
			售给居民	售给社会集团		
1976	518	361	318	43	151	6
1977	580	406	371	35	168	6
1978	626	434	394	40	185	7
1979	653	472	442	30	173	8
1980	714	548	518	30	159	7
1981	840	644	588	56	167	29
1982	855	675	610	65	157	23
1983	809	599	556	43	131	19
1984	791	614	553	61	348	29
1985	1074	669	581	88	365	40
1986	1055	730	626	104	269	56
1987	1302	898	789	109	358	46
1988	1400	1038	874	164	319	43
1989	1552	1113	1002	111	386	53
1990	1582	1035	932	103	479	68
1991	1837	1249	1113	136	530	58
1992	1676	1172	1091	81	440	64
1993	1666	1057	914	143	540	69
1994	2164	1444	1201	243	571	149
1995	2659	1324	1022	302	1145	190

1996—2011年永和县社会消费品零售额统计表

表 4-12　　　　　　　　　　　　　　　　　　　　　　　　　　　　　　　　　　单位：万元

年份	社会消费品零售额	其中				备注
		批发、零售贸易业	餐饮业	制造业	农民对非农民零售额	
1996	3232	2793	139	38	262	—
1997	3566	3134	136	36	260	—

续表 4-12　　　　　　　　　　　　　　　　　　　　　　　　　　　　　单位：万元

年份	社会消费品零售额	其中				备注
		批发、零售贸易业	餐饮业	制造业	农民对非农民零售额	
1998	3909	3382	107	36	382	—
1999	4404	3893	102	40	369	—
2000	4726	4026	213	64	423	—
2001	4982	4257	250	75	400	—
2002	5527	4568	367	—	592	—
2003	6182	5577	512	—	93	—
2004	7091	6493	522	—	76	—
2005	10130	8502	1519	—	109	—
2006	11554	9657	1775	—	122	餐饮业包括住宿
2007	13640	11437	2061	—	142	餐饮业包括住宿
2008	16317	13603	2486	—	214	餐饮业包括住宿
2009	20018	16584	3162	—	272	餐饮业包括住宿
2010	24293	21200	3093	—	—	餐饮业包括住宿
2011	28014.2	24530	3484.3	—	—	餐饮业包括住宿

第三节　基本建设投资

投资总额

中华人民共和国成立后，国家对永和县的基本建设投资逐年增加。1949年，全县基本建设投资1万元。1952年，投资额增至2万元。1957年，投资额15万元，比1949年增加14倍。1965年，投资额19万元，比1957年增加4万元。1976年，投资额21万元，比1965年增加2万元。1978年，投资额54万元，比1976年增加157%。1985年，投资额223万元，比1978年增加3.1倍。1995年，投资额505万元，其中1981—1995年间投资占总投资的84%。2000年，全县固定资产投资额3597万元，比1995年增加6.1倍。2005年，投资额7195万元，完成项目13个，完成投资4183万元，是2000年总投资的2倍。至2011年，全县固定资产投资42225万元，其中第一产业投资1790万元，第二产业投资24500万元，第三产业完成投资15935万元。

资金来源

1949—1970年投资总额212万元，均为国家投资。"四五"（1971—1975年）时期国家投资占总额96.15%，"五五"时期国家投资占总额95.69%。此后，基本建设资金以地方、集体、个人自筹为主。"六五"时期自筹部分占81.14%，"七五"时期自筹部分占91.43%，"八五"时期自筹部分占79.32%。1949—1995年累计基本建设投资3700万元，其中国家投资1079万元，占29.2%；集体和个人投资2621万元，占70.8%。

1997年总投资1611万元，其中国有经济投资1442万元，占89.5%，集体个人和其他投资169万元，占10.5%。1999年总投资4898万元，其中国有经济投资4216万元，占86.1%，集体和个人投资682万元，占13.9%。

2000—2003年累计总投资11032万元，其中国有经济投资7816万元，占70.8%，集体个人及其他投资3216万元，占29.2%。2004—2008年总投资34408万元，项目91个，全部由国家投资。2009—2011年总投资91150万元，全部由国家投资。

投资方向

1995年以前在基本建设投资总额中，用于生产性建设2327万元，占62.9%；用于非生产性建设1373万元，占37.1%。其中投向农业、林业、畜牧业、副业、水利1325万元，占35.8%；工业建设858万元，占23.2%；交通、运输、邮电606万元，占16.4%；商业、物资、供销设施248万元，占6.7%；城镇公共设施及机关办公、住宅建设430万元，占11.6%；文化、教育事业建设233万元，占6.3%。

1996年以后，永和县重视对第一产业的基本建设投资。1997—2008年，共投资17446万元，占总投资32.7%。2009—2011年逐步转向第二、三产业。第一产业投资6638万元，占7.3%；第二产业投资38433万元，占43.2%；第三产业投资45079万元，占49.5%。

1950—1995年永和县基本建设投资情况表

表4-13 单位：万元

时期	投资金额	投资来源		按建筑用途分		按结构分			按建设性质分		
		国家投资	自筹	生产性建设	非生产性建设	建筑安装	设备购置	其他投资	新建	改建	扩建
恢复时间	2	2	—	2	—	2	—	—	2	—	—
"一五"时期	45	45	—	—	45	45	—	—	45	—	—
"二五"时期	28	28	—	—	28	28	—	—	28	—	—
调整时期	46	46	—	24	22	35	—	11	20	5	5
"三五"时期	91	91	—	50	41	72	18	1	60	2	29
"四五"时期	156	150	6	136	20	70	82	4	146	—	10
"五五"时期	209	200	9	160	49	90	110	9	180	—	29
"六五"时期	472	89	383	261	211	355	52	65	174	8	290
"七五"时期	992	85	907	458	534	627	197	168	257	52	611
"八五"时期	1659	343	1316	1236	423	1472	87	100	347	883	287

2001—2011年永和县基本建设投资情况表

表4-14 单位：万元、个、平方米

时期（年份）	投资金额	施工项目	未完工程占用投资额	房屋建设施工面积	累计新增固定资产	第一产业	第二产业	第三产业
"十五"时期	16279	88	2623	53231	14599	—	—	—
2006年	5033	20	—	3940	2518	—	—	—
2007年	8855	11	—	6200	3099	—	—	—
2008年	11586	23	—	7646	7909	—	—	—
2009年	18135	—	—	—	—	2220	1785	14130
2010年	30790	—	—	—	—	2628	12148	15014
2011年	42225	—	—	—	—	1790	24500	15935

第三章　扶贫开发

第一节　四级扶贫

贫困状况

清康熙四十九年（1710）版《永和县志》谓永和"地瘠民贫"，民国19年（1930）版《永和县志》称永和"为山西第一瘠苦之县"。

中华人民共和国成立初，县域工商业发展滞后，农业靠天吃饭，很大一部分人在温饱线下挣扎。1986年，以1981—1983年人均纯收入120元以下为贫困县的标准衡量，永和人均纯收入108.67元，被山西省人民政府确定为全省贫困县。全县11个乡镇、80个村委、9604户、43705人中，人均纯收入200元（温饱线）以上的有3个村委、481户、2086人，分别占全县总数的3.75%、5%、5%；人均纯收入200~120元的有4个乡镇、35个村委、3923户、17479人，分别占全县总数36.4%、43.75%、40.85%和40%；人均纯收入120元以下的有7个乡镇、42个村委、5200户、24040人，分别占全县总数63.6%、52.5%、54.1%和55%。

1991年重新核定贫困县。以1989年人均纯收入300元为达到温饱线标准，永和县人均纯收入246.9元，被国务院确定为国家重点贫困县。永和县越过温饱线的有2个乡镇、11个村委、724户、2820人，分别占全县总数的18.2%、13.75%、7%、6.2%；温饱线以下有9个乡镇、69个村委、9617户、42500人，分别占全县总数的81.8%、86.25%、93%、93.8%。

1994年始实施扶贫攻坚战略计划，以1992年人均纯收入为标准划分扶贫攻坚区；人均纯收入400元及以下列入扶贫攻坚区，700元及以上为解决温饱。永和县1992年人均纯收入387.7元，列入攻坚区的有9个乡镇、66个村委、10043户、44278人，分别占全县总数的81.8%、82.5%、85.24%、85.9%，被列入国定贫困县。

四级扶贫

1986年，省、地、县3级派扶贫工作队进驻永和农村定点扶贫。省委工作队由省委宣传部、省商检局、省电子工业公司3个单位抽调人员组成，进驻坡头乡坡头村和阁底乡阁底村。地委工作队由地委宣传部，地区广播电视局、文化局、教育局抽调人员组成，进驻城关镇东峪沟村、药家湾村和罢骨乡红花沟村，桑壁镇桑壁村。县委从县直机关选调干部44人，组成24个扶贫工作队进驻24个村。

1987年，永和县成立扶贫开发领导组及其办公室。

1988年，省委工作队仍在坡头、阁底两村定点扶贫，工作队由省粮食厅、卫生厅、商检局组成。地委工作队基本未变。县委选派的工作队成员增至78人。

1991年县扶贫开发办公室改为经济开发办公室，列入县政府常设机构。地委工作队由地区商业局、畜牧局、计委、交通局等单位组成，进驻村委调整增加为城关镇城关村、后桑壁村，坡头乡索驼村、坡头村，罢骨乡上罢骨村、红花沟村，南庄乡郭家村、北河露村8个。

1995年中央、省、地、县均加大扶贫攻坚力度。邮电部、农业部首次直接派工作组到永和定点扶贫。省委工作队由省电力局、烟草专卖局、国资局、山西师范大学、山西体育学院、运城高等专科学校6个单位组成，分别进驻县内交口、罢骨、南庄、西庄4乡，定点包乡。地委工作队由地委秘书处、纪监委、经协委、公路局、财委、地税局、审计局、公安处、人行、工会、统战部、人大办、邮电局、粮食局、国税局、商业局16个单位组成，分别进驻阁底乡东征村、阁底村、马家湾村、园则沟村，桑壁镇前龙石腰村、兴义村、护国村，城关镇城关村、药家湾村、官庄村、东峪沟村，泊洋乡鹿角村、都苏村、义合村，打石腰乡冯家坬村、马家岭村5个乡镇16个村委。县委抽调干部108人，组成25个工作队，分赴25个贫困村。各级工作队在县委、县政府领导下，遵循扶贫攻坚战略计划，因地制宜开展扶贫开发工作。永和人民抓住机遇，艰苦创业，是年全县人均纯收入806元。人均纯收入850元（温饱线标准）以上的有2个乡镇、28个村委、3554户、17096人，分别占全县总数的18.2%、35%、30.5%和32.55%；温饱线以下的贫困面为9个乡镇、52个村委、8114户、35427人，分别占全县总数的81.8%、65%、69.5%和67.45%。其中680元以下的特困面14个村委、2084户、10154人，分别占全县总数的17.5%、17.86%和19.33%。历经10年扶贫，全县贫困乡镇、村委、农户、农业人口分别下降18.2、31.25、25.5和27.55个百分点。

2001年，永和县撤并乡镇为2镇5乡。到2011年底，全县辖2镇5乡，79个行政村，306个自然村，总人口6.4万人，其中农业人口5.3万人，全县农民人均纯收入1906元。按2300元国家新的贫困标准，县域有贫困村72个，贫困户10953户，贫困人口43802人。贫困人口占全县农业人口的82.6%，是吕梁山连片特困地区扶贫攻坚的重点县。

第二节 扶贫项目

"八七"扶贫攻坚阶段（1994—2000年）

中央提出用7年的时间解决全国8000万贫困人口的扶贫攻坚阶段。这个时期永和县围绕解决群众温饱这一中心任务，推行五基推动战略，即：基础设施、基础产业、基本农田、基本素质、基层组织五轮驱动。累计投入扶贫资金9549.5万元，其中财政扶贫资金2579.5万元，以工代赈扶贫资金2534万元，扶贫贷款4436万元。实施了道路建设、基本农田、流域治理、饮水解困、种草养畜、旱作节水为重点的扶贫攻坚项目。红枣传统产业取得突破，红枣树发展到13万亩，产量达600万斤；发展小尾寒羊1万余只；建基本农田4万余亩；建人畜饮水工程70余处。农民人均纯收入由1994年的460元增加到808元。

前十年扶贫规划实施阶段（2001—2010年）

这期间以解决温饱、巩固温饱为中心任务，重点实施整村推进、移民搬迁、劳动力转移、贷款贴息、教育扶贫、以工代赈项目。累计投入扶贫资金16517万元，其中财政扶贫资金8872万元，以工代赈7645万元。

后十年扶贫规划实施阶段（2011—2020年）

自2011年始，按照"区域发展带动扶贫开发，扶贫开发促进区域发展"的基本思路，以43000口低收入人口的增收致富为重点，努力实现农民人均纯收入3年翻番，5年达5000元的增收目标。2011年围绕农民增收实施整体推进、农户小额贷款贴息、亚行河川流域农业综合开发。围绕阳光行动实施雨露计划、科技培训、教育扶贫。全年累计投资3446万元，其中财政扶贫投资3356万元，扶贫贷款90万元。

同时，国家、省、市每年组织扶贫工作队进驻永和乡镇、村委开展扶贫工作。历年累计有国家级扶贫工作队6个、省级58个、市级100余个在县内扶贫。投入各类资金5000余万元，在农村产业发展、基础设施改善、困难群众生活保障等方面大力帮扶。

第三节 定点扶贫

邮电部（工业与信息化部）定点扶贫

1994年12月—1996年6月，敷设4芯光缆45公里，新增管道0.5公里，安装34MB光瑞机2架；安装HJD04程控交换机2000门，长途180线，农话40线；增出局电缆1800对，配线区15个，管道1公里；建设坡头乡、桑壁镇、阁底乡、交口乡农话交换点改造工程；开通永和至隰县光缆线路47公里和6个乡镇自动电话农市联网；1995年，修建县城邮电扶贫大桥。

1996年6月—1997年12月，更新桑壁邮电所；扩容HJD04数字程控交换机2000门、中继210线，增加NO.7信令设备及集中监控所需设备，配套市话线路、增出局电缆1200对，增配线区10个；实施坡头乡等6乡镇的农话改造工程；建设GSM数字移动基站1个、设载频1个（含铁塔、配套电源）；安装NP320分组交换设备1套、DNN设备1套、无线寻呼跳频发射机1台。

1997年12月—1999年6月，实施小尾寒羊养殖项目；建1500亩密植枣园；架设农话光缆19.8公里，为6个乡（镇）配备程控交换机等配套设备；建希望小学3所；修缮5所村级合作医疗点；为3个村通电、引水。

1999年6月—2001年6月，建红枣示范园1000余亩，扶持红枣基地3处，完成快速培育苗基地建设；建设水利工程13处，高压线路24.5公里。建成高频广播发射台1处，通信光缆6公里，移动通信基站1座；新建、改造学校6所；重修、改造邮政场所4处；协调款物捐赠、技术援助多次。

2002年10月—2003年12月，修通公路1条、水利工程3处；建设良种小尾寒羊选育基地1处、优质嫁接枣树示范园2处、中草药种植示范园2处；建邮政营业所1处；捐赠计算机50台及联网设备，建桑壁镇牛伏村小学；建设沼气池示范点；为残疾人购买恢复训练设备1套。

2004年4月—2005年4月，举办培训班1次，开展讲座、交流等8次；建设红枣精品示范园2处、高效农业示范基地1处、核桃嫁接换优示范项目1个、圈养羊项目1个、养猪小区项目1个、獭兔养殖示范项目2个；扩建邮政储蓄所1处；建设公路1条、通电工程1项、水利工程3处、高标准机房1个，更新部分机电设备。进行红枣科学管理、核桃嫁接换优、千亩果园建设、圈舍养牛示范小区建设、东征流域综合治理，发展中药材种植、红枣系列产品加工；建设辛舍窠村道路；建设官庄村饮水工程；装修县后勤中心服务楼；维修药家湾中心校；组织开展扶贫慰问和"一帮一"结对子活动。

2006年4月—2009年4月，维修饮水工程、发展沼气工程；维修建设圈养羊基地、蔬菜大棚基地；进行核桃嫁接换优、红枣科学管理、有机红枣基地建设、花儿山沟综合治理、红花沟养殖小区建设；发展土鸡养殖；维修药家湾中心校；开展多项慰问救助活动。

2009年4月—2011年3月，建设农村循环经济示范区；发展核桃经济林；对阁底乡进行旅游综合开发；改造希望小学工程1处，援助贫困大学生；建设华硕科普图书室；帮助顺康醋业有限公司、黄河天然食品有限公司进行技术升级改造。

山西省国资局定点扶贫

帮助南庄乡解决资金50万元，综合治理大寨岭等4条沟，造地0.1万亩；投资20万元，建立万亩密植枣园，一年完成50%；投资5万元，帮助建设灌站1处，引水浇地400亩；修通乡村公路2.5公里，通电1个村；新建和改造小学5所；投资5万元改建南庄乡医院；投资改造乡政府办公室、会议室。

山西省电力局定点扶贫

在交口乡投资21.9万元，帮助各村机修梯田682.8亩，使该乡人均基本农田由1.06亩增为1.24亩；发展经济林500亩；投资16.6万元，建设引水上山工程4处、旱井58眼，解决8村1200口人、400头大牲畜饮水问题；投资7万元，新立和更换电杆104根，架设、整改主网线路和村内接户线，解决索珠、下坡里两村780口人生产生活用电问题；投资3.5万元，修通毛家塬村道路7.5公里；资助办公桌75张，帮助8个基层党支部完善活动阵地；捐款2.73万元（含面粉1825公斤），衣服608件，图书170册，扶持336个特困户和4名失学儿童。

山西省烟草局定点扶贫

在罢骨乡投资20万元，为14个自然村机修梯田0.1万亩；修通宽4.5米的乡村机动车路7.5公里；建小学3所、203平方米，赠送价值0.3万元的希望书刊500册，捐款21880元、衣服220件，并为6个贫困孩子联系安排就业；2006年至2009年投资200余万元在阁底乡建成万亩红枣精品示范园；2010年至2011年底，在阁底、交口、桑壁3乡（镇）发展核桃精品园区达万亩以上。

山西师范大学、山西体育学院、运城高等专科学校定点扶贫

捐资3万元,帮助西庄乡中心校兴建1幢2层26间、660平方米的新式教学楼;给该校捐赠图书、文体器材、扩音器、收音机等,价值1.8万元;帮西庄乡庄则坪小学装修大门,解决图书、桌凳等设备;照顾选送该乡定向生2名;捐款0.2万元,为农民购买科技书刊400册,并请果农专家给460名农民讲授果树管理技术,培养科技骨干。

扶贫干部座谈会

山西省粮食局定点扶贫

从2010年进驻永和扶贫后,引进"美特好"集团在永和投资1亿元建成农产品存储加工配送中心。

山西省委驻永和扶贫工作大队定点扶贫

2004年为永和青少年活动中心和"328"省道永和段建设争取国家投资数千万元,并于当年建设竣工。

第四节 扶贫成效

1987—1994年扶贫

1987—1994年,永和县以"长抓林、短抓牧,当年粮油和工副""农业稳县、工业富县、林牧富民"为脱贫致富的工作重点。这一时期,国家和省、地三级先后投资永和扶贫开发资金4621.07万元。其中省农经委拨改贷723万元,省财政扶贫借款208万元,省农发行专项扶贫贷款(含中央贴息、省贴息、不贴息3种)1142万元,人行老少边穷地区贷款421.45万元,以工代赈1000.89万元,行业基础设施投资(包括水、电、路、话、校等)1125.73万元。1987年1月中共永和县第六次代表大会将建设人均2亩基本农田写进决议,是年出台《关于加强沿黄5乡红枣基地建设的决定》。1988年出台《关

于加强绒山羊基地建设的决定》。1990年和1992年分别出台《关于加快农田基本建设步伐的决定》和《关于加快红枣、绒山羊基地建设的实施意见》。从资金上倾斜，政策上优惠，服务、技术、物资供应等方面优先，专款专用，将国家和省、地下拨的扶贫资金分别投放使用于种植业174万元，养殖业352.4万元，林果业535万元，农业企业88万元，农田建设571万元，工业企业445.75万元，加工业286万元，商饮业17.3万元，公路交通运输439.93万元，通信设施57.3万元，水利设施721万元，农村通电224.4万元，文教卫生10万元。科学、合理地使用资金，使永和县"三基"（基础产业、基础设施、基本农田）建设取得显著成效。

"八七"攻坚阶段扶贫（1994—2000年）

《"八七"扶贫攻坚计划》实施阶段，永和县推行五基推动战略，五轮驱动，整体推进，致力于脱贫致富工作。这一时期，投入扶贫资金9549.5万元，发展红枣树13万亩，产量达600万斤；建基本农田4万余亩；建人畜饮水工程70余处。

前十年规划实施扶贫（2001—2010年）

"十五"期间（2001—2005年），永和县扶贫开发以"枣、草、羊"产业开发为重点，着力建设优质红枣大县、生态畜牧强县、绿色与有机产品基地县，实施"人均百株枣、户种十亩草"的产业发展规划；"十一五"期间（2006—2010年）突出发展"红枣、煤层气、旅游"三大产业，坚定"穷县出精品、小县办大事，千方百计谋跨越"的理念，着力打造生态农业大县、能源工业新区、特色旅游名城。立足基础扶贫和产业扶贫，重点实施片区开发、整村推进、农民科技培训和农村劳动力转移培训、产业扶贫等重点工作。2001—2010年，共投入扶贫资金16517万元，实施一系列的扶贫项目。

实施整村推进项目。累计投资2200万元，对57个村发展以红枣、核桃为主的经济林5万亩；科学管护经济林10万余亩，其中投资730余万元，为7个乡镇、26个村新增、补植发展经济林15000亩；管护经济林3万余亩；嫁接优种核桃10万余株。在基础设施建设上，投资280余万元，改

扶贫枣树大棚

造旧村1个，建村口桥、过水桥3座，修田间路200公里，平田造地200亩，硬化村（巷）道2.5公里；扶持养牛、羊、猪等养殖户2000余户。安排互助资金项目村25个，财政扶贫资金扶持335万元，农户入股61.5万元，共计投入396.5万元。

实施移民搬迁项目。累计投入资金1842万元，帮助76村1197户5600人搬出山庄窝铺。

实施智力扶贫项目。累计投入资金655.3万元，培训农民5000余人；资助考入一、二本大学贫困学生26名，贫困高中生176名，资助资金达30多万元；科技培训累计1万人次。

实施以工代赈项目。总计64个，总投资8126万元。其中包括平田整地、公路建设、经济林栽植等项目，受益群众近3万人，占全县农业人口56.7%。

实施园区开发项目。支持龙头企业启动资金791万元，龙头企业贷款贴息10.42万元；支持红枣研究所10万亩红枣基地建设、黄河天然食品有限公司红枣储藏与加工、昌盛粮油有限公司小杂粮加工、良种核桃实验基地核桃加工项目。

实施定点扶贫。全县共有下乡工作队102支，其中国家1支，由国家工业与信息化部包扶全县，省级4支（省粮食局、省焦炭集团、中国银行山西省分行、省烟草公司）包扶7乡镇，市级18支包扶18村，县级79支进驻全县所有行政村开展工作。全县共融资260.1万元，其中国家工业与信息化部争取资金265.5万元，省级工作队投入220万元，市级工作队投入91.1万元，县级工作队投入183.5万元，为县城农村基础设施、基本农田、基础产业、基础教育和基层组织等领域建设作了大量工作，同时为促进农民增收、农村稳定等方面做出积极的贡献。

后十年规划实施扶贫（2011年）

2011年，永和县扶贫工作整村推进项目，完成全县"十二五"整村推进规划编制、16村整村推进项目村规划编制工作，组织督促20余村实施以前年度未完成的扶贫项目。农户小额贷款贴息项目，除完成2010年30万元农户小额贷款贴息计划外，又落实本年60万元农户小额贷款贴息，龙头企业贷款贴息1万元。亚行河川流域农业综合开发项目，完成投资1420万元，其中养羊126户，投资627万元；建红枣烤房70座，投资338万元；发展核桃经济林1920亩，投资454万元。农村劳动力非农产业技能培训——雨露计划项目，培训完成990人。其中计算机100人，输出到太原富士康等地10余处80余人；服装加工200人，输出到北京服装进出口股份有限公司152人；农产品加工30人；医疗卫生服务60人；农机操作300人。科技培训项目，全年科技培训1075人，重点为种植、养殖、红枣加工等实用技术培训。教育扶贫项目，当年资助贫困大学生20名，贫困高中生125名，发放资助金10万元。跑项引资，落实资金2726万元，到位资金1926万元。落实阁西塬苹果产业开发项目2000万元。

截至2011年，永和县扶贫开发累计投资29512.5万元，其中财政扶贫投资14807.5万元，以工代赈10179万元，扶贫贷款投资4526万元。

第四章　人民生活

第一节　收　入

农民收入

永和县土地改革前，80%以上农民无地或只有数量极少的薄地，靠出卖劳动力租种地主的土地。年复一年，终日劳作，却过着"糠菜半年粮"的贫苦日子。民国32年（1943），阎锡山推行"编组份地，兵农合一"，全县耕地大量荒芜，广大农民更是食不果腹，衣不遮体，卖儿卖女，背井离乡者时有发生。"家产不够挑三担，年年不能吃饱饭"的民谣广泛流传于民间。

中华人民共和国成立后，农民翻身做主人，农村经济不断发展。1955年，全县人均产粮258公斤，人均分配收入25元。1960年，人均产粮251公斤，人均分配收入40元。1966年，人均产粮313公斤，分配收入39元。"文化大革命"时期人均产粮徘徊在196.5~339公斤之间，分配收入在26~50元之间。1978年农村实行体制改革后，生产力进一步解放和发展，农民家庭收入显著增加。1984年，人均产粮554公斤，农业总收入1772万元，人均收入281元。1995年，农民人均纯收入806元，比1955年人均分配收入增长31.2倍。1997年，农民人均纯收入为928元。1999年，由于自然灾害，农民人均纯收入仅为802.43元，比1998年下降38%。至2003年，国民经济的较快增长给城乡居民带来更多的就业机会和收入，农民人均纯收入上升为998元。2006年，农民人均纯收入1308元，同比增长3.8%；2007年，全县农民人均纯收入1258元，同比减少3.8%。此后农民人均纯收入逐年上升，至2011年，全县农民人均总收入2765.3元，其中工资性收入499.7元，家庭经营性收入1888.1元，财产性收入-45.3元，转移性收入422.7元，全年人均纯收入1908.6元，农村居民家庭恩格尔系数为54.9%。

1997—2011年永和县农村居民家庭人均收入统计表

表4-15　　　　　　　　　　　　　　　　　　　　　　　　　　　单位：元、人

年　份	总收入	工资性收入	家庭经营收入	财产性收入	转移性收入	人均纯收入
1997	1145.6	78.5	1066.5	0.5	—	926.9
1998	1367.4	66.8	1298.6	0.2	1.8	1107.0
1999	1005.92	49.17	942.8	6.35	7.59	802.4
2000	963.2	111.1	838.7	12.0	1.4	808
2001	1008.7	229.2	739.4	20.7	19.4	848
2002	1179	233.	910.8	13.1	22.1	963
2003	1183.1	220.	883.3	20.2	59.6	998
2004	1417.9	239.4	1060.1	18.2	100.3	1196
2005	1471.1	271.3	1075.7	11.7	112.5	1260
2006	1618.2	305.3	1157.9	7.2	147.8	1308
2007	1642.24	312.2	1175.55	3.83	150.56	1258
2008	1757.32	350.92	1215.1	10.83	180.38	1350
2009	1879.84	361.98	1276.39	13.76	227.7	1455
2010	2229.3	433.2	1495.31	66.39	224.45	1616
2011	2765.3	499.7	1888.1	-45.3	422.7	1908.6

职工收入

中华人民共和国成立前，永和县仅旧官府有一些公职人员，生活状况无资料考究。

中华人民共和国成立后，职工职业有保障，工资收入不断增长。1949年全县职工人均年工资152元。1952年为406元，比1949年增长254元；1956年为426元，比1952年增长4.93%；1976年为511元，比1956年增长20%。中共十一届三中全会后，职工工资大幅度提高。1978年为581元，比1965年增长10.46%；1985年为814元，

比 1978 年增长 40.1%；1990 年为 1518 元，比 1985 年增长 86.19%；1995 年为 3423 元，比 1990 年增长 125.49%；1997 年为 3816 元，比 1995 年增长 11.48%；2000 年为 5794 元，比 1997 年增长 51.83%；2001 年为 7695 元，比 2000 年增长 32.8%；2006 年为 13226 元，比 2001 年增长 71.88%。到 2011 年为 28788 元，比 2006 年增长 117.66%。

1949—2011 年永和县职工收入统计表

表 4-16　　　　　　　　　　　　　　　　　　　　　　　　　　　　　单位：万元、元

年份	工资总额	平均工资	年份	工资总额	平均工资
1949	2.6	197	1970	68.3	457
1950	5.6	265	1971	86.5	520
1951	9.6	319	1972	99.2	521
1952	22.1	406	1973	104.7	541
1953	24.7	407	1974	107.6	531
1954	28.0	393	1975	109.0	513
1955	31.2	400	1976	119.5	511
1956	35.0	426	1977	109.4	499
1957	38.4	421	1978	139.2	581
1958	40.7	412	1979	150.4	547
1959	56.1	441	1980	164.7	563
1960	55.2	467	1981	170.7	560
1961	49.6	461	1982	171.3	617
1962	50.6	429	1983	188.6	639
1963	59.3	480	1984	254.0	846
1964	66.6	478	1985	261.4	814
1965	77.7	526	1986	347.0	974
1966	93.0	520	1987	399.0	1147
1967	76.9	448	1988	458.3	1298
1968	72.6	515	1989	521.7	1407
1969	72.1	502	1990	597.6	1518

续表 4-16 单位：万元、元

年份	工资总额	平均工资	年份	工资总额	平均工资
1991	638.5	1539	2002	3541	8035
1992	734.4	1797	2003	3625.7	8355
1993	835.4	2093	2004	4186	9475
1994	1156.7	2880	2005	4334.9	10778
1995	1387.1	3423	2006	5149	13226
1996	1435.8	3424	2007	5756.1	14935
1997	1599	3816	2008	7174.4	18644
1998	17403	4139	2009	8245.8	22298
1999	1936	4765	2010	9093.3	24139
2000	2375.4	5794	2011	10779	28788
2001	3111.8	7695	—	—	—

第二节　消　费

农村居民消费

1949 年，境内农村居民消费水平很低，人均纯收入为 29 元，人均产量粮为 233 公斤，年人均消费水平为 37 元。农民穿的是自织自缝的土布衣服，住的是土窑洞或石头接口窑洞。农业合作化后，农民的吃、穿、用、住发生显著变化，农业人口人均小麦占有量 1949 年为 80 公斤，1957 年 83 公斤，1962 年 63 公斤，1970 年 45 公斤，1980 年 71 公斤，1985 年 92 公斤，1995 年 170 公斤。农村实行经济体制改革后，农民消费支出逐年增多，农民口粮从以粗粮为主逐步转为以细粮为主。穿着由土布粗衣逐渐转为追求时髦，讲究款式。据 1995 年对 60 户农民抽样调查，农民人均拥有生产用固定资产原值 446.31 元，平均 12 户有 1 台小四轮或三轮车，少数户有大、小汽车或推土机等大中型机动车辆；平均 1.67 户有 1 辆平车，8.15 户有 1 架缝纫机，1.67 户有 1 台电视机，2.2 户有 1 台收录机或收音机，1 户有 6 件大型木制家具，27.5 人有 1 辆自行车，3.4 人有 1 块手表。农民的消费支出占当年纯收入 29.4%，其中食品类占 47.32%，居住类占 13.42%，文化娱乐类占 13.4%，设备用品类占 8.36%，交通通信类占 3.19%，医药保健类占 11.1%，衣着类占 2.21%，其他占 1%。2000 年，全年人均总消费量为 683.8 元，比 1949 年增长 17.5 倍。2005 年，人均消费量为 1173.4 元，比 2000 年增长 71.6%。至 2011 年，农民人均消费量达 2277.4 元，比 2005 年增长 94.09%。其中家庭经营支出 578.2 元，购置固定资产 39.4 元，生活消费 1556.2 元，转移性支出 97.9%；主食品消费 758.3 元，衣着 138.4 元，居住 132.8 元，家庭设备用品及服务 62.3 元，医疗保健 58.3 元，交通与通讯 123.4 元，文化娱乐用品与服务 65.5 元，其他商品与服务 41.7 元。

1997—2011 年永和县农村居民家庭人均支出统计表

表 4-17　　　　　　　　　　　　　　　　　　　　　　　　　　　　　　单位：元

年份	全年总支出	其中							生产性固定资产折旧
		家庭经营支出	购置固定资产	税费支出	生活消费支出	财产性支出	转移性支出	其他	
1997	809.0	139.8	10.0	1.7	632.0	2.3	22.0	1.2	0.1
1998	894.1	133.9	5.5	5.8	666.2	10.5	65.1	26.2	45.1
1999	787.2	107.85	11.5	8.74	611.05	25.71	15.85	6.51	45.35
2000	683.8	66.1	21.4	38.9	532.9	5.3	19.2	—	46.9
2001	716	50.0	51.7	31.8	518.6	14.8	48.7	—	58.9
2002	898.9	82.1	68.1	50.2	642	0.6	55.8		62.9
2003	1082.3	88.5	35.3	33.8	839.4	2.1	83.2		62.0
2004	1167.3	126.8	46.3	20	909.8	—	64.4		63.0
2005	1173.4	141.9	42.8	—	922.8	—	65.9		65.0
2006	1453.9	227.5	44.3	—	997.5	180.2	4.4	—	68.8
2007	1597.52	295.82	57.82	—	1046.4	4.42	193.06	—	70.03
2008	1677.99	318.70	—	—	1210.75	8.85	139.69	—	74.4
2009	1822.93	335.27	62.24	—	1256.08	8.85	160.44	—	68.82
2010	2199.19	498.35	42.71	—	1400.04	—	257.97	—	—
2011	2277.4	578.2	39.4	—	1556.2	—	97.9	—	—

1997—2011年永和县农村居民人均生活费支出统计表

表4-18 单位：元

年份	食品	衣着	居住	家庭设备用品及服务	医疗保健	交通与通讯	文教娱乐用品及服务	其他商品及服务
1997	104.5	31.5	33.1	30.4	18.3	5.5	64.1	16.9
1998	91.1	38.4	18.8	21.1	38.6	21.8	38.3	18.4
1999	98.41	47.04	15.87	55.36	48.07	15.57	53.24	11.82
2000	89.2	32.6	8.9	16.1	12.6	4.7	85.9	12.7
2001	198.4	27.8	46.1	24.6	20	44.6	58.3	27.8
2002	221.7	43.3	59.9	28.9	26.2	36.3	75.1	16.1
2003	264.9	51.7	59.1	32.3	27.8	68.6	115.1	3.5
2004	317.6	53.8	71.0	35.7	31.3	74.4	123.6	11.8
2005	303.9	62.9	80.5	35.9	33.8	75.9	123.9	7.4
2006	404.7	64.8	91.6	37.8	50.9	78.0	99.6	7.4
2007	417.02	66.92	96.71	39.30	54.33	82.66	85.99	7.55
2008	469.73	70.55	102.11	35.90	55.96	67.83	77.97	8.65
2009	480.04	75.67	103.9	38.59	56.12	69.54	78.62	9.01
2010	674.79	86.54	124.49	47.84	58.2	105.7	62.52	22.6
2011	758.3	138.4	132.8	62.3	58.3	123.4	65.5	41.7

城镇居民消费

1949年，境内城镇居民消费水平为37元。1959年，人均工资412元，比1949年增长2.1倍；人均年消费水平为39元，比1949年增长5.4%。1969年，人均国民生产总值145元，人均年消费水平为72元，比1949年增长94.59%。中共十一届三中全会后，全县城镇居民收入稳步增加，生活水平不断提高，居民的消费方式、消费渠道和消费结构发生了重大变化。1978—1998年的20年间，全县城镇居民总数以年平均4.45%的速度递增，人数为8171人，人均消费水平年平均递增3.35%，人均住房面积达到12.78

平方米，储蓄存款人均7000余元。居民家庭普遍有自行车，大部分有彩电，小部分有摩托车、电冰箱、收录机和组合柜等高档家具。有的有大汽车、小汽车或推土机等。2000年，城镇居民人均消费性支出为1979.81元，是1949年消费水平的53.5倍，人均住房面积13.5平方米。2005年，城镇居民人均消费性支出达3443.93元，比2000年增长73.95%。2006年，城镇居民人均消费性支出4047.38元，比2005年增长17.52%。至2011年，全县城镇居民人均消费性支出达到7793.74元，比2006年增长92.56%，其中食品2841.9元，衣着1423.5元，家庭设备用品及服务363元，医疗保健475.97元，交通与通讯896.01元，娱乐教育、文化服务613.33元，居住792.06元，杂项商品与服务387.97元。城镇居民家庭恩格尔系数为36.5%。平均每百户家庭拥有彩电114台，家用电脑74台，电冰箱72台，摩托车76辆，洗衣机110台，空调12台，电话机34台，手机206部。

2000—2011年永和县城镇居民家庭人均消费支出统计表

表4-19　　　　　　　　　　　　　　　　　　　　　　　　　　　　　　　　　　　单位：元

年份	食品	衣着	家庭设备	医疗保健	交通通信	娱乐文教	居住	杂项商品及服务
2000	970.42	283.78	90.58	117.86	113.50	147.25	194.94	72.92
2001	1069.87	309.51	72.6	169.18	182.51	180.65	187.88	85.06
2002	977.64	468.24	139.44	231.6	382.32	311.64	302.88	112.32
2003	1224.6	486.2	96.0	229.2	333.4	155.5	297.5	71.5
2004	1331.4	380	100.1	240.3	403.1	200.3	250.4	60
2005	1510.04	573.34	136.24	165.7	431.2	190.52	341.48	95.41
2006	1871.37	652.47	172.67	223.56	499.16	250.94	273.58	103.64
2007	2108.10	565.22	206.10	299.22	574.46	312.29	376.92	458.92
2008	2223.74	985.03	227.85	443.64	632.72	464.09	529.46	380.4
2009	2417.82	1084.46	321.23	446.22	697.5	347.23	544.69	408.87
2010	2494.94	1226.54	348.53	444.7	741.21	406.64	741.93	391.88
2011	2841.91	1423.5	363	475.97	896.01	613.33	792.06	387.97

1999—2011年永和县城镇居民家庭每百户耐用品拥有量统计表

表4-20　　　　　　　　　　　　　　　　　　　　　　　　　　　　单位：辆、台、个

年份	自行车助力车	摩托车	洗衣机	电冰箱	彩色电视机	家用电脑	放录像机组合音像	电炊具微波炉	淋浴热水器	电话 固定	电话 移动	电扇空调	空调
1999	150	17.5	62.5	12.5	87.5	—	12.5	7.5	2.5	—	—	57.5	—
2000	140	42.5	67.5	27.5	97.5	—	5.0	20	2.5	—	—	67.5	—
2001	145.3	27.5	65	17.5	92.5	—	7.5	5	2.5	—	—	60	—
2002	148	30	65	18	95	—	7.5	7	2.5	—	—	60	—
2003	127	40	84	32	102	—	7.5	10	2.5	—	—	89	—
2004	128	43	85	32	104	—	7.5	12	3.2	—	—	89	—
2005	130	45	87	35	105	—	9	15	5	—	—	90	—
2006	110	77	85	40	104	—	5	15	5	—	—	95	—
2007	2.5	77.5	100	70	100	17.5	30	2.5	10	37.5	170	—	15
2008	2.5	75	97.5	85	100	25	30	2.5	12.5	17.5	185	—	—
2009	30	75	97.5	85	100	25	30	2.5	12.5	17.5	185	—	—
2010	35	76	97.5	85	100	31	30	3	13	20	187	—	—
2011	28	76	102	72	114	74	28	8	46	34	206	—	12

第三节　存　余

中华人民共和国成立初期，永和居民基本没有余存款。1953年，全县城乡居民存款1.32万元，人均13.4元。1957年，全县城乡居民存款5.68万元，是1953年的4.3倍；人均106.3元，是1953年的7.9倍。1995年，全县城乡居民存款4811.5万元，人均818.2元。至2011年，全县城乡居民存款52283万元，是1995年的10.9倍；人均8163.6元，是1995年的10倍。

永和农村居民从1997年至2011年，手中余存款变化不大。1997年，人均拥有现

金 466.3 元，人均存款余额 15.7 元。2005 年，人均拥有现金 139.5 元，人均存款余额 56.3 元。2011 年，农村居民人均拥有现金 509.1 元，人均存款余额 66.8 元。

1950—2011 年永和县城乡居民存款统计表

表 4-21 单位：万元、元

年 份	各项存款	城乡居民存款	城乡居民人均存款
1950	0.5	—	—
1951	3.7	0.1	0.04
1952	6.5	0.7	0.28
1953	44.5	1.32	13.4
1954	61.5	2.28	25
1955	15.5	2.4	53.9
1956	19.1	4.43	106.7
1957	44.2	5.68	106.3
1958	12.6	21.2	8.2
1959	33.8	25.1	9.4
1960	25.1	21.4	7.89
1961	59	31.9	10.96
1962	90.1	18.9	6.06
1963	58.2	20.1	6.24
1964	85.5	20.7	6.25
1965	79.6	23.1	6.67
1966	158.1	22.5	6.42
1967	129.7	22.3	6.16
1968	134.7	19.8	5.38
1969	159.2	18.6	4.96
1970	166.2	22.3	5.76
1971	162	24.5	6.2
1972	234.8	31.6	7.66
1973	158.9	37.4	8.86

续表 4-21 单位：万元、元

年 份	各项存款	城乡居民存款	城乡居民人均存款
1974	165.9	42.3	9.69
1975	173.3	48.1	10.82
1976	233.2	58.1	12.87
1977	274.1	70.4	15.27
1978	204.6	71.1	15.24
1979	250.3	86.7	18.4
1980	525.1	195.4	40.89
1981	705.1	204.8	42.32
1982	973.7	188.9	38.84
1983	1210.7	213.9	44.4
1984	1364.5	293.4	61.34
1985	1461	501.4	103.28
1986	1613.2	698.1	143.85
1987	1748.1	877.1	179.45
1988	2064.1	1257.5	250.32
1989	2166.2	1398.6	276.38
1990	2618.5	1762.9	318.32
1991	2877.1	2114.5	375.71
1992	2934.9	2380.4	416.4
1993	3692.9	2877.3	495.6
1994	4698.6	3614.9	622.7
1995	6326.9	4811.5	818.2
1996	7399	5555	925.7
1997	7675	6261	1031
1998	8655	6633	1079
1999	9863	7324	1186.2
2000	11385	8465	1359.4
2001	14613	9814	1572.8

续表 4-21　　　　　　　　　　　　　　　　　　　　　　　　　　　　单位：万元、元

年　份	各项存款	城乡居民存款	城乡居民人均存款
2002	29169	11945	1907.7
2003	34912	13515	2159
2004	21935	15199	2428.9
2005	24799	17221	2779
2006	26099	18528	2974.3
2007	30254	21766	3383.2
2008	49696	31938	4945.4
2009	58630	35275	5439
2010	75035	43195	6786.4
2011	95198	52283	8163.6

1997—2011 年永和县农村居民存款余额统计表

表 4-22　　　　　　　　　　　　　　　　　　　　　　　　　　　　　　　单位：元

年　份	人均拥有现金	人均存款余额
1997	466.3	15.7
1998	469.3	87.2
1999	244.6	126
2000	195.1	125.1
2001	194.4	105.6
2002	187.2	79.5
2003	195.1	125.1
2004	163.5	69.9
2005	139.5	56.3
2007	108.8	67.73
2008	108.8	67.73
2009	108.8	67.73
2010	135.36	98.72
2011	509.1	66.8

第五编

种 植 业

永和地广人稀，土地贫瘠，山坡地居多，种植业基本是靠天吃饭。清顺治十四年（1657），全县有熟地72746亩，其中64562亩是收成差的山坡地。民国年间，较好的土地大多集中在地主、富农少数人手中，广大农民过着饥寒交迫的生活。土地改革以后，实现了耕者有其田，农民有了自己的土地。1949年，全县耕地总面积355280亩，人均16亩；粮食总产493万公斤，人均221公斤。1983年，全县耕地面积200050亩，人均4.6亩；粮食总产2076.5万公斤，人均431公斤。2011年，全县耕地面积358395亩，人均7.3亩；粮食总产4418.5万公斤，人均690公斤。随着科学种田的推广，永和农民变过去的广种薄收为精耕细作，把很大一部分山坡地平整为梯田，把过去的沟渠地改造成蓄水滩地，科学选用种子、化肥、地膜，采取机耕机播，大幅度地提高了作物单位面积产量。

2000年始，国家实施退耕还林还草工程，全县耕地面积逐年减少。至2011年，全县耕地由2000年的430005亩减为358395亩，减少16.7%，但粮食总产量反而翻了两番。加之国家免收农业税、特产税和进行粮食直补，永和种植业的收入较前增幅较大。

第一章 耕地 区划

第一节 耕地 劳力

耕地

明万历四十二年（1614），原额民田 257593 亩。

清顺治十四年（1657）末，实有熟地 72746 亩，其中平地 8184 亩，坡地 64562 亩。康熙十六年（1677），实有熟地 85473 亩。

民国 22 年（1933），全县耕地 88434 亩，人均 5.7 亩。民国 36 年（1947），全县耕地 331544 亩，人均 14 亩。1949 年，全县耕地 355280 亩，其中水浇地 433 亩，人均占有耕地 16.04 亩。1956 年，有耕地 300932 亩，其中水浇地 1005 亩，人均占有耕地 12.93 亩。1967 年始行机耕，当年机耕 4644 亩。1969 年，有耕地 225662 亩，其中水浇地 3729 亩，机耕地 10045 亩，人均耕地 6.5 亩。1974 年，有耕地 187417 亩，其中水浇地 5750 亩，机耕地 23038 亩，人均占有耕地 4.61 亩。1983 年，有耕地 200050 亩，其中水浇地 6397 亩，机耕地 36700 亩，人均占有耕地 4.58 亩。1984—1994 年，耕地保持在 20~19.65 万亩之间，水浇地占 3% 左右，机耕面积年均 3.71 万亩。1995 年，全县有耕地 196500 亩。2000 年，国家实施天然林保护工程，全面禁止毁林、毁草开荒，进行退耕还林还草工程，县内大规模垦荒停止。是年，全县有耕地 430005 亩，其中水浇地 400.6 亩。2004 年，国家开始对种植业实行"两免一补"政策，即免收农业税、农业特产税和粮食直补。是年，全县有耕地 353310 亩，其中水浇地 400.6 亩，机耕地 55500 亩。2009 年，全县有耕地 348270 亩。2011 年，全县有耕地 358395 亩，其中水浇地 263.7 亩，比 1949 年减少 39.1%；机耕地 55000 亩，比 1967 年增加 10.8 倍。

劳力

清顺治五年（1648），全县有民丁（劳力）541 人。康熙元年（1662）有民丁 695 人，二十一年（1682）有民丁 703 人。

民国4年（1915），全县有劳力6074人；民国7年（1918），有劳力6714人；民国37年（1948），有劳力12260人，其中男劳力6702人。

1949年，全县有农村劳力12955人，劳均负担耕地27.4亩。1956年，有农村劳力11940人，劳均负担耕地25.2亩。1958—1989年间，全县劳力变化微小，上下浮动在5%~9%之间，劳均负担耕地19亩左右。1990年，全县有农村劳力13686人，劳均负担耕地14.4亩。1995年，有农村劳力15861人，其中男劳力9309人，劳均负担耕地12.4亩，从事非农业的劳动力2111人。1997年，全县有农村劳力16822人，其中男劳力9725人，劳均负担20.7亩耕地。2011年，全县有农村劳力17209人，其中男劳力9787人，劳均负担耕地20.8亩，比1949年减少24.1%；从事农业的劳力13436人，占农村劳动力的78%，从事非农业的劳动力3773人，占农村劳动力的22%，比1995年增长78.7%。在非农业劳动力中，从事工业生产503人，占劳力总数的2.9%；从事建筑业766人，占劳力总数4.5%；从事交通运输和邮电业716人，占劳力总数4.2%；从事商业、饮食业、物资供销仓储业603人，占劳力总数3.5%；从事信息传输、计算机服务和软件业51人，占劳力总数0.3%；从事其他事业1134人，占劳力总数6.7%。2002—2011年的10年间，全县农村外出务工人数逐渐增多，大量农村劳动力的转移就业，增加了农民的非农业收入，促进了农村经济的发展。

1949—2011年部分年份永和县耕地劳力变化情况表

表5-1　　　　　　　　　　　　　　　　　　　　　　　　　　　　　　　单位：人、亩

年份	耕地		人均占有耕地	劳力	劳均占有耕地
	总量	其中水浇地			
1949	355280	433	16.04	12955	27.4
1950	355280	447	15.80	9936	35.8
1956	300932	1005	12.93	11940	25.2
1958	226702	4070	9.33	11421	19.9
1960	290389	4714	11.31	12035	24.1
1961	276778	1157	10.13	10911	25.4

续表5-1　　　　　　　　　　　　　　　　　　　　　　　　　　　单位：人、亩

年份	耕地		人均占有耕地	劳力	劳均占有耕地
	总量	其中水浇地			
1962	277491	549	9.38	11326	24.5
1965	250563	1314	7.80	11693	21.4
1966	229789	4102	7.10	11880	19.3
1971	187904	4586	5.10	12091	15.6
1976	189315	9900	4.50	12023	15.8
1978	194979	10423	4.50	11766	16.6
1979	198067	8532	4.55	11445	17.3
1980	199764	8117	4.57	11291	17.7
1981	199943	6385	4.53	11251	17.8
1983	200050	6397	4.58	10856	18.4
1984	200863	4482	4.65	10296	19.5
1989	196500	4600	4.34	10858	18.1
1990	196500	4702	3.94	13686	14.4
1991	196500	5000	3.88	14023	14.0
1992	196500	3500	3.81	15635	12.6
1993	196500	3800	3.79	15692	12.5
1994	196500	3820	3.79	15823	12.4
1995	196500	4090	3.74	15861	12.4
1996	196620	6135	3.74	15908	12.4
1997	431580	4935	8.17	16021	26.9
1998	431670	4935	8.10	15987	27.0
1999	432180	400.6	8.09	16199	26.7
2000	430005	400.6	7.99	16249	26.5

续表 5-1　　　　　　　　　　　　　　　　　　　　　　　　　单位：人、亩

年份	耕地		人均占有耕地	劳力	劳均占有耕地
	总量	其中水浇地			
2001	426540	400.6	7.97	16385	26.0
2002	210735	400.6	3.95	16445	12.8
2003	206805	400.6	3.88	16631	12.4
2004	353310	400.6	6.63	16767	21.1
2005	348270	400.6	6.60	16822	20.7
2006	348270	378.4	6.98	16890	20.6
2009	348270	263.7	6.64	16093	21.6
2010	347115	263.7	6.90	15260	22.7
2011	358395	263.7	7.26	17209	20.8

第二节　种植区划

西南黄土残塬沟壑区

包括阁底乡的阁底、东征、雨林、西庄、庄则坪、下辛角、高家塬、乌华与交口乡的义合、南楼、都苏 11 个村委，与原西庄、泊洋两个乡办林场，面积 183636.6 亩，占全县总面积 10.1%。

区内土壤为灰褐土性土（灰褐土、粗骨性灰褐土，土层厚，有机质含量低），水土流失严重，平均海拔 800 米，年平均气温 10.5℃，绝对最高气温 37℃，日照时数 3000 小时左右，日照率 58%，年降水 500 毫米，无霜期 192 天。

该区以农业为主，兼营畜牧。种植物以小麦为主，玉米、谷子、杂粮次之，适当种植棉花、油料。农田中枣粮间作或于地埂栽植枣树与其他经济树，兼顾防护、用材林。20 世纪 90 年代后，该区种植物以谷子、小杂粮为主，玉米次之，枣粮间作也渐以栽植枣树为主。

中部黄土丘陵沟壑区

包括交口乡的鹿角、坡头、交口、索珠、赵家岭、张家塬、冯藏、可托村委，桑壁镇的兴义、前龙石腰村委，原罢骨乡的全部等17个村委与原桑壁、交口、罢骨3个乡镇办林场，面积292993.6亩，占全县总面积16.1%。

区内土壤为灰褐土性土，水土流失严重，平均海拔1050米，年均气温10℃，极端最高气温36℃，年日照时数3000小时左右，日照率58%，平均降水量590毫米，无霜期平均183天。

该区以牧为主，25%以上的耕地还林还草。沟川地种植玉米，塬坡地种植豆类、杂粮等，芝河、桑壁河两岸坡地营造防护林和经济林，以经济林为主。

东北部黄土丘陵沟壑区

包括坡头、原城关、原署益3个乡镇全部，桑壁镇的桑壁、护国、侯家庄、东索基，交口乡的峪里、小南楼，南庄乡的百湾只等29个村委及岔口国营林场和坡头、原城关、原署益3个乡镇林场，总面积905760.4亩，占全县总面积49.8%。

区内土壤有山地淋溶灰褐土、山地灰褐土、灰褐土性土、灰褐化浅色草甸土、浅色草甸土，水土流失全县最轻，林草覆盖度全县最好。海拔平均1200米左右，年均气温9.5℃，绝对最高气温37.2℃，最低-22.6℃，年降水量534.7毫米，无霜期176天，最短的150天左右，10℃以上的积温3368.4℃。

该区以农为主，农、林、牧并举。粮食作物以大秋作物为主。20世纪90年代后期，营造防护林、发展经济林规模较大。

沿黄河干旱黄土丘陵沟壑区

包括阁底乡的罗岔、奇奇里、阴德河、西后峪、石家湾、马家湾、园则沟，打石腰乡全部，南庄乡的红崖渠、南庄、郭家村、社里、北河露、白家腰、刘家圪崂等22个村委及阁底、南庄、打石腰3个乡办林场，面积437509.6亩，占全县总面积24%。

区内梁峁起伏，沟壑纵横，林草覆盖率最低，水土流失极为严重。平均海拔900米。土壤有灰褐土性土、粗骨性灰褐土。坡地多，有部分沟坝地，土地耕性差，有机质含量低。年平均气温11℃，降水量500毫米左右，10℃以上的积温4000℃以上，蒸发量高于全县平均值。

该区以经济林为主，林农并举，且以枣树为主。荒沟荒坡栽植防护林、灌木林，四旁主栽用材树，限制牛羊发展。农作物以小麦为主，其次玉米、谷子、豆类等，油料类为芝麻、葵花，建设有梯田、沟坝地等基本农田。

2011 年永和县各种植区土地利用情况表

表 5-2　　　　　　　　　　　　　　　　　　　　　　　　　　　　　　　　　　　单位：亩

区　别	各区面积占全县总面积	%	农业用地面积占该区 %		林业用地面积占该区 %		未利用地面积占该区 %	
西南黄土残塬沟壑区	183636.6	10.1	46524.6	25.3	22780.9	12.4	96530.4	52.6
中部黄土丘陵沟壑区	292993.6	16.1	79100.7	27	101677.7	34	116521	39.2
东北黄土丘陵沟壑区	905760.0	49.8	152811.8	16.9	270134.6	29.8	237433.2	26.2
沿黄河干旱黄土丘陵区	437509.6	24.0	65520	14.9	67738.9	15.5	219708	50.2

第二章　粮食作物

第一节　小麦　玉米

小　麦

小麦是永和县的主要种植作物之一。中华人民共和国成立前，县域内小麦种植面积不小，但产量甚低，小麦食品一直是县人的珍爱食物。1949 年，全县小麦播种面积 118536 亩，占粮田面积 38.5%；总产 178 万公斤，占粮食总产 36.1%；亩均仅 15 公斤。1957 年，播种面积

收　割

115590 亩，总产 195 万公斤，亩均 16.9 公斤。1965 年，播种面积 100524 亩，总产 332.5 万公斤，亩均 33.1 公斤。1979 年，播种面积 71437 亩，总产 483 万公斤，亩均

67.6公斤。1982年，全县实行家庭联产承包责任制，农民积极性提高，小麦种植精耕细作、产量提高，是年播种面积64043亩，总产490.5万公斤，亩均76.6公斤。1991年，农业科技推广，播种面积61040亩，总产1031.8万公斤，亩均169公斤，总产为历史最高水平。1997年，播种面积66390亩，总产905.5万公斤，亩产136.4公斤。2000年，全县大旱且随着实施退耕还林还草工程，播种面积下降。2000—2008年，年均播种52338亩，总产245万公斤，亩产46.8公斤。2011年，播种面积28940亩，占粮田面积的9.3%；总产122.0万公斤，占粮食总产的2.8%。

玉 米

玉米是永和县主要秋粮作物。其种植在民国19年（1930）县志就有记载。1949年，全县玉米播种面积57523亩，占粮田面积18.7%，总产100.5万公斤，占粮食总产20.4%，亩均仅17.5公斤。1957年，播种面积45078亩，总产293.0万公斤，亩均65公斤。1978年，播种面积43500亩，总产754万公斤，亩均173.3公斤。1984—1993年，年均播种21120亩，年均总产448.2万公斤，亩均212.2公斤。1994年，播种18150亩，总产648.3万公斤，亩均357.2公斤，创永和历史玉米单产最高纪录，比1949年增长19.4倍。1995—2000年，年均种植28300亩，年均总产576.4万公斤，亩均203.7公斤。2004年，受市场价格和粮食直补影响，播种面积大幅增加。2003—2006年，年均种植面积50914亩。2007—2011年，年均种植面积105758亩，其中2011年，播种面积130254亩，占粮田面积的42%；总产2963.9万公斤，占粮食总产量的67.1%；亩均227.5公斤。2011年总产量和亩均产量分别是1949年的29.49倍和13倍。

第二节 杂 粮

品 种

杂粮在永和县种植历史悠久。清代至民国时期，永和县杂粮品种有黍（糜子）、稷（禾本科植物，种子有色，可食）、粱（高粱）、大麦、莜麦、苦麦、荞麦、大豆、红豆、小豆、蛮豆、绿豆、豌豆、青豆、豇豆、黄豆、黑豆、扁豆。历经演变，2011年，永和县杂粮主要有谷子、高粱、大豆、黑豆、红豆、绿豆、小豆、蛮豆、黍（糜子：有软、硬两种）、荞麦、莜麦、红小豆等。

产　量

1949年，全县杂粮播种面积131698亩，总产214.5万公斤，亩产16.3公斤。其中播种高粱2914亩，总产4万公斤，亩均13.7公斤；播种谷子48933亩，总产74.5万公斤，亩产15.2公斤；豆类37277亩，总产67.0万公斤，亩产18公斤；其他杂粮总产69万公斤，亩均16.2公斤。1957年，杂粮播种面积98044亩，总产265.8万公斤，亩产27.1公斤。1965年，杂粮总产189万公斤，亩均24.0公斤，亩产比1949年增长47.2%。1978年，播种高粱15723亩，总产89万公斤，亩均56.6公斤；谷子20857亩，总产165.5万公斤，亩均56.6公斤；豆类16084亩，总产88万公斤，亩均54.7公斤。1987年，高粱总产77.4万公斤，亩均88公斤；谷子总产151.1万公斤，亩均123.6公斤；豆类总产147.6万公斤，亩均91公斤。亩产分别比1978年增长55.5%、55.9%和66.4%。1995年，杂粮播种面积5244亩，总产741.8万公斤，亩均141.5公斤，亩产比1949年增长7.7倍。2000年，高粱播种面积1275亩，总产12.0万公斤，亩均94.1公斤；谷子18810亩，总产53.7万公斤，亩均134.9公斤；豆类26880亩，总产224.9万公斤，亩均83.7公斤。2005年，杂粮播种面积53250亩，总产370.8万公斤，亩均69.6公斤。2006年，种植杂粮亦补贴，高粱、谷子、豆类播种面积逐年增加。2011年，全县杂粮播种面积136860亩，总产1116.4万公斤，亩均81.6公斤。其中高粱3690亩，总产22.9万公斤，亩均62.1公斤，分别比1949年增长26.6%、4.7倍和3.5倍；谷子56855亩，总产664.2万公斤，亩均116.8公斤，分别比1949年增长16.2%、7.9倍和6.7倍；豆类66176亩，总产384.9万公斤，亩均58.2公斤，分别比1949年增长77.5%、4.7倍和2.2倍；其他杂粮总产44.4万公斤，比1949年减少35%，亩均43.8公斤，比1949年增长1.7倍。是年，谷子、豆类的播种面积和总产均为历史最高水平。

第三节　薯　类

品　种

红薯，境外引进品种，始种面积极少，受土质气温及栽培技术等因素影响，产量低、收效微。20世纪60年代，品种逐渐适应自然条件，产量提高。20世纪80年代，引进优良品种，产量增长。至2011年，红薯作为土特产品，一直在农村大量种植。

马铃薯，俗称山药蛋，有白、紫皮之分，县域传统种植作物。20世纪80年代前，薯类曾作为粮食作物比例种植，以5斤薯类折1斤粮食进行分配、供应。20世纪90年代后，马铃薯作为县人喜爱的主要食品，一直大量种植，其中在桑壁、署益等塬平区域，规模种植，成为农民主要的经济收入。

产　量

1950年，全县种植薯类10081亩，总产17.5万公斤，亩产17.4公斤；1978年，种植2814亩，总产24.5万公斤，亩产87.1公斤；1986年，种植3500亩，总产62.8万公斤，亩产79.4公斤；1998年，种植9375亩，总产247.6万公斤，亩产264.1公斤。2011年，全县种植薯类14400亩，总产216.2万公斤，亩均150.1公斤，分别比1949年增长42.8%、11.35倍和7.6倍。

1949—2011年永和县粮食作物面积产量统计表

表5-3　　　　　　　　　　　　　　　　　　　　　　　　　　　　单位：亩、万公斤

年　份	总面积	总产量	小　麦		秋　粮	
			面积	产量	面积	产量
1949	307757	493.0	118536	178.0	189221	315.0
1950	285765	586.0	130530	180.5	155235	405.5
1951	318101	849.5	145293	261.5	172808	588.0
1952	314542	787.5	148988	362.0	165554	425.5
1953	313328	925.0	114718	347.5	199150	577.5
1954	282650	954.0	129411	406.5	153239	547.5
1955	273825	594.0	130272	305.5	143553	288.5
1956	239410	849.5	122207	402.5	117203	447.0
1957	230434	575.0	115590	195.0	114844	380.0
1958	207035	852.0	97858	204.5	109207	647.5
1959	173232	719.5	48345	165.0	124887	554.5
1960	259086	644.5	100193	183.0	158893	461.5
1961	253738	805.0	102528	187.0	151210	618.0

续表5-3　　　　　　　　　　　　　　　　　　　　　　　　　　　　　单位：亩、万公斤

年　份	总面积	总产量	小　麦		秋　粮	
			面积	产量	面积	产量
1962	273539	756.0	103980	185.0	169559	571.0
1963	254052	767.5	105415	189.5	148637	578.0
1964	251341	997.5	110372	175.5	140969	822.0
1965	223193	818.0	100524	332.5	122669	485.5
1966	215659	1013.0	87636	79.5	128023	933.5
1967	212862	880.0	82261	251.5	130601	628.5
1968	207792	666.5	83452	126.5	124240	540.0
1969	195489	1073.5	83780	385.0	111709	688.5
1970	185408	872.0	74087	164.0	111321	708.0
1971	181814	1026.0	56106	103.0	125708	923.0
1972	166969	1200.0	61341	383.5	105628	816.5
1973	169127	976.5	61014	246.0	108113	730.5
1974	167919	1256.0	61291	420.5	106628	835.5
1975	172282	1745.0	61668	476.5	110614	1268.5
1976	168940	1445.0	62062	449.0	106878	966.0
1977	190852	1508.0	65295	198.5	125557	1309.5
1978	196169	1644.0	69599	233.5	126570	1410.5
1979	196638	1975.5	71437	483.0	125201	1492.5
1980	190446	1695.5	66861	310.5	123585	1385.0
1981	173025	1277.5	63142	291.0	109883	986.5
1982	172071	1331.5	64043	490.5	108028	841.0
1983	170235	2076.5	63751	675.0	106484	1401.5
1984	148559	2396.5	62389	951.0	86170	1445.5
1985	116538	1750.5	60190	871.0	56384	879.5
1986	127144	1766.2	59600	686.6	67544	1079.6
1987	132084	1220.5	57500	400.3	74584	820.2

续表 5-3　　　　　　　　　　　　　　　　　　　　　　　　单位：亩、万公斤

年　份	总面积	总产量	小　麦		秋　粮	
			面积	产量	面积	产量
1988	128400	2051.7	59540	602.5	68890	1449.2
1989	130530	1007.6	59540	375.0	70990	632.6
1990	138370	2049.7	31040	814.0	107330	1235.7
1991	139585	1710.9	61040	1031.8	78545	679.1
1992	142125	1715.7	61050	819.6	81075	896.1
1993	146430	2101.5	61050	942.0	85380	1159.5
1994	136260	2449.2	61050	827.0	75210	1622.2
1995	146970	2418.0	61050	894.3	85920	1523.7
1996	183150	2894.6	—	904.4	116025	1990.2
1997	149460	1979.4	66390	905.5	83070	1073.9
1998	179670	2734.2	67170	462.0	112500	2272.2
1999	181680	1778.0	67905	419.8	113775	1358.2
2000	156030	1352.4	67065	17.2	88965	1335.2
2001	145665	866.3	59985	190.5	85680	675.8
2002	136815	1587.5	54840	525.7	81975	1061.8
2003	124650	1558.6	40605	477.9	84045	1080.7
2004	145410	2133.1	43365	318.6	102045	1814.5
2005	172485	2183.9	48810	98.6	123675	2085.3
2006	180810	2254.2	49635	205.6	131175	2048.6
2007	258510	2730.6	53370	160.0	205140	2571.6
2008	252495	1860.9	53370	211.9	199125	1649.0
2009	257055	2944.0	52020	180.3	205035	2673.7
2010	302760	3824.4	46875	251.4	255885	3573.0
2011	310454	4418.5	28940	122.0	281514	4296.5

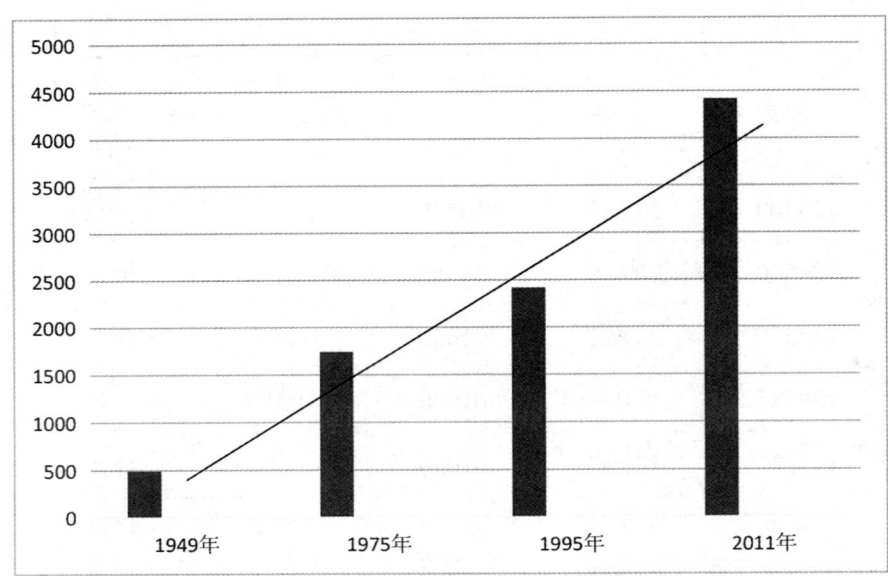

图 5-1　1949—2011 年永和县粮食年总产量示意图（单位：万公斤）

1949—2011 年永和县秋粮作物面积产量统计表

表 5-4　　　　　　　　　　　　　　　　　　　　　　　　　　　　　　　　　　　单位：亩、万公斤

年份	玉米 面积	玉米 总产	高粱 面积	高粱 总产	谷子 面积	谷子 总产	豆类 面积	豆类 总产	其他杂粮 面积	其他杂粮 总产	薯类 面积	薯类 总产
1949	57523	100.5	2914	4.0	48933	74.5	37277	67.0	42574	69.0	—	—
1950	41015	152.5	6768	14.0	39535	110.5	33100	61.0	24736	50.0	10081	17.5
1951	45645	221.5	7520	20.0	44000	160.0	36858	88.5	27540	294.5	11245	25.0
1952	19742	79.0	18164	37.0	48268	115.5	33900	159.5	45058	27.5	440	7.0
1953	20322	122.0	18285	85.0	37295	156.5	37068	111.2	85032	96.5	1148	6.4
1954	20084	134.5	17185	56.5	30680	136.0	42372	113.0	41837	120.0	1081	5.5
1955	14391	65.0	8981	11.5	32779	83.0	33048	32.2	54038	96.5	361	0.7
1956	20618	147.5	11718	35.0	22866	103.5	23286	20.2	37481	83.7	1236	6.8
1957	15953	107.0	17183	33.5	21950	77.5	23232	60.9	35679	93.9	847	7.2
1958	28542	241.0	4728	20.5	23611	149.0	10545	46.5	23586	60.5	18195	130.0
1959	22530	183.5	10513	30.5	21064	99.5	20637	75.1	44575	133.5	5568	32.4
1960	28959	168.0	9601	22.5	31559	79.0	26082	71.5	56072	103.0	6620	17.5
1961	25201	156.5	12885	33.0	24366	96.0	29561	123.4	54277	190.6	4920	18.5

续表 5-4　　　　　　　　　　　　　　　　　　　　　　　　　　　　单位：亩、万公斤

年份	玉米		高粱		谷子		豆类		其他杂粮		薯类	
	面积	总产	面积	总产	面积	总产	面积	总产	面积	总产	面积	总产
1962	22929	155.0	12306	20.0	28095	89.0	39926	96.7	62998	198.1	3305	12.2
1963	30001	213.5	13851	31.5	26996	94.5	40405	134.0	35858	98.0	1526	6.5
1964	37270	405.5	12980	37.0	27423	96.0	33809	162.7	27345	113.3	2142	7.5
1965	45078	293.0	10651	25.5	23140	57.5	27314	38.0	17577	68.0	893	3.5
1966	41208	455.5	9421	31.5	25531	147.5	20321	98.0	30660	193.0	882	8.0
1967	44703	321.5	10535	32.5	24943	90.5	24141	116.7	19682	71.8	928	4.7
1968	33480	328.5	10041	23.5	21768	85.5	23511	85.7	34722	102.4	613	4.4
1969	34655	336.0	10310	47.5	23293	102.5	22885	106.5	2136	84.6	1573	104.0
1970	40425	367.0	14017	55.5	22342	101.5	12996	75.5	17003	92.5	3877	16.0
1971	40090	445.0	14993	87.5	23673	144.0	15385	53.5	28214	179.0	3353	14.0
1972	28737	358.0	20857	152.0	17598	81.5	11306	72.5	23809	142.2	2904	148.0
1973	39628	405.5	8313	41.5	20963	111.5	14070	47.5	22939	114.0	2195	10.5
1974	46714	563.5	17612	69.0	19443	78.0	10292	49.0	11229	68.2	1338	7.8
1975	50665	835.0	14756	96.0	19161	120.5	11814	101.5	12205	98.6	2013	17.5
1976	51046	721.5	14102	44.0	18353	745	12538	92.0	8729	52.0	2110	12.0
1977	53050	791.0	14931	90.0	20387	139.5	17750	141.0	16102	127.6	2995	20.5
1978	43500	754.0	15723	89.0	20857	165.5	16084	88.0	27222	190.0	2814	24.5
1979	43050	951.0	11762	56.5	21038	134.5	19356	124.0	27883	212.5	2040	14.0
1980	42150	847.5	10734	64.0	19900	130.0	21356	129.0	28407	206.0	1045	8.5
1981	39900	556.5	6438	39.0	17373	97.5	20226	93.5	25319	195.5	562	4.5
1982	36450	440.5	6863	52.0	16622	72.5	22500	116.5	23135	562.0	2500	19.0
1983	35550	777.5	6808	56.5	17633	104.0	24900	98.5	18029	314.0	3564	51.0
1984	28500	694.5	5313	100.5	14497	236.0	21200	151.0	8906	312.1	7800	126.5
1985	11100	267.4	6882	92.1	10760	188.0	15212	135.0	5610	89.5	6755	1080.0
1986	21750	519.7	5800	81.4	10500	149.9	19100	158.9	6844	1644.1	3500	62.8

续表 5-4　　　　　　　　　　　　　　　　　　　　　　　　　　　　　　单位：亩、万公斤

年份	玉米 面积	玉米 总产	高粱 面积	高粱 总产	谷子 面积	谷子 总产	豆类 面积	豆类 总产	其他杂粮 面积	其他杂粮 总产	薯类 面积	薯类 总产
1987	24750	262.5	8800	77.4	12220	151.1	16227	147.6	8850	123.2	3723	58.4
1988	20850	584.9	6900	158.5	11770	198.5	16190	225.5	8625	179.1	4580	102.7
1989	20400	297.4	8000	79.1	10900	80.4	16800	93.6	9690	33.5	5200	36.0
1990	21150	573.9	8498	115.0	13211	158.9	17170	177.4	9944	119.7	5372	90.8
1991	20550	308.4	1440	99.0	14570	102.5	15283	77.0	15865	20.2	7030	41.7
1992	20850	439.0	9795	135.7	14010	114.0	21720	83.9	6720	45.2	7905	78.3
1993	21300	534.4	9750	111.2	15480	181.0	23730	168.1	7410	70.5	7620	94.3
1994	18150	648.3	6315	153.7	13455	271.5	24945	329.0	7410	82.2	7620	137.5
1995	25200	646.8	6450	136.1	16305	266.1	23325	239.1	6360	100.5	85550	135.1
1996	36570	990.2	8370	172.7	22155	341.2	19695	163.5	—	—		143.2
1997	26700	690.0	5355	38.7	14970	123.0	14400	63.9	—	—	8415	81.9
1998	33645	10445	7935	177.7	28455	456.4	17925	173.6	—	—	9375	247.6
1999	35685	709.0	5850	—	28005	17.5	19845	80.3	—	—	10005	108.2
2000	12000	317.7	1275	12.0	18810	253.7	26880	224.9	23040	36.0	6960	167.1
2001	25995	394.5	2445	7.3	17430	49.2	25050	130.5	7575	20.8	7215	73.5
2002	27225	432.8	975	5.0	15075	119.3	22440	166.3	5415	32.9	10845	305.5
2003	25950	521.1	1005	5.4	13860	120.2	27405	168.9	4965	30.4	10590	234.7
2004	51465	1345.0	1155	6.7	14280	111.8	21645	112.2	3120	20.1	10380	218.7
2005	62130	1566.5	1290	13.0	24735	186.2	24855	154.3	2370	17.3	8295	148.0
2006	64110	1534.9	3090	67.1	25170	221.2	26685	120.3	3090	11.7	9045	93.4
2007	91665	1752.7	4935	81.14	41145	353.6	53325	247.1	1440	7.7	12630	129.4
2008	91050	934.4	4665	47.0	37860	321.9	51330	222.1	1440	7.5	12780	116.1
2009	93795	1835.1	4350	68.0	41475	380.9	47460	316.1	1800	12.2	12105	151.4
2010	122025	2460.5	4395	41.0	40320	459.8	65565	358.9	9720	51.8	13860	201.0
2011	130254	2963.9	3690	22.9	56855	664.2	66176	384.9	10140	44.4	14400	216.2

第三章 经济作物

第一节 棉花 油料 药材

棉 花

棉花是县人种植的主要经济作物之一。1949年，全县播种面积16740亩，总产10万公斤，亩产6公斤。1950—1957年的8年间，年均播种26853亩，总产26.13万公斤，亩均9.7公斤。1952年，播种面积41098亩，总产56.5万公斤，均为永和历史最高水平。1959—1993年的35年间，年播面积都在万亩以下。其中1962、1978—1982、1985、1986年8个年份在千亩以下，1979年播种面积仅261亩，总产仅1000公斤，亩均3.8公斤。1985年试用地膜覆盖种植棉花。1988年播种面积1000亩，总产4.6万公斤，亩均41.8公斤，创永和亩产最高纪录。1995年，播种面积17940亩，总产20.2万公斤，亩均11.3公斤。后因投工多、风险大，种植面积骤减。2000年，永和县严重旱灾，棉花播种1200亩，全部绝收。2001年后，播种面积小幅度提升，2001—2010年的10年间，仅2004年播种面积在万亩以上，其余年份均在万亩以下。2005—2010年，全县累计产棉花103万公斤，年均17.2万公斤。2011年，播种面积5405亩，比1949年减少67.7%；总产17.3万公斤，亩均32公斤，分别比1949年增长73%和4.3倍。

油 料

油料是县域传统经济作物，清代至民国时期，永和县油料有胡麻、麻子、稆子、芝麻等。2011年，油料主要品种有芝麻、蓖麻、葵花、胡麻等。1949年，全县油料种植面积7757亩，总产9.3万公斤，亩均12公斤。1950—1979年，年均种植6425亩，总产10.2万公斤，平均亩产15.9公斤。1980年后，蓖麻、葵花种植面积和产量明显上升。1980年，种植油料13226亩，蓖麻、葵花占44.4%；总产78.5万公斤，蓖麻、葵花占74.1%；亩产59.4公斤，比1949年提高3.95倍。1985年，种植82821亩，蓖麻、葵花占95.5%；总产598.2万公斤，亩产72.2公斤。是年，种植面积创永和历史最高纪录。1986—1997年，年均种植57466亩，总产315.2万公斤，平均亩产54.8公斤。

1998年，种植面积61140亩，总产600.4万公斤，亩产98.2公斤，为永和亩产最高水平。1999—2004年，年均种植51508亩，总产270.4万公斤，亩产52.5公斤。2005年，种植面积76995亩，总产671.0万公斤，葵花、蓖麻占94.6%，亩产87.1公斤。是年，创永和总产最高纪录。2011年，种植面积50165亩，比1949年增长5.47倍，与1985年比较减少39.4%；总产360.4万公斤，比1949年增长37.8倍，与2005年比较减少46.3%。其中蓖麻161.3万公斤，葵花161.4万公斤，均占44.8%；平均亩产71.8公斤，比1949年提高5倍。

药　材

县域野生药材品种有苍术、金银花、枸杞子、菊花、蒲公英、马兜铃、甘草、柴胡、黄芩、麻黄、桑叶、芦根、地骨皮、五加皮、马齿苋、马勃败酱草、青蒿、茵陈、木瓜、苍耳子、酸枣仁、柏子仁、延胡索、王不留行、桑葚、洋金花、桑白皮等。

20世纪90年代初，县域始种药材，种植面积零星。2000年始，受药材市场影响，种植面积大幅增加。品种主要有远志、黄芩、甘草、柴胡、丹参、西红花等，种植区分布在交口、阁底、坡头等乡镇。2000—2003年，年均种植2295亩。2004年种植面积10500亩，总产29.1万公斤，亩均27.7公斤。是年，药材种植面积创永和最高纪录。2009年，种植面积5850亩，总产91.6万公斤，亩均156.6公斤，为药材亩产最高水平。2011年，种植面积7680亩，总产67.7万公斤，亩均88.2公斤，总产、亩产比2004年分别增加57%和68.6%，与2009年比较分别减少26.1%和43.7%。

第二节　蔬菜　瓜类　食用菌

蔬　菜

清代至民国时期，永和蔬菜有葱、韭、芹、白菜、菠菜、君达、苦苣菜（根叶可食1年）、芫荽（香菜）、豆荚、莴苣、蔓菁（芜菁根）、蒜、白萝卜、胡萝卜、茄子、南瓜、王瓜（黄瓜）、北瓜（西葫芦）、菜瓜、山药等。历经多年演变，2011年，县域蔬菜品种有白萝卜、胡萝卜、水萝卜、芜菁根、西葫芦、南瓜、冬瓜、黄瓜、辣椒、青椒、葱、蒜、韭菜、芹菜、白菜、球形甘蓝（莳子白）、香菜、菠菜、番茄、茄子、红萝卜、苋菜、油菜、黄花菜、豆角等。

永和人有庭院种植蔬菜的习惯，向以自食为主，种植面积时多时少。1955—1959年，年均种植1864亩；1960—1970年均种植4535亩；1971—1977年，年均种植1434亩。20世纪70年代以前，蔬菜年均总产不足10万公斤。1982—1990年，年均种植2808亩，总产238.4万公斤，亩均849公斤。1992年，侯马技术员在官庄指导始建支柱日光温室1个。1995年新增大棚5个，主要栽培黄瓜、西红柿、西葫芦、辣椒、韭菜、豆角等。翌年，第一次农业普查大棚面积，城关镇有6630平方米。2001年，在圪列塬、上下辛角村建无支柱日光温室大棚20多个。是年，县人自筹资金在县城河口建拱棚。塑料大棚的推广应用，实现了夏菜冬种、冬用。2003年，临汾小麦研究所技术员培训县人大棚栽培技术。翌年，药家湾村有大棚20个，圪列塬村有大棚88个，年产鲜菜120万公斤，除供给县人外，另销往大宁、隰县等周边县城。2006年，永和县城有塑料大棚温室8300平方米。2009年后因城乡建设，塑料大棚温室迅速减少，仅有700平方米。2010年，种植蔬菜5415亩，总产866万公斤，亩均1599公斤，亩产为永和历史最高水平。2011年，种植蔬菜5661亩，总产880.9万公斤，亩产1556.1公斤，与2010年比较，种植面积增加4.5%，总产增长1.7%，亩产减少2.7%。同年，全县大棚温室有700平方米。

瓜 类

永和县瓜类主要有西瓜和甜瓜两种。县人种植瓜类，以自食为主，种植面积不稳定。1959—1960年，年均种植389亩。1983年试用地膜技术育苗。1984—1995年的12年间，只有1992、1995年播种面积在千亩以上，其余年份均在千亩以下。20世纪90年代，广泛推广地膜覆盖技术，引进优种，间有塑料大棚种植西瓜，产量提高。1992年，种植1320亩，总产90.8万公斤，亩均688公斤。1999—2004年，年均种植2163亩，总产172.4万公斤，亩均797公斤。受市场需求影响，加之商品率不断提高，瓜类逐渐成为县人种植的主要经济作物之一。2005年，种植2865亩，总产494.5万公斤，创县域瓜类总产纪录。2008年，种植3345亩，为永和种植面积最多的一年。2011年，种植2748亩，总产324.5万公斤，亩产1180.9公斤，分别比2005年减少4.1%、34.4%和31.6%。

食用菌

永和县食用菌种植始于20世纪80年代，规模种植在2010年以后。品种主要有杏鲍菇、白灵菇、平菇、猴头菇、金针菇等。种植原料以玉米芯、麦麸为主，以麦秸、玉米秸为辅。2010年，在红花沟村发展食用菌棚15个，在江苏省聘请技术员指导食用菌种植，辐射当地农民10余户，当年投料3万公斤，产鲜菇15万公斤，产值80万元。2011年，投料4万公斤，产鲜菇20万公斤，产值100万元。

1949—2011年永和县经济作物面积产量统计表

表5-5　　　　　　　　　　　　　　　　　　　　　　　　　　　　　　　单位：亩、万公斤

年　份	棉　花		油　料		蔬　菜		瓜　类	
	面积	产量	面积	产量	面积	产量	面积	产量
1949	16740	10.0	7757	9.30	—	1.7	—	—
1950	31755	19.0	2645	5.00	—	2.3	—	—
1951	37200	8.5	4485	9.62	—	3.3	—	—
1952	41098	56.5	13167	29.13	—	4.7	—	—
1953	26738	33.5	9233	20.78	80	6.7	—	—
1954	20925	41.0	9492	21.89	140	9.5	—	—
1955	10568	18.0	6164	5.47	175	13.5	—	—
1956	25571	14.5	4785	7.42	1980	44.5	660	—
1957	20972	18.0	4597	6.68	1573	34.5	583	—
1958	13855	12.0	4765	6.48	2796	99.5	224	—
1959	8063	13.0	6097	7.19	3392	85.0	159	—
1960	7847	5.0	7536	4.55	5005	125.0	320	—
1961	7183	5.0	6037	4.57	5786	144.5	—	—
1962	766	0.5	4956	2.77	2222	66.5	106	—
1963	9813	6.0	65.3	7.15	3947	119.0	239	—
1964	8090	5.0	5054	7.44	3278	80.5	163	—
1965	5614	3.0	7530	9.29	5031	125.0	149	—
1966	4800	2.0	6083	9.84	5588	135.0	193	—
1967	5682	4.5	6531	7.92	5644	210.0	—	—
1968	4946	2.5	5165	7.54	7347	200.0	911	—
1969	5494	5.0	5191	13.61	3169	90.5	774	—
1970	6220	5.0	5063	10.52	2843	130.0	403	—
1971	2884	1.0	4424	6.81	2372	173.0	239	—

续表 5-5　　　　　　　　　　　　　　　　　　　　　　　　　　　　单位：亩、万公斤

年 份	棉花		油料		蔬菜		瓜类	
	面积	产量	面积	产量	面积	产量	面积	产量
1972	4491	1.5	5729	12.35	1580	95.0	193	—
1973	1146	0.5	4147	4.73	1163	74.5	176	—
1974	5016	3.0	5543	9.24	1067	59.0	136	—
1975	5666	4.5	7306	11.81	1290	86.0	165	—
1976	4581	2.5	6774	8.96	939	59.0	123	—
1977	5556	4.0	9707	19.85	1158	68.5	72	—
1978	445	0.5	8891	9.50	941	35.0	50	1.2
1979	261	0.1	9152	19.18	757	52.5	760	0.6
1980	450	0.6	13226	78.50	686	60.0	890	1.4
1981	285	0.2	19214	116.80	351	42.5	—	—
1982	896	1.6	20374	94.30	2171	182.5	—	—
1983	2028	4.6	22192	156.60	3381	272.0	—	—
1984	4660	15.2	49211	573.7	3717	827.0	300	9.4
1985	850	1.6	82821	598.20	2821	347.2	340	41.0
1986	500	2.1	64100	431.20	2800	257.8	800	97.9
1987	2100	5.2	53100	265.60	2600	358.8	560	28.3
1988	1100	4.6	64000	442.30	2800	220.1	600	55.0
1989	1050	3.0	63543	240.00	2671	110.4	400	23.3
1990	1970	4.0	55543	412.70	2410	118.2	400	47.1
1991	6987	11.9	51320	191.80	3149	83.4	630	51.5
1992	9525	11.0	44745	137.30	3435	173.0	1320	90.8
1993	7575	10.0	42465	199.00	3480	313.9	495	51.3
1994	17445	34.2	59775	409.80	3255	337.5	500	63.5
1995	17940	20.2	63285	392.50	3870	503.1	1600	157.9
1996	18765	28.5	71175	475.5	—	—	—	—

续表 5-5　　　　　　　　　　　　　　　　　　　　　　　　　　　单位：亩、万公斤

年份	棉花		油料		蔬菜		瓜类	
	面积	产量	面积	产量	面积	产量	面积	产量
1997	17400	5.7	56535	184.7	3945	195.3	—	44.5
1998	13215	38.3	61140	600.4	4020	407.2	—	145.4
1999	11895	5.8	72900	305.4	3915	74.8	1845	24.2
2000	1200	—	51660	274.0	3195	183.7	2070	95.8
2001	6675	0.9	46470	114.2	4110	343.3	2325	110.4
2002	5925	3.6	44385	229.0	4020	472.5	2310	215.8
2003	7350	16.3	45300	299.9	4350	480.1	2100	223.2
2004	10155	25.2	48330	349.6	4770	530.7	2325	365.0
2005	5850	14.1	76995	671.0	5010	490.4	2865	494.5
2006	6120	16.6	61845	372.0	6030	688.2	3075	489.7
2007	6315	18.7	58395	418.1	4980	700.1	2400	279.5
2008	6300	18.0	54165	293.0	5970	749.5	3345	300.2
2009	6150	18.1	50955	340.7	5010	773.4	2955	283.5
2010	6105	17.5	48255	350.9	5415	865.9	2430	324.5
2011	5405	17.3	50165	360.4	5661	880.9	—	326.7

第四章　作物栽培

第一节　栽培技术

耕作方式

轮作倒茬　有夏、秋作物倒茬，棉、麦倒茬，瓜、麦倒茬，秋粮与秋粮倒茬等。沿黄河4乡和芝河镇南部等地，实行"两年三收"，即冬小麦收获后点播早熟小杂粮，

次年改播大秋作物，或春播秋作物，复播冬小麦。翌年麦收后再复播早熟小杂粮，或春播小杂粮，复播冬小麦，次年收获。

间　作　主要有冬小麦与豌豆间作，玉米与大豆、扁豆、马铃薯间作，豆类与高粱、谷子、芝麻间作，棉花与芝麻、花生、西瓜、甜瓜间作，果树挂果前与低秆作物、瓜类、蔬菜间作，地垅、地畔捎种南瓜等。

套　种　主要有小麦套种玉米，玉米套种马铃薯等，即在前茬作物生长期间，在其行间播种或栽种生育季节不同的后茬作物。

宽窄行种植　1957 年前，县内实行等宽行种植。1958 年始推广宽窄行种植，有宽行、窄行等量与两窄一宽之别，多用于玉米、高粱、小麦、蔬菜等作物的种植。1990 年后宽窄行种植模式逐渐改为密植。

合理密植　1972 年起，推广玉米、棉花合理密植，即以宽窄行为基础，缩小株距，增加单位面积株数。20 世纪 80 年代初，仍以玉米、棉花为主，实行高水肥、高密度种植。20 世纪 90 年代以后，以小麦、玉米、棉花为主，强调良种、良法一起推广，注重"大群体、小个体"，利用群体结构夺高产。进入 21 世纪，以玉米、谷物为主，采用间、套、复种高低秆立体种植，由多种农作物搭配种植，提高复种指数，增产增收。玉米合理密植宜 4000 株/亩。

玉米种植

地膜覆盖　1983 年，试用地膜覆盖种植西瓜、甜瓜，进行蔬菜育苗。1984 年，地膜覆盖应用于玉米、蓖麻种植。1985 年，应用于棉花种植试验获得成功。1988 年全县地膜覆盖 100 亩，1989 年增至 150 亩，1990 年增至 300 亩。1995 年地膜覆盖技术大面积推广应用达 2.5 万亩。2000—2006 年，年均地膜覆盖面积 1.9 万亩。2011 年，全县地膜使用量和覆盖面积分别为 1.2 万公斤和 2.4 万亩。

播　种　传统播种方法有穴播、条播、撒播 3 种。亩播种量因下种时间、土壤、墒情、地区、种子质量、播种方法不同而异。1958 年有"下种多产量多"之说，在河口坪菜地试种小麦半亩，下子20公斤，结果因苗稠、苗细、不通风、不透光，倒伏无收成。是年推广耧播小麦，1968年推广耧播棉花，1989年推广沟播小麦。1995年，全县耧播小麦、谷子、棉花共4.5万亩。2003年，推广机械播种，机播小麦1.2万亩，机播玉米2.3万亩。2011年，机播小麦1.5万亩，占麦田面积52%；机播玉米27万亩，占玉米面积21%。

深耕 耙耱 中华人民共和国成立前，永和农民用传统木犁耕地，深度不足20厘米，耙耱一般只1次，多者不过2次。1957年后，耕作机具逐步改进，并强调秋田秋深耕、春耙耱；麦田灭茬伏深耕，秋耙耱；深度25~35厘米，耕2~3次，耙耱2~3次。1995年，深耕土地占到总耕地面积60%以上。2000年机械深耕土地3万亩，占总耕地面积8.4%。2005年机械深耕土地5.6万亩。2011年机械深耕土地5.3万亩。

作物管理

中耕 永和农民仅中耕秋作物（胡麻除外），中耕麦田者极少。中耕素有锄深、挖通、疏根过垄、苗匀、草净、培土等要领。中耕第一遍俗称"小锄"，深3厘米左右，重点是除草、间苗；第二遍俗称"耧"，深5厘米左右，起除草、松土、培土作用。由于播种面积大，农活集中，劳力不足，故第三遍仅对玉米、谷子、棉花等几种作物进行，多数作物中耕一遍即等收获。2000年后，陆续引进大中型机械耕作、化学药剂锄草，应用于玉米、高粱大秋作物，以此代替人工，增产增收。

定苗 亦叫间苗、留苗。玉米、谷子、黍、糜、豆类、高粱等粮食作物，棉花、蓖麻、葵花、花生、西瓜、甜瓜等经济作物和蔬菜作物的大部，均需定苗。定苗掌握去弱留强、去大去小留中间壮苗的原则，每年5—8月间皆进行作物定苗。个别作物因时、因地作二次定苗。

整枝 棉花打油条、板腋芽、去旁顶、换正顶、留果枝；蓖麻出现8~9片真叶时，打正顶。整枝需视土地水肥条件而定，水肥条件好的地块，可留5个分枝，叫"五子登科"，条件差的地块留3个分枝，叫"三炷香"整枝法；肥力极差者，只留1主1侧。首次整枝后，隔10天再去1次强芽。西瓜留3根蔓，其中1蔓结实，去一胎、二胎，留三胎收获。甜瓜去正顶，番茄去腋芽，茄子去竞争枝，南瓜留主蔓，水果、干果树整形修剪等均是整枝。

施肥 厩肥、土杂肥、牛羊粪等传统肥料，于作物播种前一次性施入田中。因地多肥少，运输困难，一般亩施肥不足10担，白子下种者为数不少。中华人民共和国成立后，采用修厕所、垒猪圈、垫牲口圈、秸秆还田、刮塄溜畔、压绿肥等措施积肥，使亩施有机肥增至10担以上。1958年始施用化肥。20世纪60年代初由单纯施用氮肥发展为氮、磷、钾肥配合使用。20世纪80年代初推广复合肥，中期推广配方施肥及微肥。20世纪90年代推广平衡施肥、专用肥、化肥深施、根叶喷施等先进技术。20世纪90年代末，开始用钾肥。进入21世纪，推广测土配方施肥新技术，即"测土""配方""配肥""供肥""施肥"5个程序。1958年，全县化肥用量为20.5万公斤，亩均0.8公斤；1966年，用量为42万公斤，亩均1.9公斤；1978年，用量164.9万公斤，亩均8.5公斤；1985年，用量674.8万公斤，亩均33.7公斤。1995年，施用化肥850万公斤，亩均43.3公斤；2003年，化肥用量673.4万公斤，亩均32.6公斤。2011年，全县共施用化肥900万公斤，比1958年增长42.9倍，其中复合肥101.7万公斤，氮肥516.9万公斤，磷肥273.7万公斤，钾肥8.1万公斤，亩均用量25.1公斤，相当于1958年的31.4倍。施农家肥390万担，亩均9担，200亩测一个土样进行配方、配肥。2005—2011年，化肥使用量累计5989.3万公斤，年均855.6万公斤。

育苗移栽 县境内在蔬菜和红薯的栽培上，素有育苗移栽传统。20世纪90年代在蔬菜栽培上，育苗技术与温室大棚相结合。21世纪，县人庭院种植也多采用育苗移栽。

病虫害防治

病害防治 永和农作物病害主要有小麦锈病（条锈、叶锈、秆锈3种）、白粉病、黄矮病、玉米黑粉病、花叶病、烂矮病、谷子白发病、瘟病、锈病、黑穗病、线虫病、高粱黑穗病（分黑穗病与丝黑穗病）、葵花腐烂病、豆类花叶病、白粉病、根腐病、叶斑病、锈病、霜霉病、灰斑病、轮纹病、炭疽病、紫斑病、孢囊线虫病、甘薯黑斑病、茎线虫病、枯萎病、疮痂病、马铃薯晚疫病、环腐病、黑胫病等；蔬菜有立枯病、青腐病、黑心病、病毒病等。中华人民共和国成立前，只有铲除田间株等土法施治，效果甚微。1956—1965年，因引进碧码1号品种，致使小麦发生锈病，泊洋、西庄、阁底3乡发病面积5万亩。1965年，全县以北京5号替代碧码1号，锈病得到控制。1963—1968年，因重茬时间长，谷子白发病占播种面积15%~20%。1965年起，在倒茬同时，推广长农系优种，至20世纪80年代末未发此病。20世纪80年代推广玉米单交种和高粱杂交种，此两种作物黑穗病基本得到控制。1990—1993年，城关、坡头、署益、桑壁4乡镇5万余亩小麦发生白粉病，县生产资料公司调进硫黄2吨，农业局派8名技术员分赴发病区，组织200余人，用100余台喷雾器撒石硫合剂灭病，效果良好。马铃薯晚疫病属种传病害，因品种退化引起。20世纪70年代异地调种，90年代推广脱毒品种。2000年后，防治晚疫病较好的农药是瑞毒霉。发现中心病株及时喷施25%瑞毒霉可湿性粉剂800倍液，每10天左右喷一次，2~3次即可控制病害发展。豆类霜霉病，可利用特克多悬浮剂或多菌灵霜霉威等喷雾防治。2005年，大棚蔬菜发生腐烂病，利用百菌清、多菌灵防治病害，效果明显。拌种是防治玉米丝黑穗病最简便易行省工高效的方法。除药物防治外，仍以轮作倒茬，选用抗病、耐病品种，浸种、药剂拌种、增施农家肥等防治措施为主。

虫害防治 永和县常见害虫，小麦有灰飞虱、红蜘蛛、蚜虫；玉米有玉米螟；谷子有粟灰螟、谷跳蚤、鳞斑叶甲、黄肢细腰叶蝉、栗番死甲；高粱有蚜虫；豆类有大豆蚜、食心虫、豆荚螟、豆天蛾、绿豆象、红蜘蛛；棉花有蚜虫、棉铃虫、棉盲蝽象、棉叶跳蝉、棉小造桥虫；薯类有甘薯蚁象、麦蛾、花天蛾、斜纹夜蛾、甘薯叶甲、二十八星瓢虫、蚜虫；蔬菜有白粉虱、白粉蝶、蚜虫、草地螟、菜青虫、萝卜虫、葱蝇等。地下害虫有金针虫、蛴螬、蝼蛄、叩头虫、地老虎（大、小2种）。鼠类有鼢鼠、田鼠、花鼠。其他还有野兔，獾（分猪、狗2种）等。最初，人们发现害虫后只能用人工捕捉，费力费时，收效甚微。20世纪60年代以前，有的棉农用烟叶水土法灭杀棉蚜。1961年后引进1.5%甲基1605粉，50%甲基1059乳剂，40%3911粉剂，于每年5月上旬、6月中下旬、7月下旬分次在棉田喷撒消灭棉蚜；采用1059、1605、3911等农药拌种，防治小麦、玉米地下虫害。20世纪70年代以后，先后引进40%乐果乳油、五氯硝基苯、马拉硫磷、磷丹乳油、灭扫利、达螨灵、多效唑、乐青乳油、双磷菊酯等农药，用于防治棉蚜。20世纪70年代中期，始用氧化乐果喷杀麦蚜。20世纪80年代，推广包衣种子，控制地下虫害。1986年，县植保站从临汾地区植保站引进灭鼠雷，在鼢鼠为害严重的城东部开展灭鼠，灭1只鼠奖人民币1元，至1990年灭鼠300余只。为防止虫害产生抗药性，影响防治效果，进入21世纪，先后引进钻心杀、吡虫矿物油、啶虫脒、高效氯氟氰菊酯等控制虫害。2004年，蔬菜虫害发生频繁，菜农严格控制农药用量，用高效低毒农药防治，全县施用农药2.7万公斤。2008年，农药施用量4.2万公斤。为确保无毒无公害的绿色食品，至2011年，以诱蛾、灭卵、杀虫3个环节进行人工防治和利用害虫天敌进行生物防治为主，以选用化学农药为辅，全年共施用农药5.3万公斤，各种虫害得到有效控制。

第二节 种子改良

选　种

中华人民共和国成立前，永和县农作物种植皆为传统品种，严重影响产量。20世纪50年代后，选种渐为群众重视。根据作物种类不同，常用选种方法有4种。粒选：豆类、蓖麻等大粒作物，春播前去掉秕粒、小粒、霉烂粒、破损粒，留饱满粒作种子；穗选：谷子、黍子等小粒作物，收获时选好穗单打、单存，留作种子；片选：小麦、莜麦，春季收割前在田间去杂去劣，尔后单收、单打、单存，留为种子；风选：作物脱粒后晒干，播前用风力去杂质、秕粒、坏粒，留好粒作种子。所选种子除满足本户、本村外，常在户与户，村与村之间调剂兑换。20世纪90年代后期，广泛引进优种，选种者甚少。

引进优种

永和县遵循先试验后推广原则，从20世纪50年代起先后引进作物品种200多个。几经更新换代，2011年的骨干品种为：玉米，先玉335、农大108、农大84、长单43、新玉33、优种率100%；谷子，晋谷21号；高粱，三尺三、晋杂5号；豆类，晋绿1号、东北大豆；薯类，紫花白、晋薯12号、济南红；棉花，晋棉12号；油料，汾蓖5号；蔬菜，短把茄、尖椒22号、晚丰甘蓝、齐头黄、长菜豆、白菜新津绿、红豆、小果黄瓜、临韭1号、大圆叶菠菜等；瓜类，正统兰州P2西瓜、新红宝、黑美人瓜、金蜜1号、香满地、甜蜜1号等。

良种繁育

小　麦　1961年，县农业技术站派技术员3人，在西庄乡苏土村设点，对小麦提纯复壮、有穗行圃，种田1亩，产种子50公斤。1970—1975年，在阁底村播提纯小麦种子田200亩，产种子15万公斤。1995年，由4名技术员指导，在全县11个乡镇搞1.5万穗"千穗行圃"，产种子0.1万公斤。2000年后，大多种子从外引进。

玉　米　1968—1969年，在桑壁镇先后培育自交系杂交种50亩，制种田100亩，产种子3万公斤。1970年，在阁底乡小坪村培育制种田100亩，产种子2万公斤。1971—1980年，先后在城关镇官庄村、王家坪村培育制种田200亩，产种子3万公斤。

1981年，在坡头乡白家崖村培育制种田100亩，产种子2万公斤。1990—1994年，在署益乡长索村先后培育制种田200亩，产种子4万公斤。1995年，培育制种田产种子25万公斤。2007年，县人药继生成立优良玉米专业合作社，自外地引进优良品种，在桑壁、署益、坡头等地试种成功，以点带面，大力推广。

高 粱 20世纪70年代引进3197A不育系、3197B保持系、三尺三恢复系，始育杂交高粱向阳红。由县良种场繁殖亲本3197A，农村制种晋杂5号，产种子18万公斤。1973—1974年，组织技术人员赴海南岛配制晋杂5号种子田154亩，产种子1.7万公斤。20世纪90年代后，采用引进种子。

蓖 麻 1990年，在坡头乡索驼村培育晋蓖1号制种子田100亩，产种子1.5万公斤。至1994年，先后在桑壁镇、白家崖村等地培育红秆塔蓖麻育种田500亩，产种子6万公斤。1995年，在罢骨乡北则村培育汾蓖5号育种田100亩，产种子0.75万公斤。2000年后采用引进种子。

优种供应

1980年前，永和县小麦、玉米、高粱优种多由境外调入。20世纪80年代初期县内繁育较多，但因优种更新换代，每年仍需调入一部分。20世纪80年代后期开始，自产优种供过于求，每年均有部分外销。至1995年底，全县共调入各种作物优种87万公斤，调出29万公斤，历年供应农民优种161万公斤。20世纪90年代以后，由种子公司自境外引进优良品种，另新增个体种子经营户，推广良种。

1949—2011年永和县农作物品种一览表

表5-6

作物名称	传统品种	引进品种
小麦	红火麦 四月黄 老　麦 苦　麦 大　麦	旱洋麦、169、太谷49、石化54、北京5号、北京10号、农大183、农大187、太幅1号、太幅10号、晋麦2号、12059、卫东7号、旱选3号、晋麦5号、太原633、晋农3号、晋麦13号、太原739、晋麦16号、晋麦17、隰麦3号、旱选10号、晋麦33号、晋麦34号、晋麦47号

续表 5-6

作物名称	传统品种	引进品种
玉米	黄玉米 白玉米	雁农2号、金皇后、中杂33号、中杂34号、春杂12、双跃3号、华傲、早双1号、维242、农大7号、新农大7号、新黄单9号17号32号、长单7号12号、白单1号2号、大单2号、太单11号25号43号、白双交、单运2号、白单4号、中单2号、丹玉6号、晋中301、晋原单4号、隰单2号、津夏1号、丹玉13号、晋单27号、掖单13号、杂单5号、长单43、新玉33、先玉335、杂单506、农大108、郑单958、农大84、长单506、晋单42、双汇508、双汇168、登海605、晋单6号、农大3138、丹玉86、先玉508、齐单1号
谷子	临秋变、软谷、饿死牛、打谷、马鞭谷、毛流沙、小红谷、大流沙、二流沙	沁州黄、长农11号、白母鸡咀、隰谷1号、红旗2号、小黄谷、黑谷（绿粒）、晋谷21号、张杂3号、张杂5号、吨粮谷子
高粱	铁颗黑 红高粱 马尾巴 软高粱	三尺三、西藏高粱、隰杂1号、晋杂5号、晋杂4号、晋杂12号、晋中405号、晋杂22号
豆类	大白豆、小白豆、大黑豆、大绿豆、小绿豆、红小豆、芒小豆、豌豆、豇豆、大青豆	软黑豆、河南花豆、晋豆1号、晋豆2号、晋号9号、东北大豆、晋豆22号、晋豆27号、冀豆9号、晋绿1号、晋红小豆1号、晋豌豆3号、中豌5号、中豌6号、渗变30、早熟1号
薯类	白马铃薯 紫马铃薯	甘薯、五台白、瞎八斤、男爵、东北白、里外黄、紫花白、晋甘薯3号、济南红、秦薯4号、晋薯12号

续表 5-6

作物名称	传统品种	引进品种
棉花	黑山棉、朝阳棉	晋棉 10 号、11 号、12 号、13 号，中棉 12 号，汾低 99 号，中棉 16 号
油料	胡麻、大花生、芝麻、蓖麻、小麻子、花葵、密葵	油葵、大子花葵、三道眉、红秆塔蓖麻、晋蓖 1 号、汾蓖 5 号、汾蓖 6 号、新世纪花葵、迪卡 101、康地五号
蔬菜	窄叶菠菜、毛叶白菜、芹菜、白皮葱、红皮葱、窄叶韭菜、香芹（芫荽）、莴笋、君达、菊芋（洋山蔓菁）、红皮蒜、白皮蒜、扁南瓜、青皮南瓜、黑南瓜、花皮西葫芦、黑乌蛇黄瓜、花皮圆冬瓜、黑皮菜瓜、丝瓜、圆茄子、长辣椒、扁豆（荚荚）、刀豆（蛾眉豆）、长白萝卜、罐儿白萝卜、黄色胡萝卜、小萝卜、芜菁根（蔓菁）、黄花菜（金针）	叶菜类：球形甘蓝有理想 1 号、中甘 11 号、晚丰、京丰、强力早生；白菜有晋菜 3 号，新包头 2 号、鲁白 8 号、4 号、6 号，上海七宝珍小白菜，白菜新津绿，白菜高抗 70、80，筒子白；韭菜有马莲韭菜、781 韭菜、临韭 1 号；葱有 7 叶 7 新葱、章丘大葱、晋生葱王；油菜有华美油菜、四月蔓油菜；其他有大圆叶菠菜、神速玉青菜 茎菜类：芋头（玉蔓菁）、圆蔓菁 瓜菜类：一窝蜂西葫芦，阿太 1 号，大青皮杂交一代，长春密刺黄瓜，津研 2、3、4、5、6、7 号黄瓜，津杂 2 号黄瓜，灰皮冬瓜，无蔓南瓜，小果黄瓜，日本南瓜；番茄有特瑞皮克，中蔬 4 号、5 号、6 号，红玉，毛粉 801、802；茄子有长茄子、白茄子、卡门、6 叶茄、7 叶茄、短把茄；辣椒有鸡嘴辣椒、牛角王、中椒 4 号、尖椒 22 号、青椒、朝天椒；豆荚有四月先、长菜豆、白不老、长青豆 根菜类：红色胡萝卜、丰光 1 号白萝卜、丰翅、象牙白心（外白内红）、白萝卜、芥菜、齐头黄、二通眉芥菜、小五樱水萝卜 多年生类：优种黄花菜、嫩叶黄花
瓜类	花皮西瓜、黑皮西瓜、绿皮红籽香瓜、花皮百子香瓜	郑州 1 号西瓜、郑杂 5 号西瓜、新红宝西瓜、正统兰州 P2 西瓜、华兰 4 号香瓜、白砂蜜香瓜、农甜 1 号、运蜜香瓜、黄金香瓜、华南五号甜瓜、黑美人瓜、金蜜 1 号

第五章 种粮补贴

第一节 粮食直补

2004年始,国家对种植业实施"粮食直补"政策。是年,种植小麦补贴10元/亩,玉米5元/亩,全县补贴小麦43357.6亩,玉米55729.3亩,共71.2万元。2005年始,种植谷子补贴5元/亩,同年,补贴小麦46306亩,玉米55896.9亩,谷子20794.1亩,共84.7万元。2006年,除粮食直补外,新增农资综合补贴标准,即小麦10元/亩,玉米、谷子均为7元/亩,杂粮5元/亩,全县补贴小麦40183.8亩,玉米61139.2亩,谷子24589.6亩,农资补贴杂粮40703.5亩,共204.7万元。2007年,粮食直补农资综合补贴标准提高,即小麦20元/亩,玉米14元/亩,谷子、杂粮均为10元/亩。同年,补贴小麦30707.5亩,玉米102676亩,谷子36845.7亩,杂粮54843.3亩,共424.7万元。2008年,农资综合补贴标准再次提高,即小麦51元/亩,玉米、谷子、杂粮均为35元/亩,全县补贴小麦13436亩,玉米102253.2亩,谷子37885.9亩,杂粮52363.3亩,共计852万元。2009年,补贴小麦29415亩,玉米141228.2亩,谷子43663.3亩,杂粮68785.66亩,共计1194.1万元。2010年,补贴小麦16902.2亩,玉米121116.4亩,谷子78383.2亩,杂粮39452.1亩,共计1058.9万元。2011年,农资综合补助贴标准为38元/亩,同年,补贴小麦20165亩,玉米144427.15亩,谷子61806.9亩,杂粮53084亩,共计1246.1万元。

第二节 退耕补助

2000年始,永和县实施退耕还林(草)工程,并给予退耕户粮食供应补助。粮食供应品种为小麦、玉米。全县7个粮站和县粮贸总公司承担7个乡镇退耕还林粮食供应工作，固定供粮网点12个。是年，退耕面积1.2万亩，供应粮食120万公斤，其中小麦84万公斤，玉米36万公斤，折合现金148.2万元。2001年，新增退耕1.4万亩，供应粮食260万公斤，折合现金332万元。2002年，提高补助标准，实补690.6万元。2003年，由粮食供应改为现金补助，标准160元/亩，同年，退耕面积8.3万亩，实补115.6万元。2007年，退耕面积7.9万亩，实补1090.5万元，在原有基础上新增完善退耕还林政策增补90元/亩，补贴1.6万亩、14.1万元。2008—2010年，共补助2510.4万元。2011年，退耕面积1.04万亩，补助166.4万元，完善退耕还林政策补助7.14万元，补助642.78万元，全年共补助809.18万元。

第六编

养殖业

永和县地处大山深处，境内双锁山、阁山、楼山、棋盘山等大山都是灌木成片、野草丛生，是天然的牧区。

境内群众一直就有大量牧羊、养牛、养驴、养猪、养鸡的习惯。在大牲畜的饲养上，县人习惯于养牛与驴，马和骡子饲养极少。民国25年（1936），全县饲养大牲畜4520头（其中骡、马11头），养猪1950头，养羊8736只，养鸡1.25万只。抗日战争时期，永和实行阎锡山的"兵农合一""编组份地"政策，养殖业备受摧残。中华人民共和国成立时，全县养殖的大小牲畜比民国初期有所减少。中共十一届三中全会后，县内养殖业快速发展。1981年，全县有大牲畜9196头，猪9725头，羊6.62万只。至2011年，全县饲养大牲畜1.58万头，养猪2.75万头，养羊8.2万只，养鸡17.8万只。

第一章 畜禽饲养

第一节 饲草 饲料

饲 草

天然牧草 主要分布在茶布山、双锁山、狗头山、四十里山、楼山、阁山、棋盘山、大寨岭山等地，农田与大牧坡间呈零星分布。1980年普查，全县有天然牧草地53.44万亩，占总面积29.4%，其中300亩以上的28块，计33.38万亩，占牧草地62.4%；零星草地20.06万亩，占牧草地37.6%。草地面积中，有灌木草丛类32.96万亩，山地灌丛类0.42万亩；二等草地4.77万亩，三等草地21.66万亩，四等草地6.95万亩。以产草量分，五级草地占13%，六级草地占87%。可供牲畜食用的牧草有130余种，常见的有白羊草、蒿草、羊胡草、胡枝子、针茅等10余种。天然牧坡年产草量约8871万公斤，亩均166公斤，载畜量7.5万个羊单位。最宜牧羊，黄牛次之。随着永和县三北防护林工程、封山育林工程、退耕还林工程以及流域治理和生态林等的不断推进，天然牧草地也随着减少。到2011年保留面积约为15万亩。

种植饲草 县人种植饲草素以紫花苜蓿为主，20世纪50年代后年植2万亩左右。1981年从省牧草站引进10余个品种，在龙吞泉、赵家塬、打石腰等地试种后筛选出沙打旺、草木栖、红豆草、小冠花4个品种在全县推广。1982年播种面积5.1万亩。因实行草粮轮作，1984年减为3.85万亩，其中飞播1万亩。1995年全县人工种草面积6.2万亩，其中城关镇0.71万亩，桑壁镇0.42万亩，阁底乡0.44万亩，南庄乡0.47万亩，打石腰乡0.88万亩，坡头乡0.93万亩，罢骨乡0.64万亩，交口乡0.49万亩，西庄乡0.45万亩，泊洋乡0.35万亩，署益乡0.42万亩。平均每亩产青草1250公斤，总产量7750万公斤。主要用于大牲畜。1999年种草1.5万亩。2000年引进小尾寒羊后实行圈养，县委、县政府提出"户种十亩草，十年见成效"，极大地促进了人工种草的发展，当年在南庄、芝河、阁底3乡镇发展了3个万亩草场和25个种草专业村。2001年种植以苜蓿为主的优质草6万余亩，总面积达10.5万亩。到2002年人工种植饲草达13.5万亩，提前达到了奋斗目标。2003年种植饲草0.8万亩，改良天然草地4.5万亩。2004年饲草面积达到14.8万亩。2005年又新增1.2万亩，改良天然草地3.2万亩，全县草地面积达到19.2万亩。2006年新增人工草地1.5万亩，改良草地面积3.9万亩，全县人工草地保留面积为10.6万亩，成为全省人工草地建设第一县。至2011年，全县草地面积比2006年略有增加。

作物秸秆 作物秸秆有麦秸、玉米秆、高粱秆、谷草、糜草、豆蔓、番薯蔓等，全县年产秸秆饲草7000万公斤以上。20世纪80年代始对小麦和玉米秸秆进行氨化和青贮；90年代始微贮技术引入永和并逐步得到广泛应用，将小麦秸秆进行氨化、玉米等秸秆进行青贮和微贮。2000年之后，每年秸秆饲草生产量达到2000万~3000万公斤、人工草地饲草20000万公斤、改良草地饲草5000万~10000万公斤，秸秆科学加工利用量1000万~2000万公斤。

饲 料

大牲畜、猪、禽饲料以黑豆、高粱、玉米、麦麸、谷糠为主，牛兼饲油饼。1956年始，生产队每年按牲畜、羊头（只）数统一留饲料。1980年后牲畜复以户养，饲料用量不断增加。1981年全县饲料用量157万公斤；1985年190万公斤；1990年215万公斤；1995年286万公斤；2000—2011年每年在300万~400万公斤。

1987年，县粮食局建饲料加工厂1座，生产配合饲料、浓缩饲料、全价饲料，年产80万公斤。1989年加工厂搬到响水湾，生产复合、科威、正大三种饲料，以正大饲料为主。2004年又搬到川口村，年产量24万公斤。到2008年达到30万~40万公斤。至2011年，先后还办起个体饲料加工坊10余家，年产量百万公斤以上，配合饲料加工利用量100万~150万公斤。

第二节 家畜 家禽

家 畜

大牲畜 永和县饲养大牲畜，历来以牛为主，驴次之，骡马较少。民国25年（1936），全县有大牲畜4520头，其中牛2458头，占54.4%；驴2054头，占45.45%；骡、马11头，占0.2%。抗日战争期间实行"兵农合一""编组份地"，养殖业备受摧残。

至1949年底，全县大牲畜存栏3282头，其中牛2079头，占63.4%；驴1192头，占36.3%；骡、马11头，占0.3%。有役畜2664头，占总头数81.2%。每头役畜负担耕地133.4亩。1956年，全县大牲畜7176头，比1949年增长1.2倍。役畜6175头，平均每头负担耕地48.7亩。1957年大牲畜归高级社后，年底存栏6490头，比1956年下降9.6%。1962年大牲畜存栏5661头，比1957年又下降12.8%。经过国民经济调整，全县大牲畜饲养量逐年上升，1972年末存栏7192头，比1957年增长10.8%。农村实行生产责任制后，大牲畜复为户养。1982年全县大牲畜增至9384头，比1972年增长30.5%。其中役畜7490头，平均每头负担耕地26.7亩。1995年全县大牲畜发展到18458头，比1949年增长4.6倍。其中，牛14455头、驴3144头、骡597头、马262头，分别占大牲畜总数的78.3%、17.1%、3.2%和1.4%。有役畜9080头，占总头数的49.2%，每头役畜平均负担耕地21.6亩；有能力繁殖母畜7167头，占总头数38.8%。由于农业机械化的不断发展，机耕地日益增多，到1998年全县大牲畜为15450头，比1995年减少16.3%。2000年实施退耕还林工程，耕地面积逐渐减少。2003年全县大牲畜减至13473头，比1998年减少12.2%。2000年后肉牛养殖逐年增多，2005年肉牛养殖大户60余户，存栏1万余头，大牲畜存栏17173头。到2007年，全县大牲畜增至19603头，比2003年增长44.5%。2011年，在坡头乡马家塬村重点建设了标准化百头养牛场1个。全县大牲畜为15835头，比2007年减少19.2%。其中牛10183头、驴2727头、骡2517头、马408头，分别占大牲畜总数的64.3%、17.2%、15.9%和2.6%。

猪 民国25年（1936），全县养猪1950头，平均每2户1头。1949年，全县养猪1217头，平均4.7户1头。1958年始，生产队给社员户留猪饲料地，国家给交售生猪户另奖粮食、布证，并提倡集体养猪。当年猪存栏5363头，比1949年增长3.2倍。1965年全县猪存栏7522头，比1958年增长40.8%，户均养猪0.9头。1971年推广糖化饲料养猪。1973年公社配猪禽指导员，对养猪加强管理。此间，城关公社刘家庄大队杨家庄粉坊每年养猪百头以上；坡头公社白家崖大队猪场养猪108头。1976年全县猪存栏14720头，户均1.4头。其中集体猪场80个，养猪2400头，占养猪总数的16.3%。因饲料不易解决，集体养猪场于1980年停办。1983年全县猪存栏6330头，比1976年下降57%，年产猪肉204吨。此后，大量推广配合饲料、浓缩饲料、微量元素添加剂，饲养量逐渐增加。1995年全县猪存栏17266头，比1949年增长12.6倍，全县产猪肉853.9吨。1998年全县生猪存栏13501头，比1995年下降21.8%；全县产猪肉 1040 吨，比 1995 年增长 21.8%。2003 年全县猪存栏 14517 头，比 1998 年增长 7.5%；产猪肉 1025 吨，比 1998 年下降 1.4%。2007 年全县 30~50 头养猪大户 50 户，50 头以上大户 23 户，猪存栏 36160 头，比 2003 年增长 149%；产猪肉 1997 吨，比 2003 年增长 94.8%。至 2011 年，存栏近千头的猪场 2 个，建成坡头乡岔口村人畜分离养殖小区，全县猪存栏 27478 头，比 2007 年下降 24%；产猪肉 1334 吨，比 2007 年下降 33.2%。

  羊 民国 25 年（1936），全县养羊 8736 只，户均 2.5 只。1949 年养羊 5445 只，比民国 25 年（1936）下降 37.7%，户均 0.9 只。1956 年合作化以后，集体给羊留饲料，不断引进优良品种，养羊业发展迅速。1957 年底羊存栏 35145 只，比 1949 年增长 5.45 倍，户均 5 只。1967 年存栏 90061 只，比 1957 年增长 1.56 倍，户均 10.4 只，创户均饲养量历史最高纪录。1968—1983 年，羊存栏徘徊在 6.6 万~8.8 万只之间。1984—1988 年，养羊陷入低谷。1985 年羊存栏 33481 只，比 1967 年下降 62.8%；年产羊肉 7.5 万公斤，羊毛 0.9 万公斤，羊绒 0.3 万公斤。1988 年后养羊业稳步发展，年均递增 10.5%。1995 年存栏 128692 只，比 1967 年增长 42.9%，比 1949 年增长 22.6 倍。是年产羊肉 484.8 万公斤，绵羊毛 300 公斤，羊绒 1.44 万公斤。1998 年羊存栏 133474 只，比 1995 年增长 3.7%；产羊肉 61.4 公斤，山羊毛 3.5 万公斤，绵羊毛 0.1 万公斤，羊绒 1.6 万公斤，分别比 1995 年增长 26.7%、233.3% 和 11.1%。到 1999 年，小尾寒羊发展迅速，存栏 7000 余只，比 1998 年增长 2.5 倍。由于永和实施生态治理工程和退耕还林工程，实行封山禁牧、舍饲圈养，羊群规模受到一定影响。2002 年发展圈养示范户 4000 户，示范小区 10 个，示范村 25 个。全县羊存栏 53950 只，比 1998 年下降 59.6%；产羊肉 87.5 万公斤，比 1998 年增长 42.5%；产山羊毛 1.2 万公斤，比 1998 年下降 65.7%；产绵羊毛 0.6 万公斤，比 1998 年增长 5 倍；产羊绒 0.7 万公斤，比 1998 年下降 56.3%。2003 年建成 35 个圈养村和小区，新增 20 只以上圈养户 600 个，新发展圈养户 1185 户，全县优质圈养羊存栏达到 6 万余只。由于实行舍饲圈养，县政府号召全县"户种十亩草，十年见成效"，使特色养殖业规范发展。到 2007 年，全县人工草地面积达 10.6 万亩，发展舍饲圈养大户 130 户，羊存栏达到 123880 只，比 2002 年增长 129.6%；产羊肉 60.4 万公斤，比 2002 年下降 31%；产山羊毛 1.8 万公斤，比 2002 年增长 50%；产绵羊毛 2 万公斤，比 2002 年增长 2.3 倍；产羊绒 1.1 万公斤，比 2002 年增长 57.1%。2011 年建成芝河镇榆林则村、桑壁镇新乡村、阁底乡西庄湾 3 个人畜分离养羊小区。全县羊存栏82000只，比2007年下降33.8%；产羊肉41.5万公斤、山羊毛1.4万公斤、绵羊毛0.7万公斤、羊绒0.5万公斤，分别比2007年下降31.3%、22.2%，65%和54.5%。

家　禽

县内传统家禽有鸡、鸭。乡村农户普遍养鸡，芝河边少数户养鸭、鹅。民国25年（1936），全县养鸡1.25万只，户均3.4只。1949年存栏11115只，户均1.9只。1958年增至15569只，户均2.15只。20世纪80年代后，不断引进优良品种，养鸡技术也逐渐先进。1983年全县鸡存栏67443只，户均6.4只；鸭存栏保持在100余只左右。是年，禽蛋产量14.3万公斤。1990年，鸡存栏90813只，户均6.7只；禽蛋产量28.2万公斤。1995年出现了3000只、1800只养鸡场各1个，1000只以上养鸡专业户1个，全县鸡存栏10.02万只，户均7只，禽蛋产量39万公斤。2000年有5000只以上养鸡场3个，2000只以上养鸡场3个，鸡存栏10.12万只，年产蛋量50.9万公斤。2006年培育东征土鸡养殖示范村委1个，165户农户养殖土鸡3360只，年产蛋量2.4万公斤。全县有万只以上养鸡场2个，5000只以上养鸡场4个，2000只以上4个。全县鸡存栏约15万只，年产蛋量70.7万公斤。2011年，建成芝河镇药家湾村、阁底乡小坪村人畜分离养鸡小区。全县有万只以上养鸡场5个，5000只以上养鸡场6个，2000只左右养鸡场10余个。鸡存栏178309只，产蛋量121.9万公斤。

其他养殖

兔　20世纪70年代永和县始养兔，有长毛兔和肉兔之分，年均饲养0.3万余只。因销路不畅，饲养量时高时低，一般年份数千只，个别年份上万只。1997年全县养兔3040只；2000年3800只，2003年1715只，2007年增至14450只。2011年全县养兔6600只，比2007年下降54.3%。

蜜蜂　1959年前，县内个别户饲养传统品种笨蜂，易管理，蜜质优，然采蜜少，繁殖慢。1959年，由临汾引进意大利蜂，因管理不善，繁殖仍缓慢。20世纪80年代后年平均养蜂900余箱，产蜜6000公斤。1999年养蜂483箱，产蜜1.1万公斤。到2002年下降为蜂235箱，产蜜6000公斤。2007年略增为320箱，产蜜8000公斤。2011年增至520箱，产蜜1.3万公斤。

蚕　永和县养桑蚕虽历史悠久，但仅少数户自繁、自养、自用，不成规模。1975—1976年，试养蓖麻蚕，因效益不佳停养。1980年始大量栽桑养蚕，后因桑树成活少、生产蚕茧有限、县内不收购等原因而停养。

1949—1995 年永和县大牲畜、猪、羊存栏统计表

表 6-1　　　　　　　　　　　　　　　　　　　　　　　　　　　　　　　单位：头、只

年份	大牲畜总计	其中 牛	其中 马	其中 驴	其中 骡	役畜	繁殖母畜	猪	羊	其中山羊
1949	3282	2079	4	1192	7	2664	983	1271	5445	4083
1950	3642	2306	—	1308	28	2858	1087	2111	6325	4743
1951	5110	3184	88	1784	54	4168	1971	2568	9882	7411
1952	6018	3711	134	2090	83	5155	1787	4228	14092	9926
1953	6082	3319	182	2424	157	5002	1754	2498	18811	10276
1954	5973	3020	200	2542	211	4933	2620	2122	21617	19339
1955	6778	3419	251	2780	328	5769	1837	1407	24127	21678
1956	7176	3688	229	2939	320	6175	2008	940	28114	24511
1957	6490	3277	173	2758	282	5528	1971	2859	35145	31251
1958	6948	3694	186	2812	256	5038	2147	5363	48927	44838
1959	6297	3129	174	2659	245	5115	1828	5225	59214	53085
1960	6001	3056	165	2557	223	4950	1747	4006	62348	56352
1961	5781	2954	162	2409	256	4657	1713	3783	66196	60116
1962	5661	2831	158	2417	255	4929	1709	4820	65687	60003
1963	5725	2890	154	2439	242	4803	1642	6622	67693	61645
1964	6085	3211	144	2480	250	4900	1628	7249	72968	66880
1965	6333	3333	152	2599	249	5057	1790	7552	77658	71742
1966	6570	3453	198	2694	225	4995	669	5190	84680	78552
1967	6736	3608	171	2737	220	5220	1784	6279	90061	83367
1968	6774	3568	164	2822	220	5217	1847	7535	88145	80824
1969	6579	3479	155	2726	219	5180	1898	8247	82637	75178
1970	6812	3660	173	2747	232	5192	1940	9667	84825	77006
1971	6831	3680	174	2754	223	5203	1834	10037	81272	73764

续表6-1　　　　　　　　　　　　　　　　　　　　　　　　　　　　　　　单位：头、只

年份	大牲畜总计	其中				役畜	繁殖母畜	猪	羊	其中山羊
		牛	马	驴	骡					
1972	7192	3966	196	2814	216	5632	2046	11960	82352	75518
1973	7402	4076	220	2890	216	5729	2032	9762	84443	78173
1974	7367	3949	244	2953	221	5688	2051	8846	83299	77651
1975	7291	3750	287	3002	252	5900	2156	9218	85077	77936
1976	7605	3843	299	3180	283	6065	2035	14720	77521	70798
1977	7954	4076	336	3211	331	6107	2139	14111	83610	76377
1978	7996	4044	339	3233	380	6159	2226	11157	80225	73758
1979	8108	4210	344	3146	408	6284	2316	11694	81927	76838
1980	8692	4601	350	3314	427	6391	2747	11684	79688	75497
1981	9196	4186	444	3970	596	7294	2977	9752	66291	63905
1982	9384	4766	445	3555	618	7490	3140	8412	68877	66489
1983	9595	4976	484	3386	749	7586	3297	6330	70668	68378
1984	10048	5103	499	3569	877	7964	3501	7124	34671	33209
1985	10523	5623	500	3500	900	8300	3700	7439	33481	32383
1986	10974	5882	509	3653	930	8472	3518	7898	41255	39398
1987	11486	6298	520	3753	915	9182	4008	7374	47849	46122
1988	11845	6576	503	3842	924	9352	4120	6908	63228	62027
1989	11602	6257	479	3946	920	9370	4362	7667	80520	78845
1990	11587	6379	407	3899	902	9361	4298	8178	79120	78182
1991	11827	6569	326	4027	905	9383	4410	8184	81383	80623
1992	13223	7765	287	4292	879	9183	4363	10683	92708	92088
1993	15483	10930	272	3528	753	9483	5861	12684	103984	103724
1994	17478	13374	278	3101	725	9190	6779	15623	118673	118383
1995	18458	14455	262	3144	597	9080	7167	17266	128692	128445

1996—2011年永和县大牲畜、猪、羊存栏统计表

表6-2　　　　　　　　　　　　　　　　　　　　　　　　　　　　　　　　　　单位：头、只

年份	大牲畜总计	其中				生猪存栏	羊存栏	其中山羊
		牛	马	驴	骡			
1996	14290	8376	229	4696	989	12396	124600	124220
1997	14593	8568	231	4798	996	12412	124730	124344
1998	15450	9116	235	5034	1065	13501	133474	132265
1999	15823	9548	238	5051	986	14138	102882	98945
2000	16153	9633	234	5275	1011	14398	82306	74931
2001	16149	9752	232	5193	972	14628	79250	72257
2002	13532	7782	272	4567	911	14361	53950	45580
2003	13473	7838	283	4455	897	14517	60115	40835
2004	15548	9600	266	4620	1062	18875	85020	46327
2005	17173	11257	271	4597	1048	25890	89370	57404
2006	18906	13458	269	4424	755	30659	103140	73917
2007	19603	14192	292	4272	847	36160	123880	87760
2008	13804	8833	381	2108	2482	18523	95431	88731
2009	14007	8854	365	2305	2483	16674	47609	44434
2010	14506	9222	380	2507	2397	19292	115000	55682
2011	15835	10183	408	2727	2517	27478	82000	73612

1996—2011 永和县家禽、兔存栏统计表

表6-3　　　　　　　　　　　　　　　　　　　　　　　　　　　　　　　单位：只

年份	家禽	兔	年份	家禽	兔
1996	86230	3020	2004	116294	10914
1997	86442	3040	2005	118304	13255
1998	93532	3426	2006	150115	14200
1999	100912	3830	2007	167500	14450
2000	101220	3800	2008	163090	14700
2001	100612	2964	2009	146174	13880
2002	100476	1735	2010	167810	8600
2003	101555	1715	2011	178309	6600

第三节　畜禽产品

民国时期，永和畜禽产品一般是自产自用。人民公社化时期，畜禽产品大都集中在政府购销部门，群众自产自用的一般只有鸡蛋等少数几种产品，肉类、鱼类等高蛋白产品供应不足。中共十一届三中全会后，社会各业发展迅速，畜禽产品大量增长。1978年，全县产肉59万公斤，产禽蛋4.5万公斤。1990年，全县产肉881.8万公斤，其中禽肉28.6万公斤、兔肉800公斤；产禽蛋28.2万公斤；产蜂蜜5800公斤；产牛奶1.32万公斤。至2011年，全县产肉199.9万公斤；产禽蛋121.9万公斤；产羊绒5000公斤；产蜂蜜1.3万公斤；产牛奶6万公斤。

永和肉类销量最大的是猪肉，牛羊肉次之。县食品公司是定点屠宰处，每天屠宰几十头生猪供应县、乡市场。2000年后，肉类市场需求越来越大，县食品公司屠宰产肉供不应求，一些肉摊、肉店从隰县、临汾等邻近县市购进生肉，补充市场。鸡、鸭、鱼等肉食品的销售，主要从外地市场购进。县域内的土鸡、黄河鱼等原生态肉食品，

在市场上零星销售，但价格远远高于同类其他产品。县城内有2家个体户屠宰加工牛羊肉，但不能满足市场需求，大量的新鲜牛羊肉要从外地市场购进。

1978—2011年永和县肉、蛋、毛绒、蜂蜜、牛奶产量统计表

表6-4　　　　　　　　　　　　　　　　　　　　　　　　　　　　　　　　　　　　单位：吨

年份	当年肉类总产	猪肉	牛肉	羊肉	禽肉	兔肉	禽蛋	绵羊毛	山羊毛	羊绒	蜂蜜	牛奶
1978	590.0	495.0	—	95.0	—	—	45	—	—	—	—	—
1979	416.0	350.0	1.0	65.0	—	—	80	—	—	—	—	—
1980	704.0	648.0	1.0	55.0	—	—	35	—	—	—	—	—
1981	526.0	440.0	1.0	85.0	—	—	60	—	—	—	0.20	—
1982	483.0	379.0	12.0	92.0	—	—	128	—	—	—	—	—
1983	283.0	204.0	9.5	69.5	—	—	143	3.85	17.6	6.85	6.25	—
1984	788.6	383.8	12.0	392.8	—	—	261	2.20	17.1	7.00	7.25	—
1985	466.0	351.0	24.0	75.0	16.0	—	213	1.00	8.0	3.00	4.00	3.0
1986	420.1	282.0	44.1	82.6	10.4	1.0	246	0.90	13.8	3.00	7.80	—
1987	614.5	322.4	137.6	122.4	31.8	0.3	313	1.50	10.0	3.10	12.60	—
1988	551.1	300.5	63.0	157.9	28.9	0.8	301	0.90	10.8	5.40	15.00	15.0
1989	716.6	366.4	65.5	259.8	23.7	1.2	274	1.10	15.8	5.10	7.80	20.4
1990	881.8	506	37.2	309.2	28.6	0.8	282	1.80	19.8	10.10	5.80	13.2
1991	959.1	486.4	88.6	346.0	37.8	0.3	285	0.57	20.1	12.50	7.30	10.0
1992	1083.1	535.5	147.9	367.4	32.3	—	290	0.50	21.0	13.00	14.40	9.6
1993	1203.5	655.1	106.5	405.8	32.6	3.5	332	0.70	25.0	15.70	14.50	9.8

续表 6-4　　　　　　　　　　　　　　　　　　　　　　　　　　　　　　　　　　　　单位：吨

年份	当年肉类总产	猪肉	牛肉	羊肉	禽肉	兔肉	禽蛋	绵羊毛	山羊毛	羊绒	蜂蜜	牛奶
1994	1338.4	736.8	137.4	419.9	38.3	6.0	363	0.40	12.4	—	15.30	9.0
1995	1534.5	853.9	144.4	484.8	44.5	6.9	390	0.30		14.40	12.40	10.7
1996	1833	1080	183	523	40	7	416	1	40	13	10	—
1997	1814	1020	188	558	41	7	432	1	40	13	10	—
1998	1914	1040	199	614	53	8	467	1	35	16	9	—
1999	2021	1128	180	653	52	8	484	2	26	10	11	—
2000	2074	1136	199	670	61	8	509	5	20	9	9	—
2001	2046	1244	191	541	61	9	534	5	19	10	8	—
2002	2197	1075	183	875	57	7	540	6	12	7	6	—
2003	1746	1025	187	472	55	7	542	120	11	7	7	12
2004	1720	1089	195	368	62	6	606	15	12	6	8	20
2005	1923	1197	200	454	62	10	623	19	14	8	9	28
2006	2330	1537	200	513	54	26	707	19	15	10	8	30
2007	2912	1997	218	604	58	35	817	20	18	11	8	32
2008	1602	1149	80	313	28	32	695	10	30	12	10	22
2009	2021	1147	114	704	37	19	906	8	16	5	10	18
2010	1746	1216	138	315	39	38	1185	7	13	5	11	74
2011	1774	1134	143	415	46	36	1219	7	14	5	13	60

第二章 改良 防疫

第一节 品种改良

牛

县内主养晋南大黄牛、秦川牛、西门塔尔牛。1965年，由万荣县引进晋南大黄牛公牛10头；1978年，由陕西省引进秦川公牛12头；1980年，由太原引进古巴短角公牛2头；1984年，由临汾地区牧场引进夏洛米公牛1头。以引进公牛与本地好母牛交配或进行人工授精，改良牛种。至1980年，改良牛3601头，占当年牛饲养量78%。改良牛个头高，挽力大，性善易饲养，使役性能好，群众喜爱。至1995年，人工繁育4.5万头，优种牛普及率65%。20世纪90年代后期，主要引进西门塔尔肉牛品种。2010—2011年又引进夏洛莱肉牛品种，且发展较快，覆盖率达50%以上，经济效益显著。

1982年引进奶牛2头，由个人承包饲养。1984年，由太原金胜牛场引进荷兰黑白奶牛3头，建立县奶牛场，1989年停办，个户承养奶牛于1992年终止。2003年10月，阴德河村民郭春平在县城西南花果山下办起奶牛场，从3头到5头，最多时养16头。2007年迁到官庄村。到2011年，饲养7头奶牛，品种是从临汾奶牛场引进的黑白花奶牛，饲料是以粉碎的玉米秸秆为主，每头牛日产奶25公斤左右。2005年，乌门村民药五儿办起奶牛场，有奶牛3~5头。这是永和县仅有的2个奶牛场。

马

1962年，由朔县引进苏联古粗马7匹；1964年，复由襄汾县引进13匹；1965年，由朔县引进俄罗斯重挽马6匹，朔县马9匹，由新疆引进伊犁马30匹，内蒙古引进蒙古马60匹；1974年，引进青海弓牛特有旗马20匹；1980年引进四川小公马计7个品种、146匹。1981年，城关改良站始行人工授精。1983年后，桑壁、坡头、交口、阁底、打石腰5个乡镇陆续开展人工授精。1995年，全县配种马属动物1200头，受精率95%以上。本地马已绝种，境内马皆为引进品种杂交后代，以弓牛特有旗马、伊犁马、蒙古马杂交后代居多。改良马耐粗饲、易饲养，抗病力强，爬坡力强，适于本地使役。随着农业机械化的不断推进，到 21 世纪初，农村耕地、磨面、拉车、货物运输逐渐由机种、机磨、三轮车、小型车等所代替，农村养马者极少，全县仅有马匹百余匹。

驴

20 世纪 60 年代，永和县先后引进夏县驴、蒙古驴、统辽驴等。1978 年引进陕北米脂公驴 5 头，1982 年复引 9 头；1985 年引进临县公驴 3 头。米脂、临县驴抗老、善驮，繁殖性能稳定，新产后代适应性强。县内主养米脂驴后代，1995 年繁殖 1310 头，占驴总头数 41.7%，普及率达 75%。随着农村机械化和车辆的增多，到 21 世纪初，养驴者逐年呈下降趋势。2011 年，全县仅有驴 2000 余头。

猪

1959—1962 年，先后由临汾引进英国大约克夏猪 20 头、巴克夏猪 20 头、丹麦长白猪 20 头、苏联大白猪 30 头。1971 年由四川引进内江猪 40 头，1983 年由太原引进山西黑猪 123 头，1992 年由临汾种猪场引进美国杜洛克猪 10 头。先后引进优种猪 7 个品种 263 头。约克夏、巴克夏、长白猪、大白猪为传统优种，属国家认可的达标品种。内江猪体大，增重快，耐粗饲，易饲养，8 个月出栏，平均体重 150~200 公斤。山西黑猪抗病力强，耐粗饲。改良猪比本地猪提前出槽 30~45 天，出肉率提高近 1 倍。1993 年，由临汾猪场引进瘦肉型猪 10 头；1995 年由省畜牧局实业开发公司引进瘦肉型猪 12 头，由灵石县引进 9 头。县食品公司种猪场繁育 400 头，推广到阁底、西庄、罢骨、交口、坡头、城关等乡镇。瘦肉型猪繁殖稳定，6 个月出栏体重 90~100 公斤，瘦肉率 59%；每胎产仔 10 头左右，成活率 90%。20 世纪 90 年代，改良猪普及全县，本地猪全部淘汰。进入 21 世纪，优良品种得到全面推广和普及，先后引进沁水六马公司大白、长白、杜洛克种猪，有美系、台系等。截至 2011 年，良种覆盖率达到 75% 以上。

羊

1964 年由宁夏引进中卫白山羊 60 只，与本地羊杂交繁育，其后代适应性强，较本地羊每只年产毛多 400~600 克，售价高 50%。同年，由黎城引进肉用型山羊——大青公羊 50 只，与本地羊杂交繁育，后代有耐粗饲、抗病力强、产肉率高、肉膻味小等特点。1972 年引进以产毛为主的新疆细毛绵羊 70 只；1976 年引进以产羔皮为主的滩羊 40 只；1988 年引进以舍养为主的山东小尾寒羊 75 只。这三种引进品种不适应本地环境，难管理，繁殖率低，改良未成功。1985 年起，先后从辽宁省盖县引进多绒白山羊 345 只，是年与本地羊杂交改良，翌年产羔 610 只，产羔率 104%，成活率 98%。6 月龄改

技术人员指导群众养羊

良一代体重21公斤,比本地同龄羊多31.2%;周岁一代改良羊每只年均产绒184克,比本地同龄羊多1.2倍。1989年省农牧厅确定永和县为山西绒山羊发展带永和基地县。1991—1995年,永和县先后支援吉县、洪洞、大宁等县绒山羊200只。1995年,县内有纯种绒山羊1.29万只,改良一、二、三代羊8.64万只,绒山羊普及率66.3%。1998年又从山东郓城、梁山等地引进小尾寒羊1000余只,投放到全县7个乡镇进行推广,经过三四年的发展,饲养量达1万多只。2000年以后有部分个体养殖户引进波尔山羊、道赛特等肉羊品种,其特点是产肉多、膻味小。

鸡

1981年由临汾地区鸡场引进产蛋多、繁殖性能好的来航鸡300只,9斤黄鸡200只,北京白鸡2500只,288鸡3000只,罗斯鸡500只,海赛克斯鸡80只,白洛克鸡6只,共6586只,投放全县各乡镇村委,普及率45%。1982年购进288鸡种蛋0.8万只,北京白鸡种蛋0.8万只,罗斯鸡种蛋0.5万只,孵优种鸡1.5万只,投放全县1.2万只,并在川口村办鸡场1处,饲养量0.3万只。1996年引进河北京红品种鸡。2000年后又先后引进美国品种海兰白鸡、罗曼褐鸡、海兰褐鸡等,其中以海兰褐鸡为主,其特点是鸡体型大、蛋粒大、产蛋量高、好饲养等。

第二节 疫病防治

疫病

县内流行过的家畜疫病有大牲畜炭疽病、结核病、牛流感、牛羊布氏杆菌病、破伤风、猪肺疫、猪丹毒、猪气喘、仔猪白痢、猪口蹄疫、猪瘟、猪传染性肠胃炎、羊痘、羊疥癣、羔羊痢病、山羊传染性胸膜炎、马传染性贫血、牛羊寄生虫病18种。最常见的是猪传染性肠胃炎、猪瘟、羊疥癣、山羊传染性胸膜炎、牛羊寄生虫病5种。

家禽疫病主要有鸡瘟、鸡白痢2种。

防 治

1956年，泊洋乡义合村一带发生炭疽病，死羊130只、大牲畜5头。1963年，县生产资料公司从内蒙古自治区购进12匹马中，1匹患鼻疽，全县有14匹感染此病。1964年，县内0.5万余头猪感染猪瘟，死亡200头，死亡

养殖场消毒

率4%。1965年春，坡头、城关、打石腰、阁底4公社羊群患羊疥癣。全县0.54万只羊感染此病，发病率9%；其中0.14万只死亡，死亡率26%。1966年，县生产资料公司从新疆购回185头牛，发现37头患布氏杆菌病；同年境内3218头牛患流感，死亡118头，死亡率3.7%。1991年，对全县8万只羊进行布氏杆菌普查，有412只呈阳性反应，发病率0.52%；0.56万头黄牛发生流感，死亡100余头，死亡率2%。2002年，芝河镇水保队发生牛口蹄疫疫情，畜牧部门采取果断措施，迅速扑杀患牛6头，控制了疫情扩散。2004年，芝河镇北庄村又发生口蹄疫疫情，扑杀牛25头、猪9头、羊13只，有效地控制了疫情。2007年11月，芝河镇刘家庄村发生布氏杆菌羊42只，全部实施扑杀，并做了无害化处理。

县畜牧兽医部门经常性地在鸡场、猪场、农家各户对猪、羊、牛、鸡等牲畜进行详细排查，一经发现疫病苗头，马上采取措施，该救治的救治，该扑杀的扑杀，有效加强了对口蹄疫、猪蓝耳病、高致病性禽流感和新城疫等传染病强制性免疫，控制了畜禽病的连环发生。

第三章 兽 医

第一节 兽医机构

中华人民共和国成立前，永和县仅有7名祖传或师傅传授的民间兽医，境内无专门防治畜禽疫病机构。1953年，桑壁镇、雨林村私营兽医站先后建立。1954年，城关镇私营兽医站建立。1955年，由国家资助改建城关镇联营站，统管桑壁、雨林2站。1956年南庄乡兽医站建立，并加入联营站；是年底，坡头乡建兽医站单独经营。1961年，城关镇联营站改为县兽医院。至1963年，全县先后建立南庄、打石腰、泊洋、西庄、交口、罢骨、署益7个公社兽医站。1976年，城关公社建立兽医站；全县有1个兽医院，11个公社兽医站，担负全县禽畜医疗、防疫、配种等工作。1975年，成立县家禽改良站，设在城关镇花咀村，后移至城北2.5公里的川口村。2003年，在永和关成立"山西省永和关动物防疫监督检查站"，该站设施为二层小楼，共7间200平方米，承担进、出省界动物及其产品的监督检疫工作。2008年12月，进行畜牧兽医体制改革，畜牧局下设畜牧兽医综合执法大队、动物疫病预防控制中心、动物卫生监督所、牧草饲料工作站、畜牧技术推广站、永和关公路动物防疫监督检查站，7个乡镇设立7个畜牧兽医中心站。全县确定了57名村级防疫员，每人每月补助100元。

畜牧兽医技术队伍随着事业的发展而壮大。县办2年制牧校，1963年毕业生30名，有22名成为各乡镇兽医站骨干。1984年，县职业中学招收2年制兽医畜牧班学员40名，毕业后成为农村主要防疫人员和大牲畜、绒山羊等改良人工授精员。至1988年，全县畜牧兽医技术人员60人，其中高级畜牧师1人、高级兽医师1人；中级畜牧师、兽医师24人，初级畜牧师、兽医师、技术员34人。到2000年，畜牧兽医系统在岗人员达到88人，其中专业技术人员67人（中级19人、初级48人）。2005年在岗人员为70人，其中专业技术人员52人（中级12人、初级40人）。截至2011年，在岗人员有59人，其中专业技术人员44人（高级1人、中级13人、初级30人）。

第二节　兽医技术

解放前，永和县兽医少，医术低，仅可用民间土方治疗畜禽小病，遇重大疫情、病症则一筹莫展。中华人民共和国成立后，对畜禽疫病由20世纪50年代初期只治不防，只治大牲畜，不治小家禽，逐步发展为预防为主，防治并重，大小畜禽兼治。1956—1966年间，先后对全县6.9万头大牲畜注射炭疽病芽孢防疫菌苗，注射率98%。1958年后，每年春、秋两次对猪、鸡注射防疫疫苗或气雾免疫，累计注射猪43万头、鸡45万只，注射免疫率分别为95%、90%。1987—1993年，每年对大牲畜注射1次破伤风类毒素疫苗，累计注射6.9万余头，注射率90%，注射后未发此病。1989年，对全县5120只家犬全部注射1次狂犬病疫苗，防止该病发生。

至1995年，县内可治疗畜禽病为猪、牛、羊、马属动物及猫、狗、鸡各种内科、外科、产科、寄生虫疾病；猪感冒、便秘、胃肠炎、虱子和消化系统、呼吸系统疾病。其中消化系统发病率高达60%，治愈率85%；鸡痢疾、腹泻等消化系统、呼吸系统发病率20%，治愈率80%；牛内科、外科、产科、寄生虫等发病率35%，治愈率90%；马属动物冷痛、腹泻、便秘、寄生虫等发病率30%，治愈率90%；羊消化、呼吸、运动系统、内科、外科、产科、寄生虫发病率10%，治愈率90%；羊、牛食物中毒治愈率85%以上。难以治愈的疾病有猪瘟、鸡瘟、狗中毒和马属动物的破伤风。破伤风治愈率仅5%左右。各类家禽肿瘤病为不治之症，死亡率100%。

2006年秋季，动物防疫又一次掀起了高潮，全县口蹄疫免疫注射猪4.35万头、奶牛22头、黄牛1.5万头、羊9.8万只，免疫密度分别为100%、100%、96.7%、80.3%。猪瘟免疫注射3.3万头，鸡新城疫免疫注射15.1万只，高致病性禽流感注射15.5万只，猪肺疫、丹毒分别免疫注射1.8万头，羊痘注射6.2万只，免疫密度分别为100%、100%、100%、73.5%、76.5%。发放消毒药品1万余公斤，疫病普查234万头（只、次），驱虫14万头（只）。2007—2011年，累计口蹄疫免疫注射猪19.07万头，牛8.53万头，羊47.56万只，免疫密度均达85%以上。免疫注射猪蓝耳病（猪瘟）累计23.63头（次），鸡新城疫89.2万只、高致病性禽流感89.2万只，免疫密度均达95%以上，保证了各类动物疫病的严密防控。同时，每年还调回200余件各类消毒药品，投放到各乡镇兽医站，集中对畜禽养殖场、交易市场、屠宰场等进行定期消毒，面积达100万平方米以上，有效控制动物病菌滋生与蔓延。每年还组织不同形式的技术培训、技术咨询，以提高免疫、医技、诊断、治疗水平。诊断运用听诊、测温、化验等方法，治疗运用注射、电疗、手术等现代疗法。

第七编

农业机具

永和县是雨养农业县，农业机具在农业生产中起着举足轻重的作用。

明、清至民国时期，县内农具大多是人力农具，如锄、镢、扁担等，农民劳动强度大、劳动效率低。中华人民共和国成立后，田间农具由人力畜力逐步发展为畜力、机械。随着农业机械化的发展，农民的劳动强度逐年降低，而劳动效率大幅提高。耕作机具有耕整机、微耕机、旋耕机、深松机等；播种机具有免耕播种机、化肥深施机、地膜覆盖机等；收获机具有联合收割机、薯类收获机等；农运机具有农用汽车、农运拖拉机、农运三轮车等。农业生产和运输的机械化极大解放了劳动力，增加了农业收益。机械化下的科学耕作和播种，收成是过去人力耕作的数十倍。

第一章 田间机具

第一节 耕作机具

人力农具

明、清、民国年间一直到中华人民共和国成立初，县内田间耕作农具大量使用的有犁、耙、耱、耧、锨、镢、锄、耙子等。犁，耕地翻土用；耙，用于碎土和平地；耙子，一般九个齿，用于碎土、平地、打埂；耱用以整地、保墒；耧，用以播种谷子、小麦；锨，用以翻地、整地、浇地、装卸；锄，用以松土、锄草；镢，用于整地、种植、刨根、清除高秆作物等。人民公社化时期，县内人力农具和其他农具配合使用。20世纪80年代后，过去的犁、耙、耧逐渐弃用，锄、镢零星使用，锨一直使用。

畜力农具

犁　1951—1953年引进推广5寸步犁。1955年，引进双轮双铧犁。1956年引进山地犁，该犁以其耕地比5寸步犁深，需用牵引力比双铧犁小等优势，渐将5寸步犁与双轮双铧犁取代。1958年全县有山地犁443部，至1995年有4380部，全县基本普及，平均每个村民小组有14.1部。2000年以后，随着农业机械的发展，畜力犁减少，仅在小块地使用，不再统计。

木框铁齿耙　荆条耱　均为平田、碎土、镇压保墒农具，千百年来，一直沿用。20世纪80年代后，动力机具的大面积使用，畜力耙、耱渐少，仅在山地使用。

动力机具

机引犁　机引耙　丰产沟犁　县内1967年引进与跃进-20型拖拉机配套的3铧犁、圆盘耙各11部，1972年引进与工农-11型拖拉机配套的3铧犁2部。1995年，全县有机引犁76部、机引耙2部、丰产沟犁3部。1999年，有拖拉机配套农具36部。2005年，有拖拉机配套农具70部，其中机引犁30部、机引耙7部。2009年，有机引犁46部、机引耙8部。至2011年，全县各类拖拉机配套农具发展为199部，其中机引犁191部、机引耙8部。

耕整机 2008年,引进耕整机11台,55千瓦;2010年,有耕整机23台,115千瓦;2011年,有耕整机31台,155千瓦。

旋耕机 2000年始永和县引进旋耕机。2005年有13台;2009年有43台;2010年,新增20台并大面积推广。至2011年,全县有旋耕机147台。

微耕机 2010年,引进"小百龙""凯米尔""威马""融邦"等百余台小型微耕机,用于中耕、开沟、培土、起垄等。2011年,共完成机耕面积5.5万亩,其中小麦机耕1.5万亩、玉米3.8万亩、马铃薯0.075万亩。

深松机 2008年,县域引进深松机9台,翌年增至15台。2010年新增2台。2011年,全县有深松机26台,完成农机深松面积1.3万亩。

秸秆还田机 1988年,县域首次引进秸秆还田机,1995年增至2台,2005年有4台,2010年有10台。2011年有15台,全年完成机械化秸秆还田面积3万亩。

第二节 播种机具

畜力播种机

1956年,县内始用密植耧播种农作物。播种小麦主要用畜力三行木耧,播种秋粮时卸掉中间耧腿,用两条耧腿播种,播种棉花用两腿耧开沟,手工撒播。1984年,引进推广畜力多用播种机。1995年,全县有畜力多用播种机1027台。20世纪90年代末,数量骤减。2004年后,随着动力机械的发展与推广,畜力播种机仅在小部分山地使用。

动力播种机

1967年,引进10行播种机3台,1979年,引进定襄产ZB-4型小手扶牵引播种机4台,至1995年全县有机引播种机22台。2005年,县域引进化肥深施机1台,地膜覆盖机1台;2007年,引进免耕播种机3台;2010年,新增精少量播种机10台,田园管理机12台。2011年,全县有各类播种机22台,其中免耕播种机4台、精少量播种机10台、化肥深施机4台、地膜覆盖机4台。完成机播面积3.8万亩,实施机械化免(少)耕面积0.3万亩,机械化精少量播种、化肥深施占到总种植面积的50%以上。

第三节 灌溉机具

辘轳

传统人力提水主要工具为辘轳,用于灌溉小面积的田地井。在大口水井支一"十"字石轴架,安装4个木轴,用辘轳、绳索、柳圪捞绞动提水。20世纪80年代后弃用。

畜力水车

由铸铁车架、花轮、耳板和木制水斗(多个水斗成链状)组成,用于浅井提水,20世纪50年代后期使用。20世纪70年代后为县域内水泵所取代。

水泵

20世纪60年代,县域利用柴油机带动水泵抽水灌溉,20世纪70年代起,陆续引进潜水泵、深井泵等。1990年起,发展流动机灌,以平车或三轮车载水泵、柴油机与送水管,实行上门服务。1995年,有水泵163台,流动机灌设施增为30套;1998年,有水泵88台。随着各种型号水泵的大量使用,流动机灌设施渐少。2002年,水泵增至98台。翌年,引进无声泵,当年有水泵178台。至2011年,全县有管道循环增压泵、自吸泵等各类水泵231台。

第四节 收获机具

田间收获机具

传统收获农具 20世纪60年代前,县人收割农作物全靠镰刀,收获红薯、马铃薯等块根作物用锹或镢。20世纪80年代后,在山地和小块地,镰刀、镢头仍是收获的主要工具。

割晒机 1973年引进红卫-2号割晒机1台,1974年引进上海-108型割晒机5台。1988年引进小手扶拖拉机配套-120型割晒机1台,后因小手扶拖拉机淘汰,与此配套的割晒机闲置不用。

联合收割机 2010年,县内始用玉米联合收割机,桑壁镇、坡头乡各1台。2011年,桑壁增至3台，全县共有4台，完成玉米机收割0.52万亩。

马铃薯收获机 2009年，县内首次引进马铃薯收获机1台，2010年有2台。2011年，全县有3台，完成薯类机收0.051万亩。

场地收获机具

传统收获机具 20世纪70年代以前，县人以人力甩动连枷或畜力牵引碌碡碾打谷物，场上农具主要有木杈、桑杈、推板、木锨、扫帚、簸箕、毛褡（口袋）、麻袋等。20世纪70年代后连枷、畜力碌碡逐渐弃用，而麻袋、簸箕、扫帚等一直使用。

拖拉机碾场 人民公社化时期，生产队始用拖拉机牵引碌碡碾场，后广泛使用。

脱粒机 切脱机 1966年购进首批脱粒机。1968年，增至57台，其中，玉米脱粒机17台、小麦脱粒机8台、综合脱粒机8台、切脱机24台。1978年，全县新增切脱机199台、脱粒机311台，比1968年增长4.5倍，其中机动脱粒机发展到112台。1995年，全县有脱粒机70台。1997年后，脱粒机迅速减少。2008年有3台，2010年自河南引进锤式整芯玉米脱粒机和家用高效玉米脱粒机。2011年，全县有机动脱粒机24台，完成机械脱粒1550万公斤。

风 车 20世纪50年代以前，凭借自然风力清扬其中的杂质、尘土。1968年，引进风车12架。90年代以后，各农机户大量引进风车，农村广泛应用。

第五节 基建机械

1973年，山西省农机部门无偿投放东方红-60推土机6台、东方红-25推土机3台、东方红-75推土机1台组建永和大型农机站。1977年，全县有推土机10台；1991年，引进东方红-802型推土机1台；1993年，引进俄罗斯DT-90、DT-75推土机各1台；同年，自河南洛阳引进的60型、100型推土机和自山东引进的山Z牌30型、50型装载机推广使用。90年代末，县域引进一批上海三一牌挖掘机（有大、小2种）。21世纪，东风、重卡、陕汽等自卸车陆续增多。2005年，全县有推土机68台、挖掘机2台、装载机9台。2009年，有推土机97台，翌年，新增挖掘机3台。至2011年，全县有各类推土机102台，共6740千瓦，平田整地开发农田2万亩，修公路及田间道路497公里。

1957—2011年部分年份永和县农业机械化情况表

表 7-1

项目	1957年	1968年	1978年	1982年	1990年	1995年	2005年	2008年	2011年
农业机械总动力（千瓦）	54	813	10000	10000	10000	20000	15563	20038	26412
拖拉机大中型（台）	—	14	80	64	11	4	12	25	82
拖拉机小型及手扶	—	—	75	75	308	222	57	119	267
机引农机具（部）	—	—	47	71	118	418	65	93	—
农用水泵（台）	—	—	226	187	81	55	122	160	231
机动脱粒机（台）	—	57	112	37	3	21	—	3	24
切脱机（台）	—	—	199	147	88	49	—	—	—
铡草机（台）	—	27	65	8	19	10	—	—	—
农用动力机械总数（台）	2	97	530	437	519	447	—	—	—
其中柴油机（台）	—	97	430	254	207	168	—	—	—
农用建设机械（台）	—	—	20	—	25	72	79	83	102
机耕面积（亩）	—	9000	44295	29205	38340	60900	55500	55500	55000
机械脱粒（万公斤）	—	—	—	270	2000	1800	—	—	1550
机械完成农业运输量（吨公里）	—	—	—	—	—	296	210	245	375
半化畜力播种机（台）	—	—	—	—	331	1026	—	—	—
机具小平车（辆）	—	1259	2329	1812	5460	6375	—	—	—

第二章 运输机具

第一节 人畜力运输机具

中华人民共和国成立前,县内农事运输靠人担畜驮。主要工具有扁担、尖担、驮笼、笼等。20世纪50年代初购进胶轮马车4辆。1958年购进小平车149辆,胶轮马车增为6辆,人担畜驮状况在交通条件较好的村庄开始改变。70年代后,平车大量使用,胶轮马车停用。1978年,全县有小平车2329辆,至1995年,小平车增至6375辆。2000年后,随着动力运输机械的发展,小平车逐渐被淘汰,仅在交通不便的部分山区使用。

第二节 动力运输机械

农用运输拖拉机 三轮运输车

1957年,永和县引进第一台捷克PF-6型手扶拖拉机,不久损坏搁置。1964年、1967年,引进山西运城产进-20型拖拉机11台。1968年,国家支援和社队自筹资金购进拖拉机5台。1972年,国家投资3.4万元、社队自筹5.68万元、贷款2.72万元,共11.8万元,购进东方红-60、东方红-75、东方红-28、铁牛-55、工农-11型拖拉机各1台。1977年全县有拖拉机140台。80年代初,县域引进农用三轮车,80年代末广泛使用,农业运输主要由农用三轮和小型拖拉机承担。至1995年,全县有拖拉机226台,农用三轮车457台。1997年,吕梁山机修梯田指挥部奖励永和县拖拉机1台。2000年,全县有农用拖拉机49台,其中大中型拖拉机4台、小型拖拉机45台。2005年,全县有农用拖拉机69台,农用运输车653台,其中三轮运输车615台、四轮运输车38台。2007年,有农用拖拉机78台,农用三轮车700台,农用四轮运输车38台。翌年,有农用拖拉机144台,农用运输车797台。至2011年,全县共有拖拉机349台

4867千瓦，大中型拖拉机82台，均为轮式；小型拖拉机267台，其中手扶拖拉机200台；农用运输车963台10691千瓦，其中三轮运输车910台9049千瓦。全县共完成农机运输量375万吨公里。

农用载重汽车

1972年，县内始配农用汽车。1978年，增至7辆。1995年，全县有农用汽车17辆；1998年，增加5辆；2004年，增加12辆。至2011年，增至55辆1671千瓦。

第三章　加工机具

第一节　粮棉油加工机具

磨面机

石　磨　20世纪50年代以前，县人磨面主要用石磨，多为人推畜拉，磨片一般下片固定，上片转动。80年代后，石磨逐渐被机器磨取代。

水　磨　以水流为动力冲动水轮带动磨转动，适于安装在水流冲动力较大的地方。20世纪60年代，因县域水源缺乏，遭淘汰。

磨面机器　1967年，县域引进磨面机器。1992年，县人引进吉林锥形磨2台，由电动机带动。翌年，引进7.5锥形磨1台，4.5石磨1台。1995年，共有磨面机242台。2006年，县粮油贸易总公司面粉厂引进FMQ607面粉机1台。2008年，新增磨面机4台。至2011年，县粮油贸易总公司面粉厂，共有磨面机6组，年磨面6万公斤；县内有个体磨面户10家，磨面机16台。

碾米机　传统碾米工具为石碾，由碾辊、碾盘、碾杆组成，人推或畜拉。20世纪60年代中期，引进碾米机；80年代，引进西安碾米机。1992年，引进7.5碾米机1台；1995年，增至162台。90年代末，碾米机迅速减少。2011年，县乡个体户有碾米机13台。

棉花加工机械

20世纪50年代以前，县人用人力轧花车加工籽花，用人力弹花弓加工絮棉。50年代后期，个别轧花机改为畜力驱动。60年代，棉麻公司引进立式轧花机加工皮棉，人工操作，缩小棉花体积便于储存、运输。70年代，购置弹花机、轧花机。1978年，全县有轧花机22台。2007年，仅有14台。2010年，县人郭连成自筹13万，首次自山东引进A286F大型加宽变频梳棉机1台，自青岛凯利达纺织机械厂引进FN201棉绒自动上料机1台。是年，自山东潍坊引进白花牌毛刷式锯齿轧花机1台，开松机1台，缝被机1台。2011年，全县共有棉花加工机械19台。

榨油机

县人用人力锤击古老榨油工具加工食油，设备由炒锅、油碾、铁圈、大梁、铁榔头、木楔、油缸组成。1975年，县人始用机械榨油。1978年，购进一批榨油机，食油加工普遍由传统方式改为机械生产。1995年，从辽宁本溪引进6YL-120A型螺旋榨油机1台，是年，全县有榨油机76台。2000年，县人自河南巩义冷冻机厂引进D-1685型螺旋全自动热榨机1台，热榨机在县域内不适应，于2003年淘汰。同年，自四川绵阳引进10-4螺旋冷榨机，适于加工各类植物油料。2006年，全县有榨油机43台。2011年，县人刘宝雄自山东引进冠宇牌120全自动螺旋榨机1台。是年，全县共有各类榨油机58台。

第二节　饲草饲料加工机具

铡草机

传统铡草用铡刀，铡草时1人入草，1人按刀，一人整草成束。20世纪60年代后期，引进铡草机。1978年，全县铡草机发展为65台。90年代后期，铡草机多为县域养殖户所用。2001年引进区龙铡草机，长短可调变速机。是年，永和县通达农业机械有限责任公司研制的"小型家用饲草切搓机"，开始在县内使用。2005年后引进功率大、体积小的铡草机。2009年，畜牧养殖铡草机新增5台。2011年，县内各种类型的铡草机80余台。

粉碎机

传统饲料加工用石磨，将豆类、高粱、玉米等磨一两遍，不过箩，用作畜、禽饲料。20世纪60年代末引进小型粉碎机。1989年，县粮食局饲料公司自北京通县引进电动粉碎机和饲料搅拌机各1台。2000年，自河北沧州引进锤片式高效多能粉碎机；2002

年，自文水引进粉碎机。2005年，引进黄沙360型饲料粉碎机。是年，有粉碎机25台。2010年，新增饲草（料）加工机械设备1台。2011年，全县共有各类饲料加工机械5台。

第四章 农机管理

第一节 机 构

1980年以前，农业机械由国营和集体经营，县农业机械管理局统一管理。各公社均由1名副主任分管农机工作，以社建有农机管理服务站、农业机械站；生产大队、生产队分别设农机管理组或小组。坡头、城关、署益、桑壁、阁底、罡骨等公社设农机具修造厂，多数厂实行统一记工，工分回队分配；少数厂效益较好，独立经营。县大型农机站为全民所有制单位，实行自负盈亏。

1980年始，除推土机和极少量农用汽车属国营外，其他农业机械全部由农机户经营。1984年，农机局改为农业机械服务中心，职能由管理变为服务。每个乡镇配备1名农机员，承担所在乡镇的农机服务任务。1989年农机服务中心恢复为农机管理局，1993年重新组建为农机服务中心。农机服务中心负责全县农机修建梯田、农机生产油料管理及农业机械化安全监理和事故勘查等。

2011年，县农业机械服务中心内设办公室、农机技术推广站、农机管理服务站、农机监理站，下属单位是大型农机站。农机中心有工作人员22人，大型农机站有工作人员12人。大型农机站为事业单位企业管理，实行自收自支、自负盈亏。

第二节 管 理

农机经营

1980—1995年，国家给县大型农机站无偿投资100万元，低息贷款10万元，固定资产总值169万元，全县农机总收入243万元。2008年，农业机械化经营服务总收入285.7万元，农机户总收入241.5万元。2010年，农业机械化经营服务总收入达到400万元，其中农机户总收入达到300万元；农业机械化经营服务纯收入达到200万元，其中农机户纯收入达到150万元。

秸秆还田演示

2011年，全县农机固定资产增加621万元，达到2421万元，农机经营服务总收入达到430万元，纯收入达到250万元，占总收入的58%。

机械化玉米保护性耕作技术项目，2009年重点在桑壁镇实施。建设2000亩，推广2000亩，项目区农户亩增产11%，节约成本20%，亩节约成本增收115元，共可增收26万元。

优质小杂粮机械技术推广项目，2009年在阁底乡实施。新建5000亩高标准优质小杂粮机械化生产示范基地，新增节水施肥膜穴播机、精播机、旋耕机、杂粮加工机33台，推广完成优质杂粮机械化面积1.5万亩。

机械深松示范推广项目，2010年在坡头乡和桑壁镇实施。5000亩玉米机械深松，深松一亩补助30元。

农机化常规作业和跨区作业，2011年利用农机专业户、合作社等服务组织，在春耕"三夏"农业生产中实行玉米农机化作业。

精少量播种，通过减少播种量，提高种子分布均匀度，改善发展环境和土壤透气条件，建立合理群体结构，实现高产低耗目的。2011年，完成精少量播种3.5万亩。

技术培训

1951年，县技术推广站1人首次参加专署举办的新式农具技术培训。1953年，全县247人集中县城，参加为期10天的农业合作技术训练，解决农村推广应用新式农具问题。1955年，全县93人参加训练班，学习双轮双铧犁使用技术。1959年，从闻喜、曲沃请来师傅，举办由各公社分管主任、各管理区拖拉机手柴油机手、各1人参加的农机技术训练班。60年代后期，永和县多次派人赴临汾、襄汾、曲沃、运城等地，参加拖拉机驾驶员和社队管理干部培训。1970年后，培训由县农机部门组织，于每年1月进行。1975年1月，举办由公社农机管理员、车长、技术员、修理工、新老驾驶员、能工巧匠、农副加工及排灌机械操作手等230人参加的训练班，历时11天。1986年，县农机服务中心设培训站，负责技术培训，并购置电化教学设备和其他设施。90年代，农业机械发展缓慢，驾驶操作人员相对稳定，培训任务大大减少。至2005年，先后举办培训班12期，对502人次进行农业机械管理法律、法规和政策、机械操作、维修常识、交通规则等方面的培训。2009年，县农机中心通过组织召开演示会观摩会和举办培训班、专题讲座等形式大力普及农机科技知识。是年，选派宣传员12人，巡回全县7个乡镇，进村入户，发放资料1万余份，对农机手进行手扶拖拉机、耕整地、播种技术培训，全年培训农机技术人员560人次。2011年，在桑壁镇薛基村和交口乡可若村举行农机深松演示，在芝河镇下罢骨村举行小型农机具演示，组织开展"阳光工程"农机化、农机化作业及农机化送教下乡等农机化教育培训。是年，培训农机化管理人才、科技人才和实用人才300人次。

安全监理

1967—1971年，农业机械安全监理由县农林水利委员会内设的农机办公室负责。1972年3月农机办公室机构单设，年内改称农业机械管理局。1974年检验大中型拖拉机55台，44台合格，合格率80%。1981年，农业机械管理局内设拖拉机监理站，负责农业机械检验、驾驶员培训、审验及安全监理。当年，农机经营体制变化，农机监理受到影响，全县应参检拖拉机150台，有52台未参检，参检率65%。此后变集中检验为多点检验，尽量方便用户，参检率回升。1988年，全县300台拖拉机全部参加工厂检验，合格率100%；应参加审验的390名拖拉机驾驶员，参审300人，合格率100%。90年代初，农业运输多由农用汽车承担，拖拉机道路作业剧减，参加审验的驾驶员和拖拉机均大幅度减少。1995年，参审驾驶员仅70人，

农机安全生产宣传

参检机车138台，合格率均为100%，县内未发生过重大交通事故。2005年，将农用运输车办证、上户和检审验工作移交警部门管理。2009年，变形拖拉机年检32台，占80%；对纯农田拖拉机发放整改通知110户，落实整改83户，农机产品跟踪调查和回访510户，回访率达到100%。是年，全县有20个农机维修网点。2010年，年检变形拖拉机联合收割机38台，占90%。2011年，全县新注册登记拖拉机联合收割机30台，农机检验、挂牌、办证率分别达到90%、80%、80%以上，农机事故发生率为0，农机安全生产保持稳定。是年，有农机监理人员10人，农机专业合作社4个。

农机购置补贴

从2005年起，国家实施农机购置补贴政策，当年，为农户补贴4.53万元，购置农机具11台。2006年，完成国家补贴资金3.14万元，购置补贴农机具6台；2007年，完成国家补贴资金2.11万元，购置补贴农机具4台；2008年，完成国家补贴资金19.93万元，购置补贴农机具91台。2009年，上级下达永和县机补资金50万元，后又争取30万元，全年完成中央补贴资金80万元，购置补贴农机具103台。2010年，完成国家补贴资金91.12万元，补贴农机具164台，其中主机80台、机具84台。2011年，全年购机总价621.36万元，完成农机具补贴资金179.4万元，补贴比例为30%，补贴机具654台，涉及农户503户，重点补贴拖拉机，玉米、薯类等播种机械，设施农业机械和丘陵山区小型耕作机械等。

第八编

林　业

永和境内高山居多，但许多山是石山、秃山，全县森林覆盖率在20世纪70年代前不足10%，远远低于全国平均水平。1953年始在"绿化祖国"的号召下，连年开展人工造林。1978年，永和县被列为三北防护林建设县，至1985年全县累计造林56.73万亩，保存21.39万亩，森林覆盖率提高到11.8%。1986年实施三北防护林建设第二期工程，建设经济生态型林业，实行承包责任制，形成国家、集体、个人一起上的格局。至1995年，累计造林91.77万亩，保存44.71万亩。2007年、2008年永和县连续两年成功举办全国三北防护林工程科技推广现场会；2008年11月，永和县人民政府被国家授予"三北防护林建设突出贡献单位"。2009年，林地面积66.4万亩，林木绿化率36.5%，森林覆盖率17.3%。至2011年，全县森林面积32万亩，森林覆盖率达23%。

　　1956年前，县内经济林木大多是家庭小果园或零散果树。由于水果干果收入可观，1956年后果树逐渐被群众重视起来。1966年，全县经济林发展到1800亩；1971年发展到4800亩；1997年发展到2.9万亩。2011年，全县经济林发展到38.5万亩。其中水果2.5万亩，产量110万公斤；干果36万亩，产量2800万公斤。

第一章 树 种

第一节 乡土树种

县域用材树有松、柏、杨、柳、椿（樗）、榆、楸、桐、桑、枫、椴、檀、槭、杜梨、槐树、刺槐、柠条等，杨、柳、刺槐、侧柏居多。经济树有枣、苹果、梨、桃、杏、核桃、葡萄、李（分桃李、杏李2种）、花椒、山楂、槟、柿、樱桃、酸枣、文冠果等，枣、苹果、梨、杏、核桃居多。

第二节 引进树种

油 松

又名短叶松，东北黑松。1956年，县林业局由临汾引进种子300公斤，在双锁山直播造林，同时在坡头乡呼家庄、塔子等村泥滩沟少量播种。1963年，岔口国营林场始行大面积直播与植苗造林。因环境适宜，生长快，城关、桑壁、坡头、交口、阁底、打石腰等乡镇均行直播与栽植。1988年8月23日，县九届人大常委会第八次会议确定油松为永和县县树。

华北落叶松

1982年，国营林场从蒲县乔子滩林场老虎洞点调回苗木3万株，植于狗头山，署益乡林场，岔口国营林场海拔1200米高山。80年代后期，复由娄烦县引进苗木，在岔口国营林场造林。因生长缓慢，不宜在县域推广。

加拿大杨

1958年，由夏县引进种条300株培育繁殖。1961年在县城、坡头等地推广。1965年成为全县四旁绿化主要树种。后因材质差渐被淘汰。

箭杆杨

又名钻天杨,电杆杨。1959年,由夏县引条数十株繁育,1961年繁殖到0.5亩,0.4万株。1965年后推广县境内。

意大利214杨

1963年由临汾引进苗条1500株,未培育成功。1984年复由襄汾引进0.4万株在桑壁培育。因成活率低被淘汰。

合作杨

1965年由临汾侯村引进苗条0.26万株。境内尚保留少量。

北京杨

1965年由临汾侯村引0.35万株入境,成为县内四旁植树杨树中的优良品种。80年代后遍布全县。

泡 桐

1966年由洪洞华灵圃引种繁育。1971年由河南引苗根3万育苗。植于县东及城内的2年内均被冻死;植于城西、西南部的表现出生长快的特性。

香 椿

1973年由运城地区引进种子50公斤,在县苗圃、任家庄村林场等地育苗。后被植于房前屋后。

新疆杨

1978年由临汾地区康庄苗圃引进0.3万株试验培育。因适应性强、抗病虫害、生长快,县境内大量推广。

沙兰杨

1978年始,先后从洪洞、河南引苗条培育,未大面积推广。岔口国营林场尚有少量生长。

白 榆

1978年引进种子50公斤,育苗成功后推广全县。1984年,由山东引进种子0.1万公斤,全县各乡镇育苗均获成功。因抗旱力弱,后期生长缓慢,已保留不多。

优胜杨

1981年由临汾引进,已被淘汰。

枣 树

别名红枣,永和县栽植历史悠久。1988年8月23日,县九届人大常委会第八次会议确定枣树为县树。2009年引进相枣,在南庄、打石腰、阁底搞试点。

苹果

1957年从辽宁引进国光、红玉、元帅、偻绵、迎秋5品种，栽于南圪塔、东峪沟、任家庄、阁底、上桑壁等5处。1965年后，先后从临汾、隰县、吉县、河南、辽宁等地引入品种31个。1995年，主栽品种有国光、红玉、青香蕉、红富士、新红星、秦冠、金冠、黄奎、乔纳金等。2006年引进夏口立。2010年由永维农业引进早秋红、早夏红。

核桃

1957年始，先后引进汾阳光滑绵核桃、孝义核桃、新疆隔年核桃3个品种，进行直播和育苗栽植。1995年以后核桃树广布县境，以芝河、桑壁、坡头、交口等乡镇居多。

花椒

1983年，由山东引进大红袍育种（名称洋花椒）先于阁底、交口2乡栽植，后普遍发展。

梨

1966年从临汾引进巴梨，1972年引入猪咀梨、鸭梨、油梨，1980年引进酥梨，1984年由临汾引入晋密梨，1993年引入雪花梨、伏梨。主栽品种有酥梨、晋密梨。梨树多集中在王家坪、交道沟、赵家岭、孙家庄等村庄和洪洞塬开发区。

桃

先后引进新品种16个。1964年引进岗山白、茶金桃，1968年引入五月鲜、深州水密、大久保、蟠桃，1973年引入秋露白。1988—1989年，从太谷果科所引入芽变种初香美74917、芽变大久保、早甜桃、庆丰北京26、早香玉北京27号，栽于国营苗圃；引入75－4－1、北农2号、香蕉2－9－2－4共0.6万株；在西庄湾建立县林业局桃园基地。

杏

1967年从临汾引进万荣白水杏苗100株，栽于泊洋乡西山林场；1971年，引进万荣李子杏，栽于交口乡。2000年从运城引进仁用杏苗条数万株，在交口、桑壁等乡镇大量栽植，成活率高，效益好。

葡萄

1966年从临汾果场引进保尔加尔、沙巴珍珠、玫瑰香3个品种，在桑壁镇、任家庄、国营林场等处栽培。1970年又从临汾果场引进白葡萄（俗称牛奶葡萄）。1987年引进优种巨峰，城关、坡头、阁底3乡镇均有栽培，城关镇（现芝河镇）产量最多，主产巨峰。

山楂

1984年从绛县引入0.3万株，栽于城关、桑壁等地。

柿

1968年，县土产公司购进君迁子（又名软枣）200公斤，由水保林业局加工成种子，在县苗圃和阁底、打石腰、交口等地育苗未能嫁接成柿树。1976年，县林业局从运城引进柿苗，植于桑壁、阁底、南庄等乡镇，均未成活。

巴旦杏

别名扁桃、婆淡树、巴旦姆。1993年由河北引进龙王帽、窝蜂等2个品种，接穗2万条，在城关、桑壁、岔口林场嫁接。

石榴

1993年，由永和县同上吉私人引进数株，县城等地不足20株。

翅果油树

别名泽录旦、柴胡、毕勾子。1975年，从临汾地区林业局引入200株，栽于红旗林场黑龙神圪塔，已结果。

圆柏

又名塔柏。1984、1987、1990年先后从临汾引进40余株，分别栽植在国营苗圃、国营林场和县粮食面粉加工厂、招待所、县政府、公路段院内。

垂柳

别名水柳、垂杨柳、倒挂柳。1964年开始从曲沃、临汾引进。1995年县城正大街两旁有159株，部分机关院内零星栽植，2010年后砍伐。

龙须柳

又名龙爪柳。1966年从临汾引入县苗圃育苗成活后在县内推广。

大叶白蜡

别名亚生，美国白蜡。1980年，坡头乡引入数株，栽于乡政府院内成活。

龙爪槐

1990年与1994年，隰永公路段、县政府先后从临汾引入6株，栽于机关院内生长良好。

龙须枣 胎里红

1990年，县林业局从太谷分别引入3株、14株，栽于杜儿坪采穗圃。

合欢

别名绒花树、夜合欢。1990年隰永公路段从临汾引入4株，植于机关院内3株，官庄道班院内1株，均生长良好。

雪　松

又名喜马拉雅松。1990年隰永公路段从临汾引入4株,植于院内,成活1株,冻死3株。

紫穗槐

又名棉槐、紫衣槐。1961年和1981年,先后从辽宁和本省引进种子。境内有少数地方种植。

柠　条

别名小叶绵鸡儿、牛筋条、雪里洼。20世纪60年代后期,县水利局从宁夏引进种子0.25万公斤作为水土保持树种播种造林。

火　炬

1987年由临汾引进苗根育苗。1988年春,植于东峪沟、圪列沟背坡等地。是较好的水土保持树种。

国槐　香花槐

2005—2009年引进。植于328省道、沿黄干线公路两侧,总长123公里。

雪松　法桐

2009—2011年引进。植于城区及乾坤湾景区。

其他树种

2009—2011年,先后引进、银杏、木槿、红叶李、火炬、五角枫、红栌、碧桃、百日红、紫荆、月季等多个树种。大多植于城区、乾坤湾景区和328省道、沿黄干线公路两侧。

第三节　古稀树木

河　柳

当地群众叫毛柳,生长在芝河镇贺家庄村西。1999年版《永和县志》记载,树高21米,主干高4.1米,胸径1.32米。1960年被雷电击中燃烧而死,后又从树皮萌生多根枝条,逐年生长,将火烧部分包住,仅树干东边露长1.75米、宽0.6米的裂缝,树皮横裂。树冠由6枝组成,呈圆形,东西20.6米,南北19.5米,投影面积315.6平方米,树东侧外露8条根,根盘长29米。

刺　榆

别名大果榆、毛榆、柳榆。1999年版《永和县志》记载，其生长在交口乡鹿角村老坟地土堰上，天然生长4株。往东4.5米之地堰上又长出34株小刺榆。4株中最大1株高6米，主干高1.5米，胸径0.35米。主干上分生2枝，粗度分别是0.25米、0.2米。冠幅东西6.5米，南北6.8米。刘清泉在《古稀树木》一书中称其为"山西少见的树种"。

杏　树

生长在桑壁镇大凤圪堆村场畔。1999年版《永和县志》记载，其地径2.83米，高9.08米，主干高2米。冠幅东西15米，南北8.2米。树冠由一级侧枝3大枝和二级侧枝5小枝组成。东北1条大侧枝被风折断。

槐　树

别名中国槐、家槐、白槐、笨槐。生长在南庄乡永和关村口，距黄河东岸25米。树高22米，主干高5.8米，胸径1.57米，冠幅约216平方米。树冠原由3条侧枝组成，向黄河1枝被风吹折。树干中空，于分叉处南侧生出1个绣球圪塔。树干基部西侧有长0.5米，宽0.2米的裂缝。

柽　柳

别名红荆柳、三春柳。生长在交道沟县中心苗圃果园门口。1999年版《永和县志》记载，树地径0.87米，高8.7米，主干高0.5米，树干中空，上有2条侧枝，分别粗0.52米和0.28米。冠幅东西6.3米，南北7.6米。刘清泉在其著的《古稀树木》一书中称这株柽柳是"山西最大的一株"。

第二章　经济林木

第一节　水　果

概　述

清代县内有梨、李、奈子、桃等水果品种，民国时期增加苹果、葡萄等，其中梨、桃较多。

1956年前，县内只有家庭小果园或零散果树。任家庄、土罗、药家湾、桑壁等村有较大梨园，盛产金梨、木瓜梨；桃树遍布县境；杏以城关、坡头、桑壁、交口等乡镇居多。1966年，全县经济林发展到0.18万亩，其中水果0.08万亩。1977年经济林发展到0.48万亩，其中水果0.3万亩。1997年经济林发展到2.9万亩，其中水果1.5万亩。到2011年经济林发展到38.5万亩，其中水果2.3万亩，水果产量达到110万公斤。苹果以红富士为主，梨以酥梨为主，葡萄以巨峰、白葡萄为主。

苹 果

1957年从辽宁引进国光、红玉、元帅、倭绵、迎秋5个品种。1963年苹果首次摆上县城市场，到1995年后以红富士、新红星等短枝型、矮化品种为主栽。2006年引进嘎啦。2010年引进景秋红、景夏红，在署益、坡头、桑壁等地栽植。

果树专家田间地头指导果农

梨

1966年始，先后引进巴梨、雪花梨、酥梨、晋梨等10余个品种。以酥梨为主栽。

桃

从1964年开始，先后引进五月鲜、大久保、岗山白等16个品种。以五月鲜、大久保为主栽。

葡 萄

从1966年开始引进玫瑰、巨峰、白葡萄（俗称牛奶葡萄）等5个品种，以巨峰、白葡萄为主栽。

山 楂

1984年从绛县引进，有少量栽植。

柿 树

1968年引进君迁子（又称软枣）育苗、嫁接成功。1976年县林业局从运城引进柿苗，在阁底乡小坪村有栽植，效果很好。

石 榴

1993年西庄乡同上吉村个人引进，栽植成活并结果。

交道沟苹果园

位于县城东 4 公里处交道沟村附近。1973 年县"革委"组织机关干部义务劳动,挖坑栽苹果树 0.2 万株。1980 年有苹果、梨等水果树 0.1 万株,年产量 0.8 万公斤。是年派林业局干部冯秉成具体负责办园。到 1995 年共有果树 280 亩,7 万余株,年产国光、红星、红富士、青香蕉苹果和晋蜜梨、酥梨、桃等水果 20 万公斤。周围山、坡、沟成活松、柏、杨、刺槐等用材林 30 万株。并引水上山解决了人畜用水和浇树用水问题。

官庄苹果园

属芝河镇官庄村委,距县城 7 公里,建于 1987 年,总面积 500 亩,有苹果树 2 万株。初期主要有国光、红星、金帅、青香蕉等品种。1992 年,采取高嫁头取代国光万余株,优种达 70%,挂果树 1 万株,年产苹果 15 万公斤,收入 20 余万元。

洪洞塬苹果园

位于县境东北,在坡头乡境内,距县城 20 公里。1989 年建设基本农田,1990 年秋县直机关干部开始整地,1992 春完工。先后 4 次投工 2.1 万余个,挖 1 米 × 1 米水平沟 10.5 万米。1993 年栽植苹果树 500 亩、2.3 万株,梨树 200 亩、0.9 万株;荒山造林 0.9 万亩(刺槐 0.6 万亩,侧柏 0.25 万亩,山杏 500 亩);兴修基本农田 500 亩,修通简易公路 3.5 公里,人畜饮水问题得到解决。

第二节 干 果

概 述

清代县内有枣等干果品种。民国时期增加柿、核桃、酸枣、花椒等,其中枣、花椒较多。

1956 年前,县内有零星干果树。枣、花椒主产县西沿黄河村庄。1956 年后果树逐渐被群众重视,1957 年始陆续引进优种。1957 年开始,先后引进汾阳绵核桃、新疆隔年核桃、孝义核桃等。到 2000 年,核桃树广布县境,以辽核、鲁光、薄壳香等为主栽。永和县枣树栽培历史悠久,1993 年县林业局在杜儿坪建立枣树采穗圃 36 亩,引进梨枣、龙须枣、胎里红、骏枣、蛤蟆枣、磨盘枣等 30 多个品种,现以本地条枣、木枣为主栽。1983 年从山东引进花椒——大红袍(俗称洋花椒),为县域花椒主栽。

1966 年全县干果面积 0.1 万亩,1967 年全县干果面积 0.18 万亩,1997 年全县干果面积1.4万亩。到2011年，全县干果面积发展到36万亩，产量达2800万公斤。枣树以条枣、木枣为主，核桃以辽核、鲁光为主。

石家山良种核桃基地

位于县城西6公里的芝河镇石家山。1992年，城关村委的解家干与当时的城关镇签订荒山治理合同，出资8万元买断石家山960亩荒坡50年使用权。当时该荒坡有核桃树5000株，因疏于管理，面临死亡境地。解家干经过20年的悉心治理，核桃树发展到5万余株，产量由原来的2000公斤增加到7万公斤。平整条带25万米，挖鱼鳞坑2.5万个。修田间路8公里，田间窑洞200多间。育苗40亩，建提水工程一处，水窖10多间。养牛50头、猪25头、羊3000多只。2005年建年加工百吨核桃仁加工厂一处。2005年后每年可出售优质桃接穗7万余个，可收入10万余元。核桃园年收入均在200万元以上，被誉为永和县"核桃第一家"。

毛家岭核桃园

位于芝河镇毛家岭，距县城7公里，1980年建园，总面积900亩，栽植核桃树0.6万株。1991年个户承包，对原核桃树高接换优，新栽核桃树室内嫁接成活再栽。1995年，园地面积500亩，优种核桃1万株，产核桃0.5万公斤，收入3万余元。

1997—2011年永和县果品产量统计表

表8-1　　　　　　　　　　　　　　　　　　　　　　　　　　　　　　　　　　单位：吨

果品种类	1997年	1998年	1999年	2000年	2001年	2002年	2003年	2004年	2005年	2006年	2007年	2008年	2009年	2010年	2011年
苹果	772.9	930	783	772	953	1046	1057	1196	930	1730	1730	1975	1924	1526	1557.1
核桃	118	150	184	125	750	955	500	1500	2500	1200	500	1500	2000	600	3000
梨	71.094	96	115	181	195	235	215	283	299	374	348	579	267	621	645.2
桃	—	—	8	16	26	28	17	20	22	20	33	33	35	42	
花椒	3.26	6	4	2	10	12	10	15	15	5	—	—	—	—	—
柿子	—	—	1	1	0.8	1	1	1	1	1	1	1	0.8	0.8	
杏	—	—	1	1	1	3	9	11	11	10	17	30	31	32	—
葡萄	—	—	—	—	—	—	—	—	—	—	—	—	—	622	—

第三章　植树造林

第一节　采　种

县人向有采集树种的习惯。每年8月—10月间，乡村妇女和闲散劳力，大都上山采集侧柏、山楂、文冠果、杜梨、山桃、刺槐、酸枣、臭椿等果实、种子，加工后自用或出售增收。侧柏籽主产阁山、楼山；山杏、文冠果、杜梨以狗头山、四十里山、茶布山居多；山桃主产狗头山；刺槐籽重点在国营林场、各乡镇林场，芝河川、桑壁川背坡有零星或片状分布；酸枣生长在耕地塄畔，以南庄、打石腰、阁底、交口、桑壁等乡镇分布较多；臭椿散生于全县各地。20世纪60年代初，县林业局、教育局倡导全县中小学生利用节假日采集树籽，作为勤工俭学收入，全县中小学生积极投入活动。1974年采集树籽1500公斤，占全县采集总量的1/4。1960—1995年的36年间，全县共采集树籽21.96万公斤，年均0.61万公斤。其中，1985年采集量最大，为0.86万公斤。2000年后，村民对山野树种的采集越来越少。随着桃树、杏树栽植数量的发展，年均杏核收购25万公斤，桃核收购1.5万公斤。柏树籽、酸枣为零星采集，柏树籽年均1500公斤，酸枣年均4200公斤。

第二节　育　苗

概　述

永和县育苗始于1952年，属私人经营。1952—1956年，全县累计育苗490亩，年均98亩。1956年县国营苗圃建立，成为全县供应苗木的主要基地。80年代后乡镇苗圃发展迅速，育苗面积、产苗数量均占全县80%以上。1995年后乡镇苗圃多数转为个体苗圃。2010年后，国营苗圃重新成为县内育苗主要力量。2011年，县国有苗圃有职工23人，固定资产85万元，育苗面积100余亩，年生产销售苗木27万余株。主要有侧柏、杨、柳、核桃等树种。并新建温室300立方米，经济效益达15万元。

国营苗圃

永和县国营苗圃建立于1956年3月，位于芝河镇药家湾村，用地逐年渐增到30亩。培育刺槐、旱柳、核桃、侧柏、杨树等苗木。至1961年共培育苗木26万株，年均4万余株。1962年并入国营林场后，1963年10月在原城关镇官庄大队麻峪沟口征地106亩重建，除培育乡土苗外还引进新品种进行推广试验。1980年，育苗面积达80亩，品种40余种，出圃苗木16.2万株，其中用材树15万株，经济林1.2万株；引进推广新品种32个，其中用材林树种10个，经济林树种22个。1995年，育苗面积达90亩，由初建时的旱地全部变为水浇地，苗圃先后培育杨树、柳树、椿树、榆树、槐树、油松、侧柏、泡桐、火炬等用材树16种，培育苹果、梨、桃、核桃、枣、杏等经济林树种8种，年均出圃苗木22.3万株，其中用材林17.3万株，经济林5万株。1988年，被评为全县十佳苗圃之一；1994年，被评为全地区林业系统先进单位。1996—2009年，每年育苗100亩，以侧柏、油松、核桃、枣、刺槐等为主要树种，平均每年出圃苗木30万株。2000年修水池1座，蓄水350立方米，人字闸1个，蓄水800立方米，新建温室400立方米，苗圃逐步走向规范化、集约化、科学化的育苗专业道路。

交道沟苗圃　国营林场苗圃

1983年9月原县水保队改为交道沟中心苗圃，有育苗地140亩。培育苗木有油松、侧柏、刺槐。至1995年，累计出圃苗木200万株，年均15万株。1995年10月，县国有林场在坡头乡黑河岔建立第二苗圃，有育苗地100亩，均系水浇地，可机耕。

乡村苗圃

永和县乡镇（公社）村（大队）苗圃大都建于20世纪60年代—70年代，共建乡镇（公社）苗圃11个，村（大队）苗圃73个。其目的是自己育苗自己栽植，减少苗木运输费用和运输损坏苗木影响成活问题。初建时，大多数苗圃育苗技术差，面积少，立地条件不好，苗圃产苗少，集体造林的苗木问题仍靠购买解决。1980年后，县林业局与社（乡）、队（村）签订育苗合同，国家出粮、出资，发动社（乡镇）队（村）育苗。具体办法是：水地育苗，每亩补助粮食300公斤；川地每亩补助200公斤。并按苗木品种不同付给资助款。核桃苗木资助每亩200元，杨树、枣树每亩100元，柳树每亩50元，刺槐、榆树每亩30元，经县林业局验收达到苗木标准者方可领取资助款。此间，育苗地数量足，条件好，产苗多，苗木质量高，为永和县育苗鼎盛时期，县域造林绿化用苗得到解决。1983年，集体苗圃2130亩，占全县苗圃总面积94.7%，产苗939万株，占全县总产量的83.5%。1991年，集体苗圃面积占苗圃总面积94.6%，产苗量占总产量93.8%。1995年，集体苗圃面积占91.4%，产苗量占92.1%。1999年以后，乡村集体苗圃逐渐转变为个体苗圃。

个体苗圃

永和县个体苗圃（育苗专业户）始于20世纪90年代末。最初，主要集中在交通便利，有灌溉条件的村庄农户，如芝河镇的官庄、王家坪、川口等。村庄农户有不同数量的育苗土地，经济林以培育核桃、枣为主。21世纪初，永和个体育苗发展到黄金时期，涌现出育苗专业户274户，共育苗4100亩，产苗800万株。

1983—1995年永和县育苗面积产量统计表

表8-2　　　　　　　　　　　　　　　　　　　　　　　　　　　　　　单位：亩、万株

年份	面积		产量	
	合计	其中国营	合计	其中国营
1983	2250	120	1125	186
1984	2200	110	1100	175
1985	2200	130	1100	200
1986	801	125	400	210
1987	1190	132	600	210
1988	1080	135	540	234
1989	1100	125	385	197
1990	1070	130	375	220
1991	1300	70	455	28
1992	1400	60	490	27
1993	1520	80	532	32
1994	2000	65	700	26
1995	1050	90	367	29

1997—2010年永和县育苗面积统计表

表8-3　　　　　　　　　　　　　　　　　　　　　　　　　　　　　　单位：亩

年　份	育苗面积	本年新育	年　份	育苗面积	本年新育
1997	—	136	2004	150	131
1998	—	128	2005	160	130
1999	198	177	2006	162	120
2000	122	100	2007	170	120
2001	160	142	2008	153	120
2002	132	110	2009	166	86
2003	143	106	2010	290	100

第三节　四旁植树

永和群众素有房前屋后、村旁路边、墓地周围植树的习俗。中华人民共和国成立后，永和人民响应政府号召，四旁（村旁、路旁、河旁、宅旁）植树与荒山造林同时进行。1953—1959年，四旁植树204万株，年均29.1万株，累计成活14万株。20世纪60年代，四旁植树253万株，年均25.3万株，存活122万株，路旁植树以刺槐为主。70年代树种增为杨、柳、榆、槐、苹果、梨、枣、桃等。1970—1976年，四旁植树144万株。1973年、1975年先后采伐176万株，1976年末存活68万株，至1980年共植树687万株，年末实存128万株。1982年始，实施《义务植树法》，义务植树年均15万株。到1995年，累计植树1633万株，保存112万株，其中村旁93万株，永隰公路、县乡公路、渠旁等19万株。2000年后，四旁植树以大侧柏、槐（香花槐）、杨等为主。2005—2009年，328省道、沿黄干线公路两侧植123公里香花槐、国槐。2010年，共植树1920万株，保存260万株，以村旁和各公路旁为最多。

第四节　荒山造林

概　述

清代、民国时期，县南阁山有成片侧柏林。1949年，全县有天然次生林2.7万亩，以侧柏为主，伴有小片山杨。楼山、狗头山、茶布山、四十里山生长灌木林。1953年始在"绿化祖国""实现大地园林化"的号召下，连年开展人工造林，封山育林。1956年春，城关、桑壁、署益、罢骨、交口5乡镇民兵、县直机关干部共1千余人，在双锁山直播油松林600亩。当年造林1932亩。全县有林面积上升为0.99万亩，占全县总面积0.5%。1964年底，保存林地面积1.72万亩，占全县总面积0.95%。1965年，全县普遍采用水平阶整地造林法，成活率明显提高。1967年后，每年春、秋两季均组织1次造林，每次10天左右。1977年造林3.36万亩，年末实有林地8.1万亩，保存率36.9%，其中防护用材林7.6万亩，占94.1%；经济林0.5万亩，占5.9%，全县森林覆盖率4.4%。

造林工程

1978年，永和县被列为三北防护林体系建设县，县林业局具体负责三大山系（四十里山、茶布山、狗头山），两条走廊（芝河川、桑壁河川），一条林带（沿黄河枣树）等重点工程的设计、施工、验收。在首期工程中，造林34.9万亩，年均4.4万亩。至1985年底，全县累计造林56.73万亩，保存21.39万亩，保存率37.3%。覆盖率达11.8%，比1977年提高1.7倍。

1986年，实施三北防护林建设第二期工程，建设经济生态型林业，实行承包责任制，形成国家、集体、个人一齐上的格局。在本期工程中，共造林30万亩，保存15.24万亩，保存率50.8%。涌现出造林专业户0.2万户，造林12万亩，植树500余万株。1991—1995年，国家投资136.2万元，扶持国营、集体、个人发展林业。至1995年底，全县累计造林91.77万亩，保存44.71万亩，其中天然林5.6万亩，人工林39.11万亩，保存率48.7%。保存面积中防护用材林占41.3%。

2000年以后，林网建设与荒山造林同步进行。建设永隰公路，县城至交口乡公路，交口乡到大宁县公路，交口乡至乾坤湾公路两旁荒坡荒山林网。到2010年全部建成完工，成活率、保存率均在95%以上。共完成面积15.7万亩。1978—2011年，全县经济林、扶贫林建设总计40余万亩。2002—2011年，坡头、芝河、交口、桑壁、阁底、南庄等乡镇三北防护林及通道绿化总计21万亩。2009年，林地面积66.4万亩，林木绿化率36.5%，森林覆盖率17.3%。2011年，全县林地面积74.6万亩，绿化率达41%；全县森林面积32万亩，森林覆盖率23%。

2007年、2008年永和县连续两年成功举办全国三北防护林工程科技推广现场会。2007年12月，山西省造林局授予永和县328省道三北防护"精品工程"称号；2008年11月，永和县人民政府被国家授予"三北防护林建设突出贡献单位"，永和创新的石质山地造林绿化工程获山西省"优质工程奖"。

国营岔口林场

位于县境东北部坡头乡境内，总面积4.5万亩，有职工20人。1960年7月建场，承担引进培育优良树种和植树造林双重任务。1995年设立第二苗圃。历年培育苗木除满足本场造林，尚有部分外销。至1995年，累计造林3.93万亩，占总面积87.3%，其中有林地2.05万亩，成林、疏林地1.07万亩，经济林200亩。

乡镇（公社）林场

最早的阁底公社林场建立于1959年，其他建于20世纪60年代—70年代初，共建乡镇（公社）林场11个。至1998年，林场累计造林13.96万亩，占总面积72.4%。

1998年永和县乡镇林场基本情况表

表8-4　　　　　　　　　　　　　　　　　　　　　　　　　　　　　　　　　　　单位：万亩

林场名	建场时间	总面积	宜林面积	有林面积	林场名	建场时间	总面积	宜林面积	有林面积
大寨岭（南庄）	1960年	1.5	1.45	1.37	西庄林场	1971年	1.1	1.02	0.84
红旗林场（城关）	1965年	2	1.7	1.62	阁底林场	1959年	0.6	0.54	0.48
红武岭林场（打石腰）	1965年	1.5	1.3	1.23	桑壁林场	1969年	1.78	1.246	1.1
红星林场（交口）	1971年	2	1.8	1.67	罢骨林场	1966年	1.5	1.2	0.95
署益林场	1962年	2.8	2.1	1.8	坡头林场	1971年	3.3	2.21	2
西山林场（泊洋）	1960年	1.2	1.08	0.9	—	—	—	—	—

1952—1995年永和县植树造林情况统计表

表8-5　　　　　　　　　　　　　　　　　　　　　　　　　　　　　　　　　　单位：万株、亩

年　份	当年四旁植树	年末实有树	当年造林	年末实有林	当年育苗
1952	12	—	100	—	102
1953	9	1	1815	1500	60
1954	6	1	1800	2700	7
1955	9	2	7454	9400	96
1956	28	4	1932	9900	275
1957	48	8	19009	10550	734
1958	81	13	13966	10899	822
1959	23	14	16887	11600	2741

续表 8-5 单位：万株、亩

年 份	当年四旁植树	年末实有树	当年造林	年末实有林	当年育苗
1960	61	19	2000	12600	370
1961	11	27	2869	13400	36
1962	10	33	2659	15600	77
1963	14	43	3586	10700	791
1964	35	62	11858	17200	890
1965	19	72	16268	18900	1700
1966	19	84	3026	20400	2860
1967	33	104	940	20900	1570
1968	34	119	1234	21134	1590
1969	17	136	3000	23134	1030
1970	30	154	3479	25123	611
1971	18	169	5821	26184	609
1972	27	187	5100	27084	1333
1973	4	49	3700	28265	443
1974	33	82	17071	43320	3445
1975	7	44	18220	59260	2100
1976	25	68	21380	78460	2052
1977	25	87	33644	80764	2207
1978	16	103	27750	91860	2814
1979	20	110	39150	10530	2502
1980	25	128	41100	12976	3017
1981	20	144	39900	146400	1480
1982	20	151	53100	166600	1967
1983	36	140	39450	182400	1542
1984	94	122	61050	20150	3806

续表 8-5 单位：万株、亩

年 份	当年四旁植树	年末实有树	当年造林	年末实有林	当年育苗
1985	138	160	47100	213900	3892
1986	80	177	26250	239900	3200
1987	160	208	27750	257500	3000
1988	80	247	19950	270760	1200
1989	26	210	37500	291600	800
1990	13	188	31500	31780	900
1991	21	177	18300	338910	900
1992	43	140	31050	359900	1600
1993	70	155	31050	371700	1300
1994	70	170	51000	416750	2490
1995	75	112	76050	447129	1690

1997—2011 年永和县植树造林情况统计表

表 8-6 单位：万亩

年 份	当年造林面积	经济林	防护林	年 份	当年造林面积	经济林	防护林
1997	4.2	2.9	1.3	2005	2.9	0.37	2.54
1998	6.31	4.49	1.82	2006	4.1	1.31	2.79
1999	4.54	3.7	0.84	2007	5.9	1.89	4.01
2000	12	3.6	8.4	2008	5.25	1.56	3.69
2001	10.6	6.2	4.4	2009	12.37	0.77	11.6
2002	8.81	1.8	7	2010	6.71	1.98	4.56
2003	5	0.36	4.64	2011	8.19	2.41	5.57
2004	5.1	0.46	4.64	—	—	—	—

第四章 林业管理

第一节 树木管护

权 属

民国35年（1946），阁山、楼山侧柏次生林属庙社所有；耕地周围、房前屋后与坟边树木归其主所有。永和县解放后，废除庙社所有权，没收地主林权。1956年农业合作化时，县人民政府规定，碗口粗（直径15厘米以上）树木折价归集体，不足者无价归集体。大部分农业生产合作社按此规定执行，个别偏远小村树权维持原状。1957年10月，将阁山、楼山侧柏次生林收归国有。1962年，永和县以城关、坡头、打石腰3个公社为试点，落实山西省人民委员会关于"人工造林谁造谁有"政策，全县确定林权及发放林权证工作于1963年6月底结束。1983年，重新划分林地、规划"两山"（责任山、自留山）。1986年，发放林权证、自留山使用证3.2万份，划分"两山"22.8万亩。

2004年9月29日，山西省林权登记发证工作领导组审议通过《山西省林权登记发证工作方案》。根据方案规定，2006年底永和县发放林权证6093本，发证面积41万亩。

2010年，永和县制定出台《永和县集体林权制度改革实施方案》，进一步明确了产权。在坚持集体林地所有权不变的前提下，依法将林地承包经营权、林木所有权，通过家庭承包方式落实到本集体组织的农户，确立农民作为林地承包经营的主体地位。林地承包期20年。各村可保留少量集体林地，原则上不超过村集体林地总面积的10%。本次林改发证9000余本，面积达88.79万亩，其中90%划分给个户。

护 林

清代至民国时期，林木以个体自管为主。阁山、楼山侧柏虽由庙、社管护，实际管而无禁，偷砍乱伐时有发生。中华人民共和国成立后，实行封山育林，保护林木，执行护林者奖、毁林者罚的政策。1960年，建立国营林场，管护本场林木；阁山、楼山林木由县林业局管护。1964年，县护林防火指挥部成立，向全县印发关于护林、护树的公约、布告，印发《给全县牛羊牧工的一封信》0.2万份。1971年，各公社、大队设专职护林员105名。1978年，实行林木管护责任承包制，全县有专兼职护林员112人，其中国营13人，公社林场19人，大队林场80人。1985年，组织宣传车赴集镇、乡村宣传《森林法》，张贴宣传标语0.1万条。1987年，全县建立11个乡镇林业站。1995年，设立林业派出所，对偷砍乱伐林者，林业派出所、林政股按《森林法》处理。1999年林业局成立森林稽查队。2002年7月1日全县开始封山禁牧。2009年县上成立封山禁牧领导组，组长由县级领导担任，办公室设在县林业局，办公室主任由林业局稽查大队大队长担任。要求各乡镇在辖区主要路口、山口等地设立明显标志、标志牌和界柱等设施，加强禁山禁牧的政策落实。

中华人民共和国成立之前，林木采伐不加控制。1950—1956年林木自栽自采，不经批准。1956年后树木归集体所有，私人用材属哪级管的由哪级批准。1981年7月起，县林业局每年做采伐量计划，不论集体、个人采伐树木，均需县林业局批准，采伐要有采伐证，出境要持木材准运证，国营林场采伐要有设计书，经地区林业局批准方可实施。2002年后树木采伐由上级限量采伐，永和县一般不予批准采伐。

第二节　防火防虫

防　火

民国之前，森林防火以自防为主。中华人民共和国成立后，政府对森林防火重视起来，在林区周围大力宣传防火，强化群众的防火意识。1964年县森林防火指挥部成立，总指挥由县级领导担任，办公室设在县林业局，向全县印发关于护林防火的公约布告。1971年各公社大队设立

森林防火工作会议

护林员，防火任务由护林员配合防火指挥部来完成。1978年实行防火责任承包制。1985年组织宣传车赴集镇、乡村进行护林防火宣传。1995年森林防火任务由林业派出所具体实施。1999年由县林业局牵头在各乡镇抽调1名人员成立林业稽查队，负责各乡镇、林区的防火巡查。2010年县林业局、公安局森林派出所联合成立专业扑火队。同年，散发防火宣传单2000余条，在重点林区悬挂条幅40余条，为林区农户发放防火宣传门帘1000余幅，营造森林防火的氛围。2011年2月，县人民政府下发"森林防火封山禁火令"，要求从2011年2月16日起到2011年5月31日，任何集体和个人不得实施下列行为：烧荒、焚烧农作物、废弃物等生产性用火；坟头烧纸或烧香，燃放烟花爆竹、吸烟烤火、野炊等非生产性用火；携带火种和易燃品；其他引发森林火灾的行为。在林区内或距林区边缘500米范围内，从事上述行为的单位和个人，由林业局停止违法行为，给予警告，对个人处以200元以上300元以下罚款，对单位处以1万元以上5万元以下罚款。同时，要求有关人员全部上岗到位加强巡逻，坚持24小时值班。

防虫防病

永和县境内林木害虫有侧柏毛虫、油松小卷蛾、松毛虫、杨红领天牛、光肩星天牛、杨天社蛾、白杨透蛾、青杨天牛、杨树吉丁虫、芳香水毒蛾、杨国蚧、柳兰金花虫、榆毒蛾、榆绿金花虫、红蛛状异螨、刺槐种子小蜂、糖槭介壳虫17种。地下虫害有小地老虎、黄地老虎、华北蝼蛄、叩头虫、中华酚鼠5种。主要病害有油松叶锈病、松苗猝倒型立枯病、杨树溃疡病、腐烂病等。

20世纪60年代初，少数果农去掉果树病害严重的枝条，控制病害蔓延。1987年楼山侧柏发生毛虫，县林业局组织120人喷布锌硫磷粉剂杀灭，喷粉面积1200亩，效果明显。2005年5月，阁山侧柏发生毒蛾，林业局森防办实地调查后发现平均每株树上有20~30个毒蛾，侧柏树叶大批被毒蛾吃光。林业局组织40人进行10天左右的药雾喷杀，收效明显。

第九编

红 枣

永和县栽植红枣树已有3000多年的历史。沿黄河的打石腰、南庄、阁底、交口等乡村，由于独特的土壤和日照条件，所产红枣个大、皮薄、肉厚、核小、无虫、味甜，深受消费者青睐。1958年，永和红枣得到国务院嘉奖。1963年，永和县打石腰公社尉家垛大队人均售枣250公斤，被林业部授予"发展红枣成绩显著"奖。1993年，国家农业综合开发办、林业部将永和县确定为全国红枣高产、优质示范基地县。1997年，永和木枣被评为山西十大名枣之一。2001年，全国在山东乐陵召开名优特产博览会，"永和大枣"获金奖。2004年，永和县开展"红枣管理年"活动，并提出人均红枣500公斤的奋斗目标。2005年12月，永和县被中国国际枣业发展论坛组委会授予"名优红枣生产县"，当年红枣产量611.5万公斤。2006年，全县红枣产量858.1万公斤。2009年，全县红枣总产量达1493.4万公斤。至2011年，全县红枣树栽植面积13万亩，红枣产量达到1684万公斤。

第一章 栽植

第一节 栽植历史

典籍记载

永和县沿黄河村庄地处黄河中游秦晋河谷地带，栽植枣树已有3000多年历史。山西省《古稀树木》中记载：战国时期（公元前475—公元前221）枣树多栽于农田、道路和庭院。清嘉庆十六年（1811）《山西通志》记载：后魏太和九年（485）初授田男夫1人种枣树5株。唐武德七年（624）始土贡。清康熙四十九年（1710）《永和县志·物产·果属》、民国19年（1930）《永和县志·物产略·果类》均列枣于首位。

政策扶持

永和县沿黄河的打石腰、南庄、阁底、交口等乡村，由于独特的土壤和日照条件，所产红枣个大、皮薄、肉厚、核小、无虫、味甜，自古以来深受消费者青睐。1958年永和红枣得到国务院嘉奖。20世纪60年代始，永和县人民政府以奖售枣农粮食、化肥等政策，鼓励枣农栽植枣树。1963年，打石腰公社尉家圪大队人均售枣250公斤，被林业部授予"发展红枣成绩显著"奖。80年代初，县农业局设立果桑站，进行枣树栽植的研究与指导。1987年9月3日，中共永和县委出台《关于加强沿黄五乡红枣基地建设》的决定，是年县林业局成立红枣研究所。1988年，永和县做出"红枣覆盖沿黄河23个村委"的决定，8月县人大常委会九届八次会议决定枣树为"永和县树"。1990年，县委、县政府出台《关于加快红枣基地建设的实施意见》，将发展红枣作为全县脱贫致富的主导产业，并完善谁

收枣

栽谁有，地随树走、长期不变等一系列优惠政策。1993年，国家农业综合开发办、林业部将永和县确定为全国红枣高产、优质示范基地县。1997年，永和木枣被评为山西十大名枣之一。2001年，全国在山东乐陵召开名优特产博览会，"永和大枣"获金奖。2004年，永和县开展"红枣管理年"活动，并提出人均红枣1000斤的奋斗目标。2005年12月，永和县被中国国际枣业发展论坛组委会授予"名优红枣生产县"，当年红枣产量611.5万公斤。2006年，全县红枣产量858.1公斤。2009年，全县红枣总产量达1493.4万公斤。至2011年，全县红枣树种植面积13万亩，红枣产量达到1684万公斤。

第二节　栽植管理

苗木繁育

2001年，永和县大抓苗木繁育工作，在沿黄河五乡建立相应的苗木基地。坡头乡、芝河镇有水浇地育苗，每年出圃合格枣苗150万株。育苗方法主要有：断根育苗，全县每年断根育苗面积5万亩，出断根苗500万株；根蘖苗归圃，每年300亩，出合格苗100万株；酸枣接大枣，每年出100亩，可出合格苗50万株；组培育苗，每年320平方米，每年可出合格苗10万~20万株。

县政府从2000年起，每年划出专项资金用于苗木繁育，建设了以国营苗圃、官庄苗圃为中心的500亩苗木基地，引进培育名、特、优红枣苗木。每年提供优种苗10万株。各乡镇在一类地中选定30亩红枣苗木基地，采用归圃、嫁接等方法培育和供应适宜本地栽植的优良乡土品种苗。同时西庄、辛角塬依靠高灌引水工程繁育了部分优质苗木。

栽植管理

原采用挖水平沟，整地或挖坑的方法进行栽植。至1991年，全县发展村办集体枣园43个，其中千亩以上面积13个，百亩以上面积20个；户办枣园1700个，其中千株以上30个，500株以上450个，300株以上690个。2006年起，对一些地质坚硬

红枣树管理

地实施"爆破式"栽植方法，此法栽植成活率高，树苗生长快，有利于节约人力、财力和时间。到 2011 年，全县枣树发展到 850 万株，年产枣 1684 万公斤。

县、乡政府要求枣农把枣树留足保护行，严禁在保护行内种植高秆作物，要给枣树苗留足生长地带。县林业局成立管护队伍，实行统一修剪，统一治虫。在技术员指导下合理施肥、浇水，形成一整套管理措施。

2007 年 12 月 21 日，永和县第十四届人大常委会第五次会议决定，力争在 3~5 年内在红枣主产区的每个村小组建烤房 5~10 个，以便枣农在阴雨天收回鲜枣加工。是年，全县建起红枣烤房 58 个。2008 年部分农户应用"开甲"技术，将盛花期枣树的树杆锯开了一个 1 厘米环形槽，使养分减少向根部回流而集中供于花和幼果，有效地提高了枣树的坐果率。

第二章 品 种

第一节 传统品种

条 枣

分布于境内各枣区，栽植面积、产量均占全县一半以上。果实较大，顶部稍细，呈长柱形，易储存，能在冷、热、风等各种环境中运输。本品种寿命长，适应性强，耐干旱，产量颇丰且稳定，抗雨裂，品质上乘，是制干上品。1995 年永和县举办首届红枣节后，永和条枣誉满省内外，知名度大增。

团 枣

分布于全县各乡村，树势强健，枝条下垂，树冠开张，果实为圆形或椭圆形，果体较大，果肉厚，质松软，采摘期早。该品种是县内主要红枣品种之一。

灰 枣

多分布于沿黄河枣区，果实大小均匀，呈长卵圆形，成熟后为红色，有光泽。果肉厚，味甜稍酸，汁较多，是制干上品。适应性中等，果实生长期为 100 天左右，9 月中旬成熟。是县域枣区主要品种之一。

小　枣

主要分布于沿黄河一带，是当地较多的一个品种。树体中大，枝条短，果实大小均匀，椭圆形。平均单果10克左右，果肉质地致密，味甜稍酸，汁较多。果实生长期约100天左右，9月中旬成熟。产量高而稳定，成熟期裂果少。

脆　枣

果实大小不匀，平均16克。果光滑，果皮较薄，果肉厚，质地细脆，味甜汁多，品质上等，是鲜食的佳品。该品种适应性较强，较耐盐碱，结果早，产量中等，是县域红枣优良品种之一。

沟坝枣

本品种寿命长，适应性强，耐干旱，产量中且稳，品质上，果重平均17克，果核较大，是制干上品。

疙瘩枣

该品种适应性强，产量一般而稳，抗病虫品质中上。主要分布在打石腰乡尉家圪、郭家山村一带，数量较少。果面不光滑，不规则，肉厚，味较甜，汁较多。本地年产量5万公斤。

麻子枣

树势中等，果实较小，果重平均8克。大小均匀，果皮薄，平整光滑，结果早，产量高而稳。是县内一个较好品种。

芽　枣

主要分布在打石腰乡和南庄乡。果实中大，长柱形，果重平均11克。果皮红褐色，平滑，有光泽，果肉较厚，味较甜。

条枣与其他枣种比较表

表9-1

品　种	单果重（克）	株产（公斤）	裂果度（%）	吊长（厘米）	果数／吊
条　枣	14.21	56	0	25	5
木　枣	11.46	38	0.5	16	3
小　枣	10.00	32	0.8	13	2
疙瘩枣	15.33	24	5.0	18	2.5
麻子枣	8.96	48	0	14	5

条枣所含理化成分表

表9-2

成分	钾%	纳ppm	钙ppm	镁ppm	锌ppm	铁ppm	糖	酸	维C mg/100g	粗纤维%	粗蛋白%
含量	0.54	213.24	598.42	450.64	4.47	6.86	71.4	0.88	14.73	3.82	3.62

条枣与其他枣种经济性能对照表

表9-3

品种	产地	丰产性	抗逆性	成熟期	果形	单果重（克）	品质	主要用途
条枣	境内各枣区	丰产	强	9月中旬	长柱	18—20	上	生食制干
小枣	沿黄河	较丰产	较强	9月下旬	椭圆	10	中	生食加工
团枣	全县乡村	中	中	8月中下旬	圆、偏圆	24—32	中	生食加工

第二节　引进品种

概　述

1992年永和县建起红枣良种繁育场以后，县林业局从山西省果树科研所和山东、河南、河北、陕西等地引进尖头灰梨枣、糖枣、蛤蟆枣、三变枣、不落酥、尖叶枣、软核枣、山西辣椒枣、兰溪弓枣、河北辣椒枣、板枣、大荔水枣、大白铃、大白孔、孔府酥脆枣、相枣、羊奶枣、脆枣、茶壶枣、河北赞皇枣、金丝小枣、太谷骏枣、灵宝大枣、蜜枣、晋枣等各地名优品种25个，在全县推广。另外，大叶枣、雪枣、甜枣、五星枣等引进品种在县内零星栽植。

梨　枣

原产山东、河北交界的乐陵、庆云及山西运城地区，为稀有鲜食品种。果实特大，近圆形，平均单果重30克左右，最大重57克。果皮薄，浅红色，果面欠平滑，果肉厚，质松脆，味甘汁多，为名贵鲜食品。缺点是成熟不一，贮运力差。

骏 枣

原产于临县、交城一带。果实大，圆柱形，果面光滑，皮薄，深红色，肉厚，质脆，味甜汁多，生食制干兼用，同板枣、相枣、壶枣列为山西四大名枣。缺点是成熟期遇雨极易裂果腐烂。

晋 枣

原产于陕西彬县境内。果实特大，卵圆柱形，大小不均匀，最大果重达50克。果皮中厚，质地酥脆，汁液中多，味极甜，品质极上。

金丝小枣

从山东省引进，果实较小，多为椭圆形状，单果平均重4~6克。果皮薄，果面光亮鲜红，肉质致密细脆，汁液中多，味清香极甜，为优良的鲜食制干兼用品种。

相 枣

又名贡枣，传说在封建帝王时代曾做过贡品而得名，分布于山西运城市北相镇一带。树姿半开张，枣枝灰褐色。果实大，近圆形，大小不均匀，单果平均重19克，质致密较脆，味甜汁多。贮运力强，很受市场欢迎。

辣椒枣

原产于陕西延川的眼岔寺乡。果实较大，平均果重14克。果面不平滑，果肉厚，质致密味甜，汁中多，品质上等。

磨盘枣

原产陕西大荔，是永和县引进的观赏品种，有零星栽植。树势强，树体较大，树枝开张。果实中大，石磨形，平均果重7克左右。果肉较厚，肉质粗松，甜味较淡，汁少。

第三章 加 工

第一节 制 干

自然晾干

自然晾干系永和沿黄河一带产枣采用的传统晾干法。即把采回的红枣均匀地置于天然石檐下，或置于马棚顶部的石板或瓦片上。起初3天左右翻动一次，半月后渐减。用此法晾干的红枣色泽好，果皮皱褶少，但费时多。

太阳能烘干

县科委于1984年在打石腰乡冯家山村建成了太阳能烘干晾晒棚48个，获山西省新技术推广四等奖。采用此法造价高，但制干的红枣含糖高，外形、色泽、风味好，经济价值理想。

晾枣

烤房烘干

2003年开始在枣区建红枣烤房，县政府对个体烤房进行补贴。2007年，全县建设58个烤房，解决红枣裂果问题。其中阁底6个，打石腰23个，崖庄24个。到2011年，打石腰乡一个乡就建起大小烤房130多个，每年可烤红枣60多万公斤。

2011年，久兴源农产品开发有限公司在芝河镇上罢骨村建成投产。该公司有全国领先水平的全自动电脑烘烤房，每天可烘烤红枣4万公斤。

第二节 制 品

红枣米面粥

红枣米面粥是用土法制做的哺育缺奶婴儿的一种传统食品。制作方法是将红枣煮熟、剥皮、去核、晒干碾成粉，加上蒸熟的米面和水，搅匀熬开即成。

酒 枣

起初，县内部分农村家庭制作酒枣，后发展为大批量制作。其方法是挑选无创伤、无虫害、颗粒中等的鲜红枣洗净，晾干（果皮无水），碗内盛酒置于容器底部，然后放入备好的红枣密封。时隔十天左右可用。多为自食，也是馈赠亲友的上好礼品。

红枣罐头

1980年，打石腰公社以鲜红枣、糖、防腐剂等为原料试制成功。因成本高未大量生产。

蜜枣　玉枣

1984年，县多种经营办公室于襄汾、浙江等地请师傅在豆粉厂举办培训班，推广红枣加工技术。全县布点20处，加工蜜枣、玉枣。蜜枣由青枣和糖制成；玉枣是将青枣去核后加一粒花生米，然后和糖制成。均属老幼可口食品，可待客又可作礼品馈赠。

红枣饴

1990年，县粮食局食品厂购进红枣加工设备一套，从外地引进技术进行生产。原料是糖、红枣、花生、芝麻等，属保健食品。1991年获中国食品工业十年新成就优秀产品奖。1992年通过省级科技成果鉴定。

红枣保健汁

1994年由县粮食局食品厂试制试销成功。原料为红枣、蜂蜜等，属消食保健食品。

酸枣汁

1994年，县酒厂以酸枣、砂糖为原料，试制成功，投入市场。属消暑保健饮品。

第三节　贮　藏

散　藏

散藏，为永和枣农普遍应用之法。即将晾晒好的红枣堆放在凉爽、通风的窑洞内，以待销售。

缸　藏

缸藏，即枣农将制干的上等枣挑拣出来，放入小缸或坛、罐中，置于屋内凉爽处，以备过时节自用。

箱　藏

箱藏，就是枣农把制干的红枣放入备好的纸箱或木箱内，置于凉爽通风处，将红枣分品种、分等级（上、中、下），分别装进10公斤、20公斤等大小不同的纸箱，以便销售。

库　藏

2011年，久兴源农产品开发有限公司引进了拥有国内领先水平的鲜枣气调保鲜库，可贮藏鲜枣20万公斤。

第四节 加工企业

永和县打石腰红枣农民专业合作社

合作社成立于 2006 年 3 月，注册资金 3 万元。社长冯正强，有高级工程师 2 人，技术员 4 人，社员 16 人。2009 年变更注册资本为 110 万元，占地 13 亩，有加工红枣设备一整套，生产车间 100 平方米，库房 100 余平方米，行政用房 6 间。截至 2011 年，合作社由刚成立时入股的 7 人发展到 162 人。合作社现种植枣树 8600 亩，社员家庭年均增收 2860 元。有两大系列近 10 个品种的红枣产品，年加工包装红枣 200~400 吨。

永和县盛旺红枣深加工专业合作社

2008 年 9 月，郭军伟（社长）在阁底乡阁底村创办永和县盛旺红枣深加工专业合作社，属民营企业。2008 年由社员 5 户投资 10 万元，至 2011 年社员发展到 120 户，投资增加到 500 万元。合作社培训枣农 900 余人次，社员枣树种植面积 2700 亩，农户种植 12 万亩。有烤房 6 间，包装车间 2 间，生产车间 4 间，办公室 2 间，成品库房 6 间，蒸气锅炉、高压灭菌锅等加工机械 18 台（套件），工具车 4 辆。主要产品有乾坤湾滩枣、和谐湾滩枣、枣蔬片、蜜枣、空心脆枣、芝麻枣、花生枣、酒枣等品牌，注册商标为"圣旺乾坤"。主销路为北京、石家庄、济南等地。2008 年总产值 201 万元，收入 44 万元，利润 15 万元；2009 年产量 500 余吨，总产值 392 万元，收入 71 万元，利润 21 万元；2010 年产量 600 余吨，总产值 658 万元，收入 123 万元，利润 40 万元，人均收入 2560 元。2011 年产量 600 余吨，总产值 1600 万元，收入 162 万元，利润 95 万元。获"中国优秀绿色环保产品"称号，被评为"省示范合作社"。

久兴源农产品开发有限公司

该公司是县、镇两级引进晋中客商创办的农副产品加工企业，位于芝河农业开发园区上罢骨村。始建于 2011 年，注册资金 500 万元，总投资 2500 万元，占地面积 18800 平方米。第一期工程投资 1100 万元，占地 8000 平方米，改建 920 平方米大楼一处，新建 1500 平方米的红枣、核桃分选、清洗、烘干、精选、包装一条龙作业的加工包装车间，新建保鲜冷库 10 间，年产值 480 万元。公司从业人员 120 余人，高层领导和主要管理人员均为大专以上学历及中高级职称,有中高级技术人员20余名。公司有三大系列十多个品种的红枣系列产品,有至尊礼品青花瓷坛枣、精品青花瓷坛枣、精品中国红瓷坛枣、永和红酒枣、极品礼盒红枣、独立包装礼盒枣、精品礼盒红枣、精品礼盒枣片、黄河滩枣、精品礼盒核桃及免洗干枣、保鲜脆枣、蜜饯等。

红枣筛选

第四章 销 售

第一节 产 量

干 枣

永和红枣产量变化较大,多因花期枣花受旱脱落,或遇雨水频繁致花不能授粉影响坐果,或收获期阴雨连绵造成裂果等原因所致。1949年至2011年63年间,1952年产量最低,为11.6万公斤;2010年产量最高为1742.3万公斤,是1949年的43倍多。产量200万公斤以上的有21个年份,300万公斤以上的有13个年份,500万公斤以上的有5个年份,上千万公斤的有3个年份。2011年鲜枣产量较好,可是由于天气原因,大量鲜枣没来得及制干便霉烂变质,枣农收入损失严重。

枣制品

蜜枣 玉枣 1984年开始加工,当年加工生产10万公斤,次年加工生产6万公斤,1997年加工生产3.8万公斤,以后逐年减少,到2011年停止生产。

红枣饴 红枣保健汁 1990年加工生产7.5万公斤,1994年加工生产2万公斤,1995年加工生产2万公斤。以后只有零星生产,到2010年停产。

酸枣汁 1995年加工生产5.4万公斤，2000年加工生产6.5万公斤，2005年加工生产6.3万公斤。2011年由于销售不畅，生产减少至2万公斤。

1949—2011年永和县红枣产量统计表

表9-4　　　　　　　　　　　　　　　　　　　　　　　　　　　　　　　　单位：万公斤

年　份	产　量	年　份	产　量	年　份	产　量
1949	40.5	1972	31.8	1995	329.5
1950	45.0	1973	28.5	1996	—
1951	53.0	1974	26.5	1997	418.09
1952	11.6	1975	44.5	1998	527.9
1953	56	1976	40.0	1999	382.6
1954	23	1977	98.2	2000	287.0
1955	23.0	1978	22.2	2001	86.9
1956	21.5	1979	134.1	2002	158.6
1957	38.0	1980	106.5	2003	285
1958	47.0	1981	281.1	2004	449.6
1959	47.0	1982	134.8	2005	611.5
1960	47.0	1983	94.0	2006	858.1
1961	36.0	1984	158.3	2007	347.5
1962	39.5	1985	182.3	2008	493.1
1963	37.5	1986	182.3	2009	1493.4
1964	24.5	1987	181.8	2010	1742.3
1965	54.0	1988	282.0	2011	1684.0
1966	80.0	1989	206.9	—	—
1967	12.6	1990	254.3	—	—
1968	22.6	1991	107.3	—	—
1969	20.3	1992	200.8	—	—
1970	27.3	1993	253.7	—	—
1971	43.8	1994	245.8	—	—

第二节 销 售

1949—1982年，永和县红枣由县供销社土特产品公司收购，以每售50斤红枣奖售枣农15公斤粮食的政策，鼓励枣农发展红枣生产。收购价格一般为一级红枣每公斤0.5元以下。60年代后期，一级红枣每公斤为0.36~0.42元。1983年后，红枣由统一收购改为议购，价格大幅度上升，一般年份每公斤售价2元左右。1995年每公斤6~8元；2011年每公斤6~40元。

1995年，全县销售红枣收入1400余万元，枣区人均收入500余元，占人均纯收入的60%；全县人均250余元，占人均收入的31%。1997年，全县红枣总收入4800万元；1998年，全县红枣总收入3000多万元；1999年，全县红枣总收入3000多万元。2000年，打石腰乡河会里村红枣销售人均收入4000元，南庄乡崖头村红枣销售人均收入2000元左右。

2008年，永和县盛旺红枣深加工专业合作社成立，当年产值201万元；2009年产值392万元；2010年产值658万元；2011年实现销售收入1600万元。盛旺红枣深加工合作社在北京、石家庄、太原、临汾等地设立销售网点16处，扩大了永和县的红枣销路。合作社还参加北京农副产品交易会，获得"中国优秀绿色环保产品"的称号。

2011年，全县红枣产量1684万公斤，销售收入4000多万元。

第五章 管 理

第一节 政 策

1987年9月，中共永和县委做出《关于加快沿黄五乡红枣生产基地建设的决定》，要求：把沿黄河南庄、打石腰、阁底、西庄、泊洋5乡的23个村委、90个自然村的

13万亩土地建成永和红枣生产基地；到1990年全县栽植枣树7.5万亩，150万株，年产红枣400万公斤，收入320万元；到2000年再发展枣树5万亩，年产红枣2500万公斤，收入2000万元；抓好苗木生产；组织千家万户栽植枣树，每年一个劳力投20个义务造林工；加强管护，栽植成活率达75%以上者，支助款全补，低于者扣除；谁栽谁有，长期不变，允许继承和转让。

1990年12月，永和县人民政府做出《关于加快红枣基地建设的实施意见》，要求：每年实施工程1万亩，栽植20万株，搞好新建枣园的抚育和补栽，3年后全县枣树达120万株；造林工程符合标准规定；处理好土地、羊群与枣树的关系；加强管理，搞好服务；检查验收，奖惩兑现。

1994年9月，永和县人民政府做出《关于建设高产优质红枣基地的实施方案》，要求：根据枣树的生物学特性，海拔800米以下的沿黄地区划为红枣制干品种区，海拔800~1000米的芝河地区划为红枣鲜食品种区；到1998年，发展基地11.35万亩230万株树，其中制干品种区8.15万亩160万株，鲜食品种区3.2万亩70万株；工程、栽植都要达标；严格验收，奖惩兑现。

2000年9月，中共永和县委、永和县人民政府做出《关于发展主导产业的决定》，提出：人均百株枣，户种十亩草，全县一台戏，十年见成效的奋斗目标。

2001年11月，永和县人民政府做出《关于保护野生资源严禁乱砍酸枣树的决定》。

第二节　表　彰

20世纪60年代始，永和县委、县政府以奖售粮食、化肥等政策，对栽植枣树者实行鼓励。

1963年，永和县打石腰公社尉家圪生产大队因人均售枣250公斤，出席了山西省和全国劳模大会，林业部授予"发展红枣成绩显著"奖。

1997年10月26日，永和木枣在山西首届干果经济产品展销会上，被评为山西十大名枣之一。

1998年，永和县红枣获全国红枣评比金奖。

2001年，永和大枣在全国名优特产品博览会获金奖。

2001年11月，中共永和县委、永和县人民政府做出《关于对枣树栽植大户、红枣生产大户和红枣营销大户进行表彰的决定》，表彰枣树栽植大户10户、红枣生产大户8户、红枣营销大户8户。

2002年10月，中共永和县委、永和县人民政府对永和红枣发展、加工、营销先进集体和个人进行表彰。表彰红枣发展先进集体：打石腰乡和南庄乡；红枣加工、营销先进集体：县红枣公司和民营红枣加工有限公司；红枣发展先进个人李三留等11人。

2005年9月，中共永和县委、永和县人民政府对永和红枣建设先进集体和个人进行表彰。表彰红枣管理先进村委10个、先进个人25人。红枣第一村打石腰乡尉家垛村委获奖金3000元；红枣第一家打石腰乡尉家垛村任福喜家获奖金3000元；特殊贡献奖冯月富获奖金3000元；先进科学工作者4人；红枣管理先进扶贫单位4个。

2009年10月，永和县"永和牌"红枣获"中国特色农副产品交易博览会"金奖。

2010年12月，永和县"永和牌"红枣获"山西特色农产品北京展销周"金奖。

第三节 红枣节

首届红枣节

1995年12月12日—22日，中共永和县委、永和县人民政府在县城十月古会期间举办首届红枣节，主题是"打开山门，拓展市场，兴县富民"。临汾市、山西省农科院、江苏省南通市工商联、山西日报社、山西广播电台、山西电视台、临汾日报社、临汾电视台等单位负责人和永和干部群众参加节庆。期间，举办物资交流会，红枣展览、评比，红枣一条街，新闻发布会，文艺演唱会和业务洽谈会等。

第二届红枣节

1996年11月30日，永和县在县城举办第二届红枣节。此时，正值永和县解放50周年和县物资交流大会，因此，这次大型活动被称为"两会一节"。开幕式上，邮电部办公室主任经雨亭、中共临汾地委副书记张岗望分别代表邮电部、临汾地委作了讲话。中共临汾地委宣传部部长翟维勤，临汾行署副专员董彩霞参加开幕式。期间，永和县委、县政府借文艺搭台，唱经济大戏，在山西电视台《五彩缤纷》栏目举办《枣乡情》文艺晚会，提高了永和红枣的知名度。

第三届红枣节

1997年10月29日—31日，永和县在县城举办第三届红枣节。国家有关部委，省地和周边县市领导，以及新闻、科技、商贸等各个行业的200多位嘉宾和数千名永和干部群众参加开幕式。这次红枣节的主题是"产业扶贫与红枣基地建设"，就是要展示产业扶贫成果，调动各级产业扶贫的积极性，加快红枣产业发展步伐，进一步提高永和红枣的知名度，由"省优"产品走向"国优"产品，扩大销售范围，提高售价，增加红枣收入，调动枣农生产积极性。期间，举办红枣晚会，红枣展销、评比以及资源洽谈等活动。时任全国人大常委会副委员长程思远为本次红枣节题词：红枣香飘万里。

第四届红枣节

1998年10月31日—11月3日，永和县在县城举办第四届红枣节。此次红枣节，唱主角的不是各级领导，而是专家学者；期间，各种会议活动，不是讲话和娱乐，而是研讨和指导。这次请来的专家学者有中国红枣协会理事长、研究员李连昌，山西省社科院原副院长、研究员陈家骥等8位专业人士。红枣节期间，永和干部群众开展了红枣营销活动。

第五届红枣节

1999年10月31日，永和县第五届红枣节在临汾举行开幕式，11月3日，在永和县城举行闭幕式。参加开幕式的有临汾地区领导樊纪亨、程满仓、张岗望、陈长禄、侯建华、王万年、王春元、张茂才、任俊发、刘传旺以及山西师范大学党委书记秦良玉、中国移动通信集团公司工会主席李凤岚等。山东蒙阴县发来贺电。任俊发在代表临汾地委、行署的祝贺讲话中希望永和红枣的"三牌战略"（红枣特色牌、红枣产业牌、红枣效应牌）能加快永和脱贫致富达小康的步伐。期间，在临汾车站街举行了群众红枣展品一街活动和文艺表演，播放了电视专题片《铁杆庄稼摇钱树》。

第六届红枣节

2000年10月25日—10月31日，永和县在县城举办第六届红枣节。这次红枣节的主题是"扬品牌、促销售、合作开发"，继续扩大永和红枣的知名度，以节促销，以销保产，加快红枣的发展速度，加强同外地工商企业的经济合作，全面推动全县经济发展。红枣节的信息通过网络、报纸、电视台发送。期间，举办红枣及产品在本地与外地的展销活动，与陕西、临汾、柳林等地客户签订红枣销售合同6个，成交红枣销量180万公斤、价值121万元。

第七届红枣节

2001年11月13日—19日，永和县在县城举办第七届红枣节。此届红枣节以"不重形式重实效，不重官员重客商"为宗旨，以"扬品牌、促销售、合作开发"为主题，继续扩大永和红枣的知名度，以节促销，加快红枣发展速度，加强同外地工商企业的经济合作，全面推动永和经济发展。对产枣大户、营销大户、育苗大户进行表彰，并选拔一批营销人员进行业务培训。

第八届红枣节

2002年10月下旬，永和县在县城举办第八届红枣节。此届红枣节以政府推动与商业运作相结合、文体活动与经贸洽谈相结合、科技咨询与产品展示相结合的方式，进一步提高全县干部群众参与主导产业发展的积极性，达到"以节促销、以销促产"的目的，加快永和红枣主导产业的发展。期间，除了对红枣新发展大户、加工大户进行表彰外，还举办了群众趣味运动赛和百名学生"爱我永和、绿我家园"的现场书画活动，同时邀请隰县篮球队与永和县篮球队举行友谊赛。

第九届红枣节

2005年10月21日，永和县第九届红枣节在县城开幕。临汾市领导张茂才、张克强、卢建清、赵兰田，山西省财政厅、教育厅及临汾17个县市主要领导出席开幕式。开幕式上，表演艺术家刘亚津、陕军、牛宝林等人表演了节目。下午，省内外红枣专家召开红枣论坛，临汾市著名书画家举行红枣笔会。在随后3天的活动中，有运城盐湖区蒲剧团和汾西县威风锣鼓队的演出。

第十编

水　利

永和县境处于黄土高原，受风力、水力、重力等侵蚀，历来水土流失严重。水土保持是永和水利工作的重中之重。

民国时期，群众以打坝淤地的方式保持水土。1955年，开始水土综合治理，打坝、平地、造林、种草、建基本农田等方式成为治理的基本手段。至1962年，修基本农田0.92万亩，造林1.52万亩，种草0.23万亩，封山育林2.6万亩。至1978年，治理面积17.76万亩。1979—1995年，治理面积36.23万亩，其中建基本农田3.6万亩，造林24.42万亩，种草7.81万亩，封山育林0.4万亩。1996—2011年，建基本农田175.31万亩，造林40.9万亩，建淤地坝94座。2009年，永和县获山西省农田水利基本建设最高奖"禹王杯"；2010年，全省水土保持精品工程建设现场会在永和召开，永和县获"水土保持红旗县"称号。

因地形地势关系，永和农田灌溉面积历来占土地数量的少数。民国时期，个别沟渠地引河水自流灌溉，灌溉面积数百亩。1958年，拦河修渠，自流灌溉土地面积大增，1959年全县有水浇地5677亩。1961年始有了机电水泵灌溉，灌溉面积数千亩。1997年后，建"人字闸"蓄水，用滴灌、喷灌灌溉。1999年，有效灌溉面积0.85万亩。2007年，施行抗旱灌溉，全县实际灌溉面积1.2万亩。

第一章 水利工程

第一节 农田灌溉

自流 提灌

民国时期，县内农田灌溉有引水自流、杠杆提水两种形式。引水设施主要有5处：榆林河，灌河口坪田；官庄渠，长2.5公里，引索驼川水，灌官庄村田；仙芝谷泉，灌东峪沟村田；协合渠，在城西，引芝水，灌水车坪、药家湾村田；长乐井泉，灌罢骨村田。1949年，有水浇地50余处，433亩。

20世纪50年代初，水浇地仍为433亩。1958年始，筑堤拦河，拓修水渠，扩大自流灌溉面积。1959年，全县水浇地增至5677亩，比1949年增长12.1倍。1960年，建成河西坡滚水坝1座，开通至药家湾渠道4.6公里。至1969年，在芝河及其大支流先后筑起滚水坝17座，开通渠道近20公里。其中岔口村水渠于1965年防渗处理200米。因部分水利设施损坏，1969年浇地仅3629亩，比1959年减少36.1%。1981年，建枣圪墶沟口过水桥1座；1982—1983年，渠道防渗处理2.3公里，河西坡—药家湾渠系利用系数由0.5提高到0.7。1983—1986年，投资9万元，对河口、王家坪、桑壁窑儿湾3条、3.65公里渠道进行防渗处理，保浇面积达620亩。1993年，河西坡—药家湾水渠因毁坏严重而报废。20世纪90年代末—21世纪初，随着科技发展，越来越多地利用机电灌溉，很少利用自流、人工提灌等方式进行灌溉。

1990年永和县主要灌溉渠道情况表

表10-1　　　　　　　　　　　　　　　　　　　　　　　　单位：公里、亩

渠道	修建时间	总长	其中:		灌溉面积
			防渗渠	简易渠	
岔口	1965年	0.20	0.20	—	300
河西坡—药家湾	1982—1983年	4.60	2.30	2.30	300

续表10-1　　　　　　　　　　　　　　　　　　　　　　　　　单位：公里、亩

渠道	修建时间	总长	其中：		灌溉面积
			防渗渠	简易渠	
河口	1983年	1.05	1.05	—	70
桑壁窑儿湾	1984年	0.60	0.60	—	50
王家坪	1984—1986年	2.00	2.00	—	500

机电灌溉

机灌　1961年，南庄公社刘家圪塌建流动式机灌站1处，装机1台12马力，提黄河水灌田。设计面积30亩，有效面积10亩。1970年，全县机灌站增至10处，装机10台、112马力，设计灌溉面积200亩。1974年增至96处，装机100台、1186马力，水浇地面积2590亩。1980年底，全县8个公社建机灌站103处，装机103台、1036马力，机灌面积2900亩。1983年，城关、坡头、桑壁、罢骨、交口、阁底、打石腰、南庄8个公社有机灌站24处，装机24台、300马力。其中一类4处，二类3处，三类6处，四类11处。设计灌溉面积975亩，有效面积605亩，占62.1%；保浇面积173亩，占有效面积28.6%。

20世纪80年代以后，随着家庭联产承包责任制的实施，机灌站部分弃用。1990年起，发展流动机灌。以平车或三轮车载水泵、柴油机与送水管，实行上门服务，或者农民自购设施自用。1995年，固定机灌40处，流动机灌设施30套。2000年，固定机灌16处、流动机灌设施67套，灌溉面积1960亩。至2011年，农民自购加国家补贴购置，全县固定机灌12处、流动机灌增为149套，灌溉面积4890亩。

1980年永和县机灌站一览表

表10-2　　　　　　　　　　　　　　　　　　　　　　　　　单位：米、亩、万元

站址	类别	级数扬程（米）	水源	装机		效益（亩）			建站时间	投资（万元）	
				台	马力	设计	有效	保证		合计	国助
桑八堆	一	1/33	河水	1	10	30	20	20	1968.5	0.20	0.18
圪针湾	一	1/24	河水	1	10	30	20	20	1973.5	0.20	0.18
国营	一	1/20	河水	1	12	50	50	20	1974.6	0.15	0.15

续表 10-2　　　　　　　　　　　　　　　　　　　　　　　单位：米、亩、万元

站址	类别	级数扬程（米）	水源	装机		效益（亩）			建站时间	投资（万元）	
				台	马力	设计	有效	保证		合计	国助
高石	一	1/27	河水	1	12	15	10	50	1977.3	0.20	0.18
罗尾沟	二	1/20	河水	1	12	30	30	10	1971.1	0.24	0.20
园则沟	二	1/14	河水	1	12	50	10	30	1976.6	0.30	0.24
五亩滩	二	1/20	河水	1	12	40	13	10	1977.9	0.31	0.26
后坪里	三	1/5	河水	1	12	30	10	13	1961	0.15	0.12
河滩	三	1/14	河水	1	12	50	20	—	1964.6	0.40	0.30
东湾里	三	1/15	河水	1	12	50	20	—	1970.7	0.30	0.25
鱼池河	三	1/14	河水	1	12	60	15	20	1971.2	0.14	0.13
沙渠口	三	1/16	河水	1	12	30	10	—	1974.4	0.21	0.13
前沟里	三	1/5	河水	1	12	60	10	—	1976	0.12	0.10
小坪里	四	1/18	芝河	1	12	30	52	—	1971.8	0.24	0.20
泉子坪	四	1/20	河水	1	8	50	10	—	1973	0.15	0.15
任家庄	四	1/9	河水	1	12	50	30	—	1974	0.16	0.09
高坪	四	1/7	芝河	1	12	50	45	—	1975.4	0.11	0.07
约庄对坪	四	1/9	芝河	1	12	50	45	—	1975.4	0.19	0.13
后川里	四	1/25	河水	1	20	30	25	—	1976	0.32	0.27
八一滩	四	1/23	河水	1	24	30	30	—	1977	0.26	0.26
马家庄	四	1/9	河水	1	12	50	50	—	1977.4	0.15	0.12
杜家庄	四	1/9	河水	1	12	40	20	—	1977.6	0.17	0.12
呼家岔	四	1/9	河水	1	12	30	20	—	1978.4	0.17	0.15
滩河坪	四	1/13	河水	1	12	40	40	—	1979.5	0.17	0.12

电　灌　1971年，坡头公社坡头大队下坪里建电灌站1处，装机1台、10马力，设计有效保浇面积皆为20亩。1974年，全县电灌站增为14处，装机14台、190马力，浇地350亩。1980年增至83处，装机83台、996马力，浇地4300亩。1983年，全县电灌站保留45处，总装机45台，601.6马力。其中1975—1979年间建35处，

1980年建9处，1982年建1处；有一类站13处，二类站13处，三类站6处，四类站13处。设计灌溉面积2873亩，有效面积2504亩，占87.2%；保浇地1593亩，占有效面积63.6%。1998年，全县有电灌设备23套，灌溉面积4485亩。2000年，发展泵站4个，节水灌溉机械22套。1998—2000年11月建成辛角塬扬水工程，设计流量为0.18立方米/秒，设计扬程为371米，安装水泵4台，装机功率为1120千瓦，设计灌溉面积5000亩。2006年，全县出动灌溉机泵124台，完成灌溉面积6800亩次；2008年，为辛角塬24个蔬菜大棚用户全部配套机泵。2010年12月开工建设阁西塬沿黄提水灌溉工程，该工程位于阁底乡罗岔村，灌区范围为阁底乌华、苏土、东征等13个村，发展节水灌溉面积2.4万亩。设计流量为0.45立方米/秒，设计扬程为782米，设计安装水泵18台，装机动率为4545千瓦。设计投资5442万元。截至2011年，完成取水泵站、一级站、二级站的道路7.5公里和基础开挖；2.8公里高压输电线路的架设和取水泵站变压器安装；取水泵站的基础开挖和混凝土灌注桩；一、二级站的进水池、厂房的全部混凝土浇筑，一级站厂房墙体完工，三级站进水池、厂房地基已完成浇筑混凝土；一、二级站起重设备已到位，机泵及部分塑料管已安装。共完成工程量33万方，完成投资2550余万元。

1983年永和县电灌站一览表

表10-3　　　　　　　　　　　　　　　　　　　　　　　　　　　　　　　　　单位：米、亩、万元

站址	类别	级数扬程（米）	水源	装机		效益（亩）			建站时间	投资（万元）	
				台	马力	设计	有效	保证		合计	国助
岔儿后坪	一	1/10	河水	1	14.0	100	80	50	1976.4	0.12	0.12
贺家崖村底坪	一	1/18	河水	1	14.0	50	40	20	1976.4	0.15	0.10
聂家山前沟里	一	1/10	河水	1	14.0	40	20	20	1976.5	0.18	0.12
河滩里	一	1/14	河水	1	13.6	20	35	35	1976.6	0.12	0.10
岭儿滩	一	1/18	河水	1	20.0	100	32	32	1977.2	0.15	0.15
岔儿对面坪	一	1/8	河水	1	10.0	60	50	20	1977.3	0.10	0.07
国营	一	1/10	河水	1	10.0	110	110	110	1978	0.11	0.11
柳湾	一	1/11	河水	1	13.6	100	100	100	1979.3	0.12	0.10
河口园子	一	1/5	河水	1	13.6	60	60	60	1979.5	0.16	0.16

续表10-3　　　　　　　　　　　　　　　　　　　　　　　　　单位：米、亩、万元

站址	类别	级数扬程（米）	水源	装机		效益（亩）			建站时间	投资（万元）	
				台	马力	设计	有效	保证		合计	国助
豆子坪	一	1/11	河水	1	13.6	50	42	42	1979.6	0.12	0.10
后坪	一	1/11	河水	1	13.6	117	117	117	1979.6	0.12	0.10
南圪塄	一	1/10	河水	1	13.6	30	20	20	1979.6	0.12	0.12
圪塔上	一	1/9	河水	1	13.6	50	40	40	1982.2	0.18	0.18
下坪里	二	1/13	河水	1	10	20	20	20	1971.4	0.12	0.10
乌门帽圪塔	二	1/11	河水	1	8	70	60	—	1975.4	0.23	0.08
水车坪	二	1/11	河水	1	13.6	140	140	140	1977.4	0.12	0.10
后坪里	二	1/18	河水	1	25	100	40	40	1977	0.19	0.19
门坪地	二	1/10	河水	1	14	20	10	—	1977	0.26	0.21
雨子坪	二	1/7	河水	1	10	30	20	—	1978	0.25	0.20
河对面	二	1/9	河水	1	13.6	50	50	50	1978.3	0.10	0.10
河对面	二	1/12	河水	1	13.6	70	70	0.12	1979.6	0.12	0.10
塔儿湾	二	1/10	河水	1	13.6	40	40	40	1979.6	0.12	0.10
流动	二	1/11	河水	1	13.6	50	50	50	1979.6	0.12	0.10
村下坪	二	1/10	河水	1	13.6	40	30	30	1980.3	0.12	0.10
路家坪	二	1/10	河水	1	13.6	40	30	30	1980.3	0.12	0.10
鹿角坪	二	1/9	河水	1	10	30	30	30	1980.4	0.12	0.10
三湾阳坪	三	1/7	河水	1	25.2	180	180	180	1978.8	0.27	0.25
官电坪	三	1/20	河水	1	13.6	65	48	48	1979	0.21	0.17
窑儿湾	三	1/20	河水	1	13.6	60	60	60	1979.1	0.21	0.16
小河坪	三	1/7	河水	1	10	50	50	50	1979	0.20	0.17
沙河坪	三	1/11	河水	1	10	50	50	50	1980.5	0.20	0.17
三湾阳坪	三	1/3	河水	1	10.2	100	80	80	1980.6	0.22	0.20
东峪沟	四	1/9	河水	1	10	40	—	—	1977.6	0.10	0.10
响水湾	四	1/14	河水	1	13.6	60	50	—	1977.2	0.10	0.10
对面坪	四	1/12	河水	1	13.6	40	40	—	1978.4	0.13	0.10

续表10-3　　　　　　　　　　　　　　　　　　　　　　　　　　　单位：米、亩、万元

站址	类别	级数扬程（米）	水源	装机		效益（亩）			建站时间	投资（万元）	
				台	马力	设计	有效	保证		合计	国助
对面坪	四	1/10	河水	1	13.6	50	40	—	1978.6	0.25	0.20
对面坪	四	1/13	河水	1	10	150	150	—	1979.4	0.15	0.15
流动	四	1/14	河水	1	13.6	120	120	—	1979.5	0.17	0.15
后官庄对面	四	1/10	河水	1	13.6	80	70	—	1979.5	0.17	0.15
圪列口	四	1/11	河水	1	13.6	30	20	—	1979.5	0.12	0.12
河对面	四	1/10	河水	1	13.6	40	40	40	1979.6	0.16	0.16
后官庄	四	1/10	河水	1	13.6	40	40	—	1980.3	0.15	0.12
秋子坪	四	1/11	河水	1	13.6	60	60	—	1980.6	0.12	0.10
王家坪	四	1/10	河水	1	13.6	20	15	10	1980.3	0.10	0.07
南门外	四	1/10	河水	1	13.6	20	15	10	1980.3	0.10	0.07

滴灌　喷灌

1997年建蓄水人字闸12处，用于农田灌溉。1998年，新增滴灌8处，喷灌19处，固定机电排灌站累计76处。年末全县有效灌溉面积1.17万亩。1999年，喷灌50处，滴灌6处，人字闸17处，有效灌溉面积0.85万亩。2005年建成15个高效滴灌蔬菜大棚，新增水浇地2000亩。至2011年，全县喷灌60处，滴灌56处，人字闸23处，有效灌溉面积1万亩。

第二节　人畜用水

泊池　旱井

民国时期，一些塬面村庄在村边掘泊池蓄雨水，在夏季供人们洗衣和牲畜饮用。中华人民共和国成立后，阁底、雨林、退干、庄则坪等塬面村庄仍保留或续建此类设施。1958年，塬面缺水地区始打旱井储存雨水，雨水发酵后供人畜饮用。1982—1983年，

境内二次出现打旱井热，每打旱井1眼，国家补助50元。每眼旱井一般可蓄水20立方米左右。至1995年，全县有旱井280眼。1997年，实施"五水兴农"工程，建集节雨、节灌旱井、旱窖4011眼，至2002年累计打旱井7000眼。2003年，小南楼、滩则里、属步里、咀头、贺家圪等17个村（处）586户打旱井729眼；2004年，建旱井集雨工程10处，水池2个，旱井830眼；2005年，打旱井400眼；2006—2011年累计建旱井集雨工程46处。

引水　提水

1964年起，按照先易后难、先急后缓原则，分批解决县域塬面地区人畜饮水问题。至1995年，投资、投劳折款共165.67万元；其中国家补助109.03万元，占65.8%；群众自筹29.91万元，占18.1%；群众投工折款26.73万元，占16.1%。县内171个村庄、26346人、5691头大牲畜的饮用水问题得到解决。

1995年，全县共有10处引水工程，引水管道长11.8公里，年引水量1.1万吨，解决了10个自然村、2119人、360头大牲畜的饮用水问题；提水工程共161处，装柴油机127台、1524马力，电动机35台、276千瓦，水泵163台，扬水管道120公里，年引水量14.2吨，共解决161个自然村、24227人、5331头大牲畜的饮用水问题。1996—2011年，农村饮用水安全工程共投资3099.37万元（包括重复修建），建成各类人畜饮用水工程362处，其中提水工程158处，引水工程54处，蓄水工程150处，解决了49569人、14191头大牲畜的饮用水安全问题。

1987—1995年永和县引泉水自流村庄分布表

表10-4　　　　　　　　　　　　　　　　　　　　　　　　　　　　　　　　单位：人、头

年　份	工程（处）	村庄名称	人　口	牲　畜
1987	1	葛家河	101	30
1988	2	上罢骨、东峪沟	640	70
1989	1	索驼	437	72
1993	2	前甘露河、官庄	269	83
1994	2	交口、贺家庄	419	43
1995	2	王家坪、永和关	253	62
合　计	10	—	2119	360

1964—1993年永和县提泉水上塬村庄分布表

表10-5　　　　　　　　　　　　　　　　　　　　　　　　　　　　　　　　　单位：人、头

年份	工程（处）	村庄名称	人口	牲畜
1964	1	庄则坪	408	32
1965	1	署益	400	130
1966	3	乌华、南寨、阁底	785	140
1968	2	东征、雨林	831	137
1969	1	张家塬	84	21
1970	1	塬儿上	77	23
1971	2	高家塬、上辛角	560	104
1972	10	坡头、南楼、索珠、下冯藏、堡则、山坪、太得塬、红崖渠、郑家塬、高家山	2400	507
1973	10	乐成、义合、圪列塬、郑家塬、霍索、薛基、护国、王家塬、长乐、张家塬	1576	415
1974	6	牛伏、兴义、属步里、李家塬、南瓜、打石腰	889	276
1975	12	小南楼、刘家山、辛宜、鸦路、枣山只、白家山、白家腰、乐生、榆岭上、西索基、东索基、庄则坡	1513	355
1976	3	苏土、下辛角、李塬	801	104
1977	4	可托、西庄、鸦儿腰、马家塬	864	152
1978	9	冯家山、枣腰则、山头、北则里、都苏、宜家塬、长耳庄、桃卜山、下均	1284	308
1979	11	上冯藏、樊家圪塔、上可若、下可若、南塬峁、赵家塬、于家山、小坪、穆家坡、楼只山、烟家腰	1299	359
1980	17	气象站（堡子塬）、同上吉、穆家腰、佛堂、下庄、王成、滩则里、贺家湾、东庄、曹家山、德成里、西圪塔、崖头、贺家塬、后苏家山、梁家山、榆曲	2192	451

续表 10-5　　　　　　　　　　　　　　　　　　　　　　　　　　　　　　　　单位：人、头

年份	工程（处）	村庄名称	人口	牲畜
1981	7	曲沙、第二岭、罗岔、秋竹、李家腰、圪堆头、交道沟	931	205
1982	4	韩家塬、定家塬、坡沙、泊洋	438	135
1983	7	王家塬、崔家塬、前鹿角、后鹿角、高成、侯家庄、坡头	1539	278
1984	6	贺家坡、药家山、竹干、下退干、贺家圪、刘家腰	457	108
1985	4	高家圪塔、南庄、段家山、靳家山	687	105
1986	5	庄头、阳坡、小豆圪塔、石家渠、靳家山	495	130
1987	9	后龙石腰、前龙石腰、陈家塬、下坡里、前崖头、西庄圪塔、后塬上、刘家圪垛、后崖头	973	184
1988	4	成家山、王家塬、姚家山、山方里	562	127
1989	8	上圪垛、毛家岭、洪洞塬、南塬上、刘家圪垛、烟家山、冯家圪、阎家腰	872	227
1990	10	小舍窠、毛家塬、花腰里、任家圪、赵家岭、新乡、杨家山、刘家塬、高佛腰、王家塬	837	237
1991	3	郭家村、尉家圪、阎家腰	284	49
1993	1	郭家山	189	32

1996—2011 年永和县饮用水工程分布情况表

表 10-6

年份	工程总数（处）	其中			总投资（万元）	人口（人）	大牲畜（头）	涉及村庄名称
		提水	引水	蓄水				
1996	7	7	—	—	20	1240	206	东庄、同上吉、白家腰、兴义、赵家塬、坡头
1997	6	2	4	—	48.5	2800	191	姚家沟、药家湾、川口、岔上、山头、阁底
1998—1999	3	2	1	—	34	2000	480	打石腰、冯家圪、长乐

续表 10-6

年份	工程总数（处）	其中			总投资（万元）	人口（人）	大牲畜（头）	涉及村庄名称
		提水	引水	蓄水				
2000—2001	51	33	5	13	437	10111	1843	城南社区、呼家岔、圪磴、任家庄、乌门、可托、下冯藏、西索堪、东索堪、署益、薛基、堡则、南塬峁、塬儿上、南寨、牛伏、山坪里、王家山、辛宜、崔家塬、乐城、前鹿角、第二岭、庄头、王家塬、白家腰、崖头、刘家圪垯、楼只山、白家圪垯、永和关、下辛角、乌华、上辛角、圪列塬、庄则坪、同上吉、冯家坬、南坬、郭家山、李家塬、望海寺、打石腰、陈家腰、刘家腰、下退干、小坪、小豆圪塔等
2002	15	10	5		159	5000	575	刘家塬、雨林、下退干、郑家塬、竹杆、杨家庄、响水湾、南圪垯、小豆圪塔、前官庄、乐生、苏土、赵家岭
2003	25	—	8	17	221.6	7000	1100	西庄圪塔、滩则里、于家山、贺家坬、下虎山、李家山、王家坪、刘家庄、川口、岭儿上、岔上、塔只上、高家塬、下刘台、小南楼、定家塬、闫家坡、属步里、李家塬、贺家坬、咀头、郭家村、北头、姚家山、梁家山
2004	14	2	2	10	139.99	4669	692	于家咀、西庄、佛堂、贺家崖、白家崖、可若、可托、樊家圪塔、长耳庄、庄头、段家坬、尉家坬、李家塬、红崖渠、社里
2005	25	9	8	8	299.56	8754	1680	东征、圪列塬、石家湾、于家咀、马家湾、西庄、佛堂、乌华、坡头、李家崖、都苏、泊洋、冯藏、冯家坬、靳家山、冯家坬、前苏家山、后苏家山、下罢骨、段家河、榆林则
2006	23	5	8	10	276.56	7304	1273	圪列塬、石家湾、于家咀、马家湾、西庄、佛堂、乌华、坡头、李家崖、都苏、泊洋、冯家山、靳家山、前苏家山、后苏家山、贺家坬、白家山、梁家坡、郭家庄、下罢骨、段家河、榆林则

续表 10-6

年份	工程总数（处）	其中			总投资（万元）	人口（人）	大牲畜（头）	涉及村庄名称
		提水	引水	蓄水				
2007	37	12	7	21	288.24	7063	1661	阁底、高家圪塔、庄则岭、前冯家腰、后冯家腰、阴德河、杏渠、邺家山、范家峪、高城、义合、曲沙、坡沙、辛庄、张家塬、任家圿、打石腰、刘家山、南圿里、李家腰、上圪垛、小舍窠、刘家圪垛、铁花里、后崖头、甘泉里、高家圿、赵家塬、龙吞泉、后塬、延家河、葛家河、上桑壁、霍索、岔儿上、薛基
2008	17	12	1	4	276.7	6301	1114	前河里、上退干、小坪、阁底、岔口、下庄、南坡头、下坡里、张家塬、直地里、河会里、中山里、高佛腰、贺家庄、北则里、药家湾、西峪沟、鸦儿腰
2009	71	18	9	44	492.03	10199	2242	翟家山、西后峪、呼家庄、方底、土罗、孙家庄、索家坪、均庄、王家塬、郝家山、冯家山、秋竹、山头、美家川、毛家塬、南楼、小南楼、索珠、宜家塬、枣腰只、马家岭、马家河、石家渠、辛舍窠、焦家山、山方里、下山里、贺家河、黄家岭、望海寺、刘家腰、陈家腰、贺家腰、崖头、白家圪崂、大吉上、西山岭、百湾只、杨家圿、团枣渠、花腰里、白家山、桃卜山、前圿里、窑佛山、白家腰、王家崖、沙子坡、前桑壁、后桑壁、永义、东后峪、龙口湾、前甘露河、烟家山、上罢骨、后官庄、王家坪、山头、阎家坡、桑壁、下均、李塬、南塬崀、药家山、榆林、东索基、前后河、侯家庄、后龙石腰、沟里
2010	33	10	—	23	240.19	4128	765	后山里、马里腰、洪洞塬、南寨、吴咀、王家塬、河里、王家山、樊家川、陈家塬、郭家山、花儿坡、石畔岭、白家山、花岭则、靳家山、马家塬、韩家圿、南庄、成家村、北河露、高家圿、窑上、前舍窠、南坡里、下山里、烟家腰、麻峪里、兴义、贺家坡

续表 10-6

年份	工程总数（处）	其中			总投资（万元）	人口（人）	大牲畜（头）	涉及村庄名称
		提水	引水	蓄水				
2011	35	35	—	—	166	3000	369	苏土、上辛角、高家塬、雨林、下辛角、赵家沟、孙家庄、呼家庄、塔只上、辛宜、乐城、上冯藏、庄头、交口、南楼、索珠、第二岭、刘家腰、李家畔、辛舍窠、枣腰只、白家山、王家塬、前崖头、郭家村、南庄、崖头、高佛腰、白家圪垯、段家河、上罢骨、东峪沟、长索

第三节　水土保持

水土流失

县境地处黄土高原，受风力、水力、重力等侵蚀，历来水土流失严重。据统计全县土地面积1212.89平方公里，其中水土流失面积1076平方公里，占总面积的88.78%。由于地形切割、经雨水汇集冲刷，形成长短不一、宽窄各异的沟壑。雨后地表水顺沟冲刷，带着泥土泄入河道，土壤表层被严重侵蚀冲刷，土壤结构被破坏，肥力降低。

综合治理

民国时期，县人有以培地埂、打坝淤地等方式保护水土。

中华人民共和国成立后，水土保持工作渐被重视。1955年，山西省人民委员会确定永和县为水土保持重点县，成立县水土保持工作站，在任家庄、桑壁、阁底等处组织群众，利用农闲时间打坝、培地埂、平整土地。至1957年底，治理面积6.21万亩，其中兴修基本农田2.11万亩，营造水保林3万亩，种草0.1万亩，封山育林1万亩。共投资350.61万元，其中国家补助3.05万元，占0.87%。

1958年下半年始，各公社以管理区规划，农闲组织劳力，塬面培地埂，缓坡取高垫低，荒坡挖鱼鳞坑造林，沟头修水簸箕、卧牛坑，沟底打坝淤地。至1962年底，治理面积5.27万亩，其中建基本农田0.92万亩，造林1.52万亩，种草0.23万亩，封山育林2.6万亩。总投资129.55万元，其中国家补助16.6万元，占12.8%。

1963年，塬面以建条梯田治理。1964年，塬面切块划方田，里切外垫培地埂，当年庄则坪村划方田0.1万亩。至1966年底，治理面积3.42万亩，其中建基本农田0.62万亩，造水保林1.78万亩，种草0.12万亩，封山育林0.9万亩。总投资86.55万元，其中国家补助17.76万元，占20.5%。

芝河源头生态精品农业园区

1967—1978年间，县、社、队三级均有重点工程。实行塬、坡、沟、田、林、路综合治理，注重林、灌、草相结合，工程、生物、耕作措施相配套。县办工程由国家投资一部分，集体负担一部分，竣工后交工程所在地集体经营。社、队工程由集体组织实施，县水利部门给予技术援助。每年冬季，均以公社集中劳力，改田造地。此间，先后在坡头公社的坡头、索驼、任家庄、岔口、孙家庄，城关公社的呼家岔、榆林则、刘家庄，桑壁公社的桑壁、护国，交口公社的交口，罢骨公社的红花沟、上罢骨等大队平整川地0.3万余亩。至1978年底，初步治理面积17.76万亩，其中建基本农田1.75万亩，造水保林7.5万亩，种草3.13万亩，封山育林5.38万亩。总投资200.63万元，其中国家补助81.1万元，占40.4%。累计初步治理面积30.62万亩，其中基本农田5.4万亩（梯田1.59万亩，沟坡地1.67万亩，塬坪地2.14万亩），保存水保林12.48万亩，种草3.06万亩，封山育林9.68万亩。坡头公社的范家峪、白家崖治沟造田工程受到省、地好评。

1979年后，以推土机代替小平车平田整地，农民劳动强度减轻。1980—1984年，投资29万元，治理署益公社后河流域，治理面积1.41万亩，占流域总面积54.5%。投资25万元，治理坡头公社白家崖流域，治理面积0.72万亩。1985—1987年，投资18万元，治理城关镇西峪沟流域，治理面积0.85万亩。1988—1992年，投资100万元，投人工15万个，机械工0.25万个台班，治理坡头乡孙家庄沟流域，治理面积2.49万亩，占境内流域面积58.9%，占水土流失面积90.5%。1990—1991年，投资7.1万元（含投工折款），其中国家补助 2.1 万元，占 29.6%，治理打石腰乡郭家山、尉家圪两个村委近黄河滩的坡地，共营造枣树林 800 亩。1992 年，投资 5.6 万元，其中国家补助 1.6 万元，占 28.6%，投工 0.42 万个，治理交口乡赵家岭村和西庄乡鸦路村坡地 500 亩，栽果树 2.05 万株，安装提水设备 1 套。

此间，1981 年始，以户承包小流域治理，当年承包面积 0.42 万亩。1988 年后承包者剧增。至 1992 年，承包面积增至 9.4 万亩。1995 年底，全县有 6898 户，承包小流域 10.9 万亩，户均 15.8 亩；是年，县人民政府表彰小流域治理状元户 10 户，尖子户 111 户。1994 年，实行"四荒"（荒山、荒滩、荒沟、荒地）拍卖，使用权最长 30 年，可以转让、继承。至 1995 年底，共拍卖 8.07 万亩，治理 5.1 万亩，占 63.2%。

1979—1995 年，初步治理面积 36.23 万亩，其中建基本农田 3.6 万亩，造林 24.42 万亩，种草 7.81 万亩，封山育林 0.4 万亩。17 年共投资 487.5 万元，其中国家补助 201.5 万元，占 41.3%。

1955—1995 年，累计投资 1267.54 万元，其中国家补助 323.71 万元，占 25.5%；综合治理面积 67.23 万亩（小流域 7.33 万亩），占水土流失面积 41.8%。其中修梯田 7.37 万亩，占 10.96%；沟坝地 1.6 万亩，占 2.38%；滩地 0.03 万亩，占 0.04%；种草 9.33 万亩，占 13.88%；营造水保林 42.06 万亩，占 62.56%；封山育林 6.84 万亩，占 10.18%。年可拦蓄泥沙 594.42 万吨，其中梯田拦截 22.0 万吨，坝地 521.92 万吨，林地 50.5 万吨，减少氮、磷、钾流失 11.52 万吨，相当于 1995 年化肥用量的 12.5 倍。土壤侵蚀模数减少 47.8%。

20 世纪 90 年代后期始大力实施基本农田建设。2000—2008 年实施退耕还林和荒山造林工程，累计完成工程面积 36.1 万亩，其中退耕还林 8.7 万亩，荒山造林 27.4 万亩。2004 年始实施小流域坝系工程建设，主要有柏宝园、川口、岔口等小流域坝系。2004—2011 年，每年平均以 370 余万元投资力度，进行淤地坝建设，共建成骨干坝 34 座，中型淤地坝 22 座，小型淤地坝 38 座。2008—2011 年，坝滩联合整治工程累计完成垫滩造地 1399 亩，总投资 688.75 万元。2011 年，完成 1.25 万亩坡耕地水土流失综合治理试点工程。这些不同类型的工程实施，有效减少了水土流失，区域生态环境得到明显好转。

2009 年，小流域综合治理模式得到省、市的充分肯定，获山西省农田水利基本建设最高奖"禹王杯"；2010 年，全省水土保持精品工程建设现场会在永和召开，永和县获"水土保持红旗县"称号。

重点工程

阎家腰骨干坝 位于芝河镇阎家腰村底沟口，距县城2.5公里。1974年建成，属水力冲垫坝。坝底宽140米，顶宽6米，高24米。建坝投资4万元，投工4.89万个，动土方13万立方米、石500立方米，淤地87亩。1987年始受益，年均产玉米2.5万公斤，最高年产5万公斤。

西峪水库 位于坡头乡岔口村西峪沟，距县城30公里。1978年动工兴建，1980年竣工，系水力冲垫坝。坝底宽14米，顶宽6米，高25米。建库投资11.64万元，投工26.27万个，动用土石16.1万立方米。总库容76万立方米，其中有效库容48万立方米，死库容24万立方米。控制流域面积9.65平方公里，折合1.45万亩。设计有效灌溉面积100亩。

柏宝园小流域 位于城东，属黄河一级支流——芝河支流，流域总面积71.3平方公里，到2011年底共建成淤地坝5座，其中骨干坝2座（高家山1#、2#骨干坝），中型坝2座（官庄中型坝、高山中型坝），小型坝1座。

川口小流域 位于城东2公里，属黄河一级支流——芝河支流，流域总面积88.52平方公里，到2011年底共建成淤地坝12座，其中骨干坝4座（范家峪1#骨干坝、2#骨干坝，马里腰骨干坝，马家庄骨干坝），中型坝2座，小型坝6座。

岔口小流域 位于城北13公里，属黄河一级支流——芝河支流，流域总面积126平方公里，到2011年底共建成淤地坝84座，骨干坝25座，中型坝22座。1996年建成赵家沟1#骨干坝；1997年建成赵家沟2#骨干坝；1998年建成赵家沟3#骨干坝；2004年建成马家沟、后神沟、小赵家沟、陈家沟、贺家庄、卢家沟1#2#等骨干坝；2006年建成土罗沟、柳沟1#、西峪1#2#、木瓜沟、岔

骨干坝

沟、卢家沟3#、安乐沟骨干坝；2007年建成柳沟2#、呼家庄、黄背沟、永平庄等骨干坝；2010年建成赵家圪墶、桥沟等骨干坝。2004年建成毛沟1#2#、胡家沟、土地沟、五神沟、陈家沟等中型坝；2005年建成土罗沟、西峪沟、侯家圪台1#、方底3#4#、孙家沟等中型坝；2007年建成辛盛沟1#2#、方底1#2#等中型坝；2009年建成王家塬、南沟等中型坝；2010年建成岔口、木瓜沟、岔沟、段家河等中型坝。小型坝37座。

西峪沟坝滩联治工程 位于坡头乡岔口村，地理位置介于东经110°39′27″—110°42′48″，北纬36°50′55″—36°53′32″之间。2008年建成，流域总面积10.5平方公里，总投资93.75万元，垫滩造地250亩。

榆林则坝滩联治工程 位于城东北20公里处，地处东经110°45′20″—110°48′45″，北纬36°49′08″—36°52′14″。2009年建成，总面积16.42平方公里，水土流失面积12.15平方公里，占总面积的74%。总投资250万元，完成坝滩地374亩，梯田339.45亩，建跌水4个、小型生产坝34座，新修道路6900米。续建工程总投资45万元，垫滩造地395亩。

李家崖坝滩联治工程 位于城东北25公里处，地处东经110°38′05″—110°41′01″，北纬36°53′04″—36°56′53″。2010年建成，总面积18.28平方公里，水土流失面积14.08平方公里，占77%。总投资100万元，垫滩造地160亩。

白家崖坝滩联治工程 位于县城东北24公里处，地处东经110°41′11″—110°43′12″，北纬36°53′03″—36°57′14″。2011年建成，总面积19.43平方公里，水土流失面积16.52平方公里，占85%。总投资200万元，垫滩造地219.9亩。

坡耕地水土流失综治试点工程 由白家崖、刘家庄2个片区组成，位于县城北，属黄河流域范围，总土地面积56.59平方公里，其中水土流失面积50.20平方公里，占88.7%。地理坐标分别为北纬36°54′14″，东经110°41′13″和北纬36°49′41″，东经110°37′21″。总投资1000万元，2011年完成1.25万亩坡耕地治理。工程区坡耕地治理率为63.49%，新增基本农田1.14万亩，土壤流失控制量（保土量）4.86万吨，项目区内农村人均增加基本农田2.76亩，项目区内人均增加粮食677公斤，人均纯收入增加902元。

1996—2011年永和县基本农田建设统计表

表10-7　　　　　　　　　　　　　　　　　　　　　　　　　　　　　　　　　　　单位：万亩

年　份	1996	1997	1998	1999	2000	2001	2002	2003
数　量	8.1	8.75	10.67	12.88	12.01	11.07	10.82	10.97
年　份	2004	2005	2006	2007	2008	2009	2010	2011
数　量	11	11.06	11.12	11.13	11.13	11.74	11.74	11.12

第二章　水利管理

第一节　水　政

机　构

1956年2月设水利科，8月设水土保持科，1957年7月二科同时撤销。1963年5月从原农业建设局中分设水利局，1964年10月改为水保林业局。"文化大革命"初，先后被农村水利委员会、生产组取代，1972年10月复设水利局。1984年2月改称水保局。1993年2月组建为水利水保服务中心，1996年改为水务局。1997年5月成立"水保工程专业队"。水务局下设单位：水土保持工作站（水土保持监督站）、农村水利工作站、水资源管理办公室、防汛抗旱指挥部办公室、水利水保抗旱服务队、自来水公司、办公室、统计站、河道站、移民办及5个乡镇水利水保管理站。

水资源管理

普查情况　2010—2011年，永和县对境内经济社会用水进行了一次普查，是第一次全国水利普查最重要的一项专题调查内容，主要包括城乡居民生活用水、建筑业与第三产业用水、工业企业用水、规模化养殖用水等典型用水户用水情况。这次普查共涉及境内用水户139户。居民生活用水从2个镇、2个乡及县城各20户，共100户作为典型用水户清查对象；工业企业调查对象名录有2个典型用水户；建筑业与第三产业调查对象名录有35个第三产业典型用水户、1个建筑业典型用水户；公共供水企业调查对象仅有1个（自来水公司）。普查结果：永和县属典型农业县，境内一无煤矿，二无大型工业企业，没有大型用水企业。公共供水企业1家（供水），建筑业、第三产业、居民生活用水主要以供水公司的自来水为主。全县重点水源地共有机井3眼，一口为备用井，两口供县城生产、生活用水，现有地下水足够县城生产、生活用水。2009年全县用水总量为205万立方米，其中工业用水4万立方米，农业灌溉145万立方米，城乡生活用水56万立方米。2010年全县用水总量为252万立方米，其中工业用水10万立方米，农业灌溉184万立方米，城乡生活用水58万立方米。

管理情况　每年春季，组织全体执法人员学习《中华人民共和国水法》（简称《水法》），并进行普法考试。利用"三八妇女节""中国水日"和"世界水周"之际，通过设咨询台，张贴《水法》《取水许可和水资源费征收管理条例》标语，利用电视台播放宣传标语，散发传单，出动宣传车等形式，使全县人民懂法、守法。对无证取水用户和无计量设施等行为，下达责令停止违法行为通知书，并进行罚款，限期补办取水许可手续，安装计量设施，制定收费标准，限期交纳水资源费。对有取水许可证企业按规定进行换证，对取水许可实行总量控制与定额管理，首先满足城乡居民生活用水，并兼顾农业、生态与环境用水等需求。

远程监控系统　2009年建起监控室，完成对自来水公司2台监控远端设施的安装，并培训专业操作人员，远程监控系统运转正常。

水资源费征收　坚持应征不漏，应负不征的原则，到每个取水户现场，采取散发宣传资料、政策讲解、说服教育等手段和方法督促取水户按国家法律和政策，依法按时交纳水资源费。2000—2006年每年征收约1千元；2006—2008年每年征收约1万元；2008—2010年每年征收约为2万元；2010—2011年每年征收约3万元。其中64%上解，36%留作事业管理费。

第二节　工程管理

公益性工程

安排一定的基本农田，进行承包、落实和完善。谁治理、谁管护、谁受益，允许继承和转让，适当延长承包期，与村民签订承包治理合同。让群众在承包治理中真正得到经济实惠。

经济林工程

根据承包治理合同的约定，结合农村土地经营权流转的政策，引导原承包治理者把承包治理经营权有偿转让给有技术、懂管理的新手，达到人尽其才、地尽其力之目的。

生态修复区工程

制定和落实管理制度和乡规民约，成立护林护山队伍，巡查管护，制止各种侵占林地、毁林开垦开采、盗伐林木等破坏生态环境的违法行为。安排一定的管护资金，加强对已治理重点小流域水土保护工程的管护。

拦沙坝、谷坊、排截水沟等水土保持工程

根据属地管理和谁受益、谁管理的原则，把管护责任落实到工程所在地的乡（镇）、村，明确管护责任人，做到有人巡查、有人管护、经常维护，确保工程安全，效益长期发挥。

基本农田工程

按照"大稳定、小调整"的原则，对土地所有权和使用权仍按治理前的村界为准，耕地面积增加的部分按原面积的比例归各村集体所有，承包给农民耕作，收入盈利归村集体所有。

小型水利机电管站工程

实行工程所有权和经营管理权分离，采取拍卖、租赁、承包、委托经营、股份合作经营等方式，明确产权的使用者、经营者。通过收取租赁、承包经营费，落实部分工程的维护管理费用。通过落实租赁、承包、经营人，落实工程的管理者。小型渠道工程以小型渠道水系为单元，结合受益行政村、村组，组织受益农民建立本渠系、本村的农民用水户协会。通过协会实现对该渠道的建设资金筹措、项目管理、建后管护、水费收取。机电井工程通过拍卖和专人承包进行管理。小型农田水利工程由农民自主建设、自主管理、自主受益。

第十一编

工　业

民国时期，永和县内工业以手工业为主，无机械工业。民国30年（1941），县城有从事铁业者4户，从事木业者2户；桑壁镇有从事铁业者2户，有石匠、木匠、皮革匠、银匠各1户。中华人民共和国成立后，逐渐有了加工业、制造业、印刷业等工业行业。1995年，县内拥有机械制造、农副产品加工、食品酿造、建材、印刷等10多个生产门类，有各种工业产品200余种，总产值达1636万元。2011年，10余家县外企业进驻永和，成立制造、加工等有限公司，企业规模扩大，产值增加。位于芝河镇延家河村的新天联力玻璃纤维有限责任公司，年生产玻璃纤维4000吨，产值1000万元，产品主要用于飞机、船舶、火车、电瓶、隔板及豪华建筑物的保温、隔热、吸声，属国家推广的新型建筑材料。

1959年，永和县始用电。用15马力柴油机带动10千瓦发电机发电，供县城照明用。1995年，有68个村委，153个自然村通电，分别占村委、自然村总数的85%、48%。2005年，全县城乡居民生活用电实行同网同价。2006年，永和实施户户通电工程，47个无电村，908户农户告别了无电可用的历史。

永和地处鄂尔多斯盆地挠摺带区，储有大量的优质煤层气。煤层气区块在县域涉及面积624平方公里，地质储量超过600亿立方米。2006—2011年，探井口41口，压裂试气16口，单井平均产量每天2万立方米。煤层气企业成为永和的"龙头"企业。

第一章 电　力

第一节 发　电

柴油机发电

1959年10月，永和县在现粮食局院内建小型发电站，用15马力柴油机带动10千瓦发电机首次发电成功，供县城照明用。1960年9月原发电机改为20千瓦，1963年又改为40千瓦。1968年5月，在南门外农修厂院内建成用80千瓦柴油机带动40千瓦发电机的发电站。1969年3月，两台机器合并在农修厂发电。1972年5月，在城北现供电支公司处动土修建450千瓦的柴油机发电厂，于1973年11月竣工投产发电。1977年12月，35千伏435隰永线投运，并入电网供电。

其他发电

1958年，国家投资5万元，在城南药家湾村南建40千瓦水力发电站。主体工程竣工后，因永和县撤销建制并入吕梁县，故未投产。90年代后期，个别农村住户利用风力发电，但由于技术设备等问题，效果不佳，逐渐停用。2000年后，城关、坡头、交口、阁底等乡镇发展沼气，利用沼气提供生活用电。2001—2008年，全县数百户农户开发沼气发电，但随着户户通电工程的实施，个户沼气发电逐渐弃用。此外，部分企业、学校、医院，购置有小型汽油发电机，以备电网出故障时发电使用。

第二节 供　电

输电变电

1973年小型柴油机发电厂投运后，架设10千伏线路城镇线2.5公里，农村线25公里，配电变压器230千伏安/13台。1976年5月，城关变电站扩建，翌年12月投运；1977年12月，35千伏城关变电站投运时，有10千伏出线3条。该站占地面积2158.25平方米，有进线1条，10千伏配电线路3条。1#主变容量为1800千伏安。1977年12月，自隰县110千伏变电站起，架设1条35千伏输电线路至永和城关变电站，全长31公里，铁塔基数81个，取名为435隰永线。1978年2月，在署益乡南寨村新建简易变电站，是年6月投运，主变容量1000千伏安/1台，有10千伏出线2条。1986年3月，城关站新增油厂线；1987年3月，523永泊线与南寨站436南桑线沟通，南寨站停用。1992年12月增设2#主变，容量为1000千伏安。1994年10月，城关站新增水厂线。1995年，县内拥有10千伏线路5条，即523水厂线、524永交线、525油厂线、526永打线和527城镇线，全长569公里，主干线长66.5公里，配变233台，容量6500千伏安。2005年，有35千伏变电站1座，主变总容量5000千伏安/2台，35千伏线路1条29.7公里，10千伏线路5条615公里，10千伏配电变压器279台，总容量8040千伏，低压线路849.77公里。2007年增至709.3公里，全县通电率100%。年底机构整合时35千伏城关变电站交给隰县供电支公司。2011年，完成电网建设工程，架设大宁至永和输电线路一条，投资2900万元；10千伏城镇528线路改造工程，投资660万元；完成路灯亮化工程5个村，电气化改造工程2个村及县城2个台区改造工程，总投资200万元。

城镇配电网

1959年10月，10千瓦发电机试发成功后，县城1条长2公里低压线路只供照明用。1961年2月增设动力线路1.5公里。1969年，城镇低压线路增为3条、8.3公里，延伸到县城各个角落，每日供电4~6小时。1977年35千伏线路投运后，实行全日电网供电，城镇低压线路增为4条，动力线路长19.5公里。1995年，城镇低压线路有8条，长153.5公里；动力线路长74公里。2000年4月，城镇电网建设与改造启动，用4年时间对导线、配变、计量表、集装表箱等进行了彻底改造。投资282.57万元，改造10千伏528城镇线变台18台，总容量1350千伏安。2003年，新建城市低压线路5.7公里，增中配变容量60千伏安，用电户数平均每年增加230户。截至2004年底，改造后的城镇10千伏线路全长8.5公里，导线电原来的LJ-35平方毫米改造为LGJ-70PF平方毫米，低压干线由原来的LJ-16平方毫米或LGJ-25平方毫米，改为LGJ-35平方毫米和LJ-50平方毫米，城镇台区配变全部更换为S9系列节新低耗配变，城镇公用变18台，容量1350千伏安，有用户专变 15 台，容量 890 千伏安。2007 年，增容改造的变压器为 S11 系列低耗变压器 12 台，利旧 2 台（县广场新增箱变 1 台/200 千伏安）；增加分支开关 4 台；更换熔断器 18 组，避雷器 19 组，更换综合配电箱 24 台，并更换变台至综合配电箱电缆，型号为 YJLV22-8.7/15-3-120，长度为 0.42 公里；新建与改造 10 千伏线路 6.47 公里，其中架空线 6.28 公里，10 千伏电缆 0.19 公里，同杆架设低压线 2.3 公里；新建低压线路 5.73 公里，改造低压线 2.24 公里。2008 年，对 6 个过载台区进行增容，城市低压线路 38.5 公里，共分 22 个台区。对 10 千伏线路加装 18 台分断开关，10 千伏配电台区接地电阻改造。2009 年，对城镇 3 公里低压线路改造，更换 250 安综合配电箱 4 台，新增 315 千伏安变压器 2 台。2011 年，投资 2900 万元，建设大宁—永和 35 千伏双电源输电线路；投资 660 万元，对 10 千伏城镇 528 线路进行改造。

农村配电网

1973 年 11 月，450 千瓦柴油机发电厂建成后，城关镇、坡头乡 7 个村架设低压配电线路 11 条、31 公里。1977 年 12 月以后，农村 10 千伏线路不断延伸。1995 年，全县农村低压线路共 628 公里。全县有 68 个村委，153 个自然村通电，分别占村委、自然村总数 85% 和 48.7%。1993 年建成交口开闭所，2000 年重新更换开闭所新设备，对农村 3 条 10 千伏线路的 7 个乡镇 156 个自然村的供电网络进行整改；2003 年新建阁底开闭所，采取 10 千伏的分段管理。城乡电网建设与改造工程于 2004 年 4 月 20 日全面启动，总投资 1830.83 万元，改造 35 千伏变电站一座，10 千伏配电线路 3 条，改造低压村 188 个村（含行政村 72 个）和 18 个城镇台区，改造户数 14748 户，变电站设备实现无油化，调度实现综合自动化和远程操作。2005 年 5 月，全县城乡居民生活用电实行同网同价，共完成两网改造 23 个村，0.4 千伏低压线路 42 公里，总投资 82 万元。2006 年，投资 592 万元，实施户户通电工程，47 个无电村，908 户农户通了电；投资 27.79 万元，新农村建设 5 个村达到路灯亮化，架设线路 10.2 公里，灯具 110 套，电杆 130 根；525 永打线技改投资 8 万元。2007 年，对 10 千伏农电线路（524 永交线、525 永打线）整治处理。2008 年，投资 13 万元，对 10 千伏 525 永打线（6.5 公里）北庄支线改造；投资 51 万元，新农村建设路灯亮化 8 个村，电气化 1 个村；投资 14.83 万元，对 10 千伏线路防汛改造；投资 15 万元，对 2 个农村台区标准化改造；投资 53 万元，对 10 千伏 524 永交线、834 交泊支线进行改造。2009 年，投资 15 万元，进行农网 24 台区标准化建设；投资 125.5 万元，对南庄乡 5 个村的 10 千伏线路延伸 11.5 公里，低压线路延伸 8.5 公里；投资 25 万元，5 个村实现路灯亮化。2010 年，投资 38.9 万元，农网维护 9 个项目。2011 年，对农网升级改造，路灯亮化 5 个村，电气化改造 2 个村，县城 2 个台区改造等，总投资 200 万元。

2005—2011 年永和县电网概况统计表

表 11-1

年份	10 千伏线路（条）	长度（公里）	低压线路（公里）	10 千伏配电变压器（台）	千伏安总容量	供电户（户）	千瓦年负荷
2005	5	594.03	849.77	279	8040	—	—
2006	5	709.3	857.37	345	9300	—	—
2007	5	719.3	821.37 691	345	9300	—	—
2008	—	—	821.37	345	9300	15342	3700
2009	—	—	850	304	12000	15700	4200
2010	3	728.59	694.5 821.37	350	10975	—	—
2011	3	719.03		398	10975	15715	7087

2005—2011 年永和县售电情况表

表 11-2

年份	售电量（万千瓦时）	比计划（万千瓦时）	同比增降（万千瓦时）	提高率 %	平均电价（元/千千瓦时）	同比增长（元/千千瓦时）	内部利润（万元）
2005	651.12	31.22	91.57	16.36	431.96	9.36	-385
2006	718.79	-41.21	-67.67	—	453.94	12.94	-496.80
2007	846.35	76.35	127.56	—	477.26	23.32	—
2008	1131.9	191.9	284.74	—	477.14	0.15	539.69
2009	1341.96	—	183.07	—	460.13	-2.81	—
2010	—						
2011	1959.21	—	430.9	28.19	510.93	41.46	—

1995—2011年永和县电力各项经济指标完成情况统计表

表11-3

项目数量年份	供电量 万千瓦/时	售电量 万千瓦/时	平均电价 元/千千瓦时	线损率%	电费回收%	电费上缴%
1995	408.25 398.40	335.46 330.87	237.4 237.74	17.83 16.95	100.00	100.00
1996	425.61	350.7	239.22	17.6	100.00	100.00
1997	452.7	371.98	240.54	17.83	100	100
1998	461.28	379.96	242.4	17.63	100	100
1999	486.5	401.83	322.20	17.41	100	100
2000	479.51	395.69	324.02	17.48	100	100
2001	516.52	426.24	358.11	17.48	100	100
2002	547.76	452.32	366.15	17.42	100	100
2003	602.18	497.39	397.68	17.40	100	100
2004	673.59	559.55	422.60	16.93	100	100
2005	776.42	651.12	441.00	16.14	100	100
2006	856.66	718.79	458.61	16.09	100	100
2007	1008.32	846.35	477.26	16.06	100	100
2008	1349.04	1131.09	477.14	16.16	100	100
2009	1594.68	1341.95	462.41	15.85	100	100
2010	1867.69	1528.30	469.47	18.17	100	100
2011	2402.83	1959.21	510.93	18.46	100	100

第三节 电业管理

管理机构

1959—1973年，发电、供电均由电厂负责；1973年9月，450千瓦柴油机发电厂建成后，人员由5人增至14人，设4个班组；1975年永和县电业局成立，发电仍由电厂负责；1977年7月永和供电支公司成立，12月35千伏输电线路竣工，电厂人员统归供电支公司管理，干部职工共28人，内设变电站、线路班和抄收班；1991年1月永和电业局收归垂直管理，内设1室、3股、11个班组；1992年内设机构改为1室、1股、1所；1995年为1室、2股、1所，下设7个班组，干部职工47人。2005年，支公司设有办公室、安生股、农电股、财供股、用电所、多经办6个职能部门，其中农电股下设2个供电所，7个电工组。2007年底，机构整合时归属隰县供电支公司后，永和县支公司下设农电科、营销科、综合办、工程办，其中农电科设有2个供电所（芝河、交口），8个电工组。2011年，公司下设机构调整为综合办、工程办、农电科和营销服务中心。

供电管理

1993年始，城市用电营业实行一口对外，一条龙服务，1户1表，持证交款购电。对工作人员月考核，月兑现。农村分片设城关、坡头、桑壁、交口、阁底、打石腰6个电管站，担负全县11个乡镇7277户的供电任务。设置意见箱，聘义务监督员，实行三公开（电价、电量、办事程序）、五统一（电价、抄表、收费、票据、考核）、一监督（群众监督）。1991—2000年，电网生产管理一直是变电站人员值班，由生技股负责管理运行维护，各种台账资料人员记录存档并且规范管理。2002—2003年底，将一些重要资料录入微机并建账，实现规范管理。2005年计算机联网，调度自动化办公，实行远程操作。至2007年底，电网生产管理系统一直与分公司联网，达到调度自动化办公，实现营销自动化，MIS系统得到全面应用。2008年实行集抄上线，一口对外，简化办事流程，对城镇居民5270户进行集抄表计安装，电能量综合采集系统和语音催费系统投运。2009年ERP系统全面上线，对财务、物资、人力资源、设备、项目等基础工作实行模块管理，实现人、财、物流程化的闭环管理。2010年计量综合采集系统投运，抄、核、收等营销管理实现自动化。2011年开展ERP、SG186，协同办公软件等系统全面推广应用。采集改造工程安装14个集中器，城镇14个台区的4223户更换智能表，系统上线率100%。正常情况下实抄率达98.4%以上，供电管理逐步走向网络化、现代化。

安全管理

1977年供电支公司成立后，即以下文件、发通告、发放宣传画等形式宣传安全用电。1986年电业局设安全技术员。1990年印发《安全用电条例》《安全用电须知》。2000年制定安全生产责任制，设安全员，安全责任制版面上墙。2005年贯彻落实分公司安字1

号文件和《安全生产法》《两票补充规定》等有关安全方面的规章制度，并对76名生产人员进行培训、考试、考核，所有生产人员持证上岗。2006年成立反事故斗争活动领导组，制定了应急措施。2007年修订《各级人员安全生产责任制列位标准及考核办法》，制定安全生产目标及措施和安全生产风险抵押考核办法，各级人员逐级签订安全生产责任书，成立安全生产分析治理团队。2008年成立反违章纠察队。2009年春检发现缺陷476项，消除450项，消缺率达95%以上。2010年进行4次安全知识培训、考核，1次技术比武。2011年，全年共查出违章18次，违章人数21人，经济处罚8200元，奖励班组2个、个人122人次，奖励金额14280元。连续安全生产记录7246天。

2005—2011年永和县电力公司人员统计表

表11-4　　　　　　　　　　　　　　　　　　　　　　　　　　　　　单位：人

年份	职工总人数	在职人员	退休人员	农电工	外委工	集体工	中专以上学历%	高级工以上	高技新人才%
2005	58	40	18	20	—	—	95	16	70
2006	57	39	18	20	—	—	95	16	70
2007	114	37	—	52	25	—	95	15	—
2008	112	37	—	52	18	5	95	15	—
2009	102	36	—	51	10	5	75	11	—
2010	101	36	—	50	10	5	75	11	—
2011	101	40	—	50	10	5	85	17	—

第二章　化工　机械

第一节　化　工

蓖麻油加工

1985年，永和县在县城西北龙吞泉村沙坪始建蓖麻油厂，1986年建成投产。

厂区面积27200平方米，建筑面积6865平方米，设计能力为年产蓖麻油300万公斤，是一个专门生产蓖麻油和加工其他植物油脂的专业化工厂。全厂职工47人，有粉碎、蒸锅、榨油、过滤等成套机械设备4套，储存油罐4个，固定资产总值430万元。主要生产国际一、二级蓖麻油，正常情况下2500公斤蓖麻子可榨1000公斤成品油。产品质量优良，1000公斤成品油最高价1万元，最低价0.3~0.4万元。行销途径：一是通过外贸渠道运到天津塘沽港免检出口；二是销往国内河南濮阳、河北衡水、邯郸等地。1994年产油70万公斤，实现利税110多万元，受到临汾地区奖励。1995年生产国际二级蓖麻油70.43万公斤、油饼64.3万公斤，实现利税76.1万元。1996年产蓖麻油58.4万公斤、销售30.1万公斤，收入233万元，上缴利税13万元。1997年3月根据有关政策进行股份制改制后实行企业自主经营，自负盈亏。2001年后，因连续几年天旱蓖麻严重减产，原料短缺，致使公司处于停产或半停产状态，再加市场油价下滑，终因亏损于2005年停产。

1997—2004年永和县蓖麻油厂经营情况表

表11-5 单位：万公斤、万元

年 份	年产量	上年结存	销 售	上缴利税	亏 损
1997	63.8	49.7	94	28.5	—
1998	30.9	19.5	48.7	32.2	—
1999	67.7	1.7	61.2	41.8	
2000	94.4	8.2	75.7	25.6	
2001	—	—	6.4	6.7	—
2002	39.3	20.5	46.7	4.7	119.3
2003	34.8	12.2	46.9	5.8	9.4
2004	6.8	—	—	9.2	34

玻璃纤维

2011年，永和县在芝河镇延家河村新建新天联力玻璃纤维有限责任公司，占地面积17亩，计划投资3000万元，实际投资800万元。其中固定资产投资400万元，流动资金投资 200 万元。有 2 个生产车间，年生产玻璃纤维 400 万公斤，产值 1000 万元。公司有员工 80 余人。产品主要用于飞机、船舶、火车、电瓶、隔板及豪华建筑物的保温、隔热、吸声，属国家推广的新型建筑材料。公司是永和引进的第一家煤层气下游产品生产加工企业。

玻璃纤维

第二节 机 械

制 造

概 述 中华人民共和国成立前，县内以手工业为主，无机械工业。民国 30 年（1941），县城有从事铁业者 4 户，烘炉 4 盘，从事木业者 2 户；桑壁镇有从事铁业者 2 户，烘炉 2 盘，有石匠、木匠、皮革匠、银匠各 1 户。1950 年，全县有铁匠炉 7 个、木匠铺 6 个，锡匠、首饰匠各 1 户，弹花的 6 户，轧花的 5 户。1952 年，发展铁匠炉 4 个，从业者 12 人，木匠铺 7 个，从业者 13 人，主要生产铁（木）制农具和日用家具；新增砖瓦工 5 人，铸铧 1 处，制弹花机 8 个，畜力轧花机 2 个。1956 年改造私营手工业时，由程相玉、程向荣、姚克会等 23 人组成铁业社，主要生产铁制小农具和日用家具。1958 年 2 月以原铁业社为基础，新增锻工、铁工 28 人，在县城南门外建立机械厂，生产民用铁制家具和中小农具，年产铁锅 800 口，火炉 300 套，中小农具 1300 件。1963 年，地区手工业管理局调拨车床等价值 4800 元的设备，该厂新增农机具修造业务。1969 年与新成立的农业机械修造厂合并，成为国营永和县农业机械修造厂。1970 年两厂分设，翌年复并。

永和县通达农机公司 永和县通达农机公司前身是永和县农业机械修造厂。厂地面积 11700 平方米，建筑面积 2800 平方米，建厂初有手摇钻等车床 3 台和化铁炉、铸铁炉等设备，设铸造、翻砂、锻工等车间。1970—1971 年，先后添置车、压、磨、钻、铣等机械 23 台，产品有电动机、木工压力刨、饲养粉碎机和火炉、犁铧等中小农具与民用家具，并承修拖拉机等机动车。1994 年，与西安天鹰新技术研究所联营生产粉丝机 13 台。1995 年，职工增至 70 人，有固定资产 85 万元，生产无粘连粉丝机 11 台，年产值 130 万元，创利税 15 万元。1997 年 2 月改制时与农机公司合并为股份制企业，更名为永和县通达农业机械有限责任公司。2001 年，公司研制的膜侧播种机远销西北地区，同时开发了小型家用饲草切搓机，可提高饲草利用率 30%~50%。

1996—2002 年永和县通达公司营业状况统计表

表 11-6　　　　　　　　　　　　　　　　　　　　　　　　　　　　　单位：人、万元

年份	从业人员	主要产品及产量	产值	销售收入	上缴利税	利润
1996	40	卫生纸 10 吨 粉丝机 5 台	26	30	1.9	3.2
1997	55	铺膜播种机 300 台 玉米脱粒机 50 台 农业机械进销	95	134.1	2.5	6.1
1998	57	铺膜播种机 500 台 玉米脱粒机 100 台 农业机械及配件进销	49.2	56.19	3.45	0.6
1999	57	铺膜播种机 500 台 农业机械及配件进销	61	73.5	4.59	0.18
2000	52	铺膜播种机 500 台	34	29.2	1.84	0.29
2001	35	铺膜播种机 300 台	12	37.2	2.4	-2.5
2002	20	铺膜播种机 200 台	9	27.6	1.8	-3.1

修　理

概　述　1995 年，全县有从事各类机械修理的个体户 24 家，注册资金 14 万元。进入 21 世纪后，手机、电视、电脑、摩托车、电动车、家用电器及住宅防盗设施日益普及，各类小型汽车、大型客货车等逐渐增多，随之而兴起的修理部也不断增多。截至 2011 年，全县手机修理部 10 余家，电脑、电视、冰箱等家用电器修理部 10 余家，摩托车、电动车等修理部 30 余家，电动工具修理部 5 家，电动机柴油机等机械修理部 6 家，不锈钢铁艺及电焊者 50 余家，三轮车、四轮车修理部 10 余家，汽车类修理 20 余家。

永兴汽配修理中心 1992年由侯建设始建于生产资料公司院内，从业者14人。1994年迁往县皮毛厂院内，1995年迁往河西坡，2000年迁往原客运站（汽车站）。2004年10月，投资50万元，建修理车间7间，占地面积602.6平方米。修理工具由原来的扳手、千斤顶等逐渐改进为超声波清洗仪、解码仪器、故障诊断仪、举升机等现代化器械。2005—2011年，年修量1000~2000辆（次）。

迎新电焊不锈钢铁艺 1991年由李春晖投资5万元始建，至2011年从业者5人。有电焊机、切割机、台钻、台虎钳、气泵、砂轻等设备。主要加工铁板门系列、复合板、塑料器材、彩钢、水暖、防盗网、钢板门、栏杆等电焊工艺。

第三章 煤炭 建材

第一节 煤炭 煤气

煤 矿

县境属河东煤田，埋藏较深，不便开采。1992年永和县与蒲县及其所属黑龙关镇联营办煤矿1座，法人代表霍福奎。煤田面积2.23平方公里，地质储量561万吨，可采储量336.6万吨。煤层厚度2米，中含夹石层厚0.2~0.3米，纯厚1.7米，深约100米，煤质为低硫优质气肥煤。年产原煤9万吨，上缴税收5万元，建设期2年，上缴税收8年，联营期10年。

洗 煤

永兴矿业有限公司 1994年10月，永和县乡镇企业总公司投资80万元，与洪洞县鑫宇实业公司联营，在蒲县太林乡东河村委半沟村创办股份制洗煤厂——永兴矿业有限公司。法人代表史元魁投资110万元，被聘任为永和县乡镇企业总公司副经理兼永兴矿业有限公司经理。洗煤厂于1995年5月投产，生产能力为年洗精煤10万吨。永和县乡镇企业总公司和洪洞县鑫宇实业公司按4:6之比进行利润分配，史元魁要在5年内保证企业资产增值，向甲方上缴款不少于320万元。1995年产原煤3.2万吨，精煤1万吨。2002年停办。

宏达洗煤有限责任公司 位于永和县杨家庄村，占地面积25亩，建筑面积300余平方米。董事长刘怀亮，投资105万元，于2004年10月创建。公司下设采购科、供销科、财务科、办公室，从业人员40余人，有6平方米洗煤设备1套，装载机2台，汽车3辆，推土机1台，厂房20间。2004年洗煤量2万吨，上缴利税118万元。2005年洗煤量1万吨，上缴利税50多万元。2006年停产。

绿野牧业有限公司储煤场 位于杜家庄村，始建于2004年，占地15亩，董事长于永红，从业人员6人，有4.5平方米洗煤设备1套。2011年售煤量4万吨，上缴利税180多万元。

煤炭发运

煤炭运销办公室 永和煤炭运销办公室始建于2004年11月，下设煤检站。主要对陕西、宁夏、内蒙古通过永和境内的煤运进行管理。2005年运煤2万余吨，收费10余万元；2006年运煤6万吨，收费30余万元；2007年运煤20余万吨，收费100余万元；2008年运煤120余万吨，收费600余万元，上缴利税18.05万元；2009年运煤140余万吨，收费700余万元，上缴利税20.51万元；2010年取消收费政策，停止收费。2008—2009年为县供暖公司无偿供煤3000余吨。截至2011年，公司有员工20余人。由于无收费项目，员工工资无法保障，多余人员处于分流状态。

永通源煤业经销有限公司 永和永通源煤业经销有限公司始建于2008年底，与煤炭运销办公室是两块牌子，一套人马，是永和县唯一具有煤炭经营资格（六证一卡齐全）的国有企业，归属山西省煤运公司。具体承办陕西、内蒙古、宁夏入、过境煤业务的管理。2009年共经销原煤、精煤8.6万吨，营业额达千万元，上缴利税272.79万元；2010年经销3万余吨，营业额4000多万元，上缴利税62.76万元；2011年经销3万余吨，营业额4000余万元，上缴利税4.6万元。

煤层气

北京中海沃邦能源投资有限公司永和分公司，从2006年开始在永和县进行煤层气勘探开发工作，涉及永和及石楼区块面积1524平方公里，储量预测600亿~800亿立方米。2008—2009年，开展综合地质评价研究、勘探部署研究工作。2011年，永和县煤层气勘探开发项目完成二维地震测线622公里，打勘探井18口，开始压裂的16口井，完成压裂井5口，完成34层压裂试气工作，完成固定资产投资1.8亿元。单井平均产量在每日2万立方米，高于相邻地区20倍。

2006—2011年永和县二维地震勘探情况表

表11-7

年份	二维地震勘探（公里）	探井口	永和编号
2006	242	3	永和1井，永和1-1井，永和2井
2007	—	2	永和3井，永和4井
2010	405	4	永和6井，永和7井、8井、9井
2011	622	18	永和5井、10井、11井、12井、13井、14井、15井、16井、17井、18井、19井、20井、21井、22井、23井、24井、25井、26井

第二节 建 材

砖 瓦

中华人民共和国成立前，永和县生产砖瓦仅可供县内使用。1954年，由县生产资料公司主管，郭金山牵头，刘富贵、刘宝仁等23人从业，始建砖瓦厂，以手工操作方式生产砖瓦。1969年砖瓦厂属手工业管理局，1979年10月改属城建局，1987年3月又属二轻局。1961年前后砖瓦厂年均生产砖65万块、瓦30万块。1968年采用220型制砖机生产，为县城内制砖机械之始，年均生产机制砖150万块。1976年改用300型制砖机，年生产机制砖280万块。1987年5月新建20门轮窑1座，年产机制砖500万块。

1980年后，境内有城关、坡头、交口、桑壁、署益等乡村先后办起集体股份和个体砖厂。1984年，城关村委河口村民杜光明等6人采用股份制形式集资兴建河口砖厂，占地10亩。1995年，拥有固定资产67万元，窑洞15孔，房子18间，砖机1套，制砖机1台，汽车1辆，小四轮3部，水电设施齐全，安排劳力85人，年产砖300多万块。2007年9月，河口砖厂改名为双扶砖厂，董事长转交杜羊平。截至2011年，有员工11人，场地扩建到30亩，资产300万元，有20门轮窑一座，搅拌机2台，制砖机1台，过筛机1台，运土机1台，装载机1台，电动车5辆，粉碎机2台，年产砖170万~200万块，上缴税收0.5万~0.7万元。1995年，城关镇杨家庄村民穆交转（女）在本村办砖厂1座，购制砖机1套，建轮窑1个，安排劳力30人，年产砖200多万块。1999年改为独资企业，董事长穆桂连。2000年后，砖厂不断扩建，至2011年建设规模为1.1万平方米，占地0.04平方公里，露天开采深度975~1050米，自流排水方式，地质资源量22.65万立方米，资产300多万元。有装载机、全自动制砖设备一整套，制砖车间3000平方米，48门轮窑一座。年产砖800万块，从业人员40人。2008年，药家湾村民药建平办起个体砖厂，名为亨昌砖厂，投资90万元，占地0.04平方公里。至2011年，年产砖400万~500万块，从业人员20人。2009年，芝河镇杜家庄村民张贵臣办起贵臣砖厂，投资200万元，占地0.04平方公里。至2011年，年产量400万~700万块，从业人员20人。

石　子

1970年，永和县始用石子作建筑材料。1991年5月以原搬运社、石工队为基础，建立建材厂。有职工11人，碎石机1台，台钻1台，小四轮1辆，电动机1台，年产石子0.15万~0.2万立方米。2007年，县人宋绍奇在芝河镇贺家庄办起建材厂一座，占地面积15亩，机器设备有碎石机、采石机一整套，挖掘机3台，装载机2台，翻斗车5辆，总投资500万元。主要是石子加工，石料开采，用于公路建设。从业人员30人，年产石子10万立方米，年产值1500万元，上缴利税80万元。2009年迁往隰县，属隰县管辖。

石　砂

1974年县内公私建筑始用砂灰泥浆。粗石砂产区主要在芝河流域，挖出用水淘后即可使用，年挖0.3万~0.5万立方米。细石砂产区为黄河沿岸，主要在永和关、佛堂、李家山、于家咀、河会里、郭家山、咀头等村，年产量10万立方米。

河会里砂场始建于2010年，位于打石腰乡河会里村的黄河岸边。砂场面积6万平方米，年产量3万立方米，有装载机2台，抽砂机船2艘，从业人员8人。石砂销往永和、石楼、隰县等地。

石　料

县境用石料建筑房屋窑洞、堤坝、桥梁等历史悠久、古老的石料建筑随处可见。中华人民共和国成立后，石料建筑物更多。20世纪80年代以后，农村每年有300~500户凿石筑窑，县内10余座大桥及油路边墙，均用大条石筑成。大量的石料均出自各乡镇路边附近的石料场，由民间石匠开采。至2011年，年产石料1万~10万立方米。

石　刻

1992年，陕西省吴堡县人高金亮在永和县圪列口办起石刻加工坊，占地面积300

平方米，资产20万元，有各种石刻电器一整套，属个体经营。石刻产品有石碑、石桌等，年加工石刻20~50块（件）。

2010年10月，杨建钢在芝河镇上罢古村创建"永和县建钢石材有限公司"，注册资金200万元，占地面积4000平方米，从业人员15人，属民营企业。主要设备有石材切割机、切边机、磨面机、石材雕刻机。主要产品有石柱、石亭、石栏杆、石台阶、"满天飞"石板雕刻图案、地板石材。年生产3万平方米，产值300万元，实现利税80万元。产品销往当地及北京、上海、太原、福州等地，其特点是纯天然无污染，经久耐用。

第四章 食品 酿造

第一节 粮 油

粮食加工

石磨加工 中华人民共和国成立前，县城公职人员和居民所需面粉大部分由私人磨坊以人力或畜力推磨加工，1人1畜1磨，日磨小麦150公斤左右。县城开磨坊的有刘建升、龙四、干某某等。大部分居民为自磨自用。1953年后，国家粮食部门委托县看守所和冯星明等4家磨坊，把粮食磨成面粉供应县城居民。1957年公私合营中，将磨面户冯星明与吊挂面户张富贵合营，成立属县粮食局的面粉加工厂，县政府派干部秦志忠负责。当时有石磨3盘，日磨小麦450公斤左右。不久，将做豆腐的李成喜、熬糖做酱的温常青相继合入。

机械加工 1958年始，使用柴油机带动钢磨磨面。1972年购进80型滚子磨面机4台，新增碾米机1台，并从运城调来技师阎美林为技术指导。1976年购进50型滚子磨面机5台，此后发展为35型升降磨面机，日产面粉30吨。1995年，全县城乡有各种米面加工机械200台，以电力或柴油机作动力加工面粉和小米，用人力或畜力磨面碾米者已不多见。至1996年，县面粉加工厂资产总额达43.9万元，固定资产25.49万元，从业人员15人，机器16台，价值10万元。加工产品有标准粉、精粉、小米、卫生油，年产量200万公斤，上缴利税1.5万元。1997年10月改制后更名为新星面粉有限公司，

董事长为袁富青，从业者13人，资产106万元，固定资产55万元，有机组设备1套，价值22万元，产品有标准粉、精粉、特一粉，年加工13万公斤，上缴利税7000元。以后产量逐年下降，到2006年停产。

2006年，县粮食局职工吴山林在芝河镇川口村新建永和县粮油贸易有限公司面粉厂，投资200万元，有FMFQ60T面粉机1台。至2011年，磨面机增加为6组，日加工小麦6万公斤，年销量300万公斤。主要销往永和县、石楼县、陕西延川县等，年上缴利税7万~8万元。

同时，也有一些小型面粉加工作坊。县光荣院旁尤年生磨面坊，有7.5锥型磨1台，4.5石磨1台，7.5碾米机1台。1980—2000年，年加工小麦20余万公斤。2001—2011年，年加工小麦3万公斤、加工小米1万公斤。县党校旁边的老马磨面坊，有吉林牌锥型磨面机2台，碾米机1台，年加工小麦18万公斤。2000年以后，因永和产小麦越来越少，磨面房主要以小杂粮加工为主。至2011年，年加工杂粮3万余公斤。截至2011年，县城磨面坊共计7家，每个乡镇各有2~3家磨坊，主要是加工小杂粮。

食油加工

民国之前，永和食油主要为农户自种、自作、自用，采用芝麻、菜籽、棉籽，用碾子碾压，铁锅熬制。民国时期，县城有李金水、连大公、赵立楼3户客籍人，以芝麻、小麻籽等作原料，用木榨榨油。阁底、罢骨等村有民间油坊10余处，以榨棉籽油为主。1946年永和县解放时全县有油坊17处。1955年县供销社兴办油坊，以两盘石滚压籽粉碎，用传统木榨榨油。1956年农业合作化后，农村集体油坊增至20处。1975年安徽籍人解家干到永和县南庄公社，始用机械榨豆油。1978年以后，在发展乡镇企业过程中，引进一批榨油机，食油加工普遍由传统方式改为机械生产。同时，集体油坊多数转为个人经营，一批集体和个体油坊相继投产。1985年4月，城关镇在响水湾兴建榨油厂1座，于1986年建成投产，油厂占地2360平方米，建筑面积860平方米，有厂房38间（孔），101型榨油机3台，职工38人，固定资产34.8万元。年产豆油、胡麻油、葵花油、芝麻油等19万公斤，最高年产值82万元，至1989年共创利税17万元，1991年7月被洪水冲毁停产。1994年，城关镇在河口路办起集体油坊1座，有职工4人，购置榨油机3台，年产油5万公斤。1995年，县棉麻公司办起棉籽油坊1处，年产油1万公斤左右。1995年末，全县有各种榨油机200台，年产油品20万~40万公斤。1997年后个体户办油坊逐年增多，有军玲榨油油坊、老辛油坊、诚信榨油店等30余家小型榨油坊，大都使用冷榨机、过滤机。至2011年，全县个体油坊年产量在5万~20万公斤。

粮油加工企业选介

永和县昌盛粮油有限公司　1997年7月建成投产，注册资金231万元，位于城北工业园区，距县城3公里。公司有员工50人，占地面积4500平方米。有榨油车间、石磨面粉车间、小杂粮精选车间、灌装压盖车间、包装车间；有原粮库、成品库、包材库、化验室等场所；有石磨、石碾各种杂粮加工机械；有较为先进的"油博士"榨油系列设施。属临汾市产业化龙头企业，是永和县唯一一家专门从事小杂粮和各种油料购、加、存一体化，产、供、销一条龙的企业。2011年，公司总资产531万元，年销售收入842万元，利润27万元。产品销往山西本省及浙江、北京、河北、河南、江苏等省市。2010年被临汾市认定为市产业化龙头企业。

永和县四季鲜农副产品有限公司　2005年，永和县残疾人药甘霖在桑壁镇署益村投资20余万元办起"四季鲜食品加工厂"，2008年4月改为"永和县四季鲜农副产品有限公司"。注册资金260万元，总资产1486万元，占地面积6000平方米，建筑面积1900平方米，有员工106人（包括季节工）。公司长期与2000余户贫困户和永和县甜糯玉米生产合作社签订种植收购加工合同。2011年，销售收入560万元，创利税130万元。产品主要为真空包装保鲜甜玉米穗、速冻玉米穗。商标为"双锁山"。主要销往山西本省及河南、洛阳、广东、江苏、浙江、河北、陕西等省份。公司属永和县农业产业化发展"龙头"企业，是永和县产业结构调整重点工程之一。2008年8月经国家质量技术监督局验收通过工业生产质量体系（QS）认证；2009年被临汾市扶贫局审定为市级龙头企业，被临汾市工商局评审为市级守信企业；2009年10月经中国质量诚信协会评审为"全国消费者首选放心品牌"企业；2011年经山西省扶贫办评审为省级龙头企业（全省145家中第38家）。

第二节　副食品

糕　点

民国以前，县内无专营糕点生产者，所需糕点皆从外地购进，边购边销。每年中秋节所需月饼，多由县城恒义公杂货铺兼营。国营商业建立后，1958年在城东莲花池院内建起副食品加工厂，厂地面积3002平方米，建筑面积1850平方米，固定资产20

万元，年产值15万元，利税0.7万元。产品有点心、饼干、蛋糕、月饼、沙琪玛、煮饼、面包、油饼、酥饼、冷饮、醋、酱油等。1986年粮食企业由管理型向经营型转变中，县粮食局在县城南门外建立食品厂，生产糕点、麻花、元宵等产品。同期个体生产者相继出现。到1995年，全县制作糕点者增至16户。独家经营改为多方竞争后，产品在原料、工艺、花色、包装等方面都有很大改进，全县年产量约100~200吨。1997年股份制改制后，食品厂更名为"香源食品店"。主要产品有月饼、煮饼、沙琪玛、糖饼、饼干等，年产量4~5吨。1987年，杨贵成投资11万元，在正大街兴办"生日圆蛋糕店"，有和面机、压面机、烤箱、打蛋机、鲜奶搅拌机、面包和面机、发酵箱、冷藏柜、冰箱等一整套加工设备，产品有蛋糕20多种、面包20多种，糕点15种及煮饼、沙琪玛、饼干等。从业人员3人，年产量10吨，年产值5万~12万元。截至2011年，城区有"吉米蛋糕店""西饼旺蛋糕店""月芳月饼店"等蛋糕店10余家。

罐 头

1989年，西庄乡乌华村村民赵成东办起西庄罐头加工厂，属乡政府管理，自学技术，自购原料，自己加工、销售，主要产品为梨、苹果，年产0.7万~1万瓶。1996年，产品又增加葡萄、橘子、桃、山楂等，年产量3万~4万瓶，销往延川、石楼、隰县等地。1997年转为个体，年产量4万瓶。1998年因资金短缺而停产。

粉条 挂面

民国25年（1936）县城有挂面坊1个。1950年，全县有粉坊13个，挂面坊1个，从业者不足百人。1956年在公私合营和农业合作化中，兴办个体挂面坊2个。1978年后，钻井队、城关、药家湾等乡村均办有个体粉坊和挂面坊。到1995年，全县有粉坊10家、挂面坊4家，年加工粉条100~200吨，挂面20~30吨。进入21世纪后，粉条、挂面主要从外地购进成品出售，当地已无人从事粉条、挂面加工。

酱 醋

中华人民共和国成立前，酱、醋多由杂货铺自产自销。1950年全县有小型醋坊4个。副食品加工厂和面粉加工厂建立后，分别附设制作酱、醋车间。1980年，城关镇南圪垯村民小组刘永胜成为产、销酱油、醋专业户，年产量40吨。1995年县副食加工厂始产熏醋。是年，全县年产酱油150吨、醋400吨，供全县群众食用。1997年改制后更名为香源醋厂，李永青任厂长；2004年又更名为永青酱醋厂，为个体经营。至2011年，年产醋200吨、酱油100吨，每年上缴利税0.5万元。产品销往县内及延安、延川、吴堡、柳林、石楼、隰县、蒲县、大宁等地。

2004年7月，永和县顺康醋业有限责任公司建于城北工业园区坡头村，注册商标为"芝川"牌老陈醋，产品有纯高粱酿造的老陈醋、陈醋、饺子醋、香辣醋、凉拌醋、礼品醋等。包装成品醋有260毫升、420毫升、800毫升、2.5升、4.5升等。生产材料是以优质高粱为原料，谷糠、麸皮为辅料，曲种是以大麦、豌豆为原料。生产流程是高粱粉碎，加水蒸熟后，再加水和大曲进行酒精固态发酵，然后拌入麦麸皮、谷糠进行醋酸固态发酵。一半醋醅用文火进行熏制，然后进行白醅和熏醅的套淋，经灭菌贮存于容器中。产品主要销往县内、大宁、隰县、蒲县、古县、浮山、石楼、柳林、军渡、延川、延安、米脂等地。公司设备有打码机1台，自动灌装机1台，洗瓶机1台，塑料袋软包装机1台，粉碎机1台，打拌机1台，柴油发电机1台，传真机1台，东风集装箱汽车1辆，福田运输车1辆，捷达白色小轿车1辆，远红外矿化净水机1台；78-1磁力加热搅拌器1台，PHS-25型数显酸度计1台，电子恒温水浴锅1台，303-a恒温培养箱1台，HGT2-1恒温干燥箱1台，万分之一分析天平1台，显微镜1台，电冰箱1台；蒸汽锅炉1台，取暖锅炉供发酵用1台，不锈钢蒸锅1套，制曲架8套，一吨塑料罐12个，中号水缸300条，大号水缸80条，0.5吨醋缸14条，60吨塑料存醋池2个，10吨塑料存醋池1个，不锈钢2吨凉醋池1个，不锈钢2吨汽醋池1个，一吨菌锅1个。公司注册资金35万元。

2004—2011年永和顺康醋业有限责任公司产品产量销售情况表

表11-8

年　份	产量（吨）	年销售收入		上缴利税（元）
2004	60	销40吨×1260元	计5.04万元	—
2005	90	销70吨×1260元	计8.82万元	—
2006	80	销60吨×1260元	计7.56万元	—
2007	70	销90吨×1260元	计11.34万元	1392
2008	100	销110吨×1400元	计15.4万元	1392
2009	230	销250吨×1600元	计40万元	2100
2010	380	销370吨×1600元	计60万元	2100
2011	550	销490吨×1800元	计88.2万元	3700

屠宰 肉食

民国年间，县城有康氏、谢氏、孟氏3户肉食铺，均为自宰自销。1954年成立县食品站。1956年改为食品公司，担负全县猪、羊、牛、蛋的收购、上调和加工业务。1958年与副食品公司合并，1963年析出单设。1990年营业总额132.6万元，上缴利税3.6万元，受到商业部和山西省食品公司奖励。1992年县食品公司由商业局所属移交畜牧局后，内设屠宰、饲养、批发、零售4个组（部），有职工26人，其中技工10人。年均上调生猪0.3万头，羊1万只，禽0.5万只，鸡蛋4万公斤。同时年均零售猪肉6万公斤，羊肉0.5万公斤，供应县内市场所需。猪、羊肉两项，全县每年人均3公斤，城镇人均13公斤。1992年聘请平遥县庞冬生师傅传授牛肉加工技术，培养技工5人，生产出永香牌袋装牛肉。1995年，全县有经营肉食的个体户20户，实行定点屠宰，以户销售。截至2011年，全县有一个生猪定点屠宰场，地址在食品公司院内，有销售点30余家（包括各乡镇）。

1997—2011年永和县肉类产量统计表

表11-9　　　　　　　　　　　　　　　　　　　　　　　　　　　　　　单位：吨

年 份	猪 肉	牛 肉	羊 肉	禽 肉
1997	1020	188	558	41
1998	1040	199	614	53
1999	1128	180	653	52
2000	1136	199	670	61
2001	1244	191	541	61
2002	1075	183	875	57
2003	1025	187	472	55
2004	1089	195	368	62
2005	1197	200	454	62
2006	1537	200	513	54
2007	1997	218	604	58
2008	1149	80	313	28
2009	—	—	—	—
2010	—	—	—	—
2011	1334	143	415	46

第三节 豆制品

豆腐

民国之前，县内群众用石磨磨豆，铁锅熬浆汁，自制自用豆腐。民国35年（1946年）永和县解放时，县城有个体豆腐坊1个。1950年增为2个。1956—1958年，县看守所、面粉加工厂和城关生产大队相继兴办豆腐坊各1个。1978年后，县国营农场和城关、东峪沟、药家湾、桑壁、阁底、坡头等村委均出现个体豆腐坊。2011年，全县共有个体豆腐坊20余家。或沿街、沿村叫卖，或送往门市部代卖。逢年过节城乡部分居民自制自用。

"老刘豆腐坊"是永和一个传统老店，由爷爷刘润海创办，父亲刘耀明继承到刘星平已是三代豆腐世家。产品有豆腐、豆腐干、豆腐皮、老豆腐。原址县城南门外后迁至城关粮站院内，再迁至旧运输公司院内。设备有磨浆机4台，抽浆机3台，豆皮机1台，发电机1台，高效清选去石机1台，总资产70多万元。至2011年，年加工豆腐50~100吨，从业人员6人。

豆制系列产品

1977年，永和县在城北10公里处坡头村始建豆粉厂，1978年6月建成投产。有职工35人，固定资产60万元。主要产豆粉、豆浆晶、豆腐花、豆奶晶等豆制系列产品。年产能力为300吨，产值60万元，利税2万元。1995年，生产豆腐花6吨，豆浆晶4吨，豆奶晶5.4吨，精装豆浆晶5吨，完成产值53.7万元，实现利税2.9万元。1996年产值70万元。1997年7月改制为股份制企业，与县红枣公司合并，更名为"黄河天然食品有限公司"，股东10余人。

第四节 酿 酒

清末至民国时期，县城有霍兴全（地址今人武部院内，业主逯茂庆）、庆和楼（地址今杨家圪墶，业主王氏）酿酒坊，桑壁镇有增祥盛（业主樊善信）酿酒坊，均酿白酒。民国27年（1938）日军入侵永和后倒闭。农村也有一些小型酿酒作坊。1950年全县兴办小酒坊9个。1977年8月，在城南5公里下刘台村北始建县国营酒厂，翌

酒厂酿酒

年正式投产。厂地面积1.2万平方米，建筑面积3300平方米，车间库房面积1800平方米，固定资产87万元，有职工44人。设粉碎、曲菌、生产、装酒等车间，是永和县主要企业之一。建厂初期，有容器5吨罐9个。厂方派人到襄汾县学习酿酒技术，并请技师驻厂指导。主要产品有桂花酒、楼山春白酒，原料以本地高粱为主，间有玉米。1986年，新购容器10吨罐6个，当年，楼山春酒被评为山西省优质产品。1994年，又派3人去芮城学习酿造大曲酒和饮品制作技术，并投资2万元购置制作饮品设备1套，主产芝河大曲酒、新楼山春牌、朝阳寺牌系列白酒以及碳酸饮料、酸枣汁等。年生产能力为白酒300吨，饮品100吨，产值70万元，利税15万元。1995年，生产白酒63吨，大曲酒12.8吨，完成产值38.1万元，实现利税10.7万元。1997年7月改制后成为股份制企业，更名为"芝泉饮品有限公司"，设党支部、董事会，董事长杜根应，总经理冯成祥，公司扩建后占地面积1.5万平方米，建筑面积8000平方米。设备有蒸汽锅炉1套，10吨酒罐10个，酒缸100条，高粱粉碎机、大曲粉碎机、扬渣机、打荞机各1台，烧酒设备1套。产品主要销往内蒙古、黑龙江、吉林、辽宁、山东、河南、陕西、山西等省市。2001年，增加饮料设备1套，年产值达200多万元，上缴利税20余万元。2006年冯成祥改任董事长。2011年进行招商引资，与汾西县人王记生合作，扩大生产规模，扩建车间5000平方米，设备全部更新，新增员工30人（工程师3人）。生产品牌为"永和白酒"高中低系列的纯粮酿酒，年产量500吨，年产值2500万元。

第五章 其他工业

第一节 造纸 印刷

造 纸

清末至国民初期，县城南门外有1家个体户，采用传统手工操作方法制作麻纸，在县内销售。后因战乱停产。直至1988年，县农机修造厂购置锅炉和打浆机、搅拌机、烘干等设备，建起造纸车间。范润双、于成喜去襄汾县学习造纸技术后，于1989年正式投产。产品有卫生纸、箱板纸、包装纸，年产纸1吨，县内销售。3年后，因纸质技术滞后，效益不佳而逐渐停产。

印 刷

1956年永和县始建印刷厂，有印刷工5人。技工单生龙由大宁县合营而来，带石印机1台，主要承印《永和小报》。1958年10月永和县并入吕梁县后，永和小报印刷厂并入吕梁报社印刷厂。1961年5月恢复永和县建制，小报印刷厂随之恢复，分回老式圆盘机1台，增置平台机1台和铅印设备，承印《永和小报》（后改为《永和报》）和账簿、表格、稿纸等。1967年2月《永和报》停刊，报社印刷厂改为永和县印刷厂，面向社会营业。1972年，增置装订机1台。1974年，增置手板裁纸机1台。1981—1988年，先后购置圆盘机、平台机、铸字机等设备。1991年添置裁纸机和各种型号字架7副，开始承印一般本册、文件、书刊等。1994年承印民国19年版《永和县志》1部1500册。1995年，全厂有职工37人，固定资产18万元，设排字、印刷、装订、校对4个车间，年产值17万元，创利税0.5万元。1997年2月，由李文祥等15位股东出资20余万元，买断国有资产成为股份制企业，改名为"永和县文昌印刷有限公司"，有职工27人。同年6月投资30余万元，将原铅印设备改为新的电子照排、胶印等新型印刷设备。1998年投资20余万元，在陕西省延安市成立分公司，年产值50多万元，上缴利税5万多元。2000年又筹资100余万元对原公司房屋进行重建，新修三层综合楼一座，建筑面积2000多平方米。同年在县政府大院设立打印室，财政局楼下设立办公用品销售门市部，职工增至39人，年产值达100余万元，上缴利税10余万元。2008年增加胶印机2台。2010年投入30余万元购置了奥西数码印刷机，使公司印刷实现了自动化生产，固定资产达200余万元。

1980年，城关镇居民常洪斌购置平台机、圆盘机、裁纸机、装订机等设备，兴办常兴印刷厂，承印本册、表格、文件、发票等业务。1996年又购半自动平台机一台，总资产14万元，从业者3~7人，年产值10余万元。2004年停产。

进入21世纪后，电脑打印技术普及，一般文件各单位自行打印。截至2011年，街市上打刻字、绘图、复印、传真、装帧等服务部，共有10余家。

第二节 木器 皮毛

木 器

永和县历史上，有走乡串户木匠，为民众制作和修理各种木制用具。1956年改造私营手工业过程中，县城和桑壁镇各建1个木业社，主产木制家具和小农具。县城木业社于1968年改为建筑社，1972年改为建筑工程队。桑壁木业社于1975年7月迁到县城圪列口庙，从业者7人，年生产小农具400件，民用家具350件。1977年迁到城北河口村，改建为木器厂，购置木工机械设备，专营木制家具、办公用具，年产桌椅、柜等办公用具380件，沙发、组合柜等民用家具300件。1978年，浙江、西安等地木工3户到永和县城加工木制家具。每年制作木器家具3000余件，并建新式家具门店3个。1995年，县木器厂生产木制家具289件，完成产值12万元，创利税0.62万元。1997年改制为股份制企业，后因效益欠佳而停产。

1990年以后，个体作坊、木作专业户增多，家具款式由传统大箱大柜发展为新式衣柜、沙发、写字台、大包床等。2000年后，市场多销售外地购进的高档木作成品，小型个体木作加工多数以加工木板、棺木、木门窗、铝合金门窗及房屋装潢等为主。至2011年，全县有小型木器加工坊60余家，均以电锯、电刨、切割机、砂带机、电圆锯、气泵等电器加工木材制品。加工塑钢制品、装潢者有20余家。

皮 毛

民国年间，桑壁镇一位绛州籍人开办皮毛加工铺，加工出售皮绳、毛毡等。县内农村居民素有自捻羊毛线、自织毛口袋（装粮食用）的习惯。1949年后，农村中常有走乡串户的皮革匠，为村民加工毛毡、皮绳等。1980年以后，市场越来越繁荣，皮绳、毛毡、毛线、毛口袋等逐步以县域外的新产品所代替。

第三节　棉花加工

轧 花

清末至民国时期，县内普遍采用皮滚轧花机加工皮棉，一般1机2人，一前一后用脚蹬，日加工30~50公斤。1960年以后改用柴油机作动力。1978年后，使用锯齿轧花机，用电力作动力，每机日加工量一般是300~600公斤，最多达1000公斤。1995年，全县有轧花机20台，年加工皮棉30万~50万公斤。2000年以后，县域棉花种植面积逐步减少，民用服装、被子等大多从市场购买，棉花用量很少。至2011年，全县轧花作坊10余家，年轧花量不足20万公斤。

弹 花

民国之前，县内民间用木制弹花弓加工絮棉，1人1弓，日弹花10~15公斤。1949年后，木制弹花弓逐步淘汰。1978年县城居民委员会购置弹花机1台，办起弹花组，加工絮棉和被套。1980年后，浙江籍人和永和县阁底村人刘让成开设弹花店，专门加工絮棉、被套等。"建年弹花坊"始建于2003年2月，投资3万余元，有雪云牌吸尘弹花机1台（6MTG1010-B型），配用4千瓦电机1台，揉磨机1台。至2011年，年加工棉花3000公斤，加工被套400~500块，产值3万余元。"舒心被褥加工坊"始建于2010年，业主郭连成，个体经营，从业人员3人，投资13万元，有自动梳棉机1台，轧花机（20频）1台，开松机1台，缝被机1台。年加工棉花5000~10000公斤，被套500~600套。截至2011年，全县有弹花作坊20余家，年加工棉花10余万公斤。

第四节 纺织 缝纫 编织

纺　织

清代以来，县域乡村农户男耕女织，自产棉花，自己纺线织布，供做衣服、被褥、床单、鞋料等。用手摇木制纺车纺线，1人1车日纺线0.25~0.4公斤；用木制脚蹬坐机织布，1人1机日织土布6~10米。

民国30年（1941），桑壁镇贸易城张氏（外籍人）从事土布染色；城内赵氏妻子用人工操作小型织袜机加工袜子，后均被淘汰。中华人民共和国成立后，民间自产土布逐渐被洋布、斜纹布、毕几、的卡、的确良、化纤布料等新产品所代替。

20世纪80年代改革开放后，市场逐渐繁荣，人民生活用品逐步转向成品化。服装、床上用品、鞋袜手套等均在商店、市场购买。自制土布作为文化遗产被保留。

缝　纫

民国年间，城内吴宝金开办缝纫铺，专事裁剪缝纫，加工衣服。中华人民共和国成立后，孝义籍人郭永祥在县城开办缝纫店，男裁女缝，来料加工。1956年公私合营时组建综合社，设缝纫组，有缝纫机7台，职工7人，年加工男女各式衣服1000~2000件。1975年县城居民委员会办起缝纫组，有缝纫机5台，职工5人，年加工衣服千余件。1998年因效益不佳而停产。1980—1999年，桑壁、阁底、坡头等乡镇兴办个体户缝纫店13家，有缝纫机五六十台，从业者60余人，其中上海、西安等籍3家15人，年加工各种款式衣服万件以上。"南方保暖内衣店"建于2011年4月，由江西省鹰潭市余江县籍人金加和承办，主要加工毛呢制品，投资16万元，有缝纫机2台，锁边机1台，从业人员2人，年加衣服300~500件。"爱红制衣店"始建于2003年，投资10万元，有缝纫机4台、锁边机1台、撩边机1台、烫台1个，从业人员2人，年加工衣服200~300件。截至2011年，全县裁缝部有20余家，年加工衣服4000余件。

编　织

县境居民使用编织品历史悠久。有荆编、柳编、苇编及草编。荆编大多是农民在山中采荆条自编自用，也有少数个体编成出售的，主要编品是筐、篓、笼、篮等。柳编多为雇用外地手艺人，主要编品是簸箕、笸箩、篮、盂、罐等，每年均有外地编织手艺人走乡串户为村民编织、修补。苇编、高粱秆编多以炕席为主，也多为雇用外地手艺人编织。草编多用谷草编织粮囤，到20世纪60年代后以瓷缸代替草囤，草编用者渐少。1986年，城关榨油厂购置塑料编织袋加工设备30台套，年产塑料编织袋40余万件。1991年7月因洪水冲毁停产。20世纪90年代以后，传统编织品使用渐少。

第五节　麻绳　锅刷

漆布　麻绳

1969—1970年，永和县皮毛厂投产后，在技师王怀东（河南人）和常芝（河南人）指导下，生产漆布、麻绳，年产漆布700块、麻绳1500公斤。20世纪80年代改革开放后，市场出售的人造革布、塑料布、机制麻绳、塑料绳、尼龙绳等新式产品越来越价廉物美，县皮毛厂因产品销路不畅而停产。

锅刷

县皮毛厂于1980年购置锅刷机1套，用本地产的黄贝根制作锅刷，行销国内外。至1987年，锅刷内销113万把，出口60万把。20世纪90年代后，塑料制清洁球等锅刷产品充斥市场后，黄贝根锅刷因销路不畅而停产。

第六节　鞋　手套　纸箱

永和县皮毛厂于1980年投资6万元，购置纸箱机1套9件、手套机1套7件、磨压机2台、缝纫机50台，经派人外出参观、学习技术后，开始生产鞋、手套、纸箱。1984—1987年生产纸箱4万个，出口劳保手套70万副，明上布底、塑料底鞋4万双，磨压鞋20万双。1991年由于销路不畅而停产。1999年4月，贾智明在药家湾村北新建"永和县润发纸箱包装有限公司"，注册资金50万元，占地4000平方米，建筑面积3000平方米，有空棚3间，库房4间，楼房1幢，宿舍等用房10余间。有造纸箱机设备一套，价值100万元。从业人员20余人，年产纸箱10万个，年产值20万元。产品有礼品盒、普通纸箱等，主要销往永和、大宁、石楼、隰县、延川等地。2007年由于机器设备需更新，资金短缺而停产。

第六章 工业管理

第一节 企业管理

管理体制

1956年对个体手工业进行社会主义改造后，组成合作企业。企业推选资金较多、技术较高者担任组长或社长、主任，对内实行定额管理。除计算个人劳动所得和抽取公积金外，其余部分按股分红。20世纪50年代后期一部分股份退还给本人，未退部分按股分红，同时实行手工业联社委派厂长制、工人技术等级制。生产管理以件为主，也有按工时付给等级工资的。20世纪60年代，逐步实行职工定级制度。在职工评定等级基础上，企业内各工种制定计时定额超产奖励制度。1982年后，国营预算内、预算外和二轻企业普遍进行企业整顿，完善生产管理、劳动管理和目标成本管理等制度。1984年进行经济体制改革，普遍实行厂长负责制，厂长（经理）有权在企业自主范围内对企业经营方针、长远规划、年度计划、技术改造项目做出决定。集体企业实行个人经营或个人承包。1986年普遍实行一级核算、两级管理的经营方式，组织生产、材料供应、商品销售、贷款回收、成本管理、收益分配等生产经营的全过程均由生产车间进行核算及管理。1987年6月，在16个工业企业中推行承包经营责任制，承包期均为3年，实行上缴利润基数包干，超收分成。1997年，永和县进行企业改制，工业企业为与市场接轨，除去建安公司、物资公司、自来水公司外，都以股份制形式出现，如文昌印刷有限公司、通达农机有限责任公司、黄河天然食品有限公司、芝泉饮品有限公司等。公司收益分配均按股份分红，生产管理由以董事长为主的董事会决策，厂长（经理）具体执行。

销售管理

中华人民共和国成立初期，工业产品以自销为主。20世纪70年代电动机由国家调拨、销售价低于成本价由国家予以补助。1985年以后，白酒、蓖麻油、豆粉系列产品、食品、饮料、鞋、手套、锅刷、麻绳、漆布、纸箱、砖瓦等产品均实行自产自销。1997年，企业股份制改制以后，产品销售既要根据市场需求，又要采取质量与服务竞争的手段。一种新产品上市前，一般要做大量的广告宣传和市场推广活动，然后采取产品批发、厂家直销、连锁店销售、经销商销售、消费者特供、城市直销网站销售等方式，拓宽产品销路。

财务管理

永和县工业企业的财务管理，以固定资金、流动资金、成本核算、销售收入、利润和专用资金的管理为主，坚持不定期地对企业财务进行检查。工业企业的固定资金，国营的大部分由国家投资，集体的多数占用自有资金或从银行贷款。企业上缴税金是根据国家规定的产品税率，按照企业销售收入逐月缴纳。国营企业的利润，利改税前全部上缴财政，亏损由财政补；利改税后，除按规定税率上缴财政外，企业可根据有关规定留成。集体工业企业的利润，国家根据八级累进税率征其所得税。1984年实行经济体制改革，企业在保证发展生产的前提下有权自行确定和支配生产发展基金、新产品试制基金、后备基金、职工福利基金和奖励基金的适当比例与用途。县属国营工业企业工资总额视企业经济效益实行浮动，浮动总额计入成本，不再从留利中提取奖励金。集体企业实行自主经营，自负盈亏，照章纳税的办法。使用技术改造贷款，税后还贷有困难者，可用新增利润在缴纳所得税之前归还。1997年，股份制改制后，企业在以销定产的前提下，实行成本核算制度，照章纳税，在采购、原料筛选、车间消耗等关口均设定额，采取定额控制，以市场销量变化及时调整产品产量、价格及投资。经营成本、建设投资、销售收入是企业财务管理的组成部分。

第二节 工业普查

首次普查

1950年进行的首次全国工业普查，永和县未进行。

二次普查

第二次普查于1985年进行。当年成立以副县长张银生为组长，统计局局长范生贵为副组长，经委、工业局、乡镇企业局、商业局、粮食局、二轻局、农机局、城建局负责人为成员，共13人组成的领导组，下设办公室具体组织实施。普查结果，全县共有独立核算工业企业12个，其中国有8个，集体4个。全部资金230.8万元，其中固定资产原值年末数130.5万元，流动资产全年平均余额135.6万元。1985年已安装设备合计40.7万元，其中20世纪80年代的18.3万元，70年代的19.9万元，60年代以前的2.5万元，分别占全部设备44.96%、48.89%、6.15%。1985年底全县工业企业职工共435人，其中工程技术人员6人，占1.38%。

三次普查

第三次普查于1994年11月开始，分组织准备、资料填报、审核、上报，资料分析和成果发布，总结4个阶段进行。组织准备阶段，成立以县长助理杨刚杰为组长，县委政府办公室、计统委、经贸委、财政局、统计局、国税局、地税局等有关单位负责人为成员共14人组成的领导组，并于统计局设办公室。遵循条块结合，分工协作，以块为主，资料共享的原则，对县境内全部工业企业和附营工业单位进行普查。普查结果，全县共有独立核算工业企业19个，其中国营10个，集体9个（含5个乡镇企业）；不足100万元的村办工业、私营工业、合作经营工业、个体工业共计212个。工业总产值1869.2万元（现价），其中乡及乡以上独立核算工业产值1630.5万元。年末资产总计2042.2万元，其中流动资金平均余额958.8万元，固定资产合计946.1万元。1995年已安装设备306.9万元，其中90年代的25万元，80年代的251.1万元，70年代及70年代以前的30.8万元，分别占全部设备的8.1%、81.8%、10.1%。1995年从业人员共711人，其中女性188人，占26.4%。从业人员年均607人，其中管理人员99人、高级技术人员1人、中级技术人员18人、初级技术人员38人，分别占人数的16.3%、0.16%、2.97%、6.26%。普查工作结束后，永和县工业普查办公室被评为省级先进集体，领导组组长杨刚杰被评为省级优秀组织领导者，工作人员穆彩红被评为国家级先进工作者，高志明、药新元、苏勇3人被评为省级先进工作者。

第三次工业普查1995年永和县数据一览表

表11-10　　　　　　　　　　　　　　　　　　　　　　　　　　　　　　单位：万元

指标 单位名称	工业总产值 （90不变价）	工业总产值 （现价）	产品销售 收入	利润 总额	工业 增加值	资产 总计	工业中 间投入
总计	1416.5	1630.5	1268.1	42.2	426.2	2042.2	1187
酒厂	38.1	55.8	85.1	—	13.4	250.4	38.8
蓖麻油厂	493.7	704.3	543.7	1.7	166.3	825.2	483.6

续表 11-10　　　　　　　　　　　　　　　　　　　　　　　　　　　　　　　　单位：万元

指标 单位名称	工业总产值 （90不变价）	工业总产值 （现价）	产品销售 收入	利润 总额	工业 增加值	资产 总计	工业中 间投入
面粉加工厂	59.9	85.6	9.1	0.1	74.9	27.1	66.7
饲料公司	26.0	39.0	29.0	-7.4	9.7	81.3	27.7
食品厂	9.9	11.6	5.5	—	3.1	32.1	8.4
副食加工厂	10.2	10.5	9.6	-3.6	1.7	20.2	8.6
印刷厂	18.7	20.9	7.5	-0.2	4.1	31.5	16.2
豆粉厂	53.2	53.2	26.4	0.1	15.4	201.7	30.1
农修厂	101.0	101.0	63.2	1.1	27.1	98.5	70.3
自来水公司	5.6	12.6	15.0	0.5	0.4	36.5	11.7
木器厂	10.0	10.4	10.3	0.5	2.5	17.4	7.7
砖瓦厂	35.4	31.4	32.1	2.0	7.1	44.3	24.0
综合社	15.5	16.0	10.0	0.1	3.8	9.2	12.0
河口砖厂	49.6	51.5	51.5	9.3	12.9	10.9	38.6
建筑材料厂	12.2	13.9	12.2	0.1	2.9	10.1	10.7
永兴矿业公司	252.8	193.0	194.0	17.0	24.6	249.0	168.4
坡头炼油厂	72.0	51.6	62.0	9.1	14.1	22.1	37.5
城关食用油厂	50.2	55.4	32.0	4.4	13.9	36.0	41.5
纸箱厂	102.5	112.8	69.9	7.4	28.3	38.7	84..5

第三节　乡镇企业管理

企业规模

20世纪80年代前，永和县乡镇企业发展缓慢，产值很低。改革开放后，乡镇企业不断发展，到90年代发展更为迅速。1996年，全县乡镇企业有1408个，从业人员2465人；2000年，乡镇企业有381个，从业人员1000人；2004年，县委、县政府对乡镇企业实施多项优惠政策，全县新增中小型民营企业199家，产值达5万元以上企业49家，达10万元以上企业40家，共有企业587个，从业人员3948人；2005年，制定《能源加工企业管理暂行办法》，吸引3个洗煤厂、1个加油站、1个汽修厂进入工业园区，全年新增小型民企109个，企业共计715个，从业人员4588人；2007年，乡镇中小企业（不包括个体企业）有41个，从业人员705人。截至2011年底，乡镇中小企业发展为56个，从业人员923人。

企业总产值

1976年全县乡镇企业总产值73.55万元。中共十一届三中全会后，乡镇企业总产值快速增长，1985年总产值达346.5万元，比1976年增长3.7倍；1990年总产值571.9万元，比1985年增长65%；1995年总产值4031万元，比1990年增长6倍，实现利润305万元。2000年总产值2192万元，比1995年减少45.6%；2005年总产值9085万元，比2000年增加3.1倍，创利税300万元；2010年总产值4025万元，比2005年减少55.7%，2011年，乡镇企业年总产值4269万元，比2010年增长6.1%。

第十二编

商　贸

集市与古会庙会是永和商贸交易特色之一。1950年起，城关、桑壁两地农历每月初五、十五、二十五逢集，期间商贾云集，交易商品繁多。1978年以后，阁底、坡头、红崖渠、南楼、交口、望海寺先后成立集市，其中阁底集市最为繁荣，是晋西北最大的牲畜交易市场，有来自陕西、内蒙古、河北、河南等地商人聚集，大牲畜成交量每月上千头。传统庙会有农历二月十九双锁山和朝阳寺庙会，三月初十、七月十八楼山二郎庙会，四月初八阁山高王庙会，四月二十、七月二十、十月二十县城老爷庙会，七月二十三阁山娘娘庙会和望海寺庙会，共7处，8个日期，会期3—10天不等。中华人民共和国成立后，县城老爷庙会逐渐演变成物资交流大会（古会），规模进一步扩大，每年3次，每次10天。双锁山庙会、朝阳寺庙会、阁山娘娘庙会、楼山庙会在20世90年代后逐渐复兴，期间多数庙会有戏剧助兴，游客众多，物资交易量大。中共十一届三中全会后，县城、乡镇的商贸集部比比皆是，每个行政村都设有供销网点。2004年，胜利超市、通达超市在县城相继建立。2008年，永和县首家上规模、货种全的超市——永和供合客多超市建立。2009年，全县社会零售额超2亿元，2011年达2.8亿元。

第一章 交易场所

第一节 集 市

民国时期,县内集市交易处于萧条状态,赶集者甚少,上集流通商品仅有花布、粗布、麻、油、盐等京货10余种。

中华人民共和国成立后,从1950年起,城关、桑壁两地农历每月初五、十五、二十五逢集,桑壁每年三月初三、九月初九举行两次古会,集日与古会期间商贾云集,市场交易商品种类繁多,成交额逐年上升。1956年秋,国家对农业、手工业和工商业进行社会主义改造,县内集市贸易受到限制。"文化大革命"中集日活动再度萧条。1977年取消自由市场,关闭集市贸易。1978年以后重新开放集市,桑壁、阁底、坡头、红崖渠、南楼、交口、望海寺等处,先后成立集日。其中阁底集日最为繁荣,初七商贩就得去交易地购买摊位号,初八商贩就把货物运到交易地,初九正式交易,初十才能结束,是晋西北最大的牲畜交易市场,有来自陕西、内蒙古、河北、河南及省内平遥、平陆的商人云集于此地,从每年的10月到次年的1月,每月的大牲畜成交量都超千头。此外还有烟酒副食、日用百货、瓜果蔬菜、生产生活资料、肉禽蛋、药材交易。时间长、参与人数多、成交额大,是县内其他乡镇集日不能比拟的。2000年后,阁底的集日渐失往日繁荣,同县内其他集日一样,交易时间只有一天,究其原因是受屠宰、信息、运输等条件的限制。桑壁地处永和、隰县、大宁交界处,交通便利,是县域最大的农副产品交易场所。届时有来自隰县、大宁和周边乡镇的商贩聚集于此,永和县60%的农副产品在这里交易,每年的成交量在20万吨以上。县内其他乡镇集日没有突出特点。1996年,全县集日贸易成交额1008万元,参与人次35万,商贩数量2.2万;2001年,全县集日贸易成交额4680万元,参与人次40.5万,商贩数量2.45万;2006年,全县集日贸易成交额794万元,参与人次41万,商贩数量2.48万;2011年全县共有集市7处,集日贸易成交额1331万元,参与人次36.5万,商贩数量 2.51 万。随着城乡一体化进程的发展，大量农村人口转移到城市，乡镇集日市场日趋萧条。

永和县集市日期表

表 12-1

集市地点	立集时间	逢集日期（农历）
桑 壁	1978 年	一、六
阁 底	1978 年	九
坡 头	1978 年	三、八
红崖渠	1984 年	五
南 楼	1984 年	五
交 口	1986 年	七
望海寺	1995 年	二

第二节 庙 会

永和县庙会活动始于明代，清至民国时期代代相沿。传统庙会有二月十九双锁山庙会和朝阳寺庙会，三月初十、七月十八楼山二郎庙会，四月初八阁山高王庙会，四月二十、七月二十、十月二十县城老爷庙会，七月二十三阁山娘娘庙会和望海寺庙会，共7处，8个日期。会期3—5天、7—10天不等。会期商品有供"迎神烧香还愿"所需的香纸、供品，还有居民所需生产、生活用品。会期聚集人多，客流量大，商品成交额超过一般集市。中华人民共和国成立后，庙会活动逐渐冷落。"文化大革命"时期，楼山、阁山、望海寺寺庙遭到破坏，庙会终止。1979年后，庙会逐渐复兴，规模日盛，成为城乡居民贸易活动场所。楼山从1997—2011年每年七月十八都举办庙会，届时戏剧、饭店、食摊、生产生活用品、农副产品等应有尽有。2002年全乡集资30万元，对庙宇进行了维修。阁底从2001—2006年每年举办庙会，届时聘请剧团进行表演助兴，共7天11场。庙会期间有大牲畜、猪、鸡、烟酒副食、日用百货、农副产品、药材等交易，广大的善男信女烧香、布施，祈求风调雨顺、和谐平安。2005 年阁底乡集资 25 万元，对阁山庙进行修缮，恢复了原貌。朝阳寺每月初一、十五两天举行法会，广大善男信女聚集在一起，传经诵佛，弘扬佛教思想文化，教育人们行善积德，为社会做好事、办实事。二月十九举行庙会，届时有许多人去寺庙上香、布施，祈求平安、安康。双锁山庙会从二月十八晚上就开始，一直到十九结束，有数千人次参加，烧香、布施，以缅怀人们传说中的英雄刘金定。望海寺 2004 年举办了一届庙会，特邀临汾蒲剧团表演助兴，共 5 天 7 场。期间有食摊，许多商贩云集于此地。2011 年，打石腰乡筹资 100 多万元对望海寺进行维修，并举行开光仪式，邀请佛法大师讲佛，还有锣鼓队、文艺表演队演出助兴。

第三节　物资交流会

中华人民共和国成立后，为沟通城乡物资交流，县城沿用原四月、七月、十月老爷庙会的时间举办物资交流会。1966—1977 年期间，物资交流会一度中断。1978 年四月二十，县城举办中断后的第一次物资交流会，并确定每年农历四月二十、七月二十、十月二十为物资交流会起会日期，会期 10 天。每逢会期有日用百货、服装鞋帽、副食加工销售、中小农具、家用电器、饭店、食摊、戏剧、歌舞、杂技、大型游乐活动、农副产品收购、大牲畜交易等。商品琳琅满目，活动项目多样，对提高城乡人民物质文化生活，促进经济发展起到积极作用。1995 年建成府西农贸市场，为物资交流会提供了便利条件。当年十月参加物资交流会者达 10 万人次，商贩 400 余家，其中个体工商户 350 余户，成交额达 352 万元，是 1985 年成交额的 4.14 倍。

随着城乡一体化进程的加快，人流、物流得到迅速发展。2000 年全县参加集日、物资交流会的人次达到 40 万，商贩 24000 家，贸易成交额达 5270 万元。2006 年，全县参加集日、物资交流会的人次为 41 万，参与商贩 24800 家，贸易成交额 794 万元。2011 年，全县参加集日、物资交流会的人次为 36.5 万，参与商贩 25100 家，贸易成交额 1331 万元。

1980—2011年永和县集市物资交流会情况一览表

表12-2　　　　　　　　　　　　　　　　　　　　　　　　　　单位：万元、万公斤

年份	贸易成交额		牲畜和主要农副产品成交量					
	总额	其中牲畜成交额	牲畜（头）	粮食	蔬菜	肉禽蛋	干鲜水果	药材
1980	43.3	11.9	237	42.1	21.8	8.4	11.4	—
1981	102.2	28.4	568	30.7	47.6	11.5	16.8	—
1982	113.3	31.2	624	29.4	53.4	15.8	20.4	—
1983	145.8	41.0	815	37.7	60.8	17.5	23.6	—
1984	240.0	47.8	935	42.8	68.7	21.9	28.9	—
1985	232.0	45.7	847	38.6	57.8	20.4	26.1	—
1986	110.0	27.7	554	31.7	48.3	12.6	17.2	—
1987	510.9	87.4	1430	64.0	97.8	21.0	48.2	—
1988	550.9	96.6	1760	72.0	144.0	24.0	54.1	—
1989	623.2	120.0	2480	81.0	148.5	28.0	61.0	—
1990	637.1	74.5	1887	67.7	184.3	35.8	106.7	—
1991	700.0	184.6	4363	73.0	113.0	22.3	101.7	—
1992	719.7	198.0	4842	76.0	172.0	26.3	112.0	—
1993	740.3	140.3	3866	110.0	49	22.0	80.0	—
1994	791.8	74.9	1395	86.0	53.7	19.0	99.5	—
1995	909.7	36.7	240	80.0	150.0	26.0	110.0	—
1996	1008	800	6600	2.0	270	60	112.0	0.30
1997	1225	1012	6750	2.5	280	61	103.0	0.30
1998	1177.5	1027.5	6850	3.0	280	63	121.0	0.35
1999	5592	975	650	3.5	300	65	124.5	0.4
2000	5270	750	500	4.0	350	67	132.0	0.5

续表 12-2　　　　　　　　　　　　　　　　　　　　　　　　　单位：万元、万公斤

年份	贸易成交额		牲畜和主要农副产品成交量					
	总额	其中牲畜成交额	牲畜（头）	粮食	蔬菜	肉禽蛋	干鲜水果	药材
2001	4680	90	600	5.0	368	65	143.5	0.5
2002	3850	60	400	6.0	370	66	152.0	0.6
2003	3715	45	300	6.5	375	65	268.0	0.7
2004	3590	30	200	7.0	381	69	272.0	0.75
2005	897	75	50	8.0	380	70	305.0	0.8
2006	794	—	—	9.0	385	71	362.5	1.0
2007	1149	—	—	10.0	390	72	392.0	2.0
2008	1203	—	—	11.0	400	72	420.5	2.5
2009	1223	—	—	12.0	400	73	453.0	3.0
2010	1231	—	—	12.0	410	75	482.0	3.2
2011	1331	—	—	14.0	420	80	503.0	3.5

第四节　商店　超市

商　店

中华人民共和国成立前，县城有吕元善经营的"恒义公"，陈继祖经营的"恒盛公"，蔚德贵、武兴文、高孝德经营的"三义永"等较大商店。此外还有一些摆设小摊的商贩。他们主要经营日用百货、烟酒糖、盐等京货90余种，年销售额3万余元。广大农村则是由肩挑货郎担的游商，销售些简单的日用商品。

1949年后，县政府先后成立了推进社（后称"县供销合作社"）、烟酒专卖公司、副食品公司、百货公司、交电公司、蔬菜公司等经营数千种商品。公司到二级批发站批发销售，价格统一；各乡镇供销社则是到三级批发站批发零售，价格统一。

1956年社会主义三大改造完成，永和最大的商号"三义永"并入百货公司和副食品公司，尉德贵担任百货公司副经理，"恒义公""恒盛公"和一些小商贩成立公私合营门市部，吕元善任经理。20世纪90年代县财政局修建办公大楼时门市部被拆除，资产折价赔偿，职工分流安排。

1979年市场放开，允许个体经营烟酒副食、日用百货。一开始经营小卖部，主要销售烟酒副食。由于进货环节少、渠道多、成本低，可以直接到一级批发站或厂家进货，给国营、集体商店造成很大冲击。到90年代，随着市场经济的确立，国营、集体商店无法经营，被迫出租、租赁，个体商店得到很大发展。个体商店除经营烟酒副食、日用百货外，还经营五金交电、粮油、建材、蔬菜、水果、服装、鞋帽、手机、电脑、电视、摩托车（电动摩托车）、饭店、旅店、药店、生产资料、农机具、金银首饰等数十个行业、数万种商品，超千家商店，其中农村有近200家。

超　市

2000年，县人马让成、马贵成、马保成、马成取等兄妹7人合资建立胜利连锁超市。超市面积100平方米，主要经营烟酒副食，货品上千种，有员工10人，年销售额300余万元。至2011年，胜利超市扩展为3处，面积扩充为800平方米，有货车2辆、轿车4辆，货品2000余种，员工46人，年销售额1000余万元。

2004年，县人还建起通达超市、邮政超市等一些小型超市，这些超市在2010年后逐渐停办。

2008年1月，由永和县供销联社牵头，浙江丽水市民营企业家刘建华出资，建立永和县供合客多超市。这是永和县首家规模大、货品全的超市。超市前期投入资金210万元，面积1200平方米，有职员20余人。至2011年，职员增加到45人，货物品种保持在1万多种，平均年销售收入1400多万元。

客多超市

第二章 商品购销

第一节 农业生产资料

1949年之前,县内的犁、耧、镢、耙、锄、镰、斧、锨等中小农具多为铁木匠自产自销或由商号经销,大牲畜则在集市自由交易。

1950年,由推进社(后改称"县供销社")负责经营生产资料购销业务。1957年县供销合作社成立生产资料经理部。1962年7月改为农业生产资料公司,经营六类商品。化学肥料类:氮肥(尿素、硝酸铵、碳酸氢铵、氨水)、磷肥(过磷酸钙);化学农药类:6%以上六六六成药、敌百虫、赛力散、1605乳剂、1059乳剂、3911乳剂、乐果、敌敌畏、滴滴涕、除草剂、硫酸铜、硫黄;农药(类)器械类:喷雾器、喷粉器;农业机具类:铁制小农具、木制小农具、车马轮具、双轮双铧犁;车辆类:马车、平车;役畜类:牛、驴、骡、马。1963年,农业机械和车辆类改由县农机公司经营,生产资料公司主要经营化学肥料、农药、各种中小农具、牲畜等。1976开始经营农用塑料薄膜,1980年后农业生产资料供应以小农具、化肥、农药、地膜为主。1957—1995年供应化肥33468吨,农药82吨,中小型拖拉机294台,农用动力机械1614台(件),农用加工机械2445台(件),中小农具9万件。1976—1995年销售农用塑料薄膜40吨。1996—2000年化肥销售量7.22万吨,农药40.7吨,农膜16.3吨,大中型拖拉机94台。2001年永和县生产资料公司改制后名称变更为永和县丰裕农业生产资料股份制有限公司。国家放开生产资料经营权限,公司的经营日益困难。2001—2011年化肥销售量3.65万吨,农药139.6吨,农膜124.1吨。

1996—2011年永和县农业生产资料销售情况一览表

表12-3

年 份	化肥(万吨)	农药(吨)	农膜(吨)	喷雾器(件)
1996	1.8	8	3	320
1997	1.65	8	3	350

续表 12-3

年 份	化肥（万吨）	农药（吨）	农膜（吨）	喷雾器（件）
1998	1.52	8	3	400
1999	1.43	7.5	2.6	360
2000	0.82	9.2	4.7	560
2001	0.73	10.7	6.7	670
2002	0.62	10.8	8.2	730
2003	0.5	10.9	9.3	810
2004	0.38	11	10	820
2005	0.29	12	11	900
2006	0.26	12.1	11.5	910
2007	0.21	12.5	11.7	1200
2008	0.2	13.2	12	1350
2009	0.19	14.5	14	1400
2010	0.14	15.2	14.3	1520
2011	0.13	16.7	15.4	1630

1996—2011 年永和县农业生产资料使用情况一览表

表 12-4

年份	化肥（吨）	农药（吨）	农膜（吨）	农用柴油（吨）	农村用电（万千瓦小时）	大中型拖拉机（台）
1996	10354	24	50	—	—	—
1997	10845	24.2	54	—	—	—
1998	10092	29	85	—	—	—
1999	8668	31	86	640	146	45
2000	7918	26	82	617	131	49
2001	6887	29	77	596	135	52
2002	7030	28	80	594	137	56
2003	6734	29	78	668	137	58

续表 12-4

年份	化肥（吨）	农药（吨）	农膜（吨）	农用柴油（吨）	农村用电（万千瓦小时）	大中型拖拉机（台）
2004	6801	27	85	762	136	62
2005	7306	33	94	790	143	69
2006	8066	37	101	865	153	75
2007	9515	41	103	899	173	78
2008	9310	42	98	903	178	144
2009	8207	42	99	878	185	212
2010	8485	44	113	947	199	269
2011	9004	53	120	1009	286.37	—

第二节　日用工业品

民国年间，日用工业品统称"京货"，包括绫罗绸缎、各色布匹、针织品、小百货等。由商号和摊贩、货郎担经销，商品从太原、汾阳、孝义、临汾、运城、陕西等地购进，年销售额3万余元。

中华人民共和国成立后，县内主要日用工业品从临汾国营商业二级批发站购进，归口经营管理。1955—1956年，由于社会购买力低，百货公司曾一度采取分期付款形式，向国家干部赊销自行车、缝纫机、手表等日用工业品。1957年，生产发展，群众购买力提高，日用工业品供不应求。1958年，日用工业品普遍短缺。进入60年代，日用工业品实行供给制，部分紧俏商品高价出售，包括自行车、缝纫机、暖水瓶、脸盆、手电筒、绸缎、毛线、胶鞋等几十种，以调节供求矛盾。1964年，市场供应缓和，高价商品恢复平价，除自行车、手表、肥皂、火柴外，其他商品敞开供应。"文化大革命"当中物资再度紧张，进入70年代有所缓和，自行车、手表、收音机、毛线等商品销售开始回升。1978年始经营电视机，全年销售黑白电视机18台。1980年除名牌自行车、缝纫机仍分配供应外，其他日用工业品货源充裕。到1985年，销售自行车895辆、手表1291块、缝纫机532台、电视机161台。

20世纪90年代，日用工业品增至3000多种。主要有收录机、VCD、DVD、电暖器、空调、彩色电视机、电冰箱、电饭锅、微波炉、全自动洗衣机、摩托车、电风扇等家用电器和多种高档服饰、轻纺工业品、日用百货等。2000—2011年日用工业品不断升级换代，计算机、手机、液晶电视、数码相机等购销两旺。

2009年国家实行家电下乡补贴政策，日用工业品销量大增。到2011年底，销售彩电3023台、冰箱2075台、洗衣机3036台、计算机1405台、空调244台、电磁炉118个、热水器367个、微波炉31个、手机680部、电动车1946台，总价值2655.46万元，国家补贴资金315.34万元。销售微型客车177辆、微型载货车8辆、轻型载货车55辆、摩托车838辆，销售额总计1310.43万元，国家补贴资金139.62万元。农民得到实惠、企业获得发展。

附：布票

1955年起，县内流通省制布票。有1、3、5寸和1、5、7、10尺7种面额。凡购买棉布，均按尺寸收票。发放布票标准，1956年每位农民1.2丈，干部、职工1.7丈。后多次调整。1968年干部职工、农民一律发放1.8丈。1983年布票停止使用。

第三节　石油产品

中华人民共和国成立初期，永和县上市的石油产品仅有供机关单位和城乡居民点灯照明用的煤油，国营、集体商业门店均有销售。1957年，全县煤油销量为13吨。此后随着柴油机、拖拉机等动力机械的引入，柴油、汽油、润滑油等石油产品的销售量逐渐增加。1963年兴建石油商店，翌年扩建为石油公司，县内有了销售石油产品的专门机构。1985年，石油公司由原属县商业局划归山西省石油公司临汾分公司，经营汽油、柴油、煤油、润滑油等11类68种规格的石油产品。

1988年实行承包经营后，各项经济指标完成良好。当年销售额达93.9万元，比1985年增长20.4%，上缴税金1.9万元，比1985年增长72.7%。1995年销售额为200万元，上缴税金2.4万元，分别比1988年增长1.1倍、26.3%。1990年，职工张金全被山西省石油公司评为先进工作者。1990—1991年度省公安厅授予公司治安综合治理先进单位称号。

2002年，山西省石油总公司永和公司所属加油站的经营权转让给上市公司，公司名称变更为中国石油化工股份有限公司山西临汾永和石油经营部，有加油站2座，管理人员3人。主要经营汽油、柴油、润滑油及非油业务，并在加油站设易捷便利店。

城关加油站位于永和县滨河路响水湾，占地8366平方米。2011年，投资350万元对原加油站进行整体改造，9月份投入使用。有程控加油机4台8枪，库容量160立方米，雨棚面积700平方米，员工11人，配有兼职的消防、保安人员，配计算机3台。

城南加油站位于永和县药家湾，占地3686平方米。2009年，投资270万元，对原加油站进行整体迁移新建。有程控加油机4台6枪，库容量150立方米，雨棚面积500平方米，员工7人，计算机2台，配有兼职的消防、保安人员。

中国石油化工股份有限公司山西临汾永和石油经营部，2008年销售额1641.9万元，上缴税金32.94万元，分别比2000年增长5.08倍、10.15倍；2011年销售额4138.99万元，上缴税金46.2万元，分别比2008年增长2.25倍、1.4倍。

2005—2009年，在洪永线永和境内的西北路段建成信誉加油站和龙泉加油站，东北路段建成亨通加油站和岔口加油站，为过往秦晋的司机提供了便利条件。

1977—2011年永和县石油产品销售情况一览表

表12-5　　　　　　　　　　　　　　　　　　　　　　　　　　　　　单位：万元、吨、%

年份	销售额	利润	税额	费用率	销售量
1977	63.7	-2.60	0.15	20.0	924
1978	65.0	—	0.16	19.6	792
1979	63.0	0.02	0.43	20.0	880
1980	61.9	—	0.08	15.0	939
1981	54.2	0.07	0.02	14.8	885
1982	59.9	0.20	0.03	15.0	947
1983	64.5	0.50	0.05	13.5	928
1984	73.4	0.87	0.06	12.7	144
1985	78.0	0.74	1.10	12.5	1082
1986	78.8	0.57	1.20	11.5	1033
1987	94.6	-2.27	1.60	12.1	1221

续表 12-5　　　　　　　　　　　　　　　　　　　　　　　　　　　单位：万元、吨、%

年份	销售额	利润	税额	费用率	销售量
1988	93.3	−0.02	1.90	14.3	1148
1989	138.0	1.30	2.80	13.9	1291
1990	172.0	1.40	3.60	14.5	1503
1991	215.0	2.00	5.00	11.0	1611
1992	270.0	2.90	5.70	9.4	1657
1993	328.0	2.00	5.00	9.6	1461
1994	166.0	−2.00	1.00	13.0	764
1995	200.0	—	2.40	10.0	807
1996	314.0	0.29	—	12.57	1351
1997	234.0	0.18	—	14.78	892
1998	165.8	0.0075	4.39	18.25	707
1999	256.5	0.012	8.69	14.32	1154
2000	323.2	0.0054	3.24	8.38	1071
2001	307.0	0.0034	3.80	6.99	1012
2002	461.3	0.0025	5.35	7.80	1536
2003	452.6	0.0058	4.40	5.06	1349
2004	702.9	−6.2	10.7	5.85	1878
2005	771.5	−3.3	10.4	5.41	1742
2006	892.8	1.54	7.1	5.53	1706
2007	948.5	65.9	13.6	4.80	1762
2008	1641.9	11.8	32.9	4.42	2620
2009	2147.3	12.9	31.3	3.73	3689
2010	3161.9	23.7	33.4	2.72	4943
2011	4139.0	26.2	46.2	3.38	5845

第四节　土特产品

永和县土特产品主要有红枣、苹果、桃、杏、核桃、花椒、蓖麻、棉花、芝麻、葵花籽、黄豆、绿豆、黑豆、黄花菜、羊绒、羊毛等。

1951年设立农产品购销经理部，收购红枣、棉花、豆类等土特产品销往外地，并购进外地土特产品供应永和市场。1952年县供销合作社开始经营棉花、红枣购销业务。1963年成立县土产日杂公司。1980年后，地方土特产品自产自销渠道日益增多，随后国营、供销合作商业经营数量相对减少。

1952—1995年累计收购棉花174.2万公斤，年均3.96万公斤。其中最多的是1953年29.5万公斤，最少的是1975年为0.8万公斤。1996—2006年累计收购棉花155万公斤，最多的是1998年38.3万公斤，最少的2001年0.9万公斤。2007—2011年累计收购棉花89.62万公斤，平均每年收购17.92万公斤。

1983—1995年累计收购葵花籽270.7万公斤，年均20.82万公斤，其中最多的1983年71.0万公斤，最少的1995年1.3万公斤。1996—2006年累计收购葵花籽1659万公斤，年均150.81万公斤，其中最多的2000年236.3万公斤，最少的1997年53.3万公斤。2007—2011年，累计收购葵花籽809.51万公斤，年均161.9万公斤，最多的2007年197.1万公斤，最少的2008年136.1万公斤。

1987—1995年累计收购蓖麻籽1002.6万公斤，年均167.1万公斤。其中最多的1990年为279.5万公斤，最少的1993年为83.3万公斤。1993—2006年累计收购蓖麻籽1881.4万公斤，年均171.04万公斤。其中最多的2005年421.1万公斤，最少的2000年37万公斤。2007—2011年累计收购蓖麻籽802.72万公斤，年均160.54万公斤。其中最多的2007年194万公斤，最少的2008年130.9万公斤。

1996—2006年累计收购核桃823.2万公斤，年均74.84万公斤，其中最多的2005年250万公斤，最少的1997年11.8万公斤。2007—2011年累计收购核桃760万公斤，年均152万公斤，其中最多的2011年300万公斤，最少的2007年为50万公斤。

1996—2011年永和县土特产品收购情况一览表

表12-6　　　　　　　　　　　　　　　　　　　　　　　　　　　　　　单位：万公斤

年份	棉花	蓖麻籽	葵花籽	核桃	红枣	羊毛	羊绒	水果	杏
1996	28.5	270.9	102.7	25.0	321.0	0.8	0.5	—	—
1997	5.7	90.8	53.3	11.8	418.09	3.9	1.3	—	—
1998	38.3	345.6	198.3	15.0	527.9	3.4	1.5	—	—
1999	5.8	163.4	110.6	18.4	382.6	2.8	1.0	475.6	0.1
2000	—	37.0	236.3	12.5	287.0	2.5	0.9	385.8	0.1
2001	0.9	119.0	59.8	75.0	86.9	2.4	1.0	206.0	0.1
2002	3.6	94.7	166.6	95.5	158.6	1.8	0.7	291.1	0.3
2003	16.3	102.7	152.7	50.0	28.5	13.1	0.7	159.8	0.9
2004	25.2	136.2	189.9	150.0	449.6	2.7	0.6	603.3	1.1
2005	14.1	421.1	213.9	250.0	611.5	3.3	0.8	742.3	1.1
2006	16.6	170.0	174.9	120.0	858.1	3.4	1.0	1075.4	1.0
2007	18.7	194.0	197.1	50.0	347.5	3.8	1.1	564.3	1.7
2008	18.0	130.9	136.1	150.0	493.1	4.0	1.2	745.9	3.0
2009	18.1	148.7	161.2	200.0	1493.4	2.4	0.5	1722.2	3.1
2010	17.5	167.8	153.7	60.0	1742.3	2.0	0.5	2028.6	3.2
2011	17.32	161.32	161.41	300.0	1684.0	2.1	0.7	2453.0	3.5

第五节　食品　副食品

食　品

民国以前，食品由私营屠宰坊和商号经营，主要购销品种有猪肉、蔬菜等。

1954年建立县食品购销站，经营生猪、菜羊、菜牛、家禽、鲜蛋。1956年食品购销站改称食品公司。1960—1962年，食品严重缺乏，实行凭证定量供应。20世纪90年代，食品公司被迫进行改制，食品公司除定点屠宰猪、牛、羊业务外，其余全部放开，职工自谋职业。进入21世纪，县内养殖专业户得到快速发展，先后成立了元昆养猪专业合作社、永乐养猪专业合作社、智龙养猪专业合作社等20家养猪专业社。2000年向全县提供1136吨猪肉，2006年提供1537吨猪肉，2011年提供1390吨猪肉。同期还成立了长顺养羊专业合作社、照文绒山羊圈养专业合作社、志刚生态养殖专业合作社等30家养羊专业社。2000年向社会提供370吨羊肉，2006年提供513吨羊肉，2009年提供704吨羊肉，2011年提供350吨羊肉。另外还有麻峪里、官庄、药家湾等10多家养鸡专业户。2000年向全县提供509吨鲜蛋，2006年提供707吨鲜蛋，2011年提供1219吨鲜蛋。吴永林的养牛专业合作社、冯志刚的养殖专业合作社、张海林的兴达养殖专业合作社等8家养牛专业户，2000年向社会提供199吨牛肉，2005年提供200吨牛肉，2011年提供142吨牛肉。药爱民创办的旺源奶牛专业合作社、纸箱厂奶牛厂，2004年为全县提供20吨鲜奶、2008年提供22吨鲜奶、2011年提供32吨鲜奶。

随着科学技术的推广应用，永和县从2002年开始种植大棚蔬菜，先后在圪列塬、王家坪、官庄、川口、河口、药家湾建起15000平方米的大棚，种植西葫芦、黄瓜、西红柿、菠菜、油菜等蔬菜，结束了永和老百姓冬季见不到新鲜蔬菜的历史。蔬菜大棚每年向市场提供300吨的新鲜蔬菜。另外蔬菜经销商还从外地调入鲜菜，批发零售。2011年全县蔬菜销售3500吨。

2005年，河会里、直地里、郭家山等村农民利用黄河闲散沙滩地日照时间长、气温高、易灌溉的特点，采用地膜覆盖技术，大量种植西瓜、甜瓜。每年可向市场提供3400吨西瓜、甜瓜，基本能满足全县人民的需求。桃、梨、杏、苹果也是永和的特色产业。2000年向社会提供3858吨水果，2004年提供6033吨水果，2009年提供17222吨水果，2011年提供24530吨水果。尤其是永和的红枣以其皮薄、肉厚、无公害、无污染，享誉全国，是走亲访友馈送的最佳礼品，深受消费者的青睐。2000年向社会提供红枣2870吨，2004年4496吨，2009年14934吨，2011年16840吨。

副食品

民国以前，副食品由私营商号经营，主要购销品种有糖、烟、酒、糕点等。

1950年设立县烟酒专卖公司，负责经营烟酒等副食品。1951年建立副食品公司。1960—1962年，副食品严重缺乏，实行凭证定量供应。1964年除食盐外，一般取消限量敞开供应。1979年市场放开，渠道畅通，本地自产和外地输入的糕点、罐头、酱、醋、烟、酒、粉条等大量上市，副食品货源充足，品种繁多。

20世纪90年代，副食品公司进行改制，经营全部放开，公司门店出租、租赁，职工自谋职业。个体户经营不再从三级批发站批发零售，而是直接从厂家、一级批发站批发零售，成本低、价格廉。

1997年，县果品公司改称永和县盐业贸易有限公司，为了保障群众食用盐安全，对食用盐实行专营，临汾市盐业公司配送，永和县盐业公司批发给零售商销售。1999年全县食盐销售160吨，2005年150吨，2009年190吨，2011年180吨。1983年成立烟草专卖局，属地区垂直管理，2005年保留烟草专卖局，烟草公司更名为临汾市公司永和卷烟营销部，采用电话访销、网上配货、电子结算等现代物流管理模式。1999年全县销售卷烟532.2箱（每箱250条），2004年全县销售1456.2箱，2008年全县销售1780.27箱，2011年全县销售2163.13箱。2011年底，全县卷烟零售户273户。

1965—2011年部分年份永和县主要农副产品收购量一览表

表12-7

年份	收购总额（万元）	肥猪（头）	菜牛（头）	菜羊（只）	鲜蛋（万公斤）	核桃（万公斤）
1965	11.20	2130	28	5574	11.0	—
1972	28.50	3256	56	10019	124.80	—
1978	34.00	4500	62	8800	140.0	—
1985	38.50	5000	58	12000	130.0	—
1900	226.00	598	17	18687	—	—
1991	136.34	700	50	9000	—	—
1992	146.77	710	70	9200	—	—
1993	154.04	720	80	9400	—	—
1994	169.29	730	90	9600	—	—
1995	174.69	740	100	10000	—	—
1996	8109.6	19276	1092	44214	75.1	25.0
1997	9394.0	11205	1423	36359	31.9	11.8
1998	5307.4	11983	1493	43769	35.6	15.0
1999	7637.40	15567	1533	52982	48.4	18.4
2000	5978.60	16055	1630	50038	50.9	12.5

续表 12-7

年份	收购总额（万元）	肥猪（头）	菜牛（头）	菜羊（只）	鲜蛋（万公斤）	核桃（万公斤）
2001	7108.80	17277	1577	42431	53.4	75.0
2002	8302.0	15084	1475	71988	54	95.5
2003	6188.60	13776	1560	37684	54.2	50.0
2004	5949.40	14540	1620	29250	60.6	150.0
2005	16126.80	16442	1685	35944	62.3	250.0
2006	15320.80	21002	1654	40754	70.7	120.0
2007	16438.80	26634	1796	45100	81.7	50.0
2008	11082.60	15590	619	25390	69.5	150.0
2009	18090.80	15556	920	54780	90.6	200.0
2010	17808.40	16615	1132	23880	118.5	60.0
2011	24079.40	17902	1170	32420	121.9	300.0

1965—2011年部分年份永和县主要食品、副食品社会零售量一览表

表 12-8

年份	猪（头）	牛（头）	鲜蛋（百公斤）	羊（只）	酒类（万公斤）	卷烟（箱）	食盐（万公斤）	食糖（万公斤）	备注
1965	1000	28	6.5	—	1.0	479	12.8	0.2	—
1972	1129	56	249	—	0.6	280	21.0	0.1	—
1978	1320	62	270	—	1.2	400	28.9	0.5	—
1988	1700	58	280	—	3.6	1659	34.7	0.6	—
1900	326	18	53	—	1.5	4071	40.8	0.6	—
1991	270	50	70	—	50.0	3756	36.9	2.1	—
1992	350	60	75	—	53.0	1513	32.7	1.8	—
1993	400	65	80	—	49.8	3816	31.0	2.0	—
1994	420	70	85	—	56.2	1518	46.0	1.9	—
1995	510	80	90	—	58.0	1732	25.1	1.5	—

续表12-8

年份	猪（头）	牛（头）	鲜蛋（百公斤）	羊（只）	酒类（万公斤）	卷烟（箱）	食盐（万公斤）	食糖（万公斤）	备注
1996	—	—	75.10	—	—	211.38	15.0	—	每箱250条
1997	—	—	3190.0	—	—	298.54	15.0	—	
1998	—	—	3560	—	—	354.6	15.0	—	
1999	1128（吨）	180（吨）	4840	—	—	532.2	16.0	—	
2000	1136	199	5090	—	—	811.4	15.0	—	
2001	1244	191	5340	—	—	477.6	16.0	—	
2002	1075	183	5400	—	—	506.26	16.0	—	
2003	1025	187	5420.2	—	—	567.4	15.0	—	
2004	1089	195	6060	—	—	1456.2	16.0	—	
2005	1197	200	62300	—	—	1604.78	15.0	—	
2006	1537	195	70700	—	—	1403.97	15.0	—	
2007	1197	218	81700	—	—	1578.06	16.0	—	
2008	1149	80	69500	—	—	1870.27	15.0	—	
2009	1147.0（吨）	114.0（吨）	90600.0	—	—	1827.32	19.0	—	
2010	1216.0	138.0	118500.0	—	—	2036	15.0	—	—
2011	1326.0	142.0	121900	—	—	2163.13	18.0	—	—

第六节 药 品

药 店

民国时期，县内私营药铺经营中草药，价格由其自定。部分药材品种在当地收购，其余从外地购进。民国23年（1934）永和县有药铺11个。

1955年，县供销社设药材门市部收购调拨药材，县内人工养殖、种植和采集野生药材百余种。1956年对私商进行社会主义改造后，药材由国营药店和公办医疗单位经营，全县统一药价。是年6月成立永和县药材公司。1958年10月改为吕梁县永和药材采购站。1961年5月恢复永和县药材公司。1966年改称山西省药材公司永和县公司。1992年改称永和县医药药材公司。1993年成立县医药管理局，管理医药行业，规范医药市场，打击制售假冒伪劣药品的不法行为。1995年，全县有1个医药批发门市部，2个零售部，全局（公司）有职工30人。药品经营放开后，私营药店发展较快。2011年有利民药店、便民药店、普仁大药房、馥榕大药房、梓怡大药房5家私营药店，全县药品零售店35家。他们可直接从厂家一级批发站购进药品，成本低价格廉。县医药药材公司则是要到临汾市医药药材公司二级站购进药品，成本高、价格贵，很难与私营药店竞争。2006年对县医药药材公司进行改制，改制后称永和县医药药材有限责任公司，公司药店全部出租，职工自谋职业。

药　材

1966年，县内收购药材价值2.1万元；1975年为4.5万元。1984年收购甘草2万公斤、酸枣1.2万公斤、柴胡0.2万公斤、远志0.1万公斤、桃仁0.1万公斤、黄芩0.2万公斤，加上其他品种，价值11.4万元。1990年收购各种药材4.5万公斤，价值22.1万元。1995年收购4万公斤，价值30万元。同年永和县经营中药材380种，中成药200种，各种针、片、粉、酊、水、油、膏等剂品及医疗器械共800余种。药材市场放开后，县域的药材购销完全由个体商户经营。2000年始，县内药材种植面积大幅增加，品种主要有远志、黄芩、甘草、柴胡、丹参、西红花等。2000年收购各种药材6万多公斤。2005年收购各种药材47.1万公斤。2011年收购各种药材67.7万公斤，价值500余万元。

1973—1995年部分年份永和县药材公司购进销售总额一览表

表12-9　　　　　　　　　　　　　　　　　　　　　　　　　　　　单位：万元

年份	购进				售出			
	中药	中成药	药品	器械	中药	中成药	药品	器械
1973	2.0	4.0	11.0	2.0	3.0	5.0	13.0	3.0
1977	3.0	5.0	13.0	3.0	4.0	6.0	15.0	4.0
1981	3.0	4.0	18.0	2.0	3.8	4.8	21.0	1.4
1985	6.0	5.0	22.0	1.0	8.2	7.5	27.0	1.5

续表 12-9　　　　　　　　　　　　　　　　　　　　　　　　　　　　　　　　单位：万元

年份	购进				售出			
	中药	中成药	药品	器械	中药	中成药	药品	器械
1990	4.0	7.0	32.0	1.0	5.0	9.0	42.0	1.5
1992	5.0	8.0	35.0	2.0	6.0	10.0	43.0	2.4
1995	10.0	15.0	80.0	2.0	12.0	21.0	100.0	3.0

第七节　粮　油

市场交易

清末至民国初期，永和县粮油购销调剂以集日、庙会民间自由交易为主，粮商丰购歉销。

1950年，县人民政府组织群众修通大道，粮商用马车把县内粮油贩运到临汾、洪洞等地换回工业品等生产资料。

1953年实行统购统销，取消私营粮商，粮油归粮食部门经营，集体和个人完成国家征购任务后仍有余粮可上市，自产自销，互通有无。"文化大革命"期间，粮食市场关闭。1985年从夏粮收购开始，农民完成国家定购任务后余粮可上市。从此粮食经营以国营为主，集体和个人为辅，实行多渠道经营。1995年，个体粮商从临汾、运城、永济、闻喜、河南、河北等地购进大米、面粉、食用油等，在县内摆摊设点销售，调剂余缺，平抑物价。是年成交50万公斤，为1985年成交量的5倍。特别是2000年实施退耕还林工程以后，耕地面积减少，粮食产量下降，农民和城镇居民口粮大部分需从外地购进。1999年购进白面982.7万公斤，食用油30.8万公斤。2005年购进白面978.3万公斤，食用油29.8万公斤。2011年购进白面1043.2万公斤，食用油31.5万公斤。

农民生产的玉米、谷子、油料则主要销往县外。2000年县内外销玉米317.7万公斤，油料274万公斤，谷子235.7万公斤。2005年外销玉米1566.5万公斤，油料671万公斤，谷子186.2万公斤。2010年外销玉米2460.5万公斤，油料350.9万公斤，谷子459.7万公斤。

统购统销

粮食统购 1953年11月实行统购政策，严格控制粮食市场，严禁私营粮商经营粮食。征购采取自上而下分配数量，从农业税标准亩计算余粮辅之以民主评议的办法进行。每户粮食总产量除完成公粮任务外，扣除标准亩（人食口粮）、种子饲料后的余粮部分，由国家统购70%~90%。当年全县征购粮食281万公斤，占总产量的30%。1955年农村粮食购销实行"三定"（定产、定购、定销）。1956年全县基本实现农业合作化，粮食征购以高级社为单位。1957年全县完成征购113万公斤。1958年后粮食征购以生产大队为单位，当年完成国家征购210万公斤。1965年实行"一定三年不变"，当年完成征购任务168万公斤，占全县粮食产量21%。"一定三年不变"期满后"文化大革命"开始，仍按原定办法顺延，一直到1970年。

1971年8月，粮食征购执行一定五年不变政策，全县征购基数定为170万公斤，比1970年增加3.5万公斤（地区分配任务增加5%的机动数）。执行一定五年征购基数中贯彻以丰补歉原则，增产较多的单位适当超购，超购部分加价30%奖励。1975年征购粮食290.5万公斤，占全县粮总产量17%。征购、超购逐年增加，缓解了供需矛盾。

1982年，实行粮食征购、销售、调拨包干，一定三年不变的政策。各公社将粮食包干任务落实到队、组、户，签订包干合同，一定三年。农村实行家庭联产承包责任制后粮食丰收，当年完成征购任务267.5万公斤。1983年完成征购458万公斤，1984年完成731万公斤，3年共超购粮食605.5万公斤。1984年10月1日始行"倒三七"计价，征购粮30%按统购价计算，70%按超购价付款。

1985年取消粮食统购，实行合同定购，一年一定。年初根据国家下达任务与村户签订收购合同，当年全县完成合同定购粮90.5万公斤。1986年完成199万公斤，1987年完成158.5万公斤。1988—1990年粮食收购包干任务为192.5万公斤，一包三年，包干期内3年统算。1988年粮食丰收，完成收购包干任务。1989年遭受旱灾、雹灾，粮食减产，全县实收定税粮152万公斤。1990年收定税粮362.5万公斤。3年全县共超购129.5万公斤。1991—1995年全县收购定税粮依次为128万公斤、125万公斤、191.7万公斤、191.7万公斤、190.9万公斤。1998年按照国务院"敞开收购，顺价销售，收购资金封闭运行"的政策，实行保护价收购农民余粮，做到常年挂牌收购。1997—2004年收购定税粮食依次为190万公斤、170万公斤、323万公斤、208万公斤、448万公斤、1686万公斤、1366万公斤、363万公斤。2005年起实行粮食购销市场化。

2006年1月1日起取消农业税，实行对种粮农户进行补贴。2007年收购粮食770万公斤，2008年收购粮食1661.7万公斤，2010年收购粮食717.3万公斤，2011年收购粮食404.3万公斤。

粮食统销 1953年执行国家粮食计划供应政策。对国家职工实行定量按月供应，每人每月供应标准为14公斤（其中小麦9公斤），工人每月22.5公斤（其中小麦9公斤），饮食、副食依产量按统销价供应。1958年实行定量供应，干部、市民供应标准为14公斤。1960年成人供应标准降至每月12公斤，全县年销售粮食58.5万公斤。1963年供应标准为13.5公斤，全县年销售47.5万公斤。1980年市民供应标准恢复为14公斤，全县年销售112.5万公斤。1984年前，9岁以下儿童按年龄分等级定量，体力劳动者按劳动强度分等级定量，学生按高、初中分级定量供应。糕点、饮食业凭回收粮票从供应点购进面粉、油品。下乡工作人员吃派饭，每天向农户交粮票0.6公斤，伙食费0.3元；出差下乡人员向供应点实报实销。1985年全县销售粮食136.5万公斤，1990年为58万公斤，1993年995万公斤，1995年204万公斤。2000年后，按照国家退耕还林粮食供应的有关政策规定，2000—2004年全县共发放退耕还林粮食3400万公斤。同时按顺价销售的政策，1999—2004年销售定税粮食依次为361万公斤、257万公斤、587万公斤、1633万公斤、1368万公斤、1527万公斤。

油品定购 民国时期，永和县油料、油脂由私商和油房业主收购经营，从集市购进，年购进量4万公斤左右，主要品种有芝麻、花生、棉籽油、小麻油等。1949年油脂收购由供销合作社经营。1953年改由粮食部门经营，采取派购办法，由基层供销合作社代购和粮食部门征购。1965年，油料实行统一收购，对完成统购任务后的剩余部分实行超购、议购，超购价高于统购价30%，议购价高于统购价50%。是年全县收购油品1650公斤，油料4850公斤。1973年全县收购油品300公斤，油料650公斤，是收购量最低的年份。1981年全县收购油品6.7万公斤，油料20.9万公斤。1985年油脂实行按计划统购，是年全县收购油品5.4万公斤，油料18.4万公斤。1987年实行合同定购，一定三年，按"倒四六"比例计价，交售食油与供应平价化肥、柴油挂钩。每交售食油50公斤，供应化肥25公斤，柴油2.5公斤。预购时按比例价20%预付定金，推行"三挂钩"，调动农民交售油品的积极性。1991年油料收购价格放开。

油品定销 1953年4月食油实行凭证供应，非农业人口每人每年供应标准为1.5公斤。1956年油脂供应标准为职工每人每月0.31公斤，城市居民每人每月0.13公斤。

1961年4月—12月，实行隔月供应（1份食油分两月食用）。1962年，职工、市民每人每月供应标准均为0.075公斤。1963年统销油品0.55万公斤。1964年职工、居民供应标准每人每月0.1公斤，1965年改为0.2公斤，1968年降至0.15公斤，1981年恢复为0.2公斤，年统销油品12.3万公斤。1985年供应标准增至每人每月0.25公斤，供应品种为卫生油，逢年过节调供或增供香油。1992年4月1日起除军供食油执行统销价外，非农业人口停止供应平价食油。

附：粮票

1955年后县域流通粮票有3种：一种是全国粮票，面额为半市斤、壹市斤、叁市斤、伍市斤4种，全国通用；一种是山西省地方粮票，面额为壹市两、贰市两、半市斤、壹市斤、贰市斤、伍市斤、拾市斤、叁拾市斤、伍拾市斤9种，全省通用；另一种是军用粮票军供使用。1961年全县发放粮票10.5万公斤，回收7万公斤。1992年发放1万公斤，回收1.5万公斤。粮食市场开放后，各种粮票逐渐停止使用。

1965—1990年永和县粮油销售情况一览表

表12-10

年份	粮食销售（万公斤）					油品销售（百公斤）			
	合计	其中				合计	其中		
		居民供应	工业用粮	饮食用粮	农村返销		居民供应	饮食用油	其他用油
1965	148.0	47.0	—	9.5	91.5	133.0	59.5	22.0	51.5
1966	170.5	49.0	—	11.5	110.0	144.5	71.5	24.0	49.0
1967	95.5	53.5	—	10.0	32.0	135.0	81.5	30.5	23.0
1968	157.0	53.0	—	10.0	94.0	161.5	78.5	26.0	57.0
1969	127.5	50.5	—	7.0	70.0	82.5	56.0	—	26.5
1970	69.0	49.0	—	9.0	61.0	121.0	58.5	13.5	54.0
1971	141.0	62.0	—	10.0	69.0	111.0	61.5	12.0	37.5
1972	121.0	59.0	—	8.5	53.5	162.0	79.5	12.0	70.5
1973	115.5	62.5	—	10.0	43.0	79.5	43.0	11.0	25.5
1974	159.0	63.5	—	9.5	86.0	156.5	60.0	15.0	81.5
1975	102.0	61.0	0.5	6.5	34.0	146.0	62.0	10.5	73.5

续表 12-10

年份	粮食销售（万公斤）					油品销售（百公斤）			
	合计	其中				合计	其中		
		居民供应	工业用粮	饮食用粮	农村返销		居民供应	饮食用油	其他用油
1976	85.0	65.5	—	8.5	11.0	143.0	66.5	13.0	63.5
1977	123.0	75.5	—	9.5	38.0	94.0	47.0	11.0	36.0
1978	157.5	75.0	—	8.5	24.0	187.0	81.0	13.5	92.5
1979	100.5	74.0	—	9.0	17.5	285.0	79.0	10.5	195.5
1980	112.5	66.5	—	43.0	3.0	815.0	82.0	19.0	714.0
1981	119.5	83.5	—	18.5	17.5	1232.0	110.5	34.5	1087.0
1982	111.0	88.0	—	13.0	10.0	816.5	296.0	34.5	486.0
1983	118.0	91.0	—	13.5	13.5	306.5	171.0	35.5	100.0
1984	121.5	96.0	5.0	19.5	1.0	682.5	173.0	51.0	458.5
1985	136.5	102.0	—	16.0	18.5	542.5	237.5	20.5	284.5
1986	145.0	102.5	—	25.5	17.0	234.0	185.0	2.0	47.0
1987	220.5	104.5	—	66.0	50	437.0	255.0	85.0	97.0
1988	57.0	—	—	—	—	—	—	—	—
1989	56.5	—	—	—	—	—	—	—	—
1990	58.0	—	—	—	—	—	—	—	—

1991—2011 年永和县粮油销售情况表

表 12-11

年 份	粮食销售（万公斤）	油品销售（百公斤）
1991	431.5	1352.0
1992	255.5	2760.0
1993	995.0	1497.0
1994	253.5	758.0
1995	204.0	333.0
1996	233.2	1268.0

续表12-11

年　份	粮食销售（万公斤）	油品销售（百公斤）
1997	370.0	1537.0
1998	294.7	1723.0
1999	361.0	2087.2
2000	257.0	2125.5
2001	674.5	2213.0
2002	—	2194.0
2003	1368.2	2162.3
2004	1806.4	2053.2
2005	400.0	1982.4
2006	1023.4	2151.8
2007	959.5	2281.2
2008	750.0	2320.0
2009	446.1	2362.5
2010	949.6	2287.2
2011	836.6	2150.0

1961—2011年永和县油品购进情况表

表12-12　　　　　　　　　　　　　　　　　　　　　　　　　　　单位：百公斤

年　份	食油及油料折油	食用油料	年　份	食油及油料折油	食用油料
1961	63.0	392.0	1988	—	—
1962	20.5	68.0	1989	—	—
1963	29.0	88.5	1990	—	—
1964	6.5	69.0	1991	—	—
1965	16.5	49.5	1992	—	—
1966	24.5	91.5	1993	—	—
1967	23.0	70.5	1994	—	—
1968	11.0	35.0	1995	—	—

续表12-12　　　　　　　　　　　　　　　　　　　　　　　　　　　　单位：百公斤

年　份	食油及油料折油	食用油料	年　份	食油及油料折油	食用油料
1969	18.0	35.5	1996	1415.0	—
1970	13.0	28.5	1997	1627.5	—
1971	8.5	16.5	1998	1832.0	—
1972	11.5	33.0	1999	2087.2	—
1973	3.0	6.5	2000	2125.5	—
1974	23.0	65.0	2001	2213.0	—
1975	62.0	216.5	2002	2194.0	—
1976	57.5	222.5	2003	2162.3	—
1977	91.5	290.5	2004	2053.2	—
1978	31.5	89.0	2005	1982.4	—
1979	108.5	336.5	2006	2151.8	—
1980	512.5	1485.5	2007	2281.2	—
1981	669.0	2590.0	2008	2320.0	—
1982	508.0	1970.5	2009	2362.5	—
1983	600.5	2144.0	2010	2287.2	—
1984	144.0	350.0	2011	2150.0	—
1985	5365.0	1839.5	—	—	—
1986	788.0	3270.0	—	—	—
1987	788.0	3270.0	—	—	—

议购议销

1962年始县粮食部门开办议购议销业务，调剂余缺，当年议购粮食3.5万公斤，油料0.15万公斤。1963年议购粮食5万公斤。1965年议购粮食15万公斤，返销给缺粮社、队和农户。

1981年，县粮食局成立粮油议购议销公司专营粮食、油脂议价购销业务。当年议购粮食33.8万公斤，议销19.9万公斤。1985年议购粮食160.5万公斤，以议价调入粮食43万公斤，销售74万公斤，调出27.5万公斤；议购油脂18.7万公斤，议销 6.4 万公斤。1990 年议购粮食 222 万公斤，议销 157.3 万公斤；议购油脂 26.09 万公斤，议销 11.39 万公斤。1993 年议购粮食 754.1 万公斤，议销 1065.4 万公斤；议购油脂 5.09 万公斤，议销 17.67 万公斤。1994 年议购粮食 330.2 万公斤，议销 461.7 万公斤；议购油脂 8.96 万公斤，议销 7.58 万公斤。1995 年议购粮食 671.8 万公斤，议销 211.4 万公斤；议购油脂 4 万公斤，议销 0.76 万公斤。从 2004 年起，国家全面放开粮食收购价格和购销市场，企业按照随行就市的原则，自主定价向农民收购粮食，按市场价格从事经营活动。2004—2006 年购进粮食为 2085 万公斤、854 万公斤、33 万公斤；2004—2006 年销售粮食为 279 万公斤、400 万公斤、1023 万公斤；2008 年收购粮食 1661.7 万公斤，销售 750 万公斤；2010 年收购粮食 717.3 万公斤，销售 949.6 万公斤；2011 年收购粮食 404.3 万公斤，销售 836.6 万公斤。

储 存

国 储 民国时期，永和县有常平仓、预备仓储谷防荒。民国 14 年（1925）始增设备主村社仓，照章收储防荒，丰年补中，荒年赈放。当年常平仓原存谷 4009.2 石（每石折 150 公斤），全部赈放；预备仓原存谷 2060.4 石，赈放后余 925.5 石；主村社仓 28 处，存谷 2533.8 石。共存谷 3459.3 石。民国 22 年（1933），全县有县仓 1 个，村仓 28 个，共存粮 5697.2 石。民国 36 年（1947）永和县成立地方粮库，38 年（1949）改建分粮库（下设桑壁支库），隶属晋南专署粮食局，全县储存粮食 3 万公斤。

1953 年 3 月，建成城关粮站，占地面积 4704 平方米，仓容量 100 万公斤；4 月建成桑壁粮站，占地面积 5721 平方米，仓容量 135 万公斤。全县储存粮食 222 万公斤。1956 年建成坡头粮站，占地面积 19136 平方米，仓容量 225 万公斤。全县储存粮食 82.5 万公斤。1961 年建成花儿坡粮站，占地面积 3627 平方米，仓容量 65 万公斤。全县粮食储存量 62 万公斤，库存油脂 0.41 万公斤。1976 年建成交口粮站，占地面积 5177 平方米，仓容量 105 万公斤。全县粮食储存 70.5 万公斤，库存油脂 0.69 万公斤。1978 年建成署益粮站，占地面积 7505 平方米，仓容量 160 万公斤；3 月成立直属库，占地面积 3824 平方米，仓容量 160 万公斤。全县储存粮食 153 万公斤。1980 年库存粮食 308 万公斤，油脂 7.6 万公斤。1985 年库存粮食 184.5 万公斤，油脂 31.97 万元。1990 年库存粮食 366.5 万公斤，油脂 19.57 万公斤。1995 年全县有粮库 9 座，占地面积 54157 平方米，仓库容量 957.5 万公斤。粮仓有苏式仓 30 间，窑洞 110 孔。全县库存粮食 562.5 万公斤，油脂 5.03 万公斤。

1998年以后，在坡头、桑壁、署益改建窑洞仓库和新建房式仓库16间，新增仓容700万公斤。

2006年县政府批准储备玉米50万公斤。2008年县政府批准储备玉米100万公斤，小麦150万公斤，市级储备小麦42.5万公斤。2011年，全县共计仓容1480万公斤，库存粮食383.7万公斤。

集体储存　1957年建立高级农业生产合作社，高级社提留部分粮食社库储存。1960年生产大队与生产队两级设库储存，粮食储存量随丰歉或多或少。1982年农村实行家庭联产承包责任制，粮食由农户自产自储。

民间储存　利用干燥窑洞，采用散储、包装储、串杆储存等方法储存粮食。散储，将粮食分品种堆放在窑洞内；包储，用架囤、席囤、草囤、陶缸、塑料袋、麻袋储放粮食；串杆储，把玉米穗串在木杆上、屋檐下、树权上露天存放。

储存管理　民间用干燥、新鲜草木灰封缸预防虫害，以养猫防鼠害。选择干燥、通风处储放粮食，经常晾晒。20世纪50年代采用敌百虫等化学药剂防止虫、鼠害。60年代开展经常性的"四无"（无虫、无鼠、无霉变、无事故）粮仓活动，保证安全储粮。70年代采用消毒清仓、封闭闲仓、测定检查等管理措施实现"四无"粮仓县。80年代推行"三低"（低温、低氧、低剂量）等科学管理，达到全省"四无"粮仓先进县。1995年后全县粮库管理逐渐实现检测仪器化。

调　运

清末民国时期，永和县主要靠畜驮、人担，调运粮食、油料。1949年粮食由国家统一调拨，当年调往隰县午城粮食15万公斤。1953年，由县供销合作组织畜驮、人担将粮食调往隰县、临汾、介休等地36.8万公斤。1956年后调运工具主要为胶轮大车。1958年调出粮食169万公斤。1961年，调出粮食103.5万公斤，油脂（含蓖麻油）0.13万公斤；调入粮食85万公斤，油脂0.18万公斤。1965年，调出粮食23万公斤；调入粮食35公斤，油脂1.65万公斤。1973年，县粮食局购买汽车2辆，担负全县粮油调运任务，当年调出粮食65.5万公斤；调入粮食26.5万公斤，油脂0.86万公斤。1980年，调出粮食26万公斤；调入粮食43万公斤，油脂7.97万公斤。1985年，调出粮食26.5万公斤，油脂（含蓖麻油）0.65万公斤；调入粮食106.5万公斤，油脂0.85万公斤。1990年，调出粮食79.6万公斤，油脂4.76万公斤；调入粮食86.7万公斤，油脂4.6万公斤。1993年，调出粮食5.6万公斤，油脂2.7万公斤；调入粮食4.7万公斤，油脂4.41万公斤。1995年调出粮食201.7万公斤，油脂0.76万公斤；调入粮食60.9万公斤，油脂1.04万公斤。1996年后调运业务停止。

第八节　计划物资供应

机　构

1961年5月，永和县设立物资分配管理局，隶属县人民政府。1962年1月撤销物资机构，业务归县生产资料公司。1972年建立县物资供应管理站，隶属县手工业管理局，1975年8月改属县计划委员会。1984年8月县物资供应管理站改称物资公司，仍属县计划委员会。2008年县物资公司改制为永和县民爆服务站。至2011年底，县民爆服务站有职工11人，其中自谋职业的原单位职工3人，单位负责全额养老保险。

业　务

县物资供应管理站担负全县农田水利建设、居民建房、城市基本建设和机械维修等原材料、设备、零件供应任务。其中钢材、木材、一类机电产品和汽车等主要物资（不包括地方建材）由县计划委员会统一分配，物资供应站经销。1984年后，实行计划经济与市场调节双轨制，除金属、建材等主要物资实行计划管理，其余物资由市场调节。是年8月，县物资供应管理站改称物资公司后，经营金属材料，机电产品，化轻产品，建筑材料，木材5大类物资。主要有生铁、圆钢、角钢、管材、电线、铝线、水泥、玻璃、木材、轮胎、橡胶制品、火碱、汽车、电动机等品种。当年供应钢材304吨，木材60立方米，水泥261吨，生铁25吨，汽车9辆。1988年始，为搞活物资流通，支援生产建设，企业转换经营机制。1995年，县物资公司经营物资品种150余种，购进总额1.78万元，销售总额2.6万元。1996年县物资公司出现严重亏损，无法正常经营，职工自谋职业。2008年，县物资公司改制为永和县民爆服务站，主要经营民爆器材储存、运输、购销业务。是年销售额3万元，税金0.09万元。2009年销售额4万元，税金0.1万元；2010年销售额112万元，税金13万元；2011年销售额4万元，税金0.68万元。

1972—1995年永和县计划物资销售情况表

表12-13

年份	机电 数量（台）	机电 金额（万元）	金属 数量（吨）	金属 金额（万元）	化轻 数量（吨）	化轻 金额（万元）	建材 水泥（吨）	建材 玻璃（立方米）	建材 其他	建材 金额（万元）	木材 数量（立方米）	木材 金额（万元）	物资销售总额（万元）	盈余（万元）
1972	2	2.3	60	4.8	5	0.3	55	10	—	6.0	60	1.0	14.4	亏
1973	4	4.6	62	5.4	3	0.1	55	10	5	7.1	51	0.8	18.8	亏
1974	1	1.2	58	4.7	6	0.5	60	23	10	9.3	80	3.8	24.2	0.08
1975	4	6.8	69	9.2	2	0.3	50	23	9	8.4	80	3.8	28.5	0.2
1976	2	3.0	52	10.3	3	0.4	50	20	2	7.9	60	9.8	31.4	0.08
1977	5	9.5	51	11.8	2	0.3	45	10	3	7.0	60	3.8	32.3	0.10
1978	5	9.5	60	28.9	4	0.7	50	26	4	7.8	65	6.5	52.5	0.20
1979	5	9.5	52	10.1	5	0.8	53	25	1	7.4	50	4.9	32.7	0.10
1980	4	8.7	69	18.0	—	—	50	21	—	6.1	20	0.5	33.2	0.08
1981	—	—	72	19.8	2	0.3	30	15	5	4.8	48	5.0	29.9	0.10
1982	2	4.2	70	20.1	3	0.7	50	25	1	5.3	45	5.5	35.8	0.30
1983	3	5.3	72	21.2	3	0.7	50	20	5	9.6	55	10.0	46.8	0.70
1984	5	8.9	70	23.5	5	0.8	50	20	5	9.6	60	10.0	52.9	0.90
1985	3	5.3	75	28.3	10	0.1	30	20	5	8.7	50	8.5	51.8	1.00
1986	8	11.0	75	38.0	5	0.8	40	30	1	7.9	80	13.3	70.8	1.00
1987	8	12.0	81	39.9	10	1.3	50	20	10	10.0	8	6.0	68.2	1.00
1988	3	8.3	80	41.0	10	1.5	50	20	30	12.8	30	2.0	82.5	1.10
1989	4	10.1	75	39.9	5	0.7	180	50	9	23.0	188	2.8	81.2	0.10
1990	—	—	80	45.0	—	—	120	10	10	3.8	125	5.2	54.0	-1.07
1991	—	—	79	45.0	—	—	100	—	20	3.9	101	5.1	54	-0.01
1992	2	4.9	78	46.7	2	0.4	120	20	10	4.9	35	1.7	60.6	-0.01
1993	5	12.1	72	40.0	1	0.1	90	30	10	4.3	98	10.8	70.1	-2.06
1994	—	—	25	7.5	—	—	—	—	—	—	37	1.2	8.7	-15.5
1995	—	—	7	2.1	—	—	—	—	—	—	15	0.5	2.6	-8.17

第三章 饮食服务

第一节 饮食业

清末民初，永和县城有五家饭馆，主营酒筵席，其中"义合聚"饭馆烹调讲究，色味俱佳，待客热情，生意兴隆。此外有蒸馍铺2家，羊汤铺3家，油（枣）糕铺2家。中华人民共和国成立后至1954年，饮食业仍由私人经营。1954年合并成集体食堂，全县有饮食业7家，从业人员18人，营业额1.2万元。1965年全县有食堂、饭店3个，从业人员23人，营业额15万元。1982年，全县饭店4家，从业人员44人。1984年全县有饭店、小吃铺17个，从业人员50人。1995年，全县饮食业发展到68户，流动资金25万元，年营业额18.82万元。2003年，全县饮食业发展到80户，流动资金120万元，营业额90万元。2007年，全县饮食业发展到95户，流动资金200万元，营业额150万元，从业人员210人。2011年，全县饮食业发展到115户，流动资金300万元，营业额260万元，从业人员310人。其中天香园饭店、皇都商务酒店设施完善，条件优越，服务周到，管理科学，兼营旅店，客房配备有电脑、彩电、空调、卫生间、淋浴，是人们食宿、婚庆宴请常去的地方。同福饭店、永和大酒店、城北大酒店、五洲饭店、兴盛饭店、乾坤湾饭店，也是人们聚会、婚丧嫁娶、宴请亲朋好友的主要场所。

第二节 服务业

概　述

清末至民国初，永和县始有旅店、理发、补鞋等服务业，共10户，从业人员50人，流动资金0.3万元（银圆），营业额0.7万余元。1960年，全县服务业有11户，从业人员29人，流动资金1.5万元，营业额3.5万元。1970年，全县有15户，从业人员32人，流动资金1.9万元，营业额10万元。1985年，全县有服务性店铺66户，从业人员117人，流动资金67.6万元，其中个体57户71人。1995年，全县有服务业106户，从业人员169人，流动资金161万元，营业额154.06万元。其中个体93户112人，流动资金25万元，营业额121.14万元，占全县营业额的78.6%。2005年，全县有服务业125户，从业人员187人，流动资金210万元，营业额320万元。2011年，全县有服务业135户，从业人员231人，流动资金319万元，营业额423万元。

旅　店（酒店）

永和县解放前，县城有2个客栈，一个车马店，永和关、桑壁各有一个客店。店内配有客人伙食、牲畜草料，从业人员10余人。1956年公私合营后为饮食服务公司国营旅店，从业人员9人。1979年市场开放，来往客人增多，旅店规模扩大，简单被褥改用被套、床罩、床垫。80年代后期，

皇都商务酒店

企事业单位及个体旅店兴起，增置毛毯、席梦思、电视机、电话、电风扇、卫生间等设备。1995年，全县有旅馆33户，从业人员52人，其中个体25户，从业人员30人。2005年，以家庭为单位开设旅店的个体户逐渐减少（原因设备简陋，卫生条件差），取而代之的是设施完善、专业化管理的宾馆。兴盛宾馆、志强宾馆、凯悦宾馆、四海宾馆、晋阳饭店、综合社招待所先后投入使用。到2011年底，又增加投入使用的宾馆有广阳宾馆、星河宾馆、鑫源宾馆、鼎盛商务酒店、皇都商务酒店、天香园酒店、华源宾馆、东征客栈、石油宾馆。这些宾馆客房内有电脑、液晶电视、空调、卫生间、淋浴等现代化设备。皇都商务酒店、天香园酒店，不但给客人提供可口美味的佳肴，而且还能提供舒适优雅的住宿，深受县内外顾客的青睐。2011年底，全县宾馆15家，其中标准间73间146个床位，普通间75间150个床位，总投资172万元，从业人员45人。

理 发

民国时期，县城仅有郭二只、刘全福剃头铺2家，有肩挑剃头担子走乡串户的1家，皆服务男性，不讲究发型。永和县解放后杨发清开设理发店。1952年，全县有理发店2家，从业人员5人。1956年公私合营后，刘全福理发店归饮食服务公司理发部（地址在今新华书店），从业者4人。1980年，饮食服务公司在县城设第一、二理发部，从业人员5人。80年代末，个体理发者逐年增加，新型发廊、发屋应运而生，开展理、染、烫、吹、拉、美等项目服务，引进各种新型发式（大多是为女性服务）。1995年有理发店15家，从业人员24人。2005年有理发店（又称美容美发）21家，从业人员35人。2011年有理发店27家，从业人员68人。

照相 摄像

民国34年（1945）永和县始有照相馆1家，从业者2人。1952年河南籍林文榜到永和开照相馆，从业者3人，1961年停业。1963年县人干长有赴临汾学成照相归来，在县城饮食服务公司设照相馆，从业者3人。1984年开展彩照化妆照相等业务。1976年梁义开办照相业务，1997年获山西省摄影比赛第2名，后成立彩艺照相（部）摄影部，兼营制图、喷绘、牌匾、传真等业务。1985年个体从业者陈应宝在县城开办春光照相馆，从业者2人，资金0.6万元。同年饮食服务公司照相馆改称新光照相馆。1986年干长有退休，其子干玉海子承父业。1995年全县有照相馆3家，从业人员5人。有数个业余、流动个体从业者，深入城乡，服务拍照。2005年照相馆发展到10家，业务由普通照相发展到婚纱摄影，从业人员15人。2011年，从事照相摄影的有新新娘、靓妆、亲密爱人、婚庆一条龙、海林摄影、同文摄影、艺苑、喜洋洋婚庆、浪漫婚庆、佳人婚庆、海云影视、杨平影视、美丝发轩、平平摄像、随意、永辉摄像等19家，从业人员25人。

镶 牙

民国25年（1936）1名河北籍人到永和县城开设镶牙馆，民国27年（1938），日军进犯永和后被迫歇业。1952年林文榜照相馆兼营镶牙，1961年林文榜停业。1954年县人秦汉民自学镶牙技术，在县城中街综合社设镶牙组。1982年县人王永林设阁底镶牙所，1985年迁往县城，2011年在城关二小楼下开设镶牙所。1988年秦林林子承父业开设镶牙业务，2006年停业。1994年冯新平在县中医院开设镶牙业务，有10个床位，是永和最大的镶牙馆。后又增加汇仁牙科、明明牙科、永丽牙科、如意牙科等。2011年，全县有镶牙所（馆）7个，从业人员12人，并有来自大宁、上海等地流动服务者，在县域物资交流会、集日期间摆摊经营镶牙业务。

澡　堂

民国时期永和县城有澡堂1家，从业人员3人，开设男女浴池。1985年县饮食服务公司在县城中街设人民澡堂，从业人员2人。1995年个体户张永红在县城滨河路南设澡堂附有淋浴设备，从业人员3人，后因城市建设，路面拓宽被拆除。2003年，辛永平在正大街建宏盛洗浴中心，兼营旅店，2007年改称兴盛宾馆。2006年志强宾馆兼营洗浴业务。2007年，永莲在旧运输公司兴建温馨澡堂，并投入使用。到2011年，全县共有5处洗浴中心，从业人员10人。

红白喜事演出队

2007年，永和红白喜事演出队首先是由永和晋剧团工作过的惠民、金梅成立，后惠民、金梅各自成立演出队，陆续又增加云梅大花鼓演出队，涛涛、海贵演出队。他们主要为结婚喜庆，孩子12岁生日，老人祝寿、去世，进行吹、拉、弹、唱等表演，人员一般为七八人。闲时在家练唱、练奏，有业务临时组队外出演出，人员不固定。

按　摩

1988年，县残疾人白连民在烈士陵园旁边家中开办按摩业务，扩建烈士陵园被拆除，后迁至南门外。2006年朱刚在东门巷开办按摩部。

中　介

2011年4月，县人冯小萍在东门巷成立永和县阳光中介服务有限公司，提供房地产买卖、劳务介绍、婚姻介绍、保姆介绍家政服务等信息。

修　理

中华人民共和国成立初期，县城仅有2家钉鞋铺。1965年增加修钟表、自行车、锁子等业务。1970年全县从事修理业的有6户，从业人员9人。1980年后增设各种家用电器、摩托车修理业务。1985年全县有修理铺、摊14个，从业人员15人。1995年，全县有修表店3个，修自行车铺10个，摩托车铺2个，眼镜、家用电器修理部8个，刻字铺1个，个体钉鞋铺12个，集体、个体从业者53人。2005年，增设修理汽车、三轮车、手机、电视等业务。2011年，全县有修理汽车部10户，从业者30人；修理三轮、四轮车的5户，从业者10人；修理摩托车、自行车铺8个，从业者8人；修理手机的7户，从业者7人；修理家用电器的6户，从业者6人；修理钟表1户，从业者1人；配钥匙、修锁子、补鞋、钉鞋铺7户，从业者7人；眼镜修配铺3个，从业者3人。

附：永和县宾馆

永和县委人委招待所（今影剧院）于1961年设立，初时每人每天食宿费0.5元，每人每天交0.6公斤粮票。1965年迁到县政府对面的街道东边，有1排简易砖木结构2层小楼，平房10间，窑洞10孔，床位55个，专接待往来干部及到县城开会人员食宿。之后逐年增修、改造。1984年，建筑面积2491.2平方米的4层服务大楼开工兴建，1986年投入使用，设高级房间30间40个床位，普通客房12间48个床位，附设容300人就餐的餐厅及中小型会议室。1992年永和县招待所改称永和县宾馆。1997年，投资108万元兴建东征楼并投入使用，内置高级房间20间，标准房间18间。2011年，拆除原餐厅，投资2500万元兴建乾坤楼，总建筑面积6100平方米，内设大型餐厅1个，小型餐厅10个，大型会议室1个，高级房间31间，标准房间22间。永和宾馆2008年获临汾市餐饮先进企业称号，2010年获中共临汾市委、市人民政府文明和谐单位称号。到2011年底，宾馆有从业人员42人。

第四章 对外贸易

第一节 机 构

民国时期，县域对外贸易由县内私营商号和部分小商、小贩经营，有时外地游商也入县境直接收购。

中华人民共和国成立后，对外贸易先后由县供销社与农副产品采购科兼理。20世纪60年代，永和县外贸出口商品的收购、调运由县土产日杂公司负责。1972年5月成立县对外贸易局和对外贸易公司，政企合一，地址在今土产日杂公司院内，独立经营外贸业务。1976年对外贸易局迁至南门外。1985年4月撤销对外贸易局，保留对外贸易公司，实行独立核算，自主经营，自负盈亏，下设办公室、业务科、会统科。1990年增设土畜产科、粮油食品科。1997年改制为永和县对外贸易股份制有限公司，至2011年公司名称没变。

第二节　经营方式

外贸公司专营国家控制的一、二类物资牛皮、山羊绒、羊毛等，至1985年6月或由公司直接收购，或由基层供销社代购，均执行全省统一收购价格。所购商品由外贸公司统一调运。外贸公司根据货源情况和供销部门订立代购合同，供销部门与生产单位订立产销合同，三者形成产、供、销一条龙网络。随着经济体制改革，代购变为自购，统一价变为市场调节价。1988年实行委托承包责任制。1991年全员抵押承包经营，实现优化组合责任制，自负盈亏。

县外贸公司采取资金扶持、调剂优良品种、传授先进技术、提供外贸信息等措施，帮助建立林果业、种植业、养殖业等基地，积极发展各种专业户，加强外贸商品生产。

1996年，公司经营遇到很大困难，资金不能周转，正常业务无法开展，职工工资没有保障，银行拒办贷款（被列入黑名单），迫使职工自谋职业。1997年改制后，职工没有能力入股，甚至连最基本的养老保险、医疗保险也没有保障。公司的所有业务全部停业，县域外贸产品的购销由个体户经营。

第三节　出口商品

清末至民国时期，红枣、羊皮为永和县主要出口商品。中华人民共和国成立后，县内出口商品有5类。土产类：红枣、核桃、棉花、山杏仁、白瓜子；畜产类：羊皮、羊绒、羊毛、牛皮；食品类：家兔、蜂蜜、芝麻、葵花籽；药材类：甘草、生地；其他类：蓖麻籽、蓖麻油、手套、锅刷。

1972年，出口山羊毛1.2万公斤，绵羊毛0.5万公斤，山羊绒0.4万公斤，羊皮7237张，牛皮153张，山杏仁0.2万公斤，白瓜子0.3万公斤，活家兔116只，出口总额8万元。

1974年，出口山羊毛1.7万公斤，绵羊毛0.6万公斤，山羊绒0.5万公斤，羊皮8055张，牛皮299张，山杏仁1.4万公斤，白瓜子0.2万公斤，活家兔2509只，出口总额15万元。

1977年，县皮毛厂生产黄贝根锅刷，经天津口岸出口东南亚国家，1981年停止出口。1982年，出口山羊毛500公斤，绵羊毛0.4万公斤，山羊绒0.5万公斤，羊皮8296张，牛皮124张，山杏仁0.9万公斤，活家兔1342只，出口总额16万元。1985年，出口绵羊毛500公斤，山羊绒0.2万公斤，羊皮540张，牛皮25张，山杏仁0.3万公斤，白瓜子0.1万公斤，活家兔118只，芝麻29.1万公斤，出口总额45万元，是1972年的5.6倍。1986年，县外贸公司被评为山西省临汾地区外贸系统先进单位。1987年，县蓖麻油厂生产的蓖麻油经天津口岸出口美国、日本、东南亚国家，当年出口量78.2万公斤。蓖麻油以其质量标准高被国家商检局定为免检商品。1988年县外贸公司加入山西省土畜产集团公司。1990年，出口山羊毛400公斤，绵羊毛0.1万公斤，山羊绒0.8万公斤，羊皮32张，山杏仁1.2万公斤，芝麻20.8万公斤，葵花籽0.4万公斤，蓖麻油117.4万公斤，出口额859.54万元。1995年，出口山羊毛0.3万公斤，绵羊毛200公斤，山羊绒0.2万公斤，羊皮69张，蜂蜜2.9万公斤，芝麻0.7万公斤，葵花籽1.4万公斤，蓖麻油70.4万公斤，出口额622.85万元。从1996年开始，县外贸公司停止出口业务，外贸产品的购销全部由个体户经营。2000年，全县外销羊毛2.5万公斤，羊绒0.9万公斤，蜂蜜0.9万公斤，芝麻0.5万公斤，葵花籽236.3万公斤。2005年，全县外销羊毛3.3万公斤，羊绒0.8万公斤，蜂蜜0.9万公斤，芝麻20.2万公斤，葵花籽213.9万公斤，牛皮500余张。2011年，全县外销羊毛2.1万公斤，羊绒0.5万公斤，蜂蜜1.3万公斤，芝麻26.5万公斤，葵花籽161.41万公斤，牛皮351张。

第十三编

财 税

永和县地方财政收入明、清朝至民国时期以田赋为主。中华人民共和国成立后，县财政收入主要来自农业税、工商税、企业收入等。"一五"时期，年均财政收入9.49万元；"六五"时期，年均财政收入41.37万元。1989年，财政收入101.07万元，首次突破百万元；2006年，财政收入1089万元，首次突破千万元。2011年，全县财政收入3423万元。与财政收入相比，财政支出历年大大超出。"一五"时期，财政年均支出36.22万元；"六五"时期，财政年均支出500.78万元。2011年，全县财政支出48300万元。超出的财政支出靠上级政府拨付。

永和税制在明清至民国初年，均实行以田亩计银，以银代役，以物变银交纳。1950年，县内税种有营业税、屠宰税、印花税、牲畜交易税、车船使用牌照税、房地产税、工商税等。1984年开征国有企业所得税、1985年开征国有企业奖金税、1986年开征个人收入调节税、1987年开征增值税、1999年开征储蓄存款利息个人所得税。2002—2011年，对事业单位、社会团体、医院、学校等所办企业均征收所得税。1957年，全县各项税收8.78万元；1962年22.81万元；1970年17.63万元；1980年36.66万元；1995年254.2万元；2005年202万元；2010年647万元。2011年，增加烟叶税10万元，全县各项税收1022万元。

第一章 财 政

第一节 财政体制

清代，永和县财政收入的大部分由上级集权控制。税捐收入上解之余，方归地方公费之用。民国时期，始有国家税、地方税之分，田赋附加及其他杂税杂捐划归地方。民国9年（1920），上忙起解省留县各半。至民国14年（1925）下忙留县一半也提解省。永和县解放初期，分派任务力求负担平衡、钱物平衡，以保障战争供给和群众生活。

中华人民共和国成立后，实行上缴下拨，统收统支制度。县财政支出，由省根据人员编制和定额标准，通过专署一次核定，从收入中留有抵拨，按月向省结算报销。1952年下半年，将行政各项支出项目，统一纳入财政预算管理，取消县地方附加。1953年始建县一级财政，把屠宰税、牲畜交易税、契税、车船使用牌照税等划归县固定收入。1954年把商品流通税、货物税、工商所得税3项税收以不同比例归县作为调剂收入，把行政费、公安司法检察费、社会救济费、社会文教费等项支出划归县管理，并明确规定县预算项目之间调整的权限。1955年，财政预算项目实行总额控制，基本包干办法，把工商营业税、农业税以不同比例拨给县，增加县分成比例收入。1956年，永和县全部上解收入有商品流通税、货物税，划归县支出的有行政、公安、司法、社会救济、文教卫生事业等费用。1957年，财政预算实行总额控制，收支包干，年终结余分成办法，结余部分40%留县，60%交省。1958年，实行按年度核定预算和收支包干办法。1959年执行收支下放、计划包干、地区调剂、总额分成办法，永和县以35.2%分成，并对行政、事业单位试行预算包干。1961年，实行比例分成办法，超收部分按省7县3之比分成，饮食服务业利润全部留县。1963年实行总额分成，超收部分85%上解省，15%留县；地方各税上解省80%，留县20%。1964年，超收部分按统一比例分成，省份85%，专署、县份15%。1971年，执行定收定支、收支包干、保证上交、结余留用体制。

1972年，超收部分由省、地、县分成。超收5万元以下县留50%，超收5万元以上县留25%。支出部分中，知识青年上山下乡安置费留下年度使用，其余结余部分由县统筹安排。1973年，收入按固定比例分成，支出结余留用。1976年实行总额分成，一年一定，县财政分总额的15%，超收部分20%。1977年，县超收分成为30%，车船使用牌照税、屠宰税、牲畜交易税作为县固定收入，不参与总额分成。1978—1979年，执行收支挂钩、总额分成、超收分成体制，县分40%。1980年，对全额预算管理的行政、事业单位实行预算包干、结余留用、超支不补办法；对差额管理单位实行定收入，实支出，定补助，结余留用，超支不补；对自收自支单位实行自收自支，余额管理，定额补助，结余留用。1983年，执行总额分成、分级包干体制。1985年，实行划分税种，收支包干，总额分成，核定收支，分级包干。1993年，对全县48个单位分别实行全脱自养、定额补贴、差额补贴、定项补贴、按比例核减公用经费、限期脱补自养6种类型的财政预算管理办法，对11个乡镇实行定收定支、收支递增包干、超收全留、超支不补、收支挂钩、自求平衡的包干体制。1994年1月1日起，行署对县市实行总额分成、核定收支、分级包干管理体制。1995年，永和县实行核定收支、包死基数、三年不变、增收全留、超支不补、自求平衡的财政管理体制。

1998—2000年，省财政在坚持分税制基础上，对县级财政实行"核定收支，确定补助（上解），包死基数，自求平衡"管理体制。2002年1月1日起，中央推行所得税分享改革，省亦相应调整对市、县财政体制，明确了中央、省、市、县共享收入的划分。即企业增值税中央比例为75%，省分享比例为8.75%，市分享比例为7.5%，县分享比例为8.75%。企业所得税中央分税比例为50%，省分享比例为17.5%，市分享比例为15%，县分享比例为17.5%。营业税省分享比例为35%，市分享比例为30%，县分享比例为35%。城镇土地使用税省分享比例为35%，市分享比例为30%，县分享比例为35%。2003—2006年，基本体制不变，实行农村税费改革，取消乡统筹费、农村教育集资等所有专门面向农民征收的行政事业性收费、政府性基金和集资，取消屠宰税、统一规定的劳动积累工和义务工。2006年取消农业税。2007—2011年实行省预算编制、体制核定、预算下达、资金调度、决算批复直接到县，市财政支持，财政管理不变的省直管财政体制。

第二节　财政收入

地方财政收入

明、清时期,地方财政收入以田赋为主。明万历四十二年(1614)征银12353.15两。清顺治四年(1647)实征银10320.4两,顺治十二年(1655)实征银4070.5两,顺治十四年(1657)实征银3642.45两,康熙十六年(1677)实征银4207.33两。

民国15年(1926)征收大洋10785.68圆。18年(1929)岁入9482圆。

中华人民共和国成立后,县财政收入主要来自农业税、工商税、企业收入等。国民经济恢复时期(1950—1952)财政收入累计10.18万元,年均3.39万元。"一五"时期(1953—1957)财政收入累计47.43万元,年均9.49万元,比恢复时期增长1.8倍。"二五"时期(1958—1962)财政收入出现不实,5年上报总收入89.38万元,年均17.88万元。三年调整时期(1963—1965)财政收入72.54万元,年均24.18万元,比"一五"时期增长1.55倍。"文化大革命"时期,财政收入213.64万元,年均21.36万元,比三年调整时期下降11.7%。"五五"时期(1976—1980)财政收入107.42万元,年均21.48万元,比"文化大革命"时期增长0.6%。"六五"时期(1981—1985)财政收入206.86万元,年均41.37万元,比"五五"时期增长92.6%。"七五"时期(1986—1990)财政收入412.60万元,年均82.52万元,比"六五"时期增长99.5%。其中1989年财政收入101.07万元,首次突破百万元。"八五"时期(1991—1995)财政收入925.92万元,年均185.18万元,比"七五"时期增长1.24倍。其中1994年财政收入215.35万元,首次突破200万元;1995年收入314.13万元,首次突破300万元。"九五"(1996—2000)时期是永和县扶贫攻坚的关键时期,财政收入主要来源是工商税、农业税以及其他收入。财政收入累计完成2021万元,是"八五"时期财政收入的2.18倍,年平均递增18.1%。"十五"(2001—2005)时期是全县人民战胜各种自然灾害,经济社会稳步前进的5年,财政收入稳定增长,累计完成收入3320万元,年均增长15.8%。"十五"时期国家开始实行减征或免征农业税的惠农政策,农业税在财政收入中的比例下降,到2005年农业税征收12万元,只占当年财政收入916万元的1.3%。"十一五"(2006—2010)是永和县经济社会跨越发展快速增长的5年,县财政收入

2006年首次突破1000万元大关，2010年首次突破2000万元大关。"十一五"期间财政收入累计完成7590万元，年均增长20.4%。2011年财政收入首次突破3000万元大关。

国家财政补贴

1953年国家对永和县财政实行逐年补贴，当年补贴22.92万元。1986年永和县被省定为贫困县，当年补贴703.26万元。1991年被国家确定为国家重点贫困县，当年补贴929.89万元。1953—2011年国家对永和县财政补贴共242260.93万元，其中2011最多为46073万元。

教育基金

永和县从1986年起征收教育基金，至1995年末共征收10.8万元，全部上缴国家财政。1996—2011年的16年间共征收教育基金214.21万元。

预算外调节基金

1989年始征收预算外调节基金，至1995年末共征收35.47万元，全部上缴国家财政。1996—2011年共征收45.69万元，全部上缴国家财政。

民国18年（1929）永和县款岁入情况表

表13-1　　　　　　　　　　　　　　　　　　　　　　　　　　　　　　　　单位：银圆

项别		金额	项别		金额
田赋附加	合计	714	各项杂捐	畜牙捐	285
	附加女校经费	357		烧锅捐	81
	附加一半亩捐	357		铺捐	74
生息	合计	2389		皮毛捐	130
	学款生息	576		戏捐	20
	教育基金生息	1800		户捐	540
	保晋股票生息	13		差徭捐	220
斗捐	合计	225		承领荒地粮附加捐	60
	留有斗捐	105	杂收入	合计	302
	斗牙捐	120		公地租价	22
各项杂捐	合计	5852		各项罚金	200
	牲畜买卖捐	1205		农桑局收入	80
	牧羊牲畜捐	3170	岁入总数		9482
	过往牲畜捐	67			

1950—2011年部分年份永和县财政收入统计表

表13-2　　　　　　　　　　　　　　　　　　　　　　　　　　　　　　　　　　　单位：万元

年份	总收入	其中				
		企业收入	工商各税	农业税	其他收入	亏损补贴
1950	1.11	—	—	1.1	0.01	—
1952	5.04	0.07	0.27	2.30	2.40	
1953	3.00	—	2.35	—	0.65	
1957	10.73	—	3.28	5.40	1.78	
1958	10.89	0.39	0.39	9.46	0.65	
1962	25.86	-0.22	12.58	10.23	3.27	—
1963	23.85	-0.23	11.47	9.36	3.25	
1965	22.74	-0.06	15.87	5.23	1.7	—
1976	9.85	-17.81	16.68	10.89	0.09	
1980	33.23	-4.02	29.66	7.00	0.59	—
1981	42.49	-0.55	35.04	7.00	1.00	—
1985	47.61	0.1	42.04	10.00	2.26	-6.79
1986	51.94	1.92	44.81	12.71	2.53	-10.03
1990	115.06	1.09	102.73	19.06	11.78	-19.60
1991	148.79	0.9	113.22	31.97	14.60	-11.90
1995	314.13	0.07	140.21	85	88.85	—
1996	376	—	99	111	201	—
1997	426	—	128	105	225	—
1998	411	—	127	102	244	—
1999	407	—	134	83	227	—
2000	401	—	145	84	207	—
2001	401	—	212	44	145	—
2002	520	—	87	126	307	—
2003	601	—	144	74	383	—

续表 13-2　　　　　　　　　　　　　　　　　　　　　　　　　　　　　　单位：万元

年份	总收入	其中				
		企业收入	工商各税	农业税	其他收入	亏损补贴
2004	782	—	169	52	561	—
2005	916	—	202	12	702	—
2006	1089	—	231	10	848	—
2007	1165	—	351	—	333	—
2008	1420	—	427	—	349	—
2009	1603	—	462	—	273	—
2010	2313	—	648	—	436	—
2011	3423	—	—	—	—	—

第三节　财政支出

民国时期入不敷出，主要以田赋附加和各杂捐弥补。民国 18 年（1929）县财政支出 9482 元，其中内务费 2916 元，占总额 30.8%；财务费 274 元，占总额 2.9%；教育费 5024 元，占总额 53%；实业费 684 元，占总额 7.2%；司法费 440 元，占总额 4.6%；行政预备金 144 元，占总额 1.5%。民国 22 年（1933）支出 24429 元，户均负担 5.98 元；民国 23 年（1934）支出 20108 元，户均负担 4.92 元；民国 24 年（1935）支出 7878 元，户均负担 1.93 元。

中华人民共和国成立后，县财政支出不断增加。1949 年总支出为 1.9 万元。三年恢复时期总支出 22.03 万元，年均 7.34 万元。其中经济建设费 2.14 万元，文教科学卫生事业费 8.6 万元，抚恤和社会救济费 1.72 万元，行政管理费 7.75 万元，其他支出 1.82 万元。

从 1953 年起，永和县由供给财政转为建设财政。"一五"计划时期县级财政总支出 181.1 万元，年均 36.22 万元，比恢复时期年均增长 108.9%。其中经济建设费 23.1 万元，文教科学事业费 43.4 万元，抚恤和社会福利救济费 15.6 万元，行政管理费 98.9 万元，其他支出 0.1 万元。

"二五"计划时期，财政总支出 368.4 万元，年均 73.68 万元，比"一五"时期增长103.4%。其中经济建设费110万元，文教科学事业费103.5万元，抚恤、社会福利救济费27万元。

调整时期，财政总支出250.6万元，年均83.5万元，年均支出比"二五"时期增长13.3%。其中经济建设费66.9万元，文教科学事业费61.2万元，抚恤和社会福利救济费14.6万元，行政管理费96.5万元，其他支出11.4万元。

"三五""四五"计划时期，10年间财政总支出1407.9万元，年均140.79万元，年均支出比调整时期增长68.6%。其中经济建设费423.8万元，文教科学卫生事业费378.7万元，抚恤和社会福利救济费83.1万元，行政管理费373.1万元，其他支出149.2万元。

"五五"计划时期，县级财政总支出1253.9万元，年均251.18万元，比"三五"至"四五"时期年均增长78.4%。其中经济建设费414.1万元，文教科学卫生事业费371万元，抚恤和社会福利救济费92万元，行政管理费304.2万元，其他支出74.6万元。

"六五"计划时期，财政总支出2503.9万元，年均500.78万元，比"五五"时期增长99.4%。其中经济建设费503.8万元，文教科学卫生事业费683.2万元，抚恤和社会福利救助费136.7万元，行政管理费584.5万元，其他支出595.7万元。

"七五"计划时期，财政总支出4250.5万元，年均850.1万元，比"六五"时期增长69.8%。其中经济建设费587.3万元，文教科学卫生事业费1446.4万元，抚恤和社会福利救济会236.4万元，行政管理费1367.2万元，其他支出613.2万元。

"八五"计划时期，财政总支出7222.2万元，年均1444.4万元，比"七五"时期增长69.9%。其中经济建设费624万元，文教科学卫生事业费2911.8万元，抚恤和社会福利救济费305.6万元，行政管理费2950.8万元，其他支出430万元。

"九五"时期县财政总支出16348元，是上一个五年累计支出的2.26倍，平均每年递增27%。

"十五"时期财政总支出42021万元，是"九五"时期的2.57倍，平均年递增31.4%。2004年首次突破亿元支出大关达10632万元。

"十一五"时期财政累计支出83813万元，是"十五"时期的1.99倍，平均年递增32.8%。

2011年县财政总支出达到48300万元。

民国18年（1929）永和县款岁出情况表

表13-3　　　　　　　　　　　　　　　　　　　　　　　　　　　　　　　　　　　　　　　单位：银圆

项别		金额	项别		金额
内务费	合计	2916	教育费	保送学生费	200
	警察所经费	2356		永和关高小班补助费	100
	典礼费	100		第九中学校补助费	120
	支应流差费	220		教育费补助费	36
	办理村政旅费	240	实业费	合计	684
财务费	合计	274		农桑分局经费	540
	财务局经费	274		自新工厂经费	144
教育费	合计	5204	司法费	合计	440
	劝学所经费	264		补助司法费	240
	高小校经费	1140		补助囚粮费	200
	模范小学校经费	478	预备费	合计	144
	女子小学校经费	462		行政资备金	144
	四乡小学校经费	2140		岁出总额	9482
	书报社、讲演所经费	84			

1949—2011年永和县财政支出一览表

表13-4　　　　　　　　　　　　　　　　　　　　　　　　　　　　　　　　　　　　　　　单位：万元

年份	支出总额	经济建设费	社会文教卫生费	社会救济及优抚	行政管理费	其他支出
1949	1.90	0.45	0.40	—	1.01	0.04
1950	5.55	0.17	1.68	—	3.33	0.37
1951	6.53	—	0.30	0.24	5.49	0.50
1952	9.95	1.53	6.21	1.49	0.72	—
1953	20.87	1.48	6.56		12.83	
1954	24.34	1.47	6.14	0.83	15.90	
1955	30.33	4.37	6.45	0.79	18.72	—

续表 13-4　　　　　　　　　　　　　　　　　　　　　　　　　　　　　　　单位：万元

年　份	支出总额	经济建设费	社会文教卫生费	社会救济及优抚	行政管理费	其他支出
1956	49.52	7.20	10.79	6.33	25.15	0.05
1957	54.88	8.27	13.17	7.37	26.00	0.07
1958	67.56	9.84	19.39	8.03	29.39	0.91
1959	64.41	8.01	12.48	6.33	36.96	0.63
1960	82.96	9.41	35.67	7.23	30.24	0.41
1961	94.51	54.93	2.24	6.16	30.50	0.68
1962	58.95	8.71	17.46	4.66	26.98	1.14
1963	75.46	23.41	17.95	3.22	29.74	1.14
1964	83.41	23.67	18.57	4.26	31.63	5.28
1965	91.68	19.89	24.67	7.13	35.09	4.90
1966	104.19	16.15	27.80	13.36	39.32	7.56
1967	106.20	33.71	28.26	8.24	30.20	5.79
1968	90.04	21.86	27.03	4.57	33.84	2.74
1969	87.30	20.37	26.79	4.61	34.94	0.59
1970	112.48	26.40	32.36	6.35	41.92	5.45
1971	201.31	90.73	43.02	8.86	41.61	17.09
1972	174.42	83.67	42.91	7.09	39.22	1.53
1973	169.74	70.75	46.39	9.20	41.19	2.21
1974	175.44	60.42	50.13	10.08	47.25	7.56
1975	186.85	66.37	55.01	11.57	49.31	4.59
1976	188.76	69.03	55.64	11.34	50.44	2.31
1977	233.46	103.71	62.61	13.13	50.54	3.47
1978	258.62	100.69	76.45	14.76	53.62	13.10
1979	245.13	67.78	78.19	22.49	67.77	8.90
1980	330.02	79.24	98.12	24.01	81.80	46.85
1981	309.81	64.58	95.24	22.00	71.20	56.79

续表13-4　　　　　　　　　　　　　　　　　　　　　　　　　　　　　　　单位：万元

年　份	支出总额	经济建设费	社会文教卫生费	社会救济及优抚	行政管理费	其他支出
1982	391.55	71.03	113.84	27.51	96.46	82.71
1983	534.22	126.63	146.24	25.27	120.39	115.69
1984	556.46	94.45	164.35	25.91	149.09	122.66
1985	711.83	132.32	163.58	36.06	147.33	232.54
1986	782.43	111.54	211.39	28.68	235.18	195.64
1987	674.71	107.56	194.40	44.52	255.64	72.59
1988	836.14	91.16	242.63	47.56	277.18	177.61
1989	930.63	127.16	277.28	76.31	367.09	82.79
1990	1026.64	152.87	306.14	39.33	446.67	81.63
1991	1062.10	152.98	316.79	38.77	463.82	89.74
1992	1197.66	140.21	388.22	67.19	566.25	35.79
1993	1410.03	187.21	416.06	49.10	607.38	150.28
1994	1729.98	62.30	554.19	79.43	991.49	42.57
1995	1822.45	76.75	613.21	71.19	898.57	162.73
1996	2059.00	101.6	557.4	50.00	810.35	—
1997	2573.00	350.00	923.00	70.00	856.00	194.00
1998	3264.00	375.00	973.00	112.00	1044.00	251.00
1999	4127.00	338.00	967.00	160.00	1214.00	360.00
2000	4295.00	467.00	963.00	100.00	1097.00	205.00
2001	5969.00	1069.00	1348.00	166.00	1433.00	321.00
2002	6223.00	1200.00	1357.00	360.00	1750.00	185.00
2003	7764.00	980.00	2054.00	504.00	1767.00	470.00
2004	10632.00	3091.00	2130.00	713.00	2064.00	429.00
2005	11333.00	2291.00	2200.00	650.00	2817.00	729.00
2006	13556.00	1989.00	3173.00	711.00	4325.00	612.00
2007	19780.00	6233.00	4308.00	2370.00	5578.00	540.00

续表13-4　　　　　　　　　　　　　　　　　　　　　　　　　　　　　单位：万元

年　份	支出总额	经济建设费	社会文教卫生费	社会救济及优抚	行政管理费	其他支出
2008	21477.00	5643.00	5575.00	3136.00	6137.00	986.00
2009	29487.00	9601.00	7098.00	4150.00	7225.00	926.00
2010	41104.00	13809.00	12882.00	4649.00	8911.00	670.00
2011	48300.00	17262.00	11360.00	5313.00	12852.00	1259.00

第四节　财政债券

人民胜利折实公债

1951年发行人民胜利折实公债。认购对象主要是城市工商业者、殷实富户及农村中的地主、富农，城市工人，从教人员，自由职业者和农民，自愿认购。全县认购2100元。

国家经济建设公债

1954年发行国家经济建设公债。认购主要对象为职工（包括干部）、农民、工商界、其他及居民，自愿认购，合理分配，量力而行，由县、区、乡负责组织实施。1954—1965年，全县认购235937元。国家经济建设公债，均在5年内按中签号码先后还清。

国库券

1981年起发行国库券。面额有伍圆、拾圆2种。派购对象是县以上财政、国营企业、集体企业和企业主管部门。机关团体及事业单位、农村富裕户也可自愿认购。永和县1989年前单位、个人均有认购，1990—1995年均为个人认购。1989年分配全县任务10.5万元，实际完成11.7万元（其中单位3.56万元，个人8.14万元），为任务的111.43%，提前两个月超额完成任务，受到临汾地区表彰奖励。1990年分配全县任务7.9万元，实际完成9.23万元；1993年分配全县任务10万元，实际完成30万元。1995年完成97万元。1994年国债发行方式实行市场化，国库券由原来的实物券改为凭证式。由于市场化运作，1996年之后上级不再下达硬性指标，国库券在县域停止销售。

财政债券

1988年发行财政债券，分2年期、5年期两种。全县共完成11万元。

保值公债

1989年分配永和县21万元的保值公债，全部完成，均由个人认购。

特种国债

1989年分配永和县"两金"购买特种国债1万元，其中退休养老金购买0.8万元，待业保险金购买0.2万元，全部完成。

1951—1995年部分年份永和县债券发行兑付情况统计表

表13-5　　　　　　　　　　　　　　　　　　　　　　　　　　　　　　　　　　　单位：元

年份	公债名称	发行	兑付	年份	公债名称	发行	兑付
1951	人民胜利折实公债	2100	—	1988	财政债券（五年期）	10000	27531
1954	经济建设公债	6414	1500	1989	国库券	117000	—
1955	经济建设公债	10154	3342	1989	保值公债	210000	—
1956	经济建设公债	23276	6538	1990	1988年国家建设债券	—	50000
1957	经济建设公债	53748	14637	1990	国库券	92320	84091
1960	经济建设公债	11077	25413	1991	国库券	1153000	124886
1963	经济建设公债	58993	39986	1991	1988年国家建设债券	—	70000
1964	经济建设公债	27763	57419	1992	国库券	12000	105768
1965	经济建设公债	44512	43111	1992	1989年保值公债	—	13568
1981	国库券	7850	—	1993	国库券	300000	64902
1982	国库券	71924	—	1993	1989年保值公债	—	15100
1983	国库券	78395	—	1993	1988年财政债券（五年期）	—	10000
1984	国库券	73420	—	1994	国库券	913300	93656
1985	国库券	95195	—	1994	1989年保值公债	—	4050
1986	国库券	77795	510	1995	国库券	970000	148042
1987	国库券	60000	20208	1995	1987年国家重点建设债券	—	23000
1988	国家经济建设公债	105370	15740	1995	1988年财政债券（二年期）	—	100000
1988	财政债券（二年期）	100000	—	1995	1989年保值公债	—	1360

第五节　财政管理

预决算编制

1953年起，县财政局（科）每年初编制收支预算，年中或年末根据国民经济计划执行情况进行调整，年终编制决算，经政府县长审批后上报。是年2月起开展财政监察，宣传国家财政政策、法令、制度，检查了解各单位财经纪律执行情况。1954年6月起，财政预决算的编制及调整须经县人民代表大会及常委会批准生效。1992年，原预算支出经人民代表大会批准为870万元，当年根据增加离退休费、新增公检法岗位津贴、提高差旅费标准、部分人员调资等因素，人大常委会批准增加预算支出234万元，同时调整预算收入增加234万元。

1957年，对在职干部的预算标准为公杂费每人每月2.5元，冬季烤火炭每人每日1.5公斤。对国家机关、事业单位工作人员的福利费、洗澡理发费等，均按上级有关政策规定，纳入年度财政预算、决算。

1957年，国营企业除提留奖励金外，利润全额上缴财政。1958—1962年改行利润留成制。1962年恢复原做法。1969年执行利润分配全部上缴，原利润中提取的职工福利基金按职工工资总额11%从生产成本中提取。1978年试行企业基金制。1979年恢复全额利润留成制。1980年改为基数利润留成加增长利润留成。1981年对微利企业实行盈亏包干制。1983年实行利改税。1986年12月，县级国营和集体工商企业实行多种形式的承包经营责任制。1988年推行第一轮风险承包机制，实行"上缴利润基数包干，超收分成"与"上缴利润定额包干"。原亏损企业实行减亏包干等形式的责任制，一般是包死基数，确保上缴，超收多留，欠收自补。

1991年在"质量、管理、效益"年活动中，工商企业开展优秀企业财务管理竞赛，清理各种外欠资金30多万元。1993年为落实《企业财务通则》《企业会计》准则，县财政局集中10天时间培训行政企业财会人员44人，使新旧会计制度接轨过渡工作于当年7月1日顺利实施。1994年，对全额预算单位的公用经费标准统一核定。对差额预算单位，实行增人不增资，减人不减资的预算管理形式。1995年，依据《中华人民共和国预算法》，坚持"量入为出，不列赤字"的原则，大力压缩各种支出，预算收支力求收支平衡。1996年重新核定公用经费标准。1997年支出预算重点保证农业、教育、科技经费以及财政负担的机关、事业单位工作人员的工资。

2003年预算安排，坚持"一要吃饭、二要建设"的原则，量力而行，收支平衡，不列赤字；个人部分按实际，公用经费按定额，专项经费视财力；落实公共财政要求，调整支出结构，保证重点支出需要；深化部门预算改革，坚持预算内外收支统管。2004年预算安排，在保工资、保稳定、保发展的基础上，把对农业投入和促进农民增收的投入放在重中之重；坚持"一支笔"审批制度。2005年财政预算坚持量入为出、量力而行、确保重点的原则，严格执行《预算法》，把支出控制在预算之内。2006年财政预算坚决把支出控制在预算之内，纠正预算管理中存在的问题，确保公教人员工资，确保支农资金进度达90%以上和文教、科技、卫生等支出。2008年，紧紧围绕"控制赤字，调整结构，推进改革，增收节支"总要求，把着力点放在民生和公共服务上，抓收入、重管理、跑项目，确保重点支出需要。2009年，县财政支出坚持公平公开、突出重点的原则，保工资、保民生、保重点。2010年，县财政支出坚持"预算有标准，执行有约束，决算有考核"的原则，重点是保民生、保稳定、促发展。2011年，县财政在扩内需、保增长、促发展、惠民生方面开展工作。抓支出，着力保障民生。注重以人为本，加大对教育、卫生、就业和社会保障的投入力度，支持各项社会事业的发展。

财务监督

1953年，县财政科对7个单位的检查中，发现胡支乱用、贪污浪费国家资金2095.35元及物资24件的问题。处分当事人6人，其中记过处分2人。

1965年4月，对农业局、税务局、粮食局、商业局、人行、农行6个单位进行检查，对违反财政纪律的现象做了纠正。

会计法实施二十周年座谈会

1975年5月，全县11个公社、所有企事业及行政预算单位普遍进行自查、集中互查和重点抽查，对乱摊费用、扩大成本、化工为私、铺张浪费、乱发补助等问题进行处理。

1980年4月,对日杂、生产资料、饮食服务、百货、糖业烟酒、运输6个公司进行抽查,查出违纪款25242.29元,均按规定进行处理。

1982年上半年,对19户国营企业进行财务检查,收回欠税4.5万元。

1989年,对132个单位中20.6万元欠款进行清理。对16部违纪小汽车进行清理,没收2部,罚款4.2万元。在税收物价检查中,查出违纪金额8.22万元。

1993年,对"三乱罚没收票据"进行检查。检查收费单位48个,收费项目82项,金额135万元。15个罚没收入单位,罚没收入7项,金额26.3万元,上缴财政11.2万元。

1994年重点检查60个单位,查出违纪金额33.2万元,入库7.1万元。

1995年,65个单位进行自查,查出欠款25万元,清理回收16万元;欠物4件全部清回。查出行政事业单位1994年以来用公款招待427次、1225人,开支3万余元的问题。重点检查72个单位,查出"小金库"资金1.1万元和其他违纪金额14.1万元,增加财政收入1.59万元。对15个单位预算外资金使用情况进行检查,查出违纪金额10万元,罚款0.6万元。在财务物价大检查中,重点抽查72个单位,查出违纪金额47.66万元,增加财政收入4万元。

1996年,在全县范围内开展以整顿财政纪律为内容的多项检查,把公款吃喝玩乐作为检查重点。清理公款配制摩托车,对不符合规定的10辆摩托车全部予以评估折价公转私,收缴财政资金4万元。

1997年,县财政局严格控制社会集团购买力,对全县公车私挂和私车公挂违纪行为进行查处,查出违纪小汽车3辆。对2个执法单位所属3个基层站所收费情况进行检查,查处违纪金额12万元。

2000年,贯彻《关于违反行政事业性收费和罚没收入收支两条线管理规定行政处分暂行规定》,清理银行账户、撤销多头户等不合格账户3个。

2001年开展预算外资金专项检查,检查单位20个,查处违纪金额7万元。对15个单位进行"一法一例"执法检查,共查处会计科目不规范等违纪问题4项,金额3.3万元。对教育事业费和各种培训班收费管理情况开展专项检查,查处违纪金额30.1万元。

2002年,县财政局与县纠风办、物价局联合开展对教育事业费、学杂费以及预算外资金专项检查,查处违纪金额26万元,收缴财政23万元。

2003年,深入开展制止奢侈浪费工作,查处设定点接待、吃喝赊账2.1万元。对全县行政事业单位银行账户进行清理,注销不合规定账户10个,上缴专户资金9万元,纳入会计集中核算14万元。

2004年，发挥"财政核算、预算外收费、政府采购"三个中心职能作用，严格行政事业性收费和政府基金管理，实行收费行为、银行开户和票据使用"三规范"。对36个单位的"收支两条线"管理工作进行检查，查处违规资金2.2万元，处罚1086元；对财政扶贫资金、以工代赈资金、退耕还林资金、支农专项资金进行专项检查，涉及金额1247.2万元，查出违规违纪资金9090元，按有关规定做了相应处理。

2005年，完善财政执法体制，实行财政行政执法评议考核制和过错责任追究制；整合各类财政资金，集中财力办大事，向社会公开承诺，将财政工作置于人民群众的监督之下。

2006年，建立一套从预算编制、执行到决算全过程的标准程序；把财政投资评审与财政支出绩效考评工作结合起来，使财政资金发挥最大效益；围绕资金规范性、安全性和有效性开展财务监督。

2008年，严格资金拨付程序，加大跟踪问效力度，对社保资金、移民搬迁、整村推进、粮食直补以及交通、城建、教育、农口等11类41项专项资金进行检查，涉及金额1300余万元。

2009年，对全县新农村专项建设资金进行监督检查，检查资金总额721万元；对全县106个单位进行"小金库"专项治理，查出"小金库"资金246.3万元，全部进行了处理。

2010年，开展财政投资评审，评审资金12472万元，核减决算资金265.93万元。

2011年，开展"一法一例"执法检查，对县一、二、三中会计履职、会计账务、会计纪律进行执法检查；对122个单位进行"小金库"复查，查出资金1.2万元；开展财政专户清理整顿工作，清理整顿专户43个，保留专户11个，撤并专户32个。

社会集团购买力控制

县控制集团购买力办公室设在财政局，财政局把控制社会集团购买力作为一项艰巨任务对待。1962年起3年内不准购买沙发、地毯、自行车、汽车等非生产性设备和高级物品。1981年6月，对县直14个企事业单位进行检查，查出未经批准购买的专控商品349件、金额8587.78元，对擅自购买者令其退货或补办审批手续。1982年按系统下达限额指标，由过去以供货单位为主控制改为以购货单位为主控制。1983年9月，实行"计划管理，指标控制，专项审批，定额供应"的管理办法。1984年贯彻中央指示精神，将指标分配到使用单位，严格控制、不得突破。1985年11月起，按照财政部规定，对社会集团购买国家专项控制商品实行指标管理和专项审批；对行政单位、事业单位、社会团体的机动车辆燃油费支出和购买食品、礼品、奖品、纪念品、文体用品的费用支出实行统计管理；对汽车实行定编管理，并对社会集团执行控购纪律和有关规定情况进行监督检查。

1987年，省政府控办下发《关于违反控制社会集团购买力的处理暂行办法》，对违反控制规定购买者分别给予通报批评、处以罚款、没收所购商品等处罚。情节严重的，除没收所购商品外，处以所购商品原价30%以下罚款；一般违控处以所购商品10%以下罚款；对违反控制商品购买管理规定的直接责任者或单位领导人处以相当于2个月基本工资以下的罚款，并建议上级部门给予行政处分。1989年国家规定专控商品有32种，其中由省控办审批的有小汽车、大轿车、摩托车、录像机、空调、地毯、复印机、彩色电视机、电冰箱、电子打字机、电传机11种。由地区控办审批的有录音机、照相机类、呢绒毛料及其制品、洗衣机、毛毯、大型或高级乐器、沙发、沙发床、各种电取暖电煮水设备、羽绒服、吸尘器、50元以上各种钟表、100元以上各种灯具14种。市县控办审批7种，有丝绸及其制品、国产13种名牌卷烟和进口卷烟、国产13种名酒和进口酒、布匹及其制品、针织品、书写印刷纸。以后逐渐进行调整，专控商品逐步减少。

1993年5月1日国家专控商品由原来的29种调整为8种。1996年11月1日根据财政部规定，将社会集团力购买支出类别调整为：机动车燃油类、食品、礼品、奖品或纪念品、文体用品五大类。1997年8月对社会集团购置小轿车实行行政与经济手段相结合的管理办法，即按核定编制和规定的配备标准审批，并征收专控商品附加费。1999年11月20日起，停止对社会集团购买小汽车、大轿车征收专控商品附加费。国家专控商品为6种。

预算外资金管理

坚持宏观调控、微观搞好、统一领导、分级管理和权责结合以及先收后支、量入为出的原则，实行专户储存、收支两条线管理。1994年8月，《山西省预算外资金管理条例》颁布实施后，全县有54个单位实行专户储存，至年底储存余额101万元，分别是条例实施前的2.28倍和4.69倍。票据实行专人、专责、专账、专柜管理，严格发放、领用、结存和核销手续。购买票据单位须实行财务独立核算、有健全的会计管理制度和专职或兼职财会人员；非独立核算单位和收费机构使用票据，一律由主管单位财务机构统一向财政部门购买。

1996年依据省财政厅"一统三分"的管理办法，对差额补贴单位实行暂时保留差额部分，节余适当定额上解的管理办法；对全额预算单位，实行预算收入抵顶部分人头经费和公用经费的管理办法。

1998年落实中央六部关于公、检、法等部门行政性收费和罚没收入实行"收支两条线"管理规定，在全县推行执法机关罚款与收缴相分离制度。

1999年，制定《关于落实行政事业性收费和罚没收入收支两条线规定的实施意见》，按照清理收费项目、清理收费票据、清理银行账户，对行政事业性收费实行收缴分离，集中统一管理。同年8月，财政收费大厅挂牌运行。2000年以后，预算外收费项目渐减。2002年，成立永和县预算外收费中心，进一步落实"收支两条线"制度，各执收单位统一使用收费票据。至2011年，预算外收费仅有幼儿园、学校收费单位。预算外收费中心严格票据管理，实行收缴分离，上缴国库，再按相关政策回返。

国有资产管理

1988年起，永和县对国库资产管理逐步加强。

1993年，对105个行政事业单位国有资产进行清查登记，查清国有资产存量1885.7万元。

1994年，对农修厂、酒厂、豆粉厂3户预算内工业企业清产核资，核定资产总值446万元，上报银行挂账停息资产69万元。

1995年，县财政局设立国有资产管理股，专事国有资产管理。对全县30户年检单位进行产权登记，年检资产总额3711万元，负债3173万元，资产负债率35.3%。核定1995年保值、增值指标。核定结果，全县企业1994年有7户盈利、6户亏损；1995年有8户盈利，5户减亏。对全县20户企业进行清查核资。据查占用土地面积10.51万平方米，房屋建筑面积4.3万平方米，资产清查总额3302万元，比账面增加2万元，负债总额3414万元，占资产总额的103.4%。对地方国营酒厂进行土地估价试点，评估该厂面积地价每平方米13.41元，明确了土地所有者的经济利益及责任目标。

2002年对全县行政事业单位的国有资产进行清查核资。全县74户行政事业单位截至2001年底资产清查结果，总资产为5543万元。其中：行政1536万元，事业4007万元；固定资产5384万元，占总资产的97%，比1993年财产清查时的固定资产1930万元增加3454万元，增长178.9%；收入6516万元；支出6499万元，其中专项款支出1380万元；结余17万元；固定资产盘盈11.7万元；资产损失78.7万元，占总资产的1.4%，其中流动资产损失0.6万元，固定资产损失78.1万元。

2007年3月10日对全县行政事业单位的国有资产进行清查核资。全县75户行政事业单位截至2006年12月资产清查结果：总资产账面值7872万元（其中行政单位

1994万元，事业单位5878万元），固定资产账面值7530万元（其中行政单位固定资产1988万元，事业单位5542万元），固定资产账面数占总资产账面的95.66%，比年报固定资产总额7388万元增加142万元。固定资产盘盈552万元，损失188万元（其中行政单位损失139万元，事业单位损失49万元），固定资产清查数7894万元。盘盈的原因，一是竣工在建工程已投入使用，由于资金结算不完备导致固定资产不能及时入账；二是上级配置的财产没及时入账。

2010年8月30日建立国有资产信息管理系统。录入行政事业单位76户，比2007年增加1户，新增单位是食品药品监督管理局。资产信息系统固定资产总额8264.39万元。

第二章 税 务

第一节 税制 税种

税 制

明代中叶后实行"一条鞭法"，把田赋、徭役、杂税折成银两，分摊在田亩上，以亩计银，以银代役，以物变银缴纳。清代沿袭明代税制，分夏秋两季征银两。民国初期，田赋仍沿袭清末税制。同时牙税、斗捐照例征收。民国元年（1912）开征牲畜税。民国3年（1914）开征印花税、烟酒牌照税。民国6年（1917）12月开征屠宰税。民国8年（1919）7月开征烟酒税。民国9年（1920）7月开征出产税。

民国35年（1946）永和县解放，贯彻执行晋绥边区税制。

1950年1月，政务院发布《全国税政实施细则》，永和县开展营业税、屠宰税、印花税、牲畜交易税、车船使用牌照税、房地产税、工商业税等。1952年修正税制后开征工商营业税、商品流通税、货物税等。1954年将工商营业税、货物税、印花税、商品流通税合并，改征工商统一税、工商所得税。1958年6月，实行

中华民国印花税票

全国统一农业税。1963年改革工商所得税制。1973年将原车船使用牌照税、屠宰税、工商统一税及其附加、城市房地产税、临时商业税合并为工商税。

1983年国家实施"利改税",同年开征国家能源交通重点建设基金。1984年10月开征国有企业所得税、营业税。1985年开征国有企业奖金税、城市维护建设税。1986年开征房产税、个人收入调节税、集体企业奖金税、事业单位奖金税、教育基金附加、城镇土地使用税、车船使用税。1987年开征增值税。1988年开征个体工商业户所得税。1989年开征国家预算调节基金。1990年开征价格调控基金。1994年对流转税制、企业所得税制、个人所得税和其他税种进行改革,建立新税收制度。全国现行的税类和税种有7大类26个税种,其中永和县税务部门征收的工商各税,有6大类14个税种。流转税类有增值税、消费税、营业税;资源税类有土地使用税;收益税类有企业所得税、个人所得税、土地增值税;特定目的税类有固定资产投资方向调节税、城市维护建设税、筵席税;财产行为税类有房产税、车船使用税、印花税、屠宰税;农业税类有农业税、农业特产税、契税、耕地占用税。1994年10月分设国家税务局和地方税务局。国家税务局负责征收的税种有增值税、消费税、国有企业所得税、国家能源交通重点建设基金、国家预算调节基金等。地方税务局负责征收的税种有营业税、屠宰税、企业所得税、个人所得税、车船使用税、资源税、房产税、城市维护建设税、印花税、城镇土地使用税、土地增值税、固定资产投资方向调节税等。1996年,按照收入归属原则,对个体工商户只征收增值税、消费税。1999年征收金融保险营业税,同年11月开征储蓄存款利息个人所得税。2002—2011年,对事业单位、社会团体、医院、学校等所办的企业征收所得税。

税　种

营业税　1950年1月开征,1953年1月并入货物税,1984年4月,恢复征收。至1994年1月1日,国务院实施新的《中华人民共和国营业税暂行条例》,对原营业税进行较大修改,缩小原营业税征税范围。营业税按行业设计税目税率,对一些关系到国计民生的行业采用低税率,如交通运输、邮政电讯、文化体育等适用税率,而营业税适用税率较高的歌厅、舞厅、卡拉OK厅等适用5%~20%高税率。1994年,税制改革,把营业税划为地方税,作为地方税主要税种。

印花税　沿用旧税种。1950年12月19日,国家税务局颁布的《印花税暂行条例及实施细则》规定,执行25日后修订,1955年简化,1958年9月并入工商统一种。1988年8月恢复,11月开始执行。

屠宰税　沿用旧税种。1950年1月贯彻政务院颁布的屠宰税条例。按实际重量从价格中计征10%。1957年，调整税收范围，降低税率。1973年并入工商税，改为按头定额征收，屠宰一只羊征税5角，一头猪征税2元，一头（匹）马、牛、驴、骡征税6元。1988年再次调高。2003年屠宰税停征。

工商所得税　1949年执行。工商所得税是对从事工商业经营的单位和个人，就其利润征收的一种税。1964年调整为完整的税种。1983年以前，由财政局代征。1985年停征。

牲畜交易税　1950年执行。对牛、马、驴、骡在买卖成交时，按照交易价格向买方征收的一种税，购买牲畜者为纳税义务人，税率5%。按照牲畜头（匹）数的成交额计算，向牲畜购买地税务机关交纳。

车船使用税　1958年始征，1973年并入工商税，1987年恢复。车船使用税暂行条例规定对应税车辆采取弹性税额，在其税额幅度内，由各省、市、自治区具体确定。

集体企业所得税（工商所得税）　20世纪50年代始征。1958年工商税改革时，所得税划分为一个独立税种，称工商所得税。1986年1月贯彻国务院颁布的《中华人民共和国集体企业所得税暂行条例》，税率依照小型国营企业所得税税率，执行八级超额累进税率。1993年停征。

工商统一税　1958年国务院颁布《工商统一税条例》，将货物税、商品流通税、营业税、印花税合并为工商统一税。工商统一税有141个税率，采用全额累进税率。税率最高为甲级卷烟69%，最低为棉坯布1.5%，一般产品税率为10%。商业零售、交通运输及服务行业税率为2.5%~7%。永和县1964年开征，1977年停征，1993年重新开征。

工商税　1973年开征工商税。适用于一切从事工业生产、交通运输、农产品采购、进口贸易、商业经营、服务业务的单位和个人，由财政局代征。1984年10月利改税时，工商税分为产品税、盐税、营业税和部分产品增值税，1985年停征。

国家能源交通重点建设基金　1983年7月开征。征集项目是地方财政预算外资金、事业单位预算外资金、国营企业及主管部门提取的各项专项基金、其他没有纳入预算管理的资金和城镇集体企业缴纳所得税后的利润，征集比例调整为15%。1995年停征。

建筑税　1984年开征。对用预算外资金、各种自筹资金进行投资建设活动，以投资额为计征对象，1992年停征。

产品税 1984年10月10日，在国营企业中推行第二步利改税和改革工商税制时试行，同年开征。征税对象为工业产品生产、农产品采购、外贸进口单位和个人，按期产品销售收入或购进商品支付金额征收。税目有270个。

城乡个体工商业户所得税 1986年开征。征收对象是经工商行政管理部门批准，发有营业执照的个体工商户。适用税率为十级超额累进率，最低一级，全年所得税不超过1000元的税率70%；最高一级，全年所得额超过3万元以上部分，税率60%。1993年停征。

教育费附加 1986年开征。计税依据是按照纳税单位和个人实际交纳的产品税、增值税和营业税款额征收，税率1%。

增值税 1984年执行增值税。1987年将原来征收产品税的轻工产品改征增值税。1988年将部分原来征收产品税的产品改征增值税。1994年，税制改革后对商品生产、批发零售和进口商品全面课征，实行价格外计征。实行17%和13%两档税率。17%为基本税率，13%适用于一些人民生活必需品和农业生产资料等。实行凭发票证明税款抵扣制度。

城市维护建设税 城市维护建设税实行地域差别比例税率，按纳税人所在城市、县城或镇不同行政区域分别规定不同税率。具体规定纳税人所在市区的税率为7%；纳税人所在县城镇的税率为5%；纳税人所在地不在市县或镇的税率为1%。永和县实行5%的税率。

集体企业奖金税 1986年开征。征收范围：凡从事工业、商业、物资供销、交通运输、建筑安装、金融、出版业、娱乐业、服务业和其他行业的城乡集体所有制企业，对其全年发放的各种形式奖金总额，人均超过4个月标准工资的部分，按规定计征奖金税。1993年停征。

事业单位奖金税 1986年开征。征收范围：凡从事教育、卫生、计划生育、科学研究、文化、文物、艺术、体育、新闻、出版、通讯、广播、电视、农业、林业、水利、气象、海洋、水产、畜牧、地质勘探、地震、测绘、规划设计、商品检验、物资信息、社会福利、环境保护、环境卫生、园林绿化、市政建设、房地产管理的事业单位及其他事业单位。计税依据是全年发放奖金总额，人均不超过3个月基本工资金额免征；超过免征限额的，比照国营企业按超额累进税率计征。

房产税 1987年开征，房产税在城市、县城、建制镇和工矿区征收。山西省人民政府规定，设在城市、县城、建制镇以外的大、中型企业均开征房产税。从价计税，以房屋原值为计税依据，税率1.2%。1980年以前修建的房屋，依照房产原值一次减除30%后余值为计税依据缴纳房产税。1981年1月以后修建的房屋，依据房产原值一次减余20%后余值为计税依据，计算缴纳房产税。房屋出租的，以房产租金收入为房产税的计税依据计算缴纳房产税，税率12%。

土地增值税 1994年1月1日开征。土地增值税实行四级超额累进税率；增值额未超过扣除项目金额50%部分，税率30%；值额超过扣除项目金额50%，未超过100%部分，税率40%；增值额超过扣除项目金额200%部分，税率60%。

投资方向调节税 投资方向调节税根据国家产业政策和项目经济规模实行差别税率。1994—1999年由县地方税务局征收。1999年7月1日减半征收，2000年1月1日暂停征收。

个人收入调节税 1987年开征，1993年停征。

固定资产投资方向调节税 1991年开征，同时停止征收"建筑税"。征收范围是所有单位和个人用于固定资产投资的各种资金，具体适用税率为0%、5%、10%、15%、30%五个档次。对国家急需发展项目的投资，实行5%的低税率政策；对国家严格限制发展的项目投资，征以重税，税率30%；对一般民用住宅（包括商品住宅）实行鼓励政策，税率5%。为配合房改，对房产公司向个人出售的商品住宅按零税率给予照顾；对更新改造投资以外的其他固定资产投资项目，税率一律按15%征收。

企业所得税 县域1994年开征。纳税人包括国有企业、集体企业、私人企业、联营企业、股份制企业，有生产经营所得和其他经营所得的组织。企业所得税税率为：法定税率为33%的比例税率。优惠税率，年应纳税所得额在3万以下（含3万元）的减按18%税率征收，年应纳税所得额超3万~10万元以下（含10万元）的减按27%税率征收。国家税务局负责征收中央企业，地税局负责征收地方企业。

个人所得税 1994年1月1日实行。个人所得税率：工资奖金所得，适用九级超额累进税率，税率5%~45%，对每月收入减除费用800元余额或再减除附加费用后余额。

消费税 1994年开征。县内只有国营酒厂缴纳，粮食白酒消费税税率为25%。

国营企业所得税 1987年开征。国家规定税率为大、中型企业适用55%的比例税率；小型企业、饮食服务业及营业性宾馆、饭店、招待所等，适用八级超额累进税率。

城镇土地使用税 1989年开征。

国营企业工资调节税 1989年开征，1993年停征。

私营企业所得税 1989年1月1日起开征。征集项目除国家能源交通重点建设基金所列五项外，对集体、私营企业及个体工商业户交纳所得税的利润也列入征集范围。征集比例，一律按当年收入的10%计征。1995年停征。永和县并未征集到税款。

价格调控基金 1990年开征。以纳税人实际交纳的消费税、增值税和营业税税额为计征依据。专项用于经济、价格改革。

农业税 旧时称田赋，中华人民共和国成立后称农业税。1949年，华北人民政府制定的新税制以"标准亩"为产量单位，以"负担亩"征税。之后，国家对农业税进行过多次调整。1958年6月贯彻《中华人民共和国农业税条例》，农业税由省、市人民政府审批，财政部门征收。人民公社、生产大队、生产队为纳税单位。农业税按小米计征。通过公粮（小麦和棉花折征）形式计征入库。1985年起改征"代金"，小米按国家规定的中等统购价格计算纳税金额，1994年以前由各级财政部门征收。1994年税制改革后由地税局征收。农业税收作为国家税收的重要组成，对调节农村经济，促进农村稳定和减轻农民负担方面发挥了积极作用。1994年，实行分税制，中央将农业税收收入划归地方财政收入，使农业税收极大地促进了地方经济发展。2006年全国统一取消农业税。

耕地占用税 1987年4月1日起开征。是对占用耕地建房或从事其他非农业建设的单位和个人征收的一次性税收，其目的是保护耕地，促进耕地的合理使用。1994年成立地方税务局，此项收入归地方税务局征收。耕地占用税20%上缴省，10%上缴地区，70%留县。

农业特产税 1988年，按国务院颁布的《关于对农村特产农业税征收管理实施办法》规定征收，具体由财产部门征收。1994年归地方税务局征收。它是国家对从事农业特产生产及收购应税农业特产品的单位和个人征收的一种税。2003年，为减轻农民负担，此税种停征。

契 税 清末，田房契税按价银每两买9分、典6分征收。民国元年（1912），无论价格大小，每张征钱50文。1950年政务院颁布《契税暂行条例》，规定土地、房屋的买卖、典当、赠予和交换，均应凭土地、房屋所有证并由当事人双方订立契约，有承受人完纳契税。契税的税率实行比例税率，买契税按房屋价征收6%，典契税以房屋价征收3%，赠予契税以房屋现价值征收6%。1997年7月国务院颁布《中华人民共和国契税暂行条例》，条例规定契税的征收范围、征收依据，为3%~5%的税率。山西省人民政府规定的契税征收率为4%。

第二节 税收征管

征收体制

中华人民共和国成立后，全国税收政策统一，征管着重于查验，防止偷漏税。第一个五年计划时期工商业税收采取"专行""专户"征管形式。1956年社会主义改造基本完成后，经济形势变化。在城镇打破行业界限，以所定人，以人分户，各税统管。农村公社化后，以所定人，分片征管。1961年，在城镇采用按业归口，分口定员，指标到户，任务到人的征管形式。农村税务所则按区划片，分片定员，定期征收。1962年，加强征收管理，组织税源大检查，健全税源登记，划分专管范围。1973年，对国营、集体所有制企业实行定人、定户、定时间、定任务，责任到人、到户的征管形式；农村实行包片定户。中共十一届三中全会后，税源日趋扩大，征管形式不断改革。城区税务所按照经济性质，以所分工，分户到组，责任到人，深入厂、店，各税统管；农村税务所按区划片，以片定人，收入包干，各税统管。必要时集中力量，突击征管。1986年，实行"划片分工，一人统管"的办法，征收、管理"一篮提"，弊病较多。1988年起，以总任务为基数，下达岗位责任和超收指标，进行分段考核。将税收政策、征管制度、减免税规定、违章处罚、税干纪律公布于众，接受社会监督。专管员、所长，3年一轮换，局长以下，层层聘任，征、管、查三分离。

1994年，对税收专管员制度实行系统性改革，改上门收税为纳税人自核自缴，成立独立的稽查机构，税收专管员的征收和检查职能实现分离。10月设国家税务局和地方税务局，实行条块结合，分行业管理的征管模式。国家税务局征收的税种有增值税，消费税，车辆购置税，银行、保险公司缴纳的营业税，企业所得税；地方税务局负责征收的税种有营业税、部分企业所得税、个人企业所得税、车船使用税、资源税、房产税、城市维护建设税、印花税、城镇土地使用税、土地增值税、耕地占用税、契税。

1996年，按照收入归属原则对个体户只征收增值税、消费税。1997年，税收征管改革取消税收专管员固定管户制度，实现由专管户向专管事的职能转变。1999年征收金融保险营业税。同年11月开征储蓄存款利息个人所得税。2002—2008年期间注册的企业、事业单位缴纳企业所得税，对储蓄存款利息征收的个人所得税暂免征。2009—

2011年对企业所得税的征收管理范围做了调整，即：中央各部门，各总公司，各行业协会、总会，社团组织，基金会所属的企事业单位以及上述企事业单位兴办的包括以货币、实物、土地使用权、知识产权投资等形式的企业以及金融保险企业和境内外国企业。

税源监控

各税务所每年检查重点企业2次，检查所得税户口，一般户不定期检查。根据检查结果进行年审，以产销定税额，修订征收指标。确有困难者依据法规给予减免。1986年免征供销企业全年所得税，用以弥补历年挂账损失。1988年查出漏管户15户，无证户20户，令其补办手续，补缴税款4万余元。针对个体户无账可查的现象，1990年，帮助32户个体工商业户建账。1994年分税之后，确定蓖麻油厂、烟草公司等重点企业为新税制监控单位。经2年实践、总结，新税制在县内全面推广。2001年底，从国家税务总局到省、市、县国税局的四级网络全部联通，金税工程在永和县开通运行。2002年，对县内13户一般纳税人及10只油枪全部安装税控装置。是年1月—10月，加油企业纳税15.2万元，为2001年同期的3.1倍。2005年，扩大监控范围，确立目标，深入开展税源调查，掌握重点税源动态，为组织收入和税收预测提供依据。2006—2011年，采取管户与管事相结合、管理与服务相结合、属地管理与分类管理相结合方式，以纳税申报和优化服务为基础，以计算机网络为依托，集中征收，重点稽查。

税收稽查

1989年，税务稽查队、监察室成立。县人民检察院向税务局派驻检查员，查处重大涉税案件。1992年公开处理酒厂欠税案，永和砖瓦厂欠税案，追缴税款3.5万元。1994年以后，税务稽查与日常检查逐步分离，形成相对独立和成熟的税务稽查体系。1995年稽查队改为稽查局。1997年，稽查管理方式实行县级局一级稽查。2002年，税收征管法实施细则首次明确税务稽查局的执法主体地位。2009年《税务稽查规程》修订。2011年，国家税务总局充实省市两级力量，全面实行地方稽查体制。

发票管理

1986年后，发票专人管理，随时发售，定期检查。分税之后，国税局设立专用发票库，重点监督增值税专用发票。税制改革后，"以票管税"使发票具有重要的税收意义，成为实施税源监控和维护税收秩序的重要工具。1995年采用计算机管理发票，配备传真机，实施异地稽核，防止不法分子利用专用发票犯罪。2003年，国税城镇分局纳税审报大厅使用计算机版专用发票。同年开展查处伪造、倒卖、虚开及接受假增值税专用发票违法犯罪行为，受托协查50户，协查发票236户，回复率100%。有1

户企业接受虚假、作废增值税发票抵扣税款,被追补税款和滞纳金1.4万元。县城17户增值税一般纳税人全部纳入防伪税控管理,其中有1户使用电子系统。2005年,税收征管系统正式投入运营。2011年2月,国家税务总局公布新的发票管理办法实施细则,5月之后停止使用手工发票,全部推行使用机打发票。

1953—2011年永和县各项税收统计表

表13-6　　　　　　　　　　　　　　　　　　　　　　　　　　　　　　　单位:万元

年 份	各项税收	年 份	各项税收
1953	2.35	1983	43.04
1954	6.26	1984	44.25
1955	5.25	1985	52
1956	7.48	1986	59.4
1957	8.78	1987	66.8
1958	8.79	1988	85
1959	8.7	1989	99.3
1960	10.54	1990	11.5
1961	16.68	1991	157.42
1962	22.81	1992	156.13
1963	20.87	1993	175.2
1964	24.08	1994	139.57
1965	21.1	1995	254.2
1966	23.85	1996	209.69
1967	21.43	1997	233
1968	16.56	1998	211.04
1969	19.81	1999	217
1970	17.63	2000	170
1971	19.03	2001	255
1972	25.82	2002	213
1973	22.53	2003	218

续表13—6　　　　　　　　　　　　　　　　　　　　　　　　　　　　单位：万元

年　份	各项税收	年　份	各项税收
1974	23.93	2004	220
1975	25.8	2005	202
1976	27.57	2006	250
1977	25.83	2007	341
1978	26.62	2008	423
1979	31.61	2009	462
1980	36.66	2010	647
1981	42.05	2011	1022
1982	46.47	—	—

第十四编

金　融

民国及之前,永和县金融机构只有当铺和银号。银号多为经商找零方便,借贷量很小。中华人民共和国成立后,人民银行、农业银行、农村信用合作社、工商银行、建设银行、邮政银行等相继建立。这些银行为县内工农业生产发展起到积极的推进作用。1950—1952年三年经济恢复时期,人民银行永和县支行发放农业贷款4万元,帮助农民解决生产生活困难。中共十一届三中全会以后,全县经济发展加快,银行存贷业务相应增加。1980年,全县存款余额525.1万元,贷款余额660万元。至2000年,全县存款、贷款余额均超亿元。2011年,全县存款余额95198万元,贷款余额25042万元。

县内存有两个保险公司,即中国人民保险公司永和支公司和中国人寿保险公司永和县代办所。险种有机动车辆保险、企业财产保险、家庭财产保险、人身意外伤害保险、子女备用金保险等几十种。1996年,全县保费收入68.7万元;2011年,全县保费收入1232万元。

第一章 银 行

第一节 机 构

当 铺

县内当铺多由商铺兼理,且有信托性质,有的时兴时停,停后经商。民国后期,城关镇、桑壁镇两地设当铺。城关镇"德兴正"当铺,财东马左娥;桑壁镇"聚成功"当铺,财东弓全才。经营范围,多为以大当小的元宝、金条、金银首饰、衣料、铜器等物,偶有少量古物。经营方式是以当物作价的五六成作抵押,在3~6个月内由当铺押物纳息给物主借钱,到期还钱赎物。超过赎当期物归当铺变卖,当据丢失即失去赎当权。

银 号

民国时期,县政府二科(财政科)下设公办银行,称永和银号。经理李秉铎,县内东峪沟村人;副经理李锦堂,县内鹿角村人;出纳刘耀曾。流通资金银圆1万元左右。私商兼办的"复兴全"永和银号,为蒲县总银号下设的分号。财东逯茂庆,从业人员10余人,流动资金为银圆1000余元。"寿山祥"银号由汾城(今襄汾县汾城镇)人李段祥、李宝山合资开办,资本约银圆5000元。"恒义公"银号由文水人吕元善开办,资本约银圆3000元。"吉生永"银号由县人段文富开办,资本约银圆3000元。这些公办和私办银号,只为经商找零方便,多出售一些商品,借贷量均比较少。发行钱贴子面额为1元、2角、1角。

银行 信用社 银监会

人民银行 1950年5月17日成立中国人民银行永和县支行,行使中央人民银行职能,主要承担代理财政金库,掌握货币发行,办理出纳结算,组织存款,发放贷款业务。1958年撤销,改为吕梁县支行永和办事处。1961年恢复永和县支行建制。2000年3月22日永和县支行撤销发行股,没有了货币发行职能。2011年,中国人民银行永和县支行下设综合业务部、金融管理部、综合办公室、纪检监察审计室,共有职工18人。

农业银行 1963年12月从人民银行分出,成立中国农业银行永和县支行。1966

年并入人民银行，1979年12月复设。负责管理各项农贷，领导农村信用合作社，组织农村闲散资金，发展农业生产。1996年10月与农村信用社脱钩，不再具有领导农村信用合作社的职能。2011年末，机关内设办公室、客户部、营业部。共有工作人员23人。

工商银行　1984年7月成立中国工商银行永和县支行，与人民银行合署办公。1986年7月与人民银行正式分设。内设办公室、会计股、出纳股、信贷股、储蓄股，下设南街储蓄所、北街储蓄所，共有职工32人。1988年，会计股与出纳股合并为会出股，计划股与信贷股合并为计信股，同时新设稽核股、房地产信贷股，职工增至35人。1995年，内设机构改为办公室、信贷股、计划股、会出股、储蓄股、稽核股，职工减为27人。1998年12月撤销，当时有员工27人，共有资产2228万元，负债2253万元，办公楼、职工宿舍等固定资产总值132万元。

邮政储蓄　1986年11月，永和县邮电局开办邮政储蓄，和邮电业务同室营业，配正式职工3人。1997年储蓄网点增至2个，配职工7人。1998年9月改为永和县邮政局后，邮政储蓄机构、人员未变。2011年末，永和邮政储蓄网点2个，从业人员9人，运钞车1辆，移动金库1间。邮政储蓄是邮政部门以自身的营业网点为依托，办理以居民个人为主要对象的人民储蓄存款业务。没有放贷职能。

建设银行　中国建设银行永和县支行成立于1988年9月，主要管理基本建设资金。设办公室、会计股、业务股、筹资股、保卫股、房地产信贷部6个股室，辖1个府西街储蓄所。1995年有职工24人。1996年10月撤销时，共有资产1079万元，负债1024万元，固定资产26.2万元，职工宿舍值1.3万元，亏损额15.5万元。

邮政银行　2011年11月1日中国邮政储蓄银行股份有限公司永和县支行成立。内设营业部、信贷部、综合业务部、会计室、办公室，共有18名员工。主要职能是办理城镇储蓄，吸收工商企业和机关、团体、学校单位的存款；根据人民银行授权，统一管理国营工商企业流动资金，对开户单位实现现金管理基本监督；办理国营工商企业、城镇集体企业和私营工商企业的流动资金贷款；办理技术改造贷款；开展委托、代理、租赁、咨询、结算、信托等业务；办理开户单位转账和现金结算；开展经济调查和经济信息工作；受理人民银行委托的其他业务。

农村信用合作社联合社　1952—1956年，全县先后建立农村信用合作社11个。1954年建立农村信用合作社联合社（简称县联社），领导农村信用社工作。1958年撤销县联社，农村信用社下设由人民公社管理。1979年农业银行设信合股，指导农村信用社业务工作。1985年恢复县联社机构，下设城关、桑壁、坡头、署益、罢骨、交口、泊洋、西庄、阁底、打石腰、南庄11个乡镇信用社。

1996年，县联社下设有县城营业部1个，乡镇信用社11个，信用站8个，储蓄所1个。1996年10月，与永和县农业银行脱钩。1999年撤销西庄信用社和罢骨信用社。2007年撤销署益信用社和泊洋信用社。2008年撤销坡头、交口和打石腰信用社。2010年建起坡头、交口、打石腰3个便民服务点。2011年3月，成立县城广场分社。截至2011年底，县联社下属有营业部、广场分社、城北储蓄所、城关信用社、南庄信用社、阁底信用社、桑壁信用社，有工作人员121人，其中在岗104人。

银监会 2004年1月8日，中国银行监督管理委员会临汾监管分局永和办事处成立，共有职工3人，办公地点设立在人民银行4楼。职能是根据授权，统一管理银行、金融资产管理公司、依托投资公司，以及其他存款类金融机构，维护银行业的合法稳健运行。

第二节 货 币

流通货币

铜 币 春秋时期永和县即有莆子方足布行世。相继流通的有魏明刀币、秦半两、汉五铢、唐开元等币。唐宋钱币品种较多，金、元、明次之。明清铜币分铜圆和制钱两种。铜圆流行于光绪二十四年（1898）后，有每枚当制钱十文、二十文、五十文等种，每百文当一圆。制钱为唐开元后形成的通宝钱。永和县流通明清各帝所铸制钱，起初400文为1贯，后1000文为1贯（俗称1吊），1贯抵银1两。7枚准1分，自重标准重1.3钱，清代改为1~1.2钱。制钱外圆内方。清代制钱的幕为汉、满文。"文"是最小货币单位，民国10年（1921）后退出流通。

银两银币 明末至民国初，县内通行银圆、银两。银两有银锭、银饼、元宝及银锞子（俗称十不足）、碎银。清末流通银圆，有光绪二十四年（1898）所铸"龙头洋"和宣统元宝。银圆每枚库平7钱2分（1.44克），合纯银9成（1.298克）；宣统元宝库平为1钱4分4厘。贰角，为银圆辅币。辛亥革命后，民国2年（1913）2月7日国民政府公布《国币条例》及实施细则，定银圆为国币。民国3年（1914）铸造"袁头洋"

（袁世凯头像），为纪念北伐战争胜利铸"小头洋"（孙中山头像）。民国22年（1933）废两改圆，规定每枚重26.6971克，含纯银23.493448克；辅币有镍币伍分、壹角、贰角等品种。民国24年（1935）11月3日南京政府实施币制改革，县内始有中央银行、中国银行、交通银行、中国公民银行钞（俗称法币）流通。此间虽禁止银圆流通，但禁而未止，人们仍看重银圆。中华人民共和国成立后，银圆不再流通。

货币流通券 民国8年（1919），山西省银行发行"老省钞"。民国16年（1927）发行山西省金库兑换券，因纸质差、印刷粗糙、信用度低，被民间拒绝使用，后成废纸。民国21—22年（1932—1933），发行绥垦业银号兑换银圆券，面额有壹角、贰角、壹元、贰元等种。民国23—35年（1934—1946），发行晋绥地方铁路银号兑换国币、兑换法币钞票，晋北盐业银号通用钞票，西北地方实业公司兑换券。

法币 民国25年（1936）后法币在县内流通，面额最高拾圆，银本位制货币。规定1元与银圆1元等值，实际10∶1以上。抗日战争中后期逐渐贬值，被群众弃用。

信用合作券 民国32年（1943）年"兵农合一"时山西省政府印刷的地方货币，由永和县经济合作联社在县境发行。省里统一印制，根据生产状况及交易额决定发行量，只限于县域流通，不久即作废。

农钞 冀钞 边币 永和县解放初使用解放区货币。农钞为西北农民银行发行的"西北农行农民币"之简称，面额有壹佰圆、贰佰圆、贰仟圆、壹万圆等，贰仟元折人民币1元；冀钞为冀南银行发行的"冀南银行币"之简称，面额有壹佰圆、伍佰圆、壹仟圆、贰仟圆、伍仟圆、壹万圆、伍万圆等；边币是晋察冀边区银行发行的"晋察冀边区银行币"之简称，面额有壹圆、贰圆、伍圆、拾圆、伍拾圆、壹佰圆、贰佰圆、伍佰圆、壹仟圆、两仟圆等。民国37年（1948）12月中国人民银行成立并发行人民币，3种边币以20∶1∶10比例兑换收回，即人民币1元折合农钞2000元、冀钞100元、边币1000元。

人民币 民国37年（1948）年12月发行，面额有壹佰圆、贰佰圆、伍佰圆、壹仟圆、伍仟圆、壹万圆、伍万圆及壹圆、伍圆、拾圆、贰拾圆、伍拾圆12种，至1953年12月共流行67种版别。1955年3月发行新币后，称此币为旧人民币，缩称"旧币"。新币面额有主币壹圆、贰圆、叁圆、伍圆、拾圆（1957年12月发行）5种，辅币有壹角、贰角、伍角3种，即第二套人民币，与旧币为1∶1万元。当年4月1日旧币停止使用，兑换新币流通。1964年4月15日收回苏联代印的1953年版叁圆、伍圆、拾圆3种面额人民币，同时发行壹圆、贰圆、伍圆、拾圆4种新版人民币，即第三套人民币，此后再无叁圆币。1987年4月27日起发行主币壹圆、贰圆、伍圆、拾圆、伍拾圆5种，辅币壹角、贰角、伍角3种。1988年5月在流通中增发壹佰元面额人民币，即为第四套人民币。1990年，发行面额为壹圆、伍圆、拾圆、贰拾圆、伍拾圆、壹佰元。1999年，发行第五套人民币，面值为壹圆、伍圆、拾圆、贰拾圆、伍拾圆、壹佰圆6种。2005年，发行淡绿色伍拾圆人民币。

金属人民币 1957年12月中国人民银行发行面值壹分、贰分、伍分金属币。1980年发行壹角、贰角、伍角、壹元金属币。1992年6月发行面值为壹角、伍角、壹圆3种金属币。

纪念币 1984年10月1日中国人民银行永和县支行代总行发行中华人民共和国成立35周年纪念币一套3枚。之后陆续发行的有西藏自治区成立20周年纪念币1套1枚，国际和平纪念币1套1枚，中华人民共和国第六届运动会纪念币1套3枚，宁夏回族自治区成立30周年纪念币1套1枚，中华人民共和国成立40周年纪念币1套1枚。1990年发行十一届亚运会纪念币1套2枚。1991年发行全民义务植树10周年纪念币1套3枚，中国共产党成立70周年纪念币1套3枚，第十一届世界女子足球赛纪念币1套2枚，中华人民共和国宪法颁布10周年纪念币1套1枚，宋庆龄诞辰100周年纪念币1套1枚，毛泽东诞辰100周年纪念币1套1枚，中国野生动物大熊猫特种币1套1枚。1996年发行朱德诞辰110周年纪念币1枚。1997年发行香港特别行政区成立纪念币1套。1998年发行刘少奇诞辰100周年纪念币一枚。1999年发行中华人民共和国成立50周年纪念币一枚，澳门特别行政区成立纪念币1套。2001年发行西藏和平解放50周年纪念币1枚，辛亥革命90周年纪念币1枚。2004年发行邓小平诞辰100周年纪念币1枚。2008年发行第29届奥林匹克运动会纪念钞若干张。2010年发行上海世博会纪念币2枚。2011年发行建党90周年纪念币1套。

投放回笼

1950年3月国家统一财政经济，银行实行现金统一管理，执行总行提出的"收存款、建金库、灵活调拨"方针，使货币投放走上正常轨道。据1952—1995年间10个年份统计，货币投放量共计21137.2万元，年均2113.7万元；回笼量共计17584.2万元，年均1758.4万元；年均投回差为355.3万元。

1952年市场货币流通量10.1万元，城乡居民人均持币4.16元。1965年市场货币流通量59.3万元，城乡居民人均持币12.12元，比1952年增长1.91倍。1975年货币流通量39.6万元，城乡居民人均持币7.31元，比1965年减少39.7%。1985年市场货币流通量356.3万元，城乡居民人均持币61.08元，比1975年增长7.4倍。1995年市场货币流通量820万元，城乡人均持币139.44元，比1985年增长1.28倍，比1952年增长32.5倍。1996年后未作货币投放回笼统计。

1952—1995年部分年份永和县货币流通量统计表

表14-1　　　　　　　　　　　　　　　　　　　　　　　　　　　　　单位：万元

年份	投放	回笼	投回差	内（+）外（-）流差	年末市场货币流通量			年末人均持币（元）
					合计	城乡集团	城乡居民	
1952	74.7	60.2	14.5	-20.0	10.1	0.6	9.5	4.16
1957	164.8	140.2	24.6	-20.0	42.7	5.4	37.3	14.00
1962	87.0	71.5	15.5	-12.0	46.0	6.6	39.4	12.61
1965	229.8	195.9	33.9	-20.0	59.3	17.2	42.1	12.12
1970	206.6	204.0	2.6	+1.0	41.7	14.4	27.3	7.89
1975	263.9	253.7	10.2	-6.0	39.6	4.9	34.7	7.31
1980	709.0	535.3	173.7	-149.5	123.5	31.3	92.2	20.10
1985	1608.7	1263.4	345.3	-293.2	356.3	45.2	311.1	61.08
1990	4232.3	3488.3	744.0	—	660.0	80.0	580.0	108.36
1995	13560.4	11371.7	2188.7	—	820.0	—	—	139.44

现金管理

从1950年4月起，根据政务院《关于国家机关实行现金管理的决定》，对现金严格管理。对机关、团体、学校、国营企事业、合作社等单位的经济往来，除30元以下的小额开支外，一律通过银行转账结算。1965年永和县把手工业、合作商店、社办企业、街道所属企业、校办工厂等独立核算单位纳入现金管理序列，核定库存限额，确定结算起点为30元。1977年11月根据国务院颁布的《关于实行现金管理的决定》精神，重申现金管理的基本原则：一切机关、团体、部队、学校、农场、工商企业、事业单位、手工业场所、合作商店等，都必须严格执行现金管理规定，将闲散资金归行；现金使用范围是支付职工工资、奖金、津贴、福利费、公社成员预支款、社会救济费、抚恤金、退休金、学生助学金、丧葬补助费以及国家规定对个人的其他支出，支付居民劳务报酬，国家企业收购个人农副产品和其他物资及支付出差人员随身差旅费等；核定单位库存现金一般按本单位日常零星开支3天需要存现金。1980年后适应形势要求，机关单位库存现金改为不超过200元。1982年，现金管理放宽规定，单位库存现金根据实际需要，期限可放宽到5~7天，离银行较远单位最多不超过15天；单位之间经济往来，使用现金额度提高到100元。1997年9月建立大额付现备案审查制度，商业银行系统提现5万元以上，信用社提现3万元都要进行登记。2010年后，机关事业单位数额超出1000元的业务往来，一律需通过银行转账结算。

1996—2011年县内金融机构共开展各类现金检查30多次，查开户单位126个（次）。

第三节　借　贷

旧时民间借贷

概　述　民国35年（1946）之前，县内民间借贷有金钱借贷与实物借贷两类，大多采取借钱、借粮、典房地、卖青苗4种形式。中华人民共和国成立后，这些民间借贷形式不复存在。

借　钱　东峪沟村李凝祥资本约银圆1万元，永和关村白承萃约银圆0.2万~0.3万元。借钱利息一般为月息1分左右，有的为1~3分。借钱须在契约上写清"指物"（如房窑、土地等），到期不能偿还，即以业抵债。一般须有中间人说合，有的还要有承保人。

借　粮　一般借期为半年，春借秋还。普通为借1斗纳息谷3~5升，有的春借斗秋，夏还斗麦。

典房地　贫穷人把房窑或土地以贱价典给有钱人家，契约上写明典期和价格，到期交钱赎地。到期若无力赎回，典契即成"死契"，房屋或土地所有权即归典主所有。

卖青苗　青黄不接时农户把部分青苗估产，以低价提前卖出，卖主蒙受巨大损失。

农业信贷

中华人民共和国成立后，中国人民银行永和县支行对个体农民发放农业贷款，帮助农民解决生产、生活上的困难，发展农业生产。1950—1952年，3年发放农业贷款4万元，年均1.33万元。"一五"时期，银行面向农业基本建设和贫苦农民生产，对个体农民和农业生产合作社发放贷款。1955年为贫下中农发放低息的贫农合作基金贷款69596元。1953—1957年的5年间，发放农业贷款132.3万元，年均26.46万元，比恢复时期增长18.9倍。"二五"时期，银行农贷工作适应"大跃进"形势，免收贫农合作基金未还贷款54525元，5年发放贷款256.88万元，年均

农行征信宣传

51.38万元，比"一五"时期增长94.2%。三年调整时期，重点支持生产资金困难的社队和粮、棉、油生产，压缩基本建设贷款，减少货币投入，3年发放农业贷款153.8万元，年均51.27万元，比"二五"时期降低0.21%。"文化大革命"时期，农业贷款收放皆少，10年发放贷款272.7万元，年均27.27万元，比"二五"时期降低46.8%。1976年后，银行积极组织资金，发放农业贷款，至1978年底，3年发放221万元，年均73.67万元，比"文化大革命"时期增长1.7倍。

中共十一届三中全会以后，1979年12月二次组建农业银行永和支行。农行根据"区别对待，择优扶贫"的原则，按发展生产需要确定贷款数额，按生产或经营周期确定贷款期限，常放常收，年终结息。1979—1995年，17年发放贷款20238.8万元，年均1190.52万元，比"文化大革命"时期增长42.7倍，17年发放农业贷款等于以前29年的19.45倍。1996年农业贷款累计余额3985万元，1997年4891万元，1998年5513万元，2003年5295万元，2005年6695万元，2010年14220万元，2011年17529万元。1996—2011年，农行发放农业贷款年均1095.56万元。2009年，首发"金穗惠农卡"，解决了农民贷款难问题。农户小额贷款38户，贷款余额131万元。2010年，农户小额贷款267万元，发放惠农卡1100张。2011年，农户小额贷款累收289万元，累放563万元，净投放274万元；发放惠农卡5805张，当年进账余额311万元。

县农村信用合作社联社自1996年与县农业银行分设以后，支农力度逐年加大。2003年，县农村信用联社按照县委、县政府的调产思路，累计投放贷款100万元，支持农民搞小流域治理，进行红枣栽植，建设红枣示范园。发放贷款350万元，在全县扶持起16

个养羊专业村、420户专业户，圈养羊发展到2.6万只。为农民投放小额贷款203万元，一次性建起10个温室蔬菜大棚。2005年，信用联社共投放小额信用贷款和多户联保贷款844万元，扶持5600户农户开展种、养、加、运等多种经营及农副产品生产。2006年，信用联社累计发放各类农业贷款2900万元，重点支持县政府确定的5个新农村试点村，扶持农户种、养、加等农业项目。先后投放1500万元，支持红枣栽植、中药材种植、圈养羊业的发展。全年试点村建沼气500户，养牛2000头，圈养羊1800只，栽枣树5万余株。2009年，信用联社出台《四大工程实施办法》，共投放贷款280万元，支持基地2个，规模经营户10户，涉农企业10户，农民专业合作社2个和21个农村青年个人创业。2010年，全县农业贷款余额19452万元。支持下岗失业职工41户，累计发放贷款82万元；支持创业青年255户，累计发放贷款653万元。2011年，信用联社持续加大服务三农力度，继续推广农户小额信用贷款，扩大适用范围，调整授信额度。共计发放支农贷款24092.06万元。其中：农户贷款新增4597.08万元，重点支持信用街道1个，支持省级信用村9个，累计达到12个；扶持农民专业合作社4个、供销合作社4个，累计发放贷款360万元；培育种植、养殖基地5个，累计投放信贷资金130万元。

工业信贷

1951年，县城北关一家小手工业主生产犁铧，偶尔贷款三五百元购买原材料，因形不成规模生产，于公私合营前停产。从1970年起，县内先后新建农机修造厂、皮毛厂、砖瓦厂，扩建印刷厂；1977年新建酒厂、豆粉厂。人民银行向这些企业投放少量贷款，解决流动资金不足的问题。县国营皮毛厂破产，工商银行损失贷款本息110534.47元；县国营酒厂破产，损失贷款本息1217230元。

1980年银行始办基本建设、技术改造专项贷款。1983年7月1日起，企业流动资金改由人民银行管理。1985年11月20日起，凡是国家预算内基本建设投资，一律由财政拨款改为银行贷款。从此永和县工业企业贷款效益逐渐提高。1985年，由山西省农经委拨扶贫贷款360万元，建起县蓖麻油厂。1989—1995年银行贷款支持原有工业企业进行设备更新的转产，支持新建纸箱厂、红枣加工厂、洗煤厂等；县自来水公司贷款110万元，改善县城供水设施；县豆粉厂贷款24万元，改造返溶豆浆晶生产线。

工业贷款呈逐步增长趋势。1962年底全县贷款余额仅0.2万元，1965年为0.5万元，比1962年增加1.5倍。1975年12.1万元，比1965年增加23.2倍。1985年241.4万元，比1975年增加18.95倍。1995年636万元，比1985年增加1.63倍，比1962年增加3179倍。

1996年工业贷款余额为862万元,以后逐年减少。1997年692万元,1998年616万元。2003—2011年一直在200万元以下。

商业信贷

1950年,全县商业贷款1.6万元,1958年118.6万元,1966年68万元,1971年137.4万元,1976年187.8万元。1950—1980年31年间,全县商业贷款累计3393.2万元,年均109.46万元。1981—1985年,商业贷款累计2732.6万元,年均546.52万元。1986年后,商业贷款剧增,1986年1130.5万元。1986—1998年,商业贷款累计42156万元,年均3242.77万元。2003—2011年,全县商业贷款累计44028万元,年均4892万元。2009年,县农业银行发放个人住房贷款162户735.9万元,发放住房公积金贷款38户294万元。拓展个人借记卡1287张,企业电话银行5户,个人电话银行349户,企业网银6户,个人网银306户,个人手机银行138户。2010年,农行发放个人住房贷款453万元,住房公积金委托贷款927万元。发放贷记卡336张,增加个人电子银行2036户,企业电子银行13户。2011年,农行发放个人住房贷款217万元,个人电子银行完成3824户,发放贷记卡231张。

第四节 储蓄 存款

储 蓄

1952年,中国人民银行永和县支行动员、鼓励人民群众积极参加储蓄,支援国家建设。当年城乡居民储蓄0.7万元,其中城镇储蓄0.6万元,农村储蓄0.1万元,全县人均0.28元。1955年后,实行"存款自愿,取款自由,存款有息,为储户保密"的鼓励和保护政策。1962年城乡居民储蓄18.9万元,其中城镇储蓄6万元,农村储蓄12.9万元。中共十一届三中全会以后城乡居民储蓄迅速增长,1985年储蓄501.4万元,其中城镇储蓄262.6万元,农村储蓄238.8万元。除农业银行、工商银行继续吸收城镇储蓄外,县邮电局、建设银行相继于1986年、1988年起开办各种储蓄业务。1988年城镇储蓄1257.5万元,首次突破千万元大关。1996年至2000年储蓄存款7次降息,降到中华人民共和国成立以来最低水平,但增长趋势没有受到影响,仍以8465万元创历史新高。2011年末,全县储蓄存款余额52283万元,其中城镇储蓄28618万元,农村储蓄23665万元。

存 款

1952年，全县存款6.5万元，其中财政性存款4万元，机关团体存款1.8万元，城乡居民储蓄0.7万元。1980年，全县存款525.1万元，其中财政性存款52.7万元，机关团体存款277万元，城乡居民储蓄195.4万元。1995年，全县存款6326.9万元，其中财政性存款140.2万元，占2.22%；机关团体存款1375.2万元，占21.74%；城乡居民储蓄4811.5万元，占76.04%。1998年，全县各项存款8655万元，其中居民存款6633万元，占76.64%。2006年，全县各项存款26099万元，其中居民存款18528万元，占70.99%，人均2974元。2011年，全县存款95198万元，其中居民存款52283万元，人均8169.2元。

1950—2011年永和县金融信贷一览表

表14-2 单位：万元

年　份	存款余额	其中：居民存款	贷款余额
1950	0.5	—	1.6
1951	3.7	0.1	1.5
1952	6.5	0.7	3.5
1953	44.5	3.3	13.4
1954	61.9	5.7	25
1955	15.4	6	53.9
1956	19.1	11.2	106.7
1957	44.2	14.5	106.3
1958	22.6	21.8	212.6
1959	33.8	25.1	210.6
1960	25.1	21.4	190.4
1961	59	31.9	179.1
1962	90.1	18.9	193.7

续表 14-2　　　　　　　　　　　　　　　　　　　　　　　　　　　　　单位：万元

年　份	存款余额	其中：居民存款	贷款余额
1963	58.2	20.1	141
1964	85.8	20.7	121
1965	79.6	23.1	155.6
1966	158.1	22.5	147.2
1967	129.7	22.3	143.9
1968	134.7	19.8	168.3
1969	159.2	18.6	171.1
1970	166.2	22.3	211.5
1971	162	24.5	246
1972	234.8	31.6	263.9
1973	158.9	37.4	275.4
1974	165.9	42.3	299.3
1975	173.3	48.1	309.9
1976	233.2	58.1	327.5
1977	274.1	70.4	361.6
1978	204.6	71.1	371.1
1979	250.3	86.7	470.1
1980	525.1	195.4	660
1981	705.1	204.8	867.3
1982	973.7	188.9	1205.2
1983	1210.7	213.9	1048.3
1984	1364.5	293.4	1390.4
1985	1461	501.4	1565
1986	1613.2	698.1	2119.9

续表14-2 单位：万元

年份	存款余额	其中：居民存款	贷款余额
1987	1748.1	877.1	2527.4
1988	2064.1	1257.5	3226.6
1989	2166.2	1398.6	4337.3
1990	2618.5	1762.9	4542.9
1991	2877.1	2114.5	5342.8
1992	2934.9	2380.4	5952.4
1993	3692.9	2877.3	6483.8
1994	4698.6	3614.7	7667.8
1995	6326.9	4811.5	9044.1
1996	7399	5555	10340
1997	7975	6261	11179
1998	8655	6633	12567
1999	9863	7324	13419
2000	11385	8465	12725
2001	14613	9814	—
2002	29169	11945	—
2003	34912	13515	18048
2004	21935	15199	19363
2005	24799	17221	20995
2006	26099	18528	16998
2007	30254	21766	17650
2008	49696	31938	13360
2009	56830	35275	17006
2010	75035	43195	20315
2011	95198	52283	25042

第五节 金融监管

机构管理

人民银行机构管理 1996年,对中国农业银行永和县支行12名股级干部进行资格审查。

1999年,制定《金融监管责任制》,对辖区内金融机构及业务按照审慎原则实施监管;对辖区金融机构准入、营运、推出全程监管;对辖区金融机构合并、兼并、分立、解散、行政关闭和依法申请破产等市场推出以及停业整顿、机构重组,按有关法规政策履行监管。

2000年,制定和完善金融监管目标责任制,突出履行监管职责、监管工作和对监管人员的考核,完成监管责任制的分解工作。成立防范化解农村信用社风险领导组,层层签订责任书,责任到人。

2001年,建立金融机构自律系统,创建金融安全区责任制,与金融机构签订责任书。建立社会监督制约系统,设立监督员和举报电话。成立监管领导组,落实监管责任。

2002年,与金融机构签订创安责任书,以政府名义下发《永和县创建金融安全区实施方案》,制定监管人员责任书,成立高级管理人员管理领导组,制定永和县金融机构高级管理人员任职资格管理实施方案和细则。对信用社25名管理人员和农行4名管理人员进行全面考核检查,并就存在问题提出若干建议。

2003年,成立监管委员会和金融机构自律委员会,修订和完善创建金融安全区方案和考核办法,制定和签订各个层次的目标责任书。按照《金融机构高级管理人员任职资格管理办法》,对辖区31名金融机构高管人员进行考核,并对其档案实行电子化管理。

银监办机构管理 2005年,督促银行业金融机构建立健全各项规章制度,重点是农村信用社和邮政储蓄,要求各银行业金融机构要规范操作,尤其是重要岗位人员要进行轮岗和强制轮休,确保各项制度落到实处,杜绝案件的发生。向中共永和县委、永和县人民政府汇报农村信用社改革有关情况,取得地方党政的支持,县政府先后组织成立金融稳定协调领导小组，深化农村信用社改革领导小组，督促国家公职人员偿还农村信用社贷款领导小组，参与开展农村信用社改革、银行业金融机构风险防范处置机制建设。

2006年，落实监管责任，实行责任追究。与监管员签订监管责任书，明确监管职责和任务，形成"事有人管，事有人担"的机制；实行《监管工作责任制实施细则》，将监管责任落实到监管的全过程；坚持《监管人员责任追究制度》，明确失职渎职甚至出现违法违规问题的人，要实行严格的监管责任追究制，对监管人员的监管工作进行考核，实行严格的问责，建立"统一领导，分级监管，部门落实，责任到人，加强考核，严格问责"的监管责任制。

2007年，以农村信用社和邮政储蓄监管为重点，加强银行业金融机构案件专项治理工作，防范和化解农村信用风险。

2008年，以风险监管为主线，加强银行业金融机构案件专项治理工作，增强银行业监管创新意识，督促辖区银行业金融机构审慎经营，稳健运行。完成了对永和县农村信用社风险监管评级。对永和信用社和农行高管人员履职进行了考核。

2009年，围绕"保增长、防风险、促稳定"，重点突出农村信用社监管，督促农业银行不良贷款实行"双控"，农村信用社不良贷款实行"双降"，狠抓案件专项治理，提高银行业服务水平。对永和农村信用社和农行高管人员履职情况进行了考核。

2010年，制定结合辖区金融机构实际情况的永和监管办事处工作计划；针对辖区金融机构业务状况分别签订监管办负责人与金融机构负责人案件防范责任书，根据监管办监管员情况，签订内部工作目标责任书。

2011年，与辖区金融机构签订《2011年案件防控工作目标责任书》《2011年度双向承诺书》；监管办主任与监管员签订《监管办主任监管员工作目标责任书》《监管办主任和监管员党风廉政建设责任书》和《保密承诺》。收集辖区49份《金融机构责任人和中层干部案防责任书》作为备案资料；督促辖区银行业金融机构审慎经营，稳健运行，创立和谐银行。对永和县农村信用社和农业银行高管人员履职情况进行了考核。

业务管理

人民银行业务管理　1972年5月，中国人民银行永和县支行对全县机关、团体、学校、人民公社、食堂、农村社办企业、生产大队、生产队库存现金，按库存限额不超过3天零星开支和标准进行一次大检查。

1973年，对全县80个生产大队、384个生产队，实行财务管理"五统一"，即统一设账设簿，统一使用现金收付记账法，统一使用会计科目，统一报送月资金平衡收益分配表，统一执行八项基本制度。

1977年，执行国务院《关于实行现金管理的决定》，规定"有现金收入的销货单位现金必须当日交存银行，单位提取在银行的大额存款必须进行登记"。堵塞现金外流漏洞。

2000年3月，对县农业银行承兑汇票执行情况，信用证业务、对外担保业务、银行卡业务情况，内控制度建立健全情况，重要空白凭证管理使用情况进行执法检查。9月对县农行不良贷款质量真实性情况进行执法检查，查出半年不良贷款359万元。对农村信用社进行规范工作检查验收和真实性检查5次，查出城关社呆账贷款严重失真，要求其限期改正，并提出4条整改意见。

2001年，对金融机构不良贷款制订下降计划，严把信用评估、监测分析、现场检查关和管理人员业务考核关，年末全县不良贷款比年初下降3.66个百分点。对农村信用社新增贷款质量及管理状况、单户贷款超比例进行检查；对农村信用社和农业银行开展中间业务情况进行检查。

2002年4月，对农业银行进行现场年检，查出8方面问题，并提出整改意见，限期改正。对农行贷款五级分类情况进行调查，针对贷款分类存在的问题，提出改正意见。对农村信用社进行专项调查和内控制度现场评价，针对问题提出整改意见并督促整改。

2003年，根据《行业自律公约》，对辖区金融机构违约情况提出处理意见4条，组织开展自律检查22次，发现问题3个，下发整改建议3次。组织对农村信用社债券投资情况、盈亏真实性、内控制度执行情况、现金利率情况等进行检查，查出问题3类7条，提出整改意见7条，通报批评1次。对县农行信贷资产、非信贷资产、表外业务、现金利率执行情况进行检查，对利率方面存在的问题进行通报批评。

银监办业务管理 2005年，开展对农村信用社增资扩股真实性、贷款人贷款、风险排查案件专项治理现场检查和邮政储蓄资金运用合规性现场检查，查出农村信用社问题15条，邮政储蓄5条，提出整改意见和建议18条。开展综合风险评级，实行差别监管。9月份，根据《农村合作金融机构风险评价和预警体系（试行）》，对全县8个农村信用社2005年风险状况进行风险排查，综合评价。评价结果A类1个社，B类6个社，C类1个社。根据风险评级情况，分类分层次地制定了风险处置预案，确定了监管重点。

2006年，对永和县农行、农村信用社、邮政储蓄现场检查5次，查出农业银行存在的问题5条，农村信用社存在的问题9条，邮政储蓄1条，并提出整改意见和建议。

2007年，共收集、分析各类报表96份；对银行业金融机构负责人进行监管谈话4次，谈话对象35人次，召开监管通报会2次；完成中国银行业农村金融服务地图集的数据采集工作；完成8个农村信用社监管评级工作；对辖区12个银行业金融机构检查48次，提出整改建议36条。

2008年，对农行永和支行建立和完善防范风险"十六项"制度落实情况进行现场督导检查，共查出5个方面的问题，并提出6个方面建议；对永和县5家农村信用社案件防控措施和长效机制建设情况进行现场检查，共查出7个方面的问题，并提出个方面的建议。对农村信用社不良贷款实行按月监测分析，重点跟踪检查，加强了对不良贷款额大、占比高和新增不良贷款机构的动态分析、风险预警和跟踪检查。截至10月末，永和县农村信用社不良贷款账面余额2749万元，较年初减少268万元，不良贷款占比22.5%，较年初下降11个百分点。

2009年，对辖区农村信用社进行风险监管评级。对永和县邮政储蓄网点安全情况进行现场检查；对永和县农村信用社2008年风险问题整改落实情况进行现场检查；对永和县城南邮政储蓄网点代理保险、代理基金及理财产品进行现场检查；对辖区5个银行业机构安全进行专项检查，其中农行1个机构、信用社3个机构、邮政储蓄1个机构。对辖区银行机构案件风险排查进行排查；对永和县农村信用社重新挂牌后，牌、章、证、照更换情况进行现场督查；对永和县信用社案件防控进行督导；对永和县信用社基层负责人交流情况进行督查；对辖区银行业机构开展案件专项防控进行督导；对辖区银行业机构报送大额存款挂失业务进行督查；对辖区银行业机构案件防控落实工作进行督查；对永和县农村信用社重点业务中发现的问题整改情况进行督查；对永和县农村信用社信息联络员及金库尾箱管理进行督查。

2010年，完成对永和县农村信用社年度风险监管评级工作。永和县农村信用联社监管评级定量分16.75分，定性分17.69分，总分34.44分，监管评级为五B级，比2008年六A级提高了一个级别。对农行永和县支行贷记卡进行现场检查，按照《山西银监局商业银行贷记卡专项检查方案》，共查出2个方面问题：制度建设不完善和贷记卡透支逾期未还。同时提出2个方面建议。对辖区农村信用社行政许可事项进行现场检查，发现 3 个问题，一是个别信用社营业执照负责人与实际负责人不符；二是个别信用社营业执照未上墙；三是个别信用社营业室没有负责人公示牌。提出意见 2 条，要求立即纠正。对永和县农村信用社筹备 3 个简易服务网点筹建、服务和安全设备进行多次现场督查；对辖区银行业机构企业社保基金账户开展情况进行督查；对永和县银行业机构案件防控知识考试情况进行现场督导；对辖区金融机构服务项目收费情况进行督查；对辖区机构开展案防攻坚年活动和制度执行年活动进行督查和抽查；对永和信用联社重要空白凭证管理风险自查进行督查；督促金融机构对企业社保基金账户进行风险排查；现场督促金融机构对临汾市银行业金融机构枪支弹药管理及使用情况现场检查方案和临汾市邮政储蓄银行、农村信用联社营业网点、业务库安全情况现场检查方案贯彻落实情况进行自查。

2011 年，对永和县农村信用联社进行监管评级，评定结果为 5A 级，比 2009 年提升了一级。对永和农村信用联社内控风险自查情况进行抽查；对永和城关信用社内控风险自查进行现场检查；对永和农村信用联社账户排查进行抽查；对永和农村信用联社外聘信息服务人员有关情况进行排查；对永和县农村信用联社开展"三个办法、一个指引"落实情况进行现场检查，共查处 4 个方面的问题，提出 4 条建议；对永和农行、信用联社、邮政储蓄银行 3 家机构落实存款风险滚动式检查制度情况进行现场检查。

金银收兑

中华人民共和国成立后，中央人民政府规定：除经过批准生产、加工和经营金银的工商企业外，不允许其他单位和个人买卖金银，禁止金银作为货币流通。个人金银需要投入生产和生活，由人民银行按国家规定牌价收兑。收兑品种主要是金银币、首饰。1949 年 4 月的收兑价格为黄金每克（以下同）0.0608 元，白银每克（以下同）0.00064 元，银圆每枚（以下同）0.02 元。至 1953 年前，收兑价格黄金调整 10 次，白金调整 5 次，白银、银圆调整 8 次。此后 20 余年未动。1980 年 4 月—1990 年，黄金调整 7 次，白金调整 1 次，白银、银圆各调 7 次。黄金 1953 年为 3.04 元，1980 年为 13 元，1986 年为 31.9 元，1989 年为 48 元；白金 1950 年 7 月定价 5.44 元，1953 年 7 月为 9.12 元，1980 年后为 25 元；白银 1953 年 10 月为 0.04 元，1988 年为 0.85 元；银圆 1950 年 11 月为 1 元，1973 年为 2.5 元，1980 年为 5 元，1986 年 7 月为 12 元，1989 年 1 月 1 日为 20 元。1950—1987 年，县内共收兑黄金 242.36 克，白银 350491 克，银圆 25027 克。

永和县历年收兑金银情况表

表 14-3　　　　　　　　　　　　　　　　　　　　　　　　　　　　　　　　　　单位：克、枚

年份	黄金	白银	银圆	年份	黄金	白银	银圆
1950	—	5312	114	1970	7.0	7260	74
1951	4.16	3263	804	1971	—	407	18
1953	—	8	42	1972	—	84	19
1954	3.2	4614	161	1973	22.0	25886	2302
1955	—	2172	124	1974	19.0	72416	1979
1956	—	2715	137	1975	5.0	21640	15038
1957	—	15043	1682	1976	13.0	12859	1141
1958	—	35427	2137	1977	52.0	10764	1081
1959	—	12165	52	1978	49.0	16851	1399
1960	—	7392	64	1979	—	23190	952
1961	—	1537	87	1980	1.4	15062	1774
1962	—	3284	49	1981	—	14281	60
1963	—	3694	31	1982	—	387	39
1964	35.00	65	65	1983	—	129	—
1965	—	26	165	1984	3.6	4398	145
1966	5.00	369	259	1985	—	—	—
1967	3.00	643	21	1986	—	82	—
1968	12.00	53313	5244	1987	—	—	83
1969	8.00	3434	176	—	—	—	—

第二章 保 险

第一节 机 构

中国人民保险公司

1954年,中国人民保险公司山西省分公司永和特约代理处成立,隶属县人民银行,1957年精简机构撤销。1985年7月1日成立中国人民保险公司永和支公司,配备职工2人。1993年公司员工增为6人。1997年1月人寿保险业务划出后,支公司更名为中保财产保险有限公司永和支公司。1999年4月支公司复称中国人民财产保险股份有限公司永和支公司。2011年,公司有工作人员5人,其中经理1人,员工4人。

中国人寿保险公司

1997年1月,中保人寿保险有限公司临汾地区分公司永和县代办所成立。是年10月17日更名为中国人寿保险公司临汾地区分公司永和县代办所。其内设机构有个险部、团险部、银行保险部、党政室、综合办公室,有工作人员13人。2011年,公司内设机构有个险销售部、银行保险部、团险业务部和综合部;有工作人员11人,其中经理1人、部门经理3人。

第二节 业 务

险 种

1954年保险机构成立初期,以组织经济补偿,防止灾害损失,积聚保险基金,增进社会福利为宗旨,坚持为生产服务,为群众服务,发挥着保险的职能作用。开办了大牲畜保险、机动车辆保险、企业财产保险等业务,当年保险费收入6万元。1986—1990年,先后增开人身意外伤害保险、家庭财产保险、公路旅客意外伤害保险等业务。1991—

1996年，增开货物运输保险、美满婚姻保险、少儿安康保险、团体意外伤害保险、简易人身保险、子女备用金保险、中小学生平安保险等业务。

1997年中国人寿保险永和代办所分设以来，开办简易人身保险、子女备用金、幸福安康、中小学生平安保险、幸福之神驾员、平安之侣乘员、个人养老金、爱之女金、美满

保险宣传

婚姻9个险种。1998年增开国寿简易人身（97版、98版）两个险种。1999年又增国寿独生子女1个险种。2000年又增国寿康宁终身、国寿康宁定期、国寿福馨两全、国寿育才少儿、国寿99鸿福5个险种。2011年，中国财产保险永和支公司个人保险产品有机动车辆、交通意外、人身意外、旅游、家庭财产保险等；企业保险产品有国内货运险投保、进出口货运险投保、建筑工程质量保险、火灾责任保险、企业财产险、货物运输险、农业保险、船舶险等。

业　务

1996年，投保企业11个，家庭财产651户，车辆110辆，短期人身14887人，保费收入68.7万元。1997年，投保企业7个，家庭财产682户，车辆120辆，保费收入59.1万元，出险1件。1998年，投保企业12个，家庭财产37户，车辆176辆，人身10018人，保费收入16.5万元。1999年，投保车辆125辆，人身20000人，保费收入168.1万元，出险45件。2000年，投保人身20000人，保费收入56.7万元，出险680人。2001年投保人身30000人，保费收入242.3万元，出险320人。2002年，投保人身30000人，保费收入505.3万元，出险450人。2010年，投保人身17348人，保费收入1056万元，出险293人。2011年，投保人身23400人，保费收入1232万元，出险230人。2011年与1996年比较，人身保险增长57.2%，保费增长17.9倍。

第十五编

交通运输

民国时期，永和通往外境只有2条官道，即永和至午城道、永和至石楼道。1956年熙永线开通。2005年，全县公路通车里程706公里。2007年，328省道过境、248省道沿黄河建成。全县公路通车里程为621公里，其中328省道57公里，县道193公里，乡道279公里，村道92公里，达到等级的公路349公里，全县公路密度为每百平方公里51.2公里。

至2011年，县内公路以328省道为东西主干线，桑壁—交口—坡头—石楼界为南北线，构成全县公路主骨梁，以向东西、南北辐射的县乡公路为支线，形成连接各乡镇四通八达的公路网。全县公路通车里程836.84公里，其中省道101.89公里，县道202.4公里，乡道261.9公里，村道270.6公里；二级路92.27公里，三级路22.67公里，四级路647.5公里。公路通车里程及密度为每百平方公里国土面积12.13公里，里程836.84公里，密度68.99%。

第一章 道 路

第一节 公 路

故 道

永和至午城道 从县西北隅黄河岸边永和关起，经大寨岭、县城，翻双锁山到桑壁镇，向东抵隰县午城镇。在午城镇分岔，北至隰县城，西南至大宁城，向南越蒲县抵临汾。境内路程56公里。民国11年（1922）知县张第才组织民众，将双锁山石路拓宽至2.7米。自县城至桑壁镇25公里，轻车可以通行。

永和至石楼道 以县城为始，向北经坡头、岔口、赵家沟通往石楼县城，境内长25公里，宽3~4米。民国24年（1935）阎军为战争需要，在前桑壁沟架木桥1座，拓宽路面。

公路网状

永和县内公路以328省道为东西主干线，桑壁——交口——坡头——石楼界为南北线，构成全县公路主骨架，以向东西、南北辐射的县乡公路为支线，形成连接各乡镇四通八达的公路网。2005年，永和县公路通车里程为706公里。其中328省道57公里，占8%；县道坡大线、索车线、永泊线、桑西线、南阁线、段刘线、石岔线7条公路，全长201公里，占28.5%；乡道共37条317公里，占45%。达到等级公路的有11条78公里，其余239公里均为等外路。村道21条（段）131公里，占18.5%，均为等外路。省、县、乡道公路密度为每百平方公里47.2公里；每万人拥有公路93.2公里。全县79个村委，通公路的46个，里程114公里（均为四级）；不通公路的33个村委，里程184公里；通油路25个，其中省道连通11个，县道连通14个。全县306个自然村，通等级公路的省道连通21个，县道连通41个，专通24个，通汽车65个，通三轮车的155个。

2007年，全县公路通车里程为621公里。其中328省道57公里，占9.2%；县道193公里，占31%；乡道共37条279公里，占43.8%；村道31条92公里，占

14.8%。达到等级的公路349公里，其余272公里是等外路。全县公路密度为每百平方公里51.2公里，每万人拥有公路100公里。全县79个村委通公路的58个，不通的21个，通油路40个，未通油路39个。

至2011年，全县公路通车里程为836.84公里。其中328省道101.89公里，县道202.41公里，乡道261.94公里，村道270.6公里；高级铺装路面207.51公里，简易铺装路面394.81公里，未铺装路面234.52公里。等级公路762.45公里，占91.11%。其中二级92.27公里，三级22.66公里，四级647.52公里，等外74.39公里；铺装602.32公里，占71.98%。等外公路74.39公里，占8.89%。新增公路通车里程221.23公里。其中2007年5.39公里，2008年175.01公里，2009年15.68公里，2010年23.59公里，2011年1.56公里。全县公路通车里程及密度情况为每百平方公里12.13公里，里程836.84公里，密度为68.99%。

干线公路

328省道（洪永线） 老隰永线1956年开通，土路面，由隰县城南车家坡村起，经罗镇堡、任家庄、索驼、坡头、官庄入永和县城，境内长20公里。1957年改造路基，裁弯取直，降坡度，路基宽4~6米，属简易公路。1977年4月动工改变走向，由隰县车家坡起经王家沟、孙家庄、坡头、官庄至永和县城，全长48公里，隰县界王家沟至永和县城23公里，路基宽8.5米，当年5月底竣工。1978年3月永和县成立隰永线公路建设指挥部，组织全县各公社民工，采取民工建勤，群众投工投劳，经过3年的努力，于1980年底隰永干线工程全部竣工。完成主要工程量：土方98万方，大小桥涵90座，防护工程7540米，完成总投资214万元。1981年6月，临汾地区公路总段受山西省公路局委托组成验收组，对公路进行验收，并交给永和公路养护站养护管理，将原隰永线28公里处至38公里处（隰县界——索驼——坡头）长10公里干线公路划归为县乡公路，称老隰永线，交给县交通局养护使用。1986年山西省交通厅立项铺装该段油路，投资386万元，1987年10月竣工，结束了永和县无油路的历史。1996年，县城至永和关全长34公里的三级公路县乡道，经山西省交通厅调整列入328省道。1998年、2004年、2006年，省交通厅立项改建为山区二级路，路基宽8.5米，全段铺装为沥青碎石路面，投资3000万元。至2007年底，永和境内干线公路只有一条，即长57公里的328省道。

248省道（三大线） 沿黄干线二级公路是山西省"十一五"规划的交通建设重点项目，按二级公路的标准修建。2007年10月起陆续建设，起点位于石楼——永和交界，终点位于永和——大宁交界，全长59.5公里。2009年沿黄干线公路建成（以前为石永线、永大线）。截至2011年，省道干线公路里程总计101.89公里，其中三大线59.5公里，洪永线42.4公里。

县公路

580索驼——车家坡线 1981年因新隰永线开通，老隰永线28公里—38公里处（隰县界——索驼——坡头）长10公里干线公路划归为县乡公路，称老隰永线。2001年全国公路普查时，将老隰永线33公里—38公里处（坡头——索驼段）长5公里列入坡大线28公里—33公里处。索驼至隰县界，长5公里，列为索车线，路线编号为X580。

575坡头——大宁线 坡大线是由北向南的一条主要县公路，是由永署线演变过来的。原永署线起点由永和县城经交道沟、石门山、圪堆头、庄则坡、桑壁镇到署益乡，全长31公里。县城至桑壁镇25公里属古道。1963年3月，县政府组织城关、坡头、罢骨、桑壁、署益5个公社200个劳力，历时9个月，投工63700个，动土方65000方、石方17500方，修通路基宽4~6米，最大纵坡15度，最小平曲线半径6米的桑壁镇公路。1966年组织桑壁、署益两乡劳力开通桑壁——署益8.5公里简易路。随着大交线1980年开通，采用民工建勤办法，修通署益乡经堡则、王成、新乡、南岔、贺家崖与老隰永线34公里处相接的公路，其全长22公里，路基宽6米，最大纵坡12%，最小平曲线半径10米。该公路的建成使城东6个乡镇形成公路大循环。1993年对桑壁——署益段长8公里的公路，进行技术改造，达到四级公路标准。其路基宽6.5米，最大纵坡8%，最小平曲线半径15米；动土方62万方，建桥115.3米/3座，修涵洞152.3米/16道，完成防护工程150米/4处；总投资186.5万元，其中上级补助126.5万元，民工建勤折款60万元。该路段又于1997年上半年铺装5.5米宽沥青路面，设计碎石灰土基层（5：15：80），2.5厘米厚表处油层，投资120万元。1998—2000年，按照山岭重区三级公路标准，对坡头——署益长25.85公里道路进行改造。交通部投资310万元，共完成工程量土方107.59万立方米，开炸石方1.93万立方米，建石拱桥3座，长86米，完成砌体1830立方米。桑壁——狗头山（大宁界）段长9公里道路，1986年开工建设，设计标准为山岭重丘区四级公路，路基宽6.5米，最大纵坡9%，最小平曲线半径15米。县上采用民工建勤完成路基土石方工程。1987年完成桥涵配套，1988年铺装砂石路面，完成土方53万方、石方5万方，建涵洞跨径30米石拱桥1座，修涵洞122米/13道，补助资金45万元。2000年列入国债建设项目，由临汾市交通局组织实施，按山岭重丘区二级公路标准改造，铺装沥青碎石路面，投资 1000 万元。2001 年全国公路普查，县道名称改变时将老隰永线 33~38 公里处（坡头——索驼段）经署益、桑壁、狗头山到大宁界列为坡大线，全长 42 公里，路线编号 X575。

桑壁——泊洋线 桑泊线是永和县境内由东向西走向的一条主要县道，起点桑壁镇与 575 坡大线相连处，经交口乡、阁底乡，终止于鹿角坡，全长 52 公里。该路线连接 3 个乡镇，源于原永西线，由永和县城经下刘台、后甘露河、王家塬、石岩湾、阁山、阁底、庄则坪到西庄村，全长 30.5 公里。1963 年 10 月至 1965 年 2 月，组织全县劳力，历时 17 个月，开通县城至阁底长 23 公里简易公路，路基宽 4~6 米，最大纵坡 15%，最小平曲线半径 8 米，动土石方 41.7 万方，投工 26 万个，修筑涵洞 136 米 /17 道，上级投资 35834 元。该段路虽属简易公路，但因地形复杂，测设工作请来山西省公路局测设三队。队长陈培寿率队员 14 人，历时半个月，完成外业工作。1965 年，西庄、阁底 2 乡又组织劳力突击，修建阁底至西庄 7.5 公里土路，使西庄乡正式通了汽车。至此，永和县城至西庄全线贯通。

桑壁——交口段长 13 公里，于 1976 年开始修建，1981 年通车。1977—1981 年组织民工几次上马修建，路基宽 5~6 米，仍为简易公路。几年间，累计完成土石方 25 万方，建桥梁 75 米 /4 座，修涵洞 269.5 米 /24 道。上级投资 21 万元。1981 年，临汾地区投资 18 万元，建交口 1 孔跨径 46 米石拱桥，桥长 72 米。1982 年对该段路铺装沙砾路面。1996 年，临汾地区列入通镇油路计划，补助投资 140 万元，进行了油路铺装。底层采用碎砾石灰土厚 11 厘米，面层沥青表处厚 2.5 厘米，沙砾料由交口乡、桑壁镇组织采备，县交通局负责铺装，共投资 210 万元，当年 7 月完工。

交口——西庄段长 19 公里，1988 年始建，历时 5 年，于 1992 年竣工，达到四级公路标准。其路基宽 6.5 米，最大纵坡 9%，共动土石方 121 万方，建桥 26 米 /1 座，修涵洞 265.5 米 /26 道，完成防护工程 282 米 /10 处，总投资 305 万元。其中上级补助投资 153 万元。1993 年续建改造阁底—西庄 8.5 公里三级公路，路基宽 7.5 米，完成土方 38 万方，修涵洞 101.1 米 /11 道，总投资 141 万元，其中上级补助 81 万元，民工建勤折款 60 万元。1996 年铺装 5 公里沥青路面。1997 年油路全线竣工，总投资 450 万元，其中上级补助 185 万元，其余由县自筹解决。

西庄至泊洋段长 20 公里，1988 年列入以工代赈建设项目，设计标准山岭重丘区四级公路，路基宽 6.5 米，最大纵坡 9%，最小平曲线半径 15 米，历时 3 年完成路基工程。主要工程量：土方 150 万方，石方 8 万方，建石拱桥 4 座，桥长 150 米。2000 年，山西省公路局文明路建设补助28万元，为同上吉——上辛角沟10公里道路栽植路旁塔松、柏树、枣树，并铺装了砂砾路面。2001年，以工代赈投资230万元，建辛庄跨径1~60米钢架拱桥。该工程由中铁十三局五处承建，历时3年，于2004年10月全部竣工，使西庄——泊洋全段贯通。该段道路列入原桑壁线的延长线，改为桑泊线。

579 永和（县城）——泊洋线　永泊线是县境内由北向南的一条主要县道，起点永和县城—328省道相连处，经延家河、交口，终止于泊洋，全长38公里。县城——延家河段长8公里，原属简易公路。1979年上级投资14万元，将药家湾——红花沟4公里进行改造，建下刘台3孔跨径22米石拱桥1座（桥长84米），路基宽6.5米，达四级公路标准。1987年上级投资10万元，建药家湾1孔跨径45米石拱桥1座。1992年上级投资15万元，建跨径1~16米西峪沟石拱桥。1993年改造县城——药家湾2公里为三级公路，路基宽7.5米，完成土方3万方，修涵洞3道。1995年改建红花沟——延家河2公里为三级公路，路基宽7.5米，动土方8万方、石方1万方，建涵洞5道，投资20万元。1995年镇镇通油路工程补助投资80万元，县城——延家河铺装了沥青路面。

延家河——交口段长10公里，1971年修通延家河——罢骨2公里道路。1972年始修罢骨——交口8公里道路，1973年竣工，动土石方13万方。1983年列入改造计划，补助投资34万元，路基土石方23.5万方，由各乡镇民工建勤完成，建石拱桥91米/3座，修涵洞223米/21道。1984年该段改造全段竣工，达到三级公路标准。1985年铺装砂砾路面。1995年列入镇镇通油路计划，每公里补助10万元，共补助100万元，底层料采备由罢骨、交口2乡组织劳力采备，每公里上砂砾422方、土900方、白灰115吨。基层宽6.5米、厚11厘米，沥青表处面层宽6米、厚2.5厘米。当年8月全段竣工。

交口——泊洋段，1974年临汾地区拨款9万元，修建交口、冯藏、楼山至南楼村17公里道路，动土石方38万方，皆属简易公路。1994年列入省乡乡通公路计划，县交通局组织20人进行了详细的测设，将原翻越楼山老线改为从交口经下坡、南坡头、山头至南楼村终点，建设里程20公里。当年完成路基土方和部分石方工程，1995年续建了桥涵及遗留石方工程，全段竣工。动土石方156万方，建1孔跨径16米石拱桥1座、修涵洞420米/46道。总投资219万元，其中上级补助149万元，民工建勤70万元。1999年该路段完成油路铺设，总投资300万元，其中上级补助110万元。

590 段家河——刘家腰线　起点段家河与328省道相连处，经花儿坡、高山，终止于打石腰乡刘家腰村，全长10公里。该线属原永望线，由县城经龙吞泉、呼家岔、榆林则、段家河、花儿坡、石畔岭、刘家腰至望海寺，全长24公里。1965年始建，由于受"文化大革命"影响，时修时停，历时5年于1969年底才通车。标准为简易公路，石路段长6公里，弯多、坡陡，路基宽5~6米，最大纵坡10%。全县民工修建，共动土石方54万方。上级投资3万元，修建28道小桥涵。1994年开通红崖渠——望海寺打石腰新线，标准四级公路。当年改造县城——段家河10公里为三级公路，列入干线公路洪永线328省道。段家河——刘家腰段2001年公路普查时列入县道段刘线，路线编号X590，长12公里。该段道路2001—2003年连续3年以工代赈投资310万元，按山岭重丘区四级公路标准进行了改造。共动土方25万方，开炸石方12万方，建石拱涵8道、挡土墙8处，铺装了砂砾路面。

936石楼——永和线 该线起点石楼界兰家沟村，经呼家庄，终点岔口与328省道相连处，长9公里。该线原为石永线，2001年公路普查改称石岔线，是连接吕梁市石楼县的一条出境公路，由石楼县城经罗村、兰家沟、呼家庄、岔口、坡头、官庄至永和县城。石楼——岔口22公里，县境内9公里，从岔口至永和县城13公里，属干线公路。该线1982年始建，1983年进行桥、涵配套，2年临汾地区共补助22万元。除两县交界13公里+600处深挖42米未达标准外，其余段均按设计达到四级公路标准。共动土石方49.78万方，修涵洞221.4米/20道，建小桥66米/4座，当年年底通车。1989年上级补助8万元，进行降坡处理，但因资金短缺，运距长达200多米，标高仍未挖到设计标准，宽度只有5米。1990年临汾地区补助5.4万元，铺装砂砾路面。1999年上级投资80万元，2000年投资23.4万元，对该路段进行拓宽改造，按山岭重丘区二级公路设计，路基宽8.5米，动土方26.7万方、石方3000方，建石拱桥2座、涵洞4道。2004—2005年，上级补助投资390万元，其中车购税216万元，养路费补助114万元，以工代赈60万元，铺装了油路。

581南庄——阁底线 该线起点南庄乡（红崖渠）经贺家垯、穆家腰、刘家山沟、季家腰、刘家腰、打石腰乡（望海寺）、陈家腰、靳家山、冯家腰、西后峪至阁底村，全长39公里。设计标准四级公路，其中红崖渠——望海寺段长15公里，1993年列入省定"三通"通乡公路改造计划。1991年6月始动工至1994年竣工，累计土方102万方，石方9万方，跨径16米石拱桥两座（长71米），石拱涵334.5米/32道，省、地累计补助152万元。望海寺——阁底段长25.2公里，1995年列入交通部扶贫项目计划，工期3年，补助投资300万元，完成工程量土方106万方，石方12万方，修桥3座（1~20米/2座、1~25米/1座），建涵洞580米/58道。2004年打石腰——阁底25公里油路建设列入国债资金投资计划，总投资930万元。通过招投标，由山西省临汾晋洪路桥工程有限公司中标承建，油路工程于 2005 年 7 月竣工。南庄——打石腰段 14 公里，2006 年列入建设项目，总投资 693 万元，其中贷款 300 万元，省养路费配套 263 万元，通达工程 130 万元。由襄汾晋阳路桥工程有限公司中标承建，油路工程于 2007 年 10 月竣工。

乡村公路

1956—1979 年，全县开通乡村公路 18 条，计 72 公里，沟通 30 个生产大队，60 个生产队。1983 年修建乡村公路 225 公里，沟通 51 个生产队。1985 年全县 80% 村委、85% 村民小组通公路，路基宽 3~4 米，坡度 10%~15%，最小曲率半径 5~6 米，属简易公路。至 1995 年，全县拥有乡村公路 840 公里。

铺修油路

2007 年筹资 280 万元，完成村村通油路 37 公里，共涉及 7 个乡镇的 15 个自然村。2008 年筹资 204 万元，完成村村通油路 10 条段 35.01 公里，涉及 7 个乡镇 12 个自然村。2009 年完成全县 20 个村委 21 条段 168 公里油路铺装。村村通油（水泥）路实现"全覆盖"，是省、市、县三级政府的惠民工程。"十一五"（2006—2010 年）期间，全县 79 个村委除省、县道已带通 30 个外，其余 49 个截至 2010 年 10 月底全部竣工通车，总计建设里程 342 公里，投资 8550 万元。建设标准四级公路，路基宽度不小于 4.5 米，路面宽度不小于 3.5 米，基层厚度 18 厘米，沥青路面面层厚度不小于 4 厘米，水泥路面厚度不小于 18 厘米。2011 年全县农村街巷硬化 153.19 公里，其中：街道 59.45 公里，巷道 49.94 公里，户道 43.8 公里，总投资 2500 万元。

旅游公路

沿黄扶贫旅游路 在永和县境内，全长 118 公里，途经县内沿黄 4 乡镇，连通 17 个村委 31 个自然村，受益人口 2.6 万人。路线走向为：县境内起点与吕梁市石楼界的前北头村，经永和关、南庄、打石腰、阁底、西庄、鹿角坡、山头、都苏，终点为永和与大宁县交界的阎家坡村。2007 年，全线完成路基 57 公里，其中油路 26 公里，投资 1600 万元。剩余路基工程 38 公里，外业勘测全部完成。2008 年路

基工程全部贯通，路面工程完成62公里，建桥梁245米/4座。2009年铺装沥青路面56公里，改建刘家山和西后峪两座石拱桥长81米。10月底沿黄扶贫旅游公路县境内全线贯通。

东征旅游路 2006年始建，起点阁底村，经东征、下退干、小坪、马家湾、冯家腰、石家湾，终止于黄河岸边于家咀村，全长18公里，连接3个村委7个自然村，是1936年红军东征所经路线。由阁底乡政府负责实施，县交通局负责测设、施工技术指导。当年4月20日路基工程全线竣工，四级公路标准，动土方80余万方，投资近200万元。7月份开工建阁底——东征3公里油路工程，基层宽6.5米、厚18厘米，油层宽16米、厚3厘米，建石拱涵4道，全部工程于9月底竣工。2008年投资639万元，对东征——于家咀全长10公里道路进行油层铺装。该项目由山西弘昌路桥工程有限公司中标承建。4月24日开工，虚填方处理10处7.86万方，增设涵洞80米/10道，综合稳定基层5.1万平方米，沥青碎石面层4.5万平方米，纵向排水2716米，于9月20日竣工。2011年对东征旅游路渡口段路面进行改造，起点位于乾坤湾地质博物馆，途经于家咀，终止于家咀渡口，全长7公里，采用四级公路标准，路基宽6.5米，路面宽5米，设计荷载公路Ⅱ级，行车速度20公里/小时。10月份通过公开招投标由隰县耀泽公路公司中标承建，投资689万元。

乾坤湾旅游路 打石腰——河会里段全长12公里，由山西隰县耀泽公路工程有限公司中标承建。2008年5月10日始建，路基虚填方处理60处3.8万方，涵洞64米/8道，综合稳定基层6.47万平方米，沥青碎石面层5.6万平方米，纵向排水1183米，全段9月中旬完工。大寨岭——刘家腰段全长12公里，由山西临汾晋洪工程有限公司中标承建。2008年4月下旬始建，路基虚填方46处4.37万方，增设涵洞18米/3道，综合稳定基层5.92万平方米，沥青碎石面层5.5万平方米，纵向排水1113米，全段油路铺装8月中旬竣工，投资618万元。

第二节　桥涵　渡口

桥　梁

概　述 清代至民国时期，境内有石桥2座。中华人民共和国成立后各类桥梁剧增。

桥梁建设

至1995年底有大型桥4座，中型桥14座，小桥51座。大型桥为永红大桥、交口大桥、药家湾大桥、芝河大桥。2011年底，省道全线共有桥梁35座，其中洪永线9座，三大线26座；大型桥1座（交口大桥），中型桥13座，小型桥21座。农村公路桥梁共有46座，其中大型桥1座（辛庄芝河大桥），中型桥13座，小型桥32座。

大云寺沟桥 清嘉庆十七年（1812），大云寺主持见明兄弟布施3000文，在大云寺沟口（今桑壁镇境内碑儿河）用片石修建。已废。

红花沟桥 民国18年（1929），红花沟民众捐银圆30元，由河津石匠牛师在村口用片石干砌小石拱桥，跨径3米，桥宽2米。已废。

永红大桥 位于县城正大街（路）北隰永线终点。由临汾地区公路段设计，永和县建筑工程队承建，于1970年4月动工修建，当年10月竣工。投资9万元，钢筋混凝土双曲拱桥，上部腹拱粗料石砌筑，桥台为"U"形重力式。大桥单孔跨径62米，在全省双曲拱桥中单孔跨径最大，两侧对称各设跨径5米的腹拱圈6孔。桥总长82延米，高11米，桥面净宽7米，两侧人行道各宽0.75米。桥面铺敷水泥，两侧设高1米铁栏杆。设计载重汽车13吨，拖挂60吨。1971年山西省交通厅拍摄桥形彩照，县公路站制作桥木质模型，1978年收入交通部出版的《中国公路桥梁画册》。

辛庄芝河大桥 位于县城西南下游的西庄——泊洋循环公路15公里+290米处。由中铁第十五工程局第三工程处承建，山西省交通建设监理总公司第二十三监理部监理。于 2001 年 12 月开工，2003 年 6 月竣工。该桥是一座 60 米跨径的钢筋砼钢架拱桥，桥梁全长 84 米，桥面净宽 8 米。共计完成浇筑混凝土桥台 658 方，预制钢拱片 116 方，投资 150 万元。

交口大桥　2006 年始建，2008 年 10 月竣工通车。桥梁中心桩号 177.5，技术等级二级，全长 67 米，跨径总长 50 米，单孔最大跨径 50 米，跨径组合（孔*米）1 孔 50 米，桥梁全宽 9.05 米，桥面净宽 8.05 米，材料名称石，桥墩类型重力式，设计荷载等级公里—Ⅱ级。建设单位临汾通途路桥，设计单位诚达公路设计院，施工单位福建闽西，监理单位山西监理技术有限公司。

坡头 1 号桥　2006 年始建，2008 年 9 月竣工通车。桥梁中心桩号 150.195，技术等级二级，全长 67.6 米，跨径总长 60 米，单孔最大跨径 20 米，跨径组合（孔*米）3 孔 20 米，桥梁全宽 12 米，桥面净宽 11 米，结合类型空心板梁，材料名称预应力钢筋混凝土，桥墩类型双柱式墩，设计荷载等级公里－Ⅰ级。建设单位临汾通途路桥，设计单位诚达公路设计院，施工单位福建闽西，监理单位山西监理技术有限公司。

药家湾桥　桥梁中心桩号 163.25，技术等级二级，全长 110 米，跨径总长 90 米，单孔最大跨径 30 米，跨径组合（孔*米）3 孔 30 米，桥梁全宽 15 米，桥面净宽 14 米，结合类型连续箱梁，材料名称预应力钢筋混凝土，桥墩类型多柱墩，设计荷载等级公里－Ⅱ级。建设单位临汾通途路桥，设计单位诚达公路设计院，施工单位福建闽西，监理单位山西监理技术有限公司。2008 年 10 月竣工通车。

涵　洞

1995 年，全县有公路涵洞 377 个，总长 3806 米，主要分布在境内隰永线及县乡公路上。其中隰永线 74 个，总长 871 米；永望线 22 个，总长 183.6 米；红望线 32 个，总长 334.5 米；大交线 24 个，总长 269.5 米；石永线 20 个，总长 221.4 米；原隰永线 28 个，总长 208 米；延泊线 63 个，总长 665.4 米；永西线 63 个，总长 588.5 米；永署线 21 个，总长 184.1 米；乡村路 30 个，总长 280 米。

截至 2011 年，328 省道全线涵洞 105 道、1181 米；248 省道全线涵洞 151 道、2270 米。县乡公路延家河——交口涵洞 21 道、223 米；交口至西庄涵洞 26 道、265.5 米；交口——泊洋涵洞 46 道、420 米；交口至桑壁涵洞 24 道、369.5 米；段家河——刘家腰涵洞 36 道、336 米；南庄——打石腰涵洞 32 道、334.5 米；打石腰——阁底涵洞 58 道、580 米；打石腰——河会里涵洞 8 道、64 米。

2011年永和县中型桥分布情况表

表 15-1

路线	桥名	地点	桥梁性质	结构及式样		孔数	跨径（米）	桥长（米）	桥宽（米）	桥高（米）	载重（吨）		建筑时间
				上部	下部						汽车	拖挂	
隰永线	岔口桥	岔口村	石拱	实腹	U形	2	15.0	51.5	8.0	8.0	13	60	1978年
	川口桥	川口村	石拱	实腹	U形	4	8.0	50.0	7.0	9.3	13	60	1962年
	东风桥	响水湾	石拱	实腹	U形	1	20.0	33.0	7.0	12.4	13	60	1969年
永署线	上桑壁桥	上桑壁村	石拱	实腹	U形	3	10.0	48.6	8.3	7.7	20	100	1993年
	山眼上桥	桑壁镇	石拱	实腹	U形	3	10.0	48.6	8.3	7.7	20	100	1993年
永西线	下刘台桥	下刘台村	石拱	实腹	U形	3	22.0	84.0	8.8	11.0	13	60	1979年
大交线	桑壁桥	桑壁镇	石拱	空腹	U形	1	30.0	48.0	7.8	6.5	15	80	1987年
延泊线	冯藏桥	交口村	石拱	实腹	U形	1	20.0	44.0	7.5	12.0	13	60	1977年
	毛家塬桥	毛家塬沟	石拱	实腹	U形	1	20.0	42.0	7.8	20.0	10	50	1985年
永望线	梁家坡桥	梁家坡村	石拱	实腹	U形	1	25.0	44.0	9.3	12.0	20	100	1993年
	薛马岔桥	薛马岔	石拱	实腹	U形	1	14.0	64.0	7.8	—	20	100	1995年
城区路	圪列口桥	圪列口	石拱	实腹	U形	1	25.0	51.2	9.8	9.0	20	100	1982年
	河西坡桥	河西坡	石拱	空腹	U形	1	35.0	60.0	10.3	10.4	20	100	1985年
乡村路	南楼沟桥	南楼沟	石拱	实腹	U形	1	20.0	40.0	6.0	15.0	10	50	1980年

表15-2

2011年永和县干线公路桥梁情况表

桥梁名称	桥梁代码	路线简称	中心桩号	桥梁全长（米）	跨径总长（米）	单孔最大跨径（米）	主桥孔数	主桥主跨	桥梁分类	跨径组合（孔*米）	全宽（米）	上部结构形式	技术状况	建筑时间（年）
兰家沟桥	S248141032L	三大线	141.455	6.65	5	5	1	5	小桥	1*5	12	板拱	一类	1982
呼家庄桥1	S248141032L	三大线	142.523	30	13	13	1	13	小桥	1*13	11.8	板拱	一类	1982
呼家庄桥2	S248141032L	三大线	143.309	30	10	10	1	10	小桥	1*10	11.8	板拱	一类	1982
坡头桥1	S248141032L	三大线	150.195	67.6	60	20	3	20	中桥	3*20	12	空心板梁	二类	2006
坡头桥2	S248141032L	三大线	150.489	66	48	16	3	16	中桥	3*16	12	空心板梁	二类	2006
乌门桥	S248141032L	三大线	152.654	32.4	15	15	1	15	小桥	1*15	10	板拱	二类	1967
马驿桥	S248141032L	三大线	154.899	30.7	13	13	1	13	小桥	1*13	10	板拱	二类	1979
官庄桥	S248141032L	三大线	156.872	24.8	6	6	1	6	小桥	1*6	10	板拱	二类	1963
川口桥	S248141032L	三大线	157.364	68.4	48	16	3	16	中桥	3*16	12	板拱	二类	1964
芝河桥	S248141032L	三大线	159.138	81.8	60	20	3	20	中桥	3*20	12.1	空心板梁	二类	2006
赵家沟桥	S248141032L	三大线	144.061	6.5	5	5	1	5	小桥	1*5	11.12	板拱	一类	1982
黑河岔桥	S248141032L	三大线	145.018	30	10	10	1	10	小桥	1*10	11.4	板拱	一类	1982
西岭沟桥	S248141032L	三大线	146.892	13.84	8	4	2	4	小桥	2*4	12.6	板拱	一类	2001
党校桥	S248141032L	三大线	160.375	47.25	25	25	1	25	中桥	1*25	15.2	板拱	一类	2006
南屹崂桥	S248141032L	三大线	160.848	36	14	14	1	14	小桥	1*14	15.1	板拱	一类	2006
药家湾桥	S248141032L	三大线	163.25	110	90	30	3	30	中桥	3*30	15	连续箱梁	一类	1999
下刘合桥	S248141032L	三大线	166.145	83	76	24	3	24	中桥	3*24	8	板拱	一类	2006

续表 15-2

桥梁名称	桥梁代码	路线简称	中心桩号	桥梁全长（米）	跨径总长（米）	单孔最大跨径（米）	主桥孔数	主桥主跨	桥梁分类	跨径组合（孔*米）	全宽（米）	上部结构形式	技术状况	建筑时间（年）
延家河桥	S24814I032L	三大线	168.559	30	20	20	1	20	中桥	1*20	8.5	板拱	一类	2006
下罢骨桥	S24814I032L	三大线	171.669	19.1	8	8	1	8	小桥	1*8	13.2	板拱	一类	2006
岭上桥	S24814I032L	三大线	172.982	32	7	7	1	7	小桥	1*7	8.5	板拱	一类	2006
毛家塬桥	S24814I032L	三大线	175.623	48	20	20	1	20	中桥	1*20	8.5	板拱	一类	2006
交口大桥	S24814I032L	三大线	177.588	67	50	50	1	50	大桥	1*50	9.05	板拱	二类	2006
后窑石桥	S24814I032L	三大线	181.917	22	6	6	1	6	小桥	1*6	11.8	板拱	一类	2006
北儿河桥	S24814I032L	三大线	186.464	31	15	15	1	15	小桥	1*15	12.6	板拱	一类	2006
岔上桥	S24814I032L	三大线	187.988	20	8	8	1	8	小桥	1*8	11.7	板拱	一类	2006
桑壁桥	S24814I032L	三大线	189.995	57.5	50	25	2	25	中桥	2*25	14.5	连续箱梁	一类	1999
王家沟桥	S32814I032L	洪永线	120.078	14	8	8	1	8	小桥	1*8	10.2	板拱	二类	1978
方底桥	S32814I032L	洪永线	121.56	14	8	8	1	8	小桥	1*8	10.2	板拱	二类	1979
岔口桥	S32814I032L	洪永线	129.529	52	33.6	16	2	16	中桥	2*16	12	板拱	一类	1979
龙吞泉桥	S32814I032L	洪永线	145.345	64	43.4	20	1	20	中桥	1*20	9	板拱	一类	1995
呼家岔桥	S32814I032L	洪永线	147.072	35	20	10	2	10	小桥	2*10	8.4	板拱	二类	1995
榆林则桥	S32814I032L	洪永线	149.256	44	22	22	1	22	中桥	1*22	7.5	板拱	一类	1995
段家河桥	S32814I032L	洪永线	151.172	20	8	8	1	8	小桥	1*8	9.5	板拱	一类	1990
后河沟桥	S32814I032L	洪永线	152.805	16	5	5	1	5	小桥	1*5	7.5	板拱	二类	1990
永平庄桥	S32814I032L	洪永线	126.785	14	6	6	1	6	小桥	1*6	10	板拱	二类	2003

表15-3　　　　　　　　　　　　　　2011年永和县农村公路桥梁情况表

桥梁名称	桥梁代码	路线简称	中心桩号	桥梁全长（米）	跨径总长（米）	单孔最大跨径（米）	主桥孔数	主桥主跨（米）	桥梁分类	跨径组合（孔*米）	全宽（米）	上部结构形式	技术状况	建筑时间（年）
任家庄桥	X57514103 2L0080	坡头—桑壁线	4.488	22	12	12	1	12	小桥	1*12	8.5	板拱	二类	1980
坡大线1桥	X57514103 2L0090	坡头—桑壁线	4.665	27	12	12	1	12	小桥	1*12	8.5	板拱	一类	1998
坡大线2桥	X57514103 2L00100	坡头—桑壁线	6.965	33	12	12	1	12	小桥	1*12	8	板拱	一类	1998
桑壁桥	X57514103 2L0800	坡头—桑壁线	33.437	48	30	30	1	30	中桥	1*30	9	板拱	一类	1998
交泊桥	X57914103 2L0100	交口—坡头线	0.07	45	20	20	1	20	中桥	1*20	8	板拱	一类	1977
南坡头沟桥	X57914103 2L0110	交口—坡头线	11.625	44	20	20	1	20	中桥	1*20	8.5	板拱	二类	1993
冯藏沟桥	X57914103 2L0200	交口—坡头线	6.7	34	16	16	1	16	小桥	1*16	8.5	板拱	三类	1993
上刘台桥	X58014103 2L0010	索驼—车家坡线	3.2	23	8	8	1	8	小桥	1*8	8.5	板拱	一类	2000
范家岭1桥	X58014103 2L0020	索驼—车家坡线	5.14	30	20	20	1	20	中桥	1*20	9	肋拱	三类	1970
范家岭2桥	X58014103 2L0030	索驼—车家坡线	5.54	8	5	5	1	5	小桥	1*5	7	板拱	一类	1970
楼山桥	Y00414103 2L0030	交口—山头线	12.054	14	5	5	1	5	小桥	1*5	5	整体现浇板	四类	1974
红花沟桥	Y00714103 2L0010	红花沟—东启岭线	0.72	16	6	6	1	6	小桥	1*6	7	板拱	一类	1984
南楼沟桥	Y00914103 2L0010	南楼—陈家塬线	5.024	40	10	10	1	10	小桥	1*10	7	板拱	四类	1980
南庄桥	Y01214103 2L0010	红崖渠—南庄线	3.103	22	10	10	1	10	小桥	1*10	6	板拱	一类	1997

续表 15-3

桥梁名称	桥梁代码	路线简称	中心桩号	桥梁全长（米）	跨径总长（米）	单孔最大跨径（米）	主桥孔数	主桥主跨（米）	桥梁分类	跨径组合（孔*米）	全宽（米）	上部结构形式	技术状况	建筑时间（年）
杨家庄桥	Y02314103 2L0010	龙吞泉—刘家庄线	0.852	17	8	8	1	8	小桥	1*8	7	板拱	一类	1988
刘家庄桥	Y02314103 2L0020	龙吞泉—刘家庄线	4.58	35	8	4	2	4	小桥	2*4	7.5	板拱	一类	1983
阴德河桥	Y02514103 2L0010	于家山—阴德河线	3.634	23	10	10	1	10	小桥	1*10	8.5	板拱	二类	1983
上桑壁桥	Y03114103 2L0010	上桑壁—山坪里线	2.114	48.6	7	7	1	7	小桥	1*7	7	板拱	二类	1983
穆家河 2 桥	Y03314103 2L0011	红崖渠—郭家村线	3.434	25	13	13	1	13	小桥	1*13	5	板拱	二类	1992
穆家坡桥	Y03314103 2L0020	红崖渠—郭家村线	3.332	20	13	13	1	13	小桥	1*13	5	板拱	二类	1992
穆家村桥	Y03314103 2L0040	红崖渠—郭家村线	6.436	17	13	13	1	13	小桥	1*13	5	板拱	二类	1992
甘露河桥	Y03614103 2L0010	延家河—阁山线	0.95	26	6	6	1	6	小桥	1*6	6.5	板拱	三类	1974
马家湾桥	Y03714103 2L0010	阁底—石家湾线	9.566	14	6	6	1	6	小桥	1*6	7	板拱	二类	1984
东岭沟前桥	C01414103 2L0010	汽车站—东岭沟线	1.142	24	10	10	1	10	小桥	1*10	5	板拱	一类	1986
东岭沟后桥	C01414103 2L0020	汽车站—东岭沟线	1.15	24	10	10	1	10	小桥	1*10	5	板拱	一类	1986
岭里 1 桥	C02114103 2L0010	南陈线—岭里线	0.391	28	8	8	1	8	小桥	1*8	6	板拱	一类	2000
岭里 2 桥	C02114103 2L0020	南陈线—岭里线	2.034	28	8	8	1	8	小桥	1*8	6	板拱	一类	2000
岭里 3 桥	C02114103 2L0030	南陈线—岭里线	3.978	33	10	10	1	10	小桥	1*10	6.5	板拱	一类	2000
马家滩桥	X52514103 2L0010	沿黄扶贫旅游公路	10.873	31	13	13	1	13	小桥	1*13	8	板拱	一类	2006
沿黄 2 桥	X52514103 2L0020	沿黄扶贫旅游公路	12.093	44	30	30	1	30	中桥	1*30	8	板拱	二类	2008
沿黄 1 桥	X52514103 2L0030	沿黄扶贫旅游公路	12.863	36	16	16	1	16	小桥	1*16	8	板拱	一类	2008

续表 15-3

桥梁名称	桥梁代码	路线简称	中心桩号	桥梁全长（米）	跨径总长（米）	单孔最大跨径（米）	主桥孔数	主桥主跨（米）	桥梁分类	跨径组合（孔*米）	全宽（米）	上部结构形式	技术状况	建筑时间（年）
沿黄3桥	X52514103 2L0040	沿黄扶贫旅游公路	13.495	50	30	30	1	30	中桥	1*30	8	板拱	一类	2008
白家山桥	X52514103 2L0050	沿黄扶贫旅游公路	30.107	50	16	16	1	16	小桥	1*16	8	板拱	一类	1994
刘家山桥	X52514103 2L0060	沿黄扶贫旅游公路	33.054	16	16	16	1	16	小桥	1*16	8.5	板拱	一类	1994
靳家山沟桥	X52514103 2L0070	沿黄扶贫旅游公路	45.738	42	20	20	1	20	中桥	1*20	8.5	板拱	一类	1998
冯家腰沟桥	X52514103 2L0080	沿黄扶贫旅游公路	46.068	29	20	20	1	20	中桥	1*20	8.5	板拱	一类	1997
扅步沟桥	X52514103 2L0090	沿黄扶贫旅游公路	46.473	42	20	20	1	20	中桥	1*20	12	板拱	一类	1997
西后峪桥	X52514103 2L00100	沿黄扶贫旅游公路	58.02	25	8	8	1	8	小桥	1*8	12.5	板拱	一类	1980
同上吉沟桥	X52514103 2L00120	沿黄扶贫旅游公路	75.302	35	20	20	1	20	中桥	1*20	8.5	板拱	一类	1999
鸭路沟桥	X52514103 2L00130	沿黄扶贫旅游公路	75.444	49	20	20	1	20	中桥	1*20	8.5	板拱	一类	1999
上辛角沟桥	X52514103 2L00140	沿黄扶贫旅游公路	82.272	44	22	22	1	22	中桥	1*22	8.5	板拱	一类	2000
辛庄芝河大桥	X52514103 2L00150	沿黄扶贫旅游公路	87.157	84	60	60	1	60	大桥	1*60	8	板拱	一类	2005
上桑壁桥	X57514103 2L0040	坡头—桑壁线	31.663	49	24	8	3	8	小桥	3*8	8.5	板拱	一类	1993
三眼窑桥	X57514103 2L0050	坡头—桑壁线	32.513	49	24	8	3	8	小桥	3*8	8.5	板拱	一类	1993
狼窝沟桥	X57514103 2L0060	坡头—桑壁线	32.858	18	8	8	1	8	小桥	1*8	9	板拱	一类	1993
坡头桥	X57514103 2L0070	坡头—桑壁线	0.078	35	20	20	1	20	中桥	1*20	8	板拱	一类	2004

渡　口

清末民初，县西黄河沿岸有永和关、兴德关（今阁底乡阴德河村）、铁罗关3处渡口，通往陕西省。民国中期增加于家咀1处，成为4处。1995年，永和县黄河沿岸渡口为永和关、河会里、阴德河、于家咀、佛堂5处。渡口均与陕西省延川县相接，其中以永和关渡口为最大。永和关渡口是秦晋两省在永和境内的历史通道，也是沟通东西的水旱码头。这些渡口都以小木船和筏子等简单渡河工具来往通航，摆渡行旅。1980年以后，永和逐年修通了花儿坡、红崖渠到永和关的公路，陕西延川通过张家河至延水关的三级公路也于1983年修通，这就使两岸人民来往增加。平均每天摆渡30人左右，其他物资交流也随之增多，两省物流每年1万多吨。这样，建码头、购大船、扩展航运业务就势在必行。1984年经山西省交通厅批准将保德县航运站的20吨武汉造双机80马力货船调拨给永和县无偿使用。同时，又在保德造船厂以1万元定做了一支15马力铁质挂桨小船，用来渡客和渡运零星物品。4月24日上午10点30分，船从保德正式驶向永和，5月20日中午12点，船在不断的汽笛声中安全停靠在永和关。从此，永和有了现代化的机船。在购船的同时，永和、延川两县都安排建码头、站舍。永和关建起码头和航运站（石窑7孔），并经延川县电业局批准从陕西给永和关通了电。机船经过几个月的试运行各方面情况良好，客运货运量每月都在150吨左右，营运收入平均每月500元以上（当年价）。每日按时拨两趟班船，票价低（木船每人1元，机船只收0.6元）、时间准、速度快（小船用3分钟，大船7分钟）。到1985年，永和关渡口有船3支（原个体有小木船1支），全县渡口共有机、木船8支（艘），船员30人左右。航运站的机船由县交通局直接管理，实行自负盈亏，后又转为承包，其他船只都由个体自营。1989年6月22日，交通局将港航管理和营运业务移交给运输管理所。1989年全县批复渡口5个，有永和关、河会里、阴德河、于家咀、佛堂。营运船只有5支，船员11人。1991年购置车渡船1艘，钢制船1艘，挂桨船2艘。2004—2006年1月，购置钢制船3艘。2005年10月，永和关黄河公路大桥建成后，黄河沿岸渡船陆续转卖。随着乾坤湾风景区的开发，供游客在黄河水面乘坐观光的小游艇逐渐增多。至2011年，共有各类游艇10余艘。

第二章 运　输

第一节 运输工具

中华人民共和国成立前，县内运输工具主要有驾窝（前后两个牲口抬的蓬轿）、铁木轮车（俗称烧饼车）、驮运，城内赵武胜有自行车1辆。1952年县城职工张逢通从临汾骑入县内自行车1辆。1955年全县有骆驼50余头，驮脚总数300余头。1956年始有畜力胶轮大车4辆，分给县供销社、城关镇使用经营。1958年始有小平车4辆。1959年畜力胶轮大车发展到10辆。1961年从吕梁县交通局分回第一辆汽车，苏制吉尔164卡车，全县有小平车21辆，自行车35辆。1963年购进1辆苏制51嘎斯2.5吨汽车。1974年有汽车16辆，胶轮大车81辆，小平车1131辆。1981年农业生产实行家庭联产承包责任制，机动车辆增多，胶轮大车被淘汰。1995年全县有各类汽车234辆，其中大型汽车89辆、小型汽车137辆、挂车4辆、农用汽车4辆；有摩托车520辆；85%的农户有胶轮小平车，全民普及自行车。1999年有各类汽车300辆，其中大中型汽车126辆、小型汽车140辆、挂车6辆、农用车28辆；摩托车866辆；三轮车510辆。2006年有各类汽车406辆，其中大型汽车130辆、小型汽车242辆、挂车12辆、农用车22辆；摩托车1260辆，电动车600余辆；三轮车700辆。截至2011年，全县有各类汽车843辆，其中大中型汽车360辆、小型汽车386辆、挂车78辆、农用车19辆、三轮车910辆，摩托车、电动车全民基本普及。

第二节 货运　客运

货　运

民国时期，县内货运靠畜驮人担。1950—1955年货物主要由骆驼运输。1956年始用畜力胶轮车运输。运出货物主要有红枣、棉花、粮食、药材、畜产品；运进货物主要有煤炭、食盐、煤油等生活用品和农业生产资料。1961年始有汽车运输。1974年全县有载重汽车14辆，货运量0.3万吨，货运周转量12.8万吨公里。1980年有载重汽车45辆，货运量0.86万吨，货运周转量725万吨公里。1985年有载重汽车65辆，货运量1.28万吨，货运周转量1088.32万吨公里。1990年有载重汽车70辆，货运量3.47万吨，货运周转量435.08万吨公里。1995年全县有载重汽车51辆，货运量10.59万吨，货运周转量1376万吨公里。1996年有载货汽车51辆，货运量10.2万吨，货运周转量1342万吨公里。1997年载货汽车增至106辆，货运量达12.5万吨，货运周转量达1387万吨公里。1998年货车增至113辆，货运量14.1万吨。1999年货运量14.2万吨，比1998年同期增长0.7%。2000年货运量16.1万吨，同比增长13.4%。2003年货运量17.3万吨，比2002年同期减少0.06%；周转量为1793万吨公里，同比增长6.2%。2007年货运周转量1728万吨公里，比2006年减少2.92%。2008年有货车97辆，货运周转量2115万吨公里，比2007年增长22.4%。截至2011年，全县有载货汽车247辆，货运周转量5878万吨公里。

2009—2011年先后有2~4家个体办起物流点，各有汽车2~4辆，年运货价20万~50万元。

1974—2011年永和县货运情况一览表

表15-4

年　份	载重汽车（辆）	货运量（万吨）	货运周转量（万吨公里）
1974	14	0.28	12.80
1975	14	0.33	12.87
1976	23	0.50	400.00
1977	26	0.59	448.00
1978	35	0.74	592.00
1979	40	0.81	692.50
1980	45	0.86	725.00
1981	47	0.92	789.00
1982	49	1.51	832.78

续表 15-4

年 份	载重汽车（辆）	货运量（万吨）	货运周转量（万吨公里）
1983	55	1.57	912.58
1984	61	1.26	1008.10
1985	65	1.28	1088.32
1986	67	1.33	1088.52
1987	70	1.38	1124.81
1988	74	1.45	1185.60
1989	77	1.56	1231.25
1990	70	3.47	435.08
1991	67	4.10	491.00
1992	56	3.46	404.90
1993	56	3.56	754.20
1994	62	4.35	864.00
1995	51	10.59	1376.00
1996	51	10.20	1342.00
1997	106	12.50	1387.00
1998	113	14.10	1502.00
1999	75	14.20	1430.00
2000	115	16.10	1417.00
2001	116	15.40	1720.00
2002	75	17.40	1782.00
2003	76	17.30	1793.00
2004	66	17.80	1740.00
2005	78	17.60	1570.00
2006	75	17.80	1840.00
2007	66	17.50	1728.00

续表 15-4

年 份	载重汽车（辆）	货运量（万吨）	货运周转量（万吨公里）
2008	97	18.60	2115.00
2009	145	20.20	3248.00
2010	236	31.20	4466.00
2011	247	40.60	5878.00

客 运

永和县解放前，代步工具为驾窝、驮骡、毛驴、骆驼等。1957年8月，临汾汽车中心站开通临汾—永和隔日班车，以卡代客，晴通雨阻。1961年4月永和县始有第一辆载客卡车。同年开通县城至阁底公社班车。县城至打石腰乡、西庄、泊洋、桑壁、署益、南庄也先后开通班车。1974年全县有载客汽车2辆。1992年4月开通永和县—侯马市客运线路。1993年4月开通永和县—太原市客运线路。1995年全县载客汽车增至13辆、460个座位，其中个体载客汽车2辆、34个座位。每日有客车发往太原市、临汾市、侯马市、交口县、隰县、柳林县军渡和县内各乡镇。1996年载客汽车有11辆，客运量4.1万人，客运周转量490万人公里。1997年载客汽车有15辆，客运量18.5万人次，客运周转量1570万人公里，分别比1996年增长3.5倍和2.2倍。1998年客运量为5.7万人次，比1997年增长63%。1999年客运汽车增至63辆，客运量22.9万人次，客运周转量1880万人公里，分别比1998年同期增长10.6%和16.2%。2000年客运汽车增至103辆，客运量为22.9万人次，客运周转量1940万人公里。2003年客运量31万人次，同比增长61.5%，周转量1460万人公里，比2002年同期下降17.8%。2007年客运周转量1465万人公里。2008年客运汽车有23辆，客运周转量1570万人公里。截至2011年，全县共有班线客车27辆849座，其中承担农村公共班线运输的客车7辆157座，县际以上长途运输客车20辆692座。客运周转量5400万人公里。

1974—2011 年永和县客运情况一览表

表 15-5

年 份	载客汽车（辆）	客运量（万人）	客运周转量（万人公里）
1974	2	1.67	8.52
1975	2	1.64	79.86

续表15-5

年 份	载客汽车（辆）	客运量（万人）	客运周转量（万人公里）
1976	2	2.43	85.65
1977	2	1.60	56.47
1978	2	1.74	67.79
1979	2	1.93	55.34
1980	2	1.93	55.90
1981	2	2.40	64.34
1982	3	3.70	99.56
1983	3	3.53	109.10
1984	2	3.46	111.30
1985	3	2.88	110.40
1986	3	5.48	367.00
1987	6	5.08	254.16
1988	7	4.99	254.50
1989	7	5.20	259.95
1990	8	9.20	441.60
1991	7	10.10	515.10
1992	10	10.30	567.00
1993	11	10.50	587.00
1994	12	10.70	1107.50
1995	13	10.87	1309.00
1996	11	4.10	490.00
1997	15	18.50	1570.00
1998	15	20.70	1618.00
1999	63	22.90	1880.00
2000	103	22.90	1940.00
2001	108	16.20	1880.00
2002	67	19.20	1777.00

续表 15-5

年份	载客汽车（辆）	客运量（万人）	客运周转量（万人公里）
2003	92	31.00	1460.00
2004	97	31.20	1475.00
2005	99	30.10	1915.00
2006	111	31.20	1475.00
2007	141	29.10	1465.00
2008	183	26.00	1570.00
2009	226	25.00	4960.00
2010	228	26.00	5100.00
2011	230	27.00	5400.00

1995年永和县公共汽车票价表

表 15-6

始发站	终点站	里程（公里）	票价（元）	发车时间	到达时间
侯马	永和	250	20.00	4:00	14:00
县城	侯马	250	20.00	6:00	15:00
太原	永和	280	25.20	6:00	16:00
临汾	永和	180	15.00	6:00	11:30
县城	太原	280	25.20	6:30	16:00
临汾	永和	180	15.00	6:30	12:00
县城	临汾	180	15.00	6:30	12:00
县城	临汾	180	15.00	7:00	12:30
县城	临汾	180	15.00	8:00	13:30
县城	阁底	29	3.50	8:00	9:30
县城	打石腰	24	3.50	8:00	9:30
县城	西庄	37	4.50	8:00	10:00
县城	泊洋	37	4.50	8:00	10:00
县城	桑壁	32	3.50	8:00	9:20

续表 15-6

始发站	终点站	里程（公里）	票价（元）	发车时间	到达时间
县城	署益	40	4.50	8:00	9:30
县城	南庄	23	3.50	8:00	9:30
县城	西庄	37	4.50	15:00	17:00
县城	署益	40	4.50	15:00	17:00

2006—2010年部分年份永和县境外公共汽车票价表

表 15-7

	始发站	终点站	里程（公里）	票价（元）		
				中型高一级	中型中级	小型高一级
二〇〇六年七月票价	永和	太原	298	70	57	—
	太原	永和	298	70	57	—
	永和	运城	328	77	63	—
	永和	侯马	244	57	47	—
	侯马	永和	244	57	47	—
	永和	临汾	184	44	35	—
	临汾	永和	184	44	35	—
	永和	军渡	140	—	27	—
	永和	柳林	110	—	21	—
二〇〇九年三月票价	太原	永和	298	63	49	
	永和	太原	298	63	49	
	永和	运城	328	69	54	
	永和	侯马	244	51	41	
	侯马	永和	244	51	41	
	永和	临汾	184	—	31	42
	临汾	永和	184	—	31	42
	永和	延安	159	—	26	
	永和	台头	122	—	—	28

续表 15-7

	始发站	终点站	里程（公里）	票价（元）		
				中型高一级	中型中级	小型高一级
二〇一〇年七月票价	永和	太原	298	92	73	—
	太原	永和	298	92	73	—
	永和	襄汾	174	—	—	59
	永和	运城	328	102	80	—
	永和	侯马	244	76	60	—
	侯马	永和	244	76	60	—
	永和	临汾	202	57	45	69
	永和	临汾	184	—	45	63
	临汾	永和	184	—	45	63
	永和	延安	159	—	39	—
	永和	台头	125	—	—	43

1998—2009年部分年份永和县乡镇客运票价表

表 15-8

1998年4月票价				2002年票价				2009年4月票价			
始发站	终点站	里程（公里）	中型普通车价（元）	始发站	终点站	里程（公里）	中型普通车价（元）	始发站	终点站	里程（公里）	中型普通车价（元）
永和	署益	40	5	永和	王成	45	7.5	永和	王成	46	9
永和	桑壁	32	4	永和	桑壁	30	5	永和	桑壁	31	6
永和	交口	17	2	永和	义合	45	7.5	永和	泊洋	38	9
永和	泊洋	40	5	永和	泊洋	40	6.5	永和	苏土	39	8
永和	西庄	40	5	永和	苏土	40	6.5	永和	高家塬	50	10
永和	阁底	33	3	永和	高家塬	46	7.5	永和	冯家腰	49	10
永和	打石腰	25	4	永和	园只沟	40	7.5	永和	于家咀	48	10
永和	南庄	24	3.5	永和	阁底	30	5.5	永和	阁底	31	6

续表 15-8

1998年4月票价				2002年票价				2009年4月票价			
始发站	终点站	里程（公里）	中型普通车价（元）	始发站	终点站	里程（公里）	中型普通车价（元）	始发站	终点站	里程（公里）	中型普通车价（元）
—	—	—	—	永和	交口	17	3	永和	交口	18	4
—	—	—	—	永和	郭家山	35	7	永和	河会里	36	8
—	—	—	—	永和	段家圪	32	6	永和	郭家山	36	8
—	—	—	—	永和	打石腰	25	5	永和	社里	50	10
—	—	—	—	永和	永和关	36	7.5	永和	打石腰	27	5

第三章 管 理

第一节 交通监理

监理机构

1978年10月以前，公路交通管理和交通征费均由公路管理站兼办。1978年10月1日，县交通监理站成立，隶属山西省交通监理总站，有职工2人，负责宣传交通法规，维护公路交通秩序，开展车辆登记、报户、转户、审验、考核驾驶人员、核发行车证件、处理交通事故等业务。

道路交通安全工作会议

1986年，交通监理站改称交通监理所，职工增至6人，有吉普车1辆，三轮摩托车1辆，二轮摩托车1辆。1987年，县交通征费稽查所成立，隶属临汾市交通征费稽查处，职责为征收公安交警队挂牌的各类机动车辆和农机监理站挂牌的各类农用汽车养路费。

征费稽查

　　1966年征收养路费3万元，审验机动车25辆。是年全县查处无牌照车12辆，办理转户、报户登记手续6个，检验机动车62辆，核发驾驶执照42个。1987年征收养路费39.6万元。1991年征收养路费44.9万元，汽车每吨位每月征收110元。1992年新增收养路附加费，汽车每吨位每月40元；公路货运补偿费，汽车载重量5吨以下（含5吨）每吨位每月20元；5~8吨（含8吨）每吨位每月30元；8吨以上每吨位每月45元。是年征收养路费44.9万元。1994年5月养路附加费取消，养路费征收标准改为汽车每吨位每月170元，公路货运补偿费按原标准执行。1995年征收养路费57.7万元。1996年，拖拉机养路费征收完成20.27万元，是地区年计划的135%。2001年，结合全市开展畅通工程、文明道路联合整治大行动和全国第二次公路普查工作，进行全县各条线路里程碑更新，共安装194块，埋设百米桩376根，改善了路容。发放清障（拆除）通知书16份，处理路政案件26起，收缴赔（补）偿费5000元，完成养路费征收16万元，占年计划的94%，比2000年增加25000元；完成上解15万元，占开票的93.7%。2002年，发生路产损害案件7起，处理5起，查处率100%，结案率70%；收取赔补费7898元，全部上解。完成养路费征收17.23万元，征收道口费2280元。2003年，完成运管费13万元，占年计划130%，完成场站建设费18.29万元，占年计划68%，全部上解。拖拉机养路费征收完成上解18.38万元。2004年，完成拖拉机养路费放票17.3万元，占年计划86.5%，完成运管费14万元，场站建设费38万元，分别占年计划的127%和100%。2006年，完成拖拉机养路费征收19万元，占计划任务的126%，全部上缴。2008年，完成拖拉机养路费征收20万元，超年计划133%；完成客运附加费征收35万元，占计划110%；完成运管费征收20万元，占年计划的146%。2007—2008年，设1个治超点，2支流动稽查队，配备治超人员12名，实行政府领导、交通牵头、交警配合的治超形式，投资13万元安装了固定式超限动态检测系统，这套系统是全市第一家安装的先进检测设备。每年平均出动执法人员1万余人次，检查车辆2万余辆。运管所抽调5人专门组建永和关沙场源头治理工作组。取缔非法煤场21家。2009年，对全县客运驾驶员进行一次培训，排查和整治交通事故多发路段11处，增设警告标志牌2块，悬挂宣传标语55幅，散发传单2000余份。2010年，发放宣传资料1000余册。

第二节 运输管理

管理机构

民国37年（1948），境内运输由民政部门组织群运畜驮人担。1958年，群运工作归交通局管理。1974年9月，县交通运输管理站成立，有职工2人。1987年，临汾地区交通运输管理处拨款7.5万元修建运管站办公楼。同年，站下设办公室与财务、统计、客货运管理、维修管理、稽查港航监督等室。1988年，县交通运输管理站改称县交通运输管理所，职工增至12人。1989年6月22日，县交通局港航监督站成立，港航营运业务归运管所管理。截至2011年，运管所有在岗职工20人，工作用车4部。省运管局每年按2007年的收费额比例拨付经费25.2万元。

管理工作

1965年，全县汽车货运量3.48吨，组织群众短途货运量1.5吨，相当于汽车货运量43%。是年增设汽车维修厂10个，其中定点二级维修厂2个。运管所对农村集体运输业、运输专业户与国营运输业同样执行全省统一运价规定。县运管所为农村个人或联户经营运输业排忧解难，提供货源信息，审批固定专业运输、社会群运的营运路线，按月、季平衡货源。2004年后，依据《中华人民共和国道路运输条例》相关规定，主要负责道路旅客、货物运输、源头超限超载、汽车维修、客货站场等行业的管理工作，维护道路运输市场秩序，保障道路运输安全，保护道路运输有关各方当事人的合法权益，完成国家指令性运输计划，县际客运班线及客运车辆营运证、客运站（亭）的建设和管理，组织实施抢险、救灾、战备等物资的运输，贯彻道路运输科技政策、技术标准和规范，指导全县道路运输行业的精神文明和职工队伍建设。2005年，晋发改投〔2005〕641号文件下达自筹基本建设投资计划，筹建永和汽车站，2008年9月竣工投入运营。2007年5月建桑壁汽车站，2008年4月竣工投入运营。先后还建有阁底、南庄、坡头3个客运站。2009年，国务院税费改革后，取消了运管系统的收费项目，由过去的自收自支改为行政许可公共服务。

第三节 公路养护

县公路段（公路站）养护

1966年4月，永和县公路管理站成立，隶属临汾地区公路总段，有干部6人，设索驼、官庄、石畔岭、大寨岭、甘露河、西庄、桑壁、圪堆头8个道班，雇用补贴制农民轮换工39人，担负着原隰永线永和境内23公里土路和县城至坡头、署益、桑壁、阁底、西庄、罢骨、交口、南庄、打石腰9条县、乡公路98公里养护任务。1969年，公路管理站人事和经费权力由地区下放到县。1972年，人事和人员经费权力收回地区公路总段，负责隰永支线的养护管理工作。1981年设立土罗道班，10月县公路管理站职责改为新隰永线永和境内（猪槽腰——永和县城）23公里的公路养护，是年12月公路养护工待遇改行工资制。1986年，公路管理站改称隰永公路养护段，养护路段增加至隰县车家坡，共计养护48公里一般干线。管理站有干部12人，工人18人，协议工32人，设苛西、后庄（隰县境内）、土罗、官庄4个道班。是年10月公路段在城北泰山头（滨河路13号）建起办公楼、职工宿舍、库房、车库等42间，建筑面积1584平方米，占地面积5588平方米。下设两股一室一队一养护中心（工程技术股、财务股、综合办公室、路政大队、机械养护中心）。至1987年9月完成全线38公里油路铺装任务并承担养护工作。1995年隰永公路段设4个道班，固定资产83.41万元，有干部职工27人，拥有东风自卸车2辆，跃进1041型车1辆，压路机2台，路政管理车2辆，其他筑养路设备8台（件）等。1996年，隰永公路段移交山西省公路局临汾分局管理，名称更改为山西省永和公路管理段，养护路线把隰县车家坡至隰县、永和县交界26公里移交至隰县公路管理段养管，同时接交永和县交通局养护的永和县城——永和关35公里砂砾路

公路养护

段的养管，养护路线更改为省道328线（洪永线），养护公里增至57公里。1998年该段完成了永和县城——段家河8公里油路铺装任务，完成投资160余万元。2004年，县际油路改造完成了段家河——永和关24公里油路铺装任务。2007年10月起陆续建设沿黄干线二级公路，起点位于石楼、永和交界，终点是永和、大宁交界，全长59.5公里，养路里程增至101.89公里。截至2011年底，县公路段有干部职工73人，下设两股一室一队一中心及7个养护道班，担负着省道洪永线和三大线的公路养建管任务。

县交通局养路队养护

1978年县乡公路归县交通局管理。1981年原隰永线罗镇堡——坡头改为县乡公路归县交通局养护。

1995年，县交通局设养路队及道班，有工人72人，拥有翻斗车1辆，压路机2台，刮路机2台，铁牛55拖拉机2台，东风洒水车1辆，路政管理专用车2辆。担负原隰永线、永西线、大交线、延泊线、石永线、红望线、索桑线、永延线（永和县城——永和关）、后刘线（后河——刘家腰）共181公里公路的养护任务。

1996年，全县在养路9条段173公里，年末好路率达87%，占地区计划的110%，综合值达75.8，占计划113%。全年共完成采备养护料4300立方米，处理搓板8.71万平方米，清理塌方2万立方米，铲除杂草30万平方米。2001年，全县有道班工27人，养护8条路202公里。采备底层沙砾料2156立方米，出动水车15台班，对10公里文明路路旁树进行拉水浇灌、树枝整修和幼苗培土。出动刮路机60多个台班，对全县107公里的沙砾路及土路进行及时平整，对不同路段分别刮路2~3次，人机配合，共清理塌方1万余立方米。年完成油路恢复铺油7900平方米，清杂草、挖边沟202公里达4次以上，回填路冲毁冲洞和沉陷100余处1.5万余立方米，恢复水毁增设涵洞1道7米，边沟加固3处200米，一字墙一处6米。全年平均好路率达到92.93%，比市计划增长12.63个百分点；综合值达到81.71，比市计划提高5.41。2002年，为文明路栽柳树6公里6000余株，成活率98%；为沿黄南阁线40公里路段栽植枣树2.55万株，成活率达95%，西泊线文明路补栽枣树500余株；抢修处理水毁油层1200余平方米，夯实处理路基沉陷6400立方米，修复涵洞1道9米，处理桥面200余平方米，侧墙砌体90余立方米，夯实加固护岸1050平方米，边沟加固300米，清理坍塌土石2万余立方米，共计投资40万元。年平均好路率93.3%，年均综合值81.6，比市计划提高7.6；年末好路率93.4%，年末综合值81.3，比市计划提高14.7。2003年，对油路挖补坑槽、处理沉陷800余平方米，动土方5000余立方米，用砂砾2670立方米、油石250立方米、沥青21吨，清理塌方3000余立方米，边沟普遍清理4遍；出动刮路机，对砂砾、土路面进行刮路，租赁两台装载机对县境内在养公路维修两遍，动54个台班，恢复水毁路200处、3万余立方米。平均好路率93.3%，综合值81.1，比市局计划分别提高14.3%和6.5；年末好路率92.8%，综合值80.7，分别比市局计划提高11.5%和3.1。2004年，处理油路沉陷及补坑槽136处6000平方米，投资20万元。年平均好路率达91.02%，综合值80.28；年末好路率92.9%，综合值80.9，比市局计划分别提高10.72%和5.48%。2007年，全县有在养公路7条201公里，其中油路121公里，土路80公里。全县设养护队13个，护林员1个。全年好路率和综合值达到92.1%和80.1，比市局计划分别提高11.8%和5.3。2009年，全县农村公路740公里，其中县道193公里，乡镇道295公里，村道252公里。采用县道县养，乡道乡养，村道村养的方法，县实际列养7条段125公里，共计8个道班。年平均好路率达91.01%，年末好路率91.33%，比市局计划分别提高5.01%和3.33%；年平均综合值81.28，年末综合值81.38，比市局计划分别提高4.28和1.38。

截至2011年，全县有县道7条202公里，实养185公里。县交通局设养护中心，下设养护班队23个。拥有1000型沥青拌和站1座，165平地机1台，50装载机1台，5吨自卸车2台，小型压路机1台。县道养护完成投资385万元。为村村通水泥（油）路300公里进行养护，县财政投资30万元，县交通局投资15万元，以奖代补的形式进行补贴，保证乡、村公路得到有效养护。年末好路率88.19%，综合值76.44；年平均好路率76.13%，综合值72.84。

第十六编

邮　电

明洪武年间，永和始设铺递；民国5年（1916）始有电话。中华人民共和国成立后，县内邮政业务有函件、包件、汇兑、快件、集邮、报刊发行等；电信业务有电报、有线电话、无线电话、传真等。2011年，全县有邮路9条、总长673公里，函件9.08万件，包件4074件，汇兑2506张。有固定电话7609户，移动电话2.64万户，宽带3600户，电话、宽带普及率均达80%以上。电话、宽带的普及，很大程度地促进了永和社会的发展。

第一章 邮 政

第一节 机 构

铺递 邮务站

明洪武十九年（1386）永和县始设铺递，配铺兵、备马匹、接待官吏、传递文书。县城设总铺1个，县城至隰县沿线依次设官庄、乌门、索驼、刘台4个铺递，与县城距离分别是5公里、10公里、15公里、20公里。清宣统三年（1911）废铺递，设邮务站，先后由县城北关私营药铺"杏林堂"和百货商店"吉生永"代办邮政业务。邮务站设邮差1人。

邮政局

民国24年（1935）设县邮政局。民国34年（1945）县城解放后设县邮站、永和关联络站，隶属晋绥边区邮政局，有职工4人。民国35年（1946）设桑壁邮政代办所。民国36年（1947）县邮站改称县邮政局。民国38年（1949）2月县邮政局隶属陕甘宁边区晋南邮政管理局，同年12月改属山西省邮政管理局晋南行署邮政局。1952年，与电话站合并。1956年，设罢骨、西庄2个邮政代办所。1970年单设邮政局，1973年与电信局合并。1985年泊洋、打石腰邮电所改为邮政代办所。1998年邮政局恢复单设。1999年，邮政局投资65万元购买原工商银行办公大楼，并接管原工商银行储蓄业务，2002年投入使用。2005年开办代发工资业务，2008年开设ATM自动提款业务。

第二节 邮政业务

邮路投递

清代，永和县主要邮路有4条：东为县城起，经官庄铺、乌门铺、索驼铺、刘台铺至隰州界八里腰，共22.5公里；南为县城起，经交道沟、双山岭、桑壁镇，至大宁县界东索基，长25公里；西为县城起，经龙吞泉、呼家岔、梁家坡、段家河、大寨岭、姚家山、王家塬、永和关南10公里至黄河岸延川县界，长47.5公里；北为县城起，经川口村、官庄铺、乌门铺、坡头、赵家沟，至石楼县界青蒿结，长22.5公里，至隰州、大宁、石楼皆为山径。

民国时期，有县城至隰县45公里干线邮路1条，隔日步班投递。乡村书信、政府公文由沿路逐村派民工传递。民国35年（1946）永和全境解放后，开通县城至延水关步班邮路35公里；县城至官庄、桑壁、圪列塬等35公里；县城至官庄、桑壁、西后峪、圪列塬4个区政府所在地及沿路村庄、学校单程步班邮路145公里。

中华人民共和国成立后，县邮政局辖单程步班邮路4条，总长524公里。1953年永隰步班邮路改为自办自行车邮路。1957年，全县有单程步班邮路5条，总长530公里。其中自行车邮路75公里，直投11个乡，65个农业生产合作社，226个自然村，32座小学。同年永隰自行车邮路改为委办汽车邮路。1965年，县邮电局所辖邮路总长662公里，其中自行车邮路100公里。1975年，县邮电局所辖邮路31条，总长1398公里，其中自行车邮路603公里；是年开通永和至临汾自办汽车邮路。1978年开通摩托车邮路2条、85公里。1985年邮路调整为780公里，其中自行车邮路276公里，摩托车邮路85公里，直投11个乡镇、46个村民委员会、227个村民小组、276座中小学。1992年县邮电局所辖邮路总长674公里，全县11个乡镇，80个村民委员会，98.8%村民小组通邮路。1995年全县共有邮路9条，总长540公里。2001年撤乡并镇后，农村邮路投递由11个乡镇、80个村民委员会，变为7个乡镇、79个村委会，306个自然村。到2011年，全县共有邮路9条，分别是：县城——坡头方底村，县城——坡头岔上村，县城——阁底、罗岔村，县城——南庄、打石腰望海寺，县城——芝河镇永义村，县城——芝河镇葛家河村，县城——交口、南楼村。投递班种摩托车，各乡镇为2日班，县城为逐日班，总长673公里。

2011年永和县内邮路统计表

表16-1

邮路编号	里程（公里）	班期 班种	投递点	邮路起止
1	85.0	二日班 摩托车	18	县城—坡头方底村

续表 16-1

邮路编号	里程（公里）	班期	班种	投递点	邮路起止
2	84.0	二日班	摩托车	11	县城—坡头岔上村
3	88.0	二日班	摩托车	10	县城—阁底、罗岔村
4	78.0	二日班	摩托车	10	县城—南庄、打石腰望海寺
5	38.5	二日班	摩托车	8	县城—芝河镇永义村
6	50.5	二日班	摩托车	7	县城—芝河镇葛家河村
7	86.0	二日班	摩托车	7	县城—交口、南楼村
8	15.0	逐日班	摩托车	机关、市民	县城
9	15.0	逐日班	摩托车	机关、市民	县城

函 件

民国35年（1946），永和县邮站开办函件业务，当年函件进出口总量1.8万件。1949年县邮政局开办信函、明信片、新闻稿件、新闻纸类、印刷品贸易契、商务传单、读者文件货样等8种函件投递业务，全县进出口函件总量2万件。1950年7月，将新闻稿件改按信函处理，按印刷品付邮资，年函件进出口总量2.1万件。1953年1月，将新闻纸类归印刷品，取消商务传单业务，年函件进出口总量3.3万件。1960年10月，开办特种挂号业务，邮寄粮票、布票等票证。函件进出口总量，1970年11.5万件，1975年12.5万件，1985年36.3万件，1990年29.2万件。1995年4月，实行邮件标准信封制度，投递局、收寄局邮政编码均用方格按统一要求印刷在统一位置。是年函件进出口总量39.7万件，是1949年的19.85倍。2000年进出函口件7.5万件，2006年进出口函件2.6万件。由于现代通信技术的迅猛发展，函件进出口

办理邮寄业务

逐年下降，2011年函件进出量是0.38万件。

包件

1950年9月，县邮政局开办快递小包业务，每件不能超过1公斤。普通包裹15公斤以内者称小包，15~50公斤者称包裹，小包与包裹合称包件。1953年7月，取消小包名称，统称包裹，最重限量统一为15公斤，将包裹与快件小包合称包件。全年包件进出口总量0.04万件。1954年，停收私营工商业的代收货价包裹。"文化大革命"期间，停收代办收货价附寄回执存局候领等业务。1980年恢复存局候领业务，全年包件进出口总量0.8万件。1981年恢复代收货价和附收回执业务，全年包件进出口总量0.4万件。1986年，包裹分为民用包裹和商业包裹2种，民用包裹限重为5公斤，商业包裹是包裹内件属经营性物品或封装尺寸重量有一项超过民用包裹标准的收费按民用包裹加收50%。当年包件进出口总量0.3万件。1994年进出口总量0.27万件，1995年为0.38万件，2001年为0.35万件，2003年为0.14万件。2011年进出口包件0.12万件。

汇兑

1952年，永和县开办汇兑业务，当年汇票进出口总量0.14万张。1965年汇票进出口量增至0.6万张。1978年汇票进口0.4万张，出口0.2万张。1990年汇票进出口量0.6万张，是1952年的4.29倍。1995年汇票进出口量0.55万张。2001年汇票进口0.18万张，出口0.03万张。2008年汇票进口0.04万张，出口0.4万张。2011年汇票进口0.02万张，出口0.18万张。

快件

1986年，永和县开办邮政快件业务，当年快件进出口量0.15万件。1989年为0.8万件，1992年增至1.5万件。1995年开办特快专递业务。是年快件进出口量1.45万件，其中特快专递0.3万件。2003年进出口特快专递0.22万件，2006年进出口特快专递0.28万件，2009年进出口特快专递0.54万件，2011年进出口特快专递0.73万件。

集邮

1989年，永和县邮电局开办集邮业务，当年业务量0.7万枚。1992年集邮业务增至1.5万枚。1993年成立县集邮协会，集邮业务量达2.3万枚，是1989年的3.3倍。1994年集邮业务量4.43万枚，1995年2.54万枚，2000年0.69万枚，2005年1.02万枚，2008年2.1万枚，2011年2万枚。

报刊发行

民国35—38年（1946—1949），用户直接向报刊社订阅报纸、刊物，由县邮政局负责投递。1950年前，县内主要发行《人民日报》《工人日报》《光明日报》《中国青年报》《华北人民》《新观察》《少年报》《教师报》《山西日报》等。后又增加发行《临汾日报》《教育报》《山西青年报》《环球时报》《山西晚报》《三晋都市报》《红旗》《求是》《前进》《瞭望》《半月谈》《妇女》《家庭》《中国新闻周刊》等。1952年，县邮局开办报刊订阅业务，全县报刊期发0.1万份，全年累计发行10.4万份。1958年期发1.5万份，全年累计发行20万份。1975年期发0.4万份，全年累计发行57.6万份。1980年，除县邮局组织订阅外，报刊社还自己发行或委托发行，并恢复零售报刊业务。是年全县报刊期发0.6万份，累计发行84.8万份，分别是1952年的6倍、8.15倍。1990年报刊期发0.5万份，全年累计发行46.6万份。1995年期发0.4万份，全年累计发行52.5万份。2000年报纸期发2961份，累计发行62万份；杂志期发721份，累计发行1万份。2005年报纸期发3254份，累计发行65万份；杂志期发894份，累计发行1.4万份。2011年报纸期发5475份，累计发行85万份；杂志期发1435份，累计发行2.5万份。

1952—2011年永和县邮政交换、报刊发行统计表

表16-2

年份	函件（万件）		包件（千件）		汇总（千张）		机要（千件）		报纸发行（千份）		杂志发行（千份）	
	出	进	出	进	出	进	出	进	期发	累计	期发	累计
1952	0.8	1.4	0.1	0.2	1.0	0.4	—	—	0.5	96	0.5	8
1953	1.7	1.6	0.2	0.2	1.0	0.5	—	—	0.6	82	0.5	10
1954	2.3	2.1	0.2	0.2	2.0	0.5	—	—	0.7	119	0.5	10
1955	2.7	2.5	0.4	0.3	2.0	0.5	—	—	0.7	158	0.5	10
1956	3.1	3.1	1.0	0.4	2.0	0.5	—	—	0.8	261	0.5	35
1957	3.3	4.4	1.0	0.5	2.0	1.0	1.0	2.0	0.8	180	0.6	12
1958	4.2	5.1	1.0	0.6	2.0	1.0	1.0	1.0	1.0	183	0.5	17
1961	1.3	5.9	2.0	1.0	1.0	1.0	1.0	1.0	1.0	70	0.5	4
1962	6.1	6.2	3.0	1.0	3.0	1.0	2.0	2.0	1.0	167	0.4	17
1963	4.8	8.1	2.0	2.0	3.0	1.0	2.0	2.0	1.0	182	0.6	17
1964	5.6	7.5	1.0	1.0	4.0	1.0	2.0	2.0	1.0	228	0.5	16
1965	7.2	7.4	1.0	2.0	5.0	1.0	2.0	3.0	1.0	235	0.5	14

续表 16-2

年份	函件（万件）		包件（千件）		汇总（千张）		机要（千件）		报纸发行（千份）		杂志发行（千份）	
	出	进	出	进	出	进	出	进	期发	累计	期发	累计
1966	6.2	7.1	1.0	1.0	4.0	1.0	1.0	2.0	1.0	309	0.5	13
1967	6.9	6.5	2.0	1.0	5.0	1.0	0.5	1.0	1.0	315	1.0	7
1968	4.8	4.8	2.0	1.0	3.0	1.0	0.5	1.0	1.0	243	1.0	1
1969	5.5	5.1	2.0	2.0	4.0	2.0	1.0	1.0	1.0	287	1.0	4
1970	6.3	5.2	2.0	2.0	2.0	2.0	1.0	1.0	1.0	282	2.0	2
1971	5.9	6.1	2.0	2.0	4.0	2.0	0.5	1.0	1.0	290	2.0	4
1972	5.6	8.0	2.0	1.0	4.0	2.0	0.5	1.0	1.0	272	2.0	5
1973	6.0	9.4	2.0	2.0	4.0	2.0	0.5	1.0	1.0	253	2.0	14
1974	6.5	9.7	2.0	2.0	4.0	2.0	0.5	1.0	2.0	532	2.0	21
1975	10.4	2.1	2.0	2.0	4.0	2.0	0.2	1.0	2.0	550	2.0	26
1976	12.2	15.2	2.0	2.0	4.0	2.0	0.2	2.0	3.0	572	2.0	26
1977	11.9	14.3	2.0	2.0	3.0	2.0	0.3	3.0	3.0	630	2.0	15
1978	11.1	10.7	3.0	2.0	4.0	2.0	0.3	2.0	3.0	698	2.0	27
1979	9.0	10.1	3.0	2.0	4.0	2.0	0.3	1.0	3.0	724	2.0	31
1980	7.9	17.2	2.0	6.0	5.0	2.0	0.3	1.0	3.0	811	3.0	37
1981	8.2	18.3	2.0	2.0	5.0	2.0	0.2	1.0	3.0	796	3.0	40
1982	8.3	19.1	1.0	2.0	5.0	2.0	0.2	1.0	3.0	696	3.0	42
1983	8.2	19.5	2.0	2.0	5.0	2.0	0.2	1.0	3.0	715	4.0	49
1984	9.0	19.3	2.0	2.0	5.0	2.0	0.3	1.0	3.0	825	2.0	51
1985	10.9	25.4	1.0	2.0	5.0	2.0	0.5	1.0	6.0	1683	4.0	81
1986	10.2	20.4	1.0	2.0	5.0	2.0	0.2	1.0	3.0	923	2.0	47
1987	10.7	21.5	2.0	2.0	5.0	2.0	0.2	1.0	3.0	940	2.0	77
1988	13.8	27.8	1.0	2.0	5.0	2.0	0.2	1.0	3.0	1173	2.0	77
1989	9.6	17.6	1.0	2.0	4.0	3.0	0.2	1.0	3.0	621	2.0	35
1990	8.4	20.8	1.0	3.0	4.0	2.0	0.2	2.0	3.0	449	2.0	17

续表 16-2

年份	函件（万件）		包件（千件）		汇总（千张）		机要（千件）		报纸发行（千份）		杂志发行（千份）	
	出	进	出	进	出	进	出	进	期发	累计	期发	累计
1991	7.8	15.2	1.0	1.0	4.0	2.0	0.1	1.0	3.0	495	2.0	24
1992	9.1	19.2	1.0	2.0	4.0	2.0	0.1	1.0	3.0	677	2.0	28
1993	7.3	18.8	1.0	2.0	4.0	2.0	0.1	2.0	3.0	712	1.0	18
1994	9.2	18.2	0.7	2.0	5.4	2.0	0.1	1.0	3.0	543	1.0	15
1995	10.9	28.8	0.8	3.0	3.5	2.0	0.2	1.0	3.0	514	1.0	11
1996	7.5	17.2	0.750	2.0	2.467	1.582	0.1	1.0	3.8	690	0.850	12
1997	7.5	17.4	0.780	2.0	2.523	1.642	0.1	1.0	4.0	720	0.720	11
1998	8	18.2	0.892	2.31	2.652	1.735	0.108	1.0	4.203	750	0.939	14
1999	3.1	15.3	0.953	2.42	2.491	1.646	0.146	1.2	2.961	620	0.721	10
2000	7.5	16.5	1.435	2.53	2.850	1.564	0.191	1.3	5.945	720	0.209	20
2001	7	18.0	0.830	2.676	2.696	1.726	0.2	1.399	5.788	730	0.196	19
2002	7.7	19.0	1.0290	2.8	3.168	1.729	0.289	1.5	3.200	700	1.036	18
2003	2.4	15.0	1.360	2.53	2.119	1.740	0.316	1.6	3.469	720	1.029	20
2004	1.3	13.2	0.871	2.32	1.519	1.465	0.327	1.6	3.756	660	1.333	15
2005	3.0	16.7	0.852	2.41	1.183	1.045	0.331	1.7	3.254	650	0.894	14
2006	2.6	15.3	0.837	2.62	1.40	1.649	0.178	1.5	3.364	630	0.984	13
2007	1.2	13.6	1.152	3.0	1.050	1.374	0.224	1.4	3.345	750	1.25	17
2008	1.1	12.5	0.941	2.8	3.967	0.398	0.20	1.3	5.7	860	1.5	19
2009	1.0	10.2	0.813	2.76	3.319	0.265	0.354	1.8	6.138	920	1.316	21
2010	0.6	9.8	0.2050	2.0	1.939	0.189	0.230	1.6	5.465	860	1.380	24
2011	0.38	8.7	1.144	2.93	1.746	0.176	0.154	1.0	5.436	850	1.5	25

注：1959—1960年为永和县并入吕梁县期间

邮政编码

1988年推行邮政编码。永和县邮政编码为041400。各乡镇的邮政编码：城关镇、罢骨乡、西庄乡041400，坡头乡041401，署益乡041402，桑壁镇041403，交口乡

041404，泊洋乡 041405，阁底乡 041406，打石腰乡 041407，南庄乡 041408。2001 年撤乡并镇后永和县邮政编码 041400，芝河镇 041499，坡头乡 041401，桑壁镇 041402，交口乡 041403，阁底乡 041404，打石腰乡 041405，南庄乡 041406。

第二章 电 信

第一节 机 构

民国 5 年（1916）在县城文庙内设军用电话局，供县署使用。1951 年建县电话站，由县人民武装部军管。1952 年邮政局、电话站合并称邮电局。1956 年桑壁邮政代办所改称邮电所，增设南庄邮电所。1958 年 10 月永和县邮电局改为吕梁邮电局永和邮电支局，1961 年 5 月恢复永和县邮电局建置。1964 年设交口邮电所，1966 年设坡头邮电所。1970 年 1 月邮政、电信分设，成立邮政局、电信局。1973 年 2 月两局合并复称邮电局，同年设打石腰邮电所。1976 年设署益邮电所、泊洋邮电所。1995 年，县

联通业务宣传

邮电局下设南庄、桑壁、阁底、坡头、署益、交口6个邮电所，泊洋、打石腰、罢骨、西庄4个邮政代办所和1个邮政储蓄所，共有职工74人。1998年邮电局分设为邮政局和电信局。1999年，山西移动通信有限责任公司永和分公司与电信局（公司）分营组建。2002年8月，电信公司划归中国网通集团公司，更名为永和通信分公司（网通）。中国联通永和营业部成立于2002年，2008年10月并入网通。2008年，中国电信在永和县开办业务。2009年撤销乡镇邮电所。至2011年，县内有网通、移动和电信3家电信经营公司分支机构。

第二节　电信业务

电　报

县内电报业务始于1954年，用电话办理，电报由隰县接转。当年业务量160份。1965年安装莫尔斯电码人工发报机2台，直通临汾，全年电报业务量570份。1970年装置短波发报机2部，无线电台1台，全年电报业务量1630份。1982年安装电传打字电报机2部。1988年装备按播报机1部，增设自动转报电路1条，由"打点划"变为"打数码"，手抄电码变为自动收录电码。南庄、桑壁、阁底、坡头、交口、署益6个邮电所均办理电报业务，仍电话传，手抄电码。当年电报业务量4500份。1992年增设BNF-03型电报强仪机1部，电报传输汉字化，全年电报业务量增至6500份。1995年，全县有电报发报机1部，电报电路1条实行微机自动传报，年电报业务量增至8000份。1996年投入自动传报。随着信息技术的发展，电报业务量减少。2000年，去报、来报、转报分别是295份、350份、25份。2005年电报业务停办。

有线电话

民国5年（1916）永和县署始装电话，只通隰县、太原。民国24年（1935）冬架通永和县至石楼县、大宁县的单线、单机军用电话线路。民国35年（1946）11日，永和县全境解放，开通县城至隰县午城镇长途电话线路，由省长途电话站直辖，供政府和驻军使用。1951年，县电话站装5门交换机1部。1953年，永和县市内电话与农村电话分设。全县市话交换机10门，实占10门，农村交换机10门，实占8门，装机7部。1955年，县城至桑壁镇通电话；农村交换机容量30门，实占27门。1956年，市话交换机总容量50门，实占30门，装电话机24部。1957年，全县乡乡通电话，阁底、交口、桑壁、署益、坡头、南庄6个邮电所均安装磁石式10门交换机；罢骨、泊洋、打石腰、西庄安装磁石式5门交换机。1961年，县邮电局安装单线路载波终端机1部，市话交换机总容量增至140门，实占84门，电话机增至84部；农村线路7条（其中1条线路双线）。1970年，农村电话交换机总容量150门，实占40门。1971年，装3路载波终端机1部。1980年，农村电话交换机总容量500门，实占182门，设载波电话终端机1部，会议电话终端机1部，电话机255部，各公社交换机容量320门，实占131门，装机214部。1985年6月，更换12路长途载波终端机1部与临汾对开，当年去话1.6万张，市话交换机增至135门。1990年，更换安装600门长市话步进制电话交换机，手摇电话机更换为机械式旋转拨号盘电话机；农村电话交换机总容量646门，实占278门；装会议电话终端机1部，有同县邮电局直通线路10条，乡镇邮电所电路接入自动交换机，装电话机71部；乡镇交换机326门，实占201门，装电话机243部。1991年，长途电话直拨全国。1994年，安装HT04程控电话交换机，架空敷设的市话电缆改建为6孔管道敷设的市话电缆，当年市话交换机总容量600门，实占379门，装电话机375部；8DH传输网建成并投入使用，敷设光缆493.9公里，电缆皮长157公里。1995年，国家邮电部投资270万元，架通隰县至永和光缆线路45公里，实现长途传输数字化；投资180万元，改造市话交换设备、市话线路工程，实现市话交换程控化。农村电话交换机总容量560门，实占177门，装电话机171部，全年通话记录12.8万张。1999年，电话用户增至4800户，总容量6000门。2000年，全县村村通程控，不再分市话、农话，电话用户1800户。到2011年底，网通公司用户6800户，其中固定电话2300户，普及率40%。

无线寻呼

1993年，县邮电局安装450兆无线对讲拨号电话和数码兼容的无线寻呼设备，始办无线寻呼业务，当年无线寻呼3户。1994年增至8户，1995年发展到18户。手机投入使用后停用。

传　真

1987年1月，县委办公室机要室安装OF-17型ZY型交换机一部，GFP-D-86型长途接续机1部，由临汾地委直通永和县委。1989年4月，县公安局装UF-200型传真机一部，直通临汾地区公安处。1992年1月，县邮电局增设FAX-450型传真机一部，办理机关、企事业单位等交发的文件传真业务。1995年全县有传真机3部。后逐年增加，2011年全县行政事业单位有传真机35部。

无线电话

1995年，电信公司开通无线电话业务——"大哥大"，用户11户；2004年，开通无线市话业务——"小灵通"，用户80户。后各种手机上市，"大哥大""小灵通"被淘汰。

中国联通永和营业部，主营GSM（全球移动通讯系统）、CDMA（码分多址）通讯、世界风双模手机（卡）、数据通信、无线上网等业务。同时提供话费周报、天气预报、联通载信、超级炫铃、超级短信、手机音乐、掌上股市等增值业务，拥有"世界风""新时空""如意通""新势力"4大品牌。GSM业务号码段为130、131、132、156。CDMA业务号码段为133、153。2011年，客户6500户，电话业务收入49万元。

山西移动通信有限责任公司永和分公司，1999年建成SDH基站4个，2006年12个，2008年16个；2008年建成微蜂蜗基站34个；2011年建射频拉远9个、PIN12个。专业经营语音、数据、多媒体、IP电话，还提供数字、传真、可视通信、移动办公、信息点播、彩铃、彩绘、手机证券等多种增值业务。拥有"全球通""神州行""动感地带"等服务品牌。用户号码段包括139、138、137、136、135、134等。1999年用户128户，2002年750户，2005年3511户，2008年10299户。到2011年底，移动服务网点90个，电话交换机总容量5.5万门；无线固定电话用户0.31万户，电话普及率4.6%，比2010年提高2.3个百分点；移动电话用户2.8万户，普及率为46.7%，比2010年提高4.9个百分点。

中国电信2008年在永和县开办业务，是年有用户400户。2009年有用户700户，2010年1000户，2011年1300户。到2011年底，建成基站14个，覆盖全县6个乡镇，收入82万元。

互联网

县网通公司2003年始办数据业务（宽带），因特网开始进入县人家庭。2006年，县移动公司办IP电话无线上网，接入宽带。2011年，宽带覆盖全县，接入用户3100户。

表 16-3　1999—2011 年永和县电信业务统计表

单位：万元、部

年份	中国移动						中国网通					中国电信		
	营业额	税金	固定电话	移动电话	宽带	营业额	税金	固定电话	移动电话	宽带	营业额	固定电话	移动电话	宽带
1999	133	4	—	128	—	32	9	4765	—	—	—	—	—	—
2000	187	5.6	—	181	—	45	11	5986	—	—	—	—	—	—
2001	232	6.9	—	392	—	48	10	5875	—	—	—	—	—	—
2002	287	8.6	—	750	—	57	11	6943	—	—	—	—	—	—
2003	336	10.1	—	1682	—	77	11	6632	—	—	—	—	—	—
2004	407	12.2	—	2160	—	89	28	6120	1664	—	—	—	—	—
2005	513	15.4	—	3511	—	120	42	6520	1725	—	—	—	—	—
2006	606	18.2	—	5074	132	135	47	6950	1811	—	—	—	—	—
2007	801	24	496	7626	259	150	57	7028	1629	674	—	—	—	—
2008	1078	32.4	873	10299	427	279	101	6586	1493	770	20	—	—	—
2009	1164	35	1352	13398	563	354	103	6160	1366	1482	40	—	—	—
2010	1262	38	1964	16882	736	466	127.60	4889	2035	1485	60	—	—	—
2011	1397	42	2372	22397	960	570	169	4237	3987	2700	82	—	—	—

第十七编

城乡建设

永和县城始建于唐贞观十二年（638）。明正统十四年（1449）建城垣，设南、北、西3门。明嘉靖四十五年（1566）筑东门，城垣定型，四门俱全，城区0.15平方公里。中华人民共和国成立后，城区四面扩张。1992年总面积3.5平方公里。至2011年，城区南北延伸，总面积约4.5平方公里。

县内集镇，大的主要有桑壁和阁底。桑壁历来是区、乡、公社、镇政府所在地，是古平阳通往陕甘的站点，属古代重镇。镇内有1条东西走向的街道，沿街有商店、旅店、饭店、机关、学校等。阁底村民国时期就是县内政治、经济活动中心，20世纪80年代阁底集市是晋西北最大的牲畜交易市场。村中有1条弯曲狭窄的道路由东向西穿腹而过，1983年切弯取直，辟为集贸市场。村中有数十家机关、学校和企业单位。

永和乡村住房以窑洞为主。20世纪60年代前多数是土窑洞。80年代后，石砌窑洞、混凝土平房逐渐取代土窑洞。人均住房面积15平方米。

第一章 城乡规划

第一节 城镇规划

县城总体规划

20世纪70年代前，县城建设无总体规划，各机关、企事业单位和居民，凡修建者皆为自择地基，经有关部门批准。1982年8月，县城建设总体规划领导组提出近期至1990年，远期到2000年的县城建设总体规划方案，1984年4月经省政府批准实施。按照"改造旧城区、开发新城区、合理布局、划分功能、配齐设施、便利交通"的原则，规划范围：东北至东峪沟、大型农机站；南达药家湾、打井队；西抵西峪沟、圪列口；北连砖瓦厂、响水湾，总面积3.5平方公里。为弥补芝河东岸用地之不足，拟重点开发芝河西岸。西南部建工业区，西北部为居民区，开拓城东路、城西路，打通正大街（路）两侧各小巷，变尽端式街巷为环网式，建成具有山区特色和时代特征的新型县城。

2003年，永和县城乡建设局重新编制县城总体规划。近期至2005年，远期至2020年。2008年对规划进行微调，明确县城为生态环境良好特色城市；2020年县城规划面积10平方公里，建设总用地1052500平方米，人口2.2万人。

2011年5月，《永和县县城总体规划修编（2011—2030）》出台，确定了城市性质、人口规模、用地规模、规划范围等。城市性质：县城是全县政治、经济和文化中心，是以特色农副产品加工业和旅游服务业为主的绿色山城。人口规模：2030年3.2万人。用地规模：2030年2676800平方米，人均建设用地83.65平方米。规划范围：西北起龙吞泉村，东北至川口村，南至红花沟村，呈"丫"字形，形成"一核多心，轴向带动"的布局结构形态。"一核"指中心城区综合组团，"多心"指西北居住组团、东北居住组团、药家湾新城组团、南部工业组团。"轴"指芝河生态绿带。路网规划：根据现有道路网格局，形成以城西路、正大路、城东路为三纵，体育街、府西街、府东巷、文昌街等为多横的三纵多横方格网状城市道路结构体系。

城镇体系规划

2011年5月,县城乡建设局编制永和县城乡(镇)体系规划。规划永和县为晋南西大门、绿色能源基地、特色农副产品基地、新兴旅游目的地。2011年城镇化水平40.38%,2015年城镇化水平50%,2020年城镇化水平53%。规划范围:2镇5乡,总面积1212.89平方公里。规划期限:2011—2030年。其中近期2011—2015年,中期2015—2020年,远期2021—2030年。发展目标:以"县城+重点乡镇+中心村(一般乡镇)"为框架,构建县域城镇化格局。以县城为中心,辐射阁底、坡头两个重点乡并带动南庄乡、打石腰乡、桑壁镇、交口乡4个中心村(一般乡镇),形成定位科学、分工合理、层次清晰的城镇空间体系结构。

第二节 农村规划

中心村规划

1995年,县城乡建设局对城关、坡头、桑壁、阁底、南庄5个乡镇做出近期至2000年、远期到2010年的建设规划,占全县乡镇45.5%。

城关镇近期规划为开发芝河西岸水车坪微集镇,建筑面积0.36万平方米;新修水车坪防洪堤坝200米,兴建居民住宅1.5万平方米。远期规划为逐步兴建排供水、电力、电讯等设施,并搞好绿化。

阁底村近期规划为将主干道拓宽至16米,主干道两侧建设微型集镇。要求统一建2层楼房,先起1层,瓷砖贴面。建成商业网点1万平方米,油铺街道500米,修排水渠500米。远期规划为加快供水、排水、电力、通讯、公共建筑等项发展。

新农村规划

2006年,县政府规划5个新农村建设示范村。要求

全县新农村建设动员大会

"六个一"(一个便民店,一个卫生室,一个活动室,一个图书室,一座小学校,一个休闲小广场)和"四化四改"(绿化、亮化、硬化、净化;改厨、改厕、改圈、改水)标准;要求村村通油(水泥)路;要求电视、移动网络覆盖率100%。2010年,规划28个新农村建设试点村和重点村,完成村容绿化和巷道建设。2011年,按"大县城+中心村"思路,规划8个新农村重点推进村,并完成绿化、硬化和改造的任务。

第二章　县城建设

第一节　城　廓

自西汉起,境内先后置狐谓、临河、归化、楼山、北楼等县。清康熙四十九年(1710)和民国19年(1930)《永和县志》对其县治,皆记大概位置,遗址均无考。

今县城于唐贞观十二年(638)始建,元至元间(1264—1294)重筑。明洪武初,主簿徐大荣从事修筑。明正统十四年(1449),知县胡贞拓修,城垣周3里34步(约1560米),高2丈许(约7米)。设南、北、西3门,南曰"安静",北曰"拱极",西曰"饯日",南、北2门上有角楼。南门在今县医院南侧,北门在今农机局、二轻企业总公司北侧,西门在今府西街临河边。明嘉靖四十五年(1566),知县张守礼始筑东门,位置在今副食品加工厂大门前。至此,城垣定型,四门俱全,城区面积约0.15平方公里。清康熙四十八年(1709),知县王士仪加修西城,建迎芝阁,同时于西北城角建望农亭,以补西部城垣低矮之缺。

民国期间,战乱频繁,部分城垣被破坏。

中华人民共和国成立初,城北门、玉皇洞拆除,县城与北关连成一片,城区面积增至0.2平方公里。1969年建成东风桥(长31米、宽7.5米)。1970年建成永红大桥(长80米、宽9米),城区向北扩展到河口、响水湾。1982年建成党校桥(长50米、宽9米)。1985年建成府西桥(长60米、宽9米),城区与芝河西岸几村衔接一起。1988年建成药家湾桥(长51米、宽7.5米),县城南部打井队与芝河西岸药家湾互相沟通。1992

年建成西峪沟桥（长36米、宽9米），城西与药家湾彼此连贯。至此，城区东抵堡子塬山腰，南接打井队、药家湾，西连西峪沟、圪列口，北达砖瓦厂、响水湾，东北至东峪沟大型农机站，总面积3.5平方公里，为中华人民共和国成立初的17.5倍，是明清至民国时期的23倍。

1997年，邮电扶贫桥（长76米、宽9米）建成。2008年，永红桥安装石栏杆和照明灯；党校桥加宽到15米；府西桥安装石栏杆和照明灯；药家湾桥延长至110米，拓宽至15米；西峪沟桥拓宽到15米；邮电扶贫桥安装石栏杆和照明灯；建成滨河大桥（长80米、宽12米）；建成药家湾新桥（长110米、宽15米）。截至2011年底，城区范围西北达龙吞泉村，东北至东峪沟村，南已延伸到县酒厂，总面积7.5平方公里。

第二节　街　道

自明正统十四年（1449）拓修县城至中华人民共和国成立前，县城只有1条街道，南北走向，宽3米多，土路面。中华人民共和国成立初拆除城北门、玉皇洞后，城内街道与北关连成一线，延长至800余米，1963年拓宽至6米，1973年铺沥青路面，1978年拓宽至18米。1982年开辟城东路。1988年投资20万元硬化正大街（路）、府西街、东门巷、城关小学巷、永红巷。1991年建城西路。全城增至3街、10路、6巷，街道由尽端式变为环网式，占地16.4万平方米，占县城面积的5%，路网密度5.8公里/平方公里。2005年，城东路铺水泥路面，滨河路、河口路铺沥青路面。2008年，城东路截弯取直硬化510米，宽7米；城西路铺沥青路面1800米，行车道宽12米。2009年，建康谐路长1400米，宽32米；投资650万元改造正大街（路）等5条街道，总长1817米，宽10米，三级标准，铺装人

县城正大路外立面处理工程

行道，安路侧石；投资290万元，修建东山旅游路沥青路面3.13公里，混凝土路面0.7公里，宽5米。2010年，投资204万元，硬化正大路、城西路、康谐路周边14条巷道2.16公里；投资400万元，改造城南路，铺沥青路面1989米；投资163万元，改造县城街巷。至2011年，由正大路、城东路、城西路、滨河路、城南路与府西街、文昌街、东门巷、同顺巷等19个大的路、街、巷，组成环网式街道，最长的城西路1800米，最宽的康谐路32米。

2011年永和县城街巷一览表

表17-1 单位：米

名 称	起 止	长度	宽度	路面结构	建设时间
正大路	南起县医院，北至永红大桥	1000	18	沥青	1988/2009年改造
府西街	东起正大街（路），西至林业局楼	300	18	沥青	1988/2009年改造
桥东街	西起永红大桥南端，东至汽车站	120	18	沥青	1988/2009年改造
东门巷	西起正大街（路），东至房管所	220	16	沥青	1988/2010年改造
育才巷	西起正大街（路），东至科委楼	170	6	沥青	1988年
永红巷	西起正大街（路），东至城东路	200	6	水泥	1988年
狮子巷	西起正大路东至杨家圪墶	50	4	彩砖	2010年改造
同顺巷	西起正大路东至后沟渠	140	8	水泥	2010年改造
流井巷	东起正大街（路），西至河边流井	120	2	—	—
城东路	南起农机公司，北至汽车站	1070	9	水泥	2005/2009年改造
城西路	南起纸箱厂，北至交通局宿舍楼	1800	15	沥青	1991/2008年改造
环西北路	南起交通局宿舍楼，北至统计局宿舍楼	230	12	沥青	—
滨河路	南起永红大桥北端，北至响水湾	1000	18	沥青	2005年改造
桥西路	东起永红大桥北端，西至交通局宿舍楼	260	18	沥青	—
河口路	南起永红大桥，北至砖瓦厂	1430	18	沥青	2005年改造
东峪沟路	南起汽车站，北至东峪沟、大型农机站	600	12	水泥	—
文昌街	东起县医院，西至地税局楼	260	18	沥青	2009年改造
城南路	北起县医院，南至钻井队	1100	12	水泥	2010年改造
康谐路	纸箱厂至药家湾新桥	1400	32	沥青	2008年改造

第三节 建 筑

公用建筑

元代至元年间（1264—1294）于城西北隅（今县人民政府大院）始建县衙。明清时期多次增修、重建、补筑，有大堂、二堂、知县宅、典史宅、预备仓、常平仓、社仓等建筑。文庙位于城东南，元至元年间建，明清时期多次维修、增修。清道光三十年（1850）知县宋培芳与诸邑绅商定，将圣庙后移扩建于宽敞隙地。含大成殿、两庑、戟门、棂星门、两坊泮池、名宦祠、乡贤祠、忠义祠、节孝祠等，墙高殿阔，堂祠有序，榫卯勾联，结构严谨。关帝庙、城隍庙、元帝庙、兴化寺等属砖木或土石结构简易建筑。大中楼（在今县影剧院大门前）始建年代无考，清康熙四十四年（1705）知县赵尧章重建，道光年间知县宋培芳重修。分上下两层，以砖砌成。沿街20余家商号、店铺、作坊，多为砖木结构平房，木板门面，前店后院。

民国期间，县政府仍设于旧县衙。民国3年（1914）知事清治、14年知事杨道显皆略整修葺。此间，公用建筑尚有公安局、财务局、仓窑、劝学所、第一高等小学校、模范国民学校、女子国民学校、军用电话局等房舍及寺庙、店铺等。民国27年（1938）3月31日，日军侵犯永和县境，空中飞机轰炸，地面纵火焚烧，县城遂成废墟。民国34年（1945）9月解放县城时，城西北隅仅余几幢土石木结构的旧衙官邸，东南隅残存一座破烂不堪的文庙，南街保留阎锡山军队改作碉堡的半截大中楼，沿街散布几家商铺摊贩的简陋门面，县城建筑总面积约0.7万平方米。

中华人民共和国成立初，县城机关、单位用房多属土、石窑洞，砖木结构的瓦房为数甚少。1952年县人民政府搬入旧县政府所在地（即今址）办公。1956年在今县宾馆上院建起1幢砖木结构2层楼房，共12间（1986年拆除），为县内建楼房之始。1976年县农机局建成1幢2层办公楼300平方米，为永和县最早建成的新式2层楼。至20世纪70年代末，县城公用建筑面积达4.23万平方米，是中华人民共和国成立前的6倍。

1982年县财政局建成1幢3层300平方米办公楼；1984年县委、县政府机关建成1幢4层160间的办公大楼，永和县公用建筑始向较高层发展。1985—1989年，先后有电业局、县人大常委会、永和中学、县医院、农行永和县支行等30多个单位建起办公楼、教学楼、住院楼、营业楼。其中有3层以上楼房8幢。至80年代末，县城公用建筑面积为10.52万平方米，是中华人民共和国成立前的15倍。

1990—1995年，有县工会、建行永和县支行、二轻局、城关小学、城关医院、招待所等28个单位建起办公楼、生产营业楼、教学楼、门诊楼、餐厅楼等。县城公用建筑面积增至15万平方米，是中华人民共和国成立前的21倍。

1996年建县地税局办公楼1幢4层，县畜牧局办公楼1幢3层；1997年建永和二中3层宿舍楼和4层教学楼；1998年建老干部活动中心1幢3层，城关二小教学楼1幢3层。2001—2003年，对县城主街道进行较大规模建设改造，拆除沿街的一层房商店3000平方米，建3层楼房16幢，总面积1万平方米；建城南、北两处农贸市场，维修改造烈士陵园。2003—2004年，建城关二小3层综合办公楼和4层教学楼两幢。2005—2011年，从始建到完善中心广场1处。2005年，改造县医院住院部楼，建国税局办公楼1幢3层。2006—2007年，先后建县图书馆、青少年活动中心、县客运站、永和二中宿舍楼等。2008年，建综合农贸市场1处（城西路），拆除违章建筑150多处，硬化县城人行道和主巷道等。2009—2011年，先后建大楼的有县交通局、法院、粮食局、县医院、中医院、农机局、运管所、永和宾馆、敬老院、饮食服务公司、城关二小、永和一中、永和三中、县信用联社等单位。

公用建筑选介

运输公司客运站 县运输公司于1991年筹款10万元在正大街（路）始建1座720平方米两层办公楼，底层设3间70平方米的旅客候车楼，1992年以前主要以货运为主，以后以客运为主。2005年，永和汽车站于河口路新建，建设规模2363平方米，总投资600万元（其中客运附加费300万元，地方自筹300万元），2005年10月动工，2007年10月候车楼主体完工，2008年9月正式投入运营。

永和第一高级中学 该校原址正大街（路），2009年在药家湾村征地动工修建，于2011年9月竣工投入使用。学校占地面积40093.33平方米，土地购置投资近400万元，建筑总面积24054.47平方米，可容纳10轨1500余名学生。主体建筑有普高教学楼、科技图书楼、职高教学楼、宿舍楼、宿舍餐厅楼、阶梯教室6个单体建设。其中教学楼为5层框架结构，建筑面积6814.89平方米；科技图书楼为4层框架结构，建筑面积6070.16平方米；职高教学楼为3层框架结构，建筑面积2829.96平方米；宿舍楼为5层砖混结构，建筑面积3333.5平方米；宿舍餐厅楼为5层框架结构，建筑面积4109.18平方米；阶梯教室为1层框架结构，建筑面积478.72平方米。主体建筑抗震措施均为7度。室外建筑有操场，环形跑道长250米，4条直跑道各长120米，计1580平方米；人造草坪面积2552平方米；篮球场3475平方米。所有面层除人造草坪外均为塑料胶面层。校园绿化面积7000平方米，是一座新型现代化学校。学校建成总投资6000余万元。

居民住宅

中华人民共和国成立前，县城居民住宅和乡村居民大体相同，以土窑洞和石窑洞为主，简易瓦房为数甚少。1950—1970年，居民住宅处于维修补建阶段。20世纪70年代，随着经济条件好转，住宅修建日趋改进，结构由土窑洞改为砖、石窑洞，开始出现少数平顶窑和现浇混凝土结构的平房。80年代，现浇混凝土结构平房和车皮顶窑成为新建居民住宅主体，设计多为单元式，一厅数室。90年代，县农业银行、公路段、城关小学、农业局、县医院、工商银行、人民银行、建设银行、广播局、邮电局、国税局、司法局等单位相继集资修起单元式职工家属住宅楼，总计1.87万平方米；小型2层私人住宅楼逐渐增多。新建住宅讲究内外装饰，有的居民室内铺地板、地毯，墙壁贴壁纸，屋顶精细处理，屋面粘贴瓷砖或敷以水刷石。1995年底，县城居民人均居住面积12平方米。20世纪90年代末—21世纪初，人民生活水平明显提高，居民住宅商品化。2000年，城镇居民住宅面积人均13.5平方米；2003年人均16.3平方米；2007年人均26.66平方米。1996—2011年先后建起2~6层居民住宅楼的有县邮电局、人民银行、农业银行、农村信用联社、公安局、建筑公司、药材公司、新华书店、生产资料公司、二轻局、城关小学、城关供销社、县供销社、粮食局、永和中学、检察院、糖业公司、文化局、工会、影剧院等单位以及部分个体户。截至2011年，县内人均住宅面积达28.9平方米。

1995年永和县城主要建筑物一览表

表17-2

区位	建筑名称	层数	建筑面积（平方米）	建筑时间（年）	造价（万元）	建筑工程队及负责人
正大街（路）	县政府办公南楼	2	1475	1983	20.0	县建安第一公司　张李元
	县政府办公北楼	2	1475	1983	20.0	县建安第一公司　张李元
	县政府办公西楼	4	4000	1984	80.0	县第一建筑公司　赵应门
	县人大办公楼	3	1267	1988	17.0	县第一建筑公司　王兆福
	县招待所前楼	2	900	1972	7.0	县建筑工程队　冯恒胜

续表 17-2

区 位	建筑名称	层数	建筑面积（平方米）	建筑时间（年）	造价（万元）	建筑工程队及负责人
正大街（路）	县招待所后楼	4	2500	1986	40.0	县第一建筑公司　赵应门
	建设银行办公楼	3	1045	1991	37.0	县建筑联营公司　朱全文
	财政局办公楼	3	750	1982	12.5	县建安第一公司　朱新文
	新华书店营业楼	2	360	1984	3.6	县建筑联营公司　张国林
	二轻局服务楼	2	518	1991	11.0	县第一建筑公司　郭义生
	农机局办公楼	2	300	1976	3.9	县建筑工程队　赵应门
	饮食服务公司办公楼	2	546	1985	6.2	县第一建筑公司　李金生
	城关医院门诊楼	2	676	1995	23.6	县建安有限公司　张国林
	中医院办公门诊楼	2	700	1987	10.0	县建筑联营公司　张福伟
	城关信用社营业楼	2	430	1988	7.0	县建筑联营公司　刘循礼
	生产资料营业楼	2	1068	1994	35.0	县建安有限公司　张国林
	药材公司办公营业楼	2	542	1992	12.5	县建筑联营公司　周虎根
	公安局办公楼	3	1536	1989	25.2	县第一建筑公司　朱军文
	公安局刑侦技术楼	3	1380	1995	81.0	县建安有限公司　张国林
	武装部办公楼	2	100	1989	12.0	县建筑联营公司　张福伟
	农业银行办公楼	3	1500	1986	26.0	县第一建筑公司　陈怀兵
	邮电局办公楼	3	100	1987	17.0	县建筑联营公司　张锡连
	邮电局宿舍楼	3	926	1993	22.0	县建筑联营公司　张锡连
	邮电局营业楼	3	1075	1995	65.0	县第一建筑公司　孙树瑞
	百货公司营业楼	2	950	1984	15.0	县第一建筑公司　李金生
	供销联社办公楼	2	160	1983	20.0	西庄建筑工程队　张国林
	供销联社服务楼	2	524	1993	13.0	县第一建筑公司　陈怀兵
	法院办公楼	2	800	1984	12.0	县建筑联营公司　张国林
	法院审判厅	2	431	1993	10.0	县建筑联营公司　张国林
	工商银行北街储蓄所	2	217	1985	1.8	县建筑联营公司　孙芳成
	五交化办公楼	2	438	1987	6.0	县第一建筑公司　张国林

续表 17-2

区 位	建筑名称	层数	建筑面积（平方米）	建筑时间（年）	造价（万元）	建筑工程队及负责人
正大街（路）	粮食局办公楼	2	605	1986	7.8	县第一建筑公司　赵应门
	工商局办公西楼	3	459	1985	4.9	县建筑联营公司　刘循礼
	工商局办公北楼	2	250	1987	2.9	县建筑联营公司　孙芳成
	工商局办公前楼	2	174	1991	3.5	县第一建筑公司　秦家喜
	影剧院	2	1750	1975	40.0	县第一建筑公司　赵应门
	电影院	2	636	1954	—	县建筑工程队　赵应门
	文化局办公楼	2	820	1989	21.0	县第一建筑公司　李垒仓
	检察院办公楼	2	500	1986	6.0	县建筑联营公司　张国林
	工商银行营业楼	2	1335	1992	36.0	县建筑联营公司　周虎根
	工商银行宿舍楼	3	1547	1994	43.0	县第一建筑公司　王兆福
	教委办公楼	2	800	1978	12.0	县建筑工程队　朱新文
	县医院住院部	2	2200	1987	28.0	县第一建筑公司　秦家喜
	县医院门诊楼	3	1470	1993	52.0	县建筑联营公司　张国林
	县医院宿舍楼	2	589	1993	13.0	县建筑联营公司　张国林
	农业银行营业所	2	800	1989	18.0	县第一建筑公司　陈怀兵
府西街	广播电视局办公楼	3	600	1987	8.0	县建筑联营公司　刘循礼
	广播电视局宿舍楼	3	860	1995	27.0	县第一建筑公司　孙树瑞
	城建局办公楼	2	580	1988	10.0	县第一建筑公司　王兆福
	物价局办公楼	2	293	1988	8.0	县建筑联营公司　周虎根
	烟草公司办公楼	2	508	1985	6.6	县建筑联营公司　张国林
	人民银行办公营业楼	3	1087	1995	50.0	县建安有限公司　张国林
	劳动服务公司办公楼	2	580	1986	7.3	县建筑联营公司　张国林
	计生委办公楼	2	520	1985	5.8	县建筑联营公司　刘循礼
	计生委诊疗楼	3	619	1993	8.1	县第一建筑公司　孔永胜
	国税局办公楼	3	1680	1988	22.0	县第一建筑公司　孙树瑞
完小巷	科委办公楼	3	648	1986	8.7	县建筑联营公司　张国林

续表 17-2

区 位	建筑名称	层数	建筑面积（平方米）	建筑时间（年）	造价（万元）	建筑工程队及负责人
城西路	林业局办公楼	3	1702	1988	24.6	县第一建筑公司　陈怀兵
	国税局宿舍楼	3	2366	1995	61.0	县建安有限公司　张福伟
	司法局办公楼	2	550	1995	22.0	县第一建筑公局　王兆福
	司法局宿舍楼	2	480	1995	21.0	县第一建筑公司　朱全文
	交通局办公楼	2	462	1986	5.1	县第一建筑公司　赵应门
东风路	交警队办公楼	3	1177	1995	45.4	县建安有限公司　张福伟
	畜牧局办公楼	3	2230	1994	97.4	县第一建筑公司　王兆福
	公路段办公楼	2	700	1987	9.0	县建筑联营公司　张国林
	电业局办公楼	3	1200	1985	18.0	县建筑联营公司　朱全文
河口路	种子公司办公楼	2	330	1983	2.2	县建安第一公司　冯恒胜
	农业银行宿舍楼	3	1073	1994	28.0	县第一建筑公司　陈怀兵
城南路	光荣院宿舍楼	2	200	1984	2.0	县第一建筑公司　张　煜
	农业局办公楼	3	1035	1984	10.4	县建筑联营公司　张国林
	外贸公司办公楼	2	720	1986	8.3	县建筑联营公司　刘循礼

2011年永和县城主要建筑物一览表

表 17-3

区 位	建筑名称	层数	建筑面积（平方米）	建筑时间（年）	造价（万元）	建筑工程队
滨河路	畜牧局办公楼	3	1700	1996	—	永和县建安公司
城西路	地税局办公楼	4	2212	1996	—	永和县建安公司
	国税局办公楼	3	2121.84	2005	—	河南东方建设集团发展有限公司
	烟草公司	3	360	2000	—	永和县建安公司
河口路	青少年活动中心	3	2060	2006	—	河南东方建设集团发展有限公司
	运输公司客运站	—	6600	2007	—	河南广厦建设工程有限公司

续表17-3

区位	建筑名称	层数	建筑面积（平方米）	建筑时间（年）	造价（万元）	建筑工程队
河口路	交通局办公楼	4	2400	2009	—	河南广厦建设工程有限公司
	廉租房楼	6	3000	2009	—	河南周口恒远建筑实业有限公司
康谐路	县人民法院审判法庭	4	2380	2009	—	河津市小梁建筑工程有限公司
	检察院办案及技侦用房楼	5	2475.4	2010	—	河南润华建设有限公司
正大路	宏盛饮食服务有限公司商贸楼	3	2281	2010	—	河南大成建设工程有限公司
	农机局综合楼	5	1569	2010	—	林洲二建筑工程有限公司
	建安公司住宅楼	4	4823	2010	—	隰县古建筑有限公司
	运管所业务用房楼	4	1149	2010	—	安泽县建安工程有限公司
	永和宾馆	3	4350	2010	—	临汾市城建工程有限公司
	中医院大楼	6	3700	2010	—	山西宝联建筑有限公司
	文化广场		8870	2010	—	临汾市城建工程有限公司
	县医院行政医技楼	6	2000	2009	—	隰县古建筑有限公司
	粮贸大厦	6	3750	2009	—	河南东方建设集团发展有限公司
	老干部活动中心	3	1600	1998	—	永和县建安公司

1995年永和县城学校建筑物一览表

表17-4

校名	区位	占地面积（平方米）	建筑面积（平方米）	楼房		
				幢数	层数	建筑面积（平方米）
永和中学	正大街（路）	22667	7457	1	3	2887.00
永和二中	城西路	16080	2994	2	3	2594.00
职业中学	滨河路	5000	1250	1	2	800.00

续表17-4

校　名	区　位	占地面积（平方米）	建筑面积（平方米）	楼　房		
				幢　数	层　数	建筑面积（平方米）
城关小学	完小巷	6540	4230	2	3与2	3830.00
城关二小	桥西路	16008	2900	1	2	1058.48
城镇幼儿园	完小巷	1647	8942	2	2	718.20
县委党校	桥西路	8665	2000	1	2	500.00

2011年永和县城学校建筑物一览表

表17-5

区　位	建筑名称	层　数	建筑面积（平方米）	建筑时间（年）	建筑工程队
药家湾	永和第一高级中学	5（6幢）	24054	2011	山西陆通建筑有限公司
城西路	永和二中	3	794	1997	永和县建安公司
	永和二中	4	2660	1997	永和县建安公司
	永和二中	3	1255	2007	临汾市建筑工程总公司第六建筑分公司
正大路	永和三中	5	5744	2010	河南东方建设集团发展有限公司
完小巷	城关小学	3	1800	2009	河南东方建设集团发展有限公司
桥西路	城关二小	3	1022	1998	永和县建安公司
	城关二小	3	1136	2003	永和县建安公司
	城关二小	4	1199	2004	永和县建安公司
	城关二小	3	667	2010	河南广厦建设工程有限公司

第四节　公共活动场所

礼　堂（戏台）

中华人民共和国成立前，县城大中楼东侧有1处供庙会献戏的简易露天戏台。

1955年，正大街（路）南端东侧建起人民大礼堂，设戏剧舞台，置长条木凳，可供600余人观看戏剧、电影和召开全县中型会议。1965年，正大街（路）南端西侧开辟广场，两侧置舞台。1975年，正大街（路）中部西侧建起2层楼式影剧院，设1500个座位，比原大礼堂增加1.5倍。1982年，原人民大礼堂改建为电影院，原置长条木凳换成600多个单人座椅。2004年，在位于正大路西北角体育广场西侧建青少年活动中心1幢三层楼房，建筑面积2060平方米，其中有一舞台。2009年，县政府建文化广场舞台，为举行公益活动和文艺表演场所。

广　场（体育场）

中华人民共和国成立前，县城大中楼东侧有1个小学体育场。1965年，正大街（路）南端西侧开辟广场，内设篮球场，供县城开展体育活动。1982年，原广场改建为砖砌池式体育场，辟有200米跑道、沙坑、铅球、铁饼等田径活动设施和钢管架篮球场，设5级阶梯式看台。2004年，县政府在正大路西北角建体育广场，占地面积34684平方米，活动场地32424平方米，投资640万元。广场西侧建青少年活动中心1幢三层楼房，建筑面积2060平方米；2011年，投资550多万元，将广场装修为6个400米环形跑道的标准体育场，活动区建1个门球场、2个篮球场、1个羽毛球场，安装了健身器材。2009年，县政府将电影院等周边拆除，建文化广场。投资2000万元，建筑面积1万平方米。分北、中、南三部分。北部为文庙崇礼区、主广场、休闲区和小游园相结合，设置小桥流水、拱桥、水幕画卷、涌泉、浮雕墙，种植花草树木。中部为广场中心区，通过主入口竹简介绍与"和"字石雕及文化浮雕景墙，展示儒家"和合"文化。南部为休闲娱乐区，布置健身场地、舞台广场，与文庙形成对景。

活动室（俱乐部）

1989年，县老干部活动室在县文化局院建成，供离退休老干部开会、阅览、游戏、健身等。1990年，二层楼职工俱乐部在县总工会院内建成，供职工开展业余活动。1998年，县老干部活动中心在县正大街（路）南端建成。建筑面积1600平方米，总投资100万元；日接待老干部200余人次；设理发、按摩、多功能、阅览、象棋、麻将、扑克、音乐、书画、健身、党支部活动、山（老）区建设促进会、老年人才协会活动室和羽毛球场、体育锻炼场等。活动中心多次被市、县授予精神文明单位、文化活动先进单位等荣誉称号，是全省、全市的先进活动中心，也是全省第一批达标的先进活动中心。

公园　图书馆

1989年，县政府在县城东山建东山公园，面积30万平方米；2008年维修公园道路和凉亭等设施。1995年，县城东端的东峪沟村建起游泳池。

2004年，县文化局投资50万元，在位于旧体育广场西侧建图书馆楼（3层），建筑面积796平方米。有图书2万余册，电脑20余台。

第五节　市政设施

供　水

1975年前，县城用水靠流井子、莲花池、东门巷3股泉水和水口子、同顺巷、南大寺等处11眼旱井。遇上天旱和冬季水位下降，还得汲用河水。1975年龙口湾引水工程建成，以6吋铸铁管5000米引龙口湾泉水入物资站山腰400吨蓄水池，再通过正大街（路）管道引水到教育局门前，然后以0.6吋、1吋、2吋等不同口径支管送水到各用户。建成初日供水量为445吨，后因地下水位下降，实可供320吨。1983—1985年，龙吞泉引水工程建成，以水泵抽龙吞泉水入80吨水池，再通过2000米长的4吋铸铁管引水南流至交警队门口，日供水量100吨。1987—1988年，河西坡供水工程建成，自南圪崂水井往北铺设4吋塑管800米至县党校，抽井水入50吨高位水池，以自流式供河西区居民生活用水，日供水量200吨。1992—1994年，下刘台引水工程建成，并改造河西坡供水工程。国家投资164.9万元，建蓄水池4个，集水渠200米，泵房3个，以510米长的4吋铸铁管引水入水厂500吨蓄水池，再以2级抽水方式供给各用户，日供水量400吨。至此，县城日供水量共1000吨，除遇特别干旱外，水源基本满足居民饮水和工商业、建筑业用水。1997年，县自来水公司在龙口湾打深井1眼，为1号井，井深450米，日产水500吨。1998年，在东峪沟村打深井1眼，深420米，为2号井，日产水750吨。1999年，在永和中学操场打深井1眼，井深400米，为3号井，日产水960吨。2001年，在水车坪铺设DN100主管道1500米，解决了500户居民、4个单位的用水问题。2002年在响水湾铺设DN100主管道1300米，解决了5个单位450户居民的吃水问题。2003年配套启用永和中学深井，修建50平方米泵房1座，铺设DN100主管道300米，安装加氯设备1台。2004年，在环城路铺设DN100主管道1500米，解决了750户居民吃水问题。2005年，在药家湾铺设DN100主管道1100米，解决了650户居民用水问题。2006年，在永和二中渠、圪列口等区域铺设DN90管道

2200米，解决了400余户吃水问题。2007年投资930万元，对全县供水管网进行改造，实行了一户一表，水表出户，抄表到户，集中管理，商业服务，并实行磁卡表管理。截至2009年共改造用水户4600户，铺设DN25管道15.2万米、DN50管道1.09万米、DN63管道6200米、DN90管道3100米、DN110管道1100米；铺设DN200管道760米、DN100管道1400米；建东山水厂1座、1000立方米清水池1座；建配套用房1100平方米，绿化地面2500平方米；东峪沟打深井1眼，深350米，日产水1200吨，铺设DN100输水管道1500米；县城实行24小时供水，实现了水泵、控制网、管网压力、加氯等自动化控制；实行营业厅集中收费制度，漏失率控制在7%以内，征费率达100%。2010年建水质化验室1座，购置原子营业光度计、原子吸收分光光度计等20余台设备，可检测常规项目26项。2011年，解决了刘家山、马家岭等8个移民村150户居民的吃水问题。截至2011年，县自来水公司日供水能力3600吨，实际日供水2200吨，供水普及率98%，用户5800户，服务人口2.8万人、单位75个，年收入110万元。

排　水

城区内素以明沟自流方式排水。每逢雨季，大街小巷皆为污泥浊水。清康熙十一年（1672），知县王尔楫在城西南隅旧有水口处建石洞立铁柱排积水，以防水流冲刷。1963年在正大街（路）修下水道，以暗道排除街道积水。1973年起城区排水实行雨污分流制，当年修通正大街（路）下水道（北起县供销社，南至县人民医院）750米。1983年修筑城东路南段下水道，北起东门巷顶头，南至县人民医院，长550米，全部圈成高1.5米、宽1.4米的石拱涵洞，每50米设1个检查井。1987—1988年对正大街（路）下水道实行改造，圈成高1.5米、宽1.7米的石拱涵洞750米，每50米设1个检查井。同时正大街（路）两侧5个巷道均配置高低宽窄不同的排水石拱涵洞，城区排水涵洞总长5540米，从北向南自然倾斜，雨水污水排入芝河后随河水流走。1995年，共排生活、工业污水和雨水约65万吨。2008年，建城西路混凝土下水道1800米、支管道660米；铺康谐路主管道1000米、支管道338米。2009年改造部分正大路排水设施。2010年，改建城南路混凝土排水管道945米，明渠1469米。在芝河镇药家湾村建污水处理厂一座，总投资4500万元，占地16亩，设计规模日处理污水5000立方米，采用A2/O处理工艺，一期工程铺设收集管网12.7公里，设置检查井180个，日处理污水2500立方米。

供　暖

20世纪50年代以前，机关用煤炭、居民用柴火取暖。60年代后，县城机关、居民皆用煤炭取暖。1984年始，县人民政府机关、粮食局等单位始用锅炉供暖。嗣后，县城机关单位普遍采用锅炉供暖，部分居民家庭用上小型锅炉。截至2008年，城区采暖建筑有70余万平方米，其中住宅50余万平方米，公建20余万平方米。分散锅炉房供热面积为16余万平方米，其余为居

县城集中供热工程开工

民自制土暖气、小锅炉或小煤炉供暖。2008年12月，永和县集中供热工程经山西省发改委批复立项。2009年县委、县政府决定实施城区集中供热工程，投资2000余万元，在位于县城南门外原农修厂院内建立永和县春源供热有限责任公司。该公司占地总面积为3969平方米，建筑面积867平方米，砖砌烟囱1座，高49.5米。系统设施有20吨锅炉2台，地泵1台，工作用房90平方米，厂房300余平方米，管道总敷设7100米，安装电机设备40余台，有换热站9处，当年供热面积为18万平方米。2010年、2011年新增供热面积10万平方米，供暖单位40余个，居民500余户。该工程建成后，拆除停用大小锅炉400余台，年节约标准煤3万吨，每年减少烟尘排放量140吨、灰渣量6500吨、二氧化硫排放量370吨、二氧化碳排放量540吨，具有明显的环境效益和社会经济效益。该公司属股份制公司，有员工32人，其中锅炉工15人，电控员3名，班长1名，换热站9人，维修工4名。

供 气

永和县红旺石油液化气站，始建于1999年5月，位于呼家岔村，投资50万元，占地面积约1200平方米，有20立方米液化石油气贮备罐（8吨）1台，50立方米贮备罐（21吨）1台，20立方米残液储罐（5吨）1台，总储气量29吨，年销量100吨。气站平面布置为储罐区、充装区和办公区三部分，其中充装区占地约50平方米，设有充装间和烃泵、压缩机房各1间，充装间和烃泵、压缩机房中间设有防火隔墙。办公区占地100平方米，设有办公室、配电室、新瓶库、检修车间。2011年，有自有产权气瓶1148只，可供应范围内5000户居民的生活用气。液化气站属个体独资经营形式，从业者8人。

供电照明

20世纪50年代前，县城机关和居民照明均用素油灯。1959年10月起，用15马力柴油机带动10千瓦发电机发电，供部分机关、单位照明。1965年10月架设城市低压线路2公里，县城机关照明普遍用电。1969年低压线路增至8.3公里，每日供电4~6小时。1971年县城供电普及到居民家庭。1973年，450千瓦小型柴油发电厂投用。1977年12月435线路投运后变为电网全日供电。1993年，县财政投资10万元，在正大街（路）两侧安装高汞柱路灯，城区路灯83盏。1995年，城西路安装路灯。2007年城区安装路灯226盏。2008年，委托临汾市燎原城市照明有限公司安装河西路单臂灯71套，康谐路双臂灯78套和中华灯10套，河口路双臂灯10套，体育路灯12套，府西街桥、文昌路桥、正大路桥、府西街庭院灯各8套共32套，滨河路单臂灯36套、中华灯3套、荷花灯1套。2009年，正大路安装单臂路灯45套、中华灯2套，文昌街安装火花灯8套、庭院灯7套，府西街安装庭院灯10套、三遥配电柜5台。2010年，城南路安装单臂灯44套，药家湾桥安装庭院灯6套，东门巷安装单臂灯6套。

第六节　环卫　绿化

环境卫生

中华人民共和国成立前，县城街道卫生由城内居民、商号店铺自行清扫，公安局设卫生警1人，负责巡视检查。中华人民共和国成立后按地段划分卫生区，建立清扫制度。20世纪70年代始设清洁工，按时打扫街道。1989年成立环卫队，3名工人清扫街道1条、0.8万平方米。90年代后，城区按地段设置垃圾池和公共厕所，常设清扫工5人，按地段分区清扫，配备小四轮2台及时清运垃圾，并设监督人员，负责检查督促。经常清扫面积2.1万平方米，年清运垃圾2000余吨。2007年，有清洁工40人，清运车3辆，清扫面积5万平方米，年清运垃圾2400吨。2008年，建垃圾池16个，定点定时收集清运垃圾至垃圾场填埋，日产日清，医用垃圾焚烧填埋；清理店外店500多户次、违规占道早夜市摊点6处、乱搭乱建16处、野狗110只；清洗正大路临路墙面，更新门窗。2009年，增加垃圾桶100个；投资988万元在芝河镇红花沟村建设垃圾填埋场，总容库43万立方米，日处理55吨，使用期20年。2010年，清洁工增至66人，公益性岗位环卫工46人，清运车5辆，清扫面积10万平方米，清运垃圾3600吨；投资100万元建3座水冲公共厕所、1座旱厕；垃圾填埋场投入使用；取消沿街摊位20余处，清除小广告100余处，按统一要求改造正大路两侧52家单位建筑物外立面1.9万平方米。

绿　化

1975年，干部职工在县城主街道两旁栽植柳树500余株。1980年，省县劳模300余人沿东风路栽植杨树2000余株。1983—1986年，设5~7人的绿化队专事城区绿化。1985年，县城干部职工学生1000余人，在主次干道栽植树木4000余株。1989年，机关干部职工、学校师生在东山公园栽植松柏、火炬等树1万余株。2008年绿化6000平方米。2003年，正大路换植江南槐。2004年，正大路、滨河路、河口路、体育街栽树1000余株，绿化2500米；60个机关单位庭院植树600多株，种花植草3000平方米；投资500多万元，绿化城区闲散地3000平方米；东西两山植树30多万株，绿化375亩，形成生态防护网；绿化芝河两岸，形成芝河绿色环。2007年，河口路、滨河路、文昌街等绿化2500米；各机关单位绿化3000平方米；郊区建花池340平方米，绿化8500平方米。2008年，正大路植银杏树517株，河口路、滨河路江南槐换植银杏树；机关单位庭院绿化1000平方米，建花池340平方米。2010年，正大路栽植50余种乔灌花草5140余株，置花箱、树池504个，绿化5万平方米。

第三章　村镇建设

第一节　集　镇

桑　壁

桑壁历来是区、乡、公社、镇政府所在地，是古平阳通往陕甘的站口，属于古代永和县重镇之一。民国时期，镇内有1条东西走向街道，长200米，宽3米。街心建有魁星楼，楼东侧朝西1条巷与街呈"丁"字形。沿街设商业门店、加工作坊、旅店饭铺等20余家，店、坊、铺多为老铺板门面。街道西端三官桥上建有戏台，西北隅三官庙前宽阔地为庙会会摊。民国初在三官庙建国民学校1所，民国34年（1945）改建为两级小学。居民住宅为依山修建的土石窑洞。

中华人民共和国成立后，镇内相继设区（乡）政府、法庭、派出所和邮电所、粮站、学校、中心医院等14个机关、企事业单位。粮站于20世纪50年代后期买窑、建窑13孔，80年代建平房10间，占地面积3500平方米。供销社于1960年起先后建平房25间617平方米。中学于1966年建校时修建教室、办公室和宿舍共30多间700平方米。税务所（后改为地方税务所）于70年代初建石窑3孔130平方米。信用社与银行营业所于1974年合建石窑6孔，1990年与小学校互换住址后又建平房18间，信用社、银行营业所实有平房18间、窑洞6孔，共810平方米。小学校实有房子36间、窑洞3孔，建筑面积720平方米。镇政府1975年建2层办公楼1幢，1991年与中心卫生院互换住址，镇政府有平房15间、窑洞10孔，共685平方米；中心卫生院有楼房20间440平方米。法庭、公安派出所、工商所1979年各建平房4间，共12间260平方米。邮电所于80年代购买窑洞3孔，1995年建平房8间，共270平方米。国税所1995年建平房5间150平方米。镇内机关、单位建筑面积共5470平方米。

1987年，在街道西端建成跨径30米、长48米、宽7.75米、高6.5米单孔石拱桥1座。1993年，街道拓宽至8米，向两端伸长为500多米，长宽分别为旧街道的2.5倍和2.7倍，并硬化街面，安装路灯，在街道东段筑长140米、高4米护街石岸1条，修下水道1条，铺水泥管35米。改造后街道两侧有平房96间2880平方米，均以瓷砖贴面。设门店32个，其中商业18个，饮食业6个，电焊修理2个，收购站2个，加油站1个，其他3个。

1970年，公社用柴油机发电，供有线广播扩大站用电和社直机关照明。1978年，架设10千伏输电线路，始用电网供电。1983年，容纳1000余人的露天剧场建成。1984年，兴建电视差转台1座。1994年，建起平坦、宽敞的大会摊；于露天剧场前建起钢管立柱、石棉瓦盖顶的农贸市场；在镇西街头建起、坚固的镇大门。1995年，电话与全县、全国联网。1997年，改河造街360米，在新街道两边，统一设计、统一规划、统一模式建起一排整齐、漂亮的平房165间5000平方米。其中有百货15间、商店11间、食品店8间、超市3间、家电维修2间、馒头店2间。1999年，二层小楼的文化室建成，占地面积600平方米，院内有篮球场和体育活动器材，室内有党员活动室、乒乓球案、象棋桌等。2002年，桑壁镇中心校建成，投资186.02万元，建筑面积1950平方米。其中有普通、音乐、电化、多功能、自然课教室；有乐器室，仪器准备室，图书阅览室，体育器材室，电教器材室；有行政、生活用房，学生宿舍；有围墙、大门、锅炉房及采暖设施设备等。扩建桑壁中学，投资108.65万元，建筑面积1245.6平方米。其中有音乐、电化、语言教室，电教器材室，实验室，仪器准备室，图书阅览室，体育器材室，计算机室，厕所，围墙大门，行政用房等。2005年，投资25万元在桑壁镇政府大门前修建1座长30米、宽4米、高6米的扶桑桥。2007年，投资27.41万元建客运站1座，占地面积2200平方米，动土方1400立方米，候车楼总建筑面积132.6平方米，建筑高度6.9米，旱厕22平方米，砖砌围墙147米，翌年5月1日正式投入运营。2007年，建党员活动室1处，占地面积830平方米，在院内安装了各种体育器材。2010年，桑壁中心校建校舍、餐厅8间，建筑面积340平方米，加固宿舍23间，面积544平方米，总投资100万元；桑壁卫生院建15间平房，面积600平方米，其中有内科、外科、病房、资料室、药房、灶房等；投资25万元建桑壁文化站1处，2层楼房、10间，占地面积350平方米，其中有办公室、阅览室、活动室、器材室、会议室等。2011年，镇上全部通了油路，街道、巷道、户道、院落全部硬化；家家户户安装卫星接收器，可接收50个电视频道；街道两旁栽树400余株，安装10个路灯，达到绿化亮化。

阁　底

阁底民国时期始为当地政治、经济活动中心，是永和县新兴集市。中华人民共和国成立后，相继设乡政府、法庭、派出所、供销社、粮站、农电管理站、土地管理所、中心卫生院、中小学校等17个机关、企事业单位。1958年，供销社修建石窑18孔。60年代初，公社（后改为乡政府）、中心卫生院、粮站建石窑46孔，分别用作办公室、诊疗室和仓库。从1971年起，阁底中学陆续建成砖木结构教室4座12间和石窑30孔。1973年，信用社、银行营业所建石窑6孔，税务所（后改为地方税务所）建石窑3孔。此后，邮电所、法庭、工商所、兽医站相继修建石窑、砖房19孔（间），用作办公室、宿舍、药房。1992年，中心小学建教学楼1幢22间；乡政府修石窑18孔。1993年，农电管理站建石窑5孔，乡镇机关和上级分理机构共建石窑、瓦房、楼房179孔（间）、5700平方米。

阁底是以山坡地势形成的村庄，旧有1条弯曲狭窄的道路由东向西穿腹而过。1983年切弯取直，辟为集贸市场。1993年硬化路面。1995年，以集贸市场为基础建成长500米、宽18米的商业1条街，街面沥青铺敷，街旁安装路灯，并修建长500米的排水渠道1条。街道两侧建平房254间、6578.6平方米，其中集体6间，个体248间，皆以瓷砖贴面。共有127户经营各业，其中商贸90户，饮食业13户，电焊修理3户，缝纫5户，医药2户，理发2户，其他12户。

1954年,村中平阔处建蓄水池1个,蓄积雨水供牲口饮用和村民洗衣。1966年、1978年先后兴修东庄沟—阁底、东征村—阁底2处提水工程,解决人畜用水问题。1971年公社用柴油机发电,供有线广播扩大站和机关照明用电;1978年架设10千伏输电线路,始用电网供电。1995年在阁山建电视差转台1座,电话与全县、全国联网。1998年,乡政府在所在地位置修建办公楼1座,共16间,每间24平方米,用作办公室、会议室、计生室、统计室、农廉室、综治室、司法所、车库、库房等。

2002年,阁底中学扩建,投资74.71万元,建筑面积827.6平方米,其中建有音乐、电化教室,实验室,仪器准备室,图书阅览室,体育器材室,计算机室,语音教室,厕所等。2003年,阁底中心校扩建,投资38.42万元,建筑面积489平方米,其中建有音乐、电化教室,学生宿舍,厕所等。2005年建阁西塬综合开发标志性建筑1座。2007年,在乡政府院外西南方向建文化站1座10间,每间24平方米,其中包括办公室、阅览室、活动室、器材室、会议室;在中心校北边,建党员活动室4间,每间24平方米,其中包括会议室、办公室、活动室。2008年,在乡政府院外西南方向建客运站1座,共5间,包括候车室、售票室、门房,承担服务于阁底1.15万余人、3趟客车的运营。2009年,在原阁底中学院内(初中撤销)建阁底乡中心校,共20间,每间24平方米,包括15间教室、5间办公室。2011年,在卫生院院内修建18间房,每间24平方米,其中包括门诊室、输液室、会议室、办公室、药房、化验室、针灸室、内科、外科、档案室、妇幼室、电教室等;街道、巷道、户道、院落全部硬化,家户安装卫星接收器,可接收50多个电视频道。

第二节 农 村

民 宅

中华人民共和国成立前,农村居民住宅多为依山就势挖掘的土窑洞,少数砖窑、石窑和砖木结构房屋一般属富户所有,多数为1院1户,少数为1院2户、3户。房屋院落座向各异、布局散乱、起伏不平。20世纪50年代,民宅建设多为维修补建。60年代,以建筑土窑洞和简易砖木结构房子为主,部分土窑洞以石头接面,既牢固也整齐美观。70年代,砖、石窑和砖木结构房子增多。80年代后,宅基地多为坪、塬、坡耕地，有统一规划，趋向集中，大都为砖、石窑洞。90年代，出现现浇混凝土结构平房，讲究内外装饰，有间套等格局。1995年，全县农村居民有窑房3.72万孔（间），建筑面积100.5万平方米，户均3.19孔（间），人均17.38平方米。在土石窑洞中，石窑占75.3%，土窑占24.7%。进入21世纪，建房标准提高，设计逐渐新颖，设施日益齐全，砖混、石混结构窑洞、平房占大多数，少数居民建单面楼房，且注重内外装修，人均住房面积15平方米。

永和县自2002年始，实施移民搬迁项目工程，将各乡（镇）的山庄窝铺居民搬迁到城区建窑（房）入住。2002—2008年共完成移民56个村、833户、4076人，建房2262间，补助资金897.71万元。

2002—2003年永和县移民搬迁实施情况表

表17-6

乡 镇	村 名	户数（户）	人数（人）	建房（间）	补助（万元）	负责人
芝河镇	红花沟	42	208	111	32.4	李海伟
	岭 上	37	186	63	27.9	王蛇成
	杜家庄 马家庄	39	236	117	35.4	李建伟
	烟家腰 下山里	23	169	69	20	贾文党
桑壁镇	牛 伏	8	47	24	7.05	李小平
	前龙石腰	26	156	78	23.4	贾志文
坡头乡	新 村 方 底 南 峪 马里腰	19	98	60	14.7	郭保平
合 计		12	194	1100	522	160.85	—

2004—2005 年永和县移民搬迁实施情况表

表 17-7

乡镇	村名	户数（户）	人数（人）	建房（间）	补助（万元）	负责人
芝河镇	龙口湾 前圪璒 后圪璒	34	161	102	40.25	吉金生
	永义村	19	80	59	20	暴秋生
	霍家沟	17	80	51	20	张春林
	烟家山	27	106	82	26.5	李万祥
	红花峁	16	97	48	24.25	陈奋泰
交口乡	毛家塬	10	57	30	14.25	赵云真
	庵里	5	27	15	6.75	冯连虎
	成家塬	17	81	51	20.25	房记兵
桑壁镇	后河 药家山	19	98	58	22.25	刘乃春
南庄乡	高家圪 大吉上 前舍窠	35	183	105	45.75	白志祥
	窑上	14	83	42	20.75	白守鹏
	西山岭	10	56	30	14	王实旺
	杨家圪	13	54	39	13.5	王实旺
打石腰乡	花岭则	11	49	32	12.25	段直应
	石家渠	15	84	45	21	马建军
	马家河	21	104	63	26	马根莲
	穆家腰 焦家山 田家山	35	185	105	46.25	苏登国
合计		24	318	1576	957	394	—

2007—2008年永和县移民搬迁实施情况表

表17-8

乡 镇	村 名	户数（户）	人数（人）	建房（间）	补助（万元）	负责人
交口乡	冯家山	5	24	15	7.2	冯记林
	郝家山	12	56	34	16.8	李曹虎
	高 城	18	85	41	25.5	李玉虎
	樊家川	14	81	42	27.54	马建英
坡头乡	杏 渠	18	78	45	23.4	郭海清
南庄乡	百湾只	14	72	28	21.6	王实旺
	团枣渠	17	81	35	24.3	白小红
	黄家沟	25	74	65	25.16	贺立全
打石腰乡	马家岭	18	85	36	25.5	马根连
	石畔岭	10	42	30	12.6	马根连
	慕山里	7	32	21	9.6	马根连
	段家山	23	98	楼房23套	29.4	马根连
	山方里	21	88	57	26.4	苏登国
芝河镇	北 庄高家山	37	153	93	45.9	吉金生
	前桑壁	24	98	66	29.4	马金生
	贺家庄	18	99	32	33.66	白爱平
阁底乡	翟家山	15	51	45	17.34	冯文虎
	高家圪塔	25	95	75	32.3	冯文虎
合计	19	321	1392	783	433.6	—

公共建筑

民国前，永和农村公共建筑有寺庙、学校。1956年农业合作化后，农村普遍兴建窑洞，用作办公室、小学校、库房、饲养室、保健站、机房等。多数村庄整修拓宽村间主道，少数自然村兴建引水工程，用上自流水，并且逐年增多。2001—2005年，西庄、东征、乌华、圪列塬4个村兴建提引自来水入户工程，并建起15个高效滴灌蔬菜大棚。兴建下辛角—庄则坪翻沟跨园引水工程，建16处人畜饮水解困工程并逐年增建。截至2011年，全县居民基本告别人力取水的历史。新农村建设自2006年始不断推进，到2011年全县有新农村36个，均达到"六个一"（一个便民店，一个卫生室，一个活动室，一个图书室，一座小学校，一个休闲小广场）和"四化四改"（绿化、亮化、硬化、净化；改厨、改厕、改圈、改水）标准；村村通油（水泥）路；电视、移动网络覆盖率100%。2005—2009年，先后有79个村委5000余户建沼气池及配套设施，并投入使用。

新农村建设选介

芝河镇榆林则村 榆林则村基础设施建设方面：采取石铺、砂石灌浆，硬化巷道4条2680平方米，沥青铺装主街道1.1公里；"六个一"工程实行集中选址，统一规划，完成投资12万元，征地3亩，硬化800平方米，建广场围栏150米；建成公厕2处，改厕60处。村容整洁美化方面：拆除残垣断壁及废弃建筑300余平方米；整理地塄、打硬土墙5200平方米，垒小石墙280平方米；投资16.8万元为群众修院门14处、院墙875平方米；栽植侧柏1018万株；涂白美化墙壁2200平方米；刷写固定标语22条。产业发展方面：管护核桃树4万株，栽植1.5万株，投资23万元建成标准化圈养羊舍16套。

芝河镇霍家沟村 霍家沟村基础设施建设方面：完成1.5公里村内主街道硬化，巷道水泥硬化5500平方米，建小型文化广场和便民连锁店1处，建2个标准化公厕，建人畜吃水提水工程1处。村容村貌改善方面：完成危房改造42户，修大门7座、围墙210平方米，墙体粉刷1300平方米，刷写标语5条，栽植各类树木2300余株。产业发展方面：对2万株核桃树进行全方位管护，新发展核桃园1500亩；引资建设红枣加工企业1个，总投资1500万元；建石材企业1个。

芝河镇红花沟村 红花沟村投资18万元，硬化村巷2条2400平方米；新建沼气13个（户），改造旧沼气16个（户）；清理村内垃圾杂草50余立方米，整理绿化带500平方米，环村山坡绿化成林；有垃圾集中堆放点、垃圾池5个；投资5万元，建养殖区1个，容纳10户集中养殖，建零星猪舍5座等。

第四章 房地产管理

第一节 管理机构

20世纪60年代,永和公房由县财政局主管。70年代后期设房管所,承办房产管理具体事宜。1983年始,统管公房由县房产部门管理,单位自建公房由建房单位管理。1994年,县房产开发服务中心成立,履行原房管所、房产开发公司及县住房资金管理中心的管理职能,负责管理全县范围内的房屋权属登记的各项工作。按照《山西省城市房屋权属登记管理办法》之规定办理权属登记手续,同时代表县政府对房屋所有权以及由房屋所有权产生的抵押权、典权等房屋各项权利进行登记,并按规定提供核实产权、代办产权过户、租赁合同备案以及其他与房产交易有关的服务。2011年房产开发服务中心分设营业、财务、办公3室,共有职工25人。住房公积金房贷业务分出,房贷由临汾市住房公积金中心永和管理部管理,该部共有职工5人,有营业室、办公室、财务室等。

第二节 公房管理

1946年永和解放后,旧县政府遗留房舍和土地改革中没收地主的私房(有四胜楼、吴宝全圪塔、花店、刘家院等),大部分分给缺房农民居住,其余留给县政府机关或全民企事业单位占用。县城内被党政机关和其他单位占用的窑房共120多孔(间)。

20世纪60年代,县商业局等单位建房38间、1400平方米,用作职工家属宿舍。70年代,县委、县政府等机关单位建宿舍46间、1513平方米。80年代,县粮食局等单位建宿舍74间、24668平方米,固定资产59.9万元。此间,县农业局、林业局、水利局等单位先后建起平房10多万平方米。1985—1986年,对县域房屋进行全面普查。

普查结果：县城房屋建筑总面积17.24万平方米，其中属房产部门直接管理的公房4500平方米，行政事业单位自管公房10.98万平方米，工商企业单位自管公房6334平方米。普查后对住房作部分调整，解决了一些无住房户、住房拥挤户实际困难。县内公房采用收取租金的办法以房养房，进行维修与新建。1988年以前，租金标准为每间房月收0.6元、1元、1.5元。1988年始改为每平方米月收租金0.08元，房管所直管公房年收房租4320元。90年代初，每平方米月收租金增至0.4元，房管所直管公房月收房租1800元，年收2.16万元。1995年租金标准按1994年双职工家庭工资收入的5%确定，1996年按1995年的7%测定。钢混砖混结构的每平方米由0.43元提高到0.98元；砖木结构的每平方米由0.4元提高到0.88元；简易结构的每平方米由0.35元提高到0.79元。以后每年递增2%，2000年达到15%。因房租过低，连年入不敷出，不能"以房养房"，仍需县财政补贴。单位自管公房租金，参照国家公房标准收取，同样不能"以房养房"。

20世纪80年代后期，国家和单位不再投资建设住宅向职工无偿分配，职工的住房主要靠单位组织的集资建房来解决。1994年国务院《关于深化城镇住房制度改革的决定》颁布后，永和县按成本价出售公房1.97万平方米，共收回房款904万元。此后各单位公房相继以成本价全部出售给住户。职工购买的公有住房，拥有全部产权。同时逐步实行职工全额集资建房，单位只负责提供土地。1995年6月建立住房公积金制度，当时的缴交率为5%，财政补贴仅维持数月就因困难而中途停止。2005年，有县技术监督局、工商局、人寿保险公司、气象局、通信分公司、烟草公司等条管单位先建立起住房公积金制度，专户存储住房公积金19万元，发放房屋产权证400余本，办理他项权利证200余本。2006年，住房公积金累计归集90.87万元，累计支取18.24万元，定存52.19万元，回收逾期贷款4万元；办理房屋产权证300余本，他项权利证书100余本。2007年，县政府下发《关于全面建立和完善住房公积金制度的通知》，同时出台《永和县建立住房公积金制度暂行办法》，决定单位和职工个人暂按2006年6月底工资额的3%的缴交率缴纳住房公积金，以后随财政收入的增加再逐步提高。至此，建立住房公积金单位数达到130个，总人数2934人，其中财政预算事业单位121个、2802人，条管单位9个、132人。同年，发放房屋产权证300余本，他项权利证200余本。在东风路、河口路段拆迁住户100余户。2010年，全县共归集住房公积金825万元，同比增长64%，归集余额2121万元；共提取使用住房公积金86万元，占当年归集额的10%；共有贷款户76户，贷款680万元；登记、交易过户100余宗，办理房产证200

余本，他项权利登记100余本。截至2011年，全县归集住房公积金1014.04万元，完成全年计划任务1000万元的101.4%，报告期末全县住房公积金归集余额达3041.36万元。全县提取住房公积金141.74万元，其中购建房支取34.8万元，离退休支取106.23万元，死亡性支取0.71万元。新增人数102人，离退休、调离人数98人，实际人数新增4人，覆盖率为82.16%。全县公积金贷款发放户数达43户，发放贷款421万元，至报告期末贷款发放户数达155户，贷款余额为1234.2万元，逾期率为零。全年公积金业务收入99.42万元，业务支出66.3万元，实现增值收益33.12万元。

第三节 廉租房建设管理

永和县于2007年起实行廉租住房租赁补贴制度。2007—2008年发放补贴21.7万元；2009年发放100.8万元；2010年发放279.56万元；2011年发放200.1万元。2010年结余11.16万元，符合补贴标准户数922户、1851人，每人1100元。

2009年10月—2010年10月，投资465万元，于芝河镇河口小学南建占地2000余平方米的第一批廉租房，由山西容海城市规划设计院设计。2010年10月在县城河口小学附近建第二批廉租房。在临汾市建筑交易中心公开招标，由河南周口恒远建筑实业有限公司中标承建，临汾亚泰工程有限公司监理，建起两栋砖混结构楼（地下1层、地面6层），总建筑面积3000平方米，共60套。

第五章 环境保护

第一节 环境状况

概　述

20世纪70年代以后，永和县城区及其周围相继兴建农机修造厂、酒厂、豆粉厂、蓖麻油厂、皮毛厂、城关砖厂、城关植物油厂等工业企业。生产过程中排放出废水、废气、废渣，污染了县内特别是县城环境。蓖麻油厂、豆粉厂、砖厂、酒厂和机关单位废水中的有害物质，排入芝河污染水质，直接危害城关、罢骨、交口、泊洋4个乡镇沿河两岸居民健康和农作物生长。县城用于生产、生活的锅炉排放出烟尘、炉渣和机动车辆产生的噪音均对居民生活、生产和工作造成危害。

第一次环保普查

1995年，县环境保护局对全县环境进行第一次普查。普查结果：全县工业生产废水排放量6000吨/年，废渣排放量400吨/年，建筑垃圾排放量275吨/年，废气排放量880万标立方米/年。每年有害物质总量达43.12吨，其中二氧化硫6.52吨，烟尘36.6吨。县城居民生活污水排放量7.67万吨/年，烧煤污染物排放量5000标立方米/年，内含烟尘22.95吨，二氧化硫38.5吨。机动车辆污染物排放量130.2吨/年，其中含铅化物1.1吨，二氧化硫0.902吨。

第二次环保普查

2007年6月—2008年10月，县政府成立普查领导组，抽调20名人员组成污染普查队伍，进行第二次普查。普查结果：全县工业源5家、生活源57家、农业源162家。工业用水总量3.32万吨，废水量1.41万吨，废水排放量1.37万吨；综合能源消费量6916.32吨（标煤）；废气污染物排放量：烟尘45.48吨、二氧化硫63.01吨、粉尘5.04吨；固体废物产生量2060.88吨、综合利用量2051吨。生活源用水量140.91万吨，污水产生量101.73万吨，污水排放总量101.73万吨。生活源污水污染物排放量：住宿业化学需氧量4.93吨，总磷0.02吨，动植物油0.57吨，氨氮化物0.1吨，总氮0.25吨；餐饮业化学需氧量84.79吨，总磷0.28吨，动植物油13.91吨，氨氮化物1.15吨，总氮2.35吨；理发及美容保健服务业化学需氧量0.12吨，总磷0.00022吨，总氮0.00138吨，铅0.00238千克；医院化学需氮量5.76吨，五日生化需氧量2.13吨，总磷0.06856吨，氨氮化物0.66296吨，总氮0.93731吨，汞0.00191千克；城镇居民生活化学需氧量535.78吨，五日生化需氧量204.1吨，总磷6.29吨，动植物油12.5吨，氨氮化物65.48吨，总氮90.15吨。生活垃圾：产生量0.39118万吨，清运量0.39118万吨，简易填埋量0.39118万吨。县境内无垃圾无害化处理设施，产生的全部垃圾仅是简易填埋，对地下水资源有一定危害。医院垃圾产生量0.12786万吨，综合处置量0.12786万吨。处置方式为焚烧炉焚烧，虽然减少了危害性，但处置粗放，无除尘脱硫等净化设施，有废气排放。锅炉废气排放量4889.43万立方米。

2008年永和县污染源普查生活源废气产排情况表

表17-9

项　目		住宿锅炉	餐饮锅炉	居民服务及其他服务业锅炉	医院锅炉	独立燃烧设施
锅炉数量		3	1	—	2	7
锅炉总额定出力（兆瓦）		4.9	0.7	—	2.1	11.2
废气污染物产生量	废气量（万立方米）	948.77765	314.88716	—	800.59545	2825.17367
	烟尘（吨）	28.8125	11.25	—	29.175	71.43624
	氮氧化物（吨）	2.71068	0.89964	—	2.28732	7.45956
	二氧化硫（吨）	29.504	9.792	—	62.24	108.216
废气污染物排放量	废气量（万立方米）	948.77765	314.88716	—	800.59545	2825.17367
	烟尘（吨）	28.8125	11.25	—	29.175	71.43624
	氮氧化物（吨）	2.71068	0.89964	—	2.28732	7.45956
	二氧化硫（吨）	29.504	9.792	—	62.24	99.5976

2008年永和县污染源普查生活源污水污染物产排情况表

表17-10

指标名称	住宿业		餐饮业		洗染服务业		理发及美容保健服务业		医院		城镇居民生活	
	产生量	排放量	产生量	排放量	产生量	排放量	产生量	排放量	产生量	排放量	产生量	排放量
化学需氧量（吨）	4.93264	4.93264	84.70902	84.70902	—	—	0.12096	0.12096	5.75693	5.75693	535.7835	535.7835

续表 17-10

指标名称	住宿业		餐饮业		洗染服务业		理发及美容保健服务业		医院		城镇居民生活	
	产生量	排放量	产生量	排放量	产生量	排放量	产生量	排放量	产生量	排放量	产生量	排放量
五日生化需氧量（吨）	—	—	—	—	—	—	—	—	2.13201	2.13201	204.108	204.108
总磷（吨）	0.02374	0.02374	0.27752	0.27752	—	—	0.00022	0.00022	0.06856	0.06856	6.29333	6.29333
动植物油（吨）	0.56832	0.56832	13.9091	13.9091	—	—	—	—	—	—	12.50162	12.50162
氨氮（吨）	0.09832	0.09832	1.15004	1.15004	—	—	—	—	0.66296	0.66296	65.48465	65.48465
总氮（吨）	0.24484	0.24484	2.3481	2.3481	—	—	0.00138	0.00138	0.93731	0.93731	90.1477	90.1477
铅（千克）	—	—	—	—	—	—	0.00238	0.00238	—	—	—	—
汞（千克）	—	—	—	—	—	—	—	—	0.00191	0.00191	—	—

第二节　环境治理

宣传治理

1984年2月，永和县设立城乡建设环境保护局，环境保护工作开始列入县人民政府议事日程。1991年10月环境保护局单设，环境保护工作步入经常化、正规化、法制化轨道。环境保护局广泛宣传有关环境保护的方针、政策、法令和科学知识，对全县进行环境保护监测和污染调查，重点对"三废"污染普查、监测，为治理污染提供科学依据。1991年起，对县政府等11处安装锅炉工程和豆粉厂等4个扩建工业企

县城污水处理厂

业的设计、施工、投产等环节，均按环境保护要求严格监督。县内2座砖厂的炉窑，均由传统土法烧砖改造为轮窑结构；县粮食局等单位超标排放的采暖锅炉，经改装合格后投入使用。对31个超标排污单位按时定额征收排污费，用于环境保护事业。和卫生、林业、城建等部门配合，结合开展爱国卫生运动，发动居民清理垃圾，清除污水，改良厕所、畜圈、粪坑；发动机关、企事业单位栽树种花，兴建园林，绿化庭院，美化室内，净化空气，优化环境。1991年，请示地区环保局拨专款4万元，帮助蓖麻油厂对废水进行沉淀处理，效果明显。1998年6月环保局与县妇联、团委、县城4所学校开展以"尊我妇女、爱我家园、护我环境"为主题的千人签名活动，提高全民环保意识和法制观念。1999年对全县200余辆机动车进行尾气检测，对达标的车辆发放合格证，合格率达95%。2001年对岔口、甘露河5个窝点、10个炼油炉进行起吊清除；在公路沿线刷写永久性标语35条；举办以"珍惜生命、爱我家园、护我环境"为主题的师生演讲赛活动。

国家生态示范区建设

2002年6月11日，永和县被国家环保总局以国环发〔2002〕92号文件批准为国家级生态示范区建设示范县，成为临汾市继1996年安泽县之后又一个生态建设重点县。2003年12月26日通过省专家评审组认定，规划建设4个生态功能区：两川粮、经、畜、禽生态农业区；3大山系林、牧、药、杂（粮）生态经济区；红枣护林生态功能区；城市生态经济区。2004年6月24日《国家级生态示范区建设规划》在县十三届人大常委会第四次会议审议通过，并安排实施。2005年开展整治违法排污企业保障群众健康专项行动，对芝河两岸厕所进行强行拆除；对县直机关事业单位澡堂、洗衣车厂签订了兴建化粪池责任书。2006年，投资20余万元建设环境空气质量自动监测中心站1个、子站2个，2007年1月投入运行，按时向市监测站自动监测信息平台传输数据。2007年实施蓝天碧水工程，全县范围内共拆除烟筒20个，对2家不符合环保要求的砖厂予以强行关停，先后出动执法人员280余人次，检查企业24厂次，饮用水源地设立安全警示牌5个，更换环保型锅炉5台。2008年建污水处理厂1处。2009年建设并营运集中供热公司，供热面积18万平方米，到2011年又增加10万平方米。2011年建成垃圾填埋场1处，并投入使用，县城垃圾集中放置、集中处置、日产日消，做到无害化处理。同年，永和县化学需氧量、氨氮化合物进水口浓度达到国家认证一级A标准；7月25日，环保部华北督查中心对永和县的减排工作予以认可；空气质量二级以上天气256天，其中二级184天，一级72天。

第三节　环境管理

管理机构

1984年2月，县城乡建设环境保护局成立。1991年，县环境保护局单设，1993年2月并入建设土地委员会。1994年5月恢复环境保护局。2002年改为环境保护中心，2004年挂环保局牌子。2008年10月设置永和县环保局，为县政府工作部门，正科级建制，核定编制5名。撤销县环境保护中心，在此基础上分别组建县环境监察大队和县环境监测站，均为全额事业单位，股级建制。县环境监察大队加挂县环境保护宣教中心牌子，核定全额事业编制14人。县环境监测站核定人员编制18人。

管理措施

"九五"期间（1996—2000年）永和县主要实施以防治大气污染为中心，以芝河控制区、水源保护区为重点的环境综合整治措施。通过"九五"规划的实施，县城环境质量出现良性循环的势头。防止环境污染措施主要是对水源保护区严加保护，扩大县区绿化面积，加强工业污染防治，进行自然环境保护。"十五"期间（2001—2005年）县城大气环境质量达到国家二级标准，废水达标排放，地面水要接近国家四类标准。主要措施是在县城规划区内，不准新建有污染的企业；严格县城交通管理；调整产业结构；增加环保投入；大力推进农业生态绿色工程。主要管理办法：一是全面规划、合理布局、调整产业结构、提高科技含量；二是推行各项环境管理制度；三是加强对企业的监督管理，加大科技含量，向规模化、标准化方面发展；四是加强生态工程建设。"十一五"期间（2006—2010年）永和县大气环境质量巩固在国家二级标准范围内，芝河水质低于地面水四类标准；完成绿色行动计划，所有企业全部实行清洁生产，并建成花园式的绿色企业，达到生态环境良性循环；建设供热系统，发展余热利用，降低能耗，提高效率。主要管理措施：一是实行环境质量一把手负责制；二是实施环境保护与经济发展综合决策，提高经济增长质量；三是落实环境保护投资，增加投入的经济技术政策；四是突出解决县城污水处理回收、集中供热等工程建设中的问题，大幅削减污染总量；五是深化对污染源的治理和管理；六是推行环保执法责任制，强化执法力度；七是加强宣传，提高全民环境保护意识。

第十八编

经济管理

1949年10月之前，永和县人民政府就成立工商科，管理县域经济。1952—1953年，成立县财政经济委员会、统计科，负责经济宏观调控和监督运行。之后，随着国民经济发展和不同历史时期经济监督管理的需要，计划、物价、质量技术、土地、审计、农村经营等职能部门相继设立。各职能部门依法行政，确保国民经济顺利运行。

20世纪80年代后，实施"计划经济与市场调节相结合，宏观控制与微观搞活相结合"的方针，逐步缩小指令性计划范围，扩大指导性计划与市场调节。物价实行国家指导价格与市场调节价格相结合，允许上下浮动。工商管理要求商品明码标价、亮证经营，重点打击假冒伪劣商品。质量技术监督部门对工农业产品严把质量检验关，保证产品合格。统计部门依法统计各项数据，为政府决策提供科学依据。土地管理部门依法保护土地资源，规划基本农田，规范宅基地，保证土地的合理使用。审计部门对财政金融、行政事业、社会保障、基建投资、专项投资等经济活动依法审计，保障社会经济的合理运行。农经管理部门对农村土地承包、农村财务、农民收益进行科学管理，促进了农民增收、农村发展。

第一章 计划管理

第一节 管理机构

永和县解放初，工农业生产与流通计划调控由县人民政府直接安排，重点为统一财政，稳定物价，调整和发展农业与工商业等。

中华人民共和国成立至1955年，县政府按照上级指示，编制国民经济计划，通过统计监督执行情况。1955年起，遵循国家"统一计划、分级管理"的原则，实行三级管理：县政府设计划委员会，由县长或1名副县长兼主任，管理全县国民经济计划编制和监督执行情况；各业务主管部门设计划统计股，负责计划管理具体工作；各基层单位配计划统计员，承办计划管理统计监督。在计划管理中强调集中统一，生产和流通均以指令性计划下达到生产和经营单位。此种管理模式对当时经济发展和市场稳定起到一定作用。

"文化大革命"开始后，计划管理机构一度瘫痪。1975年，计划委员会恢复，计划管理工作逐步走上正轨。1979年以后，贯彻以计划经济为主，市场调节为辅的方针，实行对部分重要产品、项目下达指令性计划，一般产品、项目下达指导性计划的办法，给生产、经营单位在业务方面以最大限度的机动和灵活。1982年，计划管理求全、求细和下达全面指令性计划的做法得到彻底改变。

1993年2月，计划委员会与统计局合并为计划统计委员会。1998年1月计划委员会单设，其职能是主管全县计划经济工作和生态农业建设工作。

2002年1月，永和县计划委员会、永和县经济委员会、永和县财贸委员会合并为永和县计划经济与贸易局。2005年1月，永和县计划经济与贸易局改为永和县发展改革与经济局。2009年，又改为永和县发展和改革局，挂永和县经济信息化和商务局牌子。2011年底，内设机构有综合办公室、以工代赈办公室、计划股、工业股、财贸股。共有行政编制13人，其中行政人员11人、工勤人员2名。下含事业机构，事业编制15人，其中项目办6人、生猪屠宰管理办公室3人、酒类管理办公室4人、编外2人。

第二节 计划编制执行

1950—1951年，永和县政府根据上级指示，直接将计划指标分解下达各生产和经营单位，并组织实施。1952年贯彻政务院财政经济委员会公布的《国民经济计划编制暂行办法》，县政府根据上级下达的计划指标，结合县域实际，提出年度计划，经县各界人民代表会议通过后实施。年底，全县工业、林牧业、社会商品零售额等均完成计划，小麦、油料、农业总产值完成计划的85%。

第一个五年计划（1953—1957）期间，1956年前，对国营、供销社营工商业实行指令性计划，进行直接管理监督；对农业、私营工商业和手工业实行指导性计划，通过粮食征购统销、加工订货、价格政策产品税收等措施，进行间接管理监督。1956年后，对农业合作社、公私合营企业、手工业合作社，由各主管部门，采用各种经济手段纳入计划轨道保证计划实施。这一时期计划比较符合实际，各项经济指标基本完成。

第二个五年计划（1958—1962）期间，处于"大跃进"年代，编制国民经济计划出现高指标的偏向，提出的计划脱离实际，县内国民经济主要指标未能完成计划任务。1961年贯彻"调整、巩固、充实、提高"的八字方针，调整工农业布局，精简机构，压缩城镇人口，加强农业。到1962年，全县粮食总产量比1957年增长31.47%，工业产值比1957年增加4.14倍。

国民经济调整时期（1963—1965），继续贯彻"调整、巩固、充实、提高"的方针，各项生产计划的编制比较切合实际。通过贯彻执行《农村人民公社工作条例》（修正草案），调动干部和农民的积极性，促进了生产的恢复和发展。1965年，工业、农业产值分别比1962年增长69.44%、29.73%，粮食产量比1962年增长8.20%。

第三、第四个五年计划（1966—1975）期间，因受"文化大革命"冲击，计划编制流于形式。片面追求高指标，计划管理失去控制。农业上提出"粮食亩产达纲（200公斤）、过河（300公斤）、跨江（400公斤）"和"大批大斗促大干"等口号，挫伤了干部、群众实现计划指标的积极性。农业经济总收入年均完成计划67%，工业总收入完成计划92%，其他项目完成在计划60%~90%之间。

第五、第六个五年计划（1976—1985）期间，开头3年"左"的影响仍未清除，经济建设处于徘徊状态。1979年后坚持实事求是，编制计划尊重客观规律，适当缩小指令性计划范围，重视市场调节作用。基本建设实行拨改贷，企业实行利改税，粮食收购按倒三、七（三成统购价，七成超购价）计价，物资分配实行双轨制。对农业生产实行指导性计划，只下达粮、棉、油等主要农作物种植面积和总产量指标；对国营工业企业，只下达工业总产值和主要产品产量指标；对集体工业企业，只向主管部门下达总产值指标；对自采原材料的产品实行指导性计划和市场调节，运用经济杠杆促进生产发展。"六五"期末，永和县社会总产值比"五五"时期增长1.42倍，国民收入增长2.01倍，工业总产值增长89.6%，农业总产值增长1.5倍，财政收入增长1.42倍。

第七、第八个五年计划（1986—1995）期间，计划部门除按年度编制下达计划指标外，还编制各时期的中长期计划，提交县人民代表大会审议后实施。"七五""八五"时期，全县工农业总产值分别超计划13%、19%，其中农业总产值分别超15%、9%，财政收入分别超15%、1.73倍。

第九个五年计划（1996—2000）期间，2000年国内生产总值达7060万元，比1995年国内生产总值4637万元增长52.3%；财政总收入完成336万元，比1995年财政总收入196万元增长71.4%；城镇居民人均可支配收入和农民人均纯收入分别达到3048元和963元。

第十个五年计划（2001—2005）期间，2005年国内生产总值完成19026万元，比"九五"期末2000年的7060万元增长169.5%，"十五"期间年平均递增14.4%，高于"十五"计划预期目标；财政收入2005年完成916万元，比"九五"期末2000年的336万元增长172.6%，"十五"期间年均递增22.2%；农民人均纯收入2005年达到1471元，比"九五"期末2000年963元增长52.8%，"十五"期内年均递增9.2%；城镇居民人均可支配收入2005年达到5640元，比"九五"期末2000年3046元增长85.2%，"十五"期内年均递增13.1%。

第十一个五年规划（2006—2010）期间，地区生产总值从2005年的1.9亿元增加到2010年的4.67亿元；财政收入由2005年的916万元增加到2010年的2313万元；城镇居民人均可支配收入由2005年的5640元增加到2010年的10899元；农民人均纯收入由2005年的1471元增加到2010年的2229元。

2011年，全县地区生产总值完成5.35亿元，同比增长15.2%；财政收入突破3000万元大关，完成3423万元，同比增长47.99%；城镇居民人均可支配收入完成12525元，同比增长14.9%；农民人均纯收入达到2765元，同比增长24%。

表18-1　1949—2011年部分年份永和县国民经济发展主要指标执行情况一览表

单位：万元、吨、元

年份 项目	1949	1952	1962	1970	1980	1990	1995	2000	2005	2010	2011
国内生产总值	169	169	279	469	1218	3302	4637	7060	19026	46680	53506
工农业总产值	967	1564	1535	1958	3190	5145	6931	3623	9498	23742	27672
工业总产值	2	11	72	127	572	1410	1636	1161	1610	3763	5240
农业总产值	965	1553	1463	1831	2618	3735	5295	2462	7888	19979	22432
乡镇企业总产值	2	9	15	—	—	105	219	—	—	—	—
第三产业	—	—	—	—	—	—	—	3437	9528	22938	25843
粮食总产量	4930	7875	7560	8720	16955	20497	24180	13524	21839	38244	44185
小麦总产量	1780	3620	1850	1660	3105	8140	8943	172	986	2514	1220
地方财政总收入	—	5.04	25.9	25.7	33.2	115	196	336	916	2313	3423
城镇居民人均可支配收入	197	406	429	457	563	1518	3423	3046	5640	10899	12525
农民人均纯收入	—	—	39	37	52	325	819	963	1471	2229	2765
社会消费品零售总额	14	37	177	279	721	1650	2659	4726	10130	23999	28014

第三节　流通计划管理

永和县从解放（1946年11月）至1952年，县内流通计划由县政府直接安排管理。1952年10月始改属县财政经济委员会，1955年4月改归县计划委员会。

全县物资购进分计划内调拨和计划外采购两部分。1953—1980年，县内流通计划商品指标的编制和下达，主要依据上级计划部门下达的计划指标，向各有关执行部门和单位分解分配。

列入县计划商品管理的品种统一由县物资、农机、商业、粮食及外贸、生产资料等部门和公司经营。物资部门经营的有钢材、汽车、生铁、木材、机电产品、水泥等；农机部门经营的有大中小型拖拉机、柴油机、脱粒机、磨面机、农机具等；商业系统经营的有烟酒、副食、布匹、自行车、缝纫机、生活日用品等；棉麻公司经营的有棉花；粮食部门经营的有大米、小米、玉米、小麦、面粉、食油及小杂粮；外贸经营的有花生、葵花籽、核桃、羊毛、羊绒、羊皮及兔子、蜂蜜等；生产资料公司经营的有化肥、农膜、农药等。

1980年之前，国家对工业品、农产品按一、二、三类分别进行管理。对第一类物资实行统购分配，对第二类物资实行优先订购、收购和分配供应，第三类物资由市场调节。1980年后实行计划调控与市场调节相结合，统购统配物资种类逐步减少。1985年后，除对少数商品实行计划管理外，大部分取消控制。其中粮食由统派制改为合同订购和市场收购，化肥、农膜、棉花等仍由国家统一经营，其余均允许多渠道经营，由市场进行调节。

计划指标的考核，对物资部门由只考核调拨、供应和实物库存量，到1981年增加利润指标考核；对商业、供销等部门由考核纯销售、纯购进、农业生产资料供应、农产品收购、社会商品零售额及主要商品的供应量和收购量，到1981年后增加流通费用率和利润指标的检查考核。

中共十一届三中全会后，随着传统的计划经济逐步向市场经济体制转变，原计划管理的物资逐步放开，实行市场调节、个体经营。

"九五"时期的2000年，永和县社会消费品零售总额达到4726万元，比1995年的2659万元增长77.7%，年均递增12.2万元。

"十五"时期的 2005 年完成社会消费品零售总额 10130 万元，比 2000 年的 4726 万元增长 114.3%，平均每年递增 16.5%。居民消费结构发生明显变化，升级消费逐渐成为销售热点。住房、机动车辆、家用电器等成为热点旺销商品，通讯类商品呈畅销势头，文体娱乐用品及食品、洗涤用品、化妆品等销售也保持了较快增长。

"十一五"时期，社会消费品零售总额由 2005 年的 10130 万元增加到 2010 年的 24000 万元，平均增幅 18.8%。家用电器、电动车、住房、家用车辆等仍是热点旺销商品。

2011 年，社会消费品零售总额完成 2.8 亿元，同比增长 16.73%。

第四节　投资计划管理

中华人民共和国成立后，县内基本建设基本上是依据上级下达的计划指标和地方财力、物力等实际情况，先审批项目，列入计划后再动工。1950—1995 年，全县基本建设投资累计 3700 万元。第七、第八个五年计划期间，永和县先后被确定为省和国家级贫困县后，国家在投资上有所倾斜，10 年间基本建设投资累计 2651 万元，是前 36 年的 2.53 倍。

投资总量不少，但 20 世纪 70 年代初的一些投资项目却出现较大失误。1970 年兴建的县皮毛厂，因产品成本高，库存大，亏损严重，资不抵债，被迫破产。1972 年修建水泥厂时，因资金和设备等问题得不到解决被迫停建，给国家造成较大损失。80 年代后，县计划部门本着"先吃饭，后建设"的方针，努力搞好财政、信贷、物资平衡，合理安排固定资产投资计划，并严格按照基建项目审批权限，制定建设资金来源、建材质量和建筑设计等方面管理的具体规定，基本建设投资趋向合理，投资效益提高。1985 年，投资 260 万元建成的蓖麻油厂，年上缴税

发改局招投标会议

金占到县财政收入18%，利税最高年突破百万元，为农民增收、财政减补做出贡献。

第九个五年计划（1996—2000）期间，全县基本建设投资总额11756万元，是"八五"时期的6倍。"九五"期间，筹资1000余万元新建、改建中小学125所；投资50万元建成2个电视差转台，完成"村村通"目标，有线电视节目增加到12套。

第十个五年计划（2001—2005）期间，固定资产投资累计完成16138万元，比"九五"时期的13260万元增长21.7%。建设永和关黄河大桥，优化农村电网结构。"十五"期间县城各项基础设施建设投入8000多万元，拓宽改造了正大街（路），新建图书馆、红军东征永和纪念馆、青少年活动中心。"十五"期间国家累计投入扶贫资金5978万元，实施整村推进扶贫工程12个村，解决1万口人的温饱问题，移民搬迁32个村庄、2700口人。

第十一个五年规划（2006—2010）期间，固定资产投资由2005年的3604万元增加到2010年的30600万元，平均增幅53.4%。"十一五"期间，累计完成投资2.6亿元。全县布煤层气井21口，完成8口探井钻探和二维地震勘探任务，压裂2口，试采2口；完成5口探井和10口评价井的任务。投资600万元完成永和汽车站2363平方米的建设任务。县城新建垃圾处理场、污水处理厂、文化（文庙）广场，改扩建了东山公园，全力打造"一馆一湾"（红军东征永和纪念馆、黄河乾坤湾）两大旅游品牌。

2011年，全县固定资产投资完成4.22亿元，同比增长61.4%。投资4.26亿完成农业园区建设；投资5245万元，整合六大涉农项目；成功引进芝河镇久兴源农产品开发有限公司，投资1100万元的一期工程竣工投产；投资1660万元实施黄河蛇曲国家地质公园建设项目；投资6000万元实施芝河河道治理、县城集中供热等项目。

第二章　物价管理

第一节　管理机构

中华人民共和国成立后，县境内物价工作由永和县人民政府工商科管理。1956年县计划委员会管理物价工作。"文化大革命"开始后，计划管理机构一度瘫痪。1975

年机构恢复，物价工作由县计委管理。1979年4月，永和县物价局成立，专门负责全县物价管理工作。1984年11月，县物价检查所成立。1993年2月县物价局与县工商行政管理局合并为县工商物价局。1995年8月分设，县物价局恢复。2002年3月机构改革，县物价局更名为永和县价格管理中心，归属县发展计划局，由行政单位变为事业单位。内设办公室、收费股、价格认证中心、物价检查所。有工作人员15人。

第二节 物价制度

  清末迄民国时期，县内物价随行就市。中华人民共和国成立后，县人民政府以稳定粮价来稳定市场物价。1953年起，国家对粮、棉、油、布及其他一些基本生活用品的价格，实行集中统一管理，县内消费品保持稳定。1960—1962年，民用布、粮、油等定量供应标准降低，副食品和某些工业品实行凭证供应。1963—1981年国家对粮、棉、油实行统购统销，主要工业品和日用生活消费品均由国家统一定价，县内按国家规定的地区差率和批零差率制定批发和零售价格。

  1982年，国务院颁布《物价管理暂行条例》，县内实行以国家定价为主，议购议销价、工商企业协商价、市场价、浮动价等多种形式并存的价格管理办法。对第三类农副产品和完成任务后的一、二类农产品，实行议购议销价；第三类农产品的价格全部放开，按市场供求变化随行就市。对第一类工业品执行国家统一规定价格，第二类工业品实行浮动价格，第三类工业品由工商企业协商定价实行市场调节。县物价部门根据合理稳定的税率，制定房租费、自来水费等非商品收费标准，报县政府批准后执行。

  1985年后，县内工业产品价格由企业自定；农副产品价格实行市场调节，议购议销，随行就市。国家指导价格的商品，批零价格允许上下浮动。

  2002年12月，山西省物价局公布《山西省定价目录》，对粮、油、棉收购和销售价格实行政府定价。对小麦收购、种子销售、食盐零售价格、医疗服务基准价格，实行政府指导价。水、电、煤、天然气执行政府定价，对教育、邮政、有线电视、公共交通实行政府定价。对大多数商品和服务性行业价格实行市场调节价，由经营者自主制定，通过市场竞争形成价格。

第三节　物价调节

中华人民共和国成立前，市场物价随县内年景丰歉涨落。中华人民共和国成立后，国家通过国营商业平抑物价，县内物价基本稳定。

1950—1952年，县内采取"三统一"（统一财政收入、现金管理、物资调度）措施，取消流通环节，防止投机倒把，以稳定物价。

第一个五年计划时期，大力开展增产节约运动，发展工业生产，扩大对私营工业加工订货和统购包销，加强农产品收购，以增加市场商品供应。1953年和1954年，对粮食、棉花、棉布、食油和油料等主要生活消费品，按国家规定统一价格，实行统购统销；对工业品采取基本稳定的销售价格。1956年，社会购买力增长，部分商品供不应求，当年采取冻结物价措施，改善供应状况，稳定物价。1957年，提高近百种农产品收购价格，调整百余种工业品价格，在保持零售物价总水平基本稳定的前提下，对一部分与人民生活关系不大的工业品销售价格作了适当调整。

1958年后的3年中，因受"左"的路线和自然灾害影响，市场商品供不应求，物价大幅度上涨。1961年8月起，关闭农贸市场，冻结物价。1962年后，县内经济状况逐步好转，许多定量供应商品先后敞开供应，并逐步取消高价商品。同时国家规定粮食、肉蛋、食油、糖果、糕点、蔬菜、煤、火柴、棉布、针织品、絮棉、鞋、文具等18类生活必需品价格不允许变动。县内物价稳定。

1966年"文化大革命"开始后，市场许多商品供不应求，提价、变相涨价现象不断出现。1967年8月再次冻结物价。

1979年以后，逐步打破统一计划的价格管理模式，实行市场价格宏观调控。1979年，调高粮、油、猪、牛、羊、鲜蛋等农副产品收购价格和部分副食品售价。为减轻职工生活支出，每人每月发给副食补贴5元。1981—1984年，先后降低国产手表、黑白电视机、收音机、洗衣机、化纤布等销价，提高烟酒价格，取消棉布凭证供应。1985年，肉、禽、蛋价格放开，议价销售。1986年调整部分商品销价。1988年高档烟酒价格放开。1990年，调整部分农产品收购价格和部分日用消费品价格，如肥皂、洗衣粉、食糖、棉纺织品及服务收费中的邮政收费等。

1992年3月,在提高粮食统销价格后,国家行政企事业单位每人每月发粮价补贴5元。1993—1994年,社会物价再次上涨。

1996—2002年,商品零售价格指数逐年下降。2003年在防"非典"期间,部分相关商品市场价格异常波动。4月20日,部分药品、医药用具涨幅超过200%,相关日用品平均涨幅100%。白面、大米、食盐出现抢购现象。为平抑市价,采取限价干预措施,至5月初,价格大幅回落。

至2011年,粮食部门每年收购粮食执行国家指定价格,农民出售自愿。工业品市场价格放开后,顺价销售。理发、照相、修理、打字、加油站、公共汽车等服务行业,实行明码标价,放开经营,公平竞争。

1952—1995年部分年份永和县粮、棉、油收购价格表

表18-2　　　　　　　　　　　　　　　　　　　　　　　　　　单位:元/50公斤

品类	1952年	1956年	1963年	1966年	1971年	1980年	1985年	1990年	1995年
小麦	10.10	10.60	12.50	13.80	13.80	16.90	22.82	26.90	54.00（定购）
玉米	5.90	6.10	7.60	7.70	9.40	11.40	15.39	17.53	—
谷子	6.30	6.30	7.60	7.90	9.40	11.80	15.39	22.10	34.00
高粱	5.20	5.70	7.20	7.40	8.70	10.30	13.91	16.04	28.00
大豆	6.50	6.80	11.70	15.00	15.20	31.00	31.00	—	70.00
芝麻	28.00	—	42.00	—	42.00	59.00	76.70	94.30	270.00（议购）
葵花籽	—	—	—	—	29.00	32.00	42.90	45.60	145.00（议购）
皮辊棉	78.10	83.10	85.30	93.83	93.83	153.10	176.42	300.00	600.00（国家定价）

1952—1995年部分年份永和县农副产品购销价格表

表18-3　　　　　　　　　　　　　　　　　　　　　　　　　　　　　　　　单位：元/公斤

	品 类	1952年	1956年	1963年	1966年	1971年	1978年	1980年	1985年	1990年	1995年
收购价	红 枣	0.20	0.30	0.38	0.54	0.54	0.62	0.78	1.22	2.50	2.80
	蓖麻籽	0.46	—	0.74	—	—	1.00	1.10	1.30	1.60	3.40
	生 猪	0.68	0.88	0.96	0.81	0.88	1.06	1.33	1.43	3.20	6.40
	菜 羊	0.74	0.78	0.36	0.52	1.28	0.62	0.62	1.24	2.10	4.00
	菜 牛	—	—	0.32	0.38	1.12	—	0.52	1.00	2.20	2.50
	鲜 蛋	0.52	0.68	1.32	1.20	1.62	1.98	1.98	2.00	3.80	4.60
销售价	猪 肉	1.30	—	1.20	1.42	1.64	1.66	2.14	3.34	5.60	10.00
	羊 肉	—	—	1.10	1.34	1.40	1.70	1.80	1.38	5.00	9.00
	牛 肉	—	—	0.90	1.00	1.02	1.62	3.40	1.06	7.00	10.00
	鸡 蛋	0.92	1.00	1.40	1.32	1.38	2.06	2.90	3.00	5.00	5.00

1952—1995年部分年份永和县日用消费品价格表

表18-4　　　　　　　　　　　　　　　　　　　　　　　　　　　　　　　　　　　单位：元

品 类	1952年	1963年	1969年	1978年	1980年	1985年	1990年	1995年
火柴（盒）	0.02	0.04	0.02	0.02	0.02	0.02	0.05	0.05
食盐（公斤）	0.24	0.32	0.32	0.32	0.32	0.32	0.50	1.20
白砂糖（公斤）	1.00	1.56	1.56	1.56	1.56	1.82	2.84	5.60
食醋（公斤）	—	0.24	0.24	0.30	0.30	0.34	0.40	0.60
酱油（公斤）	—	0.36	0.36	0.40	0.40	0.42	0.52	0.80
白酒（公斤）	2.00	2.60	—	2.50	2.70	2.70	2.90	3.40
肥皂（条）	0.38	0.50	0.50	0.50	0.55	0.82	0.90	1.20
有光纸（张）	0.05	0.05	0.05	0.05	0.05	0.05	0.10	0.20
白布（米）	0.79	0.81	0.84	0.84	0.84	1.23	1.95	3.00
煤油（公斤）	0.84	1.10	0.76	0.76	0.76	0.76	0.76	1.50

1989年永和县部分农副产品零售价格对比情况表

表18-5　　　　　　　　　　　　　　　　　　　　　　　　　　　　　　　　　　　单位：元/公斤

品　类	国家牌价	市场价	牌、市价比例
白　面	0.36	1.22	100∶339
玉米面	0.21	0.53	100∶252
大　米	0.56	1.50	100∶268
小　米	0.26	1.00	100∶385
胡麻油	1.74	4.80	100∶276
猪　肉	3.90	5.60	100∶144
鸡　蛋	2.80	4.80	100∶171
小　麦	0.51	0.90	100∶176
玉　茭	0.35	0.46	100∶131

1952—1995年部分年份永和县小麦交换日用工业品比值表

表18-6

品　种	每50公斤小麦					
	1952年	1963年	1978年	1985年	1990年	1995年
食盐（公斤）	42.10	39.11	52.80	71.30	53.80	100.00
白糖（公斤）	10.00	8.00	10.80	12.50	9.50	9.60
肥皂（条）	26.50	25.00	33.00	27.80	29.90	30.50
白布（米）	12.80	15.40	20.00	18.50	13.80	18.70
火柴（包）	50.50	31.00	84.50	114.00	53.80	112.00

1998—2011年永和县物价总指数情况表

表18-7　　　　　　　　　　　　　　　　　　　　　　　　　　　　　　　　　　上年价格=100

年　份	商品零售价格总指数	居民消费价格总指数
1998	95.9	96.3
1999	99.1	97.9
2000	98.4	98.9

续表 18-7　　　　　　　　　　　　　　　　　　　　　　　　　　　　上年价格 =100

年 份	商品零售价格总指数	居民消费价格总指数
2001	—	100.0
2002	—	99.6
2003	103.6	106.8
2004	103.6	102.7
2005	102.7	101.4
2006	102.4	103.7
2007	102.8	103.8
2008	99.9	101.8
2009	102.4	101.5
2010	104.9	103.0
2011	—	104.6

第四节　物价监督

自中华人民共和国成立至1981年，遵循"统一领导，分级管理"原则，物价监督同市场管理、打击投机倒把等结合进行。

1981年后，县内物价监督重点为价格放开后的敏感产品、人民群众生活必需品和部分行政事业单位收费标准。发现不合理收费即予查处，及时制止和纠正乱收费现象。

1984年10月，县物价检查所成立，加强市场物价监督检查。检查监督范围，主要包括23种居民生活必需品和48种居民消费品。1985年起，每年元旦、春节、五一、国庆节组织检查市场商品价格执行情况，及时纠正、处理乱涨价、变相涨价问题，并组织1年1次物价大检查。1987年9月以后，国家对价格采取直接管理和间接控制相结合的原则，县内实行国家定价、国家指导价和市场调节价3种价格形式，控制市场，稳定物价。1995年10月，县城屠宰个体户互相串通，将每公斤猪肉售价哄抬到12元。物价部门为此及时召开专门会议，经过精细测算，将剔骨肉最高限价定为每公斤10元；并将鸡蛋最高限价定为每公斤4.6元。从而平抑市场物价，维护消费者利益。至1995年，共组织全县性物价大检查11次,累计检查单位910个(次),商品23种。其中检查行政事业性收费单位613个(次),共查出违纪金额187万元,退还用户74万元,罚没上缴财政47.3万元。

1996—2005年,对52个行政、事业性收费单位《收费许可证》进行审验,涉及收

物价局工作人员街头宣传

费项目1000余项,涉及收费总金额524万元。对全县中、小学校收费进行规范检查。2000年,对8家行政执法部门和35个收费单位的305项收费项目进行公示。落实"清费、治乱、减负",对教育、医疗、公用事业、电力、电信等行业进行价格检查,共查处价格违法案42件,收缴罚款35万余元,退还用户6万余元。

2006年,在2个乡、8个村实行首批涉农价费公示制度。公示5个收费单位的30项收费项目,2种收购价格和4项废除收费项目。2007年,对行政事业性收费单位、项目、标准进行逐项审核,废除60项收费项目,对行政收费进行年审,年审率达99.5%。

2003—2011年,开展涉农价格收费大检查、行政事业性收费大检查与药品价格、教育收费专项检查,查处价格违纪案31件,查出违纪金额16万余元。同时教育和医疗收费实行公示制度,对全县所有中小学、幼儿园和县城医院的收费情况进行公示。

第三章 工商行政管理

第一节 管理机构

1978年,永和县工商行政管理局成立,内设办公室、企业组、市场组和专案组。1993年,党政机关事业单位机构改革后,县工商局与县物价局合并成立县工商物价局。

1995年8月两局分设。县工商局内设办公室、法制股、企业股、经检股，下设城关、坡头、南庄、桑壁、阁底、交口共6个工商行政管理所。

1999年，全国工商行政管理系统实行省以下垂直管理，县工商局的人、财、物垂直管理。2000年6月正式由块管变为垂管，并按照上级"三定"方案（定机构、定编制、定职能），对干部职工以考试的方式进行公务员过渡，定编公务员53人，工勤人员5人，事业编制（消协、个协、私协）5人。派出机构由原来的6个缩减为2个（芝河工商所、南庄工商所）。2011年，县工商局有工作人员62人，内设办公室、人教股、法制股、财务股、企业股、经检股、市场股、监察室等。

第二节 市场管理

中华人民共和国成立前，县内市场处于无政府状态，业主间的买卖交易常由牙行等经纪人操纵。中华人民共和国成立后，人民政府注重并加强市场管理。为打击投机倒把，稳定市场物价，规定县内小商小贩进货，必须到县国营单位。1956年私营工商业社会主义改造完成后，市场管理重点转向组织工农业产品交流，满足城乡人民生活需要。县城设立粮食交易市场，农民有自产自销权。1958年供需失调，市场基本关闭。1962年，遵循"管而不死，活而不乱"的原则，在完成国家派购任务的前提下，允许农民的粮、棉、油、生猪等产品进入集市交易。1966—1976年长期关闭集市贸易，市场被当作资本主义受到批判，农民户养牲畜被当作资本主义尾巴割掉。1978年，县工商行政管理局成立，并先后在城关、坡头、南庄、桑壁、阁底、交口6乡镇建工商行政管理所，使市场交易和管理趋于完善。1980年后，县内长期被关闭的市场得以恢复与发展。市场摊位统一安排，上市

工商管理人员走访客多超市

品种划行归类，商品价格随行就市，明码标价，亮证经营。管理重点为打击假冒伪劣商品和欺行霸市、强买强卖、哄抬物价、走私贩私等行为。

1990年以后，每逢元旦、春节、五一、十一及中秋节期间，均全面检查市场，没收、销毁假冒伪劣及霉变过期食品、饮料、烟酒、药品等。1994—1995年，先后组织4次市场大检查，公开销毁总价值38598元的假冒伪劣商品及药品。同时，每年均对农资、粮食、棉花、食盐、烟草等市场进行清理整顿，打击违法行为，保护合法经营。1995年，查处个人无证贩运化肥者6户、41.9吨，棉花6人、0.5吨，无碘盐3人、17.5吨，石油1人、8吨；查封电子游戏机2户、7台。

1992年，县工商行政管理局与阁底乡政府共同投资10万余元，建成阁底集贸市场。该市场总面积达1000平方米，设简易货棚75个，商品集散辐射大宁县、吉县、石楼县和陕西省的延川县、延长县等地方，年成交额达200多万元。

1994年，县政府投资63万元，在县城府西街建成"府西市场"，该市场总面积2900平方米，设固定摊位112个。

1995年后，大部分商品经营放开，价格放开，允许长途贩运，国有、集体、个体均可经营。市场监管的重点是对经营主体资格的认定，查处假冒伪劣商品和市场违法违章行为。1996年，县消费者协会（简称消协）成立，县工商局设"12315"申诉举报中心，形成覆盖县域的消费者维权网络。至2005年，共查处制售假冒商品、无照经营、不正当竞争行为、非法传销和扰乱金融市场的典当行等案件78起，涉案金额42万元。

2009年《食品安全法》实施以后，流通环节食品监督的责任由工商部门承担。至2011年底，共登记发放食品流通许可证316户。

2006—2010年，共有市场案件5件。2011年给公安局移交一起农资化肥案件。

第三节　工商企业登记

1952年，县人民政府工商科根据国务院颁布的《私营企业暂行条例》，对全县4户工商企业进行调查摸底，给予登记发证。至1956年6月，全县登记工商企业7户，从业者9人。"文化大革命"时期，企业登记管理一度中断。1980年对全县工商企业全面普查后，建立企业档案。到1981年，全县登记注册企业达123户，从业者1374人。

其中全民所有制企业40户、692人，集体所有制企业83户、682人。此间，除对企业办理日常变更登记外，每年均对企业进行1次全面检查，监督其执行政策法规情况。1984年，企业登记发证权限下放到各工商行政管理所。1985年，根据国务院《关于进一步清理和整顿公司的通知》，对县内24个公司（中心）进行清理整顿，撤销综合社、饮料公司、校办厂等6个公司。至1990年共清理撤销公司10个，遏制了公司不规范行为。1994年《中华人民共和国公司法》颁布，全县国营、集体企业均依法进行改组转制，工商行政管理部门对企业的监督管理也由过去注重登记和平时监督检查的管理型转变为简化登记，强化年检，依法设立，然后回访的服务型。1995年，全县应检企业254户，实检209户，注销40户，变更登记16户，年检率达98%。

永和县登记注册各类企业，主要依据的法律法规有《公司法》《个人独资法》《合伙企业法》《农民专业合作社法》《个体工商户条例》，实行统一登记，属地管理，工商部门涉及登记事项全部纳入县政府政务大厅办理。各种违法违规及无照经营由企业所属地工商所依法查处。

企业（个体工商户）注册登记年检、验照全部实行网上办理。

至2011年底，县工商局共登记注册各类企业218户，农民专业合作社211户，个体工商户1148户。

2011年，吊销登记各类企业10户，吊销24户。应检企业193户，实检企业183户，年检率95%。应验照个体工商户1076户，实验760户，验照率70%。

1995年永和县工商企业登记情况表

表18-8　　　　　　　　　　　　　　　　　　　　　　　　　　　　　单位：户、万元

项目		合计	工业	商业	服务业	运输业	建筑业	金融保险	其他
户数	小计	254	33	144	16	8	13	34	6
	全民	131	21	73	7	6		21	3
	集体	122	11	71	9	2	13	13	3
	股份合作制	1	1	—	—	—	—	—	—
资金（万元）	小计	1844	812	609	164	78	65	64	52
	全民	1434	729	434	155	72		15	29
	集体	371	44	175	9	6	65	49	23
	股份合作制	39	39	—	—	—	—	—	—

第四节 商标 合同

商　标

1979年,永和县始有商标注册管理。当年10月,县国营酒厂芝河牌白酒被核准注册,为永和县商标之始。至1995年底,经核准注册的商标共8种,即白酒3种、香油2种、罐头1种、红枣饴1种、豆浆晶1种。

1996年后,主要是深入生产企业、门店,对商标检查验证。永和县2008年推荐著名商标"永和黄河天然食品有限公司",认定期限为2009.05.08—2012.05.08。

2006—2011年底,县工商局共查处商标侵权、假冒商标案5件,案件总值3万元。

1979—1994年永和县商标注册登记情况表

表18-9

产　品	商标名称	注册单位	注册日期
白　酒	芝河牌	县酒厂	1979.10.30
罐　头	双锁山牌	县豆粉厂	1987.09.20
香　油	永和关牌	城关榨油厂	1988.03.10
香　油	鹃鹏牌	城关榨油厂	1988.07.10
白　酒	朝阳寺牌	县酒厂	1990.10.30
白　酒	新楼山春牌	县酒厂	1991.10.10
红枣饴	贡皇牌	粮食局食品厂	1992.06.30
豆浆晶	仁　合	豆粉厂	1994.05.28

2002—2011年永和县商标注册情况登记表

表18-10

商标名称	企业名称及法人代表		注册商标证号	注册日期
永　和	永和县黄河天然食品有限公司	李春景	2014272	2002.10.14
寿　昌	永和县黄河天然食品有限公司	李春景	1161475	2008.03.21

续表 18-10

商标名称	企业名称及法人代表		注册商标证号	注册日期
芝河美	药甘霖 142634195002172810	药甘霖	4591448	2007.11.14
芝　川	永和县顺康醋业有限公司	李永生	7593378	2010.11.07
双锁山	永和县四季鲜农副产品有限公司	药甘霖	6775992	2010.04.14
荼布山	永和县昌盛粮油有限公司	刘志红	5310414	2009.04.21
十佳山	永和县核桃良种实验基地	解家干	6804830	2010.03.28
永民百信	永和县粮油贸易总公司面粉厂	吴山林	7776449	2010.12.14
芝　河	山西省永和县芝泉饮品有限公司	李贵有	8722711	2011.10.14
益　康	永和县粮油贸易总公司	李永亮	3351627	2003.11.07
旺海市	永和县打石腰乡南坻里红枣专业合作社	段交应	8988170	—
晋　永	永和县芝河镇和兴红枣专业合作社	任俊莲	8988131	—

合　同

中华人民共和国成立初仅国营、供销合作社与私营企业之间有加工订货合同。1956年后合同制被废除。1978年后，经济合同全面推行，合同方面有关事宜由工商行政管理局企业股兼管。1984年设合同股，并成立经济合同仲裁委员会。其职责是对企业间签订的经济合同履约行为进行监督检查，办理合同签证手续，处理合同纠纷，组织企业开展"重合同，守信用"活动。每年均到企业对其所签订的经济合同进行检查。1984—1995年共受理合同纠纷案11起，处理11起，其中调解5起，结案率100%，挽回经济损失5.5万元。

2006年对移动公司、网通公司、药材公司3家"守合同、重信用"企业进行年检初审。

2006年推荐永和县昌盛粮油有限公司为"守重企业"。2007年推荐永和县四季鲜食品加工厂为"守重企业"。这些"守重企业"每年进行年检初审。2008年注销中药材公司"守重企业"。

1995年《中华人民共和国仲裁法》施行。2006—2011年处理经济合同案4件，其中调解2件，4件合同案总金额近10万元。

广告管理

1996年始，依照有关规定，加强对广告制作单位管理，至2011年，共查处虚假广告案件8件。2006—2011年每年对永和县电视台广告部进行年检初审。

2011年，对全县3家制作单位进行年检初审，即永和县电视台广告部、永和县天空传媒广告有限责任公司、六合出租车有限责任公司广告部。

第五节　个体私营经济管理

20世纪70年代末—80年代初，永和县城区已有零星流动摊点贩卖农副产品，浙江商人设有固定的钉鞋和服装裁缝等摊点服务广大人民群众。1975年，县工商局成立，内设企业组、市场组。个体经营者在企业组领取营业执照，向市场管理员缴纳市场管理费。

中共十一届三中全会后，个体经营逐步恢复发展。个体工商户以街为市，摆摊设点；市场管理员具体负责划行归市、收取市场管理费。1988年，县工商局在下属各工商所设立个体工商户经济台账，规范收费标准。1990年后，县政府加大对个体工商户的扶持力度，市场更加开放。1992年全县个体工商户发展到500余户。1998年，永和县对部分国有集体企业进行产权改制，将属于粮食、商业、供销、二轻系统的资不抵债的企业改制为有限公司。2001年，个体营业执照统一到县行政审批大厅办理；个体工商户到所辖工商所上门缴费。市场管理员主要职责是查处无照经营、超范围经营、销售假冒伪劣商品等市场违章违规行为。2001年，临汾市工商局设立"红盾网"。2003年，加强服务"三农"工作，村村设立消费者投诉站，积极开展"红盾护农"活动。

2008年，国家取消对个体工商户征收"两费"（登记注册费、工商管理费）的规定。2011年4月，《个体工商户条例》颁布，决定停止征收企业注册费和年检费，这些措施极大地促进了人们主动创业的积极性。到2011年底，全县私营企业发展到172户，年均增长达20%以上。个体工商户达到1000余户。全县个体私营企业发展的速度越来越快，规模越来越大，企业结构由过去商业流通型、服务型向生产加工型转变，由中介组织向实体经济转变。县外资金流向县域创办综合性超市、物流、仓储企业，高科技的探矿企业进驻县内开发煤层气，服务全县广大人民群众。

第六节　经济检查

20世纪60年代初，经济检查的重点是打击投机倒把、套购统配物资、贩卖粮票布票、倒卖金银首饰等。1975年，查处投机倒把案32件，其中大案要案有倒卖工农业机械案4件、倒卖布票案3件。1985年后，县工商局每年在元旦春节期间、春耕生产期间、夏季饮料销售旺季和中秋、国庆期间，集中开展专项打假斗争。1987年查获假冒伪劣商品20余种，案值8万余元。1993年查处经济案件8件，查获的主要物资有假种子、假农药，假冒劣质卷烟300条，假冒伪劣酒和饮料400余瓶，各种过期食品、罐头320件，涉案总值20余万元。

1999—2001年，贯彻国务院和国家工商总局整顿粮食市场秩序精神，对粮食购销单位进行全面检查，查扣非法贩运、收购的粮食共计3.2吨。

2005—2011年底，共查办案件50件，包括商业贿赂案、不正当竞争等，其中大案要案2起。

第四章　质量技术监督

第一节　管理机构

1971年，永和县计量管理所成立，隶属县科学技术委员会，负责监督计量器具的生产、检修、使用和销售。粮食、商业、供销等部门、商店设复秤台、复尺处，供顾客复秤复尺，进行群众性监督管理。1979年4月计量管理所改称标准计量局。1982年再次改称标准计量所。1989年标准计量所升格正科级单位。1990年11月更名为标准计量局。是年，在全国推行法定计量单位检查验收中，永和县获推行法定计量单位达标县称号。1993年，标准计量局改称技术监督局，隶属县经济委员会。2000年，技监督系统进行机构改革,成为垂直管理单位,更名为永和县质量技术监督局。内设办公室、业务股、监督股、计量测试所。其中计量测试所属事业编制。主要职能为:特种设备监督,食品企业监管标准的起草及发布、认证认可,计量器具检定,组织机构代码证的办理以及各种专项行政执法。全局行政编制10人,事业编制10人。至2011年底有行政6人,事业9人,编外人员1人。

第二节 计 量

计量演变

民国时期,县内计量度器有官尺(长33.33厘米)、木工用尺(长23.33厘米);量器有官斗(盛小麦15公斤)、老斗(盛小麦16.5公斤)、半斗(盛小麦8公斤)、升子(盛小麦1.5公斤)、半升(盛小麦0.75公斤)、量提;衡器有老秤(每斤581.82克)、新秤(每斤500克)、戥子(称金、银、药材等贵重物使用,刻度为钱、分)、天平等。

中华人民共和国成立初,仍沿用民国时期计量度器,废除非法计量体制,粮、油计量量器改用衡器,取缔各种黑斗、黑秤。国营商业、供销合作社始用台秤和案秤。1957年取缔库平秤,改绳纽秤为铁纽木杆秤(俗称刀纽秤)。1959年计量部门对县内台案秤、木杆秤进行检定,凡不合格者均予检修。同时新秤由16两制改为10两制,唯中药处方和药店成药配方仍沿用16两制。量器液体容积分50毫升、100毫升、500毫升3种,重量相当于1市两、2市两、1市斤。计长度改用皮尺、钢卷尺、钢直尺等;计容量有各种玻璃刻度量杯、量筒等。此后陆续在卫生医疗单位使用血压计、体温计和光度计;工业企业使用气压表、水表、电表;商贸单位计重量使用地磅秤、分析天平等;销售散装酒、醋、酱油仍沿用量提,分500克、250克两种;销售食油、煤油、柴油、汽油使用定量抽灌器。1978年,中药处方和药店成药配方废除两、钱、分制,改用克、毫克、升、毫升制。1979年度戥秤改成公制。1986年县内计量单位普遍推行公制。

中华人民共和国成立初期,县内有1家秤铺。1956年公私合营合并到县混合社(后称综合社),在计量部门管理下生产和修理木杆秤,并配合计量管理进行检定工作。20世纪70年代末—80年代初生产木杆秤约100支,对检定不合格木杆秤全部更换。

1990年12月31日，全县废除非法定计量单位。自1991年1月1日起，党政机关、企事业单位的公文、报表、印刷、文化教育、科技文书、商品标签、宣传材料一律使用法定计量单位。

1996年始，全县各集贸市场、商店全面推行电子秤、双面度盘秤或案秤。1998年，有电话计时计费器等。

1999—2011年，计量器具不断更新发展。3~30吨电子秤、粉尘测试仪、温度自控仪、秤重传感器、电桥等现代量器具，先后在全县计量、质检、环保、医疗卫生、商贸、电力行业和企业中应用。

计量监督与管理

1979年，县计量局下设计量监督股，负责对计量的监督和管理工作。1985年前，计量监督管理限于对在用计量器具的周检。随着国家计量法规的健全和企业的发展，1986年，县计量局有专职人员负责监督管理各集贸市场计量器具的使用。是年，按照《工业企业计量工作定级、升级办法》进行计量定级考核，县酒厂获得三级计量合格证书。1995年，县内计量检定项目有衡器、血压计、汽车里程表等。

2011年底，增加了燃油加油机和压力表检定项目。在历年的计量考核中全县计量器具受检率都达到98%以上，保证了量值传递准确可靠。

1996—2011年，累计检定市场在用电子秤、台秤、加油机等计量器具2万余台（件），同时开展了计量监督检查。至2011年底，共出动执法人员1400余人次，检处案件200余起，有效地保障了广大消费者的合法权益。

第三节　标准化管理

1989年4月，永和县按照《中华人民共和国标准化法》始行标准化管理。8月，对县属31个生产企业进行计量监督检查，县酒厂生产的瓶装酒、县粮油门市部销售的食油，均因量不够分别被处罚2000元、1150元，并责令其限期改正。1991年取消县酒厂、县豆粉厂、县蓖麻油厂无标生产，并对食品标签标准和其他产品、商品开展监督检查。

1993年2月22日，《中华人民共和国质量法》颁布。3月永和县依法对市场进行监督检查，发现县种子公司售给农民的种子缺斤少两，当场对该公司处以180元罚款，并让其给6户购货者补足斤数。10月，对全县商品质量、计量大检查后，授予县百货门市部、日杂门市部、医药门市部、五交化公司、石油公司、农机服务公司6个单位"质量、计量信得过单位"牌匾。此后，每年县城四、七、十月物资交流会期间，县技术监督局均同物价、工商部门配合，对县内产品、商品计量进行监督检查，打击假冒伪劣商品和坑害消费者的不法行为。

1995年，按照国家规定，永和县对机关、企业、事业单位和社会团体等实行统一的代码管理制度，全县颁发代码证书78份。

根据《中华人民共和国标准化法》的规定及县内企业实际情况，2004年，对永和县芝泉饮品有限公司发布《酸枣汁饮料》标准（企业标准，标准号为Q1141032ZQP001-2004）。2005年，永和县质量技术监督局联合县农业局、林业局发布《无公害食品红枣生产技术规程》（地方标准，标准号为DB141032/T001-2005）。2006年，对永和县四季鲜农产品有限责任公司发布《真空糯玉米》标准（企业标准，标准号为Q/141032YXP001-2006）。

2011年，永和县质量技术监督局申报6家信誉等级企业（永和县盛旺红枣深加工专业合作社、永和县芝泉饮品有限公司、永和县宾馆、永和县久兴源农产品开发有限公司、永和县新天联力玻璃纤维有限公司、永和县顺康醋业有限公司），还邀请市质量技术监督局相关专家对申报国家级示范园、推进红枣标准化规模化发展提出具体的意见和建议，并推广现有的《红枣栽培技术规程》地方标准，提高人民群众的农业标准化意识。

永和县质量技术监督局代码办服务窗口始终坚持"文明、热情、便民、高效"的服务理念，2010年，获"临汾市政务大厅红旗窗口"称号。

第四节 产品质量监督

食品质量安全监管

县质量技术监督局根据实际情况对食品生产企业实行网格化监管，使每个企业都有一个驻厂监管人员随时随地对企业进行监督检查，保证不发生食品安全事故。

到2011年底，全县有获证食品生产企业7家（顺康醋业有限责任公司、四季鲜农副产品有限公司、黄河天然食品有限公司、芝泉饮品有限公司、盛旺红枣深加工专业合作社、粮油贸易总公司面粉厂、久兴源农产品开发有限公司），建档小作坊15家。

针对食品生产企业和小作坊，实施分类管理（获证、待获证、小作坊），开展日常巡查和监督检查，并建立台账和登记备案。重点监管食品生产加工环境、加工条件、生产记录、进销货台账、出厂检验制度以及食品添加剂使用行为等内容。

特种设备安全监管

县质量技术监督局对特种设备安全采取台账式管理模式，一台设备一份台账，并组织监督人员定期进行监督检查。2003年，对13个单位的在用锅炉普查登记；对2家使用存在安全隐患，不符合安全要求的锅炉现场关停，责令报废；对1家超周期不履行锅炉检查的单位进行查处。

到2011年底，全县在用注册登记锅炉9台、压力容器4台、电梯1台、液化气气瓶总数2800只。

食品质量监督

为保证全县食品生产企业的产品质量，县质量技术监督局每年都对其生产的产品进行抽样检验，送临汾市监督检验测试所和省监督检验测试所检验。1996—2000年，对糕点、饮料、酒类、罐头、面粉、醋、挂面等产（商）品进行监督检验，完成产（商）品质量检验120批次，合格率达91%。2000—2011年底，共抽样品318批次，分别为成品油、食醋、白酒、面粉、糯玉米、杂粮、干制红枣等，经检验全部为合格产品。

行政执法监督

2000—2011年底，县质量技术监督局突出食品、农资、建材打假重点，开展"家电下乡"、清新居室、节能减排和交电专项执法打假活动，共查处案件200余起，保证了市场的安定和谐，维护了广大消费者的权益。

质量宣传

每年的5月20日是世界计量日，6月是食品安全宣传月，9月是技术质量系统的"质量月"。在这些活动中，县质量技术监督局都会出动宣传车，在街头设立咨询宣传站，散发质量法律法规宣传材料，接受群众关于产（商）品质量、计量等问题的咨询、举报。先后印发宣传材料5万余份，制定宣传版面15块。

至2011年底，先后5次共销毁各种假冒伪劣食品、饮料、酒类、香烟、农药、化妆品等4类15种产品，价值8万余元。县质监局在《山西经济日报》《临汾日报》等报纸杂志发表文章530余篇，宣传单位的实绩。

第五章 统计管理

第一节 管理机构

明清时期，统计报表由县衙主簿办理。民国时期由政府秘书兼管，各有关单位办理。民国35年（1946），县人民政府制定统计报表制度，仍由秘书兼管统计报表事宜。1953年，县统计科设立，全县按系统增编统计员6人，统计工作自下而上形成网络。1961年，县统计局成立。"文化大革命"期间，统计机构一度被废除，

统计法宣传

1975年9月复设统计局。1983年，招聘合同制干部11人，全县各乡镇均配备1名专职统计员，同时建立各乡镇统计工作站。1989年9月，统计局设立农调队，规格为副科级，编制5人，专门负责农村经济调查。1995年，全县有专兼职统计人员34人，其中统计师2人，助理统计师17人，统计员6人，形成统计信息网络，检查国民经济计划执行情况。至2011年底，全县有专职统计人员36人，其中高级统计师1人，统计师13人。

第二节 统计报表

1950年，在国营商业、工业部门实行统计报表制度。1953年，统计项目除工业、

商业外，增加农业、邮电、交通运输、基本建设等，并建立半月报、月报、季报、年报等制度。1957年，统计报表实行"统一领导，分级管理"，县内逐级建立综合和专项统计报表。1958年开始"大跃进"，实行日报、双日报、3日报、旬报，报表繁杂，统计数据失实。1961年，重新规范统计报表制度，对"大跃进"年代的统计数据进行核实、调整。"文化大革命"期间，统计工作制度遭到破坏，1975年统计报表制度逐步恢复。1980年，根据国务院《关于加强统计工作的决定》，县统计工作进行改革，由单一的报表统计变为多渠道统计。1984年始对全县社会总产值、国民收入和第三产业产值进行试算，并计算全县国内生产总值。至1988年，建立定期报表50种，其中月报、季报、半年报16种，年报34种，分别统计农业、工业、商业、供销、交通运输、邮电、财政、金融、基建、文化、卫生、城市公用事业等方面经济技术指标数据。1996年统计制度改革，调查方法由全面报表向抽样调查转型，调查指标由单一型向多种型转变，建立新的国民经济核算体系，增加地区收入总值、地区生产总值。

2002年机构改革，统计部门增加以下职能，建立健全统计执法检查制度和统计数据质量检查评估制度，保障统计数据准确，实施景气监测，监测全县国民经济运行的景气状况，预测发展态势，提供咨询、意见和建议，发布全县经济景气指数，增加房地产调查。

2011年，建立定期报表58种，其中月报、季报、半年报22种，年报36种。分别统计农业、工业、批零贸易额业、国民经济核算、综合数据库、行政区划代码、交通运输业、固定资产投资、劳动工资统计、1%人口抽样调查、城乡住户调查、农村贫困监测调查、农产量抽样调查、物价调查、基本单位名录库统计、文化产业调查、财政、金融、统计信息现代化建设等方面的指标数据。

第三节　普查　调查

普　查

工业普查　中华人民共和国成立至1995年，全国进行过3次工业普查。1956年3月开展的首次普查，永和县未进行。1985年开展第二次普查，摸清了中华人民共和国成立后永和县国营、集体、个体工业发展的底子。1995年开展第三次普查，澄清了

1985年以来永和县工业资产总数、主要产品产量、各企业生产能力等。

人口普查 1953年7月1日零时，进行第一次全县人口普查，普查分姓名、性别、年龄、民族4个项目。1964年7月1日零时，进行第二次人口普查，普查分姓名、性别、年龄、民族、文化程度、行业、职业等9个项目。1982年7月1日零时，进行第三次人口普查，普查分姓名、与户主关系、性别、年龄、民族、常住人口户口登记情况、文化程度、行业职业、不在业人口状况、婚姻状况、生育子女和现在存活子女数、1981年育龄妇女生育状况、户的类别、本户人数、本户1981年出生人数、本户1981年死亡人数、常住户口、已外出1年以上的人数等19个项目。1990年7月1日零时，进行第四次人口普查，普查项目增加为21项。2000年7月1日零时，进行第五次人口普查，普查项目增加为68项。2010年7月1日零时，进行第六次人口普查，普查项目为68项。

其他普查 1954年，对私营工业、手工业、商业、饮食业、运输业的经营范围、从业人数、固定资产、流动资金等方面进行普查。1956年，普查全县职工工资状况。1978年7月，普查全县自然科学技术人员状况。1992年10月，对全县第三产业进行普查。1996年，第一次农业普查。2006年，第二次全国农业普查。2004年，第一次经济普查。2008年，第二次经济普查。按照国务院统计普查改革的精神，将第三产业普查、基本单位普查、工业普查、建筑业调查合并进行经济普查。

调　查

1957年，由县计划委员会组织，对全县解放前和中华人民共和国成立初的农业、工业、商业、财政、金融、文教卫生、交通、邮电、投资等进行调查统计和科学推算。1986—1990年，每年7月1日进行人口抽样调查；1991年后，每年10月1日进行人口抽样调查。1994年，对全县行政机关、企事业单位、个体户注册登记和统计登记年审情况进行调查。

2000年，组建县地方城调队，承担城镇居民消费价格、人均可支配收入、20%低收入者收入三项指标的抽样调查，共抽样调查58家。2005年，进行10%人口抽样调查。

第四节　统计资料

1957年始，县统计局（科）根据每年统计报表和调查、普查数据，整理、编印资料。

1957年编印《永和县战前与1949—1957年统计资料》。1971年编印《永和县国民经济提要资料》。1983年3月,编印《永和县第三次人口普查资料》。1979年起,每年编印1本《永和县国民经济资料提要》,至2011年共编印33本。

1992年始,先后创办《永和统计》《统计简报》《统计快报》《农村调查》《统计监测报告》5种刊物。1995年始,县统计局和考核办公室,每月编印1期《经济目标统计监测报告》。

1992—2000年,全县统计人员共写信息、分析、建议等文章100余篇200余条,其中56篇97条被市以上统计部门采用。1995年临汾地区统计分析报告评比,永和县呈送的分析报告有4篇获一等奖,8篇获二等奖。

1982—1995年14年间,永和县16项专业统计分别获得国家、省、地总评前三名;县统计局11次获得省、地统计系统和县委、县政府的表彰奖励。

2002年始,创办编印《"两会"资讯》《领导专报》《十问统计》等刊物。2002—2011年底,全县统计人员共写统计工作动态700余条、统计信息560余条、统计分析320余篇,其中被省、市统计内网,其他各类媒体采用730余条、280余篇。

第六章 土地管理

第一节 管理机构

1982年以前,永和县未设专门的土地管理机构,有关土地管理业务,由县民政局办理。1982年8月成立永和县土地管理办公室,隶属县农业局。1989年5月,成立永和县土地管理局,下设办公室、用地股、地环股、综合股4个股室。1993年2月,土地管理局并入建设土地委员会,1994年5月恢复。2002年改称永和县国土资源局。2011年,县国土资源局内设机构有办公室、执法监察股、耕地保护综合股、永和县黄河蛇曲国家地质公园管理处、土地收储中心、地产交易中心所、芝河镇国土资源中心所、阁底乡国土资源中心所、交口乡国土资源中心所、城区国土资源中心所等,共有干部职工29人。

第二节 地籍管理

县域概况

永和县位于晋西吕梁山脉南端，临汾市西北边陲的黄河东岸，地理坐标为东经110°22′—110°49′，北纬360°31′—360°56′。东临隰县，南连大宁，西与陕西省延长、延川两县隔黄河相望，北接吕梁地区的石楼县。南北长45公里，东西宽41公

节约用地宣传

里，辖区总面积为1212.89平方公里。全县辖2镇5乡79个行政村，3个国有林场，2个苗圃，306个自然村，总人口6.4万人。

2007年底，土地利用现状数据：永和县总面积121288.82公顷，其中耕地23141.02公顷，园地1265.12公顷，林地36401.49公顷，牧草地45287.1公顷，交通运输用地595.42公顷，水域及水利设施用地2012.85公顷，城镇村及工矿用地2702.91公顷，其他土地9882.91公顷。

土地调查

第二次土地调查工作从2008年11月开始到2009年6月结束。

经调查，全县土地利用现状类型共有一级类8个、二级类24个。分别为耕地23893.05公顷，其中水浇地17.58公顷，旱地23875.47公顷；园地6888.21公顷，其中果园1030.59公顷，其他园地5857.62公顷；林地32121.54公顷，其中经济林地4889.13公顷，灌木林地3579公顷，其他林地23653.41公顷；草地50114.28公顷；城镇村及工矿用地1943.14公顷，其中建制镇194.09公顷，村庄1730.47公顷，采矿用地10.83公顷，风景名胜及特殊用地7.75公顷；交通运输用地1150.28公顷，其中公路用地325.9公顷，农村道路824.3公顷，管道运输用地0.08公顷；水域及水利设施用地

1641.66 公顷，其中河流水面 1017.15 公顷，坑塘水面 2.85 公顷，内陆滩涂 616.79 公顷，沟渠 2.24 公顷，水工建筑用地 2.63 公顷；其他土地 3686.18 公顷，其中设施农用地 0.77 公顷，田坎 3562.11 公顷，裸地 122.91 公顷，盐碱地 0.39 公顷。

基本农田，芝河镇为 4282.63 公顷，桑壁镇为 3028.97 公顷，坡头乡为 2937.6 公顷，交口乡为 3055.06 公顷，阁底乡 2564.2 公顷，南庄乡 1183.72 公顷，打石腰乡 1082.47 公顷，国有林场 77.36 公顷，合计为 18212.01 公顷。

登记发证

1987 年，对县内农村宅基地进行清理发证，发放宅基地使用证 2129 户，占全县农户 95%。1989 年，对城镇国有土地使用权申报登记。1990 年 9 月根据山西省土地工作会议安排部署，土地初始登记和基本农田划定工作正式开始。到 1991 年，全部完成土地初始登记和基本农田划定工作。是年，实行农村宅基地有偿使用。

全县农村土地确权登记发证工作会议

1993 年 3 月，根据国务院《减轻农民负担的紧急通知》，农村宅基地停止有偿使用。1995 年底，发"国有土地使用权"证 2129 本，完成初始登记宗数 2500 宗，完成变更登记宗数 620 宗。1996—2000 年底，发"国有土地使用权证"2139 本，完成变更登记宗数 635 宗；发放"集体土地使用权"证 11145 本，完成初始登记证数 12050 个。2001—2007 年底，发放"国有土地使用权"证 2216 本，完成变更登记宗数 805 宗。2008—2009 年底，发放"国有土地使用权"证 2216 本，完成变更登记宗数 859 宗。2010—2011 年底，发放"国有土地使用权"证 2390 本，完成初始登记宗数 2500 宗，完成变更登记宗数 910 宗；发放"宅基地使用权"证 11145 本，完成初始登记宗数 12050 宗。

地价管理

1995 年，根据省、地土地管理部门要求，为深化土地使用制度改革，培养土地市场，成立县土地估价委员会，负责领导、监督、协调全县地价管理及评估工作。完成《永和县城区土地定级估价技术报告》，通过上级检查验收。

2010年永和县城镇土地基准地价表

表 18-11

土地级别	单位	一级	二级	三级
商业用地	元/平方米	299	164	118
商业用地	万元/亩	19.93	10.93	7.87
住宅用地	元/平方米	161	125	99
住宅用地	万元/亩	10.73	8.33	6.6
工业用地	元/平方米	143	115	89
工业用地	万元/亩	9.53	7.67	5.93

第三节 建设用地管理

国家建设征用

中华人民共和国成立后，县内国家建设征用土地工作由民政部门负责。1956年修筑永隰公路，首次征用城关、坡头2乡镇部分村土地。同年征用城关耕地兴建永和中学，是中华人民共和国成立后永和县城镇建设征用土地的开端。1977年永隰公路改线，又征用坡头、岔口、土罗、孙家庄、方底等村土地。随着各项事业发展，征用土地数量逐年增加。20世纪70年代有4个单位征用土地37.5亩。此前征用土地基本上有求必应，但审批手续不健全，存在少批多占和不经审批随意占地现象。

1982年5月国务院颁布《国家建设征用土地条例》，县内始于农业局设土地管理办公室，由1名副局长兼任办公室主任。1986年全国人大常委会通过并颁布《中华人民共和国土地管理法》，废止《条例》，县内建设征用土地步入法制化轨道。当年，对1982年前未经批准占用集体耕地的12个机关、企事业单位占地34.4亩进行查处，除按要求补办征用手续外，并处以罚款2900元。80年代，有6个机关、单位征用土地59.62亩。

20世纪90年代，国家机关、企事业单位等占地，由用地单位申请，经村委会通过，乡镇政府审查，县政府批准后，土地管理部门方可办理手续。占地3亩以上者需报省、地批准。经批准的，占地单位须向被征单位支付耕地补偿费。耕地补偿费标准，一般以其实产值（征用前3年平均）的3~6倍计算。1991—2011年，全县机关和企事业单位在县城周围征用土地100余亩。

城乡居民使用

1979年后，县内出现私人建房高潮。到1986年初全县非农业建设用地达2155亩，修窑盖房23266孔（间）。1982年前管理混乱，审批不严，占地标准不一。1982年国务院颁布《村镇建房用地管理条例》后，居民和集体占地由用地单位或个户写出申请，经村委会通过，乡镇审查，报县土地管理部门批准办理手续。1984年县政府对城乡居民用地做出规定：居民宅基地标准，农村每户220平方米，城镇每户168平方米。经批准占用宅基地的单位或个户需缴纳管理费4%以下。从1994年起制定和执行年度征地占地计划，是年按计划征用占用90亩。2000年以后，农村居民在农村修建房屋者甚少，部分山庄窝铺实行移民搬迁。至2011年，在县城周边建房占地100余亩；在交通便利的农村移民建房占地60余亩。

国家建设用地管理

1989年5月成立县土地管理局，由土地局办理建设用地的审批工作。县域审批用地数量的权限，1987年1月以后为耕地0.2公顷以下，非耕地0.667公顷以下。

1999年9月26日，《山西省实施〈中华人民共和国土地管理法〉办法》公布以后，县级对建设占用耕地没有审批权，只有批准占用非耕地1公顷以下的权力。

根据临汾市《关于对土地供应和开发利用情况进行专项清理工作的通知》要求，按照县国土局的安排，全县展开土地供应和开发利用情况清理工作。2009年12月31日前，全县供应土地12宗，其中划拨2宗，面积81.09公顷，出让10宗，面积0.9公顷，签订出让合同10份。

2010年共协议出让地1宗，即永和县第一高级中学。该项目坐落在县城南药家湾村，属新增建设用地，划拨用地面积3.61公顷。

乡村建设用地管理

1999年9月以后，乡镇企业和个户使用土地，必须符合乡镇土地利用总体规划，在有年度土地利用指标情况下，经县政府同意，报临汾地区（市）批准方可。当年，没有审批用地。2000年，全县乡村集体和个人建设用地2.05公顷，全部是耕地。住宅用地每年由县土地局下达到各乡镇。审批用地程序是：村民本人申请，经村委会、乡政府同意，报县土地局审核批准。

土地补偿

国家建设征用耕地，建设单位须向被征地单位支付土地补偿费、青苗补偿费和安置补助费。城郊菜地要缴纳新菜地开发基金。1984年以后，宅基地实行有偿使用，非农户居民建住宅占用土地，按国家征地标准支付土地补偿费和安置补助费；农户使用宅基地占用非耕地者，按全村耕地前3年平均产值的2倍缴纳土地补偿费；占用耕地者，按所占耕地前3年平均产值的4倍交纳土地补偿费。1987年1月11日颁布《山西省土地管理实施办法》以后，永和县土地补偿费按被征用前3年的平均年产值的5~6倍计算；青苗补偿费按前3年的平均产值计算；安置补助费，征用人均耕地1亩以上的村镇耕地，每亩安置补助费为前3年平均年产值的3倍。1999年1月1日实施《中华人民共和国土地管理法》。同年9月26日，《山西省实施〈中华人民共和国土地管理法〉办法》公布以后，土地补偿费标准，基本农田按被征用前3年平均年产值8—10倍补偿，基本农田以外的耕地，按其被征前3年平均产值6~9倍补偿；青苗和附着物补偿，青苗按不超过一季作物的产值计算，附着建筑物按有关规定折价补偿；安置补助费，基本农田按其被征前3年平均年产值5~6倍补助，基本农田以外的按其被征前3年平均年产值4~5倍补偿。

2009年永和县征地统一年产值公布标准表

表18-12

区域编号	区域名称	区域面积（亩）	统一年产值标准（元/亩）	补偿倍数			补偿费用（元/亩）
				合计	土地补偿倍数（倍）	安置补偿倍数（倍）	
Ⅰ	芝河西区	842499.00	823	23	8	15	18929
Ⅱ	城郊区	167395.45	1199	28	8	20	33572
Ⅲ	芝河东区	809437.75	920	23	8	15	21160
全县统一年产值标准		1819332.20	901	23.6	1	1	21269

第四节 基本农田划定

1990年1月《山西省基本农田保护条例》颁布，明确把水地、菜地、沟坝地、河滩地、塬地、梯田列为基本农田。永和县通过外业实地核实，划出一级基本农田24块（片）、810.2亩，二级基本农田1057块（片）、20160.7亩，三级基本农田576块（片）、29192.2亩，共计基本农田1657块（片）、50163.1亩。此后根据《中华人民共和国基本农田保护条例》规定，重新划定县内基本农田，共划出基本农田1789块（片），面积为57812.84亩，其中一级基本农田1076块（片）、21076.81亩，二级基本农田713块（片）、36736.03亩。

2009年，在基本农田专项调查中，对原划定的基本农田进行了逐地块检查，对错划的、在经济建设中已被占用的以及在近年发展中即将被占用和灾毁的基本农田全部提出切实可行的调整方案。在原划定基本农田的基础上补划基本农田面积197724亩，永和县划定基本农田保护面积达到273180.15亩。

第七章 审计监督

第一节 机构设施

组织机构

中华人民共和国成立初期，县财政科设专职审计员，负责有关财务审计监督业务。县审计局于1983年7月25日开始组建，同年8月24日正式成立。内设机构有企业审计股、行政事业审计股和办公室，定编7人。

1988年3月定编9人。1991年底有干部29人，具有中级职称4人，初级职称1人。1992年，为适应改革的需要，增加了人员编制，定编11人。1996年又增加了人员编制5人，定编16人。1998年10月间，机关实有干部职工17人。2002年县政府机构改革，审计局内设行政事业农业审计股、综合股、财政金融审计股、经济责任审计中心。核定行政编制11人，事业编制3人，工勤人员2人，实有机关干部职工15人，其中干部11人。

基础设施

县审计局于1990年购置第一辆工作用车——吉普车。1998年购置第二代业务用车——桑塔纳小汽车1辆，2007年购置第三代业务用车——桑塔纳3000小汽车1辆。2005年购置微机6台，打印机1台，有办公室9间。至2010年，共投资20余万元，配备8台电脑及服务器、路由器、交换机等设备，接通审计内网，连接区域网，实现审计信息互通、审计资源共享。

第二节 国家审计

概 述

1983—2007年，县审计局共审计单位1138个（次）。查出违纪违规资金10725.68万元，上缴财政190余万元，移送司法机关案件1起，移送纪检监察部门2人，提合理化建议380条。审计工作先后受到省、市、县和上级审计部门表彰奖励49次。

2008—2010年，县审计局共审计单位204个（次），查

审计局工作会议

出违纪违规资金5275.1万元，上缴财政36余万元，对365名党政领导干部进行经济责任审计，提合理化建议86条。

2011年，县审计局完成审计项目25个，查出违规金额4650.45万元，上缴财政13.26万元，减少财政拨款或补贴144万元，提交审计报告25篇。

财政审计

1983—2007年，共审计单位180个（次），查出违纪违规资金2854万元，上缴财政30余万元，提合理化建议90条。2008—2010年，共审计单位75个（次），查出违纪违规资金2794万元，上缴财政10余万元。2011年，完成2010年县财政局组织实施的县级预算执行和县地税局税收征管情况及24个单位预算执行情况的审计。资金总额41104万元，查出违规资金4085万元，并从完善制度，理顺机制，规范管理等方面提出合理化建议。完成乡财政决算审计。对打石腰乡和交口乡2009—2010年度财政决算进行审计，审查资金178万元，查出违规资金20万元。

金融审计

1983—2007年，共审计单位145个（次），查出违纪违规资金1230万元，上缴财政20余万元，提合理化建议58条。

基建投资审计

1983—2007年，共审计单位93个（次），查出违纪违规资金1320.2万元，上缴财政24余万元，提合理化建议20条。2008—2010年，共审计单位60个（次），查出违纪违规资金1056.1万元，上缴财政6万余元，提合理化建议19条。2011年，对全县中小学校舍安全工程进行了跟踪审计，审计资金8000万元，查出违规资金44万元。

行政事业审计

1983—2007年，共审计单位383个（次），查出违纪违规资金3264万元，上缴财政80余万元，提合理化建议98条。2008—2010年，共审计单位69个（次），查出违纪违规资金1425万元，上缴财政20余万元，提合理化建议67条。

企业审计

1983—2007年，共审计单位178个（次），查出违纪违规资金1056万元，上缴财政12万余元，提合理化建议80条。2011年，完成了县医院2009、2010年度财务收支审计，审计资金1468万元，查出违规违纪资金76.26万元。

经济责任审计

1983—2007年，共审计单位132个（次），查出违纪违规资金1001.43万元，上缴财政24余万元，提合理化建议34条。至2010年，共完成党政领导干部、国有企业、事业单位领导干部经济责任审计365人。2011年，完成14个党政事业单位领导干部经济责任审计，审计资金14203.5万元，查出违规违纪资金325万元。

社会保障审计

2011年，完成养老保险基金审计（包括企业职工基本养老保险、补充养老保险以及城镇居民基本养老保险和新型农村社会养老保险），审计资金1499万元，查出不规范资金30万元。

专项资金审计调查

2011年，对基层医疗卫生基础设施建设专项资金使用情况和农村新型合作医疗专项资金使用情况做了审计调查。

第三节 社会审计

1988年8月永和县审计事务所成立，有工作人员7人，属自收自支事业单位。主要职能是开展全县社会审计、验资业务。

1989年接受委托财务收支审计1个单位，验资15个单位，共审计、验证资金491万元，查出违纪违规金额1万元，占审计、验证总额0.2%。

1990年以后，社会审计业务量逐步增大。至1993年底，审计事务所共接受委托离任审计2个单位，财务收支审计8个单位，单项账目审计4项，经济效益审计13个单位，验资9户，共审计、验证资金11874万元，查出违纪违规金额232万元，占审计、验资总额1.95%。其中漏税4万元，纠正错账101笔，为企业挽回经济损失31万元，占审验总额0.26%。

1994年，开展对集体经济组织审计业务。审计事务所接受委托离任审计1个单位，财务收支审计17个单位，经济案件监察1件，验资5户，共审计验证资金3595万元，查出违纪违规金额49万元，占审计、验证总额1.36%。其中漏税4万元，纠正错账40笔，为企业挽回经济损失9万元，占审计、验资总额0.25%。

1995年，审计事务所接受委托离任审计4个单位，财务收支审计26个单位，经济效益审计25个单位，验资7户，破产审计6个单位，共审计、验证资金3094万元，查出违纪违规资金140万元，占审计、验证总额4.52%。其中漏税8万元，占审验总额0.26%；纠正错账163笔，为企业挽回经济损失7万元，占审验总额0.23%。

1996年，永和县审计事务所与临汾市审计事务所合并。后由于人员调整，2004年以后不再办理业务。

第四节　内部审计

1986年起，永和县内部审计机构逐步建立。是年，中国人民银行永和县支行和粮食局分别设立稽核股和审计股，开展审计稽核工作。1987年，商业局设立审计股，并对所属企业开展审计。1988年，县供销社和中国农业银行永和县支行相继设立内部审计机构。1989年10月，中国工商银行永和县支行设立稽核股。1992年，县教育局设审计股，开展教育资金的审查工作。1993年，中国人民建设银行永和县支行设稽核股，开展内部稽核工作。1995年底，全县共有内部审计机构8个，从事内部审计工作人员26人，其中中级职称5人，初级职称16人。2008年，永和县农村信用合作社设内部审计机构。至2011年底，永和县内部审计机构只有县农村信用合作联社保留，其他部门均不再设立。

第八章　农村经营管理

第一节　农村劳动管理

集体劳动管理

1951年以后，永和农村由一家一户生产变为互助组，农业生产主要以互助组为单位进行。初级社期间，村、社分别为行政组织、生产组织，土地由社统一经营，生产由社员代表大会民主选举产生的社长、副社长组织管理，社下生产组分组作业，多数社实行劳动定额管理，部分社实行基本劳动日或小段作业包工制。初级社过渡为高级社后，下设若干生产队。除高级社制订农业生产、林牧工副业生产、收支分配等计划外，各生产队均有相应的生产安排，农活由生产队队长、副队长直接指派。高级社取消土地分红和投资分息，计酬办法为"常年包工，按件计酬，超产奖励"。1956年，全县

64个高级社，实行包工包产的8个，定额管理的7个，小段包工的2个，季节包工的6个，以季定额包工的3个，常年包工的31个，临时包工的5个，小组包工的2个。均以定额衡量记工，统一分配，自负盈亏。1958年刮共产风，由县、社组织大兵团作战，社员回生产大队记工、核算，劳动管理状况不佳。1961年起以生产队核算，劳动管理趋于好转。1972年后采用大寨记工法。先实行记时分，即在同时间内强弱劳力一个样，重活轻活一个样；后改为评底分，即按劳力强弱评定底分，凡出勤均按底分记工。此后，记工实行自报公议，并立"政治分""语录分"等各目。这种记工办法争端多，难度大，不少生产队改用底分活评，以质记工等办法。

承包合同管理

1979年，国家打破旧的农业生产经营体制，开始推行"家庭联产承包责任制"。秋，永和县农村推行以组承包生产责任制，生产队对作业组实行六定（定地块、定产量、定投资、定牲畜、定劳力、定报酬）、四统一（统一种植品种、统一检查验收、统一估产、统一分配）。1981年，全县386个生产队，分别实行7种形式的生产责任制。113个队联产到劳，占29.3%；70个队包产到户，占18.1%；65个队实行大包干，占16.8%；52个队实行两田制，占13.5%；44个队包产到组，联产计酬，占11.4%；39个队以队经营，定额计酬，占10.1%；3个队实行专业承包，占0.8%。1982年，全县实行包产到户，由生产队进行劳动管理过渡为农户自行安排。除植树造林、农田基本建设、兴建公路外，很少有大的劳力集中和管理事宜。1985年，全县出现农村合作经济实体275个，其中两层经营、个人承包244个（农业80个，林业84个，牧业5个，商业13个，加工业50个，运输业12个），资金入股经营18个，招聘能人经营的13个。1995年，全县乡村仍实行两田制，兴办股份制实体570个，入股者3019户、4580人，金额1298万元。

1996年后，农村经营管理转向落实农村政策，完善合同。1998年10月，永和县制定《关于延长土地承包期工作实施方案》和《关于农村承包合同规范化管理标准和办法》。土地承包期延长为30年不变。截至1998年底，凡土地承包合同到期的，承包期再延长30年；合同没有到期的，在原合同承包年限基础上再顺延30年。对历史上遗留下来的和农民自己开垦的25度以上坡耕地要逐步退耕还林还草，不再作为耕地承包，可按"四荒拍卖的有关政策执行"。机动地要坚决控制在5%以内，并加强管理，按规划使用。1999年，县农村经济管理局组织乡镇经管站对承包合同，原证件普遍检查、核对，并建档、上账、统一签证。至2009年，发放土地经营权证10180户，占应发户的93%，涉及耕地面积216774亩，合同到户率95.6%。

2010年，中共十七届三中全会通过《中共中央关于推进农村改革发展若干重大问题的决定》，县农村经济管理局按照上级要求，抓紧做好土地延包后续工作。承包地块、面积、合同和土地承包经营权证书没有落实到户的，2010年底前全部落实到户；基本农田已落实到地块和农户的，要标注到土地承包经营权证书上。

农民负担监督

2003年，永和县进行农村税费改革，农业税税率为6%。从2003年起，分两年逐步取消统一规定的劳动积累工和义务工（简称"两工"）。"两工"取消后，村内进行农田水利基本建设、修建村级道路、植树造林等集体生产公益事业所需资金和劳务，严格实行"一事一议"，并实行上限控制。筹资额每人每年最高不超过15元，筹劳每个劳动力每年最高不得超过10个标准工日。

第二节　村级财务管理

账务管理

20世纪50年代农业合作化中，各社设专职会计管理财务。人民公社化后，实行公社、大队、生产队三级财务管理制度。初级社业务比较单纯，多为流水记账方式，采用"旧管、新收、开除、实在"科目处理账务。各社管理方法不尽一致。高级社设总会计、记账员、出纳员、保管员等专职人员，建立"借贷式"账簿，有总账、分类账和粮食、物资等实物账。人民公社时期，社管委会内有1名副主任分管财务，一名专职会计除管机关财务外，与配备的3~5人共同负责全公社收支结算和各大队财务指导。大队设总会计室，各生产队及大队所属副业一切收支均由总会计室管理。1961年后，实行"三级所有、队为基础"的财务管理体制，生产队行使财务管理权，记账方式由"借贷式"改为"收付式"。大队设总账、日记账、分类账、粮食账、实物账、工分账等，生产队单独建账、独立核算。70年代末，县成立农经委员会，公社配备经营管理员，负责社、队财务核算，编制收益分配方案。1984年，撤销人民公社，实行乡镇体制，大队改称村民委员会，生产队改称村民小组。1997年起，县内农村财务管理推行"村账乡管"制度。至2000年，"村账乡管"在县内普遍实施，随后全面推行"组账村管"制度。

收益分配

土地改革后，实现"耕者有其田"，土地归农民所有。全部收获除交公粮外，均由农民自己支配。初级社时期，实行以劳为主、兼顾土地的分配原则，纯收入的45%按土地分红，55%为劳动报酬。公积金、公益金一般占分配总额5%，最多不超过10%。高级社在扣除农业税和公共积累后，纯收入按工分和投肥分配，工分占70%，投肥占30%。1958年，全县各社总收入182万元，上缴农业税21万元，占11.5%；各项费用58万元，占31.9%；提留公积金、公益金9万元，占4.95%；社员分配94万元，占51.65%。参加分配人口24444人，人均38元。

人民公社化后，在1959—1970年间，全县人民公社年均总收入208.5万元，年均费用59.5万元，占总收入28.5%。其中1968年费用最高，1961年最低，分别占当年总收入33.3%和24.7%。年均纯收入149万元，占总收入71.5%；最高的1969年222万元，最低的1968年116万元，分别占当年总收入76.8%和66.7%。年均上缴农业税和集体提留27.1万元，占纯收入19.4%；最高的1967年40万元，最低的1964年23万元，分别占当年纯收入26.3%和14.7%。社员人均年收入38.4元，其中1961年最高51元，1968年最低26元。

1971—1982年间，一般费用占总收入30%左右，纯收入占60%~76%。1978年，全县农村总收入413万元。其中各项费用163万元，占总收入39.5%，为历史最高年；纯收入250万元，占总收入60.5%。完成国家税收15万元，集体提留29万元，分别占纯收入6%和11.6%。社员分配206万元，占纯收入82.4%，占总收入49.9%，人均收入48元。全县348个核算单位每工分红平均0.56元，其中每工分红0.2元以下的核算单位12个，占3.45%；0.2~0.4元（含0.2元，下同）的91个，占26.15%；0.4~0.6元的149个，占42.8%；0.6~0.8元的65个，占18.7%；0.8~1.0元的25个，占7.2%；1.0~1.5元的6个，占1.7%。当年收益分配全部兑现的核算单位有83个，占23.9%；兑现80%以上的25个，占7.2%；兑现50%~80%的70个，占20.1%；兑现50%以下的37个，占10.6%；分文未付的133个，占38.2%。

实行家庭联产承包责任制后，农民收入稳步增长。1983年，农村经济总收入首次突破千万元，达1115万元，其中纯收入872万元，占总收入75.5%。农民分配785万元，占纯收入90%，人均纯收入183元。1984年，农村经济总收入1772万元，比1958年增长8.7倍，比1983年增长53.4%。其中纯收入1280万元，占72.2%；农民所得1214万元，占纯收入94.8%；人均纯收入281元，比1958年增长6.4倍，比1983年增长

53.6%。全县 11 个公社，人均纯收入均在 200 元以上，其中署益、坡头两个公社在 300 元以上。1995 年，全县农村经济总收入 7622 万元，比 1990 年增长 1.85 倍。其中纯收入 4498 万元，占总收入 59%；农民所得 4234 万元，占纯收入 94.1%；人均纯收入 806 元，比 1990 年增加 1.48 倍。

1996 年，全县农村经济总收入 8811 万元。其中纯收入 5241 万元，占总收入的 59.48%，农民分配 5169 万元，占纯收入的 98.63%，人均纯收入 1052 元。2000 年，全县农村经济总收入 6720 万元。其中纯收入 4032 万元，占总收入 60%。落实国家扶贫政策，退耕还林，农民得到实惠。可分配净收入总额达 4283 万元，农民分配 4232 万元，占纯收入 104.96%，人均纯收入 810 元。2004 年，全县农村经济总收入首次突破亿元，达 10031 万元。其中纯收入 5587 万元，占总收入的 55.7%。可分配净收入总额 6851 万元，农民分配 6561 万元，占纯收入 117.43%。人均纯收入超过千元，达 1196 元。2010 年，全县农村经济总收入 19979 万元，比 2009 年增长 13.8%，占全县生产总值 42.8%。农村居民人均纯收入 1616 元，增长 11.07%。农村居民人均生活消费支出 1400 元，增长 11.46%。

2011 年，全县农村经济总收入 22423 万元，增长 20%，占全县生产总值的 41.9%。农村居民人均纯收入 1909 元，增长 18.06%。农村居民人均生活消费支出 1556 元，增长 11.16%。

1996—1999 年永和县农村收入分配情况表

表 18-13　　　　　　　　　　　　　　　　　　　　　　　　　　　　　　　　单位：万元、元

年份	总收入	费用		纯收入	扣除		农民分配		人均纯收入（元）
		金额	占总收入 %		金额	占纯收入 %	金额	占纯收入 %	
1996	8811	3570	40.52	5241	72	1.37	5169	98.63	1052
1997	8160	3371	41.31	4789	80	1.67	4709	98.33	928
1998	9573	3829	40.00	5744	72	1.25	5672	98.75	1107
1999	8386	4193	50.00	4193	56	1.34	4137	98.66	802

2000—2009年永和县农村收入分配情况表

表18-14　　　　　　　　　　　　　　　　　　　　　　　　　　　　　　　　　　单位：万元、元

年份	总收入	费用 金额	费用 占总收入%	纯收入	可分配净收入总额	农民分配 金额	农民分配 占纯收入%	人均纯收入（元）
2000	6720	2688	40.00	4032	4286	4232	104.96	810
2001	7029	2970	42.25	4059	4916	4575	112.71	848
2002	8115	3587	44.20	4958	5739	5306	107.02	963
2003	8204	3567	43.48	4637	5790	5430	117.10	998
2004	10031	4444	44.30	5587	6851	6561	117.43	1196
2005	10360	4391	42.38	5969	7222	6905	115.68	1260
2006	10868	4800	44.17	6068	7499	7209	118.80	1308.3
2007	10241	4536	44.29	5705	7235	6946	121.75	1258
2008	10700	4667	43.62	6033	7793	7506	124.42	1350
2009	13040	6175	47.35	6865	8215	8052	117.29	1455

2010—2011年永和县农村收入分配情况表

表18-15　　　　　　　　　　　　　　　　　　　　　　　　　　　　　　　　　　单位：万元、元

年份	农村总产值	消耗 金额	消耗 占总产值%	增加值	全年人均总收入（元）	人均总收入 金额（元）	人均总收入 占总收入%	全年人均纯收入（元）
2010	41117	21137	—	19980	2229	1360	—	1616
2011	44105	21682	—	22423	2765	1733	—	1909

第十九编

中国共产党地方组织

民国15年（1926），中共党员崔玉胡从陕北到永和县李家崖村秘密进行革命工作，发展数名党员，建立永和县第一个共产党小组。

民国27年（1938）9月，中共党员杨毅在永和县秘密发展党组织。11月，中共永和工委建立，呼延文为书记，杨毅为组织部长，卫绵山为宣传部长。他们在县城秘密组建了2个党支部，即：城关民族革命小学党支部和县公安局党支部，发展党员50人。民国28年（1939）4月，中共永和工委改称中共永和县委。6月，党组织发展为10个支部、120个小组，有党员517人。12月，阎锡山发动"晋西事变"，党组织活动被迫停止，少数党员转移到晋西北，大部分党员隐蔽农村，与党组织失去联系。

民国36年（1947），中共永和组织开始恢复与建立。1949年底，全县建立党支部33个，党员发展为230人。1978年，全县党支部增为147个，党员发展为1751人。至2011年，全县有党支部209个，有党员4179人。

自1955年1月中共永和县第一次代表大会召开，至2011年共召开12次代表大会。12次代表大会选举产生了12届中共永和县委员会、8届纪律检查委员会和1届监察委员会，做出数次有关县计民生的政策和措施。

自民国37年（1948）起至2011年，中共永和县进行数次整党整风，把党员干部的教育与管理一直列在日常事务当中。纪检、政法、组织、宣传等党务部门，在各个时期都做出富有成效的工作。

第一章　中共永和县委员会

第一节　党　员

土地革命时期，中共陕北地方组织曾派人在永和县境活动。民国15年（1926），中共党员崔玉胡从陕北到永和县李家崖村开展革命工作，建立了永和县第一个共产党小组。民国25—26年（1936—1937），渡河（黄河）东征的中国人民红军抗日先锋军、中共沿黄河中段工委、牺牲救国同盟会先后在县内宣传马克思主义，宣传中国共产党的纲领、主张。民国27年（1938）8月—9月，中共党员赵军任牺盟永和县分会特派员期间，在发动群众抗日救亡中宣传党的政治主张。是年9月，中共隰蒲特委派中共党员杨毅到永和县工作，他以公安局指导员的合法身份掩护，秘密发展中共党员。10月，经杨毅介绍，城关小学教员刘仁镜（永和县芝河镇杨家庄村人）、县政府文书高文玉（大宁县麦留村人）、公安局巡官段逢泉（又名丁之，洪洞县人）等秘密加入中国共产党组织。11月，全县中共党员发展到50人。至民国28年（1939）6月，全县中共党员发展到517人。是年下半年，县委纠正组织发展中出现的"拉夫式"做法，处理不合格党员。11月，全县党员减少为485人。12月，阎锡山发动反对中国共产党、进攻山西新军的晋西事变。阎十九军军长王靖国在永和袭击新军一九六旅旅部和游击三团两个连，并对县政府、公安局、牺盟分会和各抗日救国团体施以暴力。中共党员庞生杰（牺盟永和县分会特派员）、贺广福、粟琦、耿自礼被捕，少数党员转移到晋西北，大部分党员隐蔽乡村，与组织失去联系。

共产党员重温入党誓言

民国37年（1948）冬，全县开展土地改革运动，许多翻身农民积极要求加入中国共产党，全县有中共党员112人，其中县级机关50人，农村62人；18~23岁党员19人，占16.96%；24~30岁29人，占25.89%；30~40岁42人，占37.5%；40~50岁21人，占18.75%；50岁以上1人，占0.9%。中华人民共和国成立时，全县中共党员发展到230人，占全县总人口0.99%；其中机关党员54人，农村党员176人；内有女党员7人，占党员总数3.04%。

1954—1955年，两年发展新党员360余人，出现发展过快的倾向。1956年起，县委执行"积极慎重"的建党方针，把发展党员的重点放在党组织基础薄弱的农村社、队和县、乡部门。1957年底，全县党员发展到704人，占全县总人口2.8%；其中女党员57人，占党员总数的8.1%。1965年底，全县有党员1041人，占总人口3%。

"文化大革命"开始后，党员组织生活停止。1970年11月起全县城乡分3批开展整党建党运动。按照中共中央关于"吐故纳新"的指示，吐故（清洗和劝退）党员17人，暂未恢复组织生活的27人，纳新（吸收新党员）283人。1971年底，全县党员总数增至1316人，比"文化大革命"前夕增长26.42%。此后又在"农业学大寨""基本路线教育"等运动中发展党员460余人。1976年底，全县党员总数增至1779人，比1965年增加70.89%；其中女党员187人，占党员总数10.51%；党员占全县总人口3.94%。

中共十一届三中全会以后，注重在知识分子、妇女、青年中发展党员。1980—1987年，在知识分子中发展党员192人，占发展党员总数34.1%。20世纪90年代起，注重在工农业生产第一线发展党员。1995年底，全县有党员2916人（内有预备党员91人）。其中1949年前入党的321人，占11.01%；1950—1966年入党的720人，占24.69%；"文化大革命"至中共十一届三中全会前入党的872人，占29.9%；中共十一届三中全会以后入党的1003人，占34.4%。党员的职业分布为：从事农林水牧业1331人，占45.64%；工业、交通、邮电通讯业106人，占3.64%；财贸、金融业344人，占11.8%；文化、教育、卫生349人，占11.97%；党政群机关750人，占25.72%；其他行业36人，占1.23%。性别构成为：男性2549人，占87.41%；女性367人，占12.59%。文化程度为：大专以上286人，占9.81；中专316人，高中562人，分别占10.84%、19.27%；初中961人，占32.95%；高小以下791人，占27.13%。年龄构成为25岁以下123人，占4.22%；26~35岁685人，占23.49%；36~45岁837人，占28.7%；46~55岁635人，占21.78%；56岁以上636人，占21.81%。

1999年，全县党员发展到3158人。2003年7月，在防治"非典"工作中，17名一线工作人员加入中国共产党。2007年，全县共有党员3820人，在岗1634人（内含134名预备党员）。其中女党员601人，少数民族1人，35岁及以下1045人，36~45岁1044人，46~54岁841人，55~59岁317人，60岁以上573人。至2011年底，全县共有党员4179人（内含预备党员128人）。其中女党员719人，男党员3460人，35岁以下1431人，36~45岁1087人，46~54岁774人，55~59岁313人，60岁以上574人；党政机关工作人员463人，事业单位管理人员、专业技术人员936人，企业管理人员11人，企业专业技术人员11人，工人250人，民办、非企业单位管理人员、专业技术人员75人，农牧渔民1957人，学生2人，离退休党员380人，其他18人。

1949—2011年部分年份永和县中共党员基本情况表

表19-1 单位：人

年份	党员数量			文化程度						年龄			行业分布					
	总数	预备党员	女	大专以上	中专	高中	初中	小学	文盲	35岁以下	36—55岁	56岁以上	农林水牧	工交邮电	财贸金融	文教卫生	党政群团	其他
1949	321	54	31	—	—	—	4	82	235	—	—	—	224	—	3	—	94	—
1953	332	18	27	—	—	—	18	122	192	—	—	—	217	—	16	—	99	—
1962	907	58	83	—	—	8	152	504	243	—	—	—	625	15	48	48	160	11
1964	968	26	90	—	—	12	163	522	271	—	—	—	625	20	81	28	203	11
1972	1397	142	—	18	47	—	282	100	950	527	764	106	843	24	90	146	287	7
1978	1751	28	195	25	81	214	554	470	407	656	1007	188	1012	98	156	125	330	30
1982	1985	21	204	26	99	172	639	684	365	614	1230	141	1128	69	166	156	419	47
1987	2476	129	251	106	194	373	778	716	309	797	1289	390	1318	102	171	290	521	74
1995	2916	91	367	286	316	562	961	791	—	808	1472	636	1331	106	344	349	750	36
1996	3027	149	386	368	351	388	1000	528	192	853	1490	684	1340	255	195	300	672	265
1997	3122	114	396	380	370	626	1023	547	176	899	1513	710	1394	166	238	305	745	274
1998	3158	133	413	463	362	646	1007	514	165	834	1560	764	1441	179	146	318	766	308
1999	3255	142	432	507	395	672	1033	497	151	843	1621	791	1497	165	135	322	850	286
2005	3697	150	530	1093	—	710	1517	—	—				1691	—	—	—	—	—

续表 19-1　　　　　　　　　　　　　　　　　　　　　　　　　　　　　　　　　　　单位：人

年份	党员数量			文化程度						年龄			行业分布					
	总数	预备党员	女	大专以上	中专	高中	初中	小学	文盲	35岁以下	36—55岁	56岁以上	农林水牧	工交邮电	财贸金融	文教卫生	党政群团	其他
2006	3747	128	570	1059	351	789	1511	—	—	—	—	—	1813	—	—	—	—	—
2007	3820	134	601	1152	352	845	1527	—	—	1045	1885	890	1816	272	266	327	774	363
2008	3926	162	618	1207	410	848	1521	—	—	1145	1913	858	1855	272	261	446	707	385
2009	4077	146	664	1462	417	858	1442	—	—	1283	1833	891	1881	287	247	437	645	410
2010	4098	129	701	1296	384	879	1539	—	—	1296	1837	878	1909	271	248	457	649	445
2011	4179	128	719	1326	382	910	1555	—	—	1431	1861	887	1957	275	250	536	663	474

第二节　党员代表大会

中共永和县委党员代表大会

1951年7月25日—28日，中共永和县委召开党员代表大会。参加会议的代表应到66人，实到53人。大会主席团主席韩铭，成员杨继晋、刘德胜、刘天运、侯殿元、高志明、赵玉遗、宋文彬、雒洪德。会议主要内容是报告并讨论《县委上半年工作简结》与《七至九三个月工作计划（草案）》；认清党内存在着农民思想的严重性，懂得党在农村如何领导各种工作；选举赴省党代表。

经大会研究讨论，提出候选人名单，用无记名投票方式选举韩铭、刘德胜为出席省党代会代表。

中共永和县第一次代表大会

1955年1月7日，中共永和县第一次代表大会在县城召开，会期6天。应出席代表79人，实出席64人，代表全县518名中共党员。列席代表25人。大会讨论通过中共永和县委《关于统购统销工作》《关于冬季生产安排和1955年农业生产计划指标》《关于征集补充兵员政策与计划方案》等报告和《加强农业生产，发展互助合作》《关于执行中央征集补充兵员命令》等决议。大会选出中共永和县第一届委员会委员8人，选出出席中共山西省第一次代表大会代表2人。在一届一次委员会议上选出县委常委4人。李明任书记，陈立、刘志显任副书记。

中共永和县第二次代表大会

1957年6月26日，中共永和县第二次代表大会在县城召开，会期8天。应出席代表97人，实出席88人，占代表总数90.7%，代表全县704名中共党员。大会听取和审查了中共永和县第一届委员会工作报告；讨论和通过《加强领导，改进作风》《夺取1957年农业大丰收》等决议。大会选出中共永和县第二届委员会委员9人，候补委员4人，选举出中共永和县监察委员会。在二届一次全体委员会议上，选出县委常委5人。陈立任书记，裴靖唐、张良知任副书记。

中共永和县第三次代表大会

1965年6月13日，中共永和县第三次代表大会在县城召开，会期5天。应出席代表112人，实出席91人，占代表总数81%，代表全县968名中共党员。列席代表28人。大会听取审查了中共永和县委的工作报告，讨论通过《关于加强党的建设》《关于学大寨》《关于全党抓武装，各级党组织要把民兵工作列入重要议事日程》3个决议。大会选举产生出席省党代会代表3人，候补代表1人。鉴于县社两级一批主要领导干部被地委统一抽调正在外县参加"四清"运动，故经中共山西省委同意，大会未改选中共永和县委领导机构成员。

中共永和县第四次代表大会

1971年4月26日，中共永和县第四次代表大会在县城召开，会期3天。应出席代表117人，实出席113人，代表全县1200名党员。大会听取讨论了中共永和县"革委"核心小组《高举毛泽东思想伟大旗帜，沿着毛主席革命路线奋勇前进》的工作报告，并做出《关于进一步深入开展农业学大寨群众运动的决定》。大会选出中共永和县委第四届委员会委员17人，候补委员4人。在四届一次全体委员会议上，选出县委常委7人。吕务泉任书记，李平、王其宏任副书记。

中共永和县第五次代表大会

1981年12月19日，中共永和县第五次代表大会在县城召开，会期2天。应出席代表147人，实出席143人，代表全县1978名党员。大会听取讨论了中共永和县第四届委员会和中共永和县委纪律检查委员会筹备组的工作报告，并通过相应的决议。大会选出中共永和县第五届委员会委员17人，候补委员4人；选举产生县委纪律检查委员会。在五届一次全体委员会议上，选出县委常委6人。杨廷基任书记，吕树琛、赵珍任副书记。

中共永和县第六次代表大会

1987年1月10日，中共永和县第六次代表大会在县城召开，会期3天。应出席代表200人，实出席189人，代表全县2349名党员。大会讨论通过中共永和县第五届委员会《振奋精神，开拓前进，为在"七五"期间脱贫致富而奋斗》的工作报告，讨论通过中共永和县纪律检查委员会工作报告。大会选出中共永和县第六届委员会和中共永和县纪律检查委员会，选出县委委员21人，候补委员3人。在六届一次全体委员会议上，选出县委常委9人。马金龙任书记，段连明、王三星、赵兰田任副书记。

中共永和县第七次代表大会

1990年5月21日，中共永和县第七次代表大会在县城召开，会期3天。应出席代表200人，实出席195人，代表全县2559名党员。大会讨论通过中共永和县第六届委员会《加强党的建设，搞好治理整顿，为实现"23123"脱贫致富总体规划努力奋斗》的工作报告和中共永和县纪律检查委员会《严肃党纪，廉洁政治，维护党的统一，促进改革开放》的工作报告，做出《关于进一步改进作风为群众办实事的决定》。大会选出中共永和县第七届委员会和中共永和县纪律检查委员会，选出县委委员23人，候补委员2人。在七届一次全体委员会议上，选出县委常委8人。马金龙任书记，赵兰田、刘明贵、冯玉琪任副书记。

中共永和县第八次代表大会

1993年4月27日，中共永和县第八次代表大会在县城召开，会期3天。应出席代表200人，实出席191人，代表2693名党员。列席代表11人。大会听取和审议中共永和县第七届委员会《抓住机遇，加快发展，为实现稳定脱贫奋力拼搏》的工作报告和中共永和县纪律检查委员会《严肃党的纪律，加强党风建设，为改革开放和经济建设保驾护航》的工作报告，讨论通过《关于进一步解放思想，加快农村奔小康步伐的决定》。大会选出中共永和县第八届委员会和中共永和县纪律检查委员会，选出县委委员23人，候补委员2人。在八届一次全体委员会议上，选出县委常委9人。马金龙任书记，赵兰田、刘明贵、杨德和任副书记。

中共永和县第九次代表大会

1998年6月4日—6日，中共永和县第九次代表大会在县城召开。大会应参加代表203人，实到会代表198人。大会听取并审议通过王月喜代表中共永和县第八届委员会所作的工作报告；听取并审议通过陈克温代表中共永和县纪律检查委员会所做的工作报告；讨论通过《关于加强党的建设，加快脱贫步伐，如期实现三个基本目标的决议》。大会选出中国共产党永和县第九届委员会和中国共产党永和县纪律检查委员会。中共永和县第九届委员会委员23人，候补委员4人；中共永和县纪律检查委员会委员11人。在九届一次全体委员会议上选出县委常委11人。王月喜任书记，武保安、杨德和、荀贵生任副书记。

中共永和县第十次代表大会

2003年10月26日—28日，中国共产党永和县第十次代表大会在县城召开。大会应参加代表210人，实到会代表209人。大会听取并审议通过王醒安代表中共永和县第九届委员会所作的《贯彻落实十六大精神，抓住发展战略机遇期，为实现脱贫达小康目标而努力奋斗》的工作报告，听取并审议通过许文彪代表中共永和县纪律检查委员会所做的工作报告；讨论通过了相应的决议。大会选出中国共产党永和县第十届委员会和中国共产党永和县纪律检查委员会。中共永和县第十届委员会委员25人，候补委员4人，常委11人。中共永和县纪律检查委员会委员11人。在十届一次全体委员会议上选出书记1人，副书记4人。书记王醒安，副书记张三森、李志敏、韩忠秀、许文彪。

中共永和县第十一次代表大会

2006年6月27日—29日，中国共产党永和县第十一次代表大会在县城召开。大会应参加代表210人，实到会代表200人。大会听取并审议通过毛克明代表中共永和县第十届委员会所作的《抢抓机遇，扩大开放，艰苦创业，回忆发展，为推进脱贫致富建设小康永和而努力奋斗》的工作报告；听取并审议通过许文彪代表中共永和县纪律检查委员会所做的《全面履行党章赋予的职责，进一步加大防治力度，不断开创党风廉政建设和反腐败工作新局面》的工作报告；讨论通过了相应的决议。大会选出中国共产党永和县第十一届委员会和中国共产党永和县纪律检查委员会。中共永和县第十一届委员会委员27人，候补委员5人，县委常委9人。中共永和县纪律检查委员会委员11人。在十一届一次全体委员会议上，选出书记1人，副书记4人。书记毛克明，副书记赵雁峰、李志敏、韩忠秀、许文彪。

中共永和县第十二次代表大会

2011年6月8日—10日，中国共产党永和县第十二次代表大会在县城召开。大会应参加代表216人，实到会代表216人。大会听取并审议通过郭行杰代表中共永和县第十一届委员会所作的《抢抓新机遇，推进新跨越，奋力开创永和经济社会发展新局面》的工作报告；听取并审议通过崔文学代表中共永和县纪律检查委员会所作的《围绕跨越发展，坚持惩防并举，努力开创党风廉政建设和反腐败工作新局面》的工作报告；讨论通过了相应的决议。大会选出中国共产党永和县第十二届委员会和中国共产党永和县纪律检查委员会。中共永和县第十二届委员会委员30人，候补委员6人，县委常委9人。中共永和县纪律检查委员会委员15人。在十二届一次全体委员会议上，选出书记1人，副书记2人。书记郭行杰，副书记梁秀娟、郭波。

中共永和县第十二次代表大会

第三节　县　委

中共永和县委全体会议

民国27年（1938）9月，中共隰蒲特委派中共党员杨毅到永和秘密发展党的组织。11月，中共晋西南区党委派三月班党校学员呼延文和一月班党校学员卫绵山到永和，分别以八路军战士和牺盟二区分会秘书的公开身份作掩护，秘密从事党的工作。当月中共永和工委建立，属中共隰蒲特委领导。呼延文任书记，杨毅任组织部部长，卫绵山任宣传部部长。翌年4月，中共永和工委改称中共永和县委，属中共洪赵地委领导。不久，县委几位领导人的身份逐渐暴露，不宜继续在永和县从事党的工作，杨毅、卫绵山于8月调走；呼延文于

10月调走，由苏明接任县委书记。同年12月，阎锡山破坏抗日民族统一战线协议，发动"晋西事变"，永和县各级党组织遭到严重破坏，县委被迫停止活动。书记苏明在随晋西南区党委干部往晋西北转移途中，为掩护区党委干部突围，在方山县鸦儿崖一带牺牲，时年20岁。

民国33年（1944）8月，沿黄工委建立后，因条件不成熟，永和县未能建立县委，县内党的工作由石（石楼）永（永和）大（大宁）中心县委派杨宣武负责。民国34年（1945）9月20日永和县城首次解放，中共晋西工委重新组建中共永和县委，杨宣武任书记（兼任县长和游击大队队长），史坚任副书记（兼任组织部部长、公安局局长），王献庆任宣传部部长。翌年11月县境全部解放，县委进城办公。民国37年（1948）12月，中共永和各级党组织在群众中公开。1949—1958年，韩铭、李明、陈立先后任书记。

1958年10月，永和县并入吕梁县，撤销中共永和县委。1961年5月永和县恢复建制，经中共晋南地委批准复设中共永和县委。

1967年2月8日，中共永和县委被"造反派"夺权。同年4月1日，成立有军队干部为主要成员的中共永和县核心小组，代行县委职能。1969年9月，中共永和县核心小组改称中共永和县革命委员会核心小组。

1971年4月，中共永和县第四次代表大会召开，中共永和县革命委员会核心小组复为中共永和县委。中共永和县委复立后，直到1975年9月，仍与中共永和县革命委员会合署办公。1976—2011年，中共永和县委单独行使职能，经历9届委员会，8人历任书记。

1938—2011年中共永和县委历任书记名表

表19-2

姓　名	籍　贯	任职时间	备　注
呼延文	山西石楼	1938.11—1939.10	1938年为工委书记
苏　明	山西洪洞	1939.10—1939.12	—
杨宣武	陕西延川	1945.9—1946.春	兼
王献庆	山西左权	1946.秋—1947.8	
贾生采	山西石楼	1947.9—1948.2	代
高仰先	—	1948.2—1948.6	
金　石	山西汾西	1948.6—1949.6	

续表 19-2

姓 名	籍 贯	任职时间	备 注
韩 铭	山西灵石	1950.2—1952.7	—
李 明	山西襄汾	1954.3—1955.4	1955.2—1955.4 第一书记
陈 立	山西襄汾	1955.2—1958.10	—
李广义	山西襄汾	1961.8—1967.2	第一书记
孙仁义	山西夏县	1964.10—1967.2	代书记
宋守文	山西介休	1967.4—1969.9	县核心小组负责人
吕务泉	河南林县	1969.9—1972.11	1969.9—1971.4 县"革委"核心小组组长
李 平	山西沁水	1972.11—1981.9	—
杨廷基	山西临汾	1981.9—1986.3	—
马金龙	山西霍州	1986.3—1994.3	—
赵兰田	山西临汾	1994.3—1996.6	—
王月喜	山西临汾	1996.6—2000.5	—
王醒安	山西襄汾	2000.5—2006.6	—
毛克明	山西洪洞	2006.6—2008.3	—
郭行杰	河南济源	2008.3—	—

1945—2011 年中共永和县委历任副书记名表

表 19-3

姓 名	籍 贯	任职时间	备 注
史 坚	—	1945.9—1945.12	—
石 俊	—	1946.春—1947.夏	—
丁宗新	陕西吴堡	1949.6—1951.4	1949.6—1950.2 主持县委工作
郭庆福	山西汾西	1952.6—1954.3	第二副书记
陈 立	山西襄汾	1952.11—1955.2	—
刘志显	山西临县	1954.3—1956.8	—
裴靖唐	山西沁源	1956.9—1958.10	—

续表 19-3

姓　名	籍　贯	任职时间	备　注
张良知	山西大宁	1956.9—1958.10 1961.6—1961.11	书记处书记
仝兴才	山西沁水	1958.8—1958.10	—
芦敏学	山西洪洞	1961.11—1967.2	1961.11—1962.5 书记处书记
孙仁义	山西夏县	1962.1—1962.5 1962.5—1964.10	书记处书记
赵　钦	山西沁源	1965.4—1967.2	—
苗柏青	山西洪洞	1967.4—1969.4	县核心小组副组长
宋守文	山西介休	1969.9—1970.7	县"革委"核心小组副组长
钱让友	安徽贵池	1970.4—1970.12	县"革委"核心小组副组长
李　平	山西沁水	1970.12—1972.11	1970.12—1971.4 县"革委"核心小组副组长
王其宏	山东	1970.12—1973.6	1970.12—1971.4 县"革委"核心小组副组长
吕务泉	河南林县	1972.11—1973.6	—
司致祥	山西高平	1974.1—1978.6	—
樊林峰	山西闻喜	1975.6—1976.10	—
杨廷基	山西临汾	1977.3—1981.9	—
赵　珍	山西侯马	1977.9—1983.12	—
吕树琛	山西文水	1978.6—1983.12	—
段连明	山西临汾	1983.12—1990.4	—
王三星	山西临汾	1984.8—1989.3	—
赵兰田	山西临汾	1987.1—1994.3	—
刘明贵	山西交口	1990.4—1996.8	—
冯玉琪	山西永和	1990.4—1993.4	—
杨德和	山西潞城	1993.4—2003.10	—
王月喜	山西临汾	1994.3—1996.6	

续表 19-3

姓 名	籍 贯	任职时间	备 注
陈新华	—	1995.3—1996.6	挂职
栗铁申	—	1996.7—1997.11	挂职
武保安	山西襄汾	1996.8—2000.5	—
荀贵生	山西汾西	1996.8—2001.8	—
张 云	山西侯马	2001.8—2003.9	—
张三森	山西吉县	2003.9—2006.6	—
李志敏	山西曲沃	2003.10—2007.5	—
韩忠秀	山西永和	2003.10—2006.6	—
许文彪	山西临汾	2003.10—2007.5	—
赵雁峰	山西右玉	2006.6—2009.10	—
郝忠祥	山西临汾	2007.5—2009.10	—
梁秀娟	山西襄汾	2009.10—	—
刘迎虎	山西永和	2010.7—2011.6	—
郭 波	陕西延川	2011.6—	—

第四节　工作机构

概　述

民国 27 年（1938），县委组织部、宣传部就已经设立，秘密进行党的地下工作。1950 年之后，办公室、农村工作部、财贸政治部、工交政治部、文教部等机构陆续建立。1966 年"文化大革命"开始后，许多机构或撤销或停止工作。1969 年 11 月，县革命委员会设立办事组、政工组、生产组、保卫组 4 个工作机构。1971 年 4 月，中共永和县委复立后，工作机构仍保持党政合一的"四大组"（办事组、政工组、生产组、保卫组）。1973 年 9 月撤销保卫组。1975 年 6 月撤销办事组、政工组、生产组，设立办公室、组织部、宣传部、农村政治部、工交政治部、信访办公室等工作机构。

1995年，县委工作机构有办公室、组织部、宣传部、统战部、政法委员会、老干部局、党校、史志档案馆等。

1997年12月，进行机构改革。1998年，县委设立工作部门6个，即办公室、组织部、宣传部、统一战线工作部、政法委员会（与社会治安综合治理委员会办公室一个机构两块牌子）、农村工作领导小组办公室（挂县委农村工作委员会、县政府农业委员会牌子）。中共永和县委的工作机构略有减少。2002—2011年，县委机构9个，县委设置纪律检查委员会和7个工作部门，另设1个部门管理机构。工作部门有办公室、组织部、宣传部、统战部、政法委员会、机构编制委员会办公室、中共永和县委直属机关工作委员会；部门管理机构是老干部局，由组织部管理。

办公室

秘书处于1950年设立，1957年3月改称办公室。"文化大革命"初先后被综合办公室、办事组取代。1975年9月，办事组改为县委、县"革委"办公室。1981年1月单设县委办公室。1993年与县政府办公室合署办公，下设秘书科、督查科、信访科、机要室。1996年与县政府办公室分设，独立办公。2002年机构改革增设信息室、610领导小组办公室。至2011年底，下设县委县政府信访局、县委机要保密局、文秘办、督查室、信息室。

组织部

组织部于民国27年（1938）11月设立，民国28年（1939）底停止工作，民国34年（1945）9月复设。"文化大革命"初先后被组织组、政工组下设的组织办、干部办取代，1975年9月复设。1995年下设办公室、组织科、干部科、科干科、老干部局。2002年机构改革，部内设置办公室、综合干部室、组织室、干部教育室、干部监督室。同年，增设党员电教中心。2007年，增设人才工作领导办公室。2009年，内设办公室、干部科、组织科、人才办、干教科、综合科、村官办、电教中心、干监科9个科室。2011年底，部内设办公室、综合干部科、组织科。

宣传部

宣传部于民国27年（1938）11月设立，民国28年（1939）底停止工作，民国34年（1945）9月复设。"文化大革命"初先后被宣教组、政工组内设的宣传办公室取代，1975年9月复设。1995年下设办公室、宣传科、理论教育科、党员教育科、通讯组、精神文明建设办公室。2002年，《永和县县级党政机构改革方案》决定，县委宣传部为正科建制，是县委主管意识形态工作的综合部门。部内设办公室、宣传室、理论室、精神文明建设指导委员会办公室。县委通讯组不再为县委宣传部内设机构，改为县委直属事业单位，由县委宣传部代管，正科级建制。

青委会

青委会于民国37年（1948）6月设立，1950年3月撤销。

妇委会

妇委会于民国37年（1948）6月设立，1950年1月撤销。

永和报社

永和小报社于1953年设立，1962年撤销；1965年11月复设，更名永和报社。1967年2月撤销。

农村工作部

农村工作部于1954年3月设立，1965年7月改称农村政治部。"文化大革命"初被生产组取代。1975年9月复设农村政治部，1984年2月改称农村工作部。1993年2月与农村经济委员会合并为农业委员会，属政府系列。

财贸政治部

财贸部于1956年3月设立，1962年5月撤销。1964年5月改设财贸政治部。"文化大革命"初先后被财贸组、生产组下设的财贸办公室取代。1975年9月复设财贸政治部，1984年2月撤销。

文教部

文教部于1956年8月设立，1962年5月撤销。1975年9月复设，1984年2月二次撤销。

调查研究室

调查研究室于1956年8月设立，1957年3月撤销。1980年12月复设，1984年2月二次撤销。

工交政治部

工业部于1961年6月—1962年5月设立。1975年9月在工业部基础上设工交政治部。1984年2月撤销。

农村工作队

农村工作队于1966年5月设立，"文化大革命"开始后撤销。

党　校

县委于1958年7月设党员培训班，1961年5月改设党校。"文化大革命"中党校被"五七"干校取代，1979年4月复设。1987年5月党校与县教师进修校合并为干部教师培训学校，党校名义、职能仍保留。2008年，学校设校务委员会，下设办公室、教务处、后勤处。2011年事业单位清理规范，党校属正科级建制。

纪律检查委员会

纪律检查委员会于1950年12月成立。1984年，纪律检查委员会成为县级一套班子，下设办公室、信访室、纪检室、审理室。1993年与县监察局合署办公，为副县级规格。2011年，下设办公室、宣传教育室、党风廉政监督室、干部室、行政效能监察室、信访室、农廉室、审理室、案件检查室、执法监察室。

政法委员会

政法委员会于1981年9月设立，1998年机构改革中与社会治安综合治理委员会办公室合署办公。

统战部

统战部于1982年7月设立，2004年与民族宗教事务局合署办公。

打击严重经济犯罪办公室

打击严重经济犯罪办公室于1985年5月设立，1987年7月撤销。

对台工作办公室

对台工作办公室于1985年6月设立，1993年2月并入统战部，1998年并入县委办公室。

信访局

县委于1975年9月设立信访办公室（党政共管），1993年2月信访办并入县委办公室。2007年7月，县委、县政府信访局设立，隶属县委办公室管理。

老干部局

1980年，县委组织部内设老干部管理办公室，1984年2月改设老干部局。1993年2月，老干部局保留牌子与县委组织部合署办公。2002年机构改革，组织部不再挂老干部局牌子，重新组建老干部局，老干部局属县委组织部管理的部门管理机构，内设综合岗、离退休岗。

史志办公室

县委于1981年12月设立党史资料征集办公室，1987年7月与县志编纂办公室合并为史志办公室。2008年9月，史志办公室确定为县委直属参公事业单位。2011年，编制4人，有工作人员5人。

机构编制委员会办公室

2002年，永和县机构编制委员会办公室设立。

县直机关工委

2002年,中共永和县委直属机关工作委员会设立,简称县直工委。同时撤销县委各派出工委。

第五节 基层组织

党支部

民国16年(1927),中共李家崖小组扩充为党支部,孔石玉任支部书记,有党员数人。民国27年(1938)11月,在县城组建2个党支部,城关民族革命小学1个,由刘仁境负责;县公安局1个,由段逢泉负责。随着城乡党员人数增加,民国28年(1939)2月增加为8个党支部、55个党小组。是年6月,增加为10个党支部、120个党小组。晋西事变后,党支部、党小组均停止活动。

中共岔口村支部活动室

民国36年(1947)冬,农村党的组织开始恢复与建立。1949年底,全县建立党支部33个,其中农村党支部31个,党政群团机关2个。1956年5月,全县22个乡(镇)合并为11个乡(镇),城关、桑壁、阁底、南庄4个基点乡建党总支部,其他7个乡建党支部。1957年农业合作化后,全县党支部扩建到75个,其中农村党支部63个,党政群团、财贸金融、工交邮电、文教卫生等机关、企事业单位党支部12个。1965年,全县党支部增至93个,其中农村党支部63个,所有生产大队均建起党的基层组织;机关、企事业单位建立党支部30个。1973年全县建基层党支部111个,1978年增为147个,1990年增加为402个,其中农村党支部80个,乡镇机关党支部22个,县直财贸系统党支部31个,工交系统8个，文卫科教系统27个，农业系统2个，机关团体37个，其他2个。1993年12月在经贸系统成立经贸委、交通局、商业总公司、粮油总公司、二轻工业总公司、金融行业、县联社7个党总支，隶属经贸工委。1996年，县经委、财委机构分设，成立经委、财委系统党的工作委员会，经委工委下设3个党总支，财贸工委下设8个党总支。1998年6月，教育卫生从宣传系统工委分设，成立"教育卫生系统党的工作委员会"，下设的2个党支部变为3个党支部。1999年，永和县直属机关设8个党的系统工作委员会，工委下属6个总支部，106个党支部。2002年机构改革，永和县直属机关下设7个党总支，全县共有204个党支部。至2011年底，全县共有党支部215个，其中社区2个，建制村79个；机关56个，企业24个，事业单位48个，其他6个。

党　委

民国27年（1938）11月，全县3个区均建立党委会。一区（城关、坡头、罢骨片）区委会驻城关镇王家坪村，区委书记由高文玉担任。二区（桑壁、署益、泊洋、交口片）区委会驻桑壁镇，区委书记先后由卫绵山、段逢泉担任。三区（南庄、打石腰、阁底、西庄片）区委会驻阁底乡西后峪村，区委书记由郝文斌担任。晋西事变后，3个区委均停止活动。

民国35年（1946）春，全县建立4个区党委会。一区区委会先后驻芝河镇官庄村、东峪沟村、城关村，区委书记先后由李文斌、丁宗新、白守先、丁子英、白启明、程如生担任；二区区委会先后驻阁底乡庄则坪、圪列塬村，交口乡赵家岭村，区委书记先后由蔡之文、柳成、郝国柱、慕生儒、雒逢达担任；三区区委会驻南庄乡红崖渠村，区委书记先后由王永清、郝国柱、寇崇勋、张之华担任；四区区委会驻桑壁镇桑壁村，区委书记先后由李林、苗彪、郝尚贵、刘世祯担任。

1954年9月撤销区级党委会，所属22个乡（镇）党支部直属县委领导。

1958年9月，撤销各乡（镇）党总支部、党支部，在全县设城关、桑壁、西庄、南庄4个人民公社党委会。1959年4月增设泊洋人民公社党委会。1961年7月设县人民武装部党委会；8月增设坡头、署益、阁底、罢骨、交口、打石腰6个人民公社党委会。1965年底，全县有基层党委会12个，其中人民公社党委会11个，部队机关党委会1个。1967年2月，11个人民公社党委会均停止活动。

1967年5月—6月，各人民公社相继成立党的核心小组。1969年10月，各公社党的核心小组改为革命委员会核心小组。1971年5月起，各公社先后撤销革命委员会核心小组，恢复公社党委会。

1972年4月建立直属机关党委（1976年8月撤销）。1975年1月建立公安局党委会。1985年1月，各公社党委会改为乡（镇）党委会。1990年8月，成立财委、经委2个党委会。1993年9月，原机关5个总支、2个党委改为县委、县政府、宣传、政法、农委、经贸委6个工委。1996年，全县有11个乡镇和县武装部、公安局党委会。1998年，全县有13个党委会。2000年，全县有13个党委会，有7个党工委，分别是县委、县政府、经委、教育卫生、宣传、农委、财委。2003—2011年，全县设7个乡镇和县武装部、公安局9个基层党委会。

1949—2011年部分年份永和县基层党组织设置情况表

表19-4　　　　　　　　　　　　　　　　　　　　　　　　　　　　　　　单位：个

年 份	党委	党总支	党支部	年 份	党委	党总支	党支部
1949	4	—	33	1981	13	—	161
1950	3	—	34	1982	13	1	160
1951	3	—	34	1983	13	1	160
1952	3	—	37	1984	13	1	175
1953	3	—	28	1985	13	—	182
1954	—	—	27	1986	13	—	193
1955	—	—	27	1987	14	3	195
1956	—	4	60	1988	13	3	194
1957	—	6	75	1989	13	4	201
1958	4	2	78	1990	13	9	202
1961	12	—	88	1991	13	7	205
1962	12	—	89	1992	13	7	207
1963	12	—	90	1993	13	7	203
1964	12	—	90	1994	13	7	207
1965	12	—	93	1995	13	7	209
1971	12	—	87	1996	13	8	211

续表 19-4

年 份	党委	党总支	党支部	年 份	党委	党总支	党支部
1972	13	1	99	1997	13	8	212
1973	13	1	111	1998	13	5	216
1974	13	1	112	2000	13	5	217
1975	14	—	121	2001	9	5	207
1976	13	—	122	2002	9	7	204
1977	13	—	126	2003	9	9	202
1978	13	—	147	2010	9	9	211
1979	13	1	154	2011	9	9	215
1980	13	1	159	—	—	—	—

第二章　党务工作

第一节　整党整风

民国37年（1948），组织县区两级党员干部，开展以查阶级、查斗志、查工作和整顿组织、整顿思想、整顿作风为中心的整党运动。通过学习《土地法大纲》，检讨土地改革工作中"左"的偏向，纠正官僚主义、命令主义和贪污腐化作风。

党建工作座谈会

1950年12月，全县有100名党员干部分两期在临汾参加整风运动。通过学习文件，开展批评与自我批评，部分党员干部中居功自傲、命令主义、游击作风和革命到顶的退坡思想初步得到克服。

1951年，分批整顿全县34个基层党支部。第一批用半月时间整顿乌门、土罗、长索、桑壁、义合、退干、乌华7个支部。通过整顿，对党员进行党的知识教育，建立正常的组织生活，并取缔一贯道等反动会道门。

1952年，结合开展"三反"斗争，对党员进行八项条件和共产主义理想教育，挽救犯错误党员。

1957年，在全县党组织中开展以正确处理人民内部矛盾为中心，以反对官僚主义、宗派主义和主观主义为内容的整风运动。

1961年，结合整社整风，整顿农村基层支部，清理党内坏分子和蜕化变质分子4人。1963—1964年，结合机关"五反"和农村"四清"，全面整顿党的基层组织，建立健全支部各项制度，加强支部领导核心作用。

1970—1974年，全县分三批开展整党建党工作，强调以阶级斗争为纲，从思想上、组织上"吐故纳新"。整顿中，调整生产大队党支部书记、"革委"主任34人，开除、劝退党员17人，给予党纪处分20人，暂未恢复组织生活27人。1975年冬，结合基本路线教育，从思想上、组织上、作风上整顿党的基层组织。1976—1977年，联系实际揭发、批判、清查"四人帮"罪行，从思想上肃清"四人帮"的影响。

1985年11月—1987年1月，全县县、乡、村三级13个党委、175个支部、2264名党员（其中正式党员2127人，预备党员137人）分3批参加整党，较好地完成了"统一思想，整顿作风，加强纪律，纯洁组织"的任务。整党后期，按照党章规定，对2118名党员履行登记手续，3名党员因违犯党的政策或犯有一定错误暂缓登记，6名有严重问题的党员不予登记。并对"文化大革命"中犯有严重错误和一般错误的10名党员做出结论，予以恰当处理。

1993年，全县普遍实行《党员目标卡》制度，建立党员管理档案。

1996年7月，永和县进行县乡机关集中学习整顿。整顿以党的基本理论、路线、方针和邓小平建设有中国特色的社会主义理论为指针，以江泽民总书记的重要讲话为主要学习内容，提高认识、统一思想，坚持从严治党，以整风的精神揭摆问题、查根溯源，解决党员干部特别是各级领导班子在思想、工作、作风、纪律等方面存在的突出问题，加强领导干部和干部队伍建设。

2000年5月,永和县在县委、县人大、县政府、县政协、县纪委、县委组织部、县委宣传部、县检察院、县法院、县公安局领导班子和领导干部中开展以"讲学习、讲政治、讲正气"为主要内容的党性党风教育整顿。教育整顿第一阶段是思想发动、学习提高;第二阶段是自我剖析、听取意见;第三阶段是交流思想,开展批评;第四阶段是认真整改,巩固成果。7月教育整顿结束。

2001年4月,永和县开展"三个代表"(党代表中国先进生产力的发展要求、中国先进文化的前进方向、中国最广大人民的根本利益)学习教育活动,制定了《关于在全县开展"三个代表"重要思想教育活动的实施方案》,确定了县级党员领导干部的联系点,组建了10个活动指导组和1个宣讲团。活动范围为县直部门、乡镇、村领导班子和领导干部;活动分学习培训、对照检查、整改提高3个阶段。

2005年,根据《中共中央关于保持共产党员先进性教育的活动意见》,在全县开展以实践"三个代表"重要思想为主要内容的保持共产党员先进性教育活动,历时1年半。

2009年3月,在全县党员中分批开展深入学习实践科学发展观活动。全县党员按学习调研、分析检查、整改落实3个阶段分3批进行。

第二节 党员教育

抗日战争、解放战争期间,永和县党组织处于秘密状态。党组织根据形势和任务要求,对党员进行党的政策、组织纪律和开展隐蔽斗争策略等教育。民国38年(1949)始,重点对党员进行党员标准和革命前途教育。

1950年7月,县委举办由53名农村党支部委员参加的培训班,10月举办由64名党小组长参加的培训班,组织农村基层党组织的骨干学习党的基本知识。此后,全县党员普遍学习《中国共产党章程》和毛泽东《关于农业合作化问题决议》等著作,使"一化三改造"(逐步实现国家的社会主义工业化,逐步实现国家对农业、手工业、资本主义工商业的社会主义改造)进展顺利。

1958年7月县委党校(初称党员培训班)建立后,平均每年举办轮训班3期,轮训300余人次,组织全县党员学习党的基本知识。1965年,普遍培训生产大队政治指导员和生产队政治工作员,在农村办起学习小组375个,教育党员树立全心全意为人民服务的思想。"文化大革命"期间，党校教育一度荒废，广大党员同群众一起学习毛泽东著作，背诵有关语录。

中共十一届三中全会后，县委把加强党员教育作为重要议事日程。20世纪80年代前期，县委党校举办培训班，主要组织学习中共十一届三中全会文献，学习邓小平、陈云文选，帮助党员解放思想，冲破"左"的禁区，促进经济体制改革。1980—1981年，县委党校和各公社党委分别用15—20天时间集中培训党员，全县参训党员1842人，占党员总数93.5%。1985年12月，各乡镇党委分批轮训农村党员，参加900余人，占农村党员总数85%。

1987年，全县11个乡镇均办起业余党校；县直机关、单位和农村党支部建立党员活动室209个，每个支部选配党课教员2—3人。至年底，各乡镇党校轮训党员900余人次，各支部上党课均在6次以上。1991年、1993年，县委党校举办入党积极分子培训班2期，培训申请入党积极分子159人。至1995年底，县委党校共举办46期培训班，对党员干部进行邓小平理论、党的基本知识、时事政治、党规党纪、商品经济、科技知识等方面的教育，参训党员干部1805人次。

1988年始，运用电视、录像、录音、电影、幻灯、广播等现代化教学手段，开展党员电化教育。1992年，组织8名科技人员运用电教设备，巡回讲授枣树、苹果树和小麦等农作物栽培管理，绒山羊改良和饲养管理等科学技术，深受农民欢迎。1993年，以广播为"龙头"，利用党校、党员活动室、党组织活动日等阵地，向党员进行发展基础产业先进典型、拒腐防变优秀人物、科技知识等专题教育。1994年，购置党教片60部，自制《山区送奶人》《奔小康带头人》等专题片11部，播放电教片80部、500余场。至1995年底，全县有党员电教放映队1个，专兼职电教人员81人；有放映厅1个，放映站6个，放映室91个，放映点123个。

1997年，在全县党员中开展党性分析活动，使全体党员时刻保持在政治思想上和党中央高度一致。1998年，在学习贯彻中共"十五大"精神和邓小平理论的基础上，在县直机关党组织中开展"三讲"（讲学习、讲政治、讲正气）活动，在农村开展以"三五"（争创五好支部、争当五好书记、争做五好党员）为主题的教育活动。2002年，开展基层组织党建工作"四化"达标（即支部活动经常化、发展党员程序化、党费收缴规范化、阵地建设标准化）活动为主要内容，对党员进行教育。

2003年，组织全县基层党组织和广大党员干部，深入学习中共"十六大"精神，学习胡锦涛"七一"重要讲话，深入调研，外出取经。举办8个不同类型的培训班17期，参训人员3000余人次；配合省委、市委组织部调训县级以上领导干部、优秀青年干部14期，100余次。推出"走出大山"学习培训计划，共外出培训学习13期，280余人次。以流动党校形式巡回培训48期，培训农村党员干部8000余人次，使全县80%的农村党员学到1—2门致富技术，30%以上的党员干部成了致富能手。同时，出台《全县党员电化教育"五三"工程实施意见》，全县7个乡镇79个农村党支部配齐党员电化教育所必需的卫星接收机、电视机、VCD机基础设备，共播放电教片1318场次，受训人员达2万余人次。"七一"前夕，摄制《党旗在基层高高飘扬》电教片，有8条党建新闻在省、市电台播放。

2004年，落实干部教育"三加五"计划，县级、农村党员干部共培训352期、1390余人次，播放电教片468场次，受训人1.2万余人次。为农村26个支部配电教设备电视机24台、VCD机22台、卫星接收机21台。11月组织乡镇党委书记、农村红旗支部书记到陕西、北京等地学习考察。5个乡镇形成局域网。长篇通讯"大山深处党旗红"在《临汾日报》《山西农民报》登载。根据《关于认真做好保持共产党员先进性教育活动准备工作的通知》成立了机构，并整顿10个后进支部。开展向永和二中教师李记元学习活动。专题片《再苦再累心也甜》在市广电系统获一等奖。《党旗辉映小康路》被市委组织部评为优秀奖。

2005年，永和县进行第一、二批保持共产党员先进性教育活动。县直104个党支部，1885名党员参加活动。12月15日第三批（乡镇党委）先进性教育活动启动，266名流动党员确定了联系方式。"走出大山"培训于12月底进行，846名乡村干部普通培训一遍，45名红旗、功勋支部书记参加了外出培训。

2006年，推荐9名党员参加2006年临汾市造才育才智才大型报告会，1937名农村党员定承诺办实事3598件，并完成汇编《大山深处党旗红》一书，拍摄专题片《永和——充满希望的地方》。4月启动现代远程教育，制作《黄土地上拓荒人》，在市电台轮播。

2007年11月3日—25日分4期，每期3天，对532名党员干部进行培训。中共十七大精神传达了5场230余人次。

2008年，制定《永和县"十一五"期间党员干部教育培训规划》《关于进一步加强党员干部教育工作实施意见》，推行"自助式""订单式"培训。组织各种农业技术培训78场次，培训新型农民1.8万人次，发布致富信息110余条，53座村级活动场所投入使用，印发科技服务手册3000余册。制定"两定"目标475项，完成462项，完成率达97.3%；全县党员共承诺目标11085件，完成10972件，完成率98.8%。

2010年，永和县制定《关于在全县党的基层组织和党员队伍中深入开展"五争五建"

引深创先争优活动实施方案》。2011年，按照《2010—2020年深化干部人事制度改革规划纲要》，出台永和县《实施办法》，落实《2011年全县干部教育培训实施意见》，实施市委"'千百万工程'深入开展双服务两率先"活动，表彰了"人才工作先进单位"和"服务科学发展英才"。在建党90周年之际，开展论文、知识竞赛，歌咏比赛，文艺晚会，书画展，报告会等活动。

第三节 党员评议

从20世纪50年代后期起，永和县每年评比先进支部和优秀党员。70年代后，每年"七一"党的诞生纪念日均印发《七一专刊》或召开会议，表彰先进。80年代后，每年评选一次先进，印发光荣册和先进事迹材料。

1989年11月，县委贯彻"坚持标准，立足教育，区别对待，综合治理"方针，在全县201个支部、2559名党员中，开展民主评议党员和妥善处理不合格党员工作。通过评议，处理不合格党员53人，占党员总数2.1%。其中开除党籍29人，留党察看6人，撤销党内职务1人，严重警告处分9人，警告处分7人，取消预备党员资格1人。

1989年起，县委在全县农村党支部书记中开展"千标百旗"竞赛活动，号召农村党支部书记争当一心为公的好支书。当年，评出红旗支书9人，达标支书19人。1990年，评出功勋支书4人，红旗支书10人，达标支书24人。1993年，"千标百旗"活动引深为"夺旗争标奔小康"活动。至1995年底，共评出功勋支书17人，红旗支书17人，达标支书38人。先后有10人被提拔使用，6人奖给农转非指标，7人享受养老保险待遇。

1994年起，每年底民主评议党员1次。对照党章要求，把党员分为合格、基本合格、不合格3个档次，评议结果填表入档。1995年，评出合格党员1166人，占40%；基本合格党员1708人，占58.6%；不合格党员42人，占1.4%。对不合格党员，开除党籍3人，劝退出党14人，纪检部门处理5人，限期改正错误的20人。本年度，评出先进党支部24个；优秀党员151人，占党员总数5.18%。

1995年起，永和县出台《年度目标责任考核试行办法》，对全县各级领导班子、领导干部、党员每年目标完成情况进行全面、客观、公正评议。明确规定党支部分为"一类、二类、三类"，党员分为"优秀、合格、基本合格、不合格"。2005年，评选优秀党员288人，占全县党员总数的10.2%。2008年，开展"支部联村、党员联户"活动，县直机关1263名党员结对帮扶1310户农村困难党员和群众，县委表彰20个先进党支部、6名先进党务工作者、68名优秀党员。2009年，全县考评县直党支部68个，其中一类支部12个，占17.6%，二类支部56个，占82.47%；考评乡镇党支部96个，其中一类支部17个，占17.7%，二类支部79个，占82.3%。2010年，全县党员3926名，评议党员3926名，定格党员3786名，不定格党员140名，其中评出优秀党员320名，占8.2%，合格党员3456名，占88%，不合格党员10名，占0.25%。2011年底，全县共考核县直党支部114个，其中一类支部19个，占16.7%；二类支部95个，占83.3%。考评乡镇党支部95个，其中一类支部20个，占21.1%；二类支部75个，占78.9%。全县共有党员4178名，评议党员4179名，占100%。定格党员3671名，占评议党员87.8%；不定格党员508名，占12.2%。其中，优秀党员337名，占9.1%；合格党员3332名，占90.8%；不合格党员2名，占0.1%。

第四节　干部管理

1949年10月，中共永和县委召开扩大会议研究干部配备问题，为全县配备65名县区干部。1951年3月，县委召开干部会议，针对领导干部中存在政治上麻痹、觉悟性不高等问题进行会议教育，并订立爱国公约。1952年1月，县委在党政机关干部中开展反贪污、反浪费、反官僚主义的"三反"运动，每个干部都进行学习、检举、鉴定，有效改变了干部队伍中的不良风气。1955年7月，县委召开干审会议，对县科级领导干部进行审查，摸清了领导干部的政治历史背景。1957年5月，县直机关干部开展整风运动，肃清干部队伍中存在的官僚主义、宗派主义和主观主义。1962年7月，根据形势需要，县委进行干部精简工作，111人被精简出干部队伍。1977年2月，县委进行"开门整风"，整顿对象是78名县科级领导干部，整顿方式是广泛接受群众意见，全面整顿领导干部的思想和工作作风。

1991年起，中共永和县委对全县领导班子和领导干部实行岗位目标责任制管理，年初制定目标，年底考核兑现。1992年7月，县委决定对全县机关事业单位中年龄40周岁以下、文化程度初中及以下的在职干部，进行2年的离岗培训。10月，县委做出决定：

机关事业单位干部，凡男年满55周岁、女年满50周岁，因身体原因不能坚持正常工作者，可由本人申请、组织批准离岗休息，到龄即办理退休手续。1995年12月，县委决定每年底在全县范围内开展民主评议党员、民主考评干部和民主测评领导班子的"三评"工作。通过考评、测评，把领导班子分为好、中、差3类，把干部分为优秀、称职、不称职3档。优秀者工资升级，不称职者工资降级。1999年8月，县委进行公开选拔科级领导干部尝试，经过严格的推荐、笔试、面试、考察等程序，公开选拔出11名乡科级正职领导干部。2006年1月，为优化科级领导班子结构，县委公开选拔50名35周岁以下的副科级领导干部。2007年，针对领导班子和领导干部中存在的思想纪律作风方面的突出问题，县委用3个月时间，分4个阶段进行整顿。在团干选拔过程中，结合干部工作实际，破格择优选拔了1名任职不足2年的女副科级干部担任团县委书记，在全县树立了良好的选人用人导向。

  2008年，县委把加强领导班子和干部队伍考核作为改进作风、狠抓落实的突破口，积极探索体现科学发展观、正确政绩观的干部考核评价体系，研究制定了部门联考、千分制考核办法。这个办法重点是在科学设置考核指标，注重绩效考核，引入民意调查机制，调动考核资源，注重结果运用等方面进行深入实践。2008—2009年，按照千分制考核办法，对全县科级干部进行全面考核，并充分运用考核结果，实行首长问责制。2008年对4名科级一把手进行诫勉谈话；2009年初把8名科级"一把手"调离一线领导岗位。为切实加强干部管理，县委出台《关于进一步加强干部管理的意见》，对干部管理权限、调配、录用等做出严格明确的规定。建立县级党政班子管工作、管队伍、管安全、管信访、管廉政的"五位一体"工作机制。制定出台《干部管理"十不准"规定》，大力推行"一线工作法"，实行年中公开汇报、观摩评比，年底统一时间、集中力量考核排队，并充分运用考核结果，奖优罚劣，逐步形成用制度管权，按制度办事，靠制度管人的有效机制。县委十分重视后备干部队伍建设工作，按照"素质优良、数量充足、结构合理"的要求，不断加强后备干部的培养和选拔力度。2009年3月，下发《关于加强全县科级后备干部工作的实施意见》，调整充实全县后备干部，建立全县科级后备干部库。

  2010年，县委出台《落实2010—2020年深化干部人事制度改革规划纲要的实施办法》，对规范提名制度、差额选拔干部、加大竞争性选拔干部力度、注重从基层选拔优秀年轻干部等工作进行统筹谋划，搭建起未来一个时期全县干部人事工作的框架和思路。出台《县委常委会任免干部票决办法》，全面实行县委常委会任免干部票决制度，对 23 名干部的任免进行了常委会票决。积极探索差额选拔干部方法，全程差额选拔 6 名县乡团干。

2011 年，县委制定出台《关于进一步从严管理干部的意见》，不断加大从严管理干部的力度。贯彻落实《公务员法》各项配套政策，严格进行职数审批。出台《关于调整乡镇、县直工作部门和事业单位科级干部的实施意见》的要求，调整交流一批干部。从优秀村干部中考录乡镇公务员；从具有 2 年以上基层工作经历人员中考录党政领导机关公务员。贯彻执行中共临汾市委《关于加强领导干部日常管理监督的若干规定（试行）》，充分运用谈心谈话、组织函询、经济责任审计、干部监督联席会议等监管措施，加强干部日常监管。对重点对象、重点时期、重点领域实行重点监管。对换届走上关键岗位的干部，进行任职培训和任前谈话。

第五节　纪检监察

机　构

1950 年 12 月，中共永和县委成立纪律检查委员会。1952 年 10 月，各区委和县直属支部设纪律检查委员。1956 年 2 月，县委纪律检查委员会改称监察委员会。纪律检查委员会、监察委员会书记先后由组织部部长或县委副书记兼任，并配备专职副书记、秘书、干事。"文化大革命"中，监察委员会组织瘫痪。1979 年 10 月，县委纪律检查委员会筹备组成立。1981 年 12 月，中共永和县第五次代表大会重设纪律检查委员会。1984 年，改为县纪律检查委员会（简称县纪委），成为县级一套班子，受县委和上级纪委双重领导。下设办公室、信访室、纪检室、审理室，设专职书记 1 人，副书记 1 人，专职常委 1 人，室主任、干事若干人。1985 年下半年，全县 11 个乡镇均设纪律检查委员会，各配兼职纪检书记 1 人；县乡直属支部和农村支部共配纪检委员 204 人。1987 年 8 月，县纪委增设党员教育室；9 月，各乡镇纪委配专职书记。1993 年 4 月，县纪委与县监察局合署办公，实行"一个班子，一套人员，两块牌子，两种职能"的管理体制，内设办公室、检查室、审理室、信访室。1995 年底，县纪委设书记 1 人，副书记 3 人，常委 7 人，委员 8 人；全县有乡镇纪委 11 个，各党总支、支部都设有专职或兼职纪检委员，共有专兼职纪检干部 240 余名。

1998年,县委纪律检查委员会与监察委员会合署办公,一个机构,两块牌子。2002年,根据《党政各部门"三定"(定职能、定内设机构、定人员编制和领导职数)工作实施意见》,设办公室(挂信访接待室牌子)、案件检查室、执法监察室、案件审理室(挂纠正部门和行业不正之风室牌子)、教育监督室。2007年7月,县纪律检查委员会(监委)设行政效能办公室,股级建制,核定行政编制3名。12月,永和县监察委员会更名为永和县监察局,与县纪律检查委员会合署办公。2011年底,县纪委(监察局)设置办公室、宣传教育室、党风廉政监督室、干部室、行政效能监察室、信访室、农廉室、审理室、案件检查室、执法监察室。设书记1人,副书记2人,常委7人,委员14人(常委、委员全部专职)。全县有乡镇纪委7个,21名纪委委员,各党总支、支部都设专职纪检委员,共有专职纪检干部47人。

纠正错案

纪律检查委员会主要职能是对党员执行党的路线、方针、政策情况及党风党纪进行检查,处理违反党纪的党员。由于受"左"的影响,也错误地处理过一些党员。1961—1962年,对1958年以来在"大跃进""反右倾"运动中受冲击的336名党员和非党员干部进行甄别。甄别后,属处理错误或不准确的予以纠正。1979年,遵照党的实事求是原则,对"文化大革命"中受党纪处分的冤假错案进行平反、纠正,对反右、"四清"等运动中处理的历史案件进行复查清理,全错全纠、部分错部分纠的有62起。

反腐倡廉

案件查处 1982—1984年,认真贯彻中纪委《公开信》,对244名违反规定建私房的干部、职工进行查处。其中党员136人,退出和交还贪占、拖欠国家和集体财物金额3.29万元。1981年12月—1986年底,查处各种违纪案件120起,涉及党员85人,有副科级以上党员干部11人,

全县党风廉政建设工作会议

30人受党纪处分,其中开除党籍4人,留党察看12人,严重警告5人,警告9人。1987—1988年,清理、查处1979年10月以来违纪超生的党员,98名违纪超生者受到党

纪处分。1989年，配合县政府查出违纪购买的小轿车16辆，没收2辆，上缴财政罚款49990元。1990年，查处县教委在民办教师转正工作中的营私舞弊行为，清退4名不符合条件的民办教师。是年，认真清理全县党政干部在建房、住房中的不正之风，共清理违法违纪建私房的115户，收缴违法占地款16万元；清理违反规定多占住房的64户，清回多占住房125间。查处党员违纪案件50起，处分违纪党员51人。1991年，全面普查1987年以来生育情况，查处违纪超生党员51人，开除党籍30人，严重警告21人。1992年，对铺张浪费、婚丧事大操大办、拖欠公款进行查处，刹住了长期存在的不良风气。同年，清回246名干部职工拖欠公款5.7万元；查处清理农行系统人员违章担保贷款36笔，清回违章贷款3.6万元。1993年，全县深入开展反腐败斗争，清回各单位拖欠公款4.01万元，公物22件；并对收费单位的收费项目、标准及收支情况作全面清理。1994年，清理不符合规定的领导干部住宅电话62部，清理出农村违法占地291户，收回罚款4.42万元。1995年，狠刹公款大吃大喝歪风，查出一些部门、单位拖欠饭店款3.5万余元，对有关问题逐项处理；查出县城4所学校不合理收费3项、4.25万元，并发放中小学收费卡，制止乱收费现象蔓延。从纪检委设立至1995年底，先后处分党员502人，其中开除党籍117人，留党察看71人，撤销党内外职务22人，严重警告135人，警告157人。

1996年，继续引深反腐败斗争，在县内推广"村级财务分管"制度，受理各类违纪案件13件，结案13件，审结率100%，处分违纪党员干部13人，给予党政纪处分13人，其中，科级干部1人，一般干部9人，农村党员3人。2002年，加大查处力度，全年共处理各类违纪案件24件，达历年最高，结案24件，审结率100%，在受处分人员中，一般干部4人，农村党员6人，科级干部9人。2004年，开展"清房"工作，全面清理全县乡科级以上领导干部和纳入"清房"范围的干部的住房情况。2009年，对全县总投资30635万元的43项重点工程，进行了监督；对干部任前谈话6人，诫勉谈话3人。全年共收到群众来信来访、电话举报18件，初核18件，立案18件，结案18件，没收各种违纪资金6.1万元。2011年开展了工程建设领域、小金库、公务用车、大操大办四个专项治理，对县委、县政府确定的"十大工程""三大行动"40个重点工程项目进行监督检查，提出监察建议10条，发现21个问题，限期整改21个。"小金库"治理共查出资金92.99万元。在涉农资金专项检查中，分发监察建议书7份，整改问题16个，追缴违纪资金1.9万元。

1996—2011年，共受理各类违纪案件216件（包括2010年纪律作风整顿中处理5人，2011年全市纪律作风集中教育整顿活动中14人），接案216件，立案216件，结案216件。

纠正行业不正之风 1998年后,县纪委贯彻和实施《中国共产党党内监督条例》《中国共产党纪律处分条例》,开展了"353"源头治理工程,即:会计核算、预算外收费、行政审批3个中心;干部选拔任用、政府采购、土地收购储备、建设工程项目招投标、企业改制5个程序;村务、厂务、政务3个公开。从源头上预防和治理腐败。1999年,贯彻和实施县委《关于继续推进党风廉政建设的实施意见》,聘请廉政建设监督员,加大党风廉政建设和反腐败工作力度。2000—2004年,废止违规及不合理收费项目128项,减轻农民负担,查处"三乱",整顿基层站所,清退临时工,通过问卷调查考核职能部门和窗口单位,开展行风评议。

廉政教育 2005年,开展党风廉政宣传教育"进机关、进社区、进农区、进企业、进校园、进家庭"活动,下发廉政教育宣传手册2000余册,举办廉政书画展5次,廉政法规讲座15次。同年,与涉路部门签订责任书,明确治理公路"三乱"责任;聘请14名行风监督员,加大明察暗访力度。2009年,全面贯彻中纪委十七届三次、四次全会和省市纪委会议精神,坚持"标本兼治、综合治理、惩防并举、注重预防"的方针,制定了《永和县干部管理"十不准"规定》,全县干部作风有了明显好转。为加大宣传廉政文化教育,在红军东征永和纪念馆所在地阁底乡东征村筹建了以廉政广告灯箱、标语为主的廉政文化一条街,拓宽了廉政教育阵地,接受基地教育1万余人次。《廉政准则》连环画展在县文化广场电子屏滚动播出,群众受到很大教育。

1950—2011年中共永和县纪律检查委员会历任书记名表

表19-5

姓　名	籍　贯	任职时间	备　注
丁宗新	陕西吴堡	1950.12—1952.6	主任,兼职
刘志显	山西临县	1952.9—1956.9	兼　职
裴靖唐	山西沁源	1956.9—1958.10	兼　职
芦敏学	山西洪洞	1961.6—1967.2	兼　职
杨廷基	山西临汾	1979.10—1981.12	兼　职
赵　珍	山西侯马	1981.12—1984.2	兼　职
陈克温	山西临猗	1984.2—1998.6	—
吴岐山	山西乡宁	1998.6—2001.8	—

续表 19-5

姓　名	籍　贯	任职时间	备　注
许文彪	山西临汾	2001.8—2007.5	—
张亚斌	山西临汾	2007.5—2010.6	—
任俊杰	山西大宁	2010.6—2011.6	—
崔文学	山西临汾	2011.6—	—

第六节　统一战线

抗日民族统一战线

民国26年（1937）9月牺盟永和县分会成立后，积极宣传《抗日救国十大纲领》和党的抗日民族统一战线政策。民国27年（1938）夏，县、区农民抗日救国会、青年抗日救国会、妇女抗日救国会相继成立，全县牺盟会员发展到1000余人。11月中共永和工委（后改称县委）成立后，以牺盟永和县分会名义，发动各界人士开展抗日救亡活动。民国28年（1939），随着阎锡山势力的逆转，县委向各界群众进行坚持抗战，反对投降；坚持团结，反对分裂；坚持进步，反对倒退的教育，作应对付突发事件的准备。12月，阎锡山势力公开进攻抗日武装，抗日民族统一战线遭到严重破坏。

人民民主统一战线

中华人民共和国成立后，县委通过各界人民代表会议、人民代表大会和政协组织，团结各界人士，扩大人民民主统一战线。1950—1954年间，县各界人民代表会议共召开2届、11次会议，党外民主人士王建基连任各代会委员会副主席。县人民政府（1955年后改称人民委员会）中，各界爱国人士占有一定比例。"文化大革命"期间，知识分子、民主人士和工商业者受到不同程度冲击，统战工作处于瘫痪状态。

1979年起，对反右派及历次运动中的各种案件进行全面复查，逐步落实各项统战政策。经复查，对原错划的22名右派分子全部予以平反。至1986年底，平反、纠正各种冤假错案425件，解决历史遗留问题389件。给被平反的189人安排适当工作，62人减轻、撤销党纪处分，86人解决户口问题。对错划错戴地主、富农、反革命、坏分子帽子的184人摘去帽子，恢复其公民权利；为2299名地富子女重新定成分和改变出身；15户原工商业者被确定为劳动者。1987年，将县委原党校（城北柏宝元）的2孔窑洞划给基督教会作为活动场所，并拨款0.1万元作活动经费。全县共登记宗教活动点21处。同时，落实了对起义投诚人员和台属的政策。

1982年，中共永和县委设统一战线工作部。1984年12月起，党外人士蔺胜恩连任3届县人大常委会副主任，先后有康瑞林、李全笑、蔺胜恩、韩凌云、韩凤莲（女）、冯月富、解建国、冯书霞（女）等党外人士担任县政协副主席，有无党派人士、宗教界、少数民族、台港属、工商界人士共17人被推荐为县政协委员，实施参政、议政。

1990—1995年，组织撰写统战工作论文50篇，其中10篇获临汾地区统战理论研究会二等奖，15篇获三等奖；5篇被省级报刊登载。

2004年，县委正式成立民族宗教事务局（与统战部合署办公），配备专职干部，加强民族宗教工作，宗教工作得到进一步开展。全县共有基督教、佛教、天主教三大教派，信教群众6269人，占全县总人口的10.5%，其中基督教5942人，佛教320人，天主教7人。依法登记的宗教活动场所10所，其中基督教9所，佛教1所（朝阳寺）。2010年8月在民族宗教局的协调配合下，在永桑路药家湾修建基督教三自爱国委员会教会。2011年底，全县宗教团体有佛教协会、基督教三自爱国委员会、基督教协会，有教职人数24人，其中佛教教职人员4人，基督教教职人员20人。

自统战部成立以后，中共永和县委以"长期共存、互相监督、肝胆相照、荣辱与共"为统一战线工作方针，充分发挥各界人士的积极作用。1996—2011年，党外人士积极参加县人民代表大会和政协会议，有的当选委员。2007年8月8日—9日，中共临汾市委统战部在永和统战部配合下开展的"凝聚力工程老区行"活动在永和县进行。各民主党派组织、非公有制企业代表人士、专家学者、文艺工作者在永和开展了光彩事业扶贫、文艺宣传、农村科技讲座、教育教学扶贫等活动。1996—2011年，永和县统战工作连续5次被省、市评为先进单位和先进集体。

第七节　宣传工作

民国26年（1937）8月，以左木扬为组长的八路军工作团，在永和进行抗日宣传活动。民国28年（1939）1月，在中共永和工委的领导下，永和县流动工作团成立。流动工作团以表演节目的形式，向全县人民宣传党的抗日主张，如节目《放下你的鞭子》《送郎从军》《反顽固》《义勇军进行曲》《大刀向鬼子们的头上砍去》等。2月，中共永和工委宣传部部长卫绵山，利用其永和二区秘书的公开身份，以举办训练班的形式，宣传党的方针、政策。民国32年

"七一"建党文艺宣传活动

（1943）11月，延属地委成立"对阎地下工作委员会"，范围包括永和县，其主要职责是宣传党的政策，瓦解敌人。民国36年（1947）7月，中共永和县委副书记石峻在东峪沟村发动群众、宣传党的"土地改革"政策。

1950年4月，永和县开展爱国主义教育、国际主义教育与和平签名抗美援朝宣传教育运动，全县有3240人参加。1951年，在县城首次放映电影，宣传党的先进事迹。1953年5月，县委创办《永和小报》，每周1期。《永和小报》是县委的宣传喉舌。同年，在县城建起容纳千人的人民大礼堂，成为县委和县政府的固定宣传平台。1954年2月，县委决定县区干部深入农村，以传授党课的方式，宣传党的方针政策。1956年11月，为加强党在农村的政治思想教育工作，永和县召开农村宣传工作积极分子代表会议。1963年3月，永和县成立"向雷锋同志学习委员会"，向全县人民广泛宣传雷锋模范事迹。1971年11月，永和县召开"农业学大寨"经验交流大会，宣传大寨精神。1978年12月，县委下达《关于认真学习十一届三中全会公报》的通知，要求全县机关、企事业单位和人民公社用3周时间组织学习"公报"，大张旗鼓地宣传"公报"。1980年5月，永和县做出"向李让应同学学习"的决定，学习宣传她"热爱集体、热爱劳动、大公无私、舍己救人"的精神。1982年2月，永和县为开展"全民文明礼貌月"进行广泛宣传。县电影队编绘、上映文明礼貌活动幻灯；县文化馆举办文明礼貌画廊；桑壁公社组织起宣传队编演节目《五讲四美好》《我们从小讲礼貌》等。1995年12月，永和县举办首届红枣节，山西电视台《黄土地》栏目进行专题报道。

2007年，通过组织理论宣传骨干和乡镇报告员在县直单位和乡镇进行集中宣讲，宣传党的十七大精神。同时，为党员干部征订发放《十七大精神辅导读物》《中国共

产党第十七次全国代表大会文件汇编》《理论热点面对面2007》等理论学习资料2000余册。组织开展以建设社会主义新农村、落实全县三级干部会议精神为内容的宣传培训活动；以学习宣传贯彻落实党的十七大精神为内容，在县电视台设立专栏进行展播。下发《永和县开展"转变作风，狠抓落实"大型宣传报道方案》，在县电视台开设《转变作风，狠抓落实》专题栏目，组织县乡35个主要职能单位在县电视台进行"转变作风，狠抓落实"公开承诺，并通过电视台对活动中涌现出的好做法、好典型及时进行跟踪报道。开通"永和在线"及"永和宣传旅游网"；开通网络讨论、留言、寄语平台。在县电视台开辟《党旗在基层高高飘扬》专栏，把先进党组织、优秀共产党员的先进事迹和感人故事制成专题片，先后播出6集。创办《永和宣传》月刊，编发《永和宣传》7期。县电视台开辟《全力推进城乡清洁工程》《建设社会主义新农村》等17个专栏，播出新闻300余条。开辟《电视剧场》栏目，播出电视影片100多部。编印《永远和谐》画册一本，制作专题片《绿色永和》一部，在省电视台播放。组织省、市知名作家20余人到永和采风，并出版了以永和和谐文化、诚信文化为内容的《平阳文艺》，永和文化旅游专刊和《黄河旅游线上璀璨的明珠》画册。

2008年，宣传身边人和事，以鲜活的事例为榜样，加强公民道德教育。宣传全国道德模范提名奖获得者、县中医院院长王学诗；宣传奥运火炬手候选人、县文联主席马毅杰；宣传全国模范教师李玉海等。以先进典型为榜样，开展公民道德创建活动。

2009年，在县电视台开设《深入学习实践科学发展观活动》《六个为什么》《学习贯彻十七届四中全会精神》等主题解读专栏；在临汾日报刊登《千畴绿色万轴画，打造特色新永和》专版一块；开通网上"视频新闻""党政动态""文明宣传"等专栏，增设永和论坛、留言、寄语平台；编播《树文明形象，建特色山城》《重点工程追踪》等专栏，同时通过"文艺宣传"小分队下乡活动，使党的政策及会议精神得到广泛宣传贯彻。县文联主席马毅杰创作的《瞅瞅自己的背影》《寻找美丽的精神家园》等10余篇作品在《人民文学》《中国作家网》《山西日报》等重要报纸杂志发表并获奖，受到中央电视台、山西人民广播电台、黄河电视台、《山西日报》等多家媒体的专题报道。申报的"晋南土布织造工艺"和"打瓦游戏"两项非物质文化遗产，已被公布确定为山西省"第二批省级非物质文化遗产"保护项目；高家塬秧歌被确定为临汾市非物质文化遗产保护项目。

2010年，编发《永和宣传》24期；县电视台开辟《记者见闻》《百姓话题》《学习贯彻十七届五中全会精神》《安全知识宣传》《两会精神在基层》《创先争优在永和》

《学习型党组织建设》《爱我永和、树我形象、建我家乡》主题活动等专题栏目 28 个，播出 600 多期。对已开通的"永和在线"及"永和宣传旅游网"在进行充实、完善和强化监控的同时，结合永和县情开设"党政动态""文明宣传""法律咨询"等专栏。在"永和在线"开设"爱、树、建"主题活动和学习型党组织建设活动专题网站，及时将活动进展情况、学习资料等发布网上，推动了全县"爱、树、建"和学习型党组织建设的顺利开展。先后组织举办"春节团拜会"文艺晚会、"元宵节"秧歌表演、"七一"晚会和"八一"拥军晚会等文艺活动，并开展"电影下乡"和"文艺宣传"小分队下乡活动，累计送节目、电影 200 余场次。创作《山西婆姨河南汉》《摸不着的被告》《1969 年的冬天》等大量作品，在《新华每日电讯》《中国散文学会》《中国当代散文家代表作集》等刊物发表。

2011 年，在"永和在线"网站创设学习型党组织建设主题网页，编发"推进学习型党组织建设"简报 12 期；在全县三级干部大会和人大、政协"两会"及全省水土保持现场会召开期间，先后展出版面 60 余块，对永和县煤层气开发、重点工程建设、惠民政策落实等成果和人大、政协的工作成绩及水利、林业事业先进经验进行了充分展示。县广电中心开设《党旗飘扬在基层》《党代会精神在基层》《三干会精神在基层》《政府工作报告解读》《省党代会精神解读》《科技时空》《健康面对面》《乡村法制》《致富故事会》等栏目，播出专题 300 多期；制作《喜看永和新变化》等专题片 40 部、系列报道 30 期；编印《网络舆情信息》24 期。为 8 个村安装卫星地面接收设施 200 多套，使 200 多户 800 多人收看到了图像清晰、质量较高的电视节目。

第八节　政法工作

机构设置

1981 年 9 月 13 日，中共永和县委政法委员会成立，主任由县委副书记赵珍兼任，副主任由县公安局局长牛耀中兼任，成员由县检察院检察长石秀、县法院院长张维屏、县司法局局长吴玉珠等人组成。1998 年机构改革，政法委员会与社会综合治理委员会办公室合并为一个机构，挂两个牌子，属县委工作部门。2002 年，根据党政各部门"三定"工作实施意见,中共永和县委政法委员会与永和县社会治安综合治理委员会办公室合署办公。

主要工作

全县法治工作会议

1983年11月2日—12月10日,县政法委员会组织协调公安局、检察院、法院、司法局、组织部、宣传部、纪委等部门成立"严打"办公室,对严重危害社会治安的刑事犯罪分子和利用暴力侵犯犯罪团伙进行严厉打击。1994年,组织协调公安局、检察院、法院、司法局,开展打击盗窃、破坏重点工程建设,禁赌以及打击严重刑事犯罪,严打整治等专项活动。1995年,提出政法部门抓好"三个建设"(领导班子建设、队伍建设、法制建设);"三个一流"(工作政绩、队伍建设争创一流,干警素质、业务建设争创一流,执法水平、服务保障实现治安稳定争创一流)的目标。1996年,下发《关于加强县政法委和政法队伍建设的意见》,从4月份起,组织协调执法部门,围绕"打团伙、打恶势、破大案、追逃犯、缴黑枪"为中心,开展为期半年的"打团扫恶"专项斗争,共打掉19个犯罪团伙和流氓恶势力。破获各类刑事案件19起,追回在逃犯9名,收缴枪支90多支,缴获赃款、赃物15万余元,召开2次公判大会。1997年,制定整顿方案,召开动员大会,举办法制讲座,开展"三讲"(讲学习、讲政治、讲正气)教育和学习先进交警等活动。1998年集中8个月时间,针对群众反映强烈的个别干警办案中搞特权、吃拿卡要等消极腐败问题,进行严查整改。1999年7月28日,组织执法部门及部分法轮功练习者召开揭批"法轮大法"会议,坚决拥护中共中央关于处理和解决"法轮功"问题的重大决策,剖析批判李洪志及其"法轮大法"反科学、反社会、反政府的本质,执法部门对法轮功练习者进行登记造册。2004年3月20日,县委常委、政法委书记郝忠祥在政法工作会议上作了题为"与时俱进、扎实工作,为全县改革发展创造和谐稳定的社会环境和公正高效的法制环境"的报告,大会表彰了先进、签订了2004年综合治理目标责任书。5月26日,对出版物市场开展全面"扫黄打非"集中整顿。

2011年，在全县政法系统开展革命传统教育活动，理想信念教育活动，政法文化建设活动。同时开展防爆缉枪行动，对县民爆服务站安全检查15次，整改隐患1处；签订无爆炸物品责任书350余份；检查涉枪、涉爆单位36次，现场监督使用民爆物品365次，收缴并销毁雷管865枚，航空炸弹1枚。在永和县南庄乡永和关村和坡头乡岔口村设立两个检查站点，对过往车辆1600余辆和2600余人进行检查。共接收社区矫正对象6人，对5名对象进行严格管控和强化教育，安置帮教解教人员60人，其中14人解除帮教，健全15个刑释解教人员档案，检查服刑在教人员93人（2011年新增15人）。全年，进机关27个，进社区4个，进学校12所，进乡村61个。

1996—2011年，每年就综治知识、地质灾害安全知识、防火安全知识、道路安全知识、《信访条例》《涉法涉诉信访问答》等知识进行宣传1~3次。每年散发公证、法律援助、人民调解等法制资料5000余份，讲法制课10~15次，受教育人数20000余人。有"普法园地"和"法律网络服务"等政法宣传的阵地，连年开展创建"平安永和""平安单位""平安学校""平安社区""平安乡镇"等活动。

第九节　综合治理

机构设置

1991年3月，永和县社会治安综合治理委员会办公室成立，综治办与县委政法委员会实行一个机构、两块牌子。

2003年，综治委设立6个专项工作领导组，即矛盾纠纷排查调处领导组、流动人口治安管理领导组、安全社区领导组、安置帮教领导组、预防青少年犯罪领导组、学校治安综合治理领导组。

平安社区建设宣传

主要工作

创建安全文明小区 1991年，综合治理机构成立后，在全县范围内开展安全文明小区创建活动，评比出10个模范安全文明小区，有永和一中安全文明小区、粮食局安全文明小区、永和党校安全文明小区、永和财政局家属院安全文明小区、保险公司安全文明小区等模范小区。2011年底，全县建成安全文明小区129个，普及率达80%以上。

开展严打整治斗争 综治办成立后，多次组织协调执法机关开展打黑除恶、农村社会治安大整治、打击取缔"法轮功"等邪教组织、校园周边环境整治等专项整治活动。

做好矛盾纠纷排查调处 永和县矛盾纠纷排查调处办公室（简称"矛排办"）设在县综治办。"矛排办"成立当年就选拔12名巡逻队员，对县城重点部位、路段进行巡逻，5年共排查各类矛盾纠纷案件142件。

城区综合治理 1999—2011年共投资230万元，在交通要道、十字路口安装26个视频监控系统；投资98万元在3个出县口安装7个测速点，在县主街道安装38个减速带、12个警示灯，在十字路口安装10个红绿灯装置。

平安行动活动 2011年，在全县范围内开展安全生产秩序整治、道路交通秩序整治、社会治安秩序整治、信访维稳秩序整治等行动。行动具体名称是"利剑行动""清网行动""严打行动""校园安全整治行动""矛盾纠纷集中排查调处活动""治安混乱地区和突出治安问题整治活动"。共查处酒后驾驶1起，查获涉牌涉证违法行为355起，查处摩托车违法行为340起，排查监督整改火灾隐患32处，查封取缔不符合消防安全规定的营业场所1家，处置火灾事故1起（挽回财产损失3万余元），查处各类隐患24处、整改24处，对7家网吧实行有效管理。

第十节　信访工作

机构设置

中华人民共和国成立初期，群众来信来访由县委、县政府设立的问事处接待，转交各有关部门办理。1969年11月，县革命委员会办事组配备1名干部，专事群众来信来访工作。1979年9月设立信访办公室，专职干部增至2人。1984年平反冤假错案，来访人数日益增加，成立了以县委、县政府主要领导任组长、副组长的信访工作领导组，下设信访办公室，专职干部增加至3人。1986年建立县、乡、村三级信访工作网络，县直16个部委，农村11个乡镇、80个村民委员会均建立信访组织，全县有信访人员312人。1989年信访办公室改称信访局，专职信访干部增至4人。1994年精简机构，信访局改为信访科，内设于县委办公室，专职信访干部减为2人。2000年信访专职干部增加为4人。2002年机构改革信访专职干部减为3人，2006年又增加为4人。2007年信访科恢复为信访局，隶属县委办管理，人数增为5人。2010年成立"信访服务中心"，隶属信访局管理，增设一个70余平方米的联合接待大厅。配备办公、接待设施，安装电脑、摄像头，安排纪检、政法等职能部门进服务中心工作。

主要工作

20世纪50—60年代群众来信来访年均在100人次以下。1971年接待受理群众来信314件，来访187人次。1972年接待群众来信129件，来访2009人次。1974年接待群众来信来访最多，受理来信8495件，接待来访1213人次。1979年受理来信349件。1987年受理信访案件244件。1989年受理群众来信40件。2000年信访总量64件，其中来信9件来访55件。2003年信访总量91件，其中来信7件，来访84件。此后信访总量中来访所占比例逐年增多。2005年成立了由县委、县政府主要领导任组长的处理信访突出问题及群体性事件联席会议领导组。2007年信访总量106件，其中来信8件、来访98件。2009年信访总量102件，其中来信24件29人次，来访78件255人次。2010年信访服务中心成立后，县委、县政府主要领导及时接待来访群众，职能部门进中心工作。领导成员包案、信访工作例会、信访工作通报等规章制度更加完善，信访工作更加规范化、制度化。2011年，信访总量79件，其中来信9件、9人次，来访70件、302人次，比2010年减少40人次。凡属群众来信来访案件，均及时处理，转交有关部门办理，并督查办理结果，做到件件有着落，事事有交代。

第十一节 党校工作

机构设置

1955—1957年永和县与石楼县联合创建"石永党员训练班"，地址在石楼县岔沟村。1958年，中共永和县委党员训练班建立，设在县城东北东峪沟村。同年，隰县、大宁、蒲县、石楼、永和5个县合并为吕梁县，训练班并入中共吕梁县委党校。1961年分县后，党校分设。1964年，县委在城西北柏宝元建党校，修土窑15孔，党校迁入。至1968年，"文化大革命"全面夺权，党校取消，后被"五七"干校取代。1979年4月复设，1986年成立党支部。1986—1988年，县委党校重建于县城西圪列口坪，占地13亩，建房40间，教学楼1座（单面）22间。1987年，与县教师进修校合并，保留牌子，合并为永和县干部教师培训学校，承担永和县成人教育的培训任务，有教职工22人。1990年，学校有教职工18人（专职5人，兼职1人）。2008年，永和县委党校编制18人，其中管理人员6名。学校设校务委员会，下设办公室、教务处、后勤处。

主要工作

党校成立后，中共永和县委在党校陆续举办各类培训班。1978年12月后，先后举办过"真理标准大讨论""坚持四项基本原则，反对资产阶级自由化理论研讨会""拨乱反正""农村经济体制改革""精神文明建设"等多种培训班，受训人员达2358人次。1986年党校实行正规化教育，开设党政干部中专班、专修班，主要对象是党政机关未达到高中学历的干部。先后报收中专班（2年制）、专修班（1年制）共104人。经2年或1年正规教育，学完全部课程，考试合格，取得中专学历，颁发毕业证书。办二年制干部离岗培训班1期，培训青年干部33名。1988—1992年，开设省委党校政治理论专业函授大专班，两届招生172名学员（每届三年制）。1991年，在开设大专班的同时，又开设中央党校函授本科班，专业有党政理论、经济管理、法学，共招收135名学员。至2011年，本、专科共招收657名学员，均已取得学历。

1997年后，进行了中共十五大精神、十六大精神、邓小平理论、"三个代表"重要思想、公务员知识、WTO知识、产业结构调整、党性修养、县委县政府会议精神等培训共计110余期，受训人次达10000余人次。2001年秋，党校开设广播电视大学，设公共关系学和会计专业，共招98人。

永和县委党校以干部短期培训为主流，尤其是培训科级以上领导干部、党员干部、入党积极分子、政协委员、大学生村官、农村两委主干等，每年举办5~10期培训班，培训人次达800~2000人次。教师培训系列共招收大中专函授进修学员680名，对52名中小学校校长进行了上岗培训。2010年，在县委组织部、县直机关工委的牵头下，流动党校到基层各党支部宣讲，受训人次达500~1000人次。2011年，党校以电视台专题讲座的形式进行马克思主义理论、中国特色社会主义理论、党的路线方针政策及工作能力等方面的知识培训。

第十二节　党史研究

机构设置

1981年12月，中共永和县委党史研究领导组成立，组长由县委副书记、政府县长吕树琛兼任。下设党史研究办公室，主任徐启发。1982年3月，永和县中共党史资料征集和地方志编纂领导组成立，组长由县委副书记、政府县长吕树琛兼任。领导组下设党史资料办公室和地方志编纂办公室。党史资料办公室主任王逢仁，副主任刘宗义。1987年7月，党史资料办公室和地方志编纂办公室合并为县史志办公室。1993年2月，史志办公室与县档案局合并为县史志档案馆。1998年12月，县史志档案馆分设为县档案局和县委党史研究室。2002年2月，县地方志办公室并入县委党史研究室，组建为县史志办公室，为县政府直属事业单位。2008年9月，由县政府直属事业单位改设为县委直属参公事业单位。

主要工作

20世纪80年代，党史办公室工作人员对全国在永和工作和革命过的老干部进行了走访，抢救回有价值的资料数百万字。1987—1993年，整理编撰时跨50年，纳党、政、军、统、群方面，含文字叙述、名录、图表共38万字的《中国共产党永和县组织史资料》（第一卷），并由山西省人民出版社出版。2001年12月，整理编撰出版14万字的《中国共产党永和县组织史资料》（第二卷）。2009年11月，整理编纂《红军东征在永和》，由中共党史出版社出版。2009年11月，整理编纂《永和革命风云录》，全书以土地革命战争时期、抗日战争时期、解放战争时期3个时期为序，收录了在永和革命和工作过的老革命家的回忆，约28万字。2010—2011年，整理编撰26万字的《中共永和历史大事记述》。

第十三节　老干部工作

20世纪80年代，县委建立健全了全县离退休老干部生活费和医疗费的"两费"

保障机制，落实了老干部的政治生活待遇，并且为每位老干部订阅一份《山西老年》杂志。2005年，组建关心下一代工作委员会、老区建设促进会、老年书画研究会、老年秧歌队、老年合唱团等组织。关心下一代工作委员会自成立以来，先后在中小学校中开展"中华魂"读书活动，激发学生的读书热情和学习兴趣。同时，成立"四老"（老干部、老先进、老教师、老党员）宣讲团，向学生宣讲革命传统、文明礼貌、安全知识和法律常识，指导学生树立社会主义荣辱观。先后在永和一中、永和二中、永和三中、城关小学、城关二小等14所学校宣讲30余场次，受教育师生达1.5万余人次。宣讲团还走街串巷，深入基层，宣传党的十六大、十七大政策方针，得到社会的认可。县老干部局1991年被山西省委老干部局评为"先进单位"，1992年被临汾地委、临汾行署评为"全区老干部工作先进单位"，1999年被临汾地委老干部局评为"年度先进单位"。属老干部局管理的"老干部活动中心"，1992年获山西省委老干部局"首届先进活动室评定二等奖"，1999年获临汾地区精神文明建设指导委员会"文明单位"奖。老干部局先后整理出版《老干部工作大事记》《闪光的足迹》《永和革命老区》等书籍。

第十四节　重大活动

中共永和组织创立

1926年，中共陕北组织派遣党员崔玉胡（陕西清涧人）到永和县李家崖村开展工作，建立了永和县第一个共产党组织——李家崖党小组。

建立村苏维埃政权

1936年2月20日—5月上旬，中国工农红军东征永和期间，建在桑壁、赵家沟、呼家庄等村建立苏维埃政权。

中共永和工委成立

1938年10月，中共永和工委成立，呼建文任书记，杨毅任组织部部长，卫绵山任宣传部部长。

解放永和

民国35年（1946）11月，中国人民解放军晋绥野战军二纵奉命解放永和。王震为司令员兼政委，王恩茂为副政委，主攻任务由二纵独四旅承担。20日3时，部队向永和开进。21日黄昏完全包围永和县城。王震、王恩茂把作战指挥部设在河口村山包上。22日拂晓，解放军占领北关，并组织攻城。下午2时，攻占县城，阎锡山守军仅20人漏网，永和县彻底得到解放。

"四清"运动

1964年春，永和县开展"四清"运动。"四清"即清工、清债、清账、清库。全县分三批进行，历时11个月。

党员"扶贫"活动

1986年，县委在全县范围内开展"党员包户扶贫争优活动"，有1230名中共党员包扶4312户农村贫困户。经过1年的包扶工作，20%的贫困户脱贫。

"千标百旗"活动

20世纪90年代，中共永和县委在农村党支部中开展"千标百旗"活动。1991年3月10日，在县城举行总结表彰大会，授予4人"功勋支部书记"称号、10人"红旗支部书记"称号。功勋支部书记被破格录进乡（镇）领导班子，有的担任乡（镇）长。

"三讲"教育

2000年5月，中共永和县委在县级领导班子和领导干部中进行"三讲"（讲学习、讲政治、讲正气）教育。参加"三讲"教育的范围和人员为县委班子，县人大、县政府、县政协党组成员和县纪委、组织部、宣传部、法院、检察院、公安局等单位领导班子。县委成立"三讲"教育领导组办公室，制定《关于深入开展"三讲"教育的实施方案》，对"三讲"教育的方法步骤、内容要求作了明确规定。"三讲"教育分思想发动、学习提高阶段；自我剖析、听取意见阶段；交流思想、开展批评阶段；认真整改、巩固成果4个阶段。县委"三讲"教育办公室下发"征求意见表"和"民主评议表"，召开座谈会18次，收回各种意见960条、建议。"三讲"教育活动历时3个月。

"三个代表"学习教育活动

2001年，中共永和县委开展"三个代表"学习教育活动，下发了学习"三个代表"重要思想的文件，对各级党组织、党员、干部和群众的学习，从内容、制度、计划、心得笔记、考核等方面提出具体要求。四大班子成立县委中心组，各级单位也成立相应的中心学习组，订阅和编制《干部理论学习内容》《"三个代表"重要思想学习纲要》和《前进》等重要学习资料。县电视台开辟"三个代表"学习专栏，各级单位编发信息专版，及时对学习"三个代表"重要思想的先进典型和事迹进行宣传报道。2003年，县委中心组成员写出学习笔记14万字，心得体会32篇。3月份，县委分批对全县副科级以上干部学习"十六大"和"三个代表"重要思想进行系统培训。

深入学习实践科学发展观活动

2009年3月，中共永和县委制定《关于开展深入学习实践科学发展观活动的实施意见》，根据《意见》的安排和要求，永和县参加第二批、第三批深入学习实践科学发展观活动（以下简称"学习实践活动"），每批时间半年左右。第二批自2009年3月开始，至2009年8月基本完成。第三批自2009年9月开始，至2010年2月基本完成。第二批的范围是县人大、县政协、县人民法院、县人民检察院和人民团体机关、县直属单位、县属企业、党组织关系在永和的垂直管理单位的乡科级以上领导班子和党员领导干部。全体党员与非中共党员部分领导干部也参加第二批活动。第三批的范围分乡（镇）村、社区、中小学校；未参加第二批活动的企业、社会团体、社会中介组织中的领导干部及全体党员。此次活动县委成立了领导组，下发了方案，各单位也成立了领导组，下发了具体方案。方法步骤是：准备工作阶段，进行调查摸底，制定实施方案，进行思想发动；组织实施阶段，一是分析检查，二是整改落实；总结工作阶段，进行群众满意度测评，形成总结报告。为实现深入学习科学发展观的目标，学习实践活动以开展"四比四看"活动为载体（即：比项目建设，看加快发展；比兴办实事，看改善民生；比安全稳定，看社会和谐；比工作作风，看干部形象），突出解决"六个方面"的问题，即：一是要突出解决思想观念不适应的问题，努力在提高科学发展观的认识上达到新境界；二是要突出解决产业发展不均衡的问题，努力在提高经济发展的质量和效益上取得新成效；三是要突出解决安全生产意识不够强的问题，努力在抓安全生产上开创新局面；四是要突出解决基础设施薄弱的问题，努力在改变基础设施上迈出新步伐；五是要突出解决群众反映强烈的教育提质和医疗健康的问题，努力在改善民生上取得新突破；六是要突出解决干部作风不实的问题，努力在干部作风转变上实现新突破。

第二十编

政权 政协

1954—2011年，永和县共选举产生14届人民代表大会。人民代表大会讨论决定县内重大事项，选举产生县人大常委会和政府领导班子，以及法院院长、检察院检察长。历届人民代表大会认真履行宪法和法律赋予的神圣职责，依法行使选举权、任免权、决定权和监督权，审查和决定地方的经济建设、文化建设和社会建设。1984年12月，中国人民政治协商会议永和县委员会（简称政协）成立。在中共永和县委的领导下，政协遵循"长期共存、互相监督、肝胆相照、荣辱与共"的方针，积极履行参政议政职能。组织委员对多项工作进行视察评议，发挥监督作用；深入基层，调查研究，反映社情民意；献计献策，为县委、县政府提供决策依据；发挥才智，服务基层，为广大农民提供致富技术与门路。至2011年，永和县政协共选举产生8届委员会。

第一章 地方人大

第一节 人民代表

各界人民代表

1950—1954年，永和县两届各界人民代表会议共召开11次会议，其中第一届召开7次，第二届召开4次。出席会议的农村代表由行政村群众大会选举，相关团体代表由各有关单位选派。代表名额是：一届一次会议72人，二次会议81人，三、四次会议均为88人，五次会议86人，六次会议81人，七次会议105人；二届各次会议均为105人。每次会议，农村代表均占50%以上。

人民代表

1953年始实行普选。凡年满18周岁的公民，依法发给选民证，凭证参加选举大会。1954—2011年，县内共进行15次人民代表选举。第一至六次采取间接选举县人民代表的办法，即以行政村（生产大队）为单位，选出乡镇（公社）人民代表，然后召开乡镇（公社）人民代表大会，选举产生县人民代表。第七次起实施新《选举法》，采取差额选举办法，县乡两级人民代表均由各选区选民直接选举产生。第十二次为单独选举乡镇人民代表。

1954—1995年永和县人民代表选举情况表

表20-1　　　　　　　　　　　　　　　　　　　　　　　　　　　　　　单位：人、%

年份	选民数	参加选举人数	参选人数占比	选举结果	
				乡镇（公社）人民代表	县人民代表
1954	15256	10707	70.2	348	57
1956	16262	15646	96.2	387	53
1958	15961	15336	96.1	415	53

续表 20-1　　　　　　　　　　　　　　　　　　　　　　　　　　　　　　　单位：人、%

年份	选民数	参加选举人数	参选人数占比	选举结果 乡镇（公社）人民代表	选举结果 县人民代表
1963	17055	16373	96.0	255	65
1965	18357	17623	96.0	277	65
1980	25776	25003	97.0	390	138
1984	27128	26090	96.2	410	150
1987	27751	24865	89.6	361	111
1990	30840	30069	97.5	470	140
1993	31049	30086	96.9	470	141
1995	32117	31068	96.7	477	—

1998—2011 年永和县人民代表选举情况表

表 20-2　　　　　　　　　　　　　　　　　　　　　　　　　　　　　　　　　单位：人

年份	选民数	参加选举人数	占 %	选举结果 工人农民代表	占 %	党政干部代表	占 %	科技教育、文艺代表	占 %
1998	29579	28840	97.5	77	59.0	31	23.9	22	17
2003	33818	31770	94.0	54	40.9	53	40.2	25	18.9
2007	33818	31770	94.0	54	41.2	52	39.7	25	19.1
2011	40413	34675	87.8	56	43.8	49	38.3	23	17.9

第二节　各界人民代表会议

第一届县各界人民代表会议

一届一次县各界人民代表会议于 1950 年 3 月 8 日—13 日在县城举行。出席代表 67 人，其中农民 43 人，工人 3 人，党政军机关 11 人，工商界 2 人，文教界 1 人，医生 1 人，荣退军人 1 人，开明人士 3 人，青年 1 人，妇女 1 人；列席代表 15 人。会议选出 9 人组成主席团，主持这次会议。与会代表听取和审议了副县长刘德胜《关于 1949 年施政工作和

1950年生产计划、财政概算的报告》、公安局局长白文彦《关于治安工作的报告》，并就上述报告和成立县、村两级生产委员会、建立合作社和解决土地改革遗留问题等事项做出11项决议、决定。会议选举丁宗新为县各界人民代表会议常务委员会主席、刘德胜为副主席。

第二次会议于1950年9月15日—20日在县城举行。出席代表增为81人。会议选举产生本届县各界人民代表会议常务委员会委员9人，刘德胜任常务委员会主席，王建基任副主席。

本届县各界人民代表会议，1950年3月8日—1952年12月25日先后召开7次会议，分别听取、审议有关政府中心工作的报告，并做出相应的决议。各次会议共收到代表议案485件，均及时处理和妥善解决。

在1951年5月举行的第四次会议上补选韩铭为常务委员会委员。在1952年8月举行的第七次会议上，选举张良知任常务委员会主席。

第二届县各界人民代表会议

二届一次县各界人民代表会议于1952年12月25日—31日在县城举行。应出席代表105人，实出席95人。会议听取、审议张良知代表上届常务委员会所作的《会务工作报告》，代表县人民政府所作的《政府工作报告》《关于1952年财政收支情况和1953年财政工作计划的报告》，并通过相应的决议。会议选举产生第二届县各界人民代表会议常务委员会委员9人，张良知任常务委员会主席，王建基任副主席。会议代行人民代表大会职权，选举13名委员组成县人民政府委员会，张良知任人民政府县长，张儒任副县长。

本届各界人民代表会议先后召开4次全体会议，共收到各种议案511件，均予解答、处理。会议对各界人民代表会议常务委员会会务工作、政府工作、贯彻国家过渡时期总路线、宣传婚姻法、抗美援朝以及制订生产计划、搞好划乡和收购供应等工作进行讨论，并做出决议。

第三节　人民代表大会

第一届人民代表大会

第一次会议于1954年6月28日—7月2日在县城举行。大会应出席代表57人，实出席52人。会议听取和审议《政府工作报告》《财政预决算报告》，听取和讨论《宪法（草案）》，并通过关于上述报告的决议和《关于拥护〈宪法〉（草案）的通电》。会议选举产生出席山西省人民代表大会代表1人。

第二次会议于1955年1月13日—17日在县城举行。出席代表38人，占应出席代表的66.7%。会议听取和讨论《政府工作报告》《关于征集补充兵员的报告》，并做出相应的决议。会议根据《中华人民共和国宪法》《地方各级人民代表大会和各级人民委员会组织法》，选举张良知、张儒、王福祥、任永堂、任汝信、李明、张效先、杜玉金、侯敏甫、薛忠清、蔚德贵11人为县人民委员会委员。张良知任县长，张儒任副县长；选举祁福成为永和县人民法院院长。

第三次会议于1956年3月23日—27日在县城举行，出席代表40人。会议听取和讨论《人民委员会工作报告》《人民法院工作报告》和《关于小乡并大乡的报告》，并做出相应的决议。会议补选侯保兰为县人民委员会副县长，陈立、康瑞林2人为委员。

本届代表大会期间，先后收到和审查处理各种议案202件。

第二届人民代表大会

第一次会议于1956年12月8日—12日在县城举行。应出席代表53人，实出席46人。会议听取和审议《人民委员会工作报告》《财政预决算报告》和《人民法院工作报告》，并做出相应的决议。大会选举13名委员组成县人民委员会。张良知任县长，张儒、侯保兰任副县长；选举祁福成为县人民法院院长。

第二次会议于1957年7月5日—8日在县城举行，出席代表45人。会议听取和讨论有关报告后做出相应的决议，研究处理代表议案244件。

第三届人民代表大会

第三届人民代表大会第一次会议于1958年5月25日—30日在县城举行。应出席代表53人，实出席45人。会议听取和审议《人民委员会工作报告》《财政预决算报告》《人民法院工作报告》《关于1958年各项跃进计划意见的报告》和《关于1958—1967年10年远景规划的报告》，并做出相应的决议。会议选举产生县人民委员会委员13人。张良知任县长，张儒、侯保兰任副县长；选举祁福成为县人民法院院长；选举产生山西省第二届人民代表大会代表2人。大会研究、审查、处理代表议案191件。有25位代表和列席代表在大会作典型发言。

10月，永和县与隰宁县、蒲县、石楼县合并为吕梁县。并县期间，吕梁县于1961年1月8日—10日举行四届一次人代会。1961年5月永和县建制恢复后仍沿用原吕梁县人代会届次，故永和县无第四届人民代表大会。

第五届人民代表大会

第一次会议于1963年7月18日—21日在县城举行。应出席代表65人，实出席58人。会议听取和审议《人民委员会工作报告》《1962年财政收支决算和1963年收支预算安排》《人民法院1962年以来的工作》等报告，并做出相应的决议。会议选出县人民委员会委员13人。孙仁义任县长，赵玉遗、张逢通任副县长；选举祁福成为县人民法院院长；选举产生山西省第三届人民代表大会代表3人。

第二次会议于1964年9月7日—11日在县城举行，出席代表50人。会议听取和讨论中共永和县委书记李广义的形势报告和其他报告，并做出相应的决议。会议对全县调整时期和第三个五年计划时期《农业发展规划（草案）》进行讨论。

本届代表大会先后收到和审查处理代表议案260件。

第六届人民代表大会

第六届人民代表大会第一次会议于1965年10月13日—16日在县城举行。应出席代表65人，实出席47人，占代表总数的72.3%。会议听取中共永和县委副书记赵钦作的政治时事报告，听取和审议《人民委员会工作报告》等3个报告，并做出相应的决议。会议选举产生县人民委员会委员15人。孙仁义任县长，张逢通、宋守文任副县长；补选山西省第三届人民代表大会代表1人。本届大会收到和审查处理代表议案158件。

第七届人民代表大会

第一次会议于1980年10月5日—8日在县城举行。应出席代表138人，实出席138人。会议听取和审议《革命委员会工作报告》《财政预决算报告》《法院工作报告》和《检察院工作报告》，并做出通过上述报告的决议。会议根据1979年6月五届全国人大二次会议通过的《中华人民共和国宪法》《地方各级人民代表大会和地方各级人民政府组织法》《人民法院组织法》《人民检察院组织法》《全国人民代表大会和地方各级人民代表大会选举法》，实行差额选举，以无记名投票方式，选出13名常务委员组成县人民代表大会常务委员会（简称县人大常委会），选举赵珍为县人大常委会主任，张俊堂、侯敏甫、贺维玉为副主任。会议决定将县革命委员会改为县人民政府，选举吕树琛为县长，张银生、孙尚文为副县长。选举张维屏为县人民法院院长、石秀为县人民检察院检察长。

第二次会议于1982年5月11日—12日在县城举行，出席代表124人。会议听取和审议《人大常委会工作报告》《政府工作报告》《财政预决算报告》《法院工作报告》和《检察院工作报告》，并做出通过上述报告的决议。会议讨论做出《关于严禁乱开荒坡和加强树木管护》等2个决议。

第三次会议于1983年3月29日—31日在县城举行，出席代表138人。会议听取和审议《政府工作报告》等5个报告，选举赵珍、李秀兰（女）2人为山西省第六届人民代表大会代表。

第八届人民代表大会

第一次会议于1984年12月6日—8日在县城举行。应出席代表150人，实出席150人。会议听取和审议《政府工作报告》《人大常委会工作报告》《法院工作报告》《检察院工作报告》，审查和批准《财政预决算报告》，并做出相应的决议。会议通过无记名投票，选出县人大常委会委员13人。赵珍任主任，冯斌、刘兴华、蔺胜恩任副主任；选举段连明为县长，张银生、冯玉琪、赵兰田为副县长；选举张维屏为县人民法院院长、吴玉珠为县人民检察院检察长。

第二次会议于1986年3月26日—27日在县城举行，出席代表127人。会议听取和审议5个报告，并做出相应的决议。

第九届人民代表大会

第一次会议于1987年5月27日—29日在县城举行。应出席代表111人，实出席109人。会议听取和审议县人民政府、人大常委会、法院、检察院的工作报告，听取和审查关于财政预决算、关于"七五"期间国民经济发展计划的2个报告，并做出相应的决议。会议选举县人大常委会委员13人。张银生任主任，冯斌、刘兴华、任新生任副主任；选举段连明为县长，冯玉琪、荀贵生、任启玉为副县长，张维屏为县人民法院院长，吴玉珠为县人民检察院检察长。

第二次会议于1987年12月19日举行，选举张银生、张文慧、周淑琴（女）为山西省第七届人民代表大会代表。

第三次会议于1988年5月17日—18日举行，补选白鸿飞为县人大常委会委员。

第十届人民代表大会

第一次会议于1990年7月17日—19日在县城举行。应出席代表140人，实出席136人。会议听取和审议县人民政府、人大常委会、法院、检察院4个工作报告，听取和审查《永和县1989年国民经济和社会发展计划执行情况及1990年国民经济和社会发展计划（草案）》《1989年财政决算和1990年收支预算（草案）》2个报告，并做出相应的决议。会议选举县人大常委会委员14人。张银生任主任，冯玉福、段文科、马钊清、蔺胜恩任副主任；选举赵兰田为县长，荀贵生、任启玉、韩忠秀、张越轶为副县长，刘福旺为县人民法院院长，吴玉珠为县人民检察院检察长。

第二次会议于1991年5月8日—9日在县城举行，出席代表126人。会议听取和审议政府县长赵兰田所作的《永和县国民经济和社会发展第八个五年计划的报告》等6个报告，并做出相应的决议。

第三次会议于1992年5月18日—20日在县城举行，出席代表137人。会议听取和审议了政府县长赵兰田作的《政府工作报告》等6个报告。

第四次会议于1992年11月28日举行。大会选举田根茂、韩凤莲（女）、刘志文为山西省第八届人民代表大会代表。

第十一届人民代表大会

第一次会议于1993年6月25日—27日在县城举行。应出席代表141人，实出席134人。会议听取和审议《政府工作报告》等4个报告，审查和批准《永和县1992年国民经济和社会发展计划执行情况及1993年国民经济和社会发展计划（草案）》《1992年财政预算执行情况和1993年财政预算（草案）》2个报告，并做出相应的决议。会议选举县人大常委会委员13人。田根茂任主任，冯玉福、马钊清、蔺胜恩、吕树茂任副主任；选举赵兰田为县长，荀贵生、任启玉、韩忠秀、张越铁为副县长，刘福旺为县人民法院院长，吴玉珠为县人民检察院检察长。

第二次会议于1994年5月11日—12日举行。大会接受赵兰田县长的辞职（因工作变动）报告，补选王月喜为县人民政府县长。

第三次会议于1995年3月28日—29日举行。会议接受吴玉珠检察长的辞职（因工作调动）报告，补选白银虎为县人民检察院检察长。

第四次会议于1996年4月举行。会议补选徐宝珠为县人大常委会副主任。

第五次会议于1997年3月举行。任命武保安为永和县人民政府县长。

第十二届人民代表大会

第一次会议于1998年6月7日—10日在县城召开。应出席代表132人，实出席代表130人。大会听取和审议《永和县人民政府工作报告》《永和县人大常委会工作报告》《永和县人民法院工作报告》和《永和县人民检察院工作报告》，审查和批准《关于永和县1997年国民经济和社会发展计划执行情况与1998年计划草案的报告》《永和县1997年财政预算执行情况和1998年财政预算草案的报告》，并通过相应的6项决议和《永和县人民代表大会关于依法治县的决议》。大会根据《选举法》和《地方组织法》的有关规定，以无记名投票方式，选举田根茂为县人大常委会主任，吕树茂、徐保珠、蔺胜恩、韩凤莲（女）为副主任以及10名委员；选举武保安为县长，任启玉、韩忠秀、牛文华、郭永平为副县长，屈会选为科技副县长，冯国胜为挂职副县长，刘福旺为法院院长，白银虎为检察院检察长。

第二次会议于1999年4月27日—29日举行。大会听取和审议《县人民政府工作报告》等6个报告，选举张增为县人大常委会副主任。

第三次会议于2000年4月10日—12日举行。会议听取和审议县长武保安所作的《政府工作报告》，计划委员会主任靳光元所作的《关于1999年国民经济和社会发展计划执行情况与2000年国民经济和社会发展计划草案的报告》。审查和批准《永和县1999年国民经济和社会发展计划执行情况的报告》与《2000年国民经济和社会发展计划》。听取和审议县财政局局长刘迎虎所作的《关于永和县1999年财政预算执行情况和2000年财政预算草案的报告》，审查和批准《永和县1999年财政预算执行情况的报告和2000年财政预算》。听取和审议县人大常委会主任田根茂所作的《永和县人民代表大会常务委员会工作报告》、县法院院长刘福旺所作的《永和县人民法院工作报告》和县检察院检察长白银虎所作的《永和县人民检察院工作报告》。

第五次会议于2001年3月19日举行。会议听取和审议副县长任启玉所作的《永和县国民经济和社会发展第十个五年计划纲要的报告》、县计委副主任薛云山所作的《关于永和县2000年国民经济和社会发展计划执行情况与2001年国民经济和社会发展计划草案的报告》、县财政局局长刘迎虎所作的《关于永和县2000年财政预算执行情况和2001年财政预算草案的报告》、县人大常委会主任田根茂所作的《永和县人民代表大会常务委员会工作报告》、县法院院长刘福旺所作的《永和县人民法院工作报告》和县检察院检察长白银虎所作的《永和县人民检察院工作报告》；审查和批准《永和县2000年国民经济和社会发展计划执行情况的报告与2001年国民经济和社会发展计划》《永和县2000年财政预算执行情况的报告和2001年财政预算》。听取和评议政府各位副县长的述职报告。

第六次会议于2002年4月9日—11日举行。大会听取和审议永和县代县长张云所作的《永和县政府工作报告》、永和县发展与计划经济贸易局局长冯双贵所作的《关于永和县2001年国民经济和社会发展计划执行情况与2002年国民经济和社会发展计划草案的报告》、县财政局局长冯德英所作的《关于永和县2001年财政预算执行情况和2002年财政预算草案的报告》、县人大常委会副主任徐宝珠所作的《永和县人民代表大会常务委员会工作报告》、县法院院长刘福旺所作的《永和县人民法院工作报告》和县检察院检察长白银虎所作的《检察院工作报告》；审查和批准《永和县2001年国民经济和社会发展计划执行情况的报告与2002年国民经济和社会发展计划》《永和县2001年财政预算执行情况的报告和2002年财政预算》。选举张云为永和县人民政府县长，刘迎虎为永和县人民政府副县长。

第十三届人民代表大会

第一次会议于2003年11月18日—21日在县城举行。应出席代表132人，实出席132人。会议听取和审议代县长张三森所作的《永和县人民政府工作报告》、县发展计划与经济贸易局局长冯双贵所作的《关于2002年国民经济和社会发展计划执行情况与2003年国民经济和社会发展计划草案的报告》、县财政局局长冯德英所作的《关于永和县2002年财政预算执行情况和2003年财政预算草案的报告》、县人大常委会副主任徐宝珠所作的《永和县人民代表大会常务委员会工作报告》和法院、检察院工作报告。审查和批准《永和县2002年国民经济和社会发展计划执行情况的报告与2003年国民经济和社会发展计划》《2002年财政预算执行情况的报告和2003年财政预算》。会议选举杨德和为县人大常委会主任，徐宝珠、韩凤莲（女）、张增、靳光元、吕发群为县人大副主任；选举张三森为政府县长，段忠联、郭永平、刘迎虎、郭波、冯书霞（女）为副县长；选举马肖博为永和县人民法院院长、陈忠和为永和县人民检察院检察长。

第二次会议于2004年4月20日至22日举行。应出席代表132人，实出席代表132人。会议听取和审议《政府工作报告》等6个报告，审查和批准《永和县2003年国民经济和社会发展计划执行情况的报告与2004年国民经济和社会发展计划》和《永和县2003年财政预算执行情况的报告和2004年财政预算》。

第三次会议于2005年3月14日—16日举行。会议听取和审议《永和县人民政府工作报告》，并审查、通过该报告；审议、审查、批准《永和县2004年国民经济和社会发展计划执行情况与2005年国民经济和社会发展计划草案的报告》《永和县2004年财政预算执行情况和2005年财政预算草案的报告》；听取和审议县人大常委会工作报告和法院、检察院工作报告。

第四次会议于2006年4月5日—7日举行。大会听取和审议县长张三森所作的《政府工作报告》；审议、审查、批准《永和县国民经济和社会发展第十一个五年规划纲要》《关于2005年国民经济和社会发展计划执行情况与2006年国民经济和社会发展计划草案的报告》《关于2005年财政预算执行情况和2006年财政预算草案的报告》；听取和审议县人大常委会主任杨德和所作的《永和县人民代表大会常务委员会工作报告》和法院、检察院的工作报告；选举出席临汾市第二届人民代表大会代表，分别为王九梅（女）、王醒安、白明宽、冯明珠、冯林梅（女）、闫永爱（女）、杨德和、李爱萍（女）、张三森、郭宝平、樊调莲（女）、霍治林。

第十四届人民代表大会

第一次会议于2007年5月15日—18日在县城举行。应选县人大代表132人，实选131人，缺额1人。会议听取和审议代县长赵雁峰所作的《永和县人民政府工作报告》；审议《关于永和县2003—2006年国民经济和社会发展计划执行情况与2007年国民经济和社会发展计划草案的报告》《关于永和县2003—2006年财政预算执行情况和2007年财政预算草案的报告》；审查、批准《永和县2003—2006年国民经济和社会发展计划执行情况的报告》与《2007年国民经济和社会发展计划、2003—2006年财政预算执行情况和2007年财政预算的报告》；听取和审议县人大常委会工作报告和法院、检察院工作报告。选举韩忠秀为人大常委会主任，靳光元、韩凤莲（女）、吕发群、连永梅（女）为副主任，以及13名委员；选举赵雁峰为政府县长，刘迎虎、郭波、任俊杰、冯书霞（女）、冯双贵为副县长；选举张五全为法院院长、翟海为检察院检察长。

第二次会议于2008年4月8日—10日举行。大会听取和审议《政府工作报告》等6个报告；审查、批准《永和县2007年国民经济和社会发展计划执行情况与2008年国民经济和社会发展计划的报告》《永和县2007年财政预算执行情况和2008年财政预算的报告》。

第三次会议于2009年6月16日—18日举行。大会听取和审议《政府工作报告》等6个报告；审查、批准《2008年国民经济和社会发展计划执行情况与2009年国民经济和社会发展计划的报告》《2008年财政预算执行情况和2009年财政预算的报告》；补2名人大常委会委员候选人；报告办结并答复第二次会议代表建议63件，占建议总数100%。

第四次会议于2009年11月15日—16日举行。会议决定梁秀娟（女）为永和县人民政府县长候选人，并选举梁秀娟为政府县长。本届人大三次会议期间代表提出建议67件，已解决或基本解决的有24件。

第五次会议于2010年4月8日—10日举行。大会听取和审议《政府工作报告》等6个报告；审查、批准《2009年国民经济和社会发展计划执行情况与2010年国民经济和社会发展计划的报告》《2009年财政预算执行情况和2010年财政预算的报告》；补选张建清为县人民法院院长候选人，王林森、许国伟、贾文宁为第十四届人代会常委委员候选人。报告办结并答复2009年人大三次、四次会议代表建议84件，占建议总数100%。

第十五届人民代表大会

第一次会议于2011年6月22日至24日在县城举行。128名代表出席会议,137名列席人员和参加政协永和县八届一次会议的全体委员列席会议。会议听取和审议县人大和县政府、县法院、县检察院的工作报告;审查、批准《关于永和县2007—2010年国民

永和县人民代表大会

经济和社会发展计划执行情况与2011年国民经济和社会发展计划草案的报告》《永和县国民经济和社会发展第十二个五年规划纲要(草案)》;批准《永和县2011年国民经济和社会发展计划》《永和县2007—2010年财政预算执行情况和2011年财政预算的报告》;审查《关于永和县2007—2010年财政预算执行情况及2011年财政预算草案的报告》。会议选举韩忠秀为永和县人大常委会主任,吕发群、刘迎虎、连永梅(女)、段新民、韩凤莲(女)为副主任;选举梁秀娟(女)为永和县人民政府县长,王润贵、江明涛(挂职)、宋新亮、解建国为副县长;选举张建清为县人民法院院长、崔晓纲为县人民检察院检察长。报告办结并答复十四届人大五次会议代表建议52件,占建议总数100%。

第四节　县人大常委会

各界人民代表会议常务委员会

1950年3月,县首届各界人民代表会议第一次会议选出常务委员会主席、副主席。同年9月,第二次会议选出常务委员会主席、副主席、委员,并推选1名常驻委员,聘任1名常委会秘书,办理日常事务。此间,常委会组织委员学习政治时事,广泛联系代表,参加各项政治活动,受理代表提案,督促有关部门妥善处理,为恢复发展国民经济尽力尽责。1955年3月完成历史使命撤销。

人民代表大会常务委员会

机 构 1980年10月,县第七届人民代表大会第一次会议选举产生常务委员会(简称县人大常委会)。县人大常委会设主任、副主任、委员,下设办公室处理日常工作。1987年,第九届人大常委会增设政法、财经、农村、教科文卫4个工作委员会。"1室4委"均配主任1人,副主任1~2人,干事若干人,具体承办常委会日常工作。

永和县人大常委会议

工作纪要 1980年10月—1984年12月,县七届人大常委会共举行全体会议20次。听取和审议"一府两院"(县人民政府、县人民法院、县人民检察院)工作报告15个。

1984年12月—1987年5月,县八届人大常委会共举行全体会议16次。听取和审议"一府两院"工作报告13个。

1987年5月—1990年7月,县九届人大常委会共举行全体会议23次。听取和审议"一府两院"工作报告21个;处理各种信访案件95件,接待人民代表和群众来访180余人次。

1990年7月—1993年6月,县十届人大常委会共举行全体会议20次。听取和审议"一府两院"工作报告45个;组建11个乡镇人大主席团,各设常务主席1人,并挂牌指导开展工作。

1993年6月—1998年6月,县十一届人大常委会共举行34次常委会议。期间听取和审议"一府两院"工作报告和汇报59个。

1998年6月—2003年11月,县十二届人大常委会举行全体会议23次。听取和审议"一府两院"和政府工作部门的65个专项工作报告,并提出了相应的意见和建议。创建23个代表室。先后涌现出李玉海、白新民、冯书霞等先进人大代表,受到市人大的表彰奖励。

2003年11月—2007年5月,县十三届人大常委会共召开21次常委会议,36次主任会议,3次组织邀请省、市、县、乡部分人大代表和"一府两院"主要负责人听取法制讲座。听取和审议"一府两院"和政府工作部门的19项工作报告;针对"五五"普法工作中存在的问题，提出8条加强法制宣传教育方面的意见和建议；先后组织7个乡镇人大主席和18个代表小组组长进行法律法规和业务知识培训；制定了4项制度，完善了县人大组成人员联系代表制度；向市人大和县委推荐优秀人大代表11人次，李玉海、冯明珠、郭宝平3位代表受到市人大的表彰，坡头乡、芝河镇、阁底乡和县直第一、第二代表活动小组被市人大评为"人民信任的代表小组"。

2007年5月—2011年6月，县十四届人大常委会共召开28次常委会议，58次主任会议。听取"一府两院"和政府组成部门工作报告24次；培训县、乡人大代表3次；组建28个代表活动室；印发《代表法》《选举法》《监督法》等宣传小册5000余册，培训代表380余人，占代表总数95%以上。完善2个规划，制定8项工作制度，开展9次法律培训、12期专题讲座。

2011年6月—2011年底，县常委会组织召开了1次人民代表大会，10次常委会会议，15次主任会议。组织指导县、乡两级完成人大换届选举任务，并通过县人民代表大会依法选举产生永和县新一届国家地方机关领导班子成员。7月、12月常委会组成人员及省、市、县人大代表先后2次深入天然气开发现场视察调研。常委会第四次会议对县政府提请的《关于永和县水利发展"十二五"规划》给予批复，同时批准该规划的实施方案；帮助6个村委制订当年发展计划和5年发展规划蓝图，落实帮扶资金3万余元，开展红枣树管理培训6批次，受训枣农达80%以上。10月份组织举办县、乡人大代表培训班，学习《监督法》《代表法》等法律法规及业务知识，培训率达95%以上。

第五节　权力行使

人事任免

县人民代表大会选举产生县人大常委会主任、副主任，县长、副县长和县人民法院院长、人民检察院检察长；选举产生上一级人民代表大会代表。人民代表大会闭会期间，人大常委会会议任免"一府两院"（县政府、法院、检察院）干部。

1980年10月—1984年12月，县人大常委会依法考察、任命人大和"一府两院"干部133人。在1983年12月24日召开的七届十五次会议上任命段连明为代县长；在

1984年2月18日召开的七届十六次会议上任命冯玉琪为副县长、吴玉珠为县人民检察院检察长。

1984年12月—1987年5月，任命"一府两院"干部82人。

1987年5月—1990年7月，任命"一府两院"干部101人。在1987年10月28日举行的九届三次会议上任命冯仲明为副县长；在1990年4月16日举行的九届二十次会议上任命赵兰田为代县长，同年5月11日举行的第二十二次会议上任命韩忠秀为副县长。

1990年7月—1993年6月，任命"一府两院"干部118人。

1993年6月—1998年6月，共任免领导干部98人。1996年7月免去县人民政府挂职副县长1人，任挂职副县长1人；1996年8月任命武保安为永和县人民政府代县长，免去王月喜永和县人民政府县长职务，任命副县长1人；1996年10月，任命人民检察院副检察长1人。1997年1月，根据临汾地委、行署精神，轮换县人民法院副院长、检察院副检察长各1人。1997年3月，十一届五次会议任命武保安为永和县人民政府县长；1997年10月任命永和县人民法院副院长1人；1997年11月，免去蔡廷辉挂职副县长职务，任命冯国胜为永和县人民政府挂职副县长。

1998年6月—2003年11月，任免"一府两院"领导干部92人，其中决定任命代县长2人（张云、张三森），副县长7人，接受县长辞职2人（武保安、张云），副县长辞职4人。

2003年11月—2007年5月，任免领导干部32人，其中决定任命副县长4人，代县长2人，政府组成人员20人，法院副院长3人，代院长1人，检察院副检察长2人，代检察长1人，免去职务6人。

2007年5月—2011年6月，任命干部51人。其中政府县长2名，副县长8名，政府组成人员30人；法院院长2人，检察院检察长1人，副检察长、代检察长1人，陪审员6人，检察员1人。

2011年6月—2011年底，任免领导干部29人。

决定　决议

1984年12月—1987年5月，县八届人大常委会做出《关于加强法制教育维护安定团结》等决议、决定4项。

1987年5月—1990年7月，县九届人大常委会做出关于确定枣树、松树为永和县县树等决议、决定7项。

1990年7月—1993年6月，县十届人大常委做出关于普及法律知识教育第二个五年计划、市场管理暂行办法等决议、决定8项。

1993年6月—1998年6月，县十一届人大常委会做出《关于预算外资金专户储存运行管理的决定》《关于进一步搞好第三个五年法制宣传教育的决定》等决定、决议。

1998年6月—2003年11月，县十二届人大常委会先后做出《关于依法治县的决定》《关于撤并乡镇的决定》《关于封山禁牧的决定》等决定、决议。

2003年12月—2011年底，县十三、十四、十五届人大常委会先后做出《关于加快永和县工业发展规划建设的决议》等51项决定、决议和办法。

监督检查

1980年10月—1984年12月，县七届人大常委会组织大型视察3次，专题视察、考察12次，对《宪法》《地方组织法》《选举法》《刑法》《刑事诉讼法》执行情况多次进行检查。

1984年12月—1987年5月，县八届人大常委会组织重点视察3次，专题视察12次。

1987年5月—1990年7月，县九届人大常委会组织部分代表先后到各乡镇对小麦播种准备、林牧业发展情况等进行视察，并制定代表视察办法、机关工作职责和"一会学一法"等规章制度。

1990年7月—1993年6月，县十届人大常委会组织部分代表集中视察3次，专题视察2次；组织全体人大代表学习《组织法》《代表法》，开展执法检查3次。1991年10月组织部分省、县和乡镇人大代表评议"两院"工作，提出意见、要求、希望14条。讨论、制定出关于代表视察、代表联系活动、人事任免等一系列意见、办法。常委会领导到乡镇、县直各单位走访代表3次，召开代表座谈会30余次，并组织县人大人员和乡镇人大主席赴交口县参观学习人大工作，使人大工作逐步走上规范化、经常化、法制化轨道。

1993年6月—1998年6月，县十一届人大常委会查处违法案件28起，查获各种假冒伪劣产品70余种；纠正10起冤、假、错案。先后接待集体上访12批次；受理上级机关转来信函8次；受理人民群众来信来访688人次，重点督办120次。对司法机关、农业系统、经贸部门等46个单位进行了评议；对正副县长21人次进行了评议。把收到的代表建议169件，分门别类转交有关部门进行认真答复。

1998年6月—2003年11月，县十二届人大常委会审议办理代表议案6件，转、督办代表建议115件。制定和完善了学习制度、工作制度、督查制度和基层调研制度，实行了岗位责任制。

2003年11月—2007年5月，县十三届人大常委会重点对11部法律、法规的贯彻实施情况进行执法检查；查处3家副食超市17件假冒伪劣产品，纠正个别学校食堂管理不善等问题；受理群众来信来访230件次，并进行跟踪督办，责令县法院限期办结久拖不决、久执不结案件65件；批转、答复、回访、督办代表提出的建议、批评和意见133件。对法检"两院"2名负责人，政府部门18名负责人，进行建账、查账和交账，促进"一府两院"工作目标的实现和干部民主法制意识的增强。

2007年5月—2011年6月，县十四届人大常委会重点对12部法律法规的贯彻实施情况进行执法检查；视察重点工程和专项工作26次；受理群众来信来访212件次。期间，共收到代表建议、意见322件，第21次常委会通过《关于进一步加强办理代表建议、批评和意见的若干规定》，筛选出30件作为重点建议予以督办，使一些涉及民生和社会反映强烈的问题得到有效落实。

2011年6月—2011年底，县十五届人大常委会六次会议决定对城区道路交通管理工作进行重点督查，审议通过《关于对城区道路交通管理工作进行监督检查的实施方案》。常委会第10次主任会议听取城区道路交通管理工作监督检查组《关于城区道路交通管理工作监督检查的情况报告》，并转发各相关单位认真落实。常委会第七次会议听取并审议县政府整治情况的报告，对取得的成效给予充分的肯定。常委会还召开主任会议专题研究，做出对工业园区建设实施工作监督的决议。针对法律实施中存在的问题，提出建设性的意见和建议26条；办理人大代表和群众来信来访32起（次），接待来访98人次。

1950—2011年永和县各代会常委会和人大常委会主席、主任名表

表20-3

姓　名	职　务	籍　贯	任职时间
丁宗新	主席	陕西省吴堡县	1950.3—1950.9
刘德胜	主席	山西省灵石县	1950.9—1952.8
张良知	主席	山西省大宁县	1952.8—1955.3
赵　珍	主任	山西省侯马市	1980.10—1987.5
张银生	主任	山西省交口县	1987.5—1993.6

续表20-3

姓 名	职 务	籍 贯	任职时间
田根茂	主任	山西省临猗县	1993.6—2003.11
杨德和	主任	山西省潞城县	2003.11—2007.5
韩忠秀	主任	山西省永和县	2007.5—

1950—2011年永和县各代会常委会和人大常委会副主席、副主任名表

表20-4

姓 名	职 务	籍 贯	任职时间
王建基	副主席	山西省永和县	1950.9—1955.3
张俊堂	副主任	山西省寿阳县	1980.10—1984.12
侯敏甫	副主任	山西省翼城县	1980.10—1984.12
贺维玉	副主任	山西省离石县	1980.10—1984.12
冯 斌	副主任	山西省永济县	1984.12—1990.7
刘兴华	副主任	山西省汾西县	1984.12—1990.7
蔺胜恩	副主任	山西省洪洞县	1984.12—1987.5 1990.7—2003.11
任新生	副主任	山西省洪洞县	1987.5—1990.7
冯玉福	副主任	山西省永和县	1990.7—1996.3
段文科	副主任	山西省霍州市	1990.7—1993.6
马钊清	副主任	山西省襄汾县	1990.7—1996.6
吕树茂	副主任	山西省永和县	1993.6—2003.11
徐保珠	副主任	山西省永和县	1996.4—2007.5
韩凤莲	副主任	山西省永和县	1998.6—
张 增	副主任	山西省翼城县	1999.4—2007.5
靳光元	副主任	山西省永和县	2003.11—2011.6
吕发群	副主任	山西省永和县	2003.11—
连永梅	副主任	山西省永和县	2007.05—
刘迎虎	副主任	山西省永和县	2011.06—
段新民	副主任	山西省永和县	2011.06—

第二章 地方政府

第一节 县级政权

县 衙

明代，县衙设知县1人，执掌全县政令。县衙内设机构有吏、户、礼、兵、刑、工6房。知县佐官有县丞、主簿，属官有典史、教谕、训导等。典史掌管缉捕、监狱；教谕掌文庙、祭祀，教育所属生员；训导协助教谕教育所属生员。崇祯年间，增设防守1人。

清代，县丞、主簿、教谕皆裁，原属官仅留典史、训导、防守。康熙年间，防守改为把总，设永和县营、永和关营把总各1人。光绪十五年（1889）设永和县营外委1人。宣统元年（1909）设警佐1人，并增设阴阳学、医学、僧会司，阴阳学设训术1人，医学设训科1人，僧会司设僧会1人。

清代以前永和县历任知县名表

表20-5

朝代	姓 名	籍 贯	任职时间	出 身
唐	宁嘉勋	—	圣历三年（700）	进士
明	李 升	陕西周至	洪武年间	明经
	孙 让	河南钧州	洪武年间	举人
	辛 耀	山东即墨	洪武二十三年（1390）	举人
	胡 贞	陕西扶风	正统五年（1440）	举人
	穆 恭	南直宿州	成化年间	举人
	刘 源	陕西乾州	成化五年（1469）	监生
	潘 进	直隶成安	成化二十三年（1487）	监生
	陈安潘	陕西西安	弘治年间	举人
	向 明	南直巢县	弘治四年（1491）	举人

续表20-5

朝代	姓名	籍贯	任职时间	出身
明	杨 源	腾骧卫	弘治十一年（1498）	举人
	许 实	直隶肃宁	正德年间	举人
	马 铉	直隶昌平	正德八年（1513）	恩贡
	吉显东	陕西长安	正德十六年（1521）	举人
	宋 鳌	陕西高陵	嘉靖年间	监生
	张 侃	山东武城	嘉靖年间	举人
	陈 钧	河南祥符	嘉靖八年（1529）	举人
	陈 环	直隶宛平	嘉靖年间	举人
	郗 聪	直隶柏乡	嘉靖十五年（1536）	恩贡
	郑文禄	陕西两当	嘉靖年间	监生
	杨 锡	河北武安	嘉靖年间	例贡
	祝永顺	河南太康	嘉靖年间	举人
	阎司衡	陕西陇州	嘉靖年间	举人
	张 渊	山东聊城	嘉靖年间	举人
	曹文辉	陕西安定	嘉靖三十五年（1556）	举人
	张守正	陕西韩城	嘉靖年间	监生
	陈大夏	陕西兰州	嘉靖年间	举人
	张守礼	直隶广宗	嘉靖四十二年（1563）	监生
	韩 爵	河南洛阳	隆庆元年（1567）	举人
	杨自然	山东平度	隆庆四年（1570）	岁贡
	吴一桂	直隶成安	万历七年（1579）	举人
	兰秉祥	陕西汧阳	万历八年（1580）	岁贡
	段 炳	陕西南郑	万历九年（1581）	恩贡
	宋 京	山东寿光	万历十三年（1585）	岁贡
	李东光	河南孟县	万历十五年（1587）	选贡
	叶如翠	四川邛州	万历十七年（1589）	选贡
	曹 立	陕西庆阳	万历二十二年（1594）	选贡
	王正直	河南洛阳	万历二十四年（1596）	监生

续表 20-5

朝代	姓名	籍贯	任职时间	出身
明	蔡　根	直隶成安	万历二十九年（1601）	监生
	罗大受	陕西洛南	万历三十年（1602）	举人
	吴望嵩	陕西会宁	万历三十二年（1604）	举人
	庞进贤	直隶永年	万历三十五年（1607）	举人
	邢有恒	山东昌邑	万历三十八年（1610）	监贡
	张万目	直隶遵化	万历四十一年（1613）	选贡
	田　畛	直隶饶阳	—	岁贡
	余建隆	浙江开化	万历年间	岁贡
	罗秀士	陕西	—	岁贡
	张××	直隶任丘	—	举人
	赵　玠	陕西	天启年间	岁贡
	谢廷譔	陕西	崇祯年间	举人
	孙存诚	北直	—	岁贡
	霍　珍	陕西	—	举人
	张崇德	北直	—	岁贡
	董理政	陕西	—	举人
	吴光泰	辽东	—	岁贡
	冀之元	山东	崇祯九年（1636）	拔贡
	严廷俊	陕西	崇祯十八年（1645）	举人
清	刁昌世	直隶南和	顺治元年（1644）	岁贡
	杨　泰	直隶丰润	顺治五年（1648）	翰林
	梁可兴	奉天辽阳	顺治七年（1650）	拔贡
	卞化龙	奉天辽阳	顺治九年（1652）	岁贡
	武士豪	直隶正定	顺治十二年（1655）	进士
	周学鹏	江西	顺治十五年（1658）	举人
	冯国征	陕西	顺治十六年（1659）	拔贡
	潘正开	福建	顺治十八年（1661）	岁贡
	马　樾	四川南部	康熙元年（1662）	举人
	王尔楫	湖广安陆	康熙十年（1671）	举人

续表20-5

朝代	姓名	籍贯	任职时间	出身
清	张君美	河南汲县	康熙十二年（1673）	贡士
	张鸿仪	直隶元城	康熙十四年（1675）	进士
	孙士祯	陕西咸宁	康熙十八年（1679）	举人
	王 辅	江南南陵	康熙二十七年（1688）	监生
	李遹新	河南延津	康熙三十年（1691）	岁贡
	赵尧章	江南武进	康熙三十七年（1698）	监生
	王士仪	贵州铜江	康熙四十五年（1706）	翰林院庶吉士
	陈 声	福建长泰	康熙五十五年（1716）	举人
	许××	—	康熙五十九年（1720）	举人
	陈容斋	—	康熙六十年（1721）	—
	赵 瀚	直隶曲周	雍正元年（1723）	举人
	张 堂	河南滋州	雍正三年（1725）	贡生
	陈昌祚	贵州镇远	雍正八年（1730）	举人
	王续先	胶西	雍正年间	举人
	萧友曹	—	乾隆八年（1743）	翰林
	李翔鳞	—	乾隆二十二年（1757）	—
	王再旦	滇南	乾隆二十八年（1763）	进士
	杨欲兴	—	乾隆四十一年（1776）	举人
	陈 诏	—	乾隆年间	—
	葛周玉	—	嘉庆元年（1796）	翰林
	萧培厚	山东福山	嘉庆六年（1801）	举人
	福 敬	正蓝旗汉军庆喜佐领下	嘉庆十三年（1808）	举人
	张文麟	—	嘉庆十六年（1811）	举人
	孙 埙	浙江山阴	嘉庆十八年（1813）	监生
	崔 偲	顺天霸州	嘉庆二十一年（1816）	进士
	许 岳	湖北	道光八年（1828）	举人
	阿××	—	道光十二年（1832）	—
	双××	—	道光十五年（1835）	拔贡
	王××	—	道光十八年（1838）	—

续表20-5

朝代	姓名	籍贯	任职时间	出身
清	刘象恒	广西灌阳	道光二十八年（1848）	举人
	宋培芳	贵州瓮安	道光二十九年（1849）	举人
	陈迪烙	山东潍县	咸丰五年（1855）	优贡
	黄星枢	福建长乐	咸丰六年（1856）	进士
	洪贞颐	—	同治元年（1862）	举人
	龚元著	山东	同治三年（1864）	举人
	廉隅	旗下	同治四年（1865）	进士
	王珊	汉军旗	同治五年（1866）	举人
	郑灏	京师大兴	同治七年（1868）	廪生
	裕厚	—	同治十二年（1873）	举人
	陈仲贵	山东	光绪二年（1876）	生员
	秦自昌	江苏无锡	光绪二年（1876）	解元
	赵英壁	河南济源	光绪三年（1877）	举人
	刘××	—	光绪五年（1879）	进士
	曹宪	山东	光绪六年（1880）	举人
	方在中	—	光绪七年（1881）	举人
	马鉴	广西	光绪八年（1882）	进士
	李成蔚	直隶	光绪九年（1883）	举人
	万世清	湖北黄冈	光绪十年（1884）	举人
	石正荣	湖南永绥厅	光绪十一年（1885）	举人
	秦鉴湖	山东	光绪二十二年（1896）	举人
	聂昭潜	江西新淦	光绪二十三年（1897）	进士
	陈学祁	湖北安陆	光绪二十八年（1902）	优贡
	魏鋆	直隶蔚州	光绪二十九年（1903）	优廪生
	王衔	江苏吴县	光绪二十九年（1903）	生员
	李金镕	湖南	光绪三十二年（1906）	军功劳绩
	屠仁彬	湖北孝感	光绪三十三年（1907）	副贡
	叶连三	河南洛阳	宣统元年（1909）	举人
	张长	湖北江夏	宣统二年（1910）	举人
	徐新勉	江西	宣统三年（1911）	贡生

县政府

民国元年（1912）县衙改称县公署，公署长官称知事。下设民治、财政、司法、教育等科，属员有帮审、管狱员、警务长（旋改为警佐）等。民国7年（1918），县知事下属承政员、主计员、承审员、视学员、实业技士、宣讲员、收发员各1人。县公署设警察所、农桑局、戒烟所、劝学所、军用电话局等。

民国16年（1927），县公署改为县政府，县知事改称县长。民国19年（1930），县政府下设民政局、财政局、司法局、教育局、公安局、建设局、电报局。民国24年（1935）改置一科（民政）、二科（财政）、三科（教育）、四科（建设）和司法科、公安局、征收处、税务所。民国29年（1940）废征收处，设供给部；始置国民兵团（管征兵、壮丁、训练国民兵等）、社会科、卫生院。民国32年（1943），改供给部为田赋食粮管理处，置经济合联社（管私营商业）。此间，于民国26年（1937）8月成立县总动员实施委员会（简称动委会）。动委会主任委员由县长兼任，副主任委员由牺盟县分会特派员、公道团县团长充任，委员由县政府各科长、局长和各区区长充任，秘书主任由政府秘书兼任。下设组织、训练、宣传、总务4组，干事由县政府职员兼任。

民国时期永和县历任知事、县长名表

表20-6

姓　名	职　务	籍　贯	到任时间
金其相	知事	山西临汾	元年（1912）3月
高星斗	知事	山西临汾	元年（1912）6月
张瑞麟	知事	山西定襄	元年（1912）8月
清　治	知事	旗	元年（1912）12月
温钟洛	知事	浙江瑞安	3年（1914）8月
谢宪武	知事	河南南阳	5年（1916）6月
黄廷槐	知事	湖北钟祥	6年（1917）10月
张第才	知事	河北满城	9年（1920）9月
韩甲山	知事	山西晋城	12年（1923）1月
杨道显	知事	山西榆次	13年（1924）6月
赵鸿春	县长	河北	16年（1927）10月

续表 20-6

姓　名	职　务	籍　贯	到任时间
阎佩礼	县长	山西太原	18 年（1929）10 月
田养公	县长	山西五台	20 年（1931）
郭思文	县长	山西太原	23 年（1934）
申于谢	县长	山西祁县	23 年（1934）
张褔英	县长	山西安邑	24 年（1935）
张守仁	县长	山西五寨	25 年（1936）
张寿恒	县长	山西晋中	26 年（1937）
张光壁	县长	山西平定	26 年（1937）
张　瑜	县长	山西晋北	27 年（1938）
第安仁	县长	山西垣曲	27 年（1938）
燕明义	县长	山西阳高	28 年（1939）
庞生杰	县长	山西汾西	28 年（1939）
白学斌	县长	山西永和	28 年（1939）
范智仁	县长	山西赵城	29 年（1940）
侯　申	县长	山西太原	30 年（1941）
张雁书	县长	山西平陆	31 年（1942）
樊　宏	县长	山西安邑	32 年（1943）
陈家驹	县长	山西繁峙	32 年（1943）
王季炎	县长	山西原平	34 年（1945）
张治中	县长	山西新绛	35 年（1946）
乔祥祯	县长	山西临汾	35 年（1946）

县人民政府

民国 34 年（1945）9 月 20 日永和县城第一次解放后，成立县人民政府。县人民政府设县长 1 人，并设公安局、民政科、财政科等 3 个工作机构。民国 35 年（1946）春，增设副县长 1 人，并增设秘书室、司法科、建设科、税务局。民国 37 年（1948）设工商科、文教科，民国38年（1949）夏增设邮政局。中华人民共和国成立时，县人民政府设10个科（局、室）。

1949年10月至1952年1月，县人民政府由1名副县长主持工作。1952年5月增为县长1人，副县长1人。到1954年底，县人民政府设秘书室、人民法院、人民检察署、财政经济委员会、公安局、民政科、计划统计科、人事科、邮电局、农林局、财政科、税务局、工商科、供销合作社、粮食局、文教科、卫生科、人民银行18个职能机构。

1955年1月，县人民政府改称人民委员会，设县长1人，副县长2人，委员若干人。县人民委员会对其职能机构逐步进行调整。到1966年末，设办公室、计划委员会、公安局、民政局、统计局、人事局、劳动局、工业局、交通局、手工业管理局、邮电局、农业局、水保林业局、财贸办公室、财政局、税务局、商业局、供销合作社、粮食局、文教局、卫生局、人民银行、农业银行23个职能机构。

1967年2月8日，县人民委员会被"造反派"夺权，是年4月成立县革命委员会，设主任1人，副主任3人。1977年副主任增为5人。县革命委员会成立时，设综合办公室、人事管理办公室、民政办公室、政治部、人民武装动员部、计划建设委员会、农林水利委员会、工交委员会、财贸委员会、科技委员会、文教卫生委员会、无产阶级专政委员会3室、2部、7委共12个机构。其中政治部、人民武装动员部、无产阶级专政委员会于当年8月撤销。1969年11月实行党政机关合署办公，县革命委员会职能机构调整为办事组、政工组、生产组、保卫组4大组，各组下设若干办公室。1972年10月，办事组、政工组、生产组下设的一些办公室改为委、局。1973年5月又陆续成立、恢复一些委、局、办机构。1975年9月撤销各大组，成立县"革委"办公室、农业办公室、财贸办公室、工交办公室等机构。到1980年10月，县革命委员会的职能机构调整，增加为41个。即办公室、人民法院、人民检察院、计划委员会、工交办公室、农业办公室、财贸办公室、科学技术委员会、公安局、民政局、统计局、劳动局、知青安置办公室、信访办公室、物价局、标准计量局、工业局、交通局、手工业管理局、社队工业局、基本建设委员会、邮电局、电业局、农业局、畜牧局、林业局、水利局、农机局、财政局、商业局、供销合作社、粮食局、工商行政管理局、外贸局、教育局、文化局、卫生局、体委、广播事业局、人民银行、农业银行。

1980年10月第七次人民代表大会选举产生新的县人民政府，取代延续14年之久的县革命委员会。县人民政府初设县长1人，副县长2人。1995年底为县长1人，副县长7人，县长助理1人，县级调研员3人。下属职能机构为办公室，计划统计、经贸、农业、科学技术、建设土地、教育、卫生计划生育、体育运动、监察等委员会，公安、司法、民政、人事劳动、审计、物价、交通、城乡建设、环境保护、土地管理、财政、工商行政管理、文化等局，广播电视、机关事务、农业、林业、水利水保、农业机械管理、畜牧业等服务中心，乡镇企业、二轻工业、商业企业、粮油贸易、外贸等公司以及史志档案馆、供销合作社联合社共37个。

1998年6月，第十二届人民代表大会第一次会议选举产生县人民政府县长1人，副县长4人，科技副县长1人，挂职扶贫副县长1人。至1998年底，下属职能机构变为43个。增设城管委、项目办（招商局）、扶贫局、国资局、会计局、农经局；撤销绿化办、爱卫办。

2002年2月，县级党政机构改革以后，县政府下属机构有办公室、发展计划与经济贸易局、教育科技局、公安局、民政局、司法局、财政局、人事局、劳动和社会保障局、国土资源局、城乡建设局、水利局、农业局、文化体育局、卫生局、计划生育局、审计局、统计局、粮食局19个工作部门。另外，交通事业发展中心、林业事业发展中心、乡镇企业发展中心、农业机械化发展中心、畜牧发展中心、档案局、史志办为县政府直属事业单位。环境保护中心、农业经营管理中心、科学技术发展中心、价格管理中心分别为城乡建设局、农业局、教育科技局、发展计划与经济贸易局部门管理单位，仍是正科建制。扶贫局与农业局合并，保留扶贫局牌子。

2003年11月，第十三届人民代表大会第一次会议选举产生县人民政府县长1人，副县长5人。2004年，县政府下属机构增设县安全生产监督管理局、县民族宗教事务局（与县委统战部合署办公）。2011年，食品药品监督管理局由垂直管理变为县政府管理。截至2011年，政府下属职能机构为政府办公室、发展和改革局、农业委员会、财政局、住房保障和城乡建设管理局、交通运输局、统计局、卫生局、林业局、环境保护局、审计局、司法局、国土资源局、粮食局、人口和计划生育局、民政局、水利局、安全生产监督管理局、监察委员会、公安局、文体广电新闻出版局、人力资源和社会保障局、教育科技局、食品药品监督管理局、驻临办、档案局、城管委、房产中心、后勤服务中心、政务大厅管理中心、疾病预防控制中心、城镇集体工业联合社、供销合作社、烤烟办、非税收入征收局、政府采购中心、财政国库支付局、广播电视服务中心共38个。

1946—2011年永和县人民政府直属机构沿革表

表20-7

机构名称	沿 革
办公室	秘书室于民国35年（1946）春设立，1955年3月改称人委办公室。"文化大革命"中先设"革委"综合办公室，后为办事组。1975年9月设县委、县"革委"办公室作为县委、县"革委"综合办事机构，为一套班子、两个牌子。1980年10月改为政府办公室。1993年2月经济体制改革办公室、无线电管理委员会并入后仍称办公室。1993年9月与县委办公室合署办公。1997年县直党政机构改革后为政府办公室。2011年，行政人员编制9人，工勤人员编制1人。
发展和改革局	计划委员会：1955年4月设计划委员会；1961年5月改设经济计划委员会；1962年10月复称计划委员会。"文化大革命"初设计划建设委员会；1969年11月由生产组代行其责，1972年恢复计划委员会机构；1984年2月与经济委员会、财贸办公室合并为计划经济委员会；1985年5月恢复计划委员会；1993年2月统计局并入后改为计划统计委员会，内设统计科行使统计职能。1998年设统计局后又恢复计划委员会。 经贸委会员：1952年10月—1955年3月设财政经济委员会；1958年2月设工业局；1962年10月改设工业交通局；1965年7月复设工业局；"文化大革命"初县"革委"设工交委员会、财贸委员会；1969年11月设生产组代行其责；1975年9月改设工交办公室、财贸办公室；1981年11月工交办公室改为经济委员会；1984年2月经济委员会、财贸办公室均并入计划经济委员会；1985年5月析出计划委员会，设经济委员会；1989年5月复设财贸委员会；1993年2月经济委员会与财贸委员会合并为经贸委员会，内设技术监督局，行使执法监督职能；1997年又分为经济委员会、财贸委员会；1998年改为经济贸易委员会、财贸委员会。2002年2月，财贸委员会、经济委员会、物价局与计划委员会合并，组建发展计划与经济贸易局。 物价局：1958年设立市场物价管理委员会；1978年12月设立物价局；1993年2月与工商局合并为工商物价局；1995年8月恢复物价局；2002年2月，物价局改为"价格管理中心"，为事业单位，隶属发展计划与经济贸易局管理。 商务局：民国37年（1948）春设工商科；1956年8月改称商业局；"文化大革命"初先后被财贸委员会、生产组取代；1972年10月恢复商业局；1993年2月组建为商业企业总公司。2007年12月设立商务局，与发展改革与经济局合署办公。 发展和改革局：2004年，发展计划与经济贸易局改为发展改革与经济局；2009年组建发展和改革局（挂经济信息化和商务局牌子）。2011年，行政人员编制11人，工勤人员编制2人。

续表 20-7

机构名称	沿革
农业委员会	农业局：1950年3月设农林科；1954年1月改称农林局；1955年4月改称农林水利局；1956年8月分设农牧科；1957年7月再次合并为农林水利；同年10月改称农业建设局；1963年5月分设农林局；1964年10月改为农业局；"文革"初期被农林水利委员会取代；1969年11月由生产组司其职；1972年10月复设农林局；1973年11月分设农业局；1975年9月改为农牧局；1979年3月恢复农业局。 农业委员会："文化大革命"初设农林水利委员会；1969年11月由生产组代行其责，1975年9月撤组设农业办公室；1984年2月撤销农业办公室；1985年8月设农村经济委员会；1987年5月保留机构名称与县委农工部合署办公；1993年2月与农工部合并为农业委员会（农业服务中心），属政府序列，经济开发办公室、绿化委员会保留牌子并入农业委员会。1997年改为农村工作领导小组办公室（挂县委农村工作委员会、县政府农业委员会牌子）；2002年2月设农业局，农村工作领导小组办公室与农业局一个机构，两块牌子，不再保留农村工作委员会和农业委员会牌子。2009年组建农业委员会，挂县委农村工作领导组办公室牌子。2011年，行政人员编制11人，工勤人员编制2人。 农经局：1998年农经科改为农经局，2002年更名为农村经营管理中心，隶属农业局（农业委员会）管理。 扶贫局：1996年设立；2002年2月与农业局合并，挂扶贫局牌子。2009年，属农业委员会管理。
教育科技局	教育委员会：民国37年（1948）9月设文教科；1956年9月改设教育局；1957年7月与文化科合并为文教局；1962年10月文教局与卫生局合并为文卫局；1963年5月恢复文教局；"文化大革命"初设文教卫生委员会；1969年11月由政工组管理教育；1972年10月恢复文教局；1975年9月改设教育局；1993年2月改称教育委员会。2002年2月教育委员会与科学技术委员会合并，组建教育科技局。2011年，行政人员编制8人，工勤人员编制1人。 科学技术委员会：1972年10月设科技局；1978年12月改称科学技术委员会；1993年2月与文化局、体育运动委员会合并为科文体委员会；1994年恢复科学技术委员会；2002年与教育委员会合并为教科局，并组建科学技术发展中心，隶属教科局管理。

续表20-7

机构名称	沿革
国土资源局	土地管理局：1988年4月设立，1993年2月并入建设土地委员会，1994年5月恢复土地管理局。2002年，撤销政府直属事业单位土地管理局，组建国土资源局，为政府工作部门。2011年，行政人员编制7人，工勤人员编制1人。 建设土地委员会：1993年2月由原城乡建设局、环境保护局、土地管理局合并组建；1994年5月，各局分开办公，建设土地委员会名称仍保留；1998年撤销。
人口和计划生育局	1984年7月，卫生局所属计划生育办公室改为计划生育委员会，直属县政府领导；1993年2月，计划生育委员会保留牌子与卫生局合署办公，组建卫生计划生育委员会；1998年，改设计划生育委员会；2002年，改为计划生育局；2004年，改为人口和计划生育局。2011年，行政人员编制7人，工勤人员编制1人。
公安局	保安科于民国34年（1945）9月设立，民国35年（1946）11月改称公安局；"文化大革命"初被无产阶级专政委员会代替，1969年11月由保卫组管理公安工作，1973年9月恢复公安局机构。2011年，行政人员编制78人，工勤人员编制10人。
民政局	民政科于民国34年（1945）9月设立，1957年7月改称民政局；"文化大革命"初设民政办公室；1969年11月由办事组代行其责；1972年10月恢复民政局；1993年2月，老龄委、残联与民政局合署办公。2011年，行政人员编制7人，工勤人员编制1人。
人力资源和社会保障局	人事科于1951年8月设立，1958年8月改为人事监察科；1961年5月设人事局，6月设劳动局；"文化大革命"初设人事管理办公室、计划建设委员会，分别代替人事局、劳动局的职能；1969年11月设政工组、生产组，分别管理干部、计划劳动工作；1975年9月，干部、人事工作归组织部管理，同时设劳动局；1981年1月复设人事局；1993年2月，人事局、岗位责任制办公室、劳动局合并为人事劳动局；1997年，人事局（与编制办合署）、劳动局分设；2002年，在劳动局的基础上，组建劳动和社会保障局，将人事局管理的机关事业单位社会保险、民政局管理的农村社会保险、各行业统筹的社会保障以及卫生局管理的医疗保险等职能集中到劳动和社会保障局，实行各种社会保险工作统一管理。2009年组建人力资源和社会保障局，不再保留人事局、劳动和社会保障局。2011年，行政人员编制11人，工勤人员编制2人。

续表20-7

机构名称	沿革
卫生局	卫生科于1952年10月设立，1961年5月改设卫生局；1962年10月卫生局并入文卫局；1963年5月恢复卫生局；"文化大革命"初被文教卫生委员会取代；1969年11月由生产组管理卫生工作；1972年10月恢复卫生局；1984年7月，卫生局所属计划生育办公室改为计划生育委员会，直属县政府领导；1993年2月，爱国卫生运动委员会并入卫生局，同时计划生育委员会保留牌子与卫生局合署办公，组建卫生计划生育委员会；1998年分设卫生局、计划生育委员会。2011年，行政人员编制11人，工勤人员编制2人。
审计局	审计局于1983年8月设立。2011年，行政人员编制11人，工勤人员编制2人。
交通运输局	交通科于1956年8月设立，1958年2月改称交通局，同年10月撤销；1965年7月从工业交通局中析出，再设交通局；"文化大革命"初先后由工交委员会、生产组管理交通；1972年10月恢复交通局；2002年2月改为交通事业发展中心，为县政府直属事业单位；2009年组建为交通运输局。2011年，行政人员编制7人，工勤人员编制1人。
文体广电新闻出版局	文化局：1956年8月设文化科；1957年7月并入文教局；1975年9月设文化局；1993年2月并入科文体委员会；1994年3月恢复文化局。2009年12月，文化、体育、广电、新闻出版合并为文体广电新闻出版局，挂旅游局牌子。2011年，行政人员编制6人，工勤人员编制1人。 体育运动委员会：1973年5月设立；1993年2月并入科文体委员会；1994年3月恢复机构，与教育委员会合署办公；2002年2月撤销政府直属事业单位文化局和体育运动委员会，组建文化体育局，为政府工作部门。 广播电视服务中心：1978年6月设广播事业局；1987年10月改称广播电视局；1993年2月改为广播电视服务中心，为事业单位。
财政局	财政科于民国34年（1945）9月设立，1959年7月与税务局合并为财政局；"文化大革命"初被财贸委员会取代；1969年11月由生产组代行其职能；1972年10月恢复财政局。2002年2月，财政局挂农业综合开发办公室牌子。2011年，行政人员编制13人，工勤人员编制2人。

续表 20-7

机构名称	沿革
住房保障和城乡建设管理局	基本建设委员会于1978年12月设立，1984年2月改称城乡建设环境保护局；1991年4月分设为城乡建设局和环境保护局；1993年2月与环境保护局、土地管理局合并为建设土地委员会；1994年5月复设城乡建设局；1997年1月复设城乡建设环境保护局；1998年改为城乡建设局；2009年组建为住房保障和城乡建设管理局。2011年，行政人员编制7人，工勤人员编制1人。
林业局	林业科于1956年8月设立，1957年7月撤销；1973年11月设林业局；1993年2月组建林业服务中心，1998年改为林业局；2002年改为林业事业发展中心，为县政府直属事业单位；2009年改为林业局。2011年，行政人员编制8人，工勤人员编制1人。
水利局	水利科于1956年2月设立，水土保持科于同年8月设立，1957年7月两科同时撤销；1963年5月从原农业建设局中分设水利局，1964年10月改为水保林业局；"文化大革命"初先后被农林水利委员会、生产组取代，1972年10月复设水利局；1984年2月改称水利水保局，1993年2月组建为水利水保服务中心；1998年1月改为水务局；2009年12月改为水利局。2011年，行政人员编制8人，工勤人员编制1人。
监察委员会	监察委员会于1952年10月设立，1954年1月撤销；"文化大革命"中由政工组管理监察工作；1988年4月设监察局，1993年2月改称监察委员会，与县纪律检查委员会合署办公。2011年，监察委员会更名为监察局。
司法局	司法科于民国35年（1946）春设立，1953年9月演变为人民法院；1981年1月设司法局，1997年与县政府办公室合署办公；2002年2月，县政府办公室不再挂司法局牌子，重新组建司法局。

续表 20-7

机构名称	沿革
环境保护局	环境保护局于1991年4月设立，1993年2月并入建设土地委员会，1994年5月恢复环境保护局；1997年并入城乡建设环境保护局，1998年与城乡建设局分设；2002年2月更名为环境保护中心，隶属城乡建设局；2009年12月，重新设立环境保护局。2011年，行政人员编制5人，工勤人员编制1人。
粮食局	1950年3月设永和县分粮库，1953年3月改称粮食局；"文化大革命"初机构遭到破坏，1972年10月恢复粮食局；1993年2月组建为粮油贸易总公司，其行政职能划归经贸委；2002年2月组建粮食局，为政府工作部门。2011年，行政人员编制5人，工勤人员编制1人。
乡镇企业发展中心	社队工业局于1975年9月设立，1984年2月改为社队企业联合公司，同年7月改称乡镇企业管理局；1993年2月组建为乡镇企业联合公司，1997年改为乡镇局，2002年改为乡镇企业发展中心，为政府直属事业单位。
农业机械化发展中心	农业机械管理局于1972年10月设立，1984年2月改称农业机械管理服务中心，1989年5月复为农业机械管理局；1993年2月重新组建为农业机械管理服务中心，2002年2月更名为农业机械化发展中心。
畜牧发展中心	畜牧局于1979年3月从农牧局中分设；1993年2月组建为畜牧业服务中心；2002年更名为畜牧发展中心。

续表 20-7

机构名称	沿革
档案局	档案局于1981年8月设立，其前身是县档案馆；1984年2月，档案局撤销设档案馆；1985年1月，恢复档案局建制；1993年2月由县委史志资料征编办公室与档案局（馆）合并建成史志档案馆，为事业单位；1998年设档案局；2002年，档案局不再挂县志办公室牌子，不再承担史志编写职能。
安全生产监督管理局	安全生产监督管理局于2004年设立。2011年，行政人员编制5人，工勤人员编制1人。
城镇集体工业联合社	手工业管理局于1961年5月设立，"文化大革命"中先后由工业交通委员会、生产组代行其职能；1974年1月恢复手工业管理局；1984年2月撤局设手工业联合社，同年11月建第二轻工业局，与手工业联合社合署办公；1993年2月组建为二轻工业总公司；1998年改名为城镇集体工业总会，挂城镇集体工业联合社牌子。
统计局	统计科于1956年7月设立，1957年4月并入计划委员会称计划统计委员会；1962年分设统计局；1993年设计划统计委员会，内设统计科；1998年1月单设统计局。2011年，行政人员编制10人，工勤人员编制2人。

续表 20-7

机构名称	沿革
食品药品监督管理局	食品药品监督管理局于 2011 年设立。
驻临汾办事处	驻临汾办事处于 1992 年设立。
城市管理委员会	城市管理委员会于 1996 年设立。
房产中心	房产中心于 1994 年设立。

续表 20-7

机构名称	沿革
后勤服务中心	机关事务局于 1987 年 1 月设立,1993 年 2 月改为机关事务服务中心,为事业单位;1998 年更名为后勤服务中心。
政务大厅管理中心	行政审批中心于 2001 年设立,2007 年在行政审批中心基础上组建政务大厅管理中心。
广播电视服务中心	广播事业局于 1978 年 6 月设立,1987 年 10 月改称广播电视局;1993 年 2 月改为广播电视服务中心,为事业单位。
疾病预防控制中心	1952 年,县卫生院设防疫股。1976 年 4 月,县卫生防疫站成立;2003 年,县卫生防疫站更名为县疾病预防控制中心。

续表 20-7

机构名称	沿革
供销合作社联合社	供销合作社于1950年1月设立，1958年8月并入商业局；1962年1月复设供销合作社；"文化大革命"中机构遭到破坏，1975年9月恢复机构；1983年7月改称供销合作社联合社，并恢复供销合作社社员代表大会，设理事会、监事会。
烤烟办公室	烤烟办公室于1996年成立。
非税收入征收局	预算外收费中心于2001年成立，2011年更名为非税收入征收局。
政府采购中心	政府采购中心于2001年成立。
财政国库支付局	核算中心于2001年成立，2011年更名为财政国库支付局。

2011年永和县上级系统直属机构一览表

表 20-8

中国人民银行永和县支行
临汾银监分局永和县办事处
中国农业银行股份有限公司永和县支行
中国邮政储蓄分行股份有限公司永和支行
永和县供电支公司
永和县邮政局
永和县气象局
永和县烟草公司
山西省石油公司永和县公司
永和县信用联社
永和县工商局
永和县国家税务局
永和县地方税务局
永和县联通分公司
永和县移动公司
永和县质量监督管理局
隰永公路养护段
中国人寿股份有限保险公司临汾分公司永和营销服务部
山西省临汾公路运输管理局永和分局
中国人民财产保险股份有限公司永和支公司

1945—2011年永和县人民政府历任县长名表

表20-9

姓 名	职 务	籍 贯	任职时间	备 注
杨宣武	县长	陕西延川	1945.9—1946.春	—
杨佐风	县长	陕西延长	1946.2—1946.12	—
贾生采	县长	山西石楼	1946.12—1948.10	—
李嗣堂	县长	山西五寨	1948.10—1949.6	—
刘德胜	县长	山西灵石	1952.2—1952.7	—
张良知	县长	山西大宁	1952.7—1958.10	—
张良知	县长	山西大宁	1961.6—1961.11	第二次任职
孙仁义	县长	山西夏县	1962.1—1965.12	—
胡文晋	县长	山西洪洞	1965.12.3 任命	未到职
宋守文	主任	山西介休	1967.5—1970.7	县"革委"主任
景志忠	主任	山西洪洞	1972.12—1975.2	县"革委"主任
司致祥	主任	山西高平	1975.2—1978.6	县"革委"主任
吕树琛	县长	山西文水	1978.6—1983.12	1978.6—1980.10 为县"革委"主任
段连明	县长	山西临汾	1983.12—1990.4	1983.12—1984.12 为代县长
赵兰田	县长	山西临汾	1990.4—1994.2	—
王月喜	县长	山西临汾	1994.2—1996.8	—
武保安	县长	山西襄汾	1997.3—2000.5	—
张 云	县长	山西曲沃	2001.8—2003.11	2001.8—2002.4 为代县长
张三森	县长	山西吉县	2003.11—2006.6	—
赵雁峰	县长	山西右玉	2006.6—2009.10	—
梁秀娟	县长	山西襄汾	2009.11—	—

1946—2011年永和县人民政府历任副县长名表

表20-10

姓名	职务	籍贯	任职时间	备注
药瑞智	副县长	山西永和	1946.春—1948.夏	—
郝国柱	副县长	陕西延川	1949.1—1949.6	—
刘德胜	副县长	山西灵石	1949.7—1952.2	主持工作
张 儒	副县长	陕西延川	1952.5—1958.10	—
侯保兰	副县长	山西晋城	1956.3—1958.10	—
张 儒	副县长	陕西延川	1961.6—1963.1	第二次任职
赵玉遗	副县长	山西永和	1961.6—1964.12	—
张逢通	副县长	山西浮山	1961.6—1967.2	被"造反派"夺权
宋守文	副县长	山西介休	1965.8—1967.2	被"造反派"夺权
苗柏青	副主任	山西洪洞	1967.5—1969.4	县"革委"副主任
杨占龙	副主任	山西石楼	1967.5—1969.4	县"革委"副主任
张北记	副主任	山西洪洞	1967.5—1970.12	县"革委"副主任
吕务泉	副主任	河南林县	1969.9—1971.6	县"革委"副主任
赵 钦	副主任	山西沁源	1969.9—1972.1	县"革委"副主任
张海泉	副主任	山西阳曲	1970.1—1971.10	县"革委"副主任
李 平	副主任	山西沁水	1970.3—1972.11	1970.12—1972.11 为县"革委"第一副主任
景志忠	副主任	山西洪洞	1970.3—1972.12	县"革委"副主任
司致祥	副主任	山西高平	1970.12—1975.2	县"革委"副主任
赵 珍	副主任	山西侯马	1972.1—1977.9	县"革委"副主任
冯致富	副主任	山西永和	1972.4—1977.10	县"革委"副主任
樊林峰	副主任	山西闻喜	1973.2—1975.6	县"革委"副主任

续表 20-10

姓　名	职　务	籍　贯	任　职　时　间	备注
张银生	副主任	山西交口	1975.9—1980.10	县"革委"副主任
姚士英	副主任	山西芮城	1976.7—1980.10	县"革委"副主任
刘福增	副主任	河南汤阴	1977.3—1980.7	县"革委"副主任
张银生	副县长	山西交口	1980.10—1987.5	—
孙尚文	副县长	山西万荣	1980.10—1983.12	—
冯玉琪	副县长	山西永和	1983.12—1990.4	—
赵兰田	副县长	山西临汾	1984.11—1987.1	—
荀贵生	副县长	山西汾西	1986.8—1996.8	—
任启玉	副县长	安徽濉溪	1987.5—2003.11	—
冯仲明	副县长	山西永和	1987.10—1990.5	—
韩忠秀	副县长	山西永和	1990.5—2003.10	—
张越轶	副县长	山西永和	1990.6—1998.6	—
包江	副县长	—	1993.9—1994.9	挂职
屈会选	副县长	山西襄汾	1994.6—2003.10	科技副县长
王建文	副县长	—	1995.5—1996.6	挂职
牛文华	副县长	山西吉县	1995.5—2003.10	—
杨刚杰	县长助理	山西襄汾	1995.5—1997.10	扶贫
蔡廷辉	副县长	—	1996.3—1997.12	挂职（邮电部监察局）
丁忠科	县长助理	—	1996.6—1997.12	扶贫（邮电部机关服务局）
吴岐山	副县长	山西乡宁	1996.8—1998.6	—
冯国胜	副县长	湖北黄冈	1997.11—1999.6	挂职（扶贫）
郭永平	副县长	山西高平	1998.6—2007.4	—

续表 20-10

姓 名	职 务	籍 贯	任 职 时 间	备注
孙 研	副县长	吉林省	1999.6—2003.10	挂职
刘迎虎	副县长	山西永和	2001.11—2010.7	—
段忠联	副县长	山西永和	2003.11—2007.5	—
郭 波	副县长	陕西延川	2003.11—2011.6	—
冯书霞（女）	副县长	山西永和	2003.11—2011.6	无党派人士
任吉龙	副县长	山西乡宁	2005.6—2007.5	—
任俊杰	副县长	山西大宁	2007.5—2010.7	—
冯双贵	副县长	山西永和	2007.5—2011.6	—
廉海平	副县长	山西永和	2010.7—	—
宋新亮	副县长	山西高平	2010.7—	—
王润贵	副县长	山西永和	2011.6—	—
江明涛	副县长	吉林大安	2011.6—	挂职
解建国	副县长	安徽利辛	2011.6—	无党派人士

第二节 基层政权

里 甲

明清沿袭古制，县下设里甲。里设里正，甲设甲首，村设公直。里正、甲首、公直职司督促税粮、追摄公事、传达政令、调解纠纷。里正由本里中丁粮最多的10户轮流担任，甲首由本甲10户轮流充当。

区 村

民国7年（1918）改行区村制。县下设区，区下设编村，编村下设闾，闾下设邻。区置区公所，为县政府派出机构，设区长1人，由上级委任，另设助理员1人，区警4人（后增至6人，兼管治安）；编村设村长1人，村副1人，由民选产生，不脱产，须由殷实家庭者充任；间设间长，邻设邻长。民国26年（1937）下半年编村置村公所，设村长1人，由上级委任；村警2人（后增至4人）；后增粮服员1人。民国34年（1945）9月永和县解放后，置永和市（区级）和4个区政府。永和市设市长1人，年底撤市。各区设区长1人，副区长1人，并设民政、财粮、农林等助理员。编村改称行政村，设村长、副村长、会计等。联合村改为自然村，设村主任1人。

区乡村

1953年8月改行政村为乡（镇），置乡（镇）人民政府，设乡（镇）长1人，副乡（镇）长1~2人，秘书1人，均不脱产。1954年9月撤销区建置，由县直辖乡（镇）。1955年1月乡（镇）人民政府改称人民委员会，设乡（镇）长1人，副乡（镇）长2~3人，委员若干人，各委员分别管理民政、财经、生产、文教、治安等，副乡（镇）长和部分乡（镇）长为半脱产、补贴制干部。乡下自然村，设村主任1人，财粮员1人。

社　队

1958年改乡镇为人民公社，公社设管理委员会，设主任1人，副主任1—3人，秘书、武装部长、会计各1人。1967年6月成立革命委员会，设主任、副主任、武装部长、会计等。1981年9月恢复管理委员会称谓，仍设主任、副主任、武装部长、秘书、会计等。公社下设机构先后称管理区、生产大队管理委员会、"革委"会，设主任、副主任、民兵连长、妇女主任、贫协主任、会计等。下设自然村称生产队，设正副队长、贫协组长、民兵排长、会计、保管等。

乡（镇）村

1984年12月恢复乡镇制。乡（镇）人民政府设正副乡（镇）长、武装部长、办公室主任、会计、民政助理员、司法助理员、计划生育助理员、统计员、林业员、水利员、财政员、教办主任、农经员等。生产大队改称村民委员会，设村长、副村长、会计、民兵连长、治保主任、调解主任等。生产队改称村民小组，设小组长、会计。

2001年3月对乡镇进行撤并，由原来的9乡2镇变为5乡2镇。2002年5月，均设综合办公室、经济社会发展办公室。综合办公室负责党委、人大、政府日常事务工作；负责基层党组织建设、党员队伍建设、村级干部队伍建设、党员干部培训、党风党纪以及群团工作；负责综合治理、精神文明建设工作。内设收发批转文件、信访接待、综合治理、精神文明建设、组织宣传、纪检、共青团、妇联、武装、机关后勤等岗位。经济社会发展办公室负责工业、农业、财贸经济规划、管理协调、财务管理、计划统计工作；负责村政管理、婚姻登记、科技、文化、卫生、教育、广电、计划生育协调等工作。内设工业、农业、财贸、会计、出纳、统计、民政、科教文卫、计划生育等岗位。芝河镇为二类乡镇,编制为26名,其余6乡镇为三类乡镇,编制各为20名。乡(镇)政府设乡(镇)长1人,副乡(镇)长3人,另外根据工作需要选配科技副乡长、非党副乡长各1人,均不占职数。

2002年6月,7个乡镇均设置6个事业机构,即农业综合服务中心、文化广播站、计划生育服务站、国土资源所、财政所、统计站。芝河镇为二类乡镇,事业编制28名;其余6乡镇为三类乡镇,事业编制坡头乡22名,桑壁镇、阁底乡、交口乡各21名,南庄乡、打石腰乡各20名。

2010年乡镇机构改革后,芝河镇、桑壁镇、坡头乡、阁底乡、交口乡各设置3个行政综合办事机构,即党政综合办公室(挂综合治理办公室牌子)、经济发展办公室(挂人口和计划生育管理办公室牌子)、社会事务管理办公室(挂新农村建设办公室牌子);打石腰乡、南庄乡不设行政综合办事机构,设行政管理员岗位。芝河镇、桑壁镇、阁底乡、交口乡各设6个事业机构(单位),即农村综合便民服务中心、计划生育服务站、农业技术推广中心站、农机服务中心站、水利水保中心站、畜牧兽医中心站。坡头乡设综合便民服务中心、计划生育服务站,芝河镇农业、农机、水利、畜牧4个中心站分别服务芝河镇和坡头乡。打石腰乡设综合便民服务中心、计划生育服务站、农业技术推广中心站、农机服务中心站,水利水保中心站和畜牧兽医中心站,4个中心站分别服务打石腰乡和南庄乡。南庄乡设综合便民服务中心、计划生育服务站,水利水保中心站、畜牧兽医中心站,农业技术和农机服务中心站,4个中心站与打石腰乡分别为一个机构。芝河镇编制36人,阁底乡、桑壁镇、交口乡各为21人,南庄乡23人,打石腰乡17人,坡头乡14人。村民委员会设主任、副主任、委员,下辖民调委员会、治保委员会、社会管理服务中心、卫生所、计生服务所、民兵连、会计等。

第三章 地方政协

第一节 机构设置

1984年6月,中共永和县委始与有关单位负责人和各界人士代表协商成立中国人民政治协商会议永和县委员会（以下简称永和县政协）组成人选和有关事项。是年12月3日—8日召开县政协首届一次会议，永和县政协正式成立。

永和县各届政协均设主席1人，副主席3~4人，常务委员若干人。1985年4月，首届政协设办公室，主任由1名常委担任；设学习、提案审查、文史资料研究3个委员会，各委员会主任分别由各位副主席兼任；设农村、科技、工交财贸、文化教育、医药卫生5个工作组，各组组长分别由有关委员担任。是年12月，设置1名专职常委。1986年4月19日，首届政协增补任新生为副主席。1987年8月，二届政协增设祖国统一工作组，成立11个乡（镇）统战政协学习小组。1990年7月，三届政协设秘书长1人，增设经济工作委员会，并配备提案审查、文史资料研究、经济工作3个委员会专职主任。1993年四届政协增加专职工作人员2人。

1998年7月，五届政协设办公室、学习、文史资料、提案审查、经济工作4个委员会。设农业科技、工交财贸、文教医卫、祖国统一4个工作组。4个委员会主任均由副主席兼任，配备专职副主任。

2003年12月，六届政协增设科教文卫委员会、民族宗教和港澳台委员会、社会法制委员会、信息科，撤销学习委员会。2004年4月，政协定编确定为1室4委，即办公室和提案信息、经济环境、科教文卫、法学统史4个委员会。

委员会闭会期间，由常务委员会和主席办公会议行使其职权。

1984—2011年永和县历届政协主席名表

表20-11

姓　名	职　务	籍　贯	任职时间
吕树琛	主席	山西文水	1984.12—1993.6
冯玉琪	主席	山西永和	1993.6—1998.6
张越轶	主席	山西永和	1998.6—2003.11
任启玉	主席	安徽濉溪	2003.11—2007.5
郭永平	主席	山西高平	2007.5—

1984—2011年永和县历届政协副主席名表

表20-12

姓　名	职　务	籍　贯	任职时间
程兴礼	副主席	山西翼城	1984.12—1986.5
康瑞林	副主席	山西永和	1984.12—1986.2
李全笑	副主席	山西万荣	1984.12—1993.3
任新生	副主席	山西洪洞	1986.4—1987.5
冯玉福	副主席	山西永和	1987.5—1990.7
蔺胜恩	副主席	山西洪洞	1987.5—1990.7
韩凌云	副主席	山西临汾	1987.5—1998.6
田根茂	副主席	山西永济	1990.7—1993.6
韩凤莲（女）	副主席	山西永和	1990.7—1998.6（无党派人士）
段忠联	副主席	山西永和	1993.6—2003.11
冯月富	副主席	山西永和	1993.6—
段新民	副主席	山西永和	1998.6—2011.6
靳光元	副主席	山西永和	1998.6—2003.10
连永梅（女）	副主席	山西永和	2003.10—2007.6
冯德英	副主席	山西永和	2007.5—
解建国	副主席	安徽利辛	2007.5—2011.6
冯书霞（女）	副主席	山西永和	2011.6—（无党派人士）
韩凤莲（女）	副主席	山西永和	2011.6—（中共党员，与无党派人士韩凤莲不是同一人）

第二节 历届会议

第一届委员会

永和县政协第一届委员会第一次全体会议于1984年12月3日—8日在县城召开，应出席委员45人，实出席41人。中共永和县委书记杨廷基作政治报告；全体委员学习政协章程，选举产生本届委员会领导成员。吕树琛当选为主席，程兴礼、康瑞林、李全笑当选为副主席，赵云程等13人为常委。本届委员会第二次全体会议于1986年3月25日—27日召开，出席委员41人。会议听取和讨论了有关报告，并做出相应的决议。

第二届委员会

永和县政协第二届委员会第一次全体会议于1987年5月25日—28日在县城召开，45名委员全部出席会议。中共永和县委书记马金龙作政治报告，吕树琛作上届政协常务委员会工作报告，提案审查委员会作关于提案审查的报告。会议选举吕树琛连任主席，冯玉福、蔺胜恩、李全笑、韩凌云为副主席，赵云程等9人为常委。本届委员会共召开3次全体会议。第三次全体会议于1989年7月26日—28日召开，出席委员39人。与会委员学习讨论中共十三届四中全会精神，统一了思想认识。

第三届委员会

永和县政协第三届委员会第一次全体会议于1990年7月16日—18日召开，应出席委员45人，实出席43人。委员们听取、讨论中共永和县委书记马金龙的政治报告，听取、审议吕树琛代表上届政协常务委员会作的工作报告和韩凌云关于上届政协委员会提案工作情况的报告；选举吕树琛连任主席，田根茂、李全笑、韩凌云、韩凤莲（女、无党派人士）为副主席，冯瑞山等9人为常委，冯瑞山为秘书长。1992年5月召开第三次全体会议，县政协下设4个委员会的主任和工作人员全部列席。

第四届委员会

永和县政协第四届委员会第一次全体会议于1993年6月23日—25日在县城召开，45名委员全部出席。会议听取和审议了政协第三届委员会常务委员会工作报告和提案工作情况报告；选举冯玉琪为主席，段忠联、韩凌云、韩凤莲（女、无党派人士）、冯月富为副主席，冯瑞山等9人为常委，冯瑞山为秘书长。本届委员会共举行5次全体会议。

第五届委员会

永和县政协第五届委员会第一次全体会议于1998年6月6日—8日在县城召开，68名委员全部出席。会议听取和审议政协第四届委员会常务委员会工作报告和提案工作情况报告；选举张越轶为政协主席，段忠联、段新民、冯月富、靳光元为副主席，冯瑞山为秘书长，冯书霞（女）等8人为常委。2002年5月召开第五次全体会议。

第六届委员会

永和县政协第六届委员会第一次全体会议于2003年11月17日—20日在县城召开，90名委员全部出席。会议听取和审议政协第五届委员会常务委员会工作报告和提案工作情况报告；选举任启玉为政协主席，段新民、冯月富、连永梅（女）为副主席，柳合智为秘书长，王润贵等14人为常务委员。六届政协共举行了4次全体会议。

第七届委员会

永和县政协第七届委员会第一次全体会议于2007年5月14日—17日在县城召开，应出席委员99人，实出席96人。委员们听取和讨论中共永和县委书记毛克明的讲话，听取和审议第六届委员会常务委员会工作报告和提案工作情况报告；选举郭永平为政协主席，段新民、冯月富、冯德英、解建国为副主席，杨勇为秘书长，马进等15人为常务委员。县四大班子领导出席会议。

政协永和县会议

第八届委员会

永和县政协第八届委员会第一次全体会议于2011年6月21日—23日在县城召开，出席会议的委员97名，列席5名，共计102名。会议听取并审议政协工作报告、提案工作情况报告；选举产生政协永和县第八届委员会。郭永平当选为政协主席，冯月富、冯书霞（女）、冯德英、韩凤莲（女、中共党员）当选为副主席，高润平为秘书长，毛伶秀等13人为常务委员。委员会先后召开4次议政会。

永和县历届政协委员组成界别情况表（一）

表 20-13　　　　　　　　　　　　　　　　　　　　　　　　　　　　　　　单位：人

届别　人数　界次	第一届	第二届	第三届	第四届
合计	45	45	45	45
共产党	6	6	5	5
无党派人士	4	4	3	3
工会	1	1	1	1
共青团	1	1	1	1
妇女	1	1	1	1
农民	3	3	3	3
工人	2	2	2	2
科技界	6	6	6	6
教育界	6	6	5	5
文艺界	1	1	1	1
新闻界	1	1	1	1
医卫界	5	5	6	6
工商界	3	3	5	5
少数民族	1	1	1	1
宗教界	1	1	2	2
台港属	3	3	2	2

永和县历届政协委员组成界别情况表（二）

表20-14　　　　　　　　　　　　　　　　　　　　　　　　　　　　单位：人

届别 人数 界次	第五届	第六届	第七届	第八届
合计	56	90	95	97
共产党	7	11	10	11
无党派人士	3	5	7	6
工会	1	2	2	2
共青团	1	2	3	2
妇女	1	3	3	3
农民	4	7	8	6
工人	2	8（工商联）	8（工商联）	8（工商联）
科技界	5	8	6	6
教育界	7	10	13	13
文体界	2	2	4	3
医卫界	6	8	8	7
新闻界	2	3	3	3
工商界	7	12（经企界）	11（经企界）	12（经企界）
台侨属	2	2	—	—
宗教界	3	4	5	5
个体协会	2	2（社会福利）	2（社会福利）	3（社会福利）
少数民族	1	1	—	—
科协	—	—	2	2
特邀界	—	—	—	5

第三节 主要工作

参政议政

历届政协主席、副主席均应邀列席县委、县人大、县政府有关会议，参与有关全县政治生活、经济建设和其他重大问题的协商讨论。政协委员在各次全体会议期间均列席相应的县人代会，听取、讨论有关报告，并提出建议。第一—四届政协共收到委员提案284件，建议57条，诸如发展教育事业、增加对科技事业的投入、发展农村医疗网络、整顿医药市场、开发永和关、县城供水、廉政建设、菜篮子工程、处理城西路路面并架设路灯等提案和建议均被县委、县政府采纳实施。第三届政协3年间召开12次常委会，听取、讨论县政府与18个局委的工作报告，提出意见和合理化建议。第四届政协先后召开28次例会，听取、讨论、审议县政府与29个局委的工作报告，提出意见、建议218条，其中198条被采纳实施。政协副主席段忠联担任县经济监测考核领导组副组长，9名政协委员被聘为县廉政建设督查员。1990年起，县政协配合县委组织部、统战部，摸清非党干部底子，建立健全非党干部档案，并进行考察、培养。至1995年底已有10名非党干部担任副科级以上领导职务，26名非党干部担任正副股级职务。

政协永和县常委会议

五届政协共召开例会5次，常委会22次，听取、讨论和审议县政府和26个局委的工作报告，提出意见、建议206条，其中185条被采纳。围绕县委提出的"人均百株枣，户种十亩草，全县一台戏，十年见成效"奋斗目标，确定了发展种草养羊，红枣产业发展，私营企业、民营经济发展，农村经济结构调整，农民增收问题等16个调研课题，组织全体委员累计进行15个月的大调研，共形成高质量的调研报告40余篇，其中《调整结构、退耕种草；抢抓机遇、发展养羊》《找准位置、演好角色，是加快永和县主导产业发展的重要保证》《教育与人才两手抓，以适应县域经济发展的要求》等20余篇论文在县委、县政府以及县政协组织召开的各种研讨会上进行交流，许多建议得到采纳。政协办撰写的《对我县小尾寒羊发展的调查与思考》、工商联撰写的《转变政府职能为非公有制经济营造良好的环境》等10余篇调研报告中所提的意见和建议得到县委、县政府的高度重视。六届政协先后召开例会4次，常委会13次，有10次将学习列入议程中。听取和讨论政府与16个局委的工作报告，提出意见、建议191条，其中176条被采纳。七届政协先后组织4次议政会，提交发言材料128份，36名委员发言，许多意见和建议进入县委、县政府的决策程序。

社情民意

"社情民意"是政协工作的重要拓展。政协自成立以来，共收到委员反映的"社情民意"1126条，编发《社情民意》689期，其中被国家级刊物采用10条，被省政协采用98条，省领导批示8条，省两厅信息刊物采用26条，报刊内参采用19条，市政协采用309条，市级领导批示43条，县级领导批示157条。6次荣获省、市政协"信息工作先进单位"的光荣称号；2002年获得全市"信息工作第一名"的奖励，省政协授予"信息工作集体二等奖"。本着"社情民意"抓大事、抓关键、抓要害的思路，集中反映群众关注的热点和焦点问题。如：《农村税费改革后基层暴露出来的一些新情况新问题》《关于加大金融为新农村建设服务力度的几点建议》《应高度重视建筑物的防震抗震》等被全国政协采纳；《应及时纠正农村小城镇建设中存在的问题》《采取措施，贯彻落实朱镕基总理退耕还林（草）、封山禁牧指示精神》《目前影响农民增收三大因素及六项对策建议》等信息得到省、市领导的重视和批示。

献计献策

历届政协委员数次到各乡镇和厂、校、公司，实地视察和调查研究，向县委、县政府提供决策依据。一届至七届政协委员共写调查报告142份，学术论文40余篇。1994年5月，政协主席冯玉琪带领部分政协委员，到沿黄乡贫困村调研，写出《贫困乡村农业发展情况》和《建立集体枣园，走自我发展之路》等调查报告，所提意见、建议均被县委、县政府采纳实施。副主席段忠联带领委员们对县城环境进行为期一周的巡查后，提出"拆除县城街道两旁违章建筑，强化主街道车辆管理，保障市容整洁和交通安全"的意见，县政府当年采纳实施。1995年9月10日，主席冯玉琪带领政协常委和机关工作人员深入县印刷厂、城关小学和各乡镇巡查、调研，撰写出《党的政策好，落实更重要》和《永和要想富,必须抓林牧》等调查报告,县委、县政府及时责成有关单位制定出措施,付诸实施。1999年,主席、副主席深入基层,住在乡村,认真调研,掌握第一手材料,提出《封山禁牧要全面实施》的建议案,得到县委、县政府的采纳;对防治"非典"提出的"堵、查、领、挖、报、解"的六字隔离流程办法和"清理乡村环境卫生五条标准"在全县进行推广。六届政协围绕全县各个时期的中心工作,先后组织4次专题调研和12次视察活动,参与的常委、委员达400多人次,累计时间达12个月。主要就农业结构调整、促进民营经济发展、生态环境建设、教育文化建设等一系列带动全县经济社会科学发展、和谐发展的重大问题开展专题调研,共形成调研报告32篇、专题论文12篇,其中经县政协常委会议协商讨论通过,形成提交县委、县政府的建议报告8件,为县委、县政府及有关部门的决策提供了参考依据。有不少意见被直接采纳,进入党委、政府的决策程序。如《关于我县教育事业发展的建议报告》《关于推进我县红枣产业发展的建议报告》《农村小学的布局调整后应注意学校财产保护和利用》《让乡镇副职流动起来》《关于我县综合旅游开发的探索与建议》《注重坝系建设,促进山区农村经济可持续发展》《对我县新农村建设的思考》等一系列建议报告,受到县委、县政府的重视,得到主要领导的批示。

政协委员视察农田水利建设

科技服务

1987—1990年,二届政协科技组组织现场示范,推广蓖麻生产技术,带头实施绒山羊改良、红枣晾晒棚、小麦根际固氮菌等3个星火计划。1990—1993年间,三届政协组织科技兴农宣传120余场,受教育者2万余人次;举办各种科技训练班80期,受训者5000余人次;印发科技资料40种、2800余份,开展科技咨询1000余人次,推广新成果、新技术10余项;配合有关部门举办首届"农民丰收杯科技知识大奖赛",在全县掀起学科学、用科学热潮。1993年建起红枣密植、旧果树改造2个经济服务实体,组织发动近80名科技人员对上万亩高产示范田和40多个果园实行技术承包。四届政协副主席韩凌云、冯月富带领有红枣、果树技术专长的政协委员,到沿黄 5 乡、45 个村委,把编印好的《红枣果树管理技术》1500 册送发到枣农、果农手中,并与他们签订无偿服务合同。此间,举办枣树、果树管理技术培训班 4 期,参训者 460 人次。

五届政协在委员中开展"三·十佳"评比活动。70 名委员联系了 3 乡 8 村委 2 企业 7 所学校共 20 个联系点,提供好信息 256 条,建议 110 条,办实事 236 件。政协机关指导 9 个枣、草、羊大户,为其引进新草种 12 种、鲁西小尾寒羊 42 只、红枣新品种 7 种。常委会组织医卫界委员到 7 乡镇义务巡诊 5 次,受诊人数达 4000 余人次;组织科技界委员对 7 乡镇进行枣、草、羊等各种科技巡回培训 5 次,受训人数达 8000 余人次;组织教育界委员为永和县提供教育改革建议 18 条;组织企业界委员开展"致富思源,富而思进"的活动,委员自发捐款 10000 余元,受资助的 9 个种草养羊示范户,效益明显。

六届政协倡导开展"建功立业活动",活动中委员共提出有效意见和建议 300 余条,办实事 200 余件。县政协委员、中医院院长王学诗 30 多年一直战斗在工作一线,荣获全国"道德模范提名奖"和"白求恩奖章",成为中医界获此殊荣的第一人。政协委员、文联主席马毅杰创作的《奥运福娃漫游记》被北京奥组委授予"最佳创意奖",并被推荐为奥运火炬手候选人。政协委员、林业中心主任白新民,带领林业中心全体人员打造了全国林业精品工程。2002 年 8 月,国家三北防护林局在永和县召开现场会,把永和县的林业工作推向全国。

发挥才智

政协委员吴渭南利用荒山荒坡植树养牛。他相信科学,运用科学,坚持改良品种,几年间牛存栏增至百头,为全县小流域治理,发展开发性生产做出典范。政协委员、永和中学校长李道中 1987 年任职后,严格管理,端正校风,学校教育工作大有起色。1993—1995 年全校高考、中考达线 200 余人,在山区县中名列前茅。他本人在全国发行的《英语周报》和省级《青少年文化报》发表教研文章 100 余篇。政协委员、县医院副主任医师杨玉凤,视患者为亲人,每年接诊病人 1 万多人次,业余时间出诊 1000 余次,抢救危急病人上百次,被群众称为"贴心大夫"。政协委员、退休干部白斗南年逾古稀,热心奉献。1992—1995 年收集、整理药材志、城建志、永和县人物事迹和地名更新调查等资料近 30 万字;逢喜庆节日义务为群众写对联 1000 余副。经企界委员解家干边学习、边研究、边实践,建成了一座规模大、科技含量高、市场占有优势强的核桃基地,为永和县核桃产业的发展走出了新路子。王玉金等医卫界委员每年为群众看病上万人次,有效缓解了群众看病难、看病贵等问题。

自身建设

政协学习委员会和各乡镇统战政协学习小组,经常组织委员和联系各界人士,学习中央重要文献、国家法令、时事政策和政协业务知识。四届政协1993年建立后,组织委员集体学习16次,观看《孔繁森》《大决战》《离开雷锋的日子》等有教育意义的影片、录像30余部,听录音346盘,对委员进行爱岗、爱国、爱我中华的教育。在参观革命圣地延安和吉县壶口瀑布之际,同延安市政协、吉县政协座谈交流,学习先进经验。四届政协先后制定出《关于政治协商、民主监督、参政议政规范化、制度化实施细则》《政协常务委员会工作细则》《政协工作委员会组织通则》《提案工作简则》《关于加强同各界人士联系的意见》《关于加强与委员联系的办法》《委员守则》,以及各工作委员会、办公室工作职责等15个规章、制度,并汇编成《委员手册》,发给委员人手1册,供经常学习、对照,以提高委员的整体素质,提高政协履行职能的实效。

六届政协委员会把学习系统化,不仅学习马列主义、毛泽东思想、邓小平理论、江泽民"三个代表"重要思想,同时学习政协理论、统一战线理论、时事政治、市场经济知识、科技知识、实用技术等。14次常委会中,有10次将学习列入重要议程。七届政协委员会19次常委会上都将学习列入会议的首要议程,学习科学发展观等,中共十七大及十七届三中、四中、五中全会精神,《宪法》《政协章程》,省市政协工作会议精神等。举办培训班3期,坚持每年征订《山西政协报》《文史资料》等报纸杂志,编发学习资料,动员和发动委员自觉学习时事政治和相关政策以及统一战线和人民政协理论。

扶贫攻坚

1994—1995年,县政协在阁底乡马家湾村开展扶贫工作,做了4个方面工作。抓思想建设,采用办党员干部培训班、办宣传专栏、刷写标语等形式,宣传中共十四届四中、五中、六中全会精神和党在农村的一系列方针政策。抓组织建设,民主选举马家湾村共产党员与村民代表两个议事会,补选妇女主任、团支部书记、治保委员,调整1名村民小组组长。抓制度建设,建立健全党员组织生活、干部廉洁自律、财务管理、计划生育等10项规章制度,使全村工作步入正常化、规范化、制度化轨道。确定主导产业,制定3年脱贫致富规划。为群众办实事,集资5000元,投工2500个,修田间道路5公里，修建人畜饮水工程1处，新栽树500亩、1万余株，发展羊500余只；捐款2200元，购买化肥300袋，发放救济粮4000余公斤，清理、整顿村委20多年的财务，健全"6账6簿"。连续两年，全村秋征、提留、计划生育、植树造林、小流域治理等工作，受到乡党委、乡政府表彰。

四届政协第一次会议后，在工商联会员中开展"扶贫光彩事业"活动，先后有140名会员参加到光彩事业活动中，其中民营、私营企业26户，个体工商户114户。他们充分发挥各自的专长和优势，扶贫帮联涉及6个贫困乡、18个贫困村，包联116个贫困户，累计为贫困村、户投资、捐助救济、借款达26.3万元。政协副主席韩凌云、冯月富在联系东索基村、南庄村过程中，帮助群众制定果树发展规划，推广蓖麻整枝技术，无偿为果农整枝达36000余株，实地培训20余期，达1万余人次。五届政协为南庄乡百湾只村捐款6000元，衣物376件，资助打旱井92眼，送白面250袋，指导连片种植苜蓿5000余亩，养羊400余只，人均养羊收入600余元，使其农业调产初见成效。政协机关在活动中，累计为包扶村委捐款1.2万元，捐助白面500袋、衣物400余件，安装程控电话1部，打旱井60余口。

第二十一编

党派　社团

民国28年（1939）5月，中国国民党永和县党部建立。县党部以发展国民党党员、宣传"三民主义"（民族、民主、民生主义）为主要工作任务，当年发展党员101人。

民国时期，永和县有牺盟分会、青委会、妇委会等社会团体；中华人民共和国成立后陆续建有工会、青年团、少先队、工商联、残联、文联、科协等社会团体。民国26年（1937）春，山西省牺牲救国同盟会在永和城乡进行抗日救亡宣传，9月，牺盟永和县分会建立。民国37年（1948）6月，永和县妇委会、青委会建立，负责全县妇女和青年工作。1951年3月，永和县教育工会建立。1956年，在教育工会的基础上建立永和县工会联合会。1952年12月，永和县工商业联合会成立。1982年7月，永和县科学技术协会单独设立。1991年5月，永和县残疾人联合会成立。1991—2007年，县残疾人联合会共召开4次代表大会。1996年10月，永和县文学艺术联合会成立。文联下设写作、书法、美术、摄影4个协会。

第一章　中国国民党地方组织

第一节　组织机构

民国28年（1939）春，中国国民党山西省党部派白学斌组建永和县党部，始在永和县发展国民党员。5月，国民党永和县党部成立，白学斌任书记长。县党部以发展国民党员、宣传"三民主义"（民族主义、民权主义、民生主义）和灌输"反共"思想为主要任务。当年，国民党党员发展到101人，其中县党部13人、县政府11人、县精建会11人，其他66人。民国30年（1941），国民党党员发展到129人。

据民国33年（1944）4月3日资料统计，中国国民党山西省永和县第一区分部有党员17人，其中书记黄清洁，执委刘金钟、王均泰，候补执委牛健；第二区分部有党员20人，其中书记李德厚，执委药尚元、刘光璨，候补执委康元祐、李成元；第三区分部有党员11人，其中书记呼文彰，执委冯大成、郭怀琛，候补执委任志远；第四区分部有党员19人，其中书记段德昌，执委冯廷俊、杨明才、郭富春、路振声，候补执委刘兴汉；第五区分部有党员19人，其中书记李锦堂，执委刘全孝、段文富，候补执委郭生祥；第六区分部有党员20人，其中书记阎振书，执委干学禄、吴之政，候补执委王得功。25日，成立第七区分部，有党员15人，其中书记刘增荣，执委李光辉、穆致和，候补执委段联昌。同年，白学斌调往克难坡，景之贞接任永和县党部书记长，黄清洁任秘书。县党部直属6个区分部，下属5个区，每个区又分别设7个、8个、9个、7个、7个区分部，全县共设44个区分部，88个小组，在册国民党员702人。阎锡山政权干部、地方知名人士和小学教员大都被吸收入党。全县51所小学、60名教员，有42名为国民党党员，占70%。县立中心小学划编直属区分部1个。为凑足发展名额，有未经本人同意即造册填报定为区分部执委或监委者。民国35年（1946）5月，全县在册国民党党员增至748人。

民国36年（1947），国民党永和县党部领导班子成员为：书记长景之贞，秘书黄清洁，干事刘金钟，助理干事李树棠、赵福明，佐理员高玉山、张得学，执委冯大成、白廷丰，候补执委段联昌。民国37年（1948），黄清洁接任县党部书记长。

第二节 主要活动

国民党在吸收县城机关、团体的人员入党时，一般要进行如下宣誓：余誓以至诚遵奉总理遗嘱，信仰本党主义，严守本党党章，服从总裁命令，如有违背誓言，愿受本党最严厉之处分。谨誓。

民国 28 年（1939）10 月，第二战区司令长官阎锡山任命国民党党员冯大成（永和县人）为第六十六师三十九团二营指导员；民国 29 年（1940）12 月，阎锡山任命国民党党员刘超然为永和县国民兵团常备队特务长；民国 35 年（1946）6 月，山西省政府主席阎锡山任命国民党党员冯士焖为永和县政府社会科科长。

民国 28 年（1939）冬，国民党永和县党部设立社会服务处。其主要职能是举办民众学校及各种补习学校；举办各种演讲会和座谈会；开设图书馆（室）、诊疗所，办卫生展览；提倡办合作事业、农村副业、小本贷款，办农产土货展览；指导灾民难民习艺就业，进行灾荒救济；办托儿所；提倡新生活运动。

民国 35 年（1946）8 月 25 日，国民党永和县党部参议会在县城召开，会期 3 天。会议主要内容是县政府各科室及警察局作施政报告，并由各参议员组织议案审查委员会分类审查各案；讨论各项议案。议案中有严禁烟毒和复设卫生院等有关民生的内容。

永和全境解放后，国民党党员纷纷到人民政府登记，国民党组织在永和县内消失。

第二章 社 团

第一节 牺牲救国同盟会

民国 26 年（1937）春，山西省牺牲救国同盟会（简称牺盟会）派村政协助员到永和，在城乡进行抗日救亡宣传。9月，牺盟永和县分会在县城建立，黄耿夫任特派员，并设秘书1人，协助特派员工作。牺盟永和县分会属洪赵中心区领导。在牺盟县分会领导下，民国27年（1938）夏相继成立农民、青年、妇女抗日救国会，全县牺盟会员发展到1000余人。牺盟县分会及其领导的各抗日救国会，积极组织群众进行抗日救亡活动，动员青年参军参战，发动妇女从封建束缚中解放自己。在农村贯彻合理负担，有钱出钱，有力出力，一致抗日。此间，全县为红军筹粮19.5万公斤，筹银圆1500余元，先后有146名青年参加抗日队伍。

民国28年（1939）12月"晋西事变"后，牺盟永和县分会及各抗日救国会停止活动。牺盟特派员、中共党员庞生杰在事变中被捕，民国29年（1940）遭阎军杀害。

第二节 工 会

组织机构

1951年3月15日，县教育工会筹建。1954年7月，县教育工会正式成立，会员发展到50人，占全县教职工总数82%。1955年1月，县教育工会代行县工会职责，在全县职工中发展会员，建立基层工会组织。1956年12月15日，永和县工会联合会筹备委员会成立，与县教育工会合署办公。至1957年底，全县建立基层工会组织16个，会员增至421人，占职工总数83%。1961年5月，县工会联合会成立。1964年1月1日，改称县总工会。"文化大革命"期间，工会组织瘫痪。1973年6月，永和县总工会重建。1990年9月14日，女职工委员会成立；11月21日，法律顾问委员会成立。1995年，全县有基层工会71个，会员3150人，占职工总数94%，其中女会员1027人。

1997年，工会帮扶中心成立。年底，全县有基层工会71个，会员3054人，占职工总数95%，其中女会员627人，占20.5%。2002年，县委进行机构改革，全县有基层工会69个，会员3580人，占职工总数94%，其中女会员1150人。2010年，非公工会组织成立。2011年底，永和县总工会有15人，其中党员10人；有基层工会99个（非公企业工会3个），会员5590人，占职工总数96%，其中女会员2487人。

会员代表大会

教育工会第一次代表大会 1954年7月27日—8月1日，教育工会第一次代表大会召开。出席代表12人，选举产生县教育工会主席1人，副主席1人。

教育工会第二次代表大会 1957年7月16日—19日，教育工会第二次代表大会召开。出席代表24人，选举产生县教育工会第二届委员会委员，选出副主席1人。

县总工会第一次代表大会 1964年7月31日—8月2日，县总工会第一次代表大会召开。出席代表42人，选出委员9人、候补委员3人、常委4人。

县总工会第二次代表大会 1973年6月6日—9日，县总工会第二次代表大会在县城召开。出席代表60人，列席代表7人，特邀代表3人。选出委员11人。在二届一次全会上，选出常委4人、主席1人。

县总工会第三次代表大会 1986年10月28日—29日，县总工会第三次代表大会在县城召开。出席代表80人，列席代表34人，特邀代表6人。大会选举产生县总工会第三届委员会委员15人、候补委员3人。三届一次全体委员会议选出常委5人、主席1人、副主席1人。

县总工会第四次代表大会 1999年3月30日—31日，永和县总工会第四次代表大会在县城召开。来自各个行业71个单位的82名代表参加会议。大会通过永和县总工会第四次代表大会《关于工会工作报告的决议》，通过永和县总工会第四次代表大会《关于工会财务工作报告的决议》。在县总工会四届一次全委会上，选出主席1人、副主席2人。

主要工作

县总工会资助困难职工子女上学

20世纪50年代，工会组织团结带领职工，在恢复国民经济，开展社会主义劳动竞赛，组织职工互助储金中发挥了重要作用。1978年10月12日，永和县医院工会主席黄公威由山西省工会推荐，出席中国工会第九次全国代表大会。1985年，制订实施深化建家计划，至1988年全县所有机关、单位均建立"职工之家"，建"信赖职工之家"40个。县委、县政府机关工会被省总工会授予"模范职工之家"称号，有3个基层工会被地区工会评为"模范职工之家"。1986年始，县总工会负责推荐省、地级劳动模范。是年五一国际劳动节，省劳动竞赛委员会给1名职工记二等功，地区劳动竞赛委员会给3个集体单位、7名职工记功。1990年，县总工会在全县商业系统开展"十大员"竞赛活动，表彰先进集体单位9个，先进个人31人。省劳动竞赛委员会给两人记功，地区劳动竞赛委员会给9人记功。1991年开展"管理年"活动，获得"五创"先进称号的6人晋升1级工资。1990—1995年，在实施"送温暖工程"中，县总工会与特困职工结对50户。每年春节坚持慰问困难户，共慰问350户次，发慰问款3万余元。1994年，建成1幢2层楼作为职工阅览、游艺活动场所，面积502平方米。1995年7月，对全县800多名女职工的妇科病组织普查普治；9月，举办《劳动法》培训班，基层工会主席和工会活动积极分子共100余人参加学习。1997年，帮扶中心成立以后，实施金秋助学80人次，发助学资金16万元；救助困难职工4462人，救助资金100余万元。1998年4月，推荐临汾地区劳动模范称号13人、特级劳模1人、先进集体8个。2001年2月，县水务局、文昌印刷厂被市工会评为先进集体之家，7人被授予临汾市劳动模范。2008—2011年，实行职工大病医疗补偿，累计补偿职工435人、资金40.9万元。2011年，实行单亲女工救助活动，为75名单亲女工救助7500元，同时以争当"优秀工会工作者""劳动模范""技术能手"为载体，开展"五争一创"等竞赛活动。是年底，永和县总工会共建"职工书屋"18个，总面积达600平方米，有书籍4万册、音像资料60套、各类刊物20余种。

第三节 贫下中农协会

民国37年（1948）冬，全县4个区、19个行政村普遍建立农会，大部分农民参加农会组织。农会协助人民政府领导农民完成土地改革、恢复生产、支前参战、优抚烈军属等工作。1950年2月农会停止工作。

1964年上半年，在农村社会主义教育运动中，贫下中农协会（简称贫协）在全县农村普遍建立。公社、生产大队设贫协委员会，生产队设贫协小组，公社贫协委员会主任由党委副书记兼任。1964年12月召开全县四级干部暨贫下中农代表会议期间，县贫协成立。县委陆续选配县、社两级专职贫协干部14人。贫协组织在党的领导下，监督协助各级干部工作。"文化大革命"初期,县贫协瘫痪,后被"农代会"取代。1973年6月,召开县第二次贫下中农代表大会,出席代表114人,选举产生县贫协委员会,选出委员15人。第一次全委会议选出常委7人,主任1人,副主任2人,贺维玉任主任。1980年12月贫协机构撤销。

第四节 妇女联合会

组织机构

民国37年(1948)6月,中共永和县委设妇委会,负责妇女工作。1950年1月,永和县民主妇女联合会成立,由赵金翠任主席,下辖3个区建有基层组织。1957年11月,民主妇女联合会改称妇女联合会,各乡建有相应的基层组织。"文化大革命"初期,妇联组织停止活动。1973年4月,县妇联恢复正常工作。1995年底,县妇联下属11个乡镇妇联,全县有专兼职妇女工作干部145人。

1995年县妇联领导职务名称由主任改为主席,称妇联主席。1999年,全县妇女干部达536人,34人是副科级以上领导干部。2002年机构改革,县妇联设主席1名,副主席2名。2008年在各乡镇全部建立了妇联组织,村妇代会组建率达100%,县直机关妇委会的组建率达96%。2011年底,全县专兼职妇联干部大专以上文化程度的占92.7%,45岁以下的占83.8%,35岁以下的占25.8%;知识型、年轻化、高素质的妇女干部队伍逐渐壮大,有副科级以上领导干部61名。

妇女代表大会

第一次县民主妇女代表会 1954年12月22日—27日,第一次县民主妇女代表会召开。出席代表56人,选出县民主妇女联合会委员7人。

第二次县民主妇女代表会 1956年11月27日—12月1日,第二次县民主妇女代表会召开。出席代表46人,选出委员7人,李灵梅当选为主任。

第三次县民主妇女代表会 1957年3月19日—23日,第三次县民主妇女代表会召开。出席代表30人,选举产生出席省三次妇代会代表1人,未改选县妇联委员会人员。

第四次县妇女代表会 1959年,第四次县妇女代表会在吕梁县召开。

第五次县妇女代表会 1963年7月1日—3日,第五次县妇女代表会召开。出席代表36人,选出委员5人,李灵梅任主任。

第六次妇女代表会 1973年4月3日—6日,第六次妇女代表会召开。出席代表145人,选出委员19人。六届一次全委会议选出常委5人,杨改楼任主任(1978年1月由董香莲接任,1985年4月2日又由王东芳接任)。

第七次妇女代表会 1987年10月25日—26日,第七次妇女代表会召开。出席代表135人,选出委员19人。七届一次全委会议选出常委11人,王东芳任主任(1987年12月由连永梅接任,1993年11月又由厚永琴接任)。

第八次妇女代表会 1998年3月5日—6日,第八次妇女代表会在县城召开。出席代表146人,代表全县31820名妇女参会,其中党员45名,共青团员22名,干部职工252名,知识青年38名,侨属1名。会议听取和审议永和县妇女联合会第七届委员会主席王月仙向大会作的题为"全县妇女团结起来,为实现兴永富民的跨世纪目标而奋斗"的工作报告,选举产生永和县妇联会第八届委员会委员19人,候补执行委员3人。八届一次全委会议选出常委9人,其中主任1名(王月仙),副主任2名。

主要工作

中华人民共和国成立后,妇联组织宣传妇女解放,贯彻《婚姻法》,动员、带领妇女参加生产和社会活动。全县妇女为抗美援朝捐款486.32元;有486人上民校学习文化,750人长期参加田间劳动。1954—1956年,全县22个乡镇,有两名妇女任乡长,5名妇女任副乡(镇)长。1958年,全县80%以上的妇女参加集体劳动。

"三八"妇女节关爱母亲活动

1979年后,县妇联倡导开展"献爱心"活动。全县妇女为城关镇幼儿园等学校和幼儿园少年儿童捐赠课桌凳、图书画册、音体器材、文具玩具等,价值1万余元。全县城乡妇女积极参加"巾帼建功""学习文化技术""创建文明家庭"等活动,涌现出岗位标兵20余人，女能人80人，文明家庭2600个。1982年，城关镇川口村女党员药玉叶被评为全国三八红旗手。1992年，县妇联获国家教委、全国妇联联合颁发的第二届巾帼扫盲奖和省妇联颁发的家庭建设最佳组织奖。1994年，县妇联筹资20万元，用于妇女连环脱贫。全县5400名妇女兴办猪场、鸡场、饭店、商店，涌现出种养示范户150户，全年创经济效益18.64万元。1995年，有8名德才兼备的妇女干部被任用为乡（镇）长助理，省妇联授予县妇联报刊发行五连冠最佳组织奖。

至1995年，全县妇女受地级以上妇联表彰的26人，其中全国妇联表彰2人，省妇联表彰8人，地妇联表彰16人。

1998年后，县第八届妇委会在农村妇女中开展学文化、学技术，比成绩、比贡献的"双学双比"竞赛活动，参加人数多达23400名，有5000人接受了实用技术培训，248人获得中级农民技术职称。在城镇妇女中开展做有理想、有道德、有文化、有纪律的"四有"女性和自尊、自信、自立、自强的"四自"女性活动。1990—2000年，城镇妇女支农储蓄150万元，"双增双节"8.45万元，涌现出"巾帼建功"标兵150名。在脱贫致富的攻坚大业中，县妇联组织开展以庭院经济为主体的示范户帮带贫困户、穷户变富户、富户连片带穷户的连环脱贫攻坚活动，1820名妇女稳定脱贫，350户迈上小康道路。到1999年，全县受上级妇联组织表彰的妇女有34人，其中受全国妇联表彰的2人，省妇联表彰的12人。在"巾帼建功"和"文明家庭创建"等活动中，全县涌现出"三八红旗手"250名，"文明家庭"2860户。

2000年后，永和县各级妇女组织向人大、政协提交议案、提案136件。2008年，建立法律援助服务体系，开通维权电话，仅1年时间，接待来信来访来电投诉90人（件）次，实施法律帮助52人，法律援助15人，协调司法救助10人，协调社会救助28人。同时，县妇联还以增强妇女素质、提高妇女地位为己任，弘扬"自尊、自信、自立、自强"的"四自"时代精神，发挥优势，履行职能，引导广大妇女自觉投身社会改革大潮，以经济实体为依托，深入开展"百千万巾帼建功"，争当"五好文明家庭"和"我是半边天"主体活动，为永和县两个文明建设做出重要贡献。"全国女能手"冯灵梅创办"灵梅手工布艺合作社"，使150名妇女就业，每年创利润达5万元；市"三八红旗手"吴海红建起"旺达食用菌有限责任公司"，使80名下岗妇女就业。至2011年，"巾帼科技示范""三八绿色工程"等"妇"字号基地有16个，38个集体分别被省、市授予先进集体荣誉称号，132名妇女受到上级部门表彰。马慧琴、于晓红、王丽萍3户家庭被评为山西省"五好文明家庭"，全县有 280 户被评为市县"五好文明家庭"。同年,"春蕾计划"行动共帮扶 300 户 300 余名贫困学生就读,捐款帮物达 80 余万元;"母亲邮包"帮扶贫困母亲 1500 名;"两纲"实施步入依法行政轨道,顺利通过省级验收。

第五节 共产主义青年团

组织机构

民国 37 年（1948）6 月,中共永和县委设青委会,负责青年工作,发展青年团员。1950 年 3 月,新民主主义青年团永和县工作委员会成立,郝尚贵兼任书记。全县有 4 个青年团支部,173 名团员。1952 年,全县建立团支部 43 个,团员增至 632 人,占青年总数 17%,其中女团员 185 人。1955 年 4 月,新民主主义青年团永和县工作委员会改称新民主主义青年团永和县委员会,全县建立团支部 62 个,有团员 1360 人。1957 年 7 月,新民主主义青年团永和县委员会改称共产主义青年团（简称共青团）永和县委员会。1965 年,全县设 11 个基层团委、107 个团支部,有团员 1490 人。"文化大革命"初期,各级团组织停止活动,1971 年 9 月团县委恢复。年底,全县有基层团委 12 个,团支部 88 个,团员 1537 人。1995 年,全县有基层团委 13 个,团支部 172 个,团员 2200 人。至 2011 年底,全县有基层团委 10 个,团支部 217 个,团员 4235 人。

团员代表大会

第一次县团代会 1955 年 4 月 1 日—5 日,第一次县团代会召开,出席代表 109 人,选出委员 7 人,冯致富任书记。

第二次县团代会 1956 年 6 月 11 日,第二次县团代会召开,出席代表 123 人,选出委员 6 人,冯致富连任书记。

共青团永和县代表大会

第三次县团代会 1957年8月15日—19日，第三次县团代会召开，出席代表108人，选出委员11人。三届一次全委会议选出常委7人，冯致富继续任书记。

第四次县团代会 第四次县团代会在吕梁县召开。

第五次县团代会 1963年5月13日—17日，第五次县团代会召开，出席代表106人，选出委员11人。五届一次全委会议选出常委5人、副书记1人。

第六次县团代会 1964年8月22日—27日，第六次县团代会召开，出席代表218人，选出委员11人。六届一次全委会议选出常委7人、副书记1人。

第七次县团代会 1971年9月26日—28日，第七次县团代会召开，出席代表132人，选出委员19人。七届一次全委会议选出常委5人、书记1人（任新生任书记，1973年5月由李轶接任）。

第八次县团代会 1975年3月22日—26日，第八次县团代会召开，出席代表185人，选出委员19人。八届一次全委会议选出常委5人，李轶任书记。

第九次县团代会 1982年5月5日—6日，第九次县团代会召开，出席代表162人，选出委员17人。九届一次全委会议选出常委7人，李轶连任书记（1984年9月由段忠联接任，1985年12月又由杨勇接任）。

第十次县团代会 1986年9月28日—30日，第十次县团代会召开，出席代表150人，选出委员19人。十届一次全委会议选出常委7人，杨勇任书记。

第十一次县团代会 1992年9月28日—30日，第十一次县团代会召开，出席代表116人，选出委员19人。十一届一次全委会议选出常委7人，马兴元任书记（1995年6月由高涛接任）。

第十二次县团代会 2007年10月16日—17日，第十二次县团代会在县城召开，出席代表106人。十二届一次全委会议选出常务委员5名、委员11名、候补委员7名，白海燕任书记。

第十三次县团代会 2010年11月24日—25日，第十三次县团代会在县城召开，出席代表106人。十三届一次全委会议选出常务委员5名、委员11名、候补委员7名，于晓红任书记。

主要工作

1951年6月，县城学校、机关团组织宣传抗美援朝。在团员谢登云、刘振邦带动下，团员青年为抗美援朝捐款18元。1952—1959年，全县召开两次青年建设社会主义积极分子代表大会，有15个团支部、60名青年受到团县委表彰。1956年和

1957年春季，两次组织城乡团员青年1000余人，在双锁山营造"共青团林"。1958年，与县教育局共同管理地区派来的青年扫盲远征队。1963年起，团组织带领团员青年开展"学雷锋办好事"活动。

中共十一届三中全会后，全县青年积极参加学习雷锋、

五四青年节活动

张海迪、赖宁和营造黄河林带等活动，并分别参加工业、商业、农业等部门开展的争当能手、争做最佳营业员和学科学、用科学等活动。至1988年，各级团组织带领团员青年完成黄河林带造林8200亩。

1989—1995年，全县共培养青年"星火带头人"285名；办科技培训班12期，参加学习者达1.5万人次。共青团员刘树平、冯文亮被命名为山西省青年星火带头人，刘海平被团省委、省科委、省农业厅评为优秀组织者。1995年，团县委向团省委申请扶贫资金20余万元，用于扶持开发性生产。县、乡、村建立科技服务网络，农村普遍实行科技副村长、团支部书记、青年星火带头人"三位一体"，为广大农村青年脱贫致富提供必要的服务。在全县涌现青年文明岗30个，培养岗位能手200余人。1992—1995年实施"希望工程"，共收到全国各地救助款13万元，先后有1149名贫困学生受到资助。至1995年，全县8名团员受到团中央表扬，102个团支部、400余名团员受到团省委、团地委的表彰。

2000—2011年，团县委在全县青年中开展营造黄河带防护林工程，带领青年致富奔小康的"沼气工程"，实施救助失学儿童希望工程，跨世纪青年人才工程，项目扶贫，"科技、卫生、文化"三下乡，"青年志愿者献爱心""捐资助学"等多项活动，涌现出一大批科技青年和星火带头人，先后有1527名贫困学生得到资助。团县委2008年被团市委授予青年工作先进单位，2009年被团市委授予团建工作先进单位，2010年、2011年连续被县委、县政府授予先进集体。

第六节　少年先锋队

1951年9月，永和县城关完全小学筹建少年儿童队。1953年6月，中国少年儿童队改称中国少年先锋队（简称少先队）。到1954年，全县有17所学校建立少先队组织，队员发展到353人。1966年初，全县有少先队员4052人，辅导员12人。"文化大革命"中，少先队被"红小兵"取代。

1978年，全县各学校相继恢复少先队组织。1979年8月6日，打石腰公社李家畔小学少先队员李让应为抢救两名落水儿童英勇献身，团县委、县教育局联合发出《关于向李让应同学学习的决定》。1985—1988年，先后举办6期优秀少先队员、优秀辅导员夏令营活动。1986年，县首届少先队员和辅导员代表大会召开，成立县少先队工作委员会，刘玉明当选为主任。1988年，全县302所小学、6所中学均建立少先队组织，队员发展到5249人。1989年，城关小学少先大队被评为先进集体，符艳红代表大队出席全国少先队员代表大会。少先队员杨文仙在地区少儿绘画比赛中，荣获"小画家"称号。

1990年起，少先队组织以少年园林为依托，开展"手拉手"和"五自"（自律、自护、自理、自强、自爱）活动，对少年儿童进行"五爱"（爱祖国、爱人民、爱科学、爱劳动、爱社会主义）教育。1995年，城关小学少先大队和少先队员吕燕受到国家少工委表彰。1995年底，全县有少先队组织125个，队员6486人，校内外辅导员282人。

1996年后，各少先队组织紧紧围绕面向新世纪、造就新主人的思想，开展"学雷锋""我是执法宣传员""安全发展、少年当先""永远跟党走""牢记党的嘱托，争当四好少年""乐读中华经典，争当美德少年"等一系列活动。每年入队，都开展"党旗耀光辉，薪火代代传"宣誓活动，取得一定成绩。先后被团市委授予"宣传思想政治工作先进单位""手拉手"活动先进单位、"文明和谐单位""突出贡献奖"单位等20余次。至1999年10月，全县共有15名队员受到团中央的表彰，10个先进集体和120名模范队员得到团省委和团地委表彰。2002年，全县有少先队大队14个，少先队中队72个，少先队员3987名，辅导员182个。至2011年底，全县有少先队大队10个，少先队中队78个，少先队员3999名，校内外辅导老师70人。

第七节 工商业联合会

组织机构

1952年12月，在县人民政府指导与帮助下，部分工商业积极分子筹建起县工商业联合会（简称工商联）。1957年5月召开工商联第四届会员代表大会，选举产生执行委员9人，主任委员蔚德贵。"文化大革命"期间，工商联活动停止。从1952年12月筹建至停止活动，工商联共召开五届会员代表大会。1994年，永和县恢复工商业联合会。6月，召开第六次会员代表会，出席代表142人，选举产生执行委员21人、会长1人、副会长3人、秘书长1人。1999年8月26日，第七次工商联会员代表大会在县城召开。出席代表148人，选举产生执行委员22人，李万元任会长。2010年12月，县委任命马进为工商联会长。2011年底，县工商联有基层商会2个，企业会员68个，个人会员211个。

主要工作

1952—1957年，工商联贯彻国家政策法令，领导工商业者参加"镇反""五反"、抗美援朝、粮食统购统销等活动。1956年，工商联组织私营工商业者实行公私合营，实现全行业社会主义改造。1994年工商联恢复后，在会员中先后开展"爱国敬业"和"扶贫光彩事业"活动，领导工商业者为兴永富民积极奉献。

永和工商界人士文物修复捐款仪式

2002年，工商联在全县民营企业、个体户中开展"优秀门店"评比活动，推动优质服务，促进经济发展。2003年，为防治"非典"，工商联系统捐款捐物达6万元。2009年组织全县门店统一牌匾，保证市容整洁、美观。2010—2011年，同陕西纯山教育基金会合作资助永和县贫困大学生5名，每人5000元。2011年，曲沃工商业联合会与永和县工商业联合会捐资助学 10 万元在永和一中实施。1996—2011 年，县工商联被山西省工商业联合会、临汾市工商联、中共永和县委县、永和县政府授予先进单位奖项 12 次。

第八节　个体劳动者协会

组织机构

第一次个体劳动者代表会于 1983 年 10 月 26 日召开。与会者代表全县个体户 93 户 100 人，选举产生个体劳动者协会委员，赵宪生任主任委员。

第二次县个体劳动者代表会于 1985 年 12 月 16 日召开。与会者代表全县个体户 365 户 597 人，选出常务委员 5 人，赵宪生继续任主任委员，朱鸿喜为名誉主任委员。

第三次县个体劳动者代表会于 1988 年 8 月 30 日召开。与会者代表全县个体户 593 户 872 人，选举产生协会理事会。理事会由 7 人组成，朱鸿喜为名誉主任委员，刘世锋为主任委员。

第四次县个体劳动者代表会于 2004 年 4 月 17 日在县城召开。与会个体代表 41 人，选举产生了理事会。理事会由 13 人组成，常务理事会由 9 人组成。景小龙为会长，刘迎虎、张宝玉为名誉会长。

第五届县个体劳动者代表会于 2011 年 8 月 4 日在县城召开。与会个体代表 37 人，选举产生了理事会。理事会成员由 13 人组成，常务理事会由 9 人组成。杨茂林为会长，郭波、景小龙为名誉会长。

1983 年，个协成立后，协会下设城关、桑壁、阁底、南庄 4 个分会。2003 年，增设交口协会。

主要工作

个体劳动者协会成立后，坚持每月召开 1 次例会，宣传各项法规，加强职业道德和遵纪守法教育，全县文明经营户不断涌现，促进了市场繁荣。

县个协广大会员先后为贫困学生、残疾人、公益事业捐款 20 余万元；2004—2011 年为社会各类救灾、敬老等活动捐款 4 万元；2008 年为汶川大地震捐款物 1.5 万余元；2010 年为审查批准的下岗失业人员优惠贷款，使多名失业人员找到新的岗位。1999—

2011年为段建国、石燕、蒙娜丽莎店3家意外着火店铺捐款5150元，并免费办理营业执照，免收工商管理费3年，请示税务机关减免1年税款。

第九节　残疾人联合会

组织机构

永和县残疾人联合会成立于1991年5月，1998年12月前与永和县民政局合署办公。1997年12月，"残疾人扶贫基金会"设立，投放资金10100元；"永和县残疾人法律服务中心"设立，聘请王宏斌、田振东无偿提供法律服务。1998年12月，永和县残疾人联合会实行单列，为团体事业单位，规格为正科级建制，理事长1名，副理事长2名。2000年成立下属机构"永和县残疾人用品用具供应站""残疾人劳动就业服务所（站）""康复服务指导站"，均为股级规格。是年，各乡（镇）、社区均建立残联机构，配备了残联理事长（副科级）。全县79个行政村成立残疾人协会。2007年11月，育人协会（主席白连民）、聋人协会（主席任晓燕）、肢残人协会（主席刘成成）、智力残疾人亲友会（主席白东红）、精神残疾人亲友会（主席任记文）成立，聘请2名社区专职委员，乡镇配备专兼职残联干部。2009年，工作协调委员会成立。至2011年底，县残联设理事长1名、副理事长3名，内设机构有办公室、康复就业股、组织维权股、基金股、残疾人康复服务中心。

代表大会

第一届残疾人联合会　1991年5月16日，永和县残疾人联合会议在县城召开，选举产生了第一届主席团和执行理事会领导成员。任建忠为理事长。

第二届残疾人联合会　永和县残联第二届代表大会于1999年4月25日至26日在县城召开。出席会议的代表55人，其中残疾人代表（含家属）28人，约占代表总数52%。大会听取和审议了主席团题为《振奋精神，再创新业，努力把我县残疾人事业向前推进》的报告，征求了对《中国残疾人联合会章程》的修改意见。会议推举宋永凤（女）为理事长，聘请王月喜为名誉主席。

第三届残疾人联合会　永和县残联第三届代表大会于2003年4月23日—24日在县城举行。出席会议的代表应到73人，实到64名，因事因病请假9人，残疾人代表（含家属）43人，占代表总数60%。大会听取和审议了题为《与时俱进，开拓创新，促进我县残疾人事业与小康社会建设同步发展》的报告。会议推举宋永凤（女）为理事长，聘请王醒安为名誉主席。

第四届残疾人联合会 永和县残联第四届代表大会于2007年11月27日在县城召开。出席大会的代表74人，其中残疾人代表（含亲属）42名，占代表总数56%。会议听取和审议了题为《以开拓创新的精神全面推进我县残疾人事业又好又快发展》的工作报告，推举李永祥为理事长，聘请赵雁峰为名誉主席。

主要工作

1996年9月，曹白琪等残疾人参加第二届全区残疾人运动会，荣获团体总分第七名。1997年，为伤残军人刘应龙、李生虎、柳福林投放资金办起毛衣编织店、兔厂和配匙机。2000年，创办"残疾人扶贫开发红枣示范基地"，为100户残疾人发放扶贫资金100万元，安置残疾人100人。2003年，扶持芝河镇李润生、田永珍等6户种植葡萄，帮助脱贫。

残联"爱耳日"街头宣传

2005年，扩建县残疾人服务中心320平方米，其中库房71平方米，门房60平方米，康复训练室（29种康复训练器材）50平方米，文体活动室（配有电视机、乒乓球台）83平方米，残疾人协会办公室21平方米，图书阅览室35平方米，这是临汾市第一个盲人图书室。建起芝河镇马家庄村养牛基地，建牛棚10个160平方米，建职工宿舍2间60平方米，养牛25头，安置2名残疾人就业。9月，选送魏留彦、霍爱琴、柳直生等12人参加省残疾人职业技能竞赛，魏留彦获全省第三名。2000—2005年，实施"春雨行动"扶贫项目，资助34名残疾儿童每年每人1350元。2003—2005年，为18名残疾人免费培训计算机，为29名残疾人免费培训足疗、烹饪、农机修理、美容美发等技艺。2008年为1398名残疾人换第二代证。

1997—2011年，共开展法律讲座16次，接待来访残疾人255人次。援助法律服务17例，解答法律咨询635人次，代写法律文书200余份。全县960名贫困残疾人纳入最低生活保障，其中，城镇166人，农村794人。为100户农村贫困残疾人实施危房改造（投资200万元）。为残疾人完成白内障复明手术500余例，安装假肢40例，聋儿培训20名，脑瘫儿康复训练25名，发放轮椅100辆，拐杖、腋杖1000副，助听器等器件500余件。慰问贫困户2500户，金额8万元。接受省、市职业培训1933人次，帮助穆兰贵开办足疗按摩中心。每年"国际残疾人日"，都宣挂条幅、制作宣传版面、印发宣传资料，并制作专题片《特别的爱》《助残与自强》等，弘扬自强精神。

第十节　消费者协会

组织机构

永和县消费者协会于1995年6月14日成立。协会筹委会民主推荐有关职能部门和社会团体代表53人为理事成员。选举产生会长1人，副会长3人，秘书长1人。朱鸿喜任会长，荀贵生、杜全忠、刘迎虎、廉隅被聘为名誉会长。2004—2011年，景小龙为会长，刘迎虎为名誉会长。

主要工作

消费者协会成立后，受理、调解和处理消费者投诉出售劣质皮鞋、儿童玩具、家用电器、服装等案件30余起，为消费者挽回经济损失3万余元。

2002年，永和县消费者协会增加监督站，构建社会联合的消费者监督体系，拓宽监督领域。2007年，在消协基层分会投诉站设立消费者监督站。2011年底，在通达超市、邮政超市、客多超市等基层分会增设消费者投诉站10处。

消协从1996—2011年共发放宣传资料5万余份，受理投诉电话74次，处理74起，挽回经济损失10余万元，有效保护了消费者的权益。

第十一节　文学艺术联合会

组织机构

永和县文学艺术联合会（以下简称文联）成立于1996年10月，其下设写作、书法、美术、摄影4个协会。马毅杰为文联主席、高海林为写作协会主席、杨年玉为美术协会主席、厚永建为摄影协会主席、柳如樟为书法协会主席。截至2011年12月，文联发展会员282人。

主要工作

文联成立后，发表各类文学艺术作品500余篇（幅），其中文联主席马毅杰在《人民日报》《光明日报》、中央人民广播站、北京电视台、《小说选刊》、马来西亚《星洲日报》、新加坡国际广播站等中外百余家报刊发表作品150余万字，获各种文学奖励60余次。他的中篇

县文联工作人员义务写春联

小说《永远是赢家》在2000万参赛作品中脱颖而出，获首届国际奥委会"体育与文学"大赛奖，国际奥委会主席罗格和国际奥委会文化与教育委员会主任何振梁亲笔签发了获奖证书；中篇小说《三寸金莲——晋西人物风情》获得第三届"花踪"世界华文小说奖首奖；散文《黄河赏湾》获得"中国徐霞客游记"文学奖；电影评论《湘江波涛涌，南湖行红船》获得国家广电总局全国电影评论大赛第一名，同时获得"钟惦棐电影"评论一等奖；《北京号航行车》获得北京电视台《福娃奥运漫游记》创意大奖和百集剧本优秀奖。出版《北京号航行车——马毅杰获奖剧本集》《心灵的风景——马毅杰散文随笔集》《永远是赢家——马毅杰获奖小说集》等多部著作。曾被省市授予"优秀专家拔尖人才""十大杰出青年德艺双馨文艺工作者""先进文联主席"等称号，被推荐为山西省作家协会全委会委员、临汾市作家协会副主席。是第29届北京奥运会全国20位作家火炬手之一。

第十二节　科学技术协会

组织机构

1982年7月，县科学技术协会（以下简称科协）机构单设。1985年，科协归口县委，

设主席1人，副主席1人。1993年2月永和县进行机构改革，县科协与县科文体委员会合署办公，保留牌子。1994年5月，科文体委员会撤销，科协再单设。1999年，科协成立农业专业技术研究会81个。2004年，县科普工作领导小组成立，乡镇、村委、村民小组均设立科普分会，各村委有科技信息员1名，形成科普网络。至2011年县科协主席更迭7次，先后由刘福增、段守智、任志芳、冯月富、赵世良、冯健担任。

县科协街头宣传

主要工作

20世纪90年代后，县科协围绕全县经济建设，创办农村专业技术研究会，组织引导科技人员进行学术交流和论证。到2011年，全县成立农业专业技术研究会162个，会员1687人，在县、乡、村举办各种专业讲座1870余期，组织开展科技观摩、交流316余次。2004年，在县、乡、村组成科普网络，在阁底"文化一条街"聘请红枣专家冯培礼给农民讲授红枣管理知识，散发宣传资料7000余份；西庄村、辛角塬蔬菜大棚技术研究会被市科协评为"先进农村专业技术研究会"。2007年，围绕"服务和谐"抓科普，开展"搭建平台、资源共享"的"大联合、大协作"行动，与县妇联、县移动公司"三站合一"，举行"全省百万农民"电脑培训。从7月16日开始，与山西农业大学的科普志愿者在7个乡镇、78个村，培训2984人，发放《今日农业》5000余份，涌现出李宏琴、李静等30余名先进个人。开通山西农科110服务中心，为农民解决生产生活中的难题。2008年，实施《全民科学素质行动计划纲要》，落实《中华人民共和国科学技术协会普及法》，与中国科协声像中心、永和电视台联合开办电视栏目《科普大篷车》。普及版每周一期，每期15分钟，一年52期；农村版每周一期，每期15分钟，一年52期。2009年3月20日组织召开全县科协工作会议，芝河镇万亩核桃基地和打石腰红枣协会受到表彰。同年，成立打石腰乡红枣深加工协会，走公司加基地加农户的产、供、销一体化的路子，发展协会会员126户。协会联系周边枣农3000余户，创收200万元，被临汾市人民政府授予"优秀红枣深加工民营公司"，被市科协授予"优秀农村专业技术协会"。2010年，全民科学素质工作领导小组成立，办公室设在县科协，在各乡镇成立科普志愿者服务队。1996—2011年，有12篇信息在《临汾日报》刊登；县科协被市科协连年评为"科普先进工作单位"。

附一：主张公道团

民国25年（1936），永和县成立主张公道团（简称公道团），任道远（坡头乡榆林则村人）任团长。下设3个区团部，9个村团部。各行政村村团长均由富户中有文化的人担任。公道团在农村大量发展团员，1年间发展2000余人，每5人编成1组，青壮年农民几乎全被编入团内。

公道团大肆进行反共宣传，训练"防共保卫团"。日军侵犯永和时，团长任道远和所有村团长都逃之夭夭。"晋西事变"后，公道团自行消失。

附二：民族革命同志会

民国27年（1938）2月，阎锡山在自强救国同志会基础上，以山西省精神建设委员会名义，成立民族革命同志会（简称同志会）。其分支机构以精神建设分会挂牌。民国28年7月，山西省精神建设委员会派廉大弓（潞城人）担任永和县精神建设分会主任委员（实为同志会县分会主任特派员），同志会永和县分会成立。县分会设主任特派员1人，专任特派员、秘书2~3人。"晋西事变"后，同志会临时执行部组建山西安抚赈济团，在各编村组织训练"自卫队"，反对牺盟会和决死纵队。民国29年（1940），同志会永和分会进行改组，安抚赈济团与原县分会合并。改组后由冯治生（大宁县人）任主任特派员，并于各区设组织、政工督导员，编村建同志会支部，配专任特派员，自然村设村特派员，高级小学校建同志会校分会，在学生中发展会员，建立小组。同志会组织在永和境内急剧发展。

民国32年（1943）4月，同志会再行改组，县组、政、军、教、经统一行政委员会（简称统委会）成立，总裁地方事宜，同志会为统委会主要组成单位。区设督进组，同志会区督导员为主要成员。同志会各村支部改称村分会，设主任特派员、专任特派员各1人。旋即县内实行政务会议制，全县行政事宜均须政务会议裁决。政务会议组成人员为县分会正副主任特派员、县长、县政府秘书。

同志会主事"防共、反共"，监督人们言行，检举"政治嫌疑"及"伪装分子"。在其胁迫下，全县工作人员、教职员工、高小学生大都参加其组织，农民中也有不少人被拉入。永和县分会先后发展会员2009人，大多为集体加入或从户口簿中录入。

民国35年（1946）永和全境解放，同志会组织解体。

第二十二编

政 务

永和县人社局职业技能培训第一期开班仪式

永和县民政部门常年对革命烈属、军属及残废军人实行优待抚恤政策，有给生产、生活物资的，有给优抚资金的，有给工作安置的，等等。对普通困难群众实行救济救助政策，有的给粮衣物资，有的给资金款项。1999年起，农村和城镇均实行最低生活保障制度，对城乡困难户按规定发放最低生活保障资金。在婚姻管理上，严格执行《婚姻法》规定，以法定程序办理结婚、离婚手续。

人事部门严格核编、定编，按政策管理干部队伍、管理专业技术人员队伍，并按管理权限做好工资晋升、职称评聘、岗位招聘等工作。对离退休干部，提供活动场所，组织集体活动，逐年完善落实离退休干部的待遇。

劳动部门建立劳务市场，提供劳动力就业机会，制定劳动保护保险制度，维护劳动者的合法权益，促进和谐的劳动关系。

第一章 民 政

第一节 优抚 安置

优抚对象

永和县解放后,县政府把革命烈士、病故军人、失踪军人、现役军人等家属和退伍回乡的红军、八路军战士,因战伤残军人、民工列为优抚对象。中华人民共和国成立后,相继把复员退伍军人列为优抚对象。1975年进行优抚对象普查,全县有烈属65户109人,军属520户1880人,其他优抚对象1939户2022人。1990年有烈属36户36人,军属115户230人,在乡伤残军人42人,在职伤残人员20人,复员退伍军人953人。1995年有烈属32户32人,军属504户964人,在乡伤残军人38人,在职伤残人员17人,复员退伍军人1026人(其中红军战士2人)。2005年有烈属26户26人,军属562户1043人,复员退伍军人1320人。

优待抚恤

1950—1955年,永和县对烈属、军属、残废军人优待的主要形式为代耕土地。1956年农业合作化后,优抚形式由代耕土地变为优待劳动日。1982年农村普遍实行家庭联产承包责任制后,优待形式由优待劳动日改为优待金。是年,全县给60户优抚对象发放优待金0.98万元,户均163元。1983年发放优待金1.2万元,优待对象户均享受200元。1987年起实行以乡镇为单位统一优待标准,统一提留优待金,统一发放时间,统一奖励优待的办法。全县享受优待的135户,共发放优待金3.72万元,户均276元。1991年优待金户均340元,1993年户均410元,1995年户均450元。1996年后优待金由各乡镇根据各乡的具体情况确定标准。各乡300~500元不等。2010年12月后,义务兵军属的优待金由县民政局按统一标准发放,农村义务兵军属享受每年5000元的优待金,城镇义务兵军属享受每年10000元的优待金。

抚恤工作从永和县解放初期开始,当时由县政府对烈士、残废军人及参加革命工作或病故人员的家属,发给一次性抚恤粮。后改抚恤粮为抚恤金,每年按规定一次性发放。1955年始根据残废轻重和丧失劳动能力程度,将复员回乡残废军人确定为特等、一等、二等甲级、二等乙级、三等甲级、三等乙级共记四等六级，实行终身抚恤。1957年给全县21名残废军人发放抚恤金2400元，人均114元。1967年发放6607元，1976年发放1.2万元。1985年，将革命烈士家属、因公牺牲军人家属、病故军人家属定期定量补助改为抚恤金。县城居住者每人每月25~30元；农村居住者每人每月20~25元。1989年，给全县102名抚恤对象发放抚恤金4.8万元，人均470.6元。1995年，全县抚恤对象91人，共发放抚恤金9万元，人均989元。

补助补贴

1960年起永和县对年老丧失劳动能力的烈属，生活有困难的退伍红军战士和年老体弱丧失劳动能力的复员军人实行定期定量补助。1963年，对孤老烈属、烈士、病故军人遗孤和失去劳动能力，生活经常有困难的复员退伍军人，给予定期定量补助。1979年重新对定期定量补助对象进行调查核定，并提高补助标准。1985年全县享受定期定量补助对象408人，发放定期定量补助金7.8万元，人均191元。1989年享受定期定量补助人员减少为363人，共发放9.2万元，人均253元。1995年，享受定期定量补助人员351人，共发放补助金15.8万元，人均450元。

特困军属补贴是政府从1950年开始的，是年给4户特困军属补助粮食52.5公斤。1953—1955年重点是扶持军烈属，给革命残疾军人购买牲畜、农具，帮助他们参加农业合作社。1979年给优抚对象中的特殊困难户发放了被褥、棉布、棉花等。1980年，实行农业生产责任制时，给168户缺乏牲畜、农具、化肥的军烈属、残疾军人资助耕牛237头，小型农具245件，发放扶优款0.37万元。1983年，民政局筹资1万元，购买蜜蜂178箱投放于35户优抚户，县农行为优抚户发放补息贷款5万元，县种鸡场为复退军人提供雏鸡2400只。1987年，给优抚对象中的困难户发放御寒衣1620件，人民币3.46万元。2003年，给优抚困难户发放被褥、衣物2800余件、面粉190袋。

复员退伍军人安置

永和县从1950年开始起接受安置复退军人。1953年重点是安置参加抗美援朝归来的志愿军战士。至1975年，先后接受复员、退伍军人319人，其中安置农村289人，占复退军人总数的90.6%，城镇安置30人，占复退军人总数的9.4%。1976—1982年，全县为120名农村退伍军人优先审批房屋地基212间，为22人调整土地234亩。1983年开始，实行征兵、优待、安置一条龙办法。是年设立复退军人安置办公室和军地两用人才介绍所。据1987年统计，历年安置在农村的复员退伍军人，有23人担任村干部。2004年，县政府把2001—2003年退伍的城镇兵21人安置到不同单位工作。2009年安置城镇兵 12 人。2011 年安置城镇兵 8 人。

光荣院

1982 年，县民政局在县南隅征地 5 亩，投资 5 万元，修瓦房 11 间，石窑 10 孔，总面积 3300 平方米，建起光荣院。1983 年 1 月投入使用，接收 15 名孤老复员退伍军人、老红军入院养老。光荣院配备干部职工 3 人，承办老人入院及衣、食、住、行有关事宜。院内养花种草，设有麻将、扑克、象棋等娱乐器具。2004 年有 6 名孤老军人在光荣院享受养老生活。2011 年有 4 名孤老军人在光荣院安度晚年。

烈士陵园

永和县革命烈士陵园位于县城正大路南端。1963 年 6 月始建，占地面积 4000 平方米，有纪念亭 1 座、纪念碑 1 座、窑洞 1 孔，建筑面积 100 平方米。窑洞内安放着 18 位无名烈士，他们是 1945 年和 1946 年解放永和战斗中牺牲的人民解放军

祭奠革命烈士

战士。2001 年，投资 30 万元对革命烈士陵园进行改扩建。改建后，陵园占地面积为 4200 平方米，建筑面积 3000 平方米。建革命纪念碑 1 座，并在纪念碑基座内建烈士墓 1 座。纪念碑基座长 7.3 米、宽 7.3 米、高 1.8 米，主体碑长 1.7 米、宽 1.6 米、高 13 米。碑体正背面都铸着"革命烈士永垂不朽"8 个大字。18 位烈士的骨灰陈列于烈士墓中。陵园内设置有 15 块爱国主义教育宣传版面，版面主题分别为"铭记抗战历史""弘扬东征精神""践行社会主义核心价值观"。园内遍栽花草树木，有油松、黄刺柏、月季、丁香、卫矛球等。烈士墓前，苍松翠柏，郁郁葱葱，花圃和草坪相向映衬，环境幽雅静穆。

第二节　救济　福利

救　济

困难救济　永和解放后，县人民政府给翻身农民发放救济粮、救济款帮助他们兴

建家园、发展生产。1956年农业合作化后，发放救济主要对象为农村人口多劳力少和长期有病社员以及贫困社队的困难户。1966年后，对生产条件较差的困难户、残疾人员实行定期救济，至1975年共发放救济款35.7万元，年均3.57万元。1985年发放救济款2.83万元。1995年发放救济款4.1万元。2000年发放救济款9.5万元。2005年下拨扶贫资金420万元。2011年发放救济款139万元。

灾害救济 清代，县设常平仓、预备仓，积储赈粮，防荒救饥。光绪三年（1877）永和县大旱颗粒无收。县署将常平仓谷4009石（每石约65公斤）尽数散放。民国14年（1925）添设各主村社仓28处，照章收储，遇荒就近借放，丰年即行补足。

中华人民共和国成立后，政府重视救灾工作。1950年县内发生霜、冻、旱、风等自然灾害，政府发放救灾粮4万公斤。1953—1960年共发放救灾款9.89万元。1963年春季干旱，夏季阴雨连绵，粮食严重减产，房屋倒塌307间，政府发放救灾款1.9万元，医疗救济款2970元，粮食3.1万公斤，寒衣布匹1667米，絮棉350公斤，帮助灾民修房子300间。1978年春，受寒流、干旱侵袭，全县小麦大面积受灾后，发放救灾款4.5万元，被褥100套，棉布1667米，粮食5.5万公斤。1986年夏，发放救灾款5万元。1991年7月27日县城发生洪灾后，发放救灾慰问款1万元。1999年，下拨救灾玉米12万公斤、白面12.9万公斤、救灾款10万元、衣物4000余件。2002年，面对连续5年大旱，全年下拨救济款5万元、救灾粮100万公斤。2004年，下拨救灾款60万元、救灾衣物78件。2007年下拨救灾款物300余万元。2009年干旱少雨，夏粮绝收，11月份又遭遇雪灾，政府发放救灾款180万元。2011年，发放救灾面粉25万公斤、御寒衣1200件，购置救灾帐篷50顶，下拨救灾款102万元。

城乡低保 永和县城市居民最低生活保障制度开始于1999年5月。这个制度是对城镇非农业人口人均年收入不足840元的低收入户发放最低生活保障金。是年，纳入城市低保对象10户26人，每人每月低保金标准45元，全年共支付1.40万元。2006年，城市低保户增加到778户1679人，低保金标准每人每月135元，全年共支付低保金272万元。2009年4月，县政府出台《城市居民最低生活保障办法》，提高低保标准，扩大低保范围；低保标准每人每月195元，低保对象达到954户1755人，全年支付低保金410.67万元。2011年，全县城市低保对象1061户1878人，低保标准提高到每人每月245元，年支出低保金达到552.13万元。

农村居民最低生活保障制度于1999年6月1日开始。这个制度是对农业人口人均年收入不足500元的农户发放最低生活保障金。是年，全县96户131人享受低保金总计4.7万余元。2006年农村低保全面正式启动，是年农村低保对象1698户2094人，每人每年360元，全年发放低保金75.38万元。2009年，县政府出台了《农村居民最低生活保障办法》，把原来按一个标准发放变更为三个类型。一类每人每月80元，二类每人每月70元，三类每人每月60元，实行按季发放。全年农村低保对象3398户3498人，发放低保金376.8万元。2011年农村低保对象3457户3527人，低保标准每人每月统一提高20元，全年共发放农村低保金586.2万元。

医疗救助 城市居民医疗救助是对患有大病患者的住院费用由城镇居民医疗保险报销后，个人负担部分还比较大，影响家庭基本生活的，可以通过个人申请，城管委复核，民政局审批等程序获得救助。永和县城市居民医疗救助开始于2007年4月，是年医疗救助2人次，救助0.4万元。2009年4月，县政府出台《城乡医疗救助办法》，救助比例为城市低保对象30%、优抚对象70%、其他对象50%，全年医疗救助98人次，年发放救助金35.4万元。2011年全县医疗救助240人次，发放救助金87.1万元。

农村居民医疗救助是对农村患有大病患者的住院费用，除新农村合作医疗报销外，个人负担部分还比较大，且属于贫困家庭，可以通过个人申请，村委、乡镇人民政府复核，到民政部门申请医疗救助。2007年医疗救助42人次，发放救助金10万余元。2009年提高重大病住院患者的救助比例，当年医疗救助275人次，年发放救助金69.64万元。2011年全县农村医疗救助776人次，年发放救助金138.5万元。

退职老职工救济 从1977年起，永和县有部分1957年以前参加工作，于1961—1965年精简退职老职工，按月享受本人原工资40%的救济费。1982年，经重新普查落实，批准享受本人原工资40%救济费的共68人。在1985年以后的工资改革、调整中，此类人员的救济费标准逐步提高。1995年享受本人

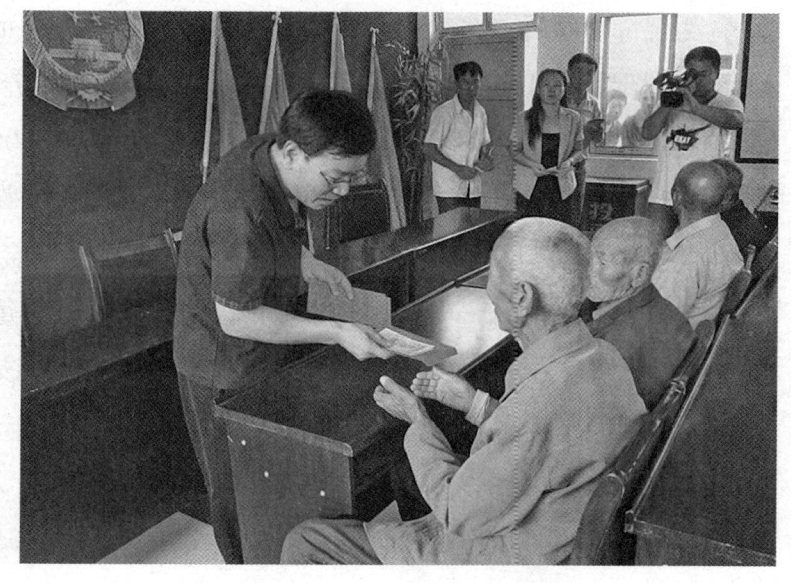

民政部门工作人员看望高龄老人

原工资40%救济者共35人，年经济总额5.93万元。1998年享受退职老职工救济的分每月79元和94元两个标准。2010年有7人享受退职老职工救济。到2011年有6人享受，救济金额两个标准分别增加到每人每月274元和259元。

福　利

福利院　2008年，县政府开始在芝河镇下刘台村（原酒厂）筹建福利院。投资380万元，占地15亩，建筑面积2500平方米，建成一栋2层楼。有房间75间，床位120个，接收特殊困难五保户入住。2010年投入使用，是年接受15人入住。入住人员的衣、食、住、行全部有福利院负责。福利院有干部3人，临时工4人。2011年入住人员增加到26人。

五保户供养　1956年起，永和县对农村孤寡老人实行保吃、保住、保穿、保医、保葬"五保"供养制度。当年确定五保户200户200人。1962年，有农村五保户89户90人，由生产大队集体补助供养。1975年五保户增至112户114人。1981年增至251户251人，是年起实行供养和代养相结合。即对完全丧失劳动能力的五保户，由生产队供给柴、水、衣、物，保证足够的口粮；生活部分能自理的，由专户承包代养；对有一定劳动能力的，由生产队分给土地，供给牲口、种子、化肥，让他们自种口粮。是年发放供养款1.2万元，棉布500米，棉花125公斤，鞋150双。1983年有五保户94户，其中集体供养的43户（包括小组照料的37户，派人照料的6户），亲朋好友照料的51户。除供给衣、食、住外，另给每户每月零花钱5元。1987年两次对全县13户五保户的生活进行普查落实，保证每人每年口粮达250公斤，民政局每季发给每户零花钱60元，乡镇发给每户零花钱36元。五保户的生活用品、住房维修均得到保证。1993年署益乡修建石窑2孔，设立养老院1所，接收4名五保老人入院，由乡民政员统一管理（后解散）。县政府在2001年租赁大型站的地方筹建全县特困五保户集中供养点，2007年正式投入使用，接收特困五保供养对象10人入住。2004年县民政局开始对农村五保对象统一发放供养金，每人每年920元，是年供养人数254人。2006年全县农村五保供养对象265人，每人每年供养金提高到1000元。坡头乡岔口村2008年由市民政局资助修建幸福院，该院建筑面积140平方米，2009年投入使用，入住五保对象6人。阁底乡东征村2009年将原村学校旧址改建为幸福院，是年入住五保对象3人；2010年改为阁底乡幸福院，入住五保对象10人。2011年，全县农村五保供养对象304人，分散供养对象每人每年供养金1800元，集中供养对象每人每年供养金3600元。

第三节 婚姻管理

婚姻制度

民国以前，男婚女嫁听父母之命，凭媒妁之言。童养媳、买卖婚姻盛行，一夫两妻视为合法。男女结婚年龄一般在16~18岁之间，也有14—15岁早婚的。民国政府时期曾规定结婚年龄为男18岁，女16岁。婚后女人"三从四德"处于受压迫地位，男子享有休妻、弃妻权利。男子入赘视为不光彩，受亲友歧视。

中华人民共和国成立后，贯彻国家颁布的《婚姻法》，实行婚姻自由和一夫一妻、男女平等的婚姻制度。结婚年龄为男子不得早于20周岁，女子不得早于18周岁。1981年1月1日后，结婚年龄改为男子不得早于22周岁，女子不得早于20周岁，女方可以成为男方家成员，男方也可以成为女方家成员；提倡保护妇女、儿童和老人的合法权益；提倡晚婚晚育，执行计划生育政策；禁止三代以内旁系血缘亲属通婚，男女结婚有一方不到结婚年龄不予登记。2001年进一步完善婚姻制度，禁止有配偶者与他人同居，禁止家庭暴力。对重婚的，有禁止结婚亲属关系的，婚前患有医学上认为不应当结婚的疾病、婚后尚未治愈的，未到结婚年龄的这些婚姻视为无效婚姻。对因胁迫结婚，或限制人身自由的婚姻，婚姻登记机关可予以撤销婚姻关系。2011年明确规定禁止非法同居等行为。子女应当尊重父母的婚姻权利，不得干涉父母再婚以及婚后的生活；子女对父母有赡养义务，不因父母的婚姻关系变化而终止。对违反婚姻法者予以法律制裁。

婚姻登记

民国时期结婚，当事人须向财政局买帖子，民间以六礼告成为合法。1950年，婚姻登记成为法定程序。登记机关先后为区、乡、公社、县民政局、乡。"文化大革命"期间，登记一度混乱，出现早婚现象。1975年，婚姻登记权收回县民政局，给边远地区结婚登记管理带来不便。1975年5月起，婚姻登记又下放到公社、乡政府登记。到公社、乡政府办理结婚登记手续，要持生产大队、村民委员会介绍信和免冠照片2张及身份证明，经审查符合《婚姻法》规定者，即发给《结婚证书》，夫妇双方各执一份。复婚登记手续和结婚登记手续相同。离婚者如男女双方自愿，到婚姻登记机关申请离婚手续，发给《离婚证书》；如一方坚决不同意，经调解无效，向人民法院起诉，由人民法院判决。2000年，婚姻登记权复归县民政局。结婚登记要出具本人的户口、身份证复印件；村委、社区或单位出具的婚姻状况证明；与对方当事人没有直系血亲和三代以内旁系血亲的签字声明；2寸结婚照3张。双方必须亲自到场签字、按手印。办理离婚时要出具本人的户口本、身份证复印件；本人的结婚证；双方当事人共同签署的离婚协议书；双方各自的单人照3张。如有异议，经调解无效，需去人民法院起诉离婚。2000年，全县办理结婚手续的125对，办理离婚手续的3对。2011年，全县办理结婚手续的686对，办理离婚手续的8对。

1951—2011年部分年份永和县婚姻登记情况表

表22-1　　　　　　　　　　　　　　　　　　　　　　　　　　　　　　　　单位：对

年　份	结　婚	离　婚
1951	88	20
1958	112	4
1967	220	24
1975	147	9
1980	306	29
1990	328	37
1995	368	34
2000	125	3
2005	223	5
2009	405	6
2011	686	8

第四节　城市管理

机构设置

20世纪70年代，永和县城居民自发组织了一个居民委员会，机构设在府西街北。1985年县城设居民委员会，由城关镇代为管理；1986年城市居民委员会改为城市管理委员会。

1996年10月组建县城市管理委员会，直属县政府领导，属正科级事业建制。1998年，县城市管理委员会改为县城市居民管理委员会。

城市管理

最初的居委会主要管理城市非农业居民的环境卫生及日常事务。2002年，城市居民管理委员会下设城南、城北两个社区居民委员会。府西街以南为城南社区居委会，府西街以北为城北社区居委会。同时规范了社区居委会的工作职责，即宣传宪法、法律和国家的政策，维护居民的合法权益，教育居民履行宪法应尽的义务，爱护公共财物，开展多种形式的社会主义精神文明建设活动；办理本辖区内居民的公共事务和公益事业，有效地开展社区服务；调解民事纠纷；协助维护社会治安；协助县政府或城市居民管理委员会做好与居民利益有关的公共卫生、计划生育、优抚救济、青少年教育等工作；向县政府或城市居民管理委员会反映居民的意见、要求和提出建议。

2002—2006年，城市居民管理委员会累计慰问军属150余人次，发放节日礼品2600余元，配合县武装部选送20余名优秀青年参军入伍，配合民政部门累计帮助800余户城镇居民享受最低生活保障金。2005年，城市居民管理委员会配合环卫部门修建小区公共厕所3座，便民垃圾池12个，改造街道下水道2处，硬化胡同街巷路面2000余平方米，改建新建人行路200余米。2007年，城北社区居委会组织发动圪列口居民修通一条长1000多米、宽4米的道路，动石方200多方，动土方2000余方，埋下水管道600余根，解决了80余户200多口人出行难的问题，群众为城北社区居委会送上一面锦旗表示感谢。

2011年3月，城市居民管理委员会将原来的2个社区居委会调整划分为4个社区居委会。府西街以南为朝阳社区居委会，府西街以北为滨河社区居委会，城东路以南为莲花社区居委会，城东路以北是康谐社区居委会。4个社区共有居民5731户18087人。社区内有机关、学校、企业、个体私营工商户等287家。社区重点服务于城区居民的计划生育、社会治安、公共卫生、社会保障、文化体育、社会救助、互助服务、矛排民调、社会公益、维护稳定、精神文明建设等各个领域。

第五节　村民自治

民主选举

1984年12月，全县农村80个生产大队改为80个村民委员会，385个生产队改为

385个村民小组。90年代起，农村逐渐推行村民自治制度。村民委员会主任、副主任，村民小组长，都要通过村民民主选举方可产生。村干部的选举有换届选举，也有短缺选举。选举村干部时，全村群众参加会议，通过无记名投票产生。2011年，全县村委会换届选举，共产生79位村委会主任，372名村民小组长。

民主监督

1995年始，全县农村逐渐实行村务公开制度。大多数村委和村民小组将全年的工作计划、工作任务、财务收支等项目公开上墙，让群众明白村务、明白村账。同时、实行村民议事制度。大多数村委、村民小组均定期、不定期地召开村民代表议事会议和村民议事会议，对本村涉及民生的重大事务，进行集体商讨，最后形成统一决议。如，1997年阁底乡西后峪村委有关西后峪村集资通电的决议，就是通过多次的村民和村民代表议事会议，最后形成一致的决定。村务公开和村民议事制度，有效地开启了农村民主监督、民主决策的程序。

第二章 人 事

第一节 干部队伍

来 源

民国34年（1945）永和解放初期，县内干部来源为中共晋绥工委从老解放区派遣的军队人员、晋绥十专署和九专署调来人员和留用永和县政府的人员，并从永和县高等小学校、干部培训班及农民积极分子中选拔部分人员，充实到县、区政府。之后，军队转业干部和各级各类学校毕业生逐渐成为干部的主要来源。

1955—2001年的46年间先后接收大中专毕业生1340人，其中大专毕业生334人，中专毕业生1006人。1964年，从农村借调一批初中以上文化程度的党团员和青年积极分子参加"四清"（清政治、清经济、清组织、清思想）后，其中38人被录用为正式干部。60—70年代，先后两批接收安置军队转业干部14人。70年代分批吸收农村补贴制干部53人到各公社工作，后转为正式干部。此间地委先后选派30余名干部到永和支援山区建设；县内抽调421名教师充实干部队伍，将107名以工代干人员转为干部，从城镇插队知识青年中吸收录用干部122人。

2004年安置2001—2003年退伍的城市兵21人。2009年10月安置城市退伍兵12人。2011年安置城市退伍兵8人。2006年开始招聘大专以上毕业生任村官，到2009年共招聘82名。2011年从应届本科毕业生中招聘村干部3名。村干部任期为3年，之后可通过公务员考试过渡为公务员（干部）。2007—2011年公开招聘公务员52人，充实到党群、政府、乡镇机关干部队伍。2008年，县政府批准在大中专毕业生中为事业单位公开招聘干部54人。2011年，县人力资源和社会保障局在大中专毕业生中公开招聘卫生系统工作人员24人。到2011年底，全县干部为3207人。

结 构

性别结构 1949年，在干部总数中男性119人，占92.97%；女性9人，占7.03%。1956年，有男性458人，占干部总数92.24%；有女性28人，占干部总数5.76%。1963年，男性423人，占93.58%；女性29人，占6.42%。1978年，男性1017人，占83.43%；女性202人，占16.57%。1987年，男性1174人，占79.81%；女性297人，占20.19%。1995年，男性1539人，占64.66%；女性841人，占35.34%。女干部所占比例比1987年提高15.15个百分点，比1949年提高28.31个百分点。2010年，男性1276人，占干部总数的41.42%；女性1812人，占干部总数的58.68%，女性干部人数超过男性。

年龄结构 1950年有干部114人，均为45岁以下。1965年，有45岁以下干部476人，占干部总数82.64%；46岁以上100人，占干部总数17.36%。1985年，45岁以下993人，占72.06%；46岁以上385人，占27.94%。1995年，45岁以下1858人，占78.07%；46岁以上522人，占21.93%；45岁以下干部所占比例比1985年增加6.01个百分点，比1950年降低21.93个百分点。2010年，有45岁以下干部2646人，占干部总数的85.68%；46岁以上的干部442人，占干部总数的24.42%。

文化结构 1949年，有高中学历2人，占干部总数1.56%；初中学历12人，占9.38%；高小学历以下114人，占89.06%。1955年，有大专学历1人，占0.22%；中专、高中9人，占2%；初中149人，占32.96%；高小以下293人，占64.82%。1965年，大专以上学历21人，占3.65%；中专、高中70人，占12.15%；初中282人，占48.96%；高小以下203人，占35.24%。1978年，大专以上87人，占7.14%；中专、高中487人，占39.95%；初中493人，占40.44%；高小以下152人，占12.47%。1987年，大专以上173人，占11.76%；中专561人，高中229人，分别占38.14%、15.57%；初中508人，占34.53%；无高小以下者。1995年，大专以上304人，占12.77%；中专589人，高中1299人，分别占24.75%、54.58%；初中188人，占7.90%；大专以上文化程度者所占比例比1978年增加5.63个百分点，比1955年增加12.55个百分点。2010年，有大专以上学历的2584人，占干部总数的83.68%；中专学历481人，占干部总数的15.60%；高中以下学历的23人，占干部总数的0.62%。

级别结构 1952年，有县级干部9人，占干部总数3.49%；科局级干部68人，占干部总数26.36%；一般干部181人，占干部总数70.15%；科局级以上领导干部与一般干部人数比为1∶2.35。1965年，有县级干部15人，占干部总数2.6%；科局级干部140人，占24.31%；一般干部421人，占73.09%；科局级以上领导干部与一般干部人数比为1∶2.72。1978年，有县级干部18人，占1.48%；科局级干部236人，占19.36%；一般干部965人，占79.16%；科局级以上领导干部与一般干部人数比为1∶3.8。1985年，有县级干部25人，占1.81%；科局级干部276人，占20.03%；一般干部1077人，占78.16%；科局级以上领导干部与一般干部人数比为1∶3.58。1995年有县级干部29人，占1.22%；科局级干部290人，占12.18%；一般干部2061人，占86.60%；科局级以上领导干部与一般干部人数比为1∶6.46。2010年，有县级干部29人，占干部总数的0.9%；科级干部516人，占干部总数的16.71%；一般干部2543人，占干部总数的82.35%；科级以上领导干部与一般干部人数比为1∶4.67。

政治面貌结构 1950年，在干部总数中，有中共党员57人，占50%；有共青团16人，占14.04%。1965年，有中共党员173人，占35.6%；共青团员132人，占27.16%。1972年，有中共党员385人，占39.86%；共青团员41人，占4.24%。1985年，有中共党员638人，占46.3%；共青团员87人，占6.31%。1995年，有中共党员1138人，占47.82%；共青团员413人，占17.35%。2010年，有中共党员704人，占干部总数的22.8%；有共青团员287人，占干部总数的9.28%。

编 制

民国35年（1946），晋绥边区给永和县人民政府编制干部37人（不包括警卫排战士31人），加上县委和工、青、妇等群众团体干部，共计60余人。民国36年（1947），全县有干部77人。民国37年（1948）增至115人。1949年初，陕甘宁边区以丙等县（5万人以下）标准，确定永和县干部为：县委和各群众团体36人，县人民政府29人，公安局42人，邮局14人，共121人。年底全县实有干部128人，其中县、区党政群团干部98人。1956年，全县干部总数为486人，其中党政群团、公安政法机关136人，其他行业350人。1958年并入吕梁县前干部总数661人，1961年恢复永和县建制后干部总数为351人。1965年干部总数为576人，其中党政群团、公安执法机关123人，企事业单位453人。1974年干部总数为978人，其中党政群团、公安机关270人，企事业单位708人。1984年干部总数为1390人，其中党政群团、公安执法机关525人，企事业单位865人。

1988年全面核定县、乡各部门人员编制，全县定编1942人，实有人员1813人，缺编129人。其中党政群团、公安执法机关编制457人，实有507人，超编50人；11个乡镇编制175人，实有170人，缺编5人；事业单位编制1310人，实有1136人，缺编174人。

1993年7月改革县级党政群团机构，重新核定人员编制。全县定编1990人，实有2186人，超编196。其中党政群团机关编制372人，实有367人，缺编5人；政法机关编制133人，实有135人，超编2人；11个乡镇编制175人，实有183人，超编8人；事业单位编制1310人，实有1503人，超编193人。

1995年按照"精简高效"原则，重新核定党政群团、政法机关人员编制。全县总编制1965人，比1993年减少25人。年底实有2380人，超编415人。其中党政群团编制341人，实有340人，缺编1人；政法系统编制139人，实有140人，超编1人；乡镇机关编制175人，实有184人，超编9人；事业单位编制1310人，实有1716人，超编406人。

2002年机构改革，重新核定编制，全县总编制2559人，年底实有3200人，超编641人。其中党政群团编制268人，实有235人，缺编33人；政法机关编制139人，实有171人，超编32人；乡镇机关编制146人，实有146人；事业单位编制2006人，实有2648人，超编642人。

2007年全县定编2663人，实有3196人，超编533人。其中党政群团编制300人，实有256人，缺编44人；政法系统编制158人，实有144人，缺编14人；乡镇机关编制146人，实有143人，缺编3人；事业单位编制2059人，实有2653人，超编594人。

2011年全县定编3024人，实有3207人，超编183人。其中党政群团编制361人，实有346人，缺编15人；政法系统编制164人，实有156人，缺编8人；乡镇机关编制146人，实有144人，缺编2人；事业单位编制2353人，实有2561人，超编208人。

2011年永和县党政群团机关人员编制一览表

表22-2　　　　　　　　　　　　　　　　　　　　　　　　　　　　　　　　单位：人

机构		编制	实有	超缺	机构		编制	实有	超缺
合计		361	346	-15					
人大		17	16	-1	县政府	人口和计划生育局	8	7	-1
政协		10	10			教科局	9	11	+2
县委	县委办	23	16	-7		人社局	16	14	-2
	纪委	17	16	-1		粮食局	6	6	
	编办	5	5			民政局	8	8	
	老干局	6	6			农委	13	13	
	统战部	8	8			林业局	9	9	
	宣传部	10	9	-1		审计局	13		+1
	县直机关工委	5	5			水利局	9	11	+2
	组织部	15	12	-3		统计局	12	12	
	政法委	8	8			卫生局	6	8	+2
	小计	97	85	-12		文广新局	7	7	
县政府	政府办	10	10			小计	197	199	+2
	药监局	7	7		人民团体	残联	10	10	
	交通运输局	8	8			工商联	4	4	
	环保局	6	6			共青团	5	4	-1
	安监局	6	5	-1		科协	8	8	
	财政局	15	15			文联	3	2	-1
	住建局	9	10	+1		总工会	5	4	-1
	发展和改革局	15	15			妇联	5	4	-1
	国土局	8	7	-1		小计	40	36	-4

第二节　干部管理

任　免

中华人民共和国成立初期，县委正、副书记，县政府正、副县长等县级干部的任免，由地委组织部提名，报省委组织部批准。科（局）长级干部任免由地委批准。股长级以下干部属县委管理。

1952年12月起，县长、副县长由县人民代表大会选举产生，报专署批准任命。

1955年后，县委书记、副书记由县党代表大会选出的委员会召开全体会议选举产生，报省委批准任命；县长、副县长、人民法院院长由县人民代表大会选举产生，报专署批准任命。在县党代会、人代会闭会期间，分别由省委、专署直接任免。1957年7月后，副科（局）长级干部由地委批准任免改为县人民委员会任免。

1964年后，属县委主管干部的任免由县委常委会批准，政府系统干部经县委常委提名后还须通过县人民委员会研究。1971年4月后，县革委会各大组正副组长，办公室正副主任，公社正副书记、正副主任以及相应职务干部的任免，由县委常委会议批准；属省、地管理的干部报省、地委批准。股级干部的任免由政工组提出意见，报请县委常委审批；各基层单位干部任免，由系统主管单位提名县政工组审批。

1975年9月起，县委常委、县革委正副主任和正科级（含相应职务）干部的任免，由县委报请地委批准。副科级干部（含公社副职）和法院、公安局正股级干部的任免由县委常委会批准。法院、公安局副庭、股级和其他单位股级干部的任免由县委组织部批准。

1980年10月县人民代表大会恢复后，正副县长、法院院长、检察院检察长由县委提名，经人民代表大会选举产生。检察长选举产生后报省人民检察院批准，由省人大常委会任命。县政府各委、办正职，法院副院长、正副庭长、审判委员会委员，检察院副检察长、正副科长、检察委员会委员由县委推荐，分别经县长、法院院长、检察院检察长提名，提请县人大委员会通过。县政府各委、局、办副职，由县委推荐县人民政府任命。

1983年11月始，县委书记、县长由地委协助省委管理。县委、人大、政协等其他副县级以上干部（含县长助理及县委、县政府调研员）由地委管理，原属地委任免的正科（局）级下放到县委任免、管理。

1985年，股级干部下放到部、委、局管理。其正职由部、委任免，报县委组织部备案；副职由主管局批准任免。1990年，股级干部任免权复属县委、县政府组织人事部门。

1995年后，政府县长下放到市委任免管理。检察院检察长、法院院长、公安局局长由市委确认与县委沟通后任免。检察院副检察长、法院副院长、公安局副局长由县委任免。纪律检查委员会副书记、组织部副部长在县委任免后，报上级纪检和组织部门备案。科（局）长由县委推荐，属政府部门的由政府任免报县人大批准，属县委部门的由县委直接任免；事业单位的科（局）长和行政、事业单位的副科（局）长，由县委推荐，县委和政府直接任免。股级干部由各单位任免。

培 训

职业技能培训

永和解放初期，县内干部先后由中共晋绥十地委、九地委和中共晋南（中心）地委组织培训。

20世纪50年代，县内干部培训由县委组织部、宣传部和县政府人事科负责组织。60年代初，县委党校、县干部职工文化补习学校采取办短期培训班与组织自学等形式培训干部。

1979年后，干部培训注重于业务培训和学历教育。1985—1989年，全县干部参加马克思列宁主义理论正规化培训。1986年9月—1988年7月，48名干部离职在县委党校培训获得中专学历。1992—1994年，42名干部离岗学习，达高中文化水平。此间，全县有300余名干部赴山西省委党校、临汾地委党校等大、中专院校离职培训，其中36名获大专学历，139名获中专学历；先后有5届365名干部职工参加省委党校函授学习，489名参加会计函授学校、农业广播学校、统计干部电视函授学校等院校函授学习和成人自学考试，其中208名获得大专学历，221名获中专学历。

1999年10月，县委研究决定，分期举办科局级领导干部、青年后备干部培训班。第一批是副科级以上领导干部、青年后备干部、企业厂长经理；第二批由各乡分管组织的副书记带队，80个村支部书记参加。2000年9月—2001年9月，县委举行每月1期，每期90人的干部培训，培训11期。培训内容：邓小平理论、十五大精神、"三个代表"重要思想、市场经济基础知识、法律常识等。2002年举办全县科级领导干部WTO知识培训。2004年5月举办党政领导干部统战理论培训；9月举办全县政法干警培训班；10月由县委组织部、县妇联、县委党校共同举办妇女干部培训班。2006年9月，县委对全县各乡镇分管组织的副书记进行为期3天的培训。2008年10月—11月，对全县副科级以上领导干部、大学生村干部、公务员分7期进行培训。2009年7月，对县纪检、检察工作人员，县乡纪检书记进行为期两天的"廉政教育"培训。

2010年5月—6月，县委选派4位副县长、县委政法委书记、县委组织部部长、县委办公室主任、县政府办公室主任、县环保局局长、县安监局局长分批次参加市委组织的"科学发展观规划纲要""环境保护""安全生产""公共管理"等内容的学习。2011年4月，县委选派分管水利的县领导、2010年以来新提拔任职的县级领导干部和中青年领导干部参加市委组织的干部培训。

考 核

中华人民共和国成立初期，干部考核由县委组织部负责。1951年8月政府设人事科（后改为人事监察科、人事局），主管一般干部考核。1966—1976年，强调在政治运动中考察和识别干部，一些所谓"敢闯、敢干、敢造反"者被不适当地提拔使用。

1978年后，强调以四化（革命化、年轻化、知识化、专业化）标准建设干部队伍。考核干部以德、能、勤、绩和清正廉洁为主要内容，采用民意测验、群众推荐、领导考核相结合的方式和详细检查岗位目标完成情况等办法，全面了解干部素质，使大批符合"四化"的干部得以提拔重用。

1990年开始，普遍推行领导班子任期目标责任制和干部岗位责任制。年终县委统一安排开展"三评"，即民主考评领导班子，民主考评党员，民主考评干部。通过考评领导班子分出好、中、差3个等级，干部分出优秀、称职、不称职3个档次，从而对每个领导班子和干部一年来的工作做出客观公正的评价，为干部的奖优罚劣、升降去留提供科学依据。

1996年对党政机关干部的考核进行了完善，考核原则为客观公正、民主公开、注重实绩。副科级以上领导干部和党群系统一般干部由县委组织部考核，县政府系统一般干部由县人事局组织考核。

2001年在干部考核档次中增加"基本称职"档次，实行分类量化考核。随后干部考核标准中加入"廉"，考核从德、能、勤、绩、廉5个方面进行。

2011年，共考核领导班子85个、支部209个、副科级以上领导干部499名、一般干部599名、专业技术人员838名、党员4179名。领导班子考核结果为：好班子13个，占班子总数的15.3%；中班子72个，占班子总数的84.7%。支部考核结果为：县直一类支部19个，占16.7%；县直二类支部95个，占83.35%；乡镇一类支部20个，占21.1%；乡镇二类支部75个，占78.9%。领导干部考核结果为：优秀干部106名，占21.2%；称职干部391名，占78.4%；不称职干部1名，占0.2%；不定档次干部1

名，占 0.2%。一般干部考核结果为：优秀干部 118 名，占 19.7%；称职干部 481 名，占 80.3%。专业技术人员考核结果为：优秀人员 139 名，占 15.9%；称职人员 731 人，占 83.6%；不定档次人员 4 名，占 0.5%。党员评议结果为：优秀党员 337 名，占 9.1%；合格党员 3332 名，占 90.8%；不合格党员 2 名，占 0.1%。

第三节　工资　福利

工　资

中华人民共和国成立初期，县内职工工资大体有供给制和粮薪制两种。1951 年，国家工作人员实行供给制。1952 年部分干部职工实行工资制。对实行"工资分"者明确规定出"工资分"所含的实物品种、数量。

1956 年，进行第一次工资改革，全县干部、工人均实行工资制，直接按货币规定工资标准。国家机关、事业单位实行等级工资制。干部按职定级，县级干部定为 14—17 级，科局级定为 20—23 级，办事员定为 23 级以下，全县干部、工人的工资普遍提高。1963 年给低工资职工调整工资，40% 的职工调升 1 级。1972 年，给工龄较长、工资偏低的职工调整工资，有的升 1 级，有的升 2 级，升级面约占 30%。1977—1979 年间，先后 2 次给 40% 的职工、1 次给 2% 的职工调整工资，并将永和县由执行三类地区标准改为四类，全县职工人均月工资达 48.4 元。1981 年给教育、卫生系统职工普调 1 级工资。1982 年，全县其他干部职工普调 1 级，全县职工人均月工资达到 54.4 元，比 1979 年增加 12.4%。

1985 年，进行第二次工资改革，国家机关、事业单位实行基础工资、工龄津贴和奖励工资为主的结构工资制；永和县由执行四类地区工资标准改行五类。

1987 年新参加工作职工的定级工资标准，由每月 50 元提高到 57 元，此次为 283 人提高定级工资标准。1989 年，全县为 7 名高级、173 名中级、283 名初级技术人员调资，人均月增资 13 元。在 1990 年调资中，因违反计划生育政策规定和受行政处分不予调资的有 97 人。1991 年，永和县由五类地区变为六类地区。

1993 年 10 月进行第三次工资改革。国家机关实行职级工资制，职工工资由职务工资、级别工资、基础工资、工龄工资 4 部分构成；事业单位实行职务（职称）工资制。

并规定连续2年考核称职以上者可晋升1个职务工资档次，连续5年考核称职或连续3年考核优秀者可在本职务对应级别内晋升1级。本次机关、事业单位工资改革共涉及2658人，人均增资76元。1995年，机关、事业单位职工职务工资晋档者2432人，人均增资21元；国家机关职工级别工资晋升者126人，人均增资23元。

1997年7月，为机关、事业单位工作人员调整工资标准，人均增资20元。1998年为机关1993年工资制度改革后级别未动的行政人员晋升一级级别工资。1999年为机关、事业单位工作人员调整工资标准，同年10月机关、事业单位工作人员正常晋升工资档次，人均增资139元。2001年1月调整工资标准，正常晋升工资档次，人均月增资146元。2003年1月正常晋升工资档次人均增资33元；同年7月为机关、事业单位工作人员调整工资标准，月增资48元。2005年1月，机关、事业单位工作人员正常晋升工资档次，人均增资40元。

2006年7月进行第四次工资改革。国家机关公务员的基本工资由职务工资、级别工资两项构成；机关工勤人员基本工资由技术等级工资、岗位工资两项构成；事业单位基本工资由岗位工资、薪级工资两项构成。并规定公务员年度考核累计2年称职及以上的，从次年1月1日起在所任级别对应工资标准内晋升一个工资档次；年度考核累计5年称职及以上的，从次年1月1日起在所任职务对应级别内晋升一个级别，级别工资就近、就高套入晋升后级别对应的工资标准。机关工作人员年度考核累计2年为合格及以上的，从次年1月1日起晋升一档岗位工资。本次机关、事业单位工资改革人均增资295元。同年，全县执行艰苦边远地区津贴，标准为：正高级每人每月110元，县处级、副高级每人每月90元，乡科级、中级、技师每人每月75元，科员以下、高级工以下、助理级以下每人每月65元。2007年7月机关、事业单位工作人员执行津贴补贴，2010年10月调整津贴补贴标准。2011年7月，调整艰苦边远地区津贴标准，正高级每人每月190元，县处级、副高级每人每月160元，乡科级、中级、技师每人每月130元，科员以下、高级工以下、助理级以下每人每月110元。2011年调整工资，人均月增资26元。

福 利

1951年起行政事业单位职工享受公费医疗待遇。职工家庭生活困难者，根据实际情况发给经常性或临时性补助。夫妇两地分居的职工，每年可享受1个月的探亲假，探亲期间发给全工资，并报销往返路费。1980年10月起，给干部职工每人每月发放副食补助5元。1984年起，每月按男职工每人4元、女职工每人8元的标准发给洗理费。1985

年起，给干部职工每人每月发粮差补助 5 元；9 月对教师和医生实行教龄和护龄补贴。1991 年起，每年两节（元旦、春节）慰问全县干部遗属、特殊困难工作人员，慰问品有白面和衣物等家庭用品。1995 年开始每个职工每月发煤水补助 11 元。2007 年机关事业单位工作人员开始享受冬季取暖费，标准为：县处级、正副高级每人每年 1100 元，乡科级、中级、技师每人每年 900 元，科员以下、高级工以下、助理级以下每人每年 700 元。2010 年调整冬季取暖费标准：县处级、正副高级每人每年 2200 元；乡科级、中级、技师每人每年 1800 元；科员以下、高级工以下、助理级以下每人每年 1400 元。

第四节　专业技术人员管理

评　审

中华人民共和国成立至 20 世纪 70 年代，对专业技术人员的职务任用，根据单位内部职务岗位，任命符合条件人员以相应专业技术职务，实行与工资挂钩。期间缺少专门的法规、条例，职称内涵广泛，包括职务、职位、学衔资格等各种含义。在各行业和各专业之间缺乏统一标准。1978 年 3 月，根据中央颁布的关于对高等院校教师、工程技术干部、体育教练员、中等专业学校教师等业务职称技术职称的暂行规定，由组织部门组织各专业技术门类专家对申请评定职称的干部进行评审。此间工资与职称挂钩。1986 年后，根据《中共中央关于科技体制改革的决定》，职称实行改革，职称资格认定由评审改为考评。其中经济、会计、审计、统计、中级医护职称逐步改为以考代评；高级审计师、高级会计师采取考评结合的方式；其余采取逐级评审的办法。1989 年 11 月，对符合国家规定的 21 种专业技术条件的国家机关正式干部进行职称资格评审，3 人被评为高级职称，320 人被评为中级职称，450 人被评为初级职称。1992 年会计专业技术资格晋升，要求除政治品德外，须取得会计证并具有一定会计工作经历。1998 年人事局负责事业单位职称评审，年底有 53 人通过评审取得专业技术资格。专业技术岗位实行聘任制，职称与工资挂钩。

1999 年，全县有 84 人参加经济、会计、审计、统计系列职称资格考试，其中 21 人取得专业资格。年底，全县专业技术人员 856 名，其中高级职称 11 人，中级职称 356 人，初级职称 489 人。2005 年各类专业技术人员有 1056 人，其中正高级职称 1 人，副高级职称38人，中级职称487人，初级职称530人。2011年全县专业技术人员1310人，其中副高级职称59人，中级职称610人，初级职称641人。教育系统专业技术人员806人，其中高级职称47人、中级职称481人、初级职称279人；卫生系统229人，其中高级职称9人、中级职称66人、初级职称153人；其他行业275人，其中高级职称3人、中级职称111人、初级职称161人。

聘 任

取得职称资格的人员，须经单位聘任后才具有专业技术职务。1986年起实行专业技术职务聘任制，被聘人员在任职期间工资与职称挂钩，任职期满实行续聘。截至2011年，全县聘任专业技术职务人员达1310人。

第五节 公务员管理

登 记

自《公务员法》实施以后，永和县始终遵循"依法办事、从严掌握、自上而下、先易后难、实事求是、稳慎处理、层层把关、逐级负责"的原则，在公务员登记、录用、培训、考核、工资、奖励等日常管理工作中认真落实公务员法及配套法规，实现公务员法制化管理。2006年，按照每个单位的"三定方案"要求，严格掌握公务员登记标准和条件，逐单位、逐人头开展登记工作。符合公务员条件的全县干部有400余人，其中县直党政部门268人。至2011年底，全县在册登记的公务员共495人。

录 用

从2007年起，县内陆续招录新的公务员。2007年，乡镇招录2人，其中芝河镇1人，打石腰乡1人；县直招录2人（检察院）。2008年，乡镇招录4人，其中芝河镇1人，桑壁镇2人，打石腰乡1人；县直招录4人（公安局）。2009年，乡镇招录2人，其中阁底乡1人，坡头乡1人；县直招录1人（公安局）。2010年，乡镇招录5人，其中芝河镇1人，桑壁镇1人，坡头乡1人，南庄乡1人，打石腰乡1人；县直招录11人，其中纪委1人，组织部1人，宣传部2人，统战部2人，县委办1人，编办1人，老干局1人，法院1人，检察院1人。2011年，乡镇招录2人，其中桑壁镇1人，南庄乡1人；县直招录21人，其中组织部1人，编办1人，信访局1人，政府办1人，水务局2人，住建局1人，安监局1人，审计局1人，财政局1人，教科局1人，卫生局1人，公安局4人，法院3人，检察院2人。

考　核

公务员考核采取平时考核和定期考核相结合制度。在年终考核中运用千分制考核办法，即考核设计1000分，内容包括德、能、勤、绩、廉，分优秀、称职、不称职3个档次，不称职的不能评优，来年不能晋升工资。并采取全员述职，全员测评，全员评优的方法，使考核更加全面、客观、科学。

培　训

每年秋冬之季，都要在县委党校开设公务员培训班。时间1~3天，课程内容有政治理论、法律知识、中共历史等。对新录用的公务员随时进行培训。培训内容有公务员法、政治理论、中共历史、县情县况等。

第六节　离退休干部管理

制　度

干部退休制度始于20世纪60年代初，由县委组织部和县人事局按干部管理权限分级管理。1980年1月，县委设老干部管理办公室（后称为老干部局），专管离休干部工作，当时有离休干部4人。1982年办理退休改离休手续者51人。1983年6月，老干部管理办公室借用县文化局房子2间，建立老干部活动室，供老干部学习、娱乐、研究问题。1990年3月，老干局和文化局合资建文化大楼，其中老干局投资5万元，建房6间120平方米，作为离休干部学习、娱乐场所。1993年3月，退休干部工作属老干部局管理。1996—1998年，县委县政府投资100余万元，在城南建起一座1265平方米的三层楼房——"老干部活动中心"，供老干局和老干部活动使用。2000年3月，临汾地区精神文明指导委员会授予永和县老干部局为"文明单位"。2005年2月，中共临汾市委组织部、中共临汾市委老干局授予中共永和县委老干局"老干部工作先进单位"称号。2011年，永和县"网格化、组团式服务老干部工作管理新格局"，作为老干部工作创新项目在全市推广。2011年底，全县有离退休干部760人，其中离休49人，退休711人；抗战时期的3人；副县级别以上的15人，享受县级待遇的9人。

待 遇

老干部离休后基本政治待遇不变,生活待遇从优。县委、县政府对老干部在家属转户、子女就业、疾病诊治、住房安排、文化娱乐、遗属补助等方面优先照顾。

1980年4月,始行对离休干部粮油及副食品供应优待政策,将老干部细粮供应标准提高到70%(普通职工的细粮供应标准为40%),每人每月增供食油0.5公斤。同年,离休干部的医药费由卫生局统一管理,按规定实报实销。开始执行元旦、春节期间县五大班子领导慰问老干部制度,把慰问品送到老干部家中。1983年11月起,离休干部凭粮油副食优待证购买照顾品。1984年1月,县医院设立老干部门诊室和病房,配专门医生,设病房床位8张,家庭病床10张,为老干部就医治疗提供方便。同年,县委、县政府决定将3名特困企业的离休干部的工资转入财政发放。1989年,改进离休干部医疗办法:国家机关、事业单位离休干部有病在县医院门诊或住院,均不收费;外出就诊经县医院批准后实报实销。1995年5月建立企业离休干部工资基金制度,县财政每年拨款3万元作为基金。同年9月,对全县107名离休干部进行健康检查,以人建档,并对每个人针对性地提出保健建议。2002年,离休干部特需经费由每人每年150元提高到500元。同年,提高已故离休干部配偶生活困难(无工资)的补助标准。居住县城的每人每月提高为210元,居住农村的每人每月提高为200元,无依无靠的可在上述基础上再加50元。2005年1月起,将离休干部护理费标准由100元调整为150元;2008年1月起,离休干部护理费标准由150元提高为400元。不能自理的护理费由200元提高到600元。2011年1月起,将离休干部护理费标准调整为:1937年7月7日至1949年9月30日前参加革命工作的离休干部每人每月600元,因瘫痪等原因导致生活长期完全不能自理的离休干部每人每月800元。将已故离休干部配偶生活困难(无工资)的补助调整为:地级市所在地域区每人每月500元;县(市、区)域区、乡镇及农村每人每月450元;无依无靠的孤独配偶在上述标准基础上再增加100元。

活 动

1987年起,先后8次组织100余名老干部到无锡、延安、太原、牛头寨、蒲县东岳庙、隰县小西天等革命纪念地和旅游景点参观、游览,到县内一些工商企业和农、林、牧基地观摩。1989年投入使用的老干部活动中心,设有多功能室、阅览室、象棋室、扑克室、麻将室、音乐室、书画室、健身室、按摩室、理发室、台球室、羽毛球室等,供老干部娱乐活动。2000年4月,组织80余名老干部参观石楼县"红军东征纪念馆",5月、6月、9月3次派24辆专车参观县内乡级循环公路、生态工程、退耕还林工程。

2001年3月，县上决定"老干部活动中心"为全民事业单位，经费差补，规格股级，人员编制3名。同年，财政拨款3万元用于更新活动器材，给活动中心补助取暖费1万元，以后每年给活动中心补助经费1.5万元。2003年3月，老干部活动中心被中共临汾市委组织部、中共临汾市委老干部局评为"老干部活动中心建设先进单位"。2006年7月，为纪念红军东征胜利70周年，组织40余名老干部参观"红军东征永和纪念馆"。9月，组织40余名老干部参观革命圣地延安。2010年7月，用1周时间组织为全县600余名退休干部进行健康检查。同年重阳节，组织部分离休干部30人，去东北三省及北京、天津进行为期9天的考察学习。

第三章 劳 动

第一节 管理机构

中华人民共和国成立初，由永和县人民政府民政科管理劳动就业事宜。1957年，永和县筹备处下设劳动科。1959年，设永和县劳动局。1962年5月，县劳动局与县民政局合并为民政科，负责办理劳动就业管理工作。1971年县革命委员会下设生产计划组，负责劳动就业管理。1973年，县劳动局成立，隶属生产计划组领导，负责劳动就业管理。1974年，隶属县计委领导。1983年，县劳动服务公司成立。1987年，县劳动局内设办公室、计划调配股、工资福利股、劳动保护股。1992年县劳动服务公司改制为县劳动就业局，隶属县劳动局领导。1994年8月，永和县职业介绍服务中心成立，建立和开放劳务市场。

2002年6月，县劳动就业局撤销，县劳动局改为县劳动和社会保障局。

2009年12月，由人事局、劳动和社会保障局合并成立永和县人力资源和社会保障局。内设职称科、公务员管理科和工资福利科，下设人才开发交流服务中心、职业技能培训中心、农村养老保险管理服务中心、医疗保险管理服务中心、劳动监察大队等机构，有24名工作人员。主要职能涉及以促进就业、维护劳动关系稳定和完善社会保障体系为核心的社会管理、公共服务以及以机关事业单位公职人员管理为核心的公共人事管理。

第二节 用工制度

民国时期，劳动者主要靠自谋职业。县内工商业者大都自食其力，少数带有商号的工商户需用人者，采取职员聘雇和学徒等形式。聘任和雇佣一般以年度为期，每年腊月下旬由东家决定去留。学徒期一般为3年，期内仅供食宿，期满后方能在本行业内就业或另立门户。

1949—1955年，永和县国营企业的招用制和私营企业的聘雇制并存。1956年始行固定工制度，各企业用工纳入国家用工计划。用工形式按企业性质分为全民所有制、集体所有制2种，公私合营企业职工也转为固定工。1957年起，各单位用工由劳动部门统一管理。1958年始行合同工和临时工制度。企业使用固定工或临时工、合同工，均需由主管部门申请，报劳动部门批准后按计划招收。全民所有制企业减员需要补充者由县统筹安排。1984年起，招工实行指标公开，自愿报名，公开报考，择优录取。

1985年，改革劳动制度，城镇待业青年须向劳动部门登记，先培训后就业。同时全民所有制企业用工改行"合同制"，不再招收固定工。合同制工人合同期一般3~5年，期满后由企业视其工作表现决定续订或解除合同。至1994年，全县招收全民合同制工人246人。

1995年，永和县企业全面推行劳动合同制，企业原有职工和新招与调入职工、新分配的军队转业干部、复退军人、大中专技校毕业生，均须同企业签订劳动合同。从此打破干部与工人、固定工与合同工、不同所有制职工的身份界限，统称企业职工。

企业法定代表人（厂长、经理），与其委任或聘用单位签订劳动合同；党委书记（含同级的总支、支部书记）与企业法定代表人或与其委任的上级单位签订劳动合同；其他职工与企业法定代表人或法定代表人的委托代理人签订劳动合同。劳动合同按期限一般分为有固定期限、无固定期限和以完成一定工作为期限3种。

自1993年国有、集体企业自主用工以来，民营企业用工灵活，投产招工，停产辞退，忙时多招，闲时少招，工资报酬自定。同时也不同程度存在着不履行招工手续，既无合同也无协议，合同只强调企业利益，不保障职工权益，随意辞退工人，发生工伤事故不承担或不完全承担责任,不实行8小时工作制,加班不付工资,不实行最低工资制度,长期拖欠工人工资等现象。2002年后,依据国务院《维护农民工合法权益的通知》,县劳动部门加强对民营企业用工的管理,着重解决用工手续不健全、不规范和拖欠农民工工资问题。

1996年后,贯彻《中华人民共和国劳动法》,全民、集体所有制企业全部推行劳动合同制,废除统包统配用工制度。

2006年,为贯彻落实《劳动力市场管理规定》,加强劳动用工管理,规范劳动用工秩序,全面推进劳动合同制度实施,维护劳动者和用人单位的合法权益,促进劳动关系和谐稳定,永和县建立起劳动用工备案制度。

第三节 就业 安置

就业

民国时期,政府不管劳动就业,工厂、作坊、商号及小手工业者用工由厂主、店东雇佣或聘学徒工。

中华人民共和国成立初,永和县贯彻国务院《关于劳动就业的决定》和"低工资、多就业"的方针,有计划地吸收失业人员、城镇闲散劳动力就业,职工人数增加同国民经济发展基本适应。1949年底,全县有职工130人,1952年增加到550人,增加3.2倍。第一个五年计划期间,贯彻"统筹兼顾,全面安排,各得其所"的方针,严格执行国家劳动计划,统筹安排城乡劳动力就业,到1957年全县职工增至905人,比1952年增加64.5%。1959年全县职工增至1273人,比1957年增加40.7%。1962年动员机关职工回乡生产,充实农业第一线,全县职工精减压缩为1042人,比1959年减少18.15%。1966年底,全县职工人数又增为1853人,比1962年增长77.83%。"文化大革命"期间,全县大批招收职工以充实企事业单位,造成职工人数再次膨胀。到1978年底,全县职工人数达2404人,比1966年增长29.74%。

1979年后,政府扶持城镇集体经济和个体经济,合理安排城乡劳动力,全县95%的待业青年得以就业。1983年4月建立县劳动服务公司,拓宽城镇待业青年就业门路。到1988年底,全县共有职工3645人,比1978年增长51.62%,其中全民所有制职工3117人，集体所有制职工528人。1994年8月成立永和县职业介绍服务中心，建立和开放劳务市场，组织介绍城镇待业青年和农村剩余劳动力到外地就业，使全县待业人员有充分就业的机会。1995年，全县有职工4322人，比1988年增长18.57%，其中全民所有制职工3702人，集体所有制职工620人；到外省、县就业人员达1000余人。2000年全县城镇劳动力523人，其中全民所有制单位116人，集体所有制单位79人，个体经营者328人。2005年全县城镇劳动力474人，其中全民所有制单位101人，集体所有制单位61人，个体经营者312人。至2011年，全县城镇劳动力590人，其中全民所有制单位65人，集体所有制单位90人，个体经营者435人。

知青安置

1966年成立永和县水土保持专业队（简称水保队），接收安置临汾插队知识青年40余人。1975年3月，县革委设知识青年上山下乡办公室，专事知识青年安置工作。1973—1977年，全县城镇知识青年148人分3批到农村插队。县财政先后拨出10.8万元，给桑壁、官庄、索驼等6个知青点修建宿舍、办公室27孔（间）；县委、县政府派干部带队，管理插队知青的生产、生活和思想工作。至1981年底，永和县插队知识青年148人均已妥善安置，其中7人参军，12人考入大专、中专学校，129人通过招工考试相继安排到临汾钢铁企业公司、洪洞焦化厂和永和县商业、供销、粮食、金融、工业等企事业单位就业。

再就业

1996年后，县内国有、集体企业陆续破产，千余名工人下岗。1998年7月，下岗职工基本生活保障和再就业领导组成立，负责指导破产企业建立再就业服务中心，签订下岗职工托管协议，督促企业偿还拖欠职工工资、津贴，为职工支付补偿金、缴纳养老保险金。根据国家再就业扶持政策，永和县先后制定《劳动就业管理规定》《关于机关事业单位公益性岗位优先录用"4050"（女工40岁、男工50岁）下岗失业人员的通知》等，拓展就业岗位，落实再就业优惠政策。

2010年7月，永和县人力资源和社会保障局开发公益性岗位，主要为县城街巷清扫保洁。招用对象为城镇零就业家庭中的"4050"人员和享受低保且登记失业1年以上的其他城镇就业困难人员。通过公开选拔共有70名就业困难人员走上了工作岗位。就业后他们将享受最低工资标准岗位津贴，并且由就业资金支付各项社会保险。

1984—1995 年永和县城镇劳动力就业情况表

表 22-3 单位：人

年份	总计	其中复退军人	全民所有制单位	集体所有制单位	个体经营
1984	62	7	2	32	28
1985	274	6	65	174	35
1986	65	9	17	33	15
1987	80	10	35	40	5
1988	92	8	35	37	20
1989	124	13	35	62	27
1990	139	9	35	79	25
1991	185	6	80	60	45
1992	166	12	113	30	23
1993	270	11	130	45	95
1994	249	6	135	65	49
1995	312	6	123	164	125

1996—2011 年永和县城镇劳动力就业情况表

表 22-4 单位：人

年份	总计	其中复退军人	全民所有制单位	集体所有制单位	个体经营
1996	505	4	129	112	264
1997	504	5	136	105	263
1998	516	3	124	94	298
1999	543	2	127	89	327
2000	523	6	116	79	328

续表 22-4　　　　　　　　　　　　　　　　　　　　　　　　　　单位：人

年份	总计	其中复退军人	全民所有制单位	集体所有制单位	个体经营
2001	564	4	154	73	337
2002	562	5	157	69	336
2003	488	7	98	55	335
2004	482	2	99	59	324
2005	474	8	101	61	312
2006	545	6	61	92	392
2007	512	3	47	86	379
2008	526	8	46	79	401
2009	504	4	50	86	368
2010	430	9	45	69	316
2011	590	7	65	90	435

第四节　劳动工资

民国时期，县内通行日薪、月薪、年薪3种制度，工价双方面议。

中华人民共和国成立初，县内职工工资大体有供给制和粮薪制2种。1951年，国营、供销社营工商企业职工实行工资分制、薪金制，国家工作人员实行供给制。1952年，部分干部职工实行工资制；对实行"工资分"者明确规定出"工资分"所含的实物品种、数量。

1956年，第一次工资改革，全县干部、工人均实行工资制，直接按货币规定工资标准。企业实行八级工资制，并根据生产特点，在手工业企业中实行计时、计件和工资加奖励的工资形式。

1987年，新参加工作职工的定级工资标准，由原每月50元提高到57元，此次为283人提高定级工资标准，月增资1661元。1988年，对工资偏低的企业技术骨干以人均1.8元的标准进行固定升级。1989年，对此前受聘的企业中的中年技术人员调整工资，全县共为7名高级、173名中级、283名初级技术人员调资，人均月增资13元。1990年，对国有企业、集体企业职工普调工资，对部分企业工资突出问题和调资结余指标进行合理分配。此次普调有910人参加，月增资9632元，人均增资10.58元；解决突出问题774人，月增资7760元；使用调资节余指标升半级369人，月增资2066元。在此次职工调资中，因违犯计划生育政策规定和受行政处分不予调资的97人。1991年，永和县由五类地区变为六类地区，企业职工工资普遍提高一个序号，人均增资2元。1992年，全县国有、集体企业所有职工工资在原基础上普增6元。

1993年，鉴于永和县企业经济效益差、职工平均工资低的实际，临汾地区批准县内企业职工在套改新工资标准前普遍提高1级。据此提高工资标准的1188人，月增资13068元，人均11元。1995年，国有、集体企业进行新工资标准套改，5户工业企业211人套改为岗位技能工资标准，月增资19433元，人均月增资92.1元；其余14个企业的797人套改为动态工资标准，月增资44560元，人均月增资根据企业经济效益及考核情况，分别为40元、50元、60元。

1999年7月1日企业职工工资进行套改，人均工资增加120元。2000年后，国有、集体企业相继破产，民营企业工人工资依据社会工资标准自定。县每年发布一次工资指导线。2004年7月，最低工资标准为400元／人月；2006年10月1日，执行每月最低430元的工资标准；2007年10月1日，执行每月最低490元的工资标准；2008年10月1日，执行每月最低570元的工资标准；2010年4月1日，执行每月最低640元的工资标准；2011年4月1日，执行每月最低740元的工资标准。

1952—1998年永和县职工工资情况表

表22-5

年 份	工资总额（万元）	其中		人均年工资（元）	其中	
		全民（万元）	集体（万元）		全民（元）	集体（元）
1952	22.10	20.00	2.10	406	397	457
1953	24.70	21.60	3.10	407	398	419

续表 22-5

年 份	工资总额（万元）	其中		人均年工资（元）	其中	
		全民（万元）	集体（万元）		全民（元）	集体（元）
1954	28.02	24.30	3.72	393	412	302
1955	31.19	27.20	3.99	400	426	283
1956	34.96	30.60	4.36	426	457	287
1957	38.36	35.50	2.86	421	469	185
1958	40.73	36.90	3.83	412	466	195
1959	56.11	50.80	5.31	441	463	303
1960	55.20	50.80	4.40	467	463	518
1961	49.55	45.80	3.75	461	425	463
1962	56.60	51.80	4.80	429	620	232
1963	59.30	49.60	9.70	480	474	330
1964	66.60	57.50	9.10	478	510	291
1965	77.70	65.10	12.60	526	539	408
1966	92.98	72.10	20.88	520	510	475
1967	76.85	61.90	14.95	448	405	344
1968	72.60	68.50	4.10	515	512	394
1969	72.10	68.00	4.10	502	510	418
1970	68.30	64.50	3.80	457	458	422
1971	86.50	81.40	5.10	520	517	510
1972	99.20	88.80	10.40	521	511	581
1973	104.70	86.20	18.50	541	550	471
1974	107.60	86.00	21.60	531	523	517

续表 22-5

年 份	工资总额（万元）	其中		人均年工资（元）	其中	
		全民（万元）	集体（万元）		全民（元）	集体（元）
1975	109.00	84.60	24.40	513	507	512
1976	119.50	90.20	29.30	511	519	445
1977	109.40	91.20	18.20	499	508	356
1978	139.20	108.60	30.60	581	566	630
1979	150.40	126.40	24.00	547	523	498
1980	164.70	137.60	27.10	563	570	587
1981	170.65	143.90	26.75	560	564	499
1982	171.30	151.70	19.60	617	608	594
1983	188.60	166.60	22.00	639	661	472
1984	254.00	207.00	47.00	846	866	776
1985	261.40	213.40	48.00	814	795	854
1986	347.00	295.10	51.90	974	1006	974
1987	399.00	352.20	46.80	1147	1155	1056
1988	458.30	399.40	58.90	1298	1281	1116
1989	521.70	445.40	76.30	1407	1401	1265
1990	597.60	507.00	90.60	1518	1570	1267
1991	638.50	549.20	89.30	1539	1575	1359
1992	734.40	636.40	98.00	1797	1839	1467
1993	835.40	740.60	94.80	2093	2192	1452
1994	1156.70	1050.70	106.00	2880	3082	1726
1995	1387.10	1227.30	159.80	3423	3481	2458

续表 22-5

年 份	工资总额（万元）	其中		人均年工资（元）	其中	
		全民（万元）	集体（万元）		全民（元）	集体（元）
1996	1435.8	1297.9	137.9	3424	—	—
1997	1598.5	1420.7	177.8	3816	—	—
1998	1710.3	1580.3	120.0	4139	—	—

1999—2011年永和县在岗职工平均工资及指数情况表

表 22-6　　　　　　　　　　　　　　　　　　　　　　　　　　　单位：元、%

年 份	全部职工平均工资	工资指数（以上年为100）	国有单位职工平均工资	工资指数（以上年为100）	城镇集体单位职工平均工资	工资指数（以上年为100）	其他单位职工平均工资	工资指数（以上年为100）
1999	4765	110.9	5051	110.5	3377	110.7	3105	102.3
2000	5794	121.6	5253	104	5911	175	3754	120.9
2001	7695	132.8	8021	152.7	6751	114.2	3541	94.3
2002	8035	104.4	8591	107.1	6511	96.4	3399	95.9
2003	8355	104	9158	106.6	5080	78	4121	121.2
2004	9624	115.2	10404	113.6	6579	129.5	4282	103.9
2005	10324	107.3	11187	107.5	14660	222.8	3791	88.5
2006	13099	126.9	13599	121.6	15616	106.5	5335	140.7
2007	14935	114	15434	113.5	17762	113.7	5420	101.6
2008	18644	124.8	19588	126.9	18190	102.4	6169	113.8
2009	22298	119.6	23209	118.5	25633	140.9	8067	130.8

续表22-6　　　　　　　　　　　　　　　　　　　　　　　　　　　　　单位：元、%

年　份	全部职工平均工资	工资指数（以上年为100）	国有单位职工平均工资	工资指数（以上年为100）	城镇集体单位职工平均工资	工资指数（以上年为100）	其他单位职工平均工资	工资指数（以上年为100）
2010	24139	108.3	24882	107.2	32164	125.5	7659	94.9
2011	28788	—	—	—	—	—	—	—

第五节　保护　保险

劳动保护

中华人民共和国成立后，机关、事业、企业单位均实行8小时工作制。各企业制定劳动保护措施，对工人实行劳动保护。20世纪50—60年代，各企业认真贯彻《国家安全卫生规程》《建筑安装工程安全技术规程》《工人职员伤亡事故报告规程》等条令，不断改善生产条件和生产方式，使劳动者的生产安全和身体健康得到法律保护。各企业均采用举办安全技术讲座、开展安全生产月活动等形式，对职工进行安全生产教育，普遍提高职工的安全生产意识。同时，贯彻《女工保护条例》，对女工实行孕期、产期、哺乳期保护。1978年后在贯彻中共中央《关于认真做好劳动保护工作的通知》的基础上，各厂社坚持开展一年一度的安全生产月竞赛活动，并将安全生产与经济指标有机地结合在一起，实行逐月奖罚兑现。1982年8月，县安全生产委员会成立，由1名分管副县长任主任，办公室设在劳动局，各企业均配备安全检查员。1984年后，县劳动局对使用锅炉的21个单位实行严格的登记、管理、检查制度，并定期培训司炉工人，经考核合格者发给证书，严禁锅炉工无证上岗和锅炉带病运行。1989年，全县普遍贯彻《山西省劳动保护暂行条例》。1990—1995年通过每年的安全生产检查，先后停用6个单位的无证锅炉工，排除事故68起。1995年《劳动法》颁布后，对职工保护工作进一步加强。1996年后，为了保证职工身体健康，对特殊工种享有不同的保健食品和劳保用品补助。有条件的企业单位工作场所配有防毒、防烟、防尘设备。针对女职工的生理特点，对经期、孕期、产期、哺乳期等都有照顾规定。各个时期都在各厂矿企业不断开展防毒、防病等与健康有关的预防工作。2005年后，严格落实环保要求，责令污染严重、劳动条件差的企业停产，限期整改，以保护工人身心健康。

1998年宣传《山西省劳动保护暂行条例》，开展安全周宣传活动，印发宣传材料500份，购回300份《劳保条例》和80幅宣传挂图分送到各企业。2000年对8个企业单位进行7天的安全生产检查，并提出指导意见。2001年对全县22台锅炉进行年检，其中对3台无证使用的锅炉进行整改验收。在安全检查中，共查处事故隐患123处。2002年6月，成立县安监局，专事安全监察。2003年，清理整顿烟花爆竹及民爆器材行业，出动警力300人次，签订责任书80份。

社会保险

职工养老保险 永和县自1996年1月1日起实施机关事业单位养老保险制度。2003年7月由县人事局整体划转到县劳动局管理，承担着全县机关事业单位养老保险基金的筹集、管理、支付工作。养老保险金的征缴办法是：个人按月缴纳本人工资总额的3%；机关、全额和差额事业单位按月缴纳在职人员上月工资总额的23%；自收自支事业单位实行"两额提取"（按在职人员工资总额的10%和离退休人员离退休费总额的50%）全部由单位缴纳。2009年10月，永和县机关事业养老保险管理服务中心归属县人力资源和社会保障局管理，为股级建制，编制8人。主要职责是履行全额机关事业单位养老保险金的收缴、清欠、建账及社会化发放。缴费办法是：个人缴纳本人月工资总额的3%（由会计核算中心和单位代扣代缴）；机关和全额预算单位承担的部分按当月应发工资总额的23%交纳（由财政全额转入），差额预算单位按在职人员工资的26%缴纳（由财政部分转入），自收自支事业单位按在职人员工资总额的17%缴纳，不再实行"两额提取"。至2011年底，有150个单位参加统筹，参保人员3355人，累计收费4259万元。852名离退休人员，累计发放养老金2389万元。

企业养老保险 1951年，县内各企业始行劳动保险制度，对职工进行疾病、生育、伤残和死亡保险。1954年起，企业单位以工资总额的3%提取劳动保险金，提取部分30%上缴上级工会，70%存入本企业工会专户，支付劳动条例所规定的各项待遇。1986年，养老保险工作归劳动部门主管，企业保险改为社会保险。企业养老保险根据1986年7月12日国务院颁布国发（1986）77号文件，决定自1986年10月1日起，劳动合同制工人实行养老社会保险制度和企业职工社会保险制度。养老保险基金，由合同制工人按月缴纳标准工资的3%，工人所在企业单位缴纳工资总额的17%，在国家税前列支。同年10月，永和县社会劳动保险事业所成立，负责筹集养老基金、支付退休费用和组织管理退休职工。1991年6月，按照国务院《关于企业职工养老保险制度改革的决定》，养老保险基金由县级统筹向省级统筹过渡，职工养老保险金逐步统一比例提取，合并调剂使用。1994年，全县所有职工均按缴费年限计算养老金。1995年起，人事部门负责行政、事业单位中的合同制工人养老保险，劳动部门负责企业养老保险。至此全面建立个人缴费养老金与个人账户挂钩的退休养老制度。是年底，全县有287个企业单位2702人参加养老保险，收缴退休养老金104.5万元；18个行政、事业单位中的234名合同制工人按工资23%提取，收缴退休养老金13.8万元。1996年，深化企业职工养老保险制度的改革，扩大保险范围，实行企业职工基本养老保险社会统筹与个人账户相结合的实施办法。2004年，永和县社会劳动保险所改称为永和县企业养老保险管理服务中心，有员工7人。

农村养老保险 永和县农村养老保险管理中心成立于1994年，隶属县民政局管理。2003年7月，农保职能由县民政局划入劳动和社会保障局。2009年，政府机构改革时，县劳动和社会保障局与人事局合并为人力资源和社会保障局，农保职能随之转入县人力资源和社会保障局。2011年7月，永和县被国务院批准列为新型农村社会养老保险第三批国家级试点县、城镇居民社会养老保险首批试点县，同时老农保业务（新农保之前的农保业务）停办。老农保即：实行"完全个人账户储备积累式"制度模式和"个人缴费为主、集体补助为辅、国家予以政策扶持"的筹资机制；月缴费标准设为2、4、6、8、10、12、14、16、18、20元10个档次，自由选择档次，可月缴和年缴；领取养老金年龄一般为60周岁的次月；领取标准为个人账户积累总额除以115.8（月），领取养老金保证期为10年；投保期或领取不足10年身亡者，个人账户本息或保证期内的养老金余额可以继承。

新农保实行居民个人账户与基础养老金相结合的制度，实行个人缴费、集体补助（城居保没有集体补助）、政府补贴的筹资机制。采取按年缴费的方式缴纳，缴费标准设为100~1000元，最高不超过1000元。2011年7月，对符合条件领取待遇的参保人由中央全额支付居民养老保险基础养老金每人每月55元。市、县政府对参保个人缴费给予补贴（入口补）。最低补贴标准为：缴100元补30元，缴200元补35元，缴300元补40元，缴400元补45元，缴500元及其以上补50元。养老金待遇由基础养老金和个人账户养老金组成,支付终身。个人账户养老金的月计发标准为个人账户全部储存额除以139。

2011年,新农保参保人数为27224人,保费收缴211.1万元。

2003—2011年永和县机关事业单位养老保险收支情况表

表22-7　　　　　　　　　　　　　　　　　　　　　　　　　　　　　　　　单位:人/万元

年 份	参保单位	参保人数	保险费收入	养老金支出	离退休人员 合计	离休	退休退职
2003	145	3089	635	321	571	55	516
2004	147	3112	764	703	601	55	546
2005	149	3278	984	817	636	51	585
2006	149	3278	880	992	666	48	618
2007	149	3282	1085	1134	679	45	634
2008	149	3296	1730	1740	721	41	680
2009	150	3312	2194	1744	763	41	722
2010	150	3355	2451	2003	824	34	790
2011	150	3355	4259	2389	852	30	822

2004—2011年永和县老农保缴费情况表

表22-8　　　　　　　　　　　　　　　　　　　　　　　　　　　　　　　　单位:人、元

年 份	缴费人数	保费收缴	年 份	缴费人数	保费收缴
2004	275	110289	2008	99	155491
2005	110	105315	2009	140	42666
2006	103	106850	2010	1920	210000
2007	102	119310	2011	18	216538

1992—2011年永和县企业养老保险参保缴费情况表

表22-9　　　　　　　　　　　　　　　　　　　　　　　　　　　　　单位：人、元

年份	参保人数	征缴保险金	年份	参保人数	征缴保险金
1992	644	195646	2002	537	918203
1993	965	362627	2003	728	1001919
1994	710	315152	2004	615	1067605
1995	843	569974	2005	681	1295481
1996	630	799526	2006	740	2820239
1997	961	1131303	2007	720	2205878
1998	998	858881	2008	747	3367927
1999	944	508276	2009	750	4922374
2000	868	898119	2010	773	6598113
2001	735	912565	2011	780	5462209

医疗保险

城镇职工医疗保险　1998年，国务院发出关于建立城镇职工基本医疗保险制度的决定，改革公费医疗制度。2003年成立县医疗保险管理中心，正式开展该项工作。机关、事业、企业、条管等所有驻永和单位全部参加医疗保险。

城镇居民医疗保险　2009年开始实行城镇居民医疗保险。当年参加人数3428人，总收入为22.43万元，总支出22.43万元。2010年参保人数为3880人，享受待遇人数为100人，总收入89.49万元，总支出为89.49万元，医疗保险待遇支出为46.16万元。2011年参保4237人，享受待遇111人，总收入99.95万元，总支出99.95万元，医疗保险待遇支出64.72万元。

新型农村合作医疗保险　按照山西省《提高新型农村合作医疗管理能力建设项目

实施方案》要求，2008年3月，永和县新型农村合作医疗管理中心（以下简称新农合）成立。新农合中心定编22人，实有15人。下设一厅四科一室，即新农合服务大厅、督察科、审核科、财务科、乡（镇）审核科、办公室。

按照中央政策规定从2008年起新农合筹资标准人均由50元提高到100元，即中央财政补助40元，省、市、县三级财政每人每年补助不低于40元，永和县执行24∶10∶6。参合农民个人缴费每人每年20元。大病住院补偿：乡级医院80%，报销起付线50元；县级医院70%，报销起付线200元；市级医院50%，报销起付线500元；市级以上医院40%，报销起付线800元。

2008年，全县参合人数45093人，筹资总额449.8万元，全年就诊人次8613人次，医疗总费用444.8万元，补偿费用185.1万元。

2009年，调整住院报销比例，乡级医院75%，县级医院65%，市级医院45%，市级以上医院40%。报销起付线：乡级医院50元，县级医院200元，市级医院800元，市以上医院1500元。

2009年，全县参合人数44720人，筹资总额450.9万元，全年就诊11902人次，医疗总费用837.8万元，补偿费用430.2万元。

2010年，新农合筹资标准人均150元，即中央财政每人每年补助60元，省、市、县三级财政每人每年补助不低于60元，永和县按36∶15∶9补助。参合农民个人缴费每人每年30元。住院补偿比例：乡级医院80%，县级医院70%，市级医院50%，市以上医院45%。报销起付线：乡级医院50元，县级医院250元，市级医院600元，市以上医院1000元。

2010年，全县参合人数48057人，筹资总额722.8万元，全年就诊34853人次，医疗总费用1299.1万元，补偿费用713万元。

2011年，各级财政对新农合的补助从每人每年120元提高到200元，其中中央财政补助108元/人，省级财政补助46元/人，市级财政补助18.4元/人，县级财政补助27.6元/人。个人缴费标准由每人每年30元提高到50元。住院补偿比例：乡级医院80%，县级医院70%，市级医院60%，市级以上医院50%。报销起付线：乡级医院50元，县级医院200元，市级医院500元，市级以上医院800元。

2011年，全县参合人数47347人，筹资总额1096.6万元，全年就诊63983人次，医疗总费用1821.1万元，补偿费用1038.6万元。

2005—2011 年永和县城镇职工医疗保险情况表

表 22-10　　　　　　　　　　　　　　　　　　　　　　　　　　　　　　单位：人、万元

年　份	参保人数	总收入	总支出	医疗保险待遇支出
2005	4226	247	127	127
2006	4424	283.51	216.27	216.27
2007	4474	351.12	222.82	222.82
2008	4490	425.94	303.15	303.15
2009	4616	675.59	450.71	450.71
2010	4766	650.90	589.21	589.21
2011	4841	1274.25	450.71	2189.15

其他保险

工伤保险　2004 年 1 月 1 日实施国家《工伤保险条例》，工伤保险重点转为非公有制企业。缴费执行国家规定的基准费率，由用人单位缴纳。

2005—2011 年永和县工伤保险参保情况表

表 22-11　　　　　　　　　　　　　　　　　　　　　　　　　　　　　　单位：人、万元

年　份	总收入	总支出	参保人数
2005	0.43	0.43	245
2006	3.29	3.29	405
2007	6.21	6.21	505
2008	20.12	4.12	578
2009	20.28	4.28	578
2010	49.95	71.29	2159
2011	56.80	61.70	2859

女工生育保险　县城女工生育保险启动于 2008 年。按工资总额 0.8% 缴费（用人单位负担）。支付范围包括：接生费、检查费、治疗费、产假工资等。

2008年共收入4.73万元，支出0万元，参保人数为1520人；2009年共收入14.73万元，支出1.18万元，参保人数1520人；2010年共收入23.60万元，支出3.98万元，参保人数1600人；2011年共收入29.89万元，支出70.17万元，参保人数2865人。

失业保险 永和县1986年10月1日开始实行失业保险制度，时称"待业保险"。保险对象为国有、集体所有制企业职工，缴费标准为工资总额1.5%，其中企业负担1%，职工个人负担0.5%。1999年，依据国务院《失业保险条例》，保险基金征收标准为事业、企业单位职工标准工资总额2%缴纳，个人按工资总额1%缴纳，实行专户储存、专款专用。享受对象为：宣告破产的企业职工；企业濒临破产在整顿期间被精减的职工；企业终止、解除劳动合同的工人和其他符合规定的人员。2003年，县待业职工管理所改为县失业保险管理服务中心。主要职责是负责对失业人员的调查、登记、征缴、发放失业保险金，对失业人员进行培训并为其谋求职业提供信息，为失业人员享受城市居民最低生活保障待遇提供相关服务，为失业期间符合退休条件的失业人员办理享受养老保险待遇有关手续等。

2010年参保人数2026人，参保金额24万元；2011年参保人数2169人，参保金额83万元。

生活福利

1951年起，行政事业单位职工享受公费医疗待遇，企业单位实行实报实销。实行劳保的单位职工家属可报销医药费50%。企业职工享受病休工资、救济费与劳保待遇，特种工享受工作服、肥皂、毛巾、手套、护膝、茶叶、白糖、肉蛋等劳保用品补助。职工家庭生活困难者，根据实际情况发给经常性或临时性补助费。夫妇两地分居的职工，每年可享受1个月的探亲假，探亲期间发给全工资，并报销往返路费。1980年10月起，给干部职工每人每月发放副食补助5元。1984年起，每月按男职工每人4元、女职工每人8元的标准发给洗理费。1985年起，给干部职工每人每月发放粮差补助5元；9月，对教师和医生实行教龄和护龄补贴。1995年开始每个职工每月发煤水补助11元。2007年工资制度改革后，原地方津贴取消，永和县属艰苦边远地区，由中央财政加发每人每年70或90元的津贴。另外，冬季取暖费逐年增加，至2011年每人每年为1400元或1800元。

退职退休

1958年，永和县开始执行工人退休、退职制度。1975年起，执行工人退休、退职后可让一名子女顶替招工的制度。至1985年底，全县有494名工人办理退休手续，其中有205名退休后由子女顶替招工。

1997年起，执行国务院《关于建立统一企业职工基本养老保险制度的决定》和2003年《企业工伤保险条例》，对退休、退职分别做补充规定和调整。2011年，共有离退休干部职工852人，其中离休30人，退休退职822人。

县劳动保障部门为离退休职工提供日常生活服务，组织社区人员为老弱病残对象打扫卫生、拆洗被褥、提供文化娱乐服务等。在县城为退休职工建活动中心、阅览室、健身场地；组织老年合唱团，举办文艺表演、书画展览等；为身体健康、有一技之长的退休职工介绍发挥特长的岗位等。

第六节 仲裁 监察

仲 裁

1987年10月，县劳动争议仲裁委员会及办事机构成立。1990年签证合同工214人，临时工495人。1999年调处劳动争议案2起。2001年立案3起，调解2起，仲裁1起。2002年签证劳动合同321人。2003年调处劳动争议案2起，仲裁2起。同年签证劳动者合同257人。至2011年底，共签证劳动合同3213人，其中国营、集体企业2368人，民营企业845人；累计接待来信来访5262人次，劳动争议仲裁立案13件，其中调解9件、仲裁4件。

劳动仲裁农民工工资问题

监 察

1995年3月，县劳动监察队成立，工作人员1人。其主要职责是贯彻执行劳动法律、法规，检查用工单位执行劳动法律、法规的情况，受理对违反劳动法律、法规的投诉、查处案件等。至2011年底，共监察61个用人单位，其中拖欠工资案1起，为130名外地民工追回拖欠工资189万元。

1996—2011年永和县劳动监察队受理案件情况表

表22-12　　　　　　　　　　　　　　　　　　　　　　　　　　　　单位：件

年　份	受理案件数	年　份	受理案件数
1996	61	2004	69
1997	61	2005	71
1998	61	2006	72
1999	81	2007	61
2000	79	2008	61
2001	61	2009	61
2002	62	2010	60
2003	63	2011	60

第二十三编

公安 司法行政

元代，县衙设典史，明朝、清朝时期，设置佐助知县，掌管缉捕、监狱事务；民国元年（1912），县公署设警务处，置警佐，民国18年警务处改公安局；中华人民共和国成立后，设公安局，局内设有侦查股、审讯股、治安股、公安队。公安机关负责侦查、拘留、预审和执行逮捕等刑事案件的办理。在专项斗争中，进行剿匪、侦破反革命组织、取缔反动会道门、肃毒、镇反、肃反、打击刑事犯罪活动等，并进行交通管理、治安管理、监所管理。

司法行政机构成立于20世纪70年代，担负着普法宣传、人民调解、法律援助、公证、律师、社区矫正、司法鉴定等工作。通过一系列的司法行动，维护公民的合法权益，促进社会公平正义。

第一章 公　安

第一节　机　构

元代县衙设典史，明清沿置佐助知县，掌管缉捕、监狱事务。民国元年（1912），县公署设警务处，置警佐；民国18年（1929），警务处改为公安局，警佐改为公安局长。

民国27年（1938）9月，隰蒲特委任命杨毅为永和县公安局政治指导员。民国34年（1945）9月20日永和县第一次解放，县人民政府设保安科。同年冬成立警卫连。民国35年（1946）1月，保安科下设社会股、保卫队。11月，保安科改建为公安局。至1949年底，公安局内设侦

县公安局获全省先进单位奖

查股、审讯股、治安股、公安队。1958年10月永和县并入吕梁县后，设永和镇派出所。1961年5月恢复永和县建制，复设公安局。"文化大革命"期间，县公安局先后由"无产阶级专政委员会""公、检、法军管会"和"县革命委员会保卫组"代替。1973年，县革命委员会保卫组改为县革命委员会公安局。1975年，复改为县公安局，内设办公室、政保股、治安股、预审股、看守所。1985年1月，公安局进行内部机构改革，教导员改为政治委员，增设专职纪检员（后改为纪检书记），下设办公室、政工科、政保科、治安科、预审科、消防科、刑侦队、看守所、交通警察大队。1990年增设法制科。1994年改刑侦队为刑侦大队，增设行装科。1997年，原预审科合并到刑警大队。1998—1999年，建立110报警服务指挥中心，购置档案专用柜。2000—2001年，

换发九九式新警服。2003—2005 年，完成电视电话会议图像视频传输、局域网项目建设、网上公文传输等工程。

1982 年，设城关、桑壁、阁底、交口、南庄 5 个派出所。1989 年设坡头派出所。1994 年设林业派出所。

2011 年底，全县共有民警 90 人，其中女民警 14 人，干部 70 人，职工 20 人，授衔干警 62 名。公安局内设：纪检委、国保大队、网监大队、法制科、警务保障室、治安大队、户政大队、刑警大队、经侦综合科、交警大队、办公室、督查大队、巡警大队、看守所、指挥中心、政工监督室、消防大队、刑警一中队、刑警二中队、刑警综合中队、刑警技术中队、巡警一中队、巡警二中队；外派机构有城关派出所、交口派出所、桑壁派出所、阁底派出所、南庄派出所、坡头派出所。全局共 29 个科、室、所、队。

第二节 刑事侦查

在办理刑事案件中，公安机关负责侦查、拘留、预审和执行逮捕。除贪污、侵犯公民民主权利、渎职案件由人民检察院立案侦查外，其他需要侦查的案件均由公安机关立案侦查。1981—1995 年共侦破刑事案件 346 件，年均 23 件。1987—1995 年共侦破重特大

警车严阵以待

刑事案件 69 件，平均破案率为 94%。1996—2011 年发生各类刑事案件 527 件，共侦破刑事案件 353 件，年均 22 件，破案率为 67%，其中重特大案件 305 件，侦破 216 件，破案率为 70.82%。

2011 年，共立案 38 件，侦破 20 件，破案率 52.6%，其中重特大案件 27 件，侦破 9 件，破案率 70.3%。

1981—2011年永和县刑事案件侦破统计表

表23-1　　　　　　　　　　　　　　　　　　　　　　　　　　　　　　　　　　单位：件

年　份	立案	侦破	破案率%	其中重特大刑事案件		
				立案	侦破	破案率%
1981	—	55	—	—	—	—
1982	—	45	—	—	—	—
1983	—	29	—	—	—	—
1984	—	18	—	—	—	—
1985	—	13	—	—	—	—
1986	—	13	—	—	—	—
1987	10	9	90.0	2	2	100
1988	13	12	92.0	6	6	100
1989	17	16	94.0	12	11	92
1990	21	19	90.5	12	12	100
1991	32	28	87.5	11	11	100
1992	34	33	97.1	6	6	100
1993	23	18	78.0	13	8	62
1994	24	21	77.8	1	1	100
1995	19	17	89.0	13	12	92
1996	29	28	96.8	17	16	94.1
1997	12	11	91.6	8	7	87.5
1998	24	20	83.3	14	12	85.7
1999	23	18	78.2	13	10	76.9
2000	27	21	77.7	16	13	81.2
2001	21	19	90.4	13	12	92.3

续表 23-1　　　　　　　　　　　　　　　　　　　　　　　　　　　　单位：件

年　份	立案	侦破	破案率%	其中重特大刑事案件		
				立案	侦破	破案率%
2002	25	20	80	15	11	73.3
2003	27	23	85.1	12	10	83.3
2004	35	19	54.2	18	10	55.5
2005	40	22	55	20	10	50
2006	38	19	50	20	11	50
2007	69	46	66.6	34	25	73.5
2008	34	21	61.7	24	20	83.3
2009	53	27	51	30	18	60
2010	32	19	59.3	24	12	50
2011	38	20	52.6	27	19	70.3

第三节　专项斗争

俘获旧政人员

民国35年（1946）10月22日，永和县全境解放。当月，保安科依靠和发动全县人民群众，俘获原政府人员200多名。被俘人员中，有县长张治中、秘书张建荣、民政科长乔祥珍、财政科长李宗涵、教育科长王克、建设科长段守让、社会科长冯士洞、指导员黄金台、合作指导室主任张金德、第一区区长马志康、政卫督导员杨模、区营长王直斌、自卫分队长白廷英、第二区区长冯李金、保安大队长宋成英、国民党县党部书记长景之贞等。12月，被俘人员分别做出处理。审讯中供出部分档案，对摧毁阎政权，打击历史反革命分子起到重要作用。

侦破反革命组织

民国36年（1947）5月，阎县政府人员张治中、乔祥珍、白达山等，在大宁县组阁流亡政府，派迁焦光青到永和筹粮集金，与在永和的8名坐探秘密收集共产党情报，收取现金800多元。公安局破获此案后，逮捕探敌8人，枪决罪犯两批14人。

剿 匪

民国36年（1947）1月，公安局长晋岳带领10多名侦察人员与桑壁群众密切配合，10多天抓获土匪18人。土匪头子马仁小被枪决，其余被判刑。

取缔反动会道门

中华人民共和国成立初期，县内有一贯道、尚皇道、东方道3种反动会道门。1951年，国家明令取缔反动会道门时，一贯道、尚皇道的道首道徒均声明退道，后来未发现复辟活动。东方道传入永和县时间较长，虽经取缔，仍有部分道徒潜逃漏网，后又在署益乡南寨、王成等村进行复辟活动。1958年2月8日破获东方道复辟案，10名道首被判有期徒刑，2名被判管制。

肃 毒

民国37（1948）年起，政府多次发布禁令，禁止种植、贩食大烟。1958年2月14日，县人民委员会发出禁止贩食大烟布告，县公安局开展集中肃毒工作，收审存、吸毒分子35人，经教育交出大烟58两，大烟膏子2两，大烟籽31公斤；群众自动交出大烟24两；人犯中通过审讯交出大烟50两。6名贩卖大烟者投案自首，交出大烟16两；存毒者5人，交出大烟30余两，交出贩卖大烟款22.5元。此次肃毒集审后再未发生新的贩毒案。

镇 反

从1950年起，永和县根据《中华人民共和国惩治反革命条例》，大张旗鼓地开展镇压反革命运动。全县依法逮捕各类反革命分子138人，其中判处死刑16人，死缓3人，有期徒刑46人，管制21人，转外处理18人，逮捕后释放33人，病亡1人。1951年5月4日，召开5000人群众大会，公开处决反革命罪犯8人；8月21日在物资交流会期间公开审判28人，其中死刑2人，死缓3人，无期徒刑1人，有期徒刑16人，释放管制6人。在镇反运动中，县公安局认真贯彻执行"首恶必办，胁从不问，立功受奖"和"镇压与宽大相结合"的政策，先后收到群众检举揭发、控诉反革命罪行材料800余件，涌现出反奸积极分子1120人。大凤圪堆村民兵肖卫子、刘金元等自带路费，历时月余，捕获罪犯2人。下罢骨乡治保会委员兼民兵分队长樊秉义，发现法院人员押解的人犯逃跑后立即追捕，将罪犯捕获归案。镇反运动中，全县建立乡治保委员会22个，选出主任委员149人。

肃 反

1955年7月—1962年4月,历时5年,全县机关、学校、厂矿企业分7批开展肃反运动。1449人参加运动,共查出反革命和其他坏分子26人。其中历史特务4人,反动党团骨干分子9人,汉奸1人,军政警宪人员中的反革命分子10人,叛变分子2人。根据本人罪恶轻重和坦白认罪程度,对这些反革命分子以不同处分与处罚,其中判处10年以上徒刑2人,7年徒刑1人,5年徒刑2人,2年徒刑1人,社会管制2人,管制留用2人,开除劳教1人,开除3人,留用改造10人,自杀2人。这次运动中出现的扩大化错误,在后来的落实政策中得到纠正。

打击刑事犯罪活动

公安干警训练

1983年8月—1987年2月,持续3年多的"严打"斗争,先后开展3个战役,打了10仗。第一战役集中扫荡浮在面上的犯罪分子;第二战役着重抓社会治安突出问题,打击严重经济犯罪分子;第三战役开展反盗窃斗争,狠抓社会治安综合治理措施落实。"严打"中全县抓获各类犯罪分子102人,打掉犯罪团伙4个,起诉并被判刑75人,劳动教养3人,行政拘留各类违法分子103人;查获赌博20余场,查处参赌者80人,拘留4人,收审6人,没收赌资5000余元;查禁淫秽录像3部。

1988年开展专项斗争4次。上半年以打击盗窃、抢劫、查禁赌博为重点开展专项斗争2次;第三季度的专项斗争,重点为查禁淫秽物品,取缔卖淫嫖娼活动。第四季度为"一打三整顿",即打击流窜犯罪,整顿旅店业、车站秩序和治安问题突出的其他复杂场所。

1989—1990年,相继打击破坏三项设施(电力、水利、通讯)与流窜犯罪活动,开展"扫黄"(取缔宣扬淫秽、色情、凶杀暴力的出版物)、扫"六害"(卖淫嫖娼、制作贩卖传播淫秽物品、拐卖妇女儿童、贩运私种吸食毒品、聚众赌博、利用封建迷信骗财害人)专项斗争。抓获、处罚"六害"违法人员249人。

1991—1992年，开展打击卖淫嫖娼活动，加强旅店业和复杂场所治安管理，进行以反撬盗、窃车、盗窃工农业生产设施和物资为重点的反盗窃斗争。

1993年3月—6月，重点围歼车匪路霸。7月始集中整治农村社会治安和打击流氓犯罪团伙。1994年，引深打击破坏重点工程建设和盗窃工农业生产设施的斗争，以及查禁赌博斗争，抓捕各类犯罪分子34人，摧毁犯罪团伙4个，涉及成员13人，追捕逃犯4人，缴获四轮车、三轮车、摩托车、电视机等赃物赃款总价值4万元。

1995年，开展春季严打攻势，查禁取缔卖淫嫖娼、色情活动，加强公共娱乐和服务场所管理。共抓获各类犯罪分子28人，打掉犯罪团伙5人，涉及成员13人，追捕逃犯5人，缴获吉普车、三轮车、摩托车等赃物赃款总价值10万余元。

1996年4月，开展为期半年，以打团伙、扫恶势、破大案、追逃犯、缴黑枪为重点的"打团扫恶"斗争。全县共打掉19个犯罪团伙和流氓恶势力，破获各类刑事案件19起，追回在逃犯9名，收缴枪支90多支，缴获赃款赃物15万余元，召开两次公判大会。

1997年，以打团伙、破大案、追逃犯、缴黑枪为主攻方向，开展"三打三禁"斗争。先后侦破"1·27"重大纵火案、"7·25"重大盗窃案、"11·6"重大盗窃目标案等一批刑事案件。全年共立刑事案件12起，破案11起，破案率为91.6%，其中立重大刑事案件8起，破获7起，破案率为87.5%。抓获各类刑事犯罪分子15名，追回在逃犯1名，缴获赃物赃款总价8万余元。

1998年，开展两场专项斗争（三打三禁专项斗争和打击走私、盗窃、抢劫机动车犯罪专项斗争），搞了3次专项治理（道路交通治理、防爆炸犯罪治理和防火专项治理），组织两大侦破会战（百日禁毒会战和百日侦破会战），实施8次集中统一行动（打击"车匪路霸"、治安大清查、4·26查缉、打击盗抢机动车、打击毒品犯罪和"治乱剿恶"）。共受理各类报警案件52起，出现场50次，破各类案件35起，抓获各类违法嫌疑分子43人，刑拘16人，批捕14人，移送起诉12人，治安处罚23人，协外追逃8人，缴获摩托车、衣物现金等折款10万余元。

2001年，开展以"打黑除恶"为龙头的"严打整治"专项斗争、"治爆缉枪"专项斗争、"追逃"专项斗争和打击"法轮功"邪教组织。共受理各类报警案件51起，其中立刑事案件21起，破获19起，抓获各类违法犯罪嫌疑人77名。群众自觉交出枪支23支，雷管135枚，半自动步枪子弹和手枪子弹35发，猎枪子弹128发。揭发各类线索139条，共缴获雷管2105枚，导火索1223米，炸药132公斤，猎枪75支，子弹193发。

2003年，投入"非典"防治工作，累计检查各类机动车3万辆次，检查进出人员20余万人次。攻克3起市县级目标案件，解救1名被挟持3年之久的曲沃妇女。共立刑事案件27起，破获23起，破隐漏案件8起，抓获各类犯罪嫌疑人49人，其中刑拘3人，逮捕4人。

2004年，开展"命案侦破会战"和打击治理利用手机短信和网络诈骗行动。共立刑事案件35起，破获19起，逮捕19人；共受理经济案件12起，移送3起，涉案金额近19万元，挽回经济损失14.8万元。

2006年，开展"打黑除恶""两抢一盗"专项行动。立刑事案件38起，破获19起，抓获30人，逮捕12人。

2007年，在"两打一整治"（打击暴力犯罪、打击涉税犯罪、整治企业和学校内部及周边治安秩序）专项斗争中，共受理刑事案件74起，立案63起，破获44起，抓获68人，提请逮捕17案26人，移送审查起诉19案27人；赴5省8市追回各类逃犯17人。

2008年，在"破大案、打团伙、追逃犯"专项斗争中，成功破获"4·15"和"5·22"杀人案。共立刑事案件34起，破获21起，移送案件2起，打击处理35人，起诉14案17人，追回网上逃犯20人，抓获外省逃犯6人，挽回经济损失10万余元。

2009年，按照公安部"命案必破，黑恶必除，两抢必打，逃犯必抓"的要求，组织开展社会治安整治、打击多发性侵财犯罪、打击拐卖妇女儿童等一系列专项行动。共立刑事案件53起，破获27起，打击处理21人，提请逮捕7案11人，起诉8案12人。转战5省市，将潜逃在云南省孟力海县2名犯罪嫌疑人抓获，成功解救了老挝籍妇女玉南、云南傣族妇女玉拉图。破获"8·09"抢劫杀人案，成功抓获犯罪嫌疑人冯转生、杨海平。成功破获"10·9"婚姻诈骗案，被临汾电视台《论理说法》栏目进行专题报道。

2010年，共立刑事案件32起，破获19起，抓获14人，刑拘6人，逮捕1人，移送起诉9案9人。

2011年，在打击"两抢一盗"等严重暴力犯罪和多发性侵财犯罪专项斗争中，共受理各类刑事案件38起，立案26起，破获9起，抓获25人，刑事拘留5人，逮捕16人，取保候审8案15人。积极开展"清网行动"，共抓获网上逃犯10人，其中外省逃犯8人。

第四节 户籍管理

常住人口管理

明清时代，户籍由户房专管。民国时期，警察局设户籍员。

1951年，根据公安部公布的《城市户口管理暂行条例》，县公安局治安股下设户籍室，区、行政村设兼职户籍管理人员，在全县进行户口登记，通过逐户调查，发放户口簿。1958年1月《中华人民共和国户口登记条例》颁布后，实行迁出、迁入和出生、死亡报清、注销制度。1964年、1980年、1990年，结合第二、三、四次人口普查，对全县户口进行核实。

1990年，对沿用几十年的乡政府代管农业人口户口的管理体制进行改革，农业户口转由公安派出所按辖区管理。

1989年，为鼓励农民进城务工经商，开始办理蓝印户口。全县常住人口逐年增加，1949年为23350人，1995年上升为58808人，年均增加770人，年递增32.97%。

1996年城市实行全国统一的个体户口簿。1997年农村开始实行个体户口簿。1998年全县人口启用微机管理，实行人口信息现代化管理。2000年，开展户口调查和整顿。2006年完成人口信息化管理，录入人口数据61080人，录入率100%。

2011年底，全县常住户为18200户，总人口64098人，人口出生率为10.67‰，死亡率为4.44‰，自然增长率为6.23‰。

暂住人口管理

1985年起，对暂住人口填卡、照相，建立暂住人口登记制度。1995年全县共有暂住人口1027人，其中包工队467人，摆摊设点31人，开饭店14人，修理业40人，缝纫业33人，其他442人；山西省内397人，省外630人。

1997年，对暂住人口进行登记，建立暂住人口档案。2000年后，加强对外来人口管理，配备协管员5人，人口管理由静态管理向动态管理转变，管理能力逐年提高。

2011年全县共有暂住人口320人，全部是工队人员。

颁发居民身份证

1988年5月开始实施居民身份证管理。至1990年，全县共核对户口上表5万人，照相2.8万张，编码3.5万人，制底卡6045张，领到居民身份证者2.7万人。

2007年开始更换第二代居民身份证，至2009年共更换5万余人。

1949—2011年部分年份永和县人口变动情况统计表

表23-2　　　　　　　　　　　　　　　　　　　　　　　　　　　　　　单位：户、人

年份	总户数	总人口	非农业人口	出生	死亡	自然增长	增长率‰
1949	5998	23350	1196	474	379	95	4.07
1960	7572	27110	1426	511	317	194	7.21
1970	9620	38718	2609	1310	287	1023	26.85
1980	10426	47783	4051	665	353	312	6.57
1990	13538	55381	5510	1129	354	775	14.62
1996	14568	60008	7550	850	355	495	8.33
2000	15247	62272	8480	604	278	326	5.33
2005	17199	61969	7164	606	224	328	6.23
2010	16667	63649	14676	719	334	385	6.06
2011	18200	64098	14745	683	302	338	6.23

第五节　消　防

机构设施

中华人民共和国成立后，永和县设防火安全委员会，负责向群众进行安全防火教育。1957年12月，县公安局始行消防监督管辖权。

20世纪70年代收打机具进入麦场。夏收期间，场内始置水缸、水桶、沙堆等简易防火器材。规定进入麦场的拖拉机必须配备防火罩等。

1980年，公安局治安股内设专职消防员1人，全县机关、单位组建义务消防队38个，有消防队员570人，配消防泵1部，各种灭火器材1885件。1983年8月，县公安局设消防科，3名消防干警转为现役军人。1985年，全县11个乡镇群众义务消防队发展到49个，义务消防队员增至1000人。1987年，公安消防部门在县石油公司、油厂、粮食局3个单位各设专职防火员1人。

至2011年底，共有消防官兵13人，执勤消防车2辆，抢险救援车1辆。

消防宣传

20世纪90年代前，重点进行夏收、冬季防火和重大节日安全防火教育，张贴防火通告，刷写安全防火标语，印发宣传材料。1991—2000年，重点宣传乡镇企业防火和农村麦场防火，共印发各种宣传材料1万余份，张贴防火通告2000余张，刷写防火标语300条。先后举办消防训练班2次，参加培训人员402人，组织消防宣传6次。

2001—2011年，组织消防知识宣传10次，张贴防火通告3000余张，刷新标语500条，印发宣传材料1.5万份。举办消防知识培训4次，参加培训850人。2011年，开展消防宣传进企业、进学校、进社区、进农村、进文物古建单位活动。

消防检查

消防队建立前，防火安全委员会组织防火安全检查。每年夏季深入麦场，发现问题及时督促改正。冬季检查取暖防火安全，春节期间，重点检查商场、企业、易燃易爆单位和燃放烟花爆竹隐患。20世纪90年代，先后检查重点单位和企业97家，麦场182处，限期整改90处，当场整改78处。

2001—2010年，检查单位187家，发现火灾隐患291处，当场整改83处，限期整改208处，下发整改通知书87份。

2011年，重点整治易燃易爆单位，专项检查商场、酒店、学校周边消防安全。出动检查人员80人次，检查单位80家，查出火灾隐患120处，当场整改30处，限期整改90处，下发整改通知书60份。

火灾事故

20世纪90年代前，县境火灾事故多为家庭取暖、麦场失火引起。1985年7月9日，桑壁镇桑壁村一队麦场失火，烧毁小麦4470公斤，造成经济损失1500元。90年代后，火灾事故由家庭、麦场转向机关、商场、学校和娱乐场所。

2000—2011年，发生火灾事故148起，其中2011年达20起。

第六节　交通管理

机构沿革

永和县最早的交通管理机构是1978年设立的交通监理站，主要业务是实行挂牌管理，对驾驶员进行技术考核，监督安全行车，处理交通事故。1987年7月，根据上级精神，将永和县交通监理站改名为永和县公安交通警察队（简称交警队），1991年更名为永和县公安局交通警察大队，负责维护交通秩序，加强道路管理，预防道路交通事故，保障道路交通安全。1992年，永和县公安交通警察大队在原办公室院内筹划扩建办公楼，至1994年三层办公大楼正式投入使用，建筑面积900平方米。

至2011年底，永和县公安局交通警察大队有民警59人，其中正式授衔民警9人，正式职工9人，自收自支人员12人，公益性岗位人员13人，临时工人员16人。内设4科（事故科、秩序科、法制科、宣传科），1室（办公室），1所（车管所），5个中队（城区中队、永和关中队、岔口中队、交口中队、测速中队）。大队有办公用房（三层楼1座、一层抵押外债）34间714平方米，共有各类工作用车13辆，微机21台，中队租赁办公用房4间。

科技装备

1987年，监理站移交公安，交警大队成立时没有任何科技装备，只有1辆巡逻摩托车。1990年购买212吉普车1辆，交通事故现场勘查箱1个，照相机1架。1997年购置桑塔纳轿车1辆，第一台电脑也投入使用。2011年投入资金200万元，成立交通指挥中心，规范了4区7室。在城区安装减速带、红绿灯、警示灯、摄像头，设立1个固定测速点，安装1个移动测速装置，购买1辆清障车。

至2011年底，有工作用车12辆，流动测速车2辆，清障车1辆，电脑21台全部连接公安专网，事故处理用上了数码相机及勘查现场设备，各项工作实行网上办公。设立5个固定测速点，规划机动车、非机动车停车位220个。

交通监管

1991年查处无牌无证车132辆，办理转户登记手续10个，检验机动车462辆，审验驾驶员503人，处理交通事故26起，其中重大交通事故1起。1995年，检验机动车

162辆，纠正违章2265起，查处无牌无证车36辆，审验机动车740次，考核、审发摩托车驾驶执照396件，审验驾驶员602人。2006年，办理二轮、三轮驾驶证200件，办牌照100余副，网上处罚各种交通违法600余人次；事故处理共接出警29次，立案4起，死亡2人，拘留1人，逃逸1起（未破获）。按简易程序处理24起。2008年，网上处罚各种交通违法3651人次，记分332分，一般程序处理443起，按简易程序处理3208起，拘留严重违法行为者7人，接出警39次，破获逃逸事故3起；办理二轮、三轮牌照421副，办理驾驶证245件，农用车换牌28辆。2009年，查处各类交通违法行为630人次，并在交口、永和关设立春运安全检查服务站，24小时执勤。是年，通过网上处罚各种交通违法6523人次；事故处理共接出警120次，其中受理简易程序事故16起，一般程序事故36起；办理二轮、三轮牌照1100副，驾驶证213件。2010年春运期间，将22辆春运准入客车和36名驾驶员分解到每个民警头上管理，共出动警力340人次，警车40台次；在道路安全大检查活动中出动警车48辆次，民警100余人次，共查扣无牌摩托车80余辆，违法载人1起，机动车乱停乱放违法行为6起，其他违法行为10起；查处涉牌涉证违法行为400余起，行政拘留120人。2011年，补证、换证286件，对210名汽车驾驶员进行体检，对36人进行驾驶证注销；采取强制措施20起，简易程序5266起，非现场录入1911起；查处酒后驾驶12起，涉牌涉证666起，客运违法10起，无证3起，乱停乱放306起，超速347起，其他违法行为169起。

交通事故预防

交警大队加强对辖区内重点车辆和驾驶员，尤其是对大型客货车和驾驶员的管理，杜绝改装车辆上路，杜绝超员车辆上路，严防超员、超速、疲劳驾驶等现象的出现。落实各项安全措施，将低速载货汽车、三轮车、拖拉机违法载人等可能导致群死群伤特大交通事故的违法行为作为路面执勤纠违的重点。将警力充实至路面一线，采用固定与流动、定时与错时、动态与静态相结合的方式，扩大巡逻范围，提高路面见警率和管事率，保持对涉牌涉证、无证驾驶、超员超载等严重交通违法行为形成严格执法、从严管理的态势。大队民警定期组织驾驶人员进行交通安全知识学习，发放宣传单，宣讲法律法规和安全知识，剖析事故案例，通报辖区交通事故情况，依托手机短信平台、互联网，及时与驾驶人员进行交流。

交通事故

1987—1990年，发生交通事故56起，死亡6人，受伤18人，直接经济损失6万元。
1991—2000年，发生交通事故158起，死亡28人，受伤153人，直接经济损失

18万余元。

2001—2005年,发生交通事故163起,死亡12人,受伤63人,直接经济损失13.5万元。

2006—2011年,发生交通事故96起,死亡8人,受伤57人,直接经济损失12.8万元。

附:重大交通事故

1982年2月6日15时30分,县驾驶员苏某驾驶阁底供销社04—36807武汉柴油132型货车,由阁底往县城送病人。车行至永阁线15公里处(王家塬村后)时,因驾驶室超员,车速过快,制动不灵,汽车翻入76.4米的深沟,致使3人死亡,6人重伤,7人轻伤。

1991年9月6日13时,个体客运司机李某驾驶晋33—94038天津620型客车,由泊洋返往县城。车行至永泊线19公里的300米下坡转弯处时,车二挡脱挡,换挡未成,刹车制动无效,车速过快,致使客车翻入12.4米深的悬崖下,造成18人死亡,7人重伤,1人轻伤。

2007年5月25日9时,晋L37546客车在永和县道11公里的100米处,超越其前方同向行驶的无牌照时风牌农用三轮车时与该农用三轮车发生刮擦后,客车驶出路外坠至公路下17米深的河滩。造成1人死亡,8人受伤。

2010年6月25日16时40分,刘某驾驶陕E60002号重型普通货车沿永和县境内248省道由北向南行驶至156公里处时,因车辆左前轮爆胎驶入道路左侧,与对向行驶的李某无证驾驶的悬挂晋JC9519号牌的普通二轮摩托车发生相撞,造成李某和摩托车乘车人员2人死亡。

道路巡查

1987—1990年,上路巡查3000余人次,检查各种车辆5000台次,纠正违章车辆5000台次。

1991—1995年,上路巡查5000余人次,检查各种车辆1万台次,纠正违章车辆6000台次。

1996—2000年,上路巡查8000余人次,检查各种车辆1.3万台次,纠正违章车辆8000台次,查处各种严重违章车辆1500台次。

2001—2011年,上路巡查2万余人次,检查各种车辆5万台次,纠正违章车辆1万台次,查处各种违章车辆6000台次。

2011年,整治县城街道交通秩序,查扣未检车辆200辆,无牌无证车辆400辆。行政拘留4人。

第七节 治安管理

治安网络

民国36年（1947），永和公安保卫工作一方面开展剿匪、查处阎顽分子、取缔反动会道门、参与土地改革工作和农业生产；另一方面强化治安业务和基层基础建设，开展清理登记户口工作，在全县各区行政村建立治安小组。1953年底，全年发生治安案件79起。1954年在全县各机关建立治保会3个。1958年10月永和县合并到吕梁县，永和只设镇派出所1个。1961年5月恢复永和县建制，县公安局只有党员干部8名。1965年11月，晋南公安系统永和县现场会召开，12月西山片"依靠群众专政工作经验交流会"在永和召开。1968年4月任命靳文才等11名特派员。1978年8月25日在县体育场召开"双打"斗争大会。1982年在城关、桑壁、阁底、交口、南庄设派出所。1991年5月抽出原治安科部分人员，设置刑侦科。1992年4月，县公安局将16个单位精简为"三室两队"，将12人充实到派出所，建立自上而下的联防治安网络。2004年4月，县公安局110、119、122三台合一。

特种行业管理

永和县于1949年7月开始对特种行业进行管理，当时规范了4家旅店业的管理，建立了留客登记簿制度和不定时检查工作制度。1961年10月，根据中央治安管理从严的方针，从各方面加强特种行业的管理：一是结合大批减价处理收音机，对无线电器材进行登记；二是加强对旅店、客栈的管理，恢复来客登记等制度；三是加大对各门店、医院、照相、印刷厂、刻字业、信托门市部、食堂和复杂场所的治安管理，加强对营业招待人员的治安教育；四是建立健全各种易燃易爆、剧毒物品的购买、储存制度。至2011年底，全县共有旅馆行业16家，汽车修理业10家，废旧物品回收业2家，各类复杂场所40余家。

爆炸物品管理

永和县对民爆物品认真遵照《民爆物品管理条例》及相关政策进行管理。县炸药库设立于芝河镇川口村花儿山沟，设施齐全。2001年4月至10月，县公安局实施"治爆缉枪"行动，收缴枪支23支，雷管2105枚，导火索1223米，炸药132公斤，猎枪75支，子弹193发。2011年，县内民爆物品年使用量达20余吨。

第八节　监所管理

民国时期，看守所建在旧县署（政府）院内西南隅（城墙下边），占3孔土窑洞，主要关押未决犯。被关押者要担负繁重的体力劳动。监所内人犯要戴刑具，以防逃跑。中华人民共和国成立后，县人民政府先后在县城内河西坡、庆火楼、现公安局院内修建看守所，使其设施逐步改善。1950年11月30日，司法部、公安部联合发出关于监狱、看守所和劳动改造队移转公安部门领导的指示，县公安局于1951年4月1日接管司法看守所，与公安局原设劳动改造队合并为公安局看守所，1955年改称永和县看守所。1958年10月，并入吕梁县看守所，1961年6月恢复原建制称谓。

看守所对人犯实行挽救、教育、感化、不打不骂政策。经常组织政治学习，启发人犯觉悟，促其认罪服法，重新做人。20世纪50年代监所实行管理、教育、生产相结合，看守所内设磨坊，以人力磨面供应县城机关和市民。60年代后，羁压罪犯口粮按城市人口供应标准供给，对有严重疾病罪犯实行取保候审和保外就医。80年代后，在押罪犯细粮标准提高到60%，看守所开展文明监室活动。

由于管理不尽完善，发生数起罪犯逃跑事件。1975年6月12日，罪犯杨某、季某趁上厕所之机，从下水道钻出墙外逃跑。在追捕中，杨犯被击毙，季犯被擒落网。1981年4月22日至30日，罪犯刘某主谋策划，与同号罪犯刘某、张某用铁棍、把钉撬石挖洞，企图越狱逃跑，被管教人员发现逃跑未遂。1985年9月17日下午，罪犯陈某在劳动中逃跑，当晚12时，干警在罗镇堡家中将其抓获。1993年5月12日，县看守所1号监房人犯白某等6人从铺板下面挖洞钻出脱逃。公安干警发现后陆续将6犯缉拿归案，并予严惩。"5·12"事故发生后，看守所修建列入城建计划，新建看守所1座于1995年竣工投入使用。1996—2005年，看守所共召开各种法制宣传教育大会23次，进行监所安全检查45次，制定规章制度29种，对在押犯授课18次，和人犯谈话2000余人次；查获违禁危险品50余件，揭发他人犯罪线索90余条，协助破案20起，清除事故隐患24处。2007年在所内及监室安装视频监控系统。2008年被评为二级看守所。2010年运用政治攻势深挖犯罪线索，收到在押人犯揭发他人犯罪线索53条，协助破获各类刑事案件10余起。

2011年，看守所设所长1名，副所长2名，指导员1名，共有工作人员9人。

1996—2011年永和县关押犯人情况表

表23-3　　　单位：人

年份	关押人犯数	年份	关押人犯数	年份	关押人犯数	年份	关押人犯数
1996	48	2000	35	2004	20	2008	24
1997	42	2001	32	2005	28	2009	18
1998	40	2002	32	2006	27	2010	21
1999	38	2003	22	2007	25	2011	24

1996—2011年永和县行政拘留情况表

表23-4　　　单位：人

年份	拘留犯人数	年份	拘留犯人数
1996	62	2004	76
1997	73	2005	82
1998	78	2006	72
1999	83	2007	86
2000	53	2008	120
2001	74	2009	96
2002	81	2010	102
2003	79	2011	108

第二章　司法行政

第一节　机　构

中华人民共和国成立后至20世纪70年代，司法行政管理工作由县人民法院承担。1981年2月，永和县司法局成立，设办公室，3月设公证处，11月设法律顾问处。同年，全县 11 个公社配备司法助理员。1985 年 12 月，司法局内部机构增设宣教科、基层科。1987 年 3 月法律顾问处改称律师事务所。2011 年底，司法局设有宣教科、基层科、办公室，另有法律援助中心、公证处、律师事务所 3 个单位。确定的编制为：司法行政机关 12 人，乡镇司法助理员 7 人，公证处 3 人，法律援助中心 3 人（事业），律师事务所 3 人（事业），总行政编制 24 人，事业编制 6 人。担负着全县的普法教育、人民调解、法律援助、公证、律师、社区矫正和司法鉴定工作。

1996 年 5 月，县司法局由县政府大院搬入河西坡新建的办公大楼，该办公楼占地 2.9 亩，建筑面积 450 平方米。

第二节　公　证

永和县公证处于 1981 年 3 月成立，公证处培养出三级公证员 2 人，四级公证员 1 人，助理公证员 1 人。1989 年 7 月，全县乡镇司法助理员 11 人、法律服务所工作人员 12 人被聘为公证联络员，公证队伍不断壮大。县内开展公证业务主要有：证明工程招标、"四荒"拍卖、有奖销售开奖、证明遗嘱、抚养协议、证明经济合同、企业承包经营合同、证明财产继承赠予等。1982—1995 年，办理公证 1554 件，其中民事法律行为公证 43 件，经济合同公证 1511 件，标的总额 383 万元。

1996—2005 年，聘请公证联络员 120 多人，共办理各类公证事项总数为 1536 件。在城镇拆迁、招标投标、建筑合同等方面的公证，标的额为 248 万元。2006—2011 年，共办理各类公证事务 1568 件，其中经济合同公证 938 件，婚姻家庭类公证 456 件，承包合同 110 件，其他 64 件。

1982—2011 年永和县公证业务情况表

表 23-5　　　　　　　　　　　　　　　　　　　　　　　　　　　　　　　　　单位：件

年份	公证总计	其中		年份	公证总计	其中	
		民事法律行为公证	经济合同公证			民事法律行为公证	经济合同公证
1982	11	2	9	1997	138	2	136
1983	283	2	281	1998	145	3	142

续表 23-5　　　　　　　　　　　　　　　　　　　　　　　　　　　　　　　　单位：件

年份	公证总计	民事法律行为公证	经济合同公证	年份	公证总计	民事法律行为公证	经济合同公证
1984	147	2	145	1999	156	4	152
1985	78	—	78	2000	153	5	148
1986	135	2	133	2001	160	3	157
1987	65	—	65	2002	165	6	159
1988	143	3	140	2003	168	4	164
1989	110	—	110	2004	165	8	157
1990	259	5	254	2005	163	7	156
1991	43	5	38	2006	238	3	235
1992	54	6	48	2007	252	4	248
1993	81	3	78	2008	267	2	265
1994	50	12	38	2009	260	8	252
1995	95	1	94	2010	272	6	266
1996	123	1	122	2011	279	12	267

第三节　律师事务

1981年县法律顾问处成立初，有律师2人。至1995年，共培养出具有大专以上学历的法律工作者8人，其中5人取得律师资格。1981—1995年，先后为92家机关、企事业单位、社会团体和公民个人担任法律顾问，提供合理化建议1000条，办理各类民事案件20件，刑事案件56件，经济案件87件，非诉讼调解73件，代写各种法律文书1100多份，解答法律咨询2万余人次，讲法制课200多场次，挽回经济损失100余万元。

1996—2005年，累计为216家机关事业单位、社会团体和公民担任常年法律顾问，共办理各类民事案件 506 件，刑事案件 117 件，调解非诉讼案件 318 件，代写各种法律文书 2064 份，解答法律咨询 12610 余人次，累计为当事人挽回经济损失 350 多万元。

2006—2011 年，累计为 112 家机关企事业单位、社会团体和公民担任法律顾问，共办理民事案件 518 案，刑事案件 187 案，调解非诉讼事件 313 起，代写各种法律文书 1889 份，解答法律咨询 18676 人次，累计为当事人挽回经济损失 678 万元。

第四节　民事调解

人民调解员培训会

中华人民共和国成立前，家族之间纠纷由家族长辈中德高望重者出面调解。邻里之间的矛盾，一般由双方信赖者调解，不成者经村公所调解。

20 世纪 50 年代初，乡村设人民调解组织，属人民法院管理，1981 年后交归司法局。1982—1983 年，共调解各类民事纠纷 1326 件，其中婚姻纠纷 305 件，继承纠纷 14 件，赡养抚养纠纷 33 件，家庭财产纠纷 206 件，房屋宅基地纠纷 563 件，其他 205 件。全县 80 个村委和县直机关单位相继建立调解委员会，共有调解人员 368 人。1985—1995 年，共调解各类民事纠纷 6135 件，调解成功 5703 件，成功率 93%。其中继承纠纷 203 件，赡养抚养纠纷 248 件，家庭纠纷 1714 件，房屋宅基地纠纷 1471 件，债务纠纷 317 件，生产经营性纠纷 636 件，邻里纠纷 573 件，其他 541 件。先后帮教"两劳"人员 100 余人。

2001 年全县乡镇机构改革时，由原来的 11 个乡镇司法所，撤并为 7 个司法所。县城建立民事纠纷调解中心，在全县 79 个村委建立调委会，314 个自然村设立信息联络员，形成县、乡、村三级民调网络。1996—2005 年，共调解民事纠纷 4564 件，调解成功 4324 件，成功率 95%。其中继承 184 件，赡养抚养 194 件，家庭婚姻 458 件，房屋宅基地 732 件，债务 1460 件，生产经营性 563 件，邻里关系 700 件，其他 273 件。

2006—2011年，共调解各类民事纠纷2213件，调解成功2108件，成功率94%。其中继承93件，赡养抚养162件，家庭婚姻228件，房屋宅基地368件，债务740件，生产经营性237件，邻里关系350件，其他128件。司法所共办理各类案件1644件，接待来信来访及法律咨询2万多人次，为当事人挽回经济损失260多万元。先后对216名刑释解教人员进行帮教。

1985—2011年永和县调解工作情况表

表23-6 单位：件

年 份	调解纠纷数	成功数	成功率%	年 份	调解纠纷数	成功数	成功率%
1985	705	650	92.2	1999	463	440	95.0
1986	570	526	92.3	2000	452	430	95.1
1987	569	523	91.9	2001	448	420	93.8
1988	555	525	94.6	2002	445	425	95.5
1989	556	526	94.6	2003	440	418	95.0
1990	579	522	90.2	2004	420	403	96.0
1991	505	465	92.1	2005	418	373	89.2
1992	503	473	94.0	2006	402	380	94.5
1993	540	510	94.0	2007	390	370	94.8
1994	550	510	92.7	2008	383	367	95.8
1995	503	473	94.0	2009	340	318	93.5
1996	510	480	94.0	2010	352	338	96.0
1997	490	475	96.8	2011	346	335	96.8
1998	478	460	96.2	—	—	—	—

第五节 法制宣传

中华人民共和国成立初期，县人民政府翻印《中华人民共和国婚姻法》，进行宣传贯彻。1954年《中华人民共和国宪法》颁布后，政府组织宣传队深入村户，采取印发传单、会议演讲、办板报等形式进行宣传。

1981年，县司法局用多种形式和方法，在城乡进行

司法局工作人员街头宣传

《刑法》《刑事诉讼法》等法律知识宣传。1983年印发宣传材料1.7万余份，组织宣传车到基层巡回宣传，直接受教育者达3.7万余人次。1986—1987年，分期分批对全县党政机关、企事业单位干部职工进行"九法一例"培训。1988年落实普法试点工作，在南庄乡召开全县农村普法现场会。1989年，突出抓"两户"评选，评出遵纪守法户8410户，模范户2020户，文明村104个。1990年总结验收"一五"普法工作，县乡机关单位干部职工和村支书、主任、村民小组长、党团员4000余人参加考试。1992年组织学习《中华人民共和国宪法讲话》《社会主义法制建设若干问题讲话》，培训普法骨干1852人。是年8月29日，在署益乡召开全县两户评选现场会，评选出遵纪守法光荣户10607户，文明户1403户，双文明户790户。1993年组织13个执法部门上街宣传，就涉及的156部法律法规，解答法律咨询258条，接受群众检举违法案件2起。1994年，建立县、乡、村各级普法领导组135个，组成人员402人；建普法辅导站102个，有辅导员361人；办普法夜校154座，培训法律宣传员1198人。1995年，组织全民学法统考，全县干部参考率92%，职工参考率86%，个体户参考率91%。给县乡人大代表印发普法宣传材料1600余份；编印专业法单行本500余册。

1996—2000年，即第三个五年普法教育活动期间，县司法局共组织普法宣传8场次，

印发宣传材料 1 万余份，出动宣传车 20 余台次。以《义务教育法》《未成年人保护法》《土地法》《环境保护法》为主要宣传内容，对 18 个行政执法单位的执法人员和领导干部 200 余人分期进行培训。在 12 所中小学校围绕"四法"开展多种形式的普法教育活动。

1999 年 5 月 25 日，在阁底乡雨林村召开实施《义务教育法》现场会，使全县 40 多名失学儿童全部返校。2000 年 8 月，县上成立普法依法治县领导组。基层单位成立普法领导组 135 个；402 人；辅导组 102 个，辅导员 361 人；普法夜校 154 个，法制副校长 77 人，法制宣传员 1198 人。

2001—2005 年，县司法局在"四五"普法教育活动中，对公职人员进行《行政处罚法》《行政诉讼法》培训。对各企业厂长、经理进行《宪法》《合同法》《安全法》培训，对中小学校长进行《义务教育法》《教师法》《未成年人保护法》《学生伤害事故处理办法》培训。

2002 年 10 月，县司法局配合全县封山禁牧中心工作，出动法制宣传车 1 辆，进行了为期 1 个月的宣传活动，走遍 7 个乡镇、79 个村委，散发材料 2 万余份。

2003 年"非典"期间，组织专职律师在县电视台主讲《中华人民共和国传染病防治法》和《突发公共卫生事件应急条例》，同时举办 300 余人参加的防"非典"法律知识竞赛。

2004 年，对县城 15 个行政执法单位近百名执法人员分期分批进行《中华人民共和国行政许可法》培训。开展送法下乡活动，累计进村入户宣传 30 余次，出动宣传车 3 次，印发《公民法律知识问答》2000 册，散发宣传材料 6000 份。

2005 年，经过"一五""二五""三五""四五"普法，共组织全县干部职工参加法律知识考试 46 场，参考人数达 5 万人次。

至 2007 年，全县 26 所中小学校聘请了法制副校长，定期进行法制讲座。2007 年 12 月，永和县第二中学通过省级"依法治校"示范学校验收。

2008 年，将 48 名大学生村干部聘请为义务法制宣传员，全县 18 个村委被评为"民主法制示范村"。

2009 年，各部门、各单位全面落实"三五""四五""五五"普法规划，公务员学法用法实现制度化，公务人员年度法律知识考试参与人数达到应考人数的 95%。青少年法制教育实现了计划、教材、课时、师资"四落实"。开展法制进机关、进乡村、进社区、进学校、进企业、进单位的"六进"活动。开展"12·4"全国法制宣传日活动。

2010 年，总结"五五"普法工作经验，组织中心组培训法律知识达 27 场次，征订法制宣传资料千余册,组织副科级以上领导干部法律知识考试15场次,参考率达到95%。对全县司法人员集中考试2次,参加人数达365人;行政执法单位考试计28次,参考人数达8000余人次。给企业管理人员共讲课46节,参加学习人员达1800余人次。

2011年,举办农民工法律知识培训、副科级以上领导干部法律知识培训、党外进步人士法律知识培训、全县妇女干部法律知识培训、乡村两级干部法律知识培训、大学生村官和民调工作人员法律知识培训等8类培训班,共培训21期。宣传《宪法》《民法》《农村土地承包法》《劳动合同法》《侵权责任法》《妇女权益保障法》《人民调解法》等法律知识。培训人员达5000余人次,受教育人数达3万多人次。刷写各类固定性法制宣传标语350余条,印制发放各类法制宣传图片、漫画、书籍等6万余份。在县电视台播放法制宣传教育专题片100余期次,在永和网站提供法律咨询服务20余次,出动宣传车10余次。

第二十四编

检察　审判

中华人民共和国成立初期，县内由公安局代行检察职权。1953年县人民政府设立检察署，1955年改称县人民检察院。检察院担负着审捕公诉、刑事检察、经济检察、法纪检察、监所检察、控告申诉检察等工作。代表国家对犯罪分子提起公诉，对公安机关的侦查和审判机关的审判工作实施监督。

清代以前，县内实行行政司法合一体，县令、知县兼理司法。民国时期设司法处，有审判官、书记官、法警等。永和县解放后，县人民政府设司法科，1953年改为县人民法院。县法院独立行使审判权和执行权，担负着刑事审判、民事审判、经济审判、行政审判和案件复查、案件执行等工作。审判与公安、检察相互配合，有效打击各类犯罪，维护社会公平正义。

第一章 检察

第一节 机 构

中华人民共和国成立初期，永和县由公安局代行检察职权。1953年10月县人民政府设立检察署，1955年1月改称人民检察院，由政府工作机构变为独立行使检察权的机关。1958年10月永和县人民检察院随并县撤销。1961年5月随分县复设。"文化大革命"中，县人民检察院先后由无产阶级专政委员会、公检法军管会和县革命委员会保卫组代替。

县检察院街头宣传

1978年7月重设县人民检察院，并设立办公室、刑事科、经济科、法纪科。1989年3月增设批捕科、起诉科。1990年3月，将经济科改为反贪污贿赂科，县税务局设税务检察室。1990年4月增设监所检察科。

1996年1月成立民事行政检察科，启用印章。1997年4月，反贪污贿赂局正式挂牌成立。1997年5月纪检监察科成立。1999年6月法警队成立。2003年6月，原刑事侦查检察科更名为侦查监督科，原刑事审判检察科更名为公诉科，原法纪科更名为渎职侵权检察科。

1999年6月，检察院内设机构增加到10个，干警增加到30人。内设"一局、七科、一室、一队"，即：反贪污贿赂局、监所检察科、侦查监督科、公诉科、渎职侵权检察科、民事行政检察科、控告申诉检察科、纪检监察科、办公室、法警队。院址设在永和县正大街（路）45号。

2010年9月，县检察院共有科室9个，干警22人。其中检察员11人，助检员1人，书记员7人，法警3人。2011年底，县检察院有干警24人，其中男18人，女6人；有检察官13人，其中检察员10人，助理检察员1人，司法警察2人。

1961—2011年永和县人民检察院历任检察长名表

表24-1

姓　名	性　别	籍　贯	文化程度	任职时间
陈鸿瑞	男	山西浮山	初中	1961.05—1967.02
石　秀	男	山西石楼	初中	1980.04—1984.11
吴玉珠	男	山西永和	初中	1984.12—1995.03
白银虎	男	山西吉县	大专	1995.04—2002.08
陈忠和	男	山西古县	大专	2002.09—2007.03
翟　海	男	山西翼城	大学	2007.04—2011.04
崔晓纲	男	山西翼城	大学	2011.05—

第二节　审捕公诉

审查起诉

1955年9月，省镇反工作会议做出《各级检察院必须全部担负起诉工作》的决定。10月，永和县人民检察院基本担负起审查起诉工作。1978年永和县人民检察院恢复重建后，根据山西省人民检察院的通知要求，至1979年底全部担负起审查公安机关移送的起诉案件任务。至2011年底，共受理公安移送起诉案件477件545人，经审查依法提起公诉398件465人，不起诉31件32人，免于起诉48件48人。

审查批捕

1998—2011年底,共受理审查批捕案件199件,批准逮捕182件,追捕2件,不捕3件。1998—2002年，受理公安机关提请批准逮捕犯罪嫌疑人62件90人，经审查批准逮捕 58 件 84 人。2003—2007 年，受理公安机关和检察院自侦部门提请批准逮捕各类案件 43 件 66 人，经审查批准逮捕 41 件 64 人。2008—2010 年，批准逮捕各类刑事犯罪案件 48 件 66 人，提起公诉 66 件 90 人。2011 年，受理公安机关移送审查起诉 21 案 47 人，自侦案件 4 案 4 人，依法提起公诉 16 案 30 人，退回侦查机关 3 案 5 人，上报市院 2 案 5 人，转其他县院 1 案 4 人。在审查批捕、起诉刑事案件中，坚持严把事实关、证据关和法律适用关，适时介入侦查，加快办案节奏。

第三节　刑事检察

1955 年 1 月，检察院开始受理公安机关提请逮捕和移送起诉案件。至 1966 年"文化大革命"开始，共受理公安机关提请逮捕的各种案件 170 件、人犯 210 人，其中反革命案件 52 件 70 人，其他刑事案件 118 件 140 人。经审查批准逮捕的 114 件 135 人，向法院起诉并做出有罪判决的 98 件 116 人，其中反革命案件 31 件 35 人，其他刑事案件 67 件 81 人。受理自侦案件 47 件，其中反革命案件 6 件，贪污案件 14 件，法纪案件 27 件，向法院起诉并做出有罪判决的 31 件 39 人。

从 1979 年 1 月 1 日起，县人民检察院刑事检察部门全部担负起审查批捕公安机关提请逮捕人犯的工作。

1983 年，为了从重从快严厉打击刑事犯罪分子，县检察院认真执行"党内联合办案制度"，先后抽调 10 名业务骨干，全力以赴，集中办案。从 8 月到 12 月，县检察院配合法院、公安召开 3 次规模较大的宣判大会，惩处 23 名严重刑事犯罪分子，全县刑事案件大幅下降，社会秩序逐步恢复稳定。1989 年 3 月，永和县人民检察院刑事侦查检察科成立后，立即投入"严打"整治、打黑除恶的斗争。

1978—1995 年，共受理公安机关提请逮捕的案件 223 件 341 人，经审查批准逮捕 209 件 318 人，追捕的 1 件 1 人，不批准逮捕的 2 件 3 人。受理公安机关移送起诉案件 230 件 332 人，经审查依法提起公诉 207 件 275 人，免予起诉 10 件 13 人。向公安机关发出纠正违法通知书 3 件，口头建议 23 次。

1998—2002 年，共受理公安机关移送起诉 76 案 112 人，经审查提起公诉 45 案 52 人；建议撤销案件 3 件 19 人。在严打整治中，共起诉杀人、抢劫、强奸、流氓等重大案犯 15 人，共受理各类民事行政案件13件。经审查,向市级法院提请抗诉5件,建议提请抗诉1件。

2003—2007年,共受理公安和自侦部门移送审查起诉各类案件64件89人,经审查提起公诉51件73人。

2008—2010年,共批准逮捕各类刑事犯罪案件48件66人,提起公诉66件90人。

2011年,受理公安机关提请逮捕案件20案46人,经审查批准逮捕16案37人,不捕4案9人,立案监督2案2人,结案率100%,未出现错捕、漏捕的情况。

第四节　经济检察

1978年重设县人民检察院后开始受理经济案件。至1995年,检察机关共受理各类经济案件60件72人,立案侦查28件38人,其中起诉10件16人,免诉15件16人,撤销案件3件6人。追缴赃款60万元,为国家挽回经济损失210万元。

1997年4月,永和县人民检察院反贪污贿赂工作局成立。

1998—2002年,共受理贪污贿赂、挪用公款等经济犯罪案件29件30人,立案侦查10件10人。

2003—2007年,共受理贪污贿赂、挪用公款等经济犯罪案件25件37人,初查25件37人,立案侦查7件7人,法院做出有罪判决2件2人。

2008—2010年,共受理贪污贿赂、挪用公款等各类职务犯罪案件20件20人,立案侦查8件8人,提起公诉8件8人,全部做出有罪判决,为国家挽回经济损失300余万元。

2011年,受理贪污贿赂案件6件8人,立案侦查4件4人,全部做出有罪判决,为国家挽回经济损失80余万元。

第五节　法纪检察

1978年检察机关开始受理法纪检察工作。1980年4月成立法纪科,2003年7月更名为渎职侵权检察科。至1995年，共受理法纪案件31件31人，立案侦查21件21人，其中起诉13件13人，免诉6件6人，撤销2件2人。

1998—2003年，共受理侵权、渎职等职务犯罪案件21件30人，立案侦查6件12人，为国家挽回经济损失73万元。

2003—2007年，共受理侵权、渎职等职务犯罪案件18件21人，立案侦查5件5人。

2008—2010年，共受理侵权、渎职等职务犯罪案件15件15人，立案侦查5件5人，提起公诉5件5人，全部做出有罪判决，为国家挽回经济损失30余万元。

2011年，受理渎职、侵权案件2案2人，立案侦查1案1人，移送起诉1案1人，提出检察建议2份，追回违纪款项72万元。

第六节　监所检察

1978年永和县检察院重建后，迅速恢复和加强监所检察工作，成立监所检察科，行使监所检察职责。1983年，在开展严厉打击严重刑事犯罪活动中，监所检察部门紧密配合"严打"斗争，对"五种人"的执行情况进行检察。至1990年，监所检察工作逐步实现经常化、制度化和规范化。1992年驻看守所检察室达到"三化"建设。至1995年，先后受理被监管改造人员重新犯罪案件3件3人，给在押犯上政策、法制、前途教育课99次，与看守所、武警中队联合查监196次，其中大查81次，发现问题16次，发检察建议1次，提出口头建议15次。

2000年，县检察院驻所检察室被山西省人民检察院确定为二级检察室。

1998—2002年，共受理各类民事行政案件13件，经审查，向市级法院提请抗诉5件，建议提请抗诉1件，对监管所安全防范专项检查56次，发现事故隐患3个，口头建议15次，对监外执行罪犯进行专项检查10次。

2003—2007年，共监督侦查机关应立案而不立案的案件5件，向侦查机关发《说明不立案理由通知书》5份，监督侦查机关立案5件7人，不应当追究刑事责任和证据不足的，决定不批准逮捕2件2人。共受理公民、法人和其他组织不服审判机关已生效的裁判申诉案件6件，立案侦查6件，提请市检察院抗诉3件，审判机关已做出再审判决3件。对监管看守所安全防范专项检查65次，书面建议20次，对监外执行罪犯进行专项检查12次。

2008—2010年，重点监督纠正有案不立、有罪不究、以罚代刑、刑讯逼供以及违法立案等问题。共监督纠正侦查机关应当立案而不立案的案件2件4人，不应当立案而立案的案件1件1人；对侦查中的违法行为提出书面纠正建议9件；对应当起诉而未移送起诉的依法追诉1人。共受理公民、法人和其他不服法院判决的民事、经济和行政申诉案件6件，审查后决定立案1件，提请抗诉1件。

2011年，监督纠正侦查机关应当立案而不立案2案2人，对侦查活动中的违法行为提出书面纠正意见和检察建议10份。监督纠正有罪判无罪、无罪判有罪、量刑畸轻畸重以及严重违反法定程序等问题，先后对11起案件提出了量刑建议。受理公民不服法院民事判决案件2件6人，审查后立案2件6人，其中合同纠纷一案已向市检察院建议提请抗诉，相邻关系纠纷一案向法院提出再审检察建议。同时，对裁判正确的申诉案件，耐心做好服判息诉工作，维护了司法权威。共发出纠正违法通知书10份，检察建议书2份，口头建议4次。参加安全大检查12次，召开联席会议13次，与在押人员谈话45次，给在押人员上法制课14次。

第七节　控告申诉检察

1953年人民检察院建院初期就开展人民群众来信来访工作。1956年，县检察院机关所在地或较大的乡镇设立人民群众的意见箱，配备了处理人民申诉工作的专职干部。1956年4月，县检察院执行了检察长、检察员接待来访人员和处理群众来信制度。

1978—1995年，先后接待群众来访450人次，受理群众来信42件，其中转有关单位28件，转县检察院业务科室14件，处理群众告状3件。

1998—2002年，共接待群众来信来访117件（次），其中检察长接待来访群众48人（次），控申部门初查22件，转有关部门38件，转公安部门13件，转其他部门3件，立案复查各类申诉案件3件，已纠正3件。

2003—2007年，依法受理群众来信来访175件（次），初查12件12人，其中检察长接待来访群众55人（次）。

2008—2010年，不断完善信访工作机制，畅通群众信访渠道，共受理群众来信来访269件（次），其中检察长接待18人（次）。

2011年，县检察院领导成员深入农村、企业、社区，先后走访干部群众100余人次，及时发现问题，能现场解决的现场解决，不能解决的承诺期限办理。共接待群众来信来访34件，检察长接待10人次，受理举报线索2件，受理刑事申诉案件1件，处理矛盾纠纷2件，受教育人数达2000余人。

第八节　基本设施

1978年7月，永和县人民检察院恢复重建，1979年1月正式挂牌办公，办公地址设在县公安局下院，1979年7月迁至县城正大街（路）45号新址办公。1985年8月动工修办公楼1幢，建筑面积1000平方米，总投资17.3万元，其中省计委拨12万元，县自筹5.3万元。1987年9月10日正式搬迁新楼办公。2005年，在原办公用房续建一层新增建筑面积500平方米，投资35万元。2011年11月1日，永和县人民检察院举行技侦大楼开工奠基仪式，计划总投资476.88万元，总建筑面积2475.4平方米，五层框架结构。

1983年5月购置北京212吉普车1辆，1987年购置长江750三轮摩托车1辆。1994年6月购置伏尔加小轿车1辆。1996年5月，购置桑塔纳刑勘车1辆，购置电脑、打印机、复印机各1台。1998年8月购传真机1台，并开通使用。2001年1月，省检察院分配给县检察院桑塔纳刑勘车1辆。7月，购置北京2023刑勘车1辆。2003年6月，购置电脑、彩色打印机各1台，更换了会议室设备。2004年3月，购置桑塔纳3000刑勘车1辆，购置"方正"电脑2台，复印机1台，碎纸机1台，扫描仪1台。2005年6月，县检察院安装了三级网机要文件传输通道设备，政法网视频电视会议设备正式开通。2010年6月，购置设备囚车1辆，省检察院统一配发了数码摄像机1台，投影机1台，复印机1台，台式计算机6台，视频展台1台，便携式电脑3台，84寸支架幕1个。

第二章 审 判

第一节 机 构

清代以前实行司法行政合一体制。汉唐之县令、宋之知县事、元之县尹、明清之知县兼理司法。

民国2年（1913）县公署设帮审，民国7年（1918）设承审员，襄理县知事（民国16年改为县长）审查诉讼案件。民国26年（1937）县国民政府设司法处，下设审判官、书记官、录事、执达员、法警等官员。民国初年设村调解委员会，民国24年（1935）全县有村调解委员会28个，调解委员140人。

民国35年（1946）11月永和县解放后，县人民政府成立司法科。1953年9月改司法科为人民法院。1955年1月，人民法院由县政府工作部门改为独立行使审判职能的机构。1958年10月永和县并入吕梁县后，设永和镇人民法院。1961年5月永和县复设，县人民法院恢复原建制。"文化大革命"中，法院先后由无产阶级专政委员会、公检法军管会和县革命委员会保卫组代替。1973年9月恢复县人民法院，内设刑事审判庭、民事审判庭。1984年增设经济审判庭。1985年设立城关法庭、打石腰法庭。1990年增设执行庭、行政审判庭和告诉申诉庭。1991年设立纪检组、政工科。

中华人民共和国成立初期，县法院（司法科）担负审判案件、指导人民调解委员会工作、管理普法教育和司法行政等项任务。1981年2月，司法行政工作由县司法局接管。

20世纪50年代初期，县法院刑事、民事案件由审判员1人审理，遇有重要或疑难案件由审判员3人合议审判，或由审判员会议处理；审判刑事案件公开进行（法律、法令另有规定者除外）。1955年开始实行人民陪审员制度。1988年8月后，县人民法院对民事、经济案件依法公开审理。1990年起，推行民事、经济审判方式改革，实行"当庭举证，当庭质证，当庭认证"，充分发挥合议庭作用，增强办案透明度，提高办案质量。

1997年设立纪检组。1999年设立立案庭负责所有案件的审查受理、诉前保全等工作。

2000年将桑壁法庭、阁底法庭撤并,新修建成立交口法庭,原城关法庭、打石腰法庭撤销,新成立芝河人民法庭。2003年经济审判庭完成历史使命被撤销,成立民事二庭。20世纪80年代法院干警的知识结构:大专学历1名,其余均是中专学历以下;90年代大专以上学历达到40%;2006年大学本科以上学历达90%以上。1990年法院人员有16人,到2002年达32人。2011年底,有人员编制33人,实有31人。其中法官12名,司法警察5名。设置办公室、政治处、法警队、刑事审判庭、民事审判一庭、民事审判二庭、交口法庭、芝河法庭、执行庭、审监庭、行政庭11个内设机构。

2010年,选址城南药家湾新建审判办公大楼投入使用。智能化、信息化、自动化成为新审判办公楼的显著特征。

1946—2011年永和县人民法院历任院（科）长名表

表24-2

姓名	性别	籍贯	职务	文化程度	任职时间
贺 荣	男	山西大宁	司法科长	初中	1946—1947 1952.08—1953.09
杨增衍	男	—	科长	—	1947—1948
祁福成	男	山西襄汾	院长	初中	1955.01—1958.10 1961.05—1967.02
张维屏	男	山西襄汾	院长	高中	1973.09—1990.06
刘福旺	男	山西永和	院长	大学	1990.07—2002.08
马肖博	男	山西代县	院长	大学	2002.09—2007.04
张五全	男	山西洪洞	院长	大学	2007.04—2010.03
张建清	男	山西安泽	院长	大学	2010.03—

第二节 刑事审判

清代以前,法律以刑为主,司法以镇压为主。县衙遵诸法合体的历代法律,民刑掺和,重刑轻民,刑讯逼供,罪从供定。

民国年间，永和偏僻，农商落后，讼案仍刑主民辅。民国12年（1923），县国民政府审理刑事案件，判处各类罪犯158人，其中鸦片烟犯88人，赌博犯66人，杀伤犯4人。民国23年（1934），受理一审刑事案件112件，审结109件。

永和县解放后，县司法科和人民法院贯彻执行关于严禁鸦片烟毒的通令、惩治反革命条例、惩治贪污条例和婚姻法等法律、条例，从民国36年（1947）到1956年，审理各类刑事案件906件，其中反革命案52件，贪污案31件，杀人案5件，毒品案112件，强奸案22件，抢劫案6件，盗窃案67件，其他案611件。这一时期的刑事审判，对保障顺利执行过渡时期政治、经济政策，安定人心和巩固政权起了重要作用。1957—1978年审理各类刑事案件545件，其中反革命案45件，贪污案13件，故意杀人案11件，强奸案43件，盗窃案45件，其他案388件。1978年12月中共十一届三中全会后，县人民法院全面贯彻实施刑事诉讼程序法和实体法，至1995年，审理各类刑事案件209件，其中故意杀人（未遂）和过失杀人案7件，贪污案5件，抢劫案8件，盗窃案80件，强奸案18件，其他案件91件。

20世纪90年代后期至2008年，审理各类刑事案件248件，对抢劫、强奸、盗窃等严重暴力和侵犯财产犯罪，及时审判，严厉打击，始终保持强大的刑罚惩治力和法律威慑力。连续36年无抗诉案件，无发还重审案件。2009年，受理刑事案件20件，结案率为100%，刑事附带民事案件调解率达100%，刑事案件适用简易程序审理6件，占总数的30%，案件平均审限为24天，当庭宣判率达30%。2010年，受理刑事案件15件，审结15件。2011年受理刑事案件14件，审结14件，审结率100%；以法律严惩严重危害社会治安的暴力性、多发性犯罪，共审结此类案件6件13人。

1980年后，全面实施《刑法》《刑事诉讼法》，刑事审判活动进一步规范化。人民法院直接受理伤害案（轻伤）、侮辱诽谤案、拒不执行判决裁定案、暴力干涉婚姻自由案、重婚案、破坏现役军人婚姻案、虐待案、遗弃案等告诉才处理和不需要进行侦查的轻微刑事案件。90年代后，上述刑事自诉案件和附带民事诉讼案件不断增加，尤其是1997年之后，《刑法》《刑事诉讼法》先后相继修改，刑事审判的领域逐步拓宽，人民法院依法保护公民人身权利、民主权利和其他权利，维护国家和社会安定，审判水平不断提高。刑事审判方式也开始改革，推行审判长居中裁判，让公诉人与被告人及其辩护人充分行使应有的诉讼活动权利，使审判人员驾驭庭审能力不断提高。

2000年以后，县法院逐步加大刑事附带民事案件调解力度，参与社会治安综合治理，针对刑事审判中发现的问题，提出司法建议，建议相关部门堵塞漏洞、消除隐患，创下连续 3 年自诉案件调解率、刑事附带民事案件调解率 100% 的记录。同时，县法院坚持教育、感化、挽救的方针，对于轻微刑事犯罪，实行寓教于审、惩教结合，使其能认识到行为的社会危害性，尽快回归社会。对判处缓刑、拘役、免予刑事处罚的人员进行回访，帮助他们解决实际困难，有效避免了重新犯罪的发生。

第三节 民事审判

民国年间，民事审判拓开并占有一定比例。民国 23 年（1934），县国民政府受理一审民事案件 59 件，审结 55 件。中华人民共和国成立后，民事审判成为人民法院一项重要审判工作，审判范围不断扩大。20 世纪 50 年代，县法院共受理和审结民事案件 979 件，年均 97.9 件，年均受案数占年代平均人口的 3.89‰；60 年代，年均受案 51.9 件，占人口的 1.57‰；70 年代，年均受案 46.8 件，占人口的 1.08‰；80 年代，年均受案 113 件，占人口的 2.1‰；90 年代，年均受案 125.5 件，占人口的 2.18‰；2000—2006 年，年均受案 158 件。2007 年，受理民事案件 131 件，结案率为 98.7%，民事调解率达 81%。2008 年，受理民事案件 123 件，审结 123 件，共判处 3 年以上有期徒刑 4 案 4 人，其中判处 8 年有期徒刑 1 案 1 人，判处 6 年有期徒刑 1 案 1 人。2009 年，受理各类民事案件 91 件，审结 91 件，审结率 100%，调解撤诉率 90.4%。2011 年，受理各类民事案件 299 件，其中诉前调解 147 件，受理诉讼案件 152 件，审结 152 件。在所有审结的各类民事案件中，调解（含撤诉）结案 278 件，占结案总数的 93%，无改判案件，无抗诉案件。

婚姻家庭案件是民事案件的重要组成部分。民国 20 年（1931）5 月 5 日国民政府《民法·亲属编》实施后，县内有析产和收养等家庭纠纷案件，但因该法及实施过程中对妇女的限制，故无婚姻案件。民国 36 年（1947）后，县政府司法科始办婚姻案件，迄 1949 年调解离婚 17 件。1950 年 4 月 13 日《婚姻法》颁布后，永和县婚姻案件迅猛上升。1953 年审理民事案件为有史以来最高峰，总案数达 237 件，其中离婚 123 件。1980 年后，随着生产发展和公民、法人民事权益扩大，民事案件构成发生变化，婚姻案件占民事案件比例由 50% 下降到 40% 以下。1982 年 5 月《民事诉讼法（试行）》实施后，民事审判工作局面发生变化，受案数增多，案由增多；1986 年 9 月《民法通则》颁布后，受理的民事案件又有很大幅度增加。20世纪90年代后，新类型民事案件增加，出现了涉及企业改革、市场经济培育发展中的纠纷案件以及涉及市场主体间的财产、信用、契约关系案件。2008年，法院民事案件调解率达89.74%，位居全省基层人民法院第一名，民事审判典型材料入选《第十九次全省法院工作会议经验材料汇编》。

第四节　经济审判

经济审判始于1984年。至1995年，县法院审理租赁、购销、承揽加工、建筑合同纠纷79件。通过审判，解决因合同不完善，管理不严格造成的纠纷，因市场销售情况和价格变化引起的不履行合同、拖欠货款纠纷，因滥包、滥转和法定代表人变更引起的纠纷，严格合同责任，制裁违法经营。审理农村承包合同纠纷26件，调解简易纠纷120件，帮助完善各类承包合同308份。通过审判，妥善处理农村果园、林地、荒山开发和小流域治理等承包纠纷，纠正急功近利掠夺性生产的短期行为和嫉贤妒能的"红眼病"，依法保护承包人合法权益和生产积极性。县法院依法收贷、清欠，维护正常的金融秩序和资金流转。1990年采取诉与非诉相结合，普通程序和督促程序相结合的方法，立案审理一批，上门动员一批，宣传带动一批，帮助县农业银行、工商银行、建设银行、信用合作社收回货款1300余万元，为粮油贸易总公司、药材公司、石油公司等企业清欠110余万元。

1998—2003年，审结涉及企业改组、租赁、承包经营、企业债务纠纷11件，标的额90余万元，审结各类合同纠纷36件，结案标的额560余万元。妥善处理交通事故纠纷赔偿、房屋损害、人身财产损害赔偿等案件275件。审结房地产、劳动报酬、保险等案件59件。依法收贷，帮助农行、信用合作社收回贷款690余万元。共审结山林、水利、土地承包合同纠纷案件57件，调解简易纠纷134件，帮助完善各类合同296份。

2003—2007年，共审结一审民商案件733件，依法审理婚姻家庭、劳动争议、房地产纠纷、人身损害赔偿等直接关系人民群众生活、生产的案件119件；依法审理农村承包合同等涉农案件21件，审结各类借款合同纠纷91件，为金融机构追回贷款121.9万余元；依法审理各类经济合同纠纷51件。

2008—2011年，共受理各类经济案件66件（含自诉案件8件），判决有罪81人，其中判处3年以上有期徒刑的占23.4%。

第五节　行政审判

1986年以前，行政审判按《民事诉讼法》程序审理。1990年10月1日《中华人民共和国行政诉讼法》实施以后，在行政领域有了专门的法律，行政相对人"民告官"有了法律支持。县法院共受理并审结各类行政案件14件，其中维持行政机关具体行政行为4件，撤销2件，撤诉2件。审查并执行行政机关申请的非诉行政申请执行案件51件，维护了当事人的合法权益，保障和监督行政机关依法行政。

1998—2003年，共审结行政诉讼案件4件，审查并执行行政机关申请的非诉行政申请执行案件53件。

2003—2007年，共受理各类行政案件6件，依法驳回起诉2件，判决维持行政机关行政行为2件，行政机关完善、改变行政决定后，行政相对人自愿撤诉2件。

至2011年，县人民法院宣传法律知识，提高广大人民的法律意识，热情接待上访的当事人和信访工作人员。开展法官下乡巡回办案，起到"审理一案，教育一片"的社会效果。4年间，县法院共巡回开庭142次，假日法庭28次，受法制教育人数达1500人次。

第六节　案件复查

1978—1979年底对1966—1978年判处的各类刑事案件进行复查，同时依据申诉复查了一部分历史老案。其中现行反革命案占10.7%，历史反革命案占21.2%，其他刑事案件占68.1%。经过复查维持原判的占81.4%，撤销原判宣告无罪的占18.6%。

1998—2003年，共审理检察机关依照审判监督程序提出抗诉的2件，发现错误、提出再审的1件。经再审维持原判1件，改判2件。

2005年6月开始摸查执行积案，共执结22案，部分执结5案，执行标的额183万余元。2006年上半年执结18件积案。

至 2011 年底，共排查出积案 22 件（其中有财产可供执行案件 9 件，无财产可供执行案件 13 件），全部执结，结案率达 100%。

第七节　案件执行

1990 年前，人民法院实行审执合一制度，即谁办案、谁执行。1990 年 7 月成立执行庭后，逐步实行审执分离。执行庭成立至 1995 年，每年执行二审案件和一审疑难民事、经济案件 30 件左右，其余案件仍由原审判庭执行。1998—2003 年，共立案执行各类案件 875 件，执结标的额为 736.85 万元，执结率为 81%。2003—2006 年，贯彻中央 11 号文件之后，执行力度进一步加大，执行难局面得到缓解。

2008 年，最高人民法院开展"清理执行积案活动"，永和法院创下执行新案 100% 执结、有财产可供执行积案 100% 执结的成绩。是年，县法院建立执行联动机制，坚持党委领导，法院牵头，金融、税务、土地等多部门联动的工作格局，进一步维护当事人权益，维护裁判权威与社会稳定。2009 年，受理执行新案 20 件，已执结 20 件，执结率达 100%，执行和解率 82.3%。2011 年，共新收各类执行案件 45 件，执结 42 件，执结率 93.3%。共清理执行积案 8 件中的 7 件，有效地解决了执行难的问题。

第八节　告诉审诉

1992 年前，凡到人民法院起诉的案件均由各庭自行受理，向院办公室填报统计卡片。1993 年实行立审分离，凡起诉的案件包括刑事公诉、自诉案件，民事、经济、行政案件和执行案件，均由告申庭下设的立案处统一受理，当事人"告状难"和"不结不立"问题得到解决。告申庭成立前，不服人民法院判决、裁定、调解提起申诉和再审案件，上级人民法院指令再审案件，由院长组织审判人员审查或再审，告申庭成立后由该庭审查处理或组织再审。

1998—2003 年，共审理检察机关依照审判监督程序提出抗诉的 2 件，发现错误、提出再审的1件，经再审维持1件，改判2件。5年间，对21案的当事人因无钱打"官司"而实行了诉讼费的减、免、缓制度。

2003年1月，告诉、申诉庭改称审判监督庭。

至2011年底，县法院针对赡养、交通事故及人身损害赔偿案件中的弱势群体，减免缓诉讼费用1万余元，确保经济困难的当事人能打得起官司，确保有理的当事人能打得赢官司。印发《诉讼流程指南》《诉讼须知》《法律常识一百问》等小册子，加强诉讼指导，使当事人能充分了解诉讼程序，更好地行使诉讼权利，把握好案件受理尺度与口径，严格按照修改后的《民事诉讼法》和司法解释规定，对裁定不予受理的案件向当事人做好解释说明。政治处在县法院博客上开通民意沟通平台，老百姓可通过电话、传真、邮件、QQ在线等多种途径向法官咨询或提出意见、建议。县法院共走访7个乡镇35个村委，从源头上解决了19起上访事件。接待法律咨询375人次，指导诉前调解149起，现场调解涉农纠纷21起，发放法律宣传资料1000余份，民意沟通平台征求到有价值的意见、建议35条，加深了法院与人民群众的沟通和联系。4年间，"人民调解窗口"共接待当事人263人次，成功调解各类矛盾纠纷147起，为多元化化解矛盾纠纷，促进社会和谐稳定积累了经验。

第九节　人民陪审

1955年1月，永和县第一届人民代表大会第二次会议召开时选举产生人民陪审员41人。依照1954年9月通过的《人民法院组织法》规定，县法院审判案件由审判员和人民陪审员组成合议庭进行（简单民事案件、轻微刑事案件和法律另有规定案件除外）。"文化大革命"期间，人民陪审员制度中止。1973年9月恢复人民法院后第七届人代会前选举的人民陪审员继续执行职务。从县第八届人代会起，每届有人民陪审员42—54人。从1983年9月2日起，根据修改后的《人民法院组织法》规定，县人民法院审判案件由审判员组成合议庭，或者由审判员和人民陪审员组成合议庭进行。人民陪审员在执行职务期间，与人民法院的审判员享有同等权力。

2005年，根据全国人民代表大会常务委员会《关于完善人民陪审员制度的决定》和最高人民法院、司法部《关于人民陪审员选任、培训、考核工作的实施意见》，县人民法院通过选任公告、新闻宣传，经本人申请和单位推荐，并与司法行政机关对报名人选进行严格审查，任命了5位人民陪审员。

2008—2011年，县法院先后邀请人大代表、政协委员旁听各类刑事、民商事案件开庭审理10余次，以座谈、专访、接待和其他形式与人大代表、政协委员沟通交流、听取意见建议26人次。县法院充分发挥人民陪审制度的司法监督功能，提请县人大常委会新任命6名人民陪审员。这6名人民陪审员来自工商、妇联、学校等行业，主要参与案件审理、诉前调解、信访接待、协助执行等工作，有效发挥了司法民主和社会监督的功能。

第十节　人民法庭

县人民法院巡回法庭

人民法庭的设置由中级人民法院批准并报高级人民法院备案。1982—2000年，永和县共有4个人民法庭。阁底人民法庭设于1973年，管辖原阁底、西庄、泊洋3乡。初期租用民房办公，1981年修建石窑3孔，1986年窑洞裂缝、院墙倒塌停止办公，1989年维修后重新迁入。桑壁人民法庭设于1973年，管辖原桑壁、署益、交口3乡，初期为巡回法庭。1980年租用民房办公，1989年购买院落1座，占地面积450平方米，有石窑3孔，维修后迁入办公。城关人民法庭设于1982年，管辖原城关、坡头、罢骨3个乡镇和县直机关单位。办公地址原在县法院，1993年建成新址，建筑面积650平方米，办公区、审判区、生活区3区分离，"硬件"（基本建设及设施）和"软件"（制度建设、审判工作、内部管理）建设均达到省级一流人民法庭标准，1997年被省高院命名为"省级一流人民法庭"。打石腰人民法庭设于1982年，管辖打石腰、南庄2乡。无单独院址，在城关人民法庭临时办公，下乡巡回办理业务，有审判人员2人。

永和县人民法庭担负着全院所有案件的审理任务。阁底、桑壁、打石腰人民法庭年审理民事案件各在20~40件之间；城关人民法庭年审理案件在80件以上，最多达到110件。4个法庭每年调解简易纠纷100余件，指导人民调解委员会调解民事纠纷300余件。

2000年，根据山西省高级人民法院《关于人民法庭撤并的批复》，县法院将桑壁法庭、阁底法庭撤并，并修建成立交口法庭，设庭长1人，配备人员5人，管辖原署益乡、桑壁镇、交口乡、泊洋乡、阁底乡、西庄乡。原城关法庭、打石腰法庭撤并，成立芝河人民法庭，设庭长1人，副庭长1人，配置人员7人、法警1人，管辖县直、城内流动人员和原城关镇、罢骨乡、坡头乡、打石腰乡。

第二十五编

军　事

永和境内有许多军事要地，永和关、双锁山、阁山等自古以来就是兵家必争之地。民国6年（1917），阎锡山陆军一连驻扎永和关。民国25年（1936），东征红军在阁山、永和关、双锁山等地驻守和战斗。

民国35年（1946）11月，中国人民解放军二纵队解放永和，永和县人民政府成立。新成立的人民政府积极组织支前担架队，支援人民解放战争。中华人民共和国成立后，永和县响应毛泽东主席"大办民兵师"的号召，实行全民皆兵，组建民兵师，全县民兵9000余人。民兵实行"劳武结合"，一边参加劳动，一边加强训练，是一支平时搞建设、战时能打仗的国防后备力量。

第一章 要地 设施

第一节 要 地

双锁山

位于县城东南 15 公里处，海拔 1503.6 米。山顶可展望永和县各大山峰，能监控隰县、大宁方向往来。

楼 山

位于县城南 35 公里处，海拔 1300 米。可监视大宁县、陕西省边界和黄河沿岸。建有古庙 2 座，石砌水窖 2 孔，储水量可供百人食用。

阁 山

古称乌龙寺，位于县城西南 22.5 公里处，海拔 1235 米。建有娘娘庙、高王庙、阎王庙、千佛殿等古庙宇，僧侣居室石窑数十孔，石砌水窖 1 孔。山顶可遥望阁底、打石腰等乡黄河沿岸一带，可监控于家咀、阴德河、铁罗关等渡口，为历代驻兵把守之地。

大寨岭

位于县城西北 15 公里处，海拔 1507 米，是通往永和关渡口与延安等地的必由之路。

永和关渡口

位于县城西北 35 公里处黄河岸边，两岸坡度均为 30°左右，是通往陕西省的重要渡口。

于家咀渡口

位于县城西南 40 公里的于家咀村，是东征红军回师西渡的主要渡口。民国 25 年（1936）5 月 2 日，毛泽东由此西渡黄河回到陕北。

芝河镇

县城所在地，位于县境中部略偏西北，居榆林则川、东峪沟川与芝河会合处。东倚双锁山堡子塬，芝河水从北向南穿腹而过，呈倚山抱水之状。1945—1946 年，中国人民解放军与国民党蒋阎军队先后3次浴血奋战,于1946年11月最后攻取永和县城。

桑壁镇

位于县城东南30公里处。南靠狗头山,翻山与大宁县昕水镇、太德乡毗连,距大宁县城30公里;北屏双锁山与芝河镇接壤,距县城25公里;西与交口乡接壤,经交口到县城30公里;东邻隰县阳头升乡,距隰县城50公里。南宋时期,曾在镇西护国村、镇东堡则村设堡,在镇南狗头山、镇北双锁山、镇东榆林村设寨。1936年4月27日,毛泽东主席率红军总部到达桑壁、前龙石腰一带,做出了东征红军回师西渡的决策。

交　口

位于县城南芝河岸边交口乡交口村。有南北走向河槽,河谷东西两边有通行公路,是县境内南部的交通枢纽。往北可达永和县城;往南经南楼、陈家塬村可到大宁县;往西过黄河可往陕西境内;往东经署益、前河村可通往隰县。

坡　头

位于县城北坡头乡坡头村。往南经乌门、川口直通县城;往北经岔口、兰家沟通往石楼;往东、往北有多条道路可通达隰县。俗称县境北大门,战术上可控制县境北部。

第二节　设　施

堡　寨

南宋时期,金天会十一年(1133),为御盗寇,永和县在周边地区设置6堡、7寨共13处。

城塬堡

居城东高塬上,现名堡子塬。

护国堡

在县城东南今桑壁镇护国村,距县城30公里。

署益堡

在县城东南今桑壁镇堡则村,距县城25公里。

梁家堡

在县城西北今芝河镇梁家坡村,距县城10公里。

刘家堡

在县城西北今芝河镇刘家庄村，距县城10公里。

庄则堡

在县城西南今阁底乡庄则坪村，距县城25公里。

双山寨

在县城东南双锁山。天生双壁，中通一道，峰巅之上，石罅玲珑。北峰有仙人洞，洞左有北宋初期巾帼英雄刘金定的丈许石雕巨像。古为城西通往城东的必由之路。

榆林寨

在县城东南今桑壁镇榆林村，距县城30公里。

大寨岭寨

在县城西北今南庄乡境内大寨岭。

楼山寨

在县城南今交口乡境内楼山。

捕狐寨

在县城东南今桑壁镇边境狗头山，距县城35公里，是永和县与大宁县的分界。

岔口寨

在县城北今坡头乡岔口村，距县城15公里。

土乐寨

在县城东北今坡头乡土罗村，距县城20公里。

墩 台

清康熙十一年（1672），全县以县城为中心，分4路设墩台（瞭望台）8处。城东设2处：深腰里墩、长索里墩；城西设2处：大寨岭墩、永和关墩；城南设2处：交口墩、佛堂墩；城北设2处：上刘台墩、赵家沟墩。

城 墙

明洪武初年，主簿徐大荣始筑。正统十四年（1449），知县胡贞扩建。清代多次补筑。阎锡山时期于南、西、北城墙上筑炮楼8座。中华人民共和国成立后，为扩建城区先后拆除。

碉堡 战壕

民国25—34年（1936—1945），阎锡山政府强遣全县数千民工，在县城和9个编村的关口、要道，修筑碉堡27座，暗堡64座；挖战壕、隧道16条，长12250米。城周山头,凭险设障,筑成河口山、凉水井山、堡子塬3个防御阵地。民国35年(1946)11月解放县城时大部分摧毁,其余被当地群众拆除。

演武场

古演武场在县城南门外,民国时期移到河西坡华神庙后,有演武厅3楹。遗址在今县城河西坡城关法庭附近。

现今县城内人武部楼前建有民兵训练基地。

第二章 兵役制度

第一节 清代前兵役

永和县辖区,自西汉(公元前202—公元8)置县已有2100多年的历史。

西汉以征兵制为主。初期,凡男子20岁始为服役年龄,中期改为23岁,56岁止役。到汉武帝时,因连年对匈奴用兵,兵源缺乏,遂使大规模募兵成为制度。东汉实行募兵制,招募对象为破产农民,有刑徒,也有少数民族。所募之兵,皆无固定服役期限。

三国时县境属魏,世兵制为主要兵役制度。士兵终身为兵,父死子继,世代服役。

西晋兵役沿袭魏制,也用招募兵力和征拔民丁作为补充兵员的手段。

十六国、南北朝时期,县境沿袭魏晋汉军制。北周创建府兵制,即在均田制基础上建立军府的制度。

隋朝建立后,沿袭北周军制,实行府兵制度,建立军府,扩充府兵。唐朝前期,沿用隋制,实行府兵制。中期,府兵制崩溃,改行募兵制。五代时期,实行募兵制。

北宋时期,兵制沿袭北周。

元朝时期,在对汉人实行征兵制基础上的世兵制。凡被签发为军人,即为军户,家口、财产都注明在军籍,不得更改,父死子继,世代为兵。

明朝初期,兵役实行军户制。英宗正统年间(1436—1499)开始募兵,尚非定制。嘉靖年间(1522—1566),募兵制成为一种制度固定下来。

清朝,正规军有八旗兵和绿营兵。八旗兵为世袭制,绿营兵为募兵制。

第二节　民国兵役

募兵制

民国初期，实行募兵制。募兵者持山西省督军府颁布的募兵执照和募兵旗，插旗招兵。募兵者官职按照招募兵员多少而定，故常因应募人数少而强行抓壮丁，扩充兵员。

志愿兵役制

民国25年（1936）2月间，中国工农红军十五军团东渡黄河进驻永和境内。4月，索驼、岔口、土罗、乌门一带有30多名青年自愿报名参加红军。

民国26年（1937），山西省牺牲救国同盟会永和县分会组织发动爱国青年杜葆元、弓步云、李元忠等32名青年，参加国民兵军官教导团，后转为山西新军决死队。同年，中共地下党控制的民族革命中学，在县内招收吴斗南、毛明远等12名学生参加抗日队伍。

民国28年（1939）4月，山西新军决死纵队五总队在永和扩军，自愿报名参加者105人，组建为1个连，9月调往汾西。同年，县城王汶、肖纪等24名青年，自愿报名参加吕梁剧社，投入抗日队伍。民国25—28年（1936—1939），永和县先后有232名青年志愿报名参加中国共产党领导的军队。

兵农合一制

民国31年（1942）8月，阎锡山政府实行"兵农合一"制，将18—48周岁的役龄壮丁每3人编为1组，其中的1人当常备兵入伍打仗，其余2人当国民兵在家种地或做工，优待同组常备兵的家属，待遇为8石粮食，全部细粮，3年一换。是年，全县入伍的常备兵共有530人。

第三节　中华人民共和国兵役

义务兵役制

1950—1954年，规定凡18~30岁，身体健康，身高不低于1.54米的公民即可报名入伍。此间，全县有173名青年报名参加中国人民解放军。1955年7月30日，中华人民共和国第一届全国人民代表大会第二次会议通过《中华人民共和国兵役法》，规定实行义务兵役制，平时定期征集，定期退伍，战时实行动员。男女青年，凡年满18岁，思想品德好，政治历史清楚，身体健康，均可自愿报名应征。服务期限为陆军3年，海军4年，空军5年。

征兵工作会议

两个结合的兵役制

1983年5月31日，第六届全国人民代表大会第二次会议通过修改后的《中华人民共和国兵役法》。规定中华人民共和国实行义务兵役为主体的义务兵与志愿兵相结合，民兵与预备役相结合的兵役制度（简称两个结合的兵役制度）。义务兵服役期满，可自愿申请并经上级批准后，继续留在部队当志愿兵。志愿兵服役期限12年以上，年龄不超过35岁。1998年12月，对1984年《兵役法》进行修改。规定士兵征集现役的年龄改为18~22周岁，不分军种、兵种，服役期限均为2年。义务兵服役期满，根据需要和本人志愿，经批准可转为志愿兵，至少再服役3年，一般不超过30年，年龄不超55周岁。

1955—2011年，永和县应征入伍青年共2200余人（每年应征30~40人；1983年最多为82人）。

预备役分为士兵预备役和军官预备役两种。1956年，永和县首次进行预备役登记工作。1962年对1950—1954年转业、复员的副排级以上干部和1955—1962年授予准尉以上军衔的转业、复员干部进行预备役军官登记，全县共登记55名。1981年对从部队退出现役，年龄在28岁以下，符合服兵役条件者进行登记，全县登记385名。

第三章 武 装

第一节 驻 军

警备队

民国5年（1916），巡按使金永派警备队一营，分驻县城、永和关。民国6年（1917），警备队被山西督军阎锡山撤销。

陆军连

民国6年（1917），山西督军兼省长阎锡山将警备队裁撤，令晋南镇守使派陆军一连驻防。至民国18年（1919），陆军一连分驻永和关、县城及阴德河、铁罗关渡口。

四一八团

民国24年（1935），为防陕北红军东渡黄河，阎锡山部六十一军二〇九旅四一八团（吕瑞英团）在永和县沿黄河一带驻扎把守。民国25年（1936），吕瑞英团被东征红军击溃。

东征红军

民国25年（1936）2月至5月，中国工农红军一军团、十五军团、二十八军东渡黄河，在永和县境驻扎、战斗。

国民党部队

民国26年（1937）11月，太原沦陷后，国民党三十三军、中央独立旅、二十七路军和第一战区卫立煌部等三四十万人溃退到永和境内临时驻扎，数日后撤离。

十八兵站

民国26年（1937）至34年，八路军第十八兵站驻永和县城北关。兵站设站长兼指导员1人，炊事员2人，通信兵10人，主要负责延安与敌后根据地之间往来人员的接待和物资转运。

阎锡山部队

民国28年（1939），阎锡山十九军、骑一军、二十三军在永和境内驻扎数月时间。

决死队

民国 28 年（1939），山西新军决死二纵队 1 个连在永和县驻扎数月时间。

晋绥十团

民国 34 年（1945）12 月，晋绥分局十团由李立清团长、左秉参谋长率领进入永和境内，在索珠、山头、阁底等村驻扎数日。

第二节 地方武装

营 伍

明崇祯四年（1631）调立营伍，设守备 1 名，制兵 300 名，设防于大寨岭、社里、永和关、郭家山、李家畔、县城等地。冬季黄河冰桥冻合，增设阴德河、于家咀、铁罗关、佛堂等防地，翌年冰消河开时撤销。县人药科任守备 4 年。崇祯十七年（1644），明朝覆亡，营伍溃散。

绿 营

清康熙年间建立永和绿营，驻扎永和县。设经制把总 2 员，共制兵 90 名。把总自备马 4 匹，存营操马 4 匹，每岁额支饷银 1080 两，米 334 石。永和县营设把总 1 员，制兵 60 名，分驻县城、双锁山、上刘台、大寨岭、佛堂渡口等防地；永和关营设把总 1 员，制兵 30 人，防守永和关渡口。光绪二十七年（1901），永和绿营撤销。

警察所

清光绪二十七年（1901），撤销绿营成立警察所，设官带 1 名，巡警 12 名。民国 18 年（1929）警察所撤销。

警士队

民国元年（1912），原巡警官带改为警务长，警额照旧。民国 3 年（1914），警务长改为警佐。民国 18 年（1929），警察所改为公安局，警佐为局长。公安局设警士 50 名，其中常备警士 28 名，冬防警士 10 名，二区区警 6 名，三区区警 6 名。设警长 4 名，管理警士。分别设防于岔口、阁山、县城等地，负责巡查、拘捕和维持社会治安。装备有冲锋枪 5 支，马利夏 15 支，马套筒 6 支，步套筒 6 支，老毛瑟 12 支，来福马枪 1 支，波落泥手枪 1 支，六轮手枪 1 支，手掷弹 50 枚。民国 35 年（1945），永和解放，警士队消散。

防共保卫团

民国 25 年（1936），阎锡山为破坏红军东渡北上抗日而设。县设独立区队，区队下设中队，中队下设小队，团丁由中队在当地青壮年中抽拔，全县共拔团丁 754 人。1946 年，永和防共保卫团消散。

人民武装自卫队

民国 26 年（1937）8 月，山西省牺牲救国同盟会永和县分会组建县人民武装自卫队，黄耿夫任指导员，任维德任总队长，吴化民任副总队长，下设 2 个中队、1 个警卫班，战士发展到 200 多人。后由中国共产党党员裴光庆任自卫队指导员，王文智任总队长，经过整顿，将原自卫队 2 个中队合编为 1 个中队。

国民兵团

民国 31 年（1942）6 月，阎锡山政府成立永和县国民兵团，团长李承祖，副团长张尔厚。下属 9 个编村均设国民兵村连长。其主要任务是推行"兵农合一"制，负责征集兵员等事宜。民国 34 年解散。

守备队

民国 34 年（1945），阎锡山政府成立山后守备队，队员 200 余人，司令高兴波。主要任务是防守县城。民国 35 年（1946）11 月，永和县解放，守备队消散。

爱乡团

民国 34 年（1945），阎锡山政府成立永和爱乡团，团长宋成英，副团长郭金环，团指导员贾世明。隶属 3 个营、900 多人。一营驻城南药家湾，营长王直秉；二营驻城内，营长贾生才；三营驻大寨岭，营长白达山。主事县城防守。民国 35 年（1946），爱乡团解散。

武装工作队

民国 34 年（1945）5 月成立，是中国共产党领导的武装组织。龚福成任队长，下设 2 个班，由贺凤元、李考又分别任一、二班班长。是年 8 月并入县游击队。民国 35 年（1946）1 月重建，由杨佐凤任总队长。下设 4 个区队，一区队长郝尚贵，二区队长林柏青，三区队长郝国柱，四区队长苗彪。

永和游击大队

民国 34 年（1945）8 月 22 日，中共沿河工委决定组建永和游击队，由白文志任队长，贺凤元任指导员。下设 3 个分队，第一分队长丁学文，第二分队长高盘升，第三分队长白好久，战士发展到 100 多人。是年 10 月改编为游击大队，李林任大队长兼政委，郝尚贵任副政委，刘世茂任副大队长。下设 4 个区游击队和 1 个警卫连，一区游击队长冯存，二区游击队长林柏青，三区游击队长先后为贺凤元、白文志，四区游击队长苗彪；警卫连长贺永昌。警卫连下设3个排，一排长冯彦明，二排长杨耀明，三排长贺云。

武警部队永和县中队

民国36年（1947）11月，组建永和县警卫连，曹学元任连长，战士80多人。民国37年改称保安队。1951年2月改编为中国人民解放军永和县中队，设队长、指导员各1人。1983年改编为中国人民武装警察部队永和县中队，编制3个班，设队长、指导员各1人。2000年，中国人民武装警察部队永和县中队，设3个班，队长、指导员各1人，战士36人。至2011年，中队一直是3个班，人数38人保持不变。

第三节 民 兵

人民武装部

人民武装部是民兵的军事领导机构。民国35年（1946）11月，永和县成立人民武装委员会，由林柏青任主任，下设4个区大队，各村公所建中队，自然村建分队。1950年1月改为永和县人民武装部，是年10月改称中国人民解放军永和县人民武装部。1954年8月贯彻实施《兵役法》，永和县兵役局成立，保留中国人民解放军永和县人民武装部牌子。1962年12月撤销兵役局，恢复中国人民解放军永和县人民武装部。1986年5月改编为山西省永和县人民武装部，隶属人民政府建制。1996年4月收归军队建制，隶属临汾军分区，复称中国人民解放军山西省永和县人民武装部。

1949—2011年永和县人武部、兵役局历任部长、局长名表

表25-1

姓 名	籍 贯	职 务	任职时间
陈万才	—	主任	1949.10—1950.1
杨继晋	山西省翼城县	部长	1952.9—1953.2
李克明	山西省翼城县	局长	1956.3—1958.10
李克明	山西省翼城县	部长	1961.5—1967.6
杨占龙	山西省石楼县	部长	1967.6—1969.4
范盛双	黑龙江省	部长	1969.4—1969.10

续表 25-1

姓 名	籍 贯	职 务	任职时间
张海泉	山西省阳曲县	部长	1969.10—1971.10
黄福元	山西省浑源县	部长	1971.10—1978.9
张振荣	山东省	部长	1978.9—1981.8
韩 岁	河北省徐水县	部长	1981.8—1983.6
赵连峰	河北省邯郸市	部长	1983.6—1986.5
范生荣	山西省五寨县	部长	1986.5—1999.4
冯 炜	山西省永和县	部长	1999.4—2003.1
苏建生	山西省曲沃县	部长	2003.1—2008.2
付景军	安徽省太和县	部长	2008.2—

1962—2011年永和县人武部、兵役局历任政委名表

表 25-2

姓 名	籍 贯	职 务	任职时间
林均成	河北省	政委	1962.12—1964.4
苗柏青	山西省洪洞县	政委	1964.4—1969.4
吕务泉	河南省林县	政委	1969.4—1973.4
张瑞恒	河北省新城县	政委	1973.4—1981.8
冯彩君	河北省石家庄市	政委	1981.8—1986.5
杨德和	山西省潞城县	政委	1986.5—1990.4
徐保珠	山西省永和县	政委	1990.5—1996.3
荀义贵	安徽省长丰县	政委	1996.5—2004.2
张新中	河北省鹿泉县	政委	2004.2—2007.3
李 刚	山西省尧都区	政委	2007.3—2010.4
何进平	湖南省江永县（瑶族）	政委	2010.5—

组织建设

民国36年（1947），永和县人民政府正式组建民兵组织，县设人民武装委员会，下设4个区大队，23个行政村均设中队。凡18~35周岁的公民，政治表现好，身体健康，历史清白，都编入民兵组织。以自然村为单位，大村设小队，小村设民兵小组。行政村成立民兵中队，统一领导全行政村的民兵工作。1949年全县加入民兵组织的有800人。

1958年9月20日，中共中央主席毛泽东发出"大办民兵师"的号召，实行全民皆兵。参加民兵年龄，男性由18~35周岁调为16~40周岁，女性由18~30周岁调为16~35周岁。全县民兵增至9000多人，按公社、生产大队、生产队，编为团、营、连、排。1962年始，开展民兵工作"三落实"活动，即组织落实，政治落实，军事落实。1970年成立基干民兵团，凡28周岁以下的复员军人和农村18~25周岁的青年，经过训练，符合民兵条件，编为基干民兵。全县有基干民兵5578人。

1975年组建民兵师，全县共有民兵11587人，其中基干民兵5578人。农村人民公社共组成12个民兵团，其中11个人民公社各建1个团，另建1个基干民兵团，下设74个连，364个排。县直机关民兵组建为2个营。

1984年5月，民兵年龄改为18~35周岁，凡在龄男女公民均编入民兵预备役组织，28周岁以下编入基干民兵。组织层次改为基干民兵和普通民兵。女性只编入普通民兵，同时取消民兵师建制。全县实编民兵4870人，其中基干民兵2100人。

1996年，县人民武装部改属军队建制后，按照"普通民兵全编，基干民兵精编"的要求，对全县民兵进行了调整。全县实编民兵4460人，其中基干民兵500人。1998年，贯彻落实《山西省民兵预备役工作条例》，组建高技术专业分队。是年全县实编民兵4411人，其中基干民兵500人，编制1个应急分队，共80人，下设3个排。2001年，全县实编民兵4400人，下设7个民兵营、7个基干民兵连、72个普通民兵连、1个80人组成的应急分队。

2003年，全县实编民兵4500人，下设7个民兵营，7个基干民兵连和90余人的应急分队。2006年，全县基干民兵和普通民兵分布到各个乡镇和单位，建制有营、连和专业技术分队、应急分队等。2011年，全县实编民兵4580人，下设7个民兵营，7个基干民兵连，1个12人的专业技术分队和1个100人组成的应急分队。

训 练

民国36年（1947），初

组织民兵应急分队训练

次组建民兵，军事训练一般由各区和行政村组织，训练内容主要是列队、武器使用、保管和实弹射击。同时开展忆苦思甜等政治教育，发动广大民兵积极参加土地改革、镇压反革命和抗美援朝运动。

1959年，全县5个人民公社均设立人民武装部，民兵训练走上正规化道路。各公社本着"劳武结合"的原则，以治山治水、植树造林、农田基本建设、修筑公路为战场，一边劳动、一边训练，军事训练效果良好。据1962年统计，全县参加训练民兵达1000人，实弹射击及格者有960人。

1963年1月，县人民武装部组织民兵军事野营活动，进行战时集中和执勤训练。

1964年7月，组织民兵开展射击和战术比武，项目有无依托射击（俗称拼枪）、夜间射击、爆破、投弹、土工作业等。

1973年，贯彻执行中共中央军委颁发的民兵军事训练《三年纲领》和《四年纲领》，把民兵工作纳入正规化、经常化。当年开始，县人民武装部每年用10—15天时间，对全县民兵营长、连长、基干民兵及专业技术骨干进行1次训练。

1985—1995年，人民武装部训练民兵的重点对象是民兵干部、专业技术兵和部分基干民兵。训练内容主要是列队、射击、投弹、爆破、单兵战术5大课目。期间，全县参训民兵共800人次。

2006年后，县人武部训练民兵的重点对象是民兵干部、专业技术民兵和部分基干民兵。每年利用15天时间，对他们进行队列、射击、投弹、爆破、单兵战术等基础科目和实战技能的训练。针对应急分队在维稳反恐和经济建设中可能担负的任务，对他们重点进行警棍术、拳术重点难点课目训练，并配齐了装备，更换了服装。2006年，全县参训民兵20000余人次；2011年，全县参训民兵18000人次。

主要活动

民国36年（1947）冬，全县4个区大队组织民兵130多人，参加土地改革运动。民兵主要担负抓捕、监察顽固不化的地主、富农和恶霸豪绅的任务。

1951年，在镇压反革命运动中，全县3个区、23个行政村，共组织民兵120人，配合公安部门，抓获反革命分子76人。是年，第三区李家塬村民兵王才仁出席北京军区民兵代表大会。

1958—1980年，全县民兵实行"劳武结合"，县、社人民武装部组织领导民兵积极参加水土保持、农田建设、植树造林、修筑公路等基本建设工程的劳动，充分发挥突击队作用。民兵排长张振华在带领民兵施工中，因出现塌方而牺牲。1965年，桑壁公社桑壁大队民兵连长赵英昌出席山西省第二届民兵代表大会，并在大会上发言。1969年，城关公社东峪沟大队民兵连长吴世勇代表集体出席北京军区召开的"双代会"。

1981—1993年，全县组织民兵1000余人，在双锁山西坡栽植松树500亩，在大寨岭栽植刺槐1000亩，在黑龙神圪塔栽植核桃树300亩。

1983年，县人武部成立"帮战友"活动机构。1997年，健全完善了"帮战友"活动领导组。通过对军属困难户的帮扶，22户军属脱贫，成为当地的致富带头人。

1989年，选拔120人组建民兵应急分队。

1994年，桑壁镇桑壁村民兵连被省委、省政府、省军区树为基层建设先进连队。

1996年，民兵组织发动民兵配合公安部门抓赌3起，制止斗殴打架2起，扑灭火灾1起。

2003年，县人武部组织民兵在芝河镇、坡头乡等交通要道，协助卫生部门检查过往行人1万余人次，有效杜绝了"非典"疫情的传播。

第四章　战　事

第一节　古代战事

石羊城之战

魏太武时，吐京胡人起义，自号辛支王，反抗魏的统治。西台直后奚康生为军主，从章武王彬讨之。辛支遣精骑1000，拦路截断；康生率500兵卒，反击破之，追至石羊城（今同上吉），斩首30级。彬甲卒7000与对战，分为五军四军俱败，康生全军撤退。辛支统率精骑1000尾追袭击，追至东突谷，康生诈为坠马，胡兵疑死，争欲取之。康生跃马奋矛，杀伤胡兵数十人。辛支轻骑撤退，康生百余步弯弓射之，胡兵应弦而死，大败逃走。石羊城一战俘虏胡人牛、羊、驼、马万余。

义军过境

明崇祯三年（1630）5月27日，李自成义军一部500余人，由扒山虎率领，从陕西渡河入境，攻破永和县城，杀死官兵李如柏等30余人。

姜襄兵变

清顺治六年（1649），大同姜襄反清发动兵变，姜之爱将卫敏（永和人）、王登宪（隰州水头镇人）、刘嗣向（蒲县人），连破吉州、隰州、蒲县、乡宁、永和等县城。

孤城自卫战

清康熙十三年（1674），匪首王祥、张桂阴、任傻子纠合匪徒百余人围攻永和县城。知县张君美率全城军民昼夜坚守，同时飞檄告急。县人王居中见义勇为，单刀独战，杀伤匪徒数十人，活捉匪首张桂阴、任傻子，匪首王祥率众败逃。平阳分镇李得胜调隰州、吉州大龙关兵来时，匪徒已退，县城保全。张、任2匪被解刑场杀头。

第二节 近现代战事

陕军犯境

民国6年（1917）5月25日，陕军郭坚率部数百人由吴王渡过河，窜扰荣河、万泉、河津，并陷乡宁、吉州、大宁沿河一带，从永和县南侵入阁家坡、阁底等村。正在阁山防守的河东标统营长谭锦标率部激战数日，俘虏陕兵270多人，奉命在县城北关大坡下全部枪毙，就地掩埋于水冲穿涧内。

民国19年（1930）4月5日，陕军头目周维其、杨根五、岳树林等率兵140余名，由清水关渡河，意图以阁山为据点，长期盘踞。县公安局警长郭凝瑞率警8名巡守阁山，与陕军激战1昼夜，陕军未能如愿，遂分扰周围阁底、庄则坪、退干、乌华沟、苏土、铁罗关等村。所至村庄皆掳掠一空，焚烧房舍无数，居民损失财产约万元左右，庄则坪村民冯根成中弹死亡。当晚保安队赶到永和，偕公安局长率队援剿，将陕军击溃。

红军东征

民国25年（1936）2月20日，红军十五军团七十五师二二三团从石楼进军永和。该团一连首战永和，消灭守关阎军，控制阎军四一八团一个营；二连封锁咀头渡口；三连攻克马家滩碉堡，消灭阎军四一八团一部。至此，永和关、咀头、马家滩3处渡口皆被红军二二三团控制，红军十五军团三十军、一军团一师皆由此处顺利渡过黄河，开始东征。

25日,东征红军围攻石楼县城。为割断驻永和阎军对石楼的援助,红军以1个营兵力向驻守岔口的阎军发起进攻。岔口阎守军1个排仓皇逃跑,红军顺利占领岔口村。

28日,东征红军600余人,攻打驻守咀头、社里的阎军四一八团,阎军兵士死伤和被俘数百人。

3月23日,东征红军一部从署益进军桑壁途中,歼灭阎防共保卫团1个连、县保安队1个班和桑壁区公所。

26日,红军黄河游击队一营三分队62名指战员,由队长丁国贞指挥,同阎军展开激战。激战3昼夜后游击队开赴赵家沟休整。是时,阎防共保卫团1个连妄图包围偷袭,被游击队打死、打伤数十人,俘虏29人,连长被击毙,其余四散逃窜。

4月18日,红军一部在白鹤玉支队长指挥下,在庄则坪向阎军四十八旅一连发起攻击。当即击毙阎军十多名,其中号兵1人,排长1人,其余向阁底逃窜。

20日,阎军四一八团一个连在双锁山巡逻,被红军一部围歼,俘虏阎军100多人,缴获长短枪100余支。

30日,毛泽东率东征红军总部100余人由前龙石腰向黄河渡口挺进至阁山时,遭遇两个团的阎军部队,当即驻扎山头,展开阻击。战斗持续了7个多小时,在后来赶到的红五团协助下,击溃阎军。

人民解放军首次解放永和县城

上党战役打响后,中国人民解放军某部奉中共中央西北局之命,用解放永和县城的战斗,分散阎军兵力,支援上党战役。民国34年(1945)9月12日,解放永和作战指挥部成立。指挥部由晋西工委书记杨一木,工委委员、军事部长宋玉琳,工委委员、永和党组织负责人杨宣武和参战部队负责人组成,宋玉琳任总指挥,杨一木任政委。16日黄昏,中国人民解放军解放永和支队由永和县游击队当向导,从延水关(位于黄河西岸,属陕西省延川县所辖)渡河,向永和进军。部队冒雨破浪渡过黄河,胜利到达永和关后,接连摧垮阎爱乡团白达山部在永和关、红崖渠、大寨岭设置的3道防线,于17日拂晓占领呼家岔、龙吞泉、社只坡、圪列口、西峪沟、南圪垯、药家湾等村庄附近山顶,把阎县政府在县城西北、正西、西南、正南构筑的防御工事全部拔除。当日20时许,人民解放军包围县城。是时,驻守县城的阎永和守备队和保警队共500多人,守备队司令高兴波还想以其优越的装备和坚固的防御阵地负隅顽抗,固守城池。22时许,解放永和支队开始攻城。支队共6个连的兵力,其中有4个步兵连,1个侦察连,1个警卫连。一连从北门进攻,二连从西门进攻,四连在药家湾坪阻击逃跑之敌,侦察连居药家湾山头监控来援敌军，三连和警卫连编为第二梯队，于河口山上待命。一连、二连仅用半个小时就突破守军防线攻入城内，封锁南北街巷，包围鼓楼碉堡。城内守军和阎县政府人员纷纷钻入鼓楼碉堡和城东堡子塬碉堡。攻城部队用火力严密封锁鼓楼碉堡出入口，龟缩在碉堡内的阎军政人员眼看将成俘虏，便于18日夜间从东门壕（巷）暗道逃往隰县、大宁。至此，永和县城第一次解放。20日晚，阎守备队司令高兴波率增援阎军2000多人卷土重来，解放永和支队战士勇猛反击后，奉指挥部命令进行战略转移。23日，阎军一九六旅和四十八师，由高兴波带领，又占据永和县城。在这次战斗中，解放永和支队四连长任保清在攻打红崖渠碉堡时中弹受伤。

人民解放军第二次解放永和县城

解放永和支队奉命转移后，转战隰县、石楼20多天，打了几次大胜仗，于民国34年（1945）10月19日兵分两路，从石楼向永和进军。进军部队一路插入城北刘家庄一带，一路沿岔口进军坡头，围剿阎坡头村公所，活捉村主委和村公所全体人员。20日，解放永和支队再次包围永和县城，发起攻城战斗。守城阎军负隅顽抗，战斗非常激烈。解放军二旅五团政委和1名排长壮烈牺牲，10多名战士中弹受伤。攻入城内鼓楼碉堡时，指挥部获悉隰县方向有阎军增援部队向永和进犯，故决定攻城部队撤出城外，并将主力调往隰县王家庄，围歼赶来的阎十九军1个营。此后，解放永和支队在返永途中又与石楼爱乡团交战，活捉爱乡团10多人，缴获轻机枪两挺，步枪9支，手榴弹30多枚。27日，阎永和守备队司令高兴波得知援军被歼和石楼爱乡团挨揍消息，唯恐失掉退路成瓮中之鳖，便弃城南逃，流窜大宁县。至此，永和县城第二次获得解放。

11月初，阎十九军军长王靖国率部进犯永和。解放永和支队决定再次放弃永和县城，一部转战晋察冀，一部返回延安。永和县城又沦为阎管区。复辟后的阎军和县政府疯狂镇压人民，抓捕群众几十名，并将4名为解放军运粮运物的积极分子杀害。

夜袭东木村

民国34年（1945）12月上旬，大宁县爱乡团一营骚扰永和县城后，当晚宿于大宁县东木村。驻扎在永和县境的晋绥支队十团获悉，当日21时许从索珠出发，深夜赶到东木村附近。十团指战员脱掉棉衣行进，借着月光攻上村头，摸掉哨兵，包围正在熟睡中的爱乡团官兵。不到1小时便结束战斗，俘敌200多人，缴获小钢炮1门，轻机枪3挺，步枪、手枪200多支，手榴弹300多枚。

乌门伏击战

民国34年（1945）12月24日，阎隰县守备队两个中队200余人，护送阎军永和守备队司令高兴波回永和。永和县游击队司令白炳炘、副司令王盈率郝守瑞中队200多人,埋伏在乌门、坡头、岔儿上3村的沟渠山坡。隰县守备队返隰时遭到永和县游击队截击。战斗持续1天,俘虏隰县守备队8人,缴获子弹1驮,步枪12支,骡子1头。

激战赵家岭

民国35年(1946)1月27日(农历腊月二十五),阎大宁县爱乡团500多人侵犯永和,图谋围剿驻阁底村的晋绥支队十团。爱乡团到达永和县赵家岭村,被二区游击队阻击。晋绥十团闻讯,火速从阁底村赴赵家岭展开激烈战斗。大宁爱乡团溃败逃命,晋绥十团紧追不舍,击毙阎爱乡团连长1人。此次阎军进犯,把沿途百姓准备过年的白面、肉食抢劫一空。

索珠战役

民国35年(1946)2月11日(农历正月初十),阎永和保警队长赵玉龙(外号酒疯子)率兵300余人进犯索珠村,把群众过年供神用的枣山山、枣砲砲全部抢走,还强逼村民给做饭吃。晋绥十团闻讯后从山头村赶来,立即发射炮弹发起冲锋,保警队大败而逃。此次战斗,缴获步枪20多支,保警队被击毙2人(其中有1名排长),被俘20多人。

南割毡战役

民国35年(1946)4月3日,阎军从隰县、大宁、永和3县集中1000多人,图谋围剿驻石楼县南割毡村的永和县民主政府和游击大队,阎永和县爱乡团营长白达山率部包围南割毡村。驻团枣渠的县游击队三营获悉,立即组织兵力,从侧后包围白达山部。激战几小时,游击队内外夹攻,歼敌100多人。白达山率残部40多人拼命逃窜。三营排长冯喜贵紧追不舍,揪住白达山的上衣,白撕扣脱衣,赤背而逃。

芝麻腰伏击战

民国35年(1946)4月20日,阎锡山政府永和县爱乡团赴隰县领枪归来。县游击大队获讯,命一连长杨兴元率部截击。爱乡团领枪队路过芝麻腰时,预先埋伏于西边山上的游击队突然投弹冲锋,爱乡团兵士或跳崖逃命,或举手投降。此次伏击战,俘虏阎爱乡团参谋长1人,班长1人,战士7人,驮夫3人;缴获步枪40支,手枪3支,子弹5驮。

呼延山阻击战

民国35年(1946)5月上旬,阎永和县爱乡团300多人到南庄、北河露一带抢粮,并图谋围剿县民主政府县长杨佐风和警卫连。根据双方兵力悬殊的情况,县长杨佐风命警卫连长贺永昌带领3名战士,组成4人阻击队,掩护部队撤退。阻击队背着警卫连所有手榴弹，隐蔽在呼延山（在石楼县境内）山头上。爱乡团连续3次冲锋，均被阻击队打退。发起第四次冲锋时，阻击队4人分为2个小组，各把1个要害山头。当敌人离山头只有10多米时，阻击队高喊冲锋，把手榴弹暴雨般地投进敌群，炸得敌人丢盔弃甲，狼狈逃窜。呼延山阻击战共缴获长枪4支，手榴弹90多枚。

靳家山战役

民国35年（1946）6月，阎永和爱乡团1个连进犯靳家山，图谋抄一区区长郝尚贵的家，并抓捕郝尚贵。驻白家崖村的游击队获悉，当晚21时许派郝尚贵率游击队，翻越四十里山，向靳家山进军，于23时包围靳家山，向进犯的爱乡团发起猛攻。激战4小时，击毙阎爱乡团排长1人，机枪射手1人，俘虏15人，缴获机枪2挺，步枪16支，子弹100多发。其余人拼命逃窜。

罗镇堡战役

民国35年（1946）8月，永和游击队司令慕生忠率独立营200余人，袭击阎永和与隰县爱乡团的中心联络点罗镇堡。战斗持续1天，击毙守敌13人，俘虏10人，缴获机枪3挺，步枪21支，手榴弹50多枚，地雷13颗，小钢炮1门。

人民解放军第三次解放永和县城

民国35年（1946）11月15日，中国人民解放军二纵队司令员王震、政委王恩茂率部抵交口县川口镇后，决定由吕梁军区四旅攻取永和县城，为陈谢大军西渡黄河开辟道路。

二纵四旅旅长顾星云、政委杨秀山和参谋长马森率部迅速行进，于19日到达隰县罗镇堡，进入阎军防御区。20日3时，部队开始向永和进军。四旅十四团2个营抄小道，首先到达永和县城东2.5公里许的交道沟村，截断守城阎军往桑壁和隰县的退路。21日3时，该团二营经上刘台、索驮、乌门进军川口村，准备攻城。十三团一部驻扎乌门、王家坪一线，阻击来自隰县、石楼方面的阎军增援部队。其余部队大部运动到城周河口、河西坡、南圪垯、药家湾、上塔沟等山头高地。当日20时许，十四团二营占据城北河口山，在山上空碉堡架设大炮3门，重机枪3挺。22日1时，二营占领北关，逼近县城北门。因临时借来居民的梯子比城墙低得多，部队几次攀登城墙未成功，登城战士伤亡20余人。拂晓，二营四连一班班长王光华在北门西面低凹处秘密登上城墙，击毙阎军1名机枪射手，用缴获的机枪打掩护，使四连首先登上城墙，攻入城内。守城阎军节节败退，被迫经东门壕（巷）暗道向东山堡子源逃跑。十三团一部迎头截击，阎军退聚南门外准备南逃，又遭十三团一部截击。22日14时攻城告捷，永和县城彻底解放。此次战斗，缴获重机枪、轻机枪、冲锋枪、步枪、手枪共500多支，手榴弹1000多枚，弹药数十驮。守城阎军600多人，仅有20多人漏网，其余皆做俘虏。

清剿匪特

永和解放之初，县内常有土匪和蒋阎特务出没，扰乱社会秩序，危及人民生命、财产的安全。县东偏僻地区署益一带尤甚，时有"敌区"之称。方圆不足15公里之地，却有双锁山下饮马渠、王成村后的后山沟、后河村后的半沟3个土匪窝点。

民国35年（1946）12月至翌年1月，县公安局长晋岳率10多名侦察人员，与桑壁区干部和当地群众密切配合，10多天抓获匪特18人，其中在半沟抓获土匪头子郑狗朋，在后山沟抓获土匪头子李让和以盗窃为主的马仁小等。郑、李、马3人均被政府枪决，其余的被判刑。

民国26年（1947）2月，阎永和县政府部分人员逃往大宁，勾结大宁县反动武装100余人进犯桑壁镇，打死游击队长白亮清，抓走农会干部7人，并将农会干部宋××活埋于大宁境内。为保卫人民生命、财产安全，县委、县政府于5月抽调一区民兵21人，二区民兵20人，四区民兵10人，集训后组成1支51人的剿匪游击队，深入全县各地清查、围剿。奋战1个月，肃清了为非作歹的土匪、特务等反动势力。由河南负罪潜逃到永和县塬上村的土匪杨金礼（又名杨金山、杨大头）被查清、抓捕后，通过公安机关转交原籍处理。

附：日军暴行

民国27年（1938）2月7日，日本侵略军1000余人由隰县方向侵入永和县境。途经城北索驼、岔儿上村时，设伏于村子对面山上的阎十九军1个连开枪射击，1名日军士兵中弹身亡。日军遭伏击后盲目还击，阎军便不战而退。日军长驱直入永和县城，放火烧毁街面房舍、店铺40余间，全城机关、居民财物被抢劫一空。

翌日，日军由永和县城向隰县午城方向进犯。沿途又烧毁东峪沟、交道沟、阎家腰、龙口湾、北庄、桑壁、井园沟、上桑壁等十几个村庄的居民房屋，并打死、炸死百姓十多人。

3月20日，阎十九军运送弹药的两部小卡车开入永和县城后，被尾追而至的日军烧毁。

3月31日，日军飞机炸毁了永和县城的大部分建筑物。

第二十六编

教 育

唐、宋、元时期，县内教育主要是"儒学"。清康熙开始，县城内创建"书院""义学"，较大的村庄有"私塾"。民国时期，县内设有高级小学校和初级小学校。中华人民共和国成立后，教育事业蓬勃发展。1952年，全县有小学校61所，学生2400余人，教职工67人。1958年，全县小学校增加到135所，学生2800余人，教职工120余人；有中学1所，学生200余人，教职工25人。1980年，全县小学校400所，学生7800余人，教职工400余人；中学8所，学生2000余人。2004年，"普九""普实"教育通过省政府验收，撤并了一些条件差的学校。义务教育实行"一费制"。至2011年，全县有小学14所，学生3900余人，教职工400余人；有中学3所（其中完全中学1所），学生2600余人，教职工360余人。同时，开展职业教育、成人教育。职业教育有师范类、农业类、卫生类、体育类等；成人教育有农民教育、职工教育、电教函授等。

第一章　旧式教育

第一节　儒　学

唐贞观二年（628），于故狐谙县城东门外创建儒学。宋大观（1107—1110）初修于新城（仙芝谷）。元至正年间改建于城东南（现在已改修文庙广场）。明洪武、正统、嘉靖年间相继增修，崇祯五年（1632）兵毁。清顺治三年（1646）知县刁昌世重建。康熙四十六年（1707），知县王士仪拓地扩基，围墙建坊，规模有增。大成先师殿中楹悬有清康熙二十五年（1686）御笔亲题"万世师表"匾额。清末裁撤，署舍荒废。

儒学课程，文生以学《四书》《五经》为主，武生以练"十八般武艺"为主。学生毕业后科试合格者方可深造。

第二节　书院　义学

书　院

清康熙四十六年（1707），知县王士仪在城内莲花池（今城东莲花池）创建楼山书院，属以考课为中心的科举预备学校。书院采用以徒生独立思考为主，思而弗得者由先生解破的教学方法。教材有《论语》《孟子》《中庸》《大学》《幼学琼林》《诗经》《书经》《左传》《礼记》《春秋》《易经》等。

义　学

清康熙年间知县王士仪建立。县城1所，在城东南文庙西；乡村6所。专招贫寒弟子，实行免费教育。光绪初年全部废除。

第三节 私 塾

清末盛行私塾，县城及较大村镇均设。办学形式，一是全村百姓共同出资办塾；二是缙绅大户或家族自聘教师在家设馆；三是任教者设馆招生讲学。私塾教材，初学者为《三字经》《百家姓》《千字文》《四言六言杂字》《千家诗》等，然后为《四书》《五经》《论语》《左传》《大学》等。

民国初年，县内较大私塾有：城内段氏私塾、永和关私塾、东峪沟私塾、药家湾私塾、杨家庄私塾、孙家庄私塾等。

民国7年（1918），私塾全部废除。

第四节 科 举

科举制度始于隋朝，沿袭至清光绪三十年（1904）。永和地广人稀，通过科举求得功名者寥寥无几，古籍中仅有零星记载。元朝时期，县人贺太平，进士及第，至正九年（1349）为翰林学士。明清时期，科举考试分初级考试和正式考试两个阶段。初级阶段的"童试"考试合格为生员，即"秀才"。生员分三等，有廪生、增生、附生。由官府供给膳食的称廪膳生员，简称廪生；定员以外增加的称增广生员，科称增生；于廪生、增生外再增名额，附于诸生之末，称为附学生员，科称附生。永和地瘠人少，每三年考入的生员，都是极少几人。秀才通过岁试、科试以后，就有资格参加举人考试，即进入正式考试阶段。正式考试阶段的"乡试"每三年举行一次，考中即为"举人"，举人就有了做官的资格。县人冯敬，明永乐年间（1402—1424）举人，任临汾教谕。明宣德年间（1426—1435），县人李玉培、白呈瑞均为廪生。明正德年间（1505—1521），县人冯玉是贡生。刘润民，县内杨家庄村人，清光绪五年（1879）举人，任定襄训导。白承颐，县内永和关村人，清光绪十五年（1889）举人，历任江苏甘泉知县、两江营务处提调、正黄旗汉军副都统。清代在京师设国子监，即"太学"，太学分贡生和监生两类。贡生即地方贡生于朝廷。贡生分五种，即岁贡、恩贡、拔贡、优贡、副贡。县人路义，清顺治五年（1644）恩贡，任京师西城兵马司。清道光年间（1821—1850），县人白上德是拔贡、李士煜是贡生。药永安，县内药家湾村人，清光绪二十三年（1897）拔贡。清代贡生还有刘永誉（拔贡）、李舒莘（岁贡）、段金成（岁贡、五品职衔）、李士煜、段世隆、刘恬皆、段绥祖等。

第二章 普通教育

第一节 学前教育

幼儿园

民国时期，永和县城关镇和少数大村庄小学校附设幼稚班、识字班。中华人民共和国成立后，幼儿教育事业逐步发展。1952年秋，城关完小附设1个幼儿班，招收幼儿40余人。1957年底，全县幼儿园发展到26所。1958年，全县幼儿园猛增到71所，入园幼儿达1460人，有保育员70余人。1961年，经过调整，幼儿园减为37所。"文化大革命"开始后，幼儿园大部分解体。1974年后逐渐恢复，到1978年恢复12所。1979年，县教育局设幼教组，专抓全县学前教育工作。1982年9月，附设在城关小学的城镇幼儿园正式单设。1984年8月，全县开始实行群众集资普及幼儿园教育。1985年底，幼儿园增加到40所，农村小学附设幼儿班227个；有专职幼儿保育员45人，其中受过专业培训的28人；入园幼儿1622人，入园率90%。1989年城镇幼儿园划地重建，被省教育厅验收为县级城镇示范幼儿园。1993年建立了第一所民办幼儿园"南街幼儿园"（已停办）。1994年后，先后办起康乐、桑壁、七色、河口、育才、新世纪、天使、开心、小太阳等民办幼儿园。1995年，城关镇药家湾幼儿园和坡头乡坡头幼儿园，先后经地区教委验收，改称城关中心园和坡头中心园。2000年，城镇幼儿园在硬件软件两手抓的基础上，建立起日托班，其保育工作受广大幼儿家长好评。至2011年，全县共有幼儿园7所，其中教育部门3所、民办4所，有54个班1556人。共有幼儿保育员76人，其中受过专业培训的58人。

管 理

县教育局负责全县幼儿园的行政管理、教师资格审查、教师培训和教学研究。县办幼儿园园长由教育局任命,教师由教育局配备,经费由县财政负担;乡村幼儿园园长由主管单位任命,教师由主管单位聘任,工资由办学单位自理。

幼儿园分大、中、小3个班。3~4周岁为小班,4~5周岁为中班,5~6周岁为大班。课程一般设语言、计算、音乐、体育、美术等;课外活动有旅游、儿歌表演、诗歌朗诵等。城镇幼儿园试行综合性主题教育,以游戏作为基本活动,寓教于乐,使幼儿在快乐中学习知识,发展智力。

教 材

中华人民共和国成立前,小学附设的幼稚班、识字班主要教一些简单、常用汉字。中华人民共和国成立后至1984年,幼儿教材主要有识字、计算、拼音、体育、唱歌、故事等。1985年后统一使用全国统编教材,开设课程有思想品德、语言、计算、常识、音乐、体育、美工、生活卫生等。2011年后教材实施社会、健康、科学、艺术、语言五大领域。

1978—2011年永和县幼儿园基本情况表

表26-1　　　　　　　　　　　　　　　　　　　　　　　　　　　　　　　单位:所、人

年 份	幼儿园数（含附设园）	入园幼儿	教职员工总计	其中保育员	平均每一保育员负担幼儿
1978	12	296	19	16	18.5
1979	20	410	28	24	17.1
1980	26	482	34	29	16.6
1981	27	577	35	30	19.2
1982	31	684	39	34	20.1
1983	35	701	43	38	18.4
1984	38	1493	46	41	36.4
1985	40	1622	49	45	36.0
1986	48	1963	58	53	37.1
1987	52	2120	64	59	35.9
1989	57	2312	73	68	34.0

续表 26-1　　　　　　　　　　　　　　　　　　　　　　　　　　　　　　单位：所、人

年　份	幼儿园数（含附设园）	入园幼儿	教职员工总计	其中保育员	平均每一保育员负担幼儿
1990	57	2309	84	79	29.2
1991	57	2855	87	82	34.8
1992	57	2881	90	86	33.5
1993	57	2886	92	88	32.8
1994	57	2701	94	90	30.0
1995	59	3058	96	92	33.2
1996	51	2814	96	92	30.6
1997	71	2699	98	96	28.1
1998	71	2429	100	98	24.8
1999	66	2206	102	98	22.5
2000	16	2397	102	101	23.7
2001	1	1870	31	27	69.3
2002	1	2274	30	26	87.4
2003	1	1454	30	26	55.9
2004	1	1271	29	25	50.8
2005	1	1142	31	27	42.3
2006	1	1241	30	27	45.9
2007	1	879	26	23	38.2
2008	1	830	26	23	36.1
2009	8	1262	82	70	18.0
2010	9	1092	100	86	12.7
2011	7	1331	76	66	20.1

附：城镇幼儿园

1952年创办时附设于城关完全小学，当年招收1个班，幼儿40余人。1957年发展到4个班，入园幼儿110人。1982年9月与城关小学分设，有教职工6人，初期无校舍，借县体育场舞台、影剧院舞台上大课。是年县人民政府投资3万元，在城关小

学院内建单面两层小楼1幢，建筑面积480平方米，建教室8间，办公室4间。1985年有教职工13人；入园幼儿228人，分编为大、中、小6个班。1989年政府投资13.18万元，群众集资3.6万元，总投资16.78万元，划址重建。新址占地面积1642平方米，建筑面积894平方米；修建单面2层楼2幢，购置课桌凳、办公桌、玩具柜、公文柜等191套；购买风琴、录音机、电视机、放像机等教学器材60余件。园内设有大型游戏组合手动转椅、滑梯、荡椅等玩具。是年被省教育厅验收为县级城镇幼儿园。幼儿园设小、中、大13个教学班，拥有较标准的活动室，先后被评为山西省"幼儿教育先进集体""实施《幼儿园教育指导纲要》先进集体""省级科研先进单位""省三八红旗集体"，多次被评为永和县"先进单位"等。2011年底，入园幼儿550人，教职工42人。园内开设社会、健康、科学（科学、数学）、艺术（音、体、美）、语言五大领域的课程。

历任园长：樊玉梅（1982.9—1989.7）

　　　　　李世立（1989.9—1998.1）

　　　　　霍桂梅（1998.2—2009.8）

　　　　　马慧琴（2009.8—　　）

第二节　小学教育

学校设置

清光绪二十九年（1903），知县王衔在县城创办蒙养学堂1所。光绪三十四年（1908）知县屠仁彬改办为高初两等小学堂，敦请药永安为堂长，招收初小生1班40余人，高小生10余名。

民国元年（1912），县知事金其相将原高初两等小学堂改设为县高级小学校和国民小学校。高小班单设，是年招收新生40余人。据《山西省第二次教育统计图表》载，民国6年（1917），永和县有国民小学校9所，高级小学校1所；有学生141人，教职员工19人。民国7年（1918），全县设3区28编村，各编村村公所所在地均废除私塾，建立国民小学，全县共有小学校30所。民国8年（1919）3月，县模范国民小学校在关岳庙西旧城守营（现城关小学西侧）成立，为当时县内校舍、教学设备最完善的学校。同年8月，县女子国民学校在关岳庙（现县宾馆后院）建立，校长段文绣，是年招收新生15人。民国9年（1920），知事黄庭槐将高级小学校改建于旧城隍庙，校长李秉鉴。民国12年（1923），县第二高级小学校在永和关清泉庙建立，校长白学斌，是年招收新生20余人。据《山西省教育统计表》记载，民国14年（1925），永和县有国民学校34所，其中女校1所；有教员72人，其中女2人；有学龄儿童2937人，就学者男794人，女52人，未就学者男758人，女1333人。

民国15年（1926）后，一些村庄的国民小学校和县第二高级小学校相继停办。至此，第二高级小学共毕业3个班、80余名学生。民国18年（1929），全县设国民小学校29所。民国27年4月，日军犯永，全县学校被迫停办。至此，县第一高级小学共毕业22个班、500余名学生。

抗日战争时期，全县改划为9个编村。民国27年（1938）8月，各编村村公所所在地均设民族革命小学校，其余村庄小学均改为农村小学。同时，将原高级小学和县城国民小学校合并，改称永和县民族革命小学校，校址改设在县城鼓楼西侧（现影剧院），校长由县长第安仁兼任。翌年晋西事变爆发学校被迫停办。民国29年（1940）8月，在县城文庙建民族革命两级小学校，校长呼文彰。是年招收高小生1个班，初小生2个班。民国31年（1942），全县小学校发展到40所，教职工70余人，在校生1200余人。民国34年（1945）9月，桑壁镇两级小学校建立，校长马逸民，是年招收高小生1个班，初小生4个班。到本年底，全县共有小学校41所，教职工86人，在校学生1310人。

民国36年（1947），根据县民主政府首次教育会议决议，全县3个区各设文教助理员1人，管理教育事业发展。县城设完全小学1所，农村设初级小学26所。

中华人民共和国成立后，恢复桑壁两级小学，改称完全小学。1952年，全县有小学校61所。1956年增设阁底完全小学，1957年增设永和关完全小学和4所初级小学。1958年增设交口、南楼、西庄、郭家山、坡头、长索6所完全小学和62所初级小学，全县小学猛增到135所。1961年经过调整，全县设小学105所，有教职工187人，在校学生4462人。1965年，全县小学校增加到196所，有教职工217人，在校学生5413人。1969年，全县小学统一试行五年一贯制。1976年全县有全日制五年制小学校288所，有教职工400人，在校学生7321人。

中共十一届三中全会后，小学教育日益发展。到1983年底，全县11个公社全部建起五年级或四、五年级中心小学校，四、五年级全部实行单式班教学。1985年，全县有小学校376所。1987年，坡头乡孙家庄村建起全县第一所农村寄宿制中心小学。

1994年9月，永和县城关第二小学成立，学校设三轨五年制教学班15个，有教职工38人，学生548人。1995年，全县有小学校279所，其中中心小学21所，教学设备齐全、校舍较标准的小学校23所；有教职工589人，在校学生7182人。

2000年，新建打石腰中心校、河口中心校，扩建南庄中心校，全县有小学校224所，有教职工607人，在校学生828人。

2001年9月，由城关小学教师马毅润新建向阳学校，是永和县中华人民共和国成立后第一所民办小学，当年招收6个班（幼儿、一年级至五年级），共135人，有专任教师15人。2003年7月停办。

2003年，投资305万元，对刘家庄小学、牛伏小学、杨家圪塔小学、郭家山小学、桑壁中心校等7所学校进行改造，改造总面积为5638平方米。为了整合教育资源，结合撤乡并镇和学制过渡实际，撤并了13所单人校。2004年，"普九""普实"全部通过省政府的验收，撤并条件较差的26所小学和6个教学点。义务教育实行"一费制"。2005年，撤并署益、泊洋、西庄、罢骨四个教办和一些单人校。2007年，撤并乡镇中心校2所，农村小学17所，其中西庄中心校停办。2008年，落实安全责任，整改校舍隐患，及时停用了泊洋中心校18孔地基不实的石窑洞与药家湾小学3孔裂缝石窑洞。制定了抗震设防不达要求校舍的改造方案。撤并农村单人校20所，多人校5所。全县有小学校94所，有教职工394人，在校学生4882人。2009年，孙家庄中心校停办。2010年，全县16所校舍安全工程项目校全部加固并投入使用，建筑面积51725.39平方米。撤并农村小学31所，贺家崖小学停办。学校数由2009年的72所整合为41所。学校布局调整后，对教育资源进一步整合，县城学校与中心校的师资力量得到充实。

2011年底，撤并农村小学16所，全县有小学校14所，教学班116个，有教职工413人，其中专任教师349人，在校学生3969人。

1949—2011年部分年份永和县小学教育基本情况表

表26-2　　　　　　　　　　　　　　　　　　　　　　　　　　　　　　　单位：所、人

年度	学校数	班级数	毕业学生数	招收学生数	在校学生数	教职工总数	专任教师数
1949	16	—	150	622	715	22	18
1952	61	—	276	806	2408	67	62

续表 26-2　　　　　　　　　　　　　　　　　　　　　　　　　　　　　　　单位：所、人

年度	学校数	班级数	毕业学生数	招收学生数	在校学生数	教职工总数	专任教师数
1957	67	—	685	1042	2818	120	103
1962	145	—	751	924	3862	168	129
1970	251	—	920	1320	6693	279	254
1975	286	—	1146	1689	7114	399	394
1978	292	—	905	2546	8052	431	419
1980	400	—	1084	1795	7822	439	431
1985	376	—	1422	1332	7016	481	464
1990	318	423	1317	1240	7619	566	532
1995	279	423	1242	1557	7182	589	565
1997	265	434	1243	1812	8227	590	539
2000	247	419	1503	1509	8289	607	546
2001	245	411	1601	1306	7821	608	564
2002	224	385	1583	1303	7341	595	547
2003	217	368	1673	1994	7514	625	585
2004	185	339	1532	1991	6756	605	501
2005	180	305	1367	1000	6291	520	457
2006	177	306	1153	1127	6449	481	438
2007	118	232	1238	873	5268	457	401
2008	94	207	958	825	4882	394	352
2009	66	180	699	736	4782	424	367
2010	36	151	868	555	4455	431	364
2011	14	116	738	594	3969	413	349

2011年永和县小学校分布情况表

表 26-3　　　　　　　　　　　　　　　　　　　　　　　　　　　　　　　单位：所、人

单位	学校数		教职工		学生数	每校平均学生	每一教师平均学生
	合计	其中：中心校	合计	其中：专任教师			
总计	14	12	413	354	4089	292	11.55
县直	2	—	194	175	3161	1580	18.06

续表 26-3　　　　　　　　　　　　　　　　　　　　　　　　　　　　　　单位：所、人

单位	学校数		教职工		学生数	每校平均学生	每一教师平均学生
	合计	其中：中心校	合计	其中：专任教师			
芝河镇	6	6	67	59	276	46	4.68
桑壁镇	1	1	30	20	159	159	7.95
坡头乡	1	1	25	17	72	72	4.24
交口乡	1	1	23	16	52	52	3.25
阁底乡	1	1	29	27	241	241	8.93
打石腰乡	1	1	18	17	31	31	1.82
南庄乡	1	1	27	23	97	97	4.22

学　制

清末，实行癸卯学制，初等小学堂 5 年，高等小学堂 4 年。

民国元年（1912），实行四二制，初级小学 4 年，高级小学 2 年。民国 4 年（1915），实行南京临时政府教育部颁发的壬子癸丑学制，初等小学 4 年，高等小学 3 年。民国 11 年（1922）始行北洋政府颁布的壬戌学制（亦称新学制），初级小学 4 年，高级小学 2 年，至民国 17 年（1928）全县普及。

中华人民共和国成立初沿用壬戌学制。1966 年试行五年一贯制，1969 年全县小学普及五年一贯制。1983 年秋，城关小学从新入学一年级起试行六年制学制，1985 年恢复五年制。此后，全县小学一律实行五年一贯制。2002 年，恢复六年制，至 2011 年底一直是六年制。

教　材

清代的儒学、义学、私塾、书院，教材为《三字经》《百家姓》《千字文》等启蒙读物和《四书》《五经》等儒家经典篇章。也设算术，主要是珠算。

民国初期，改用共和课本。初级小学设修身（后改为公民）、国文、算术、珠算、手工、唱歌、体操等；高级小学设修身（后改为党义）、国文、算术、国史、地理、理科、手工、图画、唱歌、体操、农业家事等。民国 11 年（1922）初级小学增设卫生、社会课；高级小学增设外语。

抗日战争初期使用战时课本，课程有国语、算术、社会、政治、常识、手工图画、体育、

唱歌等。中期增设组织课（即阎锡山的"同志会"课程）。民国29年（1940）通用山西省编印的民族革命课本，开设课程有国语、算术、常识、公民、自然、唱歌、体操、美术等；三年级以上增设物劳课（即阎锡山《物产证券、按劳分配》学说）、习作作文。民国36年（1947）永和全境解放，全县小学改用晋绥边区编印的解放区教材，设国语、算术、历史、地理、自然、习作、音乐、体育、美术等。

中华人民共和国成立初，小学增设政治课，对学生进行政治常识、时事、思想品德等方面的教育。文化课主要设语文、算术、历史、地理、自然等，采用全国统编教材。"文化大革命"期间，使用山西省编教材，各科渗透政治内容。

1978年，实施教育厅下达的全日制十年制学制教学计划（试行草案），全县小学统一采用新编《全日制十年制小学课本》，开设课程主要有语文、数学、自然、地理、历史等。

1981年3月，教育部颁发《全日制五年制小学教学计划》，规定小学课程有思想品德、语文、数学、自然、地理、历史、体育、音乐、美术、劳动、课外活动等。1995年，三、四年级增设社会课。2002年，小学改为六年制，使用全日制六年制课本。课程设置为：一年级、二年级开设语文、数学、美术、音乐、写字、体育与健康、品德与生活7科；三年级以上开设语文、数学、英语、综合、科学、音乐、美术、体育与健康、品德与社会9科。县城小学开设微机课程。至2011年，小学课程没有变化。

课　时

1953年小学生每周上课时间，低年级24课时，中年级26课时，高年级28课时。1955年，每学年上课34周，每周初级小学24课时，高级小学26课时。1963年，三年级以下每学年为41周，其中上课38周，复习考试2周，节假日和机动时间1周，四年级以上每学年为39周，参加生产劳动2周；每周上课低年级28课时，中年级30课时，高年级32课时。1981年，每周上课一年级31课时，二年级32课时，三年级33课时，四、五年级34课时。1983年，各年级教学时间为36周，复习考试4周，机动时间2周，寒暑假10周。1990年，每周上课时间一年级24课时，二年级25课时，三年级26课时，四、五年级27课时。1995年试行双休日后，每周上课时间一年级23课时，二年级24课时，三、四、五年级26课时。2002年恢复六年制后一直到2011年，一、二年级均为每周26课时，三年级至六年级均为30课时。

教学形式

民国时期县内大多数小学采用三级或四级复式教学，部分学校实行单式或二级复式教学。1949年，除城关完小、桑壁小学设单式班外，其余均为复式班教学。1950年始，小学单式班逐年增多。1983年各乡镇办起中心小学后，全县四、五年级全部实行单式班教学。1985年，全县采用单式班教学的小学占学校总数12%，单式班占总教学班数的36%。到1995年，全县采用单式教学的小学发展到24%，单式班占总教学班数的48%。为了整合教育资源，提高教育效果，从2003年开始撤并学校至2011年由原来的247所撤并为14所，县城新建4轨的标准化小学1所，改扩建小学2所，各乡镇教办集中办好1所中心校，中心校都是单式班教学。

招生升学考试

民国时期，永和县小学招收7岁以上儿童入学。入学前，需对要求入学者进行口试和目测。初小毕业或升入高小，采取笔试方法，对国语、算术、常识等科进行考试，成绩合格者方准毕业、升学。高小结业实行会考，统考国语、算术、历史、地理、自然、党义等科，成绩及格方准毕业。平时学校举行期终考，一般考国语、算术两科，及格者升级，不及格者留级。

中华人民共和国成立后，7岁以上儿童均为入小学对象。高小招生，由各初小集体报名，招生学校命题，以学区组织考试，按成绩择优录取。平时学校以期中、期末考和临时测验等方式了解学生学习情况，以考试成绩决定学生升留级。

"文化大革命"期间，学校实行开卷考试，取消升学考试和留级制度。学生毕业后由贫下中农管理学校委员会推荐升学。

"文化大革命"结束后，全县小学于1977年恢复考试制度，1978年始行儿童六周岁半入学。除设期中、期末、升学考试外，还有单元考、阶段考、全县统考等形式的考试。学生学习成绩差，经家长同意便可留级。1984年，始行毕业会考制度，考语文、数学、自然、历史等科。1990年，全县小学生留级面控制在3%以内；毕业考试语文、数学有1科不及格者不准毕业；升学会考后按分数线择优录取。1993年，全县小学取消留级制度；升学仍以会考试绩，按确定的分数线择优录取。1996—2011年，实行划片就近入学的方式，县教育局统一招生，无特殊情况学生可全部升学。

学校简介

城关小学 位于县城老爷庙圪垇，现在是正大路育才巷38号，前身为民国元年（1912）创建的高级小学校。民国9年（1920），改称县第一高级小学校，民国27年（1938）

改称民族革命小学，后改为民族革命两级小学；民国32年（1943）更名为中心学校。民国36年（1947）永和县解放后，先后称城关完全小学校、城关五七学校、城关七年制学校、城关小学校。

建校近百年，先后毕业310个教学班，毕业学生1.5万余人，为永和县教育事业

城关小学国学经典诵读

发展和各个领域的人才培养，做出历史性贡献。1979年和1981年，先后被团省委命名为"优秀少先队集体"和"红花集体"。1986年被省教育厅确定为省示范小学。1990年国家少工委授予"先进少先队集体"奖。学生符艳红被评为全国"十佳少先队员"，受到江泽民总书记等党和国家领导人接见。历年来，教师中涌现出全国教育系统模范2人，省级教学能手、模范教师、优秀班主任、优秀教师、优秀教育工作者12人，获省电教优秀教师奖者2人，获省自制教具奖者2人。涌现出省、地（市）级三好学生15人，获全国双龙杯书画赛铜杯奖者4人；1名同学获地区"青年书画小能手"称号。

1995年，全校占地面积6540平方米，建筑面积4230平方米。校内建有双面3层教学楼1幢，单面两层办公楼1幢，设有图书室、仪器室、文艺室、电教室、保健室等。学校有教职工67名，教学班20个，学生868名。2011年底，学校占地面积7749平方米，建筑面积3347平方米，有教学楼2幢，行政办公楼1幢。学校教学设备齐全，班班配有多媒体，并配有舞蹈室、文体器材室、仪器室、图书室等专用教室。藏书24441册。有教学班29个（附设1个特殊教育班），学生1789人，教师100人，学历合格率100%。教师中大学本科学历25人，大学专科学历75人；小学高级职称39人，初级职称44人，特岗及新分配教师17人；特级教师1人，省级学科带头人4人，省级骨干教师3人，市级学科带头人、骨干教师11人，市级名师2人。学校2002年9月，被评为"山西省'九五'教科研先进集体"；2010年9月被评为"全国课堂教学改革先进集体"。

城关第二小学 城关第二小学于1994年9月在永和二中的旧校址上建校。建校之初，学校只有一座双面二层教学楼（东楼，已于2009年拆除）、两排砖窑洞和几间平

房。1998年建教学南楼，建筑面积1023平方米，投入资金35万元；2000年建教学西楼，建筑面积1144平方米，投入资金50余万元；2003年建教学北楼，建筑面积1137平方米，投入资金50余万元；2009年建教学新南楼，建筑面积666平方米，投入资金120余万元。

2011年底，学校共有教学班24个，在校学生1271人；教职工97人，其中专任教师85人，中级职称35人，初级职称58人，教师学历全部达标。1997年获临汾市交通安全文明示范校。2003年被评为临汾市教育教学成绩突出学校。2004年，被评为临汾市文明学校。2007年，被评为临汾市文明单位和临汾市教育系统先进集体。2008年，被评为山西省德育示范校和临汾市创建平安校园示范校。2010年，被评为临汾市未成年人思想道德建设工作先进学校。2007年至2011年连续5年被评为永和县教育教学先进单位。教师中涌现出省特级教师1人，省骨干教师2人，市教学能手13人、骨干教师9人、学科带头人6人，县教学能手8人。学校有计算机教室、语音室、实验室、仪器室，拥有多媒体教学设备14套，共有图书18372册，教学仪器为小学二类配备。

贺家崖小学 1964年建校，是由永和县教育工作标兵、小学特级教师李玉海艰苦创建。建校初以磨坊作教室，后建土窑洞、石窑洞，1995年建成标准新校舍。学校占地总面积300平方米，建筑面积90平方米，有教室、办公室、活动室，是县内农村小学中最早实现"一无两有三配套"（无危房，有教室、有课桌凳，图书、教学仪器、体育器材配套）和"三自给"（办公费、烤火费、照明费自给）、"四免费"（免学杂费、书本费、文具费、医疗费）的学校。

建校40余年，李玉海兼顾教书、育人、服务、创收，探索出一条贫困山区教学改革、实行农科教有机结合的道路。1985年，省政府授予李玉海优秀教师称号；1988年，省政府授予李玉海特级教师称号；1997年，李玉海被中国教育工会评为"师德明星"；1998年，李玉海被授予"全国模范教师"称号，2001年获"全国五一劳动奖章"。至2005年，李玉海先后受国家、省、市表彰20余次。

学校有校办实验基地5亩，教学仪器、文体活动器材126件，图书280余册；有教师1人，复式教学班1个。2010年全县教育资源整合，贺家崖小学停办。

西庄中心小学 1982年9月，由原西庄公社中学改建，专招五年级学生。占地面积800平方米，建筑面积480平方米。当年设教学班2个，有学生84人，教职工6人。1987年9月改为招收四、五年级。学校实行严校风、正学风，坚持德、智、体全面发展的教育方针，1989年以后教学质量连续在全县夺冠。县教育委员会多次在该校组织公开教学、观摩教学和科教研究会。1989年，中心校教师刘金林被评为省级优秀教师，当选为县人大代表。1994年，刘金林被中国少年发展基金会授予"希望工程园丁"称号。学校多次被评为全县先进单位。全校有3个教学班，学生100余人，教职工10人，其中县级以上模范教师3人。2008年8月由于整合教育资源，西庄中心校停办。

孙家庄中心校 创办于1987年，总投资13万元，占地面积2600平方米，是永和县创建最早的1所农村寄宿制中心小学校，学制为单轨五年制。拥有校办实验基地40亩，标准单人课桌凳130多套，教学仪器120余件，文娱器材37件，体育器材180余件，图书826册。1995年全校有教师9人，其中公办教师5人，民办教师1人，幼儿教师3人，学生100余人。2009年8月由于整合教育资源，孙家庄中心校停办。

第三节 中学教育

学校设置

1955年秋，由县政府投资在县城筹建永和县第一所初级中学——永和中学。翌年8月招收初中一年级1个班，学生57人，有教职工5人，其中专任教师3人。1958年起每年招新生2个班，是年在校学生217人，有教职工25人，其中专任教师18人。1965年，永和中学改为完全中学，招收高中一年级1个班学生35人。1966年，增建桑壁初级中学1所，当年招收1个班，学生50人。"文化大革命"开始后，全县2所中学1967年均未招生。1968年秋增阁底初级中学，全县设完全中学1所，初级中学2所。1969年，提倡"上高中不出公社，上初中不出大队"，先后建起坡头、署益、交口、西庄、石畔岭、罢骨、南庄7所初级中学，全县在校学生猛增到1110人；有教职工98人，其中专任教师80人。1970年，增设泊洋初级中学。1971年，桑壁中学、阁底中学增设高中班，改为完全中学。1972年，交口、石畔岭初级中学增设高中班，改为完全中学。至此，全县有完全中学5所，初级中学6所，在校高中生580人，初中生745人，有教职工122人。1973年，岔口、段家堎、阴德河、西后峪、永和关5所五年制学校"戴帽"招收初中班，改为七年制学校。由于盲目发展，出现校舍不足，师资缺乏，教学质量下降局面。1974年，压缩岔口等5所七年制学校初中班，全县仍设完全中学5所，初级中学6所。1976年，高速发展普通中学，建起段家堎、阴德河、长索、上刘台、城关、官庄、索珠、岔口8所七年制学校，全县有在校高中生876人，初中生1807人，教职工增至199人。1977年，永和二中建立，招收初中新生2个班；坡头、署益2所初级中学增设高中班，改为完全中学；全县设完全中学7所，初级中学5所，七年制学校8所，有在校高中生885人，初中生2431人，教职工增至261人。此间，中学不断增多，教师层层拔高，教育机构比例严重失调，造成教学质量下降。

1978年起，调整学校布局，压缩高中、初中点，到1982年，全县设完全中学1所，初级中学7所，有在校高中生204人，初中生1441人，教职工减少为182人，其中专任教师178人。1992年，石畔岭初级中学迁至望海寺，校舍与教学设备大为改善。1993年，县政府引进世行贷款208万元，在县城西水车坪征地1.79万平方米，新建永和二中校舍，建成单面3层教学大楼和双面3层办公大楼各1座，平房15间，总建筑面积2944平方米，仪器配套，设备齐全。1994年秋投入使用，1995年12月经省教委验收成为山西省示范初中。

1995年，全县有完全中学1所，初级中学7所，占地总面积7.58万平方米，建筑面积1.37万平方米。设62个教学班，有教职工219人，其中专任教师166人；在校高中生241人，初中生3819人。

1998年启动永和中学实验楼、永和二中学生宿舍楼、职业中学办公楼、新建交口中学等重点项目，2000年投入使用。2002年新建桑壁中学、阁底中学两座教学楼。2003年永和二中综合教学楼动工，于2004年投入使用。2004年，扩建桑壁中学和阁底中学实验室、学生宿舍共36间，建筑面积856平方米，投资47.5万元。2006年，撤销坡头中学、南庄中学，完成永和中学、永和二中体育场的建设和扩建任务。2009年，永和中学规划新建5744平方米的5层双面教学楼，撤销桑壁中学、打石腰中学。2010年，校舍安全工程项目对永和中学、永和二中C级危房进行了全部加固。新建永和县第一高级中学，占地面积60.14亩，建筑面积2454平方米。有教学楼、科技图书楼、职高教学楼、宿舍楼、宿舍餐厅楼、阶梯教室6个单体建设。撤并交口中学。2011年，新成立永和县第三中学（在原永和中学的校址）。永和二中标准化建设通过市标准化验收。由原永和中学高中部与职业中学整合组建的永和县第一高级中学成立。普高与职高实现整合后，共享师资与实训设备，通过开设公共课和不同发展方向的模块课程，为学生提供多种选择机会。年底，全县有高级中学1所，初级中学2所。设59个教学班，有教职工336人，其中专任教师262人；在校高中生899人，初中生1923人。

2011年永和县各中学基本情况统计表

表26-4　　　　　　　　　　　　　　　　　　　　　　　　　　　　　　　　　　　　　单位：个、人

校　别	班数	当年毕业	当年招生	在校学生	教职工总数	专任教师
永和第一高级中学	19	235	294	899	103	86
永和二中	22	623	402	1220	146	103
永和三中	18	213	245	703	87	43
职中	5	158	232	253	25	25

1956—2011年部分年份永和县普通中学基本情况统计表

表26-5　　　　　　　　　　　　　　　　　　　　　　　　　　　　　　　　　　　　　单位：所、人

年份	学校楼				招生数			毕业生数			在校学生数		
	合计	完全中学	初中	七年制	合计	初中	高中	合计	初中	高中	合计	初中	高中
1956	1	—	1	—	57	57	—	—	—	—	57	57	—
1961	1	—	1	—	50	50	—	92	92	—	275	275	—
1966	2	1	1	—	155	155	—	—	—	—	435	400	35
1973	16	5	6	5	738	488	250	738	488	250	1384	804	580
1977	20	7	5	8	2301	1851	450	1555	1175	380	3316	2431	885
1982	8	1	7	—	640	540	100	414	339	75	1645	1441	204
1986	7	1	6	—	690	590	100	484	420	64	2354	2026	328
1990	8	1	7	—	745	593	152	754	658	96	2321	1933	388
1995	8	1	7	—	1209	1119	90	1444	1310	134	4060	3819	241
1998	8	1	7	—	1517	1380	137	1163	1066	97	3914	3589	325
2000	8	1	7	—	1488	1287	201	1019	911	108	4070	3591	479
2002	8	1	7	—	1653	1403	250	1053	923	130	4297	3625	672
2003	8	1	7	—	1766	1451	315	1078	913	165	4758	3939	819
2004	8	1	7	—	1616	1316	300	1415	1185	230	4582	3767	815
2005	8	1	7	—	1530	1204	326	1352	1140	212	4469	3538	931

续表 26-5　　　　　　　　　　　　　　　　　　　　　　　　　　　　　　　单位：所、人

年份	学校楼				招生数			毕业生数			在校学生数		
	合计	完全中学	初中	七年制	合计	初中	高中	合计	初中	高中	合计	初中	高中
2006	6	1	5	—	1239	903	336	1483	1138	345	4166	3229	937
2007	6	1	5	—	1180	951	229	1308	1006	302	3384	2582	802
2008	6	1	5	—	1001	841	160	991	702	289	3178	2574	604
2009	4	1	3	—	985	637	348	979	707	272	3130	2447	683
2010	3	1	2	—	1114	777	337	1028	856	172	3059	2269	790
2011	3	1	2	—	941	647	294	1071	836	235	2822	1923	899

学　制

1956—1966年，实行"三三"学制（高、初中均为3年）。1969年试行"二三"学制（高中减为2年）。1970年，实行"二二"学制（高、初中均为2年）；部分小学增设初中班，改为七年制；初中增设高中班，改为九年制；改秋季招生始业为春季招生始业。1978年，恢复秋季招生始业。1980年恢复"三三"学制。1982年全面恢复"三三"学制，直至2011年学制没有变化。

教　材

1956年，初级中学开设政治、汉语、文学、算术、代数、平面几何、俄语、物理、化学、植物学、动物学、生理卫生、历史、地理、体育、音乐、美术、劳动等课程。1958年，劳动课列入教学计划，每周开设两节。

"文化大革命"开始后，根据"学制要缩短，教育要革命"的精神，中学压缩课程门类，开设政治（以毛泽东著作为主要内容）、语文、数学、农业基础知识、工业基础知识、军体、文娱等。1969年，全县各中学使用山西省编教材和自编教材，开设课程有政治、语文、数学、英语、工农业基础知识、历史、地理、音乐、美术等。1970年课程再次精减，仍设政治、语文、数学、工农业基础知识、文娱等。1972年，数学分为代数、几何、平面三角，工业基础知识改为物理、化学，恢复生理卫生、生物课。1978年教育部《全日制中学教学计划》（试行草案）颁发后，全县中学统一使用全国统编的《全日制十年制中学课本》，开设课程有政治、语文、数学、物理、化学、外语、历史、地理、生物、生理卫生、体育、音乐、美术13门。

1981年政治课内容，初一为《青少年修养》，初二为《社会发展简史》，初三为《法律常识》，高一为《经济常识》，高二为《辩证唯物主义常识》，高三为《政治常识》；同时高中增设地理课，教材改用高级中学课本《甲种本》。1982年，使用《全日制六年制中学》课本，逐步使课程和全国统一。1986年高中教材改用《全日制高中必修课课本》，同时每周增设1节劳动技术课。1993年后，初中教材改用《全日制九年义务教育课本》，开设课程为思想政治、语文、数学、外语、物理、化学、历史、地理、生物、生理卫生、体育、音乐、美术、劳动技术14门。1995年9月高中政治课改为思想政治课。高中课程经过1981年、1983年、1990年、1994年、1995年5次变动后，课程分为学科类课程和活动类课程。学科类课程包括必修课和选修课。其中高一、二年级必修课为政治、语文、数学、英语、物理、化学、生物、历史、地理、体育、艺术（音乐、美术）；高三年级为政治、语文、数学、英语、体育。选修课，文科综合、理科综合各有侧重；活动类课程包括社会实践活动和课外活动。2011年，初中课程增加综合实践课，高中课程增加信息技术课。

课　时

1956年，中学生每年教学时间为34周，每周上课28课时。1963年，每学年教学时间为40周，其中上课35周，复习考试2周，机动时间1周，参加劳动2周，每周上课32课时，寒暑假两个半月。1972年，全年教学时间31周，学工、学农8周，每周上课34课时。1983年，每学年教学时间36周，复习考试4周，机动时间2周，每周上课32课时，寒暑假10周。1990年，每周必修课上课时数为：初一30课时，初二、初三31课时，高一29课时，高二、高三均为26课时。1995年，全日制六年制中学教学计划每周必修课上课时数为：初一、初二29课时，初三25课时，高一28课时，高二27课时，高三14课时。1996—2011年，初一、初二、初三每周均为33课时；高一、高二、高三每周均为34课时。

毕业会考

1991年入学新生始实行高中毕业会考制度。省统一命题，全县统一组织，会考科目9科，高一考历史、地理两科；高二考政治、语文、数学、外语、物理、化学7科。学科会考成绩分A、B、C、D四级，全部达C级以上者，颁发毕业证书，获D级者次年补考，经补考仍有一科为D级者，发结业证书。1992年6月，举行首次高中地理科毕业会考。1996年后，会考考点设在学校，省、地（市）、县派监考、监督检查和巡视员。1997年起，毕业会考实行学校之间交叉监考，省、地（市）、县派巡视员，定点巡视。

中 考

县内初中毕业生参加升学考试始于1959年。是年50人参加考试,有17人被录取,占考生总数34%。其中隰县师范学校录取10人,占考生总数20%;隰县红专大学师范部录取4人,占8%;临汾幼师学校录取2人,占4%;太原煤炭学校录取1人,占2%。至1965年,先后有10个班、440人参加升学考试,被师范学校录取62人,中专学校录取1人,高中学校录取90余人。

1981年,师范学校始招初中毕业生,永和县有15人被录取。1983年,中专学校始招初中毕业生,永和县有3人被录取。1990年,永和县41名初中毕业生参加中考被录取,占参考人数8.5%,其中师范学校录取20人。1995年,师范学校录取22人,中专学校录取64人。1969—1995年,中专学校累计录取永和县考生424人,中师、幼师录取354人。1999年,县内中考参考人数515人,达中师线59人,达中专线113人,达临汾一中线2人,实际录取210人。2001年,由于毕业生分配制度的改革,中考考生大都上高中学校。2003年,由于是"非典"时期,当年中考山西省只考语文、数学、英语3科,总分360分。2005年,临汾市试行中考自行命题,实行等级制,临汾一中统招7.112A,临汾三中统招7.047A,临汾七中统招6.790A,永和中学录取线5.06A。2011年,永和县中考达重点高中线54人,其中达临汾一中16人,达临汾三中10人,达临汾七中28人。

高 考

高考工作会议

1961—1965年,县内学生在临汾参加高考。1966—1969年,高中停止招生,高考制度废止。1970—1976年,大学招生实行推荐选拔制度,考生自下而上由大队、公社逐级推荐,招生单位同县协商录取。1977年,恢复高考制度,于当年12月举行考试。考试科目文理分科,理科考政治、语文、数学、理化(物理、化学合卷);文科考政治、语文、数学、史地(历史、地理合卷)。每科100分,总分400分。1978年,高等院校招生实行全国统一命题,文理分科,统一考试。至1979年,考试时间均为7月21日—22日。理科考政治、语文、数学、物理、化学;文科考政治、语文、数学、历史、地理。每科100分,总分500分。1980—2000年,考试于每年7

月7日—9日进行。考试科目,理科考政治、语文、数学、外语、物理、化学;文科考政治、语文、数学、外语、历史、地理。每科100分,总分600分。2001年,高考时间改为6月7日—8日。考试科目为"3+X","3"指语文、数学、外语3科;"X"指文科综合(政治、历史、地理),理科综合(物理、化学、生物)。语文、数学、外语3科,每科150分,"文综""理综"各为300分,总分750分。

1977年全国恢复高考制度后,当年县内有380人参加高考,有21人被大、中专院校录取,占考生总数的5.5%,其中8人考入大专院校。1980年,永和县高考录取人数增为29人,其中大专录取10人。1983年,有19名高中毕业生参加高考被录取,占参考人数27.94%,其中大专院校录取16人。1995年,大、中专共录取县内考生101人,其中大专院校录取15人,中专学校录取64人,师范学校录取22人。1969—1995年,大、中专院校累计录取永和县考生1089人,其中大专院校311人,中专学校424人,中师、幼师354人。1999年,县内高考参考人数116人,达线人数17人;其中本科7人,专科10人,达线率14.6%;共录取43人,其中本科9人,专科27人,中专4人。2003年,高考招生分批录取,实行一、二、三个批次(即一、二、三本)招生。2011年,永和县参加高考238人,达线37人,其中一本18人,二本19人。实际录取本科65人,专科61人。

1977—2000年永和县初高中毕业、升学情况统计表

表26-6　　　　　　　　　　　　　　　　　　　　　　　　　　　　　　　　　　单位:人

年份	初中						高中					
	毕业生数	参加考数	升学人数				毕业生数	参加高考数	升学人数			
			合计	中专中师	高中	占考生%			合计	大专	中专	占考生%
1977	1175	826	450	—	450	54.48	380	164	21	8	13	12.80
1978	1139	640	300	—	300	46.88	395	185	22	2	20	11.89
1979	1528	684	300	—	300	43.86	425	206	28	11	17	13.59
1980	1100	521	51	—	51	9.79	312	197	29	10	19	14.72
1981	429	386	165	15	150	42.75	281	213	21	5	16	9.86
1982	339	305	115	15	100	37.70	75	52	17	12	5	32.69
1983	345	326	99	19	80	30.37	80	63	16	7	9	25.40
1984	343	320	130	20	110	40.63	73	58	21	15	6	36.21

续表26-6 单位：人

年份	初中						高中					
	毕业生数	参加考数	升学人数				毕业生数	参加高考数	升学人数			
			合计	中专中师	高中	占考生%			合计	大专	中专	占考生%
1985	367	317	126	30	96	39.75	81	74	19	12	7	25.68
1986	420	364	125	25	100	34.34	64	52	10	9	1	19.23
1987	621	501	137	37	100	27.35	120	86	25	13	12	29.07
1988	559	511	138	35	—	27.00	99	79	19	14	5	24.05
1989	599	523	131	41	90	25.05	86	71	23	16	7	32.39
1990	658	480	193	41	152	40.21	96	68	19	16	3	27.94
1991	660	432	151	36	115	34.95	137	62	25	23	2	40.32
1992	679	467	202	52	150	43.25	176	97	46	42	4	47.42
1993	573	472	145	55	90	30.72	176	93	44	34	10	47.31
1994	870	451	105	54	51	23.28	125	86	26	16	10	30.23
1995	1310	350	145	72	73	41.43	134	51	29	15	14	56.28
1996	1342	449	169	85	84	37.64	49	103	27	21	6	26.21
1997	1050	401	179	87	92	44.64	58	71	18	16	2	25.35
1998	1163	429	229	92	137	53.38	97	93	23	17	6	24.73
1999	1066	515	314	172	142	60.97	97	116	43	36	7	37.07
2000	911	516	334	134	200	64.73	108	121	63	38	25	52.07

2001—2011年永和县初高中毕业、升学情况统计表

表26-7 单位：人

年份	初中						高中					
	毕业生数	参加考数	升学人数				毕业生数	参加高考数	升学人数			
			合计	重点高中	高中	占考生%			合计	本科	专科	占考生%
2001	989	623	428	中师中专170	258	68.70	139	146	94	15	54	64.38
2002	923	729	256	6	250	35.12	130	198	65	17	48	32.83
2003	913	691	281	1	280	40.67	165	271	90	24	66	33.21

续表 26-7　　　　　　　　　　　　　　　　　　　　　　　　　　　　　　　　单位：人

年份	初中						高中					
	毕业生数	参加考数	升学人数				毕业生数	参加高考数	升学人数			
			合计	重点高中	高中	占考生%			合计	本科	专科	占考生%
2004	1185	750	358	8	350	47.73	230	347	92	23	69	26.51
2005	1170	798	301	4	297	37.72	212	405	142	11	131	35.06
2006	1138	790	364	29	335	46.08	345	399	127	24	103	31.83
2007	1006	709	187	19	168	26.38	302	360	82	21	61	22.78
2008	841	581	169	10	159	29.09	289	306	101	26	75	33.01
2009	707	372	346	18	328	51.49	272	313	128	32	96	40.89
2010	856	328	386	27	359	64.46	172	303	195	64	131	64.36
2011	836	593	462	54	408	77.91	235	238	125	65	61	52.94

学校简介

永和中学　1955年创建于县城东南隅，初为初级中学，有教职工5人。翌年招收学生57人，由教导主任负责学校工作，首任教导主任曹锐。1965年始设高中班，改为完全中学，当年招收高中一年级学生35人。

永和第一高级中学侧视图

1985年，县政府投资125万元，新建双面3层教学楼1幢，建筑面积2880平方米。2000—2006年，先后建实验楼、学生宿舍楼、综合服务楼。2009年新建5层双面教学楼，建筑面积为5744平方米，投资456万元。2011年，永和中学高中部与职业中学整合后，学校更名为永和县第一高级中学。新学校位于城外药家湾村，占地60.14亩，建筑面积24054.47平方米。主体建筑有教学楼、职高教学楼、科技图书楼、宿舍餐厅楼、阶梯教室。根据普高新课程要求与职业中学设置标准，建设了理化生实验室，购置了成套的器材仪器，配备了技术与设计、现代农业技术、电子控制技术、建筑及其设计、汽车驾驶与保养实践室6个实践室。

建校55年间，学校先后获得"省优秀职工之家""省德育工作先进集体""省级文明学校""省法制教育先进单位""省三育人先进集体""省德育示范校""市文明单位""教育教学工作突出奖""教育教学先进单位""绿色校园""平安校园"等荣誉称号。2005年5月，初中部樊晋杰同学以优异成绩考入全省重点高中——山西大学附属中学理科实验班。当年临汾市山区县只有他一人考入该校实验班，创永和县学生考取全省重点高中实验班先河。

2011年，有教学班24个，其中普高19个班，职高5个班，在校学生共1152人。有教职工128人，其中高级教师21人，一级教师43人，省市级骨干教师18人。本科以上学历的教师占全校教师90%以上，是一支师资基本达标、年龄结构偏年轻化的教师队伍。

永和县第二中学　建于1975年，原校址在城北河口坪、永红大桥西北侧，由县政府投资11.7万元，建双面2层教学楼1幢，办公室25间。1993年，县政府投资208万元，在城西水车坪征地17943平方米重建校园，新建单面3层教学大楼和双面3层办公大楼各1幢，平房15间，建筑总面积2944平方米，1994年秋投入使用。校园地址是县城河西路20号。校内设实验室、仪器室、图书室、电教室等。学校有与教学配套的教学仪器I类1套，图书6200册。1995年12月，经省教委验收为山西省示范初中。1996—2011年，学校先后获得"省阳光体育学校""省三八红旗集体""市综治先进单位""市学习实践科学发展观先进党支部""市远程教学应用先进学校""市农远工程教学应用优秀资源库""市基础教育课程改革三优工程优质奖""市教研工作先进学校""永和县教学先进单位""永和县工作创新先进单位"等荣誉。2008年以前中考达重点高中（以下简称重高）共6人。2008年中考，达临汾三中1人，达临汾七中7人，共达重高8人，达普通高中（以下简称普高）113人。2009年中考，达临汾一中、临汾三中11人，临汾七中5人，共达重高16人，达普高146人。2010年中考，达临汾一中、临汾三中9人，临汾七中16人，共达重高25人，达普高256人。2011年中考，达临汾一中16人，临汾三中10人，临汾七中28人，共达重高定向线54人，达普高线252人，达线率为51%。特别是任鹏龙同学，2010年以656

永和二中校本演示

分的优异成绩,创永和中考历史最好成绩,达到了山西最好高中录取分数线。

历年教师中涌现出省级荣誉8人,市级荣誉12人,县级荣誉20人。有高级教师13人,一级教师44人。

学校教学仪器达C类,各种图书9814册。

永和县第三初级中学 永和县第三初级中学成立于2011年,位于县城东南(永和中学原址),占地面积22692平方米,建筑面积8830平方米,有在编教职员工88名,学生704名,有18个教学班。其中初一为8轨,初二为6轨,初三为4轨;覆盖人口达62000人,覆盖面积达1212平方公里。有教学楼、实验楼、宿舍楼、综合楼各1幢;有理、化、生实验室各1个;有微机室1个、电子备课室1个、多媒体教室4个、图书室2个。学校文、体器材齐全。

永和县第三初级中学信息技术课堂

第三章 职业教育

第一节 师范教育

师范讲习所

民国7年(1918),永和县师范讲习所在县城内文庙建立。讲习所有教员2人,职员1人。开设课程主要有心理学、教育学、国文、算术、工艺、音乐、美术等,学制1年。共招2个班,毕业学生60人,毕业考试合格者,由县政府分配任教师。

师资训练班

民国30年(1941)8月,永和县师资训练班附设于县城民族革命两级小学。开设课程主要有语文、算术、英语、自然、地理、历史、体育、唱歌、教育行政、儿童心理学、教育学等，学制2年。共毕业3个班，毕业学员110人，大多数从事教育工作。

师范学校

1952年秋，永和县师范学校在城内老爷庙成立。是年招收永和、石楼、蒲县等高小毕业生共50人。翌年秋并入隰县师范学校。

第二节 专业技术教育

农业中学

1958年，永和县第一所农业中学在城关镇花石崖村成立，当年招收1个班，学生46人，学制3年。开设课程有农业常识、语文、数学、物理、化学等。1959年停办。

1959年，西庄、桑壁、罢骨、城关、坡头、郭家山、泊洋7所农业中学相继成立招生。1961年，泊洋、坡头2所农业中学并入城关农业中学。1962年，桑壁、罢骨、郭家山农业中学停办。1963年城关镇花石崖农业中学恢复招生，1964年改为林业中学。

林业中学

1964年由县文教局和林业局合办，并与岔口国营林场挂钩。学生边学习，边实践，学制3年。课程在普通中学的基础上增设林业基础知识。共招收3个班，毕业学生200余人。"文化大革命"开始后停办。

农业机械培训班

1975年秋招收中学毕业生66人，学制半年，附设于永和中学。开设课程有拖拉机驾驶、农机修理、电机修理、柴油机使用与维修等。教师由县农机修配厂工人师傅担任，学员毕业后大多数在公社农机站搞农机服务工作。1976年停办。

卫生学校

永和县卫生学校于1958年6月在县人民医院（今影剧院）成立。第一期招收医士班1个，学员50人，学制3年。开设课程有语文、数学、护理学、卫生基础知识、生理解剖学、临床诊断学等，教师由山西医学院下放教授和讲师担任。11月并入吕梁县卫校。学员毕业后大部分回永和县从事卫生工作。

1965年11月，卫生学校恢复，进行第二批招生。招收医士班1个，学员63人，学制3年。校址初在县人民医院，后迁至县党校。开设课程有内科、外科、妇产科、五官科、中医科、护理学、农村医学基础知识等。学员毕业后大多数分配到农村卫生所。1968年底停办。

职业中学

1982年，永和县职业中学在罢骨乡成立。当年招收初中毕业生29人，学制2年。开设课程有政治、语文、数学、果林、畜牧、兽医学等。1984年迁入永和中学，招收初中班1个，高中班1个，学制均为3年，开设课程和普通中学相同。1987年停办。

1990年，职业中学迁入县党校，招收初中毕业生1个班、62人，学制2年。开设课程有果林、电器维修、语文、数学、政治、历史、体育、音乐、美术等。1991年，国家投资44万元，在城关镇响水湾征地2106平方米，新建职业中学校园。建有单式教学楼1幢，平房15间，总建筑面积1277平方米。学校设图书室、仪器室、实验室、会议室等，与之相适应的学习基地基本齐全。至1995年，先后开设果林、养殖、家电等专业7个班，培养中级专业人才239人。年底有教职工21人，其中专任教师17人。教学班3个，在校学生174人。

2006年，为了加快职业教育发展步伐，经有关部门协商，将学校后面的21亩土地征给职业中学，用于学校扩建。职业中学以市场为龙头，以就业为导向，科学设置专业。开设了医护、法律、市场营销、计算机等专业，组织76名学生参加计算机等级考试，其中40名同学达到初级水平，36名同学达到中级水平。

2008年，职业中学以就业为导向，结合县内实际设置了医护、法律、市场营销、计算机等专业，采取"2+1"、顶岗学习等多种办学形式拓宽永和职业教育办学途径。

2010年，职业中学对口招生升学率达75%。

2011年，永和县职业中学与永和中学高中部整合后，中等职业教育免费全覆盖，免学费17.46万元。有教学班5个，学生291人。建设了理化生实验室，购置了成套的器材仪器，配备了技术与设计、现代农业技术、电子控制技术、建筑与设计、汽车驾驶与保养实践等6个实践室。1996—2011年，职业中学为社会培养出各类专业人才达600余人。

少年儿童业余体育学校

1976年3月成立，校址在县人民体育场。当年有教练员3人，招收学员24人。学员按年龄大小分重点、普通、预备3个组，按项目分田径、武术、篮球3个队。训练时间分别为清晨、下午两个课余时间。1995年学校有校长、副校长各1人，教练员7人，学员67人。学员按年龄分为小学组、中学组，按项目分为田径、篮球2个队。建校30

余年，入校训练学员累计3092人，先后为省、地（市）各类学校输送体育专业人员300余人。2011年底，有校长1人，教练员5人，主要培训田径、篮球2个队，有学员32人。

1999—2011年永和县体育事业发展情况表

表26-8　　　　　　　　　　　　　　　　　　　　　　　　　　　　　　单位：个、人、次

年份	少体校		举办县以上运动会		国家体育锻炼达标人数	体育系统职工情况		
	校数	在校生	次数	参加人数		合计	专职教练	专职教师
1999	1	120	1	450	8550	31	7	24
2000	1	120	3	1755	8400	31	7	24
2001	1	115	2	1400	8200	31	7	24
2002	1	118	4	2225	8000	31	7	24
2003	1	117	2	1350	7900	31	7	24
2004	1	104	3	1500	7860	31	7	24
2005	1	100	3	1650	7670	31	7	24
2006	1	80	4	2200	7560	31	7	24
2007	1	70	2	1400	7430	31	7	24
2008	1	60	2	1300	7320	31	7	24
2009	1	40	1	680	7225	29	5	24
2010	1	30	3	1750	7125	29	5	24
2011	1	32	3	1800	7300	29	5	24

第四章　成人教育

第一节　农民教育

民国28年（1939），山西教育厅组织社教工作团到永和县组织农民识字班，进行政治教育，宣传抗日救国，增强民族意识。后因师资、经费不足和时局动乱，于民国

31年（1942）停办。

中华人民共和国成立初，县内农村兴办农民夜校、冬学和识字班，大力扫除文盲。到1950年，全县办起冬学70所，参加学习的有600余人。1951年，全县有常年民校36所，学员1672人。1952秋，成立县扫盲指挥部，县委第一副书记陈立任总指挥。指挥部下设办公室和教研室，并以行政区设3个联合学区，各学区设校长、扫盲专职辅导员各1人，动员、组织全县小学教员和在乡知识分子200余人担任民校义务教员。小学教员白天教小学生，黑夜教扫盲班学员，夜校严格进行考试，并开展"比、学、赶、帮、超"竞赛活动。扫盲学员经考试合格者颁发毕业证书。是年冬，全县推广祁建华识字速成法，开办33个速成识字班，学员966人。1953年，全县共有民校63处，学员2274人；冬学61处，学员1609人；识字班42个，学员663人；读报组34个，学员594人。参加学习的共有5140人。1954年，农业合作化运动推动了农民教育事业的发展。到1956年，全县民校达160所，学员9890人；识字班、读报组64个，参加高小班学习的693人，参加政治学习的6049人。总计参加业余学习的16632人，当年毕业扫盲学员673人。全县有文化义务教员189人，政治义务教员113人，扫盲专职干部26人。

1958年5月，共青团晋南地委派青年扫盲远征队134人到永和扫盲。选用注音识字扫盲课本，开展全民扫盲运动，提出"人人学文化，处处是课堂"的口号。农民上地带课本，地头休息读课文，运用汉语拼音识字，推广普通话。当年7月23日，全县扫盲毕业学员达7482人，占全部文盲总数85.2%。1960年农民业余教育停办。

1963年，恢复农民业余教育，参加学习的726人，其中高小班390人，初中班173人。1966年，农民业余教育改用农民讲习所形式，以学习讲用毛泽东著作为主要内容。全县办讲习所121个，参加学习的11263人。1967年农民讲习所基本停办。1971年，全县建政治夜校168所，学员10530人。1972年，11个人民公社各配备1名农民业余教育辅导员，共选拔业余义务教师198人。1973年，农民业余学校发展到183所，参加学习的12851人；扫盲班26个，参加学习的460人。

1978年，根据国务院指示，以"一堵、二扫、三提高"（堵住新文盲产生，基本扫除农村中12~45岁文盲，提高脱盲学员文化水平）为指导思想，开展扫除文盲工作。1979年，成立县工农教育委员会，下设办公室，在11个公社配备业余教育干部，工农教育又恢复健全。1981年，农民文化教育学校发展为74所，学员635人。1983年11月突击扫除文盲，全县文盲由2408人下降为1618人。1984年，全县11个乡镇均达基本无盲标准。1986年经省地成人教育组验收,全县少、青、壮非文盲率达94.7%,颁发了基本无盲县证书。

1986年起,全县农民教育转向以学习农业技术为主。11个乡镇全部建起农民文化科学技术学校,定期开展养殖、种植、果林、榨油、酿造等专业技术讲座。1995年,全县各乡镇均建起农民文化技术站,农民科学技术学校发展到74所,先后培养出能掌握两门以上农村实用技术的专业人才3300余人。是年,全县共投资农民科技教育经费10.4万元,其中乡村农民自筹4.2万元;有农民科技专职教师14人,兼职教师30余人。

2003年,县上成立职教中心统筹领导组,制定职教中心培训方案,对农民进行职业技术培训500人次。全县乡办农民技术学校5所,村办农民技术学校80所。培训内容有农作物栽培与管理、果树栽培与管理、畜牧养殖与管理、食用菌栽培技术等,受教育农民达1万人次。对390名扫盲毕业学员进行了巩固提高,对部分乡镇脱盲学员进行了抽查考试。分期健全和完善农民职教档案,乡、村两级农技校累计举办学习班36期,参加学习人数1.5万人次。

2005年,在"双联"工作中,科技服务中心聘请3位专家、110名技术员,到全县7个乡镇,315个自然村,开展送科技下乡活动,在阁西塬试种150亩优种西瓜。

2006年,为生态农业综合开发园区组织科技培训3次3000人次。一是以农技校为依托加强农业技术培训。各农校紧紧围绕当地经济与社会发展的实际需要举办红枣管理技术、圈养羊技术、蔬菜大棚栽培技术、西瓜种植等多门类培训班。每所农技校培训人次达300人次。二是科技服务中心组织大型农业技术培训。科技服务中心组织县内专业技术人员,分赴全县7个乡镇,进行优种西瓜、红枣管理等培训,培训人次达4000人次。三是聘请专家培训。投资近万元聘请大专院校、科研单位专家进行培训,共培训2次,参训农民达7000余人。

1996—2010年,永和县农业局、农广校举办农民培训班10期,培训人员6300余人。培训专业有布艺、十字绣、中国结、电焊工、计算机、汽车维修、美容美发、餐饮服务、果树管理、动物防疫、病虫害防治、农副产品加工等。

2011年,永和县农广校对农民进行多项职业技能培训,培训病虫害防治员200人、农产品加工技术员100人,农业专项技术培训300人。县农委举办引导性培训达3000余人。

附：坡头乡农民文化科学技术学校

1986年由坡头乡政府创建，简称乡农技校。校长由乡长兼任，校务委员会由科技副乡长、教办主任、农科员、乡团支部书记、妇联主任等组成，实行校长领导下的分工负责制。学校常年开办技术培训辅导班，在校培训学员百人左右。配有专职教师1人，兼职教师5人。学校有较完善的校舍、固定的试验基地和必要的教学设施，供学员学习、试验、实习。建校后学校多次聘请省、地（市）农科专家教授和县科技人员到校讲课与指导教学，先后举办农作物栽培、食用菌栽培、土壤与肥料、果林、养殖和农产品加工等专业培训。1993年，达到"六有"（有领导机构、教师队伍、设施设备、仪器图书、实验基地、经费）标准。至2002年底，累计举办各种技术培训班33期，参加培训学习的达5000多人次；全乡能掌握两门以上实用技术的500余人，有农业科技人员118人。2003年停办。

第二节 职工教育

文化补课

1951年，县干部业余文化补习学校（简称文补校）在原大礼堂（今已拆修为文庙广场）创立。曹呈瑞兼任校长，有专职教师2人，兼职教师2人，承担全县干部、职工的文化教育。当年招收党政机关、企事业单位初中以下文化程度的干部职工73人，分设初中、小学两个班，其中小学班学员31人，初中班学员42人。开设课程小学班有语文、算术、常识；初中班为政治、语文、数学、地理、历史、物理等。每日早晚上课，定期考试，学制4年。初中班经考试毕业后颁发毕业证书，小学班毕业后升入初中班继续学习。至1961年与县教师进修校合并，文补校共毕业学员435人。

政治学习

1962年，干部职工教育办公室组织干部、职工学习毛泽东著作和时事政治，参加学习者660余人。"文化大革命"中，又以办毛泽东思想学校的形式组织干部、职工学政治、学文化。1975年，干部、职工教育改用政治夜校形式进行，参加学习者790余人。

文化技术补习

1979年8月，干部、职工教育的中心转为文化、技术补课。县工会、卫生局、商业局、农业机械修配厂等单位联合举办文化技术补习班，吸收初中以下文化程度的职工200余人参加学习，开设语文、数学、物理、化学和专业技术知识等课程。

1981年，工交、财贸、农业、文教等系统先后组织6期干部职工文化、技术补习班。课程以高中语文、数学为主，并结合专业选学物理、化学、历史、地理和外语。采取集中和业余相结合的方式，参加学习的380余人。1982年5月，县商业局、农业银行、粮食局等单位分别举办补习班，补习高中课程和专业课。1983年，全县职工文化普测获《合格证书》的216人，获单科《合格证书》的523人。至1985年底，商业、农行、粮食等系统青年职工普遍经过技术培训学习。

1988—1995年，先后举办乡镇干部培训班16期，开设农业技术、农村双层经营、农村改革等课程，参加培训的达640余人次。举办公务员培训班3期，培训干部578人，为公务员制度的实施打下坚实基础。

1996—2011年，永和县劳动职业培训中心每年举办10期对各类失业人员和在职人员进行的职业技能培训，每年培训1000人以上，共培训达2万余人。具体有职业技能培训、农村劳动力转移培训、新成长劳动培训、下岗失业再就业培训。通过培训为其创业、就业创造更有利的条件。培训结束后，经考核合格，颁发《职业技能培训证书》。

离职学习

1982年始实行职工带薪离职学习。1986年，县委党校举办全日脱产学习中专班1个，招收党政干部学员45人，学制2年，开设哲学、政治经济学、科学社会主义、中共党史、党的建设、语文、数学、中国近代史、中国革命史、科技常识、行政管理、经济管理、思想政治工作概论等课程。

1982—1995年，全县经考试或推荐离职到省党校、省团校、国家民政学校、省司法学校、省教育学院、地区党校等各类成人专业院校学习的干部、职工共348人，其中获大专毕业证的136人，获中专毕业证的142人，获专业合格证的48人。1996年以后没有离职学习，大部分是在职函授或自修考试。

第三节　电教函授　自学考试

中央农业广播电视学校永和分校

1981年5月成立，首次招收农学专业中专班1个，学员53人，学制3年。采用录像、录音、广播、面授等形式教学。1988年增设农学专业大专班1个，学员30人，学制3年。到1995年，学校共开设农学、畜牧、林业、现代乡村综合管理、果树、会计统计与审计6个专业，招收学员16个班、2000余人。各专业均设理论（道德与法律）、文化（语文、数学、物理基础、化学基础、基础英语）、专业知识等课程。至1995年，共毕业大专班1个，学员28人，中专班11个、学员1894人。1998年，毕业大专班学员70人。1999—2003年，共毕业大专班学员320人，此后再没有招生。

山西省会计学校永和县函授站

1984年5月举办，招收全县各类财会人员和社会青年56人，学制3年。开设语文、数学、政治经济学、财政基础知识、工业会计、商业会计、基本建设会计、预算会计、工业企业财务管理、工业企业经济活动分析、商业管理基础知识、企业管理基础知识、国民经济计划、统计学原理、会计原理15门课程，以函授、刊授、面授和电化教学等方式教学。学员经考试合格发给毕业证书，国家承认中专学历。1998年毕业21名学员。至2003年底，共毕业各种函授学员260多人。2004年以后再没有学员。

山西省委党校永和大专班函授班

1988年招收政治理论专业大专班1个，学员126人，学制3年。开设哲学、政治经济学、科学社会主义、中共历史简编、党的建设教程。1989年再招1个班，学员48人。两届获毕业证书的学员共168人。

1993年招收经济管理专业大专班1个，学员89人。设有中国特色社会主义理论、哲学、行政管理、领导管理、经济管理、工业企业经营管理、管理心理学、农业经济管理学、公共关系现代管理技术等18门课程。1995年招收1个班，学员49人。

1996—2008年，招收经济管理专业大专班10期，学员共389人；2004—2007年，招收经济管理专业本科班两期，学员共135人。

高等教育自学考试

1984年秋由县教育局成人教育办公室负责组织，后改由招生办公室负责管理。至1995年，先后有116人分别报考汉语言文学、党政干部理论、统计学、法学、会计5个专业。至2003年底，累计毕业各种专业共300多人。此后不再报考。

第五章 品德教育

第一节 课堂教育

清代以前，书院、私塾、儒学均以"忠、孝、节、义""三纲五常"等封建伦理道德教育为重点对学生灌输孔孟之道。清康熙年间，知县王士仪遵循"圣谕广训"，兴校训生员，定"孝悌中信"为全县书院、私塾之统一校训。学校除"读经讲经"外，普遍开设"修身"。儒学"读经讲经"，主要讲读《孝经》《论语》《大学》《中庸》《孟子》《礼记》等节本；"修身"，主要摘讲《朱子小学》《蒙学经训修身教科书》和有益风化的诗歌等。

民国时期，学校以"培养健全人格，发扬共和精神"为宗旨，废除"读经讲经"，取消"修身"，改设《三民主义》《伦理学》《宪义》《公民》等课程，统称训育课。抗日战争时期，民族革命小学增设《抗日救国》课，向学生进行爱国主义教育。

中华人民共和国成立后，各中小学均开设政治思想课和时事课。1956年，毛泽东主席提出"我们的教育方针，应该使受教育者在德育、智育、体育几方面都得到发展，成为有社会主义觉悟的、有文化的劳动者"以后，全县中小学陆续开设马克思列宁主义政治理论课，以周会课进行政治启蒙教育。中学政治课有《青少年修养》《政治常识》等。

"文化大革命"期间，阶级和阶级斗争教育成为学校思想政治教育的主要内容。中小学政治课改为"天天读"，小学每天读一段毛泽东语录；中学除语录外，以《毛泽东著作选读》本为教材。

中共十一届三中全会以后，全县初中普遍开设《社会发展简史》和《科学社会主义常识》，高中开设《科学社会主义》和《辩证唯物主义常识》等，对学生进行马克思列宁主义主义、社会主义常识教育。1981年，全县小学普遍开设《思想品德》课，对学生进行"五爱"（爱祖国、爱人民、爱劳动、爱科学、爱社会主义）和"五讲"

（讲文明、讲礼貌、讲卫生、讲秩序、讲道德）、"四美"（心灵美、语言美、行为美、环境美）为中心的社会主义常识和社会主义公德教育；初中开设《青少年修养》《社会发展简史》《法律常识》，对学生进行公民道德、法制教育和马克思列宁主义、社会主义常识教育；高中开设《经济常识》《辩证唯物主义常识》《政治常识》，进一步对学生进行马克思列宁主义和社会主义常识教育。1988年，国家教委颁发《中学德育大纲》（试行稿）和《小学德育纲要》（试行草案），发出《关于改革和加强中小学德育工作的通知》。全县中小学政治课教学得到进一步重视，中学政治课教材进一步改革，小学思想品德课列为考试科目。1990年，在中共中央关于教育必须为社会主义现代化服务，必须同生产劳动相结合，培养德、智、体全面发展的建设者和接班人方针指引下，全县中小学进一步加强德育工作和劳动技术教育，普遍开设劳动技术课。1993年，初中政治课改为《思想政治》，加强了中国近现代史教育、国情教育和国防教育。1995年后，全县中小学政治课分别定为《思想政治》和《思想品德》，对学生进行以"五爱"为基本内容的社会主义公德教育、一般政治常识教育和有中国特色社会主义有关知识教育。

第二节　课外教育

概　述

民国前，学校重视德育训化，但"只管三尺门里，不管三尺门外"，课外教育主要靠学生家长训导。

抗日战争时期，县内各学校纷纷开展抗日救亡活动。民国28年（1939）1月，在中共永和县工委、牺盟永和县分会领导下，县城民族革命小学建立流动工作团（实为抗战剧团）。团长由学校教师刘仁镜（中共党员）担任，团员为学校学生。剧团编排出宣传抗日救亡的剧目，在全县城乡巡回演出。

中华人民共和国成立后，课外教育被提到议事日程。20世纪50年代初，各校主要围绕土地改革、镇压反革命、抗美援朝等政治运动，对学生进行阶级斗争和爱国教育。教育形式主要有召开家长座谈会、组织报告会、进行社会调查、参观访问、下乡劳动锻炼等。

1954年起，课外政治思想工作主要围绕过渡时期总路线精神，对学生进行劳动教育和农业合作化教育，教育学生正确对待升学和参加农业生产。并以教育部颁发的《小学生守则》为准则，向学生进行"五爱"（爱祖国、爱人民、爱劳动、爱科学、爱护公共财物）教育。

1963年后，各校坚持正面引导，带领学生学习雷锋、王杰，以英雄人物的思想品质陶冶学生情操。各中小学组织学雷锋小组，开展为烈军属、"五保户"挑水、扫地、送温暖等活动；并召开家长座谈会，通报学生学习成绩、思想动态和遵守纪律情况，发动家长配合学校，对学生进行道德品质教育。

"文化大革命"开始后，中学生相继停课"闹革命"。1968年起，全县实行贫下中农管理学校。结合学大寨运动，组织学生下乡劳动，体验生活；同时用吃忆苦饭、听忆苦思甜报告等形式，对学生进行阶级教育和道德品质教育。

"文化大革命"结束后，学校政治思想教育重新走上有组织、有领导的轨道。1979年8月《中学生守则》《小学生守则》颁布，县教育局电教队自制幻灯片，在城乡学校放映，广泛对学生进行思想道德教育。同时学校利用漫画、墙报、班会、少先队主题会、共青团活动等形式，启发学生进行自我教育。1980年在开展学雷锋、树新风、创三好（学习好、身体好、工作好）活动中，团县委和教育局于5月联合印发《关于向李让应同学学习的决定》，号召全县青少年学习英雄李让应的先进事迹。1981年，各校将"五讲四美三热爱"和"学雷锋见行动"紧密结合起来，开展文明礼貌月活动，涌现出一批文明班级和文明学校。据统计全年办好事1.7万余人次，涌现出三好学生、优秀少先队员121人。1982年，引导学生学习张海迪的先进事迹。1983年，开展升国旗、唱国歌和为振兴中华而读书的活动，培养学生对祖国的感情和为国献身的精神。1984年后，贯彻教育工作的三个面向（面向现代化、现向世界、面向未来），在学生中开展争做"四有"（有理想、有道德、有文化、有纪律）新人活动。1993年3月，为纪念毛泽东"向雷锋同志学习"题词发表27周年，共青团永和县委提出"弘扬雷锋精神，培养'四有'新人"的口号。此后，永和中学、永和二中、城关小学等校采用多种形式，宣传雷锋、赖宁的先进事迹，全县学习雷锋、赖宁的活动不断深入。2000年后，县宣传教育部门多次聘请老红军、老八路对学生进行革命传统教育。2010年后，全县提倡中华民族传统美德教育，数次聘请历史、国学专家对青少年进行传统美德教育。2000—2011年，外聘专家、教授对青少年进行传统美德教育达20余次，受教育人数达3万余人。

团队活动

1998—2011年，各级学校共产主义青年团或少年先锋队开展形式多样的主题活动，如：请老党员、老贫农、老干部、老红军作报告，进行革命传统教育；组织青少年做好事、送温暖；聘请解放军、公安干警、离退休老干部246人先后为校辅导员；通过文艺节目、故事会、周会、班会、队会、家访等针对性地进行教育。

国旗下讲话

中共十一届三中全会后，中小学均建立周一和重大节日升国旗制度。20世纪90年代后县教育局对升国旗仪式讲话进行收集整理，每周一个主题，进行系列化教育。

社会实践

自1958年起，全县90%以上中小学建立劳动生产实习基地，对学生进行热爱劳动和劳动技能教育，组织学生深入厂矿、企业、乡村，开展社会服务和社会调查活动。1986—2011年，全县中小学开辟社会实践活动联系点累计达297个。

管理机构

中华人民共和国成立后，学校德育工作由校领导、班主任、教师和共青团、少先队齐抓共管。1989年，各级学校成立德育教育领导组，各办学单位成立关心下一代工作委员会、家长委员会等，配合学校进行德育教育。1991年，各联校设德育工作联络员，县城各学校成立政教处，设专职政教主任。1992年，县上成立由教育、文化、公安、劳动、工会、妇联、共青团等部门组成的青少年教育协调委员会，教育局增设政教股，配备德育工作专职干部，并确定永和中学、城关小学为德育试点学校。1994年，县委成立关心下一代工作委员会（简称"关工委"），指导学校的德育工作。1996—2011年，县城各社区均成立社区教育委员会，各学校成立相应机构，形成学校为主，家庭为辅，社会参与，政府协调，双向服务，共同育人的德育网络。

德育成果

1998年，全县开展"创建文明学校、争做文明学生"为主题的各类教育活动。永和中学、城关小学、坡头乡贺家崖小学通过省文明学校验收；永和二中、城关二小和桑壁中学通过地级文明学校验收。

2000年，职业中学通过地区文明学校验收。

2003年，省市对永和县进修校及示范初中进行评估验收。

2007年，开展德育示范创建工作，永和中学和城关二小各具特色。永和中学顺利通过省德育示范学校验收，涌现出市级三好学生、优秀班干部35名，优秀班主任5名。永和二中通过省法制示范校验收。

2011年底，全县涌现出市级三好学生239名，优秀班干部43名，优秀班主任75名。

第六章 教 师

第一节 队 伍

清代，县内私塾中的从教者数目不详，无证可考。官立学堂共有授教者4人。

民国元年（1912），官立学校仅县城一所高等小学，有教员2人，据《民国6年度山西第二次教育统计图表》载，该年有国民小学教职员19人。民国7年（1918）增为44人。据《山西省14年度教育统计表》和《山西省第十六教育统计》记载，民国14年（1925）有国民学校教职员74人，其中女2人。民国27年（1938）有50余人。民国31年（1942）为70余人。民国35年（1946）永和县解放前夕，有小学教职员35人，其中教员33人。

1949年全县有小学教师22人。1958年全县有中、小学教师154人，其中民办教师3人。1965年，全县有小学教职工217人，其中民办85人；中学教职工49人，其中民办1人。1985年，全县中、小学教职工增至647人，其中小学教职工481人，专任教师464人，占全县教职工71.72%，占小学教职工总数96.47%；中学教职工166人，专任教师118人，占全县教职工的18.24%，占中学教职工总数71.08%。1995年，全县有中学教职工219人，其中专任教师166人，合格率69.8%；小学教职工654人，专任教师565人，合格率94%。2005年，全县教职工1064人，其中小学教职工520人，专任教师457人。普通中学教职工386人，专任教师272人，职业中学教职工59人，专任教师45人。2011年底，全县有教职工总数为853人。其中小学教职工413人，专任教师349人；初级中学教职工233人，专任教师176人；高级中学教职工103人，专任教师86人。

1949—2011年永和县中小学教职工基本情况表

表26-9 单位：人

年份	教职工总数	中学					小学				
		教职工数	公办	民办代教	专任教师	师生比	教职工数	公办	民办代教	专任教师	师生比
1949	22	—	—	—	—	—	22	22	—	18	1:55
1950	57	—	—	—	—	—	57	57	—	56	1:24
1951	61	—	—	—	—	—	61	61	—	58	1:42
1952	67	—	—	—	—	—	67	67	—	62	1:39
1953	82	—	—	—	—	—	82	82	—	74	1:31
1954	83	—	—	—	—	—	83	83	—	75	1:28
1955	83	—	—	—	—	—	83	83	—	75	1:39
1956	95	5	5	—	3	1:19	90	90	—	82	1:36
1957	128	8	8	—	6	1:20	120	120	—	103	1:28
1958	154	25	22	3	18	1:26	129	129	—	113	1:39
1959	239	25	23	2	16	1:37	214	129	85	197	1:25
1960	225	29	27	2	19	1:35	196	150	46	162	1:31
1961	214	27	25	2	18	1:26	187	149	38	154	1:32
1962	193	25	24	1	16	1:26	168	114	54	129	1:33
1963	216	25	24	1	16	1:23	191	128	63	151	1:31
1964	221	23	22	1	15	1:29	198	115	83	179	1:31
1965	266	49	48	1	31	1:16	217	132	85	187	1:32
1966	326	51	51	—	39	1:37	275	185	90	250	1:22
1967	326	51	51	—	39	1:17	275	185	90	250	1:23
1968	328	51	51	—	39	1:17	277	187	90	252	1:24
1969	375	98	98	—	80	1:28	277	187	90	252	1:25
1970	377	98	98	—	80	1:16	279	187	92	254	1:26
1971	459	122	121	1	90	1:19	339	129	208	259	1:27
1972	496	159	135	24	105	1:13	337	129	208	255	1:25
1973	479	126	123	3	86	1:16	353	136	217	311	1:22
1974	480	134	116	18	92	1:16	346	114	232	338	1:21
1975	544	145	139	6	99	1:20	399	160	239	394	1:18

续表26-9　　　　　　　　　　　　　　　　　　　　　　　　　　　　　　单位：人

年份	教职工总数	中学					小学				
		教职工数	公办	民办代教	专任教师	师生比	教职工数	公办	民办代数	专任教师	师生比
1976	599	199	139	60	124	1:22	400	160	240	394	1:19
1977	660	261	180	81	193	1:17	399	140	259	394	1:20
1978	713	282	207	75	200	1:14	431	159	272	419	1:19
1979	770	249	193	56	139	1:16	521	158	363	513	1:15
1980	687	248	195	53	150	1:15	439	158	281	431	1:18
1981	683	242	195	47	142	1:15	441	153	288	433	1:19
1982	617	182	178	4	121	1:12	435	177	258	414	1:17
1983	630	163	161	2	109	1:15	467	205	262	433	1:18
1984	614	162	156	6	107	1:16	452	196	256	425	1:17
1985	647	166	150	16	118	1:17	481	173	308	464	1:15
1986	583	157	148	9	110	1:20	426	208	218	417	1:14
1987	666	182	160	22	142	1:16	484	207	204	398	1:13
1988	770	230	194	36	163	1:14	540	259	273	488	1:15
1989	766	223	188	35	156	1:13	543	249	294	521	1:10
1990	795	229	202	27	170	1:12	566	274	292	532	1:10
1991	793	230	197	33	166	1:13	563	282	281	506	1:11
1992	793	225	200	25	166	1:13	568	289	279	509	1:11
1993	793	225	200	25	166	1:12	568	289	279	509	1:12
1994	815	210	191	19	157	1:13	605	335	270	546	1:12
1995	873	219	205	14	166	1:13	654	386	268	565	1:13
1996	933	264	246	18	169	1:16	624	404	220	563	1:14
1997	923	229	214	15	181	1:16	590	384	206	539	1:14
1998	838	240	229	11	182	1:16	598	412	186	544	1:14
1999	920	258	250	8	199	1:15	628	451	177	566	1:14
2000	953	276	272	4	227	1:15	607	578	29	546	1:14
2001	1033	299	295	4	239	1:15	608	579	29	564	1:13
2002	1043	325	321	4	267	1:15	595	566	29	547	1:13
2003	1142	401	397	4	353	1:12	625	569	29	585	1:12
2004	1143	406	402	4	317	1:12	605	576	29	501	1:12

续表26-9　　　　　　　　　　　　　　　　　　　　　　　　　　　　　　单位：人

年份	教职工总数	中学					小学				
		教职工数	公办	民办代教	专任教师	师生比	教职工数	公办	民办代数	专任教师	师生比
2005	1064	386	382	4	272	1:11	520	491	29	457	1:12
2006	957	320	316	4	265	1:11	481	452	29	438	1:13
2007	824	310	306	4	262	1:11	457	428	29	401	1:12
2008	780	312	308	4	258	1:11	394	365	29	352	1:12
2009	870	320	316	4	250	1:10	424	395	29	367	1:11
2010	811	325	321	4	245	1:9	431	402	29	364	1:10
2011	828	336	332	4	262	1:9	413	384	29	349	1:10

注：2000年后，民办教师改为"长期代课教师"。

第二节　素　质

文化素质

清代，书院、蒙养学堂任教者均为县内宿儒。民国时期，任教者多为高小、中学和师范毕业生。

1949年，全县18名专任教师中，高中学历1人，初中学历12人，小学学历5人。1958年，全县中小学教师中，大专学历5人，高中、中师学历8人，初中学历115人，其他3人。1977年，全县专任教师中，大学专科学历23人，占专任教师总数3.92%；高中、中师学历366人，占62.35%；初中学历以下者198人，占33.73%。1980年，全县小学专任教师，大学专科学历2人，占专任教师总数0.47%；高中、中师学历254人，占58.93%；初中学历以下者175人，占40.6%。中学专任教师，大学本科学历者5人，占专任教师总数3.34%；大学专科学历者23人，占15.33%；高中、中师学历者107人，占71.33%；初中学历者15人，占10%。1985年，通过培训考试，取得教材、教法合格证者634人，占全县教师总数97.99%。1995年，全县小学教师，高中、中师以上学历者535人，达标率94.69%；中学教师，大学本科学历者21人，专科学历者95人，达标率69.88%。2011年，全县小学教师349人，高中、中师以上学历者349人，达标率100%，大专以上学历者294人，占总人数的84%；中学教师，大学本科学历者157人，专科学历者101人，达标率98%。

1949—2011年部分年份永和县中小学专任教师学历情况表

表26-10　　　　　　　　　　　　　　　　　　　　　　　　　　　　　　　单位：人

年份	专任教师总数	中学					小学				
		教师数	其中			达标率%	教师数	其中			达标率%
			大学本科	大学专科	中师高中	初中以下			大专	中师高中	初中以下	
1949	18	—	—	—	—	—	18	—	1	17	5.56
1958	131	18	—	5	6	7	27.78	113	—	2	111	1.77
1965	218	31	—	14	17	15	45.16	187	5	57	125	33.6
1970	334	80	—	12	11	57	15.00	254	5	137	112	55.91
1977	587	193	—	21	150	22	10.88	394	2	216	176	55.33
1980	581	150	5	23	107	15	18.67	431	2	254	175	59.40
1985	582	118	1	41	63	13	35.59	464	—	289	175	62.28
1990	702	170	10	56	100	4	38.82	532	2	463	67	87.41
1995	731	166	21	95	50	—	69.88	565	35	500	30	94.69
1999	765	199	64	121	14	—	92	566	95	373	98	82.6
2000	773	227	84	131	12	—	94	546	116	350	80	85.3
2005	729	272	184	82	6	—	97	457	227	180	50	89
2006	703	265	165	90	5	—	96	438	278	140	—	100
2009	617	250	146	100	4	—	98	367	327	75	—	100
2010	609	245	140	101	4	—	98	364	304	60	—	100
2011	611	262	157	101	4	—	98	349	294	55	—	100

专业技术职称

1987年职称改革中，全县教师评为高级职称者1人，中级职称者102人，初级职称者346人。1995年，全县中学在聘教师219人中，有高级职称2人，占在聘教师0.91%；中级职称47人，占21.46%；初级职称170人，占77.63%。小学在聘教师654人中，有中级职称142人，占在聘教师21.71%；初级职称512人，占78.29%。

1998年，192名教师被评为初级职称，4名教师被评为高级职称。2003年，80余名初级教师晋升职务。2004年，完成81名中小学教师中级职称的评审工作。2007年，完成118名教师职称评审工作。2009年，28人被评审为初级职称，40人被评审为中级职称，8人被评审为高级职称。2010年，50人被评为初级职称，30人被评为中级职称，7人被评为高级职称。2011年，35人被评为初级职称，27人被评为中级职称，8人被评为高级职称。截至2011年底，全县教师中高级职称42人，占专任教师的6.8%；中级职称298人，占专任教师的48.8%。

第三节 培 训

在职培训

1954年，创办县教师进修学校，采取函授与面授相结合的办法，培训全县不及初中文化程度的小学教师。到1958年并县共毕业学员75人。1961年恢复永和县建制后，教师进修校设轮训部、函授部。轮训部轮训小学、幼儿教师，课程为政治、语文、数学。函授部培训不及中师程度的小学教师，参加函授学习的60余人。"文化大革命"期间，教师进修校停办。1978年再度恢复教师进修校。1979年5月，组织40名教师参加山西省教育学院高师专科函授学习。1982年，组织226名小学教师参加临汾地区教干校中师函授教材教法，经参加考试，合格率达94%。1986年，全县教师参加高师函授取得文凭者101人，正在函授者82人；参加中师函授取得文凭者85人，正在函授者89人；参加高师卫电学习者35人，中师卫电学习者34人，参加专业自学考试者85人。至1995年，全县先后有780余名教师经过专业培训，占教职工总数94%。1996—2003年，先后有86名教师经过自学考试取得毕业证。2000年，培训3名省级普通话测试员，并组织了县直学校150名教师的普通话测前培训工作。2004年，对全县225名教师进行信息技术培训。首批238名教师参加计算机等级测试，189名教师取得初级合格证书。对260名教师进行普通话培训测试，240名教师取得合格证书。对全县200余名教师资格进行审报和认定。2005年，全县各中、小学校的校长、副校长，各教办主任分别到山西省教育学院、临汾地区教育学院进修培训，取得相应的校长资格证。2006年，抓信息技术培训工作，有10人次参加省级培训，25人次参加市级培训，县级培训分4个批次，培训近300名教师，有250名教师通过市级考核。2007年，抓继续教育工作，组织全县教师进行了为期5天的集中培训，组织800余名教师按时参加继续教育考试。2008年，高中教师实行网络学习和网络考试。每年举行一次学习和考试。2010—2011年，加强对现代化教学设备的应用，配备42套英语语言教具，组织全县英语教师进行两次教具应用培训。

离职学习

1954年，选派12名教师赴隰县参加训练班学习，8名教师赴临汾参加训练班学习。1956年、1958年先后选派4名教师赴北京、太原参加汉语拼音和北京语言训练班学习。

1979年，县教师进修校举办长期脱产培训班，培训小学教师，学制2年。教材为语文、数学、体育、音乐、教育学、心理学等。至1986年共举办3期，培训小学教师105人。同时举办短期培训16期，学习时间半年，培训教师323人。

1982—1988年，先后有100余名小学民办教师被录取到隰县教师进修校和临汾师范进修学习2年，取得中师毕业证书。

1979—1995年，先后选送167名中小学教师和中心校校长，赴省、地教育学院，省委党校参加脱产进修学习，并全部取得毕业证和岗位培训合格证书。1996年后，再没有教师离职学习。

第四节 待 遇

社会地位

县人素有尊师重教传统。清代，学童入学要举行拜师仪式，有着"师者父母"之说。民国时期，更加尊重人才，尊重知识。县长阎佩礼曾有过"教育之本，重在师也"之说。

中华人民共和国成立后，教师受社会各界尊重，人民教师的社会地位、政治地位不断提高。逢年过节时，争相请教师做客，赠送贺礼、纪念品等。1977年12月，县委组织部、文教部，县教育局、人事局等领导走访慰问县内55位老教师，并组织他们进行体检，观看影剧，征求意见，表达对教师的敬意。1979年，县政府为全县小教三级以上、中教五级以上9位教师的亲属办理农转非手续。1984年8月给任教25年以上的教师颁发荣誉证书和纪念证书。1985年9月10日，全国第一个教师节时，县委、县人民政府为教师办了10件实事，并表彰20名模范教师。是年春节前夕，县政府拨款1.2万余元，慰问全县教师。

教师节表彰大会

1994年9月10日第十个教师节中，县委、县政府领导亲自慰问全县模范教师和先进教育工作者；表彰20名模范教师，为16名优秀民办教师办理转公办手续；组织教师游行，宣传《教师法》和《中华人民共和国义务教育法》等。1995—2011年，每个教师节，县委、县政府都隆重开会，表彰先进教育工作者和模范教师，县领导还走访教师家庭，询问、解决他们的具体困难。

政治待遇

中华人民共和国成立后，人民教师被誉为培养革命后代的"园丁""人类灵魂工程师"，受到全社会的尊敬和爱戴。1949—1966年，教师中加入工会的110人，加入共青团的72人，加入中国共产党的31人，当选为历届县人民代表大会代表的5人，出席省、地以上英模会议的9人。

1979年后通过落实政策，为14名教师恢复职务，为6名教师恢复政治名誉。1979—2011年，全县有300余名教师加入中国共产党，1029名教师加入工会组织；1000余名教师出席省、市以上英模会议，1名教师被选为省人大代表，2名教师被选为县人大常务委员会委员，3名教师被选为县政协常委，6名被选为政协委员。

福 利

自1952年7月始，中、小学教职工实行公费医疗。每人每月福利费1.5元，统一使用。病假工资按规定比例计发，寒暑假工资照发。探亲、产假、离休、退休、因公伤亡、病故待遇均同国家干部。中共十一届三中全会后，县政府对患病教师定期看望；患病住院治疗，按比例报销医疗费。2001年，教师全部参加职工医疗保险，门诊费用按本人工资比例拨付上卡，住院医疗费按规定报销。2005年10月实行住房公积金制度，按规定享受财政补助和住房贷款优惠。2007—2011年，每年冬季的烤火费以职称对应于干部级别发放，中级职称相对于行政科级，高级职称相对于行政处级。

经济待遇

民国时期，县城高等小学校长月薪20元，教员为12~16元；初小教员8~9元。农村小学教员薪水分3等，甲等年薪70~80元，乙等60~70元，丙等50~60元。

抗日战争时期，教师月薪以银圆计发，编村校长每月8~10元，教师分8元、6元、4元三等。

中华人民共和国成立初期，教师工资实行粮薪津贴制，每人每月小米35公斤，不分等级。1950年，分为80、70、60、55公斤4等，每人每月增加食油0.5公斤。1952年7月，教职工工资由粮薪制改为工资制。联合校长、完小校长、小学教导主任，月工资为人民币28元、26元、24元三等，教师月工资为24元、23元、21元三等。1953年9月始行教师公费医疗。

1956年工资改革，永和县为三类地区。小学校长、联校校长最高64元，最低38元；教师最高49元，最低26元。中学校长、教导主任最高85元，最低54元；教师最高73元，最低34元。1963年以教师总数25%~40%升级，给工资偏低的教师提高工资。1971年7月按教师总数42%升级，部分工资偏低教师调升2级。1977年教师中属大中专毕业者晋升1级工资。1977—1979年，先后3次以教师总数的40%、2%、40%调资升级，同时每人每月加发副食补贴5元。1981年10月，全县教师普调1级工资，教龄较长工资偏低者晋升2级，每人每月增发书报费、洗理费4元，乡村教师增加山区补助费6元。1985年工资全面改革，教师工资分基础工资、职务工资、工龄工资、教龄工资和奖励工资五部分。中学教师最高与最低标准工资分别为102.5元和56.5元；小学教师最高与最低标准为94.5元和45.5元。1988年，全县教师工资提高10%。1993年10月按晋教人字（1993）42号文件规定，教龄补贴在原基础上增加3元，并进行工资套改，套改后工资分基础工资、教龄工资、津贴和奖励工资等部分。1995年10月全县教职工每人晋升1级工资，全县小学教师工资年均4000余元，中学教职工年均4200余元。

1995年10月至1998年10月，两次调整工资，教职工人均月增资60元以上。1999年7月调整工资，教师人均月增资134元。2003—2005年，两次提高生活补贴和取暖费。

2011年工资调整，初级增加30元，中级增加40元，高级增加60元。小学最高工资3400元，最低工资2100元；中学最高工资4200元，最低工资2100元。

中华人民共和国成立初期，民办教师的小米津贴比照公办教师标准，由办学单位逐年发给。1958年后，民办教师待遇为工分加补贴金制。农村小学民办教师与所在生产队社员同工同酬，享受社员出勤最高工分，参加年终分红；中学和城镇小学民办教师分为3等，每月补贴现金5元、8元、10元。1964年，国家给民办教师每人每月发现金4元、5元；1972年增加为10元、11元。1975年，中学民办教师每人每月补助22元，小学民办教师每人每月补助18元。1985年，中学增为60元，小学增为55元，并享受相当于公办教师50%的奖金。1993年，民办教师工资中学为92.5元，小学为82.5元。1995年10月，中学民办教师增为140.5元，小学增为130.5元。2004年，免征农业税后，民办教师工资由县财政支付。小学民办教师月工资380元，中学420元。2005年，小学、中学民办教师月工资统一提高至515元。2010年，小学、初中民办教师月工资统一提高至600元。

第七章 教育管理

第一节 行政管理

明末清初，教育行政管理机构称儒学署，设训导1人，为管理全县文化教育的行政官员。清末县设劝学所，各区均设劝学1人。民国18年（1929）劝学改称社学员。民国19年（1930）劝学所改为教育局，教育局设局长，各区设督学。民国27年（1938），教育局并入县政府第三科。

永和县解放后，县人民政府设文教科，管理全县文化教育工作。1949年，区设文教助理员1人，管理区文化教育。各区划分若干中心校，中心校设校长。1950年以区建联合学区，文教助理员改称联合校长。1956年8月，县文教科改为教育局，内设教育研究室和扫除文盲办公室。1963年5月，全县以公社设教育联区11个。1985年，教育局设置办公室、人事股、计财股、教研室、成人教育办公室、教育史志办公室、工会等机构。1985年9月，乡镇撤销教育联区，成立教育委员会，下设教育办公室，设主任、副主任、会计各1人，负责管理乡镇区域教育工作。1993年3月，县教育局改称教育委员会，内设教育科、体育科、办公室等机构，管理全县教育、体育行政事宜。

2002年6月,县教育委员会改称县教育科技局,将原科学技术委员会承担的行政职能划入县教育科技局,内设办公室、人事股、计划统计股、基础教育股等机构,管理全县教育、科技行政事宜。2005年9月,各乡镇教办主任改称中心校长。2008年9月,撤销各中心小学校长。至2011年底,教科局内设办公室、人事股、计划统计股、基础教育股、政教股、教研室、成人股、教育工会、电教股、督导股等机构。各乡镇设中心校长、会计各1人,负责管理乡镇区域教育工作。教科局下属有7个中心校,3所直属中学,2所直属小学,1所幼儿园。

第二节 教师管理

公办教师管理

清代,县立小学堂堂长由县知事委任,教师由堂长聘任。民国时期,县城小学校长由县长委任,教师由校长聘用,报县批准备案。民国15年(1926)后学校校长、教师都由县国民政府直接委派到位。

中华人民共和国成立初,教师纳入国家编制,学校校长、教师均由政府举行考试选拔任命。1952年起,师范院校毕业生逐步成为中、小学教师的主要来源。教师调配、培训、请假以及师范院校毕业生分配、见习期满后转正、定级等,均由县文教局(教育局)统一管理。1958年人民公社化后,农村学校教职工下放到公社管理。1961年,公办教师复由文教局统一管理。"文化大革命"期间,实行工人、贫下中农管理学校,全县农村小学教师的管理权限下放到生产大队、生产队。1978年,国务院《关于中小学教师队伍管理意见》下达后,县直中小学校长由县委组织部任免,公社中小学校长、教导主任、联合校长由县教育局任免;全县公办教师仍归教育局管理。1985年后,农村中心小学和重点小学校长由乡镇选聘,联合校长、农村中学校长由教育局聘用,全县公办教师统一实行招聘制。1987年,职称改革后,教师凭资格证书、上岗证书统一招聘,县教育局每年定期进行考核,并实行奖惩兑现。1990年,改革教师任用制度,由委派制改为聘任制。学校校长与教师签订聘约,包括任职期限、岗位职责、任期目标、聘方与受聘方权利和义务等,聘期3年。依据聘约对教师进行年度考核,包括政治思想与职业道德、工作量、履行岗位职责、工作效绩4个方面。分为优秀、称职、基本称职、不称职 4 个档次。聘任制一直沿用。1995 年，对教师实行重点项目考核，并把结果作为聘任、晋升职称、评优评模、奖励、选拔领导干部的主要依据。

2000 年，组织教师进行以教学大纲、教材教法、政治理论、教育理论、教育法律法规等为主要内容的考试，全县共有 879 名教师参加考试，涉及 30 个科目。高中各科及格率为 100%，初中各科及格率为 70.83%，小学及格率为 47.86%。同时对全县教职工从德、能、勤、绩诸方面进行综合考评，全县共有 905 人参加考核，其中优秀 176 人，称职 720 人，不称职 9 人。根据考试成绩和考核结果，共有 38 名教师被分流到教师交流服务中心。

2000—2009 年，永和县在大中专毕业生中进行了严格的统一考试选拔，先后有 151 人被正式录取为教师，充实到缺岗学校任教。

2009—2011 年，对占编不在岗教师进行清理，停发 11 名占编不在岗教师的工资，有 41 名教师返校上岗。

民办教师管理

清代，农村私塾先生由办学者选聘。民国时期，村立国民学校教师由村长聘用，报县批准备案。

1958 年开始任用民办教师，由公社和联区招聘，报教育局备案。"文化大革命"期间，农村小学校由贫下中农管理，生产大队、生产队随意吸收、辞退民办教师。1977 年全县民办教师增至 340 人，占到教职工总数 51.52%。1978 年国务院《关于中小学教师队伍管理意见》下发后，民办教师由县教育局统一管理，其任用与辞退须经教育局批准。经过整顿、考核、考试、民主评议，全县正式录用民办教师 347 人。

1981 年，再次整顿民办教师队伍，辞退、清退社队自用 21 人。整顿后正式任用 268 人，试用 67 人，并分别颁发任用、试用证书。1985 年后民办教师随公办教师统一招聘。1986 年，县教育局为全县 227 名民办教师建立人事档案。1988 年再次整顿后，为 309 名民办教师统一换发或发放任用证书。1995 年全县任用民办教师 282 人。

2000 年，完成 1987 年后聘用的 80 余名民办教师招生报名工作，通过临汾地区统一考试，录取 14 人。同年，组织教师进行了以教学大纲、教材教法、政治理论、教育理论、教育法律法规等为主要内容的考试，20 名考试不及格的长期代教（民办教师）被辞退。2001—2011 年，民办教师均参加县教育局一学年一度的教育教学考核，考核分优秀、称职、不称职。10 年间，全县没有考核不称职的民办教师。截至 2011 年底，全县尚有 33 名民办教师奋斗在教学一线。

第三节　教学管理

教学研究

民国时期，视学员、劝学员、督学实行查校、查学，每年组织2~4次教学观摩和会考，研究教学。

中华人民共和国成立后，改造旧的教育体制，研究改进教学方法。1952年，文教科设教学研究室（简称教研室），各中心学校建立教研组，组织课堂观摩，研究复式教学，改进教学方法。1953年后，教学研究重点放在课堂教学。1958年教研室改为教育视导室，编制6人，负责全县各级学校业务指导，组织全县教师154人学习汉语拼音，开展普通话教学。1969年，视导室改为教育改革办公室，重点抓教育革命，开展学工、学农、学军活动。1977年恢复教研室，分别进行高中、初中、小学、幼儿教学研究，组织开展教师演讲、讲义、交流教学经验，改进教学薄弱环节，全年共举办赛讲评议活动5次。1984年以后，开展评选教学能手活动。至1995年先后有29名教师被评为教学能手，其中省级教学能手2名。

1998年，开展教师"达标创优"活动。城关二小马毅润老师的"创优课"得到地区验收组的一致好评。至2000年，全县共有创优136人，达标768人。

2000年，配合省、地开展教学能手和"三优"工程的评优工作，有1人获省级教学能手，4人获地区教学能手。有11名教师论文获省、地奖项，有20余名师生的论文和习作在地级以上刊物发表。

2003年，派出170余名教师外出接受新课程培训、校长培训。暑假期间县教育局组织32名骨干教师分赴各乡镇对全县教师进行新课程培训以及业务、理论辅导讲座。完成235名教师的普通话水平测试工作，进行了普通高中第二轮课改试验。

2005年暑期，特邀临汾三中的骨干教师对永和县初中、高中教师进行培训和示范。

2006年，全县举办课堂教学大赛活动，有25名教师参加竞赛，其中7名教师获县教学能手称号，同时向市上报教学能手7人。组织有关教师参加省第三届课堂教学改革论文大赛，有3人获二等奖，5人获三等奖。

2007年，实施《有效教学》课题研究，制定《永和县有效教学实施方案》，确定永和二中、城关小学为示范基地，要求各中小学以学科组、年级组、备课组为具体的研究单位研究推广新的教学理念和方法。开展"同课题"赛讲活动，有34名教师参加了县级赛讲，8名教师获县教学能手，12名教师获优秀奖。投资15万元，派出120多人次参加省、市级培训。邀请山西师范大学教育科学研究院院长胡卫平教授与临汾一中特级教师杨益民做专题报告。

2008年，为做好普通高中新课改工作，派出78人次参加省市培训，开展区域教研活动。

2009年，总结永和二中、城关小学集体备课模式，推广永和二中集体备课方法，推进区域教研活动。邀请13名市学科带头人到县内讲课讲学，派出近200名教师参加省市组织的培训。

2010年，回顾教改十年工作，编辑3册近40万字的《教师课改论文集》，制作的"教改回顾版面"被市局选用。派出150多人次参加省市培训。派出9人到山东杜郎口中学观摩培训。组织200名教师通过网络参加国培与省培计划。组织顶岗支教活动，15名师范院校学生到永和县支教，同时派出15名教师到大学院校进修。

2011年，在小学、初中、高中分别推广"生本课堂""学案导学""精讲精练抓落实"的教学模式。三种模式的共同点都是以学生为主体，让学生自己发现问题，在教师的指导下找出解决问题的办法。组织近200名中小学教师分批次赴河北衡水中学、山东昌近二中、灵石二中、汾西二小等校考察学习。选派300多人次赴省市培训学习。组织了4次县级培训，受训教师达1000多人次。

自1998年山西省评选"学科带头人"和"骨干教师"以来，全县先后获得省级学科带头人小学组有：范玲玲、孟继梅、马毅润、段芳玲、常爱红、白芳敏、李小琴；中学组有：王霞、高根应。获得省级骨干教师小学组有：李永萍、郭跃梅、李春红、白东梅、李爱萍、韩林梅、杨海燕、冯彦花；中学组有：李培连、靳根虎、刘爱英、穆玉平、高旭、张爱梅。获得市级学科带头人小学组6人，中学组6人；市级骨干教师小学组14人，中学组17人。

教学方法

清末，私塾、书院采用照本宣科的"填鸭式"教学方法，让学生死记硬背。民国初期，开始推行黑板教课，农村小学采取复式教学，仍采用"填鸭式"教学法。1953年，在全县推广苏联《凯洛夫教育学》教学五环节方法，注重讲练结合。1955年起，教师备课、板书、学生作业、考卷答题统一采用横写格式。1958年，实行课堂教学与社会活动、生产劳动相结合。1961年后，采用因材施教，全面发展的教学方法，加强基础知识教学和基本技能训练。"文化大革命"期间，开展"开门办学"提倡学工、学农、学军。1983年后，采用启发式直观教学和实验教学，因材施教，开展教学改革实验，充分发挥学生在学习中的主动性。

2000年后，新课标的实施，教材的改编，不断探索新的教学方法。组织教师在外地学习经验，总结出"生本课堂""学案导学""精讲精练抓落实"的教学模式。这三种模式都是以学生为主体，让学生自己发现问题，在教师的指导下找出解决问题的办法。

评教评学

2003—2011年，小学教师开展创新教学模式赛讲、课改新秀评选、第二课堂评价活动；初中教师开展教师新秀评选、课堂教学评价活动；高中教师开展创新课型教师评选活动。

奖教激励机制

1984年，国家规定9月10日为教师节，全社会都尊师重教，每年对全县模范教师和先进教育工作者给予表彰奖励。至2000年，每年兑现2—3万元的奖金。2001—2006年，每年兑现5万元奖励教师。2007年，除奖励模范教师、先进教育工作者、先进单位以外，对教育教学成绩突出者重奖，每人奖金3000元。涌现出"晋绥儿女奖"获奖教师5人；省级模范教师3人，市级模范教师7人，县级模范教师35人；县先进教育工作者6人，教学成绩突出奖4人。向市委、市政府推荐优秀人才"园丁奖"7人、"好校长"1人。

2008年，县上支出10万元对4个先进单位，8个教学成绩突出单位，6名先进教育工作者，40名模范教师进行表彰奖励。县财政列支120万元建立教育激励基金，奖勤补优，很大程度上调动了教师的工作积极性。2009年，教师节期间兑现资金102.22万元，落实了班主任补助，对5个教育先进单位，11名先进教育工作者和41名模范教师及高考、中考成绩突出者给予表彰奖励。2010年，兑现资金91万元，对2个教育教学工作突出单位，5个先进单位，15名先进教育工作者，5名优秀特岗教师，10名优秀班主任，45名模范教师进行表彰奖励。涌现出市级先进个人8名、先进集体1个。2011年，对2个教育工作突出单位、5个教育教学先进单位、15名教育先进工作者、40名模范教师、19名优秀班主任、5名优秀特岗教师进行表彰奖励。

电器化教学

1979年9月，教育局教研室设电器化教学组（简称电教组），购置电影机、幻灯机各1部，组建电器化教学服务队（简称电教队），下乡轮回放映故事片和科教片，配合学校的思想政治教育工作。1980年起，各中小学逐步配备电视机、录音机、投影机、幻灯机等电化教学设备，辅助教学。同年电教队自制幻灯片 40 余部，其中有 5 部参加了省地科教幻灯片会演，并应邀出席全国幻灯教学研讨会第五届年会。1982 年 9 月，电教队在山西省电器化教学经验交流会上，交流了永和县《让电化之花在山区开放》的典型经验，经验材料在《山西电教》刊物上发表。1995 年，全县有 1 所学校有电教组，配电教人员 3 人，电化教学投资 4 万元。

2004 年，投资 12 万余元在永和中学建成 3 个远程教育网络班，尝试开设信息技术必修课。

2005 年，启动农村中小学现代远程教育工程，分三种模式。模式一为教学光盘播放点，通过播放教学光盘对学生授课和辅导；模式二为卫星教学收视点，通过教育卫星宽带传输网，快速大量接收优质教育资源；模式三为计算机教育室，配备卫星接收系统、计算机教室、多媒体教室、教学光盘播放设备。全县共配模式一学校 69 所，模式二学校 25 所，模式三学校 7 所。

2008 年，县城各学校实行多媒体教学。永和中学安装了电子备课室、电子阅览室等，实现了高一新课改的无缝对接。至 2011 年，县城小学各班均有多媒体，中学大部分班有多媒体，各学校均有语音室。

第四节　学籍管理

小　学

中华人民共和国成立以后，小学生学籍一直由学校自行管理。1981 年起，全县小学执行山西省教育厅颁发的《中小学生学籍管理暂行办法》，休学、退学、转学、升级、留级实行注册管理。学生的休学、留级、转学必须经县教育局审查批准。1990 年，全县小学留级面控制在 3% 以内；经补考语文、数学中有 1 科不及格者，不能毕业。1993 年起，小学生取消留级制度。2000—2011 年，县教育局按照就近入学统一招生进行注册管理，转学、休学需经县教育局批准办理。义务教育阶段不允许留级。

中　学

初　中　自 1956 年初级中学成立起，县教育局即对学生成绩考核和转学、退学、升学、毕业等进行正规化管理。"文化大革命"时期，学籍管理、规章制度被视为对学生实行"管、卡、压"的条条框框而遭批判,"政治标准"成为学生毕业、升学的唯一依据。1981年后,中学生入学由地区教育局注册备案,学生休学、留级和在县内的转学必须由县教育局审查批准,跨县、省转学需经地区教育局批准。1985年,县教育局设普教股,定期或不定期地对学生的学籍进行检查。

1990年起,全县初中生留级面控制在5%以内;学生经补考语文、数学(代数、平面几何)中有1科不及格或其他两科不及格者,不发给毕业证,只发结业证书。1993年后,初中生取消留级制度。2003年,由临汾市统一执行电子注册,转学、休学由县教育局审查后批准办理。义务教育阶段不允许留级。县教育局统一组织毕业考试,经补考及格后方可发给毕业证。2006—2011年,全省执行毕业考试与升学考试合二为一即中考。

高　中　1981年起,高中学生由地区教育局备案,实行全区统一毕业会考。1992年后,由省教委备案,实行全省统一毕业会考,发放结业证书。经考试学生语文、数学、外语3科中有1科或其他2科不及格者不发给毕业证,不允许留级。高中学生在本地区内不允许转学。跨地区转学,必须经地区教委审查批准,报省教委备案。学生因特殊情况如父母工作调动、军人复转、家庭搬迁等原因需要转学者,必须持相应的证件和材料,实行同类型学校对口转学。学生因病休学,必须经地区教委审查批准。2003—2011年,全省实行统一电子注册,毕业会考全省统一组织,会考成绩分A、B、C、D四级,全部达C级以上者,颁发毕业证书;获D级者次年补考,经补考仍有一科为D级者,发结业证书。

第八章　经费　设施

第一节　经　费

学田　学租

清代,永和县书院、义学办学经费主要来源于学田和学租。县内有学田2处:一在仙芝里杨家庄,一在仙芝里呼家岔。学谷:7石6斗3升2合8勺;学租:银5两6分7厘6毫。

统筹摊派

清末迄民国初，永和县私塾经费由办学者共同摊派交纳。民国12年（1923），永和关高等小学经费不足部分，由该关在渡口河钱项下凑捐100余元；国立女子小学经费由地丁项下每两加征1角，年约400余元。

抗日战争时期，除教师工资外，学校一切开支均由办学编村自筹。全国解放战争爆发至1950年，教育经费由实物作价供给。

1958年后，民办学校经费在集体公益金内支出。1985年以后实行县、乡、村三级办学，县、乡两级管理体制。所有农村小学，财政只支付公办教师工资与民办教师补贴，办公、取暖等费用均由办学单位自筹。

财政投资

1951年，办学经费随农业税附征。1953年起，教育经费纳入国家财政预算，投资逐年有所增加。1953年投资3.8万元，占县财政预算支出19.04%；1958年投资11万元，是1953年的3倍。1966年，财政共支出教育经费17.6万元，在校学生人均45.21元。1978年共支出42.3万元，比1953年增长11.13倍，在校学生人均39.01元。1985年，财政支出教育经费96.8万元，占县财政预算13.6%，在校学生人均107.98元。1995年共支出教育经费397.6万元，占县财政预算支出21.9%，比1978年增长8.4倍，在校学生人均426.88元。2004年共支出教育经费1741万元，比1995年增长4.4倍，在校学生人均1476.2元。2006年共支出教育经费2113万元，在校学生人均1853元。2007年共支出教育经费3382万元，比2006年增长60%，在校学生人均3651.5元。2010年共支出教育经费9667万元，占县财政预算支出23.52%，比2007年增长185.8%，在校学生人均12470元。2011年支出教育经费6806.2万元，比2010年下降42%。

1953—2010年永和县国拨教育经费情况表

表26-11　　　　　　　　　　　　　　　　　　　　　　　　　　　单位：万元

年份	支出数	占县财政总支出%	年份	支出数	占县财政总支出%
1953	3.8	19.04	1982	65.0	16.58
1954	3.7	16.67	1983	85.9	16.10
1955	3.4	10.90	1984	103.1	18.53
1956	6.5	14.00	1985	96.8	13.62
1957	9.8	18.18	1986	124.1	15.83
1958	11.0	16.17	1987	120.0	17.78

续表 26-11　　　　　　　　　　　　　　　　　　　　　　　　　　　　　　　单位：万元

年 份	支出数	占县财政总支出 %	年 份	支出数	占县财政总支出 %
1959	9.0	14.06	1988	143.8	14.89
1960	17.0	20.48	1989	167.0	17.92
1961	12.2	10.43	1990	187.7	18.21
1962	11.3	18.33	1991	195.0	18.59
1963	11.8	16.00	1992	236.0	19.72
1964	13.3	15.66	1993	278.1	19.72
1965	16.1	17.39	1994	361.9	20.79
1966	17.6	17.31	1995	397.6	21.85
1967	17.8	16.98	1996	554.1	26.91
1968	16.5	17.78	1997	818.6	31.74
1969	16.7	19.54	1998	680	20.80
1970	19.0	16.96	1999	603	14.54
1971	23.9	11.94	2000	765	17.81
1972	24.3	13.79	2001	1107	18.55
1973	24.8	14.17	2002	1117	16.67
1974	29.4	16.57	2003	1678	21.61
1975	29.3	15.51	2004	1741	16.38
1976	32.2	16.93	2005	1775	15.66
1977	36.6	15.45	2006	2113	15.59
1978	42.3	16.22	2007	3382	17.60
1979	47.2	19.18	2008	38147	17.75
1980	61.5	18.79	2009	4917	16.95
1981	58.6	19.03	2010	9667	23.52

2011 年永和县教育经费支出情况表

表 26-12　　　　　　　　　　　　　　　　　　　　　　　　　　　　　　　单位：万元

项目	总计	学前教育	小学教育	中学教育	职业教育	其他教育经费
合计	6806.2	165.7	2727.4	3220.2	692.9	—
工资福利	3557.4	116.7	1826.2	1494.3	120.2	—
离退休费	50.5	27	21	1.5	1	—
助学金	117.7	—	21.1	96	—	—
民办教师补助	34.8	—	32.7	2.1	—	—
公务、维修购置费	3070.7	46.3	826.4	1626.3	571.7	—

集资办学

清代的私塾，民国时期的农村国民小学，多数由村民集资自办。

中华人民共和国成立后，县内农村小学大多由群众集资、投工、投料兴建。中共十一届三中全会后，群众集资办学蔚然成风。1987年，坡头乡孙家庄村委集资2万余元，建起永和县第一所农村寄宿制中心小学。1988年，全县集资115万元，新建校舍3720平方米，维修校舍4950平方米。1989年，全县机关干部职工集资3.6万元，兴建城镇幼儿园。1986—1995年全县共集资328万元，新建校舍2.28万平方米，维修校舍0.7万多平方米，新置桌凳8200套，维修桌凳3410套；全县有11所学校实现校容达标。1996年以后，国家加大教育投资，再者永和县是国定贫困县，国家、省、市许多部门在永和进行教育扶贫投资，因此，群众集资办学停止。

勤工俭学

民国37年（1948）起，小学生夏收时下地捡麦穗，秋收时野外采树种，以弥补学校经费之缺。1958年贯彻"教育必须与生产劳动相结合"的方针，勤工俭学活动全面展开。全县先后建校办农场80个，占总校数56%；校办林场43个，总面积450亩。但学校劳动过多，影响教学。1959年，根据国务院《关于全日制学校的教学、劳动和生活安排的规定》精神，纠正劳动影响教学的偏向。1962年，校办林场16个，农场136个。1963年后，勤工俭学活动实行因地制宜，量力而行。1965年，全县勤工俭学收入6800余元，80%以上学校学生不交"三费"（文具费、课本费、学杂费）。"文化大革命"期间，勤工俭学改为"开门办学"。1978年后勤工俭学走上"教育与生产劳动相结合"的轨道，校办厂（场）成为创收和育人为一体的农科教实习基地。1998年，全县校办基地总面积1862亩，其中经济林1405亩；有各类果树3.34万株；木材林339亩，栽植刺槐、杨树等4.39万株。2000年后，校办农场、林场逐渐转让、拍卖。

附：**向阳林场简介** 1974年，永和中学师生投工0.48万个，在离校7.5公里的卫家山沟创办向阳林场，供师生实习、试验，增加学校收入。该场建有砖窑9孔，引水上山设备1套，固定财产价值3.5万元。有标准基本农田25亩，山坡地320亩，植树面积612亩。栽植苹果树1206株，年产苹果0.36万公斤；梨树73株，核桃树748株，刺槐7.8万株，年收入数万元。2000年后转让。

学杂费收入

据不完全统计，1962年全县学杂费收入3.4万余元，相当于当年财政拨付教育经费的29.82%。1974年学杂费6800余元，相当于当年教育经费2.31%。1978年2300余元，相当于当年教育经费0.54%。1995年为8.26万元，相当于当年财政拨付教育经费2.08%。

1986年4月，《中华人民共和国义务教育法》颁行后，规定义务教育阶段的学校可向学生收取一定的学杂费，非义务教育阶段的普通高中和职业高中可向学生收取一定的学费，至2005年，收费标准多次提高。2006年，义务教育阶段实行"两免一补"，即免书费，免学杂费，补助生活费，高中阶段每学年每人学费400元。2011年，义务教育阶段全部免费，高中学生仍是400元的学费。

1986—2011年永和县中小学学杂费收取标准情况表

表26-13　　　　　　　　　　　　　　　　　　　　　　　　　　　　　　　　单位：元/学期

年份	义务教育阶段杂费				年份	高中阶段学费	
	县城		农村			普高	职高
	小学	初中	小学	初中			
1986—1990	4	8	3	6	1986—1990	10	10
1991—1996	6	10	5	8	1991—1992	32	30
1997—1998	25	35	20	30	1993—1995	80	80
1999—2003	30	40	25	35	1996—1997	105	115
2004—2005	86	122	41	83	1997—1998	120	105
2006—2008	逐步实行"两免一补"				1999—2011	400	300
2009—2011	全部免费				国家每生补助1500元		

引进外资

1992年，引进世界银行贷款67.5万美元，折合人民币357.77万元，新建校舍1.56万平方米，购置课桌凳0.2万套，教学仪器177套，图书4.75万册。

教育费附加

县教育费附加征收始于1986年，分城市教育附加和农村教育附加两种。城市教育费附加按3税（增值税、消费税、营业税）1%计征，由县税务局代征，银行设专户，由教育部门统筹安排使用，主要用于改善县城中小学办学条件。1996年计征率提高为2%。农村费附加征收办法为：核算单位人均收入400元以上的按2%计征，300元以上不足400元按1.5%计征，200元以上不足300元按1%计征，200元以下免征。由乡政府在每年夏征中统一征收和管理，主要用于民办教师工资、学校办公费、设施修缮、教学设备购置等。2002年起，取消农村教育附加费。1996—2011年，全县共征收教育附加费214.1万元，其中2011年征收59.1万元。

救助贫困生

2003年，国家实行"两免一补"政策，即免费提供教科书，减免学杂费，为学生提供生活补助。当年免费提供教科书共4974套，计22.35万元，发放保学金10.36万元，共救助学生5934人次，使县内中小学入学率、巩固率达到历史最高水平。

2004年，实行"一费制"，减免学杂费3万余元，向704名学生发放保学金8.3万元，为8082名中小学生免费发放教科书，共计金额25万余元。

2005年，免费提供教科书10439套，计37.17万元；免除杂费8859人次，兑现金额41.07万元；享受生活补助1679人次，兑现金额14.66万元。

2006年，严格执行"一费制"，落实"两免一补"政策，共发放资金168.07万元。

2007年，下拨公用经费82.4万元，免杂费资金133.35万元，为2013名贫困生提供生活补助14.66万元，免费教科书款37.65万元。多渠道筹资16.8万元，救助52名永和籍大学新生。

2008年，下拨公用经费318.38万元，下拨贫困生生活补助46.71万元，下拨免费教科书资金55.75万元，享受学生16212人次；落实"兴大助学"工程为高一、高二200名贫困生每人赞助2000元，落实职业教育助学金13.38万元。

2010年，落实到位中职学生每人1500元的国家助学金。积极开展大学生生源地贷款工作，贷款学生531名，涉及金额270多万元。落实"兴大高中"助学工程，享受学生300人，金额60万元。按时下拨经费312万元，下拨贫困寄宿生生活补助30.76万元。

2011年，建立大学生奖励机制，为永和县高考达二本以上44名学生共资助20.2万元。

第二节 设 施

校舍 校具

民国18年（1929），全县设国民小学29所，校舍均简陋。县城1所学校设在旧城守营，村间学校19所占用寺庙，9所借用民房。

中华人民共和国成立后，办学条件不断改善。1952年，全县61所小学，有52所校舍为土窑洞，占学校总数85.25%；45所校舍为危房，占学校总数73.77%。1956年，国家投资11万元新建永和中学，城乡小学有的修建教室，有的添置桌凳，全县校舍、校具有所改善。"文化大革命"期间，农村中小学下放社队管理，一时出现社队筹资建校热潮。1976年，全县中小学307所，校舍为土石窑洞的245所，占学校总数79.8%；属危房的180所，占58.63%，比1952年减少15.14%。1977年，国家投资11.7万元建起永和二中，学校建有双面2层教学楼1幢，办公室25间，校舍、校具为当时全县一流水平。

80年代起，全县有计划、高标准的改建、新建校舍。1983年，国家投资42万元，新建城关小学3层教学楼，购置配套教学器材。1985年，投资125万元，新建永和中学教学楼，水、电、暖设备齐全。1988年，全县有中小学381所，属危房的76所，占19.95%，比1976年减少38.68%。1989年，投资16.78万元，划地重建城镇幼儿园，建成单面2层楼2幢，购置课桌凳、办公桌、公文柜、玩具等教学设备191套，校舍、校具达全县一流。1991年，投资44万元，新建县职业中学，水、电、暖等设备齐全。1993年，引进世界银行贷款208万元新建永和二中，建起3层教学楼、办公楼各1幢，平房15间，各种教学设备基本齐全。1995年，全县中小学共287所，校舍、校具较标准的28所，占9.76%；校舍为土石窑洞的32所，占11.15%。

1998年，为迎接省"普九"验收，县委、县政府下大力气，特别是在硬件建设上，多方筹资，启动永和中学实验楼、永和二中学生宿舍楼、职业中学办公楼等重点项目建设。在"四化"（校园环境园林化、教学管理规范化、校舍建设标准化、教育技术现代化）建设方面着重抓了学校园林化建设。共栽植各种树木2000余株，新修花池46个；粉刷教室4000平方米，维修厕所、围墙、大门近2000平方米，安装玻璃300平方米。新建城关小学办公楼和城关二小、桑壁中学、阁底中学、署益中心校4座教学楼，购置课桌凳1000余套，办学条件进一步改善。

2000年，新建打石腰中心校、城关镇河口中心校，完善龙吞泉中心校配套设施，扩建南庄中心校。

2003年，投资12万元购置课桌凳880套、图书仪器柜80个。改造城关二小综合教学楼以及刘家庄小学、牛伏小学、杨家圪塔小学、郭家山小学、桑壁中心校等7所学校，总投入305万元，改造总面积为5638平方米。投资6万余元对全县各学校的食堂设施进行维修改造。

2004年，新建、扩建、维修校舍及设备配套47校，共投资471万元。其中新建永和二中教学楼、城关二小教学楼，总建筑面积4659平方米，总投资321万元；扩建桑壁中学、阁底中学实验室、学生宿舍共36间，建筑面积856平方米，投资47.5万元；维修校舍总投资60万元；购置课桌凳605套，投资5.8万元；购置实验台、桌、凳108套，投资5.1万元。

2005年，危房改造项目校17所，改造总面积5708平方米，投资310万元。

2006年，校园绿化全县各校共投资10万余元。栽植4443株树；修草坪12块、面积2410平方米；修花池214个、面积4765平方米；置盆花2095盆。完成了永和中学、永和二中、桑壁中心校3个体育场的建设任务。投资15万元在永和中学完成了理、化、生3个标准化实验室，投资7万元建成56座的语音室。完成永和二中的包塄、操场扩建及餐厅、宿舍楼建设，建筑面积1850平方米；完成城关小学教学辅助用房建筑面积1841平方米；为全县11所学校安装4400多平方米的暖气管道。

2008年，对寄宿制学校食堂与餐厅进行逐步改善，为17个学生食堂配备17台电冰箱、17个保洁柜，同时还完善了防尘、防鼠、防蝇"三防"实施。强化了各校的消防设施，购置208个灭火器、66个应急照明灯。永和二中的餐厅、宿舍楼与城关小学的教学辅助用房等扩建工程共投入资金500多万元。永和二中学生餐厅建筑面积551.25平方米，框架结构，可容纳300名学生就餐；宿舍楼建筑面积1255.5平方米，三层砖混结构，可容纳300人住宿。城关小学教学辅助用房，建筑面积为1814平方米，是四层砖混结构建筑。投入15万元处理了龙吞泉小学、东峪沟小学、药家湾小学等校3133平方米的漏水房顶和部分围墙。

2009年，抓好甲型H1N1流感疫情的同时，为18所学校的旗杆安装避雷设施，为永和二中配备整套标准化餐具，完成阁底中心校、中学，打石腰中心校、中学4所农村学校的餐厅与食堂改造，为桑壁中心校等5所学校接通自来水。投资10万元对城关小学2466平方米的教学楼进行局部维修。投资456万元在永和中学新建5744平方米的5层教学楼。

2010年，有校舍安全工程项目校16所，建筑面积5125.39平方米。新建药家湾中学（永和县第一高级中学），用地面积60.14亩，建筑面积24054.47平方米，有教学楼、科技图书楼、职高教学楼、宿舍楼、宿舍餐厅楼、阶梯教室6个单体建设。

2011年，对青少年活动中心进行配套建设，涉及面积19000平方米。进行场地硬化、铺设跑道、排水处理、看台贴面、降低舞台、安装照明等工程，同时建设1个门球场、

4个篮球场、4个羽毛球场，安装健身器材，安置夜市摊位等。对校安工程后续工作进行完善处理。完成1154平方米的楼顶防水处理，完成5967平方米的室内粉刷任务，完成15318平方米的校园绿化、硬化任务，完成3所学校的厕所、5所学校的大门、7所学校的围墙、5所学校的取暖设施安装建设任务。永和二中标准化建设通过市标准化验收。年底，全县中小学共24所，其中城区15所，乡村9所，校舍、校具全部达到标准。

教学器材

民国时期，县城高级小学和模范国民小学配有少量自然教学仪器和历史、地理教学挂图，乡村小学仅有少量自制教学器材。

中华人民共和国成立后，教学仪器由国家分配，县教育部门根据情况配备到各学校。20世纪60年代，各学校也自筹资金购置部分仪器，自制部分教学器材。70年代，各中学和部分小学体育、音乐器材及教学仪器基本齐全。80年代起，县教育局购置录像机、放像机等电教设备，成立电教队；城镇中小学相继配备幻灯机、投影仪等，开展电化教学。1983年，国家投资为县城各校配备配套教学器材，全县中小学再次掀起自制教具热潮。到1986年，全县中小学教师自制教具5600余件，其中精密仪器上百件。90年代后，各校的实验设施、电教设备和音体器材进一步充实或更新换代。全县各中学、城镇小学、幼儿园和乡村中心小学相继配备器材专管教师，对教学器材进行规范化管理。1993年，城关小学教师吴月英、孟继梅设计制作的小学教学几何图形投影片在山西省电教教材评比中获三等奖。1995年，县政府利用世界银行贷款82万元，购置中学教学仪器Ⅱ类10套，Ⅲ类6套，小学教学仪器Ⅱ类12套，Ⅲ类69套，单人校仪器80套，使各校教学器材基本配套。1998年，增添40余万元的教学仪器，部分学校的电教设备已趋于现代化。2000年，县直5所学校共配备计算机140台，购置400余盘教学光碟。2003年，投资30万元，建成拥有52台电脑的信息技术网络教育中心，为全县教师信息技术培训创造了必备条件。2004年，购置图书仪器柜150个，投资6万元；购置理化生标准实验设备5套，投资25万元。投资12万元在永和中学建成3个远程教育网络班。2005年，启动农村中小学现代远程教育工程，分三种模式。全县共配模式一学校69所，模式二学校25所，模式三学校7所。2006年，投资10万元在永和中学考点安装电子监控设备，为严肃考纪提供保障。2007年，城关二小配置两个计算机室和1个语音室，投资1.4万元购置3套体育测试器材。2008年，投资36万元，为永和中学、职业中学装配标准化理、化、生实验室，配备实验教学用具，并顺利通过省政府"普实"复查验收。投资25万元为永和中学装备多媒体教室、计算机教室、电子备课室、电子阅览室，实现了高一新课改的无缝对接。

2011年，永和县第一高级中学建立。根据普通高中要求与职业中学设置标准，建立理化生实验室，购置成套的器材仪器，配备了技术与设计、现代农业技术、电子控制技术、建筑及其设计、汽车驾驶与保养实践等6个实践室。全县学校共有计算机392台，其中中学有300台，小学有92台；共有多媒体50个，其中中学有20个，小学有30个。

图书资料

明清时期，县内儒学、书院藏有《十三经疏》《二十四史》《诸子百家》《通志》等民间不易购得之书。

民国时期，县城国民小学、高等小学和模范国民小学均有大量藏书供师生阅览。部分农村国民小学有少量课外读物。抗日战争爆发后，学校藏书流失殆尽。

中华人民共和国成立后，全县各校图书主要靠国家拨款购置，也有少数农村小学自筹资金购置。20世纪50—60年代，全县学校拥有藏书3万余册。"文化大革命"初期，全县各校图书资料遭受重大损失。1970年后管理情况趋于好转。永和中学、城关小学相继恢复、建立图书资料室，配备专职管理人员。到1975年，全县中小学藏书发展到4万余册。

1978年后，全县各中小学和单设幼儿园陆续建立健全图书资料和教育文书档案管理业务。1992年，县政府利用世界银行贷款45万元，购置图书5万余册分配到全县各类学校。1994年以后，县城中小学和桑壁中学均建起图书馆（室），其余学校均配备图书柜，有专职或兼职图书资料管理人员，图书资料和教育文书档案管理实现规范化、制度化、标准化。

1995年，全县中小学藏书计7.96万册，平均每个学生7册。

2011年，全县中学藏书3.78万册，平均每个学生13册；小学藏书5.86万册，平均每个学生14册。

第二十七编

科 技

中华人民共和国成立前，县内科技落后。中华人民共和国成立后，县委县政府十分重视农业科技和实用技术的研究和发展，成立许多科研机构。如：农业技术推广站、畜禽改良站、农业机械研究所、红枣研究所等。这些科研机构在历年的研究实践中，做出了很多贡献。如：农业技术推广站对低产田技术改造中研究推广粮豆间作、轮作；畜禽改良站创新绒山羊人工授精实验等。一系列的科学实践和科研成果，提高了县域各业的产量产出，为永和经济发展起到积极推动作用。

第一章 机构 队伍

第一节 科研机构

管理机构

清康熙年间，县衙设研究境内天文、地理的部门，称阴阳学。民国7年（1918）始，县公署设实业技士，负责管理和承办科技事宜。

中华人民共和国成立至20世纪60年代，县政府农业方面的科、局负责管理农业科学宣传和实用技术推广应用。1970年7月，县计委内设科技办公室；1972年10月改称科技局；1978年12月改为科学技术委员会，直属县革委会（1980年改为县政府），负责对全县经济发展有影响的科技开发项目的实施、管理及地震监测等。1993年2月并入科文体委员会，1994年恢复科学技术委员会。

2002年2月，县科学技术委员会与县教育委员会合并，组建教育科技局，成立永和县科学技术发展中心，为事业单位，隶属教育科技局管理。

科研机构

中华人民共和国成立后，县国营农场（后改为农作物良种场）、农业技术推广站、种子管理站、林业技术推广站、水土保持工作站、畜牧兽医站等科学研究、技术推广单位相继建立。20世纪60年代，先后建立苗圃、兽医院、气象站、植物保护站等。70年代建立农业机械推广站、拖拉机管理站、畜禽改良站、牧草站、农业机械研究所等。80年代建立果桑站、森林病虫检疫站、蓖麻研究所、红枣研究所、核桃研究所、绒山羊改良研究所等。1995年，全县科学研究及科研成果推广单位有良种繁殖场、苗圃、农业技术推广站、植物保护站、种子管理站、林业技术站、果桑站、森林病虫检疫站、畜禽改良站、牧草站、畜禽防治站、动物检疫站、畜牧兽医站、水土保持站、农业机械推广站、拖拉机管理站、气象局、蓖麻研究所、红枣研究所、核桃研究所、绒山羊研究所、农业机械科技研究所22个。另有乡镇科学技术综合服务站11个，农村科学技术普及小组92个。2000—2011年，全县建有农业技术服务机构15个，县为技术推广中心，乡为农技服务站，村有农民技术员。

科技团体

科学技术协会　中华人民共和国成立后，科学技术的研究、推广、应用渐被各级政府和广大群众重视。1957年，县人民委员会设科学技术普及协会，配专职干部1人，专事科学技术宣传、推广工作。1961年5月，建立县科学技术普及工作委员会，在编干部3人，工作重点是推广农作物优良品种、科学栽培和施用化肥等技术。1962年撤销该机构。1964年重建县科学技术普及协会，在编人员增至5人，"文化大革命"开始后停止活动。1979年1月成立县科学技术协会，属科学技术委员会管理。1982年7月科学技术协会机构单设。1995年，县科协设主席1人，副主席1人，干事4人。科协的主要工作是支持所属团体和科技工作者开展咨询服务和农业技术承包，普及科技知识，组织科技交流，培训科技人才，领导群众性的科技活动。1982年7月后，全县11个人民公社先后建立科学技术普及协会。1985年改为乡镇科学技术普及协会。1990—2011年，各乡镇均由1名科技副乡镇长负责乡镇科学技术普及协会的工作。

专业技术研究会　1985年，各乡镇、农村先后建立棉花、林果、蔬菜、食用菌、酿造、养猪等专业研究会。至1992年，农村成立各类专业技术研究会67个，参加会员415人。1995年，农村专业技术研究会增至81个，会员增至1200余人。其中增加红枣技术研究会5个，酿造技术研究会3个，食用菌技术研究会3个。仅红枣技术研究会就有会员120余人。

专业学会（协会）　1980年，县直单位成立专业学会4个。1982年，全县专业学会发展为数理化学会、水利学会、林业学会、农业学会、医药卫生学会、建筑学会、农机学会、畜牧兽医学会、气象学会、园艺学会、红枣学会和青少年辅导员学会12个。各学会均设理事长1人，共有会员160人。学会宗旨：组织学术活动，开展学术交流，进行技术咨询服务。

2003年，在芝河镇、阁底乡、打石腰乡创办3处科普示范基地，分别成立红枣协会、蔬菜协会、养羊协会，在全县培养了300户科技示范户。2004年，在临汾市召开的"产学研"发布洽谈会上，永和县签订合作意向书11个，正式签订技术合作合同的有黄河天然食品有限公司与陕西科技大学，坡头乡岔口村委与山西农业大学。2005—2011年，全县共成立各种科技协会5个，会员达1000余人。新发展农民科技户11个，加上原有的达到56个。

第二节 科技队伍

　　中华人民共和国成立初，永和县科技队伍十分弱小，少量科技人员分布在医疗卫生和农业部门，且学历偏低，大多为初中以下。此后，国家培养的大中专毕业生陆续分配到永和县工作，科技队伍逐渐壮大。1949年仅有科技人员1人，1957年增至11人（全系中专毕业生）。1973年，各类专业技术人员增至99人。1977年为195人，分布在农业系统58人，文教卫生系统82人，工交系统16人，宣传系统14人，商业系统14人，其他行业11人；其中大专以上86人，中专毕业105人。1980年为201人，有大专毕业67人，中专毕业134人；其中1966年以前毕业的大专生、1960年以前毕业的中专生79人。是年对工程技术人员进行职称套改，全县有2人晋升为农艺师，1人晋升为畜牧兽医师，33人套改为助理工程师，41人套改为技术员，获得中初级专业技术职称者共77人。1983年，全县有中级职称的专业技术人员增加为14人，其中农艺师2人，工程师2人，畜牧兽医师2人，主治医师5人，经济师1人，档案馆馆员1人，中教四级1人；有初级专业技术职称人员增加为140人，获得中、初级职称者共154人。1987年，根据中共中央、国务院《关于职称改革评定实行专业技术职务聘任制的通知》、国务院颁布的《关于实行专业技术职务聘任制的规定》和山西省、临汾地区《关于职称改革的有关规定和实施细则》，永和县在农业、畜牧兽医、工程、财会、统计、医疗卫生、图书档案、中小学教师、社会研究、出版等14个系列开展专业技术职务评审。1988年，县内取得各级各类专业技术职称者增至701人，其中副高级4人，中级197人，初级500人。凡获得各级各类职称者，均被原单位聘任。1989年后专业技术职称晋升进度加快，到1991年，全县有专业技术职称的科技人员达1459人，其中副高级9人，中级332人，助理级1022人，员级96人。1992年起专业技术职称晋升转入正规化。1995年，全县各级、各类专业技术人员共1706人，其中副高级9人，中级387人，助理级1007人，员级303人。

　　1996年，全县有专业技术职称的科技人员达1782人，其中高级职称11人，中级职称398人，助理级职称1053人，员级320人。2000年，全县有专业技术职称的科技人员达2280人，其中高级职称22人，中级职称738人，初级职称1520人。2003年，全县共晋升专业技术人员148人，其中高级7人，中级120人，初级21人。在乡土人才队伍建设上，举办乡级以上培训 10 余期，村级以上培训 25 场次，受训农民 2000 余人，为 15 名农民评定了专业技术职称，推荐上报乡土人才省级 10 名、市级 15 名、县级 22 名。

2005 年，全县共晋升专业技术人员 114 名，申报经济系列职称考试 32 人，其中初级 18 人、中级 14 人。共聘任中级技术职称 22 人，其中对县医院 2000 年取得中级资格的 2 名主治医师和 5 名主管护师，按照结构比例审查，竞聘上岗。聘任文化局初级职称 2 人，畜牧中心初级职称 5 人，林业中心中级职称 1 人，经济系列初级职称 5 人。

2005 年，全县共有专业技术职称的 2678 人，其中高级职称 38 人，中级职称 1040 人，初级职称 1600 人。2010 年，全县共有专业技术职称的 3287 人，其中高级职称 42 人，中级职称 1435 人，初级职称 1810 人。2011 年，全县共有专业技术职称的 3289 人，其中高级职称 45 人，中级职称 1420 人，初级职称 1824 人。

第二章　科技普及

第一节　科技活动

新技术推广

农　业　20 世纪 50 年代，技术人员深入农村，指导农民合理施用化肥、农药，传授喷雾器操作技术。1952 年，在全县 36 个行政村、70 个互助组，推广金字棉等新品种的温汤浸种和药剂拌种技术，作物产量明显提高。三区庄则坪村由县农业技术员常茂春指导，818 亩棉花，亩施农家肥 16 担；丰产棉 3.2 亩，追肥田粉

农业科技基地

48.7公斤；全村4005亩耕地，温汤浸种3228亩，药剂拌种113亩，当年均获增产。是年，全县棉花亩产11.56公斤，比1949年增加28.4%。1958年秋，3名技术干部分赴坡头、署益、桑壁等乡重点村庄，指导、推广用硫酸铜治疗马铃薯晚疫病技术。翌年，3名农业技术员常驻西庄公社，对该社西庄、庄则坪、乌华、阁底、下辛角等管理区的棉花生产，从播种到管理等一整套技术均作现场指导。

60年代，在继续推广农业新技术的同时，逐步引进、推广棉花、玉米等少量优种。1971年推广优种高粱"晋杂5号"和"三尺三"，产量大增。城关公社官庄大队播种"晋杂5号"238亩，平均亩产357公斤，比本地高粱亩产高1.38倍。其中有8亩平均亩产800公斤，为本地高粱亩产量的5倍多。署益公社辛庄生产队播种56亩"晋杂5号"和"三尺三"，平均亩产550公斤。1972年，全县粮食作物优种面积10万亩，占播种总面积71.2%；棉花优种面积3895亩，占播种总面积65%。

1978年后，大力加强低产田技术改造，开展了粮豆间作、轮作，苜蓿、草木栖与小麦轮作等技术项目的研究与推广。至1983年，县内2.89万亩小麦应用综合栽培技术，总产417.8万公斤，亩产144.3公斤，比全县小麦平均亩产增加37.5%，在占总面积45%的土地上，获得占总数62%的产量。1.23万亩大豆加施磷肥后，总产129.1万公斤，亩产105公斤，比未施磷的每亩平均增产61%；全县增收大豆49.2万公斤，创效益31.5万元。对0.5万亩优种蓖麻采用塔形栽培技术，平均亩产65公斤，比普通蓖麻每亩增收35公斤，全县增产17.5万公斤，创效益14万元。是年，全县推广塑膜覆盖棉田121亩，除33亩严重受灾外，其余88亩均比未覆盖的产量提高1倍，平均亩产45公斤。蔬菜、西瓜塑膜覆盖150亩，较未覆盖者早上市8—10天。推广晋庄谷子综合栽培技术0.1万亩，平均亩产203公斤，比传统耕作平均每亩增产33公斤。

1978年，实施薪炭林技术开发。至1983年，营造薪炭林350亩。是年，在打石腰公社尉家圪、冯家山、郭家山、李家塬4个大队推广枣树治虫喷撒激素技术，共治虫7万株，喷布激素5万株。虫口密度由250个1株下降到2个1株，每个枣吊平均坐果比不喷激素提高2倍。

1983年，县改良站攻克精液稀释难关，创新绒山羊人工授精实验，使绒山羊平均产绒提高5倍。1987年，"山西省绒山羊改良及推广人工授精"现场会在永和召开。

1990年，县科委承担蓖麻高产栽培技术的研究和推广。县科委、农业局组织22名技术人员，深入到种植比较集中的坡头、城关、罡骨、交口、桑壁、署益6个乡镇，对蓖麻生产进行全程指导。气象局配合开展蓖麻花期对气温要求特点的研究，共同推广蓖麻坑种、地膜覆盖与整枝技术。结果，万亩示范田平均亩产124公斤（其中3673亩平均亩产150公斤以上），总产128万公斤，占全县蓖麻总产46%，创效益100万元。涌现出亩产150公斤以上的户390个，产量0.5万公斤以上的大户10个。8月中旬，"第二届全国蓖麻、苏子学术研讨会"在汾阳与永和召开，与会者一致认为，永和蓖麻整枝技术的普及在全国处领先地位。是年，引进小麦根际固氮菌0.5万公斤，推广面积1万亩。

1992年，县科委走访省内8所大专院校和科研单位，参加3次科技成果交流和成果发布会，引进脱水蓖麻油、日光节能温室、小麦专用肥等技术成果，首次在县内给小麦施专用肥2万亩。1995年，研究总结出适合永和旱作棉花的大群体、小个体、高效益的优化栽培技术模式。推广后，群众容易接受，产量明显增加。是年，引进8个小麦优种在4个点进行示范；引进12个西瓜、甜瓜品种，试验筛选出适宜永和县种植的品种4个；推广汾豆38号0.2万公斤。

2000—2003年，县委、县政府下发了《关于依靠科技进步，加速县域经济发展的实施方案》《关于鼓励科技人员到农村开展技术承包活动的规定》《关于对帮助和支持本县工作的省地科技工作者实行优惠政策的决定》《关于加强科技副乡（镇）长管理工作的意见》等文件，给全县科技提供了宽松的发展环境。2003年，"科技三项"费用投入17万元，占到财政预算支出的0.44%。为全县核桃高接换优15000株，建节水灌溉旱井1500眼、温室蔬菜大棚25个，推广小杂粮优种3类，油料、药材等优良品种10种。

2004—2005年，农业方面重点推广6项科技项目。以蓄水节灌配套、人工增雨、旱作农业为主要手段的抗旱保收项目；以红枣树修剪更新、小枣树嫁接换优、老枣树更新复壮为主要手段的红枣树科学管理推广项目；以引进嫁接优质鲜食红枣品种为主要手段的鲜食红枣园开发的科技推广项目；以推广优良品种为主要手段发展市场看好的蓖麻、豆类、药材、烟叶等经济作物种植项目；以圈养小尾寒羊、舍养绒山羊、引进示范特别养殖业为主的草食牧业项目；以推广地膜覆盖和蔬菜温室大棚为手段的农业项目。

县农委从2007年开始实施了测土配方项目。县林业局实施塑料管引土、垒石鱼鳞坑、荒山造林项目受到世界环保专家好评，全省三北区退耕还林培训会于2008年12月在永和县召开。县水务局实施的塬、坡、沟综合治理项目，受到省水利厅表彰，并于2008年10月在永和召开现场会。永和县天然枣业有限公司在尉家圪村承担实施了市科技"有机肥推广"项目；永和县四季鲜有限公司承担实施了市科技"1+1+1有机"糯玉米种植、加工项目；永和县科技中心组织实施了省科技"红枣防裂果"试验项目；永和县兴隆食用菌有限公司承担实施了市科技"液体菌种"项目。2000—2011年，县各职能部门各种专业培训每年不少于20次，每年受训人次均在1000人以上。永和县确定2011年为红枣管护年。

工 业 1972年始，在工业生产中推广、运用华罗庚优选法，获得成效。

1974年，邮电局在磁石电话机加安晶体管放大器革新中，运用优选法确定大中型话机所加晶体管的范围，使话机输出电流平均提高1安培以上，声音比原来提高4倍左右，全县年节约电话电池费2万余元。县农机厂运用优选法，先后在走刀量、进刀量、转速上革新8个产品工序，使精车轴加工工效提高1倍，粗车轴加工工效提高8倍，低碳钢钻孔工效提高14倍，铸铁钻孔工效提高7.1倍，刨削铸铁工效提高2倍，铣车工效提高5.1倍。

1986年引进IFD1.8型和FD1.5型风力发电机组两台，分别安装于打石腰乡冯家山、坡头乡洪洞塬两地发电，取得良好效果。

1990年，先后引进400平方米、600平方米、800平方米、1200平方米采暖炉、多用炉11个，推广面积0.5万平方米。

1991年，永和豆粉厂研制生产的高蛋白"豆浆晶"，以营养丰富，色泽纯正，味道醇香，使用方便等特点，成为畅销的植物高蛋白健身饮品；永和县食品加工厂研制生产的"红枣饴"获中国食品工业十年成就优秀新产品奖。2001年，永和芝泉饮品公司研制生产"酸枣汁"投产达效；永和县通达农机公司研制的"膜侧播种机"远销西北地区，"小型家用饲草切搓机"可提高饲草利用率30%—50%。2011年，永和县新天联力玻璃纤维有限责任公司成立，该公司年产玻璃纤维4000余吨，可用于飞机船舶制造工业。

科学试验

试种水稻 1961年，坡头公社上刘台生产队在王家塬沟试种水稻0.3亩，连续两年均获丰收，亩产400公斤。1971年，城关公社药家湾生产队试种水稻14亩，亩产490公斤。

试种渭南田 1971年，桑壁公社桑壁大队第一生产队试种"渭南田"（2米宽为1个耕作带，其中1.33米种菜，0.67米种玉米，株距26~29厘米）3.7亩，收玉米563公斤，蔬菜4250公斤。1972年，种"渭南田"40亩，亩产粮食496公斤（小麦181公斤，玉米315公斤）；粮瓜间作的亩收玉米400公斤，西瓜0.1万公斤。当年向桑壁大队其余生产队推广40亩，同样收到良好效果。

小麦杂交 1973年，桑壁公社农科站用北京5号×5619进行小麦杂交，育成桑麦1号与2号。桑麦1号宜旱地种植，比原北京5号增产24.5%；桑麦2号秆粗硬，适应性强，水、旱地均可种植，比原北京5号增产30%。在1976年冬冻和1977年春旱袭击下，同时选育的其他3个组合杂交种皆死亡，唯桑麦1号、2号生长良好。1978年试验结果，仍以桑麦1号、2号产量较高。

桑麦1号、2号与其他品种产量对比表

表27-1　　　　　　　　　　　　　　　　　　　　　　　　　　　　　　　单位：公斤

品种	桑麦二号	桑麦一号	旱选三号	隰麦一号	旱地二六九	六五四六	北京五号	东风一号	旱选五号	大宁一号
亩产	177	170	161	161	152	138	136	132	127	111
排队	1	2	3	4	5	6	7	8	9	10

水地一年多作 1973年，城关公社城关大队科研组将2.2亩水地改1年1作为1年多作，亩产小麦325公斤，玉米354公斤，谷子175公斤，蔬菜1675公斤。

喷布药物试验 1974年，阁底公社阁底大队进行棉花喷布"920"对比试验，喷者每株增桃3个，且桃大，开絮早。城关大队对高产水地麦田作喷"矮壮素"对比试验，喷者倒伏期推迟1个生育期，倒伏面积减少3/2，倒伏程度10~15度。

三田试验 1976年，全县试种"三田"0.53万亩，其中种子田0.12万亩，丰产田0.31万亩，对比田0.1万亩。同时在坡头、城关、桑壁、署益、阁底5个公社搞2处玉米千亩丰产样板田，2处谷子500亩丰产样板田，1处棉花百亩丰产样板田。试验结果，坡头公社孙家庄大队谷子丰产田亩产350公斤，署益大队谷子丰产田亩产300公斤，阁底大队棉花样板田亩产60公斤，均为永和县种植史上前所未有。

1977年，全县"三田"增至0.68万亩，其中种子田0.15万亩，丰产田0.5万亩，对比田0.03万亩，有关单位分别选点开展不同类型试验。城关公社官庄村进行小麦施用菌肥"5406"的结果表明，在下种量、底肥相同的情况下，每亩施菌肥5公斤，有效菌最多、产量最高。城关公社龙吞泉大队呼家岔生产队于4月9日同日播种京白1号、华傲、孚单7号、钊X白330、孚单1号、军双1号6个品种的玉米，均亩施底肥100担，种肥10公斤，中耕3次，每亩追肥7.5公斤，收获时京白1号亩产470公斤，明显高于其他几个品种。打石腰公社白家山生产队，3月12日（正月二十三）"九九"刚过播种军双1号玉米，4月8日—10日幼苗出土，7月21日有90%成熟，比按普通日期播种早熟25~30天，亩产216公斤；坡头公社乌门生产队，于3月9日下种，4月11日出苗，9月7日成熟，亩产420公斤，比对比田亩增产20公斤。阁底公社农科站亩施农家肥80担，磷肥50公斤，用"3911"拌种，于4月25日下种克字154、朝阳1号、运幅67-31-4、朝阳早、运幅华21、晋棉7号6个棉花品种；5月15日出苗，亩留苗1.2万株，7月24日每亩追磷铵7.5公斤；中耕3次，并用乐果、敌敌畏防治棉蚜和小造桥虫。试验结果表明，在同样耕作条件下，克字154生长期为130天，亩产50公斤，具有生长期短、产量高的特点。

蓖麻整枝 1981年，南庄公社农科站对优种蓖麻分3个小区进行适时整枝试验。3个小区均于3月10日播种。第一区于6月24日打顶整枝，亩产74.4公斤；第二区于7月8日打顶整枝，亩产42公斤；第三区不打顶产46.6公斤。结果表明早整枝比不整枝增产59.7%，整枝迟比不整枝减产10%。1988年，全县蓖麻整枝面积由不足万亩增至41916亩，平均亩产由30公斤增至60公斤。

地膜覆盖 1988年，桑壁公社农科站在桑壁大队第二生产队搞玉米地膜覆盖试验。川坪地每亩以50担骡马粪、10公斤尿素作底肥，4月25日播种中单2号，盖膜比不盖膜早出苗3天。出苗后盖膜的不加管理即无草，苗全苗壮；未盖的缺苗断垄，需中耕3次。收获时，盖膜的千粒重392克，亩产570公斤；未盖膜的千粒重372克，亩产450公斤。盖膜比不盖膜相对增产26.7%。署益公社农科站将1分地均分两半作塑膜覆盖种植葵花的对比试验。同于4月29日下种，收获时盖膜的亩产320公斤，未盖的亩产196公斤，盖比不盖相对增产63.4%。

施肥量综合试验 1988—1989年，坡头乡连续两年进行氮、磷、钾施肥量对产量影响的综合试验。亩施硝铵5公斤，比对比田亩产增产19.2%；亩施硝铵5公斤，磷肥25公斤，比对比田亩产增产50.8%，比只用硝铵增产31.6%。该试验科学性强，记录细致，准确度高，临汾地区土肥工程师和山西省部分专家均予肯定。

施用增产剂试验 1990年，交口乡进行增产剂应用于小麦兰产的试验，施用增产剂的麦田，小麦平均亩产148.6公斤，比未施用的地块增产22.5%。

山羊杂交试验 1973年始,城关公社龙吞泉大队科研组引进优良羊种,进行肉毛皆用山羊杂交试验。杂交一代较本地山羊平均每只增重2.5~3公斤,体高增加3~5厘米,毛增1倍。

枣树管护 1980年,打石腰公社将1株生长150年以上的老枣树刨根、刮皮、浇水、施以化肥,并加修剪。树叶由黄变绿,抽出的新枝平均长0.93米,由不结果到当年收获25公斤。同年对700株幼枣树修剪、施肥、灌水,3年生最高3.1米,新枝条最长1.3米,有10%的开花。2003年,全县老枣树更新1.5万株,幼枣树嫁接2万株。2004—2005年,共进行老枣树改造50万株,新枣树嫁接50万株。

诱杀害虫 1980年4月20日至5月20日,城关公社川口生产队用1盏黑光灯诱杀地老虎蛾子0.2万只,相当于灭小地老虎160万只;诱杀其他害虫蛾子0.4万只。

试制发电机组 1977年,县农机厂利用外地图纸,试制成功XT13-C型立轴斜击式简易微型水轮发电机组。机组在打石腰公社郭家山、阁底公社上退干、交口公社辛庄等村庄试用获得成功,11个生产队、350户农民的照明用电问题得到解决。

1971年永和县科学试验成果一览表

表27-2

编号	成果名称	主要性能	实验单位
7101	双曲拱大桥	路径62米单孔拱桥	建筑社石工队
7102	30千瓦电动机	可做各种动力	农机厂
7103	机引深耕犁	跃进20拖拉机牵引可耕深30厘米以上	农机厂
7103	青饲料打浆机	可将野草秸秆粉碎喂猪	农机厂
7104	畜力深耕机	牲口牵引可耕深30厘米以上	桑壁公社西索基生产队
7105	畜力铲土机	牲口作动力平整土地	农机厂
7106	高速弹毛机	弹羊毛等	皮毛厂
7107	多用木制平床	—	皮毛厂
7108	改革式热风炉	—	农机厂
7109	粮菜间作	高产粮600公斤菜0.4万公斤	桑壁大队科研组
7110	水稻上山	14亩地,平均亩产490公斤	药家湾大队科研组
7111	高粱高产	"晋杂五号"平均亩产800公斤	官庄大队科研组
7112	玉米高产	"春杂12号"平均亩产605公斤	桑壁大队科研组
7113	中药采制	用中药资源制成丸、散、针剂100余种	桑壁医院、泊洋医院、县医院

菌肥生产

1972年，永和县试用小米、玉米面等原料和盆子、试管等器具生产菌肥"5406"，11个单位130人生产菌肥9.5万公斤，施于0.1万亩农田。用"5406"作基肥麦田苗齐、苗壮，免受虫害；麦苗冬前分蘖多，翌年穗数、粒数均有增加；收获时一般增产10%~25%。同年，有5个单位试制"920"增产素，产品被24个单位试用。

1975年，全县建起生产菌肥的厂（点）17个，共有614人参加生产，生产菌肥粉7350公斤，堆菌肥18.38万吨。当年4万亩小麦施用菌肥，占麦田施肥面积70%以上。是年还生产腐殖酸铵（土化肥）310吨。

1976年后，因生产原料不易解决，化肥供应量增多，各生产单位均停止生产。

第二节 科技咨询

信息交流

1973年，县科委与全国8个省市、12个地区、68个县建立科技信息交流关系。1974年，与6个省市、12个地区、73个县的科技部门交流信息。1995年与隰县、蒲县、安泽、石楼、交城等县科委进行工作交流，与山西省农科院、林业厅、农村交流中心、科委经济作物研究所及山西农业大学等11个单位加强联系，把适合永和县经济发展的技术及时向群众传授。

1997年起，县农业局同山西农科院、山西农业大学等单位，建立了稳定的技术依托关系。1999年，县科委与省市的50多个单位，建立科技信息交流关系。2005年，采取请进来、走出去的形式，与2所高等院校和科研单位建立合作关系，签订正式技术合作协议2项。科技服务部门从省农科院购进粮油、蔬菜、瓜果等优质种子，各种农药、激素、微肥和农用物资等，带物下乡，给农民提供科技致富信息200余条，发放科技资料1万余份，推广种子、农药、微肥等农用物资5万余元。

科普宣传

2000年，县科协宣传了《山西省科学技术协会条例》《科学技术工作普及法》等法律条文、法规；各乡镇党委1名副书记兼任科协主席，各村委建科普分会，各村民小组设科普小组，形成了县、乡、村三级科普网络。

2003年,县科委开展"依靠科学,战胜非典"的宣传活动,普及防治非典科学知识,共发放宣传资料2000余份,使广大群众了解非典的传播途径,掌握防治非典的科学方法。本年共组织科技宣传2次,科技下乡和科技赶集活动2次,散发宣传资料1000余份,接待群众300余人次。

2005年,县科委充分利用广播电视等大众传播媒体、科普展板、黑板报等形式加强宣传,利用下乡扶贫、古会、集市等场合进行宣传,使科学技术走进田间地头、农家院落、城镇街头。全年散发宣传资料7000余份,提供具有实用价值的科技知识100余条。

接待咨询

20世纪90年代,县科委围绕优种、化肥、农药、地膜等农业新技术的推广、应用,接待技术咨询0.2万人次。县科协1994年在打石腰乡规划枣林0.3万亩,作为"金桥工程"的重点。通过技术咨询,红枣生产取得较好成绩。

举办讲座

1979年,县科委与广播站商定,每周在有线广播上安排1次学科学、用科学专题节目,每次播出2天。以农、林、牧、水、机、医、电等方面的实用科学技术为主要内容,稿件由科委编写提供。至1980年,先后播出共55次。同时与有关部门配合,围绕永和县经济发展举办科学技术讲座104次。

编印刊物

县科委1973年起先后创办《永和科技》《科技参考》《科技资料》《学科学》等刊物,共编写66期,印发4万余份。县科协1984—1987年,每年编写印发《永和科普》千余份。1993年创办《科技简讯》,至1995年底编写40期,印发0.2万余份。

技术培训

县科技部门每年均与有关部门配合,举办作物、优种、化肥、农药、地膜、果树、蔬菜等新技术推广应用培训班,聘请外地专家、教授和县内科技人员讲课,帮助农民学习实用技术。1990年举办各种培训班120期,参课人数29406人次。其中蓖麻高产技术培训0.5万人次,平均每10亩蓖麻有1个懂科学技术的"明白人"管理。

1976年起,科技部门工作人员在农村放映科教影片64部(场),放映科技录像140场,受教育者20万人次。

1999年,培训农民建沼气池71个。2003年,以科普网络为组织进行两次大规模的培训,参加人数800人次,举办各类科技培训班百期以上,受训人达万人。2004年,县科委组织全县各协会科技人员下乡培训，受训人数达万人以上；县科委与经贸委组织全县各协会在翼城、曲沃等地参观蔬菜大棚，学习外地先进经验，要求村级科技信息员掌握1~2门实用技术，带动本村科学技术的发展。在阁底乡辛角塬建立蔬菜基地，成立"无公害大棚蔬菜研究会"，被临汾市科协评为"先进农村专业研究会"，在全县起到示范作用。培养科技示范户15户，承办科技示范工程2处，办科技培训3期，参训人数200人以上。2005年，"蔬菜协会"指导农民建温室6座，种拱棚菜80亩，露地菜200亩。2008年，邀请省农科院和山西农业大学专家围绕种植、养殖、林果和农副产品加工等给农民进行培训，培训人员达1500人。

知识产权培训

第三章 科技测报

第一节 气象测报

中华人民共和国成立前，永和县无气象观测机构，县民通过看星座、观气候预知气象，从事耕作与外出活动。

中华人民共和国成立后，县人民政府农林科根据上级要求，临时指定人员观察气象。1969年始，全县设城关、桑壁、坡头、阁底4个雨量观测点，备有雨量筒与量杯。城关点由县农业技术广播站观测，其余3个点由所在公社确定人员观测，观测结果由县农业局汇总后统一上报地区农业局。1972年8月在县城东侧3华里处堡子塬山顶建立县气象站，配职工3人，担负地面气象观测、发报、编制报表任务。1985年开设人工增雨项目，适时增雨作业。是年7月在城关镇响水湾东坪改建新站，于1986年1月

1日正式投用。1987年11月气象站配备PC-1500计算机1台，测报业务实现自动化。1988年11月，县气象站改为气象局。

1995年，县气象局获山西省气象部门"双文明单位"称号；年底，有干部职工8名，其中大专文化程度1名，中专文化5名，高中文化2名。1996年后，气象观测项目调整为：云能见度、天气现象、气压、空气温度和湿度、风向风速、降水、日照、蒸发、地面温度、浅层和深层地温、冻土、雪涤雪压、天气预报、气象信息、气候分析、人工增雨、防雷图纸审核、防雷设施安装检测等。

1998年3月，县气象局成立避雷监测中心，对全县的防雷设施进行管理。1999年11月与县电信局联合开设"12121"天气预报自动答询台服务项目。2001年6月，县气象局与电视台合作，开始播报天气预报。

2003年，投入11.49万元，进行避雷检测及安装、专业气象及"121"电话有偿服务。深入乡村搞"一法两例"宣传，进行土壤墒情、温情普查。全年气象测报无错情，出气象服务简报16期。2000年以后进行了台站综合改造，被省气象局评为"台站综合改造先进单位"。

2004年，县气象部门人工测报总基数达3615，错情率0；报表基数2550，错情率0；自动测报总基数达6185.8，错情率0；报表基数720，错情率0。

第二节 地震测报

地震宣传

1976年唐山地震后，县科学技术委员会内设地震办公室，配1名兼职人员。全县设5个微观点和17个宏观点，拥有土地电、生物电、水电阻、地下水、地倾斜等观测手段。先后放映有关地震知识的电影14场，组织广播讲座30余次，受教育者达3万人次。1980年，境内设群测群报点46个。因地震办公室无设备，观测手段单一，多年宏观观测未见异常，仅能上传下达。

2008年四川汶川地震后，县内宣传抗震知识，组织群众预防地震。印发宣传材料5000份，地震知识挂图100套，自制宣传版面20块。在县城繁华地段和集镇宣传展出8次，挂《地震应急与救灾》挂图150张，县电视台播放地震知识14篇次。

并在电视台开办知识讲座，开展为期一周的防震减灾保平安宣传活动。

地震检测

2009年，永和县建立了45名"三网一员"队伍，主要是宣传防震知识、观察宏观常识现象、灾情速报等项工作。2011年，永和县安装自属地引力地震观测仪，能有效预测临震震情。

5·12防震减灾街头宣传

第四章　科研成果

第一节　获奖项目

中华人民共和国成立后，永和县科技事业起步发展。1978年全国科技大会之后，专业研究取得一定成果，先后有农业、林业、畜牧业和医药等方面多个项目获科研成果和专利奖。

1983—2011年永和县科研成果和专利获奖情况表

表27-3

获奖单位或个人	获奖项目	授奖单位	获奖等级	获奖时间
县科委	推广防治枣树枣步曲、枣树花期喷布激素、太阳能烘干红枣3项技术	山西省人民政府	新技术推广四等奖	1983年
县科委	推广小麦大面积栽培新技术	山西省	新技术推广一等奖	1983年

续表 27-3

获奖单位或个人	获奖项目	授奖单位	获奖等级	获奖时间
段旭生	农业资源调查和农业区划	山西省农业区划委员会	农业区划先进工作者二等奖	1985年
马 昆	山西省畜牧丰收计划	山西省农牧厅	二等奖	1989年
张国瑞	山西省畜牧丰收计划	山西省农牧厅	二等奖	1989年
县科委	发展永和县蓖麻生产的"555"工程	临汾地区	新技术推广三等奖	1990年
张国瑞	山西省畜牧丰收计划	山西省农牧厅	二等奖	1990年
张国瑞	绒山羊生产配套技术推广	国家农牧渔业部	三等奖	1990年
马 昆	全国农牧渔业丰收	国家农牧渔业部	一等奖	1990年
张国瑞	山西省畜牧丰收计划	山西省农牧厅	三等奖	1991年
冯步伟等3人	山西省人体寄生虫分布研究	山西省科学技术协会	三等优秀学术论文奖	1991—1992年
张国瑞	山西省畜牧丰收计划	山西省农牧厅	三等奖	1992年
吴卫南	弧形可卸式钢制人字闸	国家专利局	专利	2003年
刘玉华	药物治疗烧烫伤技术	国家专利局	专利	2011年

第二节　发表论文

1976—2011年，永和县教育、卫生、水利、工矿等领域的23人发表各种论文52篇。

1976—2011年永和县发表论文情况表

表 27-4

姓名	单位	发表时间	论文题目	发表刊物名称
高振儒	永和中学	1976	水平梯田的简易测量法	《宁夏科学普及杂志》
黄清源	—	1985	西山矿务局矿区建筑物抗震加固的探讨	《西山科技》
		1990	《论减轻无筋砖砌建筑物的震害》（译著）	《西山科技》

续表 27-4

姓 名	单 位	发表时间	论文题目	发表刊物名称
马连生	—	1987	X线双对比造影与内镜检查相结合的比较	《中华消化杂志》
赵琦	县医院	1989	实用胃镜	《中华医学》
		1994	实用内科	《中华医学》
王全福	县水利局	1990	永和县后河小流域治理效益	《水土保持科学理论与实践——第二次全国水土保持学术讨论会论文集》
		1993	坡耕地的治理与提高土地生产率的关系	《山西水土保持科技》
冯君德 刘汝卿 李安义	—	1994.5	补气益元汤对17例食管癌的治疗观察	《中国中医研究院科技合作中心编论文集》
王学诗	县中医院	1994	拓宽中草药临床功用的思路	《中医学研究》
		1995	珍珠定悸汤治疗小儿心悸的体会	《山西中医》
吴世亮	县医院	1994	中西药合用治疗返流性食管炎45例疗效观察	《中国中西医结合学会第六届全国消化系统疾病学术会论文集》
		1995	补硒防治大骨节病、克山病的效果	《中国地方病防治杂志》
刘兰祥	—	1995.4	梗阻性黄疸病人的术前处理	《全国梗阴性黄疸学术研讨会论文集》
		1995.5	急性失血性休克救治成功一例报告	《中国实用外科杂志》
王玉金	城关医院	1995	关于实行学校卫生综合监督的探讨和预防衰老的研究	《山西预防医学》
张永燕	城关医院	1991	中药灌肠治疗慢性非特异性溃疡性结肠炎	《新医学》
		1993	杀虫脒急性中毒15例临床分析	《临床荟萃》
		1994	转移因子治疗慢性肥厚性鼻炎	《中级医刊》
张春青	县中医院	1998.2	红花外用二则	《中医外治杂志》
		2011.1	用超微针刀、圆利针治疗心脏病	《超微针刀疗法》
		2011.4	耳背割治放血治疗银屑病30例	《中国民间疗法》

续表 27-4

姓 名	单 位	发表时间	论文题目	发表刊物名称
冯文记	县中医院	1992.11	慢性肺源性心脏病合并冠心病的临床探讨	《全国中西医结合老年疾病临床经验研讨会论文集》
		1994	青霉素临床应用中存在的问题	《中国农村医学》
		1995	酚妥拉明、多巴胺、硫酸镁联合治疗慢性充血性心力衰竭	《实用急救医学杂志》
		1995	氨利酮治疗16例难治性心衰临床观察	《中华医院研究与实践》
		1999.4	心脏骤停50分钟抢救成功报告	《实用急救医学》
		2006.5	急性心肌梗死的综合治疗	《基层医学论坛》
		2006.7	参芪扶正注射液治疗冠心病的观察	《基层医学论坛》
		2007.4	尼麦角林治疗急性脑梗死临床疗效	《实用全科医学》
冯裕人	县中医院	2007.5	烛泪样钙化1例报告	《实用医技杂志》
高王生	县医院	1996.3	中西药合用治疗返流性食管炎疗效观察	《山西医药杂志》
		1999	新生儿吸入性肺炎26例治疗体会	《山西医药杂志》
吴生辉	县中医院	2007.4	64例鼻骨骨折鉴定分析	《临床医学杂志》
李 亮	县中医院	2001.7	临床病例讨论：肺部感染、心衰、纵膈气肿、气腹	《中国乡村医生》
		2001.8	多发内生软骨瘤1例报告	《实用放射学杂志》
		2008.2	CT在诊断腰椎间盘突出中的价值	《实用医技杂志》
		2009.9	新生儿缺氧缺血性脑病的临床及分析	《山西医药杂志》
		2011.6	胸腰段爆裂骨折CT诊断价值	《实用医技杂志》
穆海林	县中医院	2009.12	外科洗剂结合功能锻炼治疗创伤后关节僵硬62例	《实用医技杂志》
		2011.11	外固定支架治疗胫腓骨折临床分析	《临床合理用药杂志》
康海平	县医院	2000.11	中西药物灌肠治疗溃疡性结肠炎30例疗效观察	《基础医学论坛》
		2001.5	胃复安致锥体外等症状32例临床分析	《基础医学论坛》

续表27-4

姓 名	单 位	发表时间	论文题目	发表刊物名称
段海毅	县医院	2001.5	米索前列醇在人工流产前的应用	《基础医学论坛》
		2001.5	米非酮用于小过期流产21例临床观察	《基础医学论坛》
段海毅 康海平	县医院	2001.5	更血停治疗更年期功能性子宫出血病	《基础医学论坛》
		2001.5	妊娠期抗菌药物的合理应用	《基础医学论坛》
		2001.5	中西医结合治疗新生儿黄疸疗效观察	《基础医学论坛》
王巧燕	县医院	2002.4	培菲康治疗小儿肺炎治愈后出现的腹泻30例	《基础医学论坛》
		2003.5	以遗尿外阴瘙痒为主要表现的蛲虫病5例分析	《中华误诊学》
		2009.1	小儿复方氨基酸佐治疱疹性咽峡炎疗效观察	《基础医学论坛》
		2011.8	甲基尼泼松龙治疗婴幼儿支气管哮喘疗效观察	《基础医学论坛》

第二十八编

文 化

永和县历史悠久，文化形式多种多样。民间有社火、灯火、民乐、剪纸、编织、刺绣等，具有鲜明的民族和地方特色。

中华人民共和国成立后，文化事业发展迅速。县内相继建立文化馆、文化站、文化室，在全县形成了文化网络。社火、灯火、民间艺术等得到充分的继承和发展。1983年，永和"挑花刺绣品"出口东南亚；2010年，永和土布织造技艺参展上海世博会。文学、美术等文艺作品也取得不俗的成就。县文联主席马毅杰20余年间，发表文学作品150余万字，获省级以上奖励60余次；县政协副主席李全笑的漫画作品，多次在全国获奖。2003年后，"互联网"等现代传媒进入家庭，县域的传统文化逐渐步入现代化进程，在网络传媒上时时都能见到县内传统的戏曲、秧歌、舞蹈、书画等。传统文化和现代技术有机结合在一起，得到更快地推进和发展。

第一章 文化管理

第一节 管理机构

1987年11月设文化局，1993年2月，文化局并入科文体委，1994年3月恢复，为县政府直属事业单位，承担文化管理职能。2002年3月机构改革，设文化体育局，统管全县文化、体育工作。2010年6月，文化体育局改为文体广电新闻出版局，内设办公室、文化股、体育股。

文体广电新闻出版局下属单位有：少年儿童业余体校，股级建制，核定人员编制5名；文化馆，股级建制，编制5人；图书馆，编制2人；文物管理所，编制2人；电影公司，编制7人，属于自收自支事业单位；文化市场综合执法大队，副科级建制，编制8人；广播电视服务中心（挂永和县电视台牌子），正科级建制，事业编制30人，自收自支编制10人。

第二节 文化网络

文化馆

1951年，文化馆在县城被废弃的天主教堂（今县宾馆一带）成立，有瓦房5间。内设文艺宣传队、图书室、展览室等。文艺工作者肩挑汽灯、幻灯、老式干电池收音机深入农村，放映幻灯，演出文艺节目，组织群众收听广播，配合中心工作宣传中国共产党的路线、方针、政策。自制幻灯片《第一个农业合作社庄则坪》《丰产村高家塬》等深受群众欢迎。展览室举办的《镇压反革命》《抗美援朝》等绘画、图片展览收到明显的宣传效果。至1958年，在全县组织起秧歌队47支，建立俱乐部53个，图书室15个。

1963年迁至新址（县城正大街〈路〉），新盖瓦房20间。1970年，西二楼办公室建成投入使用。1971年，官庄村《怎样办好农村黑板报》的经验参加全省交流。1979年编印《群众创作汇集》。1989年征集、编印的《永和故事、民谚、歌谣选》，荣获国家重点科研项目奖。1990年建成办公东楼和小北楼，总面积870余平方米，县展览厅建成使用。文化馆除组织一年一度的春节街头表演外，每年均组织节日晚会、有奖知识竞赛、交谊舞赛，举办美术、摄影展览。1990—1995年，共举办大型展览12次，举办农民迎春书画展3次。1995年，被评为临汾地区先进文化馆，受到地委、行署表彰。

1996年12月"红枣节"，文化馆创作表演的节目《夸夸省里扶贫队》，在山西电视台"五彩缤纷"栏目进行表演播放，获得好评。

2003年，文化馆在春节期间，组织13支秧歌队、4支彩车队，统一服装，统一道具，统一编排表演形式，受到群众广泛好评。同年，组织参加市里的"青少年卡拉OK大赛""少儿书画大赛""音乐舞蹈培训班"和"民间民俗文化资源调查"等选拔活动。6月29日，在县体育场组织了声势浩大的全民健身周起动仪式，并申请民政局注册，成立了永和县武术协会。2004—2011年，每年正月十五，都组织搞群众秧歌表演、千人猜灯谜活动。

文化站

1981年，城关、桑壁、坡头3个公社建立文化站，站长由公社分管领导兼任，各配专职文化员1人。同时，桑壁、坡头公社分别建立群众文化活动中心（简称文化中心）。桑壁文化中心占地1.5亩，建有舞台、阅览室、活动室、摄影棚、小电影院等，配16毫米电影放映机、发电机、电视机、座式照相机、120照相机各1台，有摄影灯具、乐器、图书等设施。坡头文化中心有舞台、电影院、图书室、录像室、游艺室等，并有乡办剧团1个。1991年，县内其余8乡相继建立文化站，各乡镇文化站属县文化局领导。1995年始文化站由所在乡镇管理，县文化局负责业务指导。

1998年，城关镇、桑壁镇、坡头乡、南庄乡重建文化站，

农村文化站

建筑面积都是300平方米。2009年,桑壁镇、坡头乡、南庄乡、打石腰乡再次建设文化站舍。2010年,交口乡、阁底乡重新建立文化站舍,建筑面积分别都是300平方米,总价都是30万元。各站配备文化辅导员1名,设有图书室、文化室。每年组织1~3次大型文化活动,挖掘、整理传统民间艺术,协助各村、街道建立文化室、图书室。各站均配有电脑、电视机、DVD、音箱、功放、电脑点歌机、麦克风、威风锣鼓、电子琴、二胡、笛子、板胡、三弦、唢呐、手锣、大钹、小钹、铙等活动表演器材。

文化室

1981年起,农村生产大队普遍建立文化室。有的与农民夜校、党员之家、团员之家一套机构、几块牌子。1995年,坚持活动的有20多处。至2011年,全县共建立30个文化室。

第二章　群众文化

第一节　社火　灯火　民乐

社　火

概　述　社火,俗称"闹红火""闹秧歌"。每年新春佳节,村民自愿结伙,自编自演,自娱自乐,从当年腊月闹到翌年正月,从不计什么报酬。农村有秧歌队上门"踩院子"习俗,据传踩过院子后主人家一年消灾灭病,万事大吉。故每年新春伊始,家家户户均备好烟、茶、糖、果、枣

社火跑驴

馍、黄酒等,准备迎接踩院子的到来。县城也有秧歌队进机关单位拜年的习惯,机关单位同样赠烟、赠糖,热情欢迎。

元宵节前后全县闹秧歌进入高潮,农村秧歌队有时也进城参加表演,闹秧歌队伍达上千人。民国35年(1946)春节,为庆祝抗日战争胜利,全县各区均组织秧歌表演,部分行政村还进城参加比赛。民国38年(1949)春节,县城举办了庆祝永和县土地改革胜利的秧歌表演。中华人民共和国成立后,秧歌比赛成为每年春节群众文化生活不可缺少的内容之一。1967年春节,城乡数十支秧歌队汇集县城参赛,由15台拖拉机扎成的彩车队引导,从南门外排到东峪沟村,队伍长达2.5公里。1992年,在传统秧歌赛的同时,举办劳动趣味赛,为节日增加喜庆气氛。1995年,全县有13支秧歌队、1500余人参加比赛,从隰县千家庄引进的《拉驼驼》等节目为县内传统秧歌增添新彩。1996—2011年,永和秧歌队均保持在10支左右,大部分年份由县直机关和城关村委的秧歌队在县城活动,个别年份基层乡村的秧歌队也进城表演。

县内社火有扭秧歌、踩高跷、跑旱船、耍龙灯、舞狮子、打花棍、打腰鼓、骑竹马、跑驴、二鬼摔跤、张公背张婆等形式。

全县秧歌活动较为活跃的乡村单位有:芝河镇的药家湾、东峪沟、官庄、龙吞泉;坡头乡的坡头、索驼、乌门;南庄乡的红崖渠;阁底乡的雨林、园则沟、西后峪、庄则坪、高家塬;交口乡的都苏、义合、冯藏;桑壁镇的桑壁、署益、长索;打石腰乡的打石腰、尉家垯等。这些乡村大都有闹红火的老传统,有的代代相传,祖孙为继。县建筑公司的高跷,农业局的花棍,二中的腰鼓,文化局的花轿,妇联的健美操,老干局的秧歌,交通局的锣鼓等均特色鲜明,引人注目。

扭秧歌 是以"扭"为特点的行进式集体舞蹈表演。一般男扎白毛巾,女戴大红花,腰系彩绸,手舞彩扇或彩绸。人数数十数百不等,队列一、二、三、四路均可。舞步以踩"十"字为主,以锣、鼓、钗、钹等打击乐伴之,鼓点简略,节奏欢快激昂。花样主要有天地牌位子、五子登科、长蛇阵、

老干部秧歌队

单开门、双开门、五盏灯、切蒜薹、二龙出水、蛇盘九、二门斗底等数十种。20世纪90年代又出现编字、编花等以现代图案为主的新花样。扭秧歌有只扭不唱的,有边扭

边唱的。传统秧歌一般由手执红伞的伞头作指挥，伴歌伴舞又扭又唱。伞头是扭秧歌的好把式，且知识丰富，嗓音清亮，能随机应变即兴创作。秧歌队走到哪里唱哪里，走到哪家唱哪家。县内较知名的伞头有城关圪崂里刘贵荣。

高　跷　高跷是踩了拐子的集体舞。以高低分有高高跷、低高跷，以动作分有文高跷、武高跷。永和高跷文的有《梁山伯与祝英台》《唐僧取经》等，武的有《过仙桥》《朝天凳》《拉骆驼》等。文高跷注重内容的情节性、趣味性，武高跷注重节目的动作性、惊险性、技巧性。高跷编队一般在数十人之间。常见的表演花样有一条龙、蒜辫子、龙戏水、蛇盘九、抬扁担等。高跷领头的称"头跷"，以哨子或雨伞行令指挥。县内有特色的高跷队为芝河镇和原建筑公司高跷队。

旱　船　旱船传统叫跑水船或扳水船。传统表演为1男1女，男的戴毡笠，挂白须，鼻尖涂白粉扮丑角，女的浓妆艳抹扮旦角。丑角扳船，旦角坐船，以各种水上漂流动作为主进行表演。传统节目有《无事出城东》《太阳出来照高山》《卖扁食》等。20世纪90年代以后，县内文艺工作者推陈出新，对旱船进行改进。1995年，创做出有10支花船和10个高跷共20人联合表演的高跷旱船秧歌舞《纤夫的爱》，颇受群众欢迎。

龙　灯　龙灯是以长龙为道具的集体舞，一般由数十人表演。长龙腾云驾雾，上下翻飞，加上夜间彩灯辉映，舞姿更为迷人。龙灯有时与荷花仙子舞、鱼蚌舞及各种灯彩灯火同场表演，造型各异，密切配合，令人目不暇接。

狮子舞　永和县狮子舞在道具制作上别有特色。一般不用铁丝、竹片绑扎，而以农家常用的柳条篮子1只作头，1只作尾，外以彩纸、彩麻装饰，色彩艳丽，活灵活现。传统节目有滚绣球、上高桌等。

灯　火

永和县传统灯火集中在元宵节。元宵节期间家家户户张灯结彩，大门上悬挂纸糊大灯笼，炕头、水缸、粮囤、面瓮等处都要点燃用黍子面捏的花灯，花灯有猫、狗、鱼、虎等各种造型。大门上放"狗灯"，意在看好家门；墙角放"猫灯"，意在捉老鼠；粮囤放"五谷丰登灯"，意在祈盼粮食丰收。元宵夜，家家户户门前高高架起1堆柴火，打夜火，烤馍馍，以示日子越过越红火。县城有放"天灯"之习俗。1984年元宵节，县上筹资1万元，有史以来首次点放焰火礼花。此后县电业局连续多年元宵节放焰火，为新春增添新的风景线。

除灯火外，县城素有转九曲活动。九曲由361根彩棍、361盏彩灯扎成，占地300平方米，曲折旋转，只有1个入口和1个出口。相传转了九曲能消灾灭病，故此活动经久不衰。

1996—2011年，灯火活动由县上统一组织。每年正月十三至十五都要举办。在正大街（路）道两旁举行大型灯展，展出花灯由各单位制作。从材料上看有纸灯、玻璃灯、纱灯、机械灯和电子灯。从内容上看，有表现传统戏曲故事的，如"白蛇传""刘海砍樵"等；有表现现代科技的，如"宇宙飞船""火箭上天"等；有的灯结合单位产品特点做成广告。另外有的单位楼前披挂了五颜六色的串灯、花灯，火树银花，艳丽动人。

民　乐

吹唢呐

永和县民间管弦乐器有二胡、板胡、唢呐、笛子、洞箫、三弦、琵琶、笙、琴；打击乐器有锣、鼓、钗、拔、板鼓、碰铃、木鱼等。由于永和民间向来轻视操乐为业，称以此为业者吹鼓手，故县内民乐发展缓慢。民间只在婚丧嫁娶时才请一班乐手助兴，且乐手多为外乡人。民国31年（1942），城关镇药家湾村药明盘等人组织全县第一个民乐班子，也只为自娱自乐。流行于县内的民乐曲牌有《狗撕咬》《将军令》《天下同》《风搅雪》《卖扁食》《绛州调》《单皮袄》《小放牛》等。现时也有用流行歌曲改编的新曲牌流行，如《八月桂花遍地开》《解放区的天》等。

2000—2011年，永和城内喜丧事乐队有：永和惠民演出中心、金梅艺术团、刘海玉演出公司、高建富乐队等。永和惠民演出中心从2001年开始建队，当时乐队有10人，主要表演晋剧、豫剧、蒲剧、小品等。不久发展有陕西唢呐、歌舞小品等。演出范围永和县城乡、石楼县、隰县等地。

第二节　民间艺术

永和县较为流行的民间艺术主要有剪纸、面塑、木雕、石刻、编织、刺绣等。永和剪纸线条粗犷，造型夸张，想象独特。原署益乡余秀琴的剪纸《只生一个好》，1993年在全县农民书画赛中获一等奖。交口乡冯龙凤、冯曹梅、马海梅，桑壁镇弓芳爱，阁底乡李崇莲，打石腰乡薛翠莲、刘灵翠，南庄乡白芳翠、刘让莲，芝河镇白玉珍、杨东应的剪纸作品均很有特色。永和面塑造型简略，变性夸张，如清明节的面鱼、面虎，春节的枣馍、花馍等。木雕主要用于民间门窗、家具、寿木等的装饰，传统纹样多为龙凤、石榴、富贵不断头、喜鹊登枝、福如东海等。此外还有刺绣、草编、柳编、麦秆编、玉米皮编等。1983年，永和皮毛厂产的挑花刺绣品曾出口销于东南亚各国。县多种经营办曾组织过玉米皮编织，产品有坐垫、背包、檀香日历，行销于天津、河南、香港、韩国等处。

剪纸

晋南永和土布织造技艺曾参展世博会。2010年5月，永和人冯灵梅、靳转梅携带永和民间工艺进入上海世博会，参展内容有晋南土布制作工艺流程、土布床单、土布鞋、鞋垫、针簪、虎枕、香包、刺绣等，受到中外人士的广泛好评。

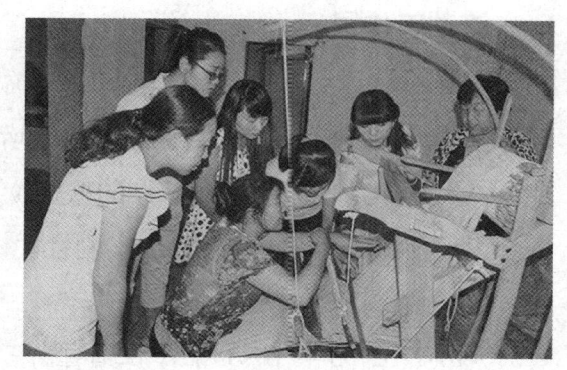

传授土布织造技艺

永和非遗项目经过仔细搜集，已收集非遗线索300多条，筛选保留较为完整的非遗项目60多项，已整理风情民俗、地方方言、传奇故事60余万字。

第三章 戏 剧

第一节 戏班 剧团

道 情

永和道情流传于永和县南庄乡、打石腰乡一带，是道教音乐与地方艺术相结合的说唱艺术，清代中晚期形成规模。道情音乐为曲牌体，折子戏则采用曲牌联套。曲调存"平调""十字调""耍孩儿""连腔""西凉腔""一枝梅"6种。生、旦、净、丑均有，动作普遍生活化，重唱功，无打戏，无固定戏服。文场乐器有板胡、二胡、三弦、管子、笛子和四音（用四股弦、双马尾制成的弓）；武场乐器有梆子、鼓板、小鼓、小叉叉、竽鼓和碰铃等。存剧本近百个，主要有《河湾打雁》《灵英降香》《之雪过江》《夸媳妇》《真假刘诚》《秦香莲告状》《韩琦杀庙》等。剧情生动逼真，表演细腻圆滑，民间气息浓厚。

抗日宣传队

民国26年（1937）2月，在八路军大力支持下，抗日宣传队由晋军十九军政治部在县境建立。高瑞岚任队长，陈平任副队长。以唱革命歌曲、演出小歌剧和街头活报剧等形式宣传抗日。

流动工作团

民国28年（1939）1月，永和县流动工作团（实为剧团）在中共永和县工委、牺盟永和县分会领导下于县城老爷庙圪塄建立，团长刘仁境（中共党员），系县内杨家庄村人。排演剧目有《放下你的鞭子》《流亡三部曲》《渔光曲》等。是年5月，并入中共晋西南区党委领导的吕梁剧社。

杨公蒲剧团

杨公蒲剧团于1951年在县境建立。团长姓杨，演唱蒲剧，故得此名。主要活动区域为秦晋两省沿黄河农村。1953年后再未在县境演出。

泊洋蒲剧班

泊洋蒲剧班于1951年由县内民间艺人陈子明在都苏、义合一带组建，俗称南路梆子。农闲时串村演出。主要剧目有《武家坡》《明公断》《算粮》《登殿》等。1958年后解散。

县晋剧团

县晋剧团于1954年建立，是永和县代表性演出团体，由祖孙3代领班唱戏的交口县水头镇人王之杰牵头组建。初建时有演职人员40余人，1956年发展到60余人。先后培养出姚惠琴、赵玉翠、温银香等一批优秀演员。1958年并入吕梁县晋剧团，1961年5月恢复原团建置。1963年发展成为96人的大型文艺团体。1964年剧团整顿后，由演出传统戏改为现代戏，演职人员减为34人。"文化大革命"开始后晋剧团解散。1973年在文艺宣传队的基础上重建永和县晋剧团，以演出样板戏为主，辅以演出自编小型剧目。1978年恢复上演传统戏。1983年1月，田玉香、范秀平、杨小柱、杨希娟等演唱的《十五贯》《下河东》《封神榜》等传统晋剧唱段在山西人民广播电台播放。1986年，剧团一度长期放假。1988年起实行承包责任制,由个人承包经营。剧团主要在晋中、忻州、太原市郊、河北、内蒙一带演出。先后演出传统剧目有《打金枝》《明公断》《三滴血》《游龟山》《反西凉》《长坂坡》《杨八姐游春》《封神演义》《双锁山》《青山英烈》《杨门女将》《空城计》《狸猫换太子》《梁山伯与祝英台》《金沙滩》《走山》《挂画》《三岔口》《算粮》等60余本(折);现代戏有《江姐》《朝阳沟》《焦裕禄》《社长的女儿》《三上桃峰》《红灯记》《龙江颂》《槐树庄》《沙家浜》《新人骏马》《红心朝阳》《杜鹃山》《游乡》《补锅》《送货路上》《万紫千红》《人老心红》《一颗红心》等40余种;永和县创作演出的剧目有《半袋粮》《山村新花》《两个书包》等。

1996年后,文化娱乐项目增多,电视普及,剧场观众减少,经济收入下滑,难以为继。1998年12月县晋剧团解体,人员分流。

文艺宣传队

文艺宣传队于1970年冬成立,称永和县毛泽东思想文艺宣传队,编制30人。上演节目以小话剧、小歌舞为主,并有京剧、蒲剧、豫剧、晋剧等小型唱段。1973年改建为县晋剧团。1988年又从机关抽调10多名兼职演员成立文艺宣传队,以宣传党的方针政策和推广科学实用技术为主,常年深入农村演出,多次受到省、地表彰。1995年,中共临汾地委在全区宣传工作会议上推广其工作经验。

文化下乡活动

署益曲艺队

1974年,署益公社组建河南坠子曲艺队在省内外演出。时间不长即行解散。

城关蒲剧团

城关蒲剧团于1979年由城关生产大队圪崂里刘贵荣和南门外陈子明自发组建,借用民宅招生课徒。活动几个月即行解散。

坡头豫剧团

坡头豫剧团于1983年由坡头公社创建,编制30人。主要活动于永和、石楼一带农村。1996年即行解散。

天使艺术团

天使艺术团于1998年由永和县文化馆连永芳和侯

天使艺术团表演

燕在少儿舞蹈培训班基础上成立，2006年由舞蹈教师李玲接办。十余年时间，培养学生500余人，有力推动了永和县舞蹈事业的发展。

民间艺术团

永和民间艺术团于2007年成立。艺术团数名草根艺人在县内走乡进户，全天候地演出，收入颇丰。

威风锣鼓队

永和威风锣鼓队于2009年成立。锣鼓队一般参加大型庆祝及开业庆典等活动。

县威风锣鼓队

第二节　戏台　剧院

古戏台

清末至民国时期，县内共有与古庙宇建在一起的戏台63处。其中县城有城隍庙、瘟神庙2处，每年农历四、七、十月的县城老爷庙会均有戏剧在城隍庙戏台演出。农村庙宇戏台61处，均供献戏之用。其中楼山庙（今交口乡境内）上下寺2个戏台保存尚好。下寺圣母殿戏台结构尤为完整，台前可容纳观众1000人。每逢农历七月十八圣母诞辰，均要迎神献戏5日，隰县、大宁、蒲县和陕西省延长、延川县的香客游人观戏进香者甚多。

人民大礼堂

人民大礼堂于1953年在县城正大街（路）东侧兴建，占地约4000平方米。建有舞台，分前台、后台两部分，可容纳观众近千人。建成后结束了县人露天看戏的历史。建成初期兼作县晋剧团驻地，60年代后期为县招待所，1978年后改建为电影院。

1996年后，随着电视机的普及，电影放映效益逐年下降。电影院成了县政府和其他单位大型会场。2009年电影院拆迁，改修为文化（文庙）广场。

影剧院

县影剧院于1975年建成使用，位于正大街（路）西侧。为砖木结构二层楼，建筑面积1599平方米，上下两层共有观众席1545个。有后台、化妆室、乐池、演员宿舍、办公室等配套设施。1980年前属县革委会直接管理，为全民所有制事业单位。1980年改为企业单位，归县文化局领导。除供县内召开大型会议和文艺演出外，先后接待过山西歌舞团、山西杂技团、陕西歌舞团、临汾地区蒲剧团、太原市歌舞团等20余家省市级文艺演出团体。2009年9月，影剧院改为服装超市。

露天剧场

体育场剧场，位于县城南门内正大街（路）西侧体育场，1976年建成。台面宽18米，进深10米，高13米，台下可容纳1万人。是永和县大型集会和文艺演出的主要场所。2004年，该剧场拆除。

青少年活动中心剧场，位于城北河口西侧的青少年活动中心，2009年建成。台面宽25米，进深12米，高13米，台下可容纳2万人。是永和县大型集会、重大活动和文艺演出的主要场所。

乡村舞台

20世纪70年代后，有打石腰乡、坡头乡、桑壁镇和孙家庄村相继建起砖木土石结构的舞台。至2011年，全县乡村有可供中小型演出团体演出的舞台6座。

第三节　主要演出活动

民国27年（1938），牺盟永和县分会请剧团在城隍庙唱戏5天，纪念七七事变一周年，观众达1000余人。牺盟永和县分会主要负责人观看演出。

民国28年（1939），中共晋西南区党委的七月剧社、山西省决死纵队的长城剧团、解放剧团等先后到永和演出。是年秋，吕梁剧社由隰县黄土

文艺演出

镇转战永和县河西坡村，在此居住月余并进行抗日宣传演出。

民国30年（1941），县国民政府四科在城隍庙戏台举办政府机关职工文艺晚会。

1949年，永和县在举行支援解放大西北民工凯旋庆功大会期间，邀请剧团演戏5天，气氛十分热烈。

1958年12月21日，原永和县晋剧团参加吕梁县举办的专业剧团会演。

1995年5月4日，县委、县政府和在永和拍摄《解放大西北》影片的驻晋51384部队、内蒙古某部骑兵营举行军民联欢晚会，观众1万余人。

1995年12月11日至20日，永和县在县城举办首届红枣节。山西电视台《黄土地》栏目专题报道红枣节盛会。

1996年10月22日，全县以召开座谈会、庆祝会、举行文艺晚会、举办图片展览、播放系列报道、缅怀先烈等形式，纪念永和解放50周年。11月27日，《永和枣乡情》文艺晚会在山西电视台《五彩缤纷》栏目播放。

1998年10月31日，永和县第四届红枣节拉开序幕。期间，全国首届戏曲梅花奖获得者、国家一级演员、青年表演艺术家任跟心率领临汾地区蒲剧团到永和演出。

2004年，共举办4场大型文化活动，即元宵文化活动、"两会"文艺晚会、庆"七一"党在我心中"歌咏比赛""希望之路"大型演唱会。其中"希望之路"大型演唱会，规模盛大，共组织节目20个，邀请了市蒲剧院国家一级演员、"梅花奖"获得者崔彩彩，省优秀青年演员赵志轩、付慧萍与县内演员同台演出，现场观众达2万余人。

2005年10月21日，永和县第九届红枣文化节在县城开幕。开幕式有文艺节目助兴，表演艺术家刘亚津、陕军、牛宝林等人表演节目。在随后的3天节目中，有运城盐湖区蒲剧团和汾西威风锣鼓的演出。

2010年，永和县组建各种文艺团队12支走进大院，深入农户、街头表演，共计演出1500余场，观众3万人次以上。

2011年，以庆祝建党90周年为主题，开展系列文化活动。6月，举办全县红歌大合唱，9个总支代表队参加演唱。7月，举办"永远跟党走""人民的颂歌""庆七一"文艺晚会。8月份每周举办一场文艺晚会，全县文艺爱好者登台献艺，歌颂党、歌唱美好生活。举办了"平安永和"大型演出和"迎国庆，庆重阳"文艺晚会。组织广场舞蹈队活动182场次。

第四章 文学艺术

第一节 文学创作

明宣德十年（1435）教谕陈敏祥雅怀高趣，多托题咏以见志。廪生李玉培著有《立志知行》合刊。廪生白呈瑞好学工文，有诗作见志。

清代，拔贡刘永誉博学多闻，性爱题咏，著有《淮海吟》行世，又有《燕台集》《闲吟草》诸诗。道光丁酉科拔贡白上德晚年所著《楼山集立斋庸言》，不下数万言。贡生李士煜苦志力学，博极子史，为文深奥古卓，著有《见知录》2册。岁贡李舒莘整理士风，不遗余力，著有《孝行篇》4本。

民国年间，邑人药永安、药永福、段文锦、李凝祥、郭联奎、李秉鉴和承政员李鼎新等均有诗作见于旧志。

中华人民共和国成立后，永和县文学创作日趋繁荣。马毅杰从1984年起，先后在中外百余家报纸杂志、电台、电视台发表播出文学作品150余万字，其中获得省级以上奖励的有60余次。文学评论《真假·善恶·美丑》，1985年获首次全国青年影评大赛三等奖；散文《风箱·鼓风机》，1986年获全国青年《阅读与写作》优秀散文三等奖；报告文学《为了明天的太阳》先后获"全国希望工程——明月之光"征文大赛一等奖和"云鹏杯"报告文学优秀奖，发表于中日联办的《明日》杂志和中国作协举办的《中国作家》杂志；报告文学《为了这块贫瘠的土地》1990年获"晋铭杯"人民代表征文优秀奖；特写《迁坟》1991年获中共山西省委主办的《支部建设》杂志"堡垒颂"征文一等奖；小品《邬村长的救命草》1993年获上海《文汇报》"远东杯"征文三等奖；报告文学《山城有这样一位女人》1993年获《山西工人报》"当代职工风采"征文一等奖；小说《三寸金莲》1995年10月获第三届"花踪"世界华文小说首奖。2005年，以反映永和县沿黄河乡村人民生活的散文《黄河岸畔的母亲和她的儿子》获得"全球华人散文大赛优秀奖"，作品收入在作家出版社出版的《"游子吟"获奖散文作品集》中，在全国发行并被多家网站转载；散文《马烽的牵挂》在《人民日报》发表后被多家网站转载；系列文艺评论《电视补丁补掉了什么》《珍惜搭挡》《还是这样称呼好》《主持人慎用判官语言》在《山西日报》等多家报刊发表后产生了一定的影响。中篇小说《永远是赢家》2002年获国际奥委会"体育与文学"奖，得到国际奥委会主席罗格和国际奥林匹克文化与教育委员会主任何振梁亲笔签发的获奖证书，作品手搞收藏于瑞士洛桑国际奥委会总部；2003年散文《心灵的风景》获得新加坡国际散文大赛优异奖；2006年由北京奥组委授权，北京电视台主办《福娃奥运漫游记》创意和百集动漫电视剧本大赛中，在8万余人的参与中，以创意《"北京号"水陆空航行车》获得了本次大赛的唯一一名创意大奖和百集剧本的优秀奖。2011年，在国家广电总局、解放军总政文化工作总站、中央电视台电影频道等联合举办的"纪念建党90周年全国电影评论大赛"中，其作品《湘江波涛涌，南湖行红船——电影〈建党伟业〉〈湘江北去〉艺术特点之比较》获全国第一名，同时获中国电影评论最高奖——中国钟惦棐电影评论奖。

永和县阁底乡园则沟村人霍虎勇，是中国青年作家群代表人物之一，山西省第四代代表作家，中国报告文学学会会员、中国诗歌学会会员、山西省作家协会会员、海南省写作学会全委会会员。20世纪90年代后期开始文学创作。2011年，因诗集《山楂树的春天》被社会关注。主要作品有小说《哑春》《山楂树之恋》《花蝶》等；诗集《山楂树的春天》《霍虎勇诗选集》《园则沟篇》等。

县人刘福旺参与编著的《鲁迅杂文选读》《鲁迅小说选读》两本书1975年由山西人民出版社出版发行。

县人冯生生于1979年选编《群众创作汇集》，汇集全县22位业余作者的习作40件。1985年主持编印《永和诗选》，收录县内40位业余作者的诗作81件。1989年参与编辑印行的《永和故事、民谚、歌谣选》获国家重点科研项目奖。其诗作有数十首在省级以上报刊发表。《枣儿熟了》1983年2月在《晋阳文艺》上发表；《中秋》于同年10月在《山西文学》杂志发表；《手术刀》发表在1985年12月5日《山西卫生报》上。

另外，于来生的报告文学《老八路万里讲传统》于1978年在《山西日报》刊登；刘庆临的小说《爆竹声中》1979年刊载于文学杂志《汾水》；乔晓莲的小说《青蛙告状》同年刊载于《中学生》杂志；吴宗德的诗作《扫街姑娘》刊登在《山西卫生报》上。

第二节 歌曲 剧本

歌 曲

中国音乐家协会会员、军旅作曲家肖纪,民国16年(1927)生于永和县城老爷庙圪垇贫苦农家,毕业于解放军政治学院。12岁参加革命队伍,先后任八路军一二〇师宣传音乐教员、师俱乐部主任、文化科副科长、总政治部青年助理员、抚州军分区政治部副主任等职,并任抚州地区文联委员、音乐舞蹈工作者协会副主席。他一生酷爱音乐,创作了大量革命歌曲。1992年10月,江西省百花洲文艺出版社出版《祖国的春天——肖纪歌曲选》。其不少作品曾入选《解放战争时期歌曲选集》《延安文艺丛书——音乐卷》,湖南省文艺出版社的歌曲专刊《心声》,以及《前锋文艺》《人民铁道》《孩子天地》《祁连歌声》等歌曲专著、刊物。

肖 纪(左二)

肖纪主要作品一览表

表28-1

歌 名	作 词	作 曲
自从来了八路军	王 莘	肖 纪
谈谈国家大事	肖纪 小吾	肖 纪
吐苦水戈风词	戈 风	肖 纪
劝儿归队	戈 风	肖 纪
什么人待咱骨肉亲	戈 风	肖 纪
练兵歌	肖 纪	肖 纪
保卫党中央		
收复延安胜利进军	肖 纪	佚 名

续表 28-1

歌　名	作　词	作　曲
打到太原去活捉阎锡山	路风　苗波	肖　纪
进军大西北	肖　纪	肖　纪
胜利歌声震天响	肖纪　于飞　苗波	肖　纪
建设西北留美名	肖　纪	肖　纪
我们是战斗队又是生产军		
中国进入新时期		
南泥湾	魏　风	肖　纪
开展生产大竞赛	肖　纪	肖　纪
庆贺生产大丰收		
再见吧亲爱的连队		
学习雷锋		
我们是人民的子弟兵		
我为祖国守大门		
解放军向全国人民学习		
重建美好家园		
井冈山颂		
战士想的是现代化	鲁　滨	肖　纪
赞家乡	肖纪　胡正	肖　纪
祖国的春天	肖纪　姚庚	国彦　晓浪
闪耀吧青春的火光	郭小川	肖纪　晓浪
战士心红手又巧	袁和平	肖　纪
架起四化桥	肖　纪	肖　纪
迎春花开吐春情		
山村美	三　处	肖　纪
庐山四季风光好	学　柯	肖　纪
献给我的祖国	铁　栋	肖　纪
青春的歌声飞	钰　人	肖　纪
登含鄱口	闵　义	肖　纪
团结起来振兴中华	爱　书	肖　纪
万众一心登泰山	和　平	肖　纪
山西好山西美	英　福	肖　纪
飞翔吧理想的翅膀	辛　火	肖　纪
为了美好的未来	于　良	肖纪　和平
党的光辉照军旗	钦　明	肖　纪

段泽恩在多年从事剧团编导工作中，为剧团谱写了大量的晋剧曲谱。1961年，他与张怀信创作的歌曲《我的家乡红枣多》在吕梁县文艺会演中获奖。

由冯生生作词、吕晋科谱曲的歌曲《八月枣乡》，1981年获临汾地区歌曲创作优秀奖。此歌后被城关小学学生符艳红带到北京，向中共中央总书记江泽民作献礼演唱。他们合作的歌曲《铃声叮当》入选1984年临汾地区编印的《创作歌曲选》。吕晋科还为县文艺宣传队谱写大量的表演唱和秧歌鼓点等。

2011年，杜旭杰作词、葛晓辉作曲创作的《永和美》歌曲，受到永和群众的喜爱。

剧 本

1961年，由段泽恩、张怀信创作的小戏《爱羊》在吕梁戏剧调演中获奖。1982年10月冯生生创作的剧本《致富路上》在临汾地区小戏会演中获剧本创作一等奖，并在《小演唱》杂志发表。1985年，靳根祥创作的曲艺节目《臭蛋》在临汾地区举办的电视赛中获奖。1986年，徐启发创作的5场历史剧《泪洒虎营》（《辛弃疾》）在省级刊物《蒲剧艺术》第四期上发表。1995年，马毅杰应山西电视台邀请，创作3集电视剧《遥远的山村》；10月，李九引、冯生生、刘连生等创作的表演唱《咱给省领导去汇报》在山西电视台播出后，《山西日报》对此发表专稿。

连永芳15次带队员到省市参赛或汇演，2006年的小品《考验》获省银奖。马毅杰创作的儿童剧《"球王"石蛋蛋》参加北京儿艺的全国征文获好评。崔玉清、李良山创作的戏剧小品《醒悟》获得好评。

第三节　书画　摄影

美 术

山西省美术家协会会员、永和县政协副主席李全笑在油画、版画、雕塑等艺术领域均有一定造诣。其漫画作品线条洗练，造型俊秀，哲理味浓，趣味性强，先后在全国各地报刊上发表的有800余件。其作品《硬功夫》1987年10月在全国"法律在我们生活中"美术比赛中获三等奖。《室内足球》1988年10月获《四川日报》举办的漫画大赛三等奖。《盼……来了》1991年获全国富裕老窖杯漫画大赛佳作奖。1992年，《汇报》在全国"人口国策杯"漫画艺术大赛中获三等奖；《贫困地区的贫困户》在全国新闻漫画大赛中获三等奖；《困难的忧愁》获《婚育漫画报》漫画大赛佳作奖。

坡头乡农民李文选的漫画作品生活气息浓，开掘深，构思巧，起步晚，起点高。群众称他是"怪才"。其处女作《包产到户》1982年在《人民日报》副刊《讽刺与幽默》发表。接着创作的《借摇把》《生命力》等作品先后在华北7省市漫画展《工人日报》漫画赛等全国赛中连连获奖，有的为一等奖。1985年，张兰平的版画《血液》在全国双龙杯书画大赛中获金奖；刘永红的布贴在全国双龙杯书画大赛中获银奖。同年，刘永红的版画在全国天马书画大赛中获金奖，其作品《太阳从这里升起》《春风》等入选省美展；杨年玉的版画作品《攀登》入选全军美展。

任右铭的幻灯作品《火红的年华》1977年在全区获奖。

1991—1993年，每年春节期间均举办一次全县农民画展，先后有300余人参加，创作各种美术作品1500多件。张亮亮的美术画《红枣之乡》在1993年《山西农民报》上刊登。

1999年6月，北京著名画家张大元在永和创作《高原之神》巨作。《高原之神》浓缩了几千年的中国黄土文化，其长18米、宽2米的巨幅呈现了黄土高原的苍茫和黄河岸畔的风情。

中国文艺美术协会会员、永和人王平的木刻，2009年获山西省第十五届美术作品展三等奖；2010年作品入选"心声木鸣"中国首届木雕大展；2011年作品入选东京艺术节获三等奖，同年作品入选第十二届中国工艺美术大师作品展，获"百花奖"优秀奖。

新疆美术家协会会员、永和人冯瑜的油画作品《母亲》2008年参加了第二届"时代精神"全国油画展；作品《高原情》参加"高原·高原——第二届中国西部美术油画年度展"获优秀奖，并由陕西省美术博物馆收藏。

永和县南庄乡穆家坡村人白润祥，任教于山西师范大学临汾学院艺术系，其画作有版画、油画、水彩画等。1998年油画《蜡烛》获山西省艺术教育周专业组美术作品展二等奖；1999年画作《烛》获首都艺术博览会优秀奖；2011年《夏至》获山西第九届版画作品展银奖。他的一些作品被中国美协及海内外人士收藏。

永和县南庄乡人冯荣荣，艺术硕士，任职于云南艺术学院，其画作主要是版画。2009年5月，参加"2009年'实话石说'当代石版画作品展"，《幻之一》《幻之二》《幻之三》《芽》等系列作品作为校际礼物被院方收藏；2011年4月，作品《幻》《幻之三》入选"第二届全国青年藏书票与小版画展"；2011年9月，作品《再登征程》入选"建党90周年优秀作品展"。

1985—1992年李全笑主要漫画作品一览表

表 28-2

作品名称	发表报刊或参赛	刊登日期	获奖情况
以一当十	中国青年报	1985.8.25	
贤内助	中国妇女报	1986.9.15	
不信这里没后门	博览群书	1986.12	
同时获奖	解放日报	1987.9.5	
硬功夫	"法律在我们生活中"美术比赛	1987.10	三等奖
读后感	讽刺与幽默	1988.1.20	
室内足球	《四川日报》漫画大赛	1988.10	三等奖
无题	工人日报	1988.11.21	
全体通过	新民晚报	1989.6.9	
职责	法制日报	1990.2.23	
花色品种	漫画世界	1991.7.16	
造句	北京晚报	1991.11.4	
无题	文汇报	1992.1.14	
盼…来了	"富裕老窖杯"漫画大赛	1991	佳作奖
汇报	"人口国策杯"漫画艺术大赛	1992.1	三等奖
直观教学	中国漫画	1992年第二期	
无本生意	文艺研究	1992年第四期	
第二职业	讽刺与幽默	1992.11.5	
贫困地区的贫困户	"全国新闻"漫画大赛	1992	三等奖
困难的忧愁	《婚姻漫画报》漫画大赛	1992	佳作奖

书 法

明代，副贡靳养性擅长书法。刘体元书力颇健，今存其嘉靖三十四年（1555）书重修阁山参罗殿碑1通。

清代，贡生李士煜、段世隆、刘恬皆善书法。贡生段绥祖工于草书。县人冯可荣、刘润普、白鉴等皆书功颇深。冯可荣书有重修楼山圣母殿碑1通。

民国时期，李锦堂书法秀丽，今存其手书《重修楼山寺》碑记1通。承政员李鼎新（芮城县人）善篆书，县人段春文善楷书。今存民国11年（1922）创修双山路碑1通，由李鼎新篆额，段春文书碑文。县人秦宝贤的书法有其独到之处。

中华人民共和国成立后，县内较知名的书法爱好者有药福昌、吕文斗、白斗南、药继生、药奇、刘勇、任建忠、刘福旺、马永恒、曹白琪、柳如樟、药继昌、冯建勇、刘连生、张会甫、吴春生、樊连兴等。吕文斗、白斗南的书法作品均在全省老年书画展中获奖。药奇书法作品多次在全国各地展出，被多家院馆收藏，并入编《晋粮经济》《临汾市老年书画作品选》《龙人书画艺术精英大典》《全国老干部诗词书画作品大选》《中国书画金奖作者风采》《中国当代中华儿女书画艺术全集》等，2002年被国家授予"当代中华儿女优秀书画家"。刘勇多次应邀参加全国性硬笔书法竞赛，被接收为中国当代硬笔书法协会会员、理事，其作品、简历、照片均入选《中国当代硬笔书法家大辞典》。柳如樟是临汾市书法协会会员，2003年获第二届"金长城杯"全国书法大赛金奖、"毛泽东诗词"全国书法大赛金奖。冯建勇2009年9月草书"毛泽东清平乐·六盘山诗"在庆祝新中国传媒事业发展60年"迎国庆·颂盛世"全省传媒界书法大赛中获铜奖。

张会甫，中国书法教育委员会会员，山西省青年书法协会会员，临汾市书法协会会员，临汾市硬笔书法协会会员，永和县书法协会理事。2011年9月，在永和县第一高级中学从事书法专业教学，先后荣获全国中小学教师书画展二等奖，山西省中小学"我的中国梦"主题书画大赛教师组三等奖，巍巍中华纪念"四圣"全国书画大赛"金奖"，全球华侨华人书画大赛二等奖，"沧海杯"全国书画作品展优秀奖，临汾"尧都农商农行杯"硬笔大赛二等奖，临汾市老促会书法赛三等奖，纪念毛泽东诞辰120周年书法大赛"金奖"，并被授予"毛泽东艺术风骨推崇者"称号。书法作品被中国当代硬笔论坛大典收录。2011年10月，张会甫成立永和县绘鸿书法室，培养书法新人，推广书法艺术。

摄　影

20世纪80年代前，永和县只有黑白摄影，全县仅有135相机2台，120相机8台。县文化馆每月举办1次新闻摄影橱窗展。贾允文的摄影作品《羊群》1971年入选全省摄影展览。

80年代后，永和县摄影事业发展迅速。到2011年，全县有专业性照相馆11个，拥有各类照相机数千台,并拥有彩扩设备,为摄影艺术创作打下良好的物质基础。

荀贵生善于捕捉和渲染生活中的"美"。他创作的《葡萄》成为全县摄影界的珍品,作品《大地》在《中国民政》发表。

老农与黄河·厚永建摄

厚永建构思敏捷,技巧娴熟,先后在全国报刊和赛事中发表作品200余件。其中《南瓜丰收》《山里娃》在《山西日报》发表;《乐在其中》入选山西省庆祝中化人民共和国成立40周年美术展览,《山里娃》入选全国《黄河摄影作品展》;《希望》在1995年国家《地方财政》杂志举办的摄影赛中获三等奖,《乡约》在中国档案全国摄影大赛中获三等奖,《村头》在西部摄影大赛中获优秀奖,《唤醒深山》获第一届全国农机摄影大赛入围奖。

冯生生的摄影作品《退休老中医》1982年11月24日在《人民日报》发表;与徐启发合作的《郁郁葱葱》在1984年10月9日《山西日报》发表;还有一些作品被收录于国家绿化委出版的《中华绿色明珠》《临汾四十年巨变》等书刊中。

杜继锁的摄影作品主要集中于风光和纪实,他的作品曾获得"美丽汾河"摄影大赛优秀奖、"云丘山古村落"摄影大赛优秀奖、"中国科普大赛"入围奖等。

冯书闻摄影作品的特点是写实。20多年间,他去新疆、西藏拍过自然风光,跑北京、上海拍过都市生活,在家乡永和拍过喜庆画面、会议场景、历史遗迹、本土景致,拍摄图片达10万张之多。他用相机记录了社会变迁,留住了精彩瞬间。他的摄影作品表现形式多样,创作题材丰富,艺术风格质朴无华,敢于正视现实,具有强烈的见证性和提示力量。

冯三平的摄影作品十分广泛,涉及县内党政大事、民生大事,是永和社会全方位的影像体现。其作品大多是生产、生活纪实。

杨俊唐的摄影作品主要是记录永和风景、人物、事件以及民俗,30年间拍摄了上万幅记录永和历史的图片。

刘孝文主要从事风情和商业艺术摄影。2009年在临汾创办"焦点摄影工作室",与数十位国内知名艺术家、摄影家合作,打造推广高品质影像艺术品和摄影作品,获得社会好评。

1949—2011年永和县文学艺术创作人员情况表

表 28-3

姓 名	籍 贯	擅 长	艺术职务、职称
肖 纪	永和县芝河镇	作曲	中国音乐家协会会员、福建抚州地区文联委员、抚州地区音乐舞蹈工作者协会副主席
郭云英	永和县芝河镇	舞蹈	中国舞蹈家协会会员
侯 燕	永和城内	舞蹈	北京电视台艺术指导、国家奥组委影视部艺术指导、中国教育频道"全国校园春晚"栏目导演
药 奇	永和县芝河镇药家湾村	书法	临汾市老年书画研究会理事、山西省老年书画研究会会员、中国老年书画研究会会员、中国东方书画家协会会员
刘 勇	永和县阁底乡	书法	中国当代硬笔书法家协会会员、理事
白斗南	永和县南庄乡永和关村	书法	山西省老年书画协会会员
马毅杰	山西介休	文学	中国作家协会山西省分会全委会委员
霍虎勇	永和县阁底乡园则沟村	文学	中国报告文学学会会员、中国诗歌学会会员、山西作协会员
段泽恩	永和县坡头乡	戏剧	山西省戏剧协会会员
高宝堂	河北省蠡县	戏剧	山西省戏剧协会会员、临汾地区戏剧协会理事
李全笑	万荣县荣河镇	漫画、版画	山西省美术家协会会员
冯对生	永和县交口乡	美术	山西省美协会员、临汾市美协理事
王 平	永和城内	美术	中国工艺美术协会会员、山西工艺美术协会常务理事
冯 瑜	永和县交口乡	美术	新疆美术家协会会员
厚永建	永和城内	摄影	山西省摄影家协会会员
张会甫	永和县阁底乡	书法	山西省青年书法协会会员
吴春生	永和县交口乡	书法	第九届中国实力派书法协会会员

第五章 传 媒

第一节 报 刊

《永和牺盟工作简报》

《永和牺盟工作简报》为牺盟永和县分会领导的报纸。民国27年（1938），由牺盟永和县分会创办，县分会秘书温林轩（又名赵芬）主编，为油印小报。民国38年（1949）晋西事变后停办。

《五月时报》《吕梁导报》

《五月时报》《吕梁导报》为中共永和县地下组织领导的报纸。民国28年（1939）2月，由中共永和工委创办，宣传部部长卫绵山（又名梅杉）主编，为油印小报。不久奉命停刊。

《永和报》

《永和报》是中共永和县委机关报。1953年5月创办，称《永和小报》，为8开2版石印报纸，每周1期，由县委宣传部副部长宋文彬负责。1958年10月永和县并入吕梁县后停刊。1961年5月永和县建置恢复后，《永和小报》复刊，改为铅印，由韩成涛任主编。1962年8月二次停刊。1965年11月15日《永和小报》再次复刊，改称《永和报》，由副省长郑林题写报头，报社负责人为韩成涛。5日出版1期，版面一般为8开2版，有时为4开4版。由于"文化大革命"冲击，报纸于1967年2月6日出版后被迫停刊。从1953年创刊，到最后停刊，《永和报》共刊出520期。

《永红战报》

《永红战报》是中共永和县核心小组机关报。1967年4月在原《永和报》的基础上创办，版面、刊期均同《永和报》，仍由韩成涛负责。《永红战报》主要转载中央、省报的社论、消息，永和县内容很少。至1968年8月停刊，共刊出60多期。

第二节 通讯报道

　　1958年以前，全县通讯报道工作由县委办公室兼管。此间，各乡镇和县直各机关单位有60余名业余通讯员积极为《永和小报》和上级报刊投稿，《永和小报》年均发稿400篇左右，上级报刊登载永和县稿件为数甚少。60年代后县委设立通讯组，归办公室管理，永和县始有专职通讯员。1969年11月，县革委政工组设宣传办公室，兼管通讯报道工作。1975年9月县委宣传部恢复后，正式建立通讯组，编制专职人员3人。通讯组承担组织通讯报道稿件，培训基层通讯骨干等任务。几年间，先后培养各级通讯骨干150余人，发展通讯员68人，逐步建成全县通讯报道网络。1975年、1976年，县通讯组连续两年被评为《山西日报》、山西人民广播电台的模范通讯组。1979年，王逢仁被评为山西省模范通讯员。上级报刊采用永和县的稿件逐年增多。1973年为40余件；1984年增加到100余件；1994年增加为155件，其中文稿140件，照片15幅；1995年增加为199件，其中文稿170件，照片29幅。1994年、1995年，县委宣传部分别编印《贫瘠土地上的脊梁》《咬定青山不放松》两本专辑，分年度汇集报刊、电台选用永和县的稿件。1995年2月，通讯组改为通讯科，全县通讯队伍的素质不断提高。2000年通讯科改称县新闻中心，以后上级报刊采用永和县的稿件每年有200余件。

　　1961年，《永和县养羊事业扶摇直上》的专题报道，刊载于2月28日《山西日报》头版。1972年，山西人民出版社选录出版吕树琛等撰写的《认真总结经验，加快治沟打坝步伐》一文。1977年12月16日，《人民日报》以"南泥湾精神永远激励我们奋勇前进"为题，报道永和县坡头公社白家崖大队党支部副书记、原三五九旅战斗英雄、特级劳动模范李位的模范事迹。1978年，老八路李位在回原新疆部队探亲途中给旅客讲革命传统的事迹，刊登于10月31日的《临汾报》上。1982年11月24日，《人民日报》以"他把山里人当亲人"为题，在第四版报道永和县离休老中医董茂林热心为山区人民医病的事迹。1985年，《山西经济资料》第九期刊登冯仲明撰写的《选准突破口，三业俱兴旺》的工作通讯。1994年4月23日，《山西妇女报》以"深山吸储人——全国信用社十佳储蓄员张芳叶"为题，报道永和县城关信用社女储蓄员张芳叶的先进事迹。

1996年1月12日，《山西日报》报道《永和红枣产量跃居全省第四》；1997年3月17日，李培宏、任军锋在《山西经济日报》上报道《永和县机修梯田小流域治理获殊荣》；7月7日，《山西日报》报道《永和县发展雨水集流灌溉农业》；9月28日，姜建忠在《山西日报》上报道《永和香扇独树一帜》；10月21日，文武在《经济观察报》上报道《红枣富了永和人》；11月14日，吴翔、任军锋在《山西农民报》上报道《全县枣农仅此人均收入800多元》；11月17日，高原、吴翔、军锋在《山西日报》上报道《永和农科教结合创新路》；12月2日，徐补生在《山西农民报》上报道《李玉海事迹报告会反响强烈》；12月16日，许晴在《山西农民报》上报道《永和县大搞旱井集雨工程创出新路》。

1998年由帅政、任军锋撰写的《山西永和建成的万亩枣园基地》一文通过《新华每日电讯》《山西日报》《山西发展导报》的刊发，把永和县无虫红枣推向全国。由张刚、吴翔撰写的《永和红枣走红京华》一文通过《生活晨报》《山西经济日报》报道，反映了永和县在北京举办的红枣茶话会盛况，使红枣走出山西，走红京华。新华社记者马毅敏拍摄的《政府念"羊"经，农民发"羊"财》是反映永和县主导产业——绒山羊和小尾寒羊的图片，通过《人民日报》《农民日报》《新华每日电讯》《人民日报》海外版等的宣传，把永和县绒山羊推向全国、推向世界。

1999年11月1日，《山西日报》报道《永和红枣'红'了永和》；11月25日，《山西日报》报道《冯治水治荒》。

2000年2月4日，厚永建、任军锋在《山西日报》上报道《国家信息产业部情系山区献爱心》；7月18日，阎晓明在《人民日报》上报道《永和开展党员示范工程效果好》；12月29日，李宁波、任军锋、杨虎明在《山西日报》上报道《永和县机关干部林草示范地》。

2001年3月20日，乔朋亮在《山西日报》上报道《山区农民的医院》；7月24日，李久标、刘增光在《山西日报》上报道《永和县退耕还林工程核实率达98%》；11月10日，吴翔、杨虎明在《山西日报》上报道《沼气脱贫，真的能行》。

2002年2月13日，孟苗在《山西日报》报道《马毅杰喜获'体育与文学'奖》；3月2日，裴振龙、高奇玉在《山西日报》上报道《永和林草养殖成气候》；3月13日，任军锋、杨虎明在《山西日报》上报道《永和县47处人字闸蓄水春浇》；6月9日，厚永建、任军锋、杨虎明在《山西日报》上报道《永和唱响牧羊曲》。

2003年1月27日，吴翔、厚永建、任军锋在《山西日报》上报道《人均百株枣，户种十亩草》；2月13日，厚永建、任军锋在《山西日报》上报道《永和项目建设，拉动经济增收》。

2004年3月8日，厚永建、任军锋、白东红在《山西日报》上报道《永和60名农民进京务工》；11月9日，厚永建、任军锋在《山西日报》上报道《枣疙瘩变成金疙瘩》。

2005年8月3日、12日、18日、31日《山西日报》系列报道《永和绿韵》《科学发展观的生动实践》《满山红枣扑面来》《草畜经济为山区持续发展增色》。

2006年8月14日，李虎威在《山西日报》上报道《山村来了大学生》；9月12日，任军锋、白东红在《山西农民报》上报道《永和县管护红枣科技显神威》。

2007年8月1日，厚永建、任军锋在《中国枣业报》上报道《绿色在永和延伸》；11月5日，任军锋在《山西经济日报》上报道《永和造林工作领跑全省》。

2008年1月13日，厚永建、任军锋在《山西日报》上报道《永和黄河蛇曲被确定为国家地质公园》；同日，秦洋在《山西日报》上报道《百姓院长王学诗获白求恩奖章》；1月14日，张隽波在《山西日报》上报道《永和红枣国际市场通行证》；7月3日，厚永建在《山西日报》上报道《七年间永和743户移民顺利搬迁》；12月26日，任军锋在《山西日报》上报道《永和'测土配方'施肥玉米亩均增产200斤》。

2010年10月12日，杨木森、郭兆宾、任军锋在《山西日报》上报道《永和穷县谋跨越》。

2002年，电视新闻《调产开通富裕路》获山西省广播电视学会二等奖。2007年，电视新闻介绍共产党员冯治水事迹的《永不疲倦的拓荒牛》获临汾市消息类一等奖。2008年，电视新闻《永和科技兴林，创绿色壮举》获临汾市消息类二等奖。2009年，电视专题《毛泽东在永和》获山西省专题类二等奖。同年，电视新闻《老枣农的幸福生活》获临汾市消息类二等奖。2010年，电视新闻《老高买鞋》《永和夺得山西省农田水利建设'禹王杯'》获临汾市消息类二等奖。

第三节　广播　电影　电视

广　播

有线广播　1958年9月，永和县有线广播站在县邮电局院内建立，借用邮电局电话线路向用户传输工作信号。当月共联网喇叭112只。10月，随着永和县建置撤销，县有线广播站并入吕梁县。

1961年5月永和县建置恢复后，重建县有线广播站，于当年国庆节正式播出。当年拥有500瓦扩音机、80型录音机、电唱机和7.25千瓦发电机各1台，借用电话线路365公里，自设广播线路1杆公里，联网喇叭270只。

1964年，县有线广播站从县邮电局迁到西门巷（即现站址）重新建站。1965年正式竣工投产，试播成功。原有线广播站从此改称永和县广播站。是年新增电工1人，15千瓦、12马力单相电机1台。不久又装配12千瓦、15马力三相电机组1套。

1967年，首先在城关公社建设广播专线网络，架专线50杆公里，入网喇叭200多只，使家家户户均能听到广播。接着，不少公社积极架设广播专线，到年底入网喇叭达890只。

1971年，省地发出"大办农村广播网，实现户户喇叭化"号召，全县共架设广播专线791公里，入网喇叭6841只。除城关公社外，其他10个公社均建起信号放大站。全县80个大队、355个自然村全部通广播。

1974年，全县进一步加大农村广播网建设力度，实现广播网络标准化、用户设备规格化及10项指标达标化，受到山西省人民政府表彰。1977年，县城沿街安装街头音箱。

1979年7月，广播站自制水泥杆。通过7年奋战，自制水泥杆1500余根，全县广播电线杆全部由易腐易朽木杆更换为水泥杆。

1981年提倡广播"两化"（路线标准化，喇叭规格化），县委书记杨廷基亲自担任两化建设领导组组长。全县投资9.6万元，新装喇叭369只，更新木电杆9597根，新架和更换了20个生产大队，50个生产队的广播专线。至此，全县总装喇叭10055只，喇叭入户率达93%，通响率达90%，75个生产大队、300个自然村达到"两化"标准，分别占到生产大队、生产队总数93.8%和80%。

1988年，全县78个村委、352个自然村实现有线广播水泥杆专线化，全长715杆公里。同年，县广播电视局被评为全省广播事业先进单位。

1990年后，全县电视事业发展迅速，有线广播事业逐步滑落。

调频广播　1996年筹建调频广播，2004年正式开通。2004年7月，永和县广播电视局在原有设备的基础上，投资5万多元完成了调频广播的建立任务。其发射功率为100瓦，发射频率94.8MHZ。正式开通的永和人民广播电台，可使全县95%的地域能收到调频广播信号。

转播节目 1978—1981年，转播节目由中央台和山西台两部分节目构成。中央台节目有早间《新闻和报纸摘要节目》，午间《新闻节目》，晚间《各地广播电台联播节目》及综合类、专题类、文艺类节目等。山西台节目有早间《新闻和报纸摘要节目》，午间《农业学大寨节目》，晚间《全省各地广播电台广播站联播节目》等。全年实行每日三次播音，全天时长为7小时10分。1982—2000年对转播两台（中央台、山西台）节目有所调整，略有增多。增播节目有中央台《午间半小时》、山西台《新闻半小时》《田园之声》《空中大观园》及部分文艺性节目。

自办节目 1978年起，永和自办节目设置以《永和新闻》（每周播出1—2组）为主，兼顾《学习节目》《文艺节目》和《科学知识》三个常设固定节目。以上节目每周一组，每组首播一次、重播两次。同时，设有《领导讲话》《广播动员大会》等临时性专题节目。1981—1999年，在原有自办节目的同时，又先后增设了《党的生活》《计划生育》《形势教育》《芝河两岸》《政法园地》《致富窗口》《永和风情》《听众信箱》《音乐欣赏》等专题性、文艺性节目。

电 影

1951年，晋中尤姓人士在县城老爷庙圪崂放映永和县有史以来第一场电影。影片是外国无声片，片名无考。观众达3000余人，一时轰动全县。

1952年，山西省抗美援朝访问团在永和县放映电影。同年，省电影公司第67放映队在永和县放映苏联影片《集体农庄》。

1955年，省电影公司第67放映队在永和、石楼、隰县等县常年巡回放映。

1956年，永和县电影放映队正式成立，队长段仁中（山西霍县人）。地址在西门巷今广播电视局所在地，归文化科领导。配有捷克16毫米放映机1台，露天映出。放映的第一部影片是《钢铁战士》，票价为大人1角，小孩5分，每场收入100元左右。

1957年，县电影队从西门巷搬到正大街（路）东边文化馆院内，占窑洞3孔。

1961年，县电影队在城南正大街（路）西侧（今检察院处）建址，建平房20间。仍在院内露天放映，观众可自带坐具入场，1场最多可容纳1000人。

后来，在院子中建1间小机房，拷供放映使用。1972年更新提包式35毫米放映机，首场上映朝鲜故事片《卖花姑娘》，1场收入1000余元，创永和县电影单场次收入最高纪录。在注重电影放映的同时，还注重配合党的中心工作开展宣传服务。首先是每场正式影片放映前均加映幻灯片和中央新闻电影纪录片。70年代，县电影队采用当时较先进的洗漆法、木刻法、拷贝法等制作的幻灯片，线条细腻，色彩绚丽，深受群众喜爱，制作水平在全区名列前茅。《少年英雄李让应》《高家山》等幻灯片先后在省、地评选中获奖。其次是面向农村，为农民服务。县电影队组建农村放映队常年下乡，在全县380多个自然村巡回放映。当时大部分村庄不通公路，有的连自行车也不能骑，群众就靠人挑、牲口驮，热情接送电影放映队。

20世纪70年代，是县电影事业发展的鼎盛时期。到1972年，县城有电影院2座，农村有室内电影院2座，放映队13个，共有大、中、小型放映机近20部，年放映收入达6万余元。1995年，电影公司筹资12万元，新建办公楼1幢，建筑面积660平方米，并新建录像厅、舞厅、小放映厅等，开始向多功能服务方向发展。

1996年，放映方式由"柜台租片"改为"院线制"，由中国电影发行放映总公司直接运作，分账经营，票房收入70%上缴，30%留基层公司。1998年6月，组织各单位观看纪录片；1999年放映《生死抉择》。2000年后，电影放映活动基本停止。

2006—2011年，属于自收自支事业团体的文化下乡电影队，每年都到乡村义务放映，宣传党的农村方针政策，活跃农村文化气息，深受广大农民朋友的欢迎。

电视

设施建设 1976年2月，县广播站购回9英寸国产飞跃牌黑白电视机1台，于3月在城东堡子塬山上始建第一个电视差转台。1977年2月试播成功。设备有50瓦黑白差转机1台，差转山西台的第一套节目，覆盖县城及城郊农村，收视者约3000余人。

县广播电视演播室

1980年，全县电视机发展到100台，每天晚上可差转电视节目4~5个小时。1981年改为节假日白天也差转电视节目。1982年改为彩色差转。

1986年6月始建卫星地面接收站，1987年元旦落成投入使用，差转中央电视台第一套节目。到1988年可差转中央台的两套节目。同时桑壁、坡头、交口、打石腰、刘家庄等乡镇和农村也自筹资金建起差转台。

1990年，全县电视差转台发展为8座，发射总功率142瓦，覆盖人口2.8万余人，还有1.15万余人可以直接收视。是年全县有电视机3000余台，并增加差转云贵台。至此，县城可收到中央台一、二套，山西台，云贵台共4套节目。到1991年全县有差转台13座，总功率179瓦，有电视机4000台，卫星地面接收站4个。

1993年投资70万元，兴建有线电视台，当年开通后可收到8套卫星电视节目，拥有用户1000多户。1994年，永和县有线电视台正式成立。

1995年开通永和新闻、广告、点歌等自办节目。共投资20万元，在县西阁山顶峰建起装有两个100瓦发射机的差转台，可同时发射中央台一套和山西台一套电视节目，覆盖面积占到全县面积85%以上。全县有电视差转台17座，总功率430瓦，小型卫星地面站16个，电视机发展到9660台。

2000年，县广电部门使全县已通电行政村通电视率达到90%。2002年，有线电视网络建成并投入使用，有线闭路电视节目达到40套。

2005年，开通了广电业务综合宽带网络。改造演播室，投资2万余元，把原为一体的演播室和制作室分开，安装了一套冷光源。有线电视网络升级改造，网络由过去的电缆升级为现在的光纤网，用户发展到3000多户。农村村委建起有线小网，有线电视用户达800多户，电视收看室200多个。全县80%的农村可收看到阁山、堡子塬两座差转台转播的两套无线电视节目。全县电视覆盖率达90%以上。

2006年，有线电视网向乡镇农村延伸，开通了县城西峪沟、阁窑沟有线电视网络，新安装用户150多户。投资3.8万元完成CATV监控系统的安装任务，安装中1节目备份切换。中1节目信号可以从亚太1A、亚洲3S卫星进行相互切换。完成亚洲2号向亚洲3S的倒星任务，重新对下行频率、接收机、前端光发射机、调制器进行调试，确保40套电视节目的正常接收播出。

2007年，中央广播电视无线覆盖工程正式启动，对堡子塬广播电视转播台进行全面升级改造和改扩建施工。当年投资90多万元，建成50米发射塔和6间机房（改建3间，扩建3间）等基础设施。2008年，全县电视差转台发展到17座，电视差转机增至21部，发射总功率达到2050瓦。2010年，完成山西卫视覆盖工程，可同时转播中央台和省级、市级台40套卫星电视节目。到2011年，建起卫星地面接收站17座，有线电视入网用户达4710户，村村通无线接收信号用户7202户，覆盖率达98%。

"村村通"工程　电视"村村通"工程建设经历了两个发展时期。第一个时期（1990—2008年）采取农村小片网建设的办法和无线覆盖的手段解决电视收视问题。这一时期覆盖了41个自然村，其中20户以上的自然村有9个，50户以上的自然村32个。第二个时期（2009—2010年）按照先易后难、分步实施、典型带动、整体推进的方法，把"村村通"直播卫星设备发放到农户，由技术员进村入户传授调试技术，安装直播卫星地面接收设施。到2011年底，共发放安装"村村通"设备7202套，其中有3个联网村、338个卫星直播接收村，广播电视覆盖率达96.2%。

转播节目　2007年后，永和广播电视台通过有线传输方式，每天转播中央台1—13套和各省级、市级台27套卫视节目。固定式转播节目有中央台每晚19时《新闻联播》和《天气预报》，以及山西卫视的《山西新闻联播》和《天气预报》。临时性转播节目内容有五年一届的全国党代会和一年一次的全国人大、政协"两会"以及中央和山西其他重大活动内容。

自办节目　1994年建台时，自办节目以《永和新闻》为主，兼顾少量专题、广告和点歌。主要作品有反映解放大西北影片拍摄的《官民魂》，体现主导产业的《红枣情》等。1998年后，新闻栏目、新闻专题、党建栏目、党建专题以及反映各行各业的新闻性节目呈逐年增加趋势。到2011年，自办的主要节目和栏目有《永和新闻》《党旗飘扬》《书记访谈》《人物风采》《致富桥》《百姓话题》《记者见闻》以及《重点工程追踪报道》等。主要作品有五集系列片《成绩斐然的五年》；10集系列片《黄河岸畔党旗红》；新闻性专题《永和枣正红》《转型跨越在永和》《喜看永和大变化》；新闻性消息《老枣农的幸福生活》等。建台初期，《永和新闻》每周播出一组，每组5~10分钟，全年播出52组，每组多则8条，少则3条。1998年，《永和新闻》增组改版，由每周发稿1组改为2组。2007年，二次加大发稿量，由每周2组改为3组，每组10分钟增至15分钟左右，分别选择周一、三、五在黄金时段（晚8:00）首播，二、四、六重播。2011年，全年播出新闻240组，约1200条，其中市台采用近100条。

服务性节目主要有《科技时空》《乡村法制》《中华医药》《民间收藏》等。文艺类节目有《大众文化》《电视剧场》等。

2005年，永和台首次现场直播演示成功。4月，先后对县里召开的人大、政协"两会"和全县经济工作会议进行现场直播。

第四节 互联网

电　信

2003年，始办数据业务（宽带），实现信息"高速公路"化。当年宽带业务完成82部。2005年，宽带业务完成200部。2008年10月，永和联通公司与永和网通公司并为永和联通公司。

至2011年，联通服务网点11个；县内数据业务发展到1900户，建成接入网点7个，模块局2个，设备总容量5800户，宽带用户2700户，覆盖7个乡镇。

移　动

1999年11月15日，临汾移动通信分公司永和营业部正式挂牌成立。永和移动专业经营语音、数据、多媒体、互联网和国际出入口局业务。2004年，开通1个基站、新建2个基站，移动通信能力达到9个基站、17个小区、28个载频、186个信道。光缆传输到达5个乡镇和城区10个集团。

中国移动通信山西有限公司永和县分公司到2011年共有员工18人，服务网点34个，无线基站106座，其中4G基站26座。光缆线路总长达1481千米，主干光缆1300千米，互联网端口总数3456户，其中已占用端口总数1003户，宽带接入用户1003户，全年业务收入1776万元。

第六章　图　书

第一节　图书馆

机　构

1951年，县文化馆内设图书室并对外开放，供全县干部职工无偿借阅。有专职图书管理员1人。

1991年，图书室改图书馆，由西二楼搬到东一楼北，工作用房增至6间，有馆长1人，管理员2人，成为藏书、借阅、开架阅览三配套的小型图书馆。

2004年，永和县图书馆在原县体育场西边舞台旧址上建成。馆舍是建筑面积796平方米的三层楼房，2009年6月15日正式开馆试营，馆长1人，管理员1人。图书馆同时又是"文化信息共享工程"永和县支中心。

2010年，全县79个村委全部建起流动图书室，13个行政村设立农家书屋，同时，还建起警民图书室和计生图书室。

图 书

1951年，县图书室藏书5000余册，年借阅量2500人次左右。"文化大革命"破"四旧"将大批图书销毁，其中有不少古今中外的经典著作。之后，仅存图书1000余册，大部分是马列著作和工具辞书之类。1978年业务经费2000元，借阅量2000多人次。

县图书馆开馆

1991年，县图书馆藏书4219册，按中国图书分类共分22大类。其中善本133册（卷），包括《春秋》《左传》45卷，元代版本（1341年）13卷，清乾隆年版75册；有中箱本2套6册，包背装书12册；各类工具书、辞书、百科全书、年鉴、通志等400余本。库藏书实行三线藏书制，阅览室实行二线藏书制。并订有全国各类报纸杂志20余种，全天对外开放，年接待读者4500多人次。是年，实行押金制和租赁相结合方法，增加对农村读者开放的服务项目，向有偿借阅、以书养书方向发展。

1995年，县图书馆编印《读者之友》专刊，先后印刷500余份，发至县内各单位；为泊洋乡鹿角村赠送各类科技图书100册，办起村图书室；还借用县委组织部的设备，对外开放音像资料阅读。是年，财政部为县图书馆赠送价值1万元的图书，但赠书均属有关财经科学专著，借阅者寥寥无几。

县直机关、单位和乡村图书室均有较快发展。1999年，县内永和中学、永和二中、城关小学、城关二小、职业中学、县委党校、县总工会、坡头文化站、桑壁文化站和西庄、阁底、桑壁等中小学共21个基础图书室藏书均在2000册以上，其中永和中学图书室藏书2万余册。全县80个行政村文化室普遍有图书借阅活动。

2011年，县图书馆藏书约2万册，永和中学图书室藏书达3万册。

第二节 书 店

先期书业

民国26年（1937）8月，"牺盟会永和分会"成立，永和成为通向太行、太岳及全国抗日根据地的交通要道。民国27年，晋西南区党委派呼延文、杨毅、卫锦山等组建永和县工委，为便于工作，由县工委与隰县、蒲县特委在黄土村开设的抗战书店联系后，由呼延文负责在永和开设抗战书摊。当时除发行少量图书外，还发行"牺盟会永和分会"编印的抗日救国的减租减息宣传提纲，洪赵中心编印的《五日时事》，县工委编印的《吕梁导报》等宣传材料。阎锡山发动"晋西政变"后，书摊停办。

书店沿革

1950年，永和县委、县政府从文化馆抽调刘建汉等筹建书店。1951年3月，成立永和县新华书店，地址在县城正大街（路）。1952年7月，全省新华书店实行人事、财务、业务统一领导管理体制，永和县新华书店改称新华书店永和支店，经理郭天有（汾阳人），属临汾中心支店辖。1956年1月和1958年7月，先后将人事、财务管理由省店下放地方。同年9月，永和、大宁、蒲县、隰县、石楼合并称吕梁县，原永和书店改为门市部。1959年，永和、大宁、蒲县、隰县、石楼5县复又分治，永和门市部恢复原县店建制。1962年1月，下放到地方管理工作的财权收归省店。1970年1月，财权复又下放地方。1979年1月和1982年5月，先后将财务、人事管理权收归省店，至此又走上"三权"垂直领导管理的体制。

经营管理

1951年，书店建店时有职工2人，1952年实行行业统管体制后，经营管理逐步走上正轨，以发行课本和配合形势需要的图书为主。职工人数从1952年至1960年一直保持3人，岗位设经理、会计、业务兼营业员，3人都开展销售工作。1963年，职工增至5人，增设专职营业员、库管员。年销售1.3万元，人均销售2600元，全县人均购书0.4元。"文化大革命"中，图书来源主要靠上级总店分配，偏重政治书籍，文艺书刊甚少,主要是连环画、"小人书",销售业务萧条。60—70年代,年销售8000元左右,主要是学生教材和毛泽东著作。1982年,人权收归省店,时有职工7人,增收流供员2人。年销售7.8万元,人均销售1.1万元,全县人均购书1.1元。80年代后,在图书品种逐渐增多的情况下,逐步在乡镇供销社建立图书专柜10余处,同时加强流动供应。后来随着供销社经营情况的改变,逐步撤销图书专柜。1988年以后,先后推行经营承包和岗位目标责任制,管理制度健全,图书发行量有较大幅度增长。2000年,全店有职工8人,其中营业员4人,流供员1人。年销售113万元,人均销售14万元,全县人均购书19元。有供销社网点3处,社会网点8处。2011年,全店有职工7人,年销售213万元,人均销售30万元,全县人均购书35元。

永和书店

第七章　地方志　档案

第一节　地方志

编　纂

《永和县志》首纂于明永乐十九年至正统六年间(1421—1441),纂者不详。志佚,仅《文渊阁书目》卷二十"新志"著录,成化《山西通志》有引。

第二次编纂于清康熙十二年(1673),由张君美修。君美,武功人,曾任临汾丞署县事。志佚,仅康熙四十九年(1710)《永和县志》刘愈深序中引著。

县史志办工作研讨

第三次编纂于清康熙四十九年(1710),由王士仪主修。士仪,贵州铜江进士,康熙四十五年（1706）由翰林院庶吉士改授永和县知县，后被载入民国19年（1930）版《永和县志·名臣传》。主纂刘愈深、段丕猷，均为永和县贡生。愈深历任屯留县训导，以才学优长，课士不倦，被载入民国19年版《永和县志·名贤传》；丕猷以学问渊博，教育学子不厌不倦，门徒多成就，被载入民国19年版《永和县志·文儒传》。全书含图考、星野、建置沿革、疆域、山川、古迹、城池、公署、学校、祠祀、寺观、田赋、风俗、物产、兵防、职官、选举、人物、烈女、祥异、艺文、杂记等，共4册23卷7万余字，木刻印刷线装本。今藏山西、北京、上海、天津、南京（抄本）、山西文物局、吉林大学等图书馆。

第四次编纂于民国19年（1930），由阎佩礼主修。佩礼，前清癸卯科举人，山西大学堂高等科毕业，民国18年（1929）10月任永和县县长，因存心宽和，敷政慈祥，革除积弊，士民勒石称颂。纂修段金城、李鼎新、李秉鉴、郭联奎、药廷芳、段联昌，分别为初级女校校长、县承政员、高级小学校长、征收处经理、高级小学教员。段春元、冯大狱、王建基等采访、眷录、绘图人员共38人，多为小学教员等知识界人士。全志含星野志、舆地志、建设志、田赋志、学校志、兵防志、氏族志、物产略、生业略、礼俗略、职官志、选举志、名宦传、名贤传、文儒传、孝义传、人物传、烈女传、沿革考、古迹考、祠祀志、金石考、祥异考、丛载、补遗、方言、艺文录等，共4册16卷24万余字，铅印线装。今藏山西（胶卷）、北京、天津、南京、台湾、大连、山西日报社、中国科学院、中国第一历史档案馆、中共中央党校等图书馆和永和县档案馆。

第五次编纂于1980—1999年，主编刘勇，是永和县史志档案馆馆长。征编领导组（委员会）组长（主任）先后由永和县县长吕树琛、段连明、王月喜、武保安担任。1999年8月由学苑出版社出版。全志84.4万字，含建置、自然环境、人口、经济综述、农业、红枣、工业、商业、财税金融、交通邮电、城乡建设、经济行政管理、政权政协、党派社团、民政人事、司法、军事、文化、教育、卫生体育、科技、民情风俗、方言俗语、人物24编内容。

2006年编纂出版《永和年鉴》，主编永和县副县长段忠联，副主编永和县史志办主任樊永兴。全书含文献、概况、政治、农业、工业、交通邮电、建设环保、财政金融、商贸、科学技术、政法、教育文化体育、医药卫生、社会生活、经济管理、人物、乡镇简介等内容，约13万字。

整 理

康熙四十九年（1710）版《永和县志》，县内志佚。1983年6月，县志办公室人员从北京图书馆将其全部抄回，由冯振铎、王万富断句注释。经厚华村编辑，吕树琛审定，改为横排 32 开本，由县史志征编领导组翻印 1500 册。

民国 19 年版《永和县志》，永和县档案馆仅存 2 套，且破烂不堪，面临堙没失传之险。1986—1987 年，由王万富断句注释，经刘明贵、刘勇审定，改为横排 25 开本，由县史志征编委员会翻印 1500 册。

2003 年，县史志办收集整理永和关村志资料 3 万余字、圪列塬村志资料 6 万余字，上报临汾市地方志办公室。2011 年，县史志办收集整理永和乡镇简志资料 2 万余字，上报山西省地方志办公室。

第二节　档　案

县档案馆

1949 年，中共永和县委机关建立档案室。1957 年，在县委机关档案室的基础上建立永和县档案馆。"文化大革命"档案机构陷于瘫痪，此间形成的档案资料严重流失。1975 年 2 月重新恢复与健全档案馆。1981 年 8 月底成立档案局，与县档案馆合署办公，一套人员两块牌子，属县委、县政府双重领导。1987 年 5 月档案局划归政府序列。1993 年 3 月，档案局（馆）与县委史志办公室合并为史志档案馆，属事业单位。

县档案局街头宣传

档案库为砖木结构房子 9 间，建筑面积 213 平方米，有铁木档案柜架 80 余套。1999 年 3 月，档案局与党史研究室分离恢复县档案局，与档案馆合署办公。2001 年县档案馆开始拆旧建新，到 2005 年投入使用。档案馆总占地面积 820 平方米，建筑面积 456 平方米，为独立建筑，办公用房 5 间，党员活动室 1 间，档案库房 7 间，档案库房约占 105 平方米，配备有档案密集架 96 组，铁皮档案柜 10 组，电脑 5 台，打印机 2 台，灭火器 2 具，低图柜 2 组。馆存档案资料共 24255 卷（册），其中清康熙、乾隆、嘉庆、咸丰、同治、光绪年间的历史档案 10 卷，中华民国时期的历史档案 41 卷，革命历史档案 51 卷，中华人民共和国成立至 2011 年底形成的文书、科技、会计等档案 17551 卷，照片、底片 504 张，各类资料6200册。

在档案资料开发利用方面，县档案局编写有《永和县党政系统组织机构沿革和领导人名录》《红军东征在永和》《永和县公社土地利用情况》《永和县主要经济指标历史最高纪录》《中共永和县历次代表大会简介》《永和县档案馆介绍》等资料。1979—2011年，共接待查阅者1.6万余人次，提供档案资料3万余卷（册），摘录、复印资料8400页。特别是为《中共永和县组织史资料》《永和县志》《红军东征在永和》《永和革命老区》《永和革命风云录》《中共永和历史大事记述》的编写提供了大量翔实、可靠的历史资料。

2011年3—11月，把革命历史档案输录为电子档案，同时把1955—1994年县委、县政府形成的档案输录成电子版。

基层档案室

民国34年（1945）永和解放后，县公安局即建立档案室，收集整理旧政权机构和国民党、同志会等组织遗留下来的档案资料。20世纪50年代后，县政府、法院、检察院、文教科等机关单位相继建起档案室。1989年后机关、事业单位普遍建立档案室，并陆续达标、升级。1994年起，乡镇、农村建档达标工作开始。到1995年，11个乡镇全部建立综合档案室，38个行政村建起档案室。全县有一个企业（保险公司）档案管理达到国家二级标准，6个机关单位达省二级先进标准，28个机关单位达省三级标准。1996—2006年，有15个机关单位达省三级标准，4个机关单位达省二级标准，药监局达省一级预检标准，5个机关单位达省一级标准，烟草公司、人行达国家二级标准。2001年12月，县交通局被评为"全省档案工作先进集体"。2007—2011年，4个机关单位达省三级标准，2个机关单位达省二级标准，3个机关单位达省一级标准，4个机关单位达国家二级标准。

第八章　文化市场

第一节　市场规模

永和县传统的文化商品有戏班、剧团的演出，盲艺人说书和杂耍、皮影、木偶、魔术、拉洋片以及民间彩绘、雕刻、年画等艺术活动，还有摆摊算卦、测八字、看风水、巫婆神汉舞蹈等迷信活动，均形不成有规模的市场。

中华人民共和国成立后，戏剧、电影、书画等开始发展。"文化大革命"期间，刚刚起步发展的文化市场受到摧残。1979年起，文化市场逐步繁荣。1995年，全县文化市场共有经营户21个，其中复印、打印点5个，录像厅4个，歌舞厅4个，从事印刷品、影视制品销售、租赁业务的摊点和个体户8个。2003年，全县文化市场共有经营户16家，其中印刷、打印复印7户，音像3户，网吧4户，书刊经营2户。到2011年，全县有书店1个，电视台1个，电视卫星接收站17座，印刷厂2个，打字印刷部12家，歌厅7家，网吧6家，图书音箱2家，书报经营户2家。以演出、表演、经营和室内外装潢、美化、照相、纸扎为业者达800余人，文化市场商品年交易总量30万元左右。

第二节　市场管理

机　构

1988年以前，县内文化商品经营属多头管理，物质商品方面大都由工商行政管理局管理；意识形态领域的商业活动，如剧团演出、杂技表演、电影放映、说书等大都归文化局管理；录像等影视活动则由广播电视局管理。

1988年，县社会文化市场管理领导组成立，由政府副县长韩忠秀任组长，成员有工商、公安、文化等部门的领导人员，下设办公室，办公地址在县文化局，由文化局局长兼任办公室主任。1995年，管理领导组组长调整为县委常委、宣传部部长李九引，成员单位未变。

1995年，县文化局抽出5名骨干，组成县社会文化市场管理稽查队。是年9月，中共永和县委颁发《关于加强全县社会文化市场管理的规定》，为全县社会文化市场的发展营造了良好的环境。1996—2011年，稽查队人员统一着装，统一标志，均持文化部统一制发的检查证上岗。

娱乐场所管理

1998年，县文化稽查队对全县文化娱乐市场进行摸底登记和备案，对歌舞厅和利用电子游戏机和台球变相赌博等进行重点查处。按照扫黄打非，净化环境，保证合法经营，繁荣文化市场的管理目标，先后为200余家台球、舞厅、印刷、演出等集体单位和个体户办理营业许可证和有关手续。同时，不定期地进行市场检查，查处黄色书刊、音视出版物及盗版书刊518册（本），查处不法录像点2个，年收缴市场管理费1000元。

2000年以后，强化管理力度，建立联系、联动机制，严格发证审批手续，取缔不符合条件的经营户，从严查处违法经营户。2003年，由宣传部牵头，文体、工商、公安联合进行执法整顿，没收盗版教辅资料77套，盗版图书109册，盗版光碟、磁带176盒；取缔游戏厅1家；对2家未经审报私自演出的外地剧团进行了查处。

2005年，共没收盗版书刊1500余本，盗版光碟、磁带450余盒，吊销《文化经营许可证》1份。

2011年，永和县文化市场综合执法队，出动检查人员16人次，查处销售盗版图书2起，收缴盗版图书60余本；查处销售违法音像制品1起，收缴销售违法音像制品800余盒（张）；对1家证照不全的歌舞厅，限期办理，停业整顿；对外来演出活动的团体实施监控。出动检查人员10人次，取缔利用"中华杂技"冠名的3家演出团体。

网吧管理

2002年，县内始有互联网服务场所，亦称网吧。起始县城仅有1家，至2003年，发展到4家。其中1户办理正式审批手续，主管部门予以备案，颁布营业许可证；非法经营者3户。对2家不听劝阻私自启封、非法经营的网吧进行了公开处理，罚款1000元，扣回电脑16台。2005年，取缔黑网吧3家，规范网吧3家。2011年，加大对互联网管理力度，设立群众举报箱和举报电话，鼓励群众检举揭发。聘请信息治安员，对网吧市场实施监督。对网吧经营户进行法律法规培训；不间断巡查，对违规问题，及时发现，及时查处。共出动检查人员60余人次，受理群众举报2次，查处网吧接纳未成年人等违规行为10起。对参与活动的未成年人进行说服教育，使其远离网吧。对网吧经营者视其情节进行处理，或扣押设备，或吊销营业执照，或下令停业整顿。2011年底，全县共有网吧6家。

第二十九编

文物 景观

永和历史悠久，境内存有大量的遗址、遗迹、文物、古墓葬、古寺庙，最早有石器时期的芝河遗址、交口遗迹、下辛角遗址、碑峁墓群等。这些遗址古物昭示着永和文化的深远。

永和风景独特，山地景观、水体景观独树一帜；遗址景观、民居景观意味深长。2007年《永和旅游总体规划》通过终审，永和旅游前景光明。

第一章 文 物

第一节 遗址 遗迹

遗 址

旱条子遗址 位于交口乡美家川村西约1000米处。文化遗物埋藏在第二级阶地上部的粉砂质黄土中。采集标本30件，石料以燧石为主，类型有石核、石片、细石核、细石叶、尖状器、石核式刮削器和端刮器等。地质年代为晚更新世晚期，文化时代为旧石器时代晚期。

寨腰子滩遗址 位于阁底乡高家塬村南约1500米处。地表采集30件标本。石器原料主要是石英岩和燧石，遗物类型有石核、石片和刮削器等。地质年代为晚更新世晚期，文化时代为旧石器时代晚期。

芝河遗址 芝河沿岸，包括韩咀圪岭、寺洼、小料滩、美家川旱条子、沟门口以及辛庄村的后滩、下滩、前滩、寨腰子9个点。文化遗物分布在河流二级阶地更新世晚期地层中，暴露有石片、石器等，为细石器。

交口遗址 位于交口乡交口村，属新石器时代遗址，未发掘。出土文物有细石器、石片，保存较好。

下辛角遗址 位于阁底乡下辛角村西南，属新石器时代遗址，未发掘。暴露有尖状器、石片、灰陶片等。

罢骨遗址 位于芝河镇下罢骨村。地面有尖状器石斧、石片与红色、灰色陶片。

下退干遗址 位于阁底乡下退干村，地面暴露物有石斧、石刀、石环等，系仰韶文化时代遗址。

桑壁遗址 位于桑壁镇桑壁村西。发现有鬲、足和绳纹陶罐等，为新石器时代遗址。

岔上遗址 位于坡头乡岔上村南约150米处，东西宽约500米，南北长约800米，分布面积约40万平方米。文化层厚约0.7米，文化层内采集有枣园文化的泥质红陶盘、钵、敛口钵、夹砂红陶罐等器物残片。属新石器时代。

门渠遗址 位于桑壁镇辛庄村西约50米处，分布面积约7000平方米。文化层厚约0.8~1.3米，南部东侧断崖上暴露有白灰面房址，东南部断崖上暴露有灰坑，灰坑内及地表采集有龙山文化晚期的夹砂绳纹灰陶鬲、绳纹罐、绳纹三足瓮、泥质灰陶豆；夏代的夹砂灰陶绳纹鬲等器物残片。

张家坬堡遗址 位于南庄乡白家圪崂村西约200米处，分布面积约1.75万平方米。堡址在东南高西北低的山梁上，随山势而筑，平面呈不规则形，堡墙基宽约3~4.5米，高约3.2米。墙体夯筑，夯层厚约0.1米。堡门无存，墙上有东周文化堆积层。1987年公布为县文物保护单位。堡内及四周地表散落陶片较多，采集有夏代的泥质灰陶云雷纹罐；东周战国时期的泥质灰陶绳纹半圆形瓦当、泥质灰陶绳纹板瓦、泥质灰陶绳纹筒瓦等器物残片。属夏、东周时代。

兴义遗址 位于桑壁镇兴义村西南约1000米处，分布面积约5000平方米。遗址文化层厚0.7~2.3米，断崖上暴露遗迹有灰坑、陶窑等。采集有仰韶文化晚期、庙底沟二期文化及西周时期的遗物。

后坪遗址 位于阁底乡下退干村西北约100米处，分布面积约1.7万平方米。遗址西南部断崖上暴露有灰坑，文化层厚约1.2米。灰坑内及地表采集有庙底沟文化的泥质红陶钵、盆，夹砂红褐陶弦纹罐、绳纹罐；东周时期的泥质灰陶压印弦纹罐、压印几何纹罐、罐等器物残片。

王成遗址 位于桑壁镇王成村东南约200米处。分布面积约5000平方米。遗址在北高南低的梯田中，断崖上暴露有灰坑。灰坑内采集有庙底沟文化的泥质红陶钵、夹砂红陶弦纹罐、石楔子等器物残片；地表采集有汉代泥质灰陶盆、绳纹砖、水波纹瓦等器物残片。

东枣园遗址 位于芝河镇上罢骨村北，属汉代文物遗址。有300×60米的文物堆积层2米，地表有陶窑，遗物多为绳纹陶片。

峪里遗址 位于交口乡峪里村中，分布面积约1.2万平方米。区域内地表散落有陶片，采集有汉代的泥质红陶盆、泥质灰陶盆、泥质灰陶罐；宋代的泥质灰陶卷沿罐等器物残片。属汉、宋时代。

狐谒城 位于县西17.5公里处，汉置。唐徙于仙芝谷，旧城遂废。

石羊城遗址 位于阁底乡同上吉村井道坡上面，有汉砖、汉瓦遗物。经临汾市文物部门考证，初定为北魏太武帝时修筑的县城遗址。

楼山故县 位于县南7.5公里处，后周置归化县。隋开皇十八年（598）改名楼山县，唐贞观初废入永和。

城堡遗址 位于南庄乡西南。创建年代不详,重修于清同治八年(1869)。南北为悬崖绝壁,西临黄河,地势险要,城堡西建有小菩萨庙,保存尚好。

吴王城 位于县西北5公里处,有冢,高30丈,其顶有穴极深,风吼于中,其城遗址尚存。

龙岩寺遗址 位于交口乡曲沙村南约2.5公里处。分布面积约9944平方米,坐北向南。现存大殿基址、戏台基址、东西配殿基址、僧舍基址。建筑顶部已无,仅存墙体。存有碑3通,仅明成化七年(1470)重修碑保存较好。据石碑记载创建于宋大观三年(1109),元延祐二年(1315)、明洪熙元年(1424)、成化二年(1465)重修。相传宋太祖曾在此避乱。

大云寺遗址 位于桑壁村西北约1500米处,分布面积约1883平方米。坐北向南,依山势而建,分东西两个院落,东侧为正院、即大云寺,现存正殿、东西配殿、山门。院落中心建有一小殿,整体保存基本完整,建筑均为石砌窑洞,正殿及东西配殿均为3孔。山门为枕头窑1孔,山门内存有造像碑1通、明隆庆四年(1570)重修碑1通、清康熙四十九年(1710)重修碑1通。东配殿内存有清乾隆丙子年(1754)重修观音圣像碑1通。西侧院落为僧舍,围墙基址残高约0.6米,院内仅有石窑2孔,山门1座,保存较好。僧舍前、寺院西侧有戏台基址。据民国19年(1930)《永和县志》及现存碑文载,始建于北宋初年,明嘉靖四年(1525)、隆庆四年(1570),清康熙四十九年(1710)、乾隆十九年(1754)、嘉庆三年(1798)重修,后有修葺。20世纪40年代毁。

西糖圪塔遗址 位于交口乡南楼村北200米处,分布面积约8000平方米。在北高南低的台地上,地表散落陶片,采集有泥质灰陶甗、罐、瓮、画像砖、波浪纹板瓦等器物残片。属金代。

凤仙庵遗址 位于交口乡庵里村中,又名奉仙庵。据碑刻记载明万历年间曾重修,20世纪40年代毁。坐北向南,占地约140平方米,现存配殿基址1处、石碑2通、石柱4根、柱础1方。配殿坐西向东,为石砌窑洞1孔,顶部坍塌严重。重修奉仙庵碑碑阳可见"重修奉仙庵记……万历年……"等字。

永和关方城遗址 位于南庄乡永和关村西南约2.5公里处。平面呈不规则四边形,分布面积约3000平方米。现存西南墙长约115米,宽约4.5米,高约3~5米。墙体均由片石整齐垒砌而成。东南角残存一城垛,东面设一瞭望孔。1987年被永和县政府公布为县级文物保护单位。《中国文物地图集·山西分册》中记载有：清光绪《山西通志》载"永和关，永和县西七十里。……明洪武六年（1373）置巡检司，万历时设营兵。"属明至清时代。

棋盘山石寨遗址 位于交口乡可托村北约1.5公里处的棋盘山顶上。为明末清初时附近村民为躲避战乱而建。平面呈不规则形，占地约8000平方米。现存院落约12座，共计有无顶石房68间，建筑全部为片石砌筑。墙基残高约1~1.3米不等。石寨西、南两侧为断崖，东、北两侧为陡坡，边缘砌有石墙，北侧保存较好，残长约180米，南侧中部断崖上凿有台阶，可通往山下。1987年被永和县政府公布为县级文物保护单位。

桃湾圪坝烽火台遗址 位于芝河镇官庄村西北1000米处，属明清时代。台建于山岭高地之上，黄土夯筑方锥形台体，平面呈方形，底边长约4米，残高约3.2米，夯层厚约0.2米。周围有坍塌石砌建筑，石砌建筑面积约20平方米。

遗 迹

避世窑 在县南35公里龙岩寺。旧志载，赵太祖居此，又有宋龙岩相传，亦太祖遗迹。

马蹄形迹 龙岩寺避世窑前石道上有马蹄形迹数枚，相传为宋太祖骑马所遗。

石 洞 在龙岩寺庙底。内塑像3尊，斑驳不堪。人传宋太祖避乱于此，后敕建龙岩寺，有碑记。雨摧藓蚀，字迹残缺无考。

洪 钟 在龙岩寺上之馒头山，高8尺余，围1.5丈，厚6寸。人传先世时，偶然坠于此。村人数十莫之能动。众归村，适有一牧羊者以指立悬之，遂坐化山后不里许之石洞中。村人知其异，刻石塑像焚献。1958年钟废，庙与钟楼尚存。

双锁山 有仙人洞，离县城15公里。上有避世石城，因李闯置。

刘金定像 在双山石门顶上建庙1座，内塑女像，耳坠两环。人传即宋刘金定遗像。

上马台 在双山石门前腰路旁岩上有椭圆形石迹数枚，形同女足，传为刘金定上马台。

饮马池 在双山石门后腰石岩下有直径1尺余的石质水池，清水自池底而出，传为刘金定饮马处。

佶北山 有佶北神龙王岩，入神庙者，皆敬信祀之。清顺治六年（1649）兵乱，居民修寨避之，为一邑为屏翰也。

丈八石佛 在县西望海寺。身长1.8丈，无臂无手，上半身在外，下半身在地内。传说此石佛由黄河水涨从上游冲来呼救，乡人闻声入水掀之岸上，见其形异，即扛肩上意欲进贡。行至山巅（今望海寺处），稍歇片刻竟无力再动，石佛也自腰间断为两截。

遂就此立庙，遗名"打石腰"。

大铁钟 一在县南钟楼山，一在县北呼家庄。高九尺余，围一丈二尺多，厚五寸，两钟形式大小相同。俗传先世二郎神担之于此，忽坠落焉。1958年被砸烂。

大 石 在县北响水湾河边。形颇奇异，重数十万斤。俗传清同治年间，突然由河水冲来，人称"老石头"。

箭 迹 马脊山路旁石上有一箭迹，形颇肖。相传盖苏文追杀秦王李世民发箭落地于此，遂于此建立秦王庙。

古植物化石 交口乡陈家塬沟底有古树叶化石，清晰可辨。后专家在永和县发现两亿五千万年的古植物化石。

桑壁鳄 在桑壁镇桑壁河床发现的古动物化石，属新种初龙形类化石，比产于上三叠统下部的原鳄龙更早。

第二节 古墓葬

概 述

经考证，永和县境内发现古墓群112处，分新石器、夏、商、东周、春秋战国、五代、汉、后唐、南北朝、宋、元、明、清时代古墓；采集有各种陶壶、罐、板瓦、瓮、豆、片、钵、盖、奁、鼎、釜、灶、舟、杯、石磬、马衔、鬲、爵、剑、戈等器物成品、残片及铜器。

碑峁墓群

位于南庄乡社里村北约1000米处，分布面积约4000平方米。墓群位于黄河东岸台地上，断崖上暴露有墓葬1座，地表采集有龙山文化的夹砂灰陶绳纹蛋形三足瓮、素面罐、褐陶篮纹壶、泥质灰陶豆等器物残片。属新石器时代。

商代墓葬

位于阁底乡下辛角村古墓群，1961年发现。呈东西排列，区间7~8米，开口朝西南方向。出土文物有青铜戈、金耳环等，破坏严重，属商代。

下辛角墓群

位于阁底乡下辛角村西约200米处，分布面积约7300平方米。《中国文物地图集·山西分册》中记载20世纪60年代发现，曾出土商代铜鼎2件，铜爵1件。地表散落有陶片，采集有泥质灰陶罐、陶盆、绳纹板瓦等器物残片。1987年被永和县政府公布为县级文物保护单位，名为"下辛角商代古墓"。

小西塬墓群

位于交口乡下可若村北约500米处，分布面积约2100平方米。20世纪90年代曾出土有东周时期的爵、戈等青铜器。

桑壁东周墓

位于桑壁村东南约50米处，当地俗称野鸡圪梁，分布面积约1500平方米。采集有东周时期的泥质灰陶鼎、绳纹罐、泥质灰陶罐等器物残片。1984年暴露土坑竖穴墓1座，出土泥质灰陶盖鼎1件，石磬8件（现存北京国家博物馆）。

春秋战国墓葬

坡头乡索驼村西土坡上古墓，1974年7月出土有铜鼎、戈、剑、鬲、马衔等青铜器。

乌门墓群

位于坡头乡乌门村东300米处，当地俗称老坟上，分布面积2.8万平方米。地表散落有陶片，采集有泥质灰陶鼎，彩绘壶、盒，彩绘器盖等器物残片。1987年被永和县政府公布为县级文物保护单位，名为"乌门古墓"。属汉代。

桑壁墓葬

位于桑壁村东北约2.2公里处。据民国19年（1930）《永和县志》载："刘训，历任丹阳等州观察制置使、彰武军节度使，封开国侯，卒葬桑壁东原上，奉旨建修墓地，俗名大墓塬"。墓地现存石人2个，残高约2.2米、宽0.62米、厚0.35米；石马2匹，残高1.4米、残宽1.43米、厚0.65米；石虎1只，残高1.4米、残宽1.6米、厚0.5米。呈东南至西北方向排列，分布面积约220平方米。1987年被永和县政府公布为县级文物保护单位，名为"刘训墓"。属后唐时代。

可托宋墓

位于交口乡可托村南约20米处，分布面积约300平方米。据《中国文物地图集·山西分册》记载："1980年曾出土石棺1具，石棺两侧刻墓志"。可知墓主姓冯，名不详，也无时间，现石棺已失。2005年村民于村南挖窑时，出土石棺一具，墓葬形制不明，现仅存棺盖，长1.3米，宽0.3~0.45米，厚0.16~0.25米。属宋代。

侯永宁墓

位于桑壁镇护国村南约50米处。侯永宁，号桂峰，明代人，生卒不详。据民国《永和县志》及村中护国寺现存碑刻载曾任山西布政司，于明万历三年（1575）捐资重修护国寺，村人为其立有功德碑1通。墓葬位于南高北低的台地中，现存墓葬2座、残碑1通，墓葬由南向北排列，相距约15米。侯永宁墓位于南侧，墓前残存石碑1通，仅可见"桂峰侯"等字样，可确定其为侯永宁之墓葬。北侧墓葬室已暴露，可见墓室内棺椁，就其位置应为其子或孙之墓。属明代。

马成名墓

位于交口乡小南楼村北约30米处。地表现存清同治八年（1869）建碑楼1座。坐南向北，宽0.96米，深1.06米。条石砌构而成，顶部为仿木结构硬山顶。正面楷书阴刻挽联1幅，横批："祭如在"，上联："慎终者丧尽其礼"，下联："追远者祭尽其诚"。楼内嵌墓碑1通，楷书阴刻："故显考马公讳成名……大清同治八年十月二十日"。

第三节　古建筑

楼山龙王庙

位于交口乡山头村东约2公里楼山峰顶，创建年代不详，据大殿内存碑刻记载五代（后晋）天福七年（943）、元至元二十七年（1290）重修。占地面积140.7平方米。1987年被永和县政府公布为县级文物保护单位，名为"楼山庙"。该庙坐西北向东南，满山翠柏环绕，悬崖陡壁，气势雄浑。庙宇分上下两院：上院为元代龙王庙、清代财神庙、山神庙、古戏台、厢房、石山门共计10余间；下院为清代建筑，分前后院、娘娘庙、龙王庙、魁星楼等20余间。民国县志记载"楼山夕照"为永和古八景之一。

梁家坡朝阳寺

位于芝河镇梁家坡村西约20米处。创建年代不详，据寺内碑碣记载，明嘉靖二十八年（1549）、隆庆二年（1568）、万历四年（1576）八年（1580）十三年（1585），清康熙五年（1666）、乾隆四十七年（1782）、光绪十三年（1887）屡有增修。坐西向东，一进院落布局，自西向东为大殿、过殿，两侧为东西配殿、东西厢房、僧房等。1996年重修时增设山门及山下石桥。所有建筑均为片石券砌而成。大殿面阔3间，内设枕头窑1孔。寺内现存有明清重修碑碣6通。1987年被永和县政府公布为县级文物保护单位，名为"朝阳寺"。

棋盘山罗汉堂

位于交口乡可托村北约1.5公里处。建于棋盘山（原名北楼山）南侧崖壁上，创建年代不详。据庙内现存碑刻记载明嘉靖三十三年（1554）、明万历五年（1577）曾予修缮。坐北向南，北依棋盘山崖壁而建，分为上下两层。下层为石砌建筑5间，现仅余基址，东侧存明代重修碑2通，中部上方有一入口可入上层。上层石窟人工雕凿而成，平面呈葫芦形，内洞较小，雕有1佛2菩萨，外洞左右各雕有1菩萨，共计5尊佛像。石窟正立面封堵有石墙。1987年被永和县政府公布为县级文物保护单位，名为"北楼山罗汉堂。"

护国寺

位于桑壁镇护国村北约2公里处，占地面积12.65平方米。据殿前重修碑记载创建于元代，明万历三年（1575）、五年（1577）有重修，坐北向南。现仅存祖师殿1座，顶为硬山顶式的石拱券窑洞1孔。殿前存明代重修碑1通，青石质，圆首，方趺。通高1.7米，宽0.64米，厚0.15米；趺宽0.84米，厚0.56米。碑阳为桂峰侯君广积德行碑，碑文楷书8行，满行45字，记载山西布政司侯永宁重修护国寺期间捐资的情况。史青撰，立碑年月：明万历三年（1575）十二月。碑阴为重建增修护国寺碑记，记载侯永宁之孙侯伯重修正殿、廊房、钟鼓楼等情况。史青撰，立碑年月：明万历五年（1577）七月。1987年被永和县政府公布为县级文物保护单位。

石窑沟水神庙

位于打石腰乡石家渠村东约1公里的石沟内，创建年代不详。据庙内碑刻及梁架题记载：明隆庆二年（1568）、万历七年（1579）二十二年（1594），清康熙五十七年（1718）、乾隆十七年（1752）三十五年（1770）、咸丰九年（1859）十年（1860）、光绪三十四年（1908），民国22年（1933），1994年均有增修。坐东北向西南，南北长53.48米，东西宽31.9米，占地面积1706平方米。二进院落布局，中轴线自南向北，依次为戏台（1孔）、龙王殿（2孔）、配殿（2孔）、中殿（1孔）、土地殿（1孔）、大殿，两侧存有山门（1孔）、单孔石窑、西配窑（3孔）、东配殿（1孔）、水月观音洞等。除大殿为木结构，水月观音洞为洞窟外，其余全部为石砌窑洞。庙内存明代至民国重修碑碣12通、石匾1方，另修无法辨认的石碑3通。大殿面宽3间，进深4椽，硬4顶。梁架为4檩前廊式，通檐用3柱。1987年被永和县政府公布为县级文物保护单位。

望海寺

位于打石腰乡打石腰村南，创建年代不详。据民国版《永和县志》及碑刻记载，清乾隆元年（1736）、民国24年（1935）曾予修缮。坐北向南，占地1065.7平方米。现仅存正殿、丈八佛、魁星楼。正殿为石券窑洞，平面近方形，顶为灰筒板瓦硬山顶，琉璃屋脊。殿内后檐墙及两山墙绘佛教人物壁画约44平方米，清代绘制的彩绘500罗汉图，神采各异，线条流畅，色彩艳丽。魁星楼砖木结构，下为砖石基座。楼中设券洞，上为木构方形阁，三彩斗拱，单檐歇山灰瓦顶。前台阶陡而窄。1987年被永和县政府公布为县级文物保护单位。

楼山圣母庙

位于交口乡山头村东约2公里楼山南侧山峰上，创建年代不详。据戏台梁架及庙内存重修碑记载清道光二十一年（1841）、宣统二年（1910）、1996年、1997年、1998年均有修缮。坐北向南，占地1748.51平方米。一进院落布局，现存大殿、戏台、山门。山门位于院落东南角，大殿石砌二层窑洞。一层为窑洞3孔，现为看护人员居住。二层正殿为前出廊的石窑2孔，东窑为圣母殿，西窑为龙王殿。圣母殿，为枕头窑，内存清代悬塑数十尊（多为童子）。龙王殿内存清代塑像3尊，墙壁三面绘有壁画，面积约8平方米。二层东侧立有清宣统二年（1910）重修碑1通。戏台位于大殿对面，为当地戏台典型风格，即木结构台口后接枕头窑的硬山顶式建筑，戏台前存修路碑1通。1987年被永和县政府公布为县级文物保护单位，名为"圣母庙"。

楼山庙古戏台

位于交口乡山头村东约2公里楼山主峰南侧山顶上。据戏台台口梁架题记载创建于清道光二十三年（1843）。坐北向南，占地约1863.89平方米。自南向北依次为戏台、大殿、僧舍。大殿高二层，一层为石券过道，二层为石券窑洞1孔，灰筒板瓦前后出廊硬山顶式建筑。窑洞自中部隔墙分为南北两殿，北供送子观音，内存新塑神像3尊，前方东侧砌台阶；南供财神，内存清代塑像7尊，于台基内东侧设楼梯。僧舍位于最北端，独立院落，南为入口，北为正房3孔石窑。戏台位于最南端，背依巨石而建，风格为当地戏台建筑中的典型代表，即木结构台（3间）后接枕头窑，顶部结构为前坡瓦面后坡石板的硬山顶。1987年被永和县政府公布为县级文物保护单位，名为"楼山庙古戏台"。

刘金定庙

位于双锁山顶峰，始建年代不详。坐东向西，依山凿洞，左为菩萨庙，右为刘金定庙。存有宋代石雕佛像，武士像数尊，刘金定石雕1尊有躯无头。1995年，县政府进行维修，新装琉璃瓦山厦和廊柱，补修围墙山门、演武亭，并于农历二月十九举办首届双山庙会。

永和故城莲花池

位于县城城东路原食品加工厂院内,创建年代不详。据民国《永和县志》艺文录中记载清代曾多次修葺,并于池中建亭1座(现已不存)。条石垒砌池壁,深约1.3米,南北长11.3米,东西宽4.8米,占地约54.2平方米。1987年被永和县政府公布为县级文物保护单位。

李家畔河神庙

位于打石腰乡李家畔村西南约1公里黄河东岸,创建年代不详。据其建筑风格应为清代遗构。坐东向西,占地面积975平方米。四合院布局,现存戏台、大殿,两侧各建石券窑洞2孔。大殿为砖石混券窑洞2孔,建在高1.7米的台基上,窑顶结构为筒板瓦铺面的单檐硬山顶,前出挑檐(已毁)。戏台砖石混砌,为面宽3间、进深4椽的硬山顶式建筑。明间前设石雕栏杆,浮雕戏曲人物、走兽等图案;施通间雀替,浮雕花草、禽鸟等图案。对台内设木质隔断。山门位于院落西南角,为石券拱形门。另院内有柏树4棵。1987年被永和县政府公布为县级文物保护单位,名为"河神庙"。

永和关古井

位于南庄乡永和关村西侧。据村民口口相传该井建于明代白氏祖先迁入初期,于20世纪90年代末废弃不用。水井井台、井架保存较好,辘轳已失。井架位于井口北侧,砂石质,高1.2米,宽35米,厚16米。井台长方形,砂石质,长1.2米,宽1米,厚0.28米。中凿圆形井口,直径0.45米,水井深约30余米。

永和关白氏古宅

位于南庄乡永和关村中,创建年代不详,现存为清代遗构。坐东向西,占地859.85平方米。现存大门、正窑、马棚。大门坐北向南位于院落西侧,石砌拱形门,面宽1间,进深1间,顶部为前出挑檐的仿木结构硬山顶。正窑为石券窑洞5孔、平顶。正立面用条石构面,门窗保存完好,窗台全部为雕花条石,次稍前之间设有1神龛,北侧供土地,南侧供送子观音。北稍间门旁有猫洞。正窑对面建有马棚,内有石槽1个。大门及神龛两侧均嵌有石刻对联,分别为大门:"克勤克俭家道盈,是奠是训子孙贤";北侧神龛:"五行居其末,三才位乎中",横批"保安";南侧神龛:"天高覆万物,地厚养群生",横批"育生"。

王家塬民居

位于南庄乡王家塬村中,创建年代不详,现存建筑为清代遗构。坐北向南,一进院落布局,自南向北为大门、影壁、正窑,西侧为西配窑、马棚。大门面宽1间,进深 1 间，屋顶为硬山顶，中安版门两扇。中门正上方木板上刻有"承先启后"四字，大门墀头、盘头为青石，上雕动物、花卉等图案。大门内对影壁，为片石垒砌而成。正窑为土窑 5 孔，条石构面，门窗保存较好。正窑明间版门东侧窗棂上，阴刻有对联 1 副，以山水为联。西配窑为土窑 1 孔，与正窑结构相同。马棚位于大门西侧，为面宽 3 间，进深 2 椽，屋顶铺设石板的悬山顶式建筑。院内现存石磨 1 套，院外存有石旗杆座 1 方。1998 年北京书法家张士元在此题写"黄河古民居"，并刻碑立于大门外。

第四节　石窟　石刻

石　窟

双锁山石窟　位于桑壁镇圪堆头村北约 2.3 公里双锁山北侧山峰南侧崖壁上，开凿年代为宋代。清嘉庆二十三年（1818）、民国 17 年（1928）两次修葺，1995 年永和县政府重修。现存 1 窟，坐北面南，窟平面方形，宽 2.2 米，深 2.5 米，高约 2.6 米，平顶，窟内三壁雕像，有菩萨、罗汉、供养人等造像共计 21 尊。两侧壁上雕罗汉像 8 尊，分上、下两层。北壁正中雕自在观音像，两侧下方雕西游记人物 5 尊。1987 年被永和县政府公布为县级文物保护单位，名为"双锁山石窟"。

圪堆石窟　位于桑壁镇圪堆头村北约 2 公里双锁山南侧山峰东南面崖壁上，又称三佛庙石窟寺。据窟内石壁题刻记载，创建于北宋崇宁三年（1104），金皇统五年（1145）重修。仅为 1 窟，坐西向东，平面马蹄形，穹隆顶，深 1.6 米，宽 1.4 米，高 1.4 米。三壁雕像，北壁雕像 3 尊，为药师佛及 2 菩萨；东壁雕 2 佛 3 菩萨；西壁雕 2 佛 2 菩萨。窟门外两侧雕力士像，石窟外砌有石窟 1 孔。1987 年被永和县政府公布为县级文物保护单位，名为"三佛庙"。

石　刻

卧鹿山摩崖题刻　位于打石腰乡枣腰则村东南约 1.3 公里处卧鹿山上。共计摩崖石刻 2 幅，相距约 6 米，均为铁罗村人李善所刻。东侧石刻坐北向南，高 0.9 米，宽 1.89 米，碑文阴刻 9 行，满行 8 字，计 67 字，记载了"元大德七年（1303）八月初六戌时"平阳（临汾）大地震时间、死伤人员等情况。西侧石刻高 1.17 米，宽 0.75 米，碑文阴刻 3 行，满行 14 字，计 37 字，记载了铁罗村人李善于元元贞二年（1296）用银三十四锭购买卧鹿山的情况。

背背塔修桥碑 位于交口乡王家山村西北约1公里处，为民国12年（1923）年1月村民修桥立碑，于石崖半山腰。残高约1.35米，宽0.64米，厚0.13米。碑文记载了当时的修桥情况，楷书正文。1987年被永和县政府公布为县级文物保护单位，名为"修桥碑"。属民国时代。

双锁山路碑 位于桑壁镇圪堆头村北约2.1公里双锁山南北山峰之间。民国11年（1922），村民勒石立创修双锁山路碑。碑砂石质，圆首，方座，楷书碑文，23字，满行50字，计1000余字，记载了阎锡山令修，政府投资，乡民捐资的经过。张弟才撰文，李鼎新篆额，段春文书丹。碑高1.93米，宽0.83米，厚0.12米。坐南面北，立于条石砌筑的碑楼之内，保存基本完好。1987年被永和县政府公布为县级文物保护单位，名为"双锁山路碑"。

第五节 藏 品

概 述

永和县出土文物藏品分别藏于故宫博物院、国家博物馆、山西博物院和永和县文管所。藏于故宫博物馆的有1962年在阁底乡下辛角村出土的商代青铜器斝、角瓜、戈、金耳环等，属国家一级文物；藏于国家博物馆的有1991

战国青铜扁形兽饰带钩

年在桑壁镇罗义沟出土的新石器时期的石磬8件，属国家一级文物；藏于山西省博物馆的有1974年在坡头乡索驼村出土的战国时期的青铜器鼎、戈、剑、鬲等，属国家一级文物。

永和县文管所藏文物共124件，其中一级藏品3件，二级藏品4件，三级藏品17件，普通藏品100件。

一级藏品

商代青铜器 1962年，西庄公社下辛角村出土商代青铜器斝（jia）、觚（gu）、戈、金耳环等，经时任中国科学院院长郭沫若考证为国家一级文物，参加了赴日本等东南亚各国的巡回展出。现藏北京故宫博物院。

战国青铜器 1974年7月,坡头公社索驼村西出土的战国时期的青铜器鼎、戈、剑、鬲等,为国家一级文物。现藏山西博物院。

石　磬 1991年,桑壁镇罗义沟出土新石器时代的石磬8件,为国家一级文物。现藏国家博物馆。

三锥足爵 2003年,交口乡可托村出土商代青铜弦纹长尾长流双菌柱单柄直腹圜底三锥足爵,属国家一级文物。现藏县文管所。

商代青铜戈 2003年,交口乡可托村出土商代青铜族徽直内戈,属国家一级文物。现藏县文管所。

战国青铜鼎 2003年,桑壁镇上桑壁村出土战国时期青铜绹索纹双附耳鼓腹圆底三蹄足三环钮盖鼎,属国家一级文物。现藏县文管所。

二级藏品

宋代瓷枕 1993年,罡骨乡赵家塬村出土宋代白釉腰形开光荷叶瓷枕,属国家二级文物。现藏县文管所。

唐代天王头像 1995年9月,桑壁镇双锁山出土唐代灰细砂石彩绘天王头像,属国家二级文物。现藏县文管所。

战国青铜钮敦 2003年,桑壁镇上桑壁村出土战国时期青铜涡纹双耳三兽钮敦,属国家二级文物。现藏县文管所。

战国青铜壶 2003年,桑壁镇上桑壁村出土战国青铜绹索纹双铺直衔环侈口鼓腹圈足盖壶,属国家二级文物。现藏县文管所。

三级藏品

商青铜兽面纹宽口贯平椭扁体壶,属国家三级文物,1992年3月由暑益乡三坪里村上交到县文管所;商青铜斜方格条纹斧,属国家三级文物,2003年3月由交口乡可托村移交到县文管所;商青铜斜方格纹斧,属国家三级文物,2003年3月由交口乡可托村移交到县文管所;商青铜直线纹凿,属国家三级文物,2003年3月由交口乡可托村移交到县文管所;商代有阑直内弧刺青铜戈,属国家三级文物,1986年6月由旧馆移交到县文管所;商青铜乳钉雷纹盘口鼓腹高圈足瓿,属国家三级文物,1992年3月由桑壁镇榆林村上交到县文管所;商青铜双耳三锥足线条纹鼎,属国家三级文物,2003年3月由交口乡可托村移交到县文管所;东周灰陶绳纹盘口平裆三足鬲,属国家三级文物,战国青铜绹索纹双附耳鼓腹圆底三蹄足三环钮盖鼎,属国家三级文物,2003年3月由桑壁镇上桑壁村移交到县文管所;战国青铜圈足长颈小口蒜头瓶,属国家三级文物，2003年3月由桑壁镇李塬里村移交到县文管所；战国青铜双附耳圜底三蹄足弦纹三鸟钮盖鼎，属国家三级文物，1960年在西庄乡下辛角村出土交到县文管所；战国青铜剑，属国家三级文物，1986年5月由坡头乡乌门村上交到县文管所；战国青铜扁形兽饰带钩，属国家三级文物，1986年6月由旧馆移交到县文管所；汉青铜直口鬲，属国家三级文物，1960年在西庄乡下辛角村出土交到县文管所；汉青铜突棱敛口圈底釜，属国家三级文物，2000年8月由罢骨乡上罢骨村上交到县文管所；汉铁质双环立耳镂空圈足豆，属国家三级文物，由坡头乡孙家庄村上交给县文管所；汉灰陶彩绘侈口束颈鼓腹圈足方盖壶，属国家三级文物，由交口乡南楼村上交县文管所。

战国青铜圆足长颈小口蒜头瓶

第二章 景 观

第一节 自然景观

概 述

永和县境内自然景观可概括为山地景观、植物景观、水体景观、象形山石景观、特殊地貌景观6类。山地景观有马得脑山、阁山、高罗山、楼山、双锁山、四十里山等；植物景观有黄河文化生命树、黄河岸畔红枣树、石山松柏等；水体景观有英雄湾、永和关湾、郭家山湾、河会里湾、白家山湾、仙人湾和于家咀湾

黄河落日

7个大湾,自北而南,在晋陕峡谷中蜿蜒扭曲成S形,组成中国河流中规模最大、最完好、最密集的蛇曲群——乾坤湾,以及芝河、西峪水库、水蚀浮雕等;象形山石景观有闯王石、观河台、望河台、永和关方山、于家咀风蚀魔壁、永和关风蚀魔壁、双锁山风蚀魔壁等;特殊地貌景观有黄土塬——梁——峁地貌、老牛坎岛等。

楼山丽景

位于交口乡境内,是晋西高原的组成部分。梁峁重重,沟壑纵横,山势由低而高,呈层峦叠嶂之状,恰似层层楼台,故而得其名。它四周翠柏茂密,灌木繁多,杂草齐腰,从山头到山腰,一座座道家观院排列整齐,错落有序,形成一个庞大的庙群。据考证,观院完整时,有五六十间建筑物,其中有古式楼阁的石窑洞,

楼山雾景

石木结构的古典式殿堂建筑,远远望去,蔚为壮观。四季不同,晴雨各异。春天看楼山,柏林碧绿,野花开放,蜂蝶飞舞,清秀扑鼻;到了夏季,草木葱葱,凉风习习;秋季去观光,野果飘香,红叶满山,草深牛肥;严冬时节,或柏翠草黄,或雪白树绿,野兔山鸡,穿行其间,狐狸藏匿,隐尾现首。晴天看楼山,景观齐放,气势恢宏,绿树如海,庙群似船;雨天去楼山,则云雾缭乱,山上道观时隐时现。

水蚀浮雕

永和关前(北)沿公路,有一段长500—600米的崖壁,上面布满了莫名其妙的图像,过去人们曾称之为魔壁或魔崖,给人以神秘的感觉。关前魔壁上,大量的图像是真正的浮雕,同时有许多属立雕、透雕、洞雕。魔壁上显示有许多里大外小的洞穴、空洞、天空乃至廊柱,以及几乎只手可取的飞禽、走兽等。

双山览胜

双锁山位于永和县城东南15公里处,因两山对峙而得名双锁山,也叫双山,民间俗称石门山。海拔高度1503米,山势雄伟壮观,更因北宋巾帼名将刘金定在此安营扎寨,抗辽保国而闻名天下。山上有刘金定庙、观音石窟、打子屋、财神庙、招亲树、点将台、天桥、放哨台、饮马槽等名胜古迹。十六罗汉像栩栩如生,观音菩萨像端庄秀美。

绿林竞秀

永和县三北防护林,经过当地人长期摸索的科学"土方法"〔即采用大量垒石坑

把有限的土填进去的方法,在有效防止水土流失的同时,提高了柏树的成活率)运作,远远望去,一排排石坑自上而下呈品字形排开,工程浩大,蔚为壮观。营造了"百花争春、绿荫护夏、红枣迎秋、松柏伴冬"的四季美景。永和县先后获得"中国红枣之乡""全省造林绿化先进县""全省经济林建设先进县""全国三北防护林建设突出贡献奖""国家三北防护林优质工程奖"等美誉。

芝河飞瀑

在县城南10公里处的下罢骨村芝河段,形成了一个扇形的断层。瀑布高10米,宽60米,夏季山洪暴发时宽达100米。湍流急下,激荡水花,腾空而起。大浪卷着水泡,奔腾咆哮,飞流向前。数九寒冬,瀑布银装素裹,在那瑰丽的冰瀑面上,涌下清凉的河水,瀑布周围的石壁上,挂满了长短粗细不一的冰挂,显出一幅北国特有的自然风光。

古槐传说

位于永和关村北部黄河岸边,距黄河水约25米。树高约22米,冠幅约216平方米,主干三人才能合抱。据永和县人民政府永政发(1987)64号文件记述,古槐栽植于明代。据当地传说是始祖白仓、白库二人,不忘根祖亲手从太平站移植过来,树龄约400多年。村民传说:古槐树上有一空洞,内住一条长蛇,晚上就去黄河饮水。这棵树是黄河水位临界点,数百年来,黄河水量再大也只能到这棵树旁。相传1967年夏季连下几天倾盆大雨,黄河水暴涨,波涛汹涌的洪水有吞没永和关村之势。紧要关头,大蛇爬出树洞伸颈昂首遥望黄河频频点头约一分钟,黄河水渐渐退下。古槐从扎根时起就守候在奔流不息的黄河边,守护着一代代河畔居民,让人们觉得踏实安稳,幸福祥和。每逢时节,人们都到树前祭拜祈福,期望大树保佑世代子孙。这棵大槐树于1987年被永和县人民政府公布为县级文物保护单位,1990年被列入山西古稀名树目录,2002年北京画家、学者张士元命名它为"黄河生命树",刻碑立于古槐东侧。

第二节 人文景观

概 述

永和县境内人文景观可概括为宗教文化景观、历史文化景观、红色纪念地景观、古特民居景观和综合人文景观。宗教文化景观有朝阳寺、娘娘庙、楼山庙、石窟洞（口）水神庙、望海寺、阁山庙、双锁山石窟、圪堆石窟、乾坤湾文化遗迹等；历史文化景观有文庙大成殿、汉代古城遗址、永和关古渡口、仙（先）人洞、河会里古渡口、永和关方城遗址、永和关长城遗址、黄河绝唱题刻、张家垯遗址、罗岔遗址等；古（特）民居景观有永和关古窑群、黄河文化古民居、阴德河民俗村、黄家岭民俗村、于家咀民俗村、河会里民俗村等；红色纪念地景观有红军东征永和纪念馆、红军回师西渡渡口、毛泽东主席路居地、沙发石、红军井、红军石、红军崖等；综合人文景观有黄河蛇曲国家地质公园、三北防护林示范景点、永和关电影外景滩、枣林秋望、时光天阶、黄河大桥、山城流年、紫絮迎宾等；史前人类遗址景观有下辛角遗址、下退干遗址、交口遗址、芝河遗址、石羊城遗址、罗岔遗址、桑壁遗址、城堡遗址、郑家塬遗址、商代墓葬、春秋战国墓葬、五代墓葬等。

红军崖

位于永和关铁佛门口北侧的石崖间，上面是刀劈斧削的绝壁，下面是激流滚滚的黄河水。半崖间有一个小石洞，只有时断时连不足半尺宽的一条小径可通。民国25年（1936）4月，红十五军团八十一师为掩护红军主力部队安全西渡，奉命进至稷山县阻击汤恩伯部。经过激战，师长贺晋年奉军团首长命令，率红八十一师主力迅速摆脱敌人，回撤进陕，只留二四一团六连阻击敌军。六连掩护八十一师主力撤退后，却被数十倍于己的敌军围困在一座高山上。经过数天战斗，仅余的12名勇士于6月上旬辗转来到永和关上游东岸，准备西渡黄河返回部队，不幸又遭到阎锡山军队包围。在敌人强大火力压制下，红军战士被迫登上石崖，凭借石洞天险奋力反击。战斗持续三天三夜，敌人的包围圈越来越小，火力越来越猛，12名红军战士弹尽粮绝，宁死不屈，奋力投河，英勇就义。永和关一带民众为纪念12位勇士，把黄河东岸这一段石崖称作"红军崖"。崖上有中国书法家协会会员、山西省书法家协会秘书长樊习一题写的"红军崖"三个大字。

望海寺

位于打石腰乡望海寺村东一个山岗上，坐北朝南。南北长33.21米，东西宽32米，占地近1065.7平方米。现存大殿、西耳殿、魁星楼3个建筑。院里有几棵百年以上的古柏树，立有清代石碑。

望海寺原名丈八佛寺，约在明末清初年间，改名为望海寺，望海寺村也因此而得名。望海寺依山而建，背靠主峰，面临悬崖，居高而览四方，近观古木参天，远眺黄河茫茫。

民国时期的望海寺，占地面积近万平方米，分布在一坡一峰上。坡上是一组建筑群，连成一大片，有龙王庙、财神庙、山神庙、僧房等建筑。20世纪60年代"文化大革命"时期遭到毁坏，70年代在它的遗址上建成了望海寺戏台。

峰上的建筑坐北朝南，南北长42.5米，东西宽38.6米，占地面积1640.5平方米，气势雄伟，建筑辉煌。经历"文化大革命"之后，建筑规模缩小。现存大殿、西耳殿、魁星楼、僧房。

大殿进深12.5米，宽10.5米，占地面积131.25平方米，为石砌枕头窑，面阔3间，硬山式屋顶盖灰瓦，琉璃雕花脊饰。四角微翘，结构精巧，独具风格。大殿门前有哼、哈二将塑像，身高7尺，手持剑戟，怒目圆睁，威风凛凛。殿内北面是观音菩萨端坐于莲花之上的塑像，体态逼真，面颊慈祥，饰纹精细，形象端庄；龙女、红孩儿塑像两旁伺立，仪态楚楚，线条优美。殿内的壁画面积约30平方米，正面观音菩萨塑像两侧彩绘佛教传奇故事，其余的东、西墙壁上彩绘足踏祥云的千佛像。大殿壁画笔法娴熟流畅，色泽绚丽多彩，表情自然生动，人物栩栩如生，鲜明地呈现出明代彩绘的艺术风格。

西耳殿在大殿西侧，是一处道教建筑。内有真武大帝塑像，周公和桃花二神塑像伺立两旁。真武大帝又称玄天大帝、玄武大帝、佑圣真君、玄天上帝、无量祖师，全称真武荡魔大帝，是汉族神话传说中的北方之神，为道教神仙中赫赫有名的玉京尊神。现在湖北武当山供奉的主神就是真武大帝，道经中称他为"镇天真武灵应佑圣帝君"，简称"真武帝君"。汉族民间称荡魔天尊报恩祖师、披发祖师。明朝以后，在全国影响极大，汉族民间信仰尤为普遍。

魁星楼在寺院的东侧，共有3层。

一层是山门。山门过洞高8.5米，宽4.5米，进深6米，全部为石砌。

二层为石砌券窑。窑内供奉文昌帝君塑像，两旁侍立着天聋、地哑。文昌帝君是汉族民间和道教尊奉的掌管士人功名禄位之神。文昌本星名，亦称文昌星，或文星，古时认为是主持文运功名的星宿。其成为汉族民间和道教所信奉的文昌帝君。

三层为石砌墙体。楼内东、西开窗，楼顶梁栿呈45度覆斗式蚂蚱头藻井，歇山式屋顶。楼内供有魁星塑像一尊。魁星面目狰狞，金身青面，赤发环眼，头上还有两只角，右手握一管大毛笔，称朱笔，意为用笔点定中举人的姓名。左手持一只墨斗，右脚金鸡独立，脚下踩着海中的一条大鳌鱼，意为"独占鳌头"。左脚摆出扬起后踢的样子以求在造型上呼应"魁"字右下的一笔大弯勾，脚上是北斗七星。

传说魁星聪慧过人，才高八斗，过目成诵，出口成章，可就是长相奇丑无比，所以屡屡面试时落第。据说本来就丑陋，又长了满脸麻子，一只脚还瘸了，走起路来一拐一拐的，但是他文章写得太好了，终于被乡试、会试步步录取，一次次高中榜首。到了殿试时，皇帝亲自面试他的文才，一看他的容貌和画着圈上殿的走路姿势，心中不悦，皇帝问："你那脸是怎么搞的？"他回答："回圣上，这是'麻面映天象，捧摘星斗'。"皇帝觉得这人怪有趣的，又问："那么你的瘸腿呢？"他又回答："回圣上，这是'一脚跳龙门，独占鳌头'。"皇帝很高兴他的机敏，又问："那朕问你一个问题，你要如实回答：你说，如今天下谁的文章写得最好？"他想了想说："天下文章属吾县，吾县文章属吾乡，吾乡文章属舍弟，舍弟请我改文章。"皇帝大喜，阅读完他的文章后，更是拍案叫绝："不愧天下第一！"于是钦点他为状元。这个丑文人的才学、智慧和发奋，使他后来升天成为魁星——北斗七星的前四颗，主管功名禄位。"魁"字拆开来，一半是"鬼"，应魁星的面目丑陋；一半是"斗"，应魁星才高八斗，也应北斗星座。据说魁星手中的朱笔批你是什么你就是什么，文人中传"任你文章高八斗，就怕朱笔不点头"就来源于此。

阴德河村

属阁底乡，俗名鸭子河村，位于阁底乡西南方向，距红军东征永和纪念馆10公里。这里紧靠黄河乾坤湾，是太极八卦四方标志物朱雀发祥地，与陕西隔河相望。此处为黄河古渡口之一，常住人口300人左右，据传明朝时期就是永和有名的村落。发达的水上交通、古渡口、古庙、跃进池、德孝路、同槐路都能体现出阴德河深厚的文化底蕴。清末民国时期的古院落、古窑洞、大门、照壁、马厩和与窑洞同龄的古槐在该村随处可见。千亩红枣在采摘季节任游人尽情品尝，入住新开设的农家乐宾馆可真正体验黄河农家人的生活。村中主要景观有风蚀摩崖、枣林、黄河湾、月城遗址、跃进池、农家乐等。

第三十编

红军东征永和纪念馆

红军东征永和纪念馆，是一座反映中国工农红军东征抗日历程的专题纪念馆，是为缅怀先辈，教育后人而设立的。从1971年开始建馆，先后经过旧居整理、馆舍初创、新馆建设、古庙修复、馆舍扩建等几个阶段，由当时简陋的一孔枕头窑，发展到现在拥有3个展厅和1个廉政教育场所的纪念馆舍，并成为永和县爱国主义教育基地和革命传统教育基地。

红军东征永和纪念馆集中、全面、详实地展示了中共中央、毛泽东于1936年2月—5月率领中国人民红军抗日先锋军在三晋大地东征抗日的丰功伟绩。

红军东征永和纪念馆共有各类藏品460余件，各种资料140余套，历史图片250多张。馆藏珍贵革命文物有6件，分别是红军东征时期总部机关首长使用过的竹制米盛（南方整节竹子削制）1个，德八望远镜1个，铜材木炭取暖手炉1台，俄制合金材质酒具1套，大象皮制带公文包的马鞍1副以及重机枪1挺。

第一章 位置 建筑

第一节 位置

红军东征永和纪念馆位于永和县城以南25公里处的阁底乡东征村，距红军回师西渡时于家咀渡口13公里，距永和乾坤湾国家地质公园10公里，距阁底乡政府3公里。地势东高西低，海拔925米。

红军东征永和纪念馆交通便利，道路经多次升级改造，旅行大巴30多分钟可以从县城直达。

第二节 建筑

概述

红军东征永和纪念馆包括新馆和古庙两大部分，具体分布为东西两个区域，总面积4401平方米。

新馆坐北朝南，采用中国传统的庭院式布局，单位设计以多层次空间组合变化，平面布置为单层建筑，展厅前檐设人行走廊，廊前设台阶踏步；立面造型通过大坡屋顶、垂脊、脊兽、仿木窗棂和筒板瓦屋面，体现传统建筑风格。新馆建筑区为长方形，东西长67.95米，南北宽48.20米，占地面积3275平方米。

古庙（关帝庙）在东区，为元代建筑。

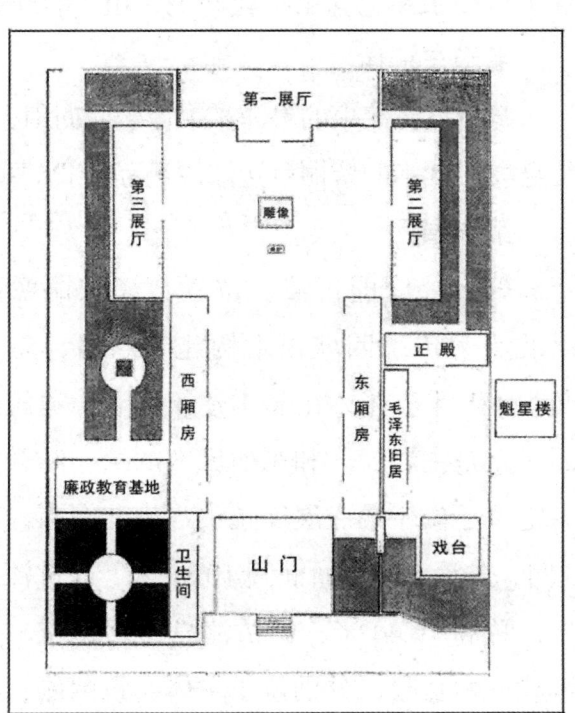

红军东征永和纪念馆平面示意图

庙中塑有神像和绘制壁画。整个庙宇从北向南分布，由正殿、配殿、戏台和魁星楼组成。正殿为坐北向南的三孔石窑洞；西配殿南侧有竖向一孔窑，北面有横向一孔窑，俗称枕头窑（两边有炕）；南面是一个坐南向北、土木石结构的小戏台；东面是高出窑顶一大截的魁星楼。院内西侧有一口人工开掘的老式深水井。古庙呈不规则形状，南端东西宽19.90米，北端东西宽26.33米，南北长24.50米，占地面积566平方米，是东征纪念馆的起源地。

山　门

山门是纪念馆正门的出入口，门前设17级台阶踏步，占地面积93平方米，建筑面积63平方米，为仿清悬山顶建筑。山门上方的"红军东征永和纪念馆"馆名，经历了两次题写过程，2005年新馆建成后，由著名书法家赵望进题写；2009年扩建工程竣工后，由中央军委原副主席、国务委员兼国防部部长迟浩田亲笔题写。

山门面阔3间，进深4椽。总面阔9.96米，总进深6.82米，总高8.14米。山门平面明间面阔3.28米，两次间面阔均为2.84米。明间开板门，两次间设拱形门，地面铺满方砖。台明上设压檐石。瓦顶、正垂脊及鸱吻垂兽均为灰布筒板瓦。明间板门及两次间拱门均设木构板门，前檐两山内侧设有砖雕影壁。明间板门前两侧置有卧狮一对。山门东侧安放红军东征永和纪念馆碑记，由秦瑞亮撰文，郭福根书丹；山门西侧安放红军东征永和纪念馆扩建碑记，由王哲士撰文，李殿清书丹。

毛泽东铜像

身着红军装束的毛泽东铜像坐北向南，矗立于馆区中央。铜像由上下两部分组成，上为身高2.23米的紫铜色塑像；下为长125厘米、宽123.5厘米、高65厘米的落地四方基座。

第一展厅

第一展厅即正殿，位于毛泽东铜像身后以北，为传统四坡顶木构建筑风格，总建筑面积180平方米，由悬山建筑和歇山建筑组合而成，是主题展厅和东西垛殿的统一结合体。主题展厅位于第一展厅正中，坐北向南，面阔3间，进深5椽。通面阔10.82米，通进深8.55米，总高10.44米，是仿清悬山顶建筑。东西垛殿也称耳殿，分别位于主体建筑两侧，与主展厅融为一体。垛殿平面呈长方形，总高7.94米。平面面阔3间，进深4椽；明间面

纪念馆正殿及大院

阔 2.25 米，两次间面阔 1.58 米；通面阔 6.2 米，通进深 5.78 米。是仿清歇山顶建筑。

第二展厅

第二展厅即东配殿，位于第一展厅以南东侧，坐东向西，面阔 5 间，进深 4 椽；通面阔 15.9 米，通进深 8.9 米，总高 8.875 米，建筑面积 144 平方米，是仿清悬山顶建筑。

第三展厅

第三展厅即西配殿，位于第一展厅以南西侧，坐西向东，面阔 5 间，进深 4 椽；通面阔 15.9 米，通进深 8.9 米，总高 8.88 米。其建筑风格、建筑面积和所用材料与第二展厅相同，是馆内姊妹建筑之一。

东西厢房

总占地面积 320 平方米，由 10 孔石拱窑平均分置于馆区中轴线东西两侧。其结构内为石窑，外为仿木构的悬山顶建筑。瓦顶、正垂脊和鸱吻、垂兽均为灰布筒板瓦。东、西厢房总面阔各为 20.2 米，总进深 6.9 米，总高 6.56 米，总建筑面积 240 平方米。东厢房里设办公室、题词室；西厢房里设接待室、毛字室等。西厢房南侧建有洗手间。

教育基地

廉政建设等教育基地位于第三展厅侧后以南，其坐南面北的五间房由东至西一字形排开，结构内为平房，外为悬山顶建筑。基地总面阔 18.8 米，总进深 8.35 米，总高 4.93 米，建筑面积 160 平方米，于 2009 年建成后投入使用。基地设有办公室、图书室、资料室、培训室，室外设有"廉政墙"，室内展出有廉政教育、党史教育和爱国主义教育等相关内容，是一个综合性的教育场所。

基地正北方向辟有简易大门，方便大型车辆运输时进出院落。大门外西侧墙面有一幅长 6.25 米、高 4.1 米的长方形玻璃钢雕塑作品，画面是战马上的红军驰骋沙场时的英勇形象。

古　庙

正　殿　坐北向南，面阔 3 间，前檐带插廊，总占地面积 42 平方米。总面宽 13.29 米，总高 6.16 米。平面通面阔 12.39 米，通进深 6.7 米。明间台前设三级踏步，两侧施有垂带。明间窑洞面阔 3.51 米，进深 4.17 米，次间面阔 2.84 米，为条石、片石混砌而成。明间矢高 2.45 米，次间矢高 1.76 米。由两部分组成，一为木结

毛泽东居住过的房间

构的前檐插廊，一为主体石券窑洞。前檐廊由圆木柱和包头梁组成，包头梁后尾插入石窑，起券整体呈弓形状，屋顶上架起的椽与廊则连成悬山顶屋面。门窗为传统清式门联窗。明间四扇隔扇门无窗，次间两扇隔扇门，每边各一扇，棂条为45度斜棂。上槛之上为方形窗，窗棂亦为方形。明次间两壁均为壁画，面积约20平方米，从题迹可判断为清光绪十七年（1891）的作品。其人物服饰似为汉代官服，内容主要以刘备、关羽、张飞为主线，表现传统三国故事。画家采用传统的工笔画技法，将人物、马、兽表现得栩栩如生。殿内石作有正脊、鸱吻、脊刹，均为整石雕琢而成。

配　殿　坐西向东，占地面积33平方米，为砖石窑混合结构，整体由两部分组成。南侧为一间砖窑，无门窗设置；北侧为一枕头窑，窑内南北两侧为土炕，靠近南侧炕设一拱形门，面向朝东，南炕东侧开辟拱形小窗，北侧山墙顶端设一方形窗。

戏　台　坐南面北，面阔3间，进深4椽，占地面积68平方米，总高6.2米，为悬山顶建筑。平面明间面阔2.4米，次间面阔2.02米；进深6.25米。前檐明间设石雕勾栏，两次间为木栏杆。舞台分为前后场，其明间为4扇隔扇门，且中心两扇可开启，供演员进出前场与后场。顶部压檐石做工精细，地面恢复原铺方砖。梁架结构为五架无廊式。明间两个五架梁用材不一，无平梁设置，而是用脊檩下的瓜柱将平梁一分为二，瓜柱直接落在五架梁上，地方手法较为浓厚，其结构无斗拱设置，总体小巧玲珑，其形制、台基、柱、墙、大额、斗拱、梁架别具风格。

魁星楼　位于关帝庙中轴线东侧，分为上下2层。上层面阔3间，前檐带插廊，屋面为灰布筒板瓦的悬山顶建筑；下层为南北向的石拱门，兼作村内的过街通道，总面宽5.88米，总高7.84米，占地面积16.8平方米。平面一层为一孔券窑，通面阔5.88米，通进深5.98米，二层前后廊明间面阔2.75米，次间面阔0.69米，通面阔6.4米，通进深5.94米。前后设门联窗，楼西北角设七级踏步，两侧无垂带。二层中间为一孔窑洞，窑跨为2.88米，由条石、片石混砌而成。压檐石为砂石铺筑。

第三节　设　施

停车场

停车场位于纪念馆以北相隔公路的50米处，东西长70米，南北宽26.4米，占地面积1848平方米，可停放中、小型机动车30辆。2008年，县财政投资50万元，由阁底乡人民政府负责施工建设，于同年9月建成后投入使用。停车场地面采用混凝土浇筑铺设硬化。北侧有一尊用大理石材制作的红军小号手雕像。东侧设有健身器械，村民闲时可在此锻炼健身。

民俗园

民俗园位于馆区中央以南，距纪念馆百步之遥。分为上下两部分。上园位于塬面之上，下园地处塄畔之下，园随地形而起，窑依山坡而建。上园绿树成荫，凉亭矗立，小径环绕，农家惯用的碾子、石磨掩映其间，是休闲、憩静之所在。凉亭由混凝土铸件搭套而成，上部呈伞形状且六角微跷，中部由6根圆形柱顶立，下部落地基座由长方体条石砌筑呈平行六角形地面，一次可接纳多人小憩。园内小径以砂砾石子铺筑，穿行于园子各处景点。碾子、石磨是农家人碾米磨面的主要工具，由乡村石匠手工制作而成。园内栽植桧柏、油松、紫槐、刺槐、椿树、榆树、枣树。此项工程投资20多万元，由阁底乡人民政府于2008年4月开工建设，同年10月建成，占地面积约600平方米。

民俗园的另一部分是民俗展览室，位于上园塄畔下山坡上的一处窑院内，占地面积约300平方米。窑内展品有生产、生活用具118件（套），记录了农家人的生活场景，是对馆区景观的自然延展，也是当地农耕文化的一种展示。

碑 廊

碑廊建筑面积400平方米，置放石刻书法碑文115块，展示着多名书法家书写的各种体书法作品，是一座集毛泽东诗词与其他碑文为一体的红色文化旅游景观。

碑廊为仿古木质结构建筑风格，布局为四方直角形布置。其总体设置为平行三层，即外廊、内廊和中心亭。廊与廊、廊与亭之间的人行踏步纵横交错，相互贯通，游人可从东西南北四个入口进入亭内，自由穿行。碑廊中心位置建有重檐攒角八角亭，由16根圆形木柱撑起形似伞状的悬山顶屋面，伞状

纪念馆碑廊

下置放着亭内最大的一块石碑，上刻毛泽东诗词《沁园春·雪》。外廊与内廊有56根圆柱托举碑廊顶部，顶部下的横搭木上采用苏式园林彩绘风格，地面采用当地优质石材铺设。

道　路

阁底至东征村原为砂石路面。2008年5月，该路段升级改造工程启动，设计路面宽度为6.5米，路面结构为沥青碎石，面层厚度为10厘米，阁底至东征村2.3公里。这项工程由永和县交通运输局和阁底乡人民政府组织实施，于2008年7月竣工。

第二章　陈列　布展

第一节　陈　列

红军东征用过的米升和酒具

1971年6月，永和县文化馆馆长贾允文遵照县领导安排，走访当地知情群众，搜集与红军东征相关的资料和实物，对毛泽东东征时路居窑洞进行简单陈设，摆放了毛泽东当时的工作和生活用品，并在枕头窑门的右侧墙上悬挂"毛主席东征时路居"牌子。

1977年春，关帝庙西北侧建成瓦房5间，内部陈列仍由县文化馆负责。在三面墙上布置了东征时期的图片和文字说明，大厅中央矗立了一尊白色毛泽东石膏站立塑像，直观地反映了红军东征的大概轮廓和脉络。

1995年6月，瓦房改建为现浇顶平房，外墙用五色水刷石装饰，内部陈列内容与布局也上了一个台阶。这次陈列拓展了陈列理念，扩充了表现形式，内容简洁明快。

2005年8月，红军东征永和纪念馆首次正规建设完成。太原市城市雕塑研究院进行装潢和陈列设计，同时完成了主殿外毛泽东玻璃钢塑像的制作。内部陈列增添了红军东征时期的实物和文物。实物主要有大刀、红缨枪、手榴弹、红军帽、草鞋等。

2009年4月，红军东征永和纪念馆扩建竣工，展厅从1个增加到4个。文物和实物成为这次展览的重要组成部分，把文物、实物设计成以物带史，用文物所包含的历史故事和历史事件，完整地诠释展陈的主要内容。其中珍贵革命文物6件，分别是红军东征时期总部机关首长使用过的竹制米盛（南方整节竹子削制）1个，德八望远镜1个，铜材木炭取暖手炉1台，俄制合金材质酒具1套，大象皮制带公文包的马鞍1副以及重机枪1挺。陈列任务由太原日月时空展示设计有限公司完成。

2011年红军东征永和纪念馆展厅文物陈列一览表

表30-1　　　　　　　　　　　　　　　　　　　　　　　　　　　　　　　　单位：件

藏品地点	展品划分	文物名称	数量
第一展厅	第一部分	1. 红军时用的茶壶、饭盒、罩子灯各1件（收集）	13
		2. 子弹袋2个（仿制）	
		3. 毛褳、顺子、褳搭各1条（收集）	
		4. 木制弹1只（仿制）	
		5. 柳条篮1只（收集）	
		6. 罩子灯1盏（收集）	
		7. 木水桶2只（收集）	
	第二部分	1. 永和妇女为红军缝补的衣服1件（收集）	21
		2. 红军大砍刀3把（收集）	
		3. 矛2支（收集）	
		4. 大刀、长矛、手枪套各1件（收集）	
		5. 军帽、军鞋、绑腿1套（收集）	
		6. 手榴弹2枚（仿制）	
		7. 红军帽徽2枚（仿制）	
		8. 木质砚台1副（收集）	
		9. 簸箕、升、斗各1个（收集）	
		10. 酒篓子1个（收集）	

续表30-1　　　　　　　　　　　　　　　　　　　　　　　　　　　　　　　单位：件

藏品地点	展品划分	文物名称	数量
第一展厅	第三部分	1. 重机枪2挺、军号1把、长矛头5支	85
		2. 《红色中华报》1份、《西凉日报》1份	
		3. 指挥刀1把、军旗1面、红军刀2把	
		4. 木质砚台1个、高射机枪子弹8发	
		5. 钢盔2个、瓷碗瓷盘3个、手雷6个	
		6. 木制子弹箱1个、怀表1块、手榴弹2枚	
		7. 壹元兑换券3张、手枪子弹15发	
		8. 腰带扣1个 腰带3条、药用棉球盒1个	
		9. 军帽、军装、绑腿各1套	
		10. 银圆、铜圆21个	
	第四部分	1. 红军鞋1双、鞋垫1双、帽徽（红军）1个	57
		2. 大刀2把、帽徽（晋绥军）2个、手枪套3个	
		3. 刀鞘1个，伍分纸币、伍分钱币15枚	
		4. 政府纸币兑换券、粮食证等若干	
		5. 小米证（贰斤伍两）2张、筹粮凭证1张	
		6. 德八望远镜盒1套、牛角火药桶1只	
		7. 西北银行定期存款样单1张	
		8. 皮质手枪弹盒1个、临时流通信用卷1张	
		9. 手枪1支、子弹袋1个、追击炮2挺	
		10. 国外进口发报机1台、追击炮弹6个	
		11. 长矛、大刀、手枪、手枪套、子弹盒各1件	
		12. 毛泽东、彭德怀发给红军各部的电文7件	
第二展厅	第一部分	1. 红军用的台灯1盏、用过的箩筐1个	73
		2. 永和妇女为红军缝补衣服1件、炮弹筒1个	
		3. 红军使用过的重机枪1挺、枪6支、矛2支	
		4. 高射机枪的子弹26颗、红军指挥员的手枪2把	
		5. 红军大砍刀3把	
		6. 红军将领东征时用的苏联制酒壶1个、酒盅4个	

续表 30-1　　　　　　　　　　　　　　　　　　　　　　　　　　　　　　　　　　　单位：件

藏品地点	展品划分	文物名称	数 量
	第一部分	7. 酒篓、水壶各 1 个，总部用的木炭手炉 1 个	
		8. 竹制米盛（南方整节竹子削制）1 个	
		9. 毛泽东、周恩来、彭德怀发出的电文 8 份	
		10. 各种电报稿件 10 篇、红军用过的马灯 1 盏	
		11. 橡皮马鞍挎（是红军从南方带来为一匹白马所佩，永和阁山战役白马死于敌人炮火中，马鞍挎遗留于永和民间）1 套	
第二展厅	第二部分	1. 红军使用的瓦罐 1 个、羊皮筏子 1 件	19
		2. 阎锡山任命永和县主张公道团长委任状 1 张	
		3. 东征红军转战山西地名统计 2 张	
		4. 阎锡山"主张公道团胸章" 2 枚	
		5. 阎锡山编"主张公道团须知" 1 册	
		6. 红军东征时永和国民党报刊编写的反共反红民谣《新五更》《劝共党》《清叛复仇吼声》4 本	
		7. 红军东征时山西蒋阎军队统计表 2 张	
		8. 红军东征时用的文件袋 1 个、军用望远镜 1 个、手枪 1 支、皮弹盒 2 个	
第三展厅		1. 李吉获奖证书（复印件）1 份、多人回忆录 21 本	161
		2. 各类报纸 7 份、各类书籍 68 本	
		3. 解放初期永和县人民政府的命令、指示等 12 张	
		与上相关表册 11 种	
		4. 茶壶、饭盒、罩子灯等 4 个，子弹袋 2 个	
		5. 茶缸 1 个，毛裢、顺子、裢褡各 1 个	
		6. 木制子弹箱 1 个、柳条篮 1 个、灯笼 1 个	
		7. 马灯 2 盏，簸箕、升、斗各 1 个，木水桶 2 个	
		8. 阎锡山永和县政府文件 5 件，任命状、指示等 7 件，国共两党宣传标语和任命状、指示等 9 份	

续表30-1　　　　　　　　　　　　　　　　　　　　　　　　　　　　　　　　　　单位：件

藏品地点	展品划分	文物名称	数 量
接待室		1. 鼎1件、花瓶2个 2. 毛泽东瓷塑像大小11件、毛泽东瓷塑像14件 3. 毛泽东选集23本、毛泽东选集手册党章30册 4. 镜框3个、毛泽东像章大小149枚 5. 镜框3个、毛泽东像章大小83枚	319

第二节　布　展

第一次布展

1971年5月，为给中国共产党临汾地区第一次代表大会第一次全委会议准备会场，根据当时条件，只对毛泽东居住过的枕头窑做了打扫灰尘、纸糊门窗、铺设被褥等简单布置。

1971年6月初，永和县革命委员会安排修缮毛泽东东征路居过的窑洞，经时任永和县文化馆馆长贾允文筹划，在经费少、人手缺、路况差的情况下，对毛泽东路居过的窑洞进行了简单修缮和布置。窑洞内墙中央挂上毛泽东与贺子珍放大的黑白照片，两头炕上分别铺上当地农村流行的苇席，席上铺用黑山羊毛制成的毡子和用黑白相间的格子老布做成的被褥，再放上粗蓝布填充麦秸缝制的枕头。炕中间放了一张小桌子和麻油灯，炕下放一把古色古香的太师椅。这样十分简陋的布置，却迎来一批批干部、群众和学生在此接受革命传统教育。"文化大革命"期间去延安或北京路过永和的师生，总忘不了参观毛泽东主席东征旧居，并在院内合影留念。

第二次布展

1977年7月，5间瓦房建成后，总建筑面积达200平方米，其中主厅占3间房，使用面积近120平方米。县上责成县委宣传部牵头，抽调文化部门的精兵强将进行布展。工作人员秉承简约、节俭、美观的布展理念，先后去延安革命纪念馆拍照取材，在石楼东征纪念馆走访取经，摘录、翻拍了大量历史资料和革命文献。经过几个月的辛勤工作，新建的东征纪念馆布展一新，共设计版面14块，展出图片50多幅。大厅中间进门的地方，是毛泽东的直立白色石膏塑像，正对门的墙上有毛泽东在永和的行程路线图和东征红军的编团番号以及领导人名录。其他墙上是红军东征时期的图表展示和照片说明，表现了红军东征时毛泽东率领总部机关在永和生活和战斗的情况以及红军东征胜利的成果。

第三次布展

2005年，红军东征永和纪念馆正殿建成后，进行了一次全新的布展。此次布展采用了照片、图表、模型和实物等，使布展更能体现历史原貌和时代特点。布展内容分为三大部分：东征前奏；转战晋西；回师西渡。

第四次布展

2009年纪念馆扩建完成后，对正殿（第一展厅）、东配殿（第二展厅）、西配殿（第三展厅）和教育基地能够布展的墙面进行了综合规划和设计，以"英明决策铸辉煌""红军东征在永和"和"老区人民爱红军"为主题分三个部分，用实物、图片、模型等真实地展示了当年红军东征的历程，规模、档次、水准均有很大提升。整个展览内容丰富，资料翔实，设计新颖，形式多样，通过大量珍贵的历史照片、文物和油画、国画、版画、雕塑等配以图表、沙盘模型等，多角度、全方位地展示了红军东征的光辉历史。

第三章　东征纪事

第一节　东征起因

民国24年（1935）10月，毛泽东率领中央红军经过二万五千里长征到达陕北，与陕北红军胜利会师，粉碎了国民党反动派对陕北苏区的第三次"围剿"，稳定了苏区的局势。当时，中国革命的形势十分严峻，中华民族处于生死存亡的危急关头。自民国20年（1931）"九一八"事变以来，日本帝国主义得寸进尺，步步紧逼，把侵略魔爪由东北伸向华北，于民国24年（1935）夏秋之季策动了"华北五省自治运动"，阴谋把华北变成第二个"伪满洲国"。国民党南京政府仍然置民族危亡于不顾，继续推行"攘外必先安内"的政策，于10月间在西安成立了"西北剿匪总司令部"，蒋介石亲自兼总司令之职，以张学良为副总司令，将十几万东北大军陆续调入陕甘一带，配合陕、甘、宁、青、晋地方军阀，对陕甘苏区进行"围剿"，总兵力达20万以上，企图将中央红军和陕甘苏区一举围歼。

陕北解放前，是全国最贫困的地区，境内沟壑纵横，交通闭塞，经济落后，兵匪横行，尤其是国民党的军事"围剿"和经济封锁以及连年的自然灾害，使陕北苏区更加贫困不堪。而王明"左"倾路线的一系列错误做法和错误肃反的严重恶果，使苏区元气大伤，雪上加霜。从发展来看，在4万多平方公里的土地上，人口只有40余万，除瓦窑堡以外，几乎所有的大小城镇均被敌人占据。陕北苏区通往外界的唯一交通命脉西（西安）肤（肤施，即延安）公路，也被全部封锁，整个根据地被切成几块互不连接的地盘，使根据地本身的巩固与发展受到很大限制。加之党中央率领中央红军长征到达陕北后，部队减员严重，战士体质和武器装备都很差，急需扩红休整，筹集补充。而地瘠民贫、交通闭塞的陕北地区，仅能适应小量的红军武装割据，根本无力供养大批部队和机关，也无力解决红军队伍的兵员补充和军需供给。部分地区连人畜吃水都无法满足，根据地军民的穿衣和吃饭都成了问题，不少从南方长征过来的红军战士，在大雪纷飞的隆冬季节仍然是身着单衣，赤足行军。

面对陕北苏区如此窘迫的境地和国内日益加深的民族危机，如何以党和红军现有的力量去发展和扩大陕北苏区，聚积抗日力量挑起救国救民的重任，使陕北苏区真正成为中国革命的大本营和民族抗战的出发点，就成为摆在共产党和红军面前急待解决的一个重大课题。

在这重大的问题面前，军团领导意见不一，有的主张离开陕北，到陕南另谋生路；有的提出确保陕北，向西或向北扩张。毛泽东高瞻远瞩，提出东渡黄河，开辟吕梁山革命根据地，进一步向晋中、晋东南或晋西发展，以便通过河北或察哈尔开赴抗日前线，从而把国内战争与民族战争结合起来，把反对日本帝国主义的斗争和反对国民党反动势力的斗争结合起来。

第二节　转战永和

永和防区

永和县位于山西省西南，吕梁山南端，"滨临黄河，扼诸险要""可以外控夏延，内卫并汾"，战略地位十分重要。与一河之隔的陕西省延川县遥遥相对，其北临石楼县又与陕北的清涧县隔河相望。延川、清涧都是陕北的革命根据地。在永和境内，沿黄河一带有从北到南分布的咀头、马家滩、永和关、直地里、阴德河、于家咀、铁罗关、佛堂等大小渡口十几个。阎锡山为了凭险顽抗，阻挡红军，在黄河沿岸一方面派兵驻守，一方面组织地方武装，建立防共保卫团，采用三线六区（即3条防线，6个防区）的部署，纵深配合，层层防范。永和为第一防线，并且是一个重要的防区，阎锡山晋南警备司令六十九师师长杨澄源所属二〇三旅梁鉴堂部就在永和关沿黄河东岸，向以南各个渡口布置警戒。在永和境内驻有阎锡山六十一军二〇九旅四一八团，团长吕瑞英，团部驻永和城内。所属3个营的驻防情况是：城内1个营，大寨岭到永和关沿河1个营，阁山到于家咀沿河1个营。防共保卫团第四团辖永和、隰县、大宁3个县，团长于镇河驻隰县，永和有1个大队（即营）500人，大队长（即营长）张学英，全县建立3个区队（连）9个中队（排），大队部驻永和城内，1个区队驻河口，1个区队驻阁山，1个区队驻桑壁。当时，在永和沿黄河各渡口，阎军都筑有坚固的堡垒。他们逼令所有船只停靠东岸，封锁渡口，并不时地派遣特务到西岸侦察红军的动静。阎军从县城到乡村，进行反共宣传，制造白色恐怖，阎锡山吹嘘山西的布防"固若金汤，钢铁长城"。

渡河作战

民国25年（1936）2月20日，红军突破黄河天险后，为了配合渡河突击队的战斗行动，掩护红十五军团二二三团的侧翼安全，阎红彦领导的黄河游击师也派出1个连的兵力（最早进入永和的红军队伍），于拂晓时分迅速攻占永和关山头。黄河游击师渡河突击连过河后，即兵分三路：一排占据永和关山头，压住吕瑞英驻守永和关的1营兵力，使其不敢出动；二排压住咀头之敌；三排攻克了马家滩据点，有效地控制了从石楼贺家凹到永和关的黄河渡口，为红十五军团顺利渡河创造了条件。黄河游击师随即向沿河残敌发起猛烈攻击，拆毁沿河工事，控制沿河渡口，向两翼扩张。一路由杨森、蔡树藩带领沿河南下，协助十五军团先头部队，扫清石楼、永和一带河防残敌；一路由阎红彦指挥沿河北上，进抵石楼义牒、柳林三交，掩护红一军团后续部队陆续渡河。这样，黄河游击师从北起柳林，南到永和数十里的黄河沿线筑起一道警戒防线。

永和战事

民国25年（1936）2月25日，为了配合红军主力围攻石楼县城，红军以1个营的兵力攻击永和县岔口村，赶走了驻守岔口的敌军1个排，控制了永和之敌。28日，红军600余人进入永和县咀头、社里等村，重创阎军七十二师吕瑞英之团。

3月1日，西北保卫局转战永和县赵家沟、呼家庄、兰家沟一带，建立农民协会，镇压了恶霸地主李如亮，没收地主高王富、白万全百余石粮食，分给贫困农民，并处决了7名阎军便衣探子。3日，东征红军六七千人进至永和、石楼。19日，红军300余人由陕西过河，出其不意地袭击了驻守在永和县李家山渡口的阎军。阎军的援兵赶到时红军早已转移。23日，红军300余人从署益方向进至桑壁镇，袭击阎锡山的"防共保卫团"1个连，歼灭保安队1个班。26日，红三十军一营三分队62名战士在队长丁国良的带领下，和敌人周旋三天三夜之后，到永和县赵家沟休整，相机包围了来偷袭的阎军防共保卫团1个连，打死打伤敌人几十名，俘获25名，敌防共保卫团1个连长被击毙。29日，毛泽东率总部进入永和赵家沟，发布了《中国人民抗日红军西北军事委员会为一致抗日告全国民众书》，要求停止一切内战，不分红军、白军，共同一致，联合抗日。并致电林彪、聂荣臻、徐海东、程子华等，告以红军炮兵营及后方笨重物件安全渡过河口，叶剑英参谋长率第二二四团来永和北部，放弃义牒及沿河渡口，让敌达到所谓封锁黄河之"妙计"；提出"我一军团、十五军团须依前令，分别以迅速行动扫除南北段黄河封锁线，使敌得了数十里，而失掉数百里。"30日，红军100余人，在聂家山与阎防共保卫团遭遇，激战后向靳家山转进。

毛泽东率红军总部在赵家沟村休整6天后，于4月3日傍晚到达隰县义泉村。18日，阎军四一八团驻永和阎山的1个连到永和庄则坪村骚扰，红一军团一部由支队长白鹤玉指挥，向敌人猛攻，一举将其击溃，毙敌10余人。其中敌排长1人，号兵2人。19日、20日的两份电讯，明确指令，红一军团主力全部集结于桑壁镇以西、清水关以东地区隐蔽待命。20日，阎军四一八团1个连在永和县双锁山巡察，被红军全部歼灭。吕瑞英不甘心失败，又派1个营出击双锁山，又被红军击溃。共缴获枪支100余支，弹药十几驮，双锁山高地被红军控制。同日，红军800余人从几个方面向阎山进军，驻守阎山的阎军惊惶失措，不战而退，阎山的军事要地被红军控制。21日，红三团、一团转战吉县、大宁一带，于23日进驻永和县南楼村，在此休息一天，待机破敌。

发动群众

红军东征前，阎锡山为了防备红军渡过黄河，除依据黄河天险构筑防御设施外，还大张旗鼓地进行反共宣传，胡说什么："共产党杀人如割草，无论贫富皆难逃，先甜后辣叫人受不了。"致使一些农村老百姓对共产党和红军产生了恐惧心理。东征红军进入永和后，不仅打击了阎军，镇压了恶霸，还运用多种形式宣传革命思想和抗日民族统一战线的方针政策，并在一些地方发动群众，建立党组织，成立农民协会、水手工会、抗日救国委员会，解决农民群众的疾苦。同时，红军以其严明的纪律，和蔼可亲的态度和积极为贫苦百姓谋利益的实际行动，彻底粉碎了阎锡山编造的欺骗宣传，使老百姓从心底里感到红军是自己的队伍。东征红军在永和每到一地，就召开群众会议，播撒革命火种，宣传共产党抗日救国的主张，发动群众斗争恶霸。当时的永和到处都有红军书写、张贴的标语，如"打倒日本帝国主义！""打日本，救中国！""红军是抗日的先锋军！""打倒蒋介石！""打倒阎锡山！""打倒土豪劣绅！""参加红军好！"等等。在红军的活动和组织下，永和县岔口、呼家庄、赵家沟、桑壁镇、前龙石腰、乌华、庄则坪、于家咀等村镇先后建立了苏维埃政权。广大开明人士被红军的义举所感动，纷纷主动拿出钱粮支援红军。乌华村苏维埃主席赵士昌，为红军筹粮千余石；西后峪村的刘兴富人担驴驮，把百十石粮食给红军送上山。岔口村开明绅士呼世昌捐献银圆100块，献粮70石；于家咀的霍德昌献出粮食50石，银圆300块；滩则里村冯玉祥、同上吉村冯升富、上退干村冯世兴、西庄村冯安荣、乌华村赵德荣各献粮50石；罗岔村李树屏、冯安昌，雨林村刘福岱、刘杰厂各献银圆100块；西庄村冯乾元除献银圆100块外，还献出粮食30石；阎家坡村冯永禄、冯永帮各献粮20石。李家塬村的王好仁一次就拿出银圆1000块，支援了红军。东征期间红军在永和筹集粮食1300多石，银圆1500多块。这些粮款，一部分用作军饷，一部分救济贫民。在桑壁镇，红军打开阎锡山的官办盐店，把数万斤食盐分给了群众。在桑壁的前龙石腰村，红军把老财主刘鉴元、白学义藏的数十石粮食刨出来分给穷苦百姓。署益村的伪村长冯世明和南楼村的伪村长杨恩元，是当地的大地主、大恶霸，他们听说红军进村，连夜逃到隰县、永和城。红军进村后打开他们的粮仓，救济百姓，民心大快。兰家沟村是一个仅有20多户人家的小村，在这个偏僻的山庄卧铺，就有李文斌、薛建基、宋茂成、宋大小、宋公张、薛应飞等7位年轻人参加了红军。这件事在当地影响很大，带动周边村庄的青年也纷纷报名参加红军。受东征红军的影响，在红军回师陕北后，还有许多永和青年奔赴革命圣地延安。

第三节　胜利回师

民国25年（1936）4月22日，毛泽东、彭德怀致电林彪、聂荣臻、徐海东、程子华，指示红军的基本方针是："为了向东或向北突破封锁线，进到晋东或晋西北，必要时西渡。为此，目前若干天内，一军团必须保住清水关、铁罗关两渡口及回旋地区于我手中"。

21日至24日的4天当中，总部连发7份电报，命令一军团、十五军团集结于永和关、马头关、清水关一线，夺取沿河渡口，保持两岸畅通，同时又致电周恩来、宋时轮、阎红彦、蔡树藩，准备渡船架设桥梁，做好迎接主力回师西渡的准备工作。24日，毛泽东、彭德怀两次致电红一军团、红十五军团、红二十八军、红三十军各首长并周恩来，针对国民党军队大举向红军进攻的局势，决定：红一军团3个师以永和县桑壁镇为枢纽布防于永和、隰县、大宁3县之间，并派兵向永和、石楼、大宁3县及永和石楼、石楼、大宁之间游击侦查。总部明日率一分队由康城出发，向永和县桑壁镇转移。红十五军团进至康城勍香镇之线；红二十八军进驻隰县义泉以西，相机派队向隰县午城游击侦察；红三十军从勍香镇出发，在黑龙关、土门镇（临汾西郊）一带开展活动，牵制迷惑南上晋军，从而逐步把东征各路大军集结到永和、隰县为中心的晋南地区，为红军回师西渡做了前期的准备工作。25日，毛泽东同彭德怀率红二十八军离开康城镇，前往永和县桑壁镇红一军团团部，连日研究敌情，及时调整部署。同日，红三团、一团把在同蒲线筹集的财物50驮，翻过一座大山，向永和方向开赴。红一军团、十五军团相继集结于黄河岸边，进行回师西渡的准备。27日，毛泽东在永和县前龙石腰村召开重要军事会议，全面安排回师西渡战役。28日晚20时，毛泽东根据山西敌情的变化，在桑壁镇的前龙石腰村，致电周恩来、林彪、聂荣臻、徐海东、程子华、叶剑英、杨尚昆，正式发布了回师西渡的指令：在山西是阎锡山加蒋介石（51个团），陕西是张学良、杨虎城在蒋介石命令之下向陕北进攻，企图封锁黄河，但神府区域、三边区域空虚。根据上述情况，红军在山西已无作战有利条件，而在陕西、甘肃产生了顺利条件，容许我们在那边活动，以执行扩大苏区，锻炼红军，培养干部的任务。因此，我军决定西渡黄河，第一步集结于延长地域，仍然为争取迅速对日作战之基本政治任务。

5月1日，毛泽东率领红军总部向黄河岸边进发时，路过阁山制高点。他得知红军主力都集中在黄河渡口，只有少数队伍刚过黄河的情况，就果断地决定总部人员暂时不向黄河岸边移动，不能让阎军靠近渡口。上午9时，两个团的阎军追了上来，而担任总部保卫的红军只有一个警卫连，双方兵力悬殊。连长魏文建迅速指挥全连战士占领阁山最大的一个山头。他们刚刚筑好工事，阎军的炮弹就打了过来。毛泽东问清情况后，不慌不忙地说："你们留少数人监视迷惑敌人，多数人抓紧时间休息。"魏文建根据毛泽东的指示，派少数战士占领了另外两个山头，故意弄得尘土飞扬，似乎有千军万马在这里严阵以待，使阎军再也不敢向前移动半步。下午5时左右，周恩来派出的陕北红五团由河西赶来接应，接下警卫连的阵地，阻住尾追的敌人。傍晚，毛泽东率红军总部驻扎在上退干村关帝庙。

5月2日凌晨，毛泽东率总部工作人员离开上退干关帝庙向渡口赶去。总部人员，从于家咀码头上船，在陕西清水关岸边安全靠岸，抵达延川县刘家山村。

总部人员过河之后，红一军团担负掩护任务的各个后卫部队与八十一师到达河心时，蒋介石、阎锡山的先头部队已赶到永和关山上，用机枪、迫击炮向红军猛烈射击。炮弹和子弹纷纷落在小船周围，激起股股水柱。红军战士一面组织火力还击，一面奋勇向前，最终冲破火力封锁，胜利回到陕北。

在一军团和总部回师西渡的同时，十五军团主力七十五师、七十八师也在程子华政委的率领下，由罗正堡出发，于5月2日在铁罗关一带安全西渡。七十三师在徐海东军团长指挥下，于5月5日从永和的铁罗关渡过黄河，回到陕北。

毛泽东于5月5日进至杨家圪台，当日签发了《停战议和一致抗战通电》。

东征期间，红军将士转战山西75天（2月20日—5月5日）50余县，击溃了晋军30多个团的围追堵截，歼敌13000余人，俘敌4000多人，缴获各种枪支4000多支、火炮20余门、电台1部，扩大红军8000余人，筹款50万元；组织地方游击队30多支，使红军在物资和兵员方面都得到补充，壮大了抗日武装力量。在红军所到之处，都大力发展中共地方组织，创立各种形式的苏维埃政权，宣传发动广大群众。同时陕甘苏区得到进一步巩固和发展，其中仅神府苏区，就由东征前的6个区扩展到82个区，并且和吴堡苏区连成一片，把中国革命的大本营牢固地建立在陕北。

第四章 管 理

第一节 机 构

为了继承革命传统，弘扬东征精神，履行好游客接待、展厅讲解、文物保护、档案管理、环境卫生、馆舍安全等基本职责，从1971年上退干关帝庙被正式确认为毛泽东主席东征时路居地开始，其日常事务就归永和县文化馆主管。当时因经济条件所限，未确定单位性质、编制，经费也未列入财政预算，由主管单位从事业经费中挤出一点，作为临时管理员的工作报酬。

1977年7月，瓦房展览室建成后，馆舍名称改为"永和县东征纪念馆"，一直沿用至2006年5月。同年6月新馆主展厅等系列工程竣工，永和县委、县政府将原有馆舍名称正式更名为"红军东征永和纪念馆"，确定为副科级事业单位，其人、财、物及日常工作划归永和县阁底乡人民政府主管。

第二节 管 理

人员配备

1971年初始建馆时，设置管理员岗位，定员1人，由责任心、事业心较强的当地男性村民担任。先后聘用4人担任管理员一职，主要工作是看守院落，负责防水、防火、防盗，兼顾接待游客，配合讲解服务，保证纪念馆正常运行。

2006年增设讲解员岗位，定编2人。受聘者须具有大学本科学历，年龄在20~30岁之间；要求五官端正，相貌姣好，口齿伶俐，综合素质较高，热爱讲解工作。依照上述条件招收两名女大学毕业生担任讲解员工作。

1971—2011年红军东征永和纪念馆工作人员情况表

表30-2

姓　名	工作岗位	接续时间
冯凤楼	管理员	1971年7月—1976年7月
刘建国	管理员	1976年8月—1994年12月
冯福亮	管理员	1995年1月—2006年4月
冯炳才	管理员	2006年5月—
赵　君	讲解员	2006年4月—
樊建蓉	讲解员	2006年4月—

岗位职责

管理员岗位职责 认真学习馆内各项规章制度，努力钻研业务知识，积极主动地完成岗位工作任务；按照国家相关管理规定，做好文史文物的防霉、防虫、防尘、防潮工作；负责馆内硬件设备的保管，做好解说员服装、用具的分发回收；负责纪念馆展厅的开馆闭馆工作，每日上午8时30分组织值班人员做好展厅内外的卫生清理工作；协同配合做好参观接待的各项前期准备工作和闭馆后的文物清查、清场和安全检查工作；熟悉纪念馆周边环境，树立防盗、防火、防水意识，掌握消防灭火器材的操作流程，做到警钟长鸣，如遇重大险情及时通报，以便尽快排除险情；发扬团队协作精神，完成领导交办的其他工作任务。

讲解员岗位职责　热爱讲解工作，钻研讲解业务，不断提高讲解水平，向游客提供优质高效的服务；要加强职业道德和思想品德修养，把微笑服务、文明服务贯穿落实在日常工作中；准备上岗时应提前站至服务台前做好准备，不得无故推诿，不得擅自更改讲解路线，减少讲解内容；讲解时要随时保持正确的站姿、行姿和手势，不得弯腰驼背，依靠展柜，不可将双手交叉于胸前或背于身后或揣进衣袋；接待游客时，要随时保持与客人的交流，引领客人时，一般走在客人前方右侧一米处，不得将客人置于身后；讲解必须认真负责，实事求是，不得违背规定内容，发生讲解失误；讲解员要认真解答观展游客提出的书面或口头问询，虚心听取意见，善于从中学习，正确对待游客投诉，不得发生辩解和争吵，始终保持良好的工作形象。

参观须知

凡进入本纪念馆参观者，均不能携带以下物品：枪支、军用或警用械具类（含主要零部件）及上述物品的仿制品；爆炸物品类，包括炸药、爆破器材、烟花爆竹制品及上述物品的仿制品；管制刀具类，如匕首、三棱刀（包括机械加工用的三棱刮刀）、民族刀、带有自锁装置的弹簧刀以及其他类似的单刃、双刃、三棱刀等；管制刀具以外的利器、钝器，如菜刀、餐刀、大型水果刀、工艺品刀、剪刀、钢（铁）锉、斧子、锤子等；易燃易爆物品，如酒精、汽油、煤油、柴油、打火机、火柴、发胶、摩丝、指甲油、染发剂、去光剂等；有毒害性（汞、剧毒农药等）、腐蚀性（盐酸、硫酸等）的危险物质；液体类物品（各类软、硬包装的饮料制品），经本人试喝检验后方可带入场馆；违反法律规定，涉及政治、宗教、商业等宣传展示活动的印刷、宣传品；任何可能影响参观秩序的标语、条幅、旗帜；除上述物品以外，中国法律法规明令禁止的其他可能影响观众参观或文物安全的物品。

附：革命遗迹

赵家沟毛泽东旧居 位于永和县坡头乡赵家沟村，距县城20公里。民国25年（1936）2月20日，以毛泽东为总政治委员，彭德怀为总司令的中国人民红军抗日先锋军东渡黄河，进入山西境内。3月27日"晋西会议"结束后，毛泽东、彭德怀率红军总部从石楼县辗转永和县南庄乡穆家坡村，于29日进驻永和县赵家沟村。在赵家沟村毛泽东及红军总部居住6天，期间，连续向红军各部指战员发电十余份，全面落实"晋西会议"的各项决议，并重新整编东征红军队伍，制定了当前的战略基本方针。该旧居坐西向东，占地面积959.1平方米，石砌窑洞7孔，毛泽东当年住在东起第一孔窑洞。2009年4月，永和县政府拨专款进行维修，有石窑5孔，其中2孔坐西向东，3孔坐北向南。窑洞内有太师椅、大刀、米升、窜壶、木桶、灯盏、水壶、缸子、毛毡、衣帽等纪念实物30余件。1987年被永和县人民政府公布为县级文物保护单位。同年，被列为永和县爱国主义教育基地。

红军东征阁山阻击战纪念碑 位于永和县阁底乡阁底村，距县城30公里，占地面积49平方米。民国25年（1936）2月20日，红军东征东渡黄河进入永和县境内。在永和、石楼、隰县、交口等地转战两个多月。5月1日，毛泽东率红军总部从永和县桑壁镇前龙石腰村抵达永和县阁底乡阁山一带，指挥红军各部回师西渡。上午9时，突然有两团阎锡山军队从县城方向追了过来，而担任总部警卫的只有政卫连1个连的兵力，双方力量悬殊。连长魏文建迅速指挥全连战士占领阁山最高的山头——娘娘庙山头，刚刚筑好工事，阎军炮弹就打了过来。毛泽东问清情况后，不慌不忙地说："留少数人监视迷惑敌人，多数人抓紧时间休息"。魏文建根据指示，派了少数战士占领另外两个山头，故意弄得尘土飞扬，似有千军万马严阵以待，使阎军不敢轻举妄动，为渡河红军争取到更多的时间。下午2时，双方阵地上的警戒人员已经多次交火，阎军的炮弹打得更勤了。5时左右，周恩来派出的陕北红五团由河西赶来接应，接下了政卫连的阵地，阻住了尾追的敌人，毛泽东这才率领总部人员向黄河岸边进发，当天傍晚到达离黄河不远的上退干关帝庙中。为纪念这场战斗，2005年永和县委、县政府建立此碑。

于家咀渡口 位于永和县阁底乡于家咀村，是黄河古渡口，距县城45公里，占地面积200平方米。民国25年（1936）4月27日，东征红军做出"回师西渡"决定之后，红一军团、红十五军团集结在黄河永和沿岸渡河。5月2日，毛泽东在阁底乡上退干村关帝庙下达红军渡河次序命令后，于早上7~8点间在于家咀渡口上船西渡黄河。以后几天时间里于家咀渡口成为红军回师西渡的最主要渡口。截至5月5日，红军主力部队全部顺利渡河回师。

铁罗关渡口 位于永和县阁底乡。清同治六年（1867）前后建成。民国25年（1936）5月，东征红军回师西渡的主要渡口。

永和关渡口 位于永和县南庄乡。民国25年（1936）红军东征时的主要渡口。红军东渡时，黄河游击师、十五军团部分部队在此登岸，进入山西。

前龙石腰毛泽东旧居 位于永和县桑壁镇前龙石腰村。民国25年（1936）4月下旬，毛泽东率领红军总部抵达永和县桑壁镇前龙石腰村，根据敌情变化，做出了红军回师西渡的决定。

乌华遗址 位于阁底乡乌华村。民国25年（1936）3月，东征红军在乌华村成立了永和县最早的苏维埃革命政权。

红心槐 位于阁底乡于家咀村。民国25年（1936）5月2日，为阻止东征红军回师西渡，蒋介石、阎锡山的飞机对于家咀渡口狂轰滥炸，生长在渡河指挥部旁边的古槐被炸弹拦腰炸断。翌年古槐重生，至今枝繁叶茂，当地百姓称之为"红心槐"。

渡河指挥部遗址 位于于家咀村。民国25年（1936）5月1日至5日，红军指挥员在此处调度和指挥红军西渡黄河。在土窑接口的墙上，留有许多炮弹爆炸的痕迹。

防空洞遗址 位于于家咀渡口，是一个天然溶洞。民国25年（1936）红军回师西渡时，国民党的飞机不停地轰炸。红军在溶洞中避过轰炸后平安渡河，故称"防空洞"。

罗荣桓居住地 位于于家咀村。红军回师西渡时，红一军团政治部副主任罗荣桓提前到于家咀渡口，清理障碍，组织船工，训练新兵。罗荣桓就住此处窑洞。

红军石 在于家咀村东南方向毗邻黄河岸的小山梁上，是由三块石头相互错落组成的地方。其中在左边的一块石头上刻着"红军"二字，是民国25年（1936）5月红军哨兵放哨时用刺刀所刻。

红军井 位于于家咀黄河岸边。民国25年（1936）5月红军回师时，正值春季天旱缺乏饮用水，红军在崖壁上有水滴的地方掏挖，竟然奇迹般地冒出甘泉来。数十年过后此井仍不枯竭，成为当地群众生活不可缺少的水源。

红军诗 永和县交口乡（原泊洋乡）楼山龙王庙内的墙壁上，留有红军东征时战士们写的诗："我军每日无地点，今日奉命到此地，到此但打小日本，打倒倭奴不受欺"。

桑壁遗址 位于永和县桑壁镇桑壁村。民国25年（1936）4月25日，林彪、罗荣桓率领的红一军团移驻永和县桑壁村，并在此建立地方苏维埃政权。

第三十一编

乾坤湾

黄河从青藏高原巴颜喀拉山脉发源，流经青海、四川、甘肃、宁夏、内蒙古、陕西、山西、河南、山东9个省（区），最终注入渤海。在它长达5464公里的漫漫征途中，跨高原、迈平原、闯峡谷，形成了大大小小、弯弯曲曲的许多弯道。在形态各异的诸多弯道中，流经晋陕大峡谷中段，地处山西永和县与陕西延川县之间依次形成的英雄湾、永和关湾、郭家山湾、河会里湾、白家山湾、仙人湾和于家咀湾7道大湾，是中国目前保存最密集、规模最大、发育最完好的干流峡谷型蛇曲，总称"乾坤湾"。

　　永和乾坤湾北起南庄乡前北头，南至阁底乡罗岔，西以黄河主流线为界，东至四十里山西部。总体呈南北方向展布，南北长约68公里，东西宽1—5公里。地理坐标为北纬36°36′55.4″—36°53′43.8″；东经110°22′3.9″—110°30′3.1″，总面积达105.61平方公里。

第一章 位置 环境

第一节 位置 境域

位 置

永和乾坤湾位于吕梁山南端西翼,秦晋交界处,永和县域西部的南庄、打石腰、阁底3乡境内。北起南庄乡前北头,南至阁底乡罗岔,东至四十里山西部,西以黄河主流线为界,与陕西省延川县隔河相望。总体呈南北方向展布,南北长约68公里,东西宽1—5公里,地理坐标为北纬36°36′55.4″—36°53′43.8″,东经110°22′3.9″—110°30′3.1″。

乾坤湾景区总面积为105.61平方公里,其中英雄湾景区面积12.10平方公里,永和关湾景区面积15.71平方公里,郭家山湾景区面积14.75平方公里,乾坤湾景区(河会里湾和白家山湾)面积18.24平方公里,仙人湾景区(仙人湾和于家咀湾)面积44.81平方公里。

境 域

黄河发源于青海省巴颜喀拉山脉,流经线路形似一个大"几"字,经过青海、四川、甘肃、宁夏、内蒙古、陕西、山西、河南、山东9个省(区),于山东省

乾坤湾

东营市垦利县注入渤海。全长5464公里，是中国第二长河，仅次于长江，也是世界上第六长河。

黄河从源头到内蒙古自治区托克托县河口镇为上游，河口镇至河南省郑州桃花峪为中游，桃花峪以下为下游。

乾坤湾在黄河中游、晋陕大峡谷之间的山西永和县与陕西延川县之间。黄河流经永和县境68公里，蜿蜒扭曲成7个大湾。这7个湾统称为"乾坤湾"。这是中国干流河流中蛇曲发育规模最大、保存最完整、最密集的蛇曲群。2007年被国土资源部地质环境司同意纳入国家地质公园建设范畴，2011年正式被批准为山西省永和县蛇曲国家地质公园。

乾坤湾景区东部的吕梁山支脉四十里山呈南北向展布，沟壑纵横，地形被切割得支离破碎，东高西低。最高点为打石腰乡东山脊黑龙神疙瘩，海拔高度1321米；最低点为千只河入黄河口的取材湾，海拔高度511.9米。

乾坤湾景区交通便利，北经永和关黄河公路大桥可直达陕西省延安市。省道隰永线横穿全县。东出永和县180公里可达大运高速公路、同蒲铁路和大西高铁。北出永和县193公里，有青（岛）—银（川）高速公路、省道328公路从乾坤湾北部横穿。581、578县级公路呈南北方向展布，与遍及乾坤湾景区的乡间公路构成了四通八达的交通网。

乾坤湾上有黄河碛口，下有壶口，北距碛口180公里，南至壶口149公里，东距永和县城区20公里，东南至临汾市区190公里，东北距太原市区318公里、北京市区886公里，西距陕西省延安市区180公里，西南距西安市区462公里。

第二节 气候 环境

气 候

乾坤湾属于半干旱半湿润大陆季风气候，气候比较温和，四季分明，冬长夏短。

乾坤湾年均气温为10.2℃，1月份最冷。全年平均日照时数达2474.9小时，日照率56.7%。

乾坤湾内无霜期因地势而异，年均为175天左右。初霜出现于10月上旬到10月下旬，晚霜期在翌年4月上旬至4月下旬。年均降水量为524.3毫米,年均蒸发量为1618.9毫米,蒸发量约为平均降水量的3倍。

乾坤湾冬季多东北风,夏季多西南风,年均风速2.0米/秒,最大风速16米/秒。一日内风速变化明显,一般20时以后风速渐弱,次日6时后随温度增高风速逐渐增大,13~16时风速最大。风力冬春较强,夏秋较弱,全年平均出现6级以上大风日数为23天,8级以上大风每年出现1次。云量随季节变化,春冬少云,为高中云族;夏秋云量偏多,为低中云族。年均晴天为101天,阴雨天为98天。

永和乾坤湾四季气候特征一览表

表31-1

季节	时间	平均气温	气候
春季	4月12日—6月12日,共62天	10—20℃	多风少雨,多现浮尘天气,降水量占全年12%,蒸发量高,温度变化大,易发生倒春寒;多高云,霜冻结束在本季,属干旱性季节
夏季	6月13日—8月12日,共61天	22℃	温度高,蒸发量大,雨量集中,降水量占全年60%;云系变化较大,多为低中云系
秋季	8月13日—10月16日,共64天	20—10℃	降温明显,昼夜温差大,多晴朗凉爽天气,偶有阴雨连绵,降雨量占全年23%;风沙少,多高中云系,初霜冻出现在本季
冬季	10月17日—翌年4月11日,共178天	-6.2℃	寒冷少雪,多风干燥,降水量占全年的5%;风力较大,且多为东北风

物候

乾坤湾西部河川沟谷与东部梁峁物候相差3~5天。不同的农作物、不同的植物,物候特征各有差异。

永和乾坤湾农作物物候统计表

表31-2　　　　　　　　　　　　　　　　　　　　　　　　　　　　　　　单位:日/月

作物	播种	出苗	开花抽穗	成熟
小麦	7/9	17/9	3/5	16/6
玉米	25/4	6/5	11/6	20/9
高粱	28/4	10/5	8/6	15/9
大豆	25/4	7/5	17/7	26/9

续表 31-2　　　　　　　　　　　　　　　　　　　　　　　　　　　　　单位：日／月

作　物	播　种	出　苗	开花抽穗	成　熟
花生	11/5	27/5	12/7	25/9
谷子	10/5	19/5	31/7	26/9
蓖麻	7/4	3/5	9/7	31/8
马铃薯	15/5	4/6	19/7	6/9

水　文

除黄河以外，乾坤湾地表水主要为降雨经流和泉水两部分。

乾坤湾的河流均属黄河水系，为山西省永和县与陕西省延川县界河，流经乾坤湾长度约 68 公里，落差为 52.7 米，流域面积为 1185.7 平方公里。

区内流入黄河的一级支流有 35 条，芝河是其中最大的支流，全长 62 公里，流域面积 976 平方公里，占全县面积的 80.5%，平均清水流量 0.25 立方米／秒，年清水流量 788.4×10^4 立方米。

桑壁河发源于茶布山东侧辛庄村后，于交口乡汇入芝河后流入黄河，全长 28 公里，清水流量 0.05 立方米／秒。

乾坤湾的泉水主要有东征泉和西后峪泉。东征泉位于阁底乡东征村西沟底，流量 1.8 公升／秒；西后峪泉位于阁底乡西后峪村，流量 1.61 公升／秒。

乾坤湾地下水较发育的含水层为砂岩裂隙含水层，其次为局部发育的第四纪冲积砂砾石孔隙含水层和黄土残塬沟壑裂隙含水层。浅层地下水位随季节变化，补给主要来源于大气降水。

地层地质

乾坤湾及周边地层属华北地层区山西分区，出露的地层比较简单，自老至新为：中生界三叠系中统铜川组、上统延长组；新生界第四系中更新统离石组、上更新统马兰组，河谷中分布着全新统冲洪积沙砾层。

区域属于鄂尔多斯断块的东缘，其特征是地质构造比较简单，地层产状较平缓，总体表现由东向西为缓倾单斜构造，存在少量宽缓微波状起伏的微弯褶皱构造形迹。

乾坤湾断裂构造以节理为主，断层很少。基岩中 NE 向（45°~75°）NW 向（310°~340°）节理非常发育，强烈地切割了三叠系地层。

区内花岭则发育有一条压扭性断裂，是在挤压收缩的地应力作用下形成的构造形迹。

2011年永和乾坤湾褶皱登记表

表31-3

编号	褶皱名称	褶皱产状			褶皱规模		卷入地层
		轴向	两翼产状		长度（千米）	宽度（千米）	
1	韩家坬背斜	30°	130°∠4°	345°∠5°	4	0.2	T3y
2	白家腰背斜	340°	255°∠7°	140°∠3°	2		T2t
3	刘家山背斜	240°	125°∠7°	340°∠8°	4	0.3	T2t
4	上辛角背斜	90°	285°∠5°	340°∠16°	1.5	0.3	T2t
5	上辛角向斜	90°	298°∠7°	205°∠5°	1.5	0.3	T2t

第二章 景区规划

第一节 景区划分

英雄湾景区

英雄湾景区在黄河风景区最北端。北起前北头，南部以中山里南沟与永和关湾景区为界，西到黄河河道中线，东至四十里山脉，面积12.1平方公里。东岸有堆积阶地、沟口、侵蚀阶地前缘、支流冲积扇、支流沟口、水蚀洞穴、构造节理、化石、侵蚀崖壁、球状结核等地质遗迹。

永和关湾景区

永和关湾景区北起中山里南沟，南至下山里沟，西到黄河河道中线，最东端至四十里山脉，面积15.71平方公里。东岸有风蚀崖、支流河口、地层剖面、崩塌体、侵蚀岩壁、侵蚀岩洞、侵蚀壁龛、堆积阶地、基座阶地、砂岩层理、构造节理、不整合面、黄土梁、黄土峁等。

郭家山湾景区

郭家山湾景区北起下山里沟，南至贺家腰南沟，西到黄河河道中线，东到四十里山脉，面积14.75平方公里。黄河东岸有曲颈溢流口、风蚀柱、风蚀崖、崩塌体化石地质遗迹。

河会里湾景区

河会里湾景区北起贺家腰南沟,南至南凹沟,包括河会里上、下两弯道,西到黄河河道中线,最东端至四十里山脉,面积18.24平方公里。这一景区除了乾坤湾外还有蛇形洞、二鸟同行、老鹰、河心岛等各种具有观赏价值的自然景观。河床基岩面还有"棋盘格式"节理的水蚀凹槽地质遗迹。

仙人湾景区

仙人湾景区北起南凹沟,南至地质公园南部边界,包括仙人湾上、下两弯道,西至黄河河道中线,东至四十里山脉,面积44.81平方公里,是地质公园的核心景区。有笑口常开、海底世界、小瀑布、塌鼻魔头、鱼泉、天眼、象鼻山等景观。建有地质公园博物馆、博物馆广场、伏羲厅、黄河宣言台、乾坤台、永和碉堡、打瓦赛场等景观。

地质遗迹景观

根据《国家地质公园规划编制技术要求》中关于地质遗迹类型划分方案的规定,公园地质遗迹景观资源划分为地貌、水体、地质剖面、古生物、环境地质遗迹5个大类。大类下设类,类下设亚类。

永和黄河蛇曲国家地质公园地质遗迹空间分布表

表31-4

大类	类	亚类	空间分布
地貌景观	流水地貌	流水侵蚀地貌景观	黄河蛇曲凹岸及支流沟底或近沟口地段
		流水堆积地貌景观	黄河蛇曲及支流的凸岸、漫滩、边滩、支流入口下游河段
	岩石地貌	碎屑岩地貌景观	黄河及支流沟谷岸坡陡壁,尤以永和关湾景区和仙人湾景区分布范围最广
		黄土地貌景观	园内河谷基岩区以外的黄土沟、梁分布区
		砂积地貌景观	黄河蛇曲凸岸局部漫滩与岸坡地带
	构造地貌	构造地貌景观	黄河及支流沟谷谷坡砂岩地层
水体景观	河流	风景河段	黄河及其部分支流河段
	瀑布	瀑布景观	黄河两岸"悬谷"型支流
	泉	冷泉	黄河及支流沟谷谷坡砂岩与泥岩接触带

续表 31-4

大 类	类	亚 类	空间分布
地质剖面	沉积岩相剖面	典型沉积岩相剖面	园区河谷地带基岩分布区
古生物	古植物	古植物	园区河谷地带基岩地层中
环境地质遗迹	地质灾害遗迹	崩塌遗迹景观	郭家山湾景区与河会里景区黄河凹岸

永和乾坤湾景区地质遗迹资源景观表

表 31-5

野外编号	室内编号	类别	所在景区	地质遗迹名称	景点名称	是否适于科普	等级	坐标 X	坐标 Y	备注
y1	h1	流水地貌	—	河曲	黄河蛇曲	适于	国家级	—	—	地貌、水体整体国家级
y2	h2	流水地貌	—	河曲	英雄湾	适于	省级	—	—	—
8	d5	岩石地貌	—	风蚀洞穴	有眼无珠	—	地方级	4460990.9	449274.9	象形风蚀地貌
11	d6	岩石地貌	—	风蚀崖	负重之驼	适于	省级	4060852.1	448973.6	象形风蚀地貌
15	d7	地层剖面	—	砂岩结核	石球群	适于	国家级	4060026.2	448232.3	砂岩地层巨大结核群
16	d8	岩石地貌	—	风蚀崖	猪嘴石	适于	省级	4059766.6	448154.8	象形风蚀地貌
17	d9	岩石地貌	—	风蚀壁	风蚀壁	—	地方级	4059561.9	448066.7	—
18	d10	岩石地貌	—	风蚀崖	响尾蛇	适于	省级	4059400.6	447983.5	象形风蚀地貌
—	—	—	—	风蚀崖	河东狮吼	适于	省级	4059400.6	447983.5	一点两景
19	d11	岩石地貌	—	方山	炮台山	适于	省级	4060045.6	448075.6	构造风蚀地貌组合
—	—	—	—	风蚀柱	顶梁柱	适于	省级	4061073.6	449403.8	一点两景
y3	h3	流水地貌	—	河曲	永和关湾	适于	省级	—	—	—

续表31-5

野外编号	室内编号	类别	所在景区	地质遗迹名称	景点名称	是否适于科普	等级	坐标 X	坐标 Y	备注
y4	h4	流水地貌	—	河曲	郭家山湾	适于	国家级	—	—	曲流系数仅次于河会里上湾
y5	h5	流水地貌	—	河曲	河会里湾	适于	国家级	—	—	"S"形双湾
y6	h6	流水地貌	—	河曲	仙人湾	适于	国家级	—	—	"S"形双湾
5	d2	岩石地貌	仙人湾	风蚀崖与洞	巨蟒捕食	适于	省级	4061084.8	449623.9	象形风蚀地貌组合
7	d4	岩石地貌	仙人湾	风蚀悬崖	探河龟	—	地方级	4061073.6	449403.8	象形风蚀地貌

永和黄河蛇曲国家地质公园地质遗迹资源景观及等级划分表

表31-6

野外编号	室内编号	类别	所在景区	地质遗迹名称	景点名称	是否适于科普	等级	坐标 X	坐标 Y	备注
24	d12	岩石地貌	永和关湾	风蚀崖	驼头崖	—	地方级	4077231.4	448554.2	像形风蚀地貌
25	d13	流水地貌	永和关湾	支流河口	河口古渡	—	地方级	4077139.0	448431.7	—
29	d14	岩石地貌	永和关湾	风蚀崖	鲨鱼吞食	适于	省级	4077319.5	447619.5	像形风蚀地貌
30	d15	地层剖面	永和关湾	地层剖面	层理、节理	适于	地方级	4077394.7	447567.9	地层层理与地质构造
31	d16	崩塌地貌	永和关湾	崩塌体	将军石	适于	省级	4077356.0	447426.1	像形崩塌体
32	d17	岩石地貌	永和关湾	风蚀崖	母子情、扮鬼脸	适于	省级	4078278.5	447866.9	像形风蚀与重力地貌

续表 31-6

野外编号	室内编号	类别	所在景区	地质遗迹名称	景点名称	是否适于科普	等级	坐标 X	坐标 Y	备注
										—
33	d18	岩石地貌		风蚀岩壁	动物世界	适于	省级	4078365.4	447912.1	风蚀岩壁地貌组合
34	d19	岩石地貌		风蚀岩洞	风蚀洞庭	适于	国家级	4078563.4	447998.9	风蚀洞穴、风石柱组合
40	d20	岩石地貌		风蚀壁龛	风蚀摩崖	适于	国家级	4079272.2	448304.7	风蚀地貌组合
41	d21	岩石地貌	永和关湾	风蚀壁龛	风蚀摩崖	适于	国家级	4080074.7	448294.2	风蚀地貌组合
45	d23	流水地貌		堆积阶地	黄河阶地	—	地方级	4077272.2	447166.1	—
46	d24	流水地貌		基座阶地	基座阶地	适于	地方级	4077173.4	447194.0	—
47	d25	地层剖面		砂岩层理	层理	适于	地方级	4077111.0	447507.7	—
48	d26	流水地貌		阶地、方山	基座阶地、方山	适于	省级	4077091.7	447593.7	流水、重力、风蚀地貌
49	d27	地质构造		构造节理	裂隙	适于	地方级	4077487.1	447512.0	
50	d28	流水地貌	—	方山	林漫方山	适于	省级	4077310.9	447924.6	流水、重力、生态、景观
52	d29	地层剖面	—	不整合面	不整合面	适于	地方级	4077483.6	447944.7	黄土与基岩不整合面
53	d30	流水地貌		堆积阶地	黄河阶地	适于	地方级	4082432.6	445283.9	—
54	d31	流水地貌		沟口	"悬谷"	适于	省级	4082599.9	444487.8	黄河谷坡支流沟口

续表 31-6

野外编号	室内编号	类别	所在景区	地质遗迹名称	景点名称	是否适于科普	等级	坐标 X	坐标 Y	备注
55	d32	流水地貌	英雄湾	侵蚀阶地前缘	观景台	适于	省级	4083643.9	445098.0	黄河侵蚀平台
56	d33	流水地貌		支流冲积扇	冲积扇	适于	地方级	4083941.3	446160.6	黄河支流冲积扇
57	d34	流水地貌		支流沟口	沟口	—	地方级	4083730.6	445801.2	—
58	d35	流水地貌		水蚀洞穴	水蚀洞穴	适于	地方级	4083622.2	445531.7	
59	d36	流水地貌		基座阶地	基座阶地	—	地方级	4083628.4	445404.7	
60	d37	地质构造		构造节理	节理	适于	地方级	4083693.6	444624.1	
63	d38	古生物		化石	化石	适于	地方级	4082201.9	446615.2	植物化石印迹
64	d39	岩石地貌		风蚀城堡	卧龙、风蚀城堡	适于	国家级	4082375.9	446631.0	风蚀残壁、风蚀城堡
66	d40	地层古生物		球状结核、化石	石球、化石	适于	省级	4081030.8	448150.2	含石球与化石地层剖面
67	d41	流水地貌	仙人湾	水蚀洞穴	溶洞	适于	国家级	4062056.2	445784.0	巨大流水侵蚀、风化、风蚀
68	d84	地层剖面		石球坑	沙发石	—	地方级	445705.1	4062263.1	石球风化脱落遗迹
69	d42	流水地貌		支流沟口	"悬谷"	适于	省级	4062438.1	445679.5	雨后可成瀑布
70	r22	岩石地貌		风蚀崖	笑面虎	适于	省级	446151.0	4062901.0	位于r22山顶东侧像形石

续表 31-6

野外编号	室内编号	类别	所在景区	地质遗迹名称	景点名称	是否适于科普	等级	坐标 X	坐标 Y	备注
71	d43	岩石地貌		风蚀洞穴	摩崖石窟	—	地方级	4062248.2	447027.9	—
72	d44	岩石地貌		风蚀岩壁	摩崖石刻	—	地方级	4062120.2	447151.6	—
73	d45	岩石地貌		风蚀城堡	城堡	适于	省级	4062384.7	446876.4	风蚀地貌组合
74	d46	流水地貌		黄河河漫滩	河滩	—	地方级	4062555.4	446776.1	—
75	d47	流水地貌		水蚀洞穴	笑口常开	适于	省级	4062640.7	446336.6	顶平下凸状水蚀洞
76	d48	岩石地貌		风蚀岩壁	海底世界	—	地方级	4062316.4	445555.8	—
78	d50	水体景观		季节瀑布	小瀑布	—	地方级	4062162.8	445385.1	—
79	d51	构造、古生物	仙人湾	断层、化石	断层、化石	适于	地方级	4062049.8	445412.8	—
80	d52	岩石地貌		风蚀岩壁	塌鼻魔头	—	地方级	4062137.2	445513.1	—
83	d53	黄土地貌		黄土冲沟	冲沟	适于	地方级	4060171.2	453130.8	—
84	d54	岩石地貌		风蚀洞穴	骷髅头	适于	省级	4062324.7	449614.3	—
85	d55	流水地貌		侵蚀阶地	侵蚀阶地	适于	省级	4062322.7	449725.9	生存有古酸枣树
86	d56	水体景观		砂岩裂隙泉	鱼泉	适于	省级	4063125.2	449213.4	砂岩地层构造裂隙泉
88	d57	岩石地貌		风蚀崖	天眼	适于	国家级	4063054.9	449626.4	夫妻崖、天眼、瑜伽
89	d58	岩石地貌		风蚀崖	象鼻山	适于	国家级	4063066.6	449767.0	象鼻、猩猩、八戒吹喇叭

续表 31-6

野外编号	室内编号	类别	所在景区	地质遗迹名称	景点名称	是否适于科普	等级	坐标 X	坐标 Y	备注
90	d59	黄土地貌	仙人湾	土柱	一炷香	适于	省级	4078598.7	457773.1	—
91	d60	地貌景观		山峦	云海山峦	适于	省级	4078018.4	458044.9	大寨林场山顶
93	d61	流水地貌	郭家湾	曲颈溢流口	黄河溢流口	适于	国家级	4071249.7	446161.7	黄河曲流截弯取直古溢流口
94	d62	流水地貌		堆积阶地	黄河堆积阶地	—	地方级	4071391.3	444802.3	—
96	d63	岩石地貌		风蚀崖	望河犬	—	地方级	4071545.8	444797.2	象形石悬崖
97	d64	岩石地貌		风蚀壁	飞天	—	地方级	4071579.2	444900.2	水蚀、风蚀象形石壁
98	d65	重力地貌		崩塌体、化石	镇河石、化石	适于	省级	4071553.5	445206.5	崩塌岩体及树干化石
99	d66	流水地貌	郭家山湾	堆积阶地	一级阶地		地方级	4070999.9	444699.4	—
100	d67	岩石地貌		风蚀柱	千斤顶	适于	省级	4071185.3	444596.4	千斤顶、层理、枣林乌龟
101	d68	流水地貌		岸坡	河岸风光	适于	省级	4071023.1	445899.1	龟背炮楼、阶地梯田
102	d69	岩石地貌		风蚀洞	蛇形洞		地方级	4067688.8	448740.7	
103	d70	流水地貌	河会里湾	河心岛	河心岛远景	适于	省级	4067583.5	448609.9	河心岛远景与龙戏珠
105	d71	流水地貌		河漫滩	沙滩	—	地方级	4065950.7	447569.3	—
106	d72	流水地貌		边滩	边滩	—	地方级	4065869.3	447858.3	—

续表 31-6

野外编号	室内编号	类别	所在景区	地质遗迹名称	景点名称	是否适于科普	等级	坐标 X	坐标 Y	备注
108	d73	流水地貌	河会里湾	河流阶地	河流阶地	—	地方级	4066588.1	448498.2	—
109	d74	流水地貌	河会里湾	侧蚀悬崖	跳台	适于	省级	4066753.9	448593.9	黄河侧蚀悬崖
110	d75	重力地貌	河会里湾	塌岸	崩塌岩	适于	地方级	4067015.6	448728.9	
111	d76	流水地貌	河会里湾	水蚀崖	二鸟同行	—	地方级	4067325.1	448941.7	水蚀像形地貌
113	d77	流水地貌	河会里湾	河漫滩	岸边沙滩	—	地方级	4067478.2	449126.8	
114	d78	流水地貌	河会里湾	支流河口	河口凹槽	适于	地方级	4067870.7	449324.6	
115	d79	流水地貌	河会里湾	河口岛	河口岛	适于	国家级	4067618.6	449774.5	黄河支流河口岛与沙坝
116	d80	地质构造	河会里湾	节理	砂岩节理	适于	地方级	4067656.9	449608.5	—
117	d81	岩石地貌	河会里湾	风蚀洞穴	老鹰	适于	国家级	4067688.8	449717.0	山顶风蚀洞（天生桥）
119	d83	流水地貌	河会里湾	二级阶地	二级阶地	适于	地方级	4066309.88	448189.39	—
152	d84	黄土地貌	英雄湾	黄土峁	黄土峁	—	地方级	4084227.6	19447907.2	—
153	d85	流水地貌	英雄湾	侵蚀阶地	侵蚀阶地	适于	地方级	4084427.4	19446775.0	—
154	d86	流水地貌	永和关湾	方山地貌	方山地貌	—	地方级	4080370.3	19448295.7	—
155	d87	黄土地貌	永和关湾	黄土梁	黄土梁	—	地方级	4078305.7	19448489.9	—
156	d88	黄土地貌	永和关湾	黄土梁	黄土梁	适于	地方级	4078294.6	19449300.0	—

续表 31-6

野外编号	室内编号	类别	所在景区	地质遗迹名称	景点名称	是否适于科普	等级	坐标 X	坐标 Y	备注
157	d89	黄土地貌	永和关湾	黄土峁	黄土峁	—	地方级	4075730.4	19449405.7	—
158	d90	黄土地貌		黄土峁	黄土峁	适于	地方级	4075142.1	19448728.6	—
159	d91	黄土地貌		黄土峁	黄土峁	适于	地方级	4074842.4	19449633.3	—
160	d92	风蚀地貌	郭家山湾	风蚀崖	风蚀崖	—	地方级	4073771.2	19447807.3	—
161	d93	风蚀地貌		风蚀崖	风蚀崖	—	地方级	4072822.2	19447363.3	—
162	d94	黄土地貌		黄土梁	黄土梁	—	地方级	4072833.2	19449638.8	—
163	d95	黄土地貌	河会里湾	黄土峁	黄土峁	适于	地方级	4070682.4	19449255.8	—
164	d96	流水地貌	郭家山湾	河流阶地	河流阶地	适于	地方级	4070835.2	19445010.0	—
167	d97	流水地貌	河会里湾	河心岛	河心岛	适于	省级	4067027.9	19447635.2	半固定型
168	d98	流水地貌		河心岛	河心岛	适于	省级	4066567.2	19447235.6	半固定型
169	d99	流水地貌		河流阶地	河流阶地	—	地方级	4066717.1	19447618.6	—
170	d100	流水地貌		河流阶地	河流阶地	—	地方级	4067211.0	19450804.3	—
171	d101	流水地貌		侵蚀阶地	侵蚀阶地	—	地方级	4066311.9	19450898.7	—
172	d102	流水地貌		河口地貌	河口凹槽	适于	地方级	4065784.7	19450432.5	—
173	d103	风蚀地貌		风蚀地貌	风蚀地貌	—	地方级	4065307.4	19450066.2	—
174	d104	流水地貌		方山地貌	方山地貌	—	地方级	4064630.3	19449655.5	—
175	d105	风蚀地貌		风蚀地貌	风蚀地貌	—	地方级	4064225.1	19449427.9	—
176	d106	风蚀地貌		风蚀地貌	风蚀地貌	—	地方级	4063686.7	19449322.4	—

续表 31-6

野外编号	室内编号	类别	所在景区	地质遗迹名称	景点名称	是否适于科普	等级	坐标 X	坐标 Y	备注
177	d107	水体景观	仙人湾	泉	泉	适于	地方级	4061888.5	19451081.8	基岩泉
178	d108	水体景观		泉	泉	适于	地方级	4060750.8	19451337.1	基岩泉
179	d109	水体景观		泉	泉	—	地方级	4062088.3	19453879.1	基岩泉
180	d110	流水地貌		河流阶地	河流阶地	—	地方级	4061622.1	19445653.8	—
181	d111	流水地貌		河心岛	河心岛	适于	地方级	4059998.8	19446420.1	半固定型
182	d112	黄土地貌		黄土峁	黄土峁	—	地方级	4061316.9	19452530.4	—
183	d113	黄土地貌		黄土塬	黄土塬	适于	地方级	4057920.2	19452691.3	小型黄土塬
184	d114	黄土地貌		黄土塬	黄土塬	适于	地方级	4056466.1	19450748.8	小型黄土塬
185	d115	流水地貌	永和关湾	水蚀洞穴	水蚀洞穴	—	地方级	4076377.5	19448103.6	—
186	d116	古生物化石	仙人湾	植物化石点	植物化石点	适于	地方级	4062456.7	19446087.6	—

第二节 景观保护区划分

一级保护区

一级保护区1处，即黄河蛇曲一级保护区。重点保护黄河曲流及其谷底范围内的深槽、浅滩、边滩、河心岛、河漫滩、塌岸体、水蚀洞穴等地貌景观。自北向南蛇曲七连湾依次为：英雄湾、永和关湾、郭家山湾、河会里上湾、河会里下湾（白家山湾）、仙人湾上湾和仙人湾下湾（于家咀湾），保护区总面积为14.25平方公里。

二级保护区

概　　述　公园内二级保护区 3 处，包括郭家山湾保护区、河会里湾保护区和仙人湾保护区，总面积 17.55 平方公里。

郭家山湾二级保护区　郭家山湾二级保护区北起直地里南沟，向南经郭家山东北部山顶、郭家山东沟至贺家腰南沟沟口。重点保护郭家山湾曲流谷坡地带侵蚀、基座、堆积、嵌入等各类河流阶地，黄河古溢流口，风蚀、水蚀洞穴地貌，植物化石，塌岸和黄土地貌等。

河会里湾二级保护区　河会里湾二级保护区北起段家圪西 765 高地西侧冲沟，向南经黄家岭、大艄沟沟口，沿 716 黄土梁高地穿过里沟，至后山里西南冲沟沟口。重点保护河会里湾"S"形曲流河段谷坡的侵蚀阶地、基座与堆积阶地，支流河口凹槽与河口岛，风蚀、水蚀洞穴地貌，构造节理和塌方地貌等。

仙人湾二级保护区　仙人湾二级保护区北起南凹沟，向南经阴德河、贺家山西部 672 高地，穿过于家山西沟，沿山脊至石家湾西沟。重点保护仙人湾"S"形曲流河段岸坡地带的侵蚀阶地、基座与堆积阶地，曲流型支流河口，"悬谷"地貌，基岩裂隙泉，风蚀、水蚀洞穴地貌，断层构造和砂岩"石球"等。保护面积为 7.26 平方公里。

三级保护区

英雄湾三级保护区　英雄湾三级保护区北起 738 高地梁脊，向南经社里黄土梁、马家滩北沟和 747、738 高地，至中山里西沟沟口。重点保护曲流河段岸坡地带侵蚀阶地、基座与堆积阶地，风蚀、水蚀洞穴地貌，构造节理，地层不整合面，砂岩"石球"和黄土沟梁地貌等。保护面积为 5.82 平方公里。

永和关湾三级保护区　永和关湾三级保护区北起韩家圪北沟沟口，向南经刘家圪崂西梁至后崖头、前崖头西沟。重点保护曲流河段岸坡地带基座与堆积阶地，水蚀洞穴地貌，构造节理，地层层理，风蚀摩崖和方山石壁地貌等。保护面积为 3.46 平方公里。

第三节　生态修复

土　壤

乾坤湾主要成土母质为马兰黄土、离石黄土、三叠系砂页岩，其次为全新统砂砾石、砂质粉砂黏土等。主要土壤为灰褐土类土，其中包括灰褐土性土6个土属，以灰褐土3个为主；小范围有草甸土。

结构体表面有时有黑褐色腐殖质块；向下一般过渡到钙积层，石灰多呈白色假菌丝状。土壤有机质含量平均1.04%，其中耕作土壤有机质含量0.75%、自然土壤平均含量1.16%。表层土全氮平均含量为660ppm，其中耕作土壤全氮平均含量为500ppm；速效钾平均含量为117ppm，其中耕作土壤速效钾平均含量为120ppm。全剖面呈中性至微碱性，pH值7~8，阳离子交换量为20~60毫克当量，胶体盐基饱和，且以钙离子为主；剖面中部黏化层黏粒含量比上下层高出0.5~1倍，土体硅铁铝率4.6~5.2。

草甸土属非地带性土壤。在乾坤湾内含自然浅色草甸土、耕作浅色草甸土，发育在河（沟）谷底部低平地带，成土母质主要为近代河流沉积物。土体层理清晰，具有明显的机械搬运特点。质地多样，形成多种不同特性的土体构型。自然浅色草甸土主要分布在黄河曲流凸岸低漫滩上，地下水埋深30~50厘米，属于成土初期阶段，通体砂质，自然植被稀少。耕作浅色草甸土，主要分布于黄河高漫滩和沟谷低平地带，为沙壤质，耕层厚度17~20厘米，潜在肥力低，局部有盐渍化现象，通体块状结构，强石灰反应。

乾坤湾土壤养分中含钾量较丰富，缺少氮，极缺磷。灰褐土性土多分布在石质山地、坡地，地面坡度大、石块多、成土条件差，土层薄，剖面分化不明显，加之气温较低，不适于发展农业。

灰褐土分布于低缓丘陵、沟川阶地地区，剖面分化明显，腐殖质层厚约20~30厘米，黑褐色或棕褐色，粒状或团块结构，并有白色霉状物；淀积层厚约30~80厘米，暗棕或浅褐色，质地较粘，紧实，块状或棱块状结构。

植 物

植物资源主要集中于东部的四十里山，其他大多地段的森林为人工植被。乾坤湾及周边植物资源以常见普通属种为主，未发现国家级重点保护植物。乾坤湾生态环境差，水土流失严重，区内及周边地带自然植被以草丛、灌丛为主，它们与梯田、鱼鳞坑等人工林融为一体，形成乾坤湾比较独特的生态景观。自然森林植被古树已列入保护和观赏植物，如永和关古槐、石家湾古槐、阴德河古槐、于家山酸枣树等。

2011年永和乾坤湾主要植物统计表

表 31-7

科　名	属　名	种　名
卷柏科	卷柏属	中华卷柏
中国蕨科	粉背蕨属	银粉背蕨
松科	松属	油松
柏科	侧柏属	侧柏
	刺柏属	刺柏
麻黄科	麻黄属	草麻黄
杨柳科	杨属	小叶杨
		山杨
	柳属	垂柳
		沙柳
		旱柳
桦木科	桦木属	白桦
	虎榛子属	虎榛子
榆科	榆属	榆
		大果榆
桑科	葎草属	葎草
藜科	藜属	藜
	碱蓬属	翅碱蓬
		刺沙蓬
苋科	苋属	反枝苋
	青葙属	鸡冠花
石竹科	霞草属	霞草
毛茛科	铁线莲属	黄花铁线莲
	翠雀花属	翠雀
	水葫芦苗属	黄戴戴

续表 31-7

科　名	属　名	种　名
十字花科	芸薹属	芥菜疙瘩
		芥菜
		卷心菜
		甘蓝
		白菜
景天科	瓦松属	瓦松
虎耳草科	溲疏属	溲疏
蔷薇科	委陵菜属	委陵菜
	李属	李
		杏
		桃
		山桃
	蔷薇属	野刺玫
	苹果属	苹果
	樱桃属	毛樱桃
		沙果
	梨属	杜梨
		白梨
	杏属	山杏
	绣线菊属	三裂绣线菊
豆科	蔫豆属	蔫豆
	大豆属	大豆
		野大豆
	胡卢巴属	花苜蓿
	洋槐属	洋槐
	苜蓿属	野苜蓿

续表 31-7

科　名	属　名	种　名
豆科	苜蓿属	紫苜蓿
	胡枝子属	达呼里胡枝子
	紫穗槐属	紫穗槐
	锦鸡儿属	红花锦鸡儿
		柠条锦鸡儿
	苦马豆属	苦马豆
	米口袋属	米口袋
	棘豆属	二色棘豆
		蓝花棘豆
	黄芪属	糙叶黄耆
		达呼里黄芪
	甘草属	甘草
	菜豆属	赤豆
		绿豆
蒺藜科	蒺藜属	蒺藜
苦木科	臭椿属	臭椿
远志科	远志属	远志
大戟科	大戟属	乳浆大戟
		一品红
木犀科	丁香属	暴马丁香
漆树科	盐肤木属	火炬树
	槭树属	枫树
凤仙花科	凤仙花属	凤仙花
鼠李科	枣属	酸枣
		枣
葡萄科	葡萄属	葡萄

续表 31-7

科 名	属 名	种 名
堇菜科	堇菜属	紫花地丁
胡颓子科	胡颓子属	沙枣
	沙棘属	沙棘
旋花科	旋花属	田旋花
		圆叶牵牛
		牵牛
唇形科	百里香属	百里香
茄科	枸杞属	枸杞
	辣椒属	辣椒
	茄属	龙葵
		马铃薯
		茄
	烟草属	烟草
	曼陀罗属	曼陀罗
	番茄属	番茄
紫葳科	角蒿属	角蒿
车前科	车前属	车前
		大车前
葫芦科	南瓜属	南瓜
	西瓜属	西瓜
	香瓜属	香瓜
		菜瓜
		黄瓜
菊科	翠菊属	翠菊
	刺儿菜属	刺儿菜
		银背风毛菊

续表31-7

科 名	属 名	种 名
菊科	祁州漏卢属	祁州漏卢
	苍耳属	苍耳
	蒲公英属	白缘蒲公英
		蒲公英
		亚洲蒲公英
		华蒲公英
	菊属	小红菊
	向日葵属	向日葵
	蓝刺头属	蓝刺头
	苦荬菜属	抱茎苦荬菜
		苦菜
		苦荬菜
	蓟属	大蓟
		小蓟
	苦苣菜属	苦苣菜
	马兰属	山马兰
	火绒草属	火绒草
	线叶菊属	线叶菊
	蒿属	莎蒿
		茵陈蒿
		猪毛蒿
		艾蒿
		黄花蒿
		山蒿
		青蒿
		大籽蒿
		野艾蒿

续表 31-7

科 名	属 名	种 名
禾本科	披碱草属	披碱草
	狗尾草属	狗尾草
		谷
		金色狗尾草
	玉蜀黍属	玉蜀黍
	稗属	稗
	芦苇属	芦苇
	虎尾草属	虎尾草
	孔颖草属	白羊草
	赖草属	赖草
		羊草
	马唐属	马唐
	菅属	黄背草
		硬质早熟禾
	鹅观草属	鹅观草
	针茅属	针茅
	狼尾草属	狼尾草
		白草
	黍属	黍
	蜀黍属	高粱
	燕麦属	燕麦
百合科	葱属	山葱
		韭菜
	百合属	山丹
		黄花

动 物

乾坤湾东部四十里山有繁茂的林地覆盖，其间沟壑纵横，溪水网布，山泉、跌水长年不断，为各类动物生长繁衍提供了良好的条件，其中以哺乳纲和鸟纲动物居多。

2011年永和乾坤湾动物资源分类表

表31-8

纲	科	动物资源
哺乳纲	猫科	豹豹
	犬科	狼、狐狸、（赤狐、草狐）、狗
	鼬科	黄鼬、青鼬、狗獾
	猪科	野猪、山猪
	鹿科	麝、麂、狍子、梅花鹿（草鹿）
	羊科	青羊（野山羊、斑羚）、黄羊
	兔科	野兔
	鼠科	田鼠、小家鼠（小耗子）、褐家鼠（大耗子）
	松鼠科	花鼠
	蝙蝠科	大耳鼠蝠、蝙蝠
	仓鼠科	大仓鼠、长尾鼠、中华鼢鼠
鸟纲	鹰科	金雕、鸢（老鹰）、鹞、猫头鹰
	雉科	石鸡、鹌鹑、白脖鸡、褐马鸡、环颈鸡
	鸠鸽科	斑鸠、灰斑鸠、野鸽
	啄木鸟科	绿啄木鸟、大斑啄木鸟、星头啄木鸟
	翠鸟科	蓝翠鸟、花鹨鸪
	百灵科	云雀、小云雀、凤头百灵
	燕科	家燕、金腰燕
	鸦科	喜鹊、乌鸦、百脖鸦、红嘴山鸦
	山雀科	大山雀、褐头山雀
	文鸟科	麻雀、山麻雀
	雀科	麦雀、火燕、麻阳雀（金翅雀）
爬行纲	鳖科	鳖、地鳖
	壁虎科	无蹼壁虎、多疣壁虎
	蜥蜴科	山地麻蜥、丽斑麻蜥
	游蛇科	虎斑游蛇、黄脊绵青蛇、草水蛇
两栖纲	蟾蜍科	大蟾蜍、花背、蟾蜍
	蛙科	黑斑蛙、金钱蛙

续表 31-8

纲	科	动物资源
更骨鱼纲	鲤科	鲤鱼、鲫鱼
	鲇科	鲇鱼
	鳅科	泥鳅
	鳝科	黄鳝
昆虫纲	鼠妇科	鼠妇
	蝗科	东西飞蝗
	蝼蛄科	非洲蝼蛄
	蟋蟀科	蟋蟀
	莞青科	绿莞青
	金龟科	大蛴螬、天牛、蛴螬（金龟）
	蜚蠊科	蟑螂
	蜜蜂科	中华蜜蜂、土蜂、马蜂、赤眼蜂、黄蜂
	大蜓科	大蜻蜓
	蝶科	蝴蝶
	蝉科	蝉
	蝇科	蚊、蝇
	卷尾科	尺蠖蛾、松毛虫
蛛形纲		红蜘蛛、蝎
腹足纲		蜗牛
毛足纲		蚯蚓
多足纲		蜈蚣、蚰蜒

景区绿化

大寨岭科技示范工程 大寨岭科技造林示范工程是经国家林业局批复的《"三北"防护林体系建设工程困难立地造林综合配套技术示范推广》项目，工程总任务1800亩。山西省造林局将工程地址选在永和县328省道南庄段的大寨岭，由永和县林业局具体组织实施。

该工程坚持以景观生态学和水土保持学理论为指导，针对永和县"三北"工程区的地貌类型和特点，结合全省"三北"工程区主要造林树种和伴生树种的分布，合理选择主要造林树种，科学布局三北防护林适宜的造林模式，以科技兴林为突破口，坚持科学规划、规范操作、严格封育、辐射全省的工作思路，建设多树种配置、多模式布局的精品模式园。

为保证工程建设顺利实施，山西省造林局制定《工程实施方案》，成立工程建设领导组。省技术人员实地规划设计，对永和县参与工程建设的施工人员进行培训，并对工程的实施提出具体要求。永和县林业局经过严格招投标，挑选了4支160余人的造林专业队进驻工程区，按照划分区域、分片作业、各负其责的办法，针对工程区不同的立地类型，分别采取不同的整地方式。即石质山地采取垒石埂大鱼鳞坑整地；土石沟壑区采取鱼鳞坑整地；黄土丘陵区采取水平沟整地；小块平地采取回字形整地。并对工程区公路两侧因开路而留下的乱石坡，采取异地取土铺垫的办法进行整修完善。工程从2006年2月开始，到7月底竣工，共垒石坑68000多个，挖水平沟30000余米、鱼鳞坑32000多个，回字漏斗整地1200余个，路边覆土13000立方米，完成了对土石沟壑区658亩工程的栽植。栽植白皮松、仁用杏、山桃、山杏、沙棘、柠条、连翘、元宝枫、紫穗槐、火炬等十多个品种的苗木73000余株。永和县林业局动用8支专业队、240余人对1500余亩石质山地工程进行全面栽植，共栽植1.2米以上的侧柏大苗68000株。在施工过程中，重点应用了径流林业整地，根宝、生根剂蘸根，保水剂应用，石片覆盖保墒，容器苗造林，截干造林，侧柏大苗带土造林等科技推广技术，使栽植质量明显提高。

该工程共投工15000余个，异地取土13000立方米，总投资214万元。为保证工程建成后的整体效果，建设单位在原计划任务基础上，对石质山地南北两侧进行扩展，使工程建设面积达到2800亩。

永和关造林绿化工程 该工程位于永和县西部黄河岸边的南庄乡永和关黄河古渡口，工程总面积4300亩。

2005年5月，华北途经陕西延安通往西北的最近的一条省际公路建成通车。为展现绿色山西、和谐永和的新形象，永和县对永和关出省口开始造林绿化。

工程建设的指导思想是遵循生态学、水土保持学、景观生态学理论，以"三北"地区困难立地造林综合治理模式为标准，以山上治本、身边增绿为目标，以现代林业建设为方向，以多树种配置、多模式造林、多功能发挥为导向，以科学技术为手段，因地制宜，适地适树，建设高标准、高质量、高效益、多景观的生态经济型林业工程，努力创建多彩"三北"、绿色山西、和谐永和的新形象。

工程建设的规划原则是"荒山荒沟生态林，乔灌混交，针阔搭配；川坡耕地经济林，突出特色，林农间作"。按照这一原则，首先对黄河大桥面对的1500亩石质山地，按照3×4米株行距，采用垒大石坑，栽植1.2米以上的侧柏大苗；对滩涂平地采用100×60厘米大坑整地，栽植2年以上归圃枣树苗。2007年工程向南延伸扩展，对石质山地采用垒大石坑，栽植侧柏大苗、山桃、山杏70000株；对坡耕地进行爆破整地，栽植2年以上红枣树归圃苗5000余株。对公路边的乱石采用拉土覆盖、人工整修，覆土厚度80厘米以上，栽植1.5米以上的侧柏大苗。在干旱缺雨情况下，采用水车拉水、人工担水等办法，对所栽苗木全部浇水两次以上，使苗木成活率达到90%以上。该工程累计投工39000个，浇水5200吨，总投资355万元。

在工程建设中，重点推广了各种径流林业整地方式、侧柏大苗带土胎雨季造林、截干封堆造林、容器苗造林、混交造林、石片覆盖保墒、根宝（生根剂）蘸根等多项科技成果。通过工程建设，实现了荒沟针阔搭配、乔灌混交，滩涂、山坡红枣飘香、惠农富民的目标，营造出"百花争春、绿荫护夏、红叶迎秋、松柏伴冬"的四季景观。

红色旅游路通道绿化工程　红色旅游路通道绿化工程位于阁底乡，长7.5公里。工程从2010年春季实施，历时3个多月，共栽植国槐3500株、枣树500余株、梨树200余株、仁用杏300余株、桃树250株、核桃树2000株、油松1500余株、火炬1500余株、连翘2000余株、紫穗槐30000余株、红叶李200株、碧桃300株；垒石墙2000米。

工程建设的主要特点是突破常规造林绿化模式，实行多地类、多树种、多模式造林绿化。工程建设初期，针对红色旅游路的特殊性，在工程布局上，将公路两侧可视范围内的所有土地全部纳入规划范围。围绕通道绿化，将坡耕地经济林建设、荒山绿化、石质山地造林有机结合起来。通道绿化以国槐为主，搭配油松、火炬、连翘、碧桃、红叶李等多个景观树种，努力打造景观多样的特色通道绿化；坡耕地以核桃树、红枣树、梨树、桃树等果木树种为主，在为通道绿化增色添香的同时，增加当地群众经济收入；在荒山、荒坡上，采取垒石墙客土造林，栽植油松、碧桃、侧柏、红叶李、连翘等树种，为通道绿化锦上添花。工程实际完成投资180余万元，全部由县财政支付。

黄河蛇曲地质博物馆景区绿化工程　黄河蛇曲地质博物馆景区绿化工程，位于阁底乡石家湾地质博物馆景区内，重点围绕展馆对周边环境进行绿化，设计绿化面积5万余平方米。共栽植枣树1200株，柿子树960株（包括1株大柿子树），仁用杏720株，山楂树360株，法桐220株，连翘、丁香、秋葵、黄刺玫15000余株，红叶李500株，碧桃600株，红叶小檗、金叶女贞、月季、紫穗槐11万余株，大松树、柏树、桧柏、红宝石等各类大树 1200 余株，女贞球 135 株，云杉、榆叶梅、樱花、珍珠梅等 700 株，火炬树 1780 株，白皮松 6 株，迎客松 3 株，修建休闲石材花架 30 余米。

在工程设计布局上，根据博物馆独特的地理位置和周边地理环境，在山坡上新栽红枣树、柿子树、仁用杏树、山楂树 4 片经济林，为以后旅游发展开展采摘项目奠定了基础。在展馆两侧的 7 个平台上，根据黄河流经永和县 7 个不同的弯道，用红叶小檗、金叶女贞等不同颜色的灌木做出 7 个造型，其间搭配了红叶李、碧桃、油松等树种，反映出永和县红色文化、黄河文化和绿色文化。在展馆后面，栽植油松大苗，为游人夏季游玩休闲提供了场所。路东边栽植一片火炬林，秋季时节，一片火红，蔚为壮观。游路两侧栽植连翘、秋葵、榆叶梅，体现了县域黄河文化。展馆对面，修建了花架，为夏季游客休息、乘凉所用。该项目总投资 502.3 万元。

乾坤湾荒山造林绿化工程 乾坤湾荒山造林绿化工程是永和县依托国家"三北"防护林工程，全力打造石质山区荒山造林精品工程的典范工程。该工程位于阁底乡于家咀乾坤湾，规划总面积 3900 余亩，2011 年实施完成 1200 亩。实施过程中主要采取两种措施：一是对景区周围征用的坡地、荒地采取爆破整地，点炮 1000 余个，在乾坤湾路口平地全部栽植大桃树 250 株，建起一个 8 亩左右的桃树园；对原有的枣树地拾遗补阙，移植大枣树 600 余株，完善了 30 余亩枣园；对周边荒山栽植火炬 1700 余株、山桃 3000 余株，对路边护坡栽植紫穗槐 32000 余株。二是对景区周边的石质山地采取垒石坑客土造林的方式进行绿化，垒石坑 48000 余个，栽植大侧柏 45000 余株、油松 70 余株。基本形成桃、枣经济林采摘区，火炬、山桃景观区和侧柏、油松生态区三个绿化格局。

第三章 乾坤胜景

第一节 英雄湾景区

英雄湾

英雄湾位于南庄乡咀头村西 1 公里处，是永和蛇曲第一湾。这里可以清楚地看到黄河的三级阶地：一级阶地高出河水面 8~10 米，有 1~2 米厚的河道砾石层；二级阶地高出河水面 30~40 米，深藏在黄土之下；三级阶地高出河水面 150 米，是基岩台地，其上覆盖着离石黄土。2006 年，山西省地质调查院对国家地质公园进行勘界，因红军崖在此湾区域，为纪念东征时牺牲的红军英雄，故命名为英雄湾。

红军崖

红军崖位于永和关铁佛门口北侧的石崖间，上面是刀劈斧削的绝壁，下面是激流滚滚的黄河水。半崖间有一个小石洞，只有时断时连不足半尺宽的一条小径可通。民国 25 年（1936）6 月，红十五军团八十一师二四一团六连掩护主力撤退后，仅余的 12 名勇士辗转来到永和关上游东岸，准备西渡黄河返回部队，遭到阎锡山军队包围。红军战士被迫登上石崖，凭借石洞天险奋力反击。战斗持续三天三夜，12 名红军战士弹尽粮绝，宁死不屈，奋力投河，英勇就义。永和关一带民众为纪念 12 位勇士，把黄河东岸这一段石崖称作"红军崖"。崖上有中国书法家协会会员、山西省书法家协会秘书长樊习一题写的"红军崖"三字。

第二节　永和关湾景区

概　述

永和关湾景区北起南庄乡中山里村南沟，南至南庄乡下山里沟。

景区主要景点有中华龙、铁花里碉堡、永和关古渡口、炮楼、骆驼龟石、白家古祠堂、古槐、侵蚀摩崖、永和关湾、永和关黄河公路大桥、伏羲石、方城遗址、张家坬河神庙等。

中华龙

永和县是中华龙图腾的起源地。黄河在永和县的丘陵沟壑间从容前行，在自北向南 68 公里的流程中，依次形成英雄湾、永和关湾、郭家山湾、河会里湾、白家山湾、仙人湾和于家咀湾 7 个大湾统称永和乾坤湾。从高空 1300 米处俯瞰，这一段黄河千回百转，就像一条蜿蜒盘旋、粼光闪闪的"巨龙"在群山间飞腾。

2011 年 2 月 1 日，《贵州晚报》记者罗万雄在飞机上拍到了黄河在永和境内状似巨龙的照片。照片中的"中华龙"与故宫九龙壁上的龙，皇帝龙袍上的龙，贵州苗族、布依族、水族铜鼓上、礼服上的龙以及山西、陕西儿童肚兜上绣的龙弯曲走向如出一辙。

2011年11月19日至23日，中国地理学会专家和贵州省政协人口资源环境委员会的政协委员，到山西省永和县及周边黄河流域进行了"黄河中华龙"文化地理考察。26日，中国地理协会专门在贵州举办"中华龙文化地理论坛"，研讨、酝酿在永和县建设"中华龙之源"旅游风景名胜景区。

铁花里碉堡

铁花里碉堡位于黄河东岸、永和关之北东高西低的山梁上，建于民国25年（1936）。当年建筑规模甚大，内设有屯兵处、射击孔、瞭望台、厨房、厕所等。现仅存碉堡基址一座、窑遗址两孔，总占地面积1141平方米。碉堡地基呈横卧的葫芦形状，为生土台，外裹石墙，共两层，第一层为台基，直径24米；第二层为碉堡，直径8米，总高4.2米。碉堡西面正对黄河，主控陕西方向，南面是永和关，东面背靠大山紧连铁花里，北与社里炮台遥遥相望。视野开阔360°，无死角，无遮挡，几十里的黄河防线一览无余。四周是开阔的缓冲地带，西、南、北三面稍远处是约70°的峭壁，无路可攀，只有东面是连接铁花里的通道，易守难攻，是阎锡山河防陕北红军的战略要地。如今碉堡掩映在千万株枣树中，永和关黄河公路大桥就架设在碉堡的南面，是山西通往陕西的主要出口。

永和关古渡口

永和关古渡口位于晋陕大峡谷黄河东岸永和关村中央，距县城35公里，素以历史悠久著称。《元和郡县志》载永和县以西有永和关古渡口。证实公元220年前，这里就是一处黄河古渡。据清康熙四十九年《永和县志》记载，三国时期已为古渡，因其地势险要，自古就是黄河沿岸兵防要地、兵家必争的千古雄关。唐、宋、明、清各代均有驻军。明朝时李自成起义军由永和关渡河进京，清朝时西捻军强渡此关对东捻军实施军事援手。民国25年（1936），部分东征红军由此西渡返回陕北。

永和关属晋秦关津要道，水上交通发达，陆地山路崎岖。自古先民上游至包头、碛口、军渡，下游禹门口、壶口，在黄河上运输粮食、红枣、药材、木制家具、瓷器、焦炭，形成了繁忙的交通枢纽，极大地丰富了黄河沿岸的商业贸易，带给群众诸多生活便利。这种运输方式一直延续到20世纪70年代初。1949年后，政府重视交通建设，分期修筑公路，1970年永和关到永和县城公路建成通车。2005年10月永和关黄河公路大桥的建成通车，沟通了晋秦陆路大动脉，结束了永和关古渡口的历史使命。

炮 楼

民国25年（1936）阎锡山统治山西时期，在永和各关口要道修炮楼、碉堡、战壕隧道。永和关北部的瓦窑塔对面的小平塬处，现存完整炮楼1座。

碉堡构造较大，分上下两层，可食宿，常年驻军把守且离村较远。炮楼是一层建筑，距村很近，常设士兵站岗，一旦发现军情则增兵防卫。

骆驼龟石

在永和关三眼湾沟口通往铁佛里的崖顶上，有一块巨石，形似一匹卧着的骆驼驮着一头大龟。传说很久以前，黄河西岸柳滩里的崖上住着的一头老龟和一峰骆驼，是一对好朋友。有一天它俩突发奇想，想去河东观景，并商定龟背骆驼过河，骆驼驮龟上山。但在龟借水的浮力将骆驼背过河，骆驼驮龟上山时，却因山路崎岖难行，骆驼耗尽力气，累死在崖顶。老龟悲痛至极，伏在驼背上不吃不喝不动。天长日久，龟和骆驼便化作一块巨石。

白家古祠堂

白家古祠堂有明确记载的共4座，即神主窑祠堂、厅房祠堂、新院里祠堂、白家祠堂。

神主窑在坪里下院里南端，坐东向西，占地面积约20平方米，纯石头砌成，修建年代不详，后迁入厅房。神主窑已塌废尚有遗址。

厅房祠堂在坪里下院里中部，坐西向东，占地面积50平方米，砖木结构，两侧悬挂木牌楹联曰：喜陵巍巍祖孙增光；黄河滚滚子孙绵长，横批"厅房"两个字。厅内悬挂白氏世系图，正面供奉始祖牌位。由白承颐投银圆200块，白承休经手修建，现仅存遗址。

新院里祠堂在坪里北端，据传由白菡投资，于清同治年间修建。20世纪40年代中叶废，详址无考。

白家祠堂位于永和关坪里北端塬坪，纯石块砌成，占地面积80平方米。坐北向南，阳光充足。20世纪30年代中叶由河钱项下等足资金，白承烈经手修建，用时1年建成。祠堂内悬挂绫质绣像3幅，有总支世系图多张，木质牌位多尊以及人物简略表等。"文化大革命"期间以"四旧"被焚毁。

古 槐

古槐位于永和关村北部黄河岸边，距黄河水约25米。树高约22米，冠幅约216平方米，主干3人才能合抱。据永和县人民政府64号文件记述，古槐栽植于明代。据当地传说是始祖白仓、白库二人，不忘根祖亲手从太平站移植过来，树龄400多年，

1987年被永和县人民政府公布为县级文物保护单位，1990年被列入山西古稀名树目录。2002年，北京画家、学者张士元为古槐命名为"黄河生命树"，刻碑立于古槐东侧。

侵蚀摩崖

永和关村北古窑客栈下面的黄河壁上有许多风蚀摩雕，其长1000余米，高50米，面积7000平方米。

黄河在这儿拐了一个弯，顺河槽吹来的劲风，猛烈地扑向东岸坚硬的石崖上。经过长期风吹雨淋，日晒冰冻，在石壁雕琢出大窟小窟，横纹竖纹，或如蜂窝状，或如蛛网状。众多纹理看似凌乱却能引起人们充分的联想，或如龟蟹，或似鳄鱼；或如龙飞，或似凤舞；或如浪涌，或似飞瀑；或如大篆，或似狂草；或如千沟万壑，或似群魔乱舞；山山水水，花草虫鱼，飞禽猛兽，才子仕女，千姿百态，鬼斧神工。2011年11月，石家庄经济学院技术人员考察黄河蛇曲地质公园发现此景点。

永和关湾

永和关湾位于永和关村南2公里处。湾中河道斗折蛇行，凹岸悬崖高耸，伏羲石屹立，凸岸有月牙形沙滩环抱。河水常年冲刷，两岸崖壁形成深浅不同、大小不一、形状各异的凹槽和洞穴。在高出水面20米、长100余米的峭壁上，勾绘出一幅幅奇妙的图像，组成一面巨型"浮雕墙"。

永和关黄河公路大桥

永和关黄河公路大桥位于永和关村南。由中国交通第一公路勘测设计研究院设计，延川县交通局建设管理，中国铁路十九局集团第三工程有限公司承建，陕西高速公路集团工程咨询公司监理。2004年4月开工建设，总投资3244万元，于2005年10月建成通车。大桥由左岸引桥、主桥、右岸引桥三部分组成，桥总长1197.7米，桥面宽11.0米。

伏羲石

在永和关村南1公里处黄河岸畔的千仞石崖之上，有块突出兀立的神奇巨石，高约12米，围径约8米，重约上百吨，千万年前就屹立在这里。传说很久以前伏羲在河会里发现了一个奇特大湾，于是来到黄家岭村前的祭祀台，仰观天文，俯察地理，静心揣摩，寻找四方标志物。此时青龙、朱雀、玄武已定，只有白虎未果。于是他从河会里沿河而上，来到永和关黄河岸畔的石崖上，在黄河四周寻觅，日出日落纹丝不动，风霜雨雪神情淡定。终于有一天，在永和关村东的崖顶上，突然发现一块圆头虎脑模样的凸出巨石，石上古松倒挂恰似虎须，从下往上看恰如一只下山猛虎雄视前方。伏羲最终找到了白虎，确立了四方标志。在伏羲寻找白虎过程中，女娲不辞劳苦，天天守立在伏羲身旁。由于他们天长日久站立，影子深深地印在峭壁上，便形成这块巨石，人们称其为伏羲石。伏羲石的底部有一条圆石球组成的蟒蛇状岩石，紧紧缠绕着这块巨石，好似伏羲女娲紧紧依偎。

方城遗址

方城遗址位于永和关村西南约2.5公里处，依山就势建于黄河东岸台地东北走向的山梁上。平面呈不规则形，南北两侧为悬崖，西距黄河仅百米，总占地面积约3000平方米。清光绪《山西通志》载："永和关，永和县西70里……明洪武六年〔1373〕置巡检司，万历时设兵营"方城是明朝时修建的，距今已有640年的历史。

方城由城垛、城墙及其他建筑构成。城垛位于城址东南角，整体石砌，砌筑材料以石条为主。城垛东、北两侧砌体中空，可屯兵，向外分别设置瞭望孔各一个。城垛南侧砌筑券洞，由此可以内外通行，南北长10.09米，东西宽7.02米，高4.30米。城墙的走向随山就势蜿蜒曲折，至悬崖绝壁处而止。城墙现存西、南二墙，长约150米，平均高度4.30米，上宽1.70米。墙身由外墙和内墙构成，内外面墙全部为片石垒砌，中间填充碎石和杂土，整体与城垛联构在一起。城墙构筑时有明显的收缝。内外墙体的收缝，外侧很大，内侧较小。墙身的收缝，能增加墙身的稳定性，加强城墙的防御性能。

方城遗址内留有建筑遗迹。它们四散分布，依山挖掘，用片石垒砌，据说为当时屯兵之处。1987年被永和县人民政府公布为县级文物保护单位。

张家圪河神庙

张家圪河神庙位于永和县南庄乡张家圪村东2.5公里处。庙坐东南向西北，总占地面积约139.3平方米，建在绝壁的平台之上，平面呈半圆形，三面临崖处以就地取材的自然山石筑石墙围栏，地势险峻。

河神庙由大门、娘娘殿、土地殿组成。

大门开设在河神庙东北角，门洞宽约1.2米，高约2.1米。块石摆砌的简易门，没有门扇是敞开门。

娘娘殿为坐东南面西北的窑洞1孔，亦称无梁殿。面阔1间，进深1间，前出廊，单檐悬山顶。前坡为青灰筒板瓦屋面，后坡为石板覆盖，建筑无屋脊。构造为片石券砌窑洞，块石砌筑墙面。窑洞顶部结构为前后两坡中立屋脊。殿前地面设置条石压沿，原有前廊被毁，现存石雕柱础两件。殿内后部砌筑神台，塑有神像和背光，背光绘制彩色图案，新塑神像3尊。2007年，村民自发维修时将殿前两侧临时砌筑的墙体贴上现代瓷砖，现存窗台为后人临时以碎石和红机砖垒砌。

土地殿位于娘娘殿东南角，整体坐东南向西南，面积不足1平方米。全部由石块垒砌，前筑台明，中间券砌神龛，内存泥胎塑像1尊。该殿为单檐悬山顶，屋面覆盖石板。

娘娘殿向西俯视是黄河，向东仰视是峭壁。庙的北面隔渠与伏羲石相望。紧靠娘娘殿北侧东西走向，是一条羊肠小道，是连接娘娘庙与外界的唯一小路，有铁栏杆护路。东侧的石壁上，有一道自然形成的裂纹，酷似一对依偎着的情侣，惟妙惟肖。

第三节　郭家山湾景区

郭家山湾

郭家山湾位于打石腰乡郭家山村西2公里处，伫立于峡谷西岸。鸟瞰郭家山湾，黄河谷道像画家的神来之笔，勾勒出一幅半月形"河图"，把东岸圈成一个半岛。半岛三面临水，东边连接吕梁山脉边缘，呈东高西低的一个斜面，好似凤凰开屏。

郭家山湾流域属黄土地貌景观区。海拔850—1000米之间，为鲸背状黄土梁地貌，从基岩山区向下长梁缓缓下降。其间有孤立的小片黄土残塬，850—750米高呈为波状起伏的黄土峁地貌。750米以下是黄土戴帽基岩穿裙地貌，及河流潜蚀作用形成的湿陷坑、落水洞、天生桥、黄土坝等黄土微地貌。山坡上鱼鳞坑层层叠叠，松柏树郁郁葱葱。黄土梁阳坡散布着黄土窑洞，院里有石磨、碾子，四周是枣树林。

望海寺

望海寺位于打石腰乡望海寺村东一个山岗上，坐北朝南。南北长33.21米，东西宽32米，占地近1065.7平方米。仅存大殿、西耳殿、魁星楼三个建筑。院里有几棵百年以上的古柏树，立有清代石碑。

望海寺原名丈八佛寺，约在明末清初年间，改名为望海寺，望海寺村也因此而得名。望海寺依山而建，背靠主峰，面临悬崖，居高而览四方，近观古木参天，远眺黄河茫茫。

民国时期的望海寺，占地面积近万平方米，分布在一坡一峰上。坡上是一组建筑群，连成一大片，有龙王庙、财神庙、山神庙、僧房等建筑。20世纪60年代"文化大革命"期间遭到毁坏，这一组庙宇荡然无存，70年代在它的遗址上建成了望海寺戏台。

峰上的建筑坐北朝南，南北长42.5米，东西宽38.6米，占地面积1640.5平方米，气势雄伟，建筑辉煌。经历"文革"之后，建筑规模缩小。现仅存大殿、西耳殿、魁星楼、僧房。

大殿进深12.5米，宽10.5米，占地面积131.25平方米，为石砌枕头窑，面阔3间，硬山式屋顶盖灰瓦、琉璃雕花脊饰、四角微翘、结构精巧。大殿门前有哼、哈二将塑像，身高7尺，手持剑戟，怒目圆睁，威风凛凛。殿内北面是观音菩萨端坐于莲花之上的塑像，体态逼真，面颊慈祥，饰纹精细，形象端庄；龙女、红孩儿塑像两旁伺立，仪态楚楚，线条优美。殿内的壁画面积约30平方米，正面观音菩萨塑像两侧彩绘佛教传奇故事，其余的东、西墙壁上彩绘足踏祥云的千佛像。

西耳殿在大殿西侧，是一处道教建筑。内有真武大帝塑像，周公和桃花二神塑像伺立两旁。

魁星楼在寺院的东侧，共有3层。一层是山门。山门过洞高8.5米，宽4.5米，进深6米，全部为石砌。二层为石砌券窑。窑内供奉文昌帝君塑像，两旁侍立着天聋、地哑。三层为石砌墙体，楼内东、西开窗，楼顶梁袱呈45度覆斗式蚂蚱头藻井，歇山式屋顶。楼内供有魁星塑像一尊。魁星面目狰狞，金身青面，赤发环眼，头上还有两只角，右手握一管大毛笔，称朱笔，意为用笔点定中举人的姓名。左手持一只墨斗，右脚金鸡独立，脚下踩着海中的一条大鳌鱼，意为"独占鳌头"。左脚摆出扬起后踢的样子以求在造型上呼应"魁"字右下的一笔大弯勾，脚上是北斗七星。

石窑沟水神庙

石窑沟水神庙位于打石腰乡马家岭村石家渠沟东约1公里的石窑沟内，坐东北向西南，南北长53.48米，东西宽31.9米，占地面积1706平方米。其整体格局为三进四合院式，自南向北依次为前、中、后三院，前院有石砌戏台1座，中院的石窑洞内有20尊栩栩如生的神仙雕塑。后院有大雄宝殿等，还有分置于各殿内的如来、文殊、普贤及十八罗汉等塑像，衣纹流畅、神态各异。沿大雄宝殿西侧崖上有一天然洞穴，洞底有石雕佛像1尊，左右各有罗汉塑像9尊。洞内崖壁上有一泓清泉，四季滴水不已，与庙外石坪之上的水泉相映成趣。四方百姓常在干旱之年于此求祈天降甘霖，故名曰"水神庙"。庙内现存明代至民国重修碑碣12通，石匾1方。另存无法辨认的石碑3通。1987年被永和县人民政府公布为永和县文物保护单位。

第四节　河会里湾景区

概　述

河会里湾景区北起打石腰乡贺家腰南沟，南至打石腰乡南凹沟。包括河会里上、下两弯道（"S"形曲流）。景点有河会里湾、黄家岭祭祀台、李家畔河神庙、白家山湾。

河会里湾

河会里湾原名河怀里湾，陕西延川叫伏寺湾。黄河流经永和县在打石腰乡河会里村与陕西延川县伏羲村两座山峰中形成一个"S"形的湾，形同太极双鱼。传说三皇之一的伏羲据此地启发，仰观天象，俯视河山，远取诸物，近取诸身，悟出了万物阴阳相生相克的大道理，创造了八卦图和太极阴阳理论。他将世间万物划分为阴阳两极，在八卦图上用黑白表示，比如天空为阳，土地为阴；男为阳，女为阴。只有阴阳互合，事物才能生长。从而总结出气候变化、人类繁衍等自然发展规律。

学者、画家张士元教授多年考证和研究，确定河怀湾就是伏羲氏创立阴阳八卦学说之地。永和县河会里村与一水相隔的陕西延川县伏羲村分别坐落在"S"形的两个大湾里，河会里村有女娲庙，伏羲村有伏羲庙，河山团抱，恰似八卦图中的两只眼睛。1998年，张士元把河怀里湾命名为乾坤湾。

黄家岭祭祀台

黄家岭村西黄河岸畔，有一高高的土台，在这眺望黄河乾坤湾一览无余，黄河风光尽收眼底。传说伏羲在这里观日月星辰，察春夏秋冬，发现阴阳鱼，画出阴阳八卦。

1997—2000年间，北京画家张士元在永和县黄家岭村考察黄河，土台是其观察黄河、绘画黄河之地。经其考证，土台是古人祭天的祭祀台。为了保存这一珍贵的黄河历史文化见证，1999年张士元在祭祀台立了一块石碑，亲笔题写了"乾坤湾"三个大字。

李家畔河神庙

李家畔河神庙位于打石腰乡李家畔村西南、黄家岭村西、河会里村北的黄河湾里，当地人称东湾庙。河神庙为四合院布局，坐东朝西，东西长32.85米，南北宽29.7米，占地面积975平方米。有大殿、僧舍、戏台、山门组成，建造年代不详，据其建筑风格为清代建筑。

大殿坐东向西为砖石混券窑洞2孔，建在高1.7米的台基上，窑顶结构为筒板瓦铺面的单檐硬山顶，前出挑檐。一孔供河神，一孔供关公，台基院南北各栽1棵柏树，树旁各悬挂1口大铁钟。

南、北两侧各建石券窑洞2孔，是僧房供僧人居住。20世纪50年代，庙内尚有僧人，庙宇给养由李家畔、黄家岭、河会里等周边村提供。

戏台为三层砖石混砌建筑，坐西向东。第一层是石砌基座，有台阶；第二层石砌的戏台门，是进入戏台的通道；第三层是古戏台。台口向东全部为砖砌，后墙和左、右墙为石砌。戏台面宽3间，进深4椽，是硬山顶式建筑。明间前设石雕栏杆，浮雕戏曲人物、走兽等图案；施通间雀替，浮雕花草、禽鸟等图案。戏台内设木质隔断。

山门位于院落西南角，为石券拱形门。院内长有柏树3棵，槐树1棵。

白家山湾

白家山湾位于打石腰乡白家山村南黄河对岸约0.5公里处，又名河会里下湾。在东岸鸟瞰，白家山湾与河会里湾相对应，形成一道美丽的S湾。这里山抱着河，河绕着山，山河相映、山水相依，宛然一幅山水和谐共生的立体"太极图"。

第五节　仙人湾景区

概　述

仙人湾景区北起打石腰乡南凹沟，南至地质公园南部边界。这里的黄河蛇曲地貌、河流阶地、侧蚀洞穴、节理、断层、方山地貌、风蚀地貌、差异风化、重力崩塌、动植物化石、悬谷、象形石等自然景观丰富而独特；芝河旧石器遗址、圪列塬新石器遗址、乌华新石器遗址、罗岔新石器遗址、下退干新石器遗址、上辛角——高家塬商代遗址等人文景观众多。

主要景点有仙人湾、沙发石、红军石、仙人洞、马家湾鳌头石景观群、于家咀湾、阳光雨露、毛字石、殉义柏、神树奇石、地质博物馆景观等。

仙人湾

阁底乡石家湾村西南黄河石崖上有一洞穴，传说远古伏羲画八卦时曾居住，人称仙人洞，人们把仙人洞所在的湾叫仙人湾。黄河在这里大幅度扭转，形成320度的大转弯。站在黄河岸边俯瞰,中国河流中规模最大、最完好、最密集的蛇曲群,尽收眼底,被誉为"黄河上最美的湾"。仙人湾是黄河蛇曲的代表。

沙发石

民国25年(1936)5月,毛泽东率领东征红军挥师西渡,在于家咀渡口河神庙旁指挥部队渡河。此地是黄河东岸一凸出的山梁,在此既能看见左路的部队,又能看见右路的部队。在其站立的地方有一长方形石头,长约1米,宽约30厘米,石头中间有两个半圆形石窝,一大一小,形似沙发。传说当年毛泽东、彭德怀路过这里时,就坐在这块石头上听取了张云逸关于红军渡河情况的简要汇报。那时石头表面是平的,后来奇迹般地风化成现在的样子。群众说:这两个石窝,大的是毛泽东坐过的地方,小的是彭德怀坐过的地方。后来群众给这块石头起名"沙发石",又称"领袖石"。2010年因于家咀兴修通往黄河滩的公路,群众将沙发石移至河神庙东南约1000米的半山腰路旁。

红军石

于家咀村南500米的黄河东岸,沿河有一条梁叫无周头梁。梁上有一块长2米、宽1.5米的石头,石头上面雕刻有"紅軍"(红军)两个大字。据于家咀村民于三成说,小时候他常听老一辈人讲红军东征时在于家咀的故事,所以特别留心红军在黄河岸边战斗、生活的痕迹。1967年的一天,他放羊时在无周头梁发现了这块石头。经考证认定此石是工兵连的红军战士在于家咀构筑支点时凿刻的。

仙人洞

于家咀村西公路旁,有一处石砂岩和泥岩的混合岩层,因含钙高,被河水溶蚀成一个个空洞。河水长年冲蚀,空洞逐渐扩展相连成洞穴。洞穴高约2米,宽约10米,深约20米。洞穴被石柱分割成大小不同的洞室,各洞室间由弯曲的廊道相连。洞口周边长满柳树,在路旁看是一片树林,看不见洞口,洞穴非常隐蔽。洞内经常有狐狸出没,故称狐仙洞。传说,民国35年(1936)村中有一青年,被二战区阎锡山的部队抓去当兵,中途逃跑返回村中,不敢回家,便躲在洞内度日。一天他梦见一位白胡子老头对他说,三天之后红军要来,苦日子要到头了。果然三天后红军进驻于家咀。同年敌机曾轰炸于家咀村,老百姓在洞中避难,全村人安然无恙。人们对狐仙洞的神奇更深信不疑,故称为仙人洞。

马家湾鳌头石景观群

马家湾村在仙人湾国家蛇曲地质公园的西南方向5公里处。村中有独占鳌头、碉堡、黑石壳、鳖沟河、金鸡疙瘩等景观。

村南约1里是奔腾不息的黄河。黄河危岸，千姿百态，笔直处壁立千仞，居高临下，让人目眩；弯曲处河岸一湾三折，变化多端。有的凸于河道昂首挺立，有的缩头畏尾依附其后，更多的则是群雄并立、虎视眈眈。这些奇异的怪石让人浮想联翩，其中有处凸于河岸的山梁，当地人称"独占鳌头"。

"独占鳌头"是一条延伸到黄河古道的石头山梁，它坐东面西向黄河延伸，山梁长300多米，宽30多米。远远地望去，山梁的东半部分呈椭圆形，像是乌龟的龟壳，越往西山梁越窄，就像是伸着长长脖子的龟头。龟头上大自然的杰作雕刻出一张乌龟嘴微微张开，形成一个天然的石窟，高约2.3米，宽约2.7米，深约2.2米，里面有一排平整的石头像是自然的坐椅，能容纳2~4人休憩，晴天遮阳，阴天避风雨。鳌头石北侧是一条东西走向的深渠，有1000余米，形成一个大湾。湾内的悬崖上布满了9个大小不一的巨石，形状各异，有人称其九龙吸水，有人说是九龟驮蛇。

鳌头石的南侧与之并列的一条东西走向的石头山梁。当地人称炮楼圪坝。民国37年（1948），阎锡山军队曾在山梁上建有一个大碉堡，驻扎一个营的兵力。20世纪80年代之前碉堡尚存，之后石头被村民拆除用作修建窑洞。在炮楼圪坝的南侧的半山腰及山脚下还有两座保存较完好的碉楼，主体建筑、门、射击孔尚存，只是碉堡顶盖坍塌。

炮楼圪坝的南侧是一条东西走向的小河，马家湾村民叫它鳖沟河。这里河道弯弯曲曲，一湾连着一湾，清澈的山泉，流淌在青石底子的河床里。狭窄的河流在两座大山之间，地势险要无路可走，保留了原生态的自然风景。

鳖沟河有黑石壳及无头鳖的传说，增添了它神秘的色彩。黑石壳在鳖沟河的中部，受河水的侵蚀，在高于河床的台地上，形成了一段长约20米，高约3米，深约15米的石壳，山高遮挡了太阳，一年四季能见度受限，村民称它为黑石壳。历史上是村民躲避强盗、兵匪的安身之地。

鳖沟河有无数大小不一的水潭，里面都有鳖，村民们传说鳖全是无头鳖，还有鳖精。

在鳖沟河入黄河口的南侧，是马家湾的金鸡疙瘩山。远远望去，绿茸茸的植被，金字塔的造型，独立的圆锥形高山，与黄河相对，传说高山之巅还有一圆圆的金鸡窝。这座山是马家湾的风水宝地，世世代代保佑着马家湾村民的平安。

于家咀湾

于家咀湾位于于家咀村西0.5公里处，是黄河流经永和的最后一个大湾，也是东征红军回师西渡的主要渡口，毛泽东就是从这里渡河返回延安的。

阳光雨露

2006年5月12日上午9时，修缮一新的红军东征永和纪念馆揭牌仪式在东征村举行。当宣布揭牌仪式开始，《东方红》乐曲响起，牌匾徐徐揭开之际，连下数日的绵绵细雨骤然停止，乌云散去，云开日出，九道祥光从纪念馆上空凌射而出，云蒸霞蔚，一派祥和。自此以后祥光不时出现。从纪念馆剪彩开始，毛泽东塑像的右手便有水珠滴出，晶莹剔透，含水略苦。每天早上八点开始滴水，下午四点左右停止，并且太阳越晒滴水越多，一直未间断。当地群众亲切地称主席塑像滴水为"阳光雨露"。

毛字石

毛字石于红军东征回师西渡的渡口于家咀村石壁间发现。石头右侧上部"毛"字端庄厚重，祥龙腾跃其下，下部瑞云缭绕，水纹泛泛；左侧九曲黄河和谐共生，图案逼真，浑然天成。通观全石，文字确认无疑，下部水纹和左侧九曲黄河都为水，周易推演为泽，而毛字在黄河之东，"泽东"的名字寓意在整块奇石当中，令人拍案称奇。现陈列在红军东征永和纪念馆。

殉义柏

民国25年（1936）秋，毛泽东率东征红军胜利西渡后，其东征村旧居魁星楼瓦木结构的房顶上神奇地长出一棵柏树，树根就扎在瓦缝中。没有土层，也不浇水，寒来暑往，郁郁葱葱。1976年毛泽东逝世后，这棵柏树也随之枯萎，而且方向直指北方。村民有感于柏树的灵性与义节，亲切地称之为"殉义柏"。

神树奇石

阴德河村中央的后沟渠，深约5公里，底宽约70—80米。每当黄河发大水超过堤岸时，河水就会倒流入沟渠中，沟渠便成为天然蓄水库，保证了村庄安全，所以村民又叫它防水沟渠。

沟渠口有一棵大古槐，树高20余米，主干周长约4米，冠幅约200平方米，树龄达500年以上。村民说，有一天，天空乌云密布，男主人上地里干活，女主人在大树下做针线活。突然古槐下拴着的一匹骏马腾空而起对天嘶鸣，女主人感到惊讶，便对马说："你要是想回马厩，就听话别乱动，我立马拉你走；你要是不听话，就只能在这待着，等地里人回来再收紧你"那马仿佛听懂了她的话，顿时安静下来，她便牵着马往回走。刚回到马厩，电闪雷鸣，一道闪电冲老槐树而来，足有一米粗的一根树枝霎时被雷击中折落在地。几十年过去了，落地的树枝还在古槐旁。村民传说，原来龙王是要女主人的性命，是老槐为护佑主人，伤了自己的枝干。故此村民对古槐顶礼膜拜，逢年过节都要披红上香祭祀祈福，祈愿神树护佑世代村民吉祥安康。

古槐向东约500米处是奇石景观区。在沟北侧的陡坡上，有惟妙惟肖的猪嘴石、逼真的象鼻山、淘气的猩猩石、古老的风蚀城堡、灵慧的天眼、逗人的八戒吹喇叭，巨石、怪石造型各异，鬼斧神工，自然天成。河道峭壁上的风蚀摩崖处处有景，有游龙，有跳蛙，有蛟鲨，生龙活虎；有波涛，有险峰，有奇林，气吞山河。酷似一幅极具水墨写意及抽象浮雕意味的画廊长卷。

黄河蛇曲地质博物馆

黄河蛇曲地质广场与博物馆于2008年完成勘测定界、安全评价、招投标等工作，2010年6月正式动工建设。地质博物馆占地面积1743平方米，地质广场占地面积20000平方米，停车场占地面积1500平方米。另外，还有黄河宣言台、乾坤台、永和堡（古碉堡）、打瓦赛场和伏羲亭、管理用房等广场配套设施、附属设施和古遗址的建设与修复工程。地质广场与博物馆建设投资约3300万元。

黄河蛇曲地质博物馆

第三十二编

卫 生

民国之前，县人医病多靠民间中医，民间对流行传染病的防治力量十分薄弱。中华人民共和国成立后，县城、乡镇陆续办起卫生院、卫生所、防疫站、保健站等医疗卫生机构，县域内多年流行的传染病得到有效防治，群众患病一般在县乡就可得到诊治。尤其是1968年贯彻毛泽东主席"把医疗卫生工作的重点放到农村去"的方针，县、公社、大队三级医疗预防和保健网络形成，群众小病不出生产大队，中病不出公社，重病不出县，就医十分方便。1969年，农村实行合作医疗制度，到1980年生产责任制后停止。2008年，永和县开始实行新型农村合作医疗制度，中央、省、市、县四级财政给参加新农村合作医疗者看病补助，有效解决了农民群众看不起病的问题。

第一章 防 疫

第一节 机构 设施设备

机 构

1952年，县卫生院设防疫股，配股长1人，工作人员3人。1962年，防疫股改为防保科，设科长1人、工作人员5人。1976年4月，县卫生防疫站（简称防疫站）成立，设站长1人、有工作人员10人，内设防疫、卫生、检验3科。1993年，防疫站内设防疫、卫生、检验、宣教4科和办公室，有站长1人、副站长1人、工作人员30余人。2003年9月，永和县防疫站更名永和县疾病预防控制中心。至2011年，疾病预防控制中心内设7科1室，即传染病科、免疫规划科、结防科、地病科、检验科、慢病科、宣教科和后勤办公室。有工作人员23人，其中主治医师2人、医技师12人、医技士3人、行政后勤6人。

设施设备

1952年，防疫股占业务用房1间，配备出诊包3个。1962年，防保科业务用房增为2间，配备出诊包5个。1976年，防疫站有业务用房8间。1980年，地区防疫站给配备高温箱、冰箱、恒温培养箱、分析天平、721比色计、蒸馏器、离心器、水浴箱等价值2.1万元的设备。1983年8月，山西省卫生厅给装备价值2.15万元救护车1辆。1986年8月，防疫站与妇幼站迁入购买的原汽修厂厂址，共有业务用房21间。1990年10月，联合国儿童基金会无偿援助（EPI项目）冷链车（日本产尼桑双排座客货车）1辆。1988—1990年间，省卫生厅陆续给装备冰箱14台（其中10台发给医院和各乡镇卫生院）、冰排速冻器3台以及若干冰排、冷藏箱、冷藏包等，从此冷藏运转链网配套，城乡疫苗运转进入冷链运转时代。

至2011年，县疾病预防控制中心有房屋21间，业务用房9间，办公用房8间，辅助用房4间。主要设备有日产尼桑双排冷链车1辆，电脑2台，冰柜2台，冰箱3台，200毫安X光机1台，摄像机、放像机、投影仪、恒温培养箱、酶标仪、万分之一电子分析天平各1台。常规化验、宣传教育基本能够正常开展。

2011年永和县疾控中心检验设备一览表

表32-1　　　　　　　　　　　　　　　　　　　　　　　　　　　　　　　　单位：个

县级仪器设备	应配置A类仪器	现有A类仪器
多头移液器（套）	3	2
超净工作台	2	1
生物安全柜	1	1
生物显微镜	2	1
普通离心机	3	2
高压灭菌器	2	2
干烤灭菌器	2	1
恒温培养箱	5	1
生化培养箱	1	1
恒温水浴箱	4	2
低温冰箱（-20℃）	3	1
微量振荡器	1	1
纯水处理器	1	1
万分之一电子天平	1	1
千分之一电子天平	2	1
可见分光光度计	2	1
散射式浊度仪	1	1
电导率测定仪	1	1
甲醛测定仪	1	1
一氧化碳测定仪	1	1
臭氧测定仪	1	1
合　计	40	25

第二节　公共卫生

环境卫生

20世纪50年代初，县政府号召开展除"四害"（老鼠、麻雀、苍蝇、臭虫）讲卫生运动。1955年，县爱国卫生运动委员会成立，副县长兼任主任，有关单位负责人为委员，指导全县开展爱国卫生运动和防疫灭病工作。城乡居民区和村镇普遍制定《爱国卫生公约》。1958年掀起学"太阳村"热潮，提倡人人讲究卫生，改变不良卫生习惯，要求农村实现人有厕所、猪有圈、鸡有窝、井有盖，街、巷、庭院要洁净等。

60年代初，更加重视爱国卫生运动。在学习稷山太阳村、晋城东四义活动中，树立永和县刘家庄村、乌门村等卫生先进典型。除四害中的"四害"改为老鼠、苍蝇、蚊子、臭虫。1965年后"四害"又改为老鼠、苍蝇、蚊子、蟑螂。农村爱国卫生工作内容为"两管五改"，即管水、管粪，改造厕所、炉灶、鸡窝、猪圈、畜圈。这一活动到70年代初达到高潮，全县多次召开卫生流动红旗现场会。阁底、乌门、孙家庄等生产大队先后获得"两管五改"流动红旗。1976年，全县改造厕所2818个、猪圈5969个、鸡窝2344个、炉灶5107个、畜圈6074个。1977年，确定每年5月，全县大搞爱国卫生突击活动，以挖蛹、灭蝇、灭鼠为重点清理环境卫生。

80年代后，全省开展创建卫生红旗城市活动。从1986年起，永和县连获省地表彰。1986—1987年，连获地区级爱国卫生红旗县城称号。1988—1989年，连获省级爱国卫生红旗县城称号。1990—1991年，连获地区爱国卫生三级达标县城称号。1992年，获省级爱国卫生二级达标县城称号。1994—1995年，获爱国卫生先进县城称号。

1996年，永和县防疫站获科技事业单位三级达标。1999年，举办健康教育培训班35期，培训家庭保健员500人，编印卫生知识小册子5万份。10月获县级二等防疫站，同年度获初级卫生保健达标。2000年，爱国卫生与庭院绿化并举，涌现出15个庭院绿化达标单位。2003年，爱国卫生与非典型肺炎预防同步进行，采取宣传教育、消杀防堵、卫生整治综合治理措施，发放卫生宣传资料3万余份，清除城市、农村沉积垃圾5000立方米。2009年获山西省地方病防治示范县。

2010—2011年，永和县申请创建省级卫生县城。投资2000万元建成供市民休闲娱乐的文化（文庙）广场；投资2500万元完成县城集中供热一期、二期工程，县城区供热面积达18万平方米；投资1100多万元建成日处理垃圾55吨的垃圾处理填埋场；投资4500万元建成日处理污水2500立方米的污水处理厂一期工程；投资100多万元新建4座高标准公厕；投资549万元完成城西路、康谐路排水管网改造任务；投资66万元建成府西农贸市场；投资650多万元对正大路实施拓宽改造；投资500多万元对城区19条巷道和城南路进行硬化改造；投资170万元完成城西路、康谐路1.1万平方米的人行道铺装；投资179万元完成正大路两侧建筑物外立面处理工程；投入300多万元完成正大路、康谐路、文化（文庙）广场的绿化建设任务，栽植乔灌花草50余种、

5740余株，建花箱、树池504组，新增绿化面积5万多平方米；在城区安装各色景观灯420余盏，完成城区正大路、河口路、滨河路、康谐路、城西路、文昌街、府西街的亮化任务。加强对城区街道的卫生管理，主街道卫生做到一日两清扫、全日保清洁；加强对文化（文庙）广场、青少年活动中心等公共场所的卫生管理，做到随脏随清，日产日清；加强对城市"牛皮癣"的治理，组织开展义务劳动，清扫街道，擦洗"牛皮癣"。

2010年对全县的户外广告牌匾进行了专项整治，清除橱窗广告52条，"牛皮癣"广告113条，拆除违法广告61块，更换新牌匾526块，使正大路（街）的牌匾规范率达到了98%。

加强对县城区灭鼠、灭蝇、灭蚊、灭蟑螂（简称除"四害"）工作的管理。县城各部门、单位、住户采取各种措施，改造环境，控制"四害"滋生，定期用化学、物理等方法除"四害"，严格控制"四害"滋生繁殖。

食品卫生

管　理　1977年成立县食品卫生监督领导机构，县革委主任兼城镇饮食监督领导小组组长。1983年7月1日，《中华人民共和国食品卫生法（试行）草案》颁布，食品卫生监督管理纳入法制化轨道，其职能由县防疫站实施。全县申报5名专职食品卫生监督员，开展日常性食品卫生监督监测，对食品生产、经营单位及人员进行健康检查，办理审核发证工作。1995年10月31日《中华人民共和国食品卫生法》正式颁布后，食品卫生监督工作逐步向行政执法过渡，县内监督监测、采样检验等日常工作进展顺利。2005年2月，临汾市食品药品监督管理局永和分局成立，为正科级建制，内设办公室、药品综合监管股、食品安全股3个股室。2009年，增加餐饮监督管理工作。

监　查　县内各中学和中心小学校的饮食卫生监督工作，1980年始即由县防疫站负责实施。1996年，在对全县中小学校食堂从业人员体检的同时并对餐具消毒进行监测，合格率75%。1998年，经监察，全县食品卫生合格率达90%。1999年、2000年两次对学校的食堂进行大检查，对不合格的提出整改意见，限期改进。2000年，对全县集体、个体食品经营单位进行检查，合格户发放卫生许可证，不合格户依法予以警告、限期整改、罚款或吊销营业执照等处罚，对不合格食品全部没收销毁。2003年，县疾控预防中心对全县肉摊、冷饮、食堂等食品生产经营单位进行全面整顿，共没收销毁超期变质食品1860公斤，处罚46人，责令改进21户，警告36户，取缔1户，罚款4200元；从业人员体检率92%，办证率95%；食品抽检240份，合格182份，合格率为75.8%。2005年，县食品药品监督局共监测食品生产经营户623户，体检率达89.5%；签发卫生许可证326个，办证率为95%；没收销毁超期变质食品1360公斤，罚款3000元，责令整改经营户40户，警告26户。并要求从业人员必须佩戴健康证上岗。2009年，对县城各中小学校周边副食摊点进行重点检查，凡不合格的无卫生许可证的全部取缔。2011年，食品安全综合监督检查，查处案件24起，案值2.25万元，罚款3.3万元，检查涉及食品企业179家，吊销卫生许可证1家；吊销营业执照10家，取缔无证照13家。

第三节　传染病防治

疫　情

据民国19年（1930）编纂的《永和县志》记载，清康熙三十七年（1698）疫病流行，民逃亡几尽。道光二年（1822），瘟疫。同治七年（1868）瘟疫甚烈，阁底村1月内死人70余。民国8年（1919）境内鼠疫流行，死人不少。境内为害最甚的传染病主要有鼠疫、伤寒、天花、麻疹、梅毒、白喉、痢疾、疟疾8种。

防　治

中华人民共和国成立后，人民政府逐步采取措施防治传染病。1952年，县卫生院防疫股施行全民免疫，接种牛痘（天花）疫苗、鼠疫四联疫苗；全县开展爱国卫生运动，大力灭鼠，治理环境卫生，建立传染病报告制度。1953年后，相继对鼠疫、霍乱、疟疾、白喉、百日咳等施行药物预防。1954年法定传染病在县境发病情况是：伤寒20人，痢疾255人，麻疹36人，猩红热4人，流感260人，百日咳13人，疟疾11人，鼠疫、白喉、霍乱绝迹，伤寒、疟疾发病率明显降低。20世纪60年代后，大面积推广接种小儿麻痹、麻疹、流行性乙型脑炎、脑膜炎、伤寒、卡介苗、破伤风等疫苗，对各类传染病施行全面系统防治。

1976年县防疫站成立后，即建立县、公社、大队3级卫生预防保健网络。大队保健站、公社卫生院均建立儿童计划免疫登记簿、免疫卡和传染病报告制度。12岁以下儿童全部建立免疫档案（簿、卡）。基础免疫疫苗有脊髓灰质炎糖丸、卡介苗、麻疹疫苗、百白破三联疫苗等。对传染病除预防免疫和请医院治疗外，民间也有一些简易防治偏方。1976年12月，石畔岭中学发生流感，赤脚医生除给重病员用少量西药外，大多数感染者均饮"银翘汤"效果甚佳。1977年3月，城关、坡头、罢骨等公社发生流感、流脑，县防疫站组织普服大锅药"三根汤"，预防治疗作用亦明显。

1988年后，防疫站装备保存生物制剂的冷藏设备，建起冷链室，有冰箱、冰柜、冰排、冰包等，始行冷链运转。1990年又装备冷链专用车。至此计划免疫工作进入规范化运作。每月10—12日全县冷链运转日，疫苗均风雨无阻，及时送到各基层卫生院（接种点）。

1990年，全县传染病发病19例，其中肝炎18例、狂犬病1例。出生婴儿831人，发证建卡率为100%；使用生物制品接种率，卡介苗为92%，脊髓灰质炎糖丸为81.2%，百白破为78.6%，麻疹疫苗为80%。1994年起，实行"强化免疫日"制度，每年12月5日和翌年元月5日均为0~7周岁儿童强化普服脊髓灰质炎糖丸。经过综合防治，尤其是生物制品接种，霍乱、伤寒、白喉、鼠疫、疟疾、猩红热等烈性传染病已极为少见，有的已经绝迹。

90年代，除散在性流行感冒、痢疾、麻疹时有发生外，传染性肝炎呈滋蔓趋势。1993年后，县防疫站在强化四苗接种基础上，陆续引进狂犬疫苗、乙肝疫苗、乙脑疫苗等生物制品。1995年5月，接种乙脑疫苗的有儿童0.3万人次、成人0.8万人次。县内传染病发病率呈逐年下降态势。

1996年，计划免疫工作实行科学化、规范化管理，培训乡、村级计划免疫人员15人。

2003年，县疾病预防控制中心开设结核病门诊，对肺结核病人实行观察督导，免费提供标准短程化治疗方案，发现病人18例，治愈13例。同年，在非典型肺炎（以下称非典）防治工作中，永和县贯彻"以防为先，以防为主，要主动不要被动，要过之不要不及"的指导思想，成立非典防治指挥部。县卫生局及疾控中心培训非典防治工作人员300人次，出动宣传车，设立流动咨询点，走街串巷、进村入户，发放宣传材料1万余份。在全县各主要街道、农村、学校、医院、社区以及市场、客运汽车站等人流密集场所悬挂标语200余幅。各乡（镇）、各系统、各部门设立疫情值班电话，坚持24小时值班，严格实行"日报告"和"零报告"制度。实行内排外堵，构筑密不可漏的防御体系。主要采取路口消毒登记制、农村社区联防制、农户商社社区联防制、学校封闭管理制4种防范措施，有效地预防和控制非典疫情在县内发生。7月，在防治"非典"工作中，9个定点医院发热门诊值班、留验卡消毒的医务工作者和8名留验卡站的值勤干警和工作人员，在工作一线加入中国共产党。

县内儿童接种疫苗，1996年接种5苗，2006年接种7苗，2008年接种13苗。

2003年，全县疫苗采购采取主渠道（市站）购苗，逐级采购，逐级分发。全年保障 6 次冷链运输，乡镇运转 6 次以上的占 90%。共发放糖丸 6500 粒，百白破 2000 人份，卡介苗 3400 人份，麻疹 2154 人份，乙肝 600 人份，保障了生物制品的正常供应。对全县 2001 年 1 月 1 日至 12 月 31 日出生的 210 名儿童进行接种率调查，结果显示：卡介苗接种率 98%；糖丸接种率 95%；百白破接种率 96%；麻疹接种率 92%；乙肝接种率 77.6%。五苗全程接种率为 77.6%。

2004 年 4 月 21 日至 27 日，对全县 7 个乡镇 30 个点计划免疫工作进行接种率调查，共调查 210 名儿童。调查结果：四苗接种率平均达到 86.9%。12 月又开展消灭脊灰强化免疫活动，为 0~3 岁的 2126 名儿童服用糖丸。全年给乡镇下发疫苗 9454 人份，保障了生物制品的正常供应。

2005 年，患病毒性肝炎、淋病、梅毒等血液及性传播疾病 19 例，流行性腮腺炎 9 例，发病集中于青、壮年。永和县在采用强化血液管理和监测的同时，推广使用一次性注射用品，加大宣传力度，教育公民洁身自爱。

1996—2011 年永和县传染病发病情况统计表

表 32-2　　　　　　　　　　　　　　　　　　　　　　　　　　　　　　　　　　　　单位：例

年份	总数	病例															
		麻疹	痢疾	病毒性肝炎	猩红热	肺结核	伤害和副伤害	百日咳	布病	淋病	梅毒	流行腮腺炎	艾滋病	风疹	手足病	HIV病	乙脑	其他感染性腹泻病
1996	34	4	13	17	—	—												
1997	144	52	61	28	4	2	—											
1998	116	23	57	26	1	8	1	—										
1999	99	12	39	36	3	8	—	1										
2000	96	3	41	37	4	11	—											
2001	128	16	36	44	6	15	—											
2002	164	32	41	20	2	24	—		45									
2003	97	1	15	40	2	18	—		20	1								
2004	108	—	22	28	2	42	—		10	—	—	3						
2005	137	2	7	17	—	54	—	—	45	1	1	9	—	—	—	1	—	

续表32-2　　　　　　　　　　　　　　　　　　　　　　　　　　　　　　　单位：例

年份	总数	病例														
		麻疹	痢疾	病毒性肝炎	猩红热	肺结核	伤害和副伤害	百日咳	布病	淋病	梅毒	流行腮腺炎	艾滋病	风疹	手足病	HIV病	乙脑	其他感染性腹泻病
2006	147	—	10	25		52	—	—	53	2	3	—	—	—	—	—	—	2
2007	167	2	4	25	26	55	—	—	48	—	1	3	—	—	—	—	—	3
2008	211	—	6	32	3	59	—	—	103	—	—	5	1	1	1			
2009	148	—	3	34	1	52	—	—	51	1	1	3	—	—	2			
2010	143	—	2	38	—	48	—	—	44	2	2	—	—	—	2			5
2011	326	—	34	46	—	46	—	—	33	2	1	72	—	—	82	1	—	10
合计	2268	147	391	493	54	494	1	1	463	9	9	95	1	1	87	1	1	20

第四节　地方病防治

概　述

永和县是全省119个县（市、区）中的重病区之一，全省共有8种地方病，永和就有5种，即克山病、大骨节病、饮水型氟中毒病、布鲁氏菌病、碘缺乏病。2009年，省、市将永和县列为地方病防治示范县，并提供专项经费和技术指导。县委、县政府成立地方病防治领导机构，

地方病防治工作会议

加强地方病防治工作，制定《碘缺乏病病情调查及健康促进实施方案》《布病病情调查及健康促进实施方案》《饮水型氟中毒病监测实施方案》《地方病健康教育项目技术实施方案》《大骨节病监测实施方案》《克山病监测实施方案》。按《地方病临床诊断标准》，举办2期培训班，规范诊断技术标准及资料管理。

克山病

克山病俗称"吐黄水病"。主要发病区为坡头乡白家崖和桑壁镇新乡一带。患者症状为发软无力、吐黄水，一旦发病一两天即可致命。民国17年（1928）起的30多年中，白家崖一带几乎每年都有此病发生，且每隔数年出现一个高峰。民国32年（1943），秦家沟、甄家沟两村发病后死人甚多，少数幸免者亦迁居他乡，以至人烟断绝。是年，新乡一带亦有此病流行，周围北寨、牛伏里、杨木千等村死亡60余人（多为女人、小孩）。杨木千一家8口死得只剩1人；牛伏里村死亡40余人，逃走10余人，全村只剩下李芝1人。1951年又有一次较大流行，牛伏、北寨死亡20余人。1964年此病又流行于境内，主要发病区仍为白家崖、新乡一带。全县发现明显和可疑病人94人，其中恶急型、急型、痨型55人，潜在型23人，疑似的16人。在恶急型、急型、痨型55人中，死亡33人，占60%，其中北寨、牛伏死亡13人。县人民政府并临汾专署派员组织专家（医务人员）实地调查后确认为克山病，并针对性地进行治疗，始将疫情控制。

1928—1964年永和县白家崖一带克山病流行情况统计表

表32-3　　　　　　　　　　　　　　　　　　　　　　　　　　　　　　　　　单位：例

年份	1928	1935	1943	1946 1947	1952	1958	1963 1964	合计
死亡人数	9	100	60	35	36	13	20	273

1994年5月，山西省地方病防治所专业人员到永和克山病区，帮助永和县对病区进行全员普查，人人做心电图。坡头乡白家崖一带（病区）共查394人，发现慢型和潜在型病人15人，占总人口3.8%。其中白家崖4人、李家崖3人、成家坪2人、塔只上2人、聂家山2人、土罗村1人、杏渠村1人。署益乡南寨一带（病区）共查245人，发现慢型和潜在型病4人，占1.6%。其中南寨1人、王成3人。2008年，在全县地方病检测中，克山病病情调查了两个病区715人，检出潜在型病人11人。2011年，在桑壁镇、坡头乡调查300人，没有发现病例。

大骨节病

大骨节病俗称"柳拐"。境内坡头、芝河、桑壁等乡镇历史以来均有病例。据1994年普查，该病分布于4个乡（镇）、56个自然村，有患者547人，占病区总人口1.7%，占病区村总人口5.4%。其中，城关镇13个自然村157人，坡头乡17个自然村190人，桑壁镇15个自然村166人，南庄乡11个自然村34人。中华人民共和国成立后，病区多数村采取加石膏等措施，净化水源，人畜饮水不断得到改造，新发病率明显降低。普查发现患者547人中，13岁以下者只有2人，新生儿童未见新发病例。2008年，在全县地方病检测中，大骨节病病情调查了3个病区14110人，检出病人54人。其中Ⅰ度33人，Ⅱ度17人，Ⅲ度4人。按年龄分组病人数为：26~35岁1例，36~45岁5例，46~55岁9例，56岁以上39例，检出率为0.38%。2011年，县疾控中心对病区进行复检，检出病人40人，其中Ⅰ度30人，Ⅱ度8人，Ⅲ度2人。

饮水性氟中毒病

境内有氟斑牙和氟骨症2种。氟斑牙又称斑釉牙，在病区人口中较为常见。氟骨症病态表现为肢体变形、驼背弯腰，有的伴有关节不灵活，四肢疼痛等症状。1994年地方病普查结果表明，县内氟中毒病分布于打石腰、南庄、阁底、交口、城关5个乡（镇）、194个自然村。轻病区包括144个自然村，其中打石腰32个、南庄41个、阁底19个、交口13个、城关39个；中病区包括42个自然村，其中打石腰3个、南庄9个、阁底16个、交口7个、城关7个；重病区包括8个自然村，其中打石腰1个、南庄2个、阁底5个。病区村总人口为28674人，患氟斑牙的18338人，占64%；患氟骨症的218人，占0.76%。由于对病区饮用水普遍采取加碱、放明矾等药物除氟措施，对现症患者采取服用氯化钾、鱼肝油、钙剂、维生素D等临床治疗办法，氟骨症患者逐年减少。2008年，在全县地方病检测中，氟中毒共调查了全县5个病区乡（镇）及县城城关小学、城关第二小学，8~12岁儿童氟斑牙普查4769人，检出氟斑牙1418人，其中极轻585人、轻度658人、中度137人、重度38人。2011年，县疾控中心对病区4500名儿童进行氟斑牙检测，检出1380人，其中轻度1223人、中度128人、重度29人。

布鲁氏菌病

布鲁氏菌病俗称布病，是一种人畜共患的传染性疾病。1991年，泊洋、交口、桑壁、西庄等乡（镇）部分村羊群发生此病传染。全县发病羊412只，发病率0.5%。发病后，对认定的病羊全部进行无害处理（深埋）。1992年春夏之交，泊洋、交口、西庄、阁底等乡羊群中又发此病。1991—1993年，连续3年给所有羊注射免疫疫苗。1993年后此病再未发生。1994年，县防疫站对全县羊工等畜牧人员进行血清检查，抽检249人，阳性人数为0（无病例）；同时抽检牲畜530头，阳性头数为0。1995年对牲畜继续实施免疫。2008年，在全县地方病检测中，布鲁氏菌病共调查了全县7个乡（镇）2180人，其中农业1396人、牧业660人、屠宰23人、学生儿童24人、其他77人；采集血样572人，阳性人数为99例，阳性率为17.3%；对阳性个体全部进行流行病学个案调查。水利部门在全县共投资955.52万元，解决了135个自然村、20754口人的饮水安全问题。畜牧部门全面实施"免疫、检疫、监测、消毒、扑杀"等综合防治措施，逐步控制和消除布鲁氏菌病对当地群众的危害。2011年，县疾控中心在布鲁氏菌病复检中调查1600人，阳性人数是0。

碘缺乏病

2008年8月至12月，全县8个调查小组，用时90天，对全县碘缺乏病进行了调查。7个乡（镇）的79个行政村、306个自然村及城南社区、城北社区，应调查64581人，实查56074人，普查率86.82%，查出甲状腺肿大病人10例，均Ⅰ度病人，患病率为0.022%。另外，采集8—10岁学生尿样85份进行尿碘监测，尿中位数为251vg/I；采集18~35岁育龄期妇女尿样85份，尿碘中位数为269.2vg/I；采集122份水样，水碘值小于10vg/I的19份，最小值为3.4vg/I，最大值为34.8vg/I。2011年，县疾控中心对碘缺乏病进行复检，查出甲状腺肿大病人6例。

第二章 医 疗

第一节 机 构

沿革

清代至民国时期，县人医病多靠民间中医。民国32年（1943）12月开办县卫生院，只应门诊，于民国35年（1946）11月停办。此间，县内有私营药铺、诊所10余家。城区有任子俊、任永堂、杨学孟、毛富相4家药铺兼诊所，南庄有白连生药铺，打石腰有孔进宝药铺，岔口有任尚德、任家俊2家药铺，阁底有冉进药铺，雨林有李成英药铺，桑壁有姜秉信药铺，索珠有刘长青诊所，泊洋有姚惠民诊所。

1950年10月，永和县创办县卫生所，1951年改称县卫生院。1953年创办桑壁卫生所，1954年增设南庄卫生所，1955年增设阁底卫生所。1956年，坡头、署益、罢骨、交口、泊洋、西庄、打石腰7乡均设保健站。至此，全县有1个卫生院，3个卫生所，7个乡保健站。1961年5月，县卫生院改称县人民医院；7个乡保健站改称公社医院。

1968年，贯彻毛泽东"把医疗卫生工作的重点放到农村去"的方针，大队级医疗站陆续兴办。到1970年，全县67个生产大队均建立合作医疗站；桑壁、南庄、阁底3个卫生所改为中心卫生院，7个公社医院改为公社卫生院。至此，县有县人民医院，公社有公社卫生院，生产大队有合作医疗站，县、公社、大队三级医疗预防和保健网络正式形成，卫生工作的重点着实放到农村，群众小病不出生产大队，中病不出公社，重病不出县，就医十分方便。

1983年，以原城关卫生院为基础筹建县中医院，1984年正式挂牌办公。1995年，全县有县级医院2所，乡镇卫生院11所，农村卫生所、个体诊所90处。

2002年，全县个体诊所有8所，到2008年9月注销后剩余4所。2002年，城关卫生院更名为芝河镇卫生院。2008年5月，县中医院与芝河镇卫生院合并，一个机构、两块牌子。2011年底，全县有县级医院2所、乡镇卫生院6所、农村卫生室72所、个体诊所4所。

县级医院

永和县人民医院　占地面积8619平方米，建筑面积6800平方米。临床科室有内儿科、外科、骨科、妇产科、中医科、耳鼻喉科、口腔科、传染病科、放射科、防保科、医务科、医技科以及手术室、麻醉室、CT室、X光室、B超室、心电图室、检验室、输血科、理疗室、针灸室、供应室等。

永和县中医医院　占地面积4898平方米，建筑面积4400平方米。临床科室有中医科、内科、外科、儿科、妇科、针灸科、五官科、眼科、中医推拿科、理疗科以及放射科、检验科、药剂科、B超室、心电图室等。

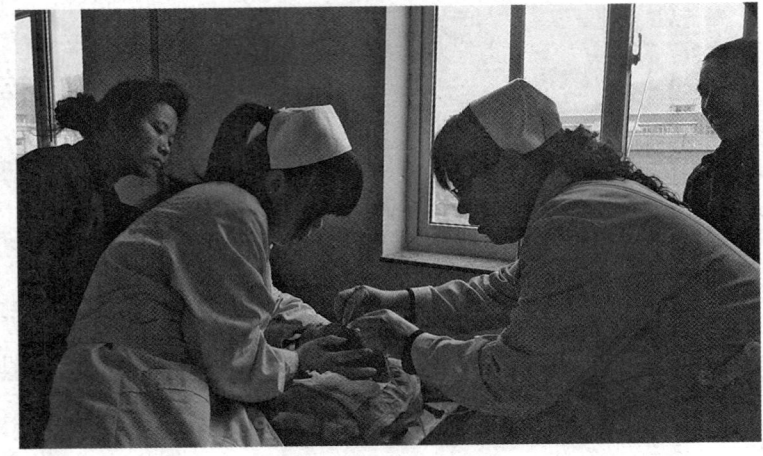

中医院医务人员工作中

第二节 队 伍

1950年，全县有民间中医11人；县卫生所有西医1人、护士1人、护理2人。1955年，全县医护人员增至38人，其中县卫生院15人，内有中医士2人、西医士5人。1965年，全县医务人员增到138人，其中县医院50人，内有西医师8人。1975年，全县医务人员增至249人，其中县医院57人、各公社卫生院88人、生产大队保健站赤脚医生104人。1985年，全县医务人员增至290人，其中全民所有制148人、乡（镇）集体69人、村集体和个体卫生所73人。1995年，全县医务人员增至336人，其中全民所有制人员193人、乡（镇）集体人员67人、村级集体和个体人员76人。

2005年4月，全县乡（镇）卫生院人员工资进入县财政序列成为正式人员，从此，永和县卫生系统基本取消了集体、小集体人员管理制度。2011年底，全县卫生系统人员增至326人，其中，医疗卫生技术人员303人，全民所有制人员230人，村卫生室人员96人。全县卫生系统共有主任医师1名、副主任医师10名、中级技术人员68名、初级技术人员127名。

1996年开始按照《护士管理办法》实施护士执业注册管理。1999年按照《中华人民共和国执业医师法》实施医师分类执业注册管理。

2011年永和县医疗卫生机构人员一览表

表32-4　　　　　　　　　　　　　　　　　　　　　　　　　　　　　　单位：人、个

单位	人员总计	专业人员	其中										
			副主任医师	中级技术人员	中医师	西医师	中医士	西医士	护师	护士	技师级	技士级	管理及后勤人员	床位
县人民医院	66	59	7	25	2	26	0	0	19	3	9	0	7	100
县中医医院	48	45	2	18	10	11	0	0	10	2	12	0	3	70
县疾控中心	19	14	1	5	0	4	0	3	4	0	3	0	5	—

续表32-4　　　　　　　　　　　　　　　　　　　　　　　　　　　　　　　　　单位：人、个

单位	人员总计	专业人员	副主任医师	中级技术人员	中医师	西医师	中医士	西医士	护师	护士	技师级	技士级	管理及后勤人员	床位
县妇幼站	14	13	0	4	2	0	2	0	8	0	1	0	1	—
桑壁镇卫生院	9	9	0	1	3	3	1	0	1	0	1	0	0	5
阁底中心卫生院	10	10	0	3	3	1	2	0	3	0	1	0	0	13
南庄中心卫生院	6	5	0	1	1	1	0	2	1	0	0	0	1	10
打石腰卫生院	6	6	0	0	0	4	0	0	2	0	0	0	0	5
坡头卫生院	5	5	0	1	1	0	1	1	0	1	0	1	0	5
芝河镇卫生院	15	14	0	4	0	6	0	0	3	0	3	2	1	10
交口卫生院	6	6	0	0	1	3	0	1	0	1	0	0	0	7
卫生监督所	4	4	0	2	0	2	0	0	2	0	0	0	0	—
新农合中心	15	15	0	4	0	2	1	8	4	0	0	0	0	—
合　计	223	205	10	68	23	63	7	15	57	7	30	3	18	225

1950—2011年部分年份永和县卫生专业技术人员一览表

表32-5　　　　　　　　　　　　　　　　　　　　　　　　　　　　　　　　　单位：人、个

年份	总计	副主任医师	主治医师	中医师	西医师	中医士	西医士	护师（士）	其他	床位
1950	15	—	—	—	—	1	1	1	12	—
1955	38	—	—	—	—	7	11	3	17	15
1960	76	—	—	—	—	13	23	5	35	22
1965	138	—	—	4	8	24	33	6	63	46
1970	210	—	—	1	15	16	46	9	123	92

续表32-5　　　　　　　　　　　　　　　　　　　　　　　　　　　　单位：人、个

年份	总计	副主任医师	主治医师	中医师	西医师	中医士	西医士	护师（士）	其他	床位
1975	249	—	—	2	17	18	57	9	146	129
1980	284	—	4	4	28	25	76	10	137	134
1985	290	—	3	3	28	27	70	20	139	164
1990	305	1	23	9	34	17	68	34	119	194
1995	336	3	48	14	41	5	25	49	151	220
1996	235	3	47	15	44	4	22	49	51	220
2000	234	3	49	29	68	7	24	53	53	212
2005	228	6	57	21	67	6	26	56	52	210
2010	210	11	61	21	67	8	17	59	38	203
2011	205	10	68	23	63	7	15	64	33	225

注："其他"栏的数字中含村级卫生所人员

第三节　设　备

1961年，县人民医院只有循环式麻醉机1台、7孔落地式无影灯1台、万能手术床1支、50MAX光机1台。1965年添置电子离心器1台。70年代，先后购置超短波治疗仪、台式牙钻机、200MAX光机、心电图机等。1980年后，相继增添9孔无影灯、检眼镜、万分之一分析天平、RT50型B超（美国产手提式）、裂隙灯、分娩镇痛仪、721光度计等较先进设备。90年代，又更新300MAX光机，增置综合手术床、神灯、远红外线治疗仪、牙科综合治疗仪、促进血液循环机、BPM红外治疗仪、ALTB激光治疗仪、电脑验光仪等。至此，县医院基本具备综合医院必要的设备。此间，县中医院、城镇卫生院也逐步更新200MAX光机和B超、心电图机等设备。桑壁、南庄、阁底3个中心卫生院均于80年代初配备手术床、无影灯和30MAX光机等。其他普通卫生院均有30MAX光机。1995年，全县各级医疗单位共有病床220张。

20世纪90年代末，县级医院添置了备凝仪、酶标仪、膜式电动吸引器、735冷

光五孔无影灯、医用电脑高频电刀等。2000年后，添置了自动洗胃机、尿液分析仪、50mA程控X光机、彩色B超机、全自动生化分析仪、麻醉机、集中供氧系统、开颅钻、骨钻、喉镜等。

1996—2011年永和县人民医院医疗设备情况表

表32-6

品　名	配置年份	在使用／未说明
血凝仪	1996	使用
酶标仪	1999	使用
酶标洗板仪	1999	使用
血气分析仪	2003	使用
尿液分析仪	2001	使用
血液黏度计	2002	使用
血细胞分析仪	2002	使用
电热恒温培养箱	2002	使用
钾钠氯分析仪	2002	使用
半自动生化仪	2002	使用
台式低密度自动平衡离心机	2002	使用
血沉仪	1996	使用
尿液分析仪	2001	使用
新生儿辐射抢救台	2002	使用
综合产床	2003	使用
电动流产吸引器	1996	使用
温度控制仪	1996	使用
产后康复治疗仪	2002	使用
紫外线杀菌车	2003	使用
新生儿黄疸治疗床	2003	使用
胎儿监护仪	2003	使用
多参数监护仪	2005	使用
婴儿称	2004	使用
妊高征预测分析系统	2004	使用

续表 32-6

品　名	配置年份	在使用/未说明
输液泵	2004	使用
麻醉机	2004	使用
手术监护仪	2007	使用
空气净化消毒机	2004	使用
空气净化消毒机（挂式）	2004	使用
50MA 医用诊断 X 射线机	2003	使用
电动洗胃机	1996	使用
台式灭菌器	1999	使用
立式电热压力蒸汽消毒器	2002	使用
500MA 医用诊断 X 射线机	2002	使用
心电图机	2002	使用
B 超机	2001	使用
彩色 B 超机	2010	使用
全自动生化分析仪	2009	使用
麻醉机	2011	使用
集中供氧系统	2010	使用
开颅钻	2010	使用
骨钻	2010	使用
咬骨钳	2010	使用
担架车	2010	使用
手术室器械台	2010	使用
手术凳	2010	使用
无影灯	2010	使用
电动综合产床	2010	使用
高频电刀	2010	使用
无触点双水路多功能不锈钢刷手池	2010	使用
不锈钢病历车	2010	使用
麻醉车	2010	使用
婴儿暖箱	2010	使用

续表 32-6

品　名	配置年份	在使用/未说明
多功能监护仪	2010	使用
简易呼吸器	2010	使用
便携式呼吸机	2010	使用
除颤仪	2010	使用
微量注射泵	2010	使用
心电图机	2010	使用
喉镜	2010	使用
雾化吸入器	2010	使用
焚烧炉	2010	使用
空气消毒机	2010	使用
全自动清洗消毒器	2010	使用
器械检查打包台	2010	使用
低温等离子体灭菌消毒柜	2010	使用

1995—2011 年永和县中医院医疗设备情况表

表 32-7　　　　　　　　　　　　　　　　　　　　　　　　　　　　单位：个

品　名	台　数	配置年份
膜式电动吸引器	1	1995
735 冷光五孔无影灯	1	—
电热恒温培养箱	1	—
医用电脑高频电刀	1	—
立式压力蒸汽灭菌机	1	2005
电动吸引器	1	—
自动洗胃机	1	—
尿液分析仪	1	—
全自动生化分析仪	1	—
半自动三分类血球分析仪	1	—
侧面操纵式手术床	1	—
500mA 程控 X 光机	1	2008
三道心电图机	2	—
台式低速离心机	1	—

续表 32-7　　　　　　　　　　　　　　　　　　　　　　　　　　　　　　　　单位：个

品　名	台　数	配置年份
平提式不锈钢消毒器	1	—
超声诊断仪	1	—
麻醉机	1	—
冷光型孔式手术无影灯	1	—
便携式蓝韵 B 超	1	—
电动吸引器	1	—
免疫分析化学发光仪	1	—
血流变检测仪	1	—
医疗垃圾焚烧炉	1	—
三延煎药机	2	2010
自动煎药包装机	1	2010
红外线治疗机	1	—
数显鼓风干燥箱	1	—
超声波雾压器	1	—
中药粉碎机	1	—
液体包装机	1	—
密闭二连体中药煎药机	1	—
六合治疗仪	1	—
火　罐	45	—
真空拨罐器具	2 套	—
艾条和灸具	10	—
神　灯	5	—
立式压力蒸汽灭菌机（Z）	1	2011
泡洗设备	15	2011
自动分析心电图机	1	2011
腿浴治疗仪	5	2011
刮痧治疗仪	4	2011
光电治疗仪	1	2011
中药泡洗设备（中药熏蒸机）	2	2011
中药泡洗设备（中药熏蒸床）	1	2011
肺功能仪	1	2011

续表32-7 单位：个

品　名	台　数	配置年份
颈、腰椎电动牵引床	2	2011
CR	1	2011
中频治疗仪	5	2011
智能通络治疗仪	1	2011
动态心电图工作站 holter	1	2011
十二道心电图机	1	2011
中央监护系统	1	2011
床旁监护仪	2	2011
彩超	1	2011
SMF中医脉象诊断系统	1	2011

第四节　医疗技术

内　科

民国年间，民间几家医堂、药铺均以中医疗法医病，结核、肺炎、肝炎、脑炎、鼠疫、肿瘤、肠胃穿孔及地方克山病等均视为不治之症。中华人民共和国成立后，逐步办起城、乡公立医院，采取中、西结合方法，主要治疗以传染病为主的疾病，即痢疾、伤寒、霍乱、结核、麻疹、天花、鼠疫、百日咳、蛔虫症等。20世纪60年代，随着医疗队伍壮大和医疗技

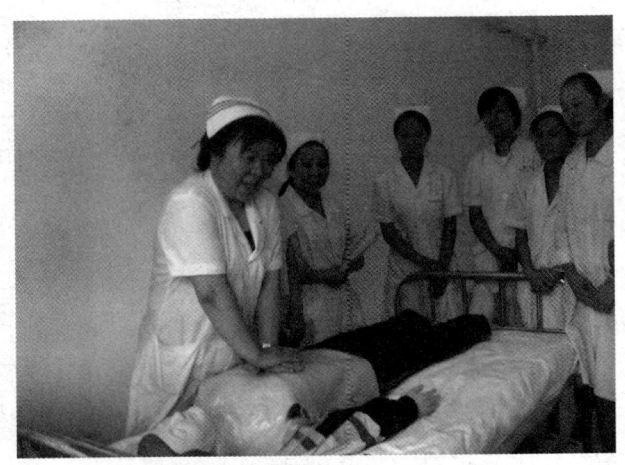

县医院急救病人示范

术提高，可治疗一些营养性、感染性疾病，如中毒性消化不良、佝偻病、贫血、流行性脑膜炎、结核、大叶性肺炎等。到70年代，能攻克中毒性痢疾、休克型肺炎、消化溃疡、合并出血、幽门梗阻等。80年代后，对农药中毒抢救、冠心病、病毒性脑炎、

高血压、糖尿病等诊疗步入国内新进展行列。90年代后，对心肌梗死、脑梗死、脑血栓、消化内科疾病、内分泌疾病、肿瘤等病的诊断治疗水平有较大提高。

2000年以后，县人民医院可开展急性心肌梗死、呼吸循环衰竭的治疗及抢救，各种药物中毒的抢救，脑血管病的治疗以及内科、儿科常见病、多发病的诊治。县中医院可进行脑病、肺病、心血管病及普通内科杂症的诊断与治疗。

外科

1953年，县卫生院施行首例阑尾切除术。1954年首例疝修补术获得成功。60年代后，县医院可施行肠梗阻、胃穿孔修补、截肢等手术。1973年施行首例胃大部切除术。此后，肝破裂修补术、骨折内固定术等相继成功。此间，除县医院外，南庄中心卫生院、桑壁中心卫生院也能实施上述手术。1981年，县医院为1名食道癌（下段）患者成功地施行开胸术，胆囊摘除术、胆总管探查术等相继获得成功。1984年，施行首例开颅术，首例结肠癌切除术、甲状腺次全切除术也相继获得成功。1995年，首例开展脊椎骨折内固定术和脊髓探查等手术。

2000年以后，县人民医院能开展脊柱的各种骨折手术、椎间盘摘除术、股骨头坏死的髋关节置换术、骨盆骨折及四肢手术，能开展甲状腺全切次切手术、胃大部切除术、乳腺癌根治术、各种急腹症急诊治疗手术等。县中医院可进行骨伤外固定、痔瘘手术，引流手术等。

妇产科

1957年，县卫生院施行首例单纯剖宫产。1976年后大批施行输卵管结扎术。1986年，首例子宫下段剖宫产术成功，子宫全切除和巨大子宫阔韧带肌瘤摘除术相继获得成功。1992年，县医院院长、副主任医师王杰文为1名妇女切除1个8公斤重的巨大子宫肌瘤。

2000年以后，县人民医院能开展子宫切除手术、剖宫产手术、卵巢囊肿手术等。县中医院可进行阴道填塞治疗、灌洗治疗、后穹隆穿刺术、子宫输卵管通液术、宫颈息肉切除术等。

中医科

1954年，县卫生院设中医科。60年代后，乡（人民公社）卫生院（所）中坐诊医生三分之一属中医。1983年，以城关镇卫生院为基础，筹建县中医院。除县中医院外，县医院及各乡镇卫生院均有中医科或专职中医。县内中医在治疗顽癣、皮肤病、酒糟鼻、中风不语、偏瘫、面神经麻痹、骨质增生、鼻炎、肝肾疾病、烧破伤和妇女病等方面都有独到之处。

2000年以后，县中医院可进行推拿、牵引、按摩、针灸、熏蒸、熏洗医疗技术和康复训练等。

五官科

1983年后可施行扁桃体摘除术。1994年，陆续开展白内障摘除术、青光眼手术、翼状胬肉切除术、重睑手术等。

2000年以后，县人民医院眼科有裂隙灯、检眼镜，口腔科有牙科治疗综合台，耳鼻喉科有咽喉镜、气管镜、听力测试仪等设备，可开展扁桃体、鼻息肉等五官科小手术。

麻醉室

1953年，施行首例应用局部麻醉术。1963年始用乙醚吸入全麻术。1973年施行首例腰麻。1974年施行首例硬膜外麻醉。1980年施行首例静脉（气管插管）全麻。1992年小儿硬膜外麻醉获得成功。

2000年以后，县人民医院开展推管内麻醉、全身麻醉、气管插等技术，县中医院可进行局部浸润麻醉。

化验室

1965年，可用显微镜对血液作常规检验，作血、尿、便三大常规化验。1979年可进行肝功能试验。1980年起可作血液生化检验。1985年，能做乙型肝炎表面抗原试验和丙肝、VSR（梅素）试验。1987年后，能做肠道病原微生物的检验、大肠菌群数检、水质分析、细菌培养等。

2000年以后，县人民医院可开展血常规、血RT、尿RT、便RT、血型、血沉、肝功、肾功、血糖、血脂、心肌酶、电解质、乙肝、艾滋、丙肝等多项化验。县中医院可进行血常规五分类、尿11项、便常规、潜血试验，肝功能、肾功能、血糖、血脂、血流变、甲胎蛋白、癌胚抗原检测、甲功、血凝系列、布病试验、C反应蛋白检测、心肌酶系列、血系列生化检验、血沉、乙肝五项、两肝检测、关节液、胸腹水常规、幽门螺杆菌、淋球菌试验，电解质系列等多项化验。

第五节 医疗制度

公费医疗

1953年，全县享受公费医疗的国家干部、职工共278人。享受公费医疗者持县卫生科签发的医疗证到县卫生院就诊。1956年，享受公费医疗者增至580人，财政按人均每年12元预算，一次性拨给卫生科，由卫生科掌握全县统一使用，节余部分留下年度，超支部分由财政追加。1963年后，每人每月按1.5元预算，医院于月底将实支数额列表造册到县卫生局办理报销手续。超支部分财政于年底一次性追加。1970年，公费医疗标准由每人年均17元降为10元。1976年，公费医疗实行包干管理，事业单位医疗费实行大包干，按每人每年20元标准拨给各单位统筹使用，结余留转下年，超支不予追加；行政单位由县卫生局统一掌握，发公费医疗证，到指定医院就诊。公费医疗人均年费用1980年为30.6元，1985年为40.7元，1990年为95.7元。1990年以后，公费医疗由县医院承包管理，人年均按100元预算。1995年，公费医疗人年均费用上升为183.3元。80年代后期，出现1人公费全家医疗现象，形成公费医疗消费额逐渐提高，却有一些本应享受公费医疗的病人医药费不能报销，成为事实上的自费。

2003年，职工医疗保险制度全面启动，永和县所有城镇职工全部实行基本医疗保险，保险费用由用人单位和个人共同交纳。其中用人单位缴纳费率为单位工资总额的6.5%。个人缴纳费率为本人工资收入的2%。成立了专职机构——城镇医疗保险所，隶属县人力资源和社会保障局。

1953—1995年部分年份永和县公费医疗支出情况表

表32-8　　　　　　　　　　　　　　　　　　　　　　　　　　　　　　　　　　　单位：元

年份	享受公费医疗人数	财政预算金额	实际支出	人均费用	超支	备注
1953	278	—	—	—	—	实报实销
1956	580	6960	8298	14.3	1338	财政补拨
1963	1022	18000	18875	18.4	875	财政补拨
1972	—	18000	28000	—	10000	财政补拨
1975	1021	18000	26021	25.5	8021	财政补拨
1980	1860	—	56928	30.6	—	财政补拨
1985	2351	—	95692	40.7	—	财政补拨
1990	2951	—	282647	95.7	—	财政补拨
1995	3000	—	550000	183.3	—	财政补拨

合作医疗

1969年，农村实行合作医疗制度。全县67个生产大队均成立合作医疗站，有"赤脚医生"93人。举办形式有社队联办（如桑壁公社与桑壁大队联办）、各生产大队自办2种。赤脚医生大都是县卫校1963年毕业生和本生产大队选拔的初、高中回乡青年。合作医疗基金，一般社、队每人每年按1~2元投入，年底生产队收入分配时从中扣交；也有的生产队直接从公积金或公益金中支付。赤脚医生看病免收出诊费、针灸费、处置费、注射费；经济条件较好的生产大队，如桑壁公社的6个大队，坡头公社孙家庄大队、岔口大队，打石腰公社郑家塬大队等处，一度时间还实行过社员看病医药费全免。各公社卫生院组织社员自种、自采中药材，自制丸、散、膏药供各合作医疗保健站使用，弥补资金不足问题。赤脚医生待遇实行工分加补贴，亦医、亦农，收入一般略高于同等劳动力。1971年后，多数生产大队因经济力量不济，合作医疗逐渐停办。部分大队坚持到1980年实行生产责任制后停办。集体药房逐步被变卖，医疗站渐成个体诊所。

2008年3月3日，山西省政府正式将永和县列入新型农村合作医疗国家级试点县，永和县新型农村合作医疗中心成立。6月15日合作医疗补偿启动，进入补偿程序，参合农民开始受益。2011年，县农村合作医疗中心有工作人员15人，其中大专以上学历者13人，占86.7%，平均年龄37周岁。

2008年，按照中央政策规定，新农合筹资标准人均由50元提高到100元，即中央财政每人年补助40元，省、市、县三级财政每人年补助不低于40元，参合农民个人缴费每人每年20元。2011年起，各级财政对新农合的补助从每人每年120元提高到200元，其中中央财政补助108元／人，省级财政补助46元／人，市级财政补助18.4元／人，县级财政补助27.6元／人。个人缴费标准由每人每年20元提高到30元。

新农合非住院大额门诊补偿（部分病种），不设起付线，费用累计计算，按60%比例进行补偿，半年结报一次，全年累计封顶线特殊型为5000元、普通型为1000元。一年内慢性病门诊补偿和住院补偿的总额不应超过3万元。

2011年起，新农合补偿封顶线由2008年的3万元提高到不低于5万元。一年内慢性病门诊补偿、住院补偿和正常住院分娩的总额不应超过5万元。

至2011年底，全县7个乡（镇）全部开展了新型农村合作医疗工作，参合率达98.4%。

2008年永和县新农合大病住院补偿执行方案标准一览表

表32-9　　　　　　　　　　　　　　　　　　　　　　　　　　　　　　单位：元、%

名称	方案	
	起付线	补偿比
乡级	50	75
县级	200	65
市级	800	45
市级以上	1500	40

2011年永和县新农合大病住院补偿执行方案标准一览表

表32-10　　　　　　　　　　　　　　　　　　　　　　　　　　　　　　单位：元、%

名称	方案	
	起付线	补偿比
乡级	50	80
县级	200	70
市级	500	60
市级以上	800	50

2008—2011年永和县新农合基金运行情况表

表32-11

年份	享受新农合人数	统筹资金（万元）	实际支出（万元）	次均费用（元）
2008	8613	449.80	185.14	214.96
2010	34853	722.82	713.04	204.59
2011	63983	1096.60	1038.55	163.32

第三章　保　健

第一节　机构　设施

机　构

中华人民共和国成立后，人民政府把妇幼保健工作纳入卫生事业发展规划。1952年，县卫生院设立妇幼保健股，先配股长1人，后逐渐增设保健员、助产士2~3人。1962年，妇幼保健股与防疫股合并成立防保科。1976年9月，县妇幼保健站正式成立，设站长1人、保健员3人。1980年，人员增至7人，设妇保科、儿保科。1982年，人员增至11人。1989年后，人员、科室均渐增加。1995年，人员增至16人，内设宣教科、财务科、办公室、化验室、放射室等科室；11个乡（镇）卫生院均配有兼职妇幼员。县、乡两级妇幼保健网络得以健全。

至2011年底，县妇幼保健人员增至24人，内设妇女保健科、儿童保健科、健康教育科、信息科、检验科等科室。

设　施

1956年，为11个乡（镇）配备产包40余个。1980年，为全县80个生产大队医疗保健站装备大产包；县医院和11个公社卫生院都配备有产包、窥阴器、手套、镊子等。1982年，县妇幼保健站配备轻便产床、多用产床各1台。1995年，县妇幼保健站配备有50MAX光机、电冰箱、心电图、干燥箱、单目显微镜、万分之一分析天平、离心机、恒温水溶箱、三用冰箱、铅手套、铅椅子、铅裙、721光度仪、婴儿秤、三用儿童秤、高压消毒器、电熨器、担架、输液架、CO激光仪等器械。

1999年，县妇幼保健站配备干燥箱1个、电冰箱1个、单目显微镜1个、1／万分析天平1个，离心机1个，恒温水溶箱1个、三用冰箱1个、电熨器1个、多用产床1张、心电机1个、诊断床1张、B超1台。2001年，购置微波治疗仪1台；2002年，购置乳腺治疗仪1台；2004年，购置电子阴道镜、红外乳腺诊断仪各1台；2005年，购置胎心仪、乳腺治疗仪、微量元素分析仪各1台；2006年，购置B超1台；2008年，购置人体秤1台。

第二节　妇女保健

新法接生

中华人民共和国成立前，县人沿袭旧的生育方式。有钱人生育请"接生婆"，贫苦百姓生育只能听天由命，碰到难产只知求神拜佛。妇女生四五胎成活一两个极为平常，生七八胎成活一两个不算稀罕，生育感染引发妇科疾病致死者时有发生。县人皆曰"人生人怕死人",视生育为一场生死未卜的劫难。

1953年开始推广新法接生技术。县卫生院妇幼保健人员坚持下乡村宣传与巡回指导,每年全县集中培训1次接生员。至1958年,共培训300余人,使新法接生逐步普及,因难产和产褥感染造成的妇、婴死亡明显减少。1955年后,政府与社会各界普遍重视妇女劳动保护。农村组织集体劳动,对月经期、怀孕期、哺乳期妇女分配农活实行"三调三不调",即月经期调干不调湿,怀孕期调轻不调重,哺乳期调近不调远。妇女健康始有社会保障,妇女劳动力得到保护。70年代后,又开展妇女"五期"(经期、孕期、产褥期、哺乳期、更年期)劳动保护。县妇幼保健站每年都对育龄妇女两病(子宫脱垂、尿瘘)分期分批地普查普治。1995年11月,全县推开婚前健康检查工作,并制定出医学证明管理办法。1996年,县妇幼保健站创建爱婴医院和孕妇学校,举办孕妇培训班6期,参训人员62名。1990—2011年,新法接生率100%。

1956—2011年部分年份永和县新法接生率情况表

表32-12

年　份	新法接生率(%)	年　份	新法接生率(%)
1956	50	1984	98
1962	60	1986	99
1976	63	1990	100
1978	90	1996	100
1980	96	2000	100
1982	98	2011	100

育龄妇女病普查

1986年,全县进行育龄妇女病普查,应查8127人,实查3397人,普查率41.8%;查出患各种妇科疾病者631人,患病率18.6%。

1990年,县直机关育龄妇女病普查,应查568人,实查543人,普查率95.6%;患病人数442人,患病率81.4%,其中阴道炎、附件炎和宫颈糜烂患病率分别为84.2%、62%、62%。

1992年,全县开展妇女病普查普治,普查3807人,查出患各种妇科疾病者987人,患病率25.9%。其中宫颈癌5人，宫颈糜烂494人，阴道炎812人，子宫脱垂7人，其他293人。查清后对患者全部施行治疗。

1998年，全县育龄妇女普查患病率为87.5%，其中阴道炎85%，宫颈糜烂55.4%，附件炎40.5%，子宫肌瘤20.8%，盆腔炎8.5%。

2000年，全县育龄妇女普查患病率71.2%，其中阴道炎70.5%，宫颈糜烂45.6%，附件炎37.3%，子宫肌瘤18.5%，其他10%。

2002年，普查患病率70.8%，其中阴道炎68.7%，宫颈糜烂43.5%，附件炎36%，乳腺患病率73.2%，其他12.5%。

2003年8月，县妇幼保健站聘请省级专家对全县机关企事业单位的女职工进行一年一次以防宫颈癌为主的妇女病普查普治工作。此次普查，妇科实查人数162人，患病人数111人，患病率68%。其中宫颈糜烂54人，阴道炎46人，慢性宫颈炎39人，阴道前后壁膨出4人，附件炎2人，子宫肌瘤2人，子宫脱垂1人，外阴裂伤1人，附件囊肿1人，宫颈口息肉3人。乳腺实查人数170人，患病人数48人，患病率28%。其中乳腺增长39人，溢乳1人，其他肿块8人。

2005年，全县育龄妇女普查患病率72.4%，其中阴道炎69.5%，宫颈糜烂45.3%，子宫肌瘤11.2%，附件炎16.8%；乳腺患病率70.3%，其他13%。同年，县妇幼保健站进行了以防癌为主的妇女普查普治工作。共查妇女总人数330人，患病人数263人，患病率80%。其中阴道炎患者165人，宫颈糜烂95人，盆腔炎患者7人，慢性宫颈炎71人，附件炎20人，外阴营养不良8人，子宫下垂3人。乳腺共查妇女202人，患病人数129人，患病率63%。其中乳腺轻度增生127人，乳腺纤维瘤4人，乳腺肿块4人，乳腺右侧囊肿1人，乳腺导管扩张1人。

2007年，全县育龄妇女普查患病率70%，其中阴道炎65.3%，宫颈糜烂41.2%，附件炎21.2%，盆腔炎10.1%，乳腺患病率69.5%，其他11.2%。

2009年，全县育龄妇女普查患病率68.7%，其中阴道炎67.6%，宫颈糜烂40.3%，附件炎21.8%，盆腔炎11.8%，子宫肌瘤8%，乳腺患病率65.2%，其他8.2%。

2010年，全县育龄妇女普查患病率63.4%，其中阴道炎60.2%，宫颈糜烂39.8%，盆腔炎9%，附件炎16.7%，子宫肌瘤10%，乳腺患病率62.3%，其他9%。

2011年，全县育龄妇女普查患病率61.3%，其中阴道炎58.4%，宫颈糜烂40.5%，附件炎18.5%，盆腔炎8%，子宫肌瘤8%，子宫内膜异常症4%，乳腺患病率60.3%，其他7%。

第三节 儿童保健

1953年全县推广新法接生技术后，新生儿破伤风发生率逐年下降。1956年比中华人民共和国成立前下降30%~80%。1976—1984年间，先后有5例新生儿破伤风患者住院治疗，1例治愈，4例死亡。1995—2011年，全县婴儿成活率达98%以上。

1979年，对2051名7岁以下儿童进行健康普查，查出患病者344人，患病率16.8%。7岁以下儿童6670人口服驱虫净、噻嘧啶，施行大面积驱虫治疗。随访6122人（随访率92%）中，排虫人数4515人，排虫率73.8%。1981年，对全县0~6周岁儿童进行普查，实查4035人（普查率72.5%）中，查出患佝偻病141人（Ⅰ 122人，Ⅱ 19人），贫血209人，龋齿90人，其他疾病36人，均及时施行治疗。1982年，在城关、坡头、西庄3个公社对3岁以下儿童进行检查，对佝偻病患者视病情免费给服用V—D2和多种维他钙，治疗率达100%。

1976年起，每年六一儿童节前均对城镇幼儿园儿童做一次全面健康检查，发现儿童患佝偻病、营养不良者为多，主要由不合理喂养引起，即哺乳期间不及时添加辅食，单纯吃奶；户外活动少，百日之内不见阳光等。随着卫生知识普及，婴儿佝偻病和营养不良状况逐步减少。1995年，全县实查6周岁以下儿童3072人，普查率26%，查出佝偻病患者784人，其他病患者311人，均得到及时治疗。1995年，县人民医院建成爱婴医院，一次性通过省、地验收。

1996年，全县健康投保儿童1200人。1998年，四苗（卡介苗、麻疹疫苗、糖丸、白百破）接种率达95%。2003年，全县新生儿建卡率达100%，建证率100%。2008—2011年，乙肝疫苗接种率城市达98.9%，农村达93.2%。

2003年，聘请省级专家对儿童进行抽查，实查人数50人，其中胃肠消化功能不好8人，小儿胃炎2人，小儿缺铁性贫血1人，甲状腺功能不全2人，扁桃体肿大1人，小儿包茎1人，小儿缺钙1人，夜惊症1人，出汗症1人。在"非典"期间，县妇幼保健站对全县10所幼儿园进行全面体格检查3次，应检1271人，实检1004人，体检率79%。检查结果为寄生虫病201人，患病率20%；龋齿80人，患病率8%；扁桃体炎9人，淋巴结肿大16人。同时对9所幼儿园的幼儿进行了乙肝表面抗原的检测。此次检测中，应检1128人，实检925人，检测率82%，检测出乙肝表面抗原阳性者10人，患病率0.9%。

2004年，对全县7岁以下儿童分别进行了体格检查和乙肝表面抗原检测。体格检查：应检1007人，实检889人，体检率88%。查出常见病365人，其中龋齿105人，寄生虫病236人，贫血4人，鸡胸10人，扁桃体肿大15人。乙肝表抗原检测：应检1044人，实检806人，体检率77.2%，阳性1人。

2011年，对全县7岁以下儿童进行体检，应检1010人，实检600人，体检率59%。查出常见病355人，其中龋齿98人，寄生虫病230人，贫血6人，扁桃体肿大21人。

第四节　学生保健

1976年前，全县中小学生仅在报名参加升学考试前进行一次体格检查。1976年后，永和中学设校医室，永和二中配备1名校医。县城内所有中小学校学生，每年春季均进行一次健康检查，并建立学生健康档案。各乡镇所在地中小学校学生也基本做到一年进行一次体格检查。针对中小学生视力下降的情况，学校普遍采取改进照明设施，开展保护视力卫生常识教育，推行眼保健操等措施，进行施治和保护。1990年，国家颁布《学校卫生工作条例》，此后又制定《学校卫生工作达标方案》等，学校卫生管理进一步正规化。1995年，全县中学生体检1012人，占应体检人数98%；城镇小学生体检1500人，占应体检人数97.7%。

2003年，对全县16所寄宿制学校食堂卫生进行全面整顿，对县城5所学校5000名学生进行健康检查。应体检5000人，实体检4500人，体检率90%。结果表明：龋齿发病率为10%；视力低下，小学占51%，中学占40%；沙眼发病率5%。

2005年，与全县各学校签订学校食堂安全责任书21份，对城乡学校5000余名学生进行了健康普查，普查率达83%。

2006—2011年，每年对在校中小学生、幼儿园学生进行一次全面的体格检查。体检项目：生长发育情况、内科、外科、胸透、血压、体重身高等。检验项目：血红蛋白、乙肝化验、虫卵检测等。2006年体检率89.6%；2007年体检率95%；2008年体检率90%；2009年体检率91.78%；2010年体检率93%；2011年体检率96.4%。

第四章 中医药

第一节 药材资源

民国19年（1930）版《永和县志》载，境内中药材有9类117种。经1986年再行普查，已记载入册279种，其中种子果实类77种、根茎类45种、全草类35种、皮类12种、花类20种、藤木类10种、藻菌类5种、叶类14种、动物类51种、其他类10种。

种子果实类：绿豆、豌豆、黑豆、向日葵子、国槐米、榆钱、大麻仁、胡麻、白扁豆、麦芽、黑芝麻、芥子、葱子、韭菜子、南瓜子、大枣、苦杏仁、核桃、酸枣仁、桃仁、枸杞子、车前子、苍耳子、牛蒡子、柏子、薏米、马兜铃、文冠果、地肤子、青相子、王不留行、葶苈子、蕤仁、白蒺藜、花椒、沙棘、小茴香、连翘、山葡萄、萝摩、山楂、杜梨、蛇床子、荆芥穗、菟丝子、棉花子、葡萄、西瓜、甜瓜、甜瓜子、甜杏仁、莱菔子、桑葚、荞麦、曼陀罗、山桃仁、牵牛子、茄蒂、松塔、松子仁、赤小豆、丝瓜子、丝瓜络、冬瓜皮、冬瓜子、火麻仁、水仙花子、辣椒、麻子、白芥子、冬葵子、芮仁、皂角子、补骨子、急性子、山荞荑、苦丁香。

根茎类：黄芩、地黄、茜草、党参、沙参、苍术、芦根、香附子、知母、百合、韭白、葱白、玉竹、黄精、黄芪、麻黄、麻黄根、桑寄生、大黄、牛膝、白头翁、甘草、远志、柴胡、秦艽、威灵仙、鹿药、穿山龙、射干、盘龙参、地榆、萱草、大蒜、酸枣根、打碗花根、向日葵根、棉花根皮、花生、白萝卜、芝麻根、白茅根、茄根、何首乌、紫苏、苦参。

全草类：地丁、蒲公英、益母草、薄荷、刘寄奴、败酱草、小蓟、大蓟、茵陈、扁蓄、问荆、札蓬、翻白草、列当、马蔺、木贼、红草、菠菜、马齿苋、瞿麦、苦地丁、仙鹤草、太阳花、猫眼草、野西瓜苗、龙葵、透骨草、苦菜、鬼针草、淫羊藿、青蒿、打碗花草、猪毛草、蓬、狼毒霜桑草。

皮　类：地骨皮、桑白皮、榆白皮、香加皮、杜仲、鸡蛋壳、瓜蒌皮、花生皮、国槐皮、牡丹皮、黑豆皮、绿豆皮。

花　类：山刺玫花、菊花、红花、款冬花、洋金花、石竹花、牡丹花、芍药花、玫瑰花、紫荆花、凤仙花、水红花、山楂花、玉米须、芫花、鸡冠花、扁豆花、夏枯草、野菊花、国槐花。

藤木类：南瓜藤、丝瓜藤、柳芽、柳枝、荆条枝、桑枝、桑寄生、槐条、椒目、侧柏。

藻菌类：蘑菇、黑木耳、浮萍、马勃、石花。

叶　类：艾叶、紫苏叶、国槐叶、刺槐叶、柳叶、榆叶、荆条叶、侧柏叶、松针、枣叶、蓖麻叶、芝麻叶、桑叶、丝瓜叶。

动物类：鸡内金、蚯蚓、全蝎、虻虫、驴皮、驴肾、狗肾、狗骨、狼粪、狼油、猪胆、羊胆、牛胆、牛黄、豹骨、獾油、山羊、麂子、麝香、狐肉、山羊血、鳖甲、野鸡、猫头鹰、啄木鸟、壁虎、蜗牛、蛤蟆、麻雀砂、喜鹊、乌鸡、蝈蝈、蜻蜓、蜘蛛、蛴螬、蜜蜂、蝼蛄、蟋蟀、土鳖虫、桑螵蛸、蝉蜕、斑蝥、凤凰衣、蛇蜕、僵蚕、蜈蚣、螳螂、麻雀、蚕、乌鸦、兔。

其他类：土龙骨、五倍子、柿蒂、柿霜、蜂蜡、蜂房、草木灰、夜明沙、蚕沙、五灵脂。

上述中药材，年产量10万公斤以上的有大枣，主产地为打石腰、阁底、南庄等乡；蓖麻子（大麻仁），主产地为桑壁、坡头、芝河、交口等乡（镇）；甘草，遍及全县，坡头、芝河、桑壁为主产地；酸枣仁，全县皆产，交口、芝河、桑壁为主产地；沙棘，主产地为双锁山、茶布山、狗头山、南楼山等山脉沟壑中。年产量万公斤以上、10万公斤以下的有赤小豆、扁豆、黑芝麻等，全县均可种植；柏子，主产地为阁山、南楼山；芮仁，主产地为桑壁、芝河等乡（镇）高塬或河谷地带；茵陈，全县农田中随处可采；王不留，麦田地垄间到处可见；苍耳子，村边、涧底、路旁均有；杏仁，全县皆宜栽植，各村皆有；柴胡、黄芩，境内均有生长，多见于阴背山坡或山林之中；地黄，境内均有生长，阁底、桑壁等乡（镇）塬坡上较多见；山桃仁、远志、马兜铃、桑寄生等遍布全县。

较为珍贵的中药材，麝香蕴藏量约1000克，蕴藏于双锁山、南楼山、狗头山等大面积山林间；鳖甲蕴藏量约50公斤，主要在芝河、桑壁河和黄河沿岸小溪流中。

第二节　药材采集加工

采　集

境内野生中药材资源丰富，民间素有采集药材的传统。1955年前，县内城乡10余家药铺兼诊所多数经营中草药。他们就近采购炮制，或在同行业中相互调配，互通有无，销量极其有限。民间采集药材大都被境外药商购贩。1955年后，政府设专门药材购销机构，民间采集中药材始有可靠销路，采集量从此逐年增加。60年代后，全县中草药材收购品种达60余种。年总购销量：50年代收购13.85万公斤，内销1.4万公斤，调出12.45万公斤；60年代收购21.49万公斤，内销2.34万公斤，调出19.15万公斤；70年代收购33.5万公斤，内销3.58万公斤，调出29.92万公斤；80年代收购40.22万公斤，内销3.76万公斤，调出36.46万公斤。90年代后，由于土地开垦和其他原因，县内中药材采集量剧减。

种　植

20世纪60年代初，桑壁、坡头等公社一些村试种过红花、大黄、黄芪、瓜蒌、白菊花等中药材，均未形成规模，也未认真总结种植经验。1970年前后，农村普遍举办合作医疗，桑壁、坡头、打石腰、交口、西庄等处，再次试种红花、黄芩、柴胡等普通中药材，仍因管理不善、产量上不去、价格不稳定等原因，不久无人问津。

90年代以后，中药材价格看好，阁底、交口、坡头、南庄、打石腰等乡农民纷纷种植远志、甘草、黄芩、板蓝根等中药材，其中远志年景好时全县年销售达60余万公斤。

加　工

1955年前，境内私营药铺、诊所曾自制过一些中药丸、膏。1970年全县大办合作医疗时，桑壁公社卫生院也自行加工炮制一些中药丸、膏、丹，供公社卫生所用，既未注册流通，也未形成批量。

90年代后，个别个体医生利用家传秘方，加工一些中成药丸，数量极少。

第五章　药政管理

第一节　机　构

1955年前，境内无官办医药管理机构，县卫生院所用药品或从外地购进，或从当地私营药商、药铺购买。1955年，县供销社经理部成立药材门市部，经营药品、药材。1956年6月通过公私合营，成立县药材公司，经营规模有所扩大。1958年，县药材公司并入县百货公司，改称县药材采购供应站，核算形式为报账制。1959年4月从县百货公司析出，仍称县药材采购供应站，改报账制为独立核算。1961年后，复置永和县药材公司，属县商业局管辖。1979年改为行业条条管理，称山西省药材公司永和县公司。1992年改称永和县医药药材公司。1993年增挂永和县医药管理局牌子，行使行业管理职权。

永和县药材公司建立后，坚持凭"两证一照"（卫生局核发的"卫生许可证"、上级药材部门核发的"药品经营许可证"、工商局核发的"营业执照"）从事药品、器械供应。公司对外售货，对方也须持有"两证一照"，否则不予办理业务手续。1980年以后，企业自主经营，允许私人经营药品和持照个体行医，医药市场打破专卖渠道，一度出现混乱。医药公司配合卫生部门、工商部门，整顿全县医药市场，取缔无证行医和药贩，销毁和淘汰霉变、过期药品，给制作、贩卖伪劣药品的非法行为以应有打击。同时严格执行《剧毒、麻醉药的管理条例》。

2002年，永和县药品监督工作站成立，工作人员7人。2005年2月，临汾市食品药品监督管理局永和分局成立，为正科级建制，内设办公室、药品综合监管股、食品安全股3个股室。临时办公场所在县城内网通公司二楼。2009年归属地方管理，增加了餐饮监督管理工作。

第二节 管 理

2003年初，对全县药品经营、使用单位进行检查，对假劣药品予以没收销毁，对无证经营户予以取缔。9月，县药监局工作人员到各乡镇卫生院，重点检查麻醉药品、精神药品、医疗用毒性药品等特殊药品以及一次性使用无菌医疗器械的使用情况，保证这些药品专人、专柜、专账的特殊

药监局工作人员3.15街头宣传

管理，消除使用的安全隐患。12月，重点检查了县医药药材公司、县直医疗单位、乡镇使用特殊药品的卫生院，做到特殊药品特殊管理，彻底消除各种安全隐患。药品监督管理单位全年共出动执法车辆120多辆次，出动执法人员490多人次，取缔无证经营药品户11家，没收销毁假、劣药品货值0.9万元，罚款2.6万元，打击不法药贩，规范药品市场。

2004年，在医疗服务市场整顿中，出动执法人员72人次，车辆12辆次，轮回检查3次，检查医疗机构60个项目，取缔非法行医2户。

2005年，临汾市食品药品监督管理局永和分局正式成立。6月对辖区内中药饮片的经营、使用单位进行一次专项质量监督检查，重点检查中药饮片的购进渠道、包装、仓库设施养护等，对使用一次性医疗器械的医疗机构进行专项检查。7月，对医疗机构使用的特殊药品进行专项检查。10月，在县政府门前进行"关爱生命，关爱健康——拒绝虚假药品、医疗器械、保健食品"广告宣传活动。12月，食品药品监督管理局联合卫生、工商、质监、畜牧等单位对全县食品药品市场进行食品药品安全大检查。

2011年，落实临汾市食品药品监督管理局有关"整顿药品市场，优化发展环境"的会议精神，加大对药品、医疗器械违法行为的查处力度。受理举报案件2起，出动监督检查40次，检查单位12家，立案查处21起，罚款0.66万元，没收药品医疗器械10万元，提出警告15家。

第三十三编

体 育

县内传统体育多种多样，有象棋、拔河、荡秋千、放风筝、摔跤、转陀螺、踢毽子、跳绳，等等。

中华人民共和国成立后，永和县人民政府十分重视体育事业，传统体育得到很好地继承和发展，跳高、跳远、篮球、羽毛球、乒乓球、体操等新兴体育活动也得到学习和推广。尤其是1952年毛泽东主席发出"发展体育运动，增强人民体质"指示后，机关、团体、学校普遍开展以广播体操为主要形式的体育活动。

改革开放后，韵律操、太极拳、气功等成为群众体育锻炼和比赛的主要项目，加之民间的一些传统趣味体育活动，县内体育活动项目越来越丰富多样。人民群众自觉地参加各项体育活动，既增强了体魄，又活跃了生活。体育运动渐渐成为县人不可或缺的生活元素。

第一章 群众体育

第一节 传统体育

象 棋

县人弈棋历史悠久,爱好者甚多。不论职业、年龄、性别,不受时间、地点、季节限制,在农村、城镇、街旁、地头、树下、室内,空闲时间即可对弈。街头象棋对弈可谓一景。两人对弈,数人围观,你一言他一语各抒己见,有时争得面红耳赤,甚为开心。对弈双方全神贯注,可静心健脑,为县城职工、农民体育运动比赛项目之一。县上多次举办全民象棋比赛,决出冠、亚军,参加全市比赛。县人刘虎林、毛必文、冯国义多次获得比赛三甲。

拔 河

拔河比赛只需一条结实、粗细长度适宜的麻绳。场地上划出一"河",参赛双方人数相同,各持绳一端分列为两"岸",绳中间系一红布条垂于河中央。裁判哨声一响,双方队员同时用力拉,绳中红布条拉过哪方河岸,哪方为胜。比赛用力剧烈且需耐久力,活动者多为青壮年。县上隔几年举行一次职工拔河比赛。在学校,拔河比赛是日常性的体育运动。2011年,举办全县农民拔河比赛,坡头乡农民队获冠军。

荡秋千

县内荡秋千历史较久,多在春节期间开展。用两根长木和一短木搭成"门"状,四角固定,顶端横木上拴两根粗绳垂下,距地面0.5米左右横系一长型木板(供人站、坐),构成秋千。荡秋千者站立木板上用力前后荡动,用力越大,摆幅越高,小孩或胆小者坐在木板上由人推荡。荡秋千可单人亦可双人,以荡的高低分胜负,以此锻炼胆量和勇气。

摔 跤

摔跤多为青年男子参与,农村尤盛。选一空地(打麦场最佳),两人双臂相交、低头,找对方攻击部位，或推或拉或扭或绊，先倒地者为败；亦有不交臂的摔法，双方保持一定距离，弯腰弓背给对方以突然袭击，可搂腰、可绊腿，先倒者为败。锻炼勇敢、机智、应变能力和败而不馁的精神。

放风筝

放风筝多在春季开展。用细竹条扎成如蝴蝶、老鹰之类圆形的平面框架，用薄麻纸或丝绢照图糊裱绘色，在正面挂3根1~2尺的细绳（要求迎风奔跑时，风筝能飞起且保持平衡，这是扎风筝的主要技巧），3绳拴结后下系一长绳（长度愈长放得愈高），即成风筝。风筝比赛在野外进行，以放得高、时间长为胜。改革开放后，每年春节期间，城乡市场均有风筝销售，放飞者多为儿童。

转陀螺

转陀螺亦称"打牛""打猴"，是少年儿童喜爱的一项活动。陀螺有木制、砖制两种。玩时，选择一块平滑地面，将鞭子绳绕在陀螺上，再猛力散开，陀螺便开始旋转。用鞭子不时抽打陀螺，以转的时间长或互撞不倒者为胜。改革开放前陀螺多为自制，后商店有出售，制作精美，绘有图纹，有的尖部装有钢珠，转速更快，转时更长。县内玩转陀螺在20世纪60—70年代农村尤甚。

掰手腕

掰手腕是县内城乡普遍流行的一种赛腕力活动。比赛时，两人各伸出一臂，肘部置于桌子或石板上，臂肘弯曲，手掌互握，凝聚全身力量于腕部向内用力，被扳倒者为输。

踢毽子

选公鸡项毛数根，或红或绿，油光发亮，根部插进3~5枚铜钱方孔中，再用布将铜钱包扎缝好，即成毽子。毽子无论踢多高，落下时总是铜钱在下鸡毛朝上，甚是好看。踢毽花样较多，一般为脚内侧平面将毽子踢起，下落时再踢起反复进行，落地即算一次，以一次踢起次数多者为胜。踢毽子锻炼眼、脚、腿的协调配合，增强大脑反应灵敏度，参与者多为女子。

跳　绳

跳绳在县域历史较久，学校普遍开展。绳子有一定的重量和粗度，抡起时稳健而不轻飘。长短以使用者身高而定，双手各握绳头抡起，上从头顶掠过，下从双脚离地（蹦起）的瞬间经过。以一次跳过的次数多为胜。技术熟练者可两手分开抡，也可双手交叉抡。可单人跳，可双人跳，也可多人跳。

其他活动

中华人民共和国成立初,因体育器材缺乏,学生自发开展一些活动,有顶牛(撞拐)、跳马、滚铁环、双手倒立、跳方格、投沙包等,女生多进行跳皮筋、踢布包活动。

第二节 职工体育

民国时期,县内城乡均有聘师习武传统。阁底乡上退干(后改称东征村)、翟家山一度被称为习武之乡。

中华人民共和国成立初,机关单位的体育活动项目有篮球、乒乓球、羽毛球等球类和跳高、跳远、单杠等。1952年6月10日毛泽东发出"发展体育运动,增强人民体质"指示后,县直机关团体普遍开展以广播操为主要形式的体育活动。1953年,县委、县人委和公安局、粮食局、人民银行等机关单位组建篮球队,开展篮球运动。县领导亲自组织和参加。每年元旦、五一、国庆等重大节日,均组织开展篮球、广播操等比赛。1958年,永和县篮球代表队首次参加西山5县(隰县、大宁、蒲县、永和、石楼)联区篮球赛,获得男队亚军。1963年,县直机关、学校以砖砌底座、水泥抹面方式自建乒乓球台,供职工、学生进行业余活动,涌现出一批爱好者和选手,在1964年举行的西山5县乒乓球比赛中获得较好成绩。1974年,全县有城乡篮球队10个,其中女队2个。是年"五一",县体委、工会、团委联合举办首届自行车比赛,参加者50人,县邮电局朱鸿喜获冠军。8月,县组建自行车队集训,先后参加隰县、石楼、运城等地举行的自行车邀请赛。

20世纪80年代,职工体育增加环城晨跑、练气功、打太极拳等项目。1984年五一节,县总工会、团县委、县体委联合举办篮球、拔河、象棋等体育项目比赛,参加人数350余人。永和中学男子篮球队获得冠军,城关公社代表队获得拔河比赛冠军,刘虎林获得象棋比赛冠军。

90年代,韵律操、中老年迪斯科成为新兴的群众体育锻炼和节日比赛项目,打台球深受广大青少年喜爱。1993年三八妇女节,县总工会、团县委、县妇联、县体委联合举办女子篮球赛,永和中学、永和二中、城关小学、县供销合作社、农行永和县支行等单位组队参赛,永和中学代表队获得冠军。是年6月,县体委举办永和县首届"云峰杯"周末篮球赛，有6个家庭、42人参赛，张秀英家庭获得冠军。1995年底，全县共有男女篮球队14个，排球队2个，武术队8个，乒乓球队10个，田径队12个。开展体育项目有篮球、乒乓球、羽毛球、台球、赛跑、竞走、象棋、桥牌、韵律操、中老年迪斯科、太极拳、各类气功等。

1996—2007年，每年五一节、国庆节全县干部职工均举办篮球赛。1996年第一名粮食系统队；1997年第一名粮食系统队；1998年第一名公安系统队；1999年第一名粮食系统队；2000年第一名县政府队；2001年第一名教育系统队；2002年第一名财税队；2003年第一名粮食系统队；2004年第一名永和中学队；2005年第一名教育系统队；2006年第一名县委、县政府联队；2007年第一名粮食系统队。

1999年，县体委成功举办了第七届西山运动会。2003年"七一"期间，县乡机关采用不同形式的活动庆祝"七一"，县财政局、县委机关工会、县检察院等单位开展了乒乓球赛、羽毛球赛、象棋比赛等丰富多彩、形式多样的体育活动。8月21日—23日，由县文体局与县土地局联合举办"土地杯"副科级以上干部篮球赛。比赛中有文艺、太极拳、武术等表演助兴。

2005年，县体育局协助县城建局参加临汾市组织的乒乓球、羽毛球、篮球比赛；协助农行组织了农行系统的羽毛球、乒乓球、象棋、剪纸等项目比赛；与县技术监督局联合组织了"质量杯"篮球赛，全县共有11支队伍参加，经过7天的角逐，最后县委、县政府联队获得冠军。国庆期间，组织了迎国庆领导干部篮球赛。

2010年，县文体广电新闻出版局派9名体育指导员外出学习广场舞蹈、健身操等，丰富职工体育运动内容。

第三节　老年体育

1996—2009年，每年正月十五县委老干部局均组织离退休老干部参加扭秧歌比赛，每年的重阳节组织老干部队参加健身操比赛。

2005年4月，临汾市体育局组织全市老年人门球比赛，全市有47支队伍参加，永和县老年门球队获优秀组织奖。7月，聘请临汾市老年体协到永和县培训健身操和第二套北京秧歌舞，参训老年人达260人。8月，聘请临汾市老年体协培训花棍操，参训老年人达 100 余人。同月永和县老年人武术队参加临汾市组织的太极拳等系列门类的武术比赛。

第二章　学校体育

第一节　体育教学

民国时期，县内各级学校均设以队列、体操为主要内容的体育课。民国 10 年（1921），县高等小学校每周设两节体育课，以列队、姿态、礼节、步伐等为主要教学内容。课余活动时间学生以踢毽子、投棉线球、打枣棍、跳绳和丢手绢等进行游戏锻炼。体育教学无大纲计划，也不考试。民国 27 年（1938），县高等小学改为民族革命小学，体育教师刘仁镜（中共党员）按照中共永和县工委指示，对学生进行军事体育教学。"晋西事变"后，民族革命小学改称城关高小，以童子军训练取代军事体育课。民国 29 年（1940），学校开始庆祝四四儿童节，县城附近农村小学都集中到城关高小，进行赛跑、步伐、操练等活动。民国 35 年（1946）全县解放，学校体育课无统一教学内容。

1952 年，永和县小学校按中央人民政府通知，开展庆祝六一国际儿童节活动，城关高小学生在庆祝会上进行队列、队形表演。1953 年，全县各学校普遍推行集体舞。1954 年开始推行广播体操，翌年全县小学校配备第一套少年儿童广播体操挂图。1958 年，永和中学试行《准备劳动与保卫祖国体育制度》（简称"劳卫制"）预备级训练。1960 年起，全县中小学均以达"劳卫制"锻炼标准为主要内容，进行体育教学。1963 年，全面贯彻《全日制学校教学计划》，学校体育课开始纳入正常教学计划，体育设施日臻完善。"文化大革命"初期，以军体课和军训代替体育课。1975 年，贯彻《国家体育锻炼标准》，开展体育达标活动。至 1977 年底，全县有 46% 的学生达到体育锻炼标准。1979 年，各级学校贯彻《中小学体育工作暂行规定（施行草案）》，普遍开展跑、跳、投掷等田径活动和球类活动；小学低年级学生开展踢毽子、滚铁环、拔河等活动。1985 年，全县推广永和中学在环城赛跑中"定距离，定时间，定任务，凭牌记成绩"的经验，组织学生开展体育锻炼。1990 年元旦，城关小学举行长跑比赛，参加 200 余人。

1995年，全县中小学校有各类运动场45个。经县教委、县体委检查验收，有85.4%的中小学生达到《国家体育锻炼标准》。

1996年，根据《国家体育锻炼标准》的要求，各中、小学配备和自制体育器材，组织学生积极参加体育锻炼，全县中、小学体育达标率上升为86%。1998年，全县中考加试体育，满分为30分，计入中考总分。2001年，城市学校和农村学校的达标率分别为90%和85%，其中优秀级占15%~20%，良好级占25%~30%，及格级占60%~50%。2002年，各校逐步实施教育部和国家体育总局联合颁发的《学生体质健康标准（试行方案）》。2004年，全县各中、小学校全部实行该方案。

1998—1999学年度，全县各学校体育教育课开课率达到100%；健康教育课县城、农村开课率分别达到80%、70%；艺术教育课开课率县城、乡镇分别达到95%、75%。2000年，全县各学校体育课开课率达100%；健康教育课县城、农村开课率分别达到85%、75%；艺术教育课开课率县城、农村分别达到95%、85%。

2005年，县体委组织选手参加临汾市举行的田径和软式排球比赛，获得了两个第三，一个第四的好成绩。2005—2011年，县体委协助县教科局对全县中考学生进行体育测试。

1997年起，永和中学开始对高一新生实行校内军训。内容为一般军事科目（队列、队形、军体拳、单兵战术、内务整理）、消防安全知识、防震现场演习，以及着装、服饰、日常生活行为、思想道德、纪律教育、学习习惯教育等。军训时间在秋季开学后，训练时间一周。军训方式为理论讲授与训练相结合，以训练为主，从县人武部或消防队聘请军事教官主训。至2011年，参训学生达5000人。

第二节　业余体校

1976年3月，永和县青少年儿童业余体育学校成立，校址在正大街（路）南端县人民体育场。有教练员3人，招收学员24人。学员按年龄大小分重点、普通、预备3个组，按项目分田径、武术、篮球3个队。训练时间分别为清晨、下午两个课余时间。1995年，学校有校长、副校长各1人，教练员7人，学员67人。学员按年龄分为小学组、中学组，按项目分为田径、篮球2个队。至1995年，入校训练学员累计1186人，先后为省、地各类学校输送体育专业人员103人。

1996年，体校共有工作人员10人，其中专职教练6人。发展等级运动员3人，训练学生60人，达到《国家体育锻炼标准》人数占50%。1997—2001年，体校有工作人员8人，其中专职教练5人。发展等级运动员累计57人，训练学生累计550人，达到《国家体育锻炼标准》的占85%。2002—2003年，发展等级运动员18人。由于家庭、社会重视孩子的文化课学习，学校也开始上早读课，因此学员逐渐减少。2004—2011年，业余体校没有训练学员。

第三章 体育竞赛

第一节 赛 事

县内赛事

民国年间，县内体育竞赛仅在高、初级小学学生中进行，项目以环城越野赛和短跑为主。1954年起，每逢五一、五四、国庆、元旦等节日均组织机关、学校开展体育比赛或举办运动会。比赛项目有球类、田径、象棋、拔河等。90年代后，田径比赛只有学校举行，机关只举行球类、象棋、拔河等娱乐性较强的竞赛项目。

全县中小学生田径运动会

1998年10月10日—11日，永和县第九届中小学生田径运动会在县城体育场举行，县直中小学校和乡镇联区代表队参加运动会。

1999年4月9日，永和县第十届中小学生田径运动会在县城体育场拉开序幕，共有23个代表队数百名运动员参加。

2000年4月,永和县第十一届中小学生田径运动会举行,同时进行中考加试体育工作。

2001年4月20日—22日,永和县第十二届中小学生田径运动会举行,共有23个代表队数百名运动员参加。

2006年4月29日—30日,永和县第十三届中小学生田径运动会举行。

2009年4月23日—25日,永和县第十四届中小学生田径运动会在县青少年活动中心举行。共有16支代表队230名运动员参加比赛。

2010年12月25日,永和县中小学"迎元旦"阳光体育趣味活动在县体育场举行,比赛项目有小学组跨下滚球、解救群众;初中组5人齐步4×20米接力前进、1分钟跳长绳比赛;高中组5分钟集体投篮、拔河比赛。个人项目有1分钟踢毽子、1分钟跳绳、1分钟俯卧撑、1分钟仰卧起坐、1分钟定点投篮等。

县外赛事

1961年,永和县篮球队参加临汾地区举办的青年篮球赛;1972年,永和县篮球队参加临汾地区青少年篮球赛,永和职工篮球代表队首次参加地区职工篮球分片赛永和片的比赛;1979年,永和田径运动队参加临汾地区田径运动会;1982年,参加全区中学生田径运动会;1985年,参加临汾地区第一届全运会;1987年,参加全区重点中学、体校田径运动会和少年田径达标赛;1988年,参加全区中小学中长跑运动会;1989年,参加全区示范初中篮球赛;1990年,参加临汾地区第二届全运会;1993年,参加全区第三届运动会;1996年,参加全区少体校田径比赛;1997年,参加全国青少年"麦积杯"田径比赛,参加临汾地区体校组织的运动会;1998年,参加山西省青年田径比赛;2009年,参加临汾市第二届全民运动会;2010年,县文体广电新闻出版局组织参加临汾市门球、田径和乒乓球比赛;2011年,在全县抽调5名教练员、42名运动员,参加临汾市第三届运动会。

第二节 成 绩

1961年,临汾地区举办青年篮球赛,永和县男队获亚军。1972年临汾地区青少年篮球赛中,永和女子队获得第二名。1979年临汾地区田径运动会上,永和县获男子团体第三名。1982年临汾地区中学生田径运动会上，永和中学女子队获山区县团体总分第一名，男子队获山区县团体总分第二名。1985年临汾地区第一届全运会上，永和县女子队获团体总分第五名。1987年在临汾地区重点中学、体校田径运动会和少年田径达标赛上，永和县分别获得团体第六名、第四名。1988年临汾地区中小学中长跑运动会上，永和县获得第二名。1989年西山篮球赛，永和县女队获亚军；临汾地区示范初中篮球赛，永和县获第二名。1990年临汾地区第二届运动会上，永和县田径队获团体第二名。1993年临汾地区第三届运动会上，永和田径队获山区县团体第一名。1996年，在临汾地区少体校田径比赛中永和县代表队获团体总分第五名。1997年，在临汾地区少体校田径比赛中，永和县代表队获团体总分第四名；在临汾地区体校组织的运动会上取得团体第六名的成绩。2009年，在临汾市第二届全民运动会上，永和县代表团获田径团体第五名，同时被评为"精神文明运动队"称号。2010年，县文体广电新闻出版局组织参加临汾市门球、田径和乒乓球比赛。在田径比赛中，13名运动员参加26项比赛，获2项第一、8项第二、6项第三。

  1986年，县人董红英获第七届山西省运动会女子柔道第二名，冯交平获男子古典式摔跤第二名，杨香泉获男子自由式摔跤第三名。1988年，董红英获山西省青年运动会女子柔道第一名，马芳获女子举重56公斤第一名。同年，董红英获全国城市运动会女子柔道第八名，冯交平获男子古典式摔跤第六名，苏红义获全国青少年棒球赛第八名。1989年，冯军林获山西省青少年摔跤比赛自由式50公斤级第二名。1992年，任交林获全国青少年运动会1500米第五名，冯军林获山西省摔跤比赛古典式63公斤级第一名。1993年，在全国青少年"麦积杯"田径比赛中，任交林获男子1500米第三名。1997年，在临汾地区体校组织的运动会上，段利红获女子800米第一名，郭交平获男子级垒球和铅球两项第二名，刘新卫等人都取得临汾地区前六名的成绩。2006年4月，在永和县第十三届中小学生田径运动会上，2人打破县纪录，1人达到三级运动员标准。2009年4月，在永和县第十四届中小学生田径运动会上，7人破3项县纪录。2009年，在临汾市第二届全民运动会上，运动员获金牌9块、银牌8块、铜牌11块。

  2011年，全县抽调5名教练员、42名运动员，参加临汾市第三届运动会。本次运动会永和县共获得5枚金牌、6枚银牌、9枚铜牌，在全市18支代表队中名列第五。获市政府体育道德、体育成绩双项奖，创永和体育史上最好成绩。县委、县政府给予很大支持，县财政拿出10万元对运动员、教练员进行补助和奖励。

永和县第十四届中小学生田径运动会破县纪录和达标人员情况表

表33-1

组 别	性 别	项 目	学 校	姓 名	成 绩	县纪录	达 标
初 中	男	跳高	二中	张 浩	1.57米	1.56米	
初 中	男	4×100米	二中	张雄雄	50″15	53″60	—
				李建如			
				张 浩			
				黄 浩			
初 中	男	4×100米	三中	冯 伟	50″41	53″60	—
				冯明鑫			
				常利军			
				霍建伟			
高 中	男	4×100米	一中（高三）	杨 煜	47″92	53″28	—
				杜帅杰			
				何 盟			
				张国栋			
			高二	王 杰	50″47	53″28	—
				贾 超			
				雷 江			
				李 昊			
			高一	樊昌华	52″23	53″28	—
				王森苑			
				冯 辉			
				冯 壮			

续表 33-1

组 别	性 别	项 目	学 校	姓 名	成 绩	县纪录	达 标
小 学	男	4×100米	二小	霍文刚 呼旭坤 药 康 穆文林	57″66	59″76	—
小 学	男	4×100米	桑壁	李慧云 高志国 梁帅帅 张 帅	58″55	59″76	—
小 学	男	4×100米	一小	药云飞 祁璐洋 张有福 刘明慧	59″54	59″76	—
高 中	女	标枪	一中（职高）	樊瑞瑞	15.60米	15米	—
			高一	冯巧燕	16.58米	15米	—
高 中	男	100米	高三	杨 煜	11″39	12″10	达二级
	男	800米	高二	雷 江	2′08″33	未破	达三级
	男	200米	高三	杜帅杰	24″40	25″32	达三级
初 中	男	3000米	三中	李 岩	10′15″43	10′16″	—
小 学	女	100米	一小	闫 婷	13″84	14″22	达少年级
	女	200米	一小	闫 婷	31″41	32″78	达少年级
	女	800米	二小	李 丽	2′47″70	未破	达少年级
	女	400米	二小	任双娜	1′12″48	1′14″3	达少年级
	女	200米	芝河	刘春燕	32″56	32″78	达少年级

表 33-2 永和县历届田径运动会最高纪录一览表

项目	高中 男	高中 女	初中 男	初中 女	小学 男	小学 女
60米	-	-	-	-	8"2	9"10
100米	11"39'	13"80	12"34	14"03	12"31	13"48
200米	24"40	29"87	20"26	25"63	27"03	31"41
400米	56"50	1'06"60	59"80	1'04"85	1'06"70	1'12"3
800米	2'05"50	2'45"50	2'08"32	2'32"50	2'27"	2'43"48
1500米	4'20"97	5'22"97	4'29"15	5'13"31	-	-
3000米	9'37"36	12'14"44	10'15"43	11'26"03	-	-
4×100米接力	54"	58"88	53"60	57"68	59"76	1'01"37
跳高	1.57米	1.31米	1.56米	1.30米	-	-
跳远	5.82米	4.35米	5.70米	4.52米	4.31米	3.92米
铅球	12.20米（5公斤）	10.16米（4公斤）	11.65米（4公斤）	9.57米（3公斤）	-	-
铁饼	32.52米（1.5公斤）	28.34米（1公斤）	36.64米（1公斤）	24.66米（1公斤）	-	-
标枪	36.8米（0.7公斤）	16.58米	33.70米（0.6公斤）	23.70米（0.5公斤）	-	-
垒球	-	-	-	-	55.64米	38.30米

永和县田径运动最高纪录及保持者名表

表 33-3

性别	项目	姓名	成绩	运动会名称	创造时期
男	100米	杨煜	11"39	永和县第十四届中小学生运动会	2009.4.24
	200米	杜帅杰	24"40	永和县第十四届中小学生运动会	2009.4.24
	400米	张春红	56"50	临汾地区中学生运动会	1989.4.27
	800米	薛兵贵	2'05"50	第二届临汾地区全运会	1990.8.24
	1500米	薛兵贵	4'20"97	第二届临汾地区全运会	1990.8.24
	3000米	刘军林	9'27"36	临汾地区中学生运动会	1989.4.26
	5000米	冯林贵	16'40"24	临汾地区中学生运动会	1988.5.3
	铅球6公斤	黄保平	10.94米	永和县第八届中小学生运动会	1994.4.24
	铁饼1公斤	冯交平	36.64米	永和县中小学生田径运动会	1985.5.2
	铁饼1.5公斤	黄保平	32.52米	永和县第八届中小学生运动会	1994.4.24
	跳远	徐琰	5.82米	永和县中小学生运动会	1989.9.17
	三级跳远	李虎双	10.90米	永和县第八届中小学生运动会	1994.4.24
	跳高	张浩	1.57米	永和县第十四届中小学生运动会	2009.4.24
女	100米	唐秀君	13'8	临汾地区田径运动会	1982.5.20
	200米	郭秀红	29"87	临汾地区第二届全运会	1990.8.24
	400米	郭秀红	1'4"85	临汾地区中学生运动会	1989.4.27
	800米	袁兰梅	2'32"5	临汾地区少体校田径运动会	1983.7.19
	1500米	王宏	5'13"31	临汾地区第二届全运会	1990.8.24
	300米	王美琴	11'26"03	永和县中学生运动会	1988.4.19
	铅球4公斤	马福英	10.16米	永和中学校田径运动会	1990.5.4
	铁饼1公斤	马福英	28.34米	临汾地区田径运动会	1982.5.3
	标枪	冯巧燕	16.58米	永和县第十四届中小学生运动会	2009.4.24
	跳远	穆彩红	4.52米	永和县中学生田径选拔赛会	1983.7.19
	跳高	李艳红	1.30米	临汾地区第二届全运会	1990.8.24
	3公里竞走	贾桂香	16'13"72	临汾地区首届全运会	1985.9

永和县参加全国、省、地区运动会运动员成绩表

表33-4

运动会名称	时 间	项 目	单位或个人	名 次
临汾地区女子篮球赛	1972年	篮球	永和女子队	第二名
临汾地区青少年田径运动会	1979年	田径	永和中学少年甲组	第三名
临汾地区体校田径运动会	1982年	田径	永和女子队	第一名
			男子队	第二名
第七届山西省运动会	1986年	女子柔道	董红英	第二名
		男子古典式摔跤	冯交平	第二名
		男子自由式摔跤	杨香泉	第三名
全国摔跤邀请赛	1988年	男子古典式摔跤	冯交平	第六名
全国城市运动会	1988年	女子柔道	董红英	第八名
全国青少年棒球赛	1988年	棒球	苏红义	
山西省青年运动会	1988年	女子举重56公斤	马 芳	第一名
		女子柔道	董红英	第一名
		男子古典式摔跤	冯交平	第三名
临汾地区中小学生中长跑运动会	1988年	中长跑	永和队	第二名
临汾地区中长跑破纪录赛	1988年3月	男子800米	乔浦俊	第一名
		男子800米	曹保卫	第二名
		男子1500米	薛兵贵	第二名
		男子1500米	冯林贵	第三名
临汾地区中学生、体校田径运动会	1988年5月	女子1500米	王美琴	第一名
		女子3000米	王美琴	第一名
		男子1500米	冯林贵	第二名
		男子1500米	曹保卫	第二名
		男子标枪	徐 杰	第二名
		男子3000米	刘月林	第三名
		男子5000米	冯林贵	第三名
		男子跳高	任江宏	第三名

续表33-4

运动会名称	时间	项目	单位或个人	名次
临汾地区体校田径运动会	1989年	篮球	永和二中男子队	第二名
临汾地区体校田径运动会	1989年10月	男子200米	段连宏	第一名
		男子200米	冯刚	第二名
		男子400米	段连宏	第二名
		男子800米	刘月林	第二名
		男子800米	慕明鹏	第三名
		男子1500米	刘月林	第一名
山西省青少年摔跤比赛	1989年	男子国际自由式摔跤	冯军林	第二名
山西省青少年摔跤比赛	1990年	男子古典式54公斤级摔跤	冯军林	第二名
山西省青少年分龄赛	1990年6月	男子3000米	任交林	第一名
		男子800米	刘月林	第二名
		古典式摔跤52公斤	冯军林	第二名
		古典式摔跤72公斤	杨香泉	第二名
		男子四项全能	任交林	第三名
第二届临汾地区全运会	1990年	田径	永和队	第二名
临汾地区全运会	1990年8月	男子200米	段连宏	第一名
		男子800米	薛兵贵	第一名
		男子1500米	薛兵贵	第一名
		男子800米	曹保卫	第二名
		男子3000米	刘军林	第二名
		男子800米	任交林	第二名
		男子1500米	任交林	第三名
		男子3000米	王宏	第三名
第八届山西省运动会	1991年	古典式摔跤	杨香泉	第三名
第八届山西省运动会青少年比赛	1991年	国际古典式58公斤级	冯军林	第三名
临汾地区体校组田径运动会	1991年7月	男子60米	宋建宏	第二名
全国青少年运动会	1992年5月	男子1500米	任交林	第五名
山西省少儿同龄赛	1992年5月	男子1500米	任交林	第一名

续表33-4

运动会名称	时间	项目	单位或个人	名次
山西省少儿同龄赛	1992年5月	男子3000米	任交林	第二名
临汾地区体校田径运动会	1992年8月	男子跳远	宋建宏	第二名
		女子60米	樊龙艳	第三名
山西省国际摔跤比赛	1992年	古典式63公斤级	冯军林	第一名
秦、晋、豫、陇四省、七地市协作区体校"麦积杯"田径运动会	1993年	男子1500米	任交林	第三名
第三届临汾地区运动会	1993年	田径	永和队（山区县）	第一名

第四章 机构 设施

第一节 机 构

1956年前，县级体育活动由县文教科兼管。1957年设县体育运动委员会，与县文教局合署办公。1961年，体育运动委员会配专职干部1人。1966—1973年，受"文化大革命"干扰机构瘫痪。1973年5月，恢复县体委机构，配专职干部2人。1976年3月，少年儿童业余体校成立，配专职教练员2人。1983年，县老年人体育协会建立，设主席、副主席、秘书长各1人。1993年2月，县体委并入县科文体委员会；1994年3月恢复机构，与县教育委员会合署办公。1995

体育局工作人员街头进行体育法颁布十周年宣传

年，设主任1人、副主任1人、教练员6人。全县中、小学配有专职体育教师31人，有国家级篮球、排球、田径裁判员6人。

1998年1月，县体育运动委员会单设，为县政府直属事业单位。其主要职能是负责制定实施全县体育工作发展规划，制定全县竞技体育计划，发展群众体育运动。2002年2月，县体委与县文化局合并为县文化体育局。2004年，县体育局单设。2009年，县体育局并入县文体广电新闻出版局。

第二节 设 施

县内体育设施，绝大部分是中华人民共和国成立后逐步建起来的。1953年，县人委会机关率先建起县内第一个篮球场。同年，县公安局、粮食局、银行均建起篮球场。翌年，城关完小新建篮球场1个。1956年，永和中学建成县内第一个田径运动场，内设180米跑道，有篮球场2个、排球场1个和沙坑、单双杠等设施。1958年，桑壁、阁底、南庄等完全小学相继建起小型体育场。1964年新建县体育场，设200米跑道，有沙坑、铅球区、铁饼区等设施，并建灯光篮球场1个。1970年，永和二中和泊洋、坡头中学分别新建体育场。1976年县体育场增建看台和主席台。1980年，署益、交口、罢骨、打石腰、西庄等公社中学相继建小型体育场。1986年，县委机关、县党校各建篮球场1个。1990年，县职业中学建起跑道为180米的田径场1个。2011年底，全县共有田径运动场5个、篮球场10个、羽毛球场6个、乒乓球室12个、台球案55个；有联合器械、单双杠、跳箱、山羊、垫子、羽毛球架、排球、足球、跨栏架、跳高架、跑鞋、秒表、起跑器、铅球、铁饼、哑铃、杠铃等上万件体育器材。

附：青少年活动中心

永和县青少年活动中心于2004年开工建设，2005年12月竣工并通过省验收，2006年2月投入使用。工程投资387.79万元，占地面积28014平方米，建筑面积2060平方米，室外活动场地25954平方米。2011年，县政府再次投入600万元，实施青少年活动中心配套设施工程建设，硬化场地10218平方米，铺设沥青跑道3163平方米，铺砖与绿化5987平方米，处理排水296平方米，同时建设门球场1个、篮球场4个、羽毛球场4个，安装若干健身器材。还配备有电脑、图书、音乐、美术、科技等成套器材，及部分民族器乐等。活动中心室内设有科技室、手工制作室、美术室、绘画室、器乐室、图书室、多功能电教室、电子琴室、钢琴室、电脑室、练歌房、天文观察室、录音室、舞蹈室、乒乓球室等。

1985—2008年永和县国家级裁判员名表

表33-5

姓 名	性别	项目	级别	发证时间
韩凤莲	女	篮球	二级	1985.6.15
张保新	男	田径	二级	1988.12.5
韩凤莲	女	田径	二级	1988.12.5
靳全喜	男	篮球	二级	1991.5
张保新	男	篮球	二级	1991.5
陈 峰	男	篮球	二级	1991.5
刘文敬	男	篮球	二级	1992.12.1
张和育	男	排球	二级	1992.12.1
张和育	男	田径	二级	1992.12.1
高保生	男	篮球	二级	1994.7.10
高保生	男	田径	二级	1994.7.10
毛海涛	男	篮球	二级	2008.7
靳小林	男	篮球	二级	2008.7

第三十四编

民俗　宗教

县域地处中华民族的发祥地——黄河流域，丰富多样、敦厚质朴的民俗是黄土高原汉民族的典型习俗。民间的衣、食、住、行、用、礼等无不显示着北方汉民族的豪爽与热情。如民间自古就崇尚老实厚道、尊老爱幼、乐善好施、见义勇为等等。

县内宗教流派主要有佛教、基督教、天主教、道教。天主教、道教已消失，佛教发展缓慢，基督教发展迅速。基督教徒从改革开放前的数百人已发展到5942人，活动场所从1个发展到9个。

第一章 生活习俗

第一节 衣　饰

服　装

　　清末至民国初期，男女衣服时行宽长。上衣，大襟右衽，袖宽身大；裤子，裆上连接裤腰，裤口扎绑带；均穿贴腹裹肚，男白色光面，女红绿色，上绣花朵图案。男子束黑色腰带，妇女衣襟周围以绣花、镶边为饰，裤子下部加"套腿"（俗称腿腿子）。衣服色泽，青年妇女以红、绿为主，男子与老年妇女以黑、白为主。时节宴会，富有户男子穿长袍子、短马褂，女子穿挽袖大袄、罗裙，皆为绸缎面料；贫穷户以土布常衣洗浆凑合。20世纪30年代后，公职人员与在校学生中，渐有男穿中山制服，女穿蓝罩衣、黑短裙者。农民日常服装趋向窄短。

　　中华人民共和国成立后，衣料渐由机织布代替土布，市布、哔叽、斜纹、花达呢、灯芯绒、的确良、涤卡、涤纶、中长纤维等逐步普及。服装款式渐由中式改成制服。50年代，男子多中山服、青年服、中式对襟袄等，女服有大翻领、小翻领等对襟袄，男女老幼皆盛行衬衣、汗衫、背心、小大衣等，裹肚渐少以至绝迹。县人衣着崇尚节俭，一件衣服旧了翻，破了补，舍不得轻易抛弃。俗曰"新三年，旧三年，补补纳纳又三年"。"文化大革命"时期，一度崇尚军服，男女青年皆穿绿袄、绿裤、绿球鞋，再戴顶绿军帽。80年代后，县人尤其是青年衣着渐由经济朴素转向美观大方，城乡差别逐渐缩小。较为普遍的服装，男式有西装（90年代以后流行，但多数不系领带）、中山服、青年服、军便服、学生服、夹克服、运动服、长短袖衬衫、牛仔裤、喇叭裤、秋衣、秋裤、风雪衣、棉大衣、呢子大衣等；女式有长袖衫、短袖衫、中式罩衫、军便服、短裙、连衣裙、背带裙、背带裤、旗袍、风雪中大衣、呢子大衣等；童装有娃娃服、宝宝衫、短袖衫、裙衫、开裆裤、短腿裤、背带裤、护胸裙、背带裙等。不论男女老少，棉衣普遍加罩衫、套裤。

　　进入21世纪，县人的衣着进一步向多样化、时尚化、个性化发展，冬季内衣除去原有衬衣外，更盛行羊绒衫、保暖内衣、保健内衣。衣服色调色彩纷呈。衣料以毛料、合成纤维、化纤为主，皮革、人造革以及各种织丝绸缎等较流行，纯棉布衣已不多见。衣着风格男以挺拔庄重为主，女以舒适雅致为主，青年女子讲究个性化，衣着紧身附体，以突出女性曲线美。中老年人的服饰主要是中山装、西服、休闲装、运动服、大衣，面料有棉麻、呢绒、丝绸、毛皮、羽绒等。年轻人服饰变化多样，尤其年轻女性时兴套装（从里到外一套）、短裤外穿（短裤穿长裤外）、牛仔裤、超短裙、蝙蝠衫、吊带衫、乞丐服等。

发 饰

清代，男子蓄发，前额开剃，背后梳成长辫，系黑色绸或布。40岁留髭，50岁留须，60岁留髯，成满脸胡子。女子五六岁留发，梳小辫扎红绳；嫁时开梳，挽髻（俗称上头），盘成元宝头（新婚头，俗称爬冠）；婚后扎麻花头，老妪扎把子头（俗称毛圪咀）。民国初年，男童留"帽盖盖"、脑桶箍、三绺马鬃、尾巴等；成年男子剪掉长辫，富家子弟与教员学生仿效都市留平头、分头、背头，一般百姓皆剃光头；并剃去髯须，留八字髭。少女扎单长辫，婚后妇女仍梳发髻，女学生和公职人员始留剪发头。20世纪50年代后，男子多留短发，以平头、分头居多，农村中老年仍多剃光头，均不留胡须。少女和青年妇女留双长辫或短发。80年代后，发式更趋多样化，男青年个别蓄长发，留小胡；女子时兴港式发型和烫发，流行较广的发式有波浪式、瀑布式、披肩式等。

21世纪以后，发饰呈多样自由之势。青年男女的发式追求自由、个性、舒心，样式五花八门、颜色丰富多彩，亚洲、欧洲、非洲各种发式发色都可见到。中老年男子多数留平头、背头；年轻男性留板寸头（头顶头发短且平）、长发、卷发；中老年女性一般是剪发头；年轻女性有长发、卷发、冒盖式、不对称式（一边长一边短）等。

首 饰

清末至民国年间，妇女多佩戴首饰。女子出嫁时，据家境不同，备质量、数量各异的金银头簪、钗、耳环、耳坠、手镯、戒指等首饰。20世纪30年代，发髻饰品渐被淘汰。50年代，青年妇女不再戴项链、耳环、手镯、戒指。"文化大革命"中戴首饰被作四旧之一破除。80年代后，戴耳环、戒指、手镯者渐多，佩戴项链、胸针成为时髦。90年代后，县城和部分农村女子婚嫁，一般都得准备"三金"（金耳环、金戒指、金项链）。

21世纪后的最初几年，黄金首饰逐渐被价格更昂贵的白金首饰取代。2005年后，随着居民收入增加，黄金首饰重新占据首饰市场，黄金不仅漂亮而且保值，是多数女性装扮和理财的首选。同时，价格更昂贵，装扮更漂亮的各种玉石、钻石制作的首饰也备受青睐。金银首饰有耳环、戒指、项链、手镯；玉石主要是手镯；钻石主要是戒指。昂贵首饰佩戴者不仅是女性，个别时尚男性也佩戴一些造型粗大的项链、戒指等。

冠 戴

清代，男子中官绅乡儒皆戴瓜壳帽，平民百姓或冬戴毡帽（年纪大者），夏戴自制草帽，或裸顶；妇女则以黑、蓝等色巾包头。民国时期，公职人员流行宽边礼帽，平民百姓多以布巾包头，间有戴毡帽或火车头帽者。20世纪50年代，男子时兴戴解放帽、八角帽、呢军帽，冬季戴布制带耳棉帽；农村中，老年多用白羊肚子毛巾包头。农村女性，老年多戴黑绒帽；中青年戴黑绒圆盔帽，侧面佩1朵棕色或红色绸布花。60年代，男性增加棉绒帽，女性时尚方型针织头巾，色泽以年龄大小而异。80年代后，男性鸭舌帽、女性针织毛线帽兴起，青年喜戴太阳帽，童帽样式繁多。

21世纪后，帽子花样繁多，但戴帽者较前少。妇女时兴各种纱巾、头巾、围巾；儿童有各种各样的动物造型帽，其款式、质地丰富多样。

鞋 袜

清末至民国初，男子普遍穿圆口黑布鞋，小脚女人穿尖尖布鞋，大脚女子穿绣花布鞋，男女穿布袜。鞋袜均由自家缝制，麻绳纳底，线纳鞋帮，厚实耐穿。布袜筒长口敞，便于将裤腿插入其间。男女皆扎绑腿带。20世纪30年代中后期，县城始有皮鞋、橡胶鞋、线袜出现。至民国35年（1946）县境解放，仍以圆口布鞋、布袜为主。50年代，男子多穿家做方口鞋，女子兴穿方口带带

鞋楦子

鞋，面料渐以春服呢、哔叽、灯芯绒等取代土布。60年代，布袜被线袜取代，并出现一些穿尼龙袜、锦纶丝袜者；各式各样机制布鞋日益普及，青年人穿球鞋、塑料凉鞋。70年代，城镇麻绳绱布鞋渐少。80年代后，以棉布、橡胶、塑料、支革制作的平底鞋、高跟鞋、拖鞋、凉鞋、运动鞋、旅游鞋、高腰鞋、低腰鞋、夹鞋、棉鞋、童鞋、女鞋品种繁多。青年中男穿皮鞋、女穿高跟鞋迅速由城镇向农村普及，锦纶袜、腈纶袜、尼龙袜进入农村居民家庭。城镇中老年多穿松紧口、圆口布鞋，农村中老年仍以自做

布鞋为主。

进入21世纪，鞋的种类花样空前增多，用料皮革、塑、胶、布合成材料甚多。人们更注重鞋的美观、舒适、大方，鞋的质量提高，样式不断翻新。中老年多穿布鞋、皮鞋、休闲鞋，青少年多以旅游鞋、运动鞋为主，女鞋中高跟、中跟、低跟、平跟、坡跟、松糕鞋等款式应有尽有。袜子的花色品种更多，女性穿的袜子出现了短腿、长腿、满腿、连裤袜等，弹力极高，能勒显形体。

第二节 饮 食

家常饭

在民国时期，富裕人家以食小麦面为主，平常人家多食谷、黍、玉米、高粱、豆类等秋杂粮，贫寒之家主食秋杂粮与糠菜。20世纪50—70年代，全县主食粗粮，细粮仅做调剂、改善生活。80年代后，城乡均以白面为主，秋杂粮为辅。进入21世纪，不论城乡贫富，一日三餐皆以细粮为主，粗杂粮反而成为稀罕，多日才做调剂。永和人的基本饮食习惯是早餐吃馍馍（或窝窝）、喝米汤，辅以炒菜（或咸菜），中午吃面条，晚上还是馍馍、米汤、炒菜。具体而言，早餐以白面馍为主，有时还吃花卷、垫油卷、烫面卷、豆馅馍、窝头、二面馍、烙饼、千层饼、葱花饼、包子等，汤则以米汤为主。不少家庭为节省时间，早餐不熬米汤，做些省时的豆浆、拌汤、玉米面糊、油茶喝。早菜有咸菜、酸菜以及白菜、茴子白、黄瓜、水萝卜等生拌凉菜，一些家庭还是要简单地炒一两个热菜佐食，炒菜一般是土豆丝、辣子白、豆芽、豆腐、豆角、辣椒、蒜薹、茄子、芹菜、蘑菇、西葫芦、西红柿、鸡蛋、肉丝、肉片、过油肉等。城内不少人早晨不想或来不及做饭时，就在早点店用餐，一般有老豆腐、豆浆、黑米粥、米汤、冲鸡蛋，主食以油条为主，还有包子、馍馍等。中午饭一般是吃面条，花样有细面条、揪片子、抿节、疙瘩、削面、拨面、拉面、搓面、擦圪斗、猫耳朵、笼面等，做法有汤面、干炒面、臊子面、炸酱面等，也有吃大烩菜或其他特色熬菜的。永和人普遍把中午饭视为主餐，愿意多花时间和心思吃好中午饭。吃晚饭的时间相对宽余些，除米汤、馍馍、炒菜外，还可以弄些其他花样调剂。花样饭菜还有蒸枣糕、蒸饺、馄饨、油糕、黄煎、焖米饭等。

节事饭食

县内乡村一近腊月二十,家境稍好的就要宰杀猪或羊,以供过年之用。同时,杀鸡、炸油糕、做豆腐、酿米黄酒、蒸枣山山、蒸枣砲砲。清明节男子要吃面蒸"子猪"或"老虎",女子则吃面蒸"鱼儿"或"爬冠",同时要给小孩子们蒸面虫、面鸟等,俗称"燕儿",并以红枣、谷草节相间隔,把这些"燕儿"用线穿成串,挂起风干,成为孩子们心仪的零食。五月端午吃粽子。六月六,新麦面馍馍包羊肉。八月十五"打月饼"。饺子则是各个小节日的通常饭。家中来客,招待的饭食有饺子、包子、烙饼、饸饹等,佐菜有蒸大肉、肉烩菜、炒鸡蛋等。婚丧嫁娶,生日祝寿,是少不了油糕的,有的主家还要蒸"案糕"(即枣糕),尽力调剂饭食花样、口味。宴席讲究"七碟子八碗",大都有猪、羊、牛、鸡、鱼肉和各种蔬菜。永和传统"七碟子八碗"中的七碟是凉拌三丝(鸡肉丝、海带丝、萝卜丝)、凉拌猪头肉、凉拌花生米、凉拌粉丝、炒豆芽、炒豆腐、过油肉;八碗是两碗红烧肉(烧豆腐垫底)、两碗白肉(白豆腐垫底)、一碗肉丸子、一碗酥肉、一碗烩菜、一碗海带。改革开放以后,人们的物质生活极大丰富,"七碟子八碗"内容也发生了变化,牛肉、羊肉、鱼肉、大虾等价格高的肉类陆续进入了宴席碗碟。

清明节大馍馍

风味饭食

杂面拌汤 即以绿豆面掺以白面,加少许水,用筷子搅成小面疙瘩,佘入滚水而成拌汤。

裹皮面 在细粮缺乏的年代,白面擀成薄片,玉米面用开水冲拌成泥夹在中间,再擀后切成面条,称之为"裹皮面"。

黑豆面其子 改革开放之前,永和种植的黄豆较多,不少人家白面紧缺,中午就用黄豆面做面条,称黑豆面其子。

麻汤捞饭 县内村乡人家的好些食用油都是自家动手制作。小麻籽经磨成浆,出油后剩下的渣汤也被利用,这就是做"麻汤捞饭"。即先用小米加红豆、豇豆或高粱面,慢火煨成稠粥,再煮进滚烫的麻汤里就成。

和子饭 县人叫"米饭"。把萝卜、土豆、红薯、南瓜、豆角等蔬菜切成小丁,拌以花椒、盐,用油爆炒并加水,然后把绿豆、黄豆、豇豆、花生豆等放入水中,待水开后再往锅中下半碗小米,温火慢炖。豆子软、米开花、汤和(汤变浊)时下面条。面条熟,和子饭就熬好了。

糕 条 在用擀面杖摊开的大白面饼上,放同样的一层软米面饼,然后卷成长卷儿,用刀切成若干小段,上锅蒸熟,就成了黄白相间的"糕条",也美其名"金银卷儿"。

豆腐渣"地卵"包子 永和有一种很像木耳的黑色食用菌,生长在没有被污染的草间或空地,永和人称它"地卵",捡拾它最好是在春秋两季的雨后,洗净处理后还可风干储藏。做豆腐出浆后的豆渣,拌以酸菜和"地卵"成馅,蒸出的包子即豆腐渣"地卵"包子。

烧馍馍 20世纪70年代之前,村乡人家做饭用的是柴火,做饭时顺便在炉子里烧上一块20厘米左右的椭圆形薄石片,待温度适中时掏出来,把生面饼焙上去,一反一正后,面饼成型。然后放在炉子里侧,用余火烤熟,就是"烧馍馍"。

馏 垒 又称"不烂子"。制作材料多样,如土豆、扫帚苗、茵陈苗、苜蓿苗、榆钱钱、刺槐花等。这些食材洗净处理后,可分别拌入适量的白面粉或玉米面,上锅蒸熟后,加入自己喜欢的佐料如酸菜汁、大蒜泥、小葱丁、香菜段、辣子面等,也可油炝,也可瓢炒。

拌苦菜 苦菜洗净,用开水焯,挤一下水分,切碎拌干辣椒、蒜蓉,油炝加醋,是一道野味十足的好凉菜。同样的办法,处理蒲公英、车前、灰条、莎蓬等野菜,都很爽口。

薄荷鸡蛋 永和的野生薄荷,味道要比种植的浓烈的多,通常生长在没有污染的小溪旁,样子很像家养的"玻璃翠"盆花,但它显著的特点是茎秆不是圆柱形,而是四棱形。嗅一嗅有薄荷的清凉气息。把薄荷洗净切碎,拌入生鸡蛋调成糊,入锅煎炒成饼状,装盘即成。

酸菜小蒜 把野生小蒜切碎,拌入酸菜,其味辣爽清鲜,佐食就酒都极佳。永和有"二八月小蒜,香死老汉"之说,意即小蒜在二、八月是食用的最佳季节,即使味觉迟钝的老汉也能陶醉在其鲜香的味道中。清明节踏青,小蒜是采挖的主要野菜之一。

擦麻花油点点 擦麻花本味辣鲜苦涩,直接风干或捣碎成型风干,做调味品用。

最佳是用油炝,能释放出沁人心脾的野性奇香。"汤面熬南瓜,油炝擦麻花",意思是说,即使美味的汤面或熬南瓜菜,一旦用擦麻花油炝,品味马上升级。其实野生小蒜花,与擦麻花有同样的妙处。擦麻花、野生小蒜和地卵,戏称永和三"山珍"。

凉拌洋姜 生洋姜切成条,加盐、葱末,再浇上醋,入口鲜爽,味道奇特。

第三节 住 宅

居民住宅以窑洞居多。清末至民国年间,县人多依山就势劈坡掘建土窑洞。沟川、塬面村庄一般以土坯垒窑,圈石窑者皆富户。城西沿黄河一带土质硬实,窑洞宽高而深,一般深达10多米;其他地区土质疏松,窑洞内多以木架支撑。窑洞有南、东、西向,南向最佳。安碹口门窗,临窗靠右盘炕,

窑 洞

炕后设炉灶,并排安一大一小两锅,三条炕洞与烟囱相连,烧饭暖炕一举两得。城镇街道两侧有砖、石、土、木结构房子,为居民住宅与门店、作坊;农村中土木结构的马坪多用作牲口圈、草房。20世纪80年代后,河川、塬面村庄新修住宅多为石窑,县城居民和乡镇机关、农村集市建起钢筋砼结构平房。新建石窑起架高达3.5米,口面宽3.3米,进深10米,有3孔1套、2孔1套、3孔2套等格局。门窗造型美观大方,改小格成大框,变窗纸为玻璃,既结实又明亮。90年代后,县城和乡镇部分居民均有建2层住宅楼者。

旧式院落多系单条院,多无围墙、大门。有的用湿土夯实筑墙,或用片石砌墙,安简易篱笆门或土木结构的普通门楼。一般院内建马棚、鸡窝,厕所安在大门外。大门走向以窑洞朝向选择。窑洞向南则大门向东或向西,讲究五行相生相克。修建四合院者,正窑由长辈居住,两侧偏窑为子女居住或存放什物,正窑对面建筑低矮的马棚、

草房、猪圈、鸡窝等，大门设在正窑对面边角地带。豪华大门柱基有露出地面的石鼓，柱顶刻龙头或虎头，柱身刻花卉图案，门楣题匾额，门框刻楹联，两扇木质铁钉式大门为黑色，装有明锁暗插。羊圈一般不在院内。边远山村，少数客籍居民有窑内后半截喂牛前半截住人者。20世纪80年代后修建的门楼普遍采用钢筋水泥结构，门口有半圆拱和方框口两式，门面以水洗石子或瓷砖装饰，门扇用铁皮装钉，黑漆涂面，门楣多雕以"紫气东来""钟灵毓秀""吉祥如意""安居乐业"等祥瑞文字。院内多栽苹果、梨、桃、杏、枣树和葡萄、花卉等。

进入21世纪，城镇居民多盖钢筋水泥结构的平房或楼房，有的还是可防震的框架结构，其内置不像窑洞那样混用，有卧室、客厅、厨房、卫生间、书房等。农村居民基本告别土窑洞，大都修建石头窑洞，两孔或三孔窑洞串通，有卧室、客厅、厨房之分。

第四节 器 用

灶 具

民国时期，县内传统灶具有铁制无耳尺八锅、长面刀、短菜刀，铜制水瓢（俗称马勺）、笊篱、饭勺、穿壶、瓷制水缸、坛子、罐子、瓦制面缸（俗称瓦瓮子）、和面盔、木制风箱、案板、擀面杖等。箅子、锅盖用高粱秸制成。20世纪50年代，出现尺六两耳铁锅和与其配套的铁箅、铁圈、铁盖，原铜制品大都改为铁制品。60年代，无耳尺八铁锅渐被淘汰，人口较少家户用尺四双耳铁锅，搪瓷、铝制灶具进入家户。70年代，不锈钢和铜制品日渐增多。80年代，县城及通电村庄用鼓风机代替风箱，少数城市居民始用液化气炉、高

无耳大铁锅

压锅。进入21世纪，城镇居民大多用电饭锅、电烤箱、电磁炉、微波炉、液化气炉、抽油烟机；农村部分居民仍用电吹风机和双耳铁锅。

餐　具

20世纪50—70年代，县内家庭餐具有盘子、碗、盐钵、醋壶。碗有老碗（大碗）、葵碗（底部细小、上部宽大像葵花形状）、小碗；盘子有大盘、小盘。这些盘子和碗大多是粗瓷。80年代，细瓷餐具逐渐代替粗瓷餐具，并出现塑料和不锈钢餐具。21世纪，盘子、碗、勺都是成套的细瓷或不锈钢，

粗瓷碗

筷子有竹制、木制、铁制、骨制等，其材料和样式十分繁多。

家　具

民国以前，中等家户有条桌、板凳、板柜等，富有家户另有炕桌、方桌、衣箱、太师椅、书桌等。20世纪60年代，板柜、木箱（一般成对制作）在一般家庭中普及。70年代，大衣柜、小衣柜、厨柜在城镇普及。80年代，组合柜、写字台、沙发、茶几、梳妆台、书柜等先后进入城乡居民家庭。90年代时兴高低柜、电视柜、案柜等，沙发由"一字形"排列改为转角摆设。进入21世纪，家具发展也与国际接轨，有时兴漂亮的各种衣柜、卧床、沙发。床根据个人喜好有硬有软，沙发可坐可躺、有皮质的和布质的。许多家庭根据住房特点，把衣柜设计为与卧室连体，室内装修时同时装设家具，从而不必另外购置家具。

暖　具

居民住土窑洞者，烧柴禾做饭足可暖炕，不需专门生火；住石窑者，在最冷时生铁炉，或在做饭之外多煨火；住平房、瓦房者，必须生铁炉取暖。20世纪50年代起，机关、学校生火炉，烧焦炭。80年代，少数机关用锅炉暖气。90年代，多数机关用锅炉暖气，城镇个别家庭用小锅炉暖气。2009年，永和县城启动大暖工程，大多数机关、学校和部分城镇居民不再使用火炉取暖，用上干净卫生、热量充足的供应大暖。

灯 具

20世纪50年代前多用蓖麻油点灯照明,灯盏用生铁铸成,灯柱有铁制、木制两种。50年代起,农村用煤油点灯,灯具有铁制扁圆灯、自制玻璃瓶灯两种,个别家庭用玻璃罩子灯。夜间外出用纸糊灯笼、马灯,后逐步普及手电筒。70年代后,城镇居民家庭普及电灯,农村居民使用电灯者渐增,这个时期的电灯一般是白炽灯。21世纪,家用电灯种类繁多,灯具除照明外也兼具住宅装饰功能,台灯、吊灯、壁灯等种类有几十元的普通灯,也有上千元的豪华灯。遵循节能原则,城乡普通住户大都安装节能灯具。

油灯台

洁 具

21世纪之前,县人因居住条件的局限,多数家庭没有卧室、餐厅、客厅之分,一个窑洞包罗一切。也没有卫生间,只有住宅外的厕所。那时,人们很少洗澡,洗脸用一搪瓷或塑料脸盆。平时打扫卫生的物件室内是鸡毛掸子、笤帚,室外是扫帚。若需要洗澡只有去公共澡堂。21世纪之后,随着居住条件的改善,城镇大部分家庭有独立的厨房和卫生间。厨房有瓷制或不锈钢洗碗池;卫生间装有马桶、淋浴或浴池。室内清洁用具增加了吸尘器。

土布手帕

电 器

20世纪50年代始有少数留声机。60年代有交直流收音机。80年代起，电熨斗、收录机、电视机、电风扇、电饭锅接连进入家庭。90年代，部分家庭有洗衣机、电冰箱、电烤箱、热水器、录放像机。21世纪，家用电器更先进科学，全自动洗衣机、组合音箱、电脑、智能电视、空调等进入城乡居民家庭。

第五节 行 旅

习 俗

县内传统有"好出门不如歹在家"之说，故无大事一般不外出。县人把行旅称为"出门"。出门背井离乡，往往靠占卜算卦看皇历确定日期，多选农历三、六、九的日子。行旅要带足食物、衣物、盘缠，有穷家富路之说。问路要加称谓，遇事要忍让，有"出门低三辈"之说。长期在外和家人交流主要靠写信。外出归来时要给家人带一些异乡礼物，多少不限以表心意。20世纪80年代改革开放以后，人们思想解放，出门成常事，有到外县、外市、外省甚至国外的。农民出外谋生打工称"农民工"。永和大学生大多在外谋事就业，回家乡就业者一般是在外就业困难者。在外之人有事则打电话，也可在手机或电脑上视频通话，这不仅能通话还可见人，通讯极为便利。

代步器物

清末迄民国期间，县人探亲访友壮年男子多为步行，妇女、老人多骑毛驴。富有者出门以牲口代步，有驴、骡、马、骆驼，士绅多坐轿或"架窝"（俗称驴抬轿）。过陕西因黄河阻挡需坐木船或筏子，沿黄河村庄水性好的青壮年男子一般是压"浑筒"过河，"浑筒"即一整羊皮剥下后密封成筒状，吹满气后在水中漂浮不沉。1957年后出行乘公共汽车。60年代，自行车先在县城普及。70年代，大多数乡镇已通公路，人们出行许多可坐畜拉胶轮车或搭乘拖拉机、汽车等。80年代，自行车遍及城乡，县城始有以摩托车代步者。90年代后，机关购有小汽车，城乡使用摩托车者日渐增多，沿黄河口岸有了机船、汽船，过黄河可乘船。进入21世纪，交通网空前发达，各种公交车、出租车、私家车辆越来越多，人们出门坐私家小轿车、公共汽车、出租车、火车、飞机等。日行千里，已成平常事。

第六节 生 产

驮 水

县域属黄土高原，水源缺乏。改革开放前，大部分村庄吃水需人挑畜驮，水源距村庄较远的地方必须用畜驮。一般人家都用毛驴驮水，个别的也有用骡子驮水。

驮水是体力活也是技术活，一般女人是干不了的。一人可以同时驾驭数头毛驴驮水。在每个毛驴背上搭好木鞍子，把

驮 水

两只空木桶一手一只提起放在鞍子两侧，两桶木系上用铁链穿过扣好，就可启程了。一只木桶装满水时约六七十斤重，在实桶操作时要用巧劲。一般是两手把第一只木桶举起放在鞍子上方，腾出一只手把另一木桶提起靠住鞍子一侧并抬起膝盖抵住，然后用两手把铁链穿过木桶系扣好，把鞍子上方木桶推向鞍子另一侧，这样两桶平衡搭在鞍子两侧，搭水工程就完成了。若搭水人力气大那就简单了，一手一桶甩上鞍子扣好铁链即可。到家后卸桶比较省力，一手抓住桶系，一手解开铁链，两手各提一桶下鞍就成。木桶不像铁皮水桶那样敞口，它上端是密封的，留两小铜钱大小的眼并用木塞塞住。因此，灌水倒水用时较长。

磨 面

改革开放前，县内农村居民食用面粉主要是用自家石磨磨制。在农村几乎家家户户都有石磨。石磨永和土话叫"碨"。

"碨"是用大块石头打制而成，呈圆柱形，分上下两片的扁圆柱石叫碨扇，每片直径约二尺有余，厚半尺有余，上下两片中心有固定的凹凸叫"碨脐"。上片碨扇上有直径1—2寸的洞叫碨眼，用以输送粮粒至两碨扇之间。上下两碨扇对合之面均凿出

棱槽，棱槽之间相互磨合便可磨碎粮粒。上下两片碨扇合起来叫"碨脑"，碨脑安在一个直径约两米的圆石盘上，石盘叫"碨盘"，用石头做底座，离地约半米。

磨面永和土话叫"推碨"。推碨是用畜力的，一般是两头毛驴，也有用牛、马、骡子的。毛驴磨面有专用的绳索与木头制成的工具叫"夹板""刨杆"。一个较粗长

磨 面

的圆木固定在上碨扇上用以牵引叫"碨杆"。把毛驴身上的"刨杆"和"碨杆"用铁钩连起来，再把毛驴的两只眼睛用两个秸秆编制的"眼盒"罩起来（这样是让毛驴看不见粮食而专心拉磨），在碨脑上堆放粮粒，吆喝一声，毛驴就围着碨脑转起圈了。

粮食磨上第二遍时，人就开始"箩面"（筛面）。盛面的是用柳条编制的"簸箩"，簸箩中放筛面用的木架叫"箩床"，筛面的工具叫"箩子"。这样磨一遍箩（筛）一遍，3~5遍后为止。这个磨面功效低下，大半天只能磨一两袋面粉，但这样磨下的面粉口感好，许多上了年纪的人一直念念不忘农村石磨面粉。

放 羊

放羊永和土话叫"揽羊"。2000年之前，县域无"封山禁牧"，山村揽羊者甚多。揽羊较农田活是比较轻的"活件"，一般由体力较弱的人承担。永和草坡零碎，羊群一般是50~100只。

揽羊是一种技术活，"好把式"不但能放一大群，而且还能临时给别人捎一群，每只羊都能吃饱长胖，成年母羊年年可产羔哺育，羊群会逐年壮大；"差把式"则可能把一小群羊越放越瘦、越放越少，直至血本无归。

每天的揽羊是从半上午（10~11时）开始，至黄昏停歇。揽羊者一般带"干粮"，手中的工具是放羊铲，永和土话叫"小钎"。羊群放出圈门后，在揽羊者的吆喝下直向荒山草坡，羊在草坡吃上两三个小时，就赶向沟渠饮水，此时是正午。羊饮水后在石壳（能遮盖的石岩）下休息，人也开始喝水吃干粮。之后，人与羊一起休息，待日头偏西时，再放一会儿，至黄昏时每只羊都是肚子滚圆。这时，揽羊者一声吆喝，小钎铲起土坷垃一扬，群羊就乖乖地踏上归途。

第七节 游 艺

摔 跤

双方寻找时机，把对方摔在地上为胜，此式称"乱塌猫"。还有"让后腰"式，自认为力大者让对方先从身后抱住其腰部，然后开始角力，也以被摔在地上为输。

顶拐拐

俗称"碰圪膝盖"。一脚着地，另一脚离地随腿盘膝，双手就势扳住脚腕，单腿跳行，向对方冲撞，以双脚先着地者为败。

溜手背

双方约定，各伸出一只手，上下相合。上者手心向下，下者手心向上。游戏开始，下者迅速抽手快速反击上者手背，上者迅速躲闪，躲闪不及被击中，须再伸手受对方击打，直到未被击中为胜。然后，互换角色，继续击打。直到其中一方挨击疼痛难支，提出罢战为止。

对纱篷

为4名儿童游戏。4名儿童手挽手围成圆圈，吟唱童谣的同时，伴以圆圈张缩。童谣为："对，对，对纱篷，纱篷开，儿对花，男女叫，凤莲花，两个娃娃圪蹴下。"收缩时，面对面的两儿童要胸贴胸一下，再张开圆圈；下次收缩时，另一对儿童胸贴胸，依次类推。当童谣唱至"两个娃娃圪蹴下"时，其中一对儿童正胸贴胸，另一对儿童则迅速蹲下。这一对正胸贴胸的儿童，继续吟唱第二遍童谣，只两人开合，另一对儿童蹲下不动，这次童谣的结句变为"两个娃娃起来吧"。下蹲的两个儿童闻声起来，游戏继续进行，轮番下蹲。

捞捞饭

这是大人哄小孩的游戏。大人坐在炕沿，小孩两脚站在大人脚面上。大人拉住小孩两手，两腿用力，两脚上下有节奏地摆动，同时吟唱童谣和着节奏："捞捞饭，煮公鸡，公鸡跑了，你丈人毛了，公鸡呕了，你丈人吼了"，以此逗乐。

打 瓦

选择平整较宽阔的地面，画出一条投掷线和一条目标线，两线相距10—20米不等。

游戏参与人数以2人为基本单位，共8个环节。如参与人数多，可分为人数相等的两组对垒。方法是两组间一一配对，打法与两人同。不同的是双方配对者同时使用同一条投掷线和目标线，只是相互间隔开一定距离分别进行。再就是同组中完成目标者可以给未完成目标者替打，替打完成目标，替打者和被替打者都可给其他未完成

打瓦游戏

目标者替打；直到替打失败或本组本环节都过关。如本组本环节全部过关，则进行下一环节。只要本组本环节有一人未过关，则轮对方投掷。等对方投毕，接着由未过关者继续过关，全过关，进行下一环节，否则，再轮对方投掷。以此类推，以先完成8环节的组为胜。

打头坤：先由一人在目标线上，正面立约15厘米见方的石块。另一人助跑后，乘势于投掷线前抛石块击打目标。若击倒，继续进行下一环节内容，若未击倒，轮另一人投掷。依次类推，完成以下各环节内容。

打下拜：一方把石块投掷于对方正立于目标线的石块前，再单脚着地，踢石击倒目标。如投掷时就击倒目标则为犯规，轮对方投掷。投掷也不可超越目标线到其上方，若超越目标线则予处罚，即由对方单脚着地，任意把你的石块踢离目标，然后才让你再踢，如此击倒目标的可能性就必然减小。

打上拜：与打下拜方法相同，不同处是将自己的石块必须投掷在立石的后方，即目标线上方。如投掷时就击倒目标则为犯规，轮对方投掷。

打盖：目标线上，石块正立改为平躺。投掷以碰触发出声响为符合要求。

打籽：目标线上，石块平放，其上再放一小石块，击打以打掉小石块为符合要求。

打抱籽：目标线上，石块平放，其下再压上一小石块，击打以推开大石块，露出小石块为符合要求。

打角角：目标线上，石块侧立，以击倒石块为符合要求。

打脑：与打头坤一样，只是不允许助跑，要站立在投掷线上原地抛石。

打茅屎官

"茅屎官",顾名思义,是个鱼肉百姓、不得人心的赃官,所以民间借游戏来发泄不满和嘲弄赃官。

游戏分两个阶段,第一阶段"石打石",是参与游戏的人各用一块石头投掷击打所设置的石片目标。第二阶段"实打实",是充任角色,履行职责,痛打"茅屎官"。

选一块平坦的场地,划间隔六七米的两道线,一端为投掷起线,另一端则用石片竖立起一簇投掷目标。一般根据参玩人多少设置。有"茅屎官",这块石片宽约20厘米,高40~50厘米,是最大的目标;距其两侧、正前方各约20厘米处,置有3块小石片,有称耳朵、鼻子的,有称"打手"的。"茅屎官"的背后依次相隔20厘米、30厘米,有皇上、丞相、衙役等小石片。若参与人少,可减少目标设置,但"茅屎官"、皇上、打手是不能少的。

比赛开始,参与人员先"猜咣叱"(类似于"石头剪子布"),决出投掷次序,然后依次各用石块投掷自己选择的目标。击倒目标,任务就暂完,在下一阶段游戏中就充任被自己所击倒目标的角色。第一轮未击倒目标者,所剩人员依次序进行第二轮击打,直到各人都充任角色。

参与游戏者,都希望充当皇上的角色,不愿意当"茅屎官",因为他是挨打的角色。但"茅屎官"目标大,皇上又藏在"茅屎官"背后,一不小心,当不上皇上,反倒碰倒"茅屎官"。于是大家会在自己的水平和剩下的目标之间进行考量选择。如果其他人都已击倒目标,"茅屎官"还未倒,那么,最后一个人就是"茅屎官"了。

第二阶段"实打实"。皇上令下,其他各角色围住"茅屎官",揪耳拧鼻,捶肩抢背,一边打,一边有节奏地念叨:"一五一十干打干,我问朝廷饶不饶?"皇上说不饶,大家继续打,直到皇上说:"朝廷说饶就能饶,朝廷不饶就祷告,以后再当茅屎官,扔到茅坑没人捞。孩子们,饶了他吧!"这时,围攻停止,游戏结束。

瞎子摸拐子

小朋友6人以上围站一圈。圈中有一人扮演瞎子,双眼用手绢蒙住;另一人扮演拐子,弯腰双手与一小腿捆绑在一起。拐子吹哨引瞎子来捉,却声东击西,不想让瞎子逮住;瞎子根据哨声和其他响动,判断拐子位置,欲出其不意逮住拐子。在规定时间内拐子被逮住,罚其归队入圈;如未被逮住,则瞎子被罚归队。圈里则另出一人接替被罚归队者角色,进行下一轮玩耍。

老虎吃绵羊

两人玩,如下图。有单虎与双虎两种。大黑子为虎,有一子或两子;小黑子为绵羊,有24个子。开局先摆出8子。所有交叉点为停站处,虎沿线直走。起步前遇单数羊子,方可跃走并把羊子吃掉提去;起步前遇双数羊子,则此路不通,另择他路。两人交替走子,如果被双数羊子堵死所有通路,老虎无路可走为败;若羊子被老虎吃掉很多,无法堵死老虎,则老虎一方胜,另一方败。

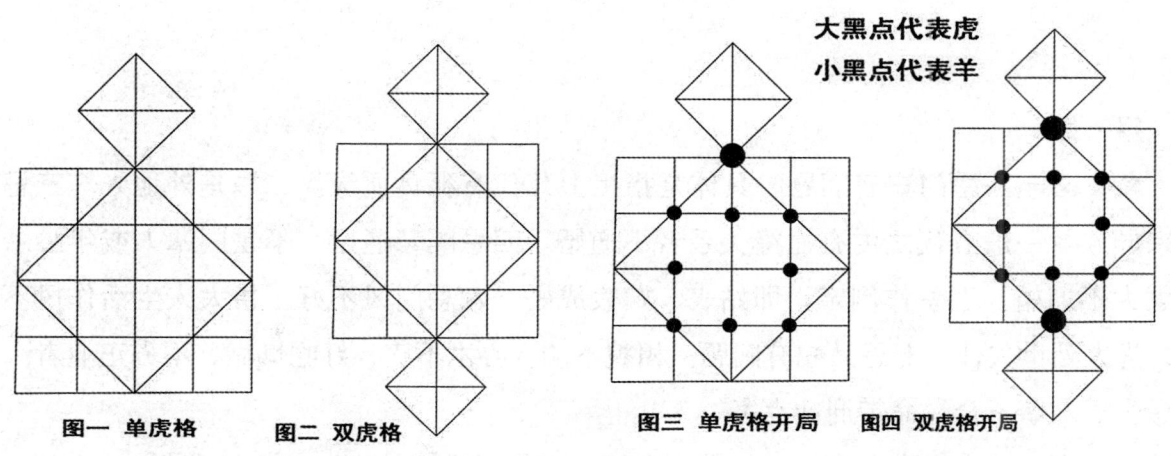

图 34—1 老虎吃绵羊示意图

捉王八

如下图,所有交叉点为停站处,中间圆圈停放双方被吃掉的子。两人玩,每人3子,双方交替行子,只要前方有子,则路不通,子被堵死在角,被吃掉提去。子被对方吃完者为败。

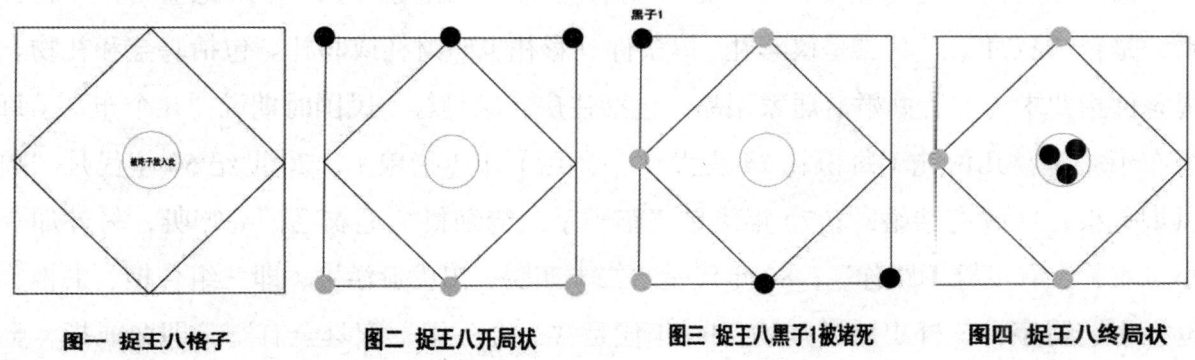

图 34—2 捉王八示意图

第二章 婚嫁 丧葬

第一节 婚 嫁

择 婚

禁 忌 一忌门户有问题。具体是指祖上几代有狐臭血缘。二忌是外地人。三忌同宗同族。一般五代之内有血缘关系者不通婚。四忌隔辈通婚。不是同辈人或年龄悬殊太大不通婚。五忌作倒亲。即姑表、姨表成婚。六忌门风不好。指大人生活作风不好,为人处世欠佳。七忌品貌有问题。相貌不端,心术不正,好吃懒做,不务正业者。八忌生辰八字不合,命带刑冲克害。

特 点 一是男大女小;二是男才女貌;三是娶难嫁易。

方 式 一是父母包办,男女不做主,尊听父母命;二是直接相亲,由男家请媒人登门相女,男女双方见面,也让女方父母相男;三是自由恋爱,情投意合,自定终身;四是亲朋媒人牵线说合,男女接触自谈。

订 婚

形 式 媒人约双方家庭成员商议,邀请部分家族成员参与。或是中间人约双方家庭成员甚至有外家部分成员参与商议。

内 容 其一是互相确认双方的"生辰八字",以便风水或算命先生测算是否合婚,是否"犯月"。其二是议彩礼,提条件。彩礼也叫财礼或聘礼。包括聘金和礼物。提条件指要求男方置办婚后居家用品,包括住房、家具等。民国时期说"几个布"(每个布十丈),几份礼(每份礼24块大洋),几个斗(指粮)。20世纪50年代是"顺风烟一根,区政府结婚";70年代是"车子手表缝纫机,毛衣毛裤毛哔叽,另外加个小二衣,没有皮鞋不跟你";80年代是"二十四腿,出去旅游",即三组合柜、书柜、电视柜、写字台,外出旅游购物;90年代是"三金一银,家具全有",即金戒指、金耳环、金项链、银手镯,家具有组合柜、电视机、收录机、音响、写字台、液化气炉、固定电话。进入21世纪,逐渐增加了摩托、手机、电脑、小轿车,还要在县城、市府或省城买房子。为减少麻烦，礼金、礼物、旅游购物等一并折钱给女方，数额几万到十几万，加上买房子购物等，一般男方要花几十万元不等。

婚前筹备

送日子 男方再次把男女双方的"生辰八字"交"星家"，推算择定结婚正日，嘱咐迎娶忌宜。带着择好的"良辰吉日"，男方选本族知事者同媒人一起去女方家送日子，以征求女方的同意。女方对日子进行斟酌，看有没有不妥之处，或考虑自家是否到时能准备妥当，给予答复。如果订婚时商定的彩礼未落实完全，这时就得给予完满。于是人们又把送日子称"交钱"。有些女家会提出要"吃猪"，即要求男方在正日子前给女方送来一头活猪，这头猪必须是纯黑色的大"骟猪"（即雄猪仔时就被阉割），其他皆不可。女家此时也要说出自家陪嫁的内容。

拍照购物 日子一定，男女双双去民政局登记，取得结婚证件，然后外出旅游购物拍照。男女双方衣物用品，以及双方父母喜庆服饰一应采购。20世纪80年代始有婚纱彩色拍照，照片是男女双方简单地或站或坐，数量也不多。2000年以后，婚纱照样式千姿百态，有室内、有野外，花样百出，家家成册成套，少则数千元，多则上万元。

布置新房 新房，即洞房，俗称"新窑"。永和的新窑一般不用自家的窑，要借用邻家的窑。先由事主家收拾一下，放置必要的用具等，由年长的婶娘姑姐铺床叠被，再有准新郎的姐夫糊窗裱墙主持布置，一些热心的亲戚帮忙，贴喜挂花，摆设器皿。

布置新房

迎 娶

茶 饭 迎亲人员（一般7男2女），抬轿人员，吹鼓手或轿车司机，摄像师，化妆师，放花炮的朋亲等都到位，出发前吃便饭。总管检查所带物品是否齐全到位。如男方要带一卷一尺七八的米糕（称离母糕），10个点红点大馍馍，一块贴红纸的猪肋骨肉（俗称圪杈肉），12个喜馍馍，一对面蒸鱼，以上几项俗称"茶饭"，到女方也换12个喜馍馍，一对面蒸老虎。

婚轿婚车 备轿、备马、备驴或把轿车排顺，准备出发。民国时期，家境富裕者备花轿2乘，稍次者只备新娘坐轿一乘，极贫者以马、驴代轿，还有用长方桌倒放，利用四条腿进行一番装饰，绑上抬杆成简易花轿，置于两只驴之间，俗称"驴抬轿"。后来迎送亲工具变为自行车、四轮车、大敞车、小轿车，而且小轿车讲究好车名车，主婚车前后装饰，其他车插旗挂带，爱摆富显名者，用同品牌同一色的车辆，吹吹打打，招摇过市。

佩戴花红 婚日，新郎身穿新装，肩披丝绸花红，在唢呐鼓乐声中启程迎亲；迎亲队伍到达女家，由女方总管导引谒见岳父。岳父将备好的花红披于新郎肩上，与新郎原佩花红成十字交叉状。

新娘梳妆 民国时期，女儿出嫁这天，早饭一吃，即在上炕头铺一块褥子，面壁静坐。期间无人打扰，也不许她与人说话。意即让她在出嫁之前，静思家恩。此为之"坐炕"。当到梳妆时，有亲戚中人，简单盘头戴冠，轻淡搽粉点唇，嘱咐婚夜常识。母亲这时会煮上几颗鸡蛋，亲手喂食女儿。当今已无坐炕一俗，只请专业化妆师梳打扮。

展示嫁妆 早在新郎到达之前，新娘家就把陪房嫁妆列于自家房前，旧时一般有一对木箱，内装衣被鞋袜、洗漱妆盒、锡灯铜盆等陪房小件。大件有橱柜衣架等。20世纪80年代后多为电视机、洗衣机，后来发展到冰箱、电脑、液晶电视机、全自动洗衣机不等。更有甚者陪小轿车、住房、存折等。

新娘起轿 新娘换装，首饰有耳环、项链、手链、戒指，身着婚纱披肩，脚登高跟红鞋。新郎给新娘一一佩戴。然后，新郎单膝跪地，手中捧花，恳求婚行，直到新娘接花，最后戴上戒指，抱新娘出门与家人亲戚合影。合影毕，岳丈拿一杆秤，象征性地在陪嫁物件上吊一吊，称之"挂箱子"，其实是原来镖局押运货物规礼的演化。箱子一挂，众朋亲一拥而上，搬运陪嫁物到车上（旧时箱子用骡子驮）。响器鸣号奏乐，鞭炮声大作，迎亲人员在前，新郎抱或挽新娘于臂中，送亲人员在后，或上车或上轿，称新娘起轿。

冲路拉圪针 如果当天同村有两家嫁女的，则尽量赶在另一家前头起身。路途如遇其他迎亲队伍，新郎互换准备好的小礼物。若遇出殡，新娘盖脸而过，迎送人员都说："今天吉祥，遇上财宝了！"如两家同路，则争走前头。争到前头者，有一人想办法搞一根圪针条，沿路拉上，以示给后者扫路，意即我们走的都是新路，俗称"拉圪针"。

接亲拜堂 近目的地时，迎送人员在鼓乐鞭炮声中，缓缓进村，客人闻讯，争相围观。有好事者，会把一条板凳横在路上，上放几盒香烟，吹鼓手便拉开阵势，一曲接一曲的连续吹奏，众人心满意足才放行。行进事主大门外，男方又是一番"接道"。新娘则有迎姑二人搀扶下轿（马），新娘步毛毡而行，到达花堂。总管给坐在箱子上的"押箱子"小孩一点"酬金"，小孩被抱下。花堂为一张长条桌和一条长板凳，墙上挂一红毯，上贴"双喜"大字。条桌上放有一盛满米或红黍的坛斗，有称"誓斗"。斗内立腰镜，插尺子、秤、织布扇，置七色线穿七根针，放纺线车板、厚馍馍、谷草节、猪尾巴、红枣、铜钱、桃弓柳箭等，意即让这些日常用品，见证誓言，时刻提醒。桌后侧父母板凳上坐，礼宾主持拜堂。一拜天地，二拜高堂，夫妻对拜。礼毕，事主向空中抛撒糖果，孩童争食。鼓乐响起，新郎抱坛斗至洞房前上炕角，伴娘搀扶新娘步毡进入洞房。中华人民共和国成立以后，永和结婚拜堂的仪式就取消了。

入洞房 吹手一人先进洞房鸣号，称"冲帐"。新郎抱坛斗至炕角，然后"踩四角"。新娘进门，亲戚里有一个"全和人"（即此人父母健在，儿女双全，夫妻恩爱，没有离过婚）向新郎新娘及新房抛撒五谷，新郎揭去盖头。这时，门外有年轻人，用手或棍子将窗户纸捅个稀烂。据说，捅窗户纸者可使自己生的娃娃变成双眼皮，其实是便于大家窥视新郎新娘在洞房的举动。新娘面坛斗坐定，点燃明灯，伴郎助新人喝交杯酒。送亲妇女取一个大馍饼，让新郎新娘各用一只手持一端，开始掰"迎馍"，一分为二，掰得多者，预示今后为两者之强势。随之进行"掏核桃"，即夫妻争相把装在枕头和炕四角的核桃和枣取出，谁取得又多又快，也为强势，将来"掌柜"。期间，有一老妪照看，不准黄毛女子（未婚）、孕妇、再婚妇、寡妇进入洞房。改革开放以后，这些细节已没多少人讲究了。

配箱子解包袱 新娘家都会在陪嫁的箱子里"押"一笔不算小的现金，称"坠箱钱"，由男方"婆家"配等量现金。再就是新娘会翻出包有赠给公婆的夹带"喜钱"的鞋袜和"针扎"（针线包）的包袱，递给总管，总管会意，同迎送人员携包袱把新娘领到"公婆"家。这时新郎的母亲已是"媳妇熬成了婆"，她会在众人的簇拥下，戴上围裙，盘坐炕上，接过包袱，放在腿上，打开一一查看，收下礼物，配上喜钱。完毕后把包袱皮反转包起礼品，把围裙交到新媳妇手中，意即以后洗锅做饭有儿媳来做，自己好好当婆。

上　头 新郎新娘回到洞房，举行上头仪式。主持仪式的人最好是个"全和人"或新郎姐夫也行。新郎新娘上炕前后背坐，之间放一水桶，内置擀面杖、谷草节、黑豆、羊粪蛋。主持人手持一小盘，里面放有红丝线，在其上滴七滴食油，然后把丝线搭在新郎新娘的头上，用新木梳在二人头上轻轻交替梳理，嘴里唱着"上头歌"，完毕后，新木梳就归主持人了。另外，新娘要给主持人小礼物，如两盒烟。

吃儿女扁食（饺子） 由婶子或嫂子姐姐等包好的一盘"花圪棱扁食"，给两个新人食用。其实，这盘扁食暗藏玄机，有些馅里要么是花椒辣子，要么是大块盐巴，谁运气"好"，碰上也得强忍吞下。新婚之夜食儿女扁食，意寓早生儿女。

闹洞房 宾客全部安歇，闹洞房就开始了。所谓"新婚七天没大小"，是说洞房七天时间里，都可以去耍笑。但实际要闹的还是同辈的年轻人。闹房的本意，也就是制造些热热闹闹气氛，打破两新人之间的羞涩，为下步做些铺垫。

见大小 新婚第二天一早，婆家会有一个小男孩或女孩，给新人端去洗脸水，新娘要给一点"小费"，以示感谢。早饭一般是煮一把娘家陪赠的挂面，然后请人用两根红丝线给新娘拔去脸颊黄毛，称"开脸"。头发盘起成麻花型，用拉拉网罩住，再插一根银簪，意即从此时起，姑娘已成媳妇。发客饭开始前，事主家和主要的亲戚全部到场，由总管、礼房的人主持见大小仪式，即让新郎新娘逐个叩拜亲戚，其实是让新娘认亲戚。

卧孙子 见大小礼毕，发客饭开始，众宾客用餐，但新郎新娘还有一项重要任务，就是修"卧孙子"之礼。总管领新人到新郎父母住室，炕上摆一盘酒菜，父母各搂抱一个装扮成男女婴儿的枕头上座，新郎新娘跪地叩头，并各自分别给父母敬酒一杯，父母嘱令早早生养，新人含羞连连应诺。礼毕父母给新媳妇赠礼金以鼓励。

送小饭 新娘乍到生地，难免诸多不适。娘家人提前打听婆家村有无自家的亲戚，让送亲人去了托付照应女儿。这些接受托付重任的亲戚，就是"送小饭的"。第二天早饭前，这些"送小饭的"会拿上挂面或连夜包好的饺子，来到事主家，以示诚邀新娘到家做客。以后的7天里，这几家"送小饭的"，会轮番只请新娘到家吃饭叙闲，新娘如果有什么窝心话，也可向其倾诉。

拉 驴 发客饭后，送亲人员告辞，新郎新娘送别。新郎给他们拉一下驴或马的缰绳，以表惜别，送亲人会给他一笔"酬谢金"，新郎会用衣襟怀揣酬金，径直到新房家交给新娘，意即新郎成家赚的第一笔钱，就给新娘，这就是要听老婆的话，挣的钱要上交老婆。

回 门 通过新婚7天的共同生活，新郎新娘彼此有了更深了解。这时，新娘家人会专程来接女儿女婿，俗称"回门"。"回门"有在娘家住7天、8天、或9天者，称"对七""对八""对九"。有"七对七，两家吉""七对八，两家发""七对九，两家有"之说。

婚 宴

民国时期，嫁娶时间为两天。男方第一天即正日子，迎亲人员已出发（路途远者先一天就出发了），中午，客人相继到达吃"接道饭"。"接道饭"一般是饸饹面或烩菜馍馍。有些至亲要提前几天来帮忙，期间为便饭或乱饭。女方有不少正日比男方提前一天，饭事大体相仿。"正席"在正日子的黄昏开席，所谓"七碟子八碗"正在此席，礼房这时也正式收礼。坐席次序先是"外家、老外家，拜舍生亲家"，其他人员靠后。上礼也是先从外家开笔，外爷和舅舅礼最大，即使亲姑亲姐也不能超越。席间新郎新娘洞房事宜结束，总管会"压席"（其他宾客暂候），先请迎送亲人员入席。他们应该吃3顿饭，即接道饭、正席、晚上安谢饭，一般是3顿并1顿。先是各一碗挂面，再上烩菜馍馍，撤下后再上正席。一番"看老盅、看喜盅"敬劝之后，"举顶、起发"礼数也不可少。迎送人员席毕，其他人等继续。次日早上，所有来宾吃"发客饭"。这顿饭一般是尽正席剩余食材所有，五花八门，馍馍烩菜是主要的。

改革开放后，饭事一般也为两天。第一天中午是饺子、面条或烩菜油条，下午是简单酒席或羊汤饼子。第二天是正日子，早上油糕、馍馍、烩菜，中午正席。

农村婚宴正席一般在事主家院落搭棚摆座，宴席是流席形式，即亲戚、朋友、邻居轮番入席。宴席讲究"七碟子八碗"，实惠而又不失丰盛。城镇婚宴正席一般设在大型饭店、食堂，菜的数量质量都要超农村"七碟子八碗"标准，一般在16个以上。

亲朋好友参加婚宴正席的同时都要随礼。改革开放初期，农村随礼一份3元或5元，城镇5元或10元；1990—2000年，农村20元或30元，城镇30元或50元；2000—2010年，农村50元或100元，城镇100元或200元；2010年后，农村100元或200元，城镇200元或300元。新娘新郎的至亲长辈（爷爷、外爷、姑姑、姨姨、叔叔、伯伯、舅舅）随礼一般都要高过普通亲朋，2010年之后，一份是500元或1000元。

特殊婚姻

招女婿 即有女无儿之家招婿作儿，上门养老。有两种形式：一种是改名换姓，顶门立户，有赡养埋葬女方父母的义务和继承其遗产的权利，此谓"死招"。另一种是不改名换姓，婚后居住女家养老送终后，携妻再归故里。本人无权继承岳父母遗产，所生子女分姓父母双方之姓，意为双方顶门立户，此为"活招"。

再醮 俗称寡妇改嫁。清代以前，妇女受"好女不嫁二夫"的封建礼教约束，丧偶多寡居守节。辛亥革命后，寡妇始可改嫁再婚，但关卡极多，婆家索要重财，娘家从中取利，媒人与立婚书人均得捞取外快。婚礼简单特殊，黄昏娶亲，摸黑进村，深夜聚客，不动鼓乐，不设宴席，不收礼，受人鄙视。现在，丧夫之妇，除非子女较多，情况复杂，自己不愿再婚，一般再婚自由，同为喜事。

招夫上门 丈夫去世，留有老小，妻不足以养老抚子，持家度日，招一男子上门为夫，其丈夫卖半姓，即姓名中有两个姓字，第一字为原夫家姓，第二字为自家姓。所生子女第一人随原夫姓，第二人以后方可姓自己姓。当若干年后，把原夫老人送终后，前夫子女也基本成家，可协商携妻带子再迁原籍。现在如有这种情况，一般无须计较姓名，以养老为务。

续 亲 妻子去世，再娶妻妹为妻谓之"续亲"。这种情况一般是男方家境优越，且两家感情深厚；或外公家恐外甥遭继母虐待而采取的一种婚姻。现在这种情况稀少。

童养媳 多为女方家境贫寒无力抚养女儿，12岁以下即被男方接至家中抚养（实被男家当劳力使用）。此婚为先经媒人说合，男家迎亲人只需带一套新衣、一双新鞋袜，至女家背回女孩，拜过天地祖先，即在男家生活。待双方至婚龄，择日圆房，即正式成婚。中华人民共和国成立后，此俗废除。

第二节 丧 葬

生前预办后事

选坟地 永和对祖坟的选择十分重视，素有"富贵出在门里，子孙出在坟里"之说。一般老坟可葬3至5辈人，如果对原有老坟比较满意，并还有空位可葬人，就不再选坟地。选择坟地与选择阳宅一样，同样追求自然环境优美，切忌形貌崎岖古怪，歪斜险峻。其取舍标准有十葬十不葬。十葬是：一葬山势圆浑有象，二葬藏风聚气有致，三葬案山视野开广，四葬后照高大雄浑，五葬谷口华表捍门，六葬水流平缓有情，七葬左右有迎有送，八葬四周环合拱围，九葬山水活灵活现，十葬云气覆盖宝地。十不葬是：一不葬粗顽块石，二不葬急水滩头，三不葬沟源绝境，四不葬孤独山头，五不葬神前庙后，六不葬左右休囚，七不葬山岗缭乱，八不葬风水悲愁，九不葬座下底小，十不葬龙虎尖头。两个老人，如果女的先逝，暂时不入老坟，墓地的选择就简单些，叫"寄埋"，待男的过世，一并移埋老坟。

做棺材 棺材又称寿木，永和多选石柏或土柏木来做，过去也有使用柳木、楸木的。做棺材忌用椿树，因为椿树曾被东汉光武帝刘秀错封为树王，人们还是不敢担待。民间有"一坟不葬二木"之说，意即后亡者必须与先亡者用同一木质的棺材。棺材也有不少讲究，如棺木板材越厚就越为上，一般有 2.5 寸、2 寸、不足 2 寸之分。就棺材的盖、底、两侧各面拼沽所用的木材板页的多少来说，有各面皆单页的"四片瓦"，此为上等；还有各面 2 页的"八仙货"；每面 4 页，永和称"十六个头"，"十六个头"以上的棺材，民间就叫"乱疙瘩"了。棺材的尺寸，一般为长 7 尺，大头宽 2.2 尺，小头宽 1.3 尺，大头高 1.8 尺，小头高 1.2 尺。有些棺材的前后头（端），木匠刻花雕兽，然后用油烧干辣椒粉涂擦棺材表面，以增其美观度。棺材做好后，很多人家还要再添做 1 块"七星板"。"七星板"的形状大小与棺材底相仿，其上以北斗七星状钻有 7 孔，将来入殓时，先把亡人平躺其上，再移入棺材。"七星板"有可引导亡人升入天界之说。

备寿衣 为 60 岁以上的老人做寿衣，也有为老人添寿之意。永和寿衣一般为 9 件，上 5 下 4，或为 7 件，上 4 下 3。寿衣类别有衬衣、棉衣、褂子、罩衣、大衣等。帽，女为软圆帽，男为硬圆顶瓜壳帽，鞋不能纳底，要用软底。袜子为白色。枕为清朝鸡式枕或现代软枕。被褥为红色或黄色。若亡人还有父母在世，则要为之穿一件白衣，意即未尽孝先去，在此补孝。

办孝布 孝布料一般为白色纱布和白色纺布，其数量随孝子多寡而定。其用途是为孝子缝制孝衣、孝帽、孝鞋以及为来吊丧的亲朋发吊祭时在头上系的"孝带"之用。"孝带"又称作"号"或"手帕"。

临终习俗

穿　衣 在老人咽气前，准备好的寿衣要穿戴整齐，让老人体体面面、平平整整地咽气。

抱　终 一般由孝子怀抱老人临终咽气。俗言，人之生是父母抱大，人之死由子女抱终，是谓善终。

收　气 临终的老人能看见亲人在场而长眠九泉，孝子也能目睹老人咽下最后一口气，谓之收气。民间有言"收气的孝子才算真孝子"。

寿　终 正常的顺情老人，临终应在正房或正厅。夭折者才抬放偏房或偏室。

亡后礼仪

整容 净身 待老人气绝后，立即为其剃头（女性为梳头）、整容、沐浴，随后往口内放 1 枚"口含钱"。"口含钱"本为银铸小元宝，也有用铜钱代替的。随后，双脚用麻辫或红绳（称绊脚绳）捆绑，脸面盖 1 张麻纸。再是，孝子家要用白面焙如铜钱大小的"岁数饼"和约 3 寸长的面棒，即"打狗棍"。"岁数饼"的个数要以亡者年龄计（一岁一枚，多加一枚），用线穿起，系于亡者手腕，以示亡者岁岁足食，也愿亡者一路温饱。"打狗棍"则握在亡者手中，因去路难免周折，手头有棍，总是个招架。旧时老人尸体要移床停放在铺有稻草的床板上，现在就停在炕上或床上。

送"老家亲" "老家亲"即指家族以前亡故的亲人。整容完毕，孝子们要烧"倒头纸"：取水1碗，米、面、酒各少许入碗，另取白纸4张、香4柱。孝子跪于亡者前，孝子中年长者或村中年长者主持烧香纸，灰烬于碗中，然后持碗出大门外，把碗内之物向正西方倒掉，即为送"老家亲"。然后把碗里装满草木灰拿回备用。此碗在入殓后置于棺材右侧，用于祭奠土家，称土家灰碗。同时再另取一草木灰碗，置亡人前，用于祭拜焚烧香纸，称亡人灰碗。

报　丧 送"老家亲"仪式结束，孝子们便可放声大哭。亲友村邻，闻声而动，三五相约，前来帮忙。与此同时，要在大门外悬挂"告门纸"。"告门纸"又称"岁数纸"，即按亡者的年龄，每岁一张麻纸，剪4剪成条状，折7折现波皱，未剪断的一头系在一起，悬挂门外以示报丧。灵堂搭好后，"告门纸"就移挂在棺材"大头"正上方。悬挂"告门纸"的同时，亡者生前所盖过的被褥，穿过的衣服，枕过的枕头，都用绳子捆起，先放在院内高墙上，也有报丧之意。这些生活用品也可放在灵堂右侧。给娘家人报丧，孝子必须身着全孝服，亲自登门，叩拜告知。孝子的舅舅家人是"上娘家"，姑姑家人是"下娘家"。

请　人 有些重要人，在此期间须诚请。请人时，孝子必须身着全孝服，先行叩拜礼。所请之人有：总管、阴阳先生、打墓人、戴孝的亲戚。

忙　活 一是搭灵棚，也称设灵堂。二是出孝衣，一般有几位妇女，用原来预备好的孝布来赶制孝衣孝帽和孝带。三是做纸活，一般请能工巧剪者主持，妇女孩子们帮忙，为亡人剪扎各种生活用品，如纸人、纸马、纸房、纸车、纸禽、纸器及花圈、金银斗柜等。

入　殓 把亡人尸体放置于棺材内，称入殓，当地叫"成行"。入殓时，儿女等及主要亲戚都要到齐。前后有以下礼仪：一是停棺。把棺木移至搭好的灵堂内中间，甲丙戊庚壬年，棺材以东西方向放置；乙丁巳辛癸年，棺材以南北方向放置。祭桌放在"小头"前。二是下话。入殓前，备好酒席，让娘家人坐上席，长子率众孝子先行跪拜礼，然后敬酒叙话。主要内容是亡人亡故原因和时间；亡人的棺木寿衣情况；宰献情况；丧礼规模；征求意见。娘家人听完叙话表示满意，则劝止跪礼起来叙话。否则不饮酒，提出一些意见，责令孝子改进。如果孝子不应允，便罚孝子长时间跪地，直至双方意见统一后，孝子方可将亡者入殓。三是装殓。入殓前，儿女们要把棺材内壁用麻纸裱一层，然后取桃核、铜钱或硬币、铧铁块、小石块各5枚，配搭放在棺底的中间和四角。接下来孝子孝孙在棺底铺丝麻，即每人用1对铜钱或硬币压住1根丝线、1根麻丝，按辈分长幼，从棺材大头处次第顺着向小头方向铺下，完毕后上面再铺上黄色褥子。而后，把亡者平放棺底，揭掉盖脸纸，取出"口含钱"贴于胸前，解下"岁数饼"，放于棺材底旁，整理容貌衣物。亡人生前喜爱的某些用品，如眼镜、香烟、书籍、器具等，也可放在亡者左右。然后用白纸包锯末或棉花籽，现在有用整卷整卷的卫生纸，填充棺内空隙，以免亡者在抬棺时摆动。切忌亡者的头和脚接触到棺材壁，若接触到棺材壁，称"顶山了"。头"顶山"，对孝子家不利，脚"顶山"对村中人不利。再就是膝关节和肘关节部位不可垫衬，否则后辈接（节）续不上。最后，盖上红被子，棺材封盖。孝子行哭丧礼，烧纸上香祭奠。

送亡魂 送亡魂，永和称"送魂灵"。在亡后第二日寅时之前进行。仪式为：用一水桶盛米面汤、馒头，然后备鱼肉、鸡蛋清、生羊油，当地称"三牲"，用酒将之熟后，也倒入水桶，混匀。丑时左右从灵堂动身，烧纸祭拜，然后动一动"告门纸"，送魂灵起身。打头的为孝子中的长者，提灯笼。第二人提水桶，边走边用勺子舀水桶中物，向左右方向泼洒。第三人拿香纸、亡人纸衣两身、纸伞1柄。其余人随其后，边哭边向坟墓方向前行，遇到十字路口，可将纸伞插在路边，将香纸、纸衣点烧叩拜，水桶中所剩之物向正前方泼出为毕。这时，送魂灵的队伍就可返回。返回时切忌不可哭，不可回头看，归来也不可去灵堂，直至第二天午时。

守 灵 送魂灵后的第二天下午开始，孝子们披麻戴孝，手持孝棍，跪守灵前，通宵达旦，直至出殡。

饭 食 旧时只有在出殡的前一天，才有大量吊祭客人到来，吊祭后有酒席款待。丧期其他日子来客较少，主要是重要的亲戚吊祭，饭为便餐。当今，丧期内每天都有很多来客，重要的亲戚和要好的朋友几乎每天都来捧场，每天中午、下午都有便饭。

请娘家 出殡的前一天中午接近饭时，由总管手端饭盘在前，"吹鼓手"随后吹奏，全体孝子列队紧随，去娘家人的停歇地，请娘家人。在门前，孝子们全体下跪大哭，由长子把饭盘举过头顶，悲戚之状令娘家人哀怜，他们会一一把礼金放在盘里，孝子再送上"手帕"，然后，引领他们到灵前烧纸祭拜。

收 头 出殡的前一天，孝子们女的要用线拉黄毛，男的要理发（一般在头上象征性的剪一小簇头发），然后所有的毛发用纸包好，"复日"（又称"复二"，即下葬后的第二天）时烧掉。然后孝儿女"百日祭"内，不得再理发。

装"发钵钵" 出殡的前一天深夜，孝子们以一个个小家庭为单位，每个家庭成员将两枚铜钱或硬币投入"发钵钵"（小瓷罐）里，然后每人把灵柩上的祭品再往里放一些，直到"发钵钵"装满填实，用1张提前蒸好的大玉米面饼封口。

开祭 即正式家祭，必须在父母都过世后，方才举行。开祭需要请礼宾4人，分别担任起站、统站、引站、哑站，分司总理事、唱礼、引礼、读祭文等。设坛开祭，亲族、亲姻循序跪拜，参祭者有主祭、陪祭之分。祭品按亲属关系划等，有全祭、半祭之别，祭品牲有猪、羊、鸡，馔为蒸食、菜肴等。开祭在出殡前两天开始，到出殡后结束，共"三昼二夜"时间，有的简化程序，只在出殡前一天晚上，举行隆重的"晚祭"。程序有：送孝，为礼房、厨房、娘家、礼宾、阴阳、总管等送孝布（即孝带）；呈榜，把办事人员的名单开列张贴并宣读；祭老坟；请灵，到已故父（母）的坟地请灵，请灵回来的路上要祭庙、祭路、祭河、祭门，以祈求各方神灵护佑，回到灵堂要安灵；晚祭，为开祭第一天的晚上祭拜；早祭，为开祭第二天的早上祭拜；午祭，为开祭第二天的中午的祭拜，要举行迎帐、午祭、开三谢礼，此间礼宾唱读顿挫，鼓乐阵续哀鸣，孝子兴拜哭停，围观者唏嘘交耳，亲族、亲姻循序跪拜、祭献；晚祭，为开祭第二天的晚上的祭拜；早祭，出殡当日的早祭礼，一直到出殡、下葬完毕，礼宾都参与其间。

出殡 喝出灵汤：太阳未出，土工、阴阳、娘家人已被安排吃饭，弄一碗挂面清汤、馒头自吃，叫"喝出灵汤"。移灵：娘家人、孝子在灵前烧纸祭拜，称"烧分离纸"，阴阳发令，土工把棺材用绳子捆好，上面放一只捆绑翅膀的大红公鸡，称"引魂鸡"，随即抬棺移出灵堂，放在准备好的前后两条板凳上，祭桌也移到

出　殡

小头前，孝子全体走到亡人生前住过的窑洞，揭起炕上的苇子，依次用笤帚扫一扫炕，出来后在灵棚里抱一把地上的谷草杆（杆草），来到移动后的棺材前放下，阴阳或其他人把亡人用过的枕头划破，倒出其中的谷壳，与杆草一起烧掉，把灵棚侧放了几天

的打卷的亡人被褥进行晾晒，阴阳指挥孝子们进行最后一次祭拜。起殃：阴阳号令起殃，长子扶灵或驮灵，土工及众人急急抬起棺材前行，阴阳踢倒板凳，举灰碗狠甩在棺材后头上，"啪"的一声，灰碗碎裂，孝子们这时号啕大哭，吹鼓手打头，亲友扛花圈、纸活鱼贯，长孙举引魂幡在前，抱遗像者随后，抬棺者、其他亲朋紧跟，如果墓地路远，代之以送葬车队缓缓前行。

下　葬　棺到墓地，阴阳入穴查看摆布，孝子进去点燃明灯，土工和众人七手八脚把灵柩吊入墓穴。孝子推棺入窑，开棺检视，正尸理衣；阴阳下罗盘，定方位，置镇物，摆祭砖祭瓦、发钵钵，以及祭品和其他随葬物品。安顿完毕，孝子倒退清扫穴地脚印而出，然后用谷草或面袋装土开始封堵窑口，众人挥锨垫土，孝子隔时把土踩实，并逐渐封口，及至窑口封堵剩下少许缝隙时，开始焚烧告门纸和其他纸活，待火熄灭，孝子朝缝隙处叫3声爸爸或妈妈，意为永别。随即窑口封死。

安　谢　孝子回到家，备清水一盆，里面放一把菜刀，让土工先行洗手，孝子再跪拜，谓之"安谢"。孝子陪跪，阴阳摇铃念咒，曰"谢土"。"谢土"意为丧期诸事纷纷，对各路神灵多有打扰，现在上香敬酒，祈勿见怪，保佑平安。随后，安排坟地回来的人上席用餐。餐后事主家对总管、阴阳等主要帮忙者和亲戚，给些烟酒、饭食等谢礼。

葬后祭奠

复　日　俗称"复二"，下葬后的第二天，孝子哭至墓地祭奠，所带"金银斗柜"，摆于祭台两侧，引魂幡拔下放于坟侧，烧掉面罩、麻带等丧期用物。返回孝衣反穿，路途拾柴而归，意为"财源广进"。

祭　七　按阴阳所开"七单"祭奠，一般"头七"为小祭，源出"七日来复""五七"为中祭，"七七"为终祭，源出"大衍之数，挂一，其用四十有九"。其他"七日"未必到坟地去祭奠。但"百日"祭奠应重。"百日"祭后，老人生前用物儿女方可收受。

守　孝　"周年"祭后，女儿女婿可下号衣，"三周年"祭后，儿子儿媳可下号衣。下号衣时，先脱下号衣包起，背对坟茔，举过头顶，向后抛掷到坟茔背面，然后从右面转至坟后，将之拾起。下号衣之前的时期，要守孝，称"戴号"，或说"有身孝"，期间不宜穿红戴绿、浓妆艳抹、参加喜宴、寻欢作乐。贴春联不用红色纸，用黄色、蓝色或绿色。

节日祭奠　以后在四时八节，如清明、端午、七月十五、十月初一及年前，正月初二以及后人办喜事，一般都要去祭拜祖先。

第三章 寿诞 喜庆

第一节 寿 诞

贺生育

新婚夫妇生育头胎，丈夫于7日内携带礼品去岳父家报喜，俗称"知外家"。所带礼品为白酒1斤，喜馍12个，活鸡1只（生男带公鸡，生女带母鸡）。外家回以斗米、斗面、焙干饼（俗称圪烂）、鸡蛋、红糖等食品和衣服、斗篷、尿布等用品。月内，亲友邻居陆续带白面、挂面、鸡蛋、红糖、花红衣料等登门贺喜。满月时，主家蒸馍、炒菜、炸糕、备酒款待来贺者。旧社会重男轻女，若头胎生男，二胎无论生男生女均不再闹满月。20世纪60—70年代此风一度废止。80年代后又开始兴起，且改送食物用品为礼金。90年代后礼金渐增，请客范围越来越大。婴儿百日时过"百锁"，一般不隆重庆贺，仅请祖父母、外祖父母赴宴，赴宴长辈赠婴儿镌刻"长命百岁""长命富贵"字样的项锁、脚锁等。

庆十二

庆十二岁生日

循此俗者，多系婴儿幼时体弱多病，难以抚育。故爹妈到娘娘庙烧香拜佛祈求保佑，并认多子女夫妇作干爹、干妈，意在请多爹、多妈抚养。孩子12岁时，父母设宴庆贺幼子（女）成人，感谢神灵保佑与干爹妈抚育之恩。赴宴者须赠物纳礼，孩子爹妈要赠干爹、干妈每人一身新衣服。20世纪90年代后，给子女过十二者渐增。2000年以后，孩子到12岁时都设宴庆祝，亲朋好友参宴并随礼，铺张之风日盛。

祝 寿

县人60岁"花甲"年始祝寿。60岁为下寿，80岁为中寿，100岁为上寿。旧时寿诞之日，老人端坐寿堂，接受子女、宾客的祝寿大礼。80 岁、100 岁寿辰为大庆，场面更为隆重。中华人民共和国成立后，礼节渐简，贺寿者仅备寿桃、寿帐、寿点前往奉送，主家以炒菜、烧酒、饺子等酬谢贺寿宾客。20 世纪 90 年代后，为老人祝寿者渐增，规模越来越大。

庆 寿

第二节 喜 庆

暖 窑

庆贺乔迁新居，永和叫"暖窑"。亲戚、邻居、朋友携糕点、罐头、白酒等礼物登门贺喜，主人设筵席答谢。20 世纪 80 年代后改礼物为礼金，礼金多少不等。

开 业

永和民间开业庆贺，是从 20 世纪 80 年代中后期渐渐兴起。一般是商业店部、饭店、旅店开业庆贺。首先是择定吉日，其次通知亲朋好友。开业当日门店、饭店或旅店大门都要张贴大红庆贺对联，12 时要点燃喜庆鞭炮，然后亲朋好友参加宴席并随礼庆贺。

第四章 交往礼俗

第一节 称 谓

曾祖父母，称老爷爷、老婆婆。

祖父母、外祖父母，称爷爷、婆婆（奶奶）、外爷（姥爷）、外婆（姥姥），也有称外祖父母为爷爷、婆婆的。

父母称爸、爸爸、妈、妈妈；岳父母称伯伯、大大或叔叔、婶子。也有称岳父母为爸爸、妈妈的。

伯、叔、姑、舅、姨父母分别称伯伯、大大、叔叔、婶子、姑父、姑姑、舅舅、妗子、姨父、姨姨，也有按排次称二伯、三叔、大姑、二舅、三姨父的。

兄嫂称哥哥、哥、嫂嫂，或按排次称大哥、二嫂等；夫妻有子女者以子女名代替，称某某爸、某某妈，或称地里的、窑里的，青年多互称其名；妯娌曰"先后"（xiàn/hóu），相互称嫂嫂、他婶子，青年妯娌互称名字；连襟称挑担。姐姐、姐夫称谓无变。对弟、妹均直呼其名。姑表、姨表、叔伯兄弟姐妹，称呼与胞兄弟姐妹同。

父母称儿媳，在"媳妇"前冠儿子名字，当今多直呼其名。

父母的姑父母、舅父母、姨父母、称老姑父、老姑姑、老舅舅、老妗子、老姨父、老姨姨。

对妻子、丈夫的亲戚，皆随对方称呼。

邻里之间，长两辈者称爷爷、婆婆；长一辈者称伯伯、大大、叔叔、婶子，城内有称女性为姨姨的。成年同辈之间，尊年长者为哥、嫂嫂，称年小者为他叔叔、他婶子。对已婚女，年轻者称媳妇，中年者称婆姨，年纪大者称老婆儿。

同事之间，尊年长者姓前冠"老"，如老赵、老张；称年轻者姓前冠"小"，如小王、小李。

清代以前，称做官的为老爷、大人；一般职员称为某公。医生称郎中，教师称先生，技工称师傅。同事、同辈称兄道弟，如某兄、某弟。民国年间，教员、医生、说书、算卦、看风水的统称先生；称生意人为掌柜；吹唢呐、唱戏的，称响器、戏子。

中华人民共和国成立后，称领导干部姓后加职衔，如某书记、某县长；称农民为老乡，医生为某大夫、某医生，教师为老师。吹唢呐、唱戏的，称师傅或根据年龄大小于姓前冠"老"或"小"。

向陌生人问路、问事，民国时期称老乡；中华人民共和国成立后称同志、师傅等。

第二节 交 往

为人处事注重礼仪为县人传统风尚。外出讲究衣冠整洁，开襟、歪帽被视为非礼。路遇熟人争先关照，骑车逢亲友点头致意或下车握手问好，机动车辆相会须减速缓行鸣号。与人同行不抢先走路。见人谈话绕其身后，更忌贸然插话。与人言谈先称谓，听人讲与回人话均须面向对方。进他人房舍先打招呼，经允许后再入内。亲友来访或串门，主人迎至门外，开门启帘让客入室，请入上座，以烟茶糖果招待。客走时送出大门或村口。宴客或赴宴，长辈坐上席，同辈序齿而坐，主人陪于侧位。同桌进餐让客人、长者先动筷子，忌在菜中翻搅，长者离席方可离席。乘车主动为老人、孕妇、病残者让座，公共场所忌扔果皮、纸屑等杂物。儿女外出归来先向父母问好。媳妇回娘家要向婆母告别，返里先向婆母请安。男婚女嫁必去祖坟祭奠，亲友患病须至床前慰问，逢年过节亲朋相赠礼物，婚礼丧仪邻里互有庆吊。清代，各种场合普行跪拜礼；民国年间，迎娶、祝寿、丧葬、拜年仍行跪拜礼，其他场合行举手礼或鞠躬礼；中华人民共和国成立后，跪拜礼仅用于丧葬、祭祖，其他场合基本不用。

第三节 承 嗣

过 继

无子家庭为宗祧不绝，从亲族侄辈中择嗣者，经双方协商同意立为子，与亲生子有同等权利和义务。此俗古今沿袭。

收 养

无儿少女之家为承祧立后，用一定代价收养贫寒人家之子为己子，俗称"螟蛉子"。收养须有中介人说合，经亲族同意，并立过继文书。收养对象不限于亲族，一般为年幼者。

第五章 节日习俗

第一节 传统节日

春 节

农历正月初一为春节，俗称过大年。古时，五更起床，更换新衣，点香敬神。接着开始拜年，先家中长者，后本族长辈。晚辈对长者行跪拜礼，平辈人互道祝贺，恭喜发财。然后合家欢聚，吃团圆饺子。初二上坟，俗称"抛撒""拜老家亲"，开始串亲访友，祝贺新春。新婚夫妇携带礼物拜至亲长辈，长辈须赠予拜年钱，并赠陪客（一般为男孩）压岁钱。初五，俗称破五，清晨扫除前四日所积垃圾，谓之"倒穷土"。是日吃饺子，谓之"填穷圪垛"。初七，俗称过小年，晨起家家放炮焚香，磕头敬神，早饭或午饭为饺子。初八，为出行日，启程出村时点香放炮，祈祷喜神。中华人民共和国成立后，迷信活动渐除，保留了贴对联、挂红灯、放鞭炮、祭祖、吃饺子、拜年等习俗。大年三十（又叫"月尽"）就把初一所需的饺子包好、菜肴备好，初一早早起床，大人炒菜、煮饺子，孩童着新衣、放鞭炮。人们在忙碌和快乐中互相拜年问好。随着通讯的飞速发展，人人可以通过电话、短信、微信，对远方的亲朋好友互至问好。菜炒好了、饺子出锅了，一大家就红红火火吃团圆饭了。当然，孩子们的压岁钱是不能少的，20世纪70年代前压岁钱一般为1角、2角，最多1元；80年代后数量增加，一般为20元、30元；2000年后增为50元、100元或数百元。随着人们生活水平提高，过年的衣着、食品花样不断翻新，居民支出逐年增加。

元宵节

农历正月十五为元宵节，也叫上元节。素有"正月十五闹红火、吃元宵"之传统习俗。十四至十六日，乡镇秧歌队相继进城，与县城秧歌队轮流到机关、单位拜年，扭秧歌，踩高跷，骑竹马，跑旱船，耍狮子，舞龙灯，打锣鼓，演小戏。所到之处均赠予香烟、糖块等。十五晚上，家家挂灯笼、打夜火，祈盼消灾灭病，五谷丰登。20世纪80年代后，增加灯展、灯会、荡秋千、转九曲、放焰火等活动项目，喜庆气氛更加热烈。

龙抬头

农历二月初二为"龙抬头"节。此日群众黎明即起，将室内外打扫得干干净净。早晨忌担水，怕伤害龙头。素有男子要剃头，家家爆炒豆的习俗。俗谓爆了炒豆生的孩子眼睛又大又好看。此节渐被淡化，唯理发延续至今。

清明节

清明节为祭祖节。节前一日，家家用白面蒸成"子猪"（大馍的一种）、鱼、老虎、狮子等状的大馍。清明节早饭，男人食"子猪"，妇女食面鱼，男孩食面老虎，女孩食"爬冠"（两端大中间细的花馍）或狮子。亲友间以"子猪"、面鱼等互赠。同时给小孩捏鸟、虫、兽、畜、麦穗、文具等面塑（俗称"捏燕"），面燕、红枣相间，用线穿串，挂于墙上，小孩于清明节后当零食吃。早饭后，人们携带祭品、香纸上坟祭祖；机关单位干部职工、学校师生每年都到烈士陵园扫墓，读祭文，献花圈，缅怀革命烈士。改革开放后，民间上坟祭品越来越五花八门，有猪肉、牛肉、鸡肉等肉类，有苹果、梨、橘子等水果类，有别墅、轿车、家电、手机、衣服、花圈、金银山等纸活类，也有用各式各样的鲜花。这天祖坟是容许动土的，若坟墓有漏洞或其他问题，此时是可以培土整理的。清明节上坟，有烧纸的，也有不烧纸而压纸的。压纸是把祭纸剪成条状，用土坷垃压在坟墓顶端，这种方式可行，避免了春季风大着火的危险。

端阳节

农历五月初五为端阳节，俗称端午节。家家包黍米粽子，初四晚间煮好，初五早晨食用，并有亲友互赠习惯。户户门插艾叶，饮雄黄酒，男人穿红裹肚，妇女、儿童胸佩"香包"（以红布包香草、朱砂、艾叶缝制而成），小孩四肢系"百索"（用5色线搓成的彩绳），意在避邪。黎明以井水洗眼，示意不得眼病。

六月六

开始宰食羊肉，农家户户吃羊肉包子。俗曰"六月六，新麦面馍馍包羊肉"，意在庆贺小麦丰收。

乞巧节

农历七月初七为乞巧节。传说此日为牛郎织女一年一度相会之日。此日晚间少女、少妇在院中设瓜果坛，焚香礼拜，向织女星乞巧。此习渐被废除。

中秋节

农历八月十五为中秋节。节前家家户户烤制或购买月饼，亲友互赠，看望长辈。节日中午家家吃羊肉饺子，晚上以月饼、瓜果摆设院中，家人团坐，饮酒望月，共度团圆月夜，喜话秋收景象。

十月一

农历十月初一为冬祭日，俗称送寒衣节。是日携带香纸、供品和五色纸糊制的衣裳、鞋帽上坟祭奠，并给墓堆加土。

冬 至

为阴极阳始日，冬至后天气逐渐变冷。此日家家吃羊肉饺子，食软米枣糕。俗曰"冬至不吃糕，养娃不上膘"。

祭 灶

腊月二十三为祭灶节。此日傍晚，家家户户摆香案，设灶君神位，用整鸡、油糕敬送灶君，祈祷"上天言好事，回宫降吉祥"。祭灶以后，百无禁忌，打扫卫生，修造动土，以至娶媳嫁女，不需测选吉日。中华人民共和国成立后，此俗逐渐废止。

除 夕

腊月三十（小月二十九）为除夕日，俗称月尽。上午蒸枣山山、枣砲砲等供品、食物。下午担水，扫院，张贴对联、门神、年画，给小孩肩后挂蒜瓣（用红线串1颗枣、1粒蒜、1节谷草、1绺红布条）、纸炮（以1小块红布包住），寓意"避邪"。晚饭吃饸饹或其子面，拌猪肉或羊肉炸酱，取意福寿绵长。是日晚饭生、熟均剩一部分，留到正月初二再吃，俗称隔年饭，取意年年有余。晚上，家中院内点香火、摆供品、放花炮，敬奉天地神灵；一家人围坐团聚，包正月初一饺子。除夕素有熬夜习惯，称为守岁。零点过后，家家燃放鞭炮，接神迎春。20世纪80年代后，全家团聚收看春节晚会节目，辞旧迎新，欢度岁末。

第二节　新兴节日

元　旦

元旦（1月1日）俗称阳历年。机关、学校贴对联，挂红灯，插彩旗，放假1天。城镇居民改善生活。中华人民共和国成立后，每年元旦前后均开展拥军优属、拥政爱民和访贫问寒等活动。

国际劳动妇女节

3月8日是国际劳动妇女节，全县机关、学校妇女放假半天。县乡妇女组织召开庆祝会、座谈会，表彰各行业先进妇女。

植树节

3月12日是植树节。自1979年起植树节前后，全县机关、厂矿、学校、农村人人参加义务植树活动。

国际劳动节

5月1日是国际劳动节，国家规定放假1天，再加星期六、日两天合并使用，计3天假期。期间，县总工会组织各种庆祝活动，举办文艺晚会，开展体育比赛。

青年节

5月4日是青年节，机关、学校青年放假半天。各级共青团组织举办专刊壁报，召开报告会、座谈会、庆祝会，表彰先进青年，开展文体比赛等活动。

国际儿童节

6月1日是国际儿童节。1950年永和县首次庆祝,此后年年相延。小学生、幼儿穿新装集会庆祝,开展文艺、体育表演。机关、企事业单位给儿童捐赠礼品。少先队组织多在此日吸收新队员。

中国共产党成立纪念日

7月1日是中国共产党成立纪念日,全县各级党组织举行多种形式的纪念活动,县委召开七一表彰大会,表彰各条战线的先进党组织、模范共产党员。

中国人民解放军建军节

8月1日是中国人民解放军建军节。节日期间,慰问当地驻军、复退转业军人和烈、军属,请老红军、老八路讲革命传统,组织民兵比武和军民联欢等活动。

老年节

农历九月初九是老年节(重阳节),1988年在永和县兴起。此日举办老年茶话会,组织慰问演出,开展敬老宣传活动。居民家户中午吃饺子、饮酒,祝贺老人幸福、长寿。

教师节

9月10日是教师节,1985年兴起。全县表彰先进模范教师,开展尊师重教活动。

国庆节

10月1日是国庆节。每年到此日,全县公职人员放假7天。各机关团体升国旗、贴标语、挂彩灯、出专刊、办展览、组织体育比赛和文艺晚会等庆祝活动。

第三节 外来节日

情人节

公历2月14日是情人节。情人间互致问候,聚会。男送女玫瑰花,女送男巧克力糖等。

母亲节

公历5月的第2个星期日是母亲节。向母亲打电话问候、送鲜花及其他礼物。

父亲节

公历6月的第3个星期日是父亲节。向父亲发短信、打电话问候,也有送礼物的。

圣诞节

公历12月25日是圣诞节。部分商店置圣诞树、圣诞老人。部分青年人家中装扮圣诞树、圣诞老人，给孩子们送圣诞礼物。

第六章 陋习 禁忌

第一节 陋 习

赌 博

中华人民共和国成立之前县内赌博盛行，主要有掷骰子、押宝、摸纸牌、打麻将等形式。通年以赌博为业者城乡皆有。每逢庙会、唱戏，更是赌棍聚赌的时机。大赌场不仅赌输赢，还拉黑牛设局谋骗。嗜赌荡产，卖儿鬻妻者不乏其人。中华人民共和国成立后，经过严禁曾经绝迹。改革开放后又死灰复燃，而且屡禁不止。有扑克赌博、象棋赌博、猜大小赌博、老虎机赌博，最多的是麻将赌博。赌博输赢额数小有几十元，大到上万元，有的赌博大户一夜可输赢几十万元。个别人因赌博妻离子散，一蹶不振。

缠 足

清代之前盛行女子缠足，以足大小作为女人丑俊的标准。民国初，提倡天脚，并定有严禁缠足专章。民国6—11年（1917—1922），知事黄廷槐、张第才劝禁兼施，革除缠足陋习。

重男轻女

重男轻女习俗自古有之。有女无儿者不算有后，死后不许入祖坟；父母遗产女儿无权继承。中华人民共和国成立后，虽大力宣传男女平等，但此习仍未根除。

认干亲 拜把子

中华人民共和国成立前，县内农村流行给孩子认干爹干妈；年龄相当，关系密切者结拜为兄弟、姊妹。中华人民共和国成立后，此习少见。

轻养厚葬

轻养厚葬现象在县内由来已久，家景不论贫富皆然。有些人在父母活着的时候不注重孝顺、不好好奉养老人。父母去世，却把送终当"大事"，大操大办，名为尽孝，实为收礼，名利双收。

请客送礼

请客送礼，县域自古就有。20世纪80年代后，攀比之风愈来愈盛，名目越来越多，价码越来越高。婚丧请客，孩子满月、12岁庆生、上学请客，孙子满月请客，盖房请客，乔迁请客，店铺开张请客，儿子参军请客，父母过寿请客，儿女定婚请客。请客名义上是显示声望，实际上是变相敛财。随礼少则50、100元，多则500、1000元，是许多人家庭最大的开支，渐渐成为经济负担。

第二节 禁 忌

礼节忌

取名忌和长辈同字或谐音，忌直呼长辈名字。吃饭、饮水忌对他人脊梁，打喷嚏、打呵欠忌对他人照面，他人喝水时忌打口哨。吃饭时忌将筷子插入碗内，饭后忌主人先走。接待来客忌主人先进门，在他人家做客忌穿鞋上炕。房高忌压东邻，否则为不礼貌。大伯和弟媳绝少谈笑。

语言忌

大年初一起床忌说"起"，说"快穿（衣）吧"。是日煮饺子忌说"破""烂"，说"挣啦"。半夜叫门忌叫小孩名字。体胖忌说"肥"，体瘦忌说"干"。老人有病忌说"病"，说"不爽快、不舒服"；病故时忌说"死"，要说"老啦"或"下世啦"。小孩病忌说"病"，说"不爽快、难活哩"。埋葬老人忌说"埋"，说"出"。

行为忌

借用药锅忌送还，要待物主自取，意在不把疾病传给他人。家人外出或客人走时忌扫地泼水。下午、晚上忌探视病人。写信忌用红笔。女人晚间忌照镜，意怕见异物、走邪路。夜间忌小孩、妇女衣物在院内露放，恐有夜游神过往不吉利。羊圈内忌妇女进入。婚事忌服孝者参与。洞房忌孕妇、鳏寡、服孝者进入。妇女"坐月子"门上挂红布，忌生人进入。在外亡故者，忌尸体进村。打墓休息时，工具忌立插，要平放。"本命年"（如属虎者逢虎年）者忌见死人、棺材和进入别家产房。抬死人忌头前脚后，抬病人忌头后脚前。给人舀饭忌勺翻倒，给亡者送魂灵忌勺正倒。

生活忌

订婚、搬家、动土修建，张、王、李、赵4姓忌六月、腊月，其他姓忌三月、九月。新婚7天，洞房内忌鳏寡、孕妇、盘头女子（13岁以上未出嫁姑娘）、服孝者、"本命年"者进入。忌已婚女儿在娘家生育、过腊月二十三、过年，忌女儿在娘家与丈夫同宿一床。老人亡故后头两个春节忌贴红纸对联，第一年贴黄的，第二年贴绿的。打场时忌簸箕、升、斗朝天放，忌坐杈把、扫帚。正月初一忌捣蒜、扫地（动土）和地上洒水。客人未走忌打扫房间。扫帚忌倒置，产期忌动土。

年龄忌

人过花甲之年以后，73岁、84岁均不说实数，都减1岁说或加1岁说，要说成72或74岁，83或85岁。历来有"七十三、八十四，阎王不请自己去"的俗语。

第七章 良风美德

第一节 敬老爱亲

明正德间，贡生冯玉早年丧父，恤孤怜贫。邑人于鳌10岁时父母继亡，玉即收养鳌，待鳌如己子，教训完婚，及长归宗。鳌后为生员，任山东淄川县丞，事玉如生父。

清代庠生段蒿龄事继母如生母，待异母弟至友爱，喜办公益事件，邑中修筑公务多由其操劳。

桑壁镇侯家庄村民谷继花，1961年出生，是一位普通农村妇女。她20年如一日，先后赡养3个失去劳动能力的老人（姥爷、父亲、叔祖），省吃俭用，勤俭持家，没有丝毫怨言。其孝老爱亲的美德，在当地传为佳话。

永和二中校医张香莲，1956年出生。20世纪90年代，丈夫不幸成为"植物人"，公婆膝下再无子女，张香莲义无反顾地挑起了护理丈夫、侍奉公婆的重担。20多年间，她支撑起家庭的"整片天",精心呵护丈夫,悉心照顾公婆,并把3个孩子抚养成人。她用点点滴滴的平凡事诠释着传统中国女性的真、善、美。

永和县康谐社区委员会主任冯灵梅,1963年出生。自21岁出嫁后,公公早逝,婆婆多病,整个家庭重担全落在她身上。从照顾多病的老人到弟妹的读书婚嫁以及抚养自己的孩子,从来没有怨言。婆婆患有高血压、糖尿病、肺气肿等多种疾病,她经常领着就医,饮食起居照顾无微不至,很多人认为她们是亲母女。公公早逝,弟妹都在就读,她牢记长嫂如母的古训,供他们读书,给他们娶嫁,很多人认为他们是亲姊妹。她家庭和睦,曾被县上评为"五好家庭"。

第二节　见义勇为

清代优廪生李忻善拳术,饶臂力,最喜公平。见有依势侵人辄向前论理,若不允即以武力解决,经常见义勇为。

永和县打石腰乡李家畔小学四年级学生李让应,1979年8月6日上午在黄河滩拾柴时,为抢救两名落水儿童,献出了自己宝贵的生命,时年只有12岁。1980年5月20日,共青团永和县委做出"关于向李让应同学学习"的决定,并授予李让应同学模范少先队员光荣称号。

永和县南庄乡前北头村农民李五祥,1965年出生,从小在黄河岸边长大,练就了一身好水性。在汹涌的黄河水中,曾救出多条陷入绝境的生命。临汾市见义勇为协会授予其"见义勇为先进分子(一等奖)"称号。

第三节　助人为乐

民国初年,县议会议员靳廷池,上可若村人。后充永和县劝学员、可若村村长。为人忠厚,急公好义,对公益事务尤其热心,人民受益者不少。

永和二中教师任青山父母早逝,家境贫寒。学生穆青平品学兼优,却因家庭困难准备辍学。青山耐心说服青平家长，并从自己微薄的工资中每月挤出20元资助青平，当时是20世纪80年代末，青山每月工资不超百元。青山资助青平读完初中直至考取山西省邮电学校毕业分配工作。

第四节　敬业奉献

永和县人民医院医生高巨川，系隰县人，1963年从山西省中医学校毕业后分配到永和工作。他先在农村公社医院当医生，后到县医院开设中医门诊，30多年间经他亲手治愈的病人达上万人。在他重病在身、生命的最后几年，仍坚持给患者诊治，随叫随到，以其超人的医术和高尚的医德，赢得广大患者和群众好评。

永和县中医院院长王学诗，襄汾县人，1966年山西省中医学校毕业后分配到永和工作。他热爱山区，心系患者，对就诊者不论职位高低、生人熟人皆一视同仁，对老弱困苦患者关怀备至。每天早上班，晚下班，节假日不休息，年诊治患者1.5万人以上。行医40年，先后70余次受到国家、省、市、县和有关部门的表彰奖励。1994年，山西省卫生厅命名他为"赵雪芳式服务标兵"。2008年，人事部、卫生部和中医药管理局授予他"白求恩奖章"荣誉称号。2009年获"临汾十大新闻人物"称号。2010年获"感动临汾十大人物"称号。

第五节　诚实守信

永和县阁底乡佛堂村村民宋绍琦发展多种经营致富后，不忘贫困乡亲，不忘自己兴学育人的建校承诺。1995年，由他经手在铁沟崖村修建一座学校，建成窑洞4孔、130平方米，包括学生课桌凳、围墙、大门等设施，总投资3.1万元。

永和县芝河镇官庄村农民张新才，1963年出生，新财苗木专业合作社负责人。从事育苗、苗木经销一体化业务20余年，诚实守信，乐于助人。他帮助乡亲创办育苗基地，使其摆脱贫困；他用个人房子抵押贷款，付清工人工资和农资欠款；他在2008年金融危机苗价下跌的情况下，遵守先前口头协议收购农民苗木，亏了自己，让利农民。

20余年间，他出售苗木500多万株，带动700多户农民发家致富，群众受益3000多万元，受益人口3000多人。

第八章 宗教 信仰

第一节 宗 教

佛 教

清康熙四十九年（1710）版《永和县志》载：县南90里处宋敕建龙岩寺；金明昌五年（1194）在治西南隅仙芝坊建兴化寺，明洪武间（1369—1398）置僧会司，并朝阳、丈八佛2寺入焉。至民国年间，县内先后建有龙岩寺、兴化寺、普照寺、朝阳寺、香岩寺、望海寺、大云寺、吉祥寺、乌龙寺、保安寺、玉祥寺、护国寺等寺院20处。可见，佛教传入县内至迟在宋初。但佛教在县域的发展并不兴旺。仍如康熙四十九年版《永和县志》之谓："间有琳宫梵宇，半属倾颓。无僧道者，释老原归寂灭；有僧道者，衣食仍事农桑。"清末至民国年间，仅望海寺、乌龙寺有僧侣，专务佛事。民国8年（1919），县内有僧侣3人。民国9年（1920），有寺庙4处，僧侣4人，房窑30间（孔），土地220余亩，收银圆22枚、粮食2.25万公斤。民国19年（1930），大宁清凉寺僧人贺明高到永和传教，仅吸收索珠村刘万林为教徒。民国27年（1938），日军犯永，寺院多被拆毁，至民国34年（1945）教徒发展为11人（男6、女5），均系刘万林家属，神龛设在刘宅，全家食斋忌荤，几代不知肉味。20世纪90年代落实宗教政策，1994年县内佛教徒发展为58人。1995年，永和县佛教协会筹备组成立，由刘万林之子刘长裕任组长。是年修复朝阳寺，雕塑佛像17宗。嗣后邀东北僧侣主持开光典礼，成立佛教协会，由段志忠任会长，释海亮任寺主持，常年香火不断，教徒发展到80人。

2006年4月15日，永和县佛教协会二届一次会议召开。选举释海亮为会长，陈健英为名誉会长，刘海亮、李玲为副会长，刘晋生为秘书长，刘候连、张成花、李继芬为常务理事。有教徒120人，教职人员1人。2009年，教徒发展到320人。释法空、侯小儿2人为教职人员。

基督教

清光绪二十六年（1900），大宁基督教牧师贺世监到永和传教，发展坡沙村冯世光、泊洋村李占鏊、鹿角村靳善士、阎家腰村薛德昌、城关镇李宝业5名教徒。同年，大宁教徒王录奎、贺秀奇陪同美国牧师麦希筹、英国牧师安道明几次到永和传教，发展教徒，举行聚会，建立基督教会。并购买城内西门巷1座院落作基督教礼拜堂。至光绪三十四年，教事由韩先生主持。宣统元年（1909）至民国元年（1912），教事由王录奎主持。民国7—35年（1918—1946），先后由贺秀奇、靳善士、阎明道等8人主持教事。民国20年（1931），全县有教徒147人，民国22年（1933）减为128人（男70人、女58人）。至永和解放（民国35年），全县有教徒400余人、受洗礼的有200余人。

中华人民共和国成立初，礼拜堂被群团机关办公占用。1949年后，大宁教会牧师王晨光到永和，确定靳复生、李志道2人为长老，冯世光等5人为执事，建立永和县基督教会领导机构。教会活动时有时无，教徒有减无增。"文化大革命"期间，教会停止活动。1980年后落实宗教政策，旧教徒恢复关系，新教徒逐渐增多。选举产生永和县基督教"三自"爱国委员会，贾恩元任主任；成立永和县基督教协会，阎明道为会长。教会活动逐步趋向正常化。1992年后，会长改为冯明珠。县政府将县党校旧址土窑洞1孔拨给基督教会作会址，并拨款1000元用于维修与活动。全县设城内、坡沙、泊洋、可托、罢骨、王成、榆岭等21个活动点，进行传道、聚会。至1995年底，全县有教徒4000余人、受洗礼者1500多人。

2006年4月，基督教召开第二届代表大会，选举产生了永和县基督教两会班子。基督教协会会长冯明珠，副会长马兰贵、冯风莲，常务委员杨直应、赵林梅、马记贵、杨连连；基督教"三自"爱国委员会主任焦永萍，副主任张东花、刘玉柱，常务委员霍如娥、李芳莲。2009年，基督教徒发展到5942人，有教职人员11人，活动场所9处。

天主教

天主教何时传入永和，详情无法稽考。据现存档案资料记载，民国初即有教会设施、主持人、教徒等。民国10年（1921），天主教圣心堂设在距县城35公里处今交口乡义合村，由县人韩俊祥主持教事，占房窑18间（孔），土地1亩。民国20年，全县有教徒87人。民国22年（1933），教徒减为57人，其中男33人、女24人。后因日军侵华，战火连年，天主教活动停止。

道 教

道教何时传入无据可考。民国19年版《永和县志·礼俗略》风俗调查表中载有"信仰神道者寥寥无几"之语。民国初有高家塬村王老五、索珠村刘长清、鹿角村李文山、郝家山村宋官、庄则岭村刘某等道教徒,日诵《老子五千文》《正一经》《太平洞极经》等经文。日军侵华后,道教活动终止。

第二节 民间信仰

崇拜自然

天 自古以来,县人认为天是万能的存在,大喜大悲之间都呼喊"老天爷爷"。风调雨顺、五谷丰登,是"老天"的恩赐;旱涝灾害、祸端战事是"老天"的惩罚。人和人之间有了不可调和的矛盾,习惯点香烧纸,对天起誓。民间有许多有关天的口头禅,如"老天爷爷毛(怒)了""老天爷爷下雨了""老天爷爷刮风了""老天爷爷收人了"等。

雷电 自古以来,雷电是县人畏惧的存在。认为雷电是执行"老天"命令的神灵,人要做了伤天害理的事是要遭雷劈的。人不能骂天,不能亵渎神灵,不能虐待老人,否则,"老天"会雷劈了他的。事实上,时不时有人、畜遭雷电击,遇上这种事情民间就会传说此人做了伤天害理的事,或者说他前世做了大坏事了。每逢下雨天电闪雷鸣,农村孩子们就会唱歌谣"吼雷了、打闪了,吓得黄孩妈妈圪蹴起。"

风 县人称"风"的主管神为"风施婆婆"。"风施婆婆"平时把风装在口袋里,要刮风时就解开口袋口。过去,农民扬场需要风,一些人扬场风不大或无风时,就会吹响口哨向"风施婆婆"要风。如要下雨,先求"风施婆婆"吹来雨云;连阴雨若要停歇,也要求助"风施婆婆"吹走乌云。

崇拜神仙

神 县人普遍崇拜观音娘娘。楼山庙、朝阳寺、双锁山等多数庙宇都供奉观音娘娘。每年农历二月十九观音娘娘生日时,县人都争先恐后地给娘娘上香,有人为了争得"头香",宁可整夜不睡觉。平日里,谁家有了难事就爱去娘娘庙烧香许愿;许多不孕妇女也爱到娘娘庙求子。同时,县人还喜欢供奉财神、门神、灶神及"马王爷爷"(管大牲畜的神灵）。供奉财神，期盼财源广进；供奉门神，期盼阻挡邪魔鬼怪，保家人平安；供奉灶神，期盼灶神上天言好事，全家福禄寿齐全；供奉"马王爷爷"，期盼六畜兴旺，农事顺利。

永和民间一直传说有一种特殊的神灵——"猫咀神"。这种神喜怒无常、不可捉摸，一些家庭供奉"猫咀神"是迫不得已，据说是被它缠上不得不供奉。传说"猫咀神"可给供奉它的人家犁地、揽羊（放羊）、推碨（磨面）。若同村同时几家打场，其他几家的粮食可能就全部集中到供奉"猫咀神"的家庭。有"猫咀神"扶持，这个家庭很快就能富得流油。但好景不会长，过不多日"猫咀神"就会让这个家庭倾家荡产、家破人亡。具体事例如晾晒的粮食会被一股黑旋风刮得无影无踪，家畜会无故暴毙，家人会接连生病，有的会不治而亡等等。民间传说，供奉"猫咀神"的家庭，光景一好，就得悄悄地马上搬离，否则，大难临头。

仙　县内有许多数百年以上树龄的"老树"，县人会说老树成仙。阁山、楼山有成千上万的柏树，但数十棵粗壮的老树无人敢伐。阁山山腰的老柏树，传说树根下埋有聚宝盆，树仙守着聚宝盆，满山石柏，代代繁衍。

大蛇和皮毛火红的老狐狸，县人认为是蛇仙、狐仙。传说蛇仙和狐仙时常会变身老头或老太婆，去病人家给人治病，或去困难家户送吃送喝。

崇拜祖先

县人一直崇拜祖先，人人都相信自己的祖先会庇护后人。民国之前，大户人家大多设祠堂供奉祖先牌位，时时敬奉。中华人民共和国成立后，虽家里不设祖先牌位，但在普通人的心目中，祖先是神圣的，祖先能庇护保佑后代。逢年过节，人们都要上祖坟祭拜祖先；家中有喜事如结婚等，也要到祖坟祭拜祖先。

第三十五编

方言 俗语 歌谣

永和方言属晋语吕梁片隰县小片，可分为4个方言小区，即阁山区、城关区、坡头区和打石腰区。与普通话相比较，语法上基本一致，词汇上略有差异，语音上差异突出。20世纪80年代后，城镇居民语音逐渐向普通话靠近，农村居民尤其是年龄大的人仍完全是方言语音。

俗语是农事生活方面的居多，有耕种经验总结、气象经验总结、生活经验总结，等等。歌谣有革命歌谣、儿童歌谣、情歌等。传说有地名传说、人物传说、风物传说等。

第一章 方言

第一节 音系

声母（23个）

国际音标	例字	国际音标	例字
p	布般巴北	p'	怕皮盘步
t	到代斗点	t'	太同炭夺
ts	资糟主竹	ts'	草仓处在
tʂ	知展招职	tʂ'	潮池昌侄
tɕ	精酒经级	tɕ'	清秋丘舅
v	瓦外王物		
k	贵歌共国	k'	夸葵宽克
n	怒耐难牛	l	路流兰鹿
m	门帽面木	ŋ	袄爱恩河
ʂ	世扇声实	ʐ	认日闰入
S	散思书刷	ɕ	修写休吸
x	胡河飞福	ɸ	耳延雾远

注：ts、ts'、S只拼洪音，不拼细音；tʂ、tʂ'、ʂ只拼开口呼韵母；tɕ、tɕ'、ɕ只拼细音，不拼洪音；m、n、ŋ带有同部位闭塞成分：m^b、n^d、$ŋ^g$

韵母（38个）

国际音标	例字	国际音标	例字
A	巴茶哥舍	E	来开看干
O	多婆帮	I	资支示芝
ɿə	知社者射	ər	二儿耳而

国际音标	例 字	国际音标	例 字
ei	才盖妹倍	əu	偷走祖路
ɔu	保好老刀	ã	南班咸馅
aŋ	本身冷灯	Aʔ	答腊摘瞎
aʔ	不尺去黑		
iA	家架姐查	iE	街介检连
i	米眉明命	iəu	流牛旧有
iɔu	条苗料交	iaŋ	江良检虹
iəŋ	林新寻铃	iAʔ	鸭甲压百
iəʔ	笔吉急一		
uA	花耍挖瓜	uE	帅外官丸
uo	过科广窗	u	富故图谋
uei	堆协岁卫	uã	关栓欢弯
uaŋ	装双广窗	uəŋ	分文魂东
uAʔ	桌缩发袜	uəʔ	毒郭物服
yA	靴瘸	yE	权全宣院
y	居虚玉兄	yəŋ	云裙荣穷
yAʔ	觉确穴	yəʔ	局雪足月

注：iE yE 的主要元音偏高，实际音值接近 e；ei uei 的主要元音偏低，实际音值接近 E；aŋ iaŋ 鼻音弱化；iəŋ yəŋ 鼻音弱化，有鼻化现象

声　调（单字调6个）

阴平 423　　高低刚知边尊开超婚商天
阳平 44　　　才唐穷陈平寒时神龙文云
上声 213　　碗古口手女老五丑晚暖比
去声 51　　　是大露旱涝觅稻丈姨父外
阴入 ʔ3　　　急福出黑桌发尺说血缺约
阳入 ʔ213　　局宅食杂读白合舌目入麦

（注：阴入、上声和阴平调型相同；阳入慢读时调值和上声相同；阴入和阳平的调型相同。）

第二节 词 汇

自然时间

早起 [tsou⁴²³tɕ'i31]：早晨

日头 [zəʔ³t'əu⁴⁴]：太阳

白□ [p'iəʔ²¹³iA²²]：白天

黑□ [xəʔ³lou⁴²³]：黑夜

前晌 [tɕ'iE⁴⁴ʂəʔ³]：上午

后晌 [xəu⁵¹ʂəʔ³]：下午

□雨 [ts'uo⁵¹y²¹³]：骤雨

阴天 [niŋ²¹³t'iã⁴²³]：阴天

连阴 [liE⁴²ɸiŋ⁴²³]：连续几天下雨

三天两后晌 [sã⁴⁴t'iã⁴²³liaŋ²¹³xəu⁵¹ʂəʔ³]：形容时间短

蒙生雨 [məŋ⁵¹səŋ⁴²³y213]：毛毛雨

冷雨 [liE⁴⁴y²¹³]：冰雹

沟沟 [kəu²¹³kəu]：小沟小渠

滩滩 [t'aŋ⁴²³t'aŋ]：小平地

圪塔 [kəʔ³təʔ²¹³]：小土丘

动植物

□子 [tɕiE⁴²³tsəʔ³]：阉割过的公羊

臊胡 [sou⁴²³xu⁴⁴]：公山羊

羖羝 [kəʔ³ti⁴²³]：公绵羊

蚂蚱蚱 [mA⁴⁴tsA⁴²³tsA]：蝈蝈

蚂蚍蜉 [mA⁴⁴p'iE⁴³²xu⁴²³]：蚂蚁

□儿 [ʂiar⁴⁴]：蟋蟀

□鹊子 [iAʔ³ɕiou⁵¹tsəʔ³]：喜鹊

□虎［ɕiŋ⁵¹xu⁴⁴］：猫头鹰

玉□黍［y⁵¹tʻɔu⁵¹su²¹³］：玉米

□黍［tʻɔu⁵¹su²¹³］：高粱

洋柿子［iaŋ⁴⁴si⁵¹tsəʔ³］：西红柿

圪芦［tɕəʔ³ˡləu⁴⁴］：西葫芦

圪□［tɕəʔ³nuər²¹³］：蝌蚪

圪蚂［tɕəʔ³mA⁴⁴］：青蛙

称　谓

爷爷［iA⁴⁴iA］：祖父

婆婆［pʻO⁴⁴Pʻo］：祖母

妈妈［maŋ⁴⁴maŋ］：母亲

叔叔［ʂuo⁴²³ʂuo］：叔父

婶子［ʂəŋ²¹³tsəʔ³］：婶母

伯伯［piE⁴²³piE］：伯父

□□［tA⁵¹tA］：伯母

丈人［tʂʻɿə⁵¹zəŋ⁴⁴］：岳父

丈母［tʂʻɿə⁵¹mu²¹³］：岳母

舅舅［tɕʻiəu⁵¹tɕʻiəu］：舅父

妗子［tɕʻiŋ⁵¹tsəʔ³］：舅母

外婆［vei⁵¹pʻo⁴²³］：外祖母

外爷［vei⁵¹iA⁴²³］：外祖父

外人［vei⁵¹zəŋ⁴⁴］：外地来的定居人

□人［iA²¹³zəŋ⁴⁴］：外地来的面生人

村里家［tʂʻuəŋ⁴²³¹lei⁴⁴tɕiAʔ³］：乡村人，多指农民

先生［ɕã⁴²³səŋ⁴⁴］：医生或教师

先人［ɕã⁴²³zəŋ⁴⁴］：祖先

二杆子［ər⁵¹kã²¹³tsəʔ³］：什么都不怕的人

憨子［xaŋ⁴²³tsəʔ³］：傻子

愣头［ləŋ⁵¹tʻəu⁴⁴］：笨人

没成儿［mə^{3}tʂ'ər^{213}］：脑子发育不健全的人

□儿手［liəu^{44}ər^{44}səu^{51}］：扒手

溜光锤［liəu^{51}kuaŋ^{213}tʂ'uei^{44}］：说话做事不踏实的人

家庭生活

找下家［tsɔu^{213}xia^{51}tɕiA^{213}］：指找对象

问媳妇［vəŋ^{51}ɕiE^{423}xu^{423}］：男子找对象

寻婆家［ɕiəŋ^{44}p'o^{423}tɕiA^{213}］：女子找对象

吃夹货［tʂ'ʅə^{423}tɕiA^{213}xuo^{44}］：指爱占小便宜的人

籴粮［liE^{44}liaŋ^{44}］：买粮

衣裳［ni^{213}ʂiəʔ^3］：衣服

袄儿［ɔur^{213}］：上衣的统称

褂褂［kuA^{51}kuA］：背心

腰腰［iɔu^{423}iɔu］：背心

大氅［tA^{51}tʂ'aŋ^{213}］：大衣

二氅［ər^{51}tʂ'aŋ^{213}］：介于大衣与上衣之间的一种服装

湿布［ʂəʔ^{3}p'u^{213}］：抹布

格锅面［kəʔ^{213}kuo^{213}miã^{51}］：汤面

薄馍馍［p'əʔ^{213}mo^{44}mo］：烙饼

厚馍馍［xəu^{51}mo^{44}mo］：将面和硬烙成的饼

火房［xuo^{213}xuaŋ^{44}］：厨房

茅子［mɔu^{44}tsəʔ^3］：厕所

社窠地［ʂE^{51}k'E^{423}t'i^{51}］：宅基地，也有叫地基

胰子［i^{51}tsəʔ^3］：香皂

剥糟胰子［po^{44}ts'ɔu$^{44;51}$i^{51}tsəʔ^3］：肥皂

老□［lɔu^{213}tɕyE^{423}］：头

打跌工［tA^{213}tiE^{423}kuəŋ^{423}］：没活干了

凉了［liE^{44}lAʔ^{213}］：感冒

歇凉凉［ɕiE^{213}liE^{44}liE］：乘凉

圪蹴［kəʔ^{3}tɕiəu^{423}］：蹲

跑茅子 [pʻɔu⁴⁴mou⁴⁴tsəʔ³]：腹泻

声唤 [ʂʅə⁴¹²xuã²¹³]：呻吟

□犹 [nuo⁴⁴iəu⁴⁴]：行动迟缓

熬煎 [ŋou²¹³tɕiã²¹³]：忧愁

圪伶伶 [kəʔ³liəŋ⁴⁴liəŋ]：没精神

团弄 [tʻuã⁴⁴luəŋ⁴²³]：哄骗

红火 [xuəŋ⁴⁴xuo²¹³]：热闹

起火 [aɕʻi⁴⁴xuo²¹³]：发脾气

捶 [tʂʻu⁴⁴]：打

□水 [ʂɔu⁵¹ʂu²¹³]：洒水

□吧 [kəʔ³pAʔ²¹³]：去吧

难缠 [naŋ⁴⁴tʂʻã⁴⁴]：难对付，不好说话

胡侃 [xu⁴⁴kʻaŋ⁴⁴]：胡说

不格人 [pəʔ²¹³kəʔ²¹³zəŋ⁴⁴]：不团结人

其 他

一满 [iəʔ³mã²¹³]：全部

□格 [niE²¹³kəʔ²¹³]：凑合

将好 [tɕiaŋ⁴⁴xɔu²¹³]：刚好

顶大 [tiəu²¹³tA⁵¹]：最大

这□ [tʂʅə⁴²³tã⁴⁴]：这里

那□ [nəʔ³ta⁴⁴]：那里

只当 [tʂʅə⁴²³taŋ⁵¹]：以为

凑手 [tʂʻəu⁵¹ʂəu²¹³]：顺便

没麻达 [məʔ³mA⁴⁴tA²¹³]：没问题

倒灶 [tɔu²¹³tsɔu⁵¹]：倒霉

吃香 [tʂʻʅə⁴²³ɕiaŋ²¹³]：①吃得开，被重视②紧俏，奇缺

臊气 [sɔu²¹³ɕi⁵¹]：不光彩

不凑手 [pəʔ³tʂʻəu⁵¹ʂəu²¹³]：还没准备好

实受 [ʂʅəʔ³səu⁵¹]：老实

卖盘 [ma⁵¹p'ã⁴⁴]：不负责任的谈论

拉符 [lA²¹³xu⁵¹]：能和人们谈论到一块

低奋 [ti²¹³tAʔ²¹³]：低着，低下

生货 [ʂE⁴²³xuo⁵¹]：不成熟

趑一趑 [ɕyAʔ³iəʔ²¹³ɕyAʔ³]：来回走

描 写

白生生 [p'iE⁴²³səŋ⁴⁴səŋ]：洁白鲜艳

红丹丹 [xuəŋ⁴⁴taŋ²¹³taŋ]：艳红

黄拉拉 [xuo⁴⁴lA⁴²³lA]：金黄色一片

丑差 [tʂəu²¹³tsəʔ²¹³]：不好看

穷气 [tɕ'yəŋ⁴⁴tɕ'i⁵¹]：不大方

富态 [xu⁵¹tã²¹³]：生的端庄，脸部丰满

灵动 [liəŋ⁴⁴tuəŋ²¹³]：聪明

尖脑 [tɕiaŋ⁴⁴pəʔ³nou⁴⁴]：奸心，懒惰怕出力

二八愣腾 [ər⁵¹pəʔ³ləŋ⁵¹tsəŋ⁴²³]：气势汹汹不稳重

忽潸潸 [xu⁴²³ʂã²¹³ʂã]：流泪

搬数 [pã²¹³sou²¹³]：花招

干巴硬成 [kã⁴²³pA²¹³niəŋ⁵¹tʂ'əŋ⁴²³]：自信无违，毫无差错

软坷囊囊 [zuã²¹³kəʔ³naŋ⁴⁴naŋ]：没有劲或骨气

硬坷铮铮 [niəŋ⁵¹kəʔ³tsəŋ⁴²³tsəŋ]：硬的出奇

热突突 [zəʔ²¹³t'u⁴²³t'u]：热汤

绿生生 [ly⁴²³səŋ⁴⁴səŋ]：嫩绿

绿薮薮 [ly⁴²³sou⁴⁴sou]：翠绿

绿汪汪 [ly⁴²³uã⁴⁴uã]：绿的好看

绿令令 [ly⁴²³liəŋ⁴⁴liəŋ]：一片绿色

绿扎扎 [ly⁴²³tsəʔ³tsəʔ]：通绿

黑么么 [xəʔ³mA²¹³mA]：一片黑

黑溜溜 [xəʔ³liəu⁵¹liəu]：黑得不好看

黑黜黜 [xəʔ³tʂ'uo⁴²³tʂ'uo]：全黑

第二章 俗 语

第一节 谚 语

农 谚

桃三杏四梨五年,枣树当年就还钱。

处暑不出头,不如喂了牛(指玉茭、高粱)。

秋分糜子割不得,寒露谷子等不得。

要收黑豆歇麦茬,要吃麦子新倒茬。

伏里种糜子,不离地皮子。

豆种豆,打不够。

做地不做畔,三亩做成二亩半。

误了三月土,枉受一年苦。

有钱难买五月旱,六月连阴吃饱饭。

头伏一碗油,中伏半碗油,末伏没有油(指伏耕麦田)。

伏里深耕田,赛过水浇园。

家里土,地里虎,家土变野土,一亩顶两亩。

干锄糜谷湿锄豆,蒙蒙细雨锄芝麻。

要想虫子少,秋天烧光草。

要想使好牛,一月一碗油。

秋耕不带耙,来年打不下。

高粱地里卧下牛还嫌稠,谷子地里卧不下鸡还嫌稀。

麦田出在犁沟里,秋田出在锄沟里。

犁出蛤蟆打八斗,犁出长蛇打一石,犁出蝎子球不蛋。

椿圪嘟炸种棉花。

过了四月八有蔓没圪塔。

五月旱尽枣儿坐尽。

庄则坪的西瓜白家崖的蒜，河会里红枣比蜜甜。

中伏糜子末伏菜。

上坡骡子平川马，下坡毛驴不用打。

九里有风，伏里有雨。

伏里有雨，谷里有米。

谷雨前种直（早）棉。

芒种不种高山谷。

白露早，寒露迟，秋分种麦正当时。

花锄七茬，圪瘩上万。

一日之计在于晨，一年之计在于春。

二月里清明不见青，三月里清明青又青。

麦在种，秋在管。

麦爱胎里富。

牛马年广收田，鸡猴年饿狗年。

天旱锄苗子，雨涝浇园子。

扛起镢头记起慢牛。

一亩园，十亩田。

伏里瓦不干，三天晒一砖。

七月十五挂锄头。

有收没收在于水，多收少收在于肥。

小时惜苗子，秋后收瘪子。

头锄浅，二锄深，三锄四锄不伤根。

人哄地皮，地哄肚皮。

气　象

日落云里走，雨在半夜流。

星星稀淋死鸡，星星稠晒死牛。

早上浮云走，晌午晒死狗。

早霞不出门，晚霞晒死人。

早看东南，晚看西北。

东虹圪芦西虹晴，南北虹起推倒墙。

云走西淋死鸡，云走东一场空。

上云不下退云下。

天阴怕的明乎乎，打一阵一股股。

黑猪回河必有雨。

牛舔前蹄蛇过道，三天必有雨来到。

蜘蛛结网，天气晴朗。

明初一，暗十五。

男跌晴，女跌下，媳妇跌倒连阴下。

蚂蚁搬家蛇过道，倾盆大雨即将到。

雾绕圪塔，下到十七十八。

八月十五云遮月，正月十五雪打灯。

五月十三关老爷磨刀，大旱不过五月十三。

三天西北风，不如东风一早晨。

惊蛰没硬地。

小暑大暑，灌死圪鼹老鼠。

霜降杀百草，立冬地不消。

雷吼秋后百日暖。

小寒大寒，冻死老汉。

一九二九不算九，三九四九冻破石头，五九六九哈门叫狗，七九八九水走浮头，九九又一九，犁牛遍地走。

冬至十天阳历年。

生 活

一天三颗枣，一辈子不见老。

多下及时雨，少放马后炮。

要知父母恩，怀里抱儿孙。

猫舔勺子狗舔碗，寡妇婆婆无人管。

小时舍不得，大了惹不得。

豆子荚荚背背筋，知心朋友面面情。

神仙出不了酒的够。

气是个软的，慢慢缓的。

风也能抓一把。

拿上石头叫狗哩，越叫越远。

只因人心不公，才有秤平斗满。

成一家婚姻盖一座庙，拆一家夫妻拆一架桥。

雪地里埋不住死人。

骑马坐轿，不如土圪塔上睡觉。

吃药不忌口，枉费大夫手。

有钱人说怎就怎，没钱人叫怎就怎。

穷汉家腰杆没倔劲。

三岁看大，七岁看老。

老天要下，寡妇要嫁。

黑狗白脖儿，咬人没法儿。

枣儿红圈圈，冻得抱肩肩。

枣儿半腰腰，穿上装腰腰（棉背心）。

有枣儿处一圪郎，没枣儿处也一圪郎。

圪虫枣儿先红眼。

核桃枣儿一块儿倒。

急婆姨嫁不下好汉。

穷命鬼赶得天转哩。

酒肉朋友，米面夫妻。

花椒大料不顶盐，花麻撂嘴不顶钱。

宁叫死了做官的爹，不敢死了要饭的娘。

一世儿女不如半世夫妻。

乡下佬脾气怪，越贵越不卖。

好婆姨就怕一片疤。

心急不耐老，头发白的早。

生的贵样，没人奉养。

人留儿女草留根，争名夺利一场空。

圪针树斜长的，媳妇不是婆养的。

官断十条路，九条人不知。

好水死在水手里，好狗死在狼口里。

猪肉搁不到羊肉上。

妻家的门，外家的道，三天不走惹人笑。

若要公道，打个颠倒。

人死鬼活贼发财，老实圪塔吃不开。

老不教，小不会。

人老腰弯把头低，树老皮厚叶子稀。

老虎不吃人，坏了一股名。

好汉不吃眼前亏。

请神容易送神难。

曹操诸葛亮，脾气不一样。

背着牛头不认账。

贪多咬不烂，咬烂咽不盼。

狼虎两家怕。

人有不如自有，自有不如在手。

针尖大的窟窿斗大的风。

鞋有鞋样，袜有袜样，世事没样。

东西是新的好，人是旧的亲。

捎东西捎少哩，捎话捎长哩。

瘦死的骆驼比马大。

穷要刚骨，富要让人。

十里乡俗不一般。

有时省一口，缺时顶一斗。

吃不穷，穿不穷，不会料理一世穷。

二月河开，三月燕来。

二八月小蒜，香死老汉。

霜打圪崂风刮畔。

桃饱杏伤人，李子树下埋死人。

茅道里耍拳，鸡窝里过年。

窑里爬瓷瓮，门外爬不上草筒。

九月九，家家有。

腊月二十三，家家户户胡拾翻。

第二节 歇 后 语

十亩地里一根谷——独苗

门缝里瞧人——看扁人

大姑娘上轿——头一回

山羊羔羔跳崖——不识高低

猪鼻子插葱——装象

六月里穿皮袄——不知冬夏

公路上的电杆——靠边站

毛裢里倒西瓜——一个不剩

火烧脚梁面——没慢汉

水瓮里抓鳖——没跑

一根蝇上的两蚂蚱——跑不了我也蹦不了你

木匠打线——睁一眼闭一眼

牛皮灯笼——里明外不明

井里的蛤蟆——没见过大天

外甥打灯笼——照舅（旧）

外甥哭妗子——想起来一阵子

老鼠进风箱——两头受气

老鼠拎木锨——大头在后头

老婆婆吃柿子——专捏软的

纸糊的灯笼——心里明

和尚的帽子——平不塌

秋后的蚂蚱——蹦不了几天

高射炮打蚊子——小题大做

拿上棍子叫狗——越叫越远

阎王爷贴告示——全是鬼话

黄鼠狼给鸡拜年——没安好心

聋子的耳朵——摆设

墙上挂门帘——没门

秃子头上的虱子——明摆着

鞋帮子做帽页子——高升了

擀面杖吹火——一窍不通

筛子做锅盖——眼太多

空棺木出灵——木（目）中无人

六月里蔓菁——没入窖（教）

老牛卧到车壕里——没救了

日头爷爷门前过——人跟人都差不多

一根筷子吃莲菜——专挑眼

揽羊砍柴——两不误

半夜里刁谷穗——冒干哩

贼走了耍枪哩——瞎装化

河会里的枣儿——肚子里没病

水瓮圪塄上跑马——危险

第三章 歌 谣

第一节 革命歌谣

毛主席东征到永和

四月枣花一串串，

枣树上喜鹊子叫得欢。
毛主席东征到永和，
红旗飘飘映蓝天。

退干庙上点红灯，
穷苦人盼来了大救星。
长矛大刀拴红缨，
跟上共产党闹革命。

陕西过来了真红军

河畔畔上来一伙人，
尽是俊妖妖的好后生。
给咱担水又扫院，
陕西过来了真红军。

革命成功再团圆

大红枣儿甜又脆，
不想你来再想谁。
穿上红鞋大门上站，
管他旁人说短长。
奴穿红鞋奴好看，
和他旁人有甚相干。

闹革命的哥哥你是听，
干妹子就要和你结婚。
叫一声妹子你是听，
革命成功再成亲。

哥哥前线你好好干，
我在后方作宣传。

井里担水园子里浇,
死也忘不了你的好。

你在前线是英雄,
我在后方挂花红。
前方后方齐争先,
革命成功再团圆。

第二节 情 歌

打 枣

前滩里打枣后滩里红,
树梢梢上瞭一瞭心上人。
满山山挂起红灯笼,
望不见你的人影影。

咱二人成亲有什么难
（对歌）

男：抬头望天蓝又蓝,
　　朋友好为开口难。
女：胡麻开花蓝又蓝,
　　只要你有心有甚的难?
男：羊肚子手巾三道道蓝,
　　咱二人成亲比登天难。
女：羊肚子手巾三道道蓝,
　　只要你心诚怕什么难?
合：咱二人心诚有什么难!

心上人

三十三颗荞麦九十九道棱,
妹子跟上哥哥不嫌穷。

上河里鸭子下河里鹅,
一对对毛眼眼瞧哥哥。

樱桃好吃树难栽,
不下那苦功花不开。

窑畔上耕地回不转牛,
你村里好甚无人留。

南瓜子剥皮落出个仁,
妹妹我就是你心上人。

想哥哥

千言万语开不了口,
革命成功了你往回走。
高粱高来黑豆低,
白天黑夜都想哥哥你。

天上下雨地下滑,
各人的主意各人拿。
千人万人都不爱,
单等哥哥你回来。

自己的男人自己疼

奴的妈妈死脑筋,

无事不叫奴出门。
就好像百灵锁笼中，
一年四季不能动。

奴的男人出了门，
上了前线抬伤兵。
音无音，信无信，
怎能叫人不心疼。

一线线，一针针，
一针一线密密缝。
自己的活儿自己做，
自己的男人自己疼。

每日门口往外瞭，
找个顺路人把衣捎。
他穿上来我高兴，
免得他受罪我煎熬。

穷穷富富跟你走

窑背上耕地回不转牛，
伢村里好容不下奴。
只要哥哥你点个头，
穷穷富富我跟你走。

青线线

青线线，蓝线线，蓝格英英蓝，
生下你个蓝花花，实实爱死人。
马里头挑马，红缨子飘，
人里头挑人，数你哥哥好。

第三节　生活歌谣

我的家乡红枣多

我的家乡红枣多，
铺天盖地遮心窝。
九月枣熟叶儿落，
满山遍野红似火。
一层一层撒满坡，
一袋一袋堆成垛。
扁担挑，驴儿驮，
汽车铁牛排成河。
林密枣甜钻心窝，
山前山后飘山歌。
唱咱家乡幸福多，
唱咱前景多壮阔。
唱咱伟大的共产党，
唱咱甜蜜的新生活。

叫　风

风施婆快刮风，
风来了、雨来了，
大娘叫得女来了。

祈　雨

天红了，地干了，
寡妇老婆后走了，
揽羊哥哥渴死了，
赤犊子孩儿花椒树上吊死了。

第四节 童 谣

噢摇摇，睡觉觉，
妈妈地里锄草草。
锄了草草打粮食，
打下粮食换票票。
换下票票买袄袄，
宝宝穿上俊妖妖。

手对手，背对背，
伢有银子俺不爱，
就爱俺的小宝贝。

俺孩亲，会打灯，
芝麻玲玲拉花生。
院里的花儿红楞楞，
骡子马圪哼哼，
好面馍馍香喷喷。

位位位位，转位位，
擦麻花，油点点，
锅里煮得撅片片。

点头点，磨油油，
油油花，狗芝麻，
张三李四，黄蒿白草，
你来他跑。

雁，雁，摆溜溜，
家家坪里牙（丢）了你舅舅。

第四章 民间传说

第一节 地名传说

狐讘县的由来

西汉时期，今永和县境称狐讘县，县城古址在今城西部约17.5公里处。古城遗址虽已烟渺难寻，但关于狐讘县的由来却经久流传。据传当时西汉朝廷决定设县，并在精心选定的城址处钉了个木桩为记。谁知当夜一场大雪后，翌日却找不到那个木桩。只见厚厚的雪地上一串串清晰的狐狸爪印择路而去。人们顺着狐狸爪印寻去，却意外地发现昨天的木桩端端正正地钉在那里。人们以为此乃狐仙点化，吉祥可取，便于此大兴土木建城置县，定名狐讘县。直至隋开皇十八年（598），县名才被"永和"取代。

白虎关改名永和关

永和县以县西有永和关而得名。相传永和关本不叫永和关，而叫白虎关。很早以前，白虎关有一位聪慧过人的秀才，他步入仕途以后青云直上，官至当朝一品宰相。一天正当日上中天之时，皇帝偶尔问他："爱卿家住何方？"这位宰相信口答道："臣家居白虎关。"谁知话语未落，龙颜大怒。皇帝骂道："放肆！寡人实为白虎星，你却家住白虎关，妄想关住寡人，岂不要造反了吗？"说着命人摘去这位宰相的龙袍官带，发配回乡。从此，谁也不敢再叫白虎关，把白虎关改成永和关。

尉家圪的故事

打石腰乡尉家圪村有几十户人家，自古以来却没有一户姓尉的。原来尉家圪叫御家圪。相传古时候这个村的红枣就很出名，皇帝每年都要差人用瓦罐把这里又甜又脆的大红枣装好，快马加鞭运往京城供皇帝享用。皇帝为了独占这里的美味，就下旨封该村一个村名叫御家圪，不准别人再到这里吃枣。后经历代相传，不知从什么时候起，"御家圪"传为"尉家圪"。

棋 盘 山

很早以前，有两位神仙路过芝河镇与交口乡接界的山头，看到这里鸟语花香、景色秀丽，就兴致勃勃地在山头下起棋来。一盘棋未下完，玉皇大帝有事传唤，他俩便腾云驾雾上天，把棋子扔在山头上。至今山头上还有神仙坐过的石桌、石凳和留下来的棋局。神仙走过的棋子可以走动，但拿不起来；神仙没走过的棋子走不动，也拿不起。后人就把这座山叫作棋盘山。

第二节　风物传说

枣树为什么会长刺

永和号称红枣之乡，特别是黄河岸畔到处栽满了红枣树。这些枣树到底长了多少年，谁也说不清，只知道永和红枣与西汉天子刘邦有缘。相传刘邦与项羽争天下，打得昏天黑地。刘邦落荒而逃，不觉来到永和地界。正饥渴难耐无力支撑时，抬头却看到满树红枣发出诱人的清甜。他轻轻一摇枣树，红枣便哗啦啦落个满地。一顿又甜又脆的红枣下肚，他顿觉浑身是力，异常舒服。他望着枣树信口说道："如此好树何不到处都长一些！我若做了皇帝，总忘不了这般好树。"此话出口，沿黄河岸畔的山山坡坡一下子便长满枣树。可刘邦真的做了皇帝后却偏偏忘了枣树，枣树一气之下便长出一身刺来。

永和红枣不生虫

天下产枣的地方很多，但唯有永和红枣不生虫子。

相传唐高祖李渊镇守太原时，山西境内沿黄河一带常受对岸草寇骚扰。李渊令其二子李世民前往征讨，李世民率部至永和县望海寺下的一个小村扎营。当地的土地爷弄不清这么多人马来干什么，唯恐他那漫山遍野的红枣被糟蹋，便急忙驾云上天庭求救。谁知到了南天门，金童玉女不认识他而不让进去，土地爷无奈偷偷钻进王母娘娘的仙桃园。在那里一条名叫桃小二的桃小食心虫正被压在石板下面喘不过气来。桃小二央求土地爷放开它，它会下凡帮土地爷的忙，它能钻进红枣里又吃又拉，让人们谁也吃不成红枣。土地爷当时心急欠思索，就把这条害人虫放到人间。

桃小二一溜出天门就扬了一片风沙，几乎把天下有枣树处撒了个遍，唯留永和一带没有撒，它要亲自去作祟。它先向李世民扎营方向射出一箭，想射倒李世民。谁知射偏方向，箭落到交口乡的马脊山，山上至今还留有箭迹。正在这时土地爷见了玉帝，还没等他张嘴，玉帝就责骂他坏了未来唐朝天子的事，并令托塔李天王急速捉拿桃小二。桃小二在天上不受欢迎，差点儿被王母娘娘派人捕捉灭种；下凡后他信步游逛，刚到望海寺，就被李天王追上。李天王挥起钢鞭把桃小二拦腰打倒，不觉用力过猛望海寺被踩下去半截子，以致望海寺再也望不到海。打倒桃小二，李天王向永和枣林吹口仙气。顿时漫山遍野的枣儿火红发亮，帮李世民解了粮草不足之忧，促其顺利歼灭草寇。李世民感谢永和红枣帮其建功立业，称道此处红枣比金条还宝贵。

后来李世民做了唐天子，人们把此地红枣叫作金条枣，叫着叫着就叫成条枣；把李世民扎过营的村子叫作御家垈，写着写着就写成尉家垈。桃小二知道李世民要做唐天子，再也没敢侵害这里的红枣，故永和红枣至今不生虫。桃小二为将功补过，下到穆山里下边的石窑洞变成一股清泉。传说这股泉水取之不竭，盈而不溢，冬暖夏凉，四季常清。

龙岩寺的酸枣树没有刺

永和县境枣树多，酸枣树更多。酸枣树浑身长刺，直的、带钩的都有，老百姓称其为"圪针"。可是说也奇怪，交口乡钟楼山龙岩寺周围的酸枣树却没刺。相传这与宋太祖赵匡胤有关。赵匡胤落难时曾避难于钟楼山的一个石岩下,周围长满了一丛一丛的酸枣树。赵匡胤出来进去老被圪针挂破衣服,他一怒之下责令这里的酸枣树永远不许长刺。赵匡胤做了皇帝后还真的下了一道圣旨,人们在石岩下建了一座庙,取名龙岩寺,龙岩寺的酸枣树至今没有长出刺来。

石窑沟

城西10公里远的山沟里,清溪涓涓,翠柏青青,半山坡上有座小庙叫石窑沟。

相传以前这里没有柏树和石窑,山上只长些杂草。离此二三公里远的村里,财主雇了个放羊人。放羊人发现这里的草头天被羊吃了,第二天又能长起来,并且长得很旺盛。

一天,放羊人听到沟里似人问:"山门开了没有?"他左看右看无人,感到莫名其妙,也不敢回答。接连几天他都听到这样的问话。回到村里,他把所见所闻告诉财主。财主叫他如果再听到这样的问话,就说山门开了,看究竟会怎样?

又一天,放羊人在沟底听到"山门开了没有"的问话后,顺口回答"开了"。顿时,如炮轰雷鸣,半山腰土石崩塌,一股青烟过后,现出一孔石窑。放羊人当即被吓死,满山沟的羊群都变成柏树;石窑内倒悬着一尊石佛像,鼻孔、嘴里冒出三股泉水,从窑里流入沟底。

好心的人们恐神像倒悬着难受,想把他摆正供奉。可是白天刚打开,晚上又长住,最后连夜打,才打开抬到正面,气得神像头歪在一面,鼻孔、嘴里的水也没有了。至今人们还可以看到这尊神像,两侧雕有十八罗汉,右下侧有盆大的一股渗泉水。庙外石崖下的羊倌塑像、羊铲和看羊狗,做工精细,栩栩如生。

乌龙翠柏

县城西南20公里处有座阁山,又称乌龙山。古时庙宇林立,其中有一座佛寺叫乌龙寺,寺中僧侣众多。寺中长老养了一匹马,每到夏秋,经常命一个小和尚到处割青草给他喂马。该山土薄石头多,割一捆草不知要吃多少苦头。一次,小和尚忽然在一个低洼处发现一片旺盛的芦草,他喜出望外很快割了一捆。第二天再去,这块芦草又长高了。从此,天天割,天天长,有时中午贪睡或迟去一会,也会毫不费力地割一大捆。

时间长了,长老觉得奇怪,心想,如此秃山,小和尚怎么能又快又多又好地割回青草?长老暗中查探,终于发觉了芦草的奥秘。他拿把锹在芦草处用力刨,在很深的地下刨出一个不显眼的陶瓷盆,随即拿回放在门口做了喂狗盆。一次,有个过路人到寺内借宿,晚上无意将一根拐棍放在盆里,翌日却有满满一盆拐棍。他问长老哪根是他的?长老说随便拿一根好了。客人走后,长老细想,这盆子岂不是人们常说的聚宝盆,因而便拿到家里保存起来。寺内缺米时,只要晚上放点,翌日便成为满满一盆;缺钱时,只要放一枚钱,翌日也会变成一大盆。从此,长老靠这个盆富了起来。

世上没有不透风的墙。天长日久,长老有聚宝盆的事传到县太爷的耳朵里。县太爷为把聚宝盆弄到手,便说"乌龙寺的聚宝盆是当今皇上早年失去的",要长老速将聚宝盆送交县衙,以便转上。长老不愿交出,便矢口否认。县太爷立即派兵直奔乌龙寺。

为躲避兵丁查抄,长老抱盆跑到寺外山坡,兵丁立即追去。慌忙中,长老将聚宝盆埋在地下,随手拔下一株柏树栽在聚宝盆上面。经过一夜折腾,查抄兵丁找不到聚宝盆,只好回衙复命。就在这时,满山遍野都是小柏树,就连长老也不知到底把聚宝盆埋在哪株柏树下了。从此,阁山的沟沟岔岔都长着青翠葱茏的柏树。人们说柏树为乌龙,阁山自然也被称为乌龙山。

阁山灵泉

阁山东北端十一湾顶部的石壳下有一碗口大的石窟,石窟上方不知在那个朝代人们刻了一尊佛像,正好将佛像的两腿置于石窟之上。石窟中经常有满满一窟的清泉,泉水不知从哪里来,从来不见水溢。

这窟泉水,十分有灵性,人们称之为灵泉。平时看上去满满一窟水也就农家平常使用的一老碗水左右,可就不论多少人喝这窟水永远喝不完。因此,阁山庙会时,几百人或者上千人轮流在碗一样的水窟前喝水,保证人人喝足。某年,阎锡山一个师的部队过阁山,夏日炎炎,官兵口渴难耐,一老乡把他们领至灵泉石窟前,几千人的部队硬是人人喝足。

灵泉还有个怪脾气,若恭恭敬敬,一言不发地喝永远有水;若出言不逊,猖狂傲慢,那对不起一滴泉水也没有了。如果外地人来,不知灵泉这个情由,若出口说这点泉水够几人喝?马上一个人也喝不上了。当地人传说这眼泉水就是一泉水神,不但控制着本窟泉水，阁山所有沟沟叉叉的泉水全由其掌管。难怪附近许多村庄的水井之泉，都有几年或者几十年转移位置的现象。

祈 雨

县西北打石腰乡地处黄土高原，绝大部分村庄扎在山腰，年年靠天吃饭。风调雨顺就能粮食满囤，遇旱逢涝就要忍饥挨饿。唯有郑家塬村，无论别处如何旱，总很少有旱情。

很早以前，郑家塬和别处一样，遇到旱年人们就抬上龙王爷的塑像祈雨。一年玉帝传旨，说龙王爷要招亲，哪位姑娘抛出手帕落到龙王怀里，就把她配给龙王爷，龙王爷就给该村施降甘雨，拯救全村。因此，这年祈雨比以往任何年都热闹，方圆数百里的男女老少都怀着好奇心来祈雨。正当人们抬着龙王爷途经郑家塬时，忽然刮起一阵香风，一块手帕正好落到龙王爷怀里，扔手帕的是郑家塬村的一位姑娘。姑娘回家后暴病不起，人们都说她被召去和龙王爷成亲了。从此，龙王爷经常给郑家塬村偏雨。

魁星楼上的小柏树

阁底乡上退干村西有座关帝庙，庙院东北隅有座魁星楼。民国25年（1936）5月1日，毛泽东主席率领东征红军回师时在庙内居住一晚。当年毛主席走后，魁星楼阁楼的瓦顶上突然长出了一棵小柏树。虽然下面是四面通风的空中楼阁，上面仅有一层铺着瓦的房顶，泥瓦加起来不足5寸厚，但不管天旱雨涝，这棵小柏树从来不需人们浇一滴水、施一点肥，照样茁壮成长，冬夏常青，成为退干庙上的独特一景。当地老百姓叫它"瓦上青"，说它是神树，不食人间烟火。

1976年，这棵小柏树长到两米多高，依然青翠欲滴，浑身活力。但至9月毛泽东主席逝世后，这棵小柏树却突然悄悄死了；尽管当时秋雨绵绵，阳光、水分都很好，它还是悄悄地死了。小柏树至今枯枝如铁，傲然挺立在魁星楼顶上。

金 马 驹

芝河罢骨段有一瀑布。古时，芝河水大，瀑布下的水潭很深。在水潭深处，传说有一神马金驹，永和人都称金马驹。金马驹很难见到，若某年有人见到金马驹，就预示着本地该年风调雨顺，五谷丰登。因此，金马驹是神马驹，也是永和人的福马驹。

有一年，一个南方法师来到永和，在水潭附近的村子住了一个月，夜夜观察水潭，决定捕获金马驹。他向房东家的小伙子说明自己的意图，让小伙子做他的帮手。小伙子实诚就答应了。夜深人静时，他俩来到水潭边。法师把随手带的金笼头交给小伙子说："我这就下水抓马驹，抓住后，我会在水下伸出一只手，你要马上把笼头挂在我手指上。"小伙子说"好"。法师下水，顷刻水面波涛翻滚。不到一袋烟的工夫，水面平静了。水伙子正呆呆地望着水面，忽然哗啦一声响，水底下伸出碗口粗的五根长毛的肉柱子，小伙子吓坏了，扔下笼头就跑。跑着跑着，小伙子忽然想起法师叮嘱他的话，莫非柱子就是他的手指头。小伙子赶紧返回河岸。此时，潭面水平稳如常，只有瀑布头冲起的浪花在哗哗作响。小伙子在河岸边守了一夜，法师也没有露面。无疑，法师遇难了。

第二年，法师的徒弟从南方赶来找师傅，听房东小伙子讲述后，决定给师傅报仇。他当夜就来到了水潭边，手执三片瓦，口中念念有词，把第一片瓦投入水潭。不多时，水潭冒气了。他接连又投入另外两片瓦。水潭的水被煮沸了，水花翻滚，蒸气冲天。忽然，天空中电闪雷鸣，倾盆暴雨急促而至。不多时，河水暴涨，山洪呼啸。此后，金马驹就再没有出现过。人们传说，金马驹随着山洪奔向黄河，又顺黄河之水驰向东海。

金 牛 犊

"双山（双锁山）"又名"石门山"。传说古时"双山"不是两个山头，而是一个大山头。山头上有一巨大的石门，当石门打开后，大山头就从中间分开成两个小山头，石门闭合后两小山头就合为一个大山头，名曰石门山。石门内有一金牛犊，若人们点三炷香后大声叫：石门开门，牛犊出来。巨大的石门就会缓缓打开，金色的牛犊就会慢步走出，在山间吃草。金牛犊人们可远观，不可近摸，如若手摸牛犊就会闪电似的奔回石门，石门也会瞬间关闭。

有一年，来了一伙南方喇嘛，他们心怀不轨，图谋取走金牛犊。他们依照本地方法叫开了大石门，叫出了金牛犊，在金牛犊前面挥舞着一束青草，引诱牛犊走向陷阱。大石门觉察到了喇嘛的险恶用心就咔咔作响，开始启动关门。牛犊一见要关门，马上回身飞奔，可惜稍慢一点，石门夹住了牛犊的一条后腿。就这样，大石门闭不紧，分开的两山头合不拢，石门山就成了双山。

黄河九龙

古时候的黄河和现在不大一样。传说黄河中生活着九个龙子。这九条小龙秉性好玩，但有时玩得过头就给人间带来危害。它们个个身强体壮，威力无比。它们玩耍中的一个筋斗就可能打翻河中无数船只；它们玩耍中的一次追逐就可能使黄河水暴涨，殃及沿河村庄；它们玩耍中的轻微喷气就可能刮坏庄稼，使土地颗粒无收。九条小龙本质上不是恶龙，但它们过度的玩耍几乎摧毁了人们的一切。黄河两岸的人们苦不堪言，但多年毫无办法。

本地有一青年，在五台山修身习武多年，他立志要教训教训九条小龙。这年，他学成告别师傅回到永和。第二天，就手持铁弓、铁箭来到阁山山头静候九龙。他使的铁弓十个人合力拉不动；他弯弓射箭可穿石击蝇。一个时辰后，九龙出现了。它们翻上天空，瞬时人间乌云密布，狂风猎猎。青年仰首劲呼：小龙归位，否则不客气。九龙一听，竟有人敢挑战它们，心中大怒，顷刻雷声震天。青年弯弓搭射，怒目向天，铁箭挟疾风冲向云层。箭的威力太大，瞬间云灭雷消。九龙一看形势不妙，马上个个甩头摆尾，速潜黄河，隐匿起来。青年追至黄河边，目光如利剑刺向河水。九条龙看到藏匿不了，马上变化为九根大木柱。青年心说：你就是变成石柱我也认得你。他不想杀死小龙，只想给它们个教训。便弯弓搭箭，照中木头的小头铁箭劲射而出，把第一根木柱钉在石楼境内的黄河河槽内。这时，钉住的木柱现身为小龙，它的尾巴被死死钉在河中，无论使多大劲也挣脱不开。青年依次又射出八枝铁箭。七枝铁箭把七条小龙钉在永和黄河河槽，两枝铁箭把两条小龙钉在石楼黄河河槽。九条小龙多年挣扎不得脱身，若干年后，龙身完全融入河身，九条龙弯弯曲曲的身子就融化成了黄河弯弯曲曲的九曲。永和黄河段的七个大湾就是七条小龙弯曲的身体。

第三节　人物传说

刘金定招亲

宋太祖赵匡胤在位时，永和县刘家沟村出了个当朝阁老。其女刘金定生的眉清目秀，十分可爱，自幼舞刀弄剑，练就一身好武艺，刀、枪、剑、戟样样精通。刘阁老十分宠爱小女。由于圣上听信谗言，下令要将刘阁老满门判斩。阁老闻知，便带领全家逃出虎口，日夜兼程，逃回老家刘家沟。阁老在朝做官时一直待乡亲很好，乡亲们知道阁老被奸臣所害，便把刘家沟村改名长索村。皇帝派兵来找不到刘家沟村，也查不出刘阁老其人，就返朝去了。

刘阁老全家逃过灭门之灾后，衷心感谢众乡亲。当时长索村到上塔沟几十里没有人烟，灌木丛生，野兽出没，常有贼寇拦路劫财。刘金定为保乡亲们安全过山，便在这里安营扎寨，长期驻扎下来，至今山上还留有上马石、饮马槽、跑马圪洞等遗迹。辽兵进犯中原时，高宗保奉命从县境桑壁镇碑儿河入沟，经后河、药家山、杜家山、苏家山过石门山去与辽兵交战。高宗保行至山下，被刘金定挡住。两人枪剑交错，寒光凛凛，打得十分激烈，此时，刘金定见高宗保虎背熊腰，十分英俊，不觉心生爱慕之情。激战几十个回合后，高宗保力乏腿软，眼花缭乱，栽到马下。刘金定命兵将将高宗保五花大绑，拉回山寨。高宗保败于刘金定手下，并不示弱，高声叫道："我奉朝廷之命抗辽保国，只要活着就要为国尽忠。你快放我过山，不要延误军期。"刘金定心想，皇上对我刘家不好，是听了奸臣谗言，对这些文武百官有何相干。于是就说："这位少将军想过山不难，但得容我一件事。"拉马的女兵接着说："你在山上招我家小姐为妻，有天地作证，我为媒，方可放你过山！"高宗保奉王命出征，不敢应承此事，便连连推辞。刘金定又命兵将把高宗保吊在一棵树上，声色俱厉地说："你若招亲，放你过山，你若不依，活命难逃。"高宗保见刘金定眉清目秀，如花似玉，又有一身好武艺，就依了刘金定，两人结为夫妻。

刘金定也随同高宗保出征抗辽，为保宋室江山立下汗马功劳。

舍身为子

明朝末年，永和县交口川里一小村庄，住着母子二人，母亲王氏，儿子叫大柱。大柱因父亲早逝无人管教，不学无术，整日偷鸡摸狗。母亲王氏无法，只有暗自垂泪。

一日，母亲千言万语总算说动了儿子，儿子上地劳动了。母亲看看家里，只有五升玉米和两个窝窝头。"唉！多口人多口饭啊！"母亲心想"既然儿子正干了，我也就没多吃饭的必要了"。

母亲把两个窝头提在柳条篮中悄悄走到儿子干活地上边的一棵老槐树下，静静地看了一会儿子，放下篮子回到家就悬梁自尽了。

大柱干活累了，跑到老槐树下歇息，看见了自家的篮子，知道母亲来过了。老槐树上住着一窝喜鹊，这时听见喜鹊儿子在"喳喳"叫，忽然喜鹊窝中掉下几粒窝头粒。大柱往篮内一瞅，只有一个窝窝头，心说肯定是老喜鹊叼了我的窝窝头，不行。想着就计划上树。突然，"啪"一声，老喜鹊从窝中掉到地上死了。他捡起老喜鹊捏捏肚子，喜鹊肚里一丝食物也没有。他想奇怪，老喜鹊不是刚叼走我一个窝窝头吗？怎么会饿死？想着他就爬上树往喜鹊窝中一瞅，嘿，3只小喜鹊正分食着三块窝窝头。无疑，这是老喜鹊把窝头分成三份给小喜鹊，自己宁愿饿死也不吃一口。大柱看到喜鹊这一幕十分震惊，马上联想到母亲也是时时为他节衣缩食。

想起母亲，大柱周身忽然一震，顾不上吃饭，马上撒腿往家跑。回到家中，母亲已不在人世。他默默地埋葬了母亲，从此发奋劳作，不几年光景就娶妻生子。大柱把母亲和老喜鹊的事时时讲给孩子听，孩子从小就十分勤奋孝敬。

不见黄河心不死

明朝时，永和有户富贵人家，主人姓黄，人称黄老爷。夫妻俩膝下只有一个女儿，名叫黄河。这黄河姑娘，圆圆的眼睛，弯弯的眉毛，白白的脸蛋，红红的嘴唇，真是花容月貌。黄河姑娘喜欢唱歌，唱起歌来十分动听，连天上的云儿也不走，树上的鸟儿也不叫。

黄河十八岁时，提亲的人像赶庙会，可那些公子哥儿黄河一个也瞧不上。姑娘一不爱钱，二不爱官，一心想找一个歌儿唱得好、朴朴实实的勤劳小伙子。

一天，黄河和丫鬟春梅到郊外游玩，突然远处传来了动听的歌声，黄河从来没听过这样好听的歌。朝着歌声的地方望去，只见一个砍柴的小伙子唱着歌从山上走下来，肩上的柴担忽闪忽闪的，腰里别着明晃晃的斧头。他大大的眼睛，粗粗的眉毛，红红的脸庞，白白的牙齿，威武英俊，黄河一看就爱上了。她迎上前去说："砍柴哥，你的歌唱得真好，能给我唱一支吗？"小伙子说："能，歌就是唱给人听的。"小伙子清了清嗓子唱开了，唱了一支又一支。黄河听得如醉如痴，情不自禁地和起歌来。两人你一句我一句，越唱越有劲，越唱心越近，不觉日头偏西了。春梅催黄河道："小姐咱们回去吧，晚了老爷要生气的。"黄河恋恋不舍地说："砍柴哥哥，你叫什么名字呀？"小伙子答道："我叫柳新，前面那间草房就是我家。你叫什么名字呀？"黄河道："我叫黄河，你家里有什么人呀？"柳新道："家里只有老母亲和我，我每天砍柴卖钱养活母亲。"

黄河说："明天砍了柴，咱们还来唱歌吧？"柳新说："好，你也一定来啊！"

黄河回到家里，心情格外高兴，绣房里又响起了她美妙的歌声。一连九天，黄河都出去，回来又高高兴兴，黄老爷心里疑惑。

这天，黄河和春梅前脚走，黄老爷后脚悄悄跟上。当他看到黄河和一个穷小子手拉手，亲亲热热唱歌的时候，气得眼前直冒金星，立刻冲过去一把抓住柳新，咬牙骂道："好个穷鬼，癞蛤蟆想吃天鹅肉，竟敢勾引我女儿，非打死你不可。"说着，拳打脚踢，柳新急忙逃走了。

黄老爷把女儿带回家中，气狠狠地骂道："好个不要脸的东西，败坏我黄家门风，这么多公子少爷你看不上，偏偏看上个穷小子。从今以后，不许你迈出绣房半步，什么时候嫁出去，什么时候离开家门。"他命人看守着黄河，春梅也挨了顿打。

柳新回到家中就害了相思病，一天轻，两天重，三天就起不来床了。把个老母亲急得拜天求地，把家中仅有的两只老母鸡卖了给儿子请医生。柳新对母亲说："妈，医生治病不治心啊，孩儿我害得是心病啊！"接着，柳新把自己和黄河的事给母亲说了。母亲哭道："儿啊，咱家怎么能和人家结亲呢？你死了这条心吧！"听着母亲的话，柳新眼中涌出泪水，他知道娶黄河是不可能的，可他的心在黄河身上啊，黄河的歌声时刻响在他耳边，黄河的身影老在他眼前晃来晃去。柳新的病一天比一天重，他自己感到活不成了，就挣扎起来，找了一截柳木，刻成个小人，然后把里面掏空。老母亲奇怪，问道："儿呀，你命都保不住了，还做这小人干什么？"柳新说："妈，儿以后再不能养活您了，我死以后，把我的心掏出来，装在小木人里，它就会唱歌。您拿上它可以给您养老用。"母亲哭着说："你只要安心养病，病就会好，要是真的死了，叫妈怎忍心这样做啊！"柳新说："取出我的心，心就不会死，您还能听到我的歌声，就像我陪伴您一样，不然就什么也没有了。"母亲答应了。

没几天，柳新就死了。老母亲依照吩咐把柳新的心取出装在柳木人里。柳木人真的会唱歌了，和柳新唱的一模一样。

这件稀奇事立刻传开了，人们争先恐后地来听柳木人唱歌。当人们知道是柳新的心在唱时，都会留下很多钱。

黄河自从被关在绣楼上，每天闷闷不乐，靠在窗前，希望能看到柳新，听到他的歌声。可是等啊等，柳新始终没有来。黄河每天茶饭不进，夜不成眠，慢慢地卧床不起了。黄老爷请医用药，却越医越重。黄河姑娘脸上失去了光彩，病得气息奄奄，人们再也听不到她的歌声了。

一天，丫鬟春梅从外面慌慌张张地跑进来，告诉黄河说："小姐，不好了，柳新死了。可他家有个柳木人会唱歌，唱的和柳新一模一样，是柳新的心在唱呢。"

黄河听罢泪流满面，一定要春梅带她去看柳木人，春梅不敢。黄河说："柳新为我死了，我怎能不去看他呢？"两人要悄悄出门，被黄老爷发现，大声喊住。黄河说："爹呀，黄河爱的是柳新，黄河的心上人已经死了，只留下一颗不死的心，爹不让女儿去看，女儿就碰死在爹面前。"说着就要往柱子上碰。黄老爷急忙拦住，当即就派人抬轿送黄河到柳新家。

黄河刚刚到柳新家门口，就听到清脆的歌声。黄河三步并作两步进到屋里，她看见了柳木人。柳木人看到黄河，竟一摇一摆地朝黄河走来。刚走到黄河身边，"扑通"一声栽倒了，歌声也停止了。黄河抢前一步将柳木人抱在怀里，可是柳木人再也不唱歌了，里面的心完全死了。黄河大叫一声："柳新哥，是我害了你呀！"一头栽倒在地上，再也没有起来。从此，"不见黄河心不死"这句话一直流传下来。

第三十六编

人　物

县域虽人口较少，但自古人才辈出。古代有宰相、尚书治国兴邦之栋梁；近代有革命英雄救国救民之英才。中华人民共和国成立后，各行各业精英辈出，各类专家学者以其卓越的才华推动经济发展、社会进步。

本编录入人物列传67人，其中古代人物15人、现代人物52人。人物简介87人，其中正县（团）级以上干部23人、先进英模16人、专家学者48人。人物名录62人，其中革命烈士43人、县团正职以上人员19人。

第一章 人物传

第一节 古代人物

刘 宽

刘 宽（？—185），河东郡狐谖县（永和县前身）人。东汉恒帝（132—165）时任司徒长史，出为东海相。恒帝延熹八年（165）为尚书令，迁南阳太守。灵帝（156—189）时为太中大夫，侍讲光华殿，擢侍中。先后任屯骑校尉、宗正禄勋、宰相，封逯乡侯。为官光明磊落、清正廉洁。卒后葬于封地狐谖县刘家河村，追封昭烈侯。

刘 和 刘 训

刘 和，永和县桑壁里人氏。唐代官至兵部尚书。因随从征伐，累著功勋，高风伟绩，推重当时，颇受皇帝器重，被拜为建节将军，赐爵成纪侯。子孙迁于陕西省延安、清涧等地。

刘 训，刘和之子。五代后唐间，历任丹阳等州观察制置使、彰武军节度使，耀忠保节，建绩传芳，后封开国侯，赠太尉。卒后葬于故里桑壁东塬上。

贺仁杰 贺 胜 贺太平

贺仁杰，永和人，元世祖时任上都留守，大德九年（1305）请老归卒。

贺 胜，仁杰之子，字正卿，小字伯颜。16岁入宿卫（直宿禁卫），大德九年代父仁杰为上都留守兼开平府尹。至大三年（1310）进中书左丞相，行留守如故，后被劾冤死。泰宣（1324—1328）初年昭雪其冤，进封秦国公，谥惠悯子太平。

贺太平，贺胜之子，本名惟一，字允中。胜冤雪袭虎贲亲军都指挥使，元统初累迁御史中丞。元至正二年（1342）诏起中书参知政事，六年拜御史大夫，九年被参罢为翰林学士，遂杜门谢客，以史书自适，十七年复召拜中书左丞相。元时汉人任首辅者，独太平而已。二十年拜太保，俾养疾于家。

冯　敬

冯　敬，永和县人，明永乐年间（1402—1424）举人，任临汾教谕。生性好学，博览群书，崇尚古文，厌弃浮词。他常对人说："读书人贵在能自成一家，怎么能靠仿效别人生活？"他生性慷慨，仗义疏财，对家世贫穷者深表同情，肯给予物质帮助。教诲生徒，对于家境贫穷者免收学习费用。县内名士大部分是他的生徒。

药　苗

药　苗，原籍临汾，明正德年间（1505—1521）迁居永和县上可若村。自幼笃学，雅志林泉，不求浮名。著有诗词万言，遭乱亡失，见于清康熙四十九年（1710）《永和县志·艺文》的仅有回文诗1首。擅长用针灸之术给人治病，救活人甚多。

萧　隆

萧　隆，原籍介休，20岁经商到永和县鸦路村，入籍仙芝坊第五甲。家道积谷颇丰，常存救人之心。相继给保丰寺、龙岩寺、乌龙寺、城隍庙、兴化寺及隰州大寺上、后寺上等处施谷130石，银216两。明隆庆元年（1567）修建书院，隆捐谷百石；五年修明伦堂，捐谷百石；六年给预备仓捐谷百石。万历五年（1577）修县城南门，施砖8000块，大木料15根。先后获得"输粟兴学""崇义兴学""输粟储赈""尚义轻财"等匾额。万历五年春人民饥馑，萧隆慷慨放谷二千石，只留千石养家。对来求谷者不取利息，不收赠物。

戴来聘

戴来聘，直隶昌黎生员，明万历三十六年（1608）任永和关巡检。供职间，虽官卑俸薄，却能严己宽人，清贞自守，不肯苟取，以致任满后囊空不能归里，后人仙芝里民籍。

路 义

路　义，原籍陕西，移民时迁至永和县鸦儿腰村，清顺治元年（1644）恩贡，秉性刚直。任辽州教谕，代摄州事。六年寇起，义计擒伪官，救知州张道南，恢复城垣，保守印库；事平后整理学规，加意造士，著述文章，斐然可观。八年，任运司教授。因积有劳绩，上官交荐，升任京师西城兵马司。

刘润民

刘润民，永和县芝河镇杨家庄村人，清光绪五年（1879）举人，任定襄训导。廉洁耿正，不蓄意迎合地位显赫的人，好学敦行，没有辱没他所任职务，门生获得长进成为有才能者甚多。课士积劳卒于任内，远近闻之无不叹息。后柩归束装无具，定襄知县戴公设法补助始得归里。宦游七八年囊无蓄积，如此清廉令人可风。

白承颐

白承颐，永和县南庄乡永和关村人，清光绪十五年（1889）举人。学识渊博，志气卓越。历任江苏甘泉等县知县、两江营务处提调、扬州城内江防全军执法营务处长、武卫左军营务处长兼总文案，赏戴花翎，钦加二品衔，补用道台军机处存记，清封资政大夫。并授武显将军、京师警察厅都尉、司法处处长、毅军后路营务处兼办公处处长、热河财政厅厅长与总理、毅军全军营务处处长、正黄旗汉军副都统，获三等大绶嘉禾章、二等大绶宝光嘉禾章。惜在京寓被害，终年56岁。

药永安

药永安，永和县芝河镇药家湾村人，清光绪二十三年（1897）拨贡。因禁种烟土得力，奖给五品顶戴。历充永和县高等学堂堂长、劝学所所长、高小校教员、校长等职，并于石楼、大宁充教职。20余年，跟随学习者达数百人。民国省署给其奖"品校兼优教授勤劳"二等教育褒章，教育厅以学识宏通奖给二等教育褒章。他孝敬父母，恭顺兄长，抚育侄辈和自己的亲儿女一样，对待亲族一视同仁。生平以谦让自守，邑人称第一好人。

段金城

段金城，永和县芝河镇人，清岁贡，五品职衔。清光绪三年（1877）办理赈灾，尚无贻误。宣统二年（1910）藩宪委查永和、大宁禁种烟苗两次，奖给由县署呈保记存知事。民国时期，历充永和县清查财政公所所长、教育会会长、晋民自治学社社长、初级女校校长等职。在任初级女校校长期间，参与编纂《永和县志》，于民国19年（1930）3月完成，并作序。

第二节　现代人物

苏　明

苏　明（1920—1940），民国9年（1920）出生于洪洞县城南南营村贫寒农民家庭。幼年曾被人贩子卖到一个财主家中，后财主有了儿子，苏明被赶了出来。为了改换门庭，苏明母亲和大哥决定让苏明上学，于是苏明就成了五兄妹中唯一的一个读书人。苏明天资聪颖，才识出众，在其小学老师的接济下，他读完小学，并以优异的成绩考入洪洞第一高小。在一高，苏明名冠群贤，出类拔萃，因而得到学校的奖学金，使他这个寒家子弟的学业得以顺利完成。

民国24—25年（1935—1936），苏明在一高参加了孙光余和李仲甫组织的读书会，阅览进步书刊，受到进步思想的影响，为同学们秘密传递进步书刊，积极从事抗日活动。

民国27年（1938）初，苏明参加抗日牺牲救国同盟会到洪洞河西作青救会工作。夏季，加入中国共产党，任四区区委书记，年末赴晋西南党委党校学习，结业后任洪赵特委宣传部干事。民国28年（1939）9月，苏明调任中共永和县委书记，为永和党的建设和建立抗日统一战线做出了突出贡献。同年12月"晋西事变"后，中共永和组织遭到破坏，苏明调任洪赵特委第三大队连指导员，与日军周旋在孝义、灵石、隰县一带。民国29年（1940）3月，苏明率队执行任务时，在方山县鸦儿崖区公所遭到日军袭击，在掩护战友突围过程中，壮烈牺牲。

庞生杰

庞生杰（1915—1941），汾西县下团柏村人。民国13年（1924）就读于本村小学，其勤学好问，成绩优异，文才尤其出众，作文常常作为学校范文，考试名列榜首。民国17年（1928）夏，以优异成绩考入蒲县平民高小。平民高小是一所由共产党人主办的公费学校，在这里庞生杰接触到进步思想。民国21年（1932），考入省立第六师范。民国25年（1936）10月，赴太原考入"村政协助员训练班"，从此，投身于抗日民族大业。

民国26年（1937）秋，庞生杰被提拔为军政训练班指导员，为抗日救亡、民族复兴培训人才。民国27年初到洪洞马牧军政大学工作，4月调入汾西县牺盟会并加入中国共产党。民国28年（1939）1月，奉命担任永和县牺盟会特派员，3月任永和县政府秘书兼科长。他利用县政府秘书的身份与顽固派进行了坚决的斗争，挤走了"精建会"，孤立了"公道团"，与八路军十八兵站紧密配合，保证了延安至永和交通线的畅通无阻。同年秋，永和县县长燕名义到秋林参加集训，庞生杰代理县长。12月，阎锡山发动"晋西事变"，阎十九军六十八师包围了永和县政府，扣捕了庞生杰。在狱中，庞生杰没有停止战斗。在组织越狱失败后，于民国30年（1941）3月英勇就义。

宋清明

宋清明（？—1946），奶名玉旺，字占彪，永和县阁底乡佛堂村人，出身于贫寒农民家庭。民国35年（1946）4月8日，县武工队、游击队70余人在佛堂渡口乘坐1只小木船，准备去陕北根据地。船行不远，因人多负荷大，水浅浮力小被搁置不前。此时阎军已尾追到离渡口2公里的高家塬村。站在河岸护送武工队、游击队的宋清明奋不顾身地跳入黄河激流，火速游至船旁，用尽平生力气将船推入深水，驱其开动。船上战士们呼他快上船，他却催战士们开船快走。当阎军追至黄河岸边时，武工队员、游击队员们已安全登上彼岸。阎军抓住宋清明严刑拷打后，将其在高家塬村前河坡枪杀。宋清明牺牲时50来岁。

杜葆元

杜葆元（1910—1947），永和县芝河镇南圪垯村人，出身贫寒。自幼勤劳务实，刚毅正直。民国26年（1937）4月，他告别父母和家乡赴国民兵军官教导团参加学习。"七七"事变发生后到山西青年抗敌决死队第二纵队三团卫生队任指导员，翌年加入中国共产党。

民国30年（1941）调任生产大队大队长，民国32年（1943）任晋绥军区第八分区后勤部部长。他以搞好后勤、支援前线为己任，在作战间隙不失时机地组织部队开展大生产运动，同时帮助当地群众发展生产、共渡难关，被当地群众尊称为"活财神"。晋绥边区召开群众大会，授予他"特等英雄""特等模范经济工作者"称号。民国36年（1937）12月，被潜伏的阎特工人员杀害于交城县东胡卢川上科村。

郭怀琛

郭怀琛（1912—1963），字献南，永和县芝河镇人，出身于农民家庭。青年时就读于山西省第九中学，民国17年（1928）因病休学，任隰县第一高小教员。后被阎《阵中日报》高薪聘为编辑，因不满时政而弃职返家。县国民政府参议会欲聘其任秘书长等职，他均一一拒绝，毅然受聘为县城高小教员。他知识渊博，尤以文史见长，教学生既传授文化知识，又注重爱国思想教育，颇受学生欢迎。由于他一心事教，置自己的健康于度外，积劳成疾，4次吐血，多次晕倒在讲台。民国27年（1938）日军犯永，学校停办。

中华人民共和国成立后，郭怀琛重返教育岗位，任永和县城关完小教师、副校长。1952年9月该校附设师范班，他兼任师范班课程。1950—1952年为永和县第一、二届各界人民代表会议代表。1953年8月，永和师范班并入隰县师范学校，他随班并入隰县师范学校任教。后因旧病复发，退职休息。1963年因病去世。

杜兰英

杜兰英（1916—1972），女，永和县芝河镇南圪垯村人，出身农民家庭，毕业于县城高级小学。

　　1952年，杜兰英在三区西后峪村任初级小学教员、扫盲教员。1953年被县政府抽调参加划乡工作，嗣后任王家坪乡乡长。在农业互助合作中，她挨家逐户进行思想动员，在王家坪村办起有7户人参加的柳大山互助组，并发展为初级农业生产合作社，在城川一带起了示范作用。1956年5月小乡并大乡，担任城关乡副乡长；1958年实行公社化，担任城关公社生活福利部部长。她认真工作，身体力行，深入全社各农忙食堂检查指导，调剂社员生活；指导各管理区兴办幼儿园、敬老院、托儿所，带领妇女参加生产劳动。1959年4月任城关公社妇联会副主任后，组织妇女突击队、战斗队参加生产建设，并培养好媳妇、和睦家庭等典型，使城关一带家风、村风、民风明显改观。1962年，因病退职，1972年逝世。

张振华

　　张振华（1935—1974），河南省内黄县田市乡太史村人，1961年到永和县坡头乡白家崖村落户定居。张振华吃苦耐劳，大公无私，乐于助人，1969年被选为白家崖生产队队长，1973年加入中国共产党。1974年秋，为改变农业生产条件，张振华带领全村群众掀起治沟打坝造田高潮。在村前兴建水利冲垫坝工地上，他胃病发作，仍忍痛坚持干活。村民再三劝说，他才休息治疗。但4天后病未痊愈又上工参加劳动。施工中发现土崖即将滑坡，他奋不顾身跃进现场，组织村民脱离险境。当他最后一个准备离开时土崖滑坡，被压倒在土下，经抢救无效英勇献身。

冯振江

　　冯振江（1914—1975），永和县阁底乡庄则坪村人。高小毕业，土地改革时当过农会记账员。1950年，响应党和政府"组织起来，发展生产"的号召，主动与本村几户翻身农民组成变工组；后又动员10多户，发展为互助组。1952年2月以互助组为基础，在庄则坪村办起全县第一个初级农业生产合作社——新民农业生产合作社，当选为社长，成为全县办社带头人。3月向省劳模李顺达、曲耀离应战，制订出爱国增产计划。在县农业技术员指导下，率先在新民农业生产合作社推广金字棉新品种和温汤浸种、药剂拌种等新技术，当年获得增产。他先后出席省、地劳模大会，获奖章、纪念章各1

枚，荣获山西省三等劳动模范称号。1956年，初级社过度为高级社时，又担任高级农业生产合作社社长。1958年公社化时担任管理区主任。他积极贯彻农业八字宪法，实行合理密植，为农业合作化和发展农业生产做出重要贡献。1975年逝世。

宋光明

宋光明（1928—1975），翼城县甘泉乡坂上村人，出身于农民家庭。民国35年（1946）加入中国共产党，1951年11月奉命调到永和县支援山区建设。历任县委监委会秘书、支部指导组组长、县劳动局副局长等职。

1970年8月任南庄公社核心小组副组长、党委副书记、革委主任。他翻山越岭查地形，走村串户访群众，描绘出治沟打坝摘穷帽的蓝图。1970年冬他在全社范围内组织治沟打坝，与农民群众同吃、同住、同劳动，没有一点"官"架子。在工地上，他穿着朴素，埋头干活，浑身泥土，满脸汗珠，不认识他的人总以为他是刚从异乡逃荒来的。有时干上一天体力活，晚上收工回村后他已浑身疲惫，至少需在老百姓的土炕上休息半小时才能抱着枕头吃下一块玉米面窝头。晚饭后还要忍着胃痛开会，翌日照常上工地。1975年3月27日，他胃病加剧，倒在大寨岭林场工地上。4月3日，省城医院给他作胃全切术，才发现他的胃部三分之二的面积上长着癌细胞。11月2日，因病情恶化与世长辞。

李元中

李元中（1908—1977），永和县阁底乡石家湾村人。民国17年（1928）毕业于山西省第九中学。民国25年（1936）考入山西省国民兵军官教导团。日军入侵山西后他踊跃参加青年抗敌决死队，在洪赵交通沿线和吕梁山区与日军展开游击战。每次参战总是奋不顾身，英勇杀敌。一次战斗中，他冲锋在前，背包被敌人子弹击中，全身起火，仍义无反顾，继续冲锋，受到团部表彰。作战间隙，他带头开荒种地，解决军粮不足问题。民国34年（1945），在抗日前线加入中国共产党。

解放战争中，他担任中国人民解放军第一野战军第七军师部后勤主任。参加了解放离石、平遥、榆次、临汾、太原等战斗。为给部队提供给养，部队在襄汾县金安镇办了一个卷烟厂,由他担任总经理。华北解放后,随部队向大西北挺进,参加了著名的西户战役;嗣后直抵西安、兰州。兰州解放,军区派他接管原由资本家控制的兰州卷烟厂,出任厂长。

中华人民共和国成立后,李元中转业到地方工作。1956年任兰州水烟厂党委书记兼厂长。任职期间,产品由原来的两个品种发展到10多个,并远销东南亚各国。1959年,该厂被树为全国轻工系统的一面旗帜。此间,他担任过甘肃省轻工业厅副厅长。他虽身居领导岗位,但一直艰苦朴素、清正廉洁。"文化大革命"中他被挂牌游斗仍挺直腰杆坚持参加生产劳动。1977年9月逝世。

李让应

李让应(1967—1979),女,永和县打石腰乡李家畔村人。其父参加过抗美援朝战争。在父亲英勇无私精神熏陶下,她自幼大公无私、乐于助人。1979年8月6日上午,她相随小伙伴们到黄河边捡柴。柴筐捡满后,有1名小朋友下河玩水,被卷入漩涡。另1个小朋友淌水抢救,也被卷了进去。这时,她纵身跳入水中,用尽平生气力,把两名落水儿童相继推上岸边。两个小伙伴得救了,她却被黄河大浪卷进激流夺去生命,时年仅12岁。

1980年7月,中共临汾地委、临汾行政公署和共青团山西省委分别授予李让应"少年英雄"和"优秀少先队员"的光荣称号,号召全省少年儿童向李让应学习。

张 儒

张儒(1908—1980),又名刘锁,陕西省延川县张家河村人。民国24年(1935)1月,在延川县永远区参加革命工作,同年5月加入中国共产党。先后任二乡政府主席、党支部书记、区主席等职,发动群众斗土豪、分田地,开展武装斗争,致力于革命根据地的建设。

抗日战争全面爆发后到延川县中区事职,相继任延水关乡乡长、中区区长、延川县运输大队大队长、民工社主任等,宣传抗日救国纲领,建立抗日民族统一战线,组织带领群众把从延安开赴华北抗日前线的干部、战士和军需物资护送过河;把河东各地奔赴延安学习、工作的人士护送到目的地。

民国34年（1945）9月永和解放，奉调任永和县财政科副科长、区民政助理员。中华人民共和国成立后，任县民政科副科长、人事科科长。此间，他宣传政策，组织群众，开展土地改革，建立和巩固新生的人民政权，并发展生产，支援全国解放战争。1952年7月任永和县副县长，在实施国民经济发展第一、二个五年计划，加强山区建设中做出了不懈努力。1963年被安置休息。

郝尚贵

郝尚贵（1921—1980），陕西省吴堡县人，在永和县参加革命，担任青救会秘书，是永和县第一批共青团员。民国29年（1940）4月在晋西抗日青年干部学校学习，不久转入绥德八路军一二〇师毛泽东青年干部学校第一分校学习。民国30年（1941）9月任陕甘宁边区吴堡县区委宣传部部长，参加了边区的大生产运动。民国34年（1945）5月任永楼游击队三中队指导员，9月上旬参加了第一次解放永和的战役，9月下旬率永和游击队参加了第二次解放永和的战役，任永和县游击大队副政委，10月任永和县第一区区长。民国35年（1946）11月，率领永和游击大队配合人民解放军彻底解放了永和县。中华人民共和国成立后，曾任陕西省东方机械厂顾问。

李景春

李景春（1903—1981），字子行，永和县打石腰乡河会里村人。幼年在本村读私塾，民国14年（1925）从山西省立国民师范完全科毕业后，在永和县城关完小任教员。

民国16年（1927）7月入太原北方军官学校第二期炮兵科学习。结业后，先后在阎陆军炮兵一团、观测队、山西省保安八区司令部、陆军二一五旅、骑二师、七十一师等处事职，任中尉队副、上尉参谋、中校教导官、经管社经理等。民国28年（1939）任保安八区司令部参谋长期间，随军参加过晋西北抗日。

全国解放战争中，任阎三十三军七十一师二一一团上校副团长。民国38年（1949）4月，奉命率部驻扎在太原市北15公里的郭家窑、陈家窑一带固守阵地。17日，解放太原战役打响时，他秘密发动、策划使阎军二一一团、二一二团同时起义，与解放军某部做内应，为解放太原城做出贡献。

中华人民共和国成立后,景春满腔热情地踏上教育工作岗位,用自己掌握的文化科学知识教书育人。1979年12月退休。

王凤英

王凤英(1916—1981),女,永和县芝河镇圪㧻里人,出身于贫寒之家。民国27年(1938)参加牺盟永和县分会领导的妇女抗日救国会。民国36年(1947)加入中国共产党,担任一区农会主席,组织领导贫苦农民开展土地改革和反奸、清霸等斗争。

中华人民共和国成立后,凤英一直担任农村基层干部。1951年任互助组组长,领导翻身农民互助合作,发展生产。嗣后担任城关初级农业生产合作社副社长、城关大队妇女主任、生产队长等。因丈夫患半身不遂,丧失劳动能力,全家9口人的生活重担全靠她一人承担。1960—1962年困难时期,一家人吃了上顿没下顿,她管理生产队5个粮库,却从未把集体的粮食拿回家中一粒,也绝不伸手向政府要救济。1968年,城关公社认为她对集体贡献大,家庭又困难,专门向上级申请了1个招工指标照顾她的子女就业,她却毫不犹豫地把指标让给比自家更困难的户。她多次被评为省、地、县级劳动模范,并出席县各界人民代表会议和人民代表大会。

弓步云

弓步云(1921—1981),永和县桑壁镇人。民国26年(1937)4月赴山西省国民兵军官教导团学习,七七事变后参加山西新军决死二纵队(后改编为八路军),在晋绥边区交城、文水一带,直接与日军交战。民国29年(1940)加入中国共产党。赴抗日军政大学第七分校学习后,民国32年(1943)到陕西省神府县任防河支队一连指导员。

全国解放战争中,先后担任晋绥军区三十一团二营教导员、绥远军区二十二师政治部宣传科副科长、六十四团政治部副主任等职,随部队转战陕西、山西、内蒙古等地,参加解放榆林、太原、包头等重大战役。民国38年(1949)秋,奉绥远军区派遣,率1个营的兵力进驻归绥市(今呼和浩特市),接收原国民党驻绥远省起义部队。

1951年冬随部队开赴朝鲜战场,担任六十七军二〇〇师六〇一团政治部主任。

1953年从朝鲜归来后回原二〇〇师任后勤部政委。1955年秋调任五八〇团政委,1960年调任师政治部副主任(上校军衔)。

1964年11月转业到地方工作,担任国家地质部第一矿产公司政治部副主任。"文化大革命"期间受到打击迫害。1970年恢复工作,担任郑州第二砂轮厂党委常委、革委会副主任。1971年冬任河南省交通厅核心小组成员(副厅级)。1981年2月10日因病逝世。

李 汀

李 汀(1923—1982),又名容江,原籍山东省鄄城县,童年时随父母逃荒到永和县城定居。性格豪爽,刚直无私,粗中有细。

李汀自幼酷爱文艺,在小学读书时即登台演出宣传抗日救国的相声、小话剧等。民国27年(1938)冬,成为县牺盟会流动工作团首批队员。民国28年(1939)5月,流动工作团并入吕梁剧社,毅然远离家乡,到地处抗日前线的隰县黄土镇,成为剧社社员。翌年,在剧社加入中国共产党。嗣后,在延安鲁艺干部和部队艺术学校学习两年。民国31—37年(1942—1948)在八路军一二〇师战斗剧社任社员、舞台美术股股长等;民国37年(1948)后调任西北军大艺校教师、实验剧团副团长等。其间,在晋绥军区大生产运动中获嘉奖。

1950年6月转业到地方工作,先后任中共成都县委宣传部副部长、县团工委书记,四川省阿坝州通川机械厂、州制革厂、州电厂厂长,阿坝州刷经支前委员会办公室主任等。1958年后受"左"倾路线影响和"文化大革命"干扰,长期遭受迫害,下放劳动20年之久。1977年平反后任阿坝州金川县政协副主席,1980年离休。

李树茂

李树茂(1924—1982),永和县坡头乡坡头村人。民国35年(1946)12月参加中国人民解放军,历任中国人民解放军一军三师八团司令部管理股股长、一军一师坦克团后勤处军需主任、步兵第三预备师后勤处副科长、成都军区步兵第五团后勤处副处长、处长等职。全国解放战争期间,参加过灵石县罗莆村、吉县东村、太原大马村小马村、东山牛驼寨等战斗,在后勤服务、物资保障方面做出贡献，荣获解放奖章1枚。1949年加入中国共产党。1950年参加中国人民志愿军，赴朝鲜参战并获得嘉奖。回国后，因后勤保障供应及时被授予"二级先进分子"称号。

1964年4月转业到地方工作，先后任成都市纺织品采购站副经理、经理、党委书记。他爱岗敬业，刻苦钻研，很快熟悉商业，胜任了新的工作。1981年7月，四川境内遭受特大洪灾，他身患重病坚持参加抗洪抢险战斗。1982年逝世。

贺凤元

贺凤元（1919—1982），石楼县和合乡水井湾人。民国28年（1939）参加革命工作，民国34年（1945）加入中国共产党。抗日战争和解放战争时期任石永支队（石楼和永和游击支队）教导员。民国34年（1945）9月16日—20日，他带领游击队配合解放军第一次解放了永和县城。10月19日—28日，他率领游击队员配合人民解放军第二次解放永和县城。之后，他改任永和县第三区游击队第二中队指导员。民国35年（1946）7月，永和、石楼、隰县、大宁四县组成中心县，永和游击队改编为石永支队第二营。9月20日，他带领永和游击队员迎接解放军，在游击队的配合下，人民解放军于22日攻克永和县城，永和县第三次解放。之后，他历任永和县公安局侦察股股长，永和县农场场长，永和县阁底公社党委副书记、公社主任等职。1964年因病离职休息。

药书勋

药书勋（1924—1983），又名药石，永和县芝河镇药家湾村人。自幼爱好文艺，在小学读书期间，即与同学同台演出宣传抗日救国的文艺节目。民国27年（1938）5月参加牺盟会组织，从事抗日救国宣传工作，同年12月加入中国共产党，旋即参加县流动工作团。民国28年（1939）5月，流动工作团并入吕梁剧社，成为吕梁剧社社员。不久，党组织派他到晋绥青年干部学校学习，后任晋绥边区吕梁军区九分区永和县青年部长、隰县中心县委秘书等职。全国解放前夕，赴中央党校学习，结业后长期在四川成都市工作，担任成都市搬运工作委员会主任、市总工会秘书长、市建筑工会主席、市木材公司党总支书记等职。

郭怀璧

郭怀璧（1925—1983），永和县芝河镇圪捞里人。民国31年（1942）7月始，在永和县索珠、后河、乌门等村的民族革命小学任教员。永和县解放后，相继任县税务局会计与司法科书记员、审判员、副科长。1949年12月加入中国共产党。1953年10月赴北京政法学院学习，翌年7月结业，先后任汾西县人民法院院长、夏县人民法院院长、吕梁县人民检察院副检察长和隰县人民法院院长。他作风正派，清正廉洁，勤奋职守，秉公办案，颇受群众敬仰。先后当选为汾西县第一、二、三届和隰县第四、五届人民代表大会代表。

"文化大革命"开始，遭受批判，下放农村劳动4年。1973年10月恢复工作，先后担任隰县信访办公室主任，中共隰县县委纪律检查委员会书记。

1983年5月，在任职期间病逝，终年58岁。

李 位

李 位（1912—1984），原籍灵丘县南降村。民国28年（1939）参加八路军，翌年加入中国共产党。历任三五九旅七一八团三营十一连班长、排长、副连长。

抗日战争最艰苦的时期，李位在南泥湾军民大生产运动中，手持1把2.5公斤重的镢头，日开荒地1.7亩以上。部队开展开荒竞赛，他以日开3.67亩的纪录遥遥领先，号称"气死牛"，被评为全军劳动模范和陕甘宁边区特等劳动英雄，受到毛泽东主席、周恩来副主席和朱德总司令的接见。民国32年（1943）11月27日毛泽东主席接见他时，勉励他要"好好革命，革命到底！"民国37年（1948）因战致残，复员到永和县坡头乡白家崖村落户。

定居白家崖村后，李位保持和发扬了南泥湾的传统作风。1951年，他在白家崖组织起农业生产互助组，带领农民走合作化道路。后来又担任初级社社长、高级社社长、生产大队长等职。1976年，他不顾年老体弱，带领群众办起集体养猪场，精心饲养1年使养猪场由40多头猪发展到80多头。1977年，出席山西省第五届人民代表大会。

1978年10月，应新疆军区之邀，回部队看望首长和战友。40多天行程3925公里，走访23个单位，作革命传统报告25场，新疆军民深受感动。新疆驻军某部农垦部队、中共阿克苏地委做出向李位学习的决定。

李位退伍后，先后40多次被评为省、地、县劳动模范，先进生产者。他的事迹多次在《人民日报》《解放军报》《山西日报》刊登。

蔚德贵

蔚德贵（1915—1984），文水县西城乡武良村人，出身于贫寒家庭。3岁丧母，16岁时跟随商人到永和县城定居，以跑小腿、当店员、摆小摊维持生活。

永和解放后，在城关进行土地改革试点工作，德贵被推选为农会成员兼果实库房会计。政府号召发展工商业，他把土改分到的土地全部退还农会，重新摆起小摊。1950年，响应政府关于互助合作的号召，他带头与武兴文、高孝德组合，创建"三义永"门市部，以此带动另外4家小商贩整修门店，扩大经营。1954年，"三义永"被确定为棉布经销店，他月薪27元，另加补助10元。他把应领的补助金一直用作商店发展基金，从未领取自用。1956年"一化三改造"时，他带头实行公私合营，使全县工商业的社会主义改造圆满完成。1958年他所负责的商店过渡为国营商店，他仍任工商联主任，兼任百货公司副经理。在长期经商的实践中，他改进月终盘存方法，创造出剪刀裁衣法，深受顾客信任，赢得了经济效益。

"文化大革命"中工商联停止活动，1970年他被下放到副食品加工厂做勤杂人员。此时他虽年事已高，身体欠佳，却毫无怨言。1973年因身患重病休息。

在职期间，兼任过县各界人民代表大会常务委员会委员、县人民委员会委员、山西省工商业联合会委员、吕梁县政协委员会常务委员等。

马补兰

马补兰（1928—1985），女，原籍石楼县东石洋乡王家沟村。民国34年（1945）随夫逃荒到永和县，土地改革后定居坡头乡土罗村。1950年加入中国共产党。历任农业合作社社长，大队治保主任，党支部副书记、书记。

20世纪50年代，她带领群众走农业合作化道路，努力发展生产，踊跃交售爱国粮，多次被评为全县售粮模范、劳动模范，并当选为县第二、三届人民代表大会代表。60年代初，走村串户宣传，发动群众，带领本大队群众战胜了三年自然灾害造成的严重困难。70年代初从大寨参观归来后，带领群众苦干实干，她包点的土罗一队翌年人均口粮达250公斤，每个劳动日分红1.5元。

她任生产大队党支部书记，丈夫任生产队长，夫妇俩一心扑在集体生产、工作上。生产队打场用的扫帚都从她家拿，从来不用集体买。她家的两个梯子、一块油布都无偿送到麦场上，让集体垛麦、盖麦垛使用。白面她舍不得自家吃，却攒下来让下乡帮助工作的干部吃，并不收钱和粮票。

她破除重男轻女观念，克服家庭困难，将4个女孩、2个男孩全部供养上学，并培养出永和县第一个女大学本科生。

长期超负荷的工作、劳动累垮了她的身体，1985年8月病逝。

郝　恩

郝　恩（1906—1986），陕西省延川县人。民国23年（1934）4月参加革命，同年加入中国共产党。初期，在陕西延川特区做中共地下工作，不久调任二支队宣传员，主要在永和、石楼沿黄河一带活动；同年9月调任十七支队宣传员，其活动地区在黄河东西两岸延川至永和边界。民国24年（1935）10月调任山西游击队独立营排长。民国25年（1936）2月在永和县咀头村攻打阎锡山军队碉堡时，左臂负伤，仍指挥全排坚持战斗，直至战斗胜利结束；6月任陕西延川第五乡指导员。民国37年（1948）5月任延川区委组织委员。民国38年（1949）5月调永和县公安局工作，为解放初期人民政权的巩固、人民生产生活的安定做出了贡献。1962年退休，1980年改为离休，享受厅局级待遇。

康瑞林

康瑞林（1927—1986），永和县城内人。民国31年（1942）入山西进山中学读书，毕业后考入该校后期师范班。

民国36年（1947），参加县人民政府举办的小学教师训练班，后相继在阎家腰初小、索驼初小、城关完小担任教员。1950年冬，参加全省首次模范教师大会。1951年3月在城关完小任教员时，倡导建立县教育工会，并具体参与筹建。是年12月提任县文教科副科长，嗣后相继任教育局副局长、文教局局长、文卫局局长、卫生局局长等职。在办好小学教育，发展初中教育和职业教育，发展公社医院和大队医疗所方面成绩斐然。

"文化大革命"中遭受冲击。1973年后任罢骨公社革命委员会副主任、县计划生育办公室副主任、教育局副局长。虽降职使用，但他从不计较，仍然发奋工作。1984年12月，当选为政协永和县第一届委员会副主席。1986年12月因病逝世。

白炳炘

白炳炘（1906—1987），乳名千祥，化名马义，陕西省清涧县袁家沟村人。民国14年（1925）参加农民协会。民国15年（1926）在永和县李家崖村崔玉胡的领导下开展地下工作，担任永和第一个共产党小组的交通员，在呼家庄、成家坪、塔子上、方底、珍珠塔、胡家沟秘密组织农会小组。民国16年（1927）参与清涧东区抗粮暴动，民国18年（1929）春加入中国共产党，民国22年（1933）成为红军游击队员。土地革命时期，历任交通员、战士、班长、中队长，陕北游击总指挥部总经理、处长，清涧县革命委员会军事委员，陕北革命军事委员会兼驻东地区办事处主任，陕北军分会主席，中共陕北第一分区特委书记、政委，陕北省委组织部副部长、部长，陕北东地特委书记兼政委。从事秘密交通工作，建立联络据点，运送武器弹药，迎接谢子长回陕北，支援东征红军渡河，打土豪，杀贪官，为开创陕北东部革命根据地贡献颇大。抗日战争时期，担任绥德特委民运部部长，米脂县委书记，子州县委书记兼县长，葭县县长，陕甘宁边区运输公司经理、运输盐业总公司政委等职。在领导剿灭土匪、开展大生产运动、巩固和保卫边区、支援抗日等工作中，成绩显著，被选为中共七大候补代表。解放战争时期，先后任山西吕梁十分区地委军事部长、司令员，石楼、永和、大宁三县中心县长，乡宁县县长，十分区专署专员。开展土地改革，支援西进大军渡河，成绩斐然。1949年后，任甘肃定西专署专员，甘肃省劳动局局长、政协常委、总工会副主席、农牧局副局长、省五届人大常委会委员。

炳炘实事求是，敢于直言。1958 年，被下放榆中郊区劳动改造。1987 年 1 月 21 日病故于兰州。

郭生才

郭生才（1914—1987），高平市唐庄乡琚庄村人。民国 16 年（1927）家乡遭灾，随伯父逃难到永和县定居。

生才 12 岁起跟随师傅学做木活、石活、瓦工活，成为木、石、瓦三艺俱全的巧匠。他忠厚老实、做工精细，善雕"富贵不断头""砖包城""梅花贴窗"等老百姓喜欢的花样，故在永和县沿黄河一带享有盛誉。

民国 37 年（1948）9 月，生才被推选为三区属步村农会主席，组织和领导贫苦农民进行土地改革。1952 年当选为县各界人民代表会议代表。1953 年担任冯家埨乡乡长，1954 年 4 月任冯家埨供销社主任，同年加入中国共产党。嗣后先后任县木业社、缝纫社、木器厂党支部书记和石工队队长、建筑社主任等职，一直在手工业生产单位工作，成为永和建筑业的开拓者之一。1975 年退休。

吕元善

吕元善（1903—1988），文水县乐村人。8 岁丧母，随父到永和县桑壁镇定居，就读于桑壁小学。因家境困难，15 岁辍学到县城"恒义公"商号学徒，步入经商之道。抗日战争爆发后，商号老板抽股回文水老家，元善用省吃俭用积攒的小额本钱继续经营，撑起"恒义公"的门面。

永和县解放后，元善的聪明才智得到充分发挥。1956 年"一化三改造"时，他积极组织县城 10 多家小商小贩走集体化道路，成立合作商店，被推定为商店经理。他热情待客，服务周到，唱价结算，童叟无欺，赢得高度信誉，方圆群众大都为其长期顾客。他所带领的"老汉铺"经营有方，勤进快销，固定资产、流动资金、公积金等均逐年增加，并按时、足额纳税，为繁荣永和城乡经济做出积极贡献。1975 年因年事已高退职家居。

元善在永和商界深孚众望，曾任县工商联执委会常委等职。

冯大成

冯大成（1909—1989），字集甫，永和县阁底乡庄则坪村人。幼年入私塾读书，民国24年（1935）从山西大学法学院法律系毕业。

大成立志报效国家。回县后，先后担任阎锡山主张公道团区团长、一区代区长、阎警卫六十六师三十八团二营指导员等职。不久，抗日战争全面爆发，大成以为中华受辱皆因民众素质低下，便毅然投身教育，先后担任县城高等学校校长、县立中学教员。尽管战事频繁，月薪斗米，仍坚持边耕边教，办学育人。他常常给学生讲述儿歌《鸟儿巢》，以树喻国，以巢喻家，联系时势，引导学生从大风卷来树倒巢翻的自然现象中悟出"国破家难在，国强家可保"的道理，给学生灌输爱国爱家的思想。民国33年（1944），阎政府委任他为清徐县县长，他固辞不受。

中华人民共和国成立后，大成重操教鞭，走上三尺讲台，先后在永和县城关完小、附设师范班、隰县师范学校、永和中学担任教师。他学历高，功底深，知识渊博，记忆力强，学校缺哪门课的教师，就带哪门课，即使所任课目在当时来说不算主课，却依然认真备课，把教案背得滚瓜烂熟。学生有问题求教，答案可随口而出，准确无误，大家称他为"活字典"。"文化大革命"初期，他受到错误的批判，1969年以其"历史有问题"被清洗出教师队伍，后予彻底平反。1974年退职休息。

董茂林

董茂林（1913—1989），原名刘将权，石楼县东卫村人，生于贫苦农家。民国25年（1936）红军东征到石楼后，他主动为红军担水、背柴、当向导，介绍当地情况。不久加入牺盟石楼县分会，民国26年（1937）2月加入中国共产党。此间，他自学中医诊病、治病技术，成为吕梁山一带小有名气的郎中。他以郎中身份掩护，长期从事党的交通联络工作。

民国36年（1947），茂林奉调到永和县，历任县建设科副科长、农林科科长、人事科科长、人民医院院长、人委办公室主任、卫生局局长、人民医院党支部书记等职。

1962年茂林离休后，克服体弱多病的困难，先后研读中医书籍180余本，摘抄笔记5万余字，背诵汤头200多首。并把《叶天士女科》改写成七字言7本11.9万余字，把自己历年积累的8.72万张处方存根和600多个小偏方整理编写成《内科疾状》24册89万余字。离休20多年，他为群众义务诊病治病7.3万人次，治愈不少疑难病症。1980年，陕西省清涧县一姑娘患"四肢僵硬症"，到北京、西安等地大医院花几千元也无明显疗效。当她慕名到永和后，茂林用外灸和内服中药的疗法，服过17付中药，病情就大为好转。他治愈几万名患者，当患者及其家属给他付酬和表示感谢时，他总是不收诊费，不要礼品，不喝谢酒。

1982年11月24日，《人民日报》以"他把山里人当亲人"为题，对茂林的动人事迹作了报道。1989年4月与世长辞。

王建基

王建基（1905—1990），字君础，永和县芝河镇霍家沟村人。8岁入私塾读书，民国11年（1922）1月从太原国民师范肄业，先后在永和县索驼初小、乌门初小、县城实验小学、两级小学、中心小学校任教员。

永和县解放后，建基重新走上教育岗位。1950年3月被任命为城关完小副校长，作为文教界代表出席首届永和县各界人民代表会议。9月在首届各界人民代表会议第二次会议上被推举为常务委员会副主席。翌年10月驻会主持常务委员会日常工作。至1955年3月，先后参加、主持2届11次代表会议和数十次常委会议，动员和组织县内各界人士监督政府工作，参加社会主义建设各项事业。同时，他当选为第二届山西省各界人民代表会议代表，于1953年、1954年先后列席本届协商委员会第四次、第五次（扩大）会议。各界人民代表会议结束工作后，建基于1955年4月重返教育界，先后担任城关完小副校长、桑壁完小副校长、县教师进修校副校长等职。此间，他联系、动员9名知识分子组成学习小组，坚持学习中国共产党的方针、政策和人民政府的法律、条例，自觉改造主观世界，在社会主义建设各项事业中发挥才智，贡献力量。"文化大革命"中受到错误的批判。1974年离休。

李全笑

李全笑（1935—1993），万荣县荣河镇人。自幼爱好美术，自学绘画多年。1949年在运城专区卫生防疫站从事宣传工作；1957年至1973年，在隰县文化馆、隰县文工团、襄汾蒲剧团任美工、编导；1975年调永和县晋剧团，任专职美工；1981年在永和县文化局工作；1984年任政协永和县委员会副主席。

李全笑从1981年在《山西晚报》发表第一幅漫画《人情如债》开始，他的漫画、版画创作呈"井喷"态势。短短十余年，其1000余幅版画、漫画在全国300余家报纸杂志上发表，其中许多作品获奖。1984年创作的漫画《无题有感》《练硬功》分别获取首届山西省漫画展优秀奖和"青年美术杯"体育幽默画三等奖；1986年创作的漫画《室内足球》获首届《四川工人时报》漫画大赛二等奖；1987年创作的漫画《碰壁》获《人民邮电报》举办的"法律在我们生活中"大赛三等奖；1988年创作的漫画《并非寓言》获《中国青年报》举办的"二峨杯"全国漫画大赛二等奖；1989年创作的漫画《人》《贫困地区的贫苦户》分别获得"五粮液杯"全国漫画大奖赛优秀奖和全国新闻漫画大赛三等奖；1990年创作的漫画《非看不可》获《漫画月刊》举办的"嵩山泉杯"全国漫画大赛一等奖。

1993年3月，因病去世。

柳凯生

柳凯生（1947—1993），永和县芝河镇延家河村人，出身于革命干部家庭，大学学历。1969年参加工作，1971年加入中国共产党。曾任忻州地区革委会组织办公室副主任、地委宣传部副部长，山西省建筑四公司、二公司党委书记，山西省建筑总公司副经理、经理、党委书记等职。

柳凯生干一行，爱一行，专一行。在建筑行业任职期间，他亲自参与了平朔露天煤矿生活区、汾酒厂扩建、平板玻璃厂浮法生产线、河津铝厂、山西水泥厂、山西省委大楼等省内重点工程施工的组织指挥。他丰富的专业知识和突出的指挥能力，深受各界敬佩和赞扬。

他勤奋务实，崇尚节俭，廉洁奉公，一尘不染。每次出差，总是坐硬席，住小店，吃便饭，速去快回，舍不得多花公家一分钱，不愿浪费一天时间。因工作关系收到一些单位和个人的馈赠礼品，他均如数交公。在重点工程的施工现场和临时工棚，到处都留下了他的足迹。

长期超负荷工作，使他积劳成疾，1993年10月23日因病去世。

毛明远

毛明远（1921—1994），永和县芝河镇北则里村人。童年、少年时期先后在罢骨初小和县城高小就读。七七事变前因参加学潮和时局动荡被迫辍学回家务农。

民国27年（1938）1月，明远参加县牺盟会。不久被选送到汾西民族革命中学学习。翌年6月又被选送到延安抗日军政大学（总校）学习，9月加入中国共产党。民国30年（1941）同部分抗大学员随陈赓部队东渡黄河，赴冀南敌后开展抗日武装斗争，开办抗大分校。民国31年（1942）到太岳二地委工作，不久到中共领导的翼城县公安局，先后任党支部书记、刑侦队长、指导员、副局长。抗日战争胜利后，相继任翼城县公安局副局长和浮山县公安局副局长、代局长，参加了解放翼城、临汾等地的战斗和战役。

民国38年（1949）4月太原解放后，毛明远先后任共青团山西省委、省体工委、省学联、省青联秘书长。1952年起任山西省总工会生产部长、办公室主任、党组成员、秘书长等职。

"文化大革命"初期，毛明远遭到迫害。但他仍坚持实事求是，尊重历史，为战争年代和建设时期的许多老战友、老同事写下了宝贵的证明材料，为他们后来的平反和复出工作做出了应有的努力。

1972年毛明远恢复工作，先后任临县三交区委书记、临县县委常委和县革命委员会副主任。1974年任中共山西省委党校党委委员、教务部部长。1975年任省设计院党委书记。1979年任太原矿山机器厂党委书记。1983年3月，当选为太原市七届人大代表、常务委员会委员，任市人大常委会副秘书长兼城建工作委员会副主任、主任。

1988年离休，享受司局级待遇。离休后参加太原市老龄委和省老干部协会工作。

郭云英

郭云英（1928—1994），女，永和县城内人。自幼才思敏捷，能歌善舞。民国28年（1939）春弃学从艺，从县民族革命小学走向县牺盟会流动工作团，投身抗日救国宣传工作。是年7月转入抗日前线（隰县黄土镇）的吕梁剧社。翌年，冲破国民党反动派和敌对势力的重重封锁抵达抗日中心延安，加入延安青年艺术剧院。民国32年被调往陕甘宁晋绥联防军政治部宣传队。全国解放战争期间，云英赴东北，参加东北民主联军总政治部宣传队。先后演出过夏衍的《一年间》《上海屋檐下》，宋云的《爱国者》，马建翎的《血泪仇》以及反映反法西斯战争、解放区建设等各种形式的一大批优秀剧目。

中华人民共和国成立后，云英任八一电影制片厂新闻编辑部编辑、广东省华南话剧团第一副团长。1959年主持创办广东省舞蹈学校，担任校长。办校30多年间共培育毕业生17届500余人，为广东省内及部队团体输送了大量人才。不少学生已成为著名演员、编导、教师和艺术管理干部，有的在全省、全国的演出和舞蹈比赛中获奖。1963年，云英参加广东大型音乐舞蹈史诗《东方红》的组织领导与导演工作。

云英为中国舞蹈家协会会员，广东省舞蹈家协会理事、顾问；中国戏剧家协会会员，广东省戏剧家协会理事；第二届广东省文学艺术联合会委员，广东省第二届政协委员。1990年中国舞蹈家协会授予其荣誉证章，广东省鲁迅文艺奖金第三届（舞蹈）评奖委员会授予其"为我省舞蹈教育事业做出贡献的舞蹈家"殊荣。其主要生平事迹被收入《中国文艺家传集》。

赵玉遗

赵玉遗（1925—1995），永和县阁底乡乌华村人，出身贫寒，赋性聪颖，思维敏捷。初中毕业后，于民国31年（1942）9月在苏土村初级小学校任教员。永和县解放后，在区、村供职，于民国35年1月加入中国共产党。先后担任二区助理员、三区副书记、四区副区长和区长等职。

中华人民共和国成立后，玉遗到县级机关工作。1950年起先后任县委秘书，县委组织部副部长、部长，下庄水库办公室主任，副县长兼农工队队长等职。

1952年在一区杨家庄村下乡时，动员李才昌、张云清等农户率先组建互助组，走互助合作道路。以后又办起初级社、高级社。1953年11月实行粮食统购统销时，在全县四级干部会议上带头发言，支持和拥护国家的政策，并动员其父带头售余粮1000公斤，给全县人民做出榜样。1959年11月，在下庄水库工地指挥吕梁县民工大兵团作战，发现防洪槽下往上冒水，当即组织党团员突击队不畏严寒带头跳入冰水挖泥，保证了水库工程施工顺利进行。

1973年以后，玉遗先后担任县革委生产组副组长、县委文教部部长。领导新建起县体育场，美化了县城街道，县医院和各公社医院得到巩固与发展。1986年离休。

李 笙

李 笙（1926—1995），女，曾用名蓉莲，永和县城内人。出身贫寒，性格豪爽。民国28年（1939）春，李笙仅12岁，便毅然放弃在县民族革命小学读书机会，参加县牺盟会创办的流动工作团（即抗日剧团）。剧团饮食条件差，自家也很困难，却主动从家中拿一些白面为伙伴们改善生活。是年7月，她说服父母，步行百余里到隰县黄土镇参加吕梁剧社。嗣后，三渡黄河抵陕北延安。民国34年全国抗日战争胜利前夕，加入中国共产党。

解放战争时期，李笙就学于延安边区师范和宝鸡地区干校，毕业后，在鄜县（今富县）一、二完小和职工文化补习班担任教员。

中华人民共和国成立后，主要从事妇联和卫生部门领导工作。1950—1962年任陕西省安康地区妇联秘书、副主任、主任，1957年出席全国第三次妇女代表大会。1962—1968年任渭南地区妇联主任。1973年起任渭南地区卫生局副局长兼计生办主任。1983年离休，享受副地师级待遇。

任 进

任 进（1929—1995），孝义县下栅村人，出身农民家庭。民国31年（1942）本村小学毕业后当学徒。民国33年（1944）始先后在阎四十一师一团、骑二师四团、四十六师一团和青训班学医、当护士。民国38年（1949）4月参加中国人民解放军，

8月考入中国人民解放军六十三军兽医学校学习。1951年毕业后参加抗美援朝，在中国人民志愿军六十三军一八八师五六四团当兽医。归国后至1963年任团兽医主任、所长，先后被授予少尉、中尉军衔。1985年8月加入中国共产党。

1963年从部队转业到永和县工作。先后担任县兽医院副院长、院长，县畜牧站站长，县畜牧局副局长等职。为诊治畜禽疾病，他翻山越岭，徒步跑遍全县山庄窝铺。根据所学过的理论知识，结合长期从事兽医工作的实践经验，撰写出《对疝病病畜的诊断探讨》论文。同时培训出初级兽医技术员40余人，引进牛、驴、猪、鸡等优良品种10余种。根据永和县实际，他先后引进辽宁盖县白绒山羊200余只，培训绒山羊改良员44人；还采用人工授精方法，改良本地山羊，取得良好的经济、社会和生态效益，使以绒山羊为主的畜牧业成为永和县农民脱贫致富的支柱产业。1988年4月，被评为高级中兽医师。1993年离休，享受副县级待遇。

任文信

任文信（1931—1995），永和县打石腰乡尉家圪村人，出身于农民家庭。民国37年（1948）建立村政权时，被吸收为村公所通讯员。1952年起，先后任县财政科副科长、统计科科长、计委副主任、县委调研室主任等职，1963年7月后任县人委办公室主任。他不唯上，不唯官，坚持实事求是，认真履行调查研究和统计监督职责，为领导提供科学决策的依据。

"文化大革命"初期，他坚持真理，抵制"左"的错误，于1966年12月被扣上"现行反革命分子"帽子，开除党籍，逮捕入监。1967年4月获释后回家劳动3个多月。

1967年7月重返工作岗位，参加下乡工作队和生产办公室工作。1970年10月任县革委生产组副组长。他兼任治理阎家腰沟水保工程总指挥，实打实地和民工一起干活。在官庄平整土地工地上，他亲自规划，亲自施工，挥锨刨土，推平车运土，与群众滚得火热。1975年9月改任县委组织部部长后，在考察、培养、调配干部方面付出很大努力。1981年12月奉调到乡宁县工作，先后担任县委组织部部长、县人大常委会副主任。

1994年离休。1995年赴太原诊病，因车祸去世。

冯振铎

冯振铎（1919—1996），永和县阁底乡庄则坪村人。7岁入私塾读书，民国26年（1937）以优异成绩毕业于太原成成中学。嗣后，先后在山西青年新军决死二纵队、永和县三区雨林村公所、精建会永和县分会供职。永和县解放前夕弃职回家务农。

1952年在城关完小任教员。他知识渊博，教学有方，责任心强，深得学生爱戴和社会各界称赞。1955年始先后任桑壁完小、阁底完小、交口完小等校副校长。"文化大革命"初期，受到错误批判，仍对教学勤恳负责，毫不懈怠。1972年，全县大办高中，他奉调到交口中学任高中语文教师，翌年任石畔岭高中校长，尔后任西庄中学校长。1978年调任县教师进修校副校长。

1982年，他被选调到县志办公室工作，1985年任县志办副主任。他不顾年高体弱，和办公室人员一起，从北京图书馆抄回濒于失传的清康熙四十九年版《永和县志》，并与王万富一起进行断句、注释，加以整理，重新排印，抢救回历史资料。1988年办理退休手续后，仍关心、支持永和县修志工作，坚持写出建置、自然环境、教育等编的初稿六七万字，为编修1995年版《永和县志》提供了大量资料。

杜房瑛

杜房瑛（1912—1997），永和县桑壁镇前龙石腰村人，出身于贫苦农民家庭。民国28年（1939）在永和县参加牺盟会，担任二区农救会秘书。翌年2月参加山西新军决死二纵队。在抗日战争和解放战争期间，先后转战山西文水，东北吉里、松江、长春，天津丁子沽，湖南武冈等地，一直从事战地后勤工作。民国37年（1948）7月加入中国共产党。

中华人民共和国成立后，转入广西军区，担任武鸣军分区四科副科长、军政干校管理股股长等职，参加了广西地区的剿匪战斗。

1952年转业到华南垦殖局，历任广西分局总务科科长、垦殖局国营先锋农场场长和党委书记、延安农场党委书记、武鸣华侨农场副场长兼工会主席等职。1966年离休，享受副厅级待遇。1997年，因病去世。

冯希贵

冯希贵（1926—1997），永和县交口乡义合村人。民国34年（1945）11月参加中国共产党领导的地方武装，不久转入正规部队，翌年3月加入中国共产党。先后转战永和、大宁、吉县、新绛、河津、临汾、平遥、崞县、忻县等地，历任排长、连长、营副参谋长、区武装部部长、县武装部副部长等职，参加、指挥过数十次战斗。民国37年以后，随部队转战华北、西北地区。华北军政委员会、西北军政委员会、中华人民共和国国防部授予他解放华北纪念章、解放西北纪念章、解放奖章等证章。全国解放战争结束后，参加了剿匪斗争。

1956年，复员到甘肃省西北煤炭管理局山丹矿务局土建队，任党总支书记、武装部副部长。1962年9月调回永和县，历任泊洋乡党委副书记、下乡农村工作队组长、县水土保持专业队指导员、县林业工作站指导员等职。1985年5月离休。

贺进禄

贺进禄（1920—1998），永和县城内人。民国23年（1934）2月参加中国工农红军，随军经历长征后到达陕北革命根据地。民国29年（1940）2月加入中国共产党。先后担任八路军三八五旅政治部宣传队分队长、陇东军分区独立团三营连指导员、宝鸡军分区政治部联络科科长等职。在土地革命、抗日战争、解放战争时期，参加过瓦窑堡战役、龙方战役、庆阳战役等。他英勇善战，指挥果敢，多次荣立战功，受到表彰嘉奖。

1952年，调任总政京剧团副团长。1956年集体转业，任中国京剧四团副团长。他率京剧团多次出国访问演出，为扩大新中国的影响，增进国际文化交流做出贡献。1955年被授予少校军衔。1957年，中华人民共和国国防部授予其八一勋章、独立自由勋章、解放勋章各一枚。

1958年，中国京剧四团改编为宁夏京剧院，进禄任副院长。嗣后相继在宁夏大学教学仪器厂、宁夏回族自治区电影公司任职，为自治区的文化发展和艺术繁荣发挥了重要作用。1985年离休，享受厅局级待遇。

黄清源

黄清源(1927—1998),永和县打石腰乡黄家岭村人。民国31年(1942)考入隰县进山中学初中部,民国34年(1945)该校迁往太原,他又考入高中部、师范班。民国37年(1948)毕业后,在太原明德小学任教。嗣后,又考入山西大学工学院土木工程系学习,1952年毕业。先后在华北煤管局、国家煤炭工业部建筑安装公司、山西洗选公司、霍县矿务局、西山矿务局等单位工作。主要从事土木建筑设计、基本建设管理等工作,历任助理技术员、技术员、主管技术员、专业工程师、高级工程师。曾担任九三学社太原西山支社副主委、山西省分社主委。其论文《西山矿务局矿区建筑物抗震加固的探讨》、译文《论减轻无筋砖建筑物的震害》分别刊载于《西山科技》1985年第四期和1990年第四期。1988年退休。

王宗文

王宗文(1915—1999),永和县交口乡郝家山村人,中共党员。民国24年(1935)参加中国工农红军,历任一二四师十二团三连战士、国民革命军第八路军战士。民国31年(1942)至1950年,先后在留守兵团警备八团一连、河北地方四十八团、独立团、十九兵团补充团担任战士、班长、副排长、排长、副连长、连长职务。1950—1951年12月,历任宁夏永宁县工区区长、县武装部军事股长。1952年1月任中国人民志愿军五分部汽车警通连连长。1955年12月—1984年1月,历任临汾地区石油公司工务股股长、永和县生产资料公司经理、永和县药材公司经理、临汾地区商业局顾问。1984年11月离休。

张银生

张银生(1931—2002),交口县王家庄村人。民国37年(1948)11月参加革命工作,1952年10月加入中国共产党。曾任永和县商业局局长、永和县打石腰公社核心小

组组长、永和县生产组组长、永和县革委会副主任、永和县副县长、永和县人大常委会主任。

其工作敢想敢干，行事果断。任副县长期间长期分管财贸工作。1972年主持在交道沟建起永和县第一个万株果园；1977年负责建起永和县第一座楼——常委办公楼；1978—1983年，负责建起永和县委、县政府大院南北两座二层楼和西面一座四层楼，同时新建县影剧院；1985年主持建立了华北最大的蓖麻油厂——永和县蓖麻油厂。1987年负责新建永和酒厂，永和"楼山春"酒驰名一时。山西省劳动竞赛委员会授予其三等功荣誉。

李 钢

李 钢（1921—2007），永和县打石腰乡郑家塬村人，早年毕业于太谷民贤中学。民国25年（1936）参加革命，被选送到抗日军政大学学习，后加入中国共产党。

民国26年（1937）11月—34年（1945）9月参加抗日战争，先后任八路军晋中独立支队中队长、组织干事，第三军分区武工队政委、书记，冀豫地委青委书记，中共磁县县委宣传部部长、组织部部长，中共沙河县委宣传部部长、组织部部长，中共襄垣县委书记。荣获抗日战争三级独立自由勋章。

民国34年（1945）10月—1950年9月参加解放战争，先后任太行军区第三分区东北干部团政委，吉南军区第四支队政委，中共吉林九台县委书记，中共吉林永吉县委书记，东北局政策研究室研究员。荣获解放战争二级解放勋章。

1950年10月参加抗美援朝战争，先后任中国人民志愿军后勤二分部、一分部政委。荣获朝鲜民主主义人民共和国二级自由独立勋章和朝鲜民主主义人民共和国国旗勋章。抗美援朝胜利后任军委后勤部政治部组织部部长。

1957年11月转业到地方工作，任大连化工厂党委书记。1960年6月—1970年11月，任化学工业部计划司司长；1970年12月—1977年4月，先后任旅大市化工局革委会副主任、副书记、主任、书记；1977年5月—1979年3月，任辽宁省石油化工局局长、党委书记；1979年4月—1983年3月，任中共辽宁省锦州市委书记；1983年4月—1993年12月，任中共辽宁省顾问委员会委员。1993年12月离休。2007年7月4日去世。

刘仁镜

刘仁镜（1919—2007），永和县芝河镇杨家庄村人。民国26年（1937）9月参加牺盟会永和县分会，民国27年（1938）8月加入中国共产党，民国28年（1939）1月任永和县流动工作团（抗日剧团）团长，同年4月任吕梁剧团指导员。民国29年（1940）赴延安军政大学学习，民国32年（1943）在延安中央社会部西北公学学习，民国34年（1945）任中共中央警卫团政治指导员。中华人民共和国成立后，历任北京中央警卫师、公安二师政治部宣传科科长，公安部政治部政工研究室副主任（参加了编写中国人民解放军战史和全军党员教材），黑龙江省公安总队第八支队政治委员（1964年4月，该团被国防部授予全国公安部队标兵团，这是人民解放军历史上唯一国防部授予标兵称号的团级单位），山西省军区独立师政治部主任，内蒙古军区独立师政治部主任，呼和浩特市警备区副政委，军委炮兵政治部组织部副部长等职。

刘仁境在半个多世纪的革命征途中，始终忠于党，忠于人民，具有坚定的共产主义信念和百折不挠的斗争精神。无论在战争年代还是和平建设时期，他始终以革命事业、党的利益为重，执行党的决议，遵守党的纪律，为党和人民积极工作。从延安到中南海，他先后参加了保卫党中央、毛泽东主席的陕北战斗；在保卫中共七届二中全会的战斗中（他担任重机枪连指导员，击落、击伤敌机各1架），完成了保卫党中央进驻北京的任务。他一生中经历了战争的锻炼和考验，立场坚定，作战勇敢，密切联系群众，为中国人民的解放事业和部队建设做出了贡献。

1984年，国家安全部做出了"关于刘仁镜同志的平反决定"。决定说："1943年军委二局对刘仁镜同志的关押审查是一起冤案，1945年中央社会部所作的《甄别结论》是错误的，应予以撤销，该同志思想进步，政治立场坚定，对党忠诚，历史清楚，政治上没有问题；他发扬我军的优良传统，坚持原则，实事求是，顾全大局，严守纪律，具有坚强的党性和高度的革命责任感；他勤恳正直，作风朴实，团结同志，严于律己，淡泊名利，勤奋工作，致力于部队的建设事业，克服一切困难，完成党交给的任务。在离职休养后，他仍然积极学习党的十一届三中全会以来的路线、方针、政策，时刻关心党的事业，关心国家大事，始终保持坚定的共产主义信念和革命老战士的本色"。

2007年8月23日，刘仁镜在北京逝世。

杨宣武

杨宣武（1914—2009），陕西省延川县人，曾用名杨润之，民国3年（1914）出生在陕西省延川县杨家圪台乡杨家圪台村一个贫农家庭。民国17年（1928）加入中国共青团，投身革命工作，民国24年（1935）加入中国共产党。民国24年（1935）4月起先后任杨家圪台乡第一任乡苏维埃政府主席，延水县工会秘书长兼文化教育部部长，子长县委秘书长，陕北省委宣传部干事。民国26年（1937）冬至28年（1939）4月，先后任庆环分区党委（原陕甘宁省委）秘书长、剿匪工作团主任，合水县委民运部部长。民国34年（1945）9月至35年（1946）10月，任中共永和县委书记兼第一任永和县人民政府县长。民国35年（1946）11月起先后任山东省支援前线委员会秘书主任，中共中央华东局秘书处主任，华东财办党委书记兼山东省政协筹备会议党组成员。民国38年（1949）3月至1952年7月先后任山东省人民政府总党组干事会干事兼机关党委书记，民政厅副厅长、厅长、党组书记。1952年7月后历任中共中央山东分局纪律检查委员会副书记，山东省人民政府人民监察委员会副主任、主任、党组书记，省政法委党组副书记。1954年8月后历任中共山东省委委员、省监察委员会副书记，山东省人民政府政治法律委员会副主任。1954年起任山东省委政法委员会副书记。1955年3月至1956年8月，任山东省高级人民法院院长、党组书记。1956年9月起，任山东省人民委员会委员、山东省副省长，中共山东省第一届委员会委员、常委等职。1959年3月至1960年11月，任中共山东省委常委、副省长兼济南市委第一书记、济南市军分区党委第一书记兼第一政委。1961年6月至1963年12月，任中共山东省书记处候补书记。1965年1月调中共中央华东局工作。1979年5月至1983年4月，任上海市第五届政协副主席。1992年离休。2009年11月在上海去世。

冯致富

冯致富（1931—2009），永和县打石腰乡郑家塬村人。民国34年（1945）12月加入共青团，民国35年（1946）11月参加革命工作，1950年1月加入中国共产党。

历任永和县四区区政府文书，共青团永和县委干事、部长、书记，永和土地改革工作组代组长，永和县政府"三反五反"运动队队长，永和县第一次普查基点点长，永和

县第一次实行义务兵役制工作组组长，永和县庄则坪、雨林、南庄农业互助组转初级农业社基点点长，中共永和县委宣传部部长，洪洞、万荣、曲沃"四清"永和工作队队长，"四清"工作团副团长、副政委，永和县核心小组综合办公室主任，中共永和县委常委、县革委副主任，中共隰县县委常委、副书记，临汾地区科委办公室主任，中共永和县委正县级调研员。

1954年，组织全县1500名共青团员在双锁山营造永和第一期共青团林，第一次引进马尾松树种。在"农业学大寨"运动中任永和总指挥，治沟、建坝、造地3万余亩，受到省里表彰。在省黄河建设柳林会议上，省电台作了永和县治沟、打坝的经验介绍，经验稿编入《水土保持典型经验》《学大寨·为山河》两本书中。1972年，领导筹建永和县第一座大型农机站，购东方红液压推土机10台、解放牌汽车1辆，新建机房车库、职工宿舍，永和农机站成为全省三大农机站之一。1974年，领导县直机关干部义务劳动，把龙口湾泉水引进永和县城内，筹建了永和县自来水公司。1977年，担任永和县公路建设总指挥，完成隰永公路改线工程，修通永和至大宁的公路，改建县城至交口、南庄、打石腰3条县社公路，实现了社社通汽车。1992年7月离休。2009年1月去世。

厚华村

厚华村（1930—2010），山东省陵县厚家庄村人。民国37年（1948）7月参加解放济南战役支前工作。民国38年（1949）5月在山东渤海师范学校读书时参加南下工作队。1950年7月加入中国共产党。1950—1955年10月，在中国人民解放军公安二十一师政治部任助理员。1955年10月转业到永和县，历任县教育局干事、永和中学教导主任、县人委办公室副主任、县卫生局副局长、县农牧局局长、县文教部副部长兼教育局局长、县委宣传部副部长、县委党校校长、县干部教师培训学校校长等职。

1952年在解放军公安二十一师六十三团荣立三等功一次。在永和中学任教导主任期间，遵照毛泽东主席"教育与劳动相结合"的方针，取得了教学劳动双丰收，培养了数百名合格人才。在教育局工作期间，调整学校布局，恢复教师进修校，为教师办了十件好事，开展勤工俭学，改善办学条件，新建校舍64间。担任县委宣传部副部长期间，主持中共永和县历史资料征集和地方志编纂工作，抢救中共永和历史资料、收集永和地方志资料数百万字，为中共永和历史资料和永和县志的编纂出版打下坚实的基础。他撰写的《抓住主要环节搞好党史专题征集》刊登在《山西党史资料通讯》1983年第5期，《永和概况》汇编在《山西概况》一书中，《赵家沟会议及在抗日战争时期的历史地位》一文刊登在《山西党史资料通讯》《战友报》《中国青年》杂志。

第二章　人物简介

第一节　正县（团）级以上干部

吴斗南

吴斗南，民国5年（1916）出生，永和县芝河镇下罢骨村人。民国27年（1938）考入民族革命中学；民国28年（1939）进入延安抗大学习，翌年抗大毕业留校任区队长；民国30年（1941）在晋察冀三分区老二团工作，历任排长、连长、独立旅参谋长；民国34年（1945）任河北定县大队大队长；民国35年（1946）任分区司令部参谋；民国36年（1947）任纵队随营学校队长。中华人民共和国成立后，任公安部队二师军训科科长、作战科长、团参谋长、团长、副师长，公安部消防局处长，武装警察局副局长，公安部民警局局长。离休时享受武警部队副军级待遇。

王　汶

王　汶，原名王炳文，民国10年（1921）出生，永和县芝河镇人。民国27年（1938）12月加入中国共产党。民国28年（1939）1月参加永和县流动工作团（抗日剧团），5月加入吕梁剧社，任剧社分队长。民国30年（1941）3月在一二〇师师部教导团学习，从此参加军队工作。日军投降后，随甘泗淇离开延安到绥包前线，历任警卫排长、警卫连指导员、工兵连指导员等。民国36年（1947）秋，参加解放大西北多次战役和战斗，曾3次负伤。1950年，任第三军炮兵团股长,后调任辽东军区警卫团股长、教导大队政治教导员、九团政治处主任、训练一团政治处主任。1958年任辽宁省建昌县兵役局副政委。1965年因病离休,副师级。

刘玉祥

刘玉祥,民国11年(1922)出生,永和县城内人。民国27年〔1938〕12月,加入中国共产党,担任支部委员和党小组长,成为抗日救亡积极分子。民国28年(1939)4月,赴延安接受培训,并参加革命根据地工作。解放战争开始后,返回永和开展游击活动。永和解放后,在一区、三区工作。民国37年(1948)调任永和县人民政府总务股股长。1949年6月随西调干部队伍到甘肃礼县任区委书记。之后一直在甘肃工作,历任西北煤建公司秘书股股长、甘肃省煤建公司副经理、甘肃省煤建公司驻广州办事处副主任、陇南地区商业局副局长、陇南地区百货公司经理、陇南地区外贸局局长、陇南地区物资局局长。1982年离休。

柳 成

柳 成,民国13年(1924)出生,永和县芝河镇延家河村人。民国28年(1939)参加革命工作,翌年5月加入中国共产党。先后在永和县"青救会"、晋绥边区青干校民政处工作;民国36年(1947)起在永和县区委、灵山县政府工作,历任书记、科长、副县长、县长;1953年1月—1955年,历任平遥县政府县长、榆专公署秘书主任;1955年1月—1959年,历任晋中地委委员、汾阳县委书记、离石县委书记、副专员兼计委主任;1962年12月,任晋中地委委员、灵石县委书记;1971年7月,任左权县委常委、革委副主任、县委书记;1975年2月,任晋中地委委员、榆次县委书记;1977年12月,任晋中地委常委、科委主任;1980年7月,任晋中地委常委、行署副专员;1984年2月,任晋中行署顾问。1987年3月离休。

肖 纪

肖 纪,又名冀金孩,民国16年(1927)出生,永和县芝河镇人。民国27年(1938)

参加抗日救亡运动,翌年参加昌梁剧社,赴延安鲁迅艺术学院附设干部班和八路军留守兵团部队艺术学校学习,在八路军一二〇师战斗剧社任社员。民国34年(1945)7月加入中国共产党。

民国35年(1946)6月以后,历任晋绥军区三旅宣传队(后为三军八师文工团)音乐教员、副队长、队长;师政治部文化科、青年科副科长;原总政治部青年部青年教育处助理员;福州军区政治部组织部和青年部青年科、青年教育科、业余活动指导科副科长;福州军区三局二支队政委;江西省军区上饶军分区和抚州军分区政治部副主任。撰写了许多回忆当年战斗生活的文章,被军队和地方刊物发表。1982年9月离休,副师级。

肖纪是中国音乐家协会会员、中国音乐家协会江西分会会员、抚州地区音乐家协会主席、抚州地区老干部合唱团团长、军旅作曲家。1992年10月,《祖国的春天——肖纪歌曲选》由江西省百花州文艺出版社出版。其作品有的被编入《解放军战争时期歌曲选集》和《延安文艺丛书——音乐卷》,有的由湖南文艺出版社编印的歌曲集和《心声》歌刊、《前锋文艺》《人民铁道》《孩子天地》《祁连歌声》等刊载。

李 端

李 端,民国20年(1931)1月出生,永和县打石腰乡郑家塬村人。民国37年(1948)5月在临汾参加中国人民解放军,参加了太原战役,任宣传队宣传员。太原战役结束后西进陕西、甘肃,做民运工作。1950年到四川、贵州做组织干事,后北上河北、山西、辽宁,仍做组织干事。1952年3次去朝鲜送兵,同年在海军潜水艇独立大队一支队、二支队任组织干事、助理员。1973年,国家恢复潜水艇学院,先后任学院协理员,毛泽东军事著作(军事理论)研究室研究员、主任。1985年离休,副师级。

黄金铣

黄金铣,民国21年(1932)出生,永和县打石腰乡黄家岭村人。民国36年(1947)参加中国人民解放军,1955年加入中国共产党。

1950年转业到新疆克拉玛依中苏股份石油公司,先后为工人、车间主任、生产科科长。1965年调至兵工厂，先后任车间主任、生产科科长、副大队长、副厂长。1983年调至新疆石油化工总厂编织袋厂任党委书记，嗣后任新疆石油化工总厂退管处党委书记。1992年离休。

吕树琛

吕树琛，民国23年（1934）3月出生，祖籍文水县。1951年7月参加工作，1959年7月加入中国共产党。

参加工作后历任永和县文教科干事、财委干事、统计科副科长、桑壁乡乡长、县委办公室副主任。1964年3月，任县农业局局长；1968年1月，任县生产组办公室主任；1971年7月，任县革命委员会（简称革委）农业局局长；1978年8月，任县委农工部部长；1978年8月，任永和县革委会主任；1980年10月至1983年10月，任永和县县长。1984年12月，任政协永和县委员会主席；1993年7月，任正县级调研员。1994年8月退休。

冯玉琪

冯玉琪，民国25年（1936）12月出生，永和县交口乡赵家岭村人。大专学历，1956年9月参加工作，1970年7月加入中国共产党。

参加工作后，曾在交口乡索珠小学、永和中学、永和县委组织部工作。1973年3月，任泊洋公社党委副书记；1975年，任泊洋公社党委书记；1983年，任永和县副县长；1990年，任中共永和县委副书记；1993年6月至1998年6月，任政协永和县委员会主席。在政府、县委任职期间，对永和县的农林和道路建设做出贡献，曾获山西省林业厅"先进工作者"称号。1998年退休。

李 铭

李 铭，民国30年（1941）年6月出生，永和县打石腰乡郑家塬村人。1965年毕业于大连工学院（现大连理工大学）水利工程系，分配到吉林省农垦局任技术员。1970年农垦局撤销，在前郭县套呼太公社水电所任负责人。1972年在长山热电厂生产

技术科任计划员、技术员。1978年调入吉林省电力局农电处任技术员、工程师。1983年调入吉林省计划委员会工业二处负责电力建设，任副处级巡视员、工程师。1990年在吉林省计经委下属单位工程咨询服务中心工作，先后任能源交通部主任（正处级）、副总工程师、高级工程师，吉林省工程咨询协会秘书长。2001年退休。

周秀宝

周秀宝，民国34年（1945）出生，永和县南庄乡成家村人。1969年参加工作，中共党员。曾任中共山西省委农村工作部处长、省委农村工作委员会机关党委副书记。1993年12月，发表《关于正确评价毛泽东及毛泽东思想的历史地位问题》，在党内外引起很大震动；1998年12月，发表《历史发展的实践证明什么？》，引起社会各界的强烈反响。

任启玉

任启玉，民国38年（1949）5月出生，安徽省利辛县人，大专学历，山西省委党校政治专业毕业。1964年3月参加工作，1969年2月加入中国共产党。

1964年6月，任永和县署益公社团委书记；1968年12月，参军服役；1973年10月，任共青团永和县委书记；1976年9月，任永和县阁底乡党委书记；1985年10月，任永和县城关镇党委书记；1987年5月，任永和县副县长；2003年11月—2007年5月，任政协永和县委员会主席。

张东红

张东红，1953年1月出生，永和县桑壁镇长索村人。1973年7月加入中国共产党，1974年11月参加工作。历任中共永和县委组织部干事、副组长、秘书、副部长，永和县城关镇党委书记，中共永和县委常委、组织部部长，临汾市接待处处长，临汾市农业综合开发办主任。2011年12月，任临汾市人大常委会农村工作委员会主任。

韩忠秀

韩忠秀，1954年9月出生，永和县人，大专学历，中共山西省委党校毕业。1969年9月参加工作，1976年10月加入中国共产党。

1969年9月至1971年10月在永和县打石腰乡郑家塬小学任教；1971年10月至1974年10月在隰县师范学校读书；1974年10月，任永和县教革办干事；1976年10月，任永和县打石腰公社副主任、主任；1983年12月，任中共永和县委常委、宣传部部长；1985年9月—1987年10月在中共山西省委党校学习；1987年10月，任中共永和县委常委、县委办公室主任；1990年3月，任永和县副县长；2003年10月，任中共永和县委副书记；2006年6月，任永和县人大常委会主任。

吴生彦

吴生彦，1954年出生，永和县芝河镇河口村人，大学本科学历，中共党员。1976年毕业于山西大学外语系，同年被交通部选拔到中国远洋运输公司天津分公司工作，先后任副主任科员、主任科员。1989年，任山西省教育委员会外事处副处长，1995年主持外事处工作，1996年任外事处处长。2005年—2010年7月，任晋中学院副院长。2010年任太原师范学院纪委书记。

药建英

药建英，女，1955年7月出生，永和县芝河镇人，原籍左权县。经济学博士，研究员，中共党员。1972年—1976年9月，在太谷县食品加工厂当工人；1976年10月—1979年9月，在山西财经学院贸易经济系上学；1979年9月—1985年6月，在山西财经学院经济系任讲师；1985年7月—1988年9月，在北京商学院攻读硕士研究生，获经济学硕士学位；1988年9月—1991年6月，在山西财经学院贸易经济系任讲师；1991年9月—1994年6月，在中国社会科学院财贸所攻读博士并获得经济学博士学位；1994年6月，在国家工商行政管理局所属中国工商行政管理学会工作；1995年8月，任国家工商行政管理总局办公厅调研处处长；2003年12月，任中国工商行政管理学会副秘书长（副司级）；2006年10月后，在国家工商行政管理总局办公厅先后任党组秘书（副司级）、办公厅副主任、巡视员（正司级）。

段双林

段双林，1955年8月出生，永和县芝河镇人，中共党员。1973年3月—1975年10月，在山西省建筑五公司七队做合同工；1975年11月—1978年8月，在山西财经学院贸易经济系上学；1978年8月—1994年12月，在山西省高教厅、教育厅、教育委员会先后任干事、主任科员、副处长职务；1995年1月，任国家劳动部社会保险司统筹处副处长；1998年7月，任国家劳动和社会保障部调研员兼副处长；2005年5月，任国家劳动和社会保障部养老保险司待遇处处长。

霍成林

霍成林，1955年出生，永和县阁底乡园则沟村人，大专学历。1974年10月参加工作，1984年加入中国共产党。

1974年10月，任隰县邮电局机务员；1977年11月—1983年10月，在临汾地区邮电办事处任科员、技术员；1984年11月，任临汾地区邮电局科长、经济师；1993年5月至2001年8月，历任山西省储汇局副局长、山西省邮政发行局局长、高级经济师。

李培旭

李培旭，1956年2月出生，永和县打石腰乡河会里村人。1974年参加工作。历任临汾铁路水电段团委书记、工会主席，临汾铁路分局宣传教育部部长，侯马北机务段党委书记，侯马北供电段党委书记，临汾水电段段长，侯马房建段段长，临汾铁路房建公司总经理。

郭永平

郭永平，1958年3月出生，原籍山西高平，山西农业大学林业系毕业。1975年3月参加工作，1984年8月加入中国共产党。

1975年3月—1978年3月永和县国营林场知青；1978年3月—1982年1月山西农业大学学习；1982年1月，任永和县林业局干事；1984年3月，任永和县林业局副局长；1985年11月，任永和县林业局局长；1998年1月，任永和县交通局局长；1999年1月，任永和县副县长；2007年5月当选为政协永和县委员会主席。

1990年任县林业局局长期间，被共青团中央、林业部、水利部评为"黄河防护林建设先进个人"。

任 鹏

任 鹏，1961年11月出生，永和县打石腰乡尉家坬村人。在职党校大学学历，高级会计师，中共党员。

1979年10月—1989年2月，历任中国农业银行山西省永和县支行办公室干事、会计股股长（期间：1983年9月—1986年7月在山西电大金融专业脱产学习）；1989年2月，任中国农业银行山西省吉县支行副行长（主持工作）；1990年5月，任吉县支行行长；1996年3月，任中国农业银行山西省临汾市支行常务副行长；1996年10月，任临汾市支行党委书记、行长；1999年5月，任中国农业银行山西省临汾地区分行党委委员、副行长（期间：1997年8月—1999年12月在中央党校函授学院经济管理专业本科学习）；2001年3月，任临汾市分行党委副书记、副行长；2005年1月，任中国农业银行山西省大同市分行党委副书记、副行长（主持工作）；2005年10月，任大同市分行党委书记、行长；2008年11月，任中国农业银行山西省分行会计结算处处长；2009年8月，任山西省分行财务会计部、三农考核评价中心、三农会计核算中心总经理。曾被临汾市委、市政府授予"1997年度劳动模范"，被山西省团委、省经贸委、省体改委授予"优秀青年行长（经理）"，被中共山西省委、省政府授予"山西省劳动模范"，被农总行授予"财会管理综合改革先进个人""财务集中改革先进个人",被中国金融工会授予"全国金融五一劳动奖章"等荣誉。

贺永红

贺永红,1964年5月出生,永和县城内人。中共党员,上校军衔。1984年7月毕业于山西大学外语系,同年参军,任国防科工委绵阳师部教导队学校英语教员。1988年带职考入河南洛阳解放军外国语学院研究生班,1989年毕业,获硕士学位。后在中国人民解放军原总参谋部三部政治处工作。2001年转业到全国人大常委会外事委员会欧亚非组,任处长。2007年被派往中国驻印度大使馆任参赞(副司级)。后被派往比利时中国驻欧盟使团,任公使衔参赞(正司级)。

冯文生

冯文生,1967年出生,永和县阁底乡圪列塬村人,中共党员。1991年毕业于西安公路学院,同年参加工作。参加工作后,历任四川省交通厅副科长、科长、副处长、处长、公路局副局长。2011年1月任四川省交通厅副厅长、厅党组成员,负责交通科技、教育、财务、内河水运建设与管理等工作。

第二节 先进英模

药玉叶

药玉叶,女,民国24年(1935)出生,永和县芝河镇川口村人,中共党员。1955—1956年为川口村生产队妇女队长,1957—1958年任大队卫生委员,1959年任村团支部书记,1960—1983年任大队妇女主任。1956年获永和县"模范妇女队长"

称号，1960年获临汾地区"模范妇女主任"称号；1983年3月被山西省妇女联合会授予"三八红旗手"称号，同年9月被中华全国妇女联合会授予"全国三八红旗手"称号。

李世立

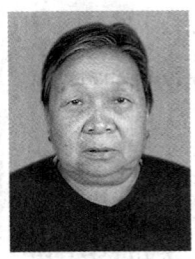

李世立，女，民国32年（1943）5月出生，永和县打石腰乡河会里村人，小学高级教师。1962年9月参加工作，1986年1月加入中国共产党。1962—1988年任教师；1989年至1998年任县城镇幼儿园园长。1983年被评为全国优秀班主任，获金质奖章1枚。

药永平

药永平，1963年8月出生，永和县人，中共党员。

1981年9月—1984年7月在洪洞农业学校学习，1984年8月在永和县公安局参加工作（1985年9月—1988年7月在中国刑警学院函授）。历任永和县公安局交口派出所科员、桑壁派出所科员，县公安局治安科科员，县林业派出所所长，县公安局治安大队大队长。1991年10月，被公安部评为"全国颁发居民身份证先进工作者"。

黄直平

黄直平，1965年3月出生，永和县打石腰乡黄家岭村人。1984年8月参加工作，1989年9月加入中国共产党。

1984年7月毕业于洪洞农业学校，同年8月分配到永和县农业局技术站工作。1987年调到永和县扶贫开发办工作，1991年任副主任，1999年兼任县扶贫培训中心主任（正科级）。2002年起任县扶贫开发局副局长（正科级）。

1991年12月，获"全国贫困地区推广农业新技术先进工作者"称号；2006年6月，被国务院扶贫开发领导小组办公室授予"从事扶贫工作二十年"荣誉称号。

郭灵华

郭灵华，女，民国38年（1949）6月出生，永和县城内人。中师学历，1969年3月参加工作，1980年1月加入中国共产党，1988年1月评审为小学高级教师。

1969年3月—1981年2月在永和县城关镇河口、官庄、刘家庄、东峪沟等学校教学，并担任教研组长。1981年3月—1994年8月在永和县城关小学教学，后任少先队大队辅导员、党支部副书记。1994年9月—2004年8月在永和县城关二小教学，任党支部副书记兼办公室主任。1978—1980年连续3年获县"模范教师"称号；1979年被评为临汾地区"优秀辅导员"；1989年、1990年被评为山西省"优秀辅导员"；1991年被国家教委、人事部授予"全国教育系统劳动模范"，荣获"人民教师奖章"；1992年被评为县"先进教育工作者"；1993年被评为县"优秀党务工作者"；1994年获县"拔尖人才"称号；1995年被评为县"优秀妇女干部"；1996年被评为临汾地区"优秀科技工作者"；1998年被评为县"先进教育工作者"；1999年被誉为县"山区建设的开拓者"；2000年被评为县"组织工作先进个人"、市"德育工作先进个人"；2001年获县"优秀共产党员"称号；2003年获县"巾帼建功标兵暨三八红旗手"称号。2004年8月退休。

杨云祥

杨云祥，民国38年（1949）5月出生，永和县交口乡坡头村人。1968年毕业于永和中学，1972年参加教育工作，中共党员。

参加教育工作后，先后在坡头中学、永和二中、永和中学任教，担任初中、高中数学教师。由于本人教学努力，善于学习，有创新意识，不断改进教学方法，教学成绩显著。1992年被评为全国优秀教师，受到国家人事部和教育部的嘉奖，并先后多次获得县模范教师、优秀共产党员的称号。1999年被中共永和县委、永和县人民政府授予"山区建设开拓者"称号。1987年被聘为中学一级教师，1998年晋升为中学高级教师。2009年12月退休。

张芳叶

张芳叶，女，1954年3月出生，永和县人，经济师。1987年加入中国共产党。

曾任永和县城关信用社副主任、储蓄所主任，县信用联社营业部副主任，县信用联社工会主席。1989年，被山西省社会主义劳动竞赛委员会荣记一等功；1992年12月，被中国农业银行总行授予"全国农村信用合作社最佳储蓄员"称号；2002年3月，被山西省总工会授予"山西省先进女职工"称号。

李玉海

李玉海，民国34年（1945）12月出生，原籍河南省汤阴县，中专文化程度。1964年3月到永和县坡头乡贺家崖村任教，1979年7月加入中国共产党。

其从教40年，摸索出一条适宜山区特点的教科农相结合的教学路子。具体就是三个一：以校办园、以园养校、教学一体化；以师带生、以生带长、理论实践一线穿；基础教育、职业教育、成人教育一手抓。为了使教科农三者有机地结合起来，他摸索和总结出"五个一"教学法，即一日一次爱国主义教育，一周一节劳动技术课，一月一篇学习体会，一季一次模范评比，一年一次成果总结。其任教的贺家崖小学学生成绩连年名列全县第一，入学率、巩固率、普及率、合格率均达100%。小学生每个人都能掌握一两门技术，学生带动家长，农业科技知识及农业实用技术得到初步普及。

1988年8月被评为山西省特级教师，1996年被山西省委、省政府树为"教育工作者标兵"，1997年被中国教育工会、中共山西省委评为"师德明星"，1998年被山西省委、省政府授予"山西省职工职业道德十佳标兵"，1998年被授予"全国模范教师"，2001年获"全国五一劳动奖章"。2004年被中国教科文卫体工会全国委员会授予"全国师德先进个人"。

李玉海的先进事迹先后被中国国际广播电台、中央电视台的《东方时空》等全国数十家新闻媒体作过专题报道。山西电视台以其事迹为题材制作了3集电视连续剧《山魂》。2006年退休。

段芳玲

段芳玲，女，1964年2月出生，永和县城内人，大专学历，小学高级教师。1984年3月参加工作，同年12月加入中国共产党。

曾在农村中心校任过教，担任过中心校副校长、大队辅导员、乡教办工会主席。1988年调入永和县城关小学，多年一直代高年级的语文课兼班主任，并担任年级组长、学科教研组长、校妇委会主任、党支部宣传委员和小组长。

曾先后被评为省学科带头人、省教学能手、省特级教师、省精神文明先进典型，地级优秀班主任、市教学明星、市百佳文明公民，县优秀党员、优秀辅导员、模范教师等。2001年被评为全国优秀教师。2011年在山西省"十一五"中小学教师培训工作中被评为先进工作者；2009年撰写的论文《改变传统作文教学的新路子》获国家优秀论文一等奖，被编入《中华教育改革与创新》一书；2011年撰写的论文《浅谈阅读教学的资料收集》《浅谈小学语文教学之经验》在《科学导报》（学术版）发表。

范玲玲

范玲玲，女，1966年出生，永和县城内人。大学学历，小学高级教师，省特级教师，中共党员，山西省党代表。

1984年9月参加工作，从教期间曾任永和县城关小学教研主任、副校长，2005年6月担任永和县城关小学校长。

从事教学工作期间，承担省《创新教学模式》课题研究，撰写的论文《让学生个性在课堂上飞扬》在《科技信息报》发表；《识字教学案例及反思》在《科技与教育》上发表；《良好的师生关系并不复杂》在《教育教学研究》上发表；《建立与新课程相适应的学习方法》等3篇文章在《小学教与学》上发表。有15篇论文获省、市一、二等奖。先后被评为"省教学能手""省学科带头人""省优秀辅导员"。2004年9月获"全国优秀教师"称号。

王学诗

王学诗，民国35年（1946）12月出生，襄汾县安李村人，中医副主任医师。1966年7月毕业于山西省中医学校，1967年9月到永和县医院工作。从1984年3月永和县中医院成立直至退休一直担任院长。后任永和县中医院名誉院长，中国共产党山西省第十次党代会代表。

四十多年间，安心山区工作，长年累月地坚持坐诊服务，满腔热情地服务广大患者，被人们亲切地称为"百姓好医生"。在他的带领下，全院职工发扬艰苦创业、勤俭办院的精神，坚持面向农村、服务"三农"的办院方针，实行多项便民措施，取得了良好的社会效益，走出了一条贫困山区办院的好路子，县中医院成为远近闻名的"百姓医院"。

"用心做人，良知行医"是王学诗人生的不懈追求和行为准则。他在临床治疗处方中，注重调理气机，喜用轻和之剂，厌恶滥用大方贵药，时常帮教人们就地取材，使用单方验方防治疾病，想方设法做到少花钱治好病，深受广大患者的喜爱。曾在省内外医学杂志上发表《拓宽中草药的临床功用》《急肝灵汤剂治疗104例急性传染型肝炎的临床报道》等论文5篇，编辑《王学诗临床经验集》一书。曾先后70余次受到省、市、县和国家有关部门的表彰和奖励。

2007年9月，赴京参加了第一届全国道德模范颁奖活动。9月18日下午，在人民大会堂受到了中共中央总书记胡锦涛等中央领导的接见。

2008年1月7日，被人事部、卫生部和国家中医药管理局授予"白求恩奖章"荣誉称号，成为受此殊誉中医第一人。曾先后3次受到国务院副总理吴仪的接见。8月8日，受中央文明办的邀请，同申纪兰同志一道，以嘉宾身份观看了北京奥运会开幕式。获同年度"山西十大新闻人物"称号。

2009年9月30日，受国务院总理温家宝的邀请，当晚在人民大会堂出席国庆招待宴会；10月1日，在天安门广场观礼台上，参加首都各界庆祝中华人民共和国成立60周年大会，观看了阅兵式和联欢晚会。获得2009年度"临汾十大新闻人物"、2010年度"感动临汾十大人物"称号。

白新民

白新民，1959年8月出生，永和县坡头乡索驼村人。大专学历，中共党员。曾先后在永和县坡头乡、永和县粮食局、永和县机关后勤服务中心、永和宾馆等单位工作。2002年2月任县林业局局长。在林业战线他全身心地投入绿化永和的创业实践中，团结和带领林业一班人，不断开拓、创新，为永和县林业建设做出贡献。

白新民以林场、苗圃的干部、工人为骨干组建8支常年造林专业队，创造性地应用"困难立地条件下PVC管道输土、石片覆盖、针叶树带土栽植、容器苗雨季造林、干旱地区座底水造林技术、截干封堆造林技术"等一系列山区造林模式，永和林业先后完成"三北"防护林、退耕还林等国家重点林业工程43万亩，使全县的林木覆盖率由17.3%提高到36.4%。建成了"大寨岭""永和关""328省道荒山绿化""沿黄干线荒山绿化""环城绿化""沿黄干线公路通道绿化"等精品工程，创造出连续5年苗木成活率达95%以上的历史纪录，被国家林业工程院院士、专家称之为永和林业的"亮剑精神"。在2009年、2010年通道绿化工程上，白新民采取针阔搭配、乔灌花草结合，首次将园林绿化应用到通道建设上，采取垒石墙客土回填、覆土造林等措施，完成沿黄干线通道绿化60公里、红色旅游线路通道绿化26公里，实现了"三季有花、四季常绿"的工程建设效果。3年的时间完成通道沿线荒山绿化9.4万亩，受到社会各界的高度赞誉。

永和林业工作连续5年在山西省年度造林检查评比中名列前茅。2007年5月，国家科学院院士和专家到永和县专程考察；2007年8月，全国"三北"防护林科技推广现场会在永和县召开；2008年5月，德国驻华使节、联合国粮农组织代表及德国世界森林发展趋势等国际友人到永和县考察；2008年7月，山西省委、省政府授予永和县政府造林绿化先进县；2008年11月，永和县政府被国家绿委、国家劳动和社会保障部、国家林业局联合授予林业建设突出贡献单位；2009年10月，中国工程院院士李文华、财政部、国家林业局联合到永和考察，给予永和林业高度评价。2006年至2008年，其连续3年被永和县委、县政府授予特别贡献奖；2009年11月被全国绿化委员会、人力资源和社会保障部、林业局授予"'三北'防护林建设突出贡献者"称号；2010年4月被山西省委、省政府授予"山西省劳动模范"荣誉称号。

王翠萍

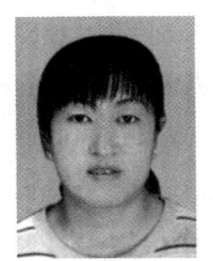

王翠萍，女，1974年出生，永和县人。大学本科学历，1993年参加工作，任永和县城关第二小学教研室主任兼数学教师，2005年被评为小学高级教师。

多年担任班主任工作，所带班级班风、学风优良，多次评为先进班集体。本人1997年被评为县教学能手；1999年被临汾行署教育委员会授予该年度精神文明建设"先进个人"称号；2002年被临汾市教委评为优秀班主任；2004年被评为临汾市中小学教学能手；2009年被教育部评为"全国优秀教师"、被临汾市委、市政府评为"市模范教师"、被山西省教育厅评为"省优秀班主任"；2004—2011年连续被评为"临汾市骨干教师"；1998年、2003年、2010年被永和县人民政府授予"优秀教师"称号。撰写的论文《如何有效地应用教材中的主题图》被山西省教育学会小学数学教育专业委员会第八届年会评为优秀教学成果一等奖。撰写的论文《阅读教学要做到"三个为主"》在《学习报》发表。撰写的论文《就二十一世纪的"雏鹰"面貌论跨世纪的"雏鹰"教育》在1998年度山西省理论调研活动中获三等奖。撰写的论文《试谈中年级自然教学中的对比实验》获临汾市论文二等奖。

白　婕

白　婕，女，1982年11月出生，永和县城内人。毕业于中国政法大学，法学学士，中共党员。

参加工作以后荣获"全国模范法官""全国优秀法官""全省优秀法官""山西省巾帼建功标兵""感动临汾十大人物""临汾市十佳道德模范""县特殊贡献奖"等60余项荣誉称号。荣记一等功1次，三等功3次。司法宣传、舆情监控工作先后3次受到最高人民法院通报表扬，所撰写的两篇调研文章分别获中国法学会举办的征文活动金、银奖。

2011年度，经层层选拔、推荐、评选，白婕获得了法院系统最高荣誉"全国模范法官"称号。

李爱萍

李爱萍，女，1962年出生，永和县人，大专学历。1980年参加教育工作，任永和县城关第二小学教务主任兼高年级数学老师。

1998年被授予"临汾地区教学能手"称号；1999年被评为临汾地区实验先进工作者；2001年9月被评为山西省模范教师；2002年被评为临汾市优秀教师、山西省骨干教师、山西省学科带头人；2005年被授予"临汾市教学明星"称号；2005年选任临汾市人大代表、临汾市政协委员；2007年被评为临汾市模范教师；2009年3月被评为县巾帼建功标兵；2010年9月被授予"山西省特级教师"称号；1998—2010年连续被授予"县模范教师"。撰写的论文《兴趣教学法初探》在《中华教育文选》书中发表；撰写的《小学数学课堂教学创新浅谈》在山西教育出版的《学习报》发表；撰写的《怎样有效提高小学数学课堂教学效率》在《小作家选刊》书中发表；撰写的《小学数学情景教学探析》在《新作文·教育教学研究》发表。

卢庆民

卢庆民，1962年1月出生，襄汾县人，大学学历，1981年参加工作，中共党员。

1981年9月，任永和县水利水保局技术员；1989年12月，任永和县桑壁镇科技副镇长；1992年7月，任永和县水利局副局长；1996年8月，任永和县水保专业队总工程师、水务局副局长；1999年8月，任永和县水务局副局长、总工程师。

卢庆民一直从事基层水利水保工作。参加了人字闸由钢筋混凝土人字闸向平板拆卸式钢制人字闸、拱形薄板拆卸式钢制人字闸的技术改造，建设人字闸42座；参加县3条小流域坝系工程建设，打淤地坝65座，机修梯田5万亩，垫滩造地4500亩；参加了扬水工程、人畜饮水工程的建设。2011年在甘肃召开的全国坡耕地水土流失综合治理试点工程现场会上，代表永和县作典型发言。先后多次被评为省、市水利水保先进工作者、县科技服务先进个人、突出贡献者，市、县优秀共产党员。2010年获山西省五一劳动奖章。

第三节 专家学者

李世中

李世中,民国19年(1930)2月出生,永和县打石腰乡河会里村人。大学本科学历,中学高级教师,中共党员。

1954年毕业于山西大学生物系。参加工作后历任山西省人民政府文教厅社会文化处科员,左权县中学教师,永和县教育局视导室视导员,永和中学教师。1959年9月,参加山西省科学技术大会,被授予科学技术成果奖。1987年被评为中学高级教师。1988年被评为临汾地区优秀教师。1988年11月,撰写的论文《论生物课的教学与实践》被评为山西省中学生物教学研究会第二届学术年优秀论文。其业绩收录在《中国专家人名辞典》第七卷。

王杰文

王杰文,民国22年(1933)9月出生,隰县龙泉镇乐安村人。民国37年(1948)入运城简师(地址西安)学习,民国38年8月考入解放军西北军政大学,曾在西北军区干部学校、西南军区空军司令部任护理员、护理班长。1953年2月加入中国共产党。1953年3月,在西南军区空军军医学校学习。1955年4月,入解放军第三航空预备学校(2154部队)任助理军医。1958年4月,考入山西运城医专,1960年毕业后由组织分配到永和县人民医院工作,先后担任医疗股长、副院长、院长、党支部书记行政职务和医师、主治医师、副主任医师技术职务。1994年离休,享受县处级待遇。

王杰文多次立功受奖。1953年在西南军区空军司令部立三等功1次;1955年被授予少尉军衔。1964年被评为永和县先进工作者;1980年出席县群英会;1987年被评为临汾地区科普先进工作者;1991年被评为科技目标完成任务先进个人;1992年,卫生部授予"从事医政管理工作30年"荣誉证书;1985—1993年,先后5次被评为优秀共产党员。曾获解放西南纪念章、全国人民慰问解放军纪念章、解放西藏纪念章、西北军大毕业纪念章各1枚。

冯兴红

冯兴红，民国23年（1934）出生，永和县打石腰乡冯家山村人。曾任化工部第二设计院医院副主任医师。

冯步伟

冯步伟，民国25年（1936）出生，交口乡赵家岭村人。学校毕业后分配到山西省卫生防疫站工作，期间响应国家号召参加了援藏工作。冯步伟知识渊博、待人和蔼热情，深受患者欢迎。曾任山西省卫生防疫站副主任医师。

魏明郎

魏明郎，民国25年（1936）出生，永和县坡头乡岔上村人。曾任太原西山矿务局高级工程师。

马 昆

马 昆，民国25年（1936）6月出生，运城市盐湖区安邑办事处黄家卓村人。1961年参加工作，1982年加入中国共产党。

民国30年（1941）—1951年，在黄家卓小学读书；1952—1953年，在安邑一高读书；1954—1956年，在安邑一中读书；1957—1959年，在朔县畜牧兽医学校读书；1960—1961年，在朔县畜牧专科学校读书。

在永和县农业局兽医院及改良站工作期间，利用学到的知识，开办各种畜牧兽医方面的集训班数次，给当地培养了一批畜牧兽医技术骨干。曾经多次赴新疆、内蒙古、朔县、东北等地，给永和县调取大量的耕畜、种畜。在选畜、选种工作中起到定舵的作用。

1964年的一次全县猪瘟疫病中，带领40余人，做免化弱毒疫苗4000多份，制止了疫情的发展，得到县政府的表彰。在黄牛改良中大胆使用人工授精，促进了黄牛改良发展的速度，保证了永和牛群的质量。

1983年山西省号召绒山羊改良。马昆带领县改良站工作人员创新绒山羊的人工授精实验，攻克了精液稀释的难关（这个课题的研究成果得到了国内有关专家的认可），把永和县的绒山羊改良工作提前了10至15年。1986年，全县绒山羊改良全部完成。每只绒山羊产绒平均8两到1斤（本地羊2两），最高可达2.8斤，使每一只山羊的收入提高100元。绒山羊成了永和县的一个支柱产业。1987年，山西省绒山羊改良及推广人工授精现场会在永和县成功召开。

马昆在1981年被评为中级畜牧师，1988年被评为高级畜牧师。1989年，农业部颁发其聘任证书，可讲述传授山羊改良人工授精技术，举办培训班。1990年获全国农牧渔业丰收一等奖；1991年获山西省畜牧业丰收三等奖；1992年获山西省畜牧业丰收三等奖、被评为临汾地区科技达标先进工作者；1993年被农业部畜牧兽医司评为全国畜禽品种改良先进工作者。撰写发表了《马病肠胃病的治疗》和《绒山羊改良人工授精技术推广》等学术论文。

张国瑞

张国瑞，民国26年（1937）11月出生，洪洞县人。中专学历，高级畜牧师，中共党员。

1961年洪洞农业学校毕业后，分配到永和县畜牧局工作，一干就是36年之久。期间，历任永和县兽医院院长，永和县畜牧局副局长、局长，政协永和县第四届委员会委员。先后多次受到国家、省、地、县的表彰奖励。1987年获临汾地区"科技人员下乡服务先进人员"称号；1988年获农业部"长期坚持农业技术推广工作"荣誉证书；1989—1995年连续获山西省农业厅"绒山羊生产丰收计划"二、三等奖；1990年获农业部"绒山羊人工授精先进配套技术"一等奖。1998年退休。

李树山

李树山，民国31年（1942）11月出生，永和县打石腰乡郑家塬村人。1965年毕业于中国科技大学近代化学物理力学专业，大学毕业前加入中国共产党。

1965年—2002年在中国科学院力学研究所工作,直至退休。1988年晋升为副研究员。主要从事的专业技术领域是物理力学、激光、大气湍流及自适应光学的理论研究。在国内外学术刊物上发表数十篇科研论文。退休后主要从事幻灯片(PPT)制作与教学工作,在专业幻灯片网站(52网)发表几百个幻灯片作品,深受广大网友欢迎。其中幻灯片《六十年回首割不断的情》在北京北广传媒集团为庆祝中华人民共和国成立60周年举办的"璀璨京华六十年"百姓照片故事征集活动中获一等奖。

姚乃文

姚乃文,民国32年(1943)出生,洪洞县人,山西大学毕业。曾任永和中学语文教师、山西省社会科学院文学研究所副研究员、中国散曲研究会理事、山西省古典文学学会秘书长。

主要著述:《王勃生卒:卒年考辨》《王绩的文学成就》《中国古典文学在形式上的总体特色》《元好问述评》《元好问研究综述》《中国文学述萃》《世界文学撷英》《王勃传》等。主编:《诗词曲赋名作鉴赏大辞典》《元好问论文集》《中外文学名著人物形象大辞典》《在燃烧的土地上》《崛起在黄土地上》等。

刘 勇

刘 勇,民国35年(1946)9月出生,永和县阁底乡西后峪村人。大学专科学历,助理研究员,中共党员。1965年9月参加工作,2006年10月退休。历任永和县中、小学教师、永和二中校长和党支部书记、中共永和县委党校秘书、永和县史志办公室主任、永和县史志档案馆馆长、永和县档案局党支部书记。

1987年7月,主编《中共永和县组织史资料》(1938.11—1987.10),计38万字,于1992年由山西人民出版社出版。中共山西省和临汾地区组织史资料征编指导组分别给其颁发"组织史资料征编先进工作者"证书。1999年8月,主编出版中华人民共和国成立后的第一部《永和县志》,计84.4万字。《永和县志》获山西省新编地方志优秀成果二等奖,并在中国历史博物馆参加了全国新编地方志成果展览。主编《永和县文史资料》第一辑，10余万字，2000年付梓成书；整理、翻印了19万字的民国19年版《永和县志》；编写了《永和县金融简志》；参与了永和县《老干部工作大事记》《组织史续稿上报资料》的审改、定稿工作；主编10余万字的《永和革命老区》，2004年12月付梓面世；主编40万字的《永和县军事志》，2010年付梓成书；参与了"红军东征永和纪念馆"的布展和"乾坤湾国家地质公园"碑文撰写等文字工作。

1999年，被评为临汾地区优秀共产党员和永和县模范共产党员。2000年8月，获山西省新编地方志先进工作者二等奖，省地方志工作立功竞赛委员会给其记二等功，省社会主义劳动竞赛委员会给其记三等功，永和县志办、永和县人民政府均被评为全省修志工作先进单位，受到省政府的表彰。2001年6月，在全省党史、组织史、当代史工作总结表彰大会上，省史志工作立功竞赛委员会、省社会主义劳动竞赛委员会均给其记二等功。2001年2月10日，《临汾日报》人物版以《胸中有志总成"志"》为题，报道了其修志工作的艰辛历程。同年7月23日，《山西广播电视报》以《清贫苦累勇者上》为题，再次作了报道。2004年12月，全省第一轮修志基本结束，临汾市人民政府授予其"修志功臣"牌匾。

毛必文

毛必文，民国36年（1947）2月出生，永和县交口乡索珠村人。1968年毕业于山西师范学院数学系，毕业后回到家乡永和县从事教育教学事业，是中华人民共和国成立后第一个回家乡做教师工作的本科大学生。1980年1月加入中国共产党。工作中兢兢业业，40年如一日，一直从事高中数学的教学工作，期间虽然担任过教导主任、副校长、校长等职务，但没有一天放下过教学任务，经其手为永和县输送出数百名大学生。曾多次被评为县优秀教师、省优秀班主任、省模范教师。2007年退休。

吴世亮

吴世亮，1949年12月出生，河北省定兴县人，1952年随父母定居永和县，1968年高中毕业。1969年应征入伍，在原兰州军区某部队服役，历任卫生员、学员、助理军医。1974年毕业于兰州医学院。1977年调往海军东海舰队福建基地37503部队任军医。1987年毕业于《健康报》振兴中医刊授学院，同年转业地方工作，在永和县人民医院任业务副院长。技术职务历次聘任为中西医结合主治医师、副主任医师、主任医师。

从医多年中，在军内外先后进行了22项医学课题临床研究，撰写医学论文15篇。其中《中西药合用治疗返流性食管炎45例疗效观察》《自拟胰肝清煎剂结合西药治疗急性胰腺炎59例疗效观察》《中西医结合治疗溃疡性结肠炎61例》《奥赛氏综合征1例诊治报告》《补硒防治大骨节病、克山病的效果》《永和县交口乡1995年麻疹流行调查分析》等9篇论文在国内医学期刊发表，3篇参加了全国及国际专业学术研讨大会交流，《中西医结合治疗急性胰腺炎32例疗效观察》一文获2000年国际第五届中西医优秀成果交流研讨会金奖。

鉴于所取业绩，1997年被四川省社会科学院科教兴国丛书录入《中国百科学者传略》；2000年被世界文化艺术研究中心、中国科技研究交流中心、中国国际交流出版社选入《世界优秀专家人才名典》辞书中；2001年，被中华医药名人协会授予"中华特技名医"称号。

冯玉琨

冯玉琨，1950年9月出生，永和县交口乡陈家塬村人。1969年3月参军，中共党员，大学专科学历，技术五级（副军级）。

1969年在原南京军区空军某部队从事卫生员工作。1972年8月调至空军某医院，1999年调至原南京军区联勤部某医院，技术职务从助理军医直到主任军医。

入伍以后一直从事医疗工作，在物理医学的研究和临床上，先后完成多项研究课题。研究成果获全军科技进步二等奖2项、四等奖2项；获省级科技进步二等奖1项、三等奖2项；获国家发明专利3项、实用新型专利3项；在国家级刊物上发表论文数十篇。发明专利在成果转化上效益显著。如ZZ型肛肠综合治疗仪成为浙江省一家高科技企业的主要产品，销往国内1万多家医疗单位和其他9个国家，企业累计经济效益达数亿元。科技局和当地开发区于2001年奖给其1套价值70余万元的住房和1辆价值27万元的汽车。吉林省专为NRL内生场肿瘤热疗系统课题建立医疗仪器公司，设备销往全国各地，成为吉林省的高科技企业，累计经济效益达数亿元。该项发明专利于2002年被评选为全国发明专利金奖。

玉琨多次被空军和原南京军区评为科技先进个人、优秀共产党员。1999年由空军联勤至原南京军区后，被原南京军区授予"九五优秀中青年科技人才"称号，军区司令员梁光烈亲笔题词"医学英才"。"十五"期间被评为军区科技先进个人。先后荣立二等功1次、三等功3次，享受国务院政府津贴和军队优秀专业技术人才岗位津贴。其担任的专业技术职务有：原南京军区物理医学专业副主任委员、浙江省物理康复专业委员会副主任委员、浙江省医疗仪器鉴定委员会委员、浙江省医疗事故鉴定委员会委员、杭州市医疗事故鉴定委员会委员等。

高王生

高王生，1953年9月出生，永和县坡头乡岔口村人。永和县人民医院外科副主任医师。

1977年8月在永和县人民医院参加工作。1995年分别在《实用中医药》杂志2期和6期发表论文《阑尾周围脓68例2期手术治疗体会》《64例小儿巅顿症闭合复位观察》；1996年在《山西医药》杂志3期发表论文《中西药合用治疗返流性食管炎疗效观察》；1999年在《山西医药》杂志基层专辑发表论文《新生儿吸入性肺炎26例治疗体会》。

杨玉凤

杨玉凤，女，1956年出生，永和县人，副主任医师。

1972年在永和县泊洋医院参加工作，1974年在山西医学院上学，1977年山西医学院毕业分配到永和县桑壁医院工作，1980年调至永和县人民医院。曾任永和县人民医院内科主任，擅长小儿疾病治疗。曾获临汾市劳动模范称号，山西省劳动竞赛委员会为其记三等功2次、一等功1次。

刘世龙

刘世龙，1956年7月出生，永和县人，永和县政协常委（连续五届），中学高级教师。

1987年调入永和县教育局教研室，先后在省级以上专业刊物上发表教研论文16篇，其中2篇论文分别被《中国教育改革论坛》和香港《世界华人论坛》选登。5次获市级、3次获省级优秀教研员称号，连续8年被评为山西省教育宣传先进工作者。1999年，《中国专家大辞典》《科学中国人·中国专家人才库》分别将其编录其中。

任启明

任启明，1956年9月出生，永和县打石腰乡贺家腰村人。大学专科学历，中共党员，中学高级教师。

1979年、1992年获县优秀教师称号；1992年获临汾地区劳动模范称号；1995年获临汾地区优秀教师称号；1998年获临汾精神文明建设先进工作者称号；2005年、2008年获永和县先进工作者称号。

赵 琦

赵 琦，1957年1月出生，永和县阁底乡乌华村人。1974年3月参加工作，1985年6月加入中国共产党。大学本科学历，副主任医师。

1976—1979年在山西医学院医疗系学习；1980—2001年在永和县人民医院工作，1988年任院长；2002—2008年，任永和县卫生局局长；2009年起，再次担任永和县人民医院院长。在永和县人民医院工作期间，新建了医院病房楼、门诊楼和医技楼，购置了西门子DR、菲利普彩色B超、全自动生化分析仪等大型医疗设备。撰写发表论文《中西药合用治疗返流性食管炎45例疗效观察》《70例急性脑血管病人左心功能分析》《探讨EGCG对人肝癌细胞外增殖和凋亡的影响及机制》等多篇。1989年，临汾地区劳动竞赛委员会给其记个人三等功；1991年被中共永和县委评为优秀共产党员；1994年被永和县人民政府评为"永和县拔尖人才"；1995年被临汾地区卫生局评为先进个人；2003年，临汾市劳动竞赛委员会给其记个人一等功；2009年被中共永和县委、永和县人民政府评为先进工作者。

黄文达

黄文达，1957年10月出生，永和县打石腰乡黄家岭村人。大学专科学历，中学高级教师。

1980年3月隰县师范学校毕业后参加教育工作，先后在桑壁中学、段家圪中学、永和二中任教。1987年获"临汾地区教学能手"一等奖。多次被学校委任承担重点班、毕业班的教学工作，多年担任班主任，其所带两个班级获"山西省优秀班集体"称号。1995年9月兼任学校教研室主任，组织开展学校"教师集体备课""校本展示""四步式教学法"等教学及课改，成为学校办学的特色。撰写的论文《初中数学复习中的几点做法》发表于《初中数学报》；《论中学历史教学与创新人格的培养》发表于《学习报·教研版》；《历史学科的文化教育功能》发表于《新作文·教育教学研究》杂志，被评为教研成果二等奖。

马连生

马连生，1960年6月出生，永和县芝河镇下刘台村人，副主任医师。

1977年参加工作，在永和县医院放射科任医士。期间，采用X线造影和内镜检查相结合的方法使胃肠道癌早期诊断准确率达到98%以上。1988年11月，被邀请赴上海参加第一届国际肠胃道癌肿会议，论文《癌X线造影与内镜检查的比较110例》被收入会议资料汇编。

20世纪90年代初期，在临汾创建胃肠病专科医院，在胃肠病、胃肠道癌的诊断与治疗方面，效果显著，名噪一时。90年代中后期，任《中国新消化病》杂志社总编、副主任医师。

李永宠

李永宠，1961年1月出生，永和县交口乡鹿角村人。中共党员，民盟盟员。

1983年7月毕业于山西大学哲学系并留校任助教。1986年12月调入山西省社会科学院社会学所工作，1989年3月加入中国民主同盟，1999年12月晋升为副研究员。2001年12月，任山西省社会科学院旅游经济研究中心副主任；2002年11月，任旅游经济研究中心主任。2002年10月加入中国共产党。2005年3月—7月在山西省委党校第38期中青年领导干部培训班学习，获毕业证书。2005年12月晋升为研究员。2008年1月—2011年12月，任政协山西省第10届委员会委员。2009年提交的政协提案"关于制定出台山西省旅游规划条例的建议"获得省政协优秀提案奖。2009年6月在中央社会主义学院举办的党外处级干部培训班学习，获毕业证书。

主要社会兼职：中国旅游未来研究会常务理事，中华文化促进会理事，山西省世界经济学会副会长兼旅游专业委员会主任，山西中华文化促进会副秘书长，山西省发改委高级专家咨询委员会专家，山西大学历史文化学院兼职教授，山西师范大学兼职教授，太原大学兼职教授。

主要学术成果：在《光明日报》《经济日报》《山西日报》《发展导报》《晋阳学刊》《经济问题》《生产力研究》《人口学刊》《黄河文化论坛》《环球人物周刊》等刊物发表论文数十篇。代表性论文有《集权制——人治：硬结构与软结构》刊登于《晋阳学刊》1993年第3期；《容纳费：调控人口流动的重要经济手段》刊登于1994年11月10日《光明日报》；《中国人口流动制度的趋向探析》刊登于《生产力研究》1995年第5期；《论树立制度的权威》刊登于《黄河文化论坛》2002年2期；《关于群体性事件的理性思考》刊登于《晋阳学刊》2004年第1期；《山西文化旅游业迎来跨越发展新机遇》刊登于2009年1月9日《山西日报》理论版，该论文获山西省第十届精神文明建设"五个一工程"优秀理论文章奖。

主持编制了《山西省红色旅游规划纲要2004—2010》《"十二五"山西省红色旅游规划纲要》《永和县国民经济和社会发展第十二个五年规划纲要》《定襄县旅游发展总体规划》《风陵渡旅游园区总体规划》等项目。

马毅杰

马毅杰，1961年10月出生，介休市人。毕业于山西师范大学中文系，后进修于中国作家协会鲁迅文学院作家班，中共党员。任永和县文联主席、中国散文学会会员、山西省作家协会全委会委员、山西省电视艺术家协会会员、临汾市作家协会副主席、临汾市三晋文化研究会理事。

从1984年起，先后在《人民日报》《光明日报》《文汇报》《经济日报》《中国青年报》、新华社《每日电讯》、中央人民广播电台、马来西亚《星洲日报》、新加坡国际广播电台、北京电视台、《人民文学》《中国作家》《中华文学选刊》《八一电影》《山西文学》等中外百余家报纸杂志、电台电视台发表文学作品百万余字。1995年以反映晋西南农村妇女挣脱束缚自由生活的中篇小说《老姨的三寸金莲》获得第三届"花踪"世界华文小说奖首奖，受到世界著名作家聂华苓等终评委的高度评价；2002年以描写被日本侵略者遗留炸弹致残的农村孩子艰辛生活的中篇小说《永远是赢家》在600万件参赛作品中脱颖而出，获国际奥委会"体育与文学"奖，得到国际奥委会主席罗格和国际奥林匹克文化与教育委员会主任何振梁亲笔签发的获奖证书，作品手稿收藏于瑞士洛桑国际奥委会总部；2003年，散文《心灵的风景》获得新加坡国际散文大赛优异奖；2006年，由北京奥组委授权、北京电视台主办《福娃奥运漫游记》创意和百集动漫电视剧本大赛中，以创意《"北京号"水陆空航行车》获得了本次大赛的唯一一名创意大奖和百集剧本优秀奖，世界300余家网络和报刊进行了专题报道。2011年，由国家广电总局、解放军总政文化工作总站、中央电视台电影频道等联合举办的"纪念建党90周年全国电影评论大赛"中，其作品《湘江波涛涌，南湖行红船——电影〈建党伟业〉〈湘江北去〉艺术特点之比较》获全国第一名，同时获中国电影评论最高奖——"中国钟惦棐电影评论奖"；游记散文《黄河赏湾》获中国游记文学最高奖"中国徐霞客游记文学奖"；小说《筛水的村姑》《为了明天的太阳》《狗眼看人》《一级爱情》，散文《瞅瞅自己的背影》《1949年的那双鞋》《黄河岸畔的母亲和她的儿子》《小镇吹来一阵风》，文学评论《真假·善恶·美丑》《贵在刚与柔的和谐》《站在山羊坡上放歌》等分别获全国人大常委会、《人民文学》《中国作家》、中日合办《明日》杂志、《山西文学》《大众电影》、山西电视艺术家协会、《山西日报》等文学奖励60余项。出版《高举圣火前行——马毅杰获奖散文集》《永远是赢家——马毅杰获奖小说集》《"北京号"航行车——马毅杰获奖剧本集》。多次被省、市、县授予"优秀专家拔尖人才""十大杰出青年""优秀共产党员""精神文明建设先进个人""先进文联主席""德艺双馨文艺工作者"等称号。被收入《世界华人文学艺术界名人录》《中国小说家大辞典》《中国散文家大辞典》等多部辞书中。2008年成为北京奥运会中全国20名作家火炬手之一。中央人民广播电台、北京电视台、黄河电视台、山西人民广播电台、临汾电视台、《文艺报》等多家媒体给予专题报道。

张永存

张永存，1961年12月出生，永和县城内人。1983年9月参加工作，中共党员。

1983年7月，在山西农业大学植物病理学专业毕业，获学士学位。同年9月，在山西省林业科学研究所参加工作。1984年9月—1988年7月，在南京大学植物病理学专业读研，获硕士学位。1988年8月—1993年9月，在山西省林业科学研究所工作，期间任副研究员。1993年10月，赴美国加州大学进修，获博士（博士后）学位。随后在美国加利福尼亚州从事病理研究工作。

靳根虎

靳根虎，1962年12月出生，永和县交口乡人。1982年参加工作，1994年加入中国共产党，大学专科学历，中学高级教师。

1982年8月—1985年10月在交口乡任教；1985年11月—1987年8月在永和中学任教；1987年9月—1989年8月在山西省教育学院脱产学习；1989年9月—1991年8月在永和中学任教；1991年9月—1992年8月任桑壁中学校长；1992年9月—2011年8月在永和中学任教；2011年9月在永和三中任教。1992年被评为临汾地区德育先进工作者；1995年被评为临汾地区优秀班主任；2000年3月被评为山西省骨干教师；2003年、2006年、2009年连续聘为山西省骨干教师；2005 年、2006 年连续被评为永和县模范教师；2006 年被评为临汾市模范教师。

王斌雄

王斌雄，1963 年 5 月出生，永和县交口乡坡头村人。1985 年 7 月毕业于临汾师范专科学校物理系，同年 8 月分配到永和中学任教，1999 年加入中国共产党，中学高级教师。

1996 年，被评为临汾市骨干教师；1999—2000 年，担任永和二中副校长；2001 年担任永和中学副校长；2007—2008 学年度，2009 至 2010 学年度，均被评为县先进教育工作者；2010 年，被评为临汾市先进教育工作者，并获临汾市"五一劳动奖章"；2011 年，获临汾市"五一劳动奖章"。在永和中学任教期间一直担任高中物理学科的教学工作，其中 1998 年—2011 年一直承担高三年级重点班的物理教学任务。

郭建礼

郭建礼，1963 年 8 月出生，永和县桑壁镇人。1989 年 11 月加入中国共产党。

1984 年 7 月毕业于临汾师范专科学校数学系，同年 8 月分配到永和中学任教。1984 年 8 月—1996 年在永和中学任高中数学教师，1991 年晋升为中学一级教师。1996 年 9 月—1998 年 9 月在永和二中任教，并担任副校长。1998 年 10 月—2005 年 5 月担任永和县职业中学校长，2001 年晋升为中学高级教师。2001 年，获临汾市"教学能手"称号。2004 年、2005 年被评为永和县"先进教育工作者"。2005 年任永和中学党支部书记。

张立生

张立生，1963 年 10 月出生，永和县交口乡宜家塬村人。硕士研究生结业，副研究员，山西省"科技贡献奖"个人特等奖获得者，山西省农业科学院党委联系的高级专家，

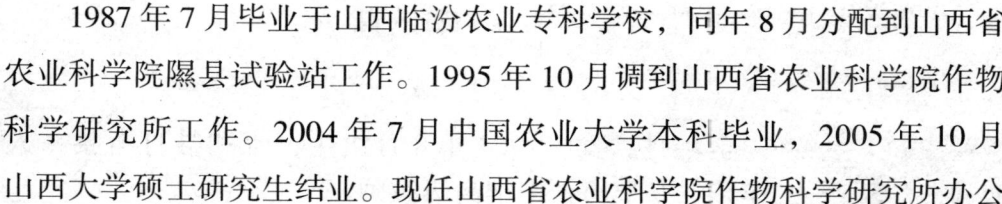中共党员。

1987年7月毕业于山西临汾农业专科学校，同年8月分配到山西省农业科学院隰县试验站工作。1995年10月调到山西省农业科学院作物科学研究所工作。2004年7月中国农业大学本科毕业，2005年10月山西大学硕士研究生结业。现任山西省农业科学院作物科学研究所办公室主任、党支部委员。主要从事小麦遗传育种及栽培技术研究及示范推广。主持参与国家及省农业科研和推广项目40余项。获省级以上成果奖励8项，其中"五百万亩小麦复套玉米模式化栽培研究与开发"和"优质强筋小麦新品种晋太170的推广"分别获2001年度和2007年度省科技进步一等奖。育成并通过国家或省级审定小麦新品种7个，其中国审品种1个。在省级以上学术刊物上发表论文30余篇，其中第一作者学术论文12篇。

张　毅

张　毅，1963年出生，永和县城内人。1984年7月毕业于临汾师范专科学校化学专业，同年分配到永和中学任教，中学高级教师。曾获永和县教学能手、临汾地区教学能手、临汾地区骨干教师、山西省教学能手及山西省优秀实验教师等多种荣誉称号。

暴春莲

暴春莲，女，1964年4月出生，永和县城内人，中学高级教师。1981年9月—1983年7月永和中学代教；1985年9月—1988年7月在临汾师范专科学校英语系就读；1988年7月—2011年8月任永和中学英语老师；2011年8月为永和三中教研室教研员。2001—2002学年度和2002—2003年学年度被评为永和县优秀教师；1998—2005年任期考核7年优秀。曾获临汾市赛讲"三等奖"，《英语周报》优秀辅导员教师奖。在《英语周报》上发表论文2篇。

李培莲

李培莲,女,1964年8月出生,永和县打石腰乡人。1985年参加工作,大专学历,中学高级教师。

1979年8月—1982年9月在永和中学就读;1982年10月—1985年7月在临汾师范专科学校中文系就读;1985年7月在永和中学任语文教师。1997年获临汾市"金钥匙奖";1998年3月被评为山西省骨干教师、临汾地区学科带头人;2000年10月在哈尔滨参加国家级骨干教师培训。曾多次在学术杂志、报纸上发表教育教学论文数篇。

李福亮

李福亮,女,1964年11月出生,永和县桑壁镇长索村人。1984年7月毕业于隰县师范学校,同年在永和中学任教。1987—1989年在临汾地区教育学院学习,1989年7月回永和中学任历史教师。2006年9月评为中学高级教师。

1999年,所代历史科高考成绩突出,单科成绩包揽临汾地区西山四县(永和、隰县、大宁、蒲县)前十名。同年,被评为永和县优秀教师、永和县首届十佳青年教师、临汾地区优秀青年教师。2002年,被评为永和县优秀教师。

康海平

康海平,1965年6月出生,永和县城内人,大学本科学历。1987年7月毕业于山西医学院临床医学系临床专业,获医学学士学位。

1987年7月在永和参加工作,历任永和县人民医院内科住院医师、主治医师、副主任医师,内科主任、医务科主任,政协永和县第四至第八届委员,政协永和县第五至第八届常委。在临床实践中,积极开展多项科研活动,撰写有价值的医疗论文5篇,其中《中西药物灌肠治疗溃疡性结肠炎30例疗效观察》《胃复安致锥体外系症状32例临床分析》《中西医结合治疗新生儿黄疸疗效观察》等论文在省级以上杂志发表，获得专家的肯定。

段海毅

段海毅，女，1965年7月出生于青海省都兰县，籍贯永和县打石腰乡冯家垛村。毕业于山西医学院五年制医学系，获医学学士学位。

1989年7月参加工作，历任永和县人民医院妇产科住院医师、主治医师、副主任医师。多年来，积极开展科研活动，注重实践，认真总结科研成果，撰写有价值的医学论文数篇，其中《更血停治疗更年期功能性子宫出血32例疗效分析》《妊娠期抗菌药物的合理应用》《米非司酮用于小过期流产21例临床观察》《米索前列醇在人工流产术前的应用》等5篇论文在省级以上医疗杂志发表。

王巧燕

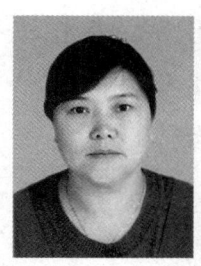

王巧燕，女，1966年4月出生，永和县芝河镇岭儿上村人。1991年7月毕业于山西医学院临床医学系，获医学学士学位，同年在永和县人民医院参加工作。1997年被聘为主治医师。2000年在山西省儿童医院进修一年儿内科。2003年晋升为儿科副主任医师。2006—2008年在临汾市先平妇产医院进修。2010年被聘为永和县人民医院儿科主任。

通过多年临床实践，不断总结经验。撰写的论文《培菲康治疗小儿肺炎治愈后出现的腹泻30例》在2002年《基层医学论坛》第六卷第四期发表；《以遗尿外阴瘙痒为主要表现的蛲虫病5例分析》在2003年《中华误诊学》杂志第七卷第五期刊登；《京万红烫伤膏治疗婴儿尿布皮炎》在2003年3月《基层医学论坛》第七卷第三期刊登；《地西泮静注或保留灌肠治疗高热惊厥41例》在2003年《中国基层医药》第十卷第四期刊登；《小儿复方氨基酸佐治疱疹性咽峡炎疗效观察》在2009年《基层医学论坛》第十三卷增刊发表；《氨溴索辅治小儿支气管炎疗效观察》在2011年《中国医师》杂志增刊发表；《甲基尼泼松龙治疗婴幼儿支气管哮喘疗效观察》在2011年8月《基层医学论坛》第十五卷第八期刊登。

黄冬梅

黄冬梅，女，1966年12月出生，永和县南庄乡白家山村人。毕业于山西医学院五年制医学系，获医学学士学位。

1992年7月参加工作，历任永和县人民医院内科住院医师、主治医师、副主任医师和内科主任。工作期间，积极开展科研活动，注重实践，认真总结科研成果，撰写有价值的医学论文数篇。其中《西比灵治疗脑出血30例疗效观察》《西分妥拉明佐治肺心病心力衰竭40例疗效观察》等3篇论文在省级以上杂志发表。

李清平

李清平，1967年3月出生，永和县打石腰乡郑家塬村人，山西大学法学学士，中学高级教师。

1986年7月参加工作，先后在永和石畔岭中学、永和中学、永和县教育科技局工作。1995年、1998年评为县优秀教师；1998年评为临汾地区高中课改先进个人。主编了《小学语文段落阅读与训练》一书，参与《写作技巧琐谈》《高中政治易混易错疑难解析》两本书的编撰工作。是永和县第六届政协常委，永和县第十四、十五届人大委员。

孔永梅

孔永梅，女，1967年10月出生，永和县城内人。大学本科学历，中学高级教师，永和县第二中学校长，中共党员。

1982年至1985年7月隰县师范学习；1989年9月—1992年7月山西师范大学函授专科；2002年4月—2005年4月山西师范大学自考本科（汉语言文学）；2002年9月—2008年7月任永和二中副校长；2006年9月取得中学高级教师任职资格；2008年任永和二中校长。2009年获山西省精神文明建设先进个人荣誉称号；2010年被评为临汾市模范校长。

刘树平

刘树平，1968年7月出生，陕西省清涧县人。1991年7月毕业于山西职业师范专科学校（现山西省职业技术学院）种植系林果专业，1991年8月参加工作，在永和县职业中学任教。1993年5月加入中国共产党。2011年9月在永和县第三中学任党支部副书记。

任教期间，先后撰写了《果树实习指导》《农林牧实用技术》等乡土教材20余万字。培养中、初级实用技术人才500余名，对口考入大专院校80余名，所任专业课对口升学在山区县名列前茅。1992年9月被评为县优秀教师；1999年、2002年被评为县优秀共产党员；2004年5月被共青团临汾市委评为优秀团干；2007年、2011年被评为县"模范教师"。

在完成本职工作的同时，多次承担县内"帮联"扶贫、专业师资培训、党员冬训、"三下乡"等各类培训授课任务。在沿黄红枣主产区打石腰乡郭家山村委帮联扶贫中，被县委组织部树为科教扶贫典型，《山西经济日报》《生活晨报》刊登了他的先进事迹。在"帮联"、培训、教学等实践中，不断总结经验，先后编写《永和县职业技术教材》《旱塬地枣树优质高产配套技术》《核桃管理实用技术》《苹果生产管理实用技术》等科技推广资料5000余册。1993年1月被临汾地委、行署授予林业科技先锋称号；1994年12月被永和县人民政府评为永和县拔尖人才；1995年5月被评为永和县十佳青年岗位能手；1996年7月被授予山西省培养"青年星火带头人"称号；1998年3月被评为临汾地区科技先进个人；1999年3月被永和县委、县政府评为科技推广先进个人。

冯文记

冯文记，1968年9月出生，永和县阁底乡人，中共党员。1989年毕业于山西省长治医学院，先后在山西医科大学、北京邮电医院进修。2007年评为副主任医师，2008年任永和县中医院副院长，2011年任永和县中医院院长。

撰写的论文《小儿重症肺炎的治疗体会》《慢性肺源性心脏病合

并冠心病的临床讨论》《青霉素临床运用中存在的问题》等发表在《中国农村医学》《急救医学》上。1998年被评为永和十佳青年岗位能手；2000年被评为临汾市卫生系统先进工作者；2001年被评为永和县优秀医师；2010年被评为临汾市医德医风建设先进个人；2011年获山西省卫生系统"创先争优"先进个人、临汾市卫生工作先进个人称号。

刘跃文

刘跃文，1968年出生，河南省武陟县人，永和中学英语教师，中学高级教师。

1989年7月毕业于运城师专英语系，同年9月在永和中学参加工作。2005年获得山西师范大学英语系本科学历。从事教育教学工作期间一直担任班主任工作，其中17年从事高三英语教学工作。2007年9月，获"永和县教学成绩突出奖"，同时获"山西省优秀教师"称号；2008年4月，获"临汾市五一劳动奖章"，同时被评为临汾市模范班主任；2009年9月，被评为临汾市模范教师，同月获"山西省模范教师"称号；2010年2月，被评为永和县部门先进工作者，9月被评为永和县模范班主任；2011年3月，经县委组织部推荐为"永和县名师"。

刘永莲

刘永莲，女，1969年9月出生，永和县南庄乡南庄村人。1989年7月毕业于隰县师范学校，同年在永和中学参加工作，2004年在职就读于山西师范大学。中学高级教师。

从教二十多年，5年担任少先队辅导员，6年担任年级组组长，8年担任教研组组长。1999年，获临汾地区"优秀班主任"荣誉称号；2000—2003年，连续4年被评为永和县模范教师；2002年，获县"优秀辅导员"和临汾市"学科渗透能手"称号；2005—2009年被评为永和中学模范教师；2007年被评为临汾市骨干教师；2008年被评为永和县模范教师；2011年临汾市妇联、市教育局授予"教学女能手"荣誉称号。撰写的论文《一线串散珠、侧重练三点》《如何提高政治课的复习效率》分别在国家级刊物《写作技巧琐谈》《新作文——教育教学研究》上发表；论文《思想政治课中启发式教学》2000年在山西省教改活动中获二等奖；论文《山区教学如何面对新课改》在2009年山西省课改活动中获一等奖。

刘书琴

刘书琴，女，1969年11月出生，永和县阁底乡人。1992年7月毕业于山西师范大学物理系。1992年9月在永和中学任教，担任高中物理教学工作。2005年8月被评为中学高级教师。

从教二十多年，注重教研，积极上进。撰写的论文《中学物理教学中差生转化探讨》在临汾市高一课改物理学科研讨会上获二等奖；论文《物理教学能力初探》在山西省高中课改三优工程评比中获二等奖；论文《物理教学中的几点体会》获省三等奖；论文《体态语言在物理教学中的应用》在《学习报》教研版2004年11月第274期第三版上发表；论文《浅谈机械波的图像的应用》发表于国家级期刊《中学物理报》上。从2007年起连续被聘为临汾市物理学科带头人。

药晓霞

药晓霞，女，1970年出生，永和县芝河镇药家湾村人。硕士研究生学历，首都师范大学音乐学院副教授。

药生荣

药生荣，1971年2月出生，永和县人。大学本科学历，中共党员，永和县畜牧局副局长，高级畜牧师。

1991年7月于洪洞农业学校毕业后，分配到永和县畜牧局工作。先后在国家、省级专业杂志上发表《中兽医发展亟待加强》《永和县狠抓畜产品质量安全》《浅析农村养猪业存在的问题及对策》《绒山羊综合养殖技术》等多篇论文，并主持实施绒山羊舍饲圈养技术推广项目，获得山西省科技厅"科技成果奖"二等奖。2010年取得高级畜牧师资格。

高根应

高根应，1971年10月出生，永和县芝河镇官庄村人。中学高级教师，中共党员。

1997年7月山西师范大学中文系毕业，同年9月在永和中学参加工作。在1997年永和县首届中小学"金钥匙"奖评选中获优秀奖；2002年，评选为临汾市优秀班主任；2004年、2007年两次评选为临汾市高中学科带头人；2008年、2011年两次评选为山西省高中骨干教师；2009年评选为山西省中小学继续教育工作先进个人。论文《语文课开讲艺术初探》在山西省课堂改革优秀论文评选活动中获一等奖；论文《语文创新教育初探》在山西省课堂教育优秀论文评选活动中获优秀奖；论文《高中语文教学方法浅谈》在《新作文教育教学研究》2007年第九期上发表。

高 旭

高 旭，女，1971年12月出生，祖籍隰县。中学高级教师，永和中学数学教研组组长。

1995年7月毕业于山西师范大学数学系数学教育专业，同年9月任教于永和中学。1998年10月被评为临汾地区电教能手；2000年3月获《老师》征文大赛一等奖；2000年5月被评为永和县第十届双十佳青年教师；2007年4月被评为临汾市高中骨干教师；2007年9月获教学成绩突出奖；2008年3月被评为临汾市骨干教师；2009年2月被评为临汾市第八届中小学教学能手；2009年9月被评为永和县模范教师。在报纸杂志上发表论文《早恋的成因及防治》《设疑教学魅力无穷》《浅谈高中数学应用题的教学》《怎样搞好高三数学复习》等多篇。

冯对平

冯对平，1972年6月出生，永和县阁底乡高家塬村人。山西医科大学第一医院介入科副主任，山西省学术技术带头人，山西医科大学第一医院青年名医、硕士生导师、

副主任医师。

1991—1996年在山西医科大学临床医学专业学习，获学士学位。1996年7月—1998年9月在永和县人民医院放射科工作。1998年9月—2001年7月在山西医科大学影像医学与核医学专业学习，获硕士学位；1999年9月—2001年7月在山西医科大学第一医院放射科、磁共振室、CT室轮转学习；2001年7月在山西医科大学第一医院介入科工作，主要是介入诊治；2007年9月—2010年7月在首都医科大学影像医学与核医学学习，获博士学位。

2001年后从事介入有关疾病的诊断与治疗，对介入诊疗常见疾病进行了大量的临床工作，擅长肿瘤和血管疾病的介入治疗，尤其是入梗阻性黄疸、出血性疾病介入治疗。

霍虎勇

霍虎勇，1989年6月4日生于山西省永和县。专业作家、古籍收藏家。中国"80后"作家群代表人物之一。20世纪90年代后期开始文学创作。2011年，因著作《山楂树的春天》而被人们熟知和关注。中学时期在《读者》《青年文摘》《意林》等知名杂志发表多篇（首）青春题材的短篇小说、散文、诗歌作品。大学期间曾创办"海南第一站网"，成立了"琼台校园记者站"，参与主编《琼台师专报》《春笋报》、麒麟文学网等报刊、网站。历任海南省写作学会青少年分会副会长、中国文化旅游出版社编审、《纪实中国》执行主编、中国报告文学网副主编、《三晋都市报》副刊主编、《先锋队》杂志社事业发展部副主任。中国诗歌学会会员，山西省作家协会会员，海南省写作学会会员，太原诗词学会会员。

第三章 人物名录

第一节 革命烈士

张润兰

民国2年（1913）出生，永和县交口乡张家塬村人。民国24年（1935）参加陕北工农红军，任侦察员。民国25年（1936）红军东渡黄河时被敌人杀害。

李直孩

民国3年（1914）出生，永和县芝河镇人。民国28年（1939）参加华北联络大学工作，当年后半年失踪。

冯有录

民国13年（1924）出生，永和县桑壁镇护国村人。民国31年（1942）2月参加革命，任新编五团三营九连战士。是年10月在汾西罗堡镇战斗中牺牲。

冯世忠

清光绪三十二年（1906）出生，永和县交口乡小南楼村人。民国31年（1942）参加革命，在大宁县政府联络部任侦察员。民国33年（1944）被敌人活埋于大宁县城。

李炳光

永和县打石腰乡李家畔村人。民国34年（1945）解放永和县城抬云梯时牺牲。

张锁孩

民国12年（1923）出生，永和县桑壁镇井园沟村人。民国34年（1945）8月参加革命，是年11月在石楼县刘村战斗中牺牲。

樊兵义

民国16年（1927）出生，永和县交口乡樊家圪塔村人。民国30年参加革命，民国35年（1946）6月被阎军杀害于阁山。

白万福

清宣统三年（1911）出生，永和县南庄乡白家腰村人。民国31年（1942）任永和县三区副区长时参加革命。民国35年(1946)6月被阎军杀害于县境石畔岭。

白侯恩

民国16年(1927)出生,永和县南庄乡郭家村人。民国35年(1945)参加革命,是年10月在灵石牛栏岭战斗中牺牲。

刘成祥

民国7年(1918)出生,永和县交口乡可托村人。民国34年(1945)参加石(楼)永(和)独立营,在二排当战士。民国35年(1946)6月失踪。

李有才

民国10年(1921)出生,永和县芝河镇后桑壁村人。民国35年(1946)参加九分区五十五团,任班长。民国36年(1947)在灵石战斗中牺牲。

段增福

民国14年(1925)出生,永和县打石腰乡刘家腰村人。民国33年(1944)参加二十三旅六十九团一营机炮连。民国36年(1947)在襄汾县张礼战役中牺牲。

段 双

民国15年(1926)出生,永和县坡头乡岔上村人。民国34年(1945)参加革命,民国36年(1947)6月在蒲县战斗中牺牲。

李名忠

民国18年(1929)出生,永和县阁底乡石家湾村人。民国35年(1946)参加石永游击队,民国36年(1947)在蒲县石头山战斗中牺牲。

李文环

民国11年(1922)出生,永和县芝河镇官庄村人。民国35年(1946)参加革命,民国36年(1947)在临汾战役中牺牲。

苏全平

民国13年(1924)出生,永和县打石腰乡刘家山村人。民国35年(1946)参加新四军,在十四团当战士。民国36年(1947)失踪。

毛富田

民国6年(1917)出生,永和县芝河镇北则里村人。民国36年(1947)参加五十五团二营六连,是年在灵石县罗卜村战斗中牺牲。

任玉孩

民国6年(1917)出生,永和县打石腰乡尉家坬村人。民国35年(1946)参加石永游击队，任通讯员。民国36年（1947）在灵石县罗卜村战斗中牺牲。

李和三

民国11年（1922）出生，永和县芝河镇药家湾村人。民国34年（1945）参加八纵队二十四旅七十团，任班长。民国37年（1948）10月在太原战役中牺牲。

刘立光

民国6年（1917）出生，永和县南庄乡南庄村人。民国35年（1946）参加革命，民国37年（1948）在太原牛驼寨战斗中牺牲。

吴宗正

民国8年（1919）出生，永和县芝河镇罢骨村人。民国35年（1946）参加革命，民国37年（1948）在太原晋祠西镇战斗中牺牲。

李狗脸

民国9年（1920）出生，永和县坡头乡呼家庄村人。民国35年（1946）参加七旅十二团六连，民国37年（1948）在太原牛驼寨战斗中牺牲。

刘五姓

民国15年（1926）出生，永和县坡头乡土罗村人。民国35年（1946）参加七旅十二团六连，民国37年（1948）在太原牛驼寨战斗中牺牲。

王贵邦

民国18年（1929）出生，永和县交口乡乐城村人。民国36年（1947）参加吕梁九分区五十五团，在二营当战士。民国37年（1948）在灵石县罗卜村战斗中牺牲。

穆瑞清

民国6年（1917）出生，永和县南庄乡红崖渠村人。民国35年（1946）参加一军三师，当号兵。民国38年（1949）在青海剿匪战斗中牺牲。

白祥孩

民国7年（1918）出生，永和县坡头乡呼家庄村人。民国36年（1947）1月参加游击队十三支队，民国38年（1949）在石楼县刘村战斗中牺牲。

杨兆国

民国14年（1925）出生，永和县芝河镇人。民国37年（1948）参加重庆新八师，民国38年（1949）失踪。

苏全和

民国13年（1924）出生，永和县打石腰乡刘家山村人。民国38年（1949）参加一军三师八团二营,是年 10 月失踪。

任钱有

民国 11 年(1922)出生,永和县坡头乡榆林则村人。民国 35 年(1946)参加西北野战军一军三师八团,民国 38 年(1949)4 月在太原牛驼寨战斗中牺牲。

李鸿忠

民国 14 年(1925)出生,永和县阁底乡石家湾村人。民国 36 年(1947)参加革命,到甘肃一九五师医院服务。民国 38 年(1949)在甘肃病故。

李步忠

永和县阁底乡石家湾村人,排长。1950 年病故于天津医院。

药培基

民国 14 年(1925)出生,永和县坡头乡孙家庄村人。民国 36 年(1947)6 月参加一军二师警备连。1951 年失踪。

靳文斌

民国 15 年(1926)出生,永和县芝河镇官庄村人。民国 37 年(1948)参加革命。1951 年在朝鲜牺牲。

李双旺

民国 15 年(1926)出生,永和县打石腰乡郑家塬村人。民国 37 年(1948)10 月参加革命,1951 年 3 月失踪。

刘正祥

民国 18 年(1929)出生,永和县交口乡都苏村人。民国 38 年(1949)参加一九六师五八八团二连。1951 年在朝鲜三八线石龙山县战斗中牺牲。

李宗录

民国 10 年(1921)出生,永和县芝河镇东峪沟村人。民国 37 年(1948)参加陕西宝鸡部队,1951 年牺牲。

冯兴明

民国 14 年(1925)出生,永和县芝河镇东峪沟村人。民国 35 年(1946)参加六十军一七九师五三七团六连,任排长,中共党员。1953 年 6 月 28 日在朝鲜江道原反击战中牺牲。

张道荣

民国 4 年(1915)出生,永和县芝河镇长乐村人。民国 34 年(1945)参加革命,任志愿军工兵九团一营机械连班长。1953年1月8日在朝鲜黄海道风山群战斗中牺牲。

李文平

民国14年（1925）出生，永和县芝河镇人。民国34年（1945）参加西北军区第一野战军。1954年12月因公负伤逝世。

冯月亮

民国11年（1922）出生，永和县阁底乡西庄村人。第十八兵团六十二军一八四师五五〇团战士。参军、牺牲时间不详。

薛占奎

永和县芝河镇人。出生、牺牲时间不详。

黄清章

永和县打石腰乡黄家岭村人。出生、牺牲时间不详。

赵根春

1954年出生，永和县阁底乡乌华村人。1973年参加中国人民解放军，任铁道兵三师汽车营二连战士。1976年3月执行任务时在陕西省平利县白果平炭矿翻车牺牲。

第二节　县团级正职以上人员

任泽远

民国4年（1915）出生，永和县坡头乡榆林则村人。民国27年（1938）参加革命工作，曾任上海市建工医院副院长。

白文彦

民国7年（1918）出生，永和县城内人。民国27年（1938）参加革命工作，曾任永和县公安局长、公安部七局政治处主任。

任志道

民国7年（1918）出生，永和县芝河镇王家坪村人。民国35年（1946）参加革命工作，曾任陕西省西安市塑料厂厂长。

刘光辉

民国12年（1923）出生，永和县阁底乡西后峪村人。民国28年（1939）参加革命工作，曾任西北勘探公司物探队党委书记。

王凤鸣

民国17年（1928）出生，永和县坡头乡李家崖村人。民国33年（1944）参加革命军队，曾任陆军第一军二师参谋长。

慕三雄

民国17年（1928）出生，永和县城内河西坡人。民国37年（1948）参加革命工作，曾是永和县政府干事，后西调至新疆维吾尔自治区任地质局人防办主任。

冯 彪

民国19年（1930）出生，永和县阁底乡同上吉人。民国34年（1945）参加革命工作，曾任四川省电缆厂党委书记。

冯耀章

民国19年（1930）出生，永和县城内人。民国36年（1947）参加工作，曾任四川省成都铁路局教育处处长。

冯 波

民国19年（1930）出生，永和县交口乡第二岭村人。1949年参加工作，曾任四川省建设工程公司工会副主席。

刘廷成

民国20年（1931）出生，永和县交口乡索珠村人。民国37年（1948）参加革命工作，曾任西安市宾馆党委书记。

赵培龙

民国21年（1932）出生，永和县阁底乡乌华村人。1949年参加革命工作，曾任西安市第四军医大学政治部副主任。

李春叶

女，民国21年（1932）出生，永和县城内人。1954年参加工作，曾任河南省开封市龙亭区区长。

毛凤岗

民国25年（1936）出生，永和县交口乡索珠村人。民国37年（1948）参加革命工作，曾任中共四川省宁南县委书记、西昌农学院党委书记。

樊新德

民国30年（1941）出生，永和县城内人。1962年参加工作，曾任山西广播电视大学办公室主任。

刘兴文

民国34年（1945）出生，永和县阁底乡西后峪村人。1970年参加工作，曾任陕西省韩城煤矿上峪口矿矿长、书记。

冯宝成

民国35年（1946）出生，永和县阁底乡上辛角村人。1964年参加工作，曾任北京军区炮兵三十四师四〇九团团长、山西省迎泽宾馆副总经理、山西饭店党委书记。

崔东耀

1950年出生，永和县城内人。1968年参加工作，曾任中国民用航空总局机关党委组织处处长。

贾昌德

1952年出生，永和县打石腰乡河会里村人。1970年参加工作，曾任湖北省咸宁地区个体劳动者协会秘书长。

张越轶

1958年11月出生，永和县阁底乡东庄村人。曾任大宁县县长、县委书记，中共曲沃县委书记，中共山西省委党史办公室副主任。

第三十七编

艺 文

永和山清水秀、地杰人灵,历朝历代的贤士才人留有许多写景抒情之佳作。中华人民共和国成立后,教育普及,人才辈出。诗歌、散文、小说、戏剧等作品层出不穷,屡屡见诸报纸杂志,它们不但向世人描绘了永和奇异秀丽的山水风貌,也抒发了永和人民艰苦朴素、自强不息的奋斗精神。

本编收录古今诗赋20篇,当代散文、小说、戏剧7篇,古今文献6篇、碑刻6幅、县志序3篇。

第一章 诗 赋

第一节 诗 歌

永和八景步前人韵
明·邑令

灵液清波

晚凉池上绝芬埃，山色如屏四面开。
静影漫随波荡漾，莹光闪映月徘徊。
即看赫尾湍流急，信有源头活水来。
惊乱芦汀沙上雁，一声渔笛起蒿莱。

双山霁雪

雪山双耸势岧峣，怪石磅礴冻未消。
琼岛平分隔烟海，玉峰高起出云霄。
靓妆林外涂山寺，素练溪边挂小桥。
猿鹤也知樵径滑，梯云直上空岑遥。

兴化晨钟

野寺寻幽苔径斜，疏钟隐隐落天涯。
客中敲坠愁边月，梦里撞残笔上花。
响入云岩惊宿鹤，音没林杪乱啼鸦。
乘风直达遥空表，唤起天关放日华。

南楼夕照

夕照回光映上台，南风影里翠屏开。
山街落日云拖去，鸟背残阳风送来。
暝色自随烟灭没，余霞犹共岭徘徊。

层峦叠嶂偏宜晚，此外云峰空自堆。

官庄送客

长亭烟柳挂朱轮，北使南旋自水滨。
啼鸟有情留去客，落花无语怨离人。
听残野吹催诗急，唱彻阳关劝酒频。
好把征鞍载行色，天涯何处是相亲。

芝河钓艇

山自青青水自流，碧溪清浅夜横舟。
满川明月云初破，迫岸轻风罾未收。
芦港静时闻玉笛，柳塘深处起沙鸥。
隔林渔唱烟波晚，短棹轻寒下渡头。

莲池晚眺

孤吟倚遍碧栏杆，眺晚闲登紫翠间。
风景纵观频仗履，家乡归路阻河山。
花边水榭连春寂，竹外柴扉趁月关。
目断白云天荡漾，栖鸦飞去复飞还。

乌龙翠柏

凌霜傲雪几经年，翠态凭虚上蠱天。
苍色雨余青入黛，碧涛风动翠生烟。
繁枝笼鹤潜华表，老干盘龙跨涧前。
百亩浓阴千尺岭，春来秋去固依然。

永和大堂前古槐

清·王士仪

参天槐荫色苍苍，骨饱风霜植大唐。
老杆春堆千点绿，斜枝秋染数团黄。
沧桑有恨人何在，耕凿无心草自芳。
不比南山松柏树，浓阴万古覆琴堂。

园则沟（组诗）

霍虎勇

园则沟·窑洞

所有的泥土都拥抱着

拥抱成坚实的半个圆

把生老病死放在炕上

把春夏秋冬挡在门外

园则沟·犁铧

每次

春风一吹，冻僵的犁铧便笑了

是它

翻新了五千年王朝的土地

或许

它还将翻新一个世界

园则沟·童年的国

贫穷就像马蜂的刺，总让村里的孩子毛骨悚然

于是童年更多的记忆除了捉蝎子就是刨药材

这至少不会让我们肚囊打鼓，

衣不遮体去面对眼前的世界

园则沟哟

穿不完的粗布短衣，黑面布鞋

走不出的穷山恶水，千沟万壑

可你是我，唯一的国

当远离家乡，这一身泥塑的身体

每碰风雨

散发出故园的香

园则沟记忆·青春

（一）

那些年，田畦垄沟堆满了许多孩子方言俚语许下的愿望

岁月稍旧，耕地的老黄牛便踏着虔诚的脚步

把这一切，深深地踩进泥土

日落月浮，当所有的青春开始回首

可心头那厚厚的老茧却已布满风尘

任短镢咆哮，连枷抽打，只寻得几粒生锈的碴子

（二）

余晖又落在了头顶

若你不叫，它总是远远地站着

既不向前亦不退后

笨拙的样子像极了稻草人

有人猜想，它来自女娲，来自尧舜

或来自最初成形的海洋

它不语，脚下的黄河不问

静静的岁月在村头流过

（三）

石磨已然忘却自己，远古的形状

埋在土里，和碾子一般

用沧桑的手臂托起半截身躯

宣告曾经的辉煌

笨重的躯壳养活了几代人

无人在意，小孩儿在上面撒尿

冲刷泥迹斑斑，污浊的面孔

——黄土模糊世界

一切永恒的希冀

（四）

这些年，炕头的煤油灯还亮着

除了黑夜，活着的都在梦里

园则沟·印象

（一）

山峦起伏，梁峁层叠。旭日才刚刚探出了头

最高的骆驼峰就迫不及待，从浓雾中爬了起来

把山山沟沟的兄弟都喊上一遍

瞧我！这一身的金光闪闪多么耀眼

（二）

园则沟，几乎所有的窑洞都空了

除了残疾的老人和留守的孩子

放眼望去，遍地荒草，疯长而杂乱

唉，谁愿意

一夜夜在霓虹灯下，用孤独的影子写下：故园

（三）

据说，在这里

沉睡着人类的祖先

腐去的尸骨作别灵魂长出了新的世界

捧一抔黄土，便捧起了五千年王朝的灰烬

当记得，兴衰荣辱，一片云烟

园则沟·石井

（一）

我确信自己是活着的，至少在这里

甘甜的泉水让我清醒。它连着大山

用尽一生凿出一个清净的世界

我猜想它应该有一双水汪汪的大眼睛

每一次都凝视着挑水人阳光般的笑脸

（二）

多少年过去了，扁担换了又换，水桶换了又换

曾经亲吻过你的孩子或已白发苍苍或已化作尘埃

你总是不说话，仿佛所有的心事都酿做了新酒

每当走进你，我总是销魂的醉

（三）

清澈的泉水流经石眼

用全部的甘甜喂饱了干渴的世界

有一天，如果岁月老了

石井，我愿把最后的一口气借你呼吸

（注：园则沟是永和县阁底乡的一个村庄）

乾坤湾红枣

冯生生

谁打碎了太阳

洒遍千万亩河湾

把一个个乡村

装扮成待嫁的娇娘

珠光宝气一身红妆

窑背上屋檐下

流霞徜徉

每一颗枣儿都跳着火焰

轻轻一掰

就拉出几丝阳光

枣树上挂满了传说

襄阳古道驿尘飞扬

甜甜的乡村

是皇家舌尖上的天堂

石拱接口的窑洞里

常年挂着川军大王的点赞

悠悠的黄河流淌，流淌

流着枣乡的倩影
流着枣林的芬芳

长长的杆儿敲响了秋光
甜甜的日子在秋光里飘香

打工者

冯生生

告别了黄土高坡，
穿过了红高粱云朵，
扛着火辣辣的太阳，
在钢与水泥的密林中，
寻觅自我。

窗外的圆月，
妻子的笑窝。
塑料布扇动的工棚里，
清风吟哦。
梦在汗水里打捞，
打捞着亮晶晶的生活。

父亲（组诗）

宗 良

一

你的苦痛熬煎着我的记忆
弓身行走在长长的三里坡

盛夏，在蓊郁的枝头上叫
每一滴汗珠都闪射着流火的灼热
滚烫地渗入庄稼的根部

将所有养分殷勤打点

希望就像一缕拂面而过的风
不可捉摸，尘烟飞扬的南岭洼
火辣辣地焦灼着

你手托一朵晚霞回归
以此，慰藉守望的妈妈

二

清贫的日子倒也祥和安宁
毕竟土地和庄稼是最可亲近的
店柜后面的冷眼有点陌生
丰收的喜悦遭遇隔世的冰冷
花自己的钱也得赔着小心
长势喜人的庄稼
撑不起心灵的天空

父亲告诉我，不要仇恨
这是庄稼人的命

三

走近点，再近点
父亲将我拉上高高的凤凰山
所有沟沟坎坎就被踩在脚下

我将小手伸过云霞
父亲将药材装进筐里
日子就在妈妈锅铲边滋滋唱响

四

已经不是你所能理解的世界
牵挂连接着牵挂

焦虑伴随着焦虑

我们都以陌生的姿态拔节着

年事已高的梨树被嫁接成枣树

甜蜜岁月里的"金皇后"也被改良

锄头锈迹斑斑地挂在退耕还林的枝头

父亲坚守着已不茂盛的胡须

稀稀拉拉地清点着记忆的影子

我们忙碌地穿行在父亲的皱纹里

一滴泪,从高高的凤凰山坠落

穿透所有贫瘠的日子

故乡的小溪

李保成

小时候你和我一样顽皮

将夏天轻轻铺在小鸭掌底

一漾一漾,一漾一漾

引逗出嘎嘎的惊奇

冬日用白雪把自己悄悄藏起

当滑轮呼啸而过

房前屋后尽是欢乐的足迹

山谷里的叫声笑声如哨如笛

长大后你变得强壮有力

春天一不小心就把沟坝层层涂绿

禾也青葱,花也馥郁

秋季再为那深情的土地

裹上金色的外衣

乡亲们说你非常辛苦

洗瘦了母亲的身体

漂白了父亲的发须

如今的你非常神奇
屡屡勾动我的乡愁
常常跑到我的梦里
弯弯曲曲，轻轻依依
一头连着未来
一头接着过去
平凡中孕育着伟大
运动中传承着生机

第二节　赋

永和赋

樊永兴

巍巍吕梁南麓，浩浩黄河东岸，山可扶云，沟能藏蛟。石器时代，人群环居，挖穴而眠，凿石则猎。数千载繁衍，三千岁文明。历风霜，经沧桑，至西汉，始建县。隋开皇，称永和。

昔永和，山高水清，地阔人稀，广种薄收，然人杰辈出。盛唐兵部尚书刘和，元时上都留守贺仁杰，清封资政大夫白承颐，均乃国之栋梁。

今永和，山仍高，水仍清。与昔相异者，山高披装，水清淤坝。山腰山巅，松柏苍翠，碧波叠嶂；山坡山麓，桃李竞芳，红绿交映。芝河中贯县域，溪水遍及沟渠。河川淤坝蓄碧池，山泉机引入家户。水清土沃路阔，苗绿花繁果盛。昼，天高日烈气清；夜，草香田寂声远。恍若今朝世外之桃源也。

永和红枣，天下奇果。甘甜沁腑，养精生血；皇室贡品，闻名遐迩；拳头产品，独领风骚。果可解馋，树能观赏。枝似铁杆刺苍天，叶如碧玉挂枝丫，果若红珠缀叶间，风过绿翻红尽染。

永和旅游，得天独厚。山清水秀，日朗天远；文明古迹，遍布全域。咆哮黄河，通县之南北，一水之隔，成晋秦两岸。黄河之水，柔时似母亲，怒则若雷霆。怒流激荡，凿就乾坤河湾。乾坤成形，伏羲观象。山抱河，河拥山，阴阳两极，八卦初现；日出日落，水来水去，以方位谓之青龙、白虎、朱雀、玄武，以世之万物归为乾、坤、坎、离、震、巽、艮、兑。乾坤八卦推衍出，远古文明永和现。山水依偎，乾坤两极，世之绝景。由此可谓，华夏文明源自黄河乾坤，黄河文化根植永和天地。高山厚土，存古迹无数。石器遗址，形迹完整；棋盘山石，上仙对弈；商代古墓，文物奇珍；楼山庙宇，气势雄宏；文成大殿，歇山结构，独创古今；双锁山峰，李闯留迹，石城惊世；刘金定庙，佳话流芳；望海寺画，古之瑰宝。嗟乎！名胜不胜数。

永和大地，红色之地。"五四"出，起风云，革命霹雳，震颤山河；共产兴，救中国，农民运动，席卷永和。斗恶霸，济穷苦，李家崖村举红旗；民国衰，日寇侵，红军东征御外侮。岁月早逝，遗迹不灭。李家崖中共支部遗址，赵家沟毛泽东旧址，东征村毛泽东路居，于家咀红军回师渡口，不一而足，皆成浓浓红色遗迹。上至耄耋，下有垂髫，膜拜追念，络绎不绝。故人已去，其神长存；革命传统，弘扬九州。

夏秋之永和，景丽气清。瞻其晨，雾缭青山，城村半隐，宛若云天仙境；观其午，天深日艳，山翠林茂，直觉身临画中；感其暮，星烁草甜，蛙鸣水吟，如置梦幻乐园。

呜呼！永和山水之妙，天地之谐，岂止一文可尽说？文人墨客，若身临其境，必流连忘返，才情涌动，或留传世之佳作矣。

第二章 散文 小说 戏曲

第一节 散 文

学习黄河

加天山

黄河，中华民族的母亲河。

我第一次到黄河岸畔学习、工作和生活，是1997年冬天到吉县王家垣乡挂职锻炼。记得当年我撰写了一副对联：丑岁奋起黄河边，牛年耕耘王家垣。期间，我抽空观看了一次黄河壶口瀑布，领略了黄河"裂岸穿峡惊大地，带云吐雾啸苍穹"的雄壮，心中对黄河的认识，更多的是那种父亲般的不惧艰险、骁勇向前、气吞山河、波澜壮阔的英雄气概。2013年新年伊始，我有幸再次来到黄河岸畔，在永和县学习、工作和生活。特殊的地域产生了特殊的机缘，使我看到了黄河不易被人看到的另一面。

黄河在永和，被人们称为"龙行黄河、天下永和"。县志云："永和居万山之中，满目崎岖。"但在我眼中，那崎岖却如诗如画。你不论站在阁山、楼山，还是石门山（又名双锁山）山顶上，四周远眺，那一座座山与黄土高原特有的丘陵沟壑、梁梁峁峁，交织在一起，浑然一体，十分壮美。场面虽也辽阔，确总被四周绵延不绝的远山环抱着，给人一种身处圆心、天圆地圆的合抱之美。黄河从南庄乡前北头湾进入永和，从交口乡取材湾流出永和，蜿蜒68公里，自北而南形成了英雄湾、永和关湾、郭家山湾、河会里湾、白家山湾、仙人湾和于家咀湾七个张弛自如的大湾，像一条巨龙，洋溢着祥和的瑞气，穿行在晋陕大峡谷之中。我们把这七个湾统称为乾坤湾。2011年2月1日，《贵阳晚报》高级记者罗万雄在北京至贵阳的航班上，拍摄到黄河在永和境内状似巨龙的逼真照片。龙头昂然向上、龙身蜿蜒起伏、龙尾摆动有力，在太阳光的照射下，波光粼粼、金光闪闪、神采飞扬。

黄河在永和乾坤湾，展现了母亲河最为温婉多情、宁静从容、大气和谐的姿容。黄河乾坤湾美，美在和谐包容。你不论观赏哪一道蛇曲似的大湾都能够看到山与水、天与地，动与静、曲与直，雄壮与柔美、粗犷与细腻交相辉映的大气和谐之美。尤其是在乾坤湾核心景区河会里湾，黄河在永和县河会里村与陕西延川县伏义河村两座山峰中打了一个"S"形的弯，形同太极阴阳鱼。这里山抱着河、河抱着山，山中有河、河中有山。传说伏羲在这里仰观天象、俯察地理，悟出了天地运行、日月更迭、阴阳合抱、和谐共生的大道，开创了华夏文明的先河。在乾坤湾河道上有一个800米长的小岛，当地群众称之为"老牛坎"。岛上有许多碎石，传说是女娲娘娘炼石补天剩下的石头。这古老的传说给乾坤湾平添了几多神奇。黄河乾坤湾美，美在温婉多情。当你站在黄土高坡，注目黄河时，黄河仿佛像一位婀娜多姿的姑娘，在黄土高原伴着《黄河大合唱》的节奏，轻歌曼舞，如醉如痴。此时让人觉得乾坤湾是黄河最开心的舞台。当你在万山之中、天圆地圆的永和视域内观照黄河，黄河又像一位经历了长时间长途跋涉的行者，躺在那里静静歇息。此时让人觉得乾坤湾就是黄河远征的驿站、避风的港湾。当你走近黄河岸畔，看到黄河水环绕着身边的山峦，缓缓流淌，你会觉得黄河像一位将要出嫁的姑娘，在恋恋不舍自己的家园。此时让人觉得乾坤湾就是黄河在黄土高原的家。乾坤湾美，美在宁静从容。晋陕大峡谷，黄河乾坤湾，可以说是黄河河道最曲折的地方，也是黄河经历艰难险阻最多的地方。但恰恰是这个地方，我们看到了黄河的宁静和从容。黄河在这里静若处子，水波不兴，静静流淌。置身于乾坤湾，有一种进入母亲怀抱的感觉。不论你平时心情多么急躁，来到乾坤湾，看看黄河静水深流，心便会安静下来，不由地感叹：黄河乾坤湾，能使人心灵宁静而淡定的湾。

　　黄河在永和乾坤湾，不仅展示了她外在的自然之美，更释放了她内在的精神之美。来到黄河乾坤湾，我们更加容易理解，正是黄河以她自强不息、奋发图强的黄河精神，孕育了中华民族的精神。我们从黄河在永和68公里的历程，不难想象黄河翻山越岭、穿峡裂岸、不屈不挠的坚强；从黄河在曲折的蛇曲般的河湾中从容前行，不难理解黄河以她的睿智唤醒了中华雄狮的觉醒。我们从黄河乾坤湾不择细流的包容，更能理解黄河汇集白河、黑河、汾河、渭河等40多条河流与上千条溪川，所体现的海纳百川的胸襟。我们从黄河在永和流域内留下的新石器时代、夏商周时期的遗址，还有永和关古渡口、河会里古村落，还有沿黄20多万亩枣林、2万多民众，更能深深地领会黄河润泽万物、厚德载民的神圣。1936年的红军东征，毛泽东、彭德怀率中国人民红军抗日先锋军进行了渡河东征，壮大了红军力量，促进了抗日民族统一战线的形成，推动了抗日救亡运动的发展。在永和，毛泽东主席率总部人员前后共居住了13个日夜，组织召开了军事会议，将"渡河东征、抗日反蒋"的方针，调整为"回师西渡、联蒋抗日"的策略，扭转了中国革命的乾坤。至今在永和红军东征纪念馆，记录着当年毛泽东主席的往事和红军将士的战功。在永和关红军崖下，依然传颂着当年为掩护大部队回师西渡，12名红军战士弹尽粮绝，纵身跳入黄河的悲壮事迹。那时候，勤劳、善良、朴实、勇敢的永和人民，为红军东征做出了不可磨灭的贡献。新中国成立至今，永和人民在这块贫瘠偏僻的土地上，创造了许多可歌可泣的业绩。当你来到永和境内的黄河岸畔，随处可见层层叠叠、横竖成行、整齐划一的三北防护林工程，像一座座绿色的丰碑，那是永和人民为改善恶劣的生态和生存环境，在黄河岸畔谱写的辉煌篇章。在永和，黄河精神、民族精神、东征精神、永和精神，得到一脉相承的涌现。

　　我时常心里想起黄河在永和，就会默默告诫自己：学习黄河。

（作者系中共永和县委书记）

下乡手记

范洋平

本来是下乡调研苹果基地建设的,却被乡党委的冯书记领进一座菊园。隔着车窗,眼前一片一片的菊花开得正盛。我也没有在意,只是心中暗想:这大城市里的奢侈品,什么时候钻到我们山沟里来了?

汽车在一块较为开阔的地块停了下来,推开车门,放眼一望——好大的一片菊园!橘红色的菊花从脚下向四周蔓延开来,与远处的山的轮廓连成一体,整个塬面就像一张花团锦簇的大垫子。空气中花香浓郁,我不禁深吸了一口气,只觉这花香似乎融入了四体百骸,顿感神清气爽、心旷神怡。享受着这黄土塬上难得的美景,我心里却是一惊——那些苹果树呢?

记得这里应该是万亩苹果基地的项目区。年初,我们按照县委"林果富民、生态立县"的战略部署,依托扶贫资金,在阁底乡栽植苹果树1.5万亩,打造万亩苹果基地。这是县委、县政府优化农业产业布局、增加农民收入的一招重棋,是经过多方论证,并总结了当地农民多年栽植的经验才实施的。可是,怎么都变成菊花了?

"这不是你的宝贝苹果树?"冯书记看出了我的心事,指着菊花旁的树苗说。我这才发现,在整个菊园中,每隔三五米,就整整齐齐地挺立着一排苹果树苗。我连忙走过去仔细查看,这些树苗长得倒很苗壮,只是刚栽上不久,还比较矮小,竟被盛开的菊花夺了眼球。

"这种花不是平常的菊花"冯书记接着介绍,"这叫万寿菊,据说原产于墨西哥,含有丰富的叶黄素。叶黄素对老年性视力退化和失明,以及因机体衰老引发的心血管硬化、冠心病、肿瘤等都很有效,有"软黄金"之称,国际市场上,一克叶黄素的价格与一克黄金相当"。

"苹果基地项目实施后,我们就考虑,苹果要进入盛果期,最快也得3~5年,这几年如果群众没有收入,基本生活就得不到保证,说不定发展苹果产业的积极性也会动摇。所以,我们千方百计想找到一种既不影响苹果树生长,又可以增加农民收入的办法。后来通过多方考察,决定发展万寿菊。首先是万寿菊比较适合在咱们这儿种植,低杆品种也不会影响苹果树的生长。其次是它不仅经济价值高,而且有较好的观赏性。"听着冯书记的娓娓叙述,我也受到启发:如果大面积种植,岂不是为我们的乾坤湾旅游园区又添了一处亮丽景观。

"一开始,我们也没十分的把握,所以没敢多种,全乡就试种了两百多亩。"冯书记憨厚地笑笑，"从现在的情况看，每亩的采摘收入已经达到2500多元，比原来种粮食收入的两倍还多。而且通过种植万寿菊，农民对土地的投入和管理多了，苹果树也长得好。"

兼顾农民群众的长远利益与当前利益，一直是县委、县政府着重考虑的一个重要问题。阁底乡的这种尝试，使"林果富民、生态立县"战略的内涵更加丰富，更具现实意义。我心里为之一振，在我们的基层，在我们的农村，不正需要这样勇于开拓创新、敢于先行先试的干部吗？

感受到我的情绪，冯书记更有信心："下一步，我们计划大力推广这种林下经济的种植模式，一是开展种植技术培训，提高产量和品质；二是鼓励农民成立专业合作社，抱团打市场，提升竞争力；三是探索苹果与万寿菊同步发展的管理模式，争取树上树下双丰收。这些工作，都离不开县里的正确领导和大力支持啊。"

看着阳光下生机勃勃的万寿菊，我仿佛看到了农民朋友丰收后的笑容，我开始喜欢上这些喧宾夺主的小家伙了。"黄花若解怜诗客，休负今朝挂杖头。"愿这来自异域的娇客，不要负了冯书记的一片寻访之苦、抉择之情，为辛勤栽培它的农民群众带来新的希望、新的收获、新的喜悦。

（作者系中共永和县委副书记、县人民政府县长）

黄河赏湾

马毅杰

一

有一道命题，让我思考和遴选了许久。说，从雄伟多姿的青藏高原巴颜喀拉山出发，流经九个省区，行程5400多公里，最后汇入渤海的中华母亲河——黄河上最大的景致是什么？

是"咆哮万里触龙门"？还是"玉门九转一壶收"？是"一片孤城万仞山"？或是"一支黄浊贯中州"？在我看来，这些描述黄河的千古绝句都非那最完美最尽兴的满意答案。因为它们即使再夸张再浪漫再赋予黄河文学的灵动，似乎也只能代表黄河风情的一点一面一种姿态一方景致。正映照于传唱了不知多少代的那首古老民谣"我晓得，天下黄河九十九道湾……"，鄙人倒觉得，黄河上最大的景致不是别的，恰是那蜿蜒逶迤，盘旋而至，犹如巨龙飞舞般的那一道道湾。因为在世界的大江大河中，能与黄河"拼"弯道的河流，大概是极少的，弯道奇多成为黄河有别于其他大河最凸现的特点。要读懂黄河，你首先得读懂黄河上的那些或美丽或奇特或险峻或深沉的湾，而要探寻那一道道湾的博大深邃，最具代表性，也是最值得游人去眺望，去品读和赏析的当数黄河上那尤为大气与神奇的湾——乾坤湾。

乾坤湾，深藏于黄河干流上最长的大峡谷——晋陕峡谷中段。在黄河千姿百态，数都数不清的弯道中，乾坤湾比不得位于河道上游若尔盖境内被誉为"宇宙中神奇幻影"的黄河第一湾那么舒展、明朗、宁静，那里是白云蓝天的故乡，碧草萋萋，空气纯净，河水透着晶莹剔透的亮光，仿佛初长成的美丽少女，待字闺中，准备出阁远行，处处浸透着生机与清丽；也不同于地处黄河与长城唯一的交汇点，民谣中所吟诵的"神牛开河到偏关，转身犁出个'老牛湾'"的那头"老牛"那般沉稳、厚重，不动声色；更有别于位于秦地洽川被称作黄河流域最大湖泊型的"黄河湿地湾"那样华润、殷实、悠然。乾坤湾的浩大气势，雄浑神奇，首先展现在她的坦荡无私，包容天下的胸襟之上，在那里您可以真切地领略到高山大河唇齿相依、相濡以沫的缠绵与鸾凤齐鸣、和谐共生的瑰丽长卷，更会感喟和折服造物主谋篇布局的大手笔。

二

回溯远古，英雄的母亲河从世界屋脊启程，穿越重峦叠嶂，千岩万壑，横跨茫茫的河套平原，一路高歌来到内蒙古的托克托河口镇后，便挥师南下，迈入了她更为难料的艰险之旅。奔流到海不复回的性格，注定了她必须具备超凡的毅力和大无畏的气概，面对前方万仞高山挡住的去路，母亲河出手不凡，几乎是以壮士断臂的勇猛，挥舞着手中的利器，刀劈斧砍，愣是将拦路的黄土高原劈出一条长达700余公里的大峡谷，这一壮举大概只有勇往直前的母亲河可以做到。

当浩浩荡荡的黄河之水，从高山深谷中一路咆哮着奔腾到位于晋地永和县西南的河会里时，谁曾想，巍峨险峻的绝壁悬崖早已聚集了强大的兵力来阻挡母亲河的前进，遭遇堵截的母亲河，岂会退缩，她是迈着坚实的步伐，英姿飒爽，奔向比武场的。母亲河是聪明睿智的，这一回合，她似乎不打算用"勇"来克敌，而是要与对手来一次"智"的较量和比拼。看到前方高傲的山崖，她没去理睬，而是佯装退却，扭头向西而去，大有诱敌深入，避实就虚之意。愚笨的山崖自以为阻击得逞，在他洋洋得意之时，母亲河猛地调转身姿奔东而去，山崖似乎猛醒过来，调兵遣将再来阻拦，母亲河则采取以柔克刚之法，积蓄力量，寻找时机，而后，以杀回马枪的战术直冲身后的山崖，岌岌可危的山崖似乎有些招架不住了，眼瞅着自己坚硬无比的身体将要被层层穿透了，这时，母亲河莞尔一笑，转身潇洒地朝南而去，如此两转三折，终于冲出重围。当她以胜利者的姿态回望自己走过的道路时，一个巨大的"S"弯形成了。母亲河是快慰的，这个美丽的大"S"，不仅展示出了她优美丰满的曲线体态和飞扬的风采，更向宇宙万物彰显了她倔强不屈的性格，泱泱华夏大地从此便有了这一道最美妙的景致——乾坤湾。

三

经过一冬默默地坚守与等待，在那"三月桃花水"的时节，黄河水迅猛鼓胀饱满起来，她昭示着母亲河又能舒展身姿，尽情地歌唱了。就在这个生机勃发的多情季节，我携几位挚友徒步来到"乾坤湾"发端的地方——永和关，一个千年的古渡口。要沿着陡峭的河岸，踩着羊肠小路和乾坤湾来一次零距离的接触，真正感知一番她的神秘、奇异。道路是难行的，甚至隐藏着难以预料的凶险，但总有一种诱惑吸引着想去探寻，哪怕就是一次冒险也在所不惜。

狭窄的沿途是在想象当中的，在河畔上行走，有些地方甚至窄细的一个人过还得侧着身体。扶着山石，脚下就是数丈深的悬崖，悬崖下便是滚滚的黄河水在奔腾。一路走来，一路倾听，一路眺望，一路体味，在这里，你想听到激情澎湃的黄河咆哮声吗？如千军万马狂吼着涌来的黄河水，定会让你感知到"浪淘风簸自天涯"的英勇、阳刚与强悍；还是在这里，你想看到黄河之水静若处子，柔美温情的一面吗？转过一道大弯，便有另一种景致会呈现，黄河水平静得如同一片大湖，一块铺展在天地间硕大无比的青铜镜，会让你体悟到什么叫柔情似水。在这动静结合，一张一弛之中，游人定会感悟到宇宙自然的大法则，也会联想到人类自身去向的轨迹。看到眼前这大气大美的绮丽画卷，你会情不自禁地想高喊，想歌唱，想把温润清新的空气大口大口吸个饱，吸个够，与此同时，更会产生一种强烈的探寻欲念。

沿河行走几十里，乾坤湾的神奇便渐渐显露出来，走在这一道浑圆圆的大湾里，仰望深褐色绝壁悬崖的万仞之高，你会发现，它们好似圆规画就的半圆，圆的几乎没有褶皱，不显凸凹，圆得光润润，齐簇簇，你会觉得冷峻耸立，坚硬如钢的山石，似乎也富有柔韧之性，你会不由得联想到制陶工匠在做陶模时游刃有余的优美动作。此时，再观汇入这弯道中的黄河水，俨然一路劳顿的人儿，终于可以平静地安卧在这道能遮风挡雨的港湾里熟睡了，那睡态就像依偎在恋人怀抱中那样温馨甜蜜，那份恬静与闲适，让你都不忍心拨弄出一点点声音去打搅和触碰他们。当你轻手轻脚继续行走，转过这道湾步入另一道大湾时，面对依然浑圆圆的几乎没有褶皱，不显凸凹，圆得光润润，齐簇簇的大湾时，你定会产生这样的恍惚和错觉：难道我还在圆点吗？难道我行走了一程，又回到了圆点了吗？驻足观望，仔细琢磨和辨认，你才会意识到自己站立得"错位"，或是眼前景致魔术般的转动，从左到右，由北向南，在山崖间漂浮游弋的山岚掠过，会显现出铺展在天水之间那两个大半圆，衔接的奇美无比规整到一种极致，啊！原来他们就像一双孪生兄弟，对称得让人惊叹，圆的让人觉得神奇，面对此景，倘若你用手指比画比画山崖行走的"路线图"，让哪怕略知一点点东方文化的人，都会有似曾相识的眼熟。结伴而行的几位挚友，一下子发现"新大陆"似的兴奋地高喊起来："太像了！太像了！这不就是一幅活脱脱的太极图吗！"

其实，这一神奇的发现，早已不是我们的"慧眼独具"了，我们只是慕名而来想亲眼看见和见证这一奇景的游历者。有关乾坤湾的奇妙传说在这古老苍茫的山水之间还不知流传了多少年多少代了。

相传，在那天地初开，人类启蒙的上古时期，被后来者奉为中华民族人根与人文之祖的伏羲曾在这里就有过超凡不俗之举。面对黄河这一大阴阳相随的大弯道，他久久不肯离去，睿智的大脑，闪耀出了智慧的光芒，他观天，察地，定阴阳，画八卦，揭开宇宙万物之定律，为后世敬仰。

据说，在这一代有关伏羲兄妹成婚，繁衍后代，教民结网从事渔猎畜牧的故事皆有流传。

我想，既然是传说，则难免掺入想象、演义和浪漫的成分，也必有"真传"与"讹传"之虞，因为传说毕竟是传说。就权当是一个神话故事，听听也十分有趣，不曾料，这一档档事儿还真不单单是传说的那么简单。众所周知，伏羲在创立阴阳五行理念之后，道教确立了代表东南西北四位的天尊，所谓：青龙、白虎、朱雀、玄武。奇巧的是，经有关专家实地考证，在乾坤湾四周皆能找到一对应的地域地名，还有伏羲当年发明并应用的绳纹陶、网纹陶，在此地域也均留有遗痕。更为奇妙的是，在这浩浩的乾坤湾中有个村子就叫伏羲村，这个镶嵌在黄河飘带上的小村是从何年何月开始叫这个名字的，谁也说不清，但往前推延几百年的本地县志上却清清楚楚地记载着它的存在，于是有关乾坤湾的传说就更不只是传说的那么简单了。

四

黄河赏湾，赏出了神奇，赏出了奥秘，赏出了中华古老文化的根脉。便更觉得"黄河上最大的景致不是别的，恰是那一道道博大深邃的湾"的判定，应该是有理有据的。

自以为对于黄河湾情有独钟，殊不知痴迷者却大有人在，让我辈望尘莫及。

据报道，今年三月某日，晴空万里，阳光明媚。南方某报一名环保记者，在北京飞往南方的航班途经晋陕大峡谷的万米上空时，透过舷窗俯视，他惊奇地看到一条蜿蜒盘旋，银光闪闪，活灵活现的"巨龙"在群山间腾飞。他兴奋至极并举起手中的相机摄取多幅照片。回到家便急不可耐地观地图，查资料，一要确定"巨龙"所在的方位；二要把"巨龙"的龙身与他收藏的各种"龙图"做比较。通过照片与中国古代皇帝龙袍上飞腾的中华龙，故宫九龙壁上的龙图做比照，他更加惊奇不已，因为这些龙身形状与黄河弯道弯曲的走向有同出一辙，惟妙惟肖之惊人相似。记者很快做出决定，要去实地考察这条大弯道。几天后，他来到了晋陕大峡谷，开始了自己的神圣的探寻，经徒步验证，这条蜷曲盘旋的"蛟龙"就是途经山西永和境内68公里，自北而南由黄河河道上的英雄湾、永和关湾、郭家山湾，乾坤湾和仙人湾等7个大弯道组成的。记者在思考着，所有目睹了这一奇景的游人都在思考：龙是中华民族的图腾与象征，炎黄子孙被称为龙的传人，那么"中国龙"到底是怎样"生"出来的？中华龙飞腾之像为何能与这段黄河弯道的路线图形出现高度的一致呢？古代中国既无飞机，亦无别的飞行器，更无从谈航拍设备与条件，如何能将黄河弯道图形"移植"到龙袍壁画之上，难道真是巧合而已？这还真是一道值得破解的中华文化之谜。让人欣喜与快慰的是，早在几年前，这里已经被国土资源部批准建设"蛇曲国家地质公园"了。

五

漫步于这别具特色的国家地质公园，面对黄土地貌中层层叠叠如波涛起伏的山峦，与浩浩黄河构成的博大辽远的山水气象，我们的心胸一下子达到超然的开阔和舒展，那是大自然赐予的纯美的享受。

走进黄河地质博物馆，仿佛踏入深邃的时间隧道，穿越茫茫时空，回到远古体察黄河的万年造化，瞻仰黄河流域人类文明薪火的点燃，目睹母亲河轻轻地摆着摇篮哺育一个伟大民族的历程。

站在伏羲亭，品读八卦图，驻足乾坤台，眺望山川大河，你一定会惊叹大自然的神奇造化，更会感怀先祖的超凡智慧，人与自然绵延不绝，和谐统一的法则为万世之宝。

在这里游览，"黄河宣言台"应该是必去的景点之一，它是针对当今黄河流域，污染加重，水土流失，沙漠化，断流等重大忧患，为维护黄河生态环境，造福两岸众生，专门建造的一个宣誓平台。站在这里，面对母亲河，郑重举起右臂，向黄河庄严宣誓，旨在唤醒人们对母亲河的敬意与关爱之情，承担起保护黄河的责任和义务。

游览之中，我特别欣赏这样一句话"龙行黄河，天下永和"。"永和"二字包容了太多太多的内涵，天与地，山与水，自然与人，人与人，远古与未来，在宇宙间，在这大千世界还有什么会比这两个字更有意味的？

黄河赏湾，是一次旅行，更是一次洗礼和陶冶，她让你感恩大自然的造化与恩赐，感恩中华古老文化的神奇魅力。走过山南海北，这样身心投入到如此地步的旅途实在难得，着实让人流连忘返。这注定成为储存在心底一生的景致，一部大书，让人时常会去回味，会去拜读……

一九四九年的那双鞋

马毅杰

那双黄色翻毛系带的皮鞋，是北平的奶奶1949年费了好大的周折才捎到山西来的。据说，先是捎到太原，而接收鞋的人，也就是我的父亲，已经离开了太原，去了晋南的临汾，捎鞋的人又费了好大的周折，打听到我父亲的去处，只好再次托去晋南的熟人把鞋捎到临汾。那人按地址去送鞋，还是没有找到我的父亲，这时我的父亲已经去了吕梁山的深处，黄河岸畔一个叫永和的小县城。

我的父亲当时也只有十几岁，刚刚从华北的一所革命大学毕业，被组织分配到黄土高原的山西来工作。起先他是被安排在省里工作的，可就在确定公布了去向的那天，一个被分配到晋南的女同志，突然说得了什么病，不能行走了，领导就临时作了调换，这样我的父亲就被调换去了晋南。到了临汾，这时的领导说，山区现在最需要干部，你又年轻，又是从北平来的，到最艰苦的地方去好好锻炼锻炼吧。这么一来，奶奶捎出的那双黄色翻毛系带的皮鞋也只能像接力棒似的，一手倒一手，结果还是没能捎到我父亲的手里。据说，后来这双鞋又被捎回到北平，直到再后来，等父亲的工作安定了，把信写回了家，奶奶才通过邮局将鞋寄给了我父亲。

父亲终于穿上了这双黄色翻毛系带的皮鞋。

山区是十分贫穷闭塞落后的，当时不光是老百姓，就连县里的大小干部穿的都是自己的家人一针一线手工做的鞋，鞋底纳得跟"锅盔"（用面烙的很厚的一种饼）一般厚，鞋面做得和缺形儿的"船"似的，显得要多"笨"有多笨，款式倒是其次，最要紧的是穿上那个"磕"脚，硬邦邦，倔挺挺，要多受罪有多受罪，可鞋对于山区的人来说，更有它的意义。首先要的就是那个结实劲儿。穷乡僻壤，开门便是山，迈脚就爬坡，穿的鞋，就得耐磨、耐碰、耐蹬。于是这里的人爱护鞋胜过爱护脚。至今，在老百姓的口头还流传着这样一件有关鞋与脚的事：说县里一个老干部，有一天，穿着老婆给做的一双"千层底"布鞋来上班，不曾想，下班的时候下起了雨，老干部就把鞋脱下来，提在手里光着脚往家跑。路上坑坑洼洼，碎石子满地。人们见了都笑，说，您真是心疼做鞋的，不心疼造脚的。老干部答，脚是肉做的，脏了能洗净，鞋是布做的，脏了一洗就旧了，光脚走当然划算。

在这样的环境里，我的父亲穿着一双黄色翻毛系带的皮鞋，那简直就是一件十分稀奇甚至是古怪的事情。在街上走过，那一双双眼睛射来的光，能把鞋照得着起火来：

"那是叫鞋（hai）吗？咱的是布做的，他是甚做的？"

"嘿，那人的鞋底子下还有花花哩！有花花哩！"

为了验证那"野人"（当时本地人对外地人的称呼）的鞋底下到底有没有"花花"，不少年轻人就专门候在我父亲住地的门口，等着他在土路上走，好看看鞋印上到底有没有"花花"。

五十年前那双黄色翻毛系带、走起路来能给地上留下"花花"印的皮鞋，着实让山里人惊讶了好一阵子，也琢磨了好一阵子。那双皮鞋也伴随着父亲，一直在大山里为老区人民奉献了一辈子。

那是一个阳光明媚的春日，山里人迎来一个鹤发童颜的长者，他就是五十年前此地的县委书记。早就远调四川，离休前在一所名牌大学任党委书记。老人一到县招待所下榻，就打听当年穿黄色翻毛系带皮鞋，从北平来的小伙子，他清楚地记得我父亲的名字。当人们告诉他说，那个当年的小伙子五十年一直没离开山区，现在还在这里坚持工作时，老人脸上的表情显得很震惊，并立马要见到他的老部下。

已是满头银丝的我的父亲去招待所拜望了他的老书记。老书记看着当年风华正茂的"小伙子"深情地说："不容易啊，就凭你一辈子没离开贫困山区，为老区人民工作，你就是功臣！"在亲切的交谈中，老书记还提到了那双黄色翻毛皮鞋，也提到当年几乎家喻户晓，走路能走出"花花"的鞋底儿，老书记风趣地说："当时那才真叫走'马'观'花'哩。"

两个人都感慨万千，忆忆当年的事，现在可谓是地地道道的笑话了。看看现在，还是在山区，你说你要穿什么鞋吧？应有尽有。

半个世纪的路，父亲是穿着那双黄色系带的翻毛皮鞋开始走的，他走得很坚决，走得很踏实，尽管路途上有荆棘、有风雨，但从没有迷失过……

西藏行

冯书闻

走进西藏，是2012年中秋实现的夙愿。原本有许多事情需要打理，生活中的繁文缛节最缠人，外出游走计划往往搁浅。为了彰显进藏决心，提早一月在永和邮政订好机票，不然上千元的人民币就打水漂了。航班是陕西咸阳国际机场到拉萨贡嘎机场的，东方航空MU2333波音机型需要飞越3个小时。9月28日上午10时40分，MU2333准时降落贡嘎机场，先前联络的旅行社导游在机场出口处等候，看到陈先生举着我名字的手牌，激动地迎了上去握手致谢，有一种天涯海角找到亲人的感觉。

贡嘎机场，坐落于美丽的雅鲁藏布江岸边，海拔3600米，是世界上海拔较高的民用机场之一。陈先生将我和几位同机到达的游客，带上一辆日本丰田考斯特中巴车，穿过嘎拉山隧道，驶上西藏第一条高速公路，沿着机场通往拉萨的方向疾驰着。宽阔静谧的拉萨河在身边流淌，河边大片杨树些微发黄的色调宣示初秋已经来临，窗外的景致像万花筒似的变幻着，我顺手推开车窗举起相机就是一阵狂拍，同车的几位游客见此美景，也都情不自禁地按动快门咔嚓起来。刚刚踏上西藏的土地，觉得天特别蓝，地平线异常清晰，太阳比内地亮了许多。因此紫外线的照射也特别强，墨镜和遮阳帽是必不可少的行头。

当天下午，我没有理会导游的休息忠告，出了酒店东拐顺着北京东路，步行来到八廓街上的大昭寺。寺外广场到处是五体投地磕头的藏民。这些虔诚的信众是从家乡出发，以三步一磕长头才到大昭寺的，用时几个月甚至几年，行程数百乃至上千公里，以难以想象的吃苦和毅力实现一生最大的愿望。大昭寺始建于七世纪吐蕃王朝鼎盛时期，最初是为了供奉吐蕃王松赞干布迎娶尼泊尔赤尊公主从加德满都带来的一尊释迦牟尼8岁等身像。到松赞干布去世后，这尊8岁等身像转到了小昭寺供奉，现在大昭寺供奉的是文成公主从大唐带来的12岁等身像。目前，世界上只有3尊佛祖等身像，25岁等身像供奉在印度的菩提迦耶。其中，以12岁释迦牟尼身为皇子时的鎏金铜像最为精美与尊贵。相传这是由释迦牟尼亲自开光的。因为有了这尊等身佛像，使大昭寺在整个藏传佛教具有不可动摇的中心地位。

第二天一早随团游览了雄伟壮丽的布达拉宫。布达拉宫广场周围布满了固定式转经筒，不停地有藏民贴近转经筒扒拉着，也有边走边手摇便携式转经筒的，藏民以为伴随转经筒的快速旋转，他的功德也在不断累积。宫殿矗立在拉萨的红山之上，极目远眺，气势雄浑，巍峨壮观。宫中藏有经卷、珠宝等珍贵文物，其独特的建筑，精美的壁画，神圣的灵塔，每天都吸引着来自四面八方的信众顶礼膜拜，也让世界各地的游客亲历藏传佛教的神秘与魅力。游客们拾级而上，经过四道曲折的石铺斜坡路，来到绘有四大金刚的巨幅壁画前。金刚怒目圆睁，威风凛凛，仿佛可以洞察世间一切。北壁画廊所描绘的文成公主进藏的故事，让人感觉穿越时空，回到盛唐。画作历经千年洗礼，色彩依然艳丽无比。接下来游览十三世达赖喇嘛灵塔殿，该殿陈列有十三世达赖喇嘛一生的传记壁画，特别是维修布达拉宫的过程纪录。

下午，我没有跟团，只身一人游历了历代达赖的夏宫罗布林卡。这里是历代达赖喇嘛消夏理政的地方，是一座典型的藏式风格园林。经过二百多年的扩建，占地达到36万平方米，园内植物100余种，有拉萨地区常见花木，有取自喜马拉雅山南北麓的奇花异草，还有从内地移植或从国外引进的名贵花卉，堪称高原植物园。罗布林卡的建筑以格桑颇章、金色颇章、达登明久颇章为主体，是西藏人造园林中规模最大、风景最佳、古迹最多的园林。身在绿树丛中，湖心宫、龙王亭、金色林卡等极具藏式风格的亭台点缀其间，幽曲动人。来到一个柔软的草坪上，正在上演藏族舞蹈，身着藏族长袖服饰的青年男女，歌声阵阵，舞姿翩翩，不时地为游客奉上洁白的哈达。

第三天，随团游历了圣湖羊卓雍措后，来到位于日喀则的扎什伦布寺，该寺是四世之后历代班禅的驻锡地。它与拉萨的"三大寺"甘丹寺、色拉寺、哲蚌寺合称藏传佛教格鲁派的"四大寺"。四大寺以及青海的塔尔寺和甘肃的拉卜楞寺并列为格鲁派的"六大寺"。1447年，宗喀巴最小的弟子，后来被追溯为一世达赖喇嘛的根敦珠巴最初兴建扎什伦布寺，历时12年建成。四世班禅罗桑确吉坚赞任扎什伦布主持时，对该寺进行了大规模扩建。此后，历代班禅对扎什伦布寺均有建设。这里必须提到的是1989年1月21日，十世班禅大师额尔德尼·确吉坚赞在扎什伦布寺主持第五世至第九世班禅合葬灵塔东陵南捷开光典礼后，因操劳过度，心脏病突发，不幸逝世。1990年国家拨专款建设十世班禅灵塔"释颂南捷"。1993年8月20日十世班禅法体被迎往灵塔祀殿，进行了法体入塔仪式，也是对这位杰出的爱国、爱藏、爱教人士的最好纪念。

林芝地区位于藏南，需要至少两天时间游览。这里不仅是花的世界，更是绿的天堂。平均海拔3100米，远离了高原反应的困扰，是去藏旅行必须一游的地方。高原挺拔的古柏、喜马拉雅冷杉、植物活化石"树蕨"，在这里应有尽有。因为天气的缘由，我们只游览了沿路的秀巴古堡和鲁朗林海。秀巴古堡是1600多年前松赞干布在征战中，为方便军队之间的联络以及屯兵和防御，修筑了具有统治标志的古堡群，其历史比布达拉宫还早300年。鲁朗林海风光秀丽，从低至高分别由灌木丛、茂密的云杉和松树组成，中间是郁郁葱葱的草甸，草甸间溪水蜿蜒，细流潺潺。具有林区特色的木篱笆、木板屋、木头桥及农牧民的村寨星罗棋布、错落有致，素有天然氧吧和东方瑞士的美誉。

去纳木错因为是当天往返行程，所以要用整整一天时间。凌晨5点，我便离开如家酒店，来到布达拉宫广场。广场上已经停有十多辆去不同景点的大巴，司机和导游热情地招呼游客上车。与我同车去纳木错的，有来自上海的三位老者，年事都在75岁以上，而且没有子女陪伴，真为他们的精神感动和鼓舞。大巴沿着蜿蜒曲折的青藏公路前行，往来车辆和鸣响的汽笛，像一曲曲流动的音符，给广袤的草原注入生机与活力。纳木错是世界上最高的咸水湖，藏语纳木湖意为天湖，位于拉萨以北当雄县和班戈县之间，距离拉萨240公里，湖面海拔4718米，面积相当于两个永和版图大小。湖的南面有终年积雪的念青唐古拉山，北侧和西侧是高原与丘陵，湖水湛蓝，景色独特。游人在这里可骑马观光，也能与打扮漂亮的牦牛留影。

西藏被誉为"世界屋脊""地球第三极"，以其独有的高原风景，浓郁的藏族文化，吸引了越来越多的中外游客，是一片充满神奇和敬畏的土地，它时刻都以一种源自天堂的崇高震撼着我的心。每当听到《走进西藏》《珠穆朗玛》《天路》等这些富有高原风情的歌曲，便激起了我对那片神秘而神圣土地的向往与眷恋，也让我多次想起成都的一位女博客，只身驾驶一辆雪铁龙小型轿车，先后三次进藏历险，那种勇敢的举动，虔诚的守护，不懈的追求，不正是中华民族英勇奋斗不怕牺牲精神的浓缩与诠释么。我也在设想下次走进西藏的方式，像云南大理的观远老人那样，约三五个兴致爱好接近的同学或朋友，带上日常生活用具，用一两个月时间，驾车完成环藏旅行，详细看看我心中永恒的圣殿。

第二节 小 说

孤 坟

白晓琴

三十年，一切都在改变，唯一不变的是山城东山上的一座孤坟。树木稀疏，荒草萋萋，在夜深人静的凉风中，索索叙说着令人唏嘘的往事。

1977年初夏的一天早晨，从小耳聋，又因血管瘤锯掉右腿的张长庚挂着双拐，在土窑洞的地上来回转动着。坐在炕中间刚满周岁的憨娃光着身子满脸眼泪鼻涕地哭着，炕上补丁纳补丁的被子里，三娃和四娃瞪着迷茫的眼睛看着在地上来回转动的父亲。炕尾的小桌上放着一张写着歪歪扭扭字迹的纸条：俺走了，这种饿肚子的日子俺实在过不下去了。坐在炕尾，头发雪白、身躯瘦小的奶奶长叹一声，一把抓起小炕桌上的纸条撕得粉碎。她愤愤地爬到憨娃身边，边给他穿衣服边说："你妈太狠心了，丢下还没断奶的你不管，憨娃不哭，奶奶给你做面糊糊去。"此时十七岁的大娃和十五岁的二娃都身着背心短裤每人挑着一担水走进来。奶奶说："大娃、二娃，时候不早了，篮子里还有两个窝头，你们一人一个吃了快上学去吧！"懂事的大娃和二娃，将水倒进缸里，连忙拿上窝头背起书包走出门去。身后传来父亲阴沉的咒骂声，"不得好死的女人"。

　　细心的二娃早晨起来看不见母亲，他到院子里叫了几声也没有听到母亲的回音，他又返回家中，一眼看到小炕桌上母亲留下的纸条。望着老的老、小的小、残的残、一贫如洗的家，心想母亲的心怎么这么硬？怎忍心丢下自己的亲人不管呢？那一刹那他真想大哭一场。到了学校二娃也无心听讲，满脑子都是家中今后的日子该怎么过？奶奶缠着小脚，年龄大了，只能在家里干点家务；爸爸耳聋腿瘸坐在家里还是病痛不断；大哥就要高考了。想起大哥过年时对自己说的话："二娃，你已经上初中了，好好念书，听老师说今年恢复高考，咱们考上北京的大学，带着家人一起去看天安门。"大哥再过两年多就要高考了，决不能让大哥分心照顾家，想到这里二娃毅然下定决心。放学前他把所有的书本都收拾好，然后走进班主任张老师的办公室支吾着说："张老师，我要退学。"张老师惊奇地问："二娃，你学习成绩这么好，干吗要退学？"二娃说了家中的困难。张老师惋惜地拍着二娃的肩说："你是棵读书的好苗子，只可惜家中条件太差了，等生活好起来，再回来读书。"二娃答应着含泪离开了学校。

　　二娃回到家中，将自己退学的事告诉了奶奶和爸爸。虽然他们都知道二娃学习成绩好，将来一定能考上好大学，可看到一贫如洗、老弱病残的家，不得不点头答应二娃辍学。

　　初夏是青黄不接的季节，每顿饭，奶奶只有用秤称量，每人一个拳头般大的窝头，一碗开水。看着孩子们吃得狼吞虎咽，奶奶时常偷偷地抹眼泪。二娃辍学后，每天上山刨地捎带着挖些药材。为了省下早晨分给他的窝头，二娃上山的第一件事便是找些红根根、麻根根再摘一把山杏用来充饥。

初秋的一天，邻居家孩子在放学回家的路上遇到二娃，二娃高兴地告诉他："你知道吗？我今天卖了好多药材，买了十几斤米，还给我爸买了包烟呢！"

悲剧就发生在二娃卖药材的第二天上午。天阴沉沉的，二娃扛着镢头，来到一个少有人迹陡峭的山坡上。他看到淡黄色豆粒大的小花开满山坡，走近仔细看时那不是柴胡吗？柔柔的枝干擎着稀疏的绿叶，淡淡的花朵迎风摆动着，枝干都漫过了小腿。根据二娃半年多挖药材的经验判断，这些柴胡的根一定很粗。把这片地里的柴胡全部挖出来，连根带枝一定能卖好多钱。二娃心里早已划计好了，这次一定去买些白面，让奶奶蒸上一大锅香喷喷的白面馍馍，让全家人都能饱饱地吃一顿。二娃太高兴了，他脱下套在外面深蓝色的夹袄，撸起白色粗布衬衣的袖子，双手抓住一把柴胡，拔了起来。不大一会就撂起一大捆。二娃越拔越高兴，早已忘了自己是站在陡峭的山坡上。当他抓着一大把柴胡用尽全身力气一拽时，柴胡的根动了，二娃的整个身体也动了，猛然间向后倒了下去，连人带柴胡骨碌碌地滚下山坡。

二娃醒来时，天空飘着细雨，幸好一棵大树挡住了自己，否则肯定会掉下深沟。他看到自己的右腿划了好大一条口子，血还在流着，便撕下一块衣襟，忍着剧痛将伤口包扎好，又稍稍歇息了一会。他怕奶奶和爸爸在家中着急，便咬着牙把散落的柴胡捆好，背在肩上，一瘸一拐地向山下走去。来到自家的窑顶上，二娃看到奶奶踱着小脚早已等在大门外的老槐树下。他怕奶奶看见自己腿上全是血担心，便将背上的柴胡放在地上，躲在一旁，直到看到奶奶走回院中的菜园子，才背起柴胡走下山来。到了院中他看到奶奶和爸爸都在忙着捆绑地里的卷芯白，他轻轻地紧走几步将背上的柴胡撂在院里，连忙回家换了衣裤，才走到院中说："奶奶、爸我回来了。"奶奶抬起头说："吓我一跳，怎么才回来？""遇到好多药材，拔都拔不完。""累坏了吧！到窑里洗一洗，吃饭吧！"很少言语的张长庚说。"爸，知道了"二娃答应着走回家中。

二娃还是每天坚持上山，只是吃得一天比一天少，脸色一天比一天差，奶奶问了他几次，他都说："奶奶，我没事，可能是夜里没睡好。"几天后的早晨，奶奶做好饭，还不见二娃起床，叫他也不应，走过去一摸，他的头好烫啊！奶奶掀开被子，这才发现二娃的腿已经溃烂不堪了。奶奶颤巍巍地跺着小脚，哭天抢地地喊着："二娃，你怎么不早说呀！我苦命的孩子，老天呀！你可让我怎么活啊！"

由邻居们帮忙，将二娃扶在大娃背上，让他赶快送往医院救治，此时二娃醒了，他奄奄一息地说："哥，我不行了，不要浪费钱了，你一定要考上大学，替我看一看天安门，我走了，你要好好照顾家里人。"他握着奶奶的手用尽最后一口气断断续续地说："奶奶，我好想吃一口香喷喷的白——面——馍——馍——"

二娃的去世，使这个穷困潦倒的家更显悲凉。张长庚师傅的脸比诅咒孩子他娘时更阴沉了，奶奶的眼中时刻挂满泪珠，只有大脑有点迟钝最小的憨娃，在傻傻地笑着。

大娃跑到二娃的坟上整整坐了一天，不吃也不喝，他一改往日温纯的笑脸，目光呆滞，面无表情，弟弟们叫了多次他都不吭声，也不回家。奶奶哭着求邻居们说："快去劝劝大娃吧！别让他想不开急坏身子。"

邻居们含着泪，跑到二娃的坟上，生拉硬扯地将大娃拖回家，发现这孩子两天来瘦了一大圈。

第二天奶奶催着大娃去上学，大娃说："奶奶、爸爸，我不去上学了，我已经十七岁了，长成大人了，我要赚钱养活家人。"奶奶说："大娃哎，你是咱家的希望，不上学咋成。"大娃倔强地说："我要让家人填饱肚子，再谈读书。"回头又看到奶奶伤心的目光，他急忙走到奶奶身旁，拉着奶奶的手轻轻地说："奶奶您放心，即使不上学，我也不会放弃学业的，我可以自学呀！二娃不在了，我还得替咱二娃上大学，去北京看天安门呢！"说着早已泣不成声了。大娃抹了一把泪继续说道："我总不能让您、爸爸和弟弟们饿肚子吧？"在大娃死缠硬磨下，奶奶总算点头答应了，条件是不能放弃学业，必须考上大学。大娃长长地舒了一口气，松开奶奶的手，去学校办理退学手续，他还拿回了所有高中课本。

从此，大娃就像二娃一样上山种地、挖药材，不同的是大娃上山时手里总是拿着高中课本。奶奶颤巍巍地跟在身后，送他到山脚下，每次都是千叮咛、万嘱咐，小心啊！一定要注意安全。奶奶送大娃上山时眼中总有千丝万缕的不忍与不舍。

当时刚恢复高考，上高中的学生一般都是半工半读，大娃又辍学了，想要考上大学，是非常困难的。大娃苦思冥想，为自己制定了一套学习与劳动相结合的计划。早上五点起床学习；上午去学校旁听；下午种地挖药材；晚上学习到十二点休息。

一天正在上数学课，教室里静悄悄的，猛然，听到轰隆一声，坐在教室最后一排旁听的大娃，晕倒在地上。这个铁铮铮的男子汉，由于极度劳累，消瘦得像一根长长的竹竿，同学们扶起渐渐苏醒的大娃，都流下了同情的泪水。

过了两年，在大娃勤勤恳恳的劳动下，家中状况逐步好转。大娃要给奶奶和爸爸补一补身体，用卖药材的钱买了一只奶山羊。大娃上山种地、挖药材时总是牵着那只奶山羊。

一天下午四点多钟,奶山羊自己跑回家,大娃却没有回来。奶奶吓得哭出声来,很少说话的张师傅也急出声叫道:"快点,快点,看大娃出甚事了。"孩子们一窝蜂似的涌出家门,向山上跑去,邻居们也赶上了山,满山岗地呼喊着:"大娃、大娃。"走在最前面的邻居视力好,他指着远处高兴地说:"你们看那不是大娃吗?"大家看到一棵浓郁的大槐树下,大娃正捧着一本书聚精会神地看着,竟然没有听到满山岗的呼喊声。邻居们走近大娃,他惊奇地说:"咦!你们怎么都上山来了?"大家笑着说:"还为什么呢?羊丢了都不知道,还不赶快回家,你奶奶和爸爸都急坏了。"大娃连忙站起来,羞答答地拍着头说:"你看我,把羊给忘了。"说完急匆匆地跑下山去了。真是功夫不负有心人,经过两年多不分昼夜地刻苦学习,大娃在一九七九年顺利考上了北京农业大学。

大娃去北京上学的那天,送行的场面带着些悲壮。二十世纪七十年代,小小的山区县城,能送走一个去北京上大学的学生,那不只是一个家庭的荣耀,更是整个县城的荣耀。县里有关单位的领导以及亲人、朋友、邻居、看热闹的人,把小小的车站围得水泄不通。大娃和四娃扶着三寸金莲的奶奶,三娃和憨娃扶着失去右腿的爸爸,走进车站,嘈嘈杂杂的人群顿时安静下来。在场人的目光有悲凉、无奈、同情、也有羡慕、渴望、欢愉……大娃含泪背起行李,千叮咛、万嘱咐,让三娃和四娃照顾好年迈的奶奶,多病的爸爸,智障的弟弟。奶奶和爸爸互相搀扶着在一旁不住地抹眼泪。

世事变迁,物是人非。东山上的孤坟,时不时使山城上年纪的人回想起那段特殊的岁月。

第三节 戏 曲

辛弃疾

徐启发

第一场

〔飞虎峪

〔土石峭壁崖,峰顶飞虎,古树参天,山门前有一祭坛

〔赖世翁的乡兵把守山门祭坛

〔石茗、戴翌,二将率士兵若干上

乡兵(甲)　咦!尔等是哪里盗贼,敢不前来通报!

石　茗　小小毛贼,竟敢拦你爷爷的马头,说是你闪开了!

乡兵(甲)　我的妈呀!……(下)

〔赖世翁出现在山门上

赖世翁　哈哈……原来是石将军、戴将军,失迎,失迎!

赖世翁　请问二将军,来此荒郊山野有何贵干?

石　茗　奉辛帅之命,前来察看飞虎峪!

赖世翁　将军差矣!飞虎峪乃我赖家风水之地,岂容他人擅入!

石　茗　哈哈……盖天之下,尽为皇土,飞虎峪乃兵家重地,岂容他人骚扰。速速让开还在罢了,如其不然休怪我石茗无情!

赖世翁　蛤蟆打喷嚏!好大口气!这么说你是一定要进!

石　茗　一定要进!

赖世翁　一定要查!

石　茗　一定要查!

赖世翁　乡兵们!将那二个毛贼与我捉上山来,爷有重赏!

乡　兵　(众)啊!

〔武打,下

辛弃疾　(上唱)

　　　　为报国昼夜里难以入梦,

　　　　到何日好河山才能安宁?

　　　　恨只恨外有金兵常犯境,

　　　　叹只叹朝中奸佞霸龙庭。

　　　　万民遭殃人悲愤,

　　　　何人为民扫愁云?

　　　　曾记得一十八年前,

　　　　那耿京为民建义军。

　　　　东杀西荡拼性命,

　　　　南征北战称英雄。

可恨叛徒张安国，
密谋杀死耿将军。
我怒发冲冠亲出征，
带领轻骑五十名。
横冲直闯无人挡，
直捣金营酒宴厅。
守营的敌军被击溃，
生擒叛徒我扬威名。
为大宋我"九议""十论"进万岁，
为大宋我出生入死战金兵。
为大宋怒斥奸佞把理论，
为大宋我直言犯上被贬出京。
似这样君王昏，奸佞狠，卖主权，亲敌人国无宁日民不聊生。何日才能庆升平！

中　军　禀爷，前面便是马殷堡！

辛弃疾　什么，马殷堡！

（唱）马殷堡本是那前人所建，
到如今只留下瓦砾一摊。
南宋后十八年所闻所见，
宋王他贪享乐只图苟安。
将无才兵厌战军纪涣散，
刀入库人心背马放南山。
众百姓遭大难中原沦陷，
要重行北伐事难似登天。
昔日里岳家军骁勇善战，
攻必克战则胜纪律森严。
呼家将杨家军后人称赞，
靠的是将帅们智勇双全。
效前朝忠良将丹心一片，
飞虎峪建新军、抗外侮、复中原救水火解民倒悬。

〔乡兵退上，石茗、戴翌，追上

〔赖世翁视情慌忙奔下山门

赖世翁　不得无礼！（趋至辛弃疾前）

　　　　不才赖世翁参见辛元帅！

〔石茗、戴翌欲拿赖被辛制止

辛弃疾　站起讲话！

赖世翁　辛元帅，飞虎峪乃是我祖传风水宝地，耳闻元帅欲为驻扎军营，小人断然不敢从命！

辛弃疾　本帅是奉命行事，筹建飞虎军，一惩叛逆，二诛国贼！

赖世翁　嘿嘿……，奉何人之命？

辛弃疾　请过目！（示圣旨）

赖世翁　啊，（跪）万岁，万万岁！（退下背白）哼，你等着。（下）

辛弃疾　哈哈……

　　　　（唱）圣旨如同及时雨，

　　　　即日动众又兴师。

　　　　飞虎大军指日起，

　　　　高峰峻岭显雄姿。

　　　　抗金驱寇平生志，

　　　　万里疆场任奔驰。

　　　　我这里当即把令下，

　　　　动工建营不停息。

　　　　众将官！

　　　　（众）啊！

辛弃疾　飞虎军营地即刻动工，戴将军听令！

戴　翌　末将在！

辛弃疾　命你速提库银五万两，挑选能工巧匠，在此马殷旧堡，修建飞虎军营，两月内完工，不得有误！

戴　翌　得令！（下）

辛弃疾　辛勇听令！

辛　勇　侍候父帅！

辛弃疾　命你在谭州地面，招募壮丁两千名，凡市井无赖、纨绔子弟一律拒收，十日之内，打造名册，速报我知！

辛　勇　得令！（下）

辛弃疾　石将军！

石　茗　末将在！

辛弃疾　命你在广西一带，精选良马五百匹，三旬为限，不得有误！

石　茗　遵命！（下）

辛弃疾　辛兰听令！

辛　兰　父帅有命！

辛弃疾　命你挑选刺绣能手，按图绣刺飞虎军旗，十日为期，不得有误！

辛　兰　得令！（下）

辛弃疾　哈哈……

　　　　（唱）一声令下传圣命，
　　　　　　　筑营买马练雄兵。
　　　　　　　但等飞虎双翅硬，
　　　　　　　收复失地任驰骋。
　　　　　　　只要赢得家邦兴，
　　　　　　　粉身碎骨也甘心。
　　　　　　　带马回府！

马　童　是！

　　　　（幕闭）

第二场

〔赖世翁府

〔案几，置茶果糕点之类，中间是虎皮椅

〔幕启：赖世翁色眯眯地欣赏着舞女的舞蹈，牵逢源一旁陪伴

〔舞女载歌载舞

（歌词）

　　　　绿玉枝头一粟黄，
　　　　碧纱帐里梦魂香。

　　　　　　晓风和月步新凉，
　　　　　　吟倚画栏怀李贺。
　　　　　　笑持玉斧恨吴刚，
　　　　　　素娥不嫁为谁妆？
　〔舞止，舞女退下
赖世翁　哈哈……，好一个素娥不嫁为谁妆呀。
　　　　（唱）赖世翁坐谭州无限荣耀，
　　　　　　田千顷户五百为我效劳。
　　　　　　深室里密藏那奇珍异宝，
　　　　　　取不尽用不完美酒佳肴。
　　　　　　三房四妾嫌太少，
　　　　　　民间女色任我挑。
　　　　　　县衙府吏将赖爷叫，
　　　　　　地富豪绅争结交。
　　　　　　朝中有王御史为我撑腰，
　　　　　　稳当当坐谭州纵观风潮。
　　　　　　天下事朝中情我早知晓，
　　　　　　观阴晴查寒暑背后藏刀。
　　　　　　辛弃疾贬谭州并非好兆，
　　　　　　我定要趁时机震虎把山敲。
　〔歪咀上，
歪　咀　（念）我咀歪腿不拐，
　　　　　　上蹿下跳跑得欢。
　　　　　　给赖爷叩头！
赖世翁　为何惊慌！
歪　咀　老老……老爷，大大，大事不好！
赖世翁　嗬……什么大不了的事，慢慢讲来！
歪　咀　老爷，（念）那辛弃疾可了不得，
　　　　　　飞虎岭上插大旗。
　　　　　　说什么筹建飞虎军，

　　　　　我看是个大祸根。

赖世翁　嗯，这是怎么说！

歪　咀　小人眼尖腿快，探的明明白白！

赖世翁　哈哈！我把你个辛老二呀！

　　　　（唱）辛老二占我飞虎峪，

　　　　　　　分明将我赖翁欺。

　　　　　　　倘若让他得心意，

　　　　　　　一世英名日沉西。

　　　　　　　倘若出面将他治，

　　　　　　　他手握圣旨敢不依。

　　　　　　　哎吓，这便如何是好！

〔幕后：王御史信使到！

信　使　叩见赖爷，王御史书信奉上！

赖世翁　（接信）信使下边歇息！（信使下）

　　　　（拆信）辛弃疾建军治匪是假，培植个人实力

　　　　图谋不轨是实，望缜密缉查为是！……

　　　　嗯，有了（对率逢源、歪咀）附耳

　　　　过来！（耳语二人听后对赖世翁竖起大拇指）

　　　　哈哈，嘿嘿……

　　　　　　（幕闭）

第三场

赖记粮栈

〔乡民百姓排着队购米

〔歪咀扛着"停售"牌子，挂在粮栈门口，然后幸灾乐祸地走到一村女前

歪　咀　嘻嘻……小女子，不认识爷啦，哎，你怎么也没有米吃？来，跟爷我去取，
　　　　咱有的是！

村　女　哼！

歪　咀　哎呀，我说你是走呀！（拉扯）

　　　　哈，小娘子，你越是不理我，我就越觉着美……

〔率逢源上在一旁看热闹

〔村女忍无可忍打歪咀一耳光

歪　咀　啊！……嘿嘿，打是亲，比上次舒服多啦？不过，
　　　　你也就别想走啦！
　　　　　（硬拉扯）

村　女　救人哪……爹爹！

老　翁　（急上）啊，女儿！（面对歪咀）你！你……怎么又欺负我女儿呀！

歪　咀　（将老翁一脚蹬翻）欺负？我还要叫她做我老婆哩！

老　翁　（跪在率逢源面前）
　　　　制军老爷，求你救救我那苦命的女儿吧！

率逢源　哼！说得轻巧，一小小村女，竟敢在此聚众闹事，
　　　　反了不成！
　　　　军士们！
　　　　二军士（上）啊！

率逢源　与我将她拿下！

二军士　是（押村女，村女挣扎）

老　翁　（抱摔逢源腿）老爷你……

率逢源　（将老翁推翻在地，照胸窝猛踢一脚）我叫你……

〔村女挣脱歪咀、兵士，扑抱老翁，老翁死去

村　女　爹爹！
　　　　（唱）我那苦命的爹爹呀！
　　　　你我父女从中原逃至潭州，
　　　　老天长眼没有死于金贼之手。
　　　　今日却被堂堂天朝制军，
　　　　又踢又打霎时丧命。
　　　　老天爷呀！
　　　　（唱）你为何老对恶人怕，
　　　　又为何总把善良欺。
　　　　终生劳苦被饿死，
　　　　日每享乐反足食。

　　　　有理反被无理害，
　　　　我去那里诉冤屈。
　　　　一时间怒火烧难解心中气，
　　　　拼一死要於恶棍见高低。
　　　　我跟你拼了！
〔村女向率逢源一头撞去，结果被率一把抓住推向歪咀，歪咀又将村女推向率逢源，村女敢怒不敢言石茗上，四士兵挑空担随上

石　茗　住手！

率逢源　啊！原是石将军。

村　女　石将军於小女申冤哪！（跪）

歪　咀　住，住，住口，你父女唆使村民抢粮闹事，该当何罪！

石　茗　这一女子有何冤枉当面讲来！

村　女　他等趁灾荒之年，囤米不卖，又抢夺於我，我父上前阻挡，被他们一顿打死，……爹爹！……

石　茗　率逢源，此事可是实情！

率逢源　煽动闹事，就该如此！

石　茗　这人可是你打死的！

率逢源　是，又怎样。

石　茗　啊，你身为制军，目无王法，竟敢於光天化日之下毙伤人命，那里容得，兵士们，於我拿了！

兵士（四）　啊！

歪　咀　住手，好汉做事好汉当，此事於制军无关！

石　茗　一同拿下！

歪　咀　哪个敢！乡兵们！将那小娘子於我拿下！

众乡兵　啊！

〔乡兵、士兵成对峙局面，双方剑拔弩张、势均力敌

〔幕后：赖爷到！

〔赖世翁在二保镖护卫下上

赖世翁　哈哈，……一家人又何须如此！

歪　咀　赖爷……

赖世翁　嗯，还不与我滚开！

歪　咀　撤开一旁！

赖世翁　石将军息怒，请到粮栈一坐如何？

石　茗　公事在身，不敢相扰。兵士们，带杀人凶犯！

兵　士　啊，（兵士将率逢源、歪咀抓住）

赖世翁　啊，在我的粮栈门前，竟有这等事？

石　茗　人证物证俱在，何容抵赖！

〔赖世翁目视率逢源、歪咀，然后给了歪咀、率逢源各一耳光。歪咀、率逢源：赖爷！……

赖世翁　（冷笑）奴才！

　　　　（唱）只因我平时少教训，

　　　　　　苦口婆心尔不听。

　　　　　　如今说啥也没用，

　　　　　　王子犯法与民同。

　　　　　　石将军！

　　　　　　他二人让我带回去，

　　　　　　定要严惩以正家风！

〔乡兵多围上又成对峙局面

石　茗　你！……

赖世翁　嘿嘿……

〔幕后辛大人到！辛弃疾上

赖世翁　赖世翁参见辛大人！

辛弃疾　免礼，免礼！

赖世翁　辛大人鞍马劳苦，请到寒舍歇息歇息！

石　茗　大人！……

辛弃疾　方才有中军禀报，详情略知一二，将他二人打入死牢，审清查明，再行惩处不迟。赖先生以为如何？

赖世翁　这……

辛弃疾　石茗！

石　茗　在！

辛弃疾　押下去！

石　茗　遵命！（命二士兵押歪咀、率逢源下）

村　女　谢大人为民申冤！

辛弃疾　朗朗乾坤，岂容恶人横行！此是纹银十两，好生将你父安葬去吧！
　　　　二士兵移尸下，村女随下

赖世翁　辛大人，小老告辞。

辛弃疾　慢走，慢行！
　　　　（唱）奉旨建军飞虎岭，
　　　　　　　潭州一时百废兴。

赖世翁　呵，好好！

辛弃疾　（唱）官府民间齐振动，
　　　　　　　赠粮捐款又出工。
　　　　　　　唯有你大胆敢顶碰，
　　　　　　　借故又把粮店封。
　　　　　　　灾荒年百姓遭不幸，
　　　　　　　你落井下石罪非轻。

赖世翁　哼，辛大人！
　　　　（唱）自己的家当由自用，
　　　　　　　他人断然难顺从。
　　　　　　　个人的实力举足轻重，
　　　　　　　一朝功到鸿志鹏程。

辛弃疾　啊，赖翁一派豪言壮语，我反倒明白了
　　　　（唱）山中无虎猴为上，
　　　　　　　无凤乌鸦自横行。
　　　　　　　潭州地面有一霸，
　　　　　　　绰号赖世不倒翁。

赖世翁　你……

辛弃疾　（接唱）你投靠朝中贼奸佞，
　　　　　　　　欺男霸女世闻名。
　　　　　　　　重利盘剥性专横，

　　　　　背着朝廷募乡兵。
　　　　　赖世翁你罪孽重，
　　　　　桩桩件件要算清。
赖世翁　大人，都是小人家教不严之过呀！（自打嘴巴）我该死，……
辛弃疾　赖世翁听着！三天之内拆除你的祭坛，填平通往飞虎峪大道，此乃其一，其二送去军粮三百担，不得有误，其三，即刻开栈售米，官价买卖不得有假！其四七日之后处斩杀人凶犯，务须亲临侍候，毋庸怠慢！违令者严惩不贷！
赖世翁　是，是……
辛弃疾　带马回府！（下）
赖世翁　辛弃疾，辛老二，不把你拉下马，我就不姓赖！
〔信使急上
信　使　启禀赖爷，王御史亲笔书信奉上！
赖世翁　（接信观看）赖翁亲笔难能可贵，宋王已满腹狐疑，金牌指日可待，辛老二命运不济，王阑亲笔。
　　　　　辛老二呀辛老二，你的末日到了，哈哈……
　　　　　（幕闭）

第四场

〔飞虎军营工地
〔辛弃疾披蓑衣上
辛弃疾　（唱）四方买来米万担，
　　　　　扶危济困民安然。
　　　　　营房缺瓦雨连绵，
　　　　　工程缓慢心难安。
石　茗　禀大人！
辛弃疾　讲！
石　茗　潭州城内，谣言四起，言说大人建军，挥金如土，图谋不轨……小人之见，此谣言於赖世翁一伙有关！
辛弃疾　无耻之极！

（唱）本帅修建飞虎营，
　　　　赤心报国抗金兵。
　　　　收复中原终生志，
　　　　道路艰难难行通。
　　　　谣言骤起树难静，
　　　　排斥异己刮妖风。
　　　　赖世翁贼奸佞，
　　　　要将潭州握手中。
　　　　辛某堂堂男子汉；
　　　　岂容强盗来横行。
　　　　为了大宋江山宁，
　　　　斩草除根鬼神惊。
〔思忖……
　　　　石将军！

石　茗　大人！

辛弃疾　率逢源、歪咀杀人一案，於我筹建飞虎军有重大干系，不杀不足以平民愤，不杀不足以正军法，将军以为如何？

石　茗　大人所言极是，不过……

辛弃疾　讲来！

石　茗　此事宜早不宜迟，倘若朝中干涉，那时悔之晚矣！

辛弃疾　将军所言极是，刑场设在飞虎山下，赖世翁胆敢蠢动，冒犯王法，定将他一网打尽，为民除霸！

石　茗　听凭大人之命！（下）

〔幕后：钦差到！

钦　差　辛弃疾听旨！

辛弃疾　臣！

钦　差　尔今与金朝已修万年之好，我大宋戎臣民宜休养生息，以图自强，免戎马之苦，以图安居乐业者，旨开之日，即停建飞虎军营，钦此！

辛弃疾　万万岁，大人！建飞虎军乃是万岁钧旨，此乃何意呀！

钦　差　（从怀中掏出信件递於辛）此乃张竣大人密信，慎之，慎之，告辞！

辛弃疾　送大人！

钦　差　免！（下）

辛弃疾　（看信）潭豪绅、赖世翁等联名上讼，诬陷之词不堪入目，主和派中坚王御史以此为据，谎言欺君，朝中主和派日渐风盛，望将军谨慎行事。

辛弃疾　果然如此！

〔金牌到！中军示牌上下

辛弃疾　啊！

　　　　（唱）一时间接连下金牌两道，

　　　　一道道似利剑刺我肝肠。

　　　　建虎军本是那宋王旨意，

　　　　到如今严相逼令人心伤。

　　　　建虎军振国威千年大计，

　　　　怎能够拒忠言为虎作伥。

　　　　倘若是遵王命停工退让，

〔幕后：一阵阵练兵击鼓点声，喊声，誓杀金贼

　　　　何日里才能兴宋室家帮。

　　　　倘若是违王命想民所向，

〔幕后钦差余音：旨开之日，即停建军营

　　　　落一个欺君罪奸佞中伤。

　　　　思前想后我心潮翻波浪，

　　　　岳将军为国死万古流芳。

　　　　辛弃疾建军营决不退让，

　　　　纵然是引颈受刀又何妨。

〔村女及众百姓挑筐担瓦片上

村　女　辛大人，我等给军营送瓦来了！

辛弃疾　哎吓，好呀！

村　女　（唱）大人你为百姓历尽艰辛，

　　　　为杀贼建军营戴月披星。

　　　　众百姓们心问知恩当报，

　　　　送瓦片建营房一颗丹心。

辛弃疾　谢过众乡亲！（感激地）

　　　　（唱）众乡亲知我难瓦片搬运，

　　　　　　　这真是一片忠心换人心。

　　　　　　　众百姓对辛某如此信任，

　　　　　　　我岂能半途废明哲保身。

　　　　　　　舍生死建军营急速推进，

　　　　　　　定叫那飞虎军旗万古长存！

〔造型，幕闭

第五场

〔二幕前

〔三更梆声响过二乡兵头目持刀引赖世翁上，赖世翁一挥手，众乡兵鱼贯上下过场

〔灯渐暗

〔五更梆声响过

〔二幕启

〔刑场

〔佯装成辛弃疾的士兵高坐监斩台，台下木柱上捆绑的罪犯歪咀、率逢源均由士兵装的，一声号炮响过

辛弃疾　（佯装成士兵）

辛弃疾　刽子手，时辰已到，将杀人犯率逢源、歪咀开刀

〔乡兵在赖世翁率领下杀上，刑场上的士兵及罪犯突然都拿起刀同乡兵厮杀起来

〔石茗带飞虎军士从四面杀上

〔赖世翁情知上当，已来不及被飞虎军士生擒

〔辛弃疾此时高坐监斩台

辛弃疾　……赖世翁你还有何话可说！

赖世翁　哼！辛老二，你的日子不长了！

辛弃疾　哈哈……祸及眼下，何谈后事，辛某纵然粉身碎骨，在所不惜！将杀人凶犯押上来！

士　兵　啊！（押率逢源、歪咀上）

率逢源　歪咀（同跪）赖爷……

辛弃疾　中军听令！

中军（六人）　在！

辛弃疾　将潭州恶绅赖世翁，帮凶歪咀，杀人犯潭州制军率逢源绑上刑桩！

六中军　啊！（绑赖、歪、率三人下）

〔石茗上

石　茗　禀大人，戴将军等回营交差，现在校场侍候！

辛弃疾　哎吓好哇！命他等前来交令！

石　茗　辛帅有命，戴将军等前来交令！

〔幕后：遵命

〔戴翌、辛勇、辛兰相继上

戴　翌　禀元帅，我飞虎军中营、前营、后营、左右营及点将台全部竣工！辛帅定夺！

辛　勇　禀父帅，精选壮丁二千名，俱在后营待命！

辛　兰　禀父帅，（展飞虎军旗）飞虎军旗绣刺已成，父帅过目！

辛弃疾　一一齐侍候！

　　　　（舞、唱）醉里挑灯看剑，

　　　　　　梦回吹角连营。

　　　　　　八百里飞麾下炙，

　　　　　　五十弦翻塞外声，

　　　　　　沙场秋点兵。

〔三声号炮响过

〔众呐喊，助喊

辛弃疾　时辰已到，将三罪犯开刀问斩！

士　兵　啊！

〔幕后：钦差王阑王御史驾到！

辛弃疾　将在外，不由主挡驾！

石茗、戴翌（同时）　遵命！（下）

〔王阑手持尚方宝剑逼视着石茗，戴翌退上

辛弃疾　（不予置理）刽子手！开刀……

〔幕后：啊！

〔端三颗人头上

士　兵　元帅过目！（下）

王　阑　你，大胆！（持尚方宝剑逼辛，辛勇、辛兰不容，戴翌及众军士护住辛，
　　　　王阑无可奈何！

辛弃疾　（含泪）升旗！

〔飞虎军旗高高升起

〔王阑等惊惧

〔众造型

（剧终）

第三章　碑刻　文献　县志序

第一节　碑　刻

重修学宫碑记

邑令　王士仪

今上御极四十有五载，岁次丙戌季冬朔十日，余莅任兹土，但见巢居穴处，棋布星零，目虽荒凉，居然太古，望而知为俭邑，大非繁华鄙陋之相比拟也。越三日，谒先师庙，在城东南隅。旧制狭隘，徒见殿宇重新，余多废坠。询之诸生告余曰："自元至正年间迁建于此，历代相沿，修葺规模如斯而已。近因年久欹颓，不蔽风雨。前令李公提倡，赵公继修葺之工尚未竣。用观厥成，惟新邑宰是任。"余曰："唯唯。"爰集诸生于明伦堂曰："尔诸生其亦知圣天子兴学建庙之意乎？如谓尊圣妥灵春秋释奠，阙里仪自在辟雍。而胡为簿海郡邑在置一学宫而诏之、官联之。生陡朝夕趋跄讲授于其中，斯其意亦夏商周三代之仁政。始于井田，成于学校，培植养育，久道化成，而太平之基立矣。孔子曰：'庶矣哉！曰富之既富矣！曰教之，而圣贤问答之间，实开万世为邦之良法。'夫子之道王者之道也，故世尊以为先圣。皇上御题曰'万世师表'揭于中楹，使天下后世，咸知其学有敝，而夫子之道无敝也。阙功可不完欤？"诸生曰："承教矣！第吾永地瘠民贫，士农多事耕凿奈何？"余曰："噫！言诚陋也。山地虽瘠亦

可耕，子弟虽愚亦可教。司马温公曰：'太古之人何如？'曰：'不今日如也，何以言之？'曰：'古之人寒衣而饥食，贪生而畏死，不殊于今也；喜怒哀乐，爱恶畏俗，与民俱生，非今有而古无。'古之人食鸟兽之肉，草木之食，而衣其皮。鸟兽日益殚，草木日益稀，人日益众，物日益寡。视此或不足，视彼或有余。能与守死而不争乎？争而不已，相贼伤，相灭亡，人之类盖可计日而尽也。孟子曰：'饱食暖衣，逸居而无教，则近于禽兽。'此古圣贤为世道人生计，不啻千言万语以垂训也。皇上亲御阙里释奠先师，自国而州而县，春秋陈其俎豆，鸣其金石，以礼享之，自天子之尊亲北面而拜焉。亦无非为世道人心计也。抑且置学田，增廪饩，养贤育才之典，真可上轶二帝远迈百王，数千载犹一日也。永虽荒服犹歌蟋蟀，唐风其学校一也，其教化一也，其规模可少简于他郡邑乎？苟因循如是，岂独邑令之咎，亦诸生之耻也。佥曰：'明府有命，敢不鼓舞勷成。爰庀材鸠工，兴废举坠。如两庑、戟门、棂星、两坊、名宦、乡贤是也。又于旧制之狭隘者拓基砌石，正直荡平，缭以垣墙，饰以土垩。虽鲜辉煌壮丽，斯成一邑之观瞻也。因是而文昌魁阁，悉次第改建焉。遂钦立御制训饬士子碑文于明伦堂上。将见邑之父老相与色喜，父与父言慈，子与子言孝，近光逖听，莫不识兴学建庙之盛意焉。"诸生复谢余曰："民不加赋，吏不告劳，不日而焕然改观，皆贤父母之成功也。"余曰"非也。此朝廷立学本旨，亦李赵二公所厚蕲于一邑之人士者，其为诸生勉之。如困时而葺，尚有望于后之君子。"始工于丁亥三月，落成于是年十月，因为之记。其司事监督诸生例得并书于石，以传后。

重修县东南四十里大云寺碑记

邑人　侯曰元

永邑八大寺之中，大云居其一。自赵宋敕建，迄今八百余年矣。前代屡经补葺，而人以时而代迁，物以久而日敝。前有住持清印者，于乾隆十九年重新修理，一时焕然改观。数十年来，复被风雨之患，瓦废垣颓，法像尘封，神灵无所凭依。幸清印之徒僧会司空愉，继为是寺住持，念先师之前功，不忍坐视颓坏。因于嘉庆三年秋，筹议募化十方，鸠工经营，剥者复之，缺者补之。为正庑，为两廊，为山门，而且于寺前高阜上创修窑一孔，前坐玄武，后坐观音，以补风水之缺。工程告竣，求记于余。余恩天下事莫为之前，虽美弗彰，莫为之后，虽盛弗传。是寺也，使非前代补葺，至今片瓦无存，使不有今日之重修，则清印之修理者，亦不能久历而常新。问前此瓦废垣颓，而今美轮美奂者，伊谁之功乎？问前此法像尘封，而今金碧辉煌者，伊谁之力乎？

余不能文弟嘉空愉僧之善传衣钵，喜诸檀那之能成善果。更望后之住持斯寺者，亦如今日。庶赵宋创始之美，可永垂不朽，而神灵呵护之功，亦将绵万祀而无穷矣。是为记。

创修双山路碑记

民国知事　张第才

尝闻，因难却步者不足与言进取也，狃于习见者不足与言改良也。况开千古未有之奇功，贻百世无穷之利赖哉！永和僻处西陲，万山环绕，道路崎岖，全境皆然，而尤以双山为最。是山距城三十里，其高处达九十余丈，两峰对峙，延袤二十余里，为城东南孔道，近则大宁、蒲县，远则河东平阳。而西北永和关，又滨临黄河，接连陕省，攘往熙来，取道于此。但层峦叠嶂，羊肠鸟道错杂其间。骑马乘轿之士大夫，固视为畏途。即樵夫牧竖与一切肩挑背负者，亦望而裹足。交通不便，转运维难，实与人民生活有莫大之关系也。犹忆前清宣统二年冬，余奉山西提法使王公檄，调查是县司法事项，道发大宁，路经此山，驾弆几欲遇险，幸御者娴于技，以故化险为夷。民国五年秋，余奉前山西省长沈公檄调查第七区政治，是县与焉，由大宁抵永，复经此山，而道路之险隘如故。遂召御者而谓之曰："是路如此危险，何无人经营修理乎？"御者对曰："峥岩绵亘，高出云天，工程浩大，需费过钜，此山之所以不能修，而路之所以不能平也。"余闻之曰："噫！御者之言亦是近理，但知其一而不知其二也。夫愚公奋志，虽属寓言，而未必不能见诸事实也。五丁图功，虽不概见，而未必不可步其后尘也。推之西伯利亚铁路之构造最钜，巴拿马河轮船之开驶能通。矧此山也，险不及剑阁，长不及太行，又何难凿险锤幽，平其凹凸，更何至集资筹此款，过其艰难也哉！余于是不能不责备守兹土者之放弃职务，而不能设法以修此山而平此路也。"复顾御者曰："使吾宰斯邑，绝不能袖手任斯路之难行如斯也。"御者笑应曰："先生休矣，此事未可等闲视也，然亦吾民所深愿也。"斯言也，时过境迁，辄忘之矣。前年冬奉省长命，权篆是邦，抵任后巡视四乡，一日赴桑壁镇又经此山，忽触前念，不意以责人者而竟责在于己也。于是昼夜筹划，创开此山，招集邑绅议修方法。适奉省长命，饬修县路。双山居永官道，势在必修。犹苦无资，复呈请准过往牲畜抽捐修路，以集腋成裘之计为凿山开道之资。遂派段绅金城、李绅凝祥等先监修北关外石路一截，又派乌门、索驼两村长将该两村相连之石路二段修平。而双山之石路，北派公款局经理监修，南派二区长、桑壁村长监修，派主计员为双山全路督修。两载以来逐段修理，均以八尺宽为度，变坑坎为康庄，不特骡马易行，即小轮牛车亦能通行无阻。双山自无行路之苦，永邑后有交通之便，而余之向日奢愿，亦如量以相偿矣，岂不奇哉？

兹因石工告蒇,爱勒碑为文,以作永久纪念。并望后之贤人君子从事整理焉。是为记。

建设红枣基地碑记

永和沿黄一带沟壑纵横,地薄土硬,有史以来山不养林,水不灌田,粮不满斗,其贫瘠荒凉之状世所罕见。解放前,百姓食不果腹,衣不蔽体,苦不堪言。中华人民共和国成立后,农村经济不断发展,群众生活得以改善,但因自然条件钳制,年景时丰时歉,人民脱贫困难。1987年初,县委、县政府经过周密考察,果断做出建设红枣基地的战略决策。基地内含南庄、打石腰、阁底、西庄、泊洋5乡23个行政村,南北百余里,东西十数里,面积13万亩。3年来,沿黄父老乡亲在县、乡、村三级领导的组织带领下,不畏酷暑严寒,不惜流血洒汗,艰苦鏖战,投工276984个,挖隔坡水平沟46164亩,栽植成活枣树504759株,涌现出李家山、马家湾等12个千亩枣园村,西庄、阁底、打石腰3个万亩枣树乡。纵观沿黄一带基地工程起伏连绵,红枣幼树漫山满野郁郁葱葱,实为空前之壮举。前人栽树,后人乘凉。来日羔食浆饮,其乐融融之时,当不忘先辈风餐露宿,艰辛创业之日,故立碑以记之,俟与来者共勉。

中共永和县委
永和县人民政府
1991年3月12日

红军东征永和纪念馆碑记

公元一千九百三十五年十二月在日本帝国主义横行华北加紧变中国为殖民地的侵华战争严峻形势之下,中共中央确定了巩固抗日后方,扩大抗日根据地,把国内战争和民族战争结合起来的战略方针。公元一千九百三十六年一月二十六日,中共中央在延安召开军事会议,决定组成中国红军抗日先锋队。彭德怀任总司令,毛泽东任政治委员,叶剑英任总参谋长,杨尚昆任政治部主任,为实现抗日渡河东征。二月十七日,中华苏维埃共和国中央政府和中国工农红军革命军事委员会发布了东征宣言。从公元一千九百三十六年二月二十日晚,东征红军粉碎阎锡山所谓固若金汤的百里黄河封锁线,挺进山西,到五月五日回师西渡的七十五个日日夜夜里,在毛泽东主席和彭德怀总司令的英明指挥下,中国红军抗日先锋队一万三千英雄儿女,纵横驰骋于吕梁山区数万平方公里的土地上，迂回奔袭，浴血奋战，以不规则无定向的战略战术原则，灵活机动打败了十几万蒋阎军的围追堵截，宣传抗日，发动群众，扩大红军，建立和巩固了河东抗日根据地，取得了政治上和军事上的伟大胜利。这就是举世闻名的红军东征。永和是红军东征的主战场之一。永和境内黄河沿线的各大渡口都是红军渡河东进、回师西渡的所经之地，留下了毛泽东主席和东征将士们的足迹。在两个多月的东征期间，毛泽东主席和彭德怀总司令率领的东征红军总部在永和境内工作和战斗了十三个日夜，路经四十多个村庄，行程二百多里，进行了阁山之战、李家山之战、双锁山之战等数十次战役，沉重打击了阎军，控制了军事要地，建立了革命根据地。东征红军在永和的战斗经历虽然是短暂的，但是它在永和人民群众中留下了永不消失的生动记忆。许多红军的战斗遗迹依稀可见；许多爱民拥军的故事还广为流传；许多伟人的佳话还为人民群众津津乐道；许多红军英雄的故事还铭刻在人们的心头；许多与红军相关的物产还为群众所珍爱。红军东征的重大历史意义，不仅在于当时沉重打击了蒋阎军的反动气焰，唤起了广大民众抗日救国的热情，而且在于它为我们留下了取之不尽、用之不竭的弥足珍贵的精神财富。这就是为国家为民族而不怕牺牲的大无畏精神；这就是全心全意为人民服务而勇于奉献的精神。为了永远铭记这一段血与火写成的光辉历史，为了继承发扬党和红军的光荣传统，为了不断书写社会主义精神文明和物质文明的新篇章，公元一千九百七十一年五月二日，中共临汾地委在永和召开的第一届全委会议上，决定在毛泽东主席率部东征途中居住过的关帝庙内设立红军东征永和纪念馆，并确定纪念馆为临汾地区爱国主义教育基地。公元二千零五年，在中共临汾市委、市政府的关怀支持下，中共永和县委、县政府本着盛世修志、传承文明的精神，秉承资治、存史、教化的优良传统，决定重新修缮东征纪念馆，面积二千平方米，投资总额二百一十万元，扩大建筑规模，丰富展览内容，改进展出方式。维修扩建工程由山西省古建所精心设计，采用仿古建筑风格，同时对关帝庙整修一新，使中华传统文化与现代文明传承融合、相得益彰。可以坚信，纪念馆的重修，必然进一步激励永和人民的革命精神，鼓舞永和人民在新的历史时期创造更加辉煌的业绩。公元二千零六年春三月，黄河两岸和风吹拂，吕梁山上繁花似锦，在红军东征永和纪念馆修缮工程全部竣工之际，中共永和县委书记王醒安同志、县长张三森同志嘱我撰文以记。愿与所有前来参观者共勉之。

中共永和县委　永和县人民政府
撰文秦瑞亮　书丹郭福根　刻石郑来小
公元二零零六年五月五日立

红军东征永和纪念馆扩建碑记

公元二零零九年十二月二十六日，适逢毛泽东诞辰一百一十六周年，上距红军东征永和纪念馆开馆三周年，上距红军东征胜利七十三周年，作为红军东征回师西渡枢要之地永和，因毛泽东、周恩来、彭德怀等老一辈无产阶级革命家的伟大革命实践而生辉，因红军将士气贯长虹的拼搏精神而感奋，因县人可歌可泣的支前义举而自豪。红军东征永和纪念馆则因陈展这段史迹、彰显先辈典范而荣幸。

红色旅游走红革命老区，致富乃县，人之共识与冀望。开馆三年，县委、县政府精心筹划，实事实做，耗资三亿元新建及改建沿黄公路、红军路和洪永路等计一百七十三公里。四方纵横，动脉成形，交通瓶颈突破，始有区域经济发展新变局之成，此其一也。先后在省市成功举办红军东征在永和及红军东征永和纪念馆改扩建可行性报告论证听证会，编辑出版《红军东征在永和》《永和革命风云录》两册史籍专著，营造舆论氛围，推动红色旅游，此其二也。斥资三百五十万元，改陈布展，扩建馆区，迁移比邻之东征小学，新建东征广场，纪念馆面积扩大四倍有余，广泛征集历史文物，丰富馆藏，提高品位，运用先进手段突出布展效果，此其三也。新馆乃成，外观开阔幽雅、庄重肃穆，松柏簇拥，花木扶疏。展区格局出新，陈列丰赡，历史伟业宛然在目，风貌蔚为大观，令人感慨系之。

得乎民心者亦顺乎天意。三年前揭牌开馆当日，阴云密布，细雨霏霏，及至《东方红》乐曲响彻云霄，花篮敬献毛泽东塑像，悠然云开雨歇，九道霞光喷薄而出，云蒸霞蔚，蔼然抚顶，天人感应，巧合如此，万人惊叹，掌声雷动。今日展馆修葺一新，旧景重温，新展志喜，四方游客，纷至沓来，体验革命激情，汲取人生动力，畅游秀山丽水，注入经济活动，乃旅游盛事，县人东事。

黄河雄浑，楼山神奇，人文日新，枣乡和谐，有一代伟人毛泽东和红军将士之红色足迹感召，有东征精神薪尽火传，有六万儿女奋力耕耘，老区永和小康在望。

中共永和县委书记 郭行杰

永和县人民政府县长 梁秀娟

王哲士撰文 李殿清书丹

公元二零零九年十二月二十六日

第二节 文　献

设义学序
邑人　李增

富者，读书易耳。贫者，欲教其子弟，先苦于延师之难。往往有天资聪悟，终其身未能入塾者。此义学之设，为不可少也。窃查近世，士大夫崇信僧道，捐田舍宅，自谓功德无量，虽笑其无益弗悟也。假令以其宅为义学之宅，以其田为义学之田，俾邑之贫寒子弟，皆得有所藉手，其功德不且百倍于彼乎！昔某大中丞，毁城乡寺观十余处，尽以其地改建义学，诚善举也。予屡拟彷而行之，邑侯辄执有举莫废之说以相阻。且谓近日作吏，只宜由旧，不宜更新，是以中止，然予心终未忘也。后之君子有能为昌黎狄梁者，宅其宅，田其田。旧日晨钟暮鼓之区，悉变为说礼敦诗之地，岂非大快事哉！

清光绪三年被灾甚大略情记
邑人　段金城

人民须知一书，实民生日用之宝鉴也。无论尊卑贵贱，均当以此为躬行实践之资焉。余尝读是书，至备荒篇，窃念积蓄一事，至为紧要。但人民习惯，只知安常处顺，不克先事预防。一遇荒年，则无所措手，悔已晚矣。前清光绪纪元之初，我晋全省连年荒旱，饿死人民无数。满目疮痍实难言状。兹越四十余年，人民记忆前艰者，寥寥无几。后生即有闻者，又多疑信参半。爰即亲身阅历实在情形，约略言之。元年秋收欠薄，民食维艰。次年又复薄收，民有菜色。适邑宰山东陈仲贵由黎城调守永和，甫下车贫民嗷嗷待哺，拥集县城。当经查报灾祲。复令药永平晋省维持，先行缓征钱粮。继又开仓放赈，贫民乃各自归家，藉以救济。及至三年，自春徂夏，雨泽愆期。麦田稍有收成，秋禾籽草全无。时值米珠薪桂，小米每斗价银三两，贫民生活难谋。秋间饿民四起，到处乞食。至冬则雪雨载途，饥寒交迫，死尸遍地。邑宰江苏秦自昌恩威并济，赈抚兼施。又复禀请赈恤，设厂散饭。维时官署差役大半逃散，钱粮税课数年不获一文。官长仅食小米，尚须昼夜巡查。及至四年春初，积劳病故。后任河南赵英壁来守此土，斯时也，我晋赤地千里，省北一带较轻，省南一带灾劫更重。居民皆十室九空，竟以草根为粮，榆皮作饭。人民饿死者尸骸遍野，道殣相望。东西各村，虽至厚亲友，彼此不相往来。甚至犬鼠充饥，易子而食。青年妇女无人顾养，竟以外来商贩到此收买。佳丽者不过千钱，稍次者不值一文，人命不如鸡犬。殊为近百年未闻之奇灾，所谓父子不相见，兄弟妻子离散者即此时也。山西全省贫民不知如何救济，即以我邑而论，除将常平仓谷万石挨次散尽，又值续赈在急，措施无方。幸蒙山西巡抚曾宫保筹拨江苏糟米、山东小米、广东高粱，合计四千余石。又有江苏协济局特请严绅携款来此散放现钱甚多，先后全活灾黎不及三分之一。四年秋至五年春，雨旸时若，民命始有转机。公家办理善后，又复散给种子、牲畜，以助耕作。及编查户口时，查光绪二年灾黎簿记，极次贫民男女大小，共有三万余人。数年来，死故逃亡，凋零过半，全县中不及一万。迄今四五十年，孳生人口尚未复原。此皆由于前清人民素不讲求备荒之实际，临时只有束手待毙而已。惟事隔多年，惨状详细情形，不能完全道出，仅略记其梗概，望我同胞父老兄弟，嗣后无论大家小户，务要遵照人民须知备荒一编，随时贮蓄钱米，并凿井浇地行区田法，以备荒年。俾年临时束手，仍蹈前辙，是则余之所厚望也。

永和县人民政府
关于加快农田基本建设步伐的决定（节录）

建设基本农田是一项群众性的社会实践活动，必须依靠并发挥广大农民群众的力量，调动一切积极因素，打一场基本农田的持久战。因此，必须制定保护性与鼓励性的优惠政策，稳定民心，维护和发展基本农田。

1. 个户凡按照规划，申请批准利用荒山、荒沟、荒坡、荒滩新建的基本农田，自建成之日起15—20年内归造地者使用。期间实行谁造谁用，谁管护，谁受益，可以继承和转让；免征农业税和集体提留，县政府发给土地使用证。使用期满交归集体纳入租赁承包，且在同等条件下造地者优先承包。

2. 凡个户对原有中低产田实施改造而成的基本农田，自造成之日起10-15年内归改造者使用。期间实行"两不增加"：不增加原土地承包基数，不增加农业税。使用期满重新发包。同等条件下，改造者可优先承包。

3. 凡集体新建的基本农田，原则上实行集体经营租赁承包，租金收归集体作为农田建设资金，周转使用，再造新地，依次滚动发展。

4. 抓好劳动积累工的投入，最大限度地发挥农村劳动力资源丰富的优势。乡、村两级在劳动积累工的管理上必须做到以村建账，以户造册，以劳定工，以工定量，任务到劳，明确标准，限期完成，积极清账结算。每年每个农村劳动力用于基本农田建设的积累工不得少于20个标准工。经济条件较好的乡村可以在群众自愿的基础上，以工折款，雇机治地，实行以资代劳的办法。

5. 建立土地等级质量"升级奖罚"管理制度，以村为单位建立土地管理档案，随时记载土地的承包变化和质量变化等情况，明确规定土地经营者养护土地的具体要求，制定出土地等级质量升降奖罚标准。原则上三年内保持土地等级且平均增产数达到村民小组平均数者不奖不罚；升（降）级者按照超过（减少）村民小组平均增（减）数多少，确定奖（罚）金额，由发包方对承包方进行奖励（处罚）；升级突出者重奖，降级严重的重罚。

6. 建立农田基本建设基金。以乡或村为单位根据基本农田建设的具体情况，可从每年的土地承包费和其他集体经济收入中提取一定比例的资金作为基本农田建设基金，也可以按承包亩数定量收取，以此来增强基本农田建设的发展后劲，加快基本农田建设的进程。具体办法由乡（镇）政府研究确定。

7. 凡涉及土地的罚没款各项收费以及按照有关规定可用于农业方面的资金，原则上用于基本农田建设。取之于土，用之于土，尽可能地保障基本农田的稳定与增长。

8. 允许国家单位、集体和个人用股份制形式开发利用长期闲置或利用率很低的水土资源，建设基本农田，兴办经济实体。

9. 凡实现人均二亩基本农田的乡、村，县政府将予颁发达标证书。

10. 认真贯彻《土地法》和《山西省基本农田保护条例》，增强全民爱护与珍惜土地意识。严格控制非生产性占用土地，坚决制止乱批、乱建、乱占基本农田；严格占地审批手续，坚持先造后占的原则。要把建设和保护基本农田纳入法制轨道，依法惩处一切破坏农田水利设施者，依法维护基本农田。

1992年2月15日

永和县人民政府
关于进一步治理开发小流域的决定（节录）

小流域治理是一项群众性的社会实践活动，必须依靠并发挥广大群众的力量，打

一场持久的人民战争。为了调动群众开发治理小流域的积极性,承包治理者可享受如下优惠政策:

1. 继续坚持谁承包治理,谁管护、谁受益的原则。承包期100年不变,期间允许继承,允许有偿转让,县政府签发小流域治理证,委托乡镇具体承办。

2. 对尚未承包治理的荒沟、荒坡,经群众集体讨论后,可以公开拍卖使用权,期间允许继承,允许有偿转让。

3. 对过去集体已经治理的小流域,可以有偿承包,也可以作价一次性拍卖使用权,期间允许继承,允许有偿转让。

4. 小流域经营户为方便治理需要在其治理的小流域内盖房修窑,乡镇可优先审批,免征土地税,并可用来发展庭院经济。

5. 国家、集体单位干部、职工,经批准可以承包开发治理小流域,兴办经济实体,治理成果归治理者所有。允许继承和有偿转让,科技人员可与小流域经营户签订技术合同,承包技术指导,实行有偿服务,报酬归己。

6. 确保小流域治理户的合法权益不受侵犯,对侵犯、损害治理户权益的要依照有关法律、法规严加惩处;在小流域治理上做出贡献的要进行表彰奖励。

7. 治理户必须与流域所在村签订治理合同,制定治理计划,逾期不治理者,所在村有权废止合同,收回流域,重新拍卖或发包使用权;逾期完不成任务者,要给予必要的经济处罚。

8. 为了加快现有耕地的流域治理,鼓励农民建设基本农田,发展经济林,种草养畜,调整产业结构,对现有的土地承包要保持稳定在10-15年不变,确需调整的要报县人民政府批准。

1992年11月7日

永和县人民政府
关于拍卖"四荒"使用权的实施意见(节录)

原则

1、拍卖"四荒",由乡村合作经济组织集体进行。

2、拍卖范围为乡村合作经济组织辖区内所有未进行治理的荒山、荒坡、荒沟、荒滩。集体已经治理并且已见成效的"四荒"也可作价拍卖。

3、拍卖一般以流域为单位进行。

4、拍卖内容包括地表及其附属物（指零星地块、树木、草坡），不含地下矿藏资源。

5、拍卖期一般在30年至100年之间。

6、任何单位和个人都可以购买"四荒"，本地群众有优先购买权。

7、对已承包治理，并且发了流域治理证、林权证、草权证的"四荒"，承包者不再交购置费，并与购买"四荒"使用权者享有同等权利和义务。

8、"四荒"使用权拍卖之后，如国家、集体建设需要，购买方要坚决服从，但使用单位要按有关规定给以补偿。

优惠政策

1、拍卖"四荒"，实行一次性出让土地使用权，期内坚持谁购买、谁治理、谁管护、谁受益，允许继承，允许有偿转让。

2、购荒者可以在"四荒内修窑盖房，土地部门要优先审批，免征土地税"。并可用来发展庭院经济，允许发展畜牧业和农副产业加工业。

3、"四荒"内新开发的梯田、沟坝地等治理成果，十年内不征购，不提留。

4、对于无力治理，经村合作经济组织调查属实者，允许其将所购"四荒"和治理成果有偿转让。

5、对侵犯、损害治理户权益的，要依据有关法律、法规严加惩处。对治理"四荒"做出贡献的要进行表彰奖励。

6、县政府制定的农田基本建设、户包小流域治理的各项优惠政策，同样适合购荒者治理"四荒"。

1994年3月30日

中共永和县委　永和县人民政府
关于发展主导产业的决定（节录）

在深入调研、集思广益的基础上，提出全县主导产业的发展思路，邀请省、地、县专家论证以后，县委、县政府讨论了推进主导产业快速健康发展的政策措施和具体步骤，并做出如下决定。

一、立足永和县情，确定发展战略

面对即将跨入新世纪，县委、县政府根据"三讲"教育中广大干部群众的要求，经过认真调查研究，集思广益，提出了全县经济社会发展思路和主导产业奋斗目标。即：抓好一个主导（红枣），夯实两个基础（基础设施、基础教育），实现三个目标（财政自给、群众脱贫、环境改善）。主导产业的奋斗目标为："人均百株枣，户种十亩草，全县一台戏，十年见成效"。

二、按照总体规划，实行梯级推进

具体规划是：三年打基础，五年见效益，十年产业化。

第一阶段（2001—2003年）打基础、上规模阶段。按照600万株红枣，13万亩草地建设目标，新栽枣树350万株，退耕种草13万亩，养羊3万只。

第二阶段（到2005年）以实现规模效益为目标，经济增长方式由粗放型向集约型转变，加强管理，实施名优战略。加强对250万株原有枣树的技术管理，改良建设自然草地27万亩，使全县草地面积恢复到40万亩，羊存栏12万只。

第三阶段（到2010年）以实现产业化为目标，最大限度地延伸红枣产业链，红枣基地规模形成，500亩红枣苗木基地每年可向市场提供优质苗木300万株，红枣总产量稳定在8500万斤以上，产量和效益每年以20%的速度递增，红枣全部能够达到分级、精选，开发出系列产品，能够达到优质化、工业化。

三、措施落实到位，确保目标实现

（一）加大宣传力度，营造发展主导产业的大氛围、大声势。

（二）完善政策措施，确保主导产业顺利推进。

（三）强化责任意识，建立干部激励约束机制。

（四）因地制宜，科学规划，尽快实现主导产业规模发展。

（五）加大投入，搞好服务，优化主导产业发展的环境。

二〇〇〇年九月一日

第三节　县志序

清康熙《永和县志》序

平阳古文献名邦也。纪传创自龙门，纲目开于涑水，其为天下京国史记之宗也。

余前滥列词林，校书中秘，高山仰止，心向往之。丙戌夏改授兹邑，备官大贤之乡，以为河山如故，文献有其未坠者，初愿惬焉。及岁暮莅永，但见土洞凝烟，荒山霁雪，向之兴致，消然而已。检阅邑乘，纂于署县事，临汾丞，武功张君，时为康熙癸丑，张序曰："永和辟处万山，兵燹屡经，凋残实甚，旧无完志。"中虽叙述乱纷，而一邑之山川土物，赖此不致泯没。第阙略舛讹者多，而编纂之役难缓。自愧闻见未广，抚卷太息，搁笔久之。况邑制之残缺废坠，狭隘处不少，急修举之为务，而可不当务之为急欤？戊午岁，郡宪刘公，以府志百年未修，开局纂辑。仪奉调平阳，同事参订，因得见通志之载永事，如建置、职官、宦绩、选举、人物、详异诸类之详且备焉。考永志之阙略舛讹者，悉以通志参互较正，笔之于简。事竣归邑，遂将邑制之残缺者补之，废坠者举之，狭隘者拓之。至庚寅岁历月余而志于是成焉。定为二十四卷，姑存一方之典故，庶几永有完志也。呜呼！邑乘具在，无殊断简残篇，故老不知何异于盲问道。考时代之碑碣，藓蚀雨摧，历险陀之崎岖，山穷水尽。犹幸奇峰耸秀，灵液流芳。民情多事耕耘，初俗安于俭朴。赋役会计，国朝载在全书。古迹依然，公署仅蔽风雨。贞闺不朽，堪传千载芳名。学校重新，聊妥一时禋祀，但憾人才寥落，文艺阙如。岂生士于斯，遂为地所限，龙门涑水，不增长于姑射之西；纪传纲目，独表著于中条以南也耶？虽然，永地山峻土硗，永民鹑衣藿食，其为永士可知也。余承乏四载，一切因陋就简，而爱恤教养之为急，独此揣摩，竭尽心力。有关于国计民生而志之者，有关于纲常名教而志之者，宁可百年不修，不可草率成事。孔子曰："吾犹及史之阙文也，敢存疑信于其间乎！"是编也，文虽鄙俚，事皆实据。总按通志，郡志合参不假，私意以俟后之君子捃摭者，勿遗后之君子之无稽也。

康熙四十九岁次庚寅，月应蕤宾既望，赐进士第，前翰林院庶吉士，改授永和县知县，铜江来庵王士仪撰。

重修《永和县志》序

余于己巳秋月捧檄来永，适同学李锐更君分任承政。语及县志一事，谓仅有康熙间旧志一部。杨前任时，令伊协同段绅玉峰、李绅朗斋等续修，历杨及赵未竟厥事。继与纂修者绅一一接见，亦皆一乡之善士卫多君子。君以无道行之不至丧邦，是抚字理人之道，将于诸君是赖。岂惟志书一事，既分门采辑，衷然成书，阅之应有尽有，令人赞赏不置，惟是旧志失修，历二百余载，口耳相传，势难网罗尽致。中间物产生业，礼教风俗，正不知湮灭多少事实。名儒乡贤、孝子烈女，正不知埋没多少人物。是则前代官绅之过，而邦人诸友之所无可如何者也。夫志书之为物，本历史之片面，有褒而无贬，能彰善而无瘅恶。即使有善必书，有德必彰，犹恐其未足资以激劝。况并此而不能举以与人，积仁积行而名不见于后世，庸非吾人之憾事？余核阅既竟，感想未已。正拟再事搜求，冀有增益。忽报段绅玉峰因疾逝世，遂惨然中止。夫永邑素著瘠苦，近年来征调频繁，公私益就贫困，是以编采各员，从无一文薪给。即此印订之资，罗掘无着，竟至借贷而为之。其窘急情形，亦可相见。加之。本县旧志无此一部，此时势难续修。若使本县旧志更多有几部，此时又必委蛇迁延，而不肯速修。然而只有一部也，只有断简残编将绝未绝之一部也。缘此，断简残编将绝未绝之旧志一部，又幸有博学能文热心从事之诸纂修，深资臂助，是亦促成县志之三块云。爰缀俚语，并付手民用。续多年不举之典，而竟前人未竟之志。

民国十九年三月，太原阎佩礼序。

1999年版《永和县志》序

王月喜　武保安

新中国建立后的第一部《永和县志》出版问世，是全县人民值得庆贺的一件大喜事。

编修地方志是中华民族的优良传统。从明永乐十九年（1421）至民国19年（1930）的500多年间，永和曾先后四次编修县志。明永乐十九年至正统六年间（1421—1441）与清康熙十二年（1673）编修的志书均已无藏本，清康熙四十九年与民国19年编修的志书经点校、整顿后又重新印刷。旧志记载了发生在永和的政治、经济、社会变革史实，留下宝贵的历史资料。然而由于时代的局限，封建观念的束缚，旧志重人文，轻经济，并有歪曲历史或传讹之处，故难以反映历史全貌。在新民主主义革命中，永和人民不屈不挠，浴血奋战，创建了可歌可泣的英雄业绩。新中国建立以来，特别是中共十一届三中全会以后，永和人民又以极大的热忱，投身社会主义革命和建设，谱写了光辉篇章，全县政治、经济、文化、科技等面貌焕然一新。所有这些如不修志记载，将愧对前辈，有负后人。因此，新编《永和县志》，为社会主义树碑，为人民大众立传，实为时代要求，人民所需。

新编《永和县志》坚持辩证唯物主义和历史唯物主义，横排门类，纵叙史实，囊括永和的地理、经济、政治、文化、风俗、人物等诸多方面。特别是突出经济建设，反映了永和人民在社会主义物质文明和精神文明建设中的成就，具有鲜明的时代特征和浓郁的地方特色，实属奉献给全县乃至全国人民了解永和的一部百科全书。此志成卷，功在当代，惠及后人。

《永和县志》成书，是全县上下通力协作、共同劳动的成果，是全体修志人员心血和智慧的结晶，是上级有关领导、专家、学者及修志同仁关怀和支持的结果。值此付梓出版之际，我们谨向奋战在修志战线和为编修《永和县志》做出贡献的同志们表示诚挚的谢意。并望永和人民鉴古知今，增强爱家乡、爱祖国的观念，团结奋斗，继往开来，在永和这块希望的田野上，以良好的精神风貌，创造更加美好的未来。

表 索 引

表 1-1　民国 7—26 年（1918—1937）永和县行政区划表 …………………………………… 73
表 1-2　2011 年永和县行政区划表 ……………………………………………………………… 79
表 1-3　2008 年永和县废弃村庄分布情况表 …………………………………………………… 91
表 2-1　1974—2011 年永和县各月日照时数表 ………………………………………………… 99
表 2-2　1974—1995 年永和县各月平均气温和极端气温表 …………………………………… 100
表 2-3　1996—2011 年永和县各月平均气温和极端气温表 …………………………………… 100
表 2-4　1974—1995 年永和县不同深度各月平均地温表 ……………………………………… 101
表 2-5　1974—1995 年永和县各月极端地温表 ………………………………………………… 101
表 2-6　1996—2011 年永和县不同深度各月平均地温表 ……………………………………… 101
表 2-7　1996—2011 年永和县各月极端地温表 ………………………………………………… 102
表 2-8　1953—2011 年永和县各月降水量分布表 ……………………………………………… 102
表 2-9　1974—2011 年永和县各月平均及最大、最小蒸发量表 ……………………………… 105
表 2-10　1974—2011 年永和县各月平均风速表 ………………………………………………… 106
表 2-11　永和县年风向频率表 …………………………………………………………………… 106
表 2-12　永和县各月平均云量表 ………………………………………………………………… 106
表 2-13　芝河镇作物候表 ………………………………………………………………………… 107
表 2-14　芝河镇林木候表 ………………………………………………………………………… 107
表 2-15　芝河镇草候表 …………………………………………………………………………… 108
表 2-16　芝河镇动物候表 ………………………………………………………………………… 108
表 2-17　永和县土壤分类与所含养分状况表 …………………………………………………… 113
表 3-1　民国时期永和县人口总量变化表 ……………………………………………………… 132
表 3-2　1949—1995 年永和县人口总量变化表 ………………………………………………… 133
表 3-3　1996—2011 年永和县人口总量表 ……………………………………………………… 135
表 3-4　2010 年永和县外来人口户口登记地情况表 …………………………………………… 138
表 3-5　2000 年永和县第五次人口普查各乡镇人口数量表 …………………………………… 139

表 3-6	2010年永和县第六次人口普查各乡镇户籍人口情况表	140
表 3-7	1996—2011年永和县人口密度情况表	141
表 3-8	1995年永和县各乡镇人口分布表	142
表 3-9	2010年永和县各乡镇人口分布表	143
表 3-10	1990年永和县第四次人口普查年龄性别状况表	146
表 3-11	2010年永和县第六次人口普查年龄性别状况表	147
表 3-12	1999年永和县千人以上姓氏分布表	149
表 3-13	1999—2011年永和县单位从业人员数量统计表	152
表 3-14	永和县第二、三、四次人口普查全县人口文化结构表	153
表 3-15	永和县第六次人口普查全县人口文化结构表	154
表 3-16	2010年永和县第六次人口普查各乡镇户数、人口数和性别比统计表	156
表 3-17	1983—1995年永和县计划生育情况表	161
表 3-18	1996—2011年永和县计划生育基本情况表	162
表 4-1	抗日战争前永和县买卖土地价格表	168
表 4-2	1950年河西坡等4个自然村土改抽补土地统计表	168
表 4-3	1950年永和一区5个行政村土改审定成分调查表	169
表 4-4	2000—2011年永和县减轻农民负担补贴情况表	173
表 4-5	2000—2011年永和县供销合作社经营情况统计表	180
表 4-6	1949—2011年永和县地区生产总值构成（可比价）表	182
表 4-7	1949—2011年永和县工农业产值结构情况表	186
表 4-8	1996—2011年永和县农业产值结构情况表	189
表 4-9	1949—1999年永和县工业总产值构成情况表	190
表 4-10	2000—2011年永和县工业总产值构成情况表	192
表 4-11	1949—1995年永和县社会商品零售构成表	195
表 4-12	1996—2011年永和县社会消费品零售额统计表	196
表 4-13	1950—1995年永和县基本建设投资情况表	199
表 4-14	2001—2011年永和县基本建设投资情况表	199
表 4-15	1997—2011年永和县农村居民家庭人均收入统计表	209
表 4-16	1949—2011年永和县职工收入统计表	210
表 4-17	1997—2011年永和县农村居民家庭人均支出统计表	212

表号	表名	页码
表4-18	1997—2011年永和县农村居民人均生活费支出统计表	213
表4-19	2000—2011年永和县城镇居民家庭人均消费支出统计表	214
表4-20	1999—2011年永和县城镇居民家庭每百户耐用品拥有量统计表	215
表4-21	1950—2011年永和县城乡居民存款统计表	216
表4-22	1997—2011年永和县农村居民存款余额统计表	218
表5-1	1949—2011年部分年份永和县耕地劳力变化情况表	222
表5-2	2011年永和县各种植区土地利用情况表	226
表5-3	1949—2011年永和县粮食作物面积产量统计表	229
表5-4	1949—2011年永和县秋粮作物面积产量统计表	232
表5-5	1949—2011年永和县经济作物面积产量统计表	238
表5-6	1949—2011年永和县农作物品种一览表	246
表6-1	1949—1995年永和县大牲畜、猪、羊存栏统计表	258
表6-2	1996—2011年永和县大牲畜、猪、羊存栏统计表	260
表6-3	1996—2011年永和县家禽、兔存栏统计表	261
表6-4	1978—2011年永和县肉、蛋、毛绒、蜂蜜、牛奶产量统计表	262
表7-1	1957—2011年部分年份永和县农业机械化情况表	277
表8-1	1997—2011年永和县果品产量统计表	295
表8-2	1983—1995年永和县育苗面积产量统计表	298
表8-3	1997—2010年永和县育苗面积统计表	299
表8-4	1998年永和县乡镇林场基本情况表	302
表8-5	1952—1995年永和县植树造林情况统计表	302
表8-6	1997—2011年永和县植树造林情况统计表	304
表9-1	条枣与其他枣种比较表	314
表9-2	条枣所含理化成分表	315
表9-3	条枣与其他枣种经济性能对照表	315
表9-4	1949—2011年永和县红枣产量统计表	321
表10-1	1990年永和县主要灌溉渠道情况表	329
表10-2	1980年永和县机灌站一览表	330
表10-3	1983年永和县电灌站一览表	332
表10-4	1987—1995年永和县引泉水自流村庄分布表	335

表 10-5	1964—1993 年永和县提泉水上塬村庄分布表	336
表 10-6	1996—2011 年永和县饮用水工程分布情况表	337
表 10-7	1996—2011 年永和县基本农田建设统计表	345
表 11-1	2005—2011 年永和县电网概况统计表	354
表 11-2	2005—2011 年永和县售电情况表	354
表 11-3	1995—2011 年永和县电力各项经济指标完成情况统计表	355
表 11-4	2005—2011 年永和县电力公司人员统计表	357
表 11-5	1997—2004 年永和县蓖麻油厂经营情况表	358
表 11-6	1996—2002 年永和县通达公司营业状况统计表	360
表 11-7	2006—2011 年永和县二维地震勘探情况表	363
表 11-8	2004—2011 年永和顺康醋业有限责任公司产品产量销售情况表	369
表 11-9	1997—2011 年永和县肉类产量统计表	370
表 11-10	第三次工业普查 1995 年永和县数据一览表	380
表 12-1	永和县集市日期表	386
表 12-2	1980—2011 年永和县集市物资交流会情况一览表	388
表 12-3	1996—2011 年永和县农业生产资料销售情况一览表	391
表 12-4	1996—2011 年永和县农业生产资料使用情况一览表	392
表 12-5	1977—2011 年永和县石油产品销售情况一览表	395
表 12-6	1996—2011 年永和县土特产品收购情况一览表	398
表 12-7	1965—2011 年部分年份永和县主要农副产品收购量一览表	400
表 12-8	1965—2011 年部分年份永和县主要食品、副食品社会零售量一览表	401
表 12-9	1973—1995 年部分年份永和县药材公司购进销售总额一览表	403
表 12-10	1965—1990 年永和县粮油销售情况一览表	407
表 12-11	1991—2011 年永和县粮油销售情况表	408
表 12-12	1961—2011 年永和县油品购进情况表	409
表 12-13	1972—1995 年永和县计划物资销售情况表	414
表 13-1	民国 18 年（1929）永和县款岁入情况表	428
表 13-2	1950—2011 年部分年份永和县财政收入统计表	429
表 13-3	民国 18 年（1929）永和县款岁出情况表	432
表 13-4	1949—2011 年永和县财政支出一览表	432

表号	表名	页码
表 13-5	1951—1995 年部分年份永和县债券发行兑付情况统计表	436
表 13-6	1953—2011 年永和县各项税收统计表	451
表 14-1	1952—1995 年部分年份永和县货币流通量统计表	460
表 14-2	1950—2011 年永和县金融信贷一览表	465
表 14-3	永和县历年收兑金银情况表	473
表 15-1	2011 年永和县中型桥分布情况表	489
表 15-2	2011 年永和县干线公路桥梁情况表	490
表 15-3	2011 年永和县农村公路桥梁情况表	492
表 15-4	1974—2011 年永和县货运情况一览表	497
表 15-5	1974—2011 年永和县客运情况一览表	499
表 15-6	1995 年永和县公共汽车票价表	501
表 15-7	2006—2010 年部分年份永和县境外公共汽车票价表	502
表 15-8	1998—2009 年部分年份永和县乡镇客运票价表	503
表 16-1	2011 年永和县内邮路统计表	514
表 16-2	1952—2011 年永和县邮政交换、报刊发行统计表	517
表 16-3	1999—2011 年永和县电信业务统计表	524
表 17-1	2011 年永和县城街巷一览表	531
表 17-2	1995 年永和县城主要建筑物一览表	534
表 17-3	2011 年永和县城主要建筑物一览表	537
表 17-4	1995 年永和县城学校建筑物一览表	538
表 17-5	2011 年永和县城学校建筑物一览表	539
表 17-6	2002—2003 年永和县移民搬迁实施情况表	549
表 17-7	2004—2005 年永和县移民搬迁实施情况表	550
表 17-8	2007—2008 年永和县移民搬迁实施情况表	551
表 17-9	2008 年永和县污染源普查生活源废气产排情况表	557
表 17-10	2008 年永和县污染源普查生活源污水污染物产排情况表	557
表 18-1	1949—2011 年部分年份永和县国民经济发展主要指标执行情况一览表	568
表 18-2	1952—1995 年部分年份永和县粮、棉、油收购价格表	574
表 18-3	1952—1995 年部分年份永和县农副产品购销价格表	575
表 18-4	1952—1995 年部分年份永和县日用消费品价格表	575

表号	表名	页码
表18-5	1989年永和县部分农副产品零售价格对比情况表	576
表18-6	1952—1995年部分年份永和县小麦交换日用工业品比值表	576
表18-7	1998—2011年永和县物价总指数情况表	576
表18-8	1995年永和县工商企业登记情况表	581
表18-9	1979—1994年永和县商标注册登记情况表	582
表18-10	2002—2011年永和县商标注册情况登记表	582
表18-11	2010年永和县城镇土地基准地价表	596
表18-12	2009年永和县征地统一年产值公布标准表	598
表18-13	1996—1999年永和县农村收入分配情况表	607
表18-14	2000—2009年永和县农村收入分配情况表	608
表18-15	2010—2011年永和县农村收入分配情况表	608
表19-1	1949—2011年部分年份永和县中共党员基本情况表	613
表19-2	1938—2011年中共永和县委历任书记名表	619
表19-3	1945—2011年中共永和县委历任副书记名表	620
表19-4	1949—2011年部分年份永和县基层党组织设置情况表	628
表19-5	1950—2011年中共永和县纪律检查委员会历任书记名表	640
表20-1	1954—1995年永和县人民代表选举情况表	657
表20-2	1998—2011年永和县人民代表选举情况表	658
表20-3	1950—2011年永和县各代会常委会和人大常委会主席、主任名表	672
表20-4	1950—2011年永和县各代会常委会和人大常委会副主席、副主任名表	673
表20-5	清代以前永和县历任知县名表	674
表20-6	民国时期永和县历任知事、县长名表	679
表20-7	1946—2011年永和县人民政府直属机构沿革表	683
表20-8	2011年永和县上级系统直属机构一览表	693
表20-9	1945—2011年永和县人民政府历任县长名表	694
表20-10	1946—2011年永和县人民政府历任副县长名表	695
表20-11	1984—2011年永和县历届政协主席名表	700
表20-12	1984—2011年永和县历届政协副主席名表	701
表20-13	永和县历届政协委员组成界别情况表（一）	704
表20-14	永和县历届政协委员组成界别情况表（二）	705

表号	表名	页码
表 22-1	1951—2011 年部分年份永和县婚姻登记情况表	744
表 22-2	2011 年永和县党政群团机关人员编制一览表	750
表 22-3	1984—1995 年永和县城镇劳动力就业情况表	764
表 22-4	1996—2011 年永和县城镇劳动力就业情况表	764
表 22-5	1952—1998 年永和县职工工资情况表	766
表 22-6	1999—2011 年永和县在岗职工平均工资及指数情况表	769
表 22-7	2003—2011 年永和县机关事业单位养老保险收支情况表	773
表 22-8	2004—2011 年永和县老农保缴费情况表	773
表 22-9	1992—2011 年永和县企业养老保险参保缴费情况表	774
表 22-10	2005—2011 年永和县城镇职工医疗保险情况表	776
表 22-11	2005—2011 年永和县工伤保险参保情况表	776
表 22-12	1996—2011 年永和县劳动监察队受理案件情况表	779
表 23-1	1981—2011 年永和县刑事案件侦破统计表	785
表 23-2	1949—2011 年部分年份永和县人口变动情况统计表	792
表 23-3	1996—2011 年永和县关押犯人情况表	799
表 23-4	1996—2011 年永和县行政拘留情况表	799
表 23-5	1982—2011 年永和县公证业务情况表	800
表 23-6	1985—2011 年永和县调解工作情况表	803
表 24-1	1961—2011 年永和县人民检察院历任检察长名表	810
表 24-2	1946—2011 年永和县人民法院历任院（科）长名表	817
表 25-1	1949—2011 年永和县人武部、兵役局历任部长、局长名表	838
表 25-2	1962—2011 年永和县人武部、兵役局历任政委名表	839
表 26-1	1978—2011 年永和县幼儿园基本情况表	854
表 26-2	1949—2011 年部分年份永和县小学教育基本情况表	858
表 26-3	2011 年永和县小学校分布情况表	859
表 26-4	2011 年永和县各中学基本情况统计表	867
表 26-5	1956—2011 年部分年份永和县普通中学基本情况统计表	867
表 26-6	1977—2000 年永和县初高中毕业、升学情况统计表	871
表 26-7	2001—2011 年永和县初高中毕业、升学情况统计表	872
表 26-8	1999—2011 年永和县体育事业发展情况表	878

表号	表名	页码
表26-9	1949—2011年永和县中小学教职工基本情况表	889
表26-10	1949—2011年部分年份永和县中小学专任教师学历情况表	892
表26-11	1953—2010年永和县国拨教育经费情况表	905
表26-12	2011年永和县教育经费支出情况表	906
表26-13	1986—2011年永和县中小学学杂费收取标准情况表	908
表27-1	桑麦1号、2号与其他品种产量对比表	924
表27-2	1971年永和县科学试验成果一览表	926
表27-3	1983—2011年永和县科研成果和专利获奖情况表	931
表27-4	1976—2011年永和县发表论文情况表	932
表28-1	肖纪主要作品一览表	953
表28-2	1985—1992年李全笑主要漫画作品一览表	957
表28-3	1949—2011年永和县文学艺术创作人员情况表	960
表30-1	2011年红军东征永和纪念馆展厅文物陈列一览表	1009
表30-2	1971—2011年红军东征永和纪念馆工作人员情况表	1020
表31-1	永和乾坤湾四季气候特征一览表	1029
表31-2	永和乾坤湾农作物物候统计表	1029
表31-3	2011年永和乾坤湾褶皱登记表	1031
表31-4	永和黄河蛇曲国家地质公园地质遗迹空间分布表	1032
表31-5	永和乾坤湾景区地质遗迹资源景观表	1033
表31-6	永和黄河蛇曲国家地质公园地质遗迹资源景观及等级划分表	1034
表31-7	2011年永和乾坤湾主要植物统计表	1044
表31-8	2011年永和乾坤湾动物资源分类表	1050
表32-1	2011年永和县疾控中心检验设备一览表	1072
表32-2	1996—2011年永和县传染病发病情况统计表	1077
表32-3	1928—1964年永和县白家崖一带克山病流行情况统计表	1079
表32-4	2011年永和县医疗卫生机构人员一览表	1083
表32-5	1950—2011年部分年份永和县卫生专业技术人员一览表	1084
表32-6	1996—2011年永和县人民医院医疗设备情况表	1086
表32-7	1995—2011年永和县中医院医疗设备情况表	1088
表32-8	1953—1995年部分年份永和县公费医疗支出情况表	1093

表32-9 2008年永和县新农合大病住院补偿执行方案标准一览表 …………… 1095

表32-10 2011年永和县新农合大病住院补偿执行方案标准一览表 ………… 1095

表32-11 2008—2011年永和县新农合基金运行情况表 ……………………… 1095

表32-12 1956—2011年部分年份永和县新法接生率情况表 ………………… 1097

表33-1 永和县第十四届中小学生田径运动会破县纪录和达标人员情况表 …… 1118

表33-2 永和县历届田径运动会最高纪录一览表 …………………………… 1120

表33-3 永和县田径运动最高纪录及保持者名表 …………………………… 1121

表33-4 永和县参加全国、省、地区运动会运动员成绩表 ………………… 1122

表33-5 1985—2008年永和县国家级裁判员名表 …………………………… 1126

后 记

一沓沓的稿子，一摞摞的印本，手抚目视间，桌上日历的交替已过五轮。

2012年春，我们开始了二轮《永和县志》的编修历程。五年间，收集资料的奔波、短缺资料的惆怅、资料错乱的憋闷、遭人冷眼的愤懑、频见铁锁的无奈，始终伴随在我们左右。难，是可以预见的。在以经济建设为中心的背景下，一些人已经习惯了利益的驱使，对没有经济效益的修志工作采取忽视或无视的态度，我们是有充分心理准备的。一次不行两次，两次不行多次，我们的编辑人员耐得住性子、受得住委屈、吃得下辛苦、扛得下困难。他们坚强地走了过来，不辱使命，苦战告捷。

我们修志工作之所以能取得成功，除去编辑人员和工作人员自身的努力外，最重要的因素是我们有强大的后盾。这个后盾就是县委、县政府的大力支持。回顾整个过程，主要经历了以下几个环节。

成立机构。2012年4月，中共永和县委、永和县人民政府成立《永和县志》编纂委员会，县长梁秀娟任主任，副县长江明涛（邮电部扶贫挂职）任副主任，县委办、政府办、组织部、宣传部、发展改革局、教育科技局、财政局、统计局、卫生局、农业委员会、文化局、档案局、广播局、史志办等单位负责人为委员。同时，县政府在社会各界招聘一批文字功底好的人员组成编写班子。针对二轮县志是编修断代体还是通志体，委员会考虑到志书的完整性、实用性、方便性，决定编纂通志体。2013年，梁秀娟、江明涛相继调离。6月，县长范洋平为县志编纂委员会主任，县委副书记马连青为副主任。

纲要要求。2012年6月，县委、县政府向各单位、各乡镇下发资料收集通知和编纂纲要要求，要求各单位在三个月内收集好本行业资料，并按纲要要求编写上报。然而，这一阶段工作，由于个别人认识不足，完成的不是很好。有的行业资料文不对题，有的行业资料甚至片纸不存。

实地收集。由于资料收集不理想，县志编纂委员会组织所有编辑和工作人员进单位、下乡镇，逐门挨户收集第一手资料。通过这个办法，大部分资料收集到手。

整理编写。在收集资料的基础上，编辑人员根据县志编、章、节的设置，进行整理编写。至 2015 年 6 月，初稿基本成型。

主编修改。对各编辑编写的每一编、章、节、目，主编都要详细审核修改。在这个过程中内容有删有加，短缺的再重新收集资料进行编写，力争达到纲要要求。

评审通过。2015 年 11 月，《永和县志》送审稿送省、市专家评审。2016 年 6 月 1 日—2 日，《永和县志》评审会议在县城召开。省地方志办公室副主任刘益龄，省地方志办公室市县志处处长马正英，市地方志办公室副主任靳水旺，中共永和县委书记加天山、县长范洋平、县人大常委会主任马连青、县政协主席郭永平及相关人员参加会议。刘益龄副主任对《永和县志》的编纂工作给予较高的评价，各位专家提出了十分中肯的意见和建议。《永和县志》评审会圆满成功结束。

评后修改。根据省市专家的评审意见和建议，主编对《永和县志》做了充分的修改。对过大篇幅的编进行分设调整，对短缺的内容进行补充，对烦琐的内容进行删减。

在二轮《永和县志》的征编过程中，省市领导、专家，永和各界有识之士对我们的工作给予了很大的支持和帮助。他们当中有省地方志专家刘益龄、马正英、郝世文、杨颖，市地方志专家靳水旺、柏翠青、邵玉义、米立恒，永和有识之士刘勇、冯书闻、马毅杰、杨俊唐、张贵生、李续双、杨虎明、张步军、李培宏、冯青虎、黄候平、卢庆民等。在此，我们深深感谢他们的倾力支持和帮助。

县志作为地方百科全书，跨越时空大、涵盖内容多、涉及范围广、标准要求高，而我们经验不足、水平有限，尽管竭力而为，但错误纰漏肯定难免，望阅者不吝赐教，批评指正。

樊永兴　李保成

2017 年 5 月